साथरियों का इतिहास

राजकुमार गोदारा विसनोई

Made with ♥ on the Notion Press Platform
www.notionpress.com

क्रम-सूची

क्रम-सूची

1

साथरी: अर्थ, स्वरूप और परंपरा

01. साथरी: विसनोई धर्म का आस्था स्थल:- विसनोई धर्म के आस्था स्थलों को 'साथरी' कहा जाता है। जिस प्रकार जैन धर्म के 'जिनालय' सामान्यतः 'जैन मंदिर' के रूप में जाने जाते हैं, उसी प्रकार साथरियों को भी व्यवहार में 'विसनोई मंदिर' अथवा 'गुरु जांभोजी का मंदिर' कहा जाने लगा है। धार्मिक परंपराओं में यह सामान्य प्रवृत्ति रही है कि प्रत्येक संप्रदाय अपने उपासना-स्थलों के लिए विशिष्ट नाम (अभिधान) का प्रयोग करते है। इस संदर्भ में सूर्यशंकर पारीक कृत सबद ग्रंथ (1996 ई.) में स्पष्ट उल्लेख मिलता है- "भिन्न-भिन्न संप्रदायों के धर्मस्थल प्रायः अपने-अपने पृथक अभिधान से पहचाने जाते हैं। जैसे सिक्खों का उपासना-स्थल 'गुरुद्वारा', दादूपंथियों का 'दादूद्वारा', रामस्नेही लोगों का 'रामद्वारा', सनातनी हिन्दुओं का 'मंदिर' या 'ठाकुरद्वारा', जसनाथी संप्रदाय का 'बाड़ी' आदि अभिधान हैं; वैसे ही विसनोई धर्म के उपासना-स्थल को 'साथरी' नाम से संबोधित किया जाता है।"

02. साथरी: अर्थ और परिभाषा:- गोविन्दरामजी गोदारा (1803–1893 ई.) कृत 'लोहावट साथरी की महिमा' के अनुसार जो भूमि गुरू जाम्भोजी के चरणों से पवित्र हुई तथा भक्तों ने वहां गुरु-स्वरूप का निश्चय किया वे साथरी कहलाई:-

ज्यूं जंभ गुरू के चरण सुं, भूमि भई अनूप।।३।।

सो भूमि भई साथरी, कहीय कारण कूण। यह संतो संसय हरो, कृपा करो सुख भूण।।४।।

गुरीष्ट मांहि प्रवीण, जो बुद्धि भगतां तणी। निश्चयै कर सरूप, तातै कहियै साथरी।।५।।

नानुराम संस्कृता कृत खेड़े रपट (1984 ई.) के अनुसार "गुरू जांभोजी अपने अनुयायियों सहित जिस स्थान पर कुछ समय ठहरकर ज्ञानोपदेश करते, वे साथरी (साथी सत्संगति अथवा संत चर्चा आयोजन) नाम से प्रसिद्ध हुए हैं।" हीरालाल माहेश्वरी कृत जाम्भोजी, विष्णोई सम्प्रदाय और साहित्य (1970 ई.) के अनुसार "गुरू जांभोजी ने भ्रमण करते हुए अपने साथ के व्यक्तियों सहित जिन विशेष स्थानों पर कई दिन तक ठहर कर ज्ञानोपदेश किया था वे 'साथरी' कहलाए। साथरी के मुख्यत: तीन अर्थ हैं- साथ के आदमी, स्थान-विशेष और सेज। साथरी में इन तीनों का ही भाव निहित है।"

A. साथरी: साथ के आदमी:- जांभाणी साहित्य में 'साथरियां' शब्द का प्रयोग गुरु जांभोजी के साथ रहने वाले अथवा उनके अनुयायियों के समूह के लिए किया गया है। यह शब्द स्पष्ट रूप से 'साथ चलने वाले' या 'साथ रहने वाले लोगों' के अर्थ में प्रयुक्त हुआ है। इस संदर्भ में विभिन्न प्राचीन ग्रंथों में अनेक प्रमाण उपलब्ध होते हैं:-

क. सबदवाणी (हस्तलिखित ग्रंथ, लिपिकर्ता- परमानंदजी बैनिवाल, 1761 ई.) के सबद संख्या 28 के गद्य प्रसंग में वर्णित है कि एक समय गुरु जांभोजी जमात को देखकर प्रसन्न हुए। उनका शरीर प्रफुल्लित हो उठा और वे भाव-विभोर होकर साथरियों (साथ के लोगों) से कहने लगे:- "एक समइये देवजी जमाति देखि खुसी हुवा। खवां चमकण लागा। देवजी भाय आया। साथरियां यौं कहण लागा।" सबद संख्या 97 के गद्य प्रसंग में वर्णित है कि एक समय गुरु जांभोजी ने हाथ में कुदाल लिया। साथरियों (साथ के लोगों) ने कुदाल पकड़ लिया और कहा कि जो कार्य आप करना चाहते हैं, वह हम कर देंगे:- "एक समै झांभेजी क हाथे कुदालो लियो। साथरिये झालि लियो। झांभाजी थे करथा, जको म्हे करिसी।"

ख. 'कथा दुणपुर की' (वील्होजी, 1532–1616 ई.) में वर्णित है कि गुरु जांभोजी ने साथरियों को समझाया कि उनके सेवक साधु पर संकट आया है। तब गुरू जांभोजी की आज्ञा से तत्काल वाहन चलाकर दुणपुर पहुँचे:-

"साथरीया नै कहि समझायौ, साध सेवग नै संकट आयौ।।१३।। हुकम हुवौ विवाण चलाया, तत वहंत दूणपुरि आया।"

ग. 'कथा जैसलमेर की' (वील्होजी, 1532–1616 ई.) में वर्णित है कि रावल जैतसी निवेदन करता है कि गुरु जांभोजी उपयुक्त समय देखकर साथरियों के साथ प्रस्थान करें और पूर्व सूचना दें:- "देवजी पोह करे साथरियां, पहली निरति करता करिया।।२४।।" आगे लिखा है कि साधुजन, जो नियमों का पालन करते हैं, गुरु जांभोजी के साथ साथरियों के रूप में चलते हैं:- "के साथरीयां चाल्या साथे।।३५।।" इसी कथा में लिखा है कि रावल के प्रेमभाव से प्रसन्न होकर गुरु जांभोजी साथरियों के साथ आते हैं। उनके शुभ कार्यों से स्थल शोभायमान हो उठता है:- "सामि

साथरीयां आवै, साथरीये सुभकार..."

घ. 'कथा सैंसै जोखाणी की' (केसोजी गोदारा 1573–1679 ई.) में वर्णित है कि साथरियां मन ही मन बात समझ गए, किन्तु सैंसा उसे नहीं समझ पाया:- "साथरिया समधा मन मंही, सैंसा तूं तो समझे नही।।४०।।" इसी कथा में वर्णित है कि साथरियों ने समझकर कहा कि गुरु के वचनों को मानना चाहिए:- "साथरीये समझे कहै... सांमि कहै सो मांनियै।।४२।।" इस कथा में लिखा है कि गुरु जांभोजी ने साथरियों से कहा कि सैंसा ने मेरे वचन को नहीं समझा:- "करता साथरियां नै कह्यो...।।४३।।" साथरियां मन में भय के कारण निवेदन नहीं कर पा रहे थे:- "मनड़ह क्यौं साथरीया डरै...।।९४।।" सैंसोजी की मृत्यु साथरी पर हुई। साथरियों ने गुरु जांभोजी से उनके गमन के विषय में प्रश्न किया:- "सैंसै मौत हुई साथरै, साथरीये सतगुरू नै कह्यौ...।।१२३।।"

ड. 'साखी' (हरजी बैनिवाल, 1668-1778 ई.) में वर्णित है कि साथरियां गुरु जांभोजी से विनती करते हैं कि उनकी प्रार्थना सुनी जाए:- "साथरिया कहे देव सुं, म्हारी अर्ज सुनो सुरराय।।११।।"

च. 'जंभसार' (साहबरामजी राहड़, 1814-1891 ई.) में वर्णित है कि साथरियां आश्चर्य व्यक्त करते हुए कहती हैं कि ऐसा दृश्य अन्य कहीं नहीं देखा:- "साथरियां सब कहत है, देखहु अस नहिं और।"

B. साथरी : स्थान और सेज के रूप में

क. 'कथा जती तलाब की' (केसोजी गोदारा, 1573–1679 ई.) में वर्णित है कि सतगुरु साथरी पर खड़े होकर झांभोलाव तालाब खुदवा रहे हैं। गैंती (हींसु) के प्रहारों से उत्पन्न ध्वनि से धरती गुंजायमान हो रही है:-

सतगुरू उभो साथरी, खणियो झांभोलाव। धमकारा धरती हुवै, गहि हीसु दे घाव।।३५।।

सतगुरु साथरी पर खड़े हैं और पास में सुन्दर झूलरे (सजावट) लगे हैं। जनसमूह के समक्ष 'अली' नृत्य करते हुए गुरु जांभोजी से प्रार्थना कर रहे है:-

सतगुरू उभो साथरी, झांझा झूलर पास। नुकतै सिर नाच्यौ भलो, अली करै अरदास।।५१।।

विभिन्न स्थानों से लोग गुणगान करते हुए आते हैं और साथरी पर आकर शीश नवाते हैं:- गमे गमे गुण गावै, साथरी आय सीस नवावै।।७८।।

ख. सबदवाणी (हस्तलिखित ग्रंथ, परमानंदजी बैनिवाल, 1761 ई.) के सबद संख्या 68 के गद्य प्रसंग में वर्णित है कि थांवले की साथरी पर महलु खान गुरु जांभोजी की शरण में आया:- "थांवले की साथरी महलु खान देवजी के पाए आयो।"

ग. 'कथा मेड़ते की' (केसोजी गोदारा, 1573–1679 ई.) में वर्णित है कि मंगोवल जाणी जब अपने ससुराल गया, तो प्रारंभ में उसका उचित आदर-सत्कार नहीं किया गया। बाद में किसी ने आदर स्वरूप चारपाई पर बिछौना बिछाकर दिया, किन्तु उसने गुरु जांभोजी के उपदेशों का पालन करते हुए अन्य मतावलंबियों द्वारा स्पर्श किए गए पलंग और बिछौने को स्वीकार नहीं किया। उसने उसे ग्रहण करने से इंकार कर दिया और स्वयं भूमि पर साथर बिछाकर बैठ गया। यह देखकर आने-जाने वाले लोग उसका उपहास करने लगे। वे हँसते हुए कहते कि यह साथरवाड़े पर क्यों बैठा है? कोई पास जाकर कहता कि आप साथर पर क्यों बैठे हो? या तो पलंग पर बैठो, नहीं तो यहाँ से उठ जाओ:-

मंगोवल गयो जाण सासरे, आगै को आदर नही करै। क्युंही कै आदर दीन्हौ आय, मांजी सीरख दिया बिछाय।।१५०।।

मंगोल करे करता की कही, मांजी सीरख भींटे नही। जाण यों बैठो साथरै, आवै लोग मसकरी करै।।१५१।।

आवै लोग असी पर हसै, साथरवाड़ै बैठो किसै। कहै न क्यूं बैठो साथरो, उठ बैठ पिंलग कां जा परो।।१५२।।

03. साथरी : परंपरा का विकास:- 'साथरी' शब्द का एक सामान्य अर्थ भूमि पर बिछाने योग्य साधारण चटाई (साथर) भी है। यही अर्थ आगे चलकर विसनोई परंपरा में एक महत्वपूर्ण धार्मिक-सांस्कृतिक स्थल के रूप में विकसित हुआ। गुरु जांभोजी अपने भ्रमणकाल में जब किसी गांव में ठहरते थे, तब वे अपने शिष्यों के साथ भूमि पर साथर बिछाकर बैठते थे और वहीं पर ग्रामीणों को ज्ञानोपदेश प्रदान करते थे। यह परंपरा केवल उनके जीवनकाल तक सीमित नहीं रही, बल्कि कालांतर में विसनोई साधुओं ने भी इसे अपनाया। विसनोई साधु गांवों में जाकर एक निश्चित स्थान पर साथर बिछाकर बैठते थे और वहां उपस्थित लोगों को धर्मोपदेश देते थे। धीरे-धीरे यह स्थान स्थायी महत्व प्राप्त करने लगा। प्रत्येक अमावस्या के अवसर पर विसनोईजन उसी स्थान पर एकत्रित होकर व्रत रखकर, सामूहिक रूप से बैठते और ज्ञान-चर्चा व होम करते थे। इस प्रकार, जिस स्थान पर नियमित रूप से साथर बिछाकर धर्म चर्चा व हवन हेतु बैठा जाता था, वह स्थान 'साथरी' कहलाने लगा। समय के साथ-साथ इन साथरियों के स्वरूप में भी परिवर्तन हुआ, प्रारंभ में केवल भूमि पर साथर बिछाकर बैठने की परंपरा थी। बाद में भूमि के स्थान पर कच्ची चौकी बनी, फिर पक्की चौकियां बनने लगी। कुछ प्रमुख साथरियों के चारों ओर शालाओं (कमरों) का भी निर्माण किया गया। महत्वपूर्ण धार्मिक स्थलों पर इन शालाओं के ऊपर गुंबद भी निर्मित किए जाने लगे। वर्तमान समय में यही साथरियां विकसित होकर 'विसनोई मंदिर' अथवा 'गुरु जांभोजी का मंदिर' के रूप में प्रतिष्ठित हो चुकी हैं। साहबरामजी राहड़ कृत जंभसार के 20वें प्रकरण में वर्णित है कि जहां जहां विसनोई जाकर बसे, वहां वहां साथरी स्थापित कर दी गई:- "जेहि थां जाय जमात हि रही, तेहि थां थाप साथरी दई।"

04. साथरी : उपासना पद्धति:- विसनोई धर्म की उपासना-पद्धति का केंद्र साथरी है, जिसकी विशेषता यह है कि यहाँ किसी प्रकार की मूर्ति-पूजा का विधान नहीं है। साथरी में एक अखंड दिव्य ज्योति निरंतर प्रज्वलित रहती है, और उसी ज्योति के दर्शन को परमात्मा के साक्षात्कार के रूप में माना जाता है। यह परंपरा स्पष्ट रूप से निराकार-निर्गुण उपासना की ओर संकेत करती है। स्वयं गुरु जांभोजी के सबदों

में परमात्मा के इसी निराकार स्वरूप का वर्णन मिलता है कि हमें उस निराधार, स्वयंभू परमात्मा का जाप करना चाहिए, जिसकी न कोई माता है और न पिता। उसका न कोई शरीर है, न रक्त, न धातुएँ हैं, और न उसे किसी प्रकार का ताप या शीत प्रभावित करता है। वह सबका सृजन करता है, सबका संहार करता है, फिर भी स्वयं अविनाशी है; उसका कोई मूल नहीं है। ऐसी उस अलौकिक, अपरंपार महिमा वाले परमात्मा का जप करना चाहिए। हमें जन्मे हुए जीवों का जाप नहीं करना चाहिए:-

जपां एक निरालंभ संभू, जिंह के माई न पीऊं। न तनि रगतु, न तनि धातुं, न तनि ताव न सीऊं।

सरब सिरजत मरत विवरजत, तिसनां मूलि न कियो। अइयालो अपरंपर बाणी, म्हे जपां न जाया जीऊं।

क. ज्योति-पूजा का सिद्धांतः- विसनोई परंपरा में इस निराकार परमात्मा का साकार प्रतीक "ज्योति" को माना गया है। अतः साथरी में जल रही अखंड ज्योति ही उपासना का केंद्र है। यह ज्योति न केवल आध्यात्मिक प्रतीक है, बल्कि निरंतर साधना और ईश्वर-स्मरण का माध्यम भी है।

ख. अमावस्या का विधानः- विसनोई धर्म के अनुयायियों को प्रत्येक अमावस्या के दिन सांसारिक कार्यों से अवकाश रखकर अपने निकटवर्ती साथरी पर जाना चाहिए। साहबरामजी राहड़ (1814-1891 ई.) द्वारा रचित जंभसार के अनुसार प्रत्येक अमावस्या को विशेष उपासना का विधान बताया गया है। इसके अंतर्गत श्रद्धालु अनाज (आखा) और घी (घृत) लेकर निकटतम साथरी पर जाते हैं। घी को वहाँ स्थित पात्र में अर्पित किया जाता है, जो अखंड ज्योति एवं होम के कार्य में प्रयुक्त होता है। अनाज पक्षियों के लिए चुग्गे के रूप में डाला जाता है, जो जीव-दया के सिद्धांत का प्रतीक है। इस विधि के संबंध में जंभसार में कहा गया है कि प्रत्येक तीसवें दिन अमावस्या आती है, उक्त अमावस्या को जो व्यक्ति श्रद्धा से अनाज और घी लेकर साथरी में अर्पण करके धोक देता है, तो उसके पिछले तीस दिनों के पाप नष्ट हो जाते हैं:-

तीस दिने अमावस आवै, आखा घृत लेर कोउ ध्यावै। छालै घृत धोक द्ये आई, तीस दिनां के पातक जाई।

05. मुख्य साथरी, मुख्य धाम और भंडारे

क. मुख्य साथरीः- साहबरामजी राहड़ (1814-1891 ई.) कृत जंभसार के 22वें प्रकरण में गुरू जांभोजी द्वारा सोलह साथरियों और उनके महंत नियुक्त करने का वर्णन मिलता है। वर्णित है कि गुरु जांभोजी ने साथरियों के संतों को बुलाया और सोलह चादरें मंगवाईं। प्रत्येक संत को एक-एक चादर प्रदान कर उन्हें आदेश दिया कि तुम साथरियों के महंत बनो। आगे लेखक कहता है कि अब उन महंतों के नाम ध्यानपूर्वक सुनो, जिन्हें मैं अलग-अलग बताने जा रहा हूँ। गुरु जांभोजी ने अपने कर-कमलों से समराथल साथरी पर रेड़ोजी को महंत नियुक्त किया। पीपासर साथरी के लिए पदमोजी को सेवा हेतु महंत बनाया। अलाय साथरी में अपने प्रिय शिष्य अमरोजी को स्थापित किया। किसनासर साथरी पर कृसनोजी को नियुक्त कर उन्हें सेवा-टहल का आदेश दिया। जैसला साथरी में जोगीजी साधु को महंत बनाया, जो जांभोजी के प्रारंभिक ज्ञानी भक्तों में थे। रणसीसर साथरी में राघोदासजी को निवास देकर महंत नियुक्त किया। भीयासर साथरी में भीयोंजी को सेवा हेतु नियुक्त किया। कमल (कंवलेस्वर) साथरी में कृत्तमदासजी को बसाकर महंत बनाया। लोहावट साथरी में लाधोजी को नियुक्त किया, जो सेवा द्वारा उच्च लोक को प्राप्त होंगे। मूंजासर साथरी में मानोजी मांझू को नियुक्त किया, जो सदैव सेवा में लगे रहते हैं। पुर साथरी में पीथोजी को महंत बनाया, जो संध्या और सेवा के बड़े नियमपालक थे। नगीने साथरी में नंदरामजी को तिलक देकर महंत पद प्रदान किया। लोधीगढ़ साथरी में लाधूजी को महंत बनाया। रोटू साथरी में रिड़मलजी साधु को नियुक्त किया, जो निष्कपट भाव से सेवा करते हैं। सांवतसर साथरी में सेवादासजी को नियुक्त किया, जो साथरी सेवा और जंभ-उपासना में तत्पर हैं। लालासर साथरी में लधोजी को महंत बनाया, जो गुरु आज्ञा का पालन करते हैं। इस प्रकार प्रत्येक साथरियों पर महंत की नियुक्ति करके इन साथरियों के स्थायीत्व और महत्व को बढाया। गुरु जांभोजी कहते हैं कि समराथल, लालासर, सांवतसर आदि सभी साथरियाँ मेरे ही घर हैं। नगीना, लोधीगढ़, पुर, मूंजासर, लोहावट, कंवलेश्वर, भीयासर, जैसला, रणसीसर, किसनासर, अलाय, पीपासर, रोटू आदि ये सभी स्थान मेरे निवास-स्थल हैं। जहाँ-जहाँ साथरी है, वहीं मेरा वास है। इस प्रकार गुरु जांभोजी ने स्वयं सोलह साथरियों की स्थापना कर उनके महंत नियुक्त किएः-

साथरियां के संत बुलाए, सोला चादर लइ मंगाऐ। दे चादर अज्ञा सब दऐऊ, साथरियों तुम महंत जु ठएऊ।

जाके नांम सुणों चितलाई, भिन्न भिन्न मैं कहुं सुणाई। रेड़ोजी समराथल मालक, अपणै हाथ बठाऐ खालक।

पीपासर पदमोजी राजै, कियै मंहत सेवा के काजै। अलाय में अमरोजी रहहैं, जांभैजी का प्यारा वह है।

किसनासर में कृसनोजी राखेउ, टहल करो सतगुर अस भाखेऊ। जैसला में जोगीजी साधू, ज्ञानी भक्त जंभ के आदू।

रणसीसर में राघोदासा, जंभ गरू करवायो वासा। भीयोंजी भीयासर रहहै, करै साथरी सेवा बहहै।

कमल साथरी कृत्तमदासा, कहै जंभ कै कीन्हौं वासा। लोहावट लाधोजी रहहैं, सेवा कर हरि लोकहि जहहै।

मूंजासर मानोंजी मांझूं, करै साथरी सेव सदा जू। पुर मांहीं पीथोजी प्रेमी, सेवा संध्या के वड नेमी।

नंदराम नगीनें गएऊ, जंभेसुर टीको तेहि दएऊ। लाधूजी लोधीगढ़ रहहै, मंहत बनाय रखे प्रभु वहहै।

रोटू में रिड़मलजी साधू, सेवा करे सदा निर उपाधू। सांवतसर मां सेवादासा, सेवै साथरी जभ उपासा।

लालासर लधोजी रहहै, जंभ गरू अज्ञा में वहहै। साथरियां लारै इह नामा, कर विचार राखे सत धामा।

समराथल लालासर सांवतसर, जाहां साथरी ताहां मेरो घर। नगीनो लोदीगढ़ पुर मांही, मेरो वास सदा तेहि ठांहि।

मुंजासर लोहाट कंवलेस्वर, भीयांसर जेसलां रणीसर। किसनासर अलाय पिंपासर, कहै जंभ येही मेरे घर।
रोटू आद साथरी सोलहा, किये महंत गुर आई छोला।

ख. मुख्य धाम:- साहबरामजी राहड़ (1814-1891 ई.) कृत जंभसार के 22वें प्रकरण में गुरू जांभोजी द्वारा आठ धाम और उनके महंत नियुक्त करने का वर्णन मिलता है। वर्णित है कि गुरु जांभोजी कहते हैं कि मैं सोलह साथरियों के अतिरिक्त आठ और धाम स्थापित करता हूँ तथा उन पर महंत नियुक्त करता हूँ। ये धाम हैं मुकाम, जांगलू, जंभसागर, रामड़ावास, रूड़कली, समेलगढ़, मुसाणपुर (पूर्व दिशा में स्थित) और रोटू। ये सभी मेरे अपने धाम हैं, जहाँ मेरा आध्यात्मिक वास माना जाएगा। इन धामों पर गुरु जांभोजी ने महंत नियुक्त किए। मुकाम धाम में रणधीरजी को स्वयं अपने हाथों से महंत बनाया। नगीना धाम में नरसिंघदासजी को ज्ञान देकर महंत नियुक्त किया। मुसाणपुर धाम में मनीरामजी को चादर भेजकर प्रतिष्ठित किया। समेलगढ़ धाम में अज्ञानोजी को महंत बनाया, जिन्हें पहले अज्ञान अवस्था से उठाकर संत बनाया गया। रामड़ावास धाम में रामदयालजी को महंत नियुक्त किया। रूड़कली धाम में रामलालजी को स्वयं स्थापित किया। जांभोलाव धाम में जगमालजी को "महंतों के भी महंत" बनाया, जिन्हें गुरु ने अपने अंग की चादर देकर विशेष अधिकार, मंत्र-सिद्धि, निधि और कुछ चमत्कारिक शक्तियाँ प्रदान कीं। जांगलू धाम में जैतोजी तथा रोटू धाम में धनूजी को महंत नियुक्त किया। इस प्रकार ये आठों धाम गुरु जांभोजी द्वारा स्थापित आध्यात्मिक केंद्र बने। गुरु जांभोजी ने सोलह साथरियों और आठ धामों के बीच कार्य विभाजन किया और संगठन को सुदृढ़ करने हेतु संसाधनों का वितरण किया। चार तंबु और चार चांदणी (रथावरण) आठ धामों को दिए। पहला तंबू मुकाम धाम में रखा गया। दूसरा मुसाणपुर धाम भेजा गया। तीसरा समेलगढ़ धाम (अज्ञानो महंत को) दिया गया। चौथा तंबू जंभसागर धाम को प्रदान किया गया। इन तंबुओं के साथ एक-एक टोला (समूह) भी नियुक्त किया गया। पहली चांदणी रोटू धाम को दी गई। दूसरी जांगलू धाम को प्रदान की गई। तीसरी रूड़कली धाम को भेजी गई। चौथी रामड़ावास धाम को दी गई। प्रत्येक चांदणी के साथ एक-एक रथ भी भेजा गया। इस प्रकार गुरु जांभोजी ने अपने समस्त संसाधनों (धन-संपत्ति) का उचित वितरण कर दिया। उन्होंने सभी संतों का सम्मान बढ़ाया और सुव्यवस्थित रूप से सम्पूर्ण व्यवस्था स्थापित की:-

आठ धांम फिर और बनाऊं, ताके महंत गुर आई बठाऊ। धांम मूकाम जांगलू धामा, जंभसागर धांम रहे नित स्यामा।
रांमड़ास गुर को निज धामहिं, रूड़कली धाम जंभ के नामहि। समेलगढ़ मेरोई धामा, पूरब मध मूंसांणपर नामा।
रोटु धाम हमारो रहहै, जंभ गरू अपणै मुख कहहै। मुकाम में जू मंहत रणधीरा, अपणे हाथ किये जंभ पीरा।
नगीने के नरसिंघदासा, किये महंत गुर ज्ञान प्रकाशा। मुसांणपुर मनिराम बैठाया, दई चादर भेजहु जंभराया।
समेलगढ़ अज्ञानो महंता, भूत कियो जंभेसुर संता। रांमड़ास के रामदयाला, किये महंत बै उड़दी लाला।
रूड़कली के है रामलाला, अपने हाथ किये जगपाला। जांभोलाव जगमालजी, सब महंतन पर महंत।
चादर अपणै अंग की, देकर करी इकंत। निज मंत्र सिद्धी दई, निधी उन कै हाथ।
साहबराम सतगुर दई, कछुक जो करामात। जांगलू के जैतोजी महंता, राख्यो धांम बठायो संता।
रोटू धाम धनूंजी राजै, ऐ आठ निज धांम विराजे। सोलहा साथरी अष्टा धांमा, अपणौं अपणो सूंप्यौ कामां।
तंबू च्यार चांदणी च्यारा, अष्ट धाम में दई विचारा। निज तंबु राख्यो मुकामा, दूसर गयो मुशाणपर धामा।
तीसर तंबू गढ़ समेला, दीनेहु अज्ञानों गत मेला। निज को तंबु चौथो कहियौ, मंहत जंभसागर के दयौ।
दई चांदणी रोटू एका, दूसरी जांगलू दई विशेखा। तीसरी रूड़कली भेजी हरी, चोथी रांमड़ास सिद्ध करी।
च्यार चांदणी एक एक रथा, जंभ गरू भेजी संमरथा। एहि विधि वांट दऐ सब काहू, सारो दरब लगायो राहू।
सब संतन का मान बधाया, यूं माया बांटी जंभ राया।

साधु जगदीशरामजी (1903-1948 ई.) ने अपनी साखी में दस प्रमुख धामों का उल्लेख करते हुए उनके महत्व का वर्णन किया है कि जांभोलाव को ठीक प्रकार से जानो और पींपासर को पहचानो। मुकाम वह स्थान है जहाँ मेला लगता है और समराथल सुखपूर्वक ध्यान करने का स्थल है। लोहावट को देखकर लोदीपुर को समझो। जांगलू को मिथ्या (अस्थायी संसार) कहा गया है और लालासर को अधिष्ठान (आधार) माना गया है। इन दस स्थानों का विचार करो और साथ में रोटू तथा रामड़ावास को भी समझो। जगदीशराम कहते है कि जब साधक को सतगुरु मिल जाते हैं, तब उसका ब्रह्म में निवास हो जाता है। सही धाम इस पंथ के जांभोलाव और मुकाम आदि हैं। इनके ऊपर बाईस (अन्य) स्थान हैं, जिन्हें मिलाकर चौबीस नाम समझो। जो व्यक्ति इनका वास्तविक (आध्यात्मिक) अर्थ समझ लेता है, वह आत्मज्ञान प्राप्त कर लेता है। उसके जन्म-मरण के दुःख समाप्त हो जाते हैं और जीवन के सभी तनाव मिट जाते हैं। पींपासर पाँच कोस का क्षेत्र है, जहाँ सृजनहार (गुरु जांभोजी) का जन्म हुआ। "वृत्ति" को हंसा कहा गया है और "शब्द" को लोहट के रूप में समझना चाहिए। जांभोलाव को जाग्रत भट्टी (चेतना का केंद्र) समझो। लोहावट का अर्थ है मन को जीत लेना और लोदीपुर को बुद्धि के रूप में जानो। रामरास (ईश्वर का रस) में रमे रहो और अपने शरीर (पिंड) तथा ब्रह्मांड में उसी परम तत्व को पहचानो। जांगलू इस संसार का प्रतीक है, जिसे असार समझना चाहिए। रोटू को दृढ़ निश्चय के रूप में धारण करो, जिससे जीव और ब्रह्म का एकत्व समझ में आता है। इन दस धामों का सही अर्थ समझ लो, तो सभी पाप नष्ट हो जाते हैं। अंत में जगदीशरामजी कहते है कि साधक स्वयं अनुभव कर सकता है कि सतगुरु उसके भीतर ही विराजमान हैं अर्थात् गुरु और

परमात्मा का साक्षात्कार अपने ही भीतर होता है:-
जाम्भोलाव को जान ले, पींपासर पहचान। मुकाम तो मेलो मंडे, समराथल सुख ध्यान।
लोहावट को देखकर, लोदीपुर को जान। जांगलू को मित्या भणे, लालासर अधिष्ठान।
दस स्थान को विचार, लख रोटू अरू रामड़ावास। जगदीशराम सतगुरू मिले, हुवे ब्रह्मा में बास।
सही धाम इस पंथ, जांभोलाव मुकाम जे। ता ऊपर बाईस है, चोबीस समझलो नाम जे।
इनको असली विचार ले, पावे आत्मज्ञान जे। जन्म मरण दुख मेट के, मिट जा खिंचातान जे।
पींपासर पंच कोस है, जा जन्मे सीरजन हार जे। वृति तो हांसा कही, शब्द ही लोहट विचार जे।
जांभोलाव को जाग्रत भट्टी, समझ लेय जे। लोहावट मन जीत ले, लोदीपुर बुद्धि जान जे।
रामरास बो रम रहो, पिंड ब्रह्मांड में पहचान जे। जांगलू यह जगत है, जिस को समझे आसार जे।
रोटू रखले निरणे कर, जीव ब्रह्म निरधार जे। दस धाम सोध लो, नास हुवे सब पाप।
जगदीशराम खुद देख लो, घर ही में गुरू आप।

ग. भंडारे:- साहबरामजी राहड़ (1814-1891 ई.) कृत जंभसार के 22वें प्रकरण में गुरू जांभोजी द्वारा 24 भंडारै और उनके भंडारी नियुक्त करने का वर्णन मिलता है। वर्णित है कि गुरु जांभोजी ने भंडारियों को बुलाकर शेष बची हुई संपत्ति भंडारों में समर्पित कर दी। इसके बाद विभिन्न स्थानों पर भंडार स्थापित कर उनके भंडारी नियुक्त किए। हिमटसर का भंडारा अपनी शिष्या रूपां मांझू को दिया। अलाय का भंडारा अणदोजी गीला को दिया। गुरू जांभोजी के अवतरण स्थल पीपासर में भंडारा स्थापित किया। रोटू में नौरंगी (गुरु की धर्मबहन) को भंडारा सौंपा। लालासर का भंडारा करमसी बाड़ेटा को दिया।जसरासर का भंडार बाजोजी को दिया। अंणखीसर का भंडार रेड़ोजी सांवक को दिया। पारवै में दो भंडार स्थापित हुए- एक उदै अतली को और दूसरा लोचा मण्डा को दिया। जांगलू में ठुकरोजी राहड़ को (रतनोजी उनके पुत्र) और सैणोजी वणियाल को भंडार दिया। नाथूसर का भंडार बूढैजी खिलेरी को दिया। बापेऊ का भंडार अपने संबंधी पूरबोजी खिलेरी को दिया। खींदासर का भंडार रूपोजी सिंवर (लोहा पांगल) को दिया। गींगालै का भंडार गंगारामजी राहड़ को दिया। भींयासर का भंडार सुजोजी डारा को दिया। पड़ियाल का भंडार पीतलनाथ वणियाल को दिया। मोहटी का भंडार मृघीनाथ को दिया। लोहावट का भंडार लोहजड़ नाथ को दिया, जिनका मूल नाम चांदोजी ढाका था। ननेऊ का भंडार तांतू भुआ को दिया। हींगुणिये का भंडार टोहोजी रोहड़ को दिया। धवै का भंडार नाथू हाथू को दिया। खेजड़ली का भंडार डूमोजी भादू को दिया। मनाणै का भंडार मंहेंदोजी राहड़ को दिया। ये कुल चौबीस भंडारे हैं, जिनको गुरू जांभोजी ने स्थापित किया:-
भंडारी पीछै बुलवाऐ, रह्यो खयो भंडारे लाऐ। हिमटसर भंडारो हि कहिये, रूपां मांझू चेली लहियै।
अलाय में भंडारो भारी, अणदो गीलो अज्ञाकारी। पीपासर भंडारो धारा, लोहट हंसा जंभ अवतारा।
रोटू नोरंगी निज भाणऊ, सतगुरु दियो भंडारो जांणहू। लालासर भंडारो रहिये, करमसी बाड़ेटो कहिये।
जसरासर भंडारो भलहै, बाजो सतगुर अज्ञा चलहै। अंणखीसर भंडारो भयो, रेड़ैजी सांवक कूं दयो।
पारवै भंडारा दोया, उदे अतली को इक होया। दूजो लोचा मण्डी दयो, भंडारो योही भल भयो।
भंडारो जांगलू जबरा, जाकी लई जंभ गुर खबरा। प्रथम ठुकरै रो भंडारो, रतनों कहियै भक्त हमारो।
सेणें वणियाल रो भंडारो, जंभ गरू को कहिये प्यारो। नाथूसर भंडारो भलो, बूढै खिलेरी भल चलो।
बापेउ भंडारो भूरा, पूरबो खिलेरी निज नूरा। खींदासर भंडारो कीव, रूपो सिंवर लोहा पांगल जीव।
भंडारो गींगालै गांमै, राड़ बसत है गंगारामै। भींयासर कहिये भंडारो, जंभ भक्त है सूजो डारो।
भंडारो कहियै पड़ियाला, पीतलनाथ कियो वणियाला। मोहटी कहियै भंडारो, मृघीनाथ जाणै जग सारो।
लोहावट भंडारो भयो, लोहजड़ कहिये नाथ। चांदो चोकस नाम है, ढाका जाकी जात।
ननेउ भंडारो भयो, तांतू भूवा के कर दयो। हींगुणिये भंडारो भयो, टोहै राड़ जंभ गुर दयो।
धवे भंडारो सुंप्यो स्यामां, नाथू हाथू जाको नांमां। खेजड़ली भंडारो भयौ, डूमो भादू सतगुर कह्यो।
मनांणै भंडारो भालो, मंहेंदो राड़ मंनांण बालो। इह चौबीस भंडारा सारा, और कछू नहिं वार न पारा।

हीरालाल माहेश्वरी कृत 'जाम्भोजी, विष्णोई सम्प्रदाय और साहित्य' (1970 ई.) में वर्णित है कि 'ग्रंथांक-265' और 'ग्रंथांक-268' में 22 भंडारों की सूची मिलती है:- 01.संभराथल, 02.पीपासर, 03.ईंवारो, 04.सांवतसर, 05.पारवा, 06.कूदसू, 07.नाथूसर, 08.धरणोख, 09.खींदासर, 10.रोटू, 11.डेलांणो, 12.जाम्भोलाव, 13.ननेऊ, 14.खरींगा, 15.लोहावट, 16.हिंगुणियो, 17.पुर, 18.नगीना, 19.लोदीपुर, 20.भींयासर, 21.कोसांणो, 22. पांडवालो।

2

संभराथल

01. संभराथल का परिचयः- संभराथल विसनोई धर्म का एक अत्यंत महत्वपूर्ण आस्था एवं ऐतिहासिक स्थल है। यह स्थान वर्तमान में राजस्थान के बीकानेर जिले की नोखा तहसील में स्थित है। भौगोलिक दृष्टि से संभराथल, मुकाम से लगभग 2 कि.मी. दक्षिण तथा पीपासर से लगभग 10–12 कि.मी. उत्तर दिशा में अवस्थित है। विसनोई धर्म में संभराथल का अत्यधिक महत्त्व है, क्योंकि यहीं पर गुरु जाम्भोजी का प्रमुख उपदेश-स्थल एवं दीर्घकालीन निवास रहा है। गुरू जाम्भोजी के जीवनकाल में यह विसनोई समाज की प्रथम साथरी रही, निर्वाण के पश्चात यह दर्जा मुकाम साथरी को प्राप्त हुआ।

02. गुरू जांभोजी का संभराथल पर आगमन

क. बाल्यावस्था में संभराथल का प्रथम दर्शनः- संभराथल का गुरू जांभोजी के जीवन में अत्यंत महत्वपूर्ण स्थान है। बाल्यकाल में ही उन्होंने इसकी आध्यात्मिक महत्ता का अनुभव किया था। साहबरामजी राहड़ कृत 'जंभसार' (6वां प्रकरण) के अनुसार, गुरू जांभोजी बाल्यावस्था में जब अन्य बालकों के साथ गाय चराने वन में गए। वहां उन्होंने सर्वप्रथम संभराथल को देखा था, जो सुमेरु पर्वत के समान दिव्य प्रतीत हुआ। उसे देखकर उनके हृदय में आनंद की वर्षा हो गई। उस स्थान की दिव्यता से वे अत्यंत प्रभावित हुए और एक ऊँचे टीले पर बैठकर ध्यान में लीन हो गएः-

बड़े भए लोहट के बालहु, कह लरका गउ वन में चालहु। लरकनि संग गउ वन में गएसी, समराथल देखत वन भएसी।
समराथल सुमेर सा दरसा, देख जंभ गुरू आनंद बरसा। ताके तरै नगर एक संभरा, बांकै अधिपति विसनु विसंभरा।
फिरत फिरत वन मांहि इकठां, बड़ो थल देखनि चयो। बैठ अडग निज ध्यान लगावा, परम तत देखेउ सुख पावा।
मूंद आंख लगाय आसन, देवली सम होय रह्यो।

ख. संभराथल का वन और पशुपालन प्रसंगः- जंभसार में आगे उल्लेख है कि संभराथल का क्षेत्र व्यापक था, जहाँ अनेक पशु चरते थे। जाटों के बड़ी संख्या में पशुधन (नौ सौ सांड आदि) वहाँ उपस्थित रहते थे और कुछ पशु समूह वन के आसपास सुस्ताते रहते थेः-

टोले बड़े राज के भाई, नवसै सांड चरण ने आई। कछुवक वरग जाट लोगन का, झोकां महिं वसहि धन इनका।

ग. अन्य ग्रंथों में बाल-लीलाओं का वर्णनः- विल्होजी कृत 'कथा औतारपात' के अनुसार संभराथल का जंगल धन्य है और वहाँ गाय चराने वाले बालक (ग्वाल) भी धन्य हैं, क्योंकि वहीं गुरू जांभोजी ने बाल रूप में रमण किया। हरियाली से युक्त उस वन में वृक्षों के बीच वे बाल रूप में खेलते और विचरण करते थेः-

धन्य जंगलि धन्य संभर, धन्य ए बाल गुवाल। जांही संगि रामति रम्यौ, लालण लील भुंवाल।।१३१
हरी कंकहेड़ी हरिया वन, जित प्रभु कियो प्रवेस। रूखांवलि रलि आवणी, जो रमंतो बालै वेस।।१३२

बद्रीदासजी कृत भजन के अनुसार संभराथल में गुरू जांभोजी ने बिना बादल वर्षा कराकर अपने पिता लोहटजी को चमत्कार दिखाया। आकाश से अमृत के समान जल बरसा, यह उनका अलौकिक परचा थाः-

बिन बादल तो पाणी बुठो, आभे अमी झुराई। ऐसो परचो लोहट पायो, संभराथल पे सोई।।९

घ. संभराथल पर स्थायी निवासः- गुरू जांभोजी ने माता-पिता के देहावसान के पश्चात संभराथल को स्थायी तपोभूमि बनाया और यहीं से उन्होंने अपने धर्म, ज्ञान और लोककल्याण के कार्य का विस्तार किया था। स्वामी ब्रह्मानंदजी कृत 'श्री जंभदेव चरित्र भानु' के अनुसार विक्रम संवत् 1540, चैत सुदी नवमी को लोहटजी का देहावसान हुआ था। तथा उसके पाँच महीने बाद भाद्रपद पूर्णिमा को माता हांसा का भी स्वर्गवास हो गया। इसके पश्चात गुरू जांभोजी ने समस्त सांसारिक संपत्ति त्यागकर संभराथल को अपना स्थायी निवास बनाया था। विभिन्न संत-कवियों ने भी उक्त संभराथल गमन का वर्णन किया है। बद्रीदास कृत भजन के अनुसार माता-पिता के स्वर्गवास के बाद गुरू जांभोजी ने पींपासर में रहने का उद्देश्य समाप्त समझा और संभराथल जाने का निश्चय किया, जहाँ से वे समस्त जीवों का उद्धार करने का कार्य करेंगेः-

आभ तासु उण नाही, बार बार मन मानी। मात पिता की आऊ खुटी, सात दिनां में आनी।।५
सात दिनां में गउलोक में, वैकुंठा में सोई। वैकुंठा में वासो देउ, मात पिता कुं दोई।।६
पींपासर में काम नहीं है, संभराथल पे जाऊं। सारा जन तो वेग उबारूं, मेरे संग में लाऊं।।७
माधवानंदजी कृत भजन के अनुसार गुरू जांभोजी पींपासर से प्रस्थान कर संभराथल पहुँचे थे:-
पींपासर से चले गुरू, समरथल चल आये।
केसोजी गोदारा कृत सवैया के अनुसार निरंजन परमात्मा मनुष्य का रूप धारण करके जंभेश्वर नाम से लोकप्रिय हुए। और भगवा वस्त्र धारण कर संभराथल में लोकजागरण हेतु तप और उपदेश में लीन हुए:-
प्रगटे जब रूप निरंजन, जांभेसर नांव कहावंन कूं। भगवां कपड़ा करि जाप जपै, संभरथल जाग जगावन कूं।
गुर ग्यांन ही ध्यांन को ध्यान धरे, बहु लोकन कूं समझावन कूं। धरणी उर जंघ पांव न धरहुं, बल हूं बल हूं इन पावन कूं।।५
विल्होजी कृत 'कथा धड़ाबंध' के अनुसार गुरू जांभोजी ने संवत 1508 में अवतार लिया। न्याय की स्थापना के विशेष उद्देश्य लेकर संभराथल आए और वहाँ धर्म की स्थापना कर संसार में प्रकाश फैलाया:-
पंदरा सै अठोतरै, गुरु आयो करि भाव। कुपरि पलटण परे करण, थापण निरति नियाव।।५०
जंबू दीप भरथ खंड, संभरथल परगास। आयो बारां कारणै, कोड़ियां पूरण आस।।५१
माखनजी कृत हरजस (सोहलो) के अनुसार संभराथल में गुरू के आगमन से अपार आनंद छा गया और वहाँ से उन्होंने अपने आध्यात्मिक कार्य का विस्तार किया:-
आज संभरथलि अणंद अपारा, जिभिया जपिये झंभ सवारा।।१ अब सभरथलि आए सामि, नव खंड प्रथमी खेल पसारा।।५
सुरजनजी पुनियां कृत हरजस के अनुसार संभराथल पर परमात्मा सिद्ध का भेष धारण करके ध्यान योग की मुद्रा में बैठे:-
संभरथलि एक साच पायो, सिध बैठो आय। भेख धारि अलेख आयो, जोग ध्यान दिढाय।।२
सुरजनजी पुनियां कृत साखी के अनुसार गुरू जांभोजी संभराथल पर आए, और ज्ञान का प्रकाश फैलाया:-
जुग चवथे फेर करे, जुगि जीव जगाया। नवखंड गुरू की खबरि हुई, संभराथलि आया।
संभरथलि परगास कियो, विसन नांव चितारियो। दीप जंबु भरथ खंडे, परगट खेल पसारियो।
सेवादासजी गोदारा कृत इंदव छंद के अनुसार संभराथल (संभरा नगरी) में ईश्वर ने अवतार लेकर ज्ञान की ज्योति जलाकर दिव्य प्रकाश फैलाया:-
संभरा नगरी धाम, ईस्वरा अवतार आए। जिगमिग जौत कर, इब रूप धरियो।

03. संभराथल पर विसनोई धर्म की स्थापना:- परमानंदजी बैनिवाल कृत हस्तलिखित ग्रंथ में 'पंथ स्थापन' शीर्षक से उल्लेख मिलता है कि विक्रम संवत 1542 की कार्तिक कृष्ण अष्टमी के दिन, एक प्रहर दिन चढ़ते समय गुरु जांभोजी ने विधिवत कलश स्थापना की और चारों दिशाओं में परम आनंद (धर्मोपदेश) का प्रसार करते हुए विसन पंथ की स्थापना की थी:- "संमत 1542 काती वदि आठमि, पहर दिन चड़तां कलस थरपना कीवी। च्यारे चक मां परमोध कीवी। विसन पंथ कायम कियो।" इस प्रकार गुरु जांभोजी ने विक्रम संवत 1542, कार्तिक वदि अष्टमी के दिन संभराथल पर विसनोई धर्म की विधिवत स्थापना की। यह स्थापना केवल एक धार्मिक पंथ की शुरुआत नहीं थी, बल्कि एक समन्वित आध्यात्मिक-सामाजिक क्रांति थी। सबसे पहले पुल्होजी पंवार को दीक्षित कर विसनोई बनाया गया। इसके पश्चात धीरे-धीरे विभिन्न जातियों, वर्गों और क्षेत्रों के लोग उनके उपदेश से प्रभावित होकर इस पंथ में सम्मिलित होते गए।

क. धर्म का समन्वित स्वरूप:- हजूरी कवि कृत साखी के अनुसार कलियुग में गुरु जांभोजी ने हिंदू, मुस्लिम, जैन और योग आदि चार प्रमुख धर्मों का सार लेकर एक नवीन धर्म (विसनोई) की स्थापना की थी:-
"कलिजुग च्यारूं धरम, एकण ठांय फुरमाया। मुसलमान बांभण जैन, जोग जुगति बताया।"

ख. विसनोई धर्म का प्राकट्य:- हजूरी कवि कृत कवित्त के अनुसार संभराथल पर गुरु जांभोजी ने विसनोई धर्म को प्रकट किया, जो अन्य धर्मों की भ्रांतियों को दूर कर सत्य प्रकाश फैलाने वाला है:-
"विसन धर्म परगट कियो, आंन धर्म विटप विहंडन। संभरथल परगटे सही, जोत रूप जग मंडन।"

ग. ज्ञान और मुक्ति का मार्ग:- सुरजनजी पुनियां कृत साखी के अनुसार कलियुग में कैवल्य ज्ञान का प्राकट्य हुआ, और यह ज्ञान संभराथल में गुरु द्वारा प्रकाशित हुआ, जिससे उत्तम राह (विसनोई धर्म) का मार्ग प्रशस्त हुआ:-
"कलि मां केवल ग्यांन परगटौ, उतम राह चलाई। संभरथलि सतगुरू परगास्यौ, भेद भलौ गुरू भाई।"

घ. युगों-युगों के योगी का उपदेश:- आलमजी अग्रवाल कृत हरजस में गुरु जांभोजी को युगों-युगों के योगी के रूप में वर्णित करते हुए कहा गया है कि उन्होंने अपने लोगों को इस धर्म में दीक्षित किया:-
"सतजुग तेताजुग की, दवापुर कलिजुग जोग। जुगां जुगां के जोगीये, परचिया अपणां लोग।"

ङ. पंथ का व्यापक विस्तार:- केसोजी गोदारा कृत 'कथा इसकंदर की' के अनुसार गुरु जांभोजी ने सतपंथ का प्रवर्तन किया। उनका संदेश

विभिन्न धर्मों, साधुओं, पीरों और पैगम्बरों तक पहुँचा। उन्होंने पशु-पक्षियों तक दया का विस्तार किया और असंख्य लोगों को विसनोई बनाया। यह पंथ देश-विदेश और सात समुद्र पार तक फैल गया:-

"आप अपरंपर आयो, सतगुरू सतपंथ चलायो। संभलि सतगुरू सुर बांणी, निरखे नव खंडे जाणी।६
नांव विसन मुख भणियै, सोई सामि चहोचकि सुणियै। अवलिया पीर रखेसर, सिध साधक मुनि मुनेसर।७
पैकंबर पीर चिताया, पीतंबर पाये आया। लहि साध सिधक पगि लगा, पसु पंखी पाई विलगा।८
जुग में प्रगटियो रहमाणी, परचाये इणि पंथि आणी। नर खार समदां पारी, पहला परमोध पसारी।९
कोड़ि अनंत परचाई, दावंण हरि देव लगाई। असणि अनंत इह जोई, सुणि सबद हुवा विसनोई।१०
एक पाय मिनख मलधारी, ते वसै समदां पारी। परचे इणि पंथ पईठा, ते देव चरणा चित दीठा।११
छाज कनां नर नाति, आया झांभेसर जाति। जे पांन पहर परचाया, सह साध संभरथलि आया।१२
संपति सिरजणहार की, श्रब जोति संसार। विसनोई किया घंणा, सुरता सुणो विचार।१३"

च. सामाजिक समरसता का सिद्धांत:- हरजी बैनिवाल कृत साखी के अनुसार गुरु जांभोजी ने छत्तीसों जातियों को समान मानते हुए एक ही पात्र में जल ग्रहण करवाया और पाहल देकर विसनोई बनाया:-

"पवन छतीसूं एकण प्यालै, जल पायो जगदीस। चरण वंद कर चलू लियो, सही बिसोवा बीस।"

04. विसनोई धर्म अपनाने वाले लोग:- साहबरामजी राहड़ कृत जंभसार के सातवें प्रकरण में विसनोई धर्म अपनाने वाली जातियों और गौत्रों सहित विस्तृत सूची दी गई है। जिनका विस्तार से वर्णन आगे किया जा रहा है:-

क. सर्वप्रथम विसनोई धर्म अपनाना:- साहबरामजी राहड़ के अनुसार सर्वप्रथम विसनोई धर्म लोहटजी के परिवारिक बंधु पुल्होजी पंवार ने अपनाया था:- "लोहट पूल भऐ विसनोई, जात पुंवार जाने सब कोई।" इनके पश्चात साहबरामजी राहड़ ने अपने पुर्वजों में से सर्वप्रथम विसनोई धर्म अपनाने वाले ठुकरोजी राहड़ का उल्लेख किया है। चौहान नख के जाट ठुकरोजी राहड़ ने टोहोजी राहड़ सहित राहड़ गौत्र से सर्वप्रथम विसनोई धर्म अपनाया था। ये मेड़तावाटी के कुचामण क्षैत्र के मूल निवासी थे:-

टोहो ठाकर जात चुहाण, भयो विसनोई प्रिथमे आण। मेड़तियो कुचामण धांम, चाड़ियो सीस जम्भ गुरू नाम।
भयो राड़ विसनोई एहा, गुरु के संती पाल्या नेहा। भयो जमात सबनि सिर मोड़, संग तिरिया जीव सवा किरोड़।

ख. जाट जाति से विसनोई बनना:- विसनोई धर्म में बहुसंख्यक जाट ही है। साहबरामजी राहड़ कृत जंभसार में जाट जाति से विसनोई बनने वाली गौत्रों का विवरण निम्नानुसार मिलता है:- गोदारा, डेलू, बणियाल, धारणिया, मंडा, तरड़, सियाग, भांभू, सीगड़, सांवक, भंवाल, थलवट, ईसरवाल, इसरबा, जंवर, सारण, कालीरावणा, महला, पुनिया, डारा, थालोड़, खीचड़, ऐचरा, खिलेरी, ढाका, आमरा, कुड़ासरा, जांघू, काकड़, जाखड़, भादू, बूड़िया, सरावग, कृपण, खासा, जुड़िया, लोल, इसराम, मारत, साबण, लेघा, लोबा, कसवां, गोरा, वागड़, बासत, धायल, रायल, जायल, मोगा, करीर, मांझू, बोला, बरड़, टूसिया, गोयत, हरडू, गोड़, कुहाड़, बाबल, बरडु, बिछू, पीर, वैरासर, नैण, बेरवाल, झुरिया, झोदकण, ताला, बाना, बिलाद, दोतड़, सिरोई, ठाकरवा, गौतड़, सांईं, माल, बदीता, झांसा, जाजोदा, कर्णेटा, जीता, तेतरवाल, बडोला, तोला, खोखर, जाणी, खदाव, अडोल, आंजणा, सेरड़िया, ढल, भोछा, झांझणा, ढढरवाल, दुगेसर, भाखर, खैरा, धतरवाल, झांग, देहडू, बाणीछू, बडैड, गाट, बागड़िया, खोथ, पड़ियाल, रसा, पालड़िया, पोटलिया, विडाल, पारस, तांडी, रावत, लोमरोड़, डूडी, भिलुंडिया, दिलोईया, रोड़, बटेसर, विलाला, कुपासिया, बुरड़क, बाजरिया, हरियासिया, खरल, कूकणा, थोरी, खाट, आयस, किकरवानिया, मीठातगा, निरवाण, कलवाणिया, चोटिया, नाड़ा, डऊकिया, गुरू, औटिया, वाड़ेटा, रेवाड़ा, झाला, भूल (भूल्लर), कबीरा, झोरड़, माला, ब्रदाई, अवतार, अखींवड़, माचरा, सेवदा, कासणिया, महिया, वासणिया, ढढिंया, मेवदा, पेदड़ा, हुमडा, ढहिंया, इडग (अडिग), बिडग, खडहड, रोझा, गुड, हरोजा आदि:-

गोदारा डेलू बणियाल, धारणिया मंडा धर्म पाल। तरड़ सियाक भांभू इह भऐ, सीगड़ सांवक गुरू पद गहे।
भंवाल थलवट भऐ विसनोई, ईसरवाल इसरबा होई। जंवर भऐ दोई भाई सोई, नव अरु बीस धारे विसनोई।
जगो जमाती हुवो सारण, जम्भगुरु सबहिन को तारण। कालीरावणां महला पुनिया, डारा थालोड़ खीचड़ तजी दुनियां।
ऐचरा खिलेरी ढाका, आमरा कुड़ासरा जांघू आखा। काकड़ जाखड़ भादू बूड़िया, सरावग कृपण खासा जुड़िया।
लोल इसराम विसनोई हुवा, मारत साबण लेघा जूवा। लोबा कसवां गोरा मिल्या, वागड़ बासत गुरु सूं मिल्या।
धायल रायल जायल मोगा, करीर मांझू बोला लोगा। बरड़ टूसिया गोयत हरडू, गोड़ कुहाड़ रू बाबल बरडु।
बिछू पीर वरासर नैणा, बेरवाल झुरिया झोदकैणा। तालां बानां बिलाद रु दोतड़, सिरोई ठाकरवा गोतड़।
सांई माल बदीता झांसा, जाजोदा कर्णेटा गुरू आसा। जीता तेतरवाल बडोला, तोला खोखर जांणी सोला।
खदावा अडोल आंजणा, सेरड़िया ढल भोछा झांझणा। ढढरवाल दुगेसर भाखर खैरा, धतरवाल झांग रु देडू।
बाणीछू जात बडैड गाट बागड़िया, खोथ पड़ियाल रसा पालड़िया।
पोटलिया विडाल पारस तांडी रावत लोमरोड़, डूडी भिलुंडिया दिलोईया रोड़।
बटेसर विलाला कुपासिया, बुरड़क बाजरिया हरिआसिया। कालीरावणां खरल कहावै, कूकणा थोरी गाट खाट रहावै।

आयस गुरू किकरवानिया, मीठातगा ठकरवा भया। निरवाण कलवाणियां चोटिया, नाड़ा डऊकियां गुरु औटिया।
वाड़ेटा रेवाड़ा झाला, भूल कबीरा झोरड़ माला। ब्रदाई अवतार अखींवड़, माचरा सेवादा कसणिया सीगड़।
इडग बिडग अरु खडहड रोझा, भये गुड अरु फेर हरोजा।

ग. सुथार जाति से विसनोई बनना:- जंभसार में वर्णित है कि सुथार जाति से झांस, पाटोदिया, लुहारा, सिल्क, जाला, धामु, भुरटा, चांगड़ आदि गौत्र के लोगों ने विसनोई धर्म अपनाया था:-

अडीग झांस पाटोविया लुहार, सीलका भाला धामां सुथार। भुहामुरटा है रीध धारी, चांगण लागी पाल पियारी।

घ. वैश्य (बनिया) जातियों का विसनोई बनना:- जंभसार में वर्णित है कि अग्रवाल, माहेश्वरी आदि वैश्य (बनिया) वर्ण की जातियों ने भी विसनोई धर्म अपनाया था:- "अग्रवाल बाणिया आछा, महेसरी चाल्या गुरु वाचा।"

ड. कारू जातियों का विसनोई बनना:- जंभसार में वर्णित है कि कार्य आधारित जातियां जैसे छीपा दर्जी, कुम्हार, बुनकर, जुलाहा, सुनार आदि जातियों के लोगों ने भी विसनोई धर्म अपनाया था:- "छीपा दर्जी कमणींगारा, वणगर जलावा और सुनारा।"

च. राजवर्ग द्वारा विसनोई धर्म अपनाना:- जंभसार में वर्णित है कि गंगा पार के दो राजाओं ने और हासम कासम दर्जी के माध्यम से दिल्ली बादशाह सिकन्दर लोदी ने विसनोई धर्म अपनाया था। सिकंदर लोदी के साथ बारह काजी और सोलह खान विसनोई बने थे। महमदखां और महलूखां आदि सुबेदारों ने भी विसनोई धर्म अपनाया। सेख सदू, रावण, गोयंद और जोधावत बीका, दूदा, बीदा और उधरण ने भी विसनोई धर्म अपनाया था। राणा सांगा, रावल जैतसी, बाजैराव, ईरान के बादशाह, लखनऊ के नवाब स्वान्ति शाह सहित समुद्र पार के अनेक राजाओं ने विसनोई धर्म अपनाया।जैसलमेर, उदयपुर, जयपुर, बुंदी, चित्तौड़, बीकानेर सहित अनेक प्रदेशों के लोगों ने विसनोई धर्म अपनाया था:-

गंगापार का राज दोवा, लिया पाल विसनोई होवा। हासम कासम दिल्ली वाला, साह इसकंदर लीन्हीं पाला।
बारा काजी सोला खांना, इसकंदर संग चढ़े विवानां। महमद महलूखां सुबेदारा, नव अरु बीस धर्म इन धारा।
सेख सदू अरू रावण गोयंदा, ऐ सब भऐ विसनु के बंदा। जोदो बीको उधरण, दूदो बिदो साथ।
सांगो राणो जैतसी, इन लीनां सतगुरु का हाथ। वाजैराव अद सब रांणा, कोई मेट सकै नहीं कांणा।
जैसलमेर उदेयपुर जैपुर, सब सिष्टी सिंवरे जंभेसुर। बुंदीगढ़ चितोड़ बिकाणो, जग आधो विसनोई जाणो।
इरानपति पातस्याह परचाया, लाख पटा परवानां लाया। लखणेउ को बड़ो निवाबा, स्वांति साह मोती सम आवा।
जांभेजी को चेलो भयो, गुन तीस धरम ले मुक्ति गयो। समंद पार के राज अनेका, लियो बीस नव धर्म विशेषा।

छ. ब्राह्मणों द्वारा विसनोई धर्म अपनाना:- जंभसार में वर्णित है कि पूर्व के ब्राह्मणों में गर्ग, मुदगल आदि तेरह गौत्र के परिवारों ने विसनोई धर्म अपनाया था:-

पूरब के विसनोई ब्राह्मण, मेल्ही आण जनेउ सवा मण। गरग गोत अरु मुगदल गोता, तेरा जात दादा सुत पोता।
इन लीन्हौं सन्यासु उधर्मा, कुलकृत शर्म मेट दिये भ्रमा। तेरा न्यात भये विसनोई, उत्तम वेश मुक्ति गए सोई।

ज. मेवाड़ के धनगर क्षत्रियों का विसनोई बनना:- जंभसार में वर्णित है कि मेवाड़ के पुर, समेलिया, दरीबा आदि क्षेत्र के धनगर क्षत्रिय जाति के बीस गौत्र के लोगों ने विसनोई धर्म अपनाया था। पुंवार, देवड़ा, हाड़ा, सिसोदिया, राठोड़, बागेला, चांपा, कूंपा, भाटी, सांखला, तंवर, देवड़ा मालदोत, नरूका, झाला, सोनग, राणोड़, पड़ियाला, सोढाला आदि:-

पूर पाटण ईश्वर परचाया, क्षत्री कुल हरि सरणे आया। बीस जात खत्री जहां भजहीं, कुल मरजादा दीवी सब तजही।
ताकी जात कुछुक मैं कहहू, मोर बुधि में जो कछु अहहु। पुवार देवड़ा हाड़ा रहै, सिसोदिया राठोड़ बागेल कहे।
चांपा कूंपा भाटी घणां, सांखला तीवर बहुता गणां। देवड़ा मालदोत नरूको झाला, सोनग राणोड़ पड़ियाला सोढाला।
बीस जात मेवाड़े रहया, लाज छोड़ि विसनोई भया।

झ. अन्य जातियों का विसनोई बनना:- जंभसार में वर्णित है कि उपरोक्त जातियों के अलावा भी अनेक जगहों के लोग गुरू जांभोजी के भ्रमणकाल के समय में विसनोई बने थे। काबुल, कंधार, मुल्तान आदि क्षेत्रों के लोगों ने भी विसनोई धर्म अपनाना था:-

और जात का अंत न पारा, थोड़हू मांहि समझल्यो सारा। काबुल अरू खंधार वगेरे, लंबकलंबा अरु चहुं फेरे।
जमलै अरु मुलताने सोई, गिनता पार न पारऊ कोई। सात समुद्रां विसनोई सारा, सैंस शारदा पावे नी पारा।
ऐहि विधि लोक भये सब पाता, देश देश में जुड़ी जमाता। संभर नगरी कूं सब ध्याये, जंभ गुरु के दरसण आयें।
सत्त धर्म पालै सब सीला, जीव दया मिल बांधी मीला। नव अरु बीस धरम सब पालै, छोड़ कुपथ सुपंथ न्हालै।

05. संभराथल पर लोगों का आना:- विसनोई धर्म की स्थापना के पश्चात संभराथल एक ऐसा आध्यात्मिक केन्द्र बन गया था, जहाँ पर साधु, भक्त, सामान्य जन आदि सब एकत्र होकर ज्ञान, भक्ति और मोक्ष का अनुभव करने लगे थे। इस दृश्य का आंखों देखा हाल हजूरी कवि लखमणजी गोदारा ने अपनी साखी में किया है:-

सार हुई संसार, झांभेसर जुगि आवियो। पुरबले परताप, विसन भगतां पावियो।
विसन भगतां पावियो नै, प्रीति परसे पांव। दुंनी आय दीदार देखे, अंतर इधक उछाह।

दिल मां दुजि दुभांति पंकौ, साधां देसी पार। झांभेसर जुगि आवियो, सुंणी चहुंचकि सार।२
दरगई बोले दीन, महमां अंति मेले मिली। जमातियां का झूल, साखी सबद सुर सांभली।
साखी सबद सुर सांभली नै, परचिया मन पात। उतर दिखंण पुरब पछम, आवे जुड़े जमात।
भाव सारू भेंट धरही, चुतर नर करी चीन्ह। महमां अंति मेले मिली, दरगई बोले दीन।३
संता हुवो सहाय, धंन्य साधां परस्यौ धंणी। घी गुगल महकार, ग्यान गुसटि कीजै घंणी।
ग्यान गुसटि कीजै घणी नै, सदा सील संतोख। इकमनियां सूं एक है, दिये साधां मोख।
दीन तो दीदार परसे, परस लागे पाय। धन्य साधां परस्यौ धणी, संता हुवो सहाय।४

सुरजनजी पुनियां कृत 'कथा धरमचरी' के अनुसार संभराथल गुरु जाम्भोजी के धर्मोपदेश का प्रमुख केन्द्र था, जहाँ लोग जीवन का सही मार्ग सीखने आते थे:-

परम सनेही परमगुरू, परमेसर पर सार। भाग परापति संपनु, संभरथलि अवतार।४
संभरथलि सतगुरू अवतार, पाप धरम का कहे विचार। धरमचरी गुरू झांभ नरेस, सांभलि सतगुरू का उपदेस।५

केसोजी गोदारा कृत 'कथा चितोड़ की' में वर्णित है कि गुरू जांभोजी संभराथल पर विराजमान है तथा विभिन्न समुदायों के समूह एकत्र होकर उनके दर्शन करने आते है। जो व्यक्ति उनके चरणों का स्पर्श करता, उसके सभी कार्य सिद्ध हो जाते। हिंदू और मुसलमान दोनों समान रूप से उनकी सेवा करते है:-

भोमि थली भूधर कौ भाव, संभराथलि ऊभौ सुरराव।४५
पौंण छतीसूं एक नियाति, दरसण भेंटै जुड़ै जमाति। जे परसै तां कारज सरै, लोक महाजन कलमौ करै।४६
हिंदू तुरक करै सब सेव, दया सरूप औलख्यौ देव। चहुंचक मांहे हुवो चाव, राव रंक परच्या पतिसाव।४७

जब जब अपने शिष्यों पर संकट आता था तब गुरू जांभोजी स्वयं उनकी रक्षा करने संभराथल से जाते थे। द्रोणपुर के मोती मेघवाल और दिल्ली के हासम कासम इसके उदाहरण है। सेवादासजी गोदारा कृत इंदव छंद के अनुसार जब चेले पुकार करते है तब गुरू जांभोजी स्वयं संभराथल से जाकर उनकी रक्षा करते है:-

चेलो तो पुकार करै, आपसु भिरांत कीनी। हासम कासम रौकिया, पाछ ता बुलाय कै।
गुगलियै झोले चढिया, जंभेसर कवि सालौ। परचौ सताब दियौ, संभरा सै जाय कै।१५

साहबरामजी राहड़ कृत जंभसार में मोती मेघवाल को छुड़ाने का वर्णन मिलता है:-

औठी सहंस पलाणियां, भऐ तुरत असवार। गांव बताया देवजी, खबर लेवी इणवार।
अमावस दिन थापियौ, कियो छांने गुह्य अनूप। जाहां पहुँचो तहां देखियो, जांभे तणौं सरूप।
मोतिय नै छोडाय के, समरथल आया साम। संत साथरिया खुसी हुवा, सबही किया प्रणाम।
साथरिया बूझत भया, कहो बीदे की बात। अलु अंधा जगत में, अज्ञान अन्धेरी रात।
बीदे परचा बहु लिया, मानी नहीं लिगार। मरसी करमां भोगसी, होयसी ऊंट गिवार।

साहबरामजी राहड़ कृत हरजस के अनुसार संभराथल पर अनेक देशों के यात्री आते थे। वहां पर संतों का जमावड़ा लगा रहता था। जो भी वहाँ आता उनको आध्यात्मिक एवं सांसारिक लाभ की प्राप्ति होती थी। उसका माया-मोह और पाप नष्ट हो जाता था:-

मथुरा छोड़ आय रहै संभरा, त्याग दई पुरी वरा। सतगुरू बांनि अति सुर झानि, आनंद कर अखरा।४
देस देस के आवै जात्री, संतन के सिरदारा। जो कोई आवै नव निध पावै, माया मोह निवारा।५
जो विसनोई आवै कोई, कोट पाप अघ जां टारा। संत सयाने मन हरखांनै, अति आनंद बढियो अपारा।६

साहबरामजी राहड़ कृत जंभसार के अनुसार अमावस के दिन संभराथल पर भारी भीड़ उमड़ती थी:-

अमावस के प्रातहीं न्हाएऊ, सवा पहर के तड़के आएऊ। हाथ जोड़ के सिस नवावहि, जंभ गुरु पै सब जन आवही।
आय जमात जुड़ेउ बहू थटा, समराथल माचेउ गह गटा।

आसपास के अनेक गांवों के लोग संभराथल पर गुरू जांभोजी के दर्शनार्थ आते थे। साहबरामजी राहड़ कृत जंभसार के 20वें प्रकरण में संभराथल पर आने वाले लोगों के गांवों का विस्तार से वर्णन किया गया है। पीपासर, बकसेऊ, ननेऊ, जसरासर, उदासर, सांवतसर, कुचेरा, लालासर, काकड़ा, काकड़ो, संदू, बनिया, हिमठसर, नींबड़ियाँ, मुकाम, तालवा, अणखीसर, घटू, संलूंडो, पारवो, रासीसर, पिथरासर, जेहनेर, जांगलू, जेगलो गोदारा, खींदासर, नाथूसर, बापेऊ, कूदसू, खारो, झीझाला, नोखा, देसलसर, रोड़ा, अलाय, काकड़वालो, डेलाणो, दूसरो डेलाणो, फूलदेसर, रोझां, उदाणौ, सणियालो आदि गांवों का उल्लेख मिलता है:-

समाधान सब गांव कराई, समराथल चालै जंभराई। जेहि थां जाय जमात हि रही, तेहि थां थाप साथरी दई।
समराथल प्रभु जाय विराजै, घुरै दमामा नौबत बाजै। शंख सहनाई भैर सतारा, झींझ मजीरां का झणकारा।
साथरी शब्द उचारै संता, भादव घन गरजै महमंता। एहि विधि रंग उछाह अनंदा, सुनते हि कटे जनम के फंदा।

सकल नार नर मिलनैं आए, जूथ जूथ मिल चले सवाए। गांव गांव सै चली जमाता, गावै नांव कवि भेणे विख्याता।
पीपासर बकसेउ ननेऊ, जसरासर उदासर सांवतसर केहू। कुचेरा लालासर सोहै, काकड़ो संदू वनिया जोहै।
हिमठसर नीबडियां मुकाम, तालवो तांहां गुर को धाम। अणखीसर घटू संलूंडो, जंभ प्रिय जग लागै भूंडो।
पारवो रासीसर पिथरासर, जेहनेर जांगलू जेगलो गोदरां घर। खीदासर नाथूसर बापेउ, कूदस्यूँ खारो झीझालै तापेउ।
नोखों देसलसर रोड़ो और अलाया, जंभ द्रस करणै कूं ध्याया। काकड़वालों डेलाणो आए, दूसर डेलाणो फूलदेसर ध्याऐ।
रोझां उदाणौ सणियालो सारा, शातूं आऐ जंभ दवारा। भिन्न भिन्न सब भेठ जू ल्याऐ, जंभ गरु के चरणे चढ़ाऐं।
खांड खोपरा घृत अपारा, एह सब होमें जंभ दवारा। इन गांवा की गिनती करी, ता पर प्रसन सदा जंभ हरी।
कोऊ संत न सांसे करना, भक्ति प्रभाव आप प्रभु वरणा। इनकी खातर भयों अवतारा, पूरण ब्रिह्मा प्रभु आय पधारा।
आदि भक्त प्रहलाद पियारा, इह चटड़े उनही के शारा। इनको जस जो कोउ जन गावै, विसनु पद ततकाल संमावै।

साहबरामजी राहड़ कृत जंभसार के 20वों प्रकरण में उन गांवों की क्षेत्रवार संख्या भी दी गई है जहां विसनोई निवास करते थे। इन गांवों में मारवाड़ रियासत के जोधपुर परगने में 64 गांव और फलौदी परगने में 40 गांव है। जैसलमेर रियासत में 20 गांव और बीकानेर रियासत में 32 गांव है। नागौर सुबे में 8 गांव, मेड़ता परगने में 20 गांव और मेवाड़ रियासत में 5 गांव है। मालवा क्षेत्र में 19 गांव है तथा पुर्व में कुल सौ गांव है। 110 गांव गंगा पार स्थित है। 8 गांव अंतरवेद और 85 गांव हंसार में स्थित है। सिरसा के पास 5 गांव, सीतोगुन्नो जिले में 21 गांव, 15 गांव मींचण खैरपुर में, ढाबां जिले में 20 गांव, गिरनार जिले में 19 गांव जो बाद में बसे थे। उतर क्षेत्र में 47 गांव, लंबंक लंबा देश में 340 गांव, जमलै क्षैत्र में 5 गांव, भड़ोच में 96 गांव, मुलतान में 6 गांव, काबुल के 20 गांवों में विसनोई निवासरत थे। इस प्रकार 1101 गांवों में विसनोई निवासरत थे। यह केवल एक खंड (भरत खंड) की गिनती है। अन्य खंडों में भी बहुत है। इस गिनती में कवि कहते है कि अगर इस गिनती में वर्तमान में गांव कम रह गए है तो वे गुरू जांभोजी के साथ ही चले गए। और अगर वर्तमान में संख्या ज्यादा है तो बाद में बस गए होंगे:-

चौसट खेड़ा जोधपर, फलौदी चालीस। जैसलमेरां बीस है, बीकाणै बतीस।
आठ खेड़ा नागौर है, मेड़तियां में बीस। पांच खेड़ा मेवाड़ में, मालवे में गुनीस।
पूरब में पूरा जू सौ, सौ दस गंगा पार। आठ खेड़ा अंत्रवेद में, पच्यासी जिले हंसार।
सरसे कने जु पांच है, सीते जिलै इकीस। पनरा मींचण खैरपर, ढाबां जिलै जू बीस।
गिरनार जिलै गुणवास है, बस्या जू पीछै जाय। बारै पीछै बावनी, रही उजाड़ो खाय।
उतरादा इतना बस्या, सातां पर चालीस। लंबक लंबा देस में, तीन सै चालीस।
जमलै खेड़ा पांच है, छयाणवे भैड़ेच। छव खेड़ा मुलताण ढिग, बीस जू काबल देश।
विसनोइयां के गांव थे, इज्ञार से एक। ऐक खंड गिनती करी, प्रखंढा है अनेक।
जंभ गरू जैसी कही, तसी भई जू जाण। विसनोई यामै बसे, जंभसार प्रवाण।
गिणती सै जो कम रहे, बै गए जंभ के साथ। बाधु खेड़ा बस गया, तो काहा कवि के हाथ।
इह खैड़ा में हरि भक्त, कलू काल धर्म धार। रूंख जीवा छाया करै, साहब बसत विचार।

06. संभराथल पर गुरु स्वरूप का वर्णन:- जांभाणी कवियों ने संभराथल पर गुरु जाम्भोजी के स्वरूप का चित्रण केवल एक ऐतिहासिक संत के रूप में ही नहीं किया है, बल्कि उन्हें साक्षात् परमात्मा, जगतगुरु और मोक्षदाता के रूप में प्रतिष्ठित किया है। समस्त जांभाणी साहित्य में उनका स्वरूप एकमत होकर दिव्य, सार्वभौमिक एवं अलौकिक सत्ता के रूप में उभरकर सामने आता है:-

क. स्वयं गुरु जाम्भोजी की वाणी में स्वरूप:- गुरु जाम्भोजी की अपनी वाणी में संभराथल का विशेष आध्यात्मिक महत्व प्रतिपादित हुआ है। उन्होंने संभराथल को परम गुरु-पीठ के रूप में स्थापित किया, जहाँ से दिव्य ज्ञान का प्रसार समस्त संसार में हुआ। गुरू जांभोजी के अनुसार जब तक सृष्टि में पवन, जल, चंद्र, सूर्य आदि तत्व विद्यमान रहेंगे, तब तक संभराथल पर स्थित यह "गुरु आसन" स्थायी और अचल रहेगा। गुरु जाम्भोजी अपने अनुयायियों को सावधान करते हुए कहते हैं कि इस सत्य को कभी भूल मत जाना:-

जां पुवण आसण पांणी आसण, चंद आसण सुर आसण। गुरु आसण समराथले, कहे सतगुरु भुल मत जाइयो।

ख. अवतार और विश्व-ज्योति स्वरूप:- जांभाणी कवियों ने गुरु जाम्भोजी को केवल एक संत के रूप में नहीं, बल्कि सर्वव्यापक ब्रह्म-ज्योति एवं अवतारी पुरुष के रूप में चित्रित किया है। उनके अनुसार गुरु जाम्भोजी का अवतरण किसी एक क्षेत्र या समुदाय तक सीमित न होकर सम्पूर्ण मानवता के कल्याण के लिए हुआ था। संभराथल इस दिव्य अवतरण का प्रमुख केन्द्र बना, जहाँ से उनकी ज्योति समस्त विश्व में प्रसारित हुई। विल्होजी कृत ज्ञानचरी में वर्णित है कि गुरु जाम्भोजी ने भक्तों के कल्याण हेतु भारतखंड के वागड़ देश में अवतार लिया और संभराथल पर स्थित होकर अपनी ज्योति नवखंड (सम्पूर्ण विश्व) में प्रकट की:-

भगतां काजि कियौ परवेस, भरथ खंड मंहि वागड़ देस। संभरथलि उभो साथरी, नवखंडि जोति जुगति परचिरी।११

इसी प्रकार केसोजी गोदारा कृत कथा विगतावली में उनके अवतरण का उल्लेख करते हुए कहा गया है कि वे जंबूद्वीप (भारत) में प्रकट होकर

वागड़ देश के संभराथल में विराजमान हुए:-
आई चकि अवतरियौ आय, जांबु दीप भरथ खंड माहि। वागड़ देस विराजे दई, संभरथलि परगटियो सही।८९
तेजोजी कृत विसन विलास में गुरु जाम्भोजी को संभराथल पर स्थित जगतगुरु, स्वयंभू एवं अजोनी (जन्म-मरण से परे) परम पुरुष के रूप में निरूपित किया गया है:-
संभराथल सुथल जगत गुरू संभल, अवगति पुरख असर बहणौं। आयो गुरू झंभ अचंभ अजोनी सिंभू, माया रूपी महमणौं।४
केसोजी गोदारा कृत साखी में स्पष्ट कहा गया है कि परमात्मा स्वयं भगवे भेष में संभराथल पर अवतरित हुए:-
बाबै आप लियो अवतार, सामि संभरथलि आवियौ। मिलियो आप अलेख, भाग परापति पावियो।
भाग परापति पावियो, जै मंन्यौ त्यागिया मांण। अनवे अजाण अबुझ मुरिखा, किया सामि सुजांण।
कुमल कुलछण परहरिया, सुधि हुवा करणी सार। भगवैं वांनै विसंन आयौ, बाबे आप लियो अवतार।
भाग परापति पावियो, सांमि संभरथलि आवियौ।१
इसी भाव को आगे बढ़ाते हुए केसोजी की दूसरी साखी में कहा गया है कि स्वयं भगवान ने शरीर धारण कर कलियुग में संभराथल पर प्रकट होकर सतगुरु का स्वरूप धारण किया:-
जुगि जागियौ जगदीस, काया धरि आयो कलि। सुरग दिवण सुरराय, साचौ गुरू संभराथलि।
संभराथलि सांमि आयो, पात परसै पांव। सांमि सुगरां संमहे, सुरग द्ये सुर राव।
रायचंदजी कृत साखी में भी गुरु जाम्भोजी को अवतार के रूप में स्वीकार करते हुए कहा गया है कि वे संभराथल में प्रकट होकर धर्ममार्ग का उपदेश देते हैं:-
मेरे कान अवाज हुई, अवतार लियो संसारो।१ संभरथलि गुडी उछली, आयो किसन मुरारो।२
करणी क्रिया फुरमाई, जिस थे लंघिये पारो।३ छीमां दया अर भगति करो, केवल नांव उचारो।४
पराई नंध्या न करौ, मत बांधौ सिर भारो।५ चोरी जारी न करो, परहरियो अंहकारो।६
चोहजुग का विछड़िया कद मिले, मिले विसन के अवतारो।७ रायचंद बोले विनती, साधां संग पार उतारो।८
परमानंदजी बैनिवाल कृत साखी के अनुसार गुरु जाम्भोजी भूख, प्यास, दुःख आदि से परे हैं और स्वयं परमात्मा के रूप में प्रकट हुए हैं:-
बाबो आवियो आदि विसंन, संभरथलि साचौ धंणी। परच्या पवन छतीसुं, सप्त दीप सोभा सुणी।
सप्त दीप सोभा सुणी नै, आवियो हरि आप। खुध्या तिसना नींद नहीं, सोक नहीं संताप।
छाया खोज न आपदा न, कलू आवियो किसन। करतार पार पावै कवण, आवियो आदि विसन।
संभराथल साचौ धणी।१
ग. अलौकिक और दिव्य स्वरूप:- जांभाणी साहित्य में गुरु जाम्भोजी का स्वरूप केवल आध्यात्मिक गुरु तक सीमित नहीं है, बल्कि उन्हें अलौकिक एवं दिव्य सत्ता के रूप में भी चित्रित किया गया है। उनके आचरण, जीवन-विधि और गुणों में ऐसे चमत्कारिक तत्व दिखाई देते हैं, जो सामान्य मानव सीमाओं से परे हैं। केसोजी गोदारा कृत कथा इसकंदर की के अनुसार, जब सिकंदर लोदी ने हासम-कासम से गुरु जाम्भोजी के संबंध में जानकारी प्राप्त करनी चाही, तब उन्होंने बताया कि वागड़ देश के संभराथल में गुरु जाम्भोजी विराजमान हैं। उनका स्वरूप अत्यंत विलक्षण है। वे सिर पर टोपी तथा शरीर पर भगवा वेश धारण किए हुए हैं। उनकी छाया नहीं पड़ती है, उन्हें निद्रा नहीं आती है। वे अन्य व्यक्तियों के मन की बात जान लेते हैं तथा काम, क्रोध, भूख और नींद जैसे सांसारिक विकारों से परे हैं। हासम-कासम के मुख से यह वर्णन सुनकर सिकंदर लोदी आश्चर्यचकित हो गया और उसने स्वीकार किया कि ऐसा अलौकिक आचरण तो केवल ईश्वर का ही हो सकता है:-
सामि संभरथलि वागड़ देस, सीस कुल्है तन भगवै वेस। खोज न छांह न निंदरा सुवै, परमन की तौ परगट लहै।५२
कांम क्रोध तिस भूख न नींद, जिण साहि का हुवौ मुरीद। कांने बात सुणी पतिसाय, इण आचारे हुवै खुदाय।५३
घ. ज्ञान, मोक्ष और धर्ममार्ग के उपदेशक:- जांभाणी साहित्य में गुरु जाम्भोजी का स्वरूप एक सत्य मार्गदर्शक (सतगुरु) के रूप में प्रतिष्ठित है, जो केवल आध्यात्मिक सिद्धांतों का प्रतिपादन ही नहीं करते, बल्कि कर्म और आचरण पर आधारित धर्ममार्ग का उपदेश देते हैं। वे जीवों को सच्चा ज्ञान (ब्रह्मज्ञान) प्रदान कर उन्हें मोक्ष की ओर अग्रसर करते हैं। गुणदासजी कृत साखी के अनुसार संभराथल पर सतगुरु प्रकट होकर कैवल्य ज्ञान का उपदेश देते हैं:-
संभरथलि सतगुरू परगास्यौ, कथि केवल ग्यांन सुणायो।११
इसी प्रकार हजूरी कवि कृत साखी में भी गुरु को अज्ञान का निवारण करने वाला बताया गया है:-
संभरथलि लियो मेल्हांण, तखत रचावियौ।१० गुरू म्हारो बेठो खेवट ताणि, अबुझ बुझावियौ।११
उदोजी नैण कृत साखी के अनुसार संभराथल स्वयं एक तीर्थ है, जहाँ गुरु के उपदेशों का पालन करने वाला जीव संसार-सागर से पार होकर मोक्ष (सुरगपुर) को प्राप्त करता है:-

थारो तीरथ निज थल थांन, सो गुरू आयो भालियौ। तिंह गुरू का किरिया कौल, माथे वांदि पालियौ।
थारी नवखंडि हुई अवाज, संभरथलि गुरू आवियौ। साधां रा सारलौ काज, जे पुरौ गुरू ध्याइयौ।
जिण पुरौ गुरू धियायौ, से सुरगापुर जायसे। अफट पटोला सुरग हिंडौला, मन्यौ चितायसे।
कजौ संबल चड़ौ बेड़े, पारि पुंहचौ भाइयौ। नवखंड देस अवाज थारी, संभरथलि गुरू आइयौ।५

उदोजी नैण कृत साखी के अनुसार गुरु जाम्भोजी बाह्य आडंबरों की आलोचना करते हुए सच्चे धर्म का मार्ग बताते हैं:-

दिने जागौ दिने जागौ, औ गुरू परगट आयो।१ संभरथलि सतगुरू परगास्यौ, चोहचकि आप लखायो।२
गाफिल भुलि रह्या भुलावे, करणी साध चितायो।३ जां गुरू न चीन्हौ पंथ न पायो, अहलो जलम गुमायो।४
रह निरंतरि नर निरहारी, भल तीरथ निज बांणी।५ खुधिया तिसनां निंदरा नांही, न पियुं गोरस रस अंन न पांणी।६
सुरगापुर का माघ बतावै, असड़ौ लहो विनांणी।७ सतगुरू नींदे देवल वींदै, धौके काठ पषांणी।८
तीरथे न्हावै पिंड छलावै, जोय जोय नीर निवांणी।९ सुरगापुर की सार न जांणै, भुलौ भुंवे इवांणी।१०

उदोजी नैण कृत साखी के अनुसार गुरु जाम्भोजी संभराथल पर प्रकट होकर ब्रह्मज्ञान का उपदेश देते हैं:-

सिंवरो सतगुरू सामि, आदि विसन संभु सही। संता कारण देव, संभरथलि जाग्या देई।
संभराथलि सामि जाग्यो, जोग जुगति पिछाणियां। परमोध रूपी मिल्यो कलि मां, व्रंभ ग्यान बखाणियां।
मोमिणा आणंद हुवो, हेत करि मांनी कही। परमगुरू संसारी साचौ, आदि विसन संभु सही।१

कुलचंदजी अग्रवाल कृत साखी के अनुसार गुरु जाम्भोजी के आगमन से सम्पूर्ण जंबूद्वीप में जागरण हुआ और लोगों को संभराथल आने का आह्वान किया गया:-

जागो जागो जंबु दीपे हुई अवाज, सही सोदागर झांभराज आवियो। आए नै संभरथलि लियो छै मेल्हांण, विणंज करो मेरा भाइयो।

हजूरी कवि कृत साखी के अनुसार गुरु जाम्भोजी जीवों को संसार-सागर से पार लगाने वाले खेवट (नाविक) हैं:-

संभरथलि लियो मेल्हांण, तखत रचावियौ।१० गुरू म्हारो बेठो खेवट ताणि, अबुझ बुझावियौ।११

मीठुजी कृत हरजस के अनुसार संभराथल पर गुरु के आगमन से अमृत रूपी ज्ञान की धारा प्रवाहित हुई:-

संभराथल गुरू सामि पधारे, बूठो अमरत धार सुहाई। अनंत कोड़ जाके दांवण विलवा, दास मिठु वांकी सरणाई।४

केसोजी गोदारा कृत साखी के अनुसार गुरु जाम्भोजी दान, शील, तप और प्रेमभाव के पालन का उपदेश देते हैं:-

दांन सील तप भाव पालौ, दियौ प्रीतंम पार नै। संभराथल सांमि आयो, सिंवरौ सिरजंणहार नै।१

साधु जगदीशरामजी कृत भजन के अनुसार गुरु जाम्भोजी के आगमन से अज्ञान का अंधकार समाप्त हो गया:-

पींपासर प्रकासिया, चौचक हुवो उजास। बारे क्रोड़ जीवा के कारण, आप कलि में आये।२
समराथल गुरू आविया रे, तिमर भयो सब दूर। सांगा राणा और नरेसा, आये सकल हजूर।३

ङ. सर्वधर्म समभाव और सार्वभौमिक गुरु:- जांभाणी साहित्य में गुरु जाम्भोजी का स्वरूप किसी एक धर्म, पंथ या समुदाय तक सीमित नहीं है, बल्कि वे सर्वधर्म समभाव के प्रतीक एवं सार्वभौमिक गुरु के रूप में प्रतिष्ठित हैं। उनके उपदेशों में स्पष्ट रूप से यह विचार निहित है कि ईश्वर की प्राप्ति किसी विशेष धार्मिक पहचान से नहीं, बल्कि शुद्ध आचरण (करणी) से होती है। गुरु जाम्भोजी का यह सिद्धांत जंभसार में वर्णित लूणकरण और महमंद खाँ के संवाद में स्पष्ट रूप से प्रकट होता है। उस समय संभराथल पर हिन्दू और मुसलमान दोनों ही समान श्रद्धा से उनके दर्शन हेतु आते थे। इसी कारण यह प्रश्न उत्पन्न हुआ कि गुरु जाम्भोजी हिन्दुओं के देवता हैं या मुसलमानों के पीर। बीकानेर के शासक लूणकरण और नागौर के सूबेदार महमंद खाँ के मध्य इसी विषय को लेकर विवाद उत्पन्न हुआ, जिसका वर्णन साहबरामजी राहड़ ने जंभसार में इस प्रकार किया है:-

एक समैं समराथल स्वामी, बैठे जंभ सदा नह कामी। लूणकरण राजा तेहि वारा, सहल करण मन मांहीं विचारा।
देख मुल्क आए पींपासर, महमंद खांन मिल्यों तेहीं वर। जंभराय की बात चलाएऊ, महमंद खांन राजा बतलाऐऊ।
खांन कहै निज देव की जानेऊ, अवलिया पीर हमारा मांनेऊ। लूणकरण भाखै इम भेवा, यह तो जंभ हमारे ई देवा।
भयोउ वाद करहहिं बकवादा, कहु केहि भांतहि मिटहि विवादा। राजा कहे सुंनहू सुबदारा, देव जानिये एहि आचारा।
अस्नांन ध्यांन संध्यादिक कर्मा, होम जाप रहू सूतक धरमा। विसनु भजै अरु अंनहि जिमावै, मद आमख सै दूर रहावै।
ताते देव हमारे जानों, तुम कहों पीर कवन विधि मानो। महमंद खांन बतावैं पीरा, कछुवन दीखे तुमरों सीरा।
सिर पर चोटी राखै नाही, विवाह मध्य फेरा न कराहीं। सब हिन्दू ब्राह्मण कूं माने, यह ब्राह्मण कुं चेलेहि ठांनै।
ब्राह्मण कर जीमहि संसारा, एहि के सम ब्राह्मण चमारा। गंगा गया श्रादादिक करमा, अड़सट तिरथादिक सब धरिमा।
एह सब हिन्दु करहि सदाई, जंभ पीर एहि निकट न जाई। दाग जंमी का घोर अरु कफना, एहि विधि मानहि पीर जु अपना।
इनका राहा है सौई हमारा, जंभ पीर नहीं है देव तुमारा।

इस प्रकार दोनों पक्षों में विवाद बढ़ने पर उन्होंने समाधान हेतु गुरु जाम्भोजी के पास अपने प्रतिनिधि भेजे और प्रश्न किया:-

कहै पिरोहित जंभ ने, सत कहो गुरु पीर। तुम हिन्दु के देव हो, कैह मुसलमान सूं सीर।
तब गुरु जाम्भोजी ने इस विवाद का समाधान करते हुए अत्यंत स्पष्ट और सार्वभौमिक उत्तर दिया:-
हिन्दू मोकहुं मति कहो, मुसलमांन मैं नाहि। जाकी करणी सुध है, ता मांहीं दरसाहि।
इस प्रकार गुरु जाम्भोजी सर्वधर्म समभाव के प्रवर्तक और सांप्रदायिक सीमाओं से परे सार्वभौमिक गुरु थे। संभराथल इस समन्वय का जीवंत केन्द्र था, जहाँ विभिन्न धर्मों के लोग एकत्र होकर गुरु जाम्भोजी के उपदेशों से प्रेरणा प्राप्त करते थे, और इस प्रकार यह स्थल धार्मिक एकता और मानवता के आदर्श का प्रतीक बन जाता है।

07. सोवन नगरी प्रसंग:- केसोजी गोदारा कृत कथा चितोड़ की के अनुसार दिल्ली में ठहरी विसनोईयों की एक जमात से भींया नामक शास्त्रज्ञ व्यक्ति ने गुरू जाम्भोजी के विषय में जान कर उनके अवतार होने में शंका व्यक्त की। जमात ने गुरू जाम्भोजी से भी यह बात कही। छह महीने बाद पुन: उन विशनोईयों ने उससे शंका निवारणार्थ गुरू जाम्भोजी के पास चलने का धरणा देकर आग्रह किया। वह मन मे चार 'द' विचार कर संभराथल चला। गुरू जाम्भोजी ने उसके प्रशनों का उत्तर और 'द' का भेद बता दिया। उसके बाद उन्होंने सोवन नगरी देखने की जिद की:-
सतगुरू सनमुख होय कर, पूछै भेद विचार। काल करै कलिंग तणौ, कलिजुग ऐक अवतार।८२
पुसतक वाचौ करो विचार, कलि कोई दूजो अवतार। अवतार गुपत ऐक होयसी तांम, सोवन नगरी संभरा नांम।८३
च्यारि ददा दिल हूं लह्या, करूं जुगति सूं जाप। भोलो भागो भींये को, तदि ओलखियो आप।९४
सोवन नगरी निजरी दिखाय, तो जाणो तिहुं लोकां राय। देखूं निजरि हुवै इतवार, तो जाणौ साचौ अवतार।९५
सुरजनजी पुनियां कृत कथा औतारपात में भी इसका उल्लेख है:-
संभरा नगरी हरि अवतार, मेरे वेद लिखी थी सार।११३
तुं हरी मुरति सही, संभरा नगरी नांहि। सोवन पुरी दिखाय दे, सही हुवे मन मांहि।११४
साहबरामजी राहड़ कृत जंभसार में भी इसका उल्लेख है:-
पुस्तक वाचे करे विचारा, कलजुग कहो कूण अवतारा।
निमत अवतार जंभगुर नामा, सोवन नगरी संभर धामां। सोवन नगरी नैंन दिखावहि, हूं जाणूं तिहूँ लोका रावहि।
केसोजी गोदारा कृत कथा चितौड़ की के अनुसार गुरू जांभोजी ने उक्त भींयो लोहार के साथ रणधीर बाबल, खींयों कलियो, दुरजन माल, संहसारो राठोड़ को सोवन नगरी दिखाई थी:-
संगि हुवो बाबल रिणधीर, खिंयो कलियो साथि सधीर। संभरा नगरी हुवौ वौड़, तीजौ संहंसारो राठौड़।९६
दूजण माल भींयो लोहार, ऐ पांचू चौकस हुवा तियार। बकस करी बाबा बलि जांव, सर परसां न जांणौ नांव।९७
पांच नफर साथे हुवा, भेद दिखावै आय। सोवन नगरी संभरा, भूधर देह दिखाय।९८
गुरू जाम्भोजी ने उन पांचों को संभराथल से पूर्व दिशा में ले जाकर यह दिव्य दृश्य दिखाया:-
संभराथल ऊगवणी दिसा, सतगुरू आयो विसूं विसा। इक मन साध करै गुरू सेव, पड़दो खोल्हि दिखाली देव।९९
ऊजास ईसो ऊगौ आदित, सोवन फाटक सोवन भींत। देव कहै भींया का घड़िया, सोवन ताला दीसै जड़िया।१००
सतगुरू बाझ लहै कुण सार, ताली पाई ताख मंझार। सतगुरू कहै तै घड़िया किवाड़, ताली पाई ताख उघाड़।१०१
भींयो कहै भूधर सूं बात, हुं खोल्हुं म्हारी कुण मात। जिण जड़िया छै कारणि काम, तास वचन उघड़िस्यै तांम।१०२
त्रिकम ताख उघाड़िया, मेटियो मनि विरांम। सोवन नगरी संभरा, सर पर दीठी सांम।१०३
ताला खुलने पर वे भीतर प्रवेश करते हैं, भीतर का दृश्य देखकर भींयोजी गुरू जाम्भोजी से कहते है कि मुझे भी विसनोई बनाओ:-
ताला ताख स जड़िया उघड़िया, सोवन नगरी भीतरि वड़िया। तन त्रीकम तै हुवा उजास, दीठा मिंदर महल उवास।१०४
करता की कथ मानी कही, संभरा नगरी दीठी सही। घर मिंदर हरखिये हिंडोल, भींये तणे मनि भागी भोल।१०५
खोजत खालिक पायो खरो, भींयो कहै विसनोई करो। आ संभरा औ ही अवतार, सति करि जाण्यौ सिरजणहार।१०६
साहबरामजी राहड़ कृत जंभसार में भी यही वर्णन है:-
संग हूवो बाबल रणधीरज, खीयें साहुकार सूं सीरज। तीजो संग सैसौ राठोड़, देखहि संभर मस्तक मोड़।
दूझण माल अरु भीयों लूहार, औ पांचौ सकस हुवा तियार। तुम बकसीस करो प्रभु मोरे, सिर पर साथे जायस्यां तोरे।
पांच साध साथे हुआ, भूधर आयो भाय। सोवन नगरी संभरा, तुम्हे देखावे जाय।
केसोजी गोदारा कृत 'कथा चितोड़ की' के अनुसार सोवन नगरी उन्होंने सोने की मूण, सुलझावणी, झारी, माला और कलश ये पांच वस्तुएं भी ली। रणधीर बाबल ने गुरू जांभोजी से पुछै बगैर सोने की एक सिलम भी ले ली थी:-
मौणि लई एक सोवन तणी, झारी माला सुलझांवणी। पौह दाखवि आण्या परचाय, किनक कलस करि लियो साय।१०७
सोवन नगरी संभरा नांव, कनंक तणां ऐ पांचू ठांव। रिणधीर तणै मनि आई काहि, सोवन सिंवल लई कर साहि।१०८

गुरू विण पूछिया सिंवल लई, तिण कीवी तकसीर। किसही की आई नजरि, देखि हुवो दलगीर।१०९
बाहर आकर लोगों को सोने की वे पांच वस्तुएं दिखाई, उनमें से सोने का घड़ा लुणकरण को दे दिया गया:-
भींयै अंतरि हुवो उघाड़, बाहरि आया जड़िया किवाड़। अंतरजामी करी आ न्याति, दीठी नगरी मिल्या जमाति।११०
किनक तणां दीठा ज्यूं ठांव, जुवा जुवा पांचा का नांव। लूणकरण पूरबली सेव, कलसी घड़ो दिराया देव।१११
इस प्रकार परचा पाकर भींया विसनोई हो गया था:-
पारब्रह्मा ज्यूं परचो दियो, भींयै नु विसनोई कियो। भींयो सेवग हुवो साध, गुरू मिलियो कटिया अपराध।११२
साहबरामजी राहड़ कृत जंभसार के अनुसार भींये के साथ अनेक लोग विसनोई बने थे। भींयों के साथ आए खींया बणिया ने भी विसनोई धर्म अपना लिया था। खींयें की अग्रवाल जाति से भी अनेक लोग विसनोई बने थे:-
पार ब्रिह्म परचौ इम दीयौ, भींये कूं विसनोई कीयो। कुली अठोतर मानुष लाख, भींये के संग हुवा खाख।
भींयौ सेवग हुवो साधू, गुरु मिलियो कटिया अपराधु। खीयौं वांणेटो परचायौ, भीयें के साथे सो आयो।
याके गोती बारा लाख, भए विसनोई हूवा पाख। पूरब पिछम गंगा पारा, ऐ सब बणिये अग्रवारा।
खींये को कुल बड़ो सरूप, बड़े सुक्रमी भक्तन भूप।

08. संभराथल की शोभा का वर्णन:- स्वामी ब्रहमनंदजी कृत आरती के अनुसार जब से संभराथल पर गुरु जाम्भोजी विराजमान हुए, तब से वहाँ का अंधकार (अज्ञान) पूर्णतः दूर हो गया। राजा- महाराजा (जैसे सांगा राणा) सहित सामान्य जन भी उनके दर्शन के लिए उपस्थित होने लगे। संभराथल की शोभा इतनी अद्भुत और विशाल है कि उसका पूर्ण वर्णन करना संभव नहीं है। वहाँ संतों की मंडली गुरु के निकट बैठकर निर्गुण ब्रह्म के शब्दों का उच्चारण करती रहती है। गुरु जाम्भोजी ने संभराथल पर लगभग 51 वर्षों तक रहकर ज्ञान और ध्यान के उपदेश दिए। जीवों को संसार-सागर से पार होने का मार्ग बताया था:-
समराथल हरि आन विराजे, तिमिर भयो सब दूर। सांगा राणा और नरेशा आये, आये सकल हजूर।४
समराथल की अदुभूत शोभा, वरणी न जात अपार। सन्त मण्डली निकट विराजे, निर्गुण शब्द उचार।५
वर्ष इक्यावन देव दया कर, कीन्हो पर उपकार। ज्ञान ध्यान के शब्द सुनाये, तारण भव जल पार।६
माधवानंदजी कृत भजन के अनुसार गुरु जाम्भोजी संभराथल पर विराजमान होकर अगम-निगम (गूढ़ आध्यात्मिक रहस्य) बताते थे। वे नित्य "सबद" (उपदेश) सुनाते थे। अग्नि पूजा करते, ध्यान में लीन रहते और उनकी समाधि अडिग रहती थी। वहाँ वातावरण अत्यंत पवित्र और सुगंधित था। घृत (घी) और गुग्गल की महक हवा के झोंकों के साथ फैलती रहती थी:-
भक्तों के भये दुलारे जी समरथल कैलास बैठे गुरू खास। शब्द नित बोल कहै अगम विगम की बात भेद सब खोल।
अग्नि पुजा करे ध्यान नित धरै समाधि ना डोल। आव घृत गुगल महकार पवन के झोल।
भक्त सब जपै उचार हिरदै गुरू वाणी की धार। साधु संत हरि के प्यारे देते ग्यान कष्ट कटे सार।
केसोजी गोदारा कृत 'कथा इसकंदर की' के अनुसार संभराथल के चारों ओर फोग वृक्ष आच्छादित थे:-
यौ दरखत दरगै दरबार, जां झंभगुरू लियो अवतार। फोग नाम दरखत कौ भणा, दरगै दोली इण की वणी।८७
माधवानंदजी कृत भजन के अनुसार संभराथल के चारों ओर हरियाली और भंवरों की गूंज सुनाई देती थी। कोयल, पपीहा, मेंढक (दादुर) मधुर स्वर में गाते थे। दिव्य प्रकाश (जगमग जोत) चारों ओर फैला हुआ था। वहाँ संत, भक्त, ऋषि, मुनि, योगेश्वर, पंडित आदि एकत्र होकर भक्ति, साधना और ज्ञान का आदान-प्रदान करते थे:-
समरथल की सोभा वरणु सुणो सजन करके गौर। कोयल पपैया दादुर मधुरी वाणी बोलव होर।
और चमकत है हरियाली आली भंवरे कर रहे है शोर। जगमग जोत झलक रही सुंदर संत जन करे जैकोर।
शब्द करे भगत संत रिषी मुनि संतन धरते उठ भोर। योगेस्वर पंडित गुनी लिला सिधी लेवे और।
अपरंपार कलु मंझधार मनुष्य तन धार मान दुष्टों के मारे जी।

09. संभराथल का महत्व:- संभराथल एक ऐसा पवित्र स्थल है जहाँ आत्मिक शुद्धता के आधार पर गुरु का अनुभव संभव है। वील्होजी की साखी के अनुसार संभराथल वह स्थान है जहाँ गुरु जाम्भोजी प्रत्यक्ष (परगट) रूप में विद्यमान हैं। वे देवों के भी देव हैं, परंतु उनका साक्षात्कार केवल वही व्यक्ति कर सकता है जिसका मन शुद्ध और निर्मल हो:-
संभरा परगट बाबौ, देवा ही अंति देव। कीजे मनि सुध मिले, सारंगधर संभराथले।४
वील्होजी कृत "उमाहो" में संभराथल को गुरु जाम्भोजी का दिव्य दरबार बताया गया है। यह वह स्थान है जहाँ देवस्वरूप गुरु का प्राकट्य हुआ था:-
संभरथलि रलि आंवणो, जित देव तणो दीवांण। परगटिये पगड़ो हुवो, निस अंधियारी भांण।३
माधवानंदजी कृत भजन के अनुसार विसनोई पंथ सत्य धर्म और ज्ञान पर आधारित है। भ्रम त्यागकर गुरु के वचनों का पालन करना चाहिए। संभराथल और गुरु की समाधि (मुकाम) को स्वर्ग की निशानी माना गया है:-

विसनोई चलाया पंथ, सत्य धर्म दिया ग्यान। भ्रम छोडो धर्म पालो, वचन गुरू के मान।
समरथल गुरू समाधि, स्वर्ग की निसानी जान।

10. संभराथल का साथरी के रूप में वर्णन:- संभराथल रेत का बहुत बड़ा और ऊँचा धोरा (टीला) है इसके चारों ओर नीचे जंगल ही जंगल है। "हरी कंकेड़ी मण्डप मेड़ी, तहां हमारा वासा" कहकर गुरू जाम्भोजी ने यहीं का परिचय दिया था। अनेक स्थानों पर भ्रमण करने के पश्चात गुरू जाम्भोजी यहीं आकर विराजते थे। जांभाणी कवियों ने संभराथल का उल्लेख सोवन नगरी, संभरा नगरी, सोवन पुरी और संभरी आदि नामों से भी किया है। रासानंदजी गोदारा कृत हरजस के अनुसार:-
सोवन नगरी ऊपरि ठाढे, निस दिन जागै सबद उचारो।
सुरजनजी पुनियां कृत कथा औतारपात के अनुसार:-
संभरा नगरी हरि अवतार, मेरे वेद लिखी थी सार।११३
तुं हरी मुरति सही, संभरा नगरी नांहि। सोवन पुरी दिखाय दे, सही हुवे मन मांहि।११४
लखमणजी गोदारा कृत साखी के अनुसार:-
संभरी आयो सामि, सुचियारां साचो धणी। एकलवाई आप, झांभेसर जीवां धणी।
वर्तमान में संभराथल नाम अपभ्रंश होकर समराथल हो गया है। इसके अलावा "धोक धोरा" नाम भी प्रचलित है। मुकाम-मेले के दूसरे दिन सवेरे प्रत्येक "जातरी" विसनोई यहाँ पर हवन करने आते है तथा नीचे से मिट्‌टी लाकर इसके ऊपर डालते है। विसनोई धर्म में संभराथल का स्थान अत्यंत महत्वपूर्ण है। विल्होजी कृत 'ग्यानचरी' में संभराथल को स्पष्ट रूप से "साथरी" कहा गया है:-
भगतां काजि कियौ परवेस, भरथ खंड मंहि वागड़ देस। संभरथलि उभो साथरी, नवखंडि जोति जुगति परचिरी॥११
रायचंद कृत साखी में भी संभराथल को गुरु की साथरी के रूप में वर्णित किया गया हैं:-
साथरी गुरू की वन संभरथल, जहां खेल पसारियो। तिराणवे की सांधि पुगी, दे करि सीख सिधारियो॥१
आलमजी अग्रवाल कृत 'हरजस' में संभराथल को साथरी कहा गया है:-
संभरथल री साथरी, ठावा ठोड़ ठांव। चिरत करता मां हुवे, अ महारां छुटा माह।
आलमजी अग्रवाल कृत एक अन्य हरजस में संभराथल और तालवा मुकाम में दर्शनार्थियों के आने का उल्लेख है:-
संभरथल रलि आंवणो, तुं ही मुकाम तलाव। भगतां सरसो भाव करि, तीन लोक का राव॥२
देव सुरंगी साथरी, जमातियां रा झुल। दीसै साध सुहावणा, सींचै तां भल मुल॥३
केसोजी गोदारा कृत 'कथा सैंसै जोखाणी की' में संभराथल का साथरी के रूप में उल्लेख:-
सतगुरू संभरथलि साथरी, ऐक समईयै मनसा धरी। कही मतै जगजीवण जांणि, रथ जोत्या पौंहण पलांणि॥३
साधु जगदीशरामजी कृत साखी में दस प्रमुख धामों की सूची में संभराथल को भी स्थान दिया गया है:-
जाम्भोलाव को जान ले, पींपासर पहचान। मुकाम तो मेलो मंडे, समराथल सुख ध्यान।
साहबरामजी राहड़ कृत 'जंभसार' के 22वें प्रकरण में वर्णित 16 साथरियों में सर्वप्रथम संभराथल का उल्लेख किया गया है। साहबरामजी के अनुसार गुरु जाम्भोजी ने स्वयं रेड़ोजी सांवक को संभराथल साथरी का प्रमुख (मालिक) नियुक्त किया था:-
रेड़ोजी समराथल मालक, अपणै हाथ बठाऐ खालक।
आछरोजी कृत साखी में अमावस्या के दिन संभराथल पर आकर हवन करने और घी के दीपक प्रजवल्लित करने का संकेत मिलता है:-
मेरे मनि हुई हुलास, संभराथलि जाइये॥१ संभरथलि जाइये खरच नाहीं, बीच अमावस कीजिये॥२
काहे का मैं करूं दीपग, काहे केरी बातियां॥४ काहे का मैं घिरत छालूं, जगों छमासी रातियां॥५
संभराथल के पुर्व में एक तालाब है। दंतकथाओं के अनुसार गुरू जाम्भोजी ने संवत 1542 में अकाल राहत कार्य के रूप में इस तालाब की खुदाई करवाई थी। वर्तमान में भी लोग इस तालाब से मिट्‌टी निकालकर ऊपर धोरे पर डालते है। मीठुजी कृत एक सवैये में संभराथल पर धोक देने और मिट्‌टी निकालने को महत्वपूर्ण बताया गया है:- "माटी काढे बिन जनम इक्यारथ, संभर के धोके बिन भार सिर भारी है।" संभराथल की सबसे ऊँची चोटी पर जहाँ गुरू जाम्भोजी बैठते और हवन किया करते थे, वहां पहले एक छोटी सी गुमटी बनाई हुई थी। अब वहां नवीन मंदिर बना दिया गया है।

11. संभराथल का आधुनिक विकास:- संभराथल विसनोई धर्म का प्रमुख उपदेश-स्थल होने के साथ-साथ आधुनिक काल में भी संत परंपरा के माध्यम से निरंतर विकसित होता रहा है। विशेषतः विक्रम संवत् 2000 के आसपास यहाँ संतों के प्रयासों से आश्रम, मंदिर तथा अन्य धार्मिक संरचनाओं का सुदृढ़ विकास प्रारम्भ हुआ, जिसने इस स्थान को एक संगठित आध्यात्मिक केन्द्र के रूप में स्थापित किया। संवत् 2000 के आसपास संत रामप्रकाश जी ने संभराथल के पश्चिमी भाग में एक कुटिया बनाकर निवास प्रारम्भ किया। प्रारम्भ में यह एक साधारण साधना-स्थल था, किन्तु धीरे-धीरे यह प्रवचन, सत्संग और धर्मचर्चा का केन्द्र बन गया तथा कालांतर में एक व्यवस्थित आश्रम के रूप में विकसित हुआ। संवत् 2032, फाल्गुन कृष्ण दशमी को संत रामप्रकाश जी का देवलोक गमन हुआ। उनके पश्चात् उनके शिष्य संत रामकृष्ण

जी ने उनके अधूरे कार्यों को आगे बढ़ाते हुए आश्रम के विकास तथा धार्मिक गतिविधियों को निरंतर गति प्रदान की। संत रामप्रकाश जी के समकालीन काल में ही, संवत् 2020 में संत चंद्रप्रकाश जी ने संभराथल के पूर्वी भाग में कुटिया स्थापित कर निवास प्रारम्भ किया। यह स्थान भी समय के साथ एक सुव्यवस्थित आश्रम में परिवर्तित हो गया। इस आश्रम में अंकित शिलालेख से ज्ञात होता है कि संत चन्द्रप्रकाश जी ने संवत् 2020 मिति माघ सुदि 15 को इस स्थान की स्थापना की थी। कुटिया तथा टांका निर्माण पर 5001 रुपये व्यय हुए थे। वर्तमान में इसी आश्रम परिसर में संत चंद्रप्रकाश जी की समाधि भी स्थित है। संवत् 2028 से पूर्व संभराथल पर एक लघु मंदिर विद्यमान था। तीर्थ के बढ़ते महत्व और श्रद्धालुओं की संख्या को दृष्टिगत रखते हुए एक भव्य मंदिर निर्माण का निर्णय लिया गया। संभराथल स्थित साथरी पर लगे शिलालेख के अनुसार श्री गुरु जम्भेश्वर भगवान संभराथल धोरा मंदिर की नींव संवत् 2028, मिति चैत्र शुक्ल पंचमी को संत रामप्रकाश जी एवं संत चन्द्रप्रकाश जी के कर-कमलों द्वारा रखी गई थी। विसनोई समाज के सहयोग तथा इन संतों के अथक प्रयासों से यह निर्माण कार्य संवत् 2039, आषाढ़ बदी अमावस्या को पूर्ण हुआ था। इस प्रकार संभराथल का वर्तमान स्वरूप संत रामप्रकाश जी, संत चंद्रप्रकाश जी तथा उनके शिष्यों के समन्वित प्रयासों का परिणाम है।

3

मुकाम

01. परिचयः- मुक्तिधाम मुकाम राजस्थान के बीकानेर जिले की नोखा तहसील में स्थित एक अत्यंत महत्वपूर्ण तीर्थ स्थल है। यह स्थान नोखा से लगभग 10–15 किलोमीटर की दूरी पर पड़ता है। सम्भराथल से यह लगभग 2 किलोमीटर उत्तर-पश्चिम दिशा में अवस्थित है। यह स्थल तालवा गांव में स्थित है। यहीं पर गुरु जाम्भोजी की पवित्र समाधि स्थित होने के कारण यह स्थान "मुकाम" अर्थात् अंतिम ठहराव के नाम से प्रसिद्ध हुआ। कालांतर में इसकी धार्मिक महत्ता को देखते हुए इसे श्रद्धापूर्वक "मुक्तिधाम मुकाम" कहा जाने लगा। वर्तमान में विसनोई समाज में यह धाम सर्वोच्च आस्था का केंद्र माना जाता है। इससे पुर्व गुरू जाम्भोजी के जीवनकाल में यही दर्जा संभराथल साथरी को प्राप्त था।

02. मुकाम समाधि मंदिर की स्थापना

क. परमानंदजी बैनिवाल का मतः- परमानंदजी बैनिवाल कृत हस्तलिखित ग्रंथ में गुरु जाम्भोजी के निर्वाण का उल्लेख इस प्रकार मिलता हैः- "संमत 1593 मंगसर वद नुंय साम्ही अलोप हुआ। वांसे लोक दिखावे नै पुतलो मेल्ह गया। 85 व्रस 3 महीना 1 दिन 3 घड़ी निरहारी पुरस प्रगट रहिया। लाल्हासर थी तालव्या ल्याया। साथरिया झांभोलाव रो मतो करि 10 दसुय रे दिन मुकाम कियो। पछै राव जैतसी लूणकरणौत आडो फिरियो। मांहरे देस रो देव बीजै देस ले जाण द्यौ नहीं। संमत 1593 मंगसर वद 11 मुकट री नींव थरपी।" इस विवरण के अनुसार गुरु जाम्भोजी का संवत 1593 मार्गशीर्ष वदि नवमी को लालासर में निर्वाण हुआ था। निर्वाण के पश्चात् 'साथरियों' (अनुयायियों) ने गुरु जाम्भोजी के शरीर को जाम्भोलाव ले जाकर समाधि देने का विचार किया। इसी उद्देश्य से दशमी के दिन उन्होंने लालासर से प्रस्थान किया। बीकानेर के शासक राव जैतसी लूणकरणोत को जब यह ज्ञात हुआ तो उन्होंने इसका विरोध किया और कहा कि उनके राज्य (बीकानेर) के पूज्य देव को अन्य राज्य (जोधपुर) में नहीं ले जाया जाएगा। फलस्वरूप दशमी का दिन विवाद में व्यतीत हुआ और अंततः एकादशी (संवत् 1593, मार्गशीर्ष वदी 11) को तालवा गांव में ही गुरु जाम्भोजी की समाधि दी गई। इसी दिन समाधि मंदिर की नींव स्थापित मानी जाती है। केसोजी गोदारा कृत साखी में भी तीसरे दिन की स्थिति का चित्रण मिलता हैः-

सेत पुंवग पुरो पुरेख, दीठो संझ सवेर। दिन तीजे केसो कहे, रहया फिरि जुं गेर।२७

ख. साहबरामजी राहड़ का मतः- साहबरामजी राहड़ कृत जंभसार के 22वें प्रकरण के अनुसार गुरु जाम्भोजी के सतलोक गमन के पश्चात उनके प्रमुख शिष्य रणधीरजी बाबल, रेड़ोजी सांवक सहित चारों पोशाकों के संतगण एकत्रित हुए। उनके साथ बड़ी संख्या में साधु-संत एवं अनुयायी भी उपस्थित थे। संतों ने गुरु जाम्भोजी की देह को कंधों पर उठाकर जांभोलाव (जंभसागर) की ओर प्रस्थान किया और जांगलू गांव में जाकर विश्राम कियाः-

जंभ गुरु सतलोक सिधाऐ, अनंत कोट जिव मुक्त मिलाऐ। रणधीरज रेड़ोजी संगा, अवर संत वड़दी बहु रंगा।
जंभ सिंगासण लियो उठाई, जंभ सागर ने चलेउ पराई। बीसा सौ साधू संग लीन्हें, ले श्रीकंवल पयानों कीन्हें।
जाय जांगलू कियो निंवासा।

जब यह समाचार बीकानेर के शासक राव जैतसी को प्राप्त हुआ, तो उन्होंने तत्काल एक हाकिम को लगभग सौ घुड़सवारों के साथ भेजा। हाकिम ने संतों के पास पहुँचकर विनम्र निवेदन किया कि गुरु जाम्भोजी की देह को वापस ले चलोः-

राजा होकम कियेउ तेहि वारा, ऐक मुसायब सौ असवारा। जाय साथरी दरसन कीन्हां, हाकम जाय प्रकमां दीन्हां।
कर डंडोत शीस तिन नावा, हाथ जोड़ करू वचन सुनावा। कृपा करो उलटा ले चालो, दर्शन किया कटै जंम जालो।

इस पर रणधीरजी बाबल ने स्पष्ट किया कि गुरु जाम्भोजी ने स्वयं जंभसागर (जांभोलाव) में समाधि का स्थान निर्धारित किया है। वे केवल गुरु की आज्ञा का पालन कर रहे हैं। किन्तु हाकिम ने कहा कि इस राज्य के देव को दूसरे राज्य में नहीं ले जाने देंगे। तब संतों ने उत्तर दिया कि हम तो गुरु की आज्ञा का पालन कर रहे थे, अब आपकी इच्छा है। ऐसा कहकर संत हाकिम के साथ वापस चलने को तैयार हो गएः-

तब रणधीरज वचन सुनाऐ, जंभ सागर पर कंवल बनाए। जहां अज्ञा दीन्ही जंभराई, जंभसागर ले ज्यावां भाई।

जब ऐसै हाकम बतलावा, यहां के देव उहां नहीं जावां। तब साधू बोलत अस बानी, जंभ कह्यों अज्ञा वरतांनीं।
अब तुमरी अंछिया सो करो, चलो संत अजरा तुम जरो। अस कहि कंवल कंध धर लएउ, साथे हाकम चलते भएउ।
वापसी में संतों ने तालवा पहुँचकर विश्राम किया। वहां पर गुरु जाम्भोजी की देहयुक्त संदूक को खेजड़ी वृक्ष की डाल पर टांग दिया और उस पर चादर डाल दी गई। तालवा में विश्राम के दौरान रणधीरजी बाबल ने विचार करके यह निर्णय लिया कि यही स्थान समाधि हेतु उपयुक्त है। यहीं समाधि देकर मंदिर की नींव रखी जानी चाहिए:-
ले करि कंवल तालव कर वासा, मुकाम करे ते नांम प्रकासा। जंभ कंवल विसराम कराया, पास तालवै आय पधराया।
त्रेताजुग की तुलछां डालेउ, टांग कंवल चादर दिवि ढालेउ। रणधीरज मंन कीन विचारा, मंदर नींव दई तिण वारां।
इस प्रकार संवत 1593 मार्गशीर्ष वदि 13 शनिवार को रणधीरजी ने अपने हाथों से समाधि मंदिर की नींव लगाई। इस दिन से यह मंदिर आरंभ हुआ, तथा मुकाम कहलाया:-
तिथ त्रियोदश थावर वारा, मिगसर वद शुभ दिन विचारा। संवतसर पंनरासै कहिये, सिद्ध योग्य हर वरसण लहिये।
ता दिन आरंभ मिंदर करेउ, रणधीरज आप कर नींव जु धरेउ।
ग. स्वामी ब्रह्मानन्दजी का मत:- स्वामी ब्रह्मानन्दजी कृत 'विसनोई धर्म विवेक' (1914 ई.) के अनुसार गुरु जाम्भोजी के समाधि मंदिर की नींव विक्रम संवत 1593 मार्गशीर्ष वदि 11 को ग्राम तालवे में रखी गई थी।
03. जांभोलाव ले जाने का कारण:- गुरू जाम्भोजी की देह को जांभोलाव ले जाने का विचार कोई आकस्मिक निर्णय नहीं था, बल्कि स्वयं गुरु जाम्भोजी की पूर्व निर्धारित इच्छा और आदेश पर आधारित था। गुरू जाम्भोजी ने अपने समाधि स्मारक के निर्माण हेतु जांभोलाव पर पहले से ही जगह तय कर दी थी। साहबरामजी राहड़ कृत जंभसार (प्रकरण 21) में यह उल्लेख मिलता है कि गुरु जाम्भोजी ने अपने प्रमुख शिष्य रणधीर बाबल से कहा कि मैं तुम्हें यह आज्ञा देता हूँ कि एक दिन मैं अपनी देह त्याग करूँगा। उस समय तुम मेरे शरीर को एक संदूक में रखकर जंभसागर (जांभोलाव) ले जाना। वहाँ मैंने पूर्व से ही अपनी समाधि तैयार करवा रखी है। उसी स्थान पर मेरी देह को समाधिस्थ कर देना और उसके ऊपर प्रेमपूर्वक एक मंदिर का निर्माण करना:-
अब तुम कूं अज्ञा मम ऐहा, एक दिवस त्यागूं निज देहा। छांह हमारी धरूं संदूका, जंभ सागर तहां कंवल अनूपा।
कंवल मांहिं राखो निज देहा, ऊपर करो मंन्दर निज नेहा।
आगे वे मंदिर निर्माण के साधन के विषय में कहते हैं कि तुम्हारे पास जो सोने की सिलम (धातु का टुकड़ा) है, उसे जितना भी काटोगे, वह प्रातःकाल पुनः उतनी ही हो जाएगी। उसी के द्वारा तुम मंदिर का निर्माण कराना और जंभसागर की पैड़ियाँ (सीढ़ियाँ) भी बनवाना:-
इंहै सिलम काटोगे जितनी, प्रात: काल हुय जावै उतनीं। परबत कुल कुल नाग निज रहहूं, मंदर बने सतपुर जहहूं।
यांसे मंदर खुब बनावो, सागर की पैड़ी बंधवावौ।
इसी आज्ञा के कारण उनके अनुयायियों (साथरियों) ने उनके देहावसान के बाद शरीर को जांभोलाव ले जाने का प्रयास किया। किन्तु ऐतिहासिक परिस्थितियों (राव जैतसी द्वारा विरोध) के कारण यह संभव नहीं हो सका और अंततः तालवा (मुकाम) में ही समाधि दी गई।
04. मुकाम मंदिर का निर्माण:- साहबरामजी राहड़ कृत जंभसार के 22 वें प्रकरण के अनुसार मंदिर निर्माण कार्य आरंभ होने के 17 महीने बाद (लगभग संवत 1594 जेठ मास) रणधीरजी बाबल का देहांत हो गया था। और मंदिर का निर्माण छज्जों तक ही हो पाया था। उसके बाद साधुओं ने गांव-गांव जाकर चंदा मांगकर ऊपर कच्चे मंदिर का निर्माण करवाया था। इस प्रकार सात वर्ष (संवत 1593-1600) बाद मंदिर का निर्माण पुर्ण हुआ:-
छाजे लग मिंदर गज गीरा, जाकूं चिणवायो रणधीरा। और संमाद भली बनवाई, जंभगरू कर से चिणवाई।
यामैं जंभगरू संग रहेऊ, तातै या सम और न भएऊ। साध पास खरच कछु नांहीं, मांग मांग गावां सूं ल्याही।
उपर कचो मंदर करियो, सात वर्ष में पुरे परियो।
जबकि बाबल वंश के बही भाटों के अनुसार रणधीरजी बाबल का देहांत संवत 1597 चैत्र सुदि सप्तमी को हुआ था। और इस दिन तक मंदिर का निर्माण पुरा हो चुका था। रणधीरजी बाबल के देहांत के बाद उनको नवनिर्मित मंदिर के प्रांगण में ही समाधिस्थ करके समाधि स्मारक का निर्माण किया गया था। इनके अतिरिक्त हीरालालजी माहेश्वरी ने अपने शोधग्रंथ में वर्णित किया है कि "स्वामी ब्रह्मनंदजी कृत विसनोई धर्म विवेक (पृष्ठ संख्या 42, संवत 1971, द्वितिय संस्करण) में संवत 1597 चैत्र सुदि सप्तमी को मुकाम मंदिर का निर्माण पुर्ण होना लिखा हुआ है।" हीरालालजी माहेश्वरी कृत शोधग्रंथ में वर्णित है कि "संवत 1597 के चैत सुदि 7 शुक्रवार को मुख्य मंदिर बनकर तैयार हो गया था। मंदिर रणधीरजी ने ही अपने अथक प्रयास, पंचायत और अन्य साधुओं की सहायता से बनवाया था।" परमानंदजी बैनिवाल कृत हस्तलिखित ग्रंथ में भी नवनिर्मित मुकाम मंदिर में बीकानेर शासक जैतसी के प्रवेश और मंदिर के महंत निहालदासजी चोटिया का उल्लेख है। ओझाझी कृत 'बीकानेर राज्य का इतिहास' (1939 ई.) के प्रथम खंड में राव जैतसी का निधन संवत 1598 में होना वर्णित है। अत: इससे यह प्रमाणित होता है कि मंदिर का निर्माण इससे पुर्व में (संवत 1597 चैत्र सुदि सप्तमी को) हो चुका था। बरसिंहजी बैनिवाल के पुत्र सैणोजी ने मुकाम में हजीरो चौक बनवाया था। सुरजनजी पुनियां कृत कवित के अनुसार:-

राणै नाहड़ राय, पाज पोकर परठाई। मक्कै ज्यूं महमंद, कली कहकल कराई।
श्रीनगर के राय, कलस कंचणा चढाया। खवाजै अकबर साह, नद बदरी संवराया।
वरिसंघ सूत स्याणो सधीर, भल धन सूं नेह लगावियो। हजीरो चौक मुकाम हरी, स्थान सरस सुंवरावियो।

05. राव जैतसी द्वारा समाधि खुलवाकर देखना:- परमानंदजी बैनिवाल कृत हस्तलिखित ग्रंथ के अनुसार, जब मुकाम में गुरु जाम्भोजी का नवीन मंदिर बनकर तैयार हुआ, तब बीकानेर के शासक राव जैतसी स्वयं वहां पधारे। उन्होंने मंदिर का द्वार खुलवाकर विधिपूर्वक प्रवेश किया, प्रदक्षिणा की और श्रद्धापूर्वक चढ़ावा अर्पित किया। मंदिर की भव्यता को देखकर वे अत्यंत प्रभावित हुए और बोले कि जांभोजी का यह स्थान अत्यंत विशाल और सुंदर है:- "जेतसी बीकानेरियो मुकांम आया। मुगट दोला प्रदेखणां दीन्हा। चड़ावौ कियौ। डागलौ उभौ करै मुगट मां बड़िया। कहण लागा- झांभेजी री जायगा बड़ी जायगा।" राव जैतसी के साथ आए एक राजपूत ने गुरु जाम्भोजी के स्वरूप पर प्रश्न उठाते हुए कहा कि जिसके बारे में कहा जाता था कि उसकी छाया नहीं पड़ती, जिसे भूख-प्यास और नींद नहीं सताती, और सब लोग जिसका कहा मानते थे। वह जांभा भी अंततः मर गया:-
एक रजपुत दुहो कह्यौ-
छाया खोज न दीसतो, सोह हुंतो जिण रो कह्यो। खुध्या तिस नींद न व्यापती, थांहरो झांभो हु पणि मर गयो।
इस पर एक विसनोई ने अत्यंत प्रभावशाली कवित्त के माध्यम से उत्तर दिया कि "जब तक गंगा बह रही है, पर्वत अचल हैं, सूर्य तप रहा है, चन्द्रमा आकाश में स्थित है, पवन बह रहा है, वृक्ष वन में खड़े हैं और कपूर की सुगंध बनी हुई है; जब तक तीनों लोक और चौदह भुवनों में जांभोजी का यश व्याप्त है, तब तक जांभोजी को मृत नहीं कहा जा सकता":-
एक विशनोई कवत सूं उत्तर दियो-
अजू गंग जल बहै, अजूं छलियो रैणायर। अजूं मेर नहीं टरियो, अजूं रिव तपै विणायर।
अजूं चंद आकासि, अजूं घण पवण फरकै। अजूं व्रख रिख वंनि बसै, अजूं कपूर महकै।
तीन लोक चवदै भुंवण, वंदन मुखि जग जस भयौ। संसार करंन अछै अभै, न कहि न कहि झंभो मुयौ।
यह उत्तर सुनकर राव जैतसी ने जांभोजी की वास्तविक स्थिति देखने हेतु समाधि खोलने की इच्छा व्यक्त की। विसनोई समाज ने विनम्र निवेदन किया कि ऐसा करना उचित नहीं है, किन्तु विवाद चलता रहा। आषाढ सुदि चौदस (चतुर्दशी) तिथि से शुरू हुआ यह विवाद श्रावण मास की प्रतिपदा तक चलता रहा। श्रावण मास की रात्रि में निहालदासजी को स्वप्न/आदेश हुआ कि यदि वे खोलना चाहते हैं, तो उन्हें रोकना मत; हम स्वयं उन्हें संतुष्ट करेंगे:- "दुहो कवत महमंदखां जैतसी सांभल्या। ल्यौ नी देखां, खोलि नै देखां। विसनोई अरज करण लागा। चवदसि र दिन कजियो रह्यो। सांम्ही सावण री राति आई। नाल्हाजी ने राति सुतां अवाज हुई- खोले तो खोलण दियो। मति पालियो। आंह की नैसां करिस्या।" प्रातःकाल समाधि (ताबूत) खोली गई। सभी ने देखा कि गुरु जाम्भोजी भीतर जपमाला हाथ में लिए हुए जाप कर रहे थे। उनके मस्तक पर पसीने के मोती झलक रहे थे। यह दृश्य देखकर राव जैतसी आश्चर्यचकित रह गए और बोले कि अन्य संतों के वचन तो सत्य होते हैं, पर उनका शरीर नश्वर होता है; किन्तु जांभोजी के वचन भी सत्य हैं और उनका शरीर भी सत्य (अमर) है। इस अलौकिक अनुभव के बाद राव जैतसी को गहरा पश्चाताप हुआ। उन्होंने स्वीकार किया कि ऐसा कार्य न किसी हिंदू ने किया, न किसी मुसलमान ने, जैसा हमने किया। अपार का पार किसी ने नहीं पाया है। आगे से कोई हिंदू या मुसलमान ऐसा विचार भी न करे:- "परभात ताबूत खोलि दरस्या, माथे पसैव का मोती, हाथे जपमाली फिरे। कहण लागा- बीजां रा सबद साचा नै पिंड काचा। श्री झांभेजी रा सबद ई साचा, अर पिंड ई साचा। अतरी कह, पछै पछतावौ कियो। असड़ो कोई हिंदवाण तुरकाण कई कियो नहीं, सो आपां कियो। अपार रो पार कीणी पायो न पावसी। हमै कोई हिंदवाण तुरकाण इसी विचारजो मती।" बीकानेर शासक राव जैतसी की सन् 1541-42 ईस्वी में मृत्यु हो गई थी। बीकानेर पर जोधपुर शासक मालदेव का अधिकार हो गया था। उसके बाद जैतसी के पुत्र राव कल्याणमल ने 1544 में शेरशाह सूरी की सहायता से मालदेव से बीकानेर वापस छीन लिया था। और 1570 में नागौर दरबार में अकबर की अधीनता स्वीकार करके अपनी पुत्री का विवाह अकबर से कर दिया था।

06. मुगल बादशाह अकबर का परवाना:- मुकाम मंदिर के महंत क्रमशः रणधीरजी बाबल, निहालदासजी चोटिया, रेड़ोजी सांवक, नाथोजी सांवक हुए। मंदिर की देखरेख का कार्य थापन किया करते थे। समय के साथ रणधीरजी बाबल, निहालदासजी चोटिया, रेड़ोजी सांवक, नाथोजी सांवक, चैनोजी थापन, मेहोजी थापन आदि का देहावसान हो चुका था। तथा विल्होजी के कंधो पर मुकाम मंदिर का दायित्व आ चुका था। इस अवसर का लाभ उठाकर बीकानेर शासक राव कल्याणमल मुकाम मंदिर को अपने अधिकार में लेकर अपने विश्वस्त मनोहरसिंह बीका को सौंपना चाहते थे। विल्होजी ने इस स्थिति को भांपकर चैनोजी थापन के बड़े पुत्र चौखोजी थापन को विसनोई चौधरियों के साथ दिल्ली भेजा। चौखोजी ने मुगल सम्राट अकबर के समक्ष मंदिर की वास्तविक स्थिति प्रस्तुत की। सम्राट अकबर ने निवेदन स्वीकार कर एक शाही परवाना जारी किया। यह परवाना मुगल बादशाह अकबर द्वारा बीकानेर शासक कल्याणसिंह को दिनांक 19-03-1573 ईस्वी, गुरूवार को जारी किया गया था।

1. लेखक को यह परवाना निम्न पुस्तक से मिला:- "CENSUS OF INDIA 1961 VOLUME XIV RAJASTHAN PART VI-A VILLAGE SURVEY MONOGRAPHS 4. MUKAM Field investigation and First Draft by R.C. BHARGAVA Supervision

and Final Drafts by G.R. GUPTA प्रकाशन वर्ष 1965" इसके संदर्भ में लिखा है- "Hindi translation of original parwana written in persian dated 15 Jaiked 980"

2. लेखक को यह परवाना स्वामी ब्रहमानंदजी कृत विसनोई धर्म विवेक के पृष्ठ संख्या 39-40 पर भी लिखा मिला। इस संबंध में स्वामीजी ने लिखा है कि "यह नकल हमें मोती थापन गांव गंगा निवासी से प्राप्त हुई। उसके पास 980 हिजरी के लिखे परवाने की एक नकल थी, बादशाही परवाने की नकल फारसी जबान में थी, उसका हिंदी अनुवाद करके हमने लिखा है।"

परवाने का मूल पाठ (दोनों पुस्तकों से):- "शौर्यशरण राज कल्याणसिंह वाली बीकानेर को यह मालूम हो कि जो आजकल थापन चोखा ने सदर कचहरी में आकर निवेदन किया कि अपने साथ बहुत सी जमात रखता है और कोई वजह गुजारे की मुकर्रिर नहीं है इसलिए उम्मेदवार है कि हमारे गुजारे की सूरत नियत हो जावे फिर यह अर्जी उनकी, हजूर तक पहुंची हुक्मन मंजूर इस वास्ते माफिक हुक्म के लिखा जाता है कि फी शादी (विवाह) 3) विसनोइयों से दिलाते रहो और गांव तालवे में जमीन करीब 800 आठ सौ जरीब पुख्ता मन्दिर के पीछे दरबार बादशाही से दी गई है और दश घर मोचियों के पांच घर मुसलमान कलाल मन्दिर के जमीन में रहते हैं जो कुछ टहल सेवा आदि मंदिर की होगी वह सब करते रहेंगे कुल जमीन तीन हजार पुख्ता जरीब से मन्दिर की पीछे हैं जब मेला होगा बीका मनोहर सिंह कुवे से पानी खींच कर मेले वालों को पिलावेगा और गांव हिमटसर उत्तर कोण में है और गांव खींचियासर दक्षिण को है और गांव धुपालिया पूर्व को है। अणखीसर आदि 20 बीउ गांव इलाके जोधपुर के और 15 पन्द्रह गांव इलाके बीकानेर के कुल 35 गांव तो मन्दिर के नीचे हैं सारी आमदनी गांव के रहने वाले मन्दिरवालों को देते रहेंगे अर्थात मन पीछे एक सेर गरज है कि विसनोई मन्दिर वालों को देते रहेंगे। और उनके ही कब्जे (अधिकार) में रहेगा और गांव जंगल में उस जगह शिकार करना (खेलना) हरेक छोटे बड़े को मना है और तमाम चीजों का महसूल उनको माफ कर दिया गया है तारीख 15 जियेकद सन् 980 हीजरी। दरबार तारीद 15 जियेकद। नकल दफ्तर हजूर वाला नकल दफ्तर दीवान आलिया (बड़ा)।"

हिंदी अनुवाद (लेखक राजकुमार गोदारा विसनोई द्वारा):- "शौर्यशरण महाराज कल्याणसिंह जी वाली बीकानेर को यह ज्ञात हो कि वर्तमान समय में थापन चोखा ने सदर कचहरी में उपस्थित होकर यह निवेदन किया है कि उसके साथ एक बड़ी जमात (विसनोई समुदाय) रहती है, किंतु उनके गुज़ारे (जीविका) के लिए कोई स्थायी व्यवस्था निश्चित नहीं है। इसलिए उसने यह प्रार्थना की है कि उसके और उसके समुदाय के भरण-पोषण की कोई निश्चित व्यवस्था निर्धारित की जाए। यह अर्जी जब हुज़ूर (दरबार) तक पहुँची तो हुक्मन मंज़ूर की गई। अतः आदेशानुसार यह लिखा जाता है कि प्रत्येक विवाह (शादी) के अवसर पर विसनोई समाज से फीस 3 रूपये दिलाया जाता रहे। गाँव तालवे में स्थित लगभग आठ सौ (800) पुख्ता जरीब भूमि शाही दरबार की ओर से मंदिर के लिए प्रदान की गई है। मंदिर की इस भूमि पर दस घर मोचियों के तथा पाँच घर मुसलमान कलालों के बसे हुए हैं। ये सभी लोग मंदिर की सेवा-टहल, देखरेख आदि जो भी कार्य होगा, वह सब करते रहेंगे। मंदिर के लिए कुल भूमि तीन हजार (3000) पुख्ता जरीब है। जब मेला आयोजित होगा तब मनोहरसिंह बीका कुएँ से पानी खींचकर मेले में आने वाले श्रद्धालुओं को पिलाएगा। इस भुमि की ग्राम-सीमाएँ इस प्रकार हैं— उत्तर दिशा में गाँव हिमटसर है, और दक्षिण में गाँव खींचियासर है, पुर्व दिशा में गाँव धूपालिया है। अणखीसर आदि बीस (20) गाँव जोधपुर राज्य के क्षेत्र में तथा पंद्रह (15) गाँव बीकानेर राज्य के क्षेत्र में आते हैं। इस प्रकार कुल पैंतीस (35) गाँव मंदिर के अधीन किए जाते है। इन सभी गाँवों की कृषि-उपज से प्रति मण पर एक सेर मंदिर के प्रबंधन को दिया जाएगा, जिसका उपयोग मंदिर प्रबंधन करेगा। उन गांव जंगलों में शिकार करना छोटे-बड़े किसी भी व्यक्ति के लिए निषिद्ध रहेगा। इसके अतिरिक्त, सभी प्रकार के महसूल (कर) उन्हें माफ़ कर दिए गए हैं। तारीख़: 15 जैक़द, सन 980 हिजरी। दरबार से जारी।"

विल्होजी एवं चौखोजी थापन की दूरदर्शिता और कूटनीतिक प्रयासों के कारण मुकाम मंदिर न केवल बीकानेर शासक कल्याणमल के कब्जे में जाने से बचा, बल्कि शाही परवाने के माध्यम से विसनोई समाज की स्थायी धार्मिक संपत्ति के रूप में सुरक्षित हो गया।

07. बीकानेर शासक और मुकाम मंदिर:- गुरु जाम्भोजी के निर्वाण के पश्चात मुकाम एवं जांभाणी परंपरा को लेकर बीकानेर रियासत के शासकों और विसनोई समाज के मध्य समय-समय पर तनावपूर्ण स्थितियाँ उत्पन्न होती रहीं। विभिन्न शासकों के काल में यह संबंध कभी प्रत्यक्ष टकराव तो कभी प्रशासनिक हस्तक्षेप के रूप में सामने आया। बीकानेर के शासक राव जैतसी के समय गुरु जाम्भोजी के देहावसान के पश्चात एक महत्वपूर्ण विवाद उत्पन्न हुआ कि उन्होंने गुरु के पार्थिव शरीर को जांभोलाव ले जाने की अनुमति नहीं दी। इतना ही नहीं, बाद में यह संदेह होने पर कि कहीं विसनोई समाज चोरी-छिपे देह को जांभोलाव न ले गया हो, उन्होंने मुकाम स्थित समाधि को खुलवाकर उसकी जांच भी करवाई। जैतसी के पश्चात शासक बने राव कल्याणमल ने भी मुकाम मंदिर पर अधिकार स्थापित करने का प्रयास किया। किन्तु विसनोई संत वील्होजी की सूझबूझ और कूटनीतिक कौशल के कारण यह प्रयास विफल हो गया। वील्होजी ने चौखोजी थापन को भेजकर मुगल सम्राट अकबर से परवाना (राजादेश) प्राप्त कर मुकाम की स्वतंत्रता सुनिश्चित करवाई। इस घटना से कल्याणमल अत्यंत अप्रसन्न हुए, जिसके परिणामस्वरूप वील्होजी को मुकाम छोड़कर रामड़ावास में निवास करना पड़ा था। इसके बाद शासक बने राव रायसिंह के समय किले के निर्माण हेतु धन की आवश्यकता के कारण विसनोई समाज पर जबरन कर और धन-वसूली की गई। इस काल में विसनोई समाज को आर्थिक और सामाजिक दबावों का सामना करना पड़ा, जिसके विरोध में अनेक घटनाएँ घटित हुईं, जिनका विस्तृत वर्णन इस साखी में मिलता है। रायसिंह के पश्चात दौलतसिंह के समय अत्याचारों की तीव्रता और बढ़ गई। विसनोई समाज पर किए गए दमनात्मक

कृत्यों के कारण स्थिति अत्यंत गंभीर हो गई। सुरजनजी पुनियां ने अपने गीत में बीकानेर शासक दलपत को दानव बताते हुए उल्लेख किया है:- "दलपति साह परगटियो दाणौ, चावागुण ने देस चियारि।४" अंततः मुगल सम्राट जहांगीर ने हस्तक्षेप करते हुए दौलतसिंह को मृत्युदंड दिलवाया था। इन सभी शासकों में सबसे उग्र और प्रत्यक्ष आक्रमण सूरसिंह के समय हुआ। उन्होंने न केवल जांभाणी थाट को नष्ट किया, बल्कि मुकाम मंदिर का कलश गिराकर उस पर अधिकार भी स्थापित कर लिया। यह घटना विसनोई समाज की धार्मिक स्वतंत्रता पर सबसे बड़ा आघात थी, जिसके परिणामस्वरूप व्यापक विरोध और अंततः "मुकाम खड़ाणा" जैसी ऐतिहासिक घटना घटित हुई। इस मुकाम खड़ाणे की साखी में अकबर द्वारा परवाना जारी करने के समय (संवत 1630) से लगाकर संवत 1673 तक की घटनाएं वर्णित है।

क. मुकाम खड़ाणे की साखी:- 60 दोहों की इस साखी में बीकानेर रियासत के अनेक विसनोई स्त्री-पुरूषों का संवत 1630 से 1673 के मध्य विभिन्न घटनाओं में बलिदान होना वर्णित है। साखी में वर्णित है कि साहिबदास और कल्याणमल द्वारा शेखे से दंड लिए जाने पर करनू और दौलत ने प्राण दिए। रामसिंह के रुपए मांगने पर कूदसू गांव में हरपाल, बाली, धरमणि, फूलाह, करमणि, पुनु, वीसल, सैंसाह, आसो आदि अनेक विसनोई स्त्री-पुरुषों ने 'खड़ाणा' किया। जसवंत और मेघे के कहने पर बीकानेर शासक रायसिंह ने उनको कर उगाहने का काम सौंप दिया। रायसिंह ने किले के निर्माण के समय विसनोईयों से जबरदस्ती कर लिया। नाथे पर 'धुंवे' का कर लगाया गया। राजपूतों ने जांभाणी थाट से बकरों की चोरी की, जिनको छुड़ाने के लिए पीथु, रूड़ो, दामो आदि के नेतृत्व में अनेक विसनोईयों ने अपने प्राण त्यागे। कुंवर और धानड़ी के पैरों में जंजीरे डाल दी। वीरम, धरमो, जसरथ, डेल्हाण , हरराय, पंचायण, राणो, ताजो, हरजी व हीरां, सांकर, हमीर, धानड़ो आदि ने बलिदान दिए। राजपूतों ने मुकाम मन्दिर का कलश गिरा दिया था तथा गिराए हुए कलश को पुनः वहां पर चढ़ाने नहीं दिया। तब आसो, कान्हो, वरसिंह, गोयंद, गोपाल आदि ने अजमेर में बादशाह जहांगीर के पास जाने का विचार दिया। लेकिन बीकानेर शासक सूरसिंह ने उनको रोक लिया, फिर किसी तरह वहां से निकलकर बादशाह जहांगीर से परवाना लिखा लाए। तब तक जांगलु, संझगुरू, उदासर आदि गांवों से मोटो, भलो, नानिंग, धनु, धरमो, कालु, भाकरो, राऊ, देवोजी, कचरो, पहराज, रूपी, पुरां, स्याणो, राणो, पुल्हो, नाथु, हरखु, लाडु, आसी, वरसिंघ सहित अनेक विसनोई स्त्री-पुरुष एकत्र होकर मुकाम आए और 'खड़ाणा' किया। अंत में विसनोईयों की जीत हुई तथा कारीगर पुनः कलश चढ़ा कर ही उठे। साखी में इस खड़ाणे का अंत विक्रम संवत् 1673 के आर्द्रा नक्षत्र में शुक्ल पक्ष की एकादशी को होना बताया है। इसमें वर्णित विभिन्न घटनाएं संवत 1630 से 1673 के मध्य की है। इसमें उल्लेखित कल्याणमल, रायसिंह, सूरसिंह इस कालखंड में बीकानेर के शासक रहे थे:-

सतजुगि सतपंथ प्रगटियो, साहेब करे सहाय। आदु देवां दांणवां, उंही चाली जाय।१
औ वाड़ो पहलाद कौ, कलियो कही न जाय। नारिसिंघ नर देवता, अणि चींत्यौ ही थाय।२
हिरणाकस हरि नीरदल्यौ, मारियौ पोलि अड़ाय। उजर विसंन विणि कुण करे, देव न आवे दाय।३
पांच सातां नव बारहां, मेलो करे खुदाय। मोमिण उछरंगिया फिरै, मेलौ दीय खुदाय।४
साहेबदास कल्यांणमल, जदि डंडिया सेखा। करनुं अर दौलति खड़िया, विसनोई चंपिया।५
वित जांभाणा जीवां, तदो काही लिया। रामसिंघ कह थारे वित घंणो, मोनै दे देवा।६
तौनै अतरौ नं दीउं, सुई आवे अग राह। जै तुं पौतो कल्याण रो, म्हे पणि नारू साह।७
आ विधि बठी बोलिया, दौन्यौ गया विताय। आ कल्पना री कुदेस्यों, हुवे खड़ाणा आय।८
हरेपाल अर बाली खड़िया, धरमणि अर फूलाह। करमैणि अर पुनु खड़िया, वीसल अर सैंसाह।९
खड़ियो बालक आसियो, स्यांणे रे लागा घाव। हेल पड़ी पाछा गया, टाकर ले टलिया।१०
के दिन तो झोथा पड़िया, होय करि दांत भगाह। कालो चड़ियो कुराज नै, सेखांणीया पगाह।११
जसवंत मेघे नै कहे, टीको मोहि दिराय। नाथे रूपड़यो घातिस्यां, कही काके को जाय।१२
जसवंत मेघो अलौचि के, गया ज रायसिंघ राय। जै तुं टीको म्हां दिव, तौ द्यां नाथे मंडाय।१३
कलि का ठाकुर लोभिया, घात्या हाथ संबाहि। कागल उपरि लिखि लिया, धुंवो नाथे र लाय।१४
वाड़ी ज कीजै जतन नै, पालण नै हरियाव। वाड़ी चरे जै खेत ने, करणो कांसु जाय।१५
हरियाव ने राजवी, खेत दिया मुकलाय। करसण हरियाव चरै गया, हाथ गया धुड़ि माह्य।१६
आस पियासौ राजवी, लियो कोट चिणाय। दमड़ा लिया विसनोइयां, ज्यों लिया सूत फिराय।१७
सलुम आयो तपौ, तिणि विणि तो परिया। आपणि झांभदेव री, गति उठी आ गाह।१८
पहलि पोति पीथु खड़ी, उजाल्यौ गुरू राह। तकर ले करि बकरा, तंगोटी पठाह।१९
रूड़ौ अर दामां खड़ी, बकरा पणि छुटाह। जाणके सत ना हारी, भिलिया जाय कुता।२०
टुकड़ौ मिल्यो हराम कौ, तिंह विणि रह्यो न जाय। गति झांभाणी भोलवी, ले करि दाम दिया।२१
दमड़ा ले पाछा वल्या, बीकानेर गया। जे ब उपरि ना वही, घरि बेठा वतलाय।२२
कुंवर अर धानड़ी के, बेड़ी वाही पाय। इ औसरि वीरम खड़ियो, धारा तीरथ न्हाय।२३

धरमो वीरंम जसरथ मारिया, डेल्हाण हेराय। बीकानेर हूं उपड़िया, बीकानेर आया।२४
पंचायैण राणौ कहे, बीड़ो दियो अलाह। ताजौ ताजो होय रह्यो, किरीया सरस कमाया। २५
हरजी ने हीरां कहे, तो गति मोहि मिलाय। च्यारियौं हुवा हेक मनां, गाडे लिया चड़ाय।२६
धुना धोरी जोतिया, रासि पिरांणी साहे। थुथकारे अर थापल्या, कोटि गया गणकाय।२७
गाडे हुंता उतरिया, तित उजु सझिया। तित के करहे चड़िया, करहे उं तौ उतरिया।२८
बैठा कंध नुवाय, सांकर हमीरौ धानड़ो। उभा खड़ग समाहि, ...।२९
तीन हुकम फुरमाण लै, सिर तोड़ियो तड़काय। मोमिण सुरगै नावड़िया, छांटो पोलि लगाय।३०
ब सीखा करि बाहड़िया, मिल्या जमातै आय। रासीसर थी उपड़िया, पड़िया संझगुरू जाय।३१
अ झांभाणा बाकरा, गल वाढिया घरराय। इंडो पड़ियो मुकाम को, ज्यों जण दुह पिया।३२
उजर विसन विणि कुण करे, देव न आवे दाय। कायर काल्हां ठाकुरां, कहे ज मेलह्या डकराय।३३
ज्यौं अ मांगै त्यौं दिव, सके न सीस उंचाय। सीस चमक्यौ सालिया, मनि उपनी अणराय।३४
ज्यौं अ मांगै त्यौं दिव, तौ अपणौ गुरू लजाय। आसो कान्हड़ वरसिंघो, गोयंद गोपाला।३५
राम टरूड़ो राजड़ौ, कुरासो मदेदा। मेलो कियो मोमिणा, थोड़ा पणि रूड़ाह।३६
मतो कियो अजमेर को, पुलि चाल्या पतिसाह। आगे डेरा सूर का, तांह विच निसरिया।३७
श्रीरंग तो जाता लख्या, मांही लिया बुलाय। डेरो कियो मोमणे, के दिन आल गिया।३८
सुरे डेरा उखणि, चाल्या दिखण देस। तीन मंजिल साथे गया, दया न दीठी काय।३९
मोमिण पुठा बाहड़िया, डावे पग की उडाय। उदरणि झुझ लाविया, किया बोल भला।४०
जाय मिल्या इतमांम नै, दोले की दिल साह्य। मुजरौ करि पतिसाह कौ, लीवी छाप लिखाय।४१
उपरि मोहर मांडि के, गाढा धीर किया। मंजले मंजले चालि के, कुसले घरि आया।४२
मोहर मेट पतिसाह की, कुण पुत जायो माय। हाडी अर साया फिरै, ला लहु लाग।४३
चारण बांभण जोगियां, सह मेटिया तागा। परीयौ आया पुजता, तांही सीर भागा।४४
कोहरि आय र उतरिया, जांगल वां जायगा। कुबधि मने अलोचिया, मारण मते हुवा।४५
आसे हरखु लाडली, गुझ कियो घर मांहि। विसन भगत मोटे मते, नांनिग भले ने ठाय।४६
संझगुरू सूं आयो धनु, तिणि री भलो स राह। पारवे हुं तौ आवियौ, धरमु धरम धियाय।५७
उधासर सुं आवियो, कलियो दिल परचाय। भाकरे भरम चुकाइयो, धन्य कचरे री माय।४८
राउ देवेजी ने कहे, थां गति मोहि मिलाय। पहराज रूपी खड़िया, तांह री वडी सराह।४९
पुरां पुरां होय रही, जरी भली सलाह। मेलो कियो मोमिणां, थोड़ा पणि रूड़ा।५०
आपो आगवियां पछै, कुण राणौ कुण राव। जीण दिनै आपौ आगव्यौ, तीण दिन तो खिणि साह।५१
तीत हाडि अहरस करै, चारा उं खणियां। स्याणौ राणौ पुलहे जी, मोमिण तोरे वंका।५२
वैह रा आखर न मिटै, अंकुर लिखिया। सांझ खड़ाणौ जौ हुवै, गीरह चड़े पुजाह।५३
हाडी दीसै अद्यावणां, जांणै बांभण खांता गाय। नाथे गोली घंण बाण सर, घणहर ओल्हरिया।५४
हरखु अर लाडु तणौ, सिर तोड़िया तड़काय। आसी वरसिंघ ने कहे, म्हांपणि वेगि खड़ाय।५५
सर आंखि लागे पछै, सुरापण दाखविया। कंवर झांभाणा क्यौं रूक्यौ, कचरो वरेसिंघ मंडिया।५६
जाय अणी चड़िया, बात कहतां वार हुवै। तड़ि भड़ि लिया खड़ाय, ...।५७
जाण के बाड़ो देहर, रिण धर मुंड पया। इंडो वले सुंवारि के, कारीगर उठिया।५८
उं हाडिये भेला करे, होतासण होम्या। तिथि ग्यारसि तेहोतरे, मोमिण खेल किया।५९
सुकल पखि आदरा नखत, मोमिण मुकति गया। राकिया मारि जा, वाहर करि बाबाह।६०

ख. जहांगीर का हस्तक्षेप:- मुकाम मंदिर परिसर को बीकानेर रियासत के अधिकार में ले लिए जाने तथा विसनोई समाज पर हो रहे अत्याचारों के विरोध में समाज के प्रमुख व्यक्तियों आसोजी, कान्होजी, वरसिंहजी, गोयंदजी और गोपालजी ने मुगल बादशाह जहांगीर के समक्ष अपनी शिकायत प्रस्तुत करने का निर्णय लिया। ऐतिहासिक तथ्यों के अनुसार जहांगीर सन् 1613 से 1616 ईस्वी तक अजमेर में निवासरत रहा। इस अवधि में अजमेर को लगभग राजधानी का दर्जा प्राप्त था। वह प्रायः अकबर द्वारा निर्मित महल में रहता था तथा प्रतिदिन झरोखा दर्शन के माध्यम से जन-सुनवाई करता था। इसी दौरान विक्रम संवत् 1673 में मुकाम से आए विसनोई प्रतिनिधि मंडल ने झरोखे के सामने उपस्थित होकर अपनी व्यथा प्रस्तुत की। उन्होंने बीकानेर रियासत द्वारा विशनोई धर्म के लोगों से नियम पालन पर जबरदस्ती टैक्स लेने, अत्याचार करते हुए नियम भंग करवाने की कोशिश और मुकाम मंदिर की बेदअदबी करके कब्जा करने की शिकायत बादशाह से की।

शिकायत सुनने के पश्चात जहांगीर ने तत्काल हस्तक्षेप करते हुए एक शाही परवाना जारी किया। इस परवाने में राजपूतों को आदेश दिया गया कि वे मुकाम मंदिर से अपना कब्जा हटाएं। बादशाह के आदेश का पालन करते हुए बीकानेर के शासक सूरसिंह ने मंदिर परिसर से कब्जा हटवा दिया। विक्रम संवत् 1673 एकादशी आर्दा नक्षत्र के दिन फिर हड्डियों को इकट्ठा करके उनका क्रियाकर्म किया तथा हवन करके मुकाम मंदिर का कलश पुनः चढाया। इस प्रकार नियम पालन की दृढता में विशनोईयों की जीत हुई। यह घटना विसनोई समाज की धार्मिक दृढ़ता और संगठनात्मक शक्ति की महत्वपूर्ण विजय के रूप में देखी जाती है। हालांकि, इस संघर्ष के दौरान भारी क्षति भी हुई। मंदिर परिसर में रखा हुआ सम्पूर्ण विसनोई साहित्य को जला दिया गया। अनेक धार्मिक वस्तुएं नष्ट कर दी गईं। सावन-भादों कड़ाह को ले गए। इसके अतिरिक्त, अकबर द्वारा पूर्व में प्रदान की गई भूमि पर भी कब्जा कर लिया गया था, जो बाद में बीकानेर शासक सुजानसिंह के शासनकाल में पुनः प्राप्त हो सकी। विल्होजी की पोथी रामड़ावास में होने के कारण सुरक्षित रह गई। वर्तमान में जितना हजूरी जांभाणी साहित्य उपलब्ध है वो सब विल्होजी की ही देन है। गुरू जाम्भोजी की टोपी, चोला और चिंपी को मेहोजी पुर्व में ही जांगलू ले गए थे, इस कारण ये वस्तुएं भी नष्ट होने से बच गई थी।

08. सूरसिंह द्वारा कब्जा की गई भूमि वापस मिलना

क. अनूपसिंह का परवाना:- बीकानेर शासक सूरसिंह द्वारा कब्जाई गई भूमि में से अनुपसिंह ने दस खेत थापनो को परवाना जारी करके वापस कर दिए। हीरालालजी माहेश्वरी ने अपने शोधग्रंथ में ग्रंथांक 381 के रूप में इस परवाने का उल्लेख किया है। यह परवाना विक्रम संवत् 1752 जेठ सुदि 4 को लिपिबद्ध है। माहेश्वरी जी को यह परवाना मुकाम के थापन बंधुओं (बदरीरामजी, वीरमजी, मालूरामजी, मोतीरामजी, काशीरामजी, श्योलालजी, नारायणजी) से प्राप्त हुआ था। यह परवाना बीकानेर के शासक अनूपसिंह द्वारा पंवार जगरूप व नाजर आनंदराम के नाम जारी किया गया था। इसमें थापनो को गांव तालवे के दस खेत दिलाने और हरे वृक्ष न काटने संबंधी आदेश है।

ख. सुजानसिंह का परवाना:- बीकानेर के शासक अनूपसिंह की मृत्यु के पश्चात उनका लगभग 9 वर्षीय पुत्र सरूपसिंह गद्दी पर बैठा, किंतु दुर्भाग्यवश मात्र दो वर्षों बाद ही चेचक रोग के कारण उसका देहांत हो गया। इसके बाद अनूपसिंह के दूसरे पुत्र सुजानसिंह, जो उस समय लगभग 10 वर्ष के थे, को राज्य का शासक बनाया गया। अल्पायु होने के कारण शासन का संचालन उनके संरक्षक (संरक्षक मंडल) के हाथों में था। संरक्षक ने राजा के नाम से दान-पुण्य करने का विचार किया। इसी क्रम में किसी विद्वान/सद्भावी व्यक्ति ने यह सुझाव दिया कि बीकानेर के पूर्व शासक सूरसिंह ने संवत 1673 में गुरु जाम्भोजी के मुकाम स्थित मंदिर की भूमि पर अधिकार कर लिया था, अतः वह भूमि धर्मार्थ पुनः मंदिर को लौटा दी जानी चाहिए। इस सलाह को स्वीकार करते हुए संरक्षक, बालक राजा सुजानसिंह को साथ लेकर मुकाम पहुँचे। वहाँ उन्होंने गुरु जाम्भोजी के मंदिर में उपस्थित होकर क्षमा-याचना की और पूर्व में कब्जाई गई भूमि को विधिवत परवाना जारी करके मंदिर को वापस कर दिया। इस प्रकार लगभग 85 वर्षों के उपरांत, विक्रम संवत् 1758 (1701 ई.) में बीकानेर राज्य द्वारा मुकाम मंदिर की कब्जाई गई सम्पूर्ण भूमि पुनः मंदिर को प्राप्त हुई। हीरालालजी माहेश्वरी ने अपने शोधग्रंथ में ग्रंथांक 383 के रूप में इस परवाने का उल्लेख किया है। यह परवाना विक्रम संवत् 1758 जेठ बदि 1 को लिपिबद्ध है। माहेश्वरी जी को यह परवाना मुकाम के थापन बंधुओं (बदरीरामजी, वीरमजी, मालूरामजी, मोतीरामजी, काशीरामजी, श्योलालजी, नारायणजी) के पास मिला था। लेखक (राजकुमार गोदारा विसनोई) को यह परवाना निम्न पुस्तक से भी मिला था:- CENSUS OF INDIA 1961 VOLUME XIV RAJASTHAN PART VI-A VILLAGE SURVEY MONOGRAPHS 4. MUKAM Field investigation and First Draft by R.C. BHARGAVA Supervision and Final Drafts by G.R. GUPTA प्रकाशन वर्ष 1965। इसके संदर्भ में लिखा है Copy of entry dated jeth badi 1, St 1758 Vikarmi in the patta book of the former state of Bikaner.

परवाने का मूल पाठ (दुसरी पुस्तक से):- "नकल कागद मोहर छाप। श्री राम जी। स्वस्ति श्री महाराजाधिराज महाराजा श्री सुजाणसिहजी वचनात श्री महाराजाजी मया कर तालवे मुकाम रे थापना समसता नूं धरती दीवी छै तेरी विगत श्री झांभेजी रे देह रे चाढी छै धरती तेरी विगत १ खेत ५ अखरे खेत पांच तेरी धरती बीघा हजार १ अखरे बीघा हजार एक बीस री डौरी रा श्री बाबेजी आगे मेले रे ऊंठा सू ढांढा के पीओ चरओ रे वास्ते पड़त रखाई छै ते मां बीघा हजार १ एक थापनों समसतां नू दीवी छै अर बीघा हजार १ एक पड़त मेले रे वास्ते रखाई छै सू राखसी खेत ५ अखरे खेत पांच तेरी बीघा हजार १ अखरे बीघा हजार एक बीस री डोरी री थापना समसतां नू दीवी छै सु बाहसी अर कोहर १ रा तेवण २ मों तेवण १ तो आगे सदामन थापन बेगार बाहवे छै अर तेवण १ सरकार सूं ते बीवै छै सू पाणी तेवण थापन बेगार बाहसी कोहर रा तेवण २ दोय थापन बेगार बाहसी मेले में पाणी री बोहोताइत राखसी अर कुंड १ पांणी नू सरकार सू मेले मां कराड देज सी अर थापन कुंड आगूंच भर राखसी अर तेवण २ कोहर रा थितिया बाहसी अर पुराणा कोहर छै सू राठौड सुजांणो दुवारो रुघनाथोत बाहसी अर धरती बीघा हजार १ अखरे हजार एक बीस री डोरी री पड़त राखी छै मेले रे वास्ते सू मेले देह रे नजीक री पड़त राखसी सू ऊंठ बलद धरती मां चरसी सरब खेत १० अखरे दस धरती बीघा हजार २ दोई इय भांत दीवी छै सु बाहसी पड़त राखसी सं. १७५८ मिती जेठ बदी १ मुकाम किसनाजी ने दी डरां।"

हिंदी अनुवाद (लेखक राजकुमार द्वारा):- "श्री महाराजाधिराज महाराजा श्री सुजाणसिंहजी के आदेश से, श्री महाराजाजी ने अनुग्रह करके तालवा गाँव मुकाम के थापनों को और श्री गुरु जांभोजी की समाधि के लिए भूमि दी है। इस भूमि का विवरण इस प्रकार है- पाँच खेत, जिनका कुल क्षेत्रफल एक हजार बीघा है। भूमि का माप बीस की डोरी से किया गया है। यह भूमि श्री गुरु जांभोजी की समाधि के आगे लगने वाले मेले

में ऊँटों और अन्य जानवरों के चरने व पीने के लिए पड़त रखवाई गई है। इसके अतिरिक्त पाँच खेत, जिनका क्षेत्रफल एक हजार बीघा है। भूमि का माप बीस की डोरी से किया गया है। यह भूमि थापनों को दी गई है, जिसमें थापन खेती करेंगे। एक कुआँ है, जिसमें दो तेवण लगती हैं। एक तेवण पहले से ही थापन बेगार में चला रहे है। दूसरी तेवण सरकार चलाती है। आगे से दोनों तेवण थापन ही बेगार में चलाएँगे। थापनों द्वारा ही मेले के समय पानी की व्यवस्था की जाएगी। एक कुंड, जो सरकार के पास है, वह मेले के समय थापनों को दे दिया जाएगा। थापन उस कुंड को भरकर रखेंगे। कुएँ की दोनों तेवण थापनों के अधीन ही रहेंगी। जो पुराना कुआँ है, उसे रूघनाथ राठोड़ का पुत्र सुजाण चलाएगा। एक हजार बीघा भूमि, बीस की डोरी के माप से, जो मेले के वास्ते पड़त रखी गई है। यह पड़त समाधि के नजदीक रखी जाएगी, ताकि मेला स्थल में काम आ सके। उसमें ऊँट और बैल चरेंगे। इस परवाने में कुल दस खेत दिए गए हैं। कुल भूमि दो हजार बीघा है। एक भाग में खेती होगी और एक भाग पड़त रखा जाएगा। विक्रम संवत् 1758 मिति जेठ बदी 1 को यह परवाना मुकाम में किसनाजी को दिया गया, डरते हुए।" इस प्रकार मुगल बादशाह अकबर द्वारा दी गई तीन हजार बीघा भूमि में से एक हजार बीघा अनूपसिंह द्वारा वापस कर दी गई, और बची हुई दो हजार बीघा भूमि सुजानसिंह ने वापिस कर दी। इस प्रकार भूमि का सम्पूर्ण कब्जा वापस मिलने पर बीकानेर शासकों और विसनोई समुदाय के बीच चल रहा तकरार भी समाप्त हो गया। राव जैतसी के समय शुरू हुआ यह तकरार आखिर सुजानसिंह के शासनकाल में खत्म हो गया।

09. थापनों का मुकाम मंदिर में बलिदान:- परमानंदजी बैनिवाल कृत साखी में वर्णित है कि थापनों को बीकाजी, लुणकरणजी और जैतसी ने 'अकर' माना था किन्तु राजा गजसिंह के राज में हठीसिंह नारणौत ने पापबुद्धि के कारण विसनोईयों से बैर किया और वहां के मोहता से कुड़ कपट रचकर 'कर' उगाहने हेतु हिमटसर से अपने साथियों सहित तालवा (मुकाम) आया। जब इसकी खबर थापनों को मिली तो उन्होने कर देने की अपेक्षा सिर देने का निश्चय किया। थापन मुकाम मंदिर में इकट्ठा हुए, तथा कर देने से इनकार दिया। तब वहां सादूल, हिरदल व देवसी आदि नारणोत राजपूतों ने तलवारें चलानी शुरू कर दी। इस पर राम, कोरी, खेतो और दोयजी सहित कई थापनों ने अपने सिर दिए। यह घटना विक्रम संवत् 1804 के पौष सुदि 2 मंगलवार को हुई थी:-

वड तागो वड थानि, दौल हठीसिंघ करायौ। दाखवियौ ज्यों देव, कियो जा गुरू फुरमायो।
करता फुरमाई कीवी सांई, सामि काज संवारिया। खड़ग धार परकाजे खड़िया, त्रीकम पार उतारिया।
अठरासै चोडोतरै, पोह सुदि बीज मंगलवारियो। परमाणंद कहे मुकति पोहता, वड तीरथ साको कियो।६

10. मुकाम में उत्तरकालीन निर्माण कार्य:- स्वामी ब्रह्मानंदजी कृत इतिहास प्रदीप पुस्तक में मुकाम मंदिर के समीप निर्माण कार्यों से सम्बन्धित उल्लेख इस प्रकार है:-

क. महंत चैनरामजी का योगदान:- चैनरामजी का जन्म बीकानेर रियासत के रासीसर गांव में हुआ था। ये विसनोई मंदिर कांठ के महंत सुरतरामजी के शिष्य थे। उनके निधन के पश्चात चैनरामजी उत्तराधिकारी महंत बने। महंत बनने के पश्चात कुछ समय तक उन्होंने विसनोई मंदिर कांठ में निवास किया, तत्पश्चात अपने दो प्रमुख शिष्यों रामलालजी एवं गोविन्दरामजी को मंदिर का प्रबन्धाधिकार सौंपकर वे राजस्थान आ गए। यहां पहुँचकर इन्होंने गुरुद्वारा (मुकाम मंदिर) के पूज्य स्थानों के निर्माण एवं विकास कार्यों में स्वयं को पूर्णतः समर्पित कर दिया। उन्होंने गुरुद्वारे के दक्षिण भाग में एक धर्मशाला का निर्माण करवाया, जिसमें मेले के अवसर पर यात्रीगण ठहरते हैं। यह निर्माण कार्य विक्रम संवत् 1904 में सम्पन्न हुआ। इसके साथ ही उन्होंने दक्षिण भाग में ही मंदिर में ऊपर जाने के लिए सुदृढ़ एवं सुरम्य पत्थरों का सोपान (पौड़ी/जीना) बनवाया, जिसे विविध चित्रकारियों से अलंकृत दरवाजे के आकार में निर्मित कर धाम की शोभा को और अधिक बढ़ाया। इसके अतिरिक्त उन्होंने गुरुद्वारे के पूर्व भाग में भी विश्रामशाला का निर्माण करवाया। इन समस्त निर्माण कार्यों में वहाँ के निवासी थापनों ने विशेष सहयोग प्रदान किया। महंत चैनरामजी जब-जब इन महोपकारी कार्यों हेतु धन-संग्रह के लिए विभिन्न स्थानों की यात्राएँ करते थे, तब सर्वसाधारण विसनोई समाज उनका अत्यंत आदर-सत्कार करता था। सम्वत् 1910 में वे पुनः कांठ लौट आए और कुछ समय पश्चात् रामलालजी को कांठ मंदिर का पूर्ण अधिकार देकर पुनः राजस्थान चले गए। वहाँ से वे जोधपुर राज्य के अंतर्गत सांचौर तहसील के ग्रामों में गए और व्यापक भ्रमण कर विसनोई पंथानुयायियों में मुकाम गुरुद्वारे के महत्त्व का प्रचार किया। उन्होंने लोगों को प्रेरित किया कि वे फाल्गुण मास की अमावस्या के मेले में अवश्य सम्मिलित हों। उनकी स्मृति को चिरस्थायी बनाने हेतु सांचौर क्षेत्र के विसनोई समाज ने एक नवीन ग्राम बसाकर उसका नाम चैनपुरा रखा, जो आज भी विद्यमान है। महंत चैनरामजी तालवा ग्राम के बाहर कुएँ के समीप तृण-निर्मित झोपड़ी में निवास करते थे। गुरुद्वारे के निर्माण कार्यों से अवकाश पाकर वे पुनः वहीं रहे और जीवनपर्यंत गुरुद्वारे की सेवा एवं उन्नति में संलग्न रहे। वे प्रतिदिन प्रेमभाव से 'ओ गुरु आयो श्री जम्भराज देव' साखी का गान किया करते थे तथा कई बार फाल्गुण मेले के अवसर पर गुरुद्वारे में जातीय भोज का आयोजन भी करवाया। सम्वत् 1920 में अदृष्ट व्रण की पीड़ा से उन्होंने अपने जीवन का समापन किया। उनके देहावसान के समय उनके समीप उनके शिष्य लच्छीरामजी एवं मंगलदासजी उपस्थित थे। उनका शरीर उसी स्थान पर, गुरुद्वारे के समीप ही समाधिस्थ किया गया। बाद में उनके सुयोग्य शिष्य रामलालजी ने उस स्थान पर लाल पत्थर की छत्री का निर्माण करवाया। (उल्लेखनीय है कि वर्तमान समय में मुकाम मंदिर के निकट स्थित अनेक संतों की समाधियों को अज्ञानवश मुस्लिम कब्र समझकर क्षति पहुँचाई गई, क्योंकि समाधियों पर रखा गया पत्थर मुस्लिम परंपरा से मिलता-जुलता प्रतीत होता है।) चैनरामजी के देहावसान के पश्चात् उनके शिष्य

रामलालजी कांठ मंदिर के महंत बने। वहीं गुरुद्वारे (मुकाम मंदिर) में उनके स्थानापन्न के रूप में लच्छीरामजी महंत बने, जिन्हें मारवाड़ के संतों, महंतों और गृहस्थों द्वारा गुरुद्वारे का महंत स्वीकार किया गया। उन्होंने प्रबन्धाधिकार संभाला, उनके पश्चात् भी उनके उत्तराधिकारी महंत पद धारण करते रहे। साहबरामजी राहड़ कृत जंभसार में वर्णित है कि चैनरामजी ने मुकाम में दो शालाओं का निर्माण कराया, उनकी मृत्यु के पश्चात उनकी समाधि पर उनके शिष्यों ने छत्री का निर्माण कराया। उनके शिष्य लच्छीरामजी, गोविंदरामजी और मोतीरामजी हुए:-
गंगारामजी के चैनरामजी, जाण्यों जिनां मुकाम धाम जी। सालां दोय जू छत्री करी, मुकांम माहिं देही जो परी।
पुज्यमांन प्रिथवी में भए, जंभ गुरु के लोकहि गए। ताके लछीराम कहाऐ, गोविंदराम मोतीरांम सुहाऐ।

ख. अन्य निर्माण कार्य:- गुरुद्वारे के समीप समय-समय पर अन्य धर्मशालाओं का भी निर्माण हुआ। जैसे लालासर के स्वर्गीय महंत खेमदासजी जाखड़, महंत हरिनारायणजी तथा उनके शिष्य हरिदासजी ने उत्तरी भाग में स्थान बनवाया। काकड़ा ग्राम निवासी रूपराम ने भी उत्तरी भाग में धर्मशाला का निर्माण किया। जांगलू साथरी के महंत मनोहरदास ने महात्मा जगरामदास के सहयोग से उत्तरी भाग में सोपान (जीना) बनवाया। स्वामी ब्रह्मानंदजी कृत इतिहास प्रदीप में वर्णित है कि "चौधरी शेरसिंह नैण ने गांव खिड़का मुजाहदपुर के निवासी चौधरी प्रतापसिंह की लड़की रामोकुंवर से विवाह किया। उसके बाद सन् 1871 में गुरू जाम्भोजी की समाधि के दर्शनार्थ मुकाम यात्रा की, और यहां बहुत बड़ा जातिय भोज दिया। यहां पर इन्हें एक विसनोई संत केशवदास जी मिले, केशवदासजी ने उन्हें एक जलकुंड बनाने का आदेश तथा पुत्रवान होने का आशीर्वाद दिया। इसके दो वर्ष पश्चात सन् 1873 में चौधरन रामोकुंवर के गर्भ से एक बालक रामकुंवरसिंह का जन्म हुआ।"

11. हस्तलिखित सामग्री की प्राप्ति:- लेखक ने इन सभी हस्तलिखित ग्रंथों से सम्पूर्ण विसनोई साहित्य को संकलित करके, कवि कालक्रमानुसार व्यवस्थित करके तीन भागों (जंभकाल का साहित्य, विल्हकाल का साहित्य और उत्तरकाल का साहित्य) में प्रकाशित कराया है। हीरालालजी माहेश्वरी को लगभग सन् 1960-70 के मध्य मुकाम से निम्न हस्तलिखित सामग्री प्राप्त हुई थी:-

01. ग्रंथांक-26:- यह 128 पृष्ठों की एक पोथी है जो कि श्री रामचन्द्रजी थापन गांव मुकाम से प्राप्त हुई। यह संवत 1876 से 1897 के मध्य लिपिबद्ध है। इसमें ये रचनाएं है:- (क). विष्णु पंजर स्तोत्र मंत्र, ध्यानम, विष्णु मंत्र, ध्यान, 28 नाम आदि संस्कृत में 28 श्लोक (बड़े तकिये के अतीत ताजोजी द्वारा लिपिबद्ध, सुंदरोजी के शिष्य ने लिखवाया) (ख). सबद जांभैजी का- 122 सबद, प्रसंग सहित (ग). धू चिरत- 219 छंद, जन गोपाल कृत (घ). गोकल के छंद- 32 छंद, गोकलजी कृत (ड़). मावस्या री कथा- 144 छंद, मयारामजी कृत (संवत 1876 चैत्र सुदि 10 सोमवार को लिपिबद्ध) (च). प्रहलाद चिरत- 596 छंद, केसोजी कृत (संवत 1897 माघ सुदि 5 बुधवार को थापन तेजा मोटाणी द्वारा गांव बगला में लिपिबद्ध) (छ). पांडव गीता (संस्कृत में)- 117 श्लोक, शंकराचार्य कृत (ज). हरिनाम माला- 19 श्लोक, संस्कृत में (झ). विष्णु लहरी, संस्कृत में 05 श्लोक, शंकराचार्य कृत (ञ). गंगाष्टक (संस्कृत में)- 08 श्लोक, शंकराचार्य कृत (ट). देवाष्टक (संस्कृत में)- 08 श्लोक, शंकराचार्य कृत।

02. ग्रंथांक-65:- यह 128 पृष्ठों की एक पोथी है जो कि श्री मल्लूरामजी थापन गांव मुकाम से प्राप्त हुई। यह संवत 1848 से 1853 के मध्य लिपिबद्ध है। इसमें ये रचनाएं है:- (क). धू चिरत- 216 छंद, जन गोपाल कृत (संवत 1848 चैत्र सुदि 7 को भगवानदास विनचंद तारा भीमा द्वारा थापन मदा के वाचनार्थ गांव हिमटसर में लिपिबद्ध) (ख). सबदवाणी- 117 सबद, पद्य प्रसंग सहित (ग). बड़ी नवण- (संवत 1853 में लिपिबद्ध) (घ). श्री कृष्णा अर्जुन संवादे, 28 नाम (ड़). गोत्राचार- पार्वती ईश्वर संवाद (पेमे थापन के पुत्र मदा थापन द्वारा लिपिबद्ध) (च). वसंदर के नाम (थापन किसना द्वारा संवत 1852 वैशाख वदि 8 को लिपिबद्ध)(छ). फुटकर छंद, दादु के चार दोहे, सुरजनजी की साखी (ज). फुटकर भजन-03, कबीर, मीरा व अज्ञात कृत (झ). दस अवतार- अज्ञात कृत (ञ). गुगलिये की कथा- 86 छंद, वील्होजी कृत (ट). सच अखरी विगतावली- 48 छंद, वील्होजी कृत (ठ). कथा दुणपुर की- 60 छंद, वील्होजी कृत (ड). कथा जैसलमेर की- 111 छंद, वील्होजी कृत (ढ). कथा झोरड़ा की- 33 छंद, वील्होजी कृत (ण). कथा चितोड़ की- 130 छंद, केसोजी कृत।

03. ग्रंथांक-67:- यह 148 पृष्ठों का एक गुटका है जो कि श्री बदरीरामजी थापन गांव मुकाम से प्राप्त हुआ। यह संवत 1827 से 1899 के मध्य लिपिबद्ध है। इसमें ये रचनाएं है:- (क). मातृ का सगुन- अपुर्ण (संवत 1827 को कान्हा जाणी द्वारा हीराराम सेंहर के वाचनार्थ लिपिबद्ध) (ख). गण (ग). सीव पतरो (घ). अजप्य जाप (ड़). पारबती ईसर संवाद (च). फुटकर साखियां- 02, केसोजी व सुरजनजी कृत (छ). आरती 02, पीताम्बरदासजी और उदोजी कृत, साखी-01, अज्ञात कृत (ज). इंदव छंद- 32, गोकलजी कृत, अस्तुति होम की- 01 छंद, गोकलजी कृत (झ). गोत्राचार- महादेव पार्वती संवाद (ञ). आदि वंशावली (ट). वसंदर के पचीस नाम (ठ). महादेव का पार्वती को ज्ञानोपदेश (स्नानादि संबंधी) (ड). पच्चीस नाम विष्णु के (ढ). विवरस्य (ण). अस्तुति (त). कलस (थ). पाहल (द). बालक मंत्र (ध). होम पाठ- 01 कवित्त (न). चौजुगी (प). द्वन्द्व चौजुगी (फ). मंगलाष्टक- 29 छंद, केसोजी कृत (ब). दस अवतार- 10 छंद, अज्ञात कृत (भ). सप्त श्लोकी गीता (म). एक श्लोकी भागवत (य). एक श्लोकी रामायण (र). सुर्य स्तोत्र (संवत 1899 को लिपिबद्ध) (ल). उमाहो- 22 छंद, वील्होजी कृत (व). पतवो- 11 छंद, आलमजी कृत (श). हींडोलणो- 08 छंद, हीरानंदजी कृत (ष). साखी- 01, केसोजी कृत (संवत 1899 द्वितिय चैत्र सुदि 8 को साध वीरमदासजी के शिष्य दयारामजी द्वारा राऊजी के पठनार्थ लिपिबद्ध) (स). अमावस्या कथा- 145 छंद, मयारामजी कृत (ह). तलाब की कथा- 12 रूपक, केसोजी कृत (क्ष). अस्तुति अवतार की- 45 छंद, गोकलजी कृत (त्र). परची- 37 छंद, गोकलजी कृत (ज्ञ). जांगड़ो- 05 दोहले, केसोजी कृत (अ). फुटकर भजन- 02, गंगादासजी व कबीर कृत (आ). महादेवजी रो सरोदो (संवत 1848 वैशाख वदि 5

को लिपिबद्ध)

04. ग्रंथांक-81:- यह 152 पन्नों की एक पोथी है जो कि श्री बदरीरामजी थापन गांव मुकाम से प्राप्त हुई। यह संवत 1832 से 1839 के मध्य लिपिबद्ध है। इसमें ये रचनाएं है:- (क). औतारपात का बखाण- 140 छंद, वील्होजी कृत (ख). गुगलिये की कथा- 86 छंद, वील्होजी कृत (ग). सच अखरी विगतावली- 48 छंद, वील्होजी कृत (घ). कथा दुणपुर की- 60 छंद, वील्होजी कृत (ड़). कथा जैसलमेर की- 89 छंद, वील्होजी कृत (च). कथा झोरड़ा की- 33 छंद, वील्होजी कृत (छ). कथा ऊदा अतली की- 77 छंद, केसोजी कृत (ज). कथा सैंसे जोखाणी की- 106 छंद, केसोजी कृत (झ). कथा चितोड़ की- 130 छंद, केसोजी कृत (ञ). कथा पुल्हैजी की- 25 छंद, वील्होजी कृत (ट). कथा असकंदर पातिसाह की- 191 छंद, केसोजी कृत (ठ). कथा बाललीला- 61 छंद, केसोजी कृत (ड.). कथा ध्रमचरी तथा चेतन- सुरजनजी कृत (ढ). ग्यान महातम- 199 छंद, सुरजनजी कृत (संवत 1832 जेठ वदि 13 को हरजी बणियाल द्वारा लिपिबद्ध) (ण). पहलाद चिरत- केसोजी कृत (त). सबदवाणी- 117 सबद पद्य प्रसंग सहित (संवत 1833 भादवा सुदी 3 को झांभापंथी केसोदासजी के शिष्य तुलसीदास द्वारा लिपिबद्ध। केसोदासजी कालीपोस जो बाबा नूरजी का शिष्य है। नूरजी पराजजी के शिष्य। पराजजी जगाणी। रामा अतीत द्वारा लिखवाया गया।) (थ). कवत सुरजनजी रा कह्या- 329 कवित्त (संवत 1839 वैशाख 5 गुरूवार को ध्यानदास द्वारा दुगाली में लिपिबद्ध) (द). होम को पाढ (ध). आदि वंशावली (न). विवरस (प). कलस थापन (फ). पाहल (ब). चौजुगी विवाह की (भ). पाहल।

05. ग्रंथांक-86:- यह 82 पृष्ठों का एक गुटका है जो कि श्री बीरमरामजी थापन गांव मुकाम से प्राप्त हुआ। यह संवत 1939 श्रावण सुदि 3 सोमवार को प्राणसुख विसनोई द्वारा नगीने में लिपिबद्ध है। इसमें ये रचनाएं है:- (क). विष्णु सहस्रनाम (ख). सबदवाणी- 120 सबद, प्रसंग रहित

06. ग्रंथांक-125:- यह 80 पृष्ठों का एक गुटका है जो कि श्री बदरीरामजी थापन गांव मुकाम से प्राप्त हुआ। यह संवत 1940 माघ बदि 8 को नगीना निवासी दिलदार के पुत्र प्राणसुख विसनोई द्वारा लिपिबद्ध है। इसमें सबदवाणी के प्रसंग रहित 120 सबद है।

07. ग्रंथांक-126:- यह 175 पृष्ठों का एक गुटका है जो कि श्री बदरीरामजी थापन गांव मुकाम से प्राप्त हुआ। यह संवत 1925 माघ बदि 8 को मोतीरामजी के शिष्य साधु नृसिंहदास द्वारा गांव रैणी में साधु मयारामजी के शिष्य गुमानीरामजी के पठनार्थ लिपिबद्ध है। इसमें ये रचनाएं है:- (क). सबदवाणी- 120 सबद, प्रसंग रहित (ख). प्रहलाद चरित- 348 छंद, उदोजी कृत (ग). सप्त श्लोकी गीता- मूल और टीका समेत (घ). छंद- 08, केसोजी कृत (ड़). भजन- 04, तुलसीदास के (च). हरजस और साखियां

08. ग्रंथांक-153:- यह 106 पृष्ठों का एक गुटका है जो कि श्री बदरीरामजी थापन गांव मुकाम से प्राप्त हुआ। यह संवत 1907 द्वितीय वैशाख सुदि 7 को थापन रासोजी द्वारा लिपिबद्ध है। इसमें ये रचनाएं है:- (क). हिंडोलणो- 05 छंद, हीरानंदजी कृत (ख). अस्तुति अवतार की- गोकलजी कृत (ग). छंद- 32, गोकलजी कृत (घ). प्रहलाद चिरत- 479 छंद, केसोजी कृत (ड़). सबदवाणी- 44 सबद, प्रसंग सहित

09. ग्रंथांक-375:- यह एक पन्ने में लिपिबद्ध परवाना है जो कि मुकाम के थापन बंधुओ (बदरीरामजी, वीरमजी, मालूरामजी, मोतीरामजी, काशीरामजी, श्योलालजी, नारायणजी) से प्राप्त हुआ। यह संवत 1930 पौष सुदि 14 को लिपिबद्ध है। यह परवाना महकमा कौंसिल राजश्री बीकानेर द्वारा मुकाम गांव में मेढों के संबंध में जारी किया गया था।

10. ग्रंथांक-376:- यह एक पन्ने में लिपिबद्ध परवाना है जो कि मुकाम के थापन बंधुओ (बदरीरामजी, वीरमजी, मालूरामजी, मोतीरामजी, काशीरामजी, श्योलालजी, नारायणजी) से प्राप्त हुआ। यह संवत 1907 मिगसर वदि 11 को लिपिबद्ध है। यह परवाना बीकानेर अदालत द्वारा समस्त कसाइयों के नाम जारी किया गया था, इसमें कसाइयों को यह आदेश दिया गया था कि आप विसनोईयों के गांवों में से बकरा लेकर नहीं निकल सकते है। अर्थात बकरा लेकर विसनोई गांवों से नहीं गुजरोगे।

11. ग्रंथांक- 377 व 378:- यह एक पन्ने में लिपिबद्ध परवाना है जो कि मुकाम के थापन बंधुओ (बदरीरामजी, वीरमजी, मालूरामजी, मोतीरामजी, काशीरामजी, श्योलालजी, नारायणजी) से प्राप्त हुआ। यह संवत 1878 फाल्गुन वदि 12 को लिपिबद्ध है। यह परवाना बीकानेर अदालत द्वारा राज्य की जनता के नाम जारी किया गया था। इसमें थापनो से बिना अपराध कुछ भी मांग न करने संबंधी आदेश है।

12. ग्रंथांक-379:- यह एक पन्ने में लिपिबद्ध परवाना है जो कि मुकाम के थापन बंधुओ (बदरीरामजी, वीरमजी, मालूरामजी, मोतीरामजी, काशीरामजी, श्योलालजी, नारायणजी) से प्राप्त हुआ। यह संवत 1887 पौष सुदि 1 को लिपिबद्ध है। यह परवाना बीकानेर अदालत द्वारा राज्य की जनता के नाम जारी किया गया था। इसमें थापनो से बिना अपराध कुछ भी मांग न करने संबंधी आदेश है।

13. ग्रंथांक-380:- यह एक पन्ने में लिपिबद्ध परवाना है जो कि मुकाम के थापन बंधुओ (बदरीरामजी, वीरमजी, मालूरामजी, मोतीरामजी, काशीरामजी, श्योलालजी, नारायणजी) से प्राप्त हुआ। यह संवत 1890 चैत्र सुदि 7 को लिपिबद्ध है। यह परवाना बीकानेर अदालत द्वारा मुकाम के थापनो के नाम जारी किया गया था। इसमें थापनो को मुकाम मंदिर के चढावे को चार भागों में बांटकर लेने संबंधी आदेश है।

14. ग्रंथांक-381:- यह एक पन्ने में लिपिबद्ध परवाना है जो कि मुकाम के थापन बंधुओ (बदरीरामजी, वीरमजी, मालूरामजी, मोतीरामजी, काशीरामजी, श्योलालजी, नारायणजी) से प्राप्त हुआ। यह संवत 1752 जेठ सुदि 4 को लिपिबद्ध है। यह परवाना बीकानेर के शासक अनूपसिंह द्वारा पंवार जगरूप व नाजर आनंदराम के नाम जारी किया गया था। इसमें थापनो को गांव तालवे के दस खेत दिलाने और हरे वृक्ष न काटने संबंधी आदेश है।

15. ग्रंथांक-382:- यह एक पन्ने में लिपिबद्ध परवाना है जो कि मुकाम के थापन बंधुओ (बदरीरामजी, वीरमजी, मालूरामजी, मोतीरामजी, काशीरामजी, श्योलालजी, नारायणजी) से प्राप्त हुआ। यह संवत 1898 जेठ सुदि 1 को लिपिबद्ध है। यह परवाना बीकानेर अदालत द्वारा मुकाम के थापनो के नाम जारी किया गया था। इसमें चढावे को रहन रखकर श्री जांभोजी की मूर्ति हेतु लिए गए रूपयों को चुकाने और घास न उठाने संबंधी आदेश है।

16. ग्रंथांक-383:- यह एक पन्ने में लिपिबद्ध परवाना है जो कि मुकाम के थापन बंधुओ (बदरीरामजी, वीरमजी, मालूरामजी, मोतीरामजी, काशीरामजी, श्योलालजी, नारायणजी) से प्राप्त हुआ। यह संवत 1758 जेठ बदि 1 को लिपिबद्ध है। यह परवाना बीकानेर शासक सुजानसिंह द्वारा तालवा मुकाम के थापनो को दी गई धरती के संबंध में है।

12. महत्वपूर्ण लिखतः- लेखक (राजकुमार गोदारा विसनोई) को इस लिखत की मूल प्रति जांबा महंत भगवानदास जी के पास मिली थी। इसका लिप्यंतरण और हिंदी अनुवाद लेखक ने स्वयं किया है। यह लिखत विक्रम संवत 1872 फाल्गुन सुदि 1 को मुकाम मेले के अवसर पर की गई थी। विसनोई न्यात के कहने पर परमोजी देहड़ू ने इस लिखत को लिपिबद्ध किया था।

मूल पाठः- श्री विसन जी सत छै। लिखत एक मुकाम रै मेले मां किनो छै। जोधपुरियां बीकानेरीयां नागौरीयां मेड़ताटी रा इतरा सगलाई मुलकां री न्यात भैला सामल। उगत सारी न्यात साधां नै कागद लिख दीनो। आपरी राजी खुशी सुं। विसनोई हुवे सो विसनोईपण रे धर्म मां रहसी। गुलफी राखण पावै नहीं। सांसी साटियो लुहार सुं बलद सटापण पावै नहीं। अमावस ग्यारस रो हल हाकण पावै नहीं। खेजड़ी बढण पावै नहीं। मुसलमान नै कांसी री थाली मां जीमावण पावै नहीं। मुसलमान नै गाय बेचणी नहीं। मईड़ा बालण नहीं। बकरा गांव सुं गांव आगी नै थाट मां पुगाय देसी। विसनोई रे गांव री सीव मां जीव नै मारण देसी नहीं तथा गांव सुं पलसी नहीं तो गांव रा न्यात में खबर करसी। गालवो अमल पीवसी नहीं। तमाखु खावण सुंघण पावै नहीं। आन जाति ने सीरखो देवण ने पावे नहीं। गाय वलावण पावै नहीं। इण तरै धर्म मरजाद श्री जांभैजी री कीनोड़ी छै। चलै तो धर्म आद सुं चल्यो आवै छै। इण धर्म मरजाद नै कोई विसनोई मानसी (नहीं) जको जांभैजी री गुनैगारी देसी। गुनैगारी रा रूपया तलाव री माटी रा 25) पच्चीस देसी तथा न्यात सुं साधां सुं जोरा मरदी कर नै धरम मरजाद मानसी (नहीं) सो राज री गुनैगारी देसी। गुनैगारी रा रूपिया 125) एक सौ पचीस श्री दरबार रा देसी। उपरांत न्यात बाहर होसी। इण तरै साराई मुलकां री न्यात सामल होय नै कागद साधां नै सुंपियो छै। इण धर्म मरजाद री खेवट साध करसी। न्यात सारी साधा रै सामल छै। आ मरजाद श्री जांभैजी री तथा सारी न्यात री बांध्योड़ी छै। इण धरम खातर कोई साधां सुं टंटो झगड़ो करसी तो चंवरी साड़ी पान चराई नै पछै राज मां देसी तथा इण धरम मरजाद नै जै कोई मेटसी तिण रो चलु ब्याव होली रो पाल जके ण थापन देसी नहीं। जो थापन सगला न्यात परबार किणी मलापद सुं कारज कर देसी तो सारी न्यात थापना नै कबाय खासो देसी नहीं। दसतक परमा दहड़ु रै हाथ रा छै। सारी न्यात रै कहे सुं कागद लिखियो छै। समत 1872 रा विरखे मिति फागण सुदि 1।

हिंदी अनुवादः- श्री विसन जी सत्य हैं। यह लिखत मुकाम के मेले में की गई है। जोधपुर, बीकानेर, नागौर, मेड़ता तथा अन्य सभी प्रदेशों की विसनोई न्यात इसमें सम्मिलित हुई। उक्त समस्त विसनोई न्यात ने यह कागज साधुओं को अपनी स्वेच्छा और सहमति से लिखकर दिया है। जो विसनोई होगा, वह विसनोई धर्म की मर्यादा में रहेगा। गुलफी (जुल्फें) रखना अनुमत नहीं है। सांसी, साटिया और लुहार से बैलों का सौदा करना अनुमत नहीं है। अमावस्या और एकादशी के दिन हल चलाना अनुमत नहीं है। खेजड़ी के वृक्ष को काटने देना अनुमत नहीं है। मुसलमान को कांसे की थाली में भोजन कराना अनुमत नहीं है। मुसलमान को गाय बेचना वर्जित है। बैल को बधिया कराना अनुमत नहीं है। यदि कोई कसाई बकरे को गांव से ले जा रहा हो या गांव से होकर गुजर रहा हो, तो उस बकरे को थाट में पहुंचा देना है। विसनोई गांव की सीमा में किसी भी जीव को मारने नहीं दिया जाएगा। यदि कोई व्यक्ति गांववालों के कहने से भी न माने, तो इसकी सूचना न्यात को दी जाएगी। गला हुआ अफीम पीना वर्जित है। तंबाकू खाना या सूंघना अनुमत नहीं है। अन्य जाति को सीरखा देना अनुमत नहीं है। गाय का बिलौना अनुमत नहीं है। इस प्रकार की धर्म-मर्यादा श्री गुरु जांभोजी द्वारा निर्धारित की गई है। यह धर्म आदि काल से चलता आ रहा है। यदि कोई विसनोई इस धर्म-मर्यादा को नहीं मानेगा, तो वह श्री गुरु जांभोजी का अपराधी होगा और दंडस्वरूप तालाब की मिट्टी के 25 रुपये देगा। जो व्यक्ति न्यात और साधुओं के साथ ज़बरदस्ती कर धर्म-मर्यादा का उल्लंघन करेगा, वह राज का अपराधी माना जाएगा और उसे 125 रुपये श्री दरबार में जमा कराने होंगे। इसके पश्चात उसे न्यात से बाहर कर दिया जाएगा। इस प्रकार सभी प्रदेशों की विसनोई न्यात ने एकत्र होकर यह कागज साधुओं को सौंपा है। इस धर्म-मर्यादा की देख-रेख साधु करेंगे। समस्त न्यात साधुओं के साथ और उनके निर्णय में सहभागी रहेगी। यह मर्यादा श्री गुरु जांभोजी तथा समस्त विसनोई न्यात द्वारा स्थापित की गई है। यदि इस धर्म-मर्यादा के कारण कोई व्यक्ति साधुओं से झगड़ा करेगा, तो उसे चंवरी, साड़ी, पान-चराई आदि का दंड देकर राज में प्रस्तुत किया जाएगा। जो कोई व्यक्ति इस धर्म-मर्यादा को तोड़ेगा, उसके घर के तीनों संस्कार (जन्म, विवाह, मृत्यु) कोई भी थापन नहीं करेगा। तथा ना ही होली के अवसर पर कोई थापन पाहल देगा। यदि कोई थापन न्यात की नहीं मानकर उपरोक्त कार्य करता है तो न्यात उस थापन को स्वीकार नहीं करेगी। हस्ताक्षर परमा देहड़ु के हाथ का है। यह कागज समस्त न्यात के कहने से लिखा गया है। विक्रम संवत् 1872, फागण शुक्ल 1।

13. मुकाम का अभिलेखीय अध्ययन

क. मुकाम मेला (1934 ई.) का विवरणः- विसनोई धर्म का प्रमुख तीर्थ स्थल मुकाम केवल धार्मिक आस्था का केंद्र ही नहीं, बल्कि सामाजिक

संगठन, न्याय व्यवस्था और ग्रामीण अर्थव्यवस्था का भी महत्वपूर्ण केंद्र रहा है। सन् 1934 ई. में आयोजित मुकाम मेले का विवरण राजस्थान राज्य अभिलेखागार, बीकानेर में संरक्षित एक अभिलेखीय फाइल (बस्ता नं. 148, फाइल नं. 2484) में प्राप्त होता है। यह 33 पृष्ठों का दस्तावेज उस कालखंड के सामाजिक-सांस्कृतिक जीवन का सजीव चित्र प्रस्तुत करता है।

क. मुकाम का धार्मिक महत्वः- मौजा मुकाम में गुरु जांभाजी का पवित्र मंदिर स्थित है, जो विश्नोई समाज की आस्था का केंद्र है। मंदिर से निकट "संभराथल" नामक धोरा स्थित है, जहां गुरु जांभाजी द्वारा तपस्या किए जाने का उल्लेख मिलता है। यही कारण है कि मुकाम स्थल विसनोई धर्म के अनुयायियों के लिए अत्यंत पवित्र और प्रमुख तीर्थस्थल के रूप में प्रतिष्ठित रहा है।

ख. मेला आयोजन और स्वरूपः- अभिलेख के अनुसार मुकाम में प्रतिवर्ष दो प्रमुख मेले आयोजित होते थे- फागुण वदि अमावस्या और आसोज वदि अमावस्या।सन् 1934 ई. का फागुण मेला फागुण वदि 13, संवत 1990 को प्रारंभ होकर फागुण सुदि 2 तक चला। इस मेले में लगभग 10,000 श्रद्धालु एकत्रित हुए, जिनमें विसनोई समाज के अतिरिक्त अन्य समुदायों के लोग भी सम्मिलित थे। यह मेला केवल धार्मिक आयोजन नहीं था, बल्कि एक व्यापक सामाजिक समागम था, जिसमें विभिन्न रियासतों बीकानेर, मारवाड़, भावलपुर, तथा पंजाब क्षेत्र (फिरोजपुर, हिसार) से लोग भाग लेने आते थे। यात्री ऊंट, बैलगाड़ी तथा घोड़ों के माध्यम से यहां पहुंचते थे, जिससे उस समय के परिवहन साधनों का भी परिचय मिलता है।

ग. प्रशासनिक एवं सुरक्षा व्यवस्थाः- मेला आयोजन के लिए बीकानेर रियासत का प्रशासन पूर्णतः सक्रिय था। सर्कल इंस्पेक्टर, सब-इंस्पेक्टर, पुलिस बल, तहसीलदार एवं नायब तहसीलदार सहित अनेक अधिकारी मेले में उपस्थित रहे।इसके अतिरिक्त "डूंगर लांसर्स" के सैनिकों की भी नियुक्ति की गई थी, जिससे सुरक्षा व्यवस्था सुदृढ़ बनी रही। पेयजल की व्यवस्था समाज के सहयोग से की गई। दुतारावाली गांव के गणेशा विसनोई द्वारा कुएं से निरंतर पानी निकालकर यात्रियों को उपलब्ध कराया गया, जिससे किसी प्रकार की जल समस्या उत्पन्न नहीं हुई।

घ. मेला बाजार और ग्रामीण अर्थव्यवस्थाः- मुकाम मेले में विविध प्रकार की दुकानों का आयोजन हुआ, जो उस समय की ग्रामीण अर्थव्यवस्था और जीवन शैली का परिचायक है। यहां मिठाई, सब्जी, पान, कपड़ा, धागा, लकड़ी, चरखा, लोहे-पीतल के सामान, ऊंट सज्जा (पलान), जूते, चमड़ा कार्य, सुनार, सिकलीगर आदि कारीगरों की दुकानें लगी थीं। इस प्रकार मेला केवल धार्मिक केंद्र ही नहीं, बल्कि व्यापार और आर्थिक गतिविधियों का भी महत्वपूर्ण माध्यम था।

ङ. विसनोई पंचायतः संगठन और न्याय व्यवस्थाः- मुकाम मेले का एक अत्यंत महत्वपूर्ण पक्ष विसनोई समाज की पंचायत थी, जो फागुण सुदि 1, संवत 1990 को श्री जांभाजी मंदिर में आयोजित हुई। इस पंचायत में लगभग 20 गांवों के 60–70 पंच सम्मिलित हुए। इन गांवों में सलूंडिया, रायसीसर, जेगला, जांगलू, घटू, काकड़ा, जसरासर, सांवतसर, मुकाम, नया गांव, बंधाला, जयसिंगदेसर, पिथरासर, रोटू, कूदसू, बनिया, कूचोर, सिंधु, माड़िया और उड़सर प्रमुख थे। पंचायत की कार्यवाही प्रशासनिक अधिकारियों की उपस्थिति में शांतिपूर्वक संपन्न हुई।

च. न्यायिक कार्यवाही और सामाजिक अनुशासनः- पंचायत में कुल 11 मुकदमों की सुनवाई की गई, जिनमें 8 पूर्व पंजीकृत और 3 नए मामले थे। इन मामलों में सामाजिक और नैतिक अनुशासन से जुड़े विषय प्रमुख थे। विशेष रूप से सगाई के बाद संबंध तोड़कर लड़की को अन्यत्र भेजने पर लड़की के पिता को "न्यात बाहर" (सामाजिक बहिष्कार) करने का प्रावधान उल्लेखनीय है। अन्य मामलों में आर्थिक दंड (लाई) का प्रावधान था। सभी मुकदमों में वादी-प्रतिवादी के नाम, जाति, गांव तथा निर्णय का विस्तृत विवरण अभिलेख में दर्ज किया गया है। यह तथ्य दर्शाता है कि विसनोई समाज की पंचायत एक संगठित एवं प्रभावी न्यायिक संस्था के रूप में कार्य कर रही थी।

छ. सामाजिक समरसता और अनुशासनः- अभिलेख के अनुसार मेले में पूर्णतः शांति बनी रही। न तो कोई आपराधिक घटना घटी और न ही कोई विवाद उत्पन्न हुआ। पंचायत भी शांतिपूर्ण ढंग से संपन्न हुई और किसी प्रकार का सार्वजनिक भाषण या उग्र गतिविधि नहीं हुई। यह स्थिति उस समय के सामाजिक अनुशासन और संगठन की उच्च अवस्था को दर्शाती है।

ज. निष्कर्षः- सन् 1934 ई. का मुकाम मेला एक ऐसा ऐतिहासिक उदाहरण प्रस्तुत करता है, जिसमें धार्मिक आस्था, सामाजिक संगठन, न्याय व्यवस्था और आर्थिक गतिविधियां एक साथ समाहित थीं। यह अभिलेख स्पष्ट करता है कि विसनोई समाज केवल धार्मिक समुदाय नहीं था, बल्कि एक संगठित सामाजिक संरचना थी, जिसकी अपनी न्याय प्रणाली, अनुशासन व्यवस्था और सामुदायिक सहयोग की परंपरा अत्यंत विकसित थी। मुकाम मेला उस युग में सामाजिक एकता, सांस्कृतिक निरंतरता और सामुदायिक न्याय का सशक्त प्रतीक था।

मूल अभिलेख का परिचयः- यह अभिलेख राजस्थान अभिलेखागार, बीकानेर (रि. बीकानेर, H.D.B.P., ब.नं.148, फा.नं.2484) से प्राप्त हुआ था। यह सन् 1939 ई. की एक 33 पृष्ठों की फाईल है। इसमें सन् 1934 ई. के फागुण के मुकाम मेले का पुरा विवरण है। इसमें जसरासर पुलिस द्वारा मेले की सम्पूर्ण गतिविधियों का रिकॉर्ड फाईलों में दर्ज है। इस रिकॉर्ड की एक झलकः- जनाबे आलि इलाका सर्कल सदर के थाना पुलिस जसरासर के तहत एक मौजा मुकाम है जहां पर श्री जांभाजी का मंदिर बना हुआ है। मंदिर मजकुर से एक कोस के फासले पर व जानिब दिखना है। एक सिमरथ थल नाम का धोरा है वहां पर श्री जांभाजी ने भगति/तपस्या की थी। और एक विसनोई जाति मूंडकर फिरका बनाया है। हर साल फागुन वदि अमावस व आसोज वदि अमावस दो मेले भरते है। हर दो मेला में जातरी अकनाम विसनोई आते है और मेला प्रांगण में दीगर लोक भी मेला देखने के गर्ज से आते है। और विसनोईयों की पंचायत को भी झगड़ों की बाबत और धर्म के मुताबिक होती है। और

यह मेला फागुण वदि 13 संवत 1990 को शुरू हुआ और फागुण सुदि 2 संवत 1990 को खत्म हुआ। मेले के इंतजाम के लिए सर्कल इंस्पेक्टर मय जसरासर तेहरीर सामलात वा तखमाह है। सवारान तारीख 11-02-1934 ईस्वी को मुकाम पहुंचा और सब इंस्पेक्टर थाना जसरासर मौजमिगत दो सवार 3 पैदल वा जमेदार चौकी धुपालिया के सवार पहुंचे और थाना पांचू से भूराराम तौहरीर मय के मुलाजिम इंतजाम मेला के लिए आए और श्री डूंगर लान्सर से कल्याणसिंह हवलदार मय जाप्ता सवार आए। यह मेला फागण वदि अमावस संवत 1990 को मुकमिल भरा। जातरी लोग अकवाम विसनोई व दीगर कौम मय औरतें 10000 इकट्ठे हुए। जो इलाका रियासत हाजा बीकानेर, मारवाड़ व रियासत भावलपुर, जिला फिरोजपुर व हिसार से आए। मेला मजकूर में ऊंट, बैल गाड़ी, घोड़ा घोड़ी जमा हुए। दुकानों के संबंध में उल्लेख:- दुकान कंदोई, दुकान खोपरा मिठाई, मनियारी, सब्जी, फरोदर, लखारा, छाटी बोरा जट, धागा, लकड़ी का चरखा, किवाड़, ऊंट पलान पीतल व लोहा, दालें मोठ की, पानवली, सुनार, सिकलीगर, गुंठा, जूता, चमड़ा रंगाईयर, घासिया, ठालरा, चमार जुती गांठने वाले कुल दुकानों से मेला बजार भरपुर हुआ।इस मेला के इंतजाम के लिए डिस्ट्रिक्ट मजिस्ट्रेट. .. जिला सदर ... पंडित कन्हैयालाल जी सहाब तहसीलदार साहब तैहसील सुरपुरा मय अहलवार वा चपरासी तसदीक लोग है। इस मेला में इन्तजाम के लिए श्री डूंगर लान्सर से नरायण सिंह मय 4 सवार आए। इस मेले में यात्री लोगों के पानी का इन्तजाम गनेशा विसनोई साकिन दुतारावाली जिला 22) रोजाना लेकर किया है रात दिन कुआ चलाकर किया है। पानी की तकलीफ किसी को नहीं हुई। मेला में पंचायती अकवान विसनोई की श्री जांभाजी के मिंदर में मिति फागण सुदि 1 को हुई। जिसमें पंच .... 1 के मुताबिक. ... सरे हाजर बैठे और पंचायत में नाजिम साहब व नायब तहसीलदार व इंस्पेक्टर व सब इंस्पेक्टर थाना जसरासर मौजूद रहा। पंचायती शांति के साथ हुई। कोई कैदी का झगड़ा नहीं हुआ। इस मैला में किसी ने लैक्चर वगैरह नहीं दिए। इसमें सबसे महत्वपूर्ण है विसनोई पंचायत के पंचों के नाम व गांव तथा मुकदमों की संपुर्ण कार्यवाही का विवरण। रिपोर्ट का एक अंश:- नीचे लिखे इस बयान पंचायत मेला श्री जांभाजी संवत 1990 फागण सुदि 1 में बैठना हम सबने सर्व सम्मति से तय किया है तारीख 13-02-1934। गांववार पंचो के नाम:- 1. सलूंडिया- भरणा, काना, हरभज, गुला, जोंता, जेठा। 2. रायसीसर- राजु, जसराम, धना, जालु, रामचंद, पोला। 3. जेगला- नरायण, गुलाबा, काना, हीरा, पेमा, गोरखा। 4. जांगलू- हीरा, लक्ष्मण, काना, बकसो। 5. घटू- गोरधन, गणेशा, हरसुख। 6. काकड़ा- सेरू, छतु, रामसुख, मैमता, सुरजन, पोकर। 7. जसरासर- गणेशा, मुगला। 8. सांवतसर- ईमरता पुत्र जगमाल, रेड़ा, सादुला, गुलाबा। 9. मुकाम- सालगो, शिवलाल। 10. नया गांव- रामसुख, गणेशा, कोजो। 11. बंधाला- प्रभु, सुरजन। 12. जयसिंगदेसर- समेलो, उदयराज, कुंभा, रामनरायण। 13. पिथरासर- रामचंद पुत्र सरदारा, रामरिख पुत्र नानु। 14. रोटू- गुलो, गिरधारी। 15. कूदसू- जसराम, दुलो। 16. बनिया- हीरा।17. कूचोर- मेवो, महताब। 18. सिंधु- साजन। 19. माड़िया- सांवराज, चुनो। 20. उड़सर- जीसुख या उसका काका, रामसुख, कानो। इस प्रकार विसनोई पंचायत में 20 गांवों के लगभग 60-70 पंच बैठे और 11 मुकदमों की सुनवाई की। जिनमें 8 मुकदमे पहले से पंजीकृत थे और तीन नए मुकदमे दर्ज हुए। इन मुकदमों में जो सगाई के बाद मुकर कर लड़की को दुसरी जगह भेजने पर लड़की के पिता को न्यात बाहर किए जाने का प्रावधान था। वहीं कई अन्य मुकदमों में लाई (दंड) का प्रावधान था। इन सभी मुकदमों में वादी व प्रतिवादी का नाम, जाति व गांव सहित विवरण, मुकदमे और फैसलों का विवरण लिपिबद्ध है।

02. मुकाम में नेशनल स्कुल की स्थापना:- विसनोई समाज का मुकाम मेला केवल धार्मिक आयोजन तक सीमित नहीं रहा, बल्कि समय-समय पर यह सामाजिक, शैक्षिक और राष्ट्रीय चेतना का भी केंद्र बना। सन् 1938 ई. से संबंधित एक महत्वपूर्ण अभिलेख राजस्थान राज्य अभिलेखागार, बीकानेर में सुरक्षित है। यह 35 पृष्ठों की फाइल मुकाम मेले के दौरान विसनोई समाज द्वारा राष्ट्रीय शिक्षा के प्रसार हेतु किए गए संगठित प्रयासों का प्रमाण प्रस्तुत करती है। मुकाम मेला, जहां हजारों की संख्या में विसनोई समाज के लोग एकत्रित होते थे, केवल धार्मिक अनुष्ठानों तक सीमित नहीं रहा। यह मेला सामाजिक निर्णयों और सामूहिक योजनाओं के निर्माण का भी प्रमुख मंच था। इसी मंच का उपयोग करते हुए सन् 1938 ई. में विसनोई पंचायत ने मुकाम में "नेशनल स्कूल" की स्थापना करने का महत्वपूर्ण निर्णय लिया। अभिलेख के अनुसार विसनोई पंचायत ने सर्वसम्मति से यह प्रस्ताव पारित किया कि मुकाम में एक राष्ट्रीय विद्यालय स्थापित किया जाए। इस विद्यालय के लिए समाज के स्तर पर ₹10,000 का कोष (फंड) एकत्रित किया गया। यह राशि सरकार को विद्यालय स्थापना हेतु प्रदान करने का निर्णय लिया गया। यह निर्णय इस बात का प्रमाण है कि विसनोई समाज शिक्षा के महत्व को समझते हुए उसके विकास के लिए आर्थिक रूप से भी प्रतिबद्ध था। विद्यालय के संचालन हेतु पंचायत द्वारा स्पष्ट आर्थिक योजना बनाई गई। प्रत्येक शिक्षक को ₹20 प्रति माह वेतन देने का प्रावधान किया गया। उस समय की आर्थिक परिस्थितियों को देखते हुए यह वेतन एक संगठित और स्थायी शैक्षिक व्यवस्था की ओर संकेत करता है। यह भी दर्शाता है कि समाज केवल विद्यालय खोलने तक सीमित नहीं था, बल्कि उसके नियमित संचालन के लिए भी योजनाबद्ध था। इस अभिलेख में रामसुख विसनोई (निवासी लखासर) का विशेष उल्लेख मिलता है। यह उल्लेख इस बात का संकेत देता है कि स्थानीय स्तर पर कुछ व्यक्तियों ने इस शैक्षिक पहल में सक्रिय भूमिका निभाई, जो समाज के भीतर नेतृत्व और संगठन क्षमता को दर्शाता है। इस पूरे प्रयास का नेतृत्व विसनोई पंचायत द्वारा किया गया। पंचायत ने निर्णय लिया, धन संग्रह किया।प्रशासन के साथ समन्वय स्थापित करके विद्यालय संचालन की रूपरेखा तैयार की। यह दर्शाता है कि विसनोई पंचायत केवल धार्मिक संस्था नहीं थी, बल्कि सामाजिक विकास और शिक्षा प्रसार की भी अग्रणी शक्ति थी।

मूल अभिलेख का परिचय:- यह अभिलेख राजस्थान अभिलेखागार, बीकानेर (रि. बीकानेर, H.D.B. ब.नं.142, फा.नं.5641) से प्राप्त हुआ

था। यह सन् 1938 ई. की एक 35 पृष्ठों की फाईल है। इसमें मुकाम मेले में मुकाम में नेशनल स्कुल खोलने हेतु विसनोई पंचायत द्वारा दस हजार का फंड इकट्ठा करके सरकार को देने व प्रति शिक्षक 20 रूपये मासिक वेतन देने संबंधी उल्लेख है। रामसुख विसनोई निवासी लखासर का भी उल्लेख मिलता है।

03. प्रशासनिक एवं परिवहन व्यवस्था:- सन् 1940 की फाइल में आगामी मेलों के लिए अग्रिम तैयारी, पुलिस बल की नियुक्ति और नियंत्रण व्यवस्था का विस्तृत उल्लेख है। यह दर्शाता है कि रियासती प्रशासन मुकाम मेले को एक महत्वपूर्ण सार्वजनिक आयोजन मानकर उसकी सुरक्षा और व्यवस्था को प्राथमिकता देता था। सन् 1945 की फाइल में मुकाम मेले के संदर्भ में परिवहन साधनों में आए परिवर्तन का उल्लेख मिलता है।

क. मूल अभिलेख-01 का परिचय:- यह अभिलेख राजस्थान अभिलेखागार, बीकानेर (रि. बीकानेर, H.C., ब.नं.09, फा.नं.39) से प्राप्त हुआ। यह सन् 1940 ई. की एक 24 पृष्ठों की फाईल है। इस फाईल में आगामी मेले हेतु पुलिस इंतजाम के संबंध में अग्रिम तैयारी व कार्यवाही का विवरण है। इसमें पिछले मेलों का आकलन भी किया गया है जिसमें मुकाम मेला जो 01-03-1938 से 03-03-1938 के बीच भरा गया था, उसमें 12000 लोग विभिन्न स्थानों से आए थे। जिसमें 2500 ऊंट, 300 बैलगाड़ी और 10 घोड़ा घाड़ियां थी। इस मेले के इंतजाम के लिए 30 पुलिस के जवान मौजुद थे।

ख. मूल अभिलेख-02 का परिचय:- यह अभिलेख राजस्थान अभिलेखागार, बीकानेर (रि. बीकानेर, H.C., ब.नं.33, फा.नं.140) से प्राप्त हुआ था। यह सन् 1945 ई. की एक 24 पृष्ठों की फाईल है। इसमें मुकाम मेले के अवसर पर लोरी का किराया नोखा मंडी से मुकाम 1 रूपया और ऊंट सवारी का 2-3 रूपये किराये का उल्लेख है। इसमें तीन लोरी (टैक्सी) जो क्रमशः चांदमल माहेश्वरी निवासी बीकानेर, सुखलाल महाजन निवासी बीदासर और मालु नाई निवासी छापर के पास थी। उनको लेकर कार्यवाही का विवरण है।

14. मुकाम धाम की शोभा और महत्व:- विसनोई समाज में मुकाम धाम का स्थान सर्वोपरि और अत्यन्त पवित्र माना गया है। मुकाम धाम विसनोई समाज की आत्मा है। क्योंकि यहाँ गुरु जाम्भोजी की समाधि स्थित है। गुरू जाम्भोजी की विद्यमानता में संभराथल साथरी विसनोईयों का सर्वोपरि स्थान था, तथा गुरू जाम्भोजी के निर्वाण के बाद यह स्थान मुकाम साथरी ने ले लिया। विभिन्न संत-कवियों ने हरजसों, साखियों और भजनों में मुकाम की महिमा का अत्यंत भावपूर्ण और साक्ष्यात्मक वर्णन किया है, जो इसकी आध्यात्मिक, सांस्कृतिक और ऐतिहासिक गरिमा को स्थापित करता है। आलमजी अपने हरजस में गुरु जाम्भोजी का स्मरण करते हुए कहते हैं कि हे देव! आपके दर्शन और स्पर्श से ही जीवन सफल हो जाता है, अतः आप कृपा करके दर्शन देने के लिए पधारें। जो प्रभु पहले संभराथल में विराजमान थे, वे ही अब मुकाम रूपी पवित्र तीर्थ में प्रतिष्ठित हैं। आप तीनों लोकों के स्वामी हैं और भक्तों के प्रति अत्यन्त स्नेहभाव रखते हुए उनकी भावनाओं को स्वीकार करते हैं। मुकाम की साथरी (समाधि परिसर) अत्यन्त दिव्य और मनोहर है। वहाँ संतों और जमातों के समूह सुशोभित होते हैं। साधुजन वहाँ अत्यन्त सुंदर दिखाई देते हैं और उनकी उपस्थिति से यह स्थल और भी पवित्र एवं फलदायी बन जाता है। इस पवित्र स्थान पर जती, सती, सूफी, योगी, दरवेश सभी प्रकार के साधक आते हैं। यहाँ हिन्दू और मुसलमान सभी की मनोकामनाएँ पूर्ण होती हैं, अर्थात यह स्थान सम्पूर्ण मानवता के लिए समान रूप से कल्याणकारी है:-

दरसण परसण देव रो, देवजी दया करि आव।१
संभरथल रलि आंवणो, तुं ही मुकाम तलाव। भगतां सरसो भाव करि, तीन लोक का राव।२
देव सुरंगी साथरी, जमातियां रा झुल। दीसै साध सुहावणा, सींचै तां भल मुल।३
जतियां सतियां सोफियां, जोगी दरवेसा। मुसलमाणा हिंदवा, तु पुरै आसा।४

आलमजी ने एक अन्य हरजस में तालवा (मुकाम) को बड़ा तीर्थ बताया है:-

तीरथ मोटो तालवो, जे कर जांणे कोय। जीणि पहराजा उधरियो, साचो सतगुरु जोय।२

वील्होजी ने अपने 'उमाहो' में मुकाम के प्रति अत्यन्त आत्मीय भाव व्यक्त किए हैं। उन्होंने तो यहाँ तक कहा कि मुकाम के छज्जों पर रहने वाले कबूतर भी धन्य हैं:-

धन्य परेवा बापड़ा, छाजै बसै मुकाम। चूण चुगै गुटका करे, सदा चित्तारे साम॥

केसोजी गोदारा ने अपनी साखी में मुकाम की महिमा को अत्यंत विस्तार से प्रस्तुत किया है। उनके अनुसार यह वह स्थल है जहाँ सतगुरु की देह समाधिस्थ है। यहाँ की प्रत्येक रचना चौकी, छज्जे, खिड़कियाँ अद्वितीय सौन्दर्य से युक्त हैं। यहाँ आने वाला प्रत्येक व्यक्ति आध्यात्मिक लाभ प्राप्त करता है। तालवा को वे "निज तीर्थ" कहते हैं, जिसकी तुलना अन्य किसी तीर्थ से नहीं की जा सकती है। मंदिर का सौन्दर्य, चौक की विशालता और समग्र परिसर की दिव्यता इसे एक अद्वितीय स्थापत्य बनाते हैं। केसोजी के वर्णनों में छज्जों पर पक्षियों का कलरव, गुगल की सुगंध, चौक में ज्ञान-चर्चा ये सभी मिलकर मुकाम को एक जीवंत आध्यात्मिक केंद्र बनाते हैं:-

ओह निज तीरथ तालवौ, देह सही जित सामि की। देव बराबरी कोई नही, महमां बडी मुकाम की।
महमां तो बडी मुकाम सोहे, पैड़ियां पग दीजिये। झुलरा जंमाति छाझा, देखि रचना रिझिये।
चौतिरें अति चुंप दिसे, भुरजे सोभा भले तही। जिसो ध्यावे तिसो पावे, तालवौ तीरथ सही।१

चौकी बणी र मुकाम की, स्याह सपेत पीली भली। छींट बरणी अंति सोहणी, कारीगर मेली मिली।
बणी चौकी मंझि तीरथ, ग्यांन चरचा अंति घणी। जांह करै चौहलर पंछिया, ताबुत सोभा भले बणी।
महकार गुगल तणी आवै, चौंतिरे चौकी बणी।२
खिड़की खालिक बारणो, सुलि सदा अंति सोहणी। हरि हजुर दीसै भली, थिरकी थांनि सुहांवणी।
थिरकी त थांनि सुहांवणी, जित चांदिणौ चहुवां दिसा। झलकै जै जोति देव दरगे, जौति जां विसुं विसा।
छाजा तो छाजै ताल बाजै, काजे हरि सेय्यां सरणे। दीसै ते सुलि सुहांवणी, खिड़की खालिक बारणे।३
कलि विराजै कांगरा, सोभा मुगट बखांणियै। रूंखावलि रलि आंवणि, सामि सही सति जांणियै।
जांणियै जां सामि सतगुरू, पात जण जां पेखणां। इंडो ते मुकटि मुकाम सोहे, देव दरगे देखणा।
कलस सीरि त्रसूल सोहे, भांत हरि मेली मिली। देखि सोभा कहे केसो, कांगरा सोहे कलि।४

सुरजनदासजी पुनियां ने अपने हरजस में गुरू जाम्भोजी की महिमा के साथ मुकाम का भी उल्लेख किया है:-
कलिमां केवल ज्ञान परगट, दत देवल दीन मुकाम उठायो। तिनकी महमां कुछ पार नहीं, निसताह हुवै दिस सीस नुवायो॥

परमानन्दजी बैनिवाल ने मुकाम को "मोटो धाम" कहा है:- थापन अकर थरपिया, मोटो धाम मुकाम॥

साहबरामजी राहड़ ने अपने हरजस में मुकाम मंदिर की भव्यता का वर्णन किया है:-
मिंदर बणियौ महा अति सुंदर, चौक बणियौ चोसारा। सतलोक सुख छोड़ सतगुरू, अवनी आप पधारा॥

जांभाणी साहित्य में वर्णित धूप-मंत्रों में भी मुकाम का विशेष स्थान है:-
जंबु दीपे भरथ खंडे, थान मुकाम। ओह निज तीरथ तालवो, विवरस एह विचारणी॥

माधवानंदजी ने अपने भजन में मुकाम को अड़सठ तीर्थ बताया है:-
मेला जो धाम मुकाम है, अड़सठ तीरथ कर मानो। मिल संत भक्ति अति प्रेम से, गुरूद्वारे शीश निवावो।१

साहबरामजी राहड़ ने 'जंभसार' के 22वें प्रकरण में आठ प्रमुख धामों की सूची दी है, जिसमें मुकाम धाम का सर्वप्रथम उल्लेख करते हुए लिखते है कि गुरु जाम्भोजी ने अपने उत्तराधिकारी के रूप में रणधीरजी बाबल को नियुक्त किया था:-
धांम मूकाम जांगलू धामा, जंभसागर धांम रहे नित स्यामा। मुकाम में जू मंहत रणधीरा, अपणे हाथ किये जंभ पीरा।

साहबरामजी राहड़ कृत जंभसार में 24 भंडारो की सूची में हिमटसर भंडारे का भी नाम है। गुरू जांभोजी द्वारा रूपां मांझू को भंडारी नियुक्त करने का उल्लेख है:- "हिमटसर भंडारो हि कहिये, रूपां मांझू चेली लहियै।"

15. मुकाम के मेले:- विसनोई समाज में मुकाम धाम केवल एक तीर्थ स्थल ही नहीं, बल्कि जीवंत धार्मिक परंपराओं, सामुदायिक आस्था और सांस्कृतिक अभिव्यक्ति का प्रमुख केंद्र है। यहाँ वर्ष भर श्रद्धालुओं का आवागमन बना रहता है, परन्तु विशेष रूप से आयोजित मेलों के अवसर पर इसकी आध्यात्मिक गरिमा अपने चरम पर दिखाई देती है। मुकाम में प्रतिवर्ष दो प्रमुख मेले फाल्गुन अमावस्या और आश्विन अमावस्या को आयोजित होते हैं। इनमें फाल्गुन अमावस्या का मेला प्राचीन काल से निरंतर चलता आ रहा है, जबकि आसोज अमावस्या का मेला संत वील्होजी द्वारा प्रारम्भ किया गया माना जाता है। वर्तमान समय में इन दोनों मेलों के अतिरिक्त प्रत्येक अमावस्या को भी बड़ी संख्या में श्रद्धालु यहाँ पहुँचने लगे हैं। वर्तमान में मुकाम में आयोजित मेलों की समस्त व्यवस्था समाज द्वारा सामूहिक रूप से की जाती है। विशेष रूप से अखिल भारतीय विसनोई महासभा और अखिल भारतीय गुरु जम्भेश्वर सेवक दल इन आयोजनों का संचालन करते हैं। श्रद्धालुओं के लिए निःशुल्क भण्डारे की व्यवस्था और धर्मशालाओं में ठहरने की सुविधा समाज की ओर से की जाती हैं। दोनों प्रमुख मेलों से एक-दो दिन पूर्व ही श्रद्धालु मुकाम पहुँचने लगते हैं। अमावस्या से पूर्व की चतुर्दशी (चौदस) को रात्रि-जागरण होता है। इसमें जाम्भाणी साखियाँ एवं हरजस गाए जाते हैं। परंपरानुसार 'जमे की साखियाँ' सर्वप्रथम गाने का प्रचलन रहा है। गायक प्रायः विसनोई साधु एवं 'गायणे' होते हैं। यह जागरण भक्ति, संगीत और सामूहिक साधना का अद्वितीय संगम प्रस्तुत करता है। अमावस्या के दिन प्रातःकाल श्रद्धालु स्नान कर एकत्र होते हैं। सामूहिक रूप से हवन किया जाता है, इसमें घी, खोपरा आदि की बड़ी मात्रा अर्पित किये जाते है। हवन में घी के साथ-साथ श्रद्धालु पक्षियों के लिए चूण भी लाते हैं, जिसे पक्षी वर्षभर ग्रहण करते रहते हैं। यह परंपरा विसनोई धर्म के प्रकृति-प्रेम और जीव-दया सिद्धांत का प्रतीक है। मुकाम आने वाले श्रद्धालु अमावस्या के दिन अनिवार्य रूप से लगभग दो कोस दूर स्थित संभराथल पर भी जाते हैं वहाँ नीचे से मिट्टी लाकर उपर 'धोरे' पर डालते हैं, साधुओं द्वारा किए जा रहे हवन में भाग लेते हैं। मुकाम में स्थित गुरु जाम्भोजी की समाधि पर निर्मित मंदिर को 'निज मन्दिर' कहा जाता है। श्रद्धालु यहाँ समाधि के दर्शन करते हैं, 'धोक' (प्रणाम) लगाते हैं, चढ़ावा अर्पित करते हैं, मंदिर की 'फेरी' (परिक्रमा) करते हैं। फेरी के समय स्त्रियाँ सामूहिक रूप से श्रद्धा-भाव से परिपूर्ण लोकगीत गाती हैं, जो केवल विसनोई समाज में प्रचलित हैं। इनमें मुकाम की महिमा अत्यंत सजीव रूप में व्यक्त होती है। 'मिन्दर' नामक लोकगीत में मंदिर की भव्यता का वर्णन इस प्रकार है:-

आछो मिंदर चिणायो, महाराज जांभेजी रो। ओला रे दोला जाल खेजड़ां, बीच में बणी बड साल।
आछो चिणायो चौक, महाराज जाम्भैजी रो। मकराणे सूं रामा भाटो रे मंगाय, चौक हजीरो चिणाव।

नारेलां री रामा नीवीं रे देराव, खोपरियां का आलिया रखाय। चौक हजीरो चिणाय, महाराज जांभेजी रो।
खारकियां री रामा खूंटी रे ठैराय, जलेबी री जाली रे कराय। मिंदर आछो लागे, महाराज जाम्भैजी रो।
देस देस रा आवे रे मानवी, लुल लुल लागे पाय। देवल आछो लागे, महाराज जांभेजी रो।

इन पंक्तियों में मंदिर की स्थापत्य सुंदरता, खेजड़ी वृक्षों का वातावरण और दूर-दूर से आने वाले श्रद्धालुओं की आस्था का सजीव चित्रण मिलता है। स्वामी ब्रह्मानन्दजी ने विसनोई धर्म विवेक पुस्तक में लिखा है:- "इस मन्दिर में दोनों समय अर्थात सूर्योदय और सूर्यास्त में केवल होम होता है और दूसरी कोई पूजा नहीं होती है, हां समाधि को तो नमस्कार करते हैं और कोई नियत आमदनी मन्दिर में नहीं होती है। जो यात्री लोग फागुन की अमावास्या पर आते है, उनमें से बहुधा मौठ चढ़ाते हैं। कभी कभी दो हजार मन और कभी पांच सौ मन अन्न आ जाता है। और कभी सौ मन ही आता है। कोई निश्चित नियत आमदनी नहीं है। और कुछ रूपया भी आ जाता है।" मेलों के अवसर पर मुकाम का दृश्य अत्यंत आकर्षक और भावपूर्ण होता है। श्रद्धालुओं की विशाल भीड़, हवन की पवित्र अग्नि, गुगल की सुगंध, भक्ति-गीतों की मधुर ध्वनि ये सभी मिलकर एक अद्वितीय आध्यात्मिक वातावरण का निर्माण करते हैं। मुकाम के मेले केवल धार्मिक आयोजन नहीं, बल्कि विसनोई समाज की सामूहिक चेतना, आस्था और सांस्कृतिक परंपरा का जीवंत स्वरूप हैं। यहाँ भक्ति और साधना, प्रकृति-प्रेम और जीव-दया, सामाजिक एकता और समन्वय ये सभी तत्व एक साथ अभिव्यक्त होते हैं। इस प्रकार मुकाम धाम न केवल एक तीर्थ है, बल्कि विसनोई जीवन-दर्शन का साकार केंद्र भी है, जहाँ प्रत्येक आगंतुक आध्यात्मिक शांति और सामूहिकता का अनुभव करता है। इस अध्याय में सन् 1934 ईस्वी के एक मेले का अभिलेखों के आधार पर विस्तृत वर्णन किया गया है। आप 'मुकाम का अभिलेखीय अध्ययन' में इसे पढ सकते है।

16. तालवा (मुकाम) गांव का इतिहासः- विसनोई समाज के प्रमुख तीर्थ मुकाम का मूल नाम तालवा है। यह स्थान केवल धार्मिक दृष्टि से ही नहीं, बल्कि ऐतिहासिक, सामाजिक और राजनीतिक दृष्टि से भी अत्यंत महत्वपूर्ण रहा है। तालवा गांव का इतिहास गोदारा जाटों, विसनोई धर्म के उदय तथा बीकानेर राज्य के साथ हुए संघर्षों से गहराई से जुड़ा हुआ है। तालवा गांव की स्थापना गोदारा वंश के प्रमुख चौधरी मालोजी गोदारा द्वारा विक्रम संवत् 1535 (लगभग 1478 ई.) में की गई थी। मालोजी के पिता सहजरोजी गोदारा थे, जिन्होंने सहजरासर गांव बसाया था। कहा जाता है कि सहजरोजी गोदारा के 12 पुत्र थे, जिनमें से 7 पुत्रों के परिवारों ने विशनोई धर्म स्वीकार किया था। जब बीका ने इस क्षेत्र पर अधिकार किया तो तालवा गांव की स्वतंत्रता भी बीकानेर के अधीन हो गई। चौधरी मालोजी ने विक्रम संवत् 1542 में विसनोई धर्म अपना लिया था। मालोजी के पुत्र सुखोजी गोदारा को गुरू जाम्भोजी ने विसनोई धर्म का मुख्य "थापन" बनाया था। सुखोजी के बेटे चैनोजी हुए। विल्होजी के समकालीन बीकानेर के शासक कल्याणराय तालवा गांव पर कब्जा करके उसका पट्टा अपने चहेते मनोहरसिंह बीका को सौंपना चाहते थे। जब इस बात का पता विल्होजी को लगा तो उन्होंने चैनोजी गोदारा के बड़े पुत्र चोखोजी को प्रमुख विसनोई पंचों के साथ बादशाह अकबर के पास दिल्ली भेजकर तालवा गांव का पट्टा प्राप्त किया। क्योंकि बीका के अधीकार के बाद तालवा गांव ने अपनी स्वाधीनता खो दी थी। इस प्रकार तालवा गांव को वापस स्वतंत्र कराकर चौखोजी गोदारा ने गुरू जाम्भोजी की समाधि को संरक्षित किया। इस घटना के बाद बीकानेर शासक कल्याणराय विल्होजी पर बहुत क्रोधित हुए। और विल्होजी को मुकाम छोड़कर रामड़ावास जाना पड़ा। मुकाम मंदिर की सेवा करने का दायित्व शुरू से ही थापनों के पास था। वर्तमान में ये जमीन मालोजी गोदारा के वंशज थापनों के पास है। तथा मुकाम मंदिर की सेवा का अधिकार 1955 में महासभा ने थापनो से हस्तगत कर लिया था। सन् 1965 ईस्वी में प्रकाशित एक पुस्तक "भारत की जनगणना 1961, खंड XIV, राजस्थान, भाग VI-A, विलेज सर्वे मोनोग्राफ्स, संख्या 4, मुकाम (CENSUS OF INDIA 1961, VOLUME XIV, RAJASTHAN, PART VI-A, VILLAGE SURVEY MONOGRAPHS, 4. MUKAM)" में मुकाम गांव के संबंध में स्रोतों के आधार पर विस्तृत जानकारी दी गई है। इसमें लिखा है कि "सन् 1961ई. की जनगणना के आंकड़ों के अनुसार, मुकाम गांव में कुल 65 परिवार निवास करते थे। गांव की कुल जनसंख्या 298 थी, जिसमें 167 पुरुष और 131 महिलाएं शामिल थीं। समुदाय के आधार पर, यहाँ बिसनोईयों के 58 परिवार (248 व्यक्ति) और मेघवाल समुदाय के 7 परिवार (50 व्यक्ति) थे। गांव के केंद्र में श्री गुरू जांभोजी का मंदिर स्थित है और इसके दोनों ओर धर्मशालाएं बनी हुई हैं। मंदिर के दक्षिण की ओर विसनोई समुदाय की शंक्वाकार या गैबल छत वाली झोपड़ियाँ स्थित हैं। मेघवाल समुदाय के घरों का एक अलग ब्लॉक है, जो विसनोईयों की झोपड़ियों से कुछ दूरी पर स्थित है। विसनोई घरों में आमतौर पर गोलाकार झोपड़ियाँ (झोंपा) और गैबल छत वाले 'पड़वा' होते हैं। इस पुस्तक में मुकाम गांव की स्थापना और इतिहास के बारे में लिखा है कि मुकाम गांव का मूल नाम तालवा है। तालवा गांव के मूल संस्थापक जाट मालाराम गोदारा माने जाते हैं, जिन्होंने विक्रम संवत 1535 (1478 ईस्वी) में इसे बसाया था। स्थापना के सात साल बाद, वे गुरू जांभोजी के संपर्क में आए और उनके सबसे कट्टर अनुयायियों में से एक बन गए। वर्तमान में मुकाम और आसपास के गांवों में लगभग दो सौ परिवार स्वयं को मालाराम गोदारा का वंशज मानते हैं। गांव के मुखिया चौधरी श्री बिरमाराम जी गोदारा, मालारामजी की चौदहवीं पीढ़ी के प्रत्यक्ष वंशज होने का दावा करते हैं। मुकाम गांव में विसनोई समुदाय की सामाजिक संरचना विशेष है। यहाँ विसनोईयों के लगभग सभी परिवार गोदारा गोत्र के हैं। पूरे गांव में पुनिया गोत्र का केवल एक परिवार है। यह परिवार बाहर से आकर यहाँ बसा था क्योंकि उन्होंने एक गोदारा गोत्र की लड़की से विवाह किया था।" ये सभी गोदारा थापन पदवी का प्रयोग करते है जो कि इनके पुर्वजों को गुरू जाम्भोजी ने प्रदान की थी। मुगल बादशाह अकबर द्वारा तालवा गांव के पट्टा चोखोजी गोदारा

को दिया गया था। इस संबंध में जो परवाना जारी किया गया था, उस परवाने का वर्णन भी इस पुस्तक में है।

17. मुकाम का वर्तमान नवीन मन्दिरः- रणधीरजी बाबल द्वारा निर्मित मुकाम मंदिर का जीर्णोद्धार और विस्तार विक्रम संवत् 2040 (सन् 1983) में प्रारम्भ हुआ था। विक्रम संवत् 2040 में चौधरी भजनलालजी विसनोई (तत्कालीन मुख्यमंत्री, हरियाणा) ने प्राचीन मुकाम मन्दिर के जीर्णोद्धार का प्रस्ताव समाज के समक्ष रखा। इस प्रस्ताव को उपस्थित समस्त विसनोई समाज ने सर्वसम्मति से स्वीकार किया। इस विशाल और भव्य मन्दिर के नव-निर्माण का कार्य 19 मई, 1986 को विधिवत् प्रारम्भ हुआ। यह कार्य लगभग एक दशक तक निरन्तर और निर्बाध गति से चलता रहा तथा 18 फरवरी, 1996 को पूर्णता को प्राप्त हुआ। दिनांक 2 जनवरी, 1987 (पौष सुदी द्वितीया, वि.सं. 2044) को बाहरी कक्ष की आधारशिला रखी गई। इस अवसर पर पूर्व संध्या में रात्रि जागरण आयोजित हुआ।प्रातःकाल विशाल हवन सम्पन्न हुआ। उपस्थित श्रद्धालुओं ने पाहल ग्रहण किया। पाहल से पवित्र किए गए पाँच पत्थरों को समाज के पाँच गणमान्य व्यक्तियों द्वारा स्थापित किया गया। प्रथम पत्थर सम्भराथल के तत्कालीन महन्त श्री चन्द्रप्रकाश जी द्वारा, द्वितीय पत्थर चौधरी सहीराम जी धारणियां (अध्यक्ष, अखिल भारतीय विसनोई महासभा, मुकाम द्वारा, तृतीय पत्थर मुकाम गांव के चौधरी थापन श्री बीरमजी गोदारा द्वारा, चतुर्थ पत्थर विसनोई समाज के गायणा वर्ग द्वारा और पाँचवां पत्थर विसनोई समाज के सुथार वर्ग के श्री रामगोपाल जी सुथार द्वारा स्थापित किया गया। इस भव्य निर्माण कार्य को अखिल भारतीय विसनोई महासभा के नेतृत्व में सम्पूर्ण विसनोई समाज के सहयोग, समर्थन और अथक परिश्रम से पूर्ण किया गया। विशेष रूप से चौधरी भजनलाल जी ने इस कार्य में व्यक्तिगत रुचि लेकर तन-मन-धन से सहयोग प्रदान किया। दिनांक 18 फरवरी, 1996 को फाल्गुण बदी अमावस्या के पावन मेले के अवसर पर नव-निर्मित मन्दिर के बाहरी कक्ष को समाज को समर्पित किया गया। इस विशाल मन्दिर की सबसे महत्वपूर्ण विशेषता यह है कि इसके भीतर स्थित प्राचीन निज मन्दिर को पूर्णतः सुरक्षित रखा गया है। उसी को केंद्र मानकर चारों ओर विस्तार किया गया। हालंकि इस नवीन निर्माण के समय मंदिर प्रांगण में जो रणधीरजी बाबल की छतरी हुआ करती थी, उसे वहां से हटा दिया गया। इस मन्दिर का विस्तार 96 × 96 फुट, कुल ऊँचाई 129 फुट, गुम्बद का अद्र्ध व्यास 29 फुट, परिक्रमा मार्ग 29 फुट चौड़ा, बाहरी दरवाजे से सीढ़ियों तक दूरी 229 फुट रखकर मन्दिर निर्माण में "29" को आधार संख्या के रूप में विशेष महत्व दिया गया है, जो विसनोई धर्म के 29 नियमों का प्रतीक है। मन्दिर के आन्तरिक और बाहय भागों में श्वेत संगमरमर का उपयोग किया गया है, जिससे इसकी भव्यता और पवित्रता और अधिक निखरती है। मन्दिर परिसर अत्यन्त विशाल प्रांगण में विकसित किया गया है, जिसमें विभिन्न धार्मिक एवं उपयोगी संरचनाएँ निर्मित हैं। दक्षिण-पूर्व दिशा में दो विशाल हवन कुण्ड और उत्तर-पश्चिम दिशा में भूमिगत अन्न भण्डार (तहखाने) निर्मित है। उत्तर द्वार के समीप विशाल सभाकक्ष बना हुआ है।

4

जांभोलाव

01. परिचय:- जाम्भोलाव साथरी फलोदी जिले में स्थित है। फलौदी से लगभग 15-20 कि.मी. पूर्वोत्तर में एक बड़ा तालाब (जंभसागर) है, जिसे गुरु जाम्भोजी ने खुदवाया था। यही जाम्भोलाव के नाम से प्रसिद्ध है। जंभसागर के ठीक उत्तर की तरफ साथरी बनी हुई है। तालाब से पूर्व की ओर कुछ दूर पर बसे हुए गांव का नाम भी जाम्भा ही है। विसनोई समाज का यह सर्वोच्च तीर्थ स्थल है। गुरू जाम्भोजी के जीवनकाल में भी संभराथल के पश्चात जांभोलाव की ही सबसे ज्यादा मान्यता थी।

02. जांभोलाव तीर्थ प्रकट करना:- संवत् की 20वीं सदी के एक अज्ञात कवि द्वारा रचित साखी में एक अत्यंत महत्वपूर्ण आध्यात्मिक संवाद का वर्णन प्राप्त होता है। इस साखी में भक्तगण गुरु जाम्भोजी से तीर्थों के विषय में प्रश्न करते हैं कि संसार में अनेक प्रसिद्ध तीर्थ हैं, जैसे गंगा, यमुना, सरस्वती, प्रयागराज, काशी, अयोध्या, मथुरा, रामेश्वरम, द्वारका, जगन्नाथ पुरी, केदारनाथ, बद्रीनाथ, तथा पुष्कर आदि। भक्तों का प्रश्न था कि इन अड़सठ तीर्थों में से कौन-सा ऐसा सर्वोत्तम तीर्थ है, जहाँ स्नान करने से पापों का नाश होकर मोक्ष की प्राप्ति हो सके:-

सेवगां सतगुरु बूझियो, तीर्थ कता कहावे। कवण तीर्थ जाय न्हाइये, जासूं पाप दुरावे।
पाप दुरावे सो किसो तीर्थ, गंगा यमुना अरू सरस्वती। प्रयाग काशी अवधा मथुरा, सेतुबंद द्वारावती।
जगन्नाथ केदार बद्री, और पुष्कर न्हाइये। मुक्त हुवै सो किसो तीर्थ, सतगुरु हमें बताइये।१

भक्तों के इस जिज्ञासापूर्ण प्रश्न के उत्तर में गुरु जाम्भोजी ने अत्यंत गूढ़ और तत्वज्ञान से परिपूर्ण उत्तर दिया। उन्होंने स्पष्ट किया कि अड़सठ तीर्थ वास्तव में बाह्य स्थानों में नहीं, बल्कि मनुष्य के हृदय के भीतर स्थित हैं। बाह्य तीर्थों की यात्रा केवल लोकाचार (सामाजिक परंपरा) है, जबकि वास्तविक तीर्थ अंतर्मन की शुद्धि में निहित है। गुरू जाम्भोजी ने अपने सबदों में भी कहा है कि "अड़सठ तीर्थ हिरदे भीतर, बाहर लोकाचारूं।" इस उपदेश का अभिप्राय यह है कि यदि मनुष्य अपने हृदय को निर्मल नहीं करता, तो बाहरी तीर्थों की यात्रा व्यर्थ है। केवल शरीर को कष्ट देकर, धन व्यय कर और बार-बार यात्राएँ करने से वास्तविक मुक्ति संभव नहीं है। गुरु जाम्भोजी ने यह भी स्पष्ट किया कि यदि मनुष्य बाह्य तीर्थों में ही भटकता रहता है, तो उसे केवल शारीरिक थकावट, धन की हानि और समय का व्यर्थ व्यय ही प्राप्त होता है। यहाँ गुरु का संकेत है कि बिना आंतरिक शुद्धि के बाह्य साधन निष्फल हैं। वास्तविक साधना अंतर्मन में ही संभव है। यद्यपि गुरु जाम्भोजी ने अंतर्मुखी साधना को सर्वोच्च बताया, तथापि सामान्य जन के लिए उन्होंने एक सुलभ मार्ग भी प्रस्तुत किया। उन्होंने कहा कि यदि कोई व्यक्ति आंतरिक तीर्थ में स्नान करने में समर्थ नहीं है, तो वह अपने निकट स्थित एक महान तीर्थ (जंभसागर) में स्नान कर सकता है। जो मैं आपको बागड़ देश के फलौदी क्षेत्र में बताउंगा:-

जंभेश्वर यूं भाखियो, तीर्थ कहूं बखाणो। अड़सठ तीर्थ है सही, जामे फेर न जाणो।
जामे फेर न जाणो, हिरदै तीर्थ न्हाइये। दाम दीजे देह छीजे, फिर फिर पांव घसाइये
अड़सठ महातम मिले इत ही, शुभ धाम प्रसाद सूं। देश फलोदी मंझ तीर्थ, बागड़ मांय बताव सूं।२

इस प्रकार गुरू जाम्भोजी ने फलोदी क्षेत्र में जंभसागर तीर्थ को प्रकट किया।

साहबरामजी राहड़ कृत जंभसार में वर्णित एक अत्यंत महत्वपूर्ण प्रसंग में जैसलमेर के शासक रावल जैतसी, गुरु जाम्भोजी से एक गूढ़ आध्यात्मिक प्रश्न करते हैं। वे निवेदन करते हैं क्या इस स्थान पर कोई ऐसा तीर्थ विद्यमान है, जहाँ स्नान करने से मनुष्य के समस्त पाप नष्ट हो जाएँ? यदि ऐसा कोई दिव्य तीर्थ है, तो उसकी जानकारी प्रदान करें। रावल जैतसी के प्रश्न के उत्तर में गुरु जाम्भोजी एक प्राचीन और गुप्त तीर्थ 'सिद्धसागर' का उल्लेख करते हैं, वे बताते हैं कि यह एक अत्यंत महान और सिद्ध तीर्थ था। यहाँ जो भी तपस्या करता, वह अल्पकाल में ही इन्द्र पद को प्राप्त कर सकता था। इसी कारण देवराज इन्द्र को भय उत्पन्न हुआ कि कहीं कोई साधक उनके पद को प्राप्त न कर ले। फलस्वरूप इन्द्र ने इस तीर्थ को रेत से ढकवा कर उसे अदृश्य करवा दिया। गुरु जाम्भोजी आगे बताते हैं कि यदि कोई इस गुप्त तीर्थ को पुनः प्रकट करने का प्रयास करेगा, तो इन्द्र का कोप उस पर पड़ेगा, इसी भय से किसी ने भी इस तीर्थ को प्रकट करने का साहस नहीं

किया। यहाँ तक कि वेद, पुराण आदि शास्त्र भी इस विषय में मौन हैं या भयवश इसका प्रत्यक्ष उल्लेख नहीं करते। यद्यपि यह तीर्थ गुप्त हो गया था, फिर भी उसकी शक्ति समाप्त नहीं हुई। गुरु जाम्भोजी बताते हैं यदि कोई व्यक्ति उस स्थल पर सूत फिराता है तो उसे असंख्य यज्ञों के बराबर पुण्य प्राप्त होता है। इस दिव्य रहस्य को सुनकर रावल जैतसी अत्यंत आनंदित हो जाते हैं:-

कहे जैतसी सुनहू दयाला, जिज्ञ कृपा सो कहो कृपाला। यहां कोई तीर्थ प्रगट है, ताके नहाये पाप कटत है।
सुभ तीर्थ सबको दातारा, नहाए पाप कटत है सारा। एसो तीर्थ एक चैतावो, पाप कटे सो जुगत बताओ।
कहैं जंभ सुणियो राजिंद्र, सिद्ध सागर बुरायो इंद्र। सिद्ध सागर कोउ तप करावे, थोरई काल इन्द्र होय जावे।
सो वो तीर्थ भयो अलोपा, प्रगट करें तेहि इन्द्र कोपा। ताते कोउ प्रगट नहिं करहे, वेद पुराणांदिक सब डरहे।
ता तीरथ कोउ सूत फिरावै, असंख्य जिज्ञ को पुन्य होय जावै। सुनेउ जैतसी भएऊ अनन्दा, काटेऊ जन्म मरण कोउ फंदा।

03. जांभोलाव तीर्थ की प्राचीनता:- संवत् की 20वीं सदी के एक अज्ञात कवि द्वारा रचित साखी में जांभोलाव तीर्थ की महिमा और उसकी पवित्रता का एक अत्यंत गूढ़ एवं महत्वपूर्ण प्रसंग वर्णित मिलता है। जब गुरु जाम्भोजी ने जांभोलाव को सर्वोपरी तीर्थ के रूप में प्रतिष्ठित किया, तब भक्तों के मन में स्वाभाविक रूप से जिज्ञासा उत्पन्न हुई। उन्होंने विनम्रतापूर्वक प्रश्न किया कि यह भूमि किस कारण से पवित्र मानी जाए, जबकि इसका उल्लेख न तो वेदों में मिलता है और न ही पुराणों में। यह प्रश्न केवल स्थान की पवित्रता का नहीं, बल्कि परंपरागत धार्मिक मान्यताओं और गुरु के नवीन प्रतिपादन के बीच के अंतर का भी प्रतीक है:-

किस विध पावन भोमका, सतगुरु भेद बतावो। इण भोमि से कोई जीव तिरियो, तहां को भेद बतावो।
भेद बतावो कुण पार पहुंच्यो, कोई जीव स्वर्गे गयो। आ भोम सिधां कही तुम ही, और प्रगट किणी न कह्यो।
वेद पुराण में नहीं संख्या, रिषेश्वरां छाने क्यों रही। चार युगा में नहीं चावी, भोम पावन किस विध भई।३

भक्तों के प्रश्न के उत्तर में गुरु जाम्भोजी ने इस भूमि के प्राचीन इतिहास का उद्‌घाटन किया। उन्होंने बताया कि सातवें कल्प में यही स्थान "ब्रह्म सरोदक तीर्थ" के नाम से प्रसिद्ध था। यहाँ सृष्टिकर्ता ब्रह्मा ने एक महान यज्ञ का आयोजन किया था। इस यज्ञ में लगभग 88 हजार ऋषि जैसे मार्कंडेय, लोमश ऋषि आदि उपस्थित हुए। यह यज्ञ छह महीने तक चला, जिसमें वेदी पर निरंतर घी की आहुतियाँ दी गईं। इस अवसर पर देवाधिदेव शिव, इन्द्र तथा विष्णु भी उपस्थित हुए:-

ब्रह्म सरोदक तीर्थ हूवतो, सातवें कल्प के माहीं। वहां ब्रह्मा ने यज्ञ रच्यो, पावन रिज तकी छाहीं।
संहस अठियासी रिषिवर आए, मारकंडेव दत लोमियो। षट मास तक यज्ञ रच्यो, वेदी परनाले घी होमियो।
देव महेश सुरपति आए, आए विष्णु साथ ही। ब्रह्म सरोदक तीर्थ हुंवतो, सातवें कल्प की बात कही॥५

गुरु जाम्भोजी आगे बताते हैं कि इसी पावन भूमि पर दूसरा महान यज्ञ भी संपन्न हुआ, जो दस महीने तक चला। इस यज्ञ का संचालन स्वयं भगवान शंकर ने किया। इस यज्ञ में अपार मात्रा में घृत की आहुतियाँ दी गईं, जिससे समस्त देवता एवं ऋषि तृप्त हुए। यज्ञ के समय दिव्य वातावरण बना शंखध्वनि गूंजी, देवताओं ने पुष्पवर्षा की और गंधर्वों ने गुणगान किया:-

होमायत दस मास भई दुजे जिग, सुरपति देव तणां ब्योहारा। होमें घृत भगवान तिरपत, होम्यां ही घृत अपारा।
होमे घृत अपार जिग में, देव मुनि जय जय करै। शंख ध्वनि सुर पुष्प वर्षा, गन्धर्व गुण गायन करै।
कलश कंचन चौक पुरियो, ब्रह्मा भेद विचारियो। शुद्ध भोम भेद विचार, सतगुरु शंकर यज्ञ रचावियो॥५

गुरु जाम्भोजी के अनुसार, इस भूमि पर तीसरा महान यज्ञ महाभारतकाल में पांडवों द्वारा संपन्न किया गया। इस यज्ञ में श्रीकृष्ण स्वयं उपस्थित हुए। यज्ञ की अवधि 18 महीने रही और इसमें समस्त देवता, मनुष्य और ऋषि सम्मिलित हुए। यज्ञ की पूर्णाहुति श्रीकृष्ण ने पंचजन्य शंख बजाकर की, जिससे तीनों लोक तृप्त हो गए:-

तीजो जिग पंडवां कियो, किवी सामग्री त्यारी। सुर नर सुरपति आविया, आयो कृष्ण मुरारी।
कृष्ण आये जिग थाए, होम विद वेदी रची। ब्रह्मा धुनि मुख वेद उचारे, वेद व्यास श्रीमद वची।
मास अठारह भई होमायत, तीन लोक तीरपत भए। पंचायन श्रीकृष्ण पुरियो, पंडवां जिग पूर्ण भए॥६

गुरु जाम्भोजी आगे स्पष्ट करते हैं कि समय के साथ यह भूमि उजड़ गई और इसकी महिमा लोकस्मृति से लुप्त हो गई। अनेक कल्पों के परिवर्तन के कारण इसका उल्लेख वेद-पुराणों में भी नहीं मिल पाया। अर्थात् इस भूमि का वास्तविक रहस्य केवल सतगुरु ही जानते हैं, सामान्य शास्त्रों में इसका पूर्ण विवरण उपलब्ध नहीं है:-

एक ही कल्प तीनों भए, दत्तात्रेय भगवान भणीजै। एक ही कल्प सनकादिक, अरू कपिलदेव कल्प गिणीजै।
कल्प एक कपिल गिणीजै, ये तीनों एक कल्प। ऐसे दो कल्प भए, तीजा वर्तमान कल्प।
चार कल्प तक रह्यो ऊजड़, ये सात कल्प मानियो। वेद पुराण को भेद नाहीं, भेद सतगुरु जानियो।॥७

इस भूमि की पवित्रता का एक अत्यंत महत्वपूर्ण प्रसंग भगवान शिव से संबंधित है। गुरु जाम्भोजी बताते हैं कि जब ब्रह्मा ने सरस्वती पर कुदृष्टि डाली, तब शिव ने क्रोध में आकर अपने चक्र से ब्रह्मा का एक मस्तक काट दिया। इस कारण शिव को ब्रह्महत्या का पाप लगा और उनका चक्र उनके हाथ से चिपक गया। प्रायश्चित के लिए शिव भटकते हुए इस पावन भूमि पर आए। यहाँ उन्होंने भूमि को खोदकर आसन

लगाया और तप किया। जैसे ही इस भूमि की पवित्र रज उनके हाथों में लगी, उनका पाप नष्ट हो गया और चक्र उनके हाथ से स्वतः छूट गया:-

इन कल्प के वर्तमान में, सतजुग बात दसंभारियो। सरस्वती आवत देख, ब्रह्मा कुदृष्टि निहारियो।
कुदृष्टि निहारियो हर चक्र मारियो, विधि मस्तक शंकर हन्यो। तां पाप से कर चक्र लाग्यो, ब्रहमहत्या पराछित बन्यो।
विचरत शिव इन भोम आए, खोद भोम आसन करियो। रिज पावन लगी करसे, शंकर कर चक्र झड़ियो।८

साहबरामजी राहड़ कृत जंभसार में वर्णित है कि गुरु जाम्भोजी ने इस भूमि को अत्यंत श्रेष्ठ और पवित्र भूमि बताया था। वे संकेत करते हैं कि यह स्थान आदिकाल से ही एक महान तीर्थ रहा है। सतयुग में कपिल मुनि ने यहाँ तपस्या की थी, जिससे इस भूमि की पवित्रता और भी अधिक प्रतिष्ठित हुई। इसके साथ ही अनगिनत ऋषि-मुनियों ने भी यहाँ तप कर इस स्थान को सिद्धभूमि बनाया। अतः यह केवल एक साधारण स्थल नहीं, बल्कि दीर्घकालीन साधना का केंद्र रहा है। इस भूमि पर अनंत ऋषियों ने तप किया और महाभारतकाल में पांडवों ने भी यहाँ यज्ञ संपन्न किया। इस तीर्थ का पुराना नाम कपिल सरोवर भी था। गुरु के अनुसार यह स्थान समस्त जीवों के लिए मोक्ष का धाम है तथा एक कल्पवृक्ष के समान है, जो शरणागत की सभी कामनाओं को पूर्ण करता है। गुरु जाम्भोजी बताते हैं कि वर्तमान समय में यही पवित्र स्थल जंभसागर के नाम से प्रसिद्ध है। यह समस्त तीर्थों में श्रेष्ठ है और मनुष्य के सभी संकटों तथा शोकों का नाश करने वाला है। अर्थात् जंभसागर अन्य सभी तीर्थों का सिरमौर (श्रेष्ठ) है। इस तीर्थ की सबसे महत्वपूर्ण विशेषता यह है कि जो भी व्यक्ति यहाँ श्रद्धा और शरणागति के भाव से आता है, उसे किसी प्रकार का विघ्न नहीं सताता। वह सदैव गुरु जाम्भोजी की कृपा के निकट बना रहता है। गुरु जाम्भोजी आगे कलियुग की स्थिति का वर्णन करते हुए बताते हैं कि इस युग में पापों की सेना अत्यंत प्रबल है। काम, क्रोध आदि विकारों से जीव पीड़ित होकर भटक रहा है। ऐसी स्थिति में जंभसागर तीर्थ जीवों के लिए एक आश्रय स्थल बन जाता है, जहाँ उन्हें शांति और मुक्ति का मार्ग मिलता है:-

महा उत्तम वह भोमका, आदू तीर्थ होय। कपल देव तपस्या करी, सत जूग वारे सोय।
अनंत ऋष ताप्या इहां, उतम तीर्थ जांण। जज्ञ कीयो इहां पांडवा, यह मम वचन प्रवांण।
कपल सरोवर सिद्ध थल, इन तीर्थ ऐ नांम। सकल मोक्ष को धाम है, प्रणत कलपतरू काम।
जंभ सरोवर नाम अब, प्रगट कहत सब लोग। सब तीर्थ सिर मोड़ है, मेटे संकट सोग।
जो आवै सरणागती, या तीर्थ के जोय। सदा समीपी जंभ को, विघन न व्यापे कोय।
कलू पाप सेन्या कठन, काम क्रोध की त्रास। विवध जीव तड़फत फीरे, उलट न लेतउ सास।

गोविंदजी गोदारा कृत साखी में वर्णित है गुरू जाम्भोजी ने इस प्राचीन कपिल सरोवर धाम को कलियुग में जंभसरोवर तीर्थ के रूप में पुनः स्थापित किया। यह स्थान फलोदी क्षेत्र में स्थित है। इस तीर्थ का दर्शन और स्नान केवल गुरू जाम्भोजी की विशेष कृपा से ही संभव है। स्वयं गुरू जाम्भोजी की कृपा से ही यह तीर्थ प्रकट हुआ और लोक में प्रसिद्ध हुआ। इस स्थान पर प्राचीन काल में कपिल मुनि तथा अन्य ऋषि-मुनियों ने कठोर तपस्या की थी, जिससे यह भूमि सिद्धस्थल बन गई। द्वापर युग में पांडवों ने जब महान यज्ञ करने का विचार किया, तब उन्होंने वेदव्यास से परामर्श किया। उन्होंने उनसे निवेदन किया कि वे ऐसा सर्वोत्तम तीर्थ बताएं, जहाँ यज्ञ करने से अनंत गुणों का फल प्राप्त हो और मनोकामनाएँ पूर्ण हों। तब वेदव्यास ने उन्हें यह भूमि बताई थी। आगे वर्णित है कि कलियुग में पापों की वृद्धि होगी और तीर्थों का प्रभाव घटने लगेगा। चारों दिशाओं में अधर्म और दोष फैल जाएंगे। धर्म का क्षय होगा, लोग वेद, पुराण और शास्त्रों की मर्यादा का पालन नहीं करेंगे। ऐसी स्थिति में सच्चे तीर्थ की आवश्यकता और भी अधिक बढ़ जाती है। कृतयुग में इसे कपिल सरोवर के नाम से जाना जाता था और वेदव्यास ने भी इसकी महिमा का वर्णन किया था। पांडव, वेदव्यास के निर्देश पर इस बागड़ प्रदेश में आए और यहाँ विविध प्रकार से यज्ञ संपन्न किया। और इस तीर्थ को सर्वोत्तम माना। अंत में लिखा है कि ये सब रहस्य गुरु जाम्भोजी ने बताए थे:-

कपिल सरोवर धाम, कलजुग तीर्थ थापियो। देस फलौधी माय, भाग परापति पावियो।
भाग परापति पावियो नै, किरपा करी जगदीस। आय तीर्थ परगट कियो, सही बिसोवा बीस।
कपिल मुनि ताप्यां यहां, तपिया रिखेसर जोग। जंभ सरोवर नाम है, परगट कहै सब लोग।
कलजुग तीर्थ थापियो।१
द्वापुर जुग के माय, बहु जगि कर हरि पूजियो। पांडू परमार्थ रूप, वेद व्यास सूं पुछियो।
वेद व्यास सूं पुछियो नै, कृपा करो भगवान। दिव्य दृष्टि है आप की, हम से करो बखांन।
ऐसो तीर्थ जगत में, जहां अनंत गुणो फल होय। जिण तीर्थ म्हे जगि करां, मनसा पूरण होय।
वेद व्यास सूं पुछियो।२
कलू ज मध के माय, पाप पूरे जग छायसी। तीरथां घटै परभाव, दिश दिश दोष दरसावसी।
दिश दिश दोष दरसावसी नै, धर्म क्षीण संसार। श्रुति पुरांण भागवत, मानै नहीं लिगार।
धर्म अंस राजा हुवै, पुछे श्रुति विचार। गोप तीर्थ परगट करै, महमां बधै अपार।
घर घर मंगल छावसी।३
कपल सरोवर नाम, कृतजुग में कह दाखियो। तीर्थ इधक अनूप, वेद व्यासजी भाखियो।

वेद व्यासजी भाखियो नै, पांडू चलिया प्रदेश। जगि करण के कारणै, आया बागड़ देश।
विविध भांत सू जगि कियो, उतम तीर्थ जांण। हेत करि हरि पूजियो, पांडू परम सूजांण।
जंभेस्वर यूं दाखियो।४

04. जंभसागर तीर्थ की महिमा

क. पड़ियाल की राजपूत नारी का प्रसंगः- भक्तों द्वारा प्रश्न करने पर गुरु जाम्भोजी ने जंभसागर तीर्थ की महिमा स्पष्ट करने हेतु पड़ियाल गांव की एक राजपूत नारी का प्रसंग सुनाया। यह कथा मुख्यतः साहबरामजी राहड़ कृत जंभसार (प्रकरण 14 एवं 19), केसोजी गोदारा कृत कथा जती तलाब की तथा संवत् की 20वीं सदी के एक अज्ञात कवि की साखी में समान रूप से वर्णित मिलती है, जिससे इसकी प्रामाणिकता और परंपरागत स्वीकृति सिद्ध होती है। प्रसंग इस प्रकार हैः- पड़ियाल गांव में एक राजपूत नारी निवास करती थी, जिसका चरित्र अवगुणों से युक्त बताया गया है। वह अपने पति से प्रेम नहीं करती थी। एक दिन उसके घर एक बटाऊ (अतिथि) आया। नारी ने उस पुरुष के साथ अनुचित संबंध स्थापित करने की इच्छा प्रकट की और उसके साथ भाग जाने का प्रस्ताव रखा। जब बटाऊ ने यह कहा कि तुम्हारा पति पीछा करेगा, तब नारी के मन में कुबुद्धि उत्पन्न हुई और उसने पति की हत्या का निश्चय कर लिया। रात्रि में, जब उसका पति निश्चिंत होकर सो रहा था, तब उसने कटारी से उसका गला काटकर हत्या कर दी। यह कृत्य केवल एक अपराध नहीं, बल्कि धर्म, मर्यादा और पतिव्रत धर्म के पूर्ण पतन का द्योतक था। हत्या के पश्चात जब वह नारी अपने प्रेमी के साथ भागी, उसी क्षण पाप का प्रभाव प्रकट हुआ और कटारी उसके हाथ से चिपक गई। उसने अनेक प्रयास किए, परंतु कटारी हाथ से अलग नहीं हुई। यह इस तथ्य का प्रतीक है कि पाप कभी छिपता नहीं, वह किसी न किसी रूप में अपना परिणाम अवश्य देता है। दोनों भागते हुए जंभसागर के निकट पहुँचे। प्रातःकाल उस पुरुष ने नारी के हाथ में चिपकी कटारी देखी और उससे सत्य जानना चाहा। तब नारी ने स्वीकार किया कि उसने अपने पति की हत्या कर दी है और तभी से यह कटारी हाथ से चिपकी हुई है। उस पुरुष ने भी कटारी को अलग करने का प्रयास किया, परंतु वह असफल रहा। यह देखकर वह पुरुष भयभीत हो गया और उस नारी को अकेला छोड़कर चला गया। जिस व्यक्ति पर विश्वास कर नारी ने अपने पति की हत्या की थी, वही संकट के समय उसे छोड़कर चला गया। यह कथा इस गूढ़ सत्य को प्रकट करती है कि जिसके लिए पाप किया जाता है, वही अंततः साथ नहीं देता। अब वह नारी पूर्णतः अकेली रह गई। उसने अपने पति की हत्या कर दी थी और प्रेमी उसे छोड़कर भाग गया था। समाज में उसके लिए कोई स्थान नहीं बचा था। वह गहन पश्चाताप में डूब गई और स्वयं को धिक्कारने लगी। उसकी स्थिति "ना घर की, ना बाहर की" हो गई। समाज के तिरस्कार की कल्पना ने उसे आत्महत्या तक के विचार में डाल दिया। अंततः वह निराश होकर 'भैंस भाठा' नामक पत्थर के पास बैठकर विलाप करने लगी। वह मानसिक रूप से विचलित हो चुकी थी। रोते-रोते उसने उसी कटारी से भूमि को खोदना आरम्भ किया और एक छोटा गड्ढा बना दिया। यह कार्य अनजाने में हुआ, परंतु यही उसके प्रायश्चित का माध्यम सिद्ध हुआ। जैसे ही उसने वह गड्ढा बनाया, आकाश में बादल उमड़ आए और वर्षा होने लगी। जल बहकर उस गड्ढे में भर गया। विशेष तथ्य यह था कि अन्य स्थानों का जल शीघ्र ही भूमि में समा गया, परंतु उस गड्ढे में जल स्थिर बना रहा। उसी समय एक सांड, एक प्यासी गौ का पीछा करते हुए वहाँ पहुँचा। वह गौ आठ पहर से प्यास से व्याकुल थी। जल देखकर वह अत्यंत प्रसन्न हुई और दोनों ने उस गड्ढे के जल को पिया। यहाँ यह संकेत मिलता है कि अनजाने में किया गया पुण्य भी महान फल प्रदान करता है। जैसे ही उन जीवों की प्यास बुझी, उसी क्षण नारी के हाथ से कटारी स्वतः गिर गई। यह घटना उसके पाप-क्षालन का प्रतीक थी। नारी को अनुभूति हुई कि उसके द्वारा किया गया महापाप नष्ट हो गया है। उसका हृदय आनंद और शांति से भर गया। इस प्रसंग के माध्यम से गुरु जाम्भोजी ने स्पष्ट किया कि जंभसागर तीर्थ का प्राकट्य पापों के खंडन और जीवों के उद्धार के लिए हुआ है। यह तीर्थ केवल एक जलाशय नहीं, बल्कि एक आध्यात्मिक शक्ति केंद्र है, जहाँ पापों का प्रायश्चित संभव है। जहाँ कर्मों का शोधन होता है और जहाँ से मोक्ष का मार्ग प्रशस्त होता है। केसोजी गोदारा कृत 'कथा जती तलाब की' में यह प्रसंग इस प्रकार वर्णित हैः-

पड़ियाल बसै इक नारी, अबला अति औगणगारी।४
तास तणै घरि काहु, बसियो निस आय बटाऊ। तासूं मिली मतो उपायो, मन हुतै सोच सुनायो।५
ताकै कुबधि बसै मन माहि, वांकी प्रीति पुरख सुं नांही। तिणवारू वचन विचारियो, जिण कंत कटारी मारियो।६
कर्म खिस्यौ आई कुबधि, सुधि विण लियो श्राप। कंत विणास्यौ कामणी, लियो पतीगै पाप।७
हरि पाप घड़ी जदि जागी, कर रही कटारी लागी। ले जमदाट हुराई, उठि तास तणै संग धाई।८
झंभ सरोवर जाणी, पुलतां पंथ रैण विहाणी। मन प्रीति पिया री मीठी, नर निरख कटारी दीठी।९
नर पूछै लहै छै अंतो, कर कूण कहै विरतंतो। नारी नर बात सुणाई, कर साथि कटारी साहि।१०
हूं पीव तणै पिंड पूगी, कर साथ कटारी ऊगी। ओरस करि कै पचि हारी, कर खुली नही कटारी।११
खसियो खल लागो खोलण, डहक्यो मन लागो डोलण। छोह किये नही छुटै, ताण किया कर तूटै।१२
हरि पाप किया नही भूलै, कर नाही कटारी खुलै।
कायर छोडी कामणी, बिरची कियो विसवास। पाप कियो पुहंतो तुरंत, मेल्ही नारी निरास।१३
जिण म्हेली नारि निरास, अंतरि पूगी नही आस। अहो नाहकियो सोई न्हास्यो, पिछलो नर नारि विणास्यो।१४

पीव मारि कियो बेली, जिण म्हेली नारि अकेली। हरजी असड़ी विधि बाणी, पीव मारि पछै पछताणी।१५
गहली घर कियो न बाहर, ठीक बाझि नही जग ठाहर। जांऊं हौ जास दुवारे, मोहि लोग दुनी ठिठकारै।१६
पाप कियो पछताई, धरती धर नांही काई।१७

अबला ओझंखै पड़ी, हलति पलति भव हारि। क्यूं जमवारो जायसी, हियो हण्यौ जदि नारि।१८
नारि हण्यौ जदि हियो, धरती खण खामण कियो। अहो अघ पाप मुचायौ, आभो जित उनण आयो।१९
त्रिया सूं त्रिकम तूठो, उत मेह मया कर बुठो। नीर निवाण दिस आयो, खामणियो खरो छलायो।२०
दूजो जल सोखि समायो, निज नाडै नीर थंभायो। एक गौधे गऊ चंपाई, रूलती रन माहे आई।२१
तलह विणि रही तिसाई, निरख्यौ जल नाडे आई। नारि अबसि जस लियो, दोय जीव मिल जल पीयो।२२
बैसि गऊ फुंकारी, कर हुंता झड़ी कटारी।२३

साहबरामजी राहड़ कृत जंभसार के 14वें प्रकरण में यह प्रसंग इस प्रकार वर्णित है:-
पड़ियाल गांव वसहे इक नारी, सो अबला अति औगणगारी। तास घरे इक आयो बटाऊ, उन दोना की कथा सुनाऊ।
नार पुरष मिलि मतो उपायो, पति अभाव श्री वचन सुनायो त्रिय ही कुभद बसी मन मांही, जाके प्रीत पुरुष सूं नांही।
त्रिया कहै मोहि ले चालो, पति तुम्हारो है प्रतीपालो। तब उन त्रिया वचन उचारियौ, पति मारण कूं मनां विचारियो।
सांझ पड़ी निन्द्रा वस सोयो, कंथ कटारी मार विगोयो। करम नीच मन कुभद कमाई, लियो कटारो पति पै आई।
सूतै कै कंठ मांहिं चलाई, पाप श्राप लग बुधि गमाई। घड़ी पाप की तबही जागी, रही कटारी तेहि कर लागी।
शस्त्र जंम की डाढ़ दुराई, उठ कर तास पुरस पे आई। मैं मारियो पुरष चलो अब ध्याई, हांकत भयो ऊंठ इनियाई।
जंभ सरोवर के नियरायो, कियो करम मन में पछितायो। तेहि ठां जंभ सरोवर जांणी, पुलता पुलता रेण विहाणी।
लागत प्रीत पियारी मीठी, तेहि नर निरख कटारी दीठी। तब पूछयौ इह काहा वृतंत्रा, सत कहो मति राखो अन्त्रा।
जदि उण नारी बात सुणाई, ज्यूं कर साथ कटारी आई। मैं मम पीव मार तोहे पूगी, करे कटारी ऐहि विधि ऊगी।
मैं सिर मार मार करि थाकी, खुली नहि कथा सुण जाकी। कोट जतन करि करि मैं हारी, कहुं तै खुली नांही कटारी।
खिसियो खल लाग्यौ है खोलण, डहक गयो मन लाग्यौ डोलण। तांणै छोह किये नहि छुटै, तांणै तो जबही कर तूटै।
प्रभु जो पाप किया नहीं भूलै, कुलगि नांही कटारी खुले। कायर छोडी कांमणी, विरिच कियो विसवास।
पाप कियो पहुंतो तुरंत, छोड़ी नार निरास। पाप न कर रे प्राणिया, किये न छुटै कोय।
साहबराम जावै जैंहि, तहि प्रापति होय। देख चरित बहुतो दुख पायो, पाप देख मन में पछितायो।
छोड नार मन भयो उदासा, अन्त्र मांहि न पुगी आसा। अहो अब नाहकियो सोई नास्यो, हाथे पिछलो पति विणास्यो।
मारियो पीव करियो एक बेली, जिण नर छोडी नार अकेली। कहै जंभ तुम लेवौ जांणी, पति कूं मार नार पछिताणी।
गैली घर कींन्हौ नहिं बाहर, नहीं जग मांही ठिकांणो ठाहर। अब मैं केहि के जांऊ दवारे, लोक दुनी मोहे सब ठिठकारै ।
पाप कियो नारी पछिताही, धरती में घर दीसत नांही। एहि विधि अबला मन पछताई, कियो करम पीछे सुध लाई।
इह जमवारो वृथा जायसी, हियो हन्यौ मरस्यौ खाय पासी। यूं कही हनत भई जब हियौ, उठ आगै कूं पयाणुं कियो।
ऊभी भैंस भाठै के पासा, बैठ रु रोवत भई निराशा। वहबल भई देह गति भूली, अवनी मांही कटारी हूली।
खोद अवनि खांमणि खौं कियो, रोय रोय हनती भयो हियो। जंभसागर जाको पाप छिमायो, तब आभै उनण हुय आयो।
तांहि त्रिया सूं तीरथ तुठो, मया करी मेवड़लो बुठो। खलक्यो नीर निवाणे आयो, बोहि खांमणियो खरो भरायो।
दूजो जल सोखत ही सबायो, उण खामणियै नीर थंमायो। तेहि समै गोधे गऊ चंपाई, रलती रन खांमणियै आई।
आठ पहर की रही तिसाही, निरख्यो जल मन में सूख पाई। बिन जांण्यां नारी जस लियो, गऊ गोधै दोनां जल पीयो।
बैठी गऊ तांहां फूंकारी, पापणी कर से झड़ी कटारी। त्रिया मन आनन्द हुवो, हरख मन हुलस्यो हियो।
महा पातक तब ही झड़ियो, पति मारियो अकर्म कियो। सिद्ध थल की साख पीछे, सुंनी सब जाने जगत।
पाप कट परब्रिहम पायो, जंभ गुर की भई भगति। पारब्रिहम प्रगट कियो, जग में जांभोलाव।
पाप जू खंडण कारणे, तीर्थ कियो तलाव। यो तीर्थ तीर्थां सिरै, मण माटी प्रताप।
साहबराम पापणी तिरी, कटे पति के पाप।
20वीं सदी के अज्ञात कवि कृत साखी में भी यह प्रसंग वर्णित है:-
रजपूत बसे पड़ियाल में, कलजुग कथा संभारियो। उनकी क्रिया दुशीलनी, जिन कंथ कटारी मारियो।
मार कंत संग और धाई, जिन छोड़ियो चित्रे ताल में। कर छै ही खावमुण कीनो, बैठी दुख हवाल में।
जेठ बदी की बीज वृहस्पति, भई वर्षा भारिया। रिज पावन लगी करसे, कर सूं झड़ी कटारिया।
छले नाडे नार न्हाई, गोधो गऊ शुभ जल पियो। देह छूटी मुक्त पहुंच्या, तीनूं ही जीव स्वर्ग वासो लियो।९

साहबरामजी राहड़ कृत जंभसार के 19 वें प्रकरण में गुरू जाम्भोजी मांगो और वरियां को पतिवृत धर्म समझाते हुए उक्त प्रसंग का उल्लेख करते हुए कहते है कि यह नारी अधम और पापिनी थी। उसने पति की हत्या जैसा महापाप किया। परंतु जंभसागर की कृपा से उसका पाप नष्ट हुआ। और अंत में उन्होंने बताया कि शील (चरित्र) ही सर्वोच्च धर्म है; जो स्त्री-पुरुष शील का पालन करते हैं, वे करोड़ों जन्मों के पापों से मुक्त हो जाते हैं:-

पावंर अधम नीच यह नारी, नरक पातनीं सरपनि कारी। महा पापनि अस्त्री ऐहा, पति मारियौ इन नहिं संदेहा।
ऐसो पातक ताको मिटियो, कुभधी पति इह मेट्यौ। दोनां की गति ऐसैं भई, हित्या छोड उतम गति लई।
कनिष्ट पति धर्म जो रह्यो, इस संगत विभिचारन भयो। जंभ सरोवर माटी काढ़ी, तातै मिटी पाप गति गाढ़ी।
पाप कटे तै झड़ी कटारी, पापनि भई सुध वैह नारी। बहुर जगत में जनम न लेवे, पतिवृति धर्म तुछ कोऊ सेवे।
शील समान और कछु नांही, सबही धर्म शील के मांही। अस्त्री पुरुष शील जो पालै, कोट जनम के पातक टालै।
यूं मांगो वरियां समझाई, जो पूछियो सो कथा सूणाई। पूर्ण ब्रिह्मा परमात्मा, जंभगरू जगदीश।
तीन लोक की गत लहै, अंत्रजामी ईस। जेहि विधि वहि पातक कटियो, सो विधि कहि सुणाय।
प्रेम भाव कर प्रीत सूं, सकल सुणी चितलाय।

ख. सुखनिया थोरी का प्रसंगः- गुरु जाम्भोजी द्वारा प्रतिपादित जंभसागर तीर्थ का विशेष महत्व है। यह केवल एक जलाशय नहीं, बल्कि पाप-क्षालन और आत्मशुद्धि का प्रतीक है। गुरु जाम्भोजी स्वयं इसकी महिमा बताते हुए कहते हैं कि इस तीर्थ का वास्तविक महत्व सामान्य जन नहीं जान पाते। जब संतों ने विनयपूर्वक उनसे इस तीर्थ का रहस्य बताने का आग्रह किया, तब उन्होंने एक अत्यंत मार्मिक कथा सुनाई। सुखनिया थोरी की कथा, जो इस तीर्थ की महिमा को प्रत्यक्ष प्रमाण सहित स्थापित करती है। गुरु जाम्भोजी के अनुसार यदि कोई व्यक्ति असंख्य स्वर्ण-मोहर दान करके पुण्य अर्जित करे, तब भी वह जंभसागर की एक मुट्ठी मिट्टी के मूल्य के बराबर नहीं हो सकता। यह मिट्टी असंख्य पापों का नाश करने वाली है, महापापियों को भी मुक्ति प्रदान करने वाली है। इसी सत्य को प्रमाणित करने हेतु सुखनिया थोरी का प्रसंग प्रस्तुत किया गया। सुखनिया थोरी एक शिकारी था, जो प्रतिदिन जीव-हत्या करता था। चोरी जैसे पापकर्मों में लिप्त रहता था। उसका जीवन पूर्णतः अधर्म और अपराधों से भरा हुआ था। वह एक ऐसा व्यक्ति था, जिसे समाज में महापापी के रूप में देखा जाता था। एक दिन शिकार करते हुए वह जंभसागर तीर्थ के क्षेत्र में आ पहुँचा। उसने एक पक्षी पर तीर चलाया, परन्तु तीर लक्ष्य पर न लगकर मिट्टी में जा धँसा। तीर को लेने के लिए वह सरोवर के भीतर गया। लगभग साठ कदम चलकर वह तीर तक पहुँचा, देखा कि तीर मिट्टी में गड़ा हुआ है। उसने तीर को मिट्टी से निकाला, उसे जल से धोया और प्यास लगने पर वही जल पी लिया। जब उसने तीर हाथ में उठाया तीर पर लगी मिट्टी उसके हाथों पर लग गई थी। यह मिट्टी सहज रूप से उसके शरीर को स्पर्श कर थी। इसके प्रभाव से उसके समस्त पाप नष्ट हो गए, उसका अंतःकरण शुद्ध हो गया। कुछ मिट्टी तीर से निकलकर उसके मस्तक पर भी लग गई। यह साधारण घटना नहीं थी, बल्कि दिव्य अनुग्रह का संकेत थी। जब सुखनिया ने उस मिट्टी को अनुभव किया, उसने मन ही मन विचार किया कि यह मिट्टी पापों का नाश करती है। जैसे ही उसने यह भाव किया तुरंत एक दिव्य विमान प्रकट हुआ, देवताओं ने उसका स्वागत किया और उसे स्वर्गलोक (सतलोक) ले जाया गया। इस प्रकार एक महापापी भी केवल तीर्थ की मिट्टी के स्पर्श से मुक्त हो गया। साहबरामजी राहड़ कृत 'जंभसार' में यह कथा विस्तृत रूप से वर्णित है:-

फिर हरि बोलेउ इस विधि बांणी, मोल महात्म कोउव न जांणी। सुंन इह बोलेउ संत सयाना, श्री मुख कहो मुखां हम जाना।
करि कृपा अब भेद बतावो, निज संतां नै स्याम सुणावो। तब बोलत भऐ जंभ दयाला, कहुं महात्म सुनहू नृपाला।
असंख मोहर पुन्य लावै कोई, माटी मोल न पावै बोही। माटी पातक कोटक मोच्या, महापात की मुक्ती पोहंच्या।
थोरी ऐक सुखनीये नामां, कटिया पाप गयो सुर धामां। अति अपराध करे नित थोरी, जीव हतै करहैं नित चोरी।
करत शिकार एक दिन आयो, तीर्थ में जदि तीर चलायो। लग्यौ न गड़ियौ गार में जाई, गयो तीर ल्यावण कै भाई।
सर ही लेन सरोवर आयौ, साठ कदम सर सनमुख ध्यायौ। डग डग अस्वमेद पुन होई, पिछले महिमां करहैं कविता की।
तीन लेन सर भींत्र गयो, देख्यो तीर माटी गड़ रहियो। जाय तीर माटी द्रशायौ, पीयो जल कछु मरै तिसायौ।
सुखनें ले करि तीर उठाएउ, माटी लागी सहज सुभाएउ। कर लीन्हौं सर रोम अधारियौ, सुध भाव सूं लेर पधारियौ।
माटी धर्म सुन्यौ लोकन से, पाप झड़े कुकर्म सब विनिसें। माटी लगी कछू सर आगी, सोई भाल तणों संग लागी।
सुखने तहि सम भाल संभाली, लेकर पाल पिछोकड़ डाली। फिर कर ध्यान सक्ल मन सोच्यौ, माटी पातक सब ही मोच्यौ।
गयो सुखनियों सुरग नैं, आयौ तुरत विवांण। च्यार भुजा कुण्डल कर्ण, गंध्रव करत वखांण।
गुनीशा सो जिज्ञ पुंन, गए जु ताकै संग। साहब सतलोक जु गयो, चढियो सवायौ रंग।

मीठूजी कृत सवैया में इस प्रसंग को संक्षिप्त किन्तु अत्यंत भावपूर्ण शैली में प्रस्तुत किया है:-

होता एक थोरी, पापैन का खोरी, अंत का अघोरी, तन भाल सर सारि है।
खिंच के कुबाण, बाणां सवणलु ताण, पंछी कुं चोट करी, ताल की मंझारि है।

वांकि तो हिये आयंत, मिटी लगी आई भाल, साथ सतगुरू की, सिंवर बात पाल पर झारी है।
होता जलम का आसी, किया बैकुंठ का बासी, दास मिठु तारे जिन, ताकि बलहारी है।१

केसोजी गोदारा कृत 'कथा जती तलाव की' में जांभोलाव को "पाप-खंडन हेतु निर्मित तीर्थ" बताया गया है तथा यहां की मिट्‌टी के स्पर्श से पापों के नाश का स्पष्ट उल्लेख है:-

पारब्रह्मा परगट कियो, जग में झांभोलाव। पाप खंडण कारणै, तीरथ कियो तलाव।२४
तलाव कियो जित जाणी, कही बुधर बात बखाणी। एक समये सामि, अंतरगति अंतरजामी।२५
तीर्थ की कंकर काई, करता कर हाथ ऊंचाई। मन मोहि जिति बताई, माटी ले देव दिखाई।२६
हरि बोलो पाति पिछाणा, क्यूं मोल महातम जाणां। जदि बोल्या संत सयाणा, जगदीस कहो तो जाणा।२७
भगतां ने भेद बतायो, संता ने साम सुनायौ। संख असंख्या जोई, माटी को मोल न कोई।२८
माटी पातग मोचिया, असध किया गुरू साध। थोरी का कसमल कटिया, हुंता अति अपराध।२९
अति अपराधी थोरी, जीव हतै निति चोरी।३०
उठि अलाहू आयो, तीर्थ में तीर चलायो। कुण जाणै किण विधि रूतो, सर जाय सरोवर खुतो।३१
सर काजे सरोवर आयो, आसक ले तीर ऊंचायो। कर सुं सर एम अधारियो, माटी प्रताप विचारियो।३२
माटी धर्म सुन्या महलोका, पाप झड़ै पहलोका। माटी सरसी सर आगी, सोई भालि तणै संग लागी।३३
सोई माटी भालि संभालि, लेपा लिप छोवर रालि। करि ध्यान सकल मन सोच्यौ, माटी पातिग सो मोच्यौ।३४

ग. तांतु के थटवाले का प्रसंग:- गुरु जाम्भोजी की बुआ तांतु पंवार का विवाह महीपालजी ईशरवाल के साथ हुआ था, जो ननेऊ गांव (जांभोलाव के समीप) में निवास करते थे। तांतु अपने गांव में थाट (पशुशाला) संचालित करती थीं, यह थाट गुरु जाम्भोजी द्‌वारा प्रतिपादित "अमर रखावै थाट" की परंपरा का अंग था। इस व्यवस्था की देखरेख करने वाले व्यक्ति को थटवाला कहा जाता था। तांतु का थटवाला थली (मरुस्थलीय क्षेत्र) में पशुओं को चराता, और साथ ही हृदय में परमात्मा का स्मरण करता था। एक दिन थटवाले ने कोई गलती की, जिससे तांतु क्रोधित हो उठीं। तांतु की इस नाराज़गी से थटवाले के हृदय को गहरी ठेस पहुँची, वह आत्मग्लानि और दुख से भर गया। इस मानसिक आघात ने उसे आत्महत्या जैसे कठोर निर्णय की ओर प्रेरित कर दिया। क्रोध और पीड़ा में उसने रस्सी ली और निश्चय किया कि फांसी लगाकर प्राण त्याग देगा। किन्तु उसी समय उसके भीतर एक सुबुद्‌धि जागृत हुई और वह सीधे जंभसागर तीर्थ की ओर चला गया। तीर्थ पर पहुँचकर वह ध्यानमग्न होकर बैठ गया और मिट्‌टी को कुरेदने लगा। फिर वह तालाब की पाल के पीछे स्थित एक जाल वृक्ष के पास गया, जहाँ कोई अन्य व्यक्ति उपस्थित नहीं था। अंततः उसने उसी वृक्ष पर रस्सी डालकर फांसी लगा ली। जब यह घटना ज्ञात हुई, तो लोगों के मन में प्रश्न उठा कि धार्मिक मान्यता के अनुसार भांग, पोस्त, नशा, मांस आदि सेवन करने वाले या सांप के विष, जल में डूबने अथवा आत्महत्या से मरने वाले व्यक्तियों को मुक्ति प्राप्त नहीं होती है। अतः गुरू जाम्भोजी से यह प्रश्न किया गया कि इस आत्महत्या करने वाले थटवाले की क्या गति हुई ? गुरु जाम्भोजी ने इस प्रश्न का अत्यंत सूक्ष्म और करुणामय उत्तर दिया कि इस थटवाले ने कोई पाप नहीं किया था, उसका अपराध केवल मानसिक दुर्बलता और क्षणिक आवेश था। साथ ही वह जंभसागर तीर्थ क्षेत्र में था और मिट्‌टी को कुरेदते समय पवित्र मिट्‌टी का स्पर्श उसके शरीर को हुआ। इसी कारण वह स्वर्ग को प्राप्त हुआ। साहबरामजी राहड़ कृत 'जंभसार' में यह प्रसंग विस्तार से वर्णित है:-

ननेउ तांतु बसै, नगरी सरस सुघाट। थटवालो तांतू तणो, थली चरावै थाट।
हरिजन थाट थलांसिर चारै, हिरदै में हरि नांम उचारै। थटवालै नै कुमत कमाणी, तिन सूं तांतु भुवा रिसाणी।
थटवालै के उर अणरायौ, मरणैं खातर मतो उपायौ। रोस कियौ अरु लीवी रासी, मरस्यूं गलै घालै कर पासी।
काई सुबद शरीरां आई, पुलकर तीर्थ गयौ पुलाई। माटी सब नर नार निसारा, अघ मोच्या सुध रजी भारा।
पाल पिछोकड़ दिन्हेउ जाली, गल ले कारण कीवी गाली। कोई मिनख मिलियों आगी, जिण जन काया ताहां तियागी।
मुवौ है गल घात परासी, जगदीस कहो नी बो कित जायसी। कर जोड़े जमात कहाई, जो जन साधु अगत न जाई।
भांग पोसती अमल अहेड़ा, मदरा मूंठ चुड़ावन चेड़ा। डाकण जहर सांप जल पासी, इण मरणैं मुक्ति नहिं जायसी।
और तमाखु खावै पीवै, चाटे सूंघे चाहा पीई जीवे। इतना मर अगती में जावे, नरक भोग फिर जूंण नै परावै।
पर इह तो सिद्‌ध सागर की पाला, पास पांच पंडवन की जाला। जाल्यौ जाल पाल विच सौई, इण जण पाप न कियो कोई।
माटी सब नर नारनि डारे, ताहि समै साधू सुरग सिधारे।

केसोजी गोदारा कृत 'कथा जती तलाब की' में भी समान भाव से वर्णन मिलता है:-

ननेऊ तांतु बसै, नगरी सरस सुघाट। थटवालो तातुं तणौ, थली चरावै थाट।४३
थाट थलांसिर चारै, हिरदै हरि नांव उचारै। थटवालो कुमत कुमाणी, तिण सुं तांतु रीसाणी।४४
थटवालौ उर अणरायो, मरणै जिण मतो उपायो। रोस करे लिवी रासी, मरस्युं गल घात परासी।४५
कोई सुबुधि सरीरां आई, पुलि तीरथ गयो पुलाई। माटी नर निरखि निसारी, अघ मोच्या बुधर भारी।४६

पालि पिछोवर जालि, गल कारण कीवी गालि। कोई मिनख न मिलियो आगी, जिणि काया तहां तियागी।४७
मूवो गल घाति परासी, जगदीस कहो कित जासी। करि जोड़ि जमाति कहीई, साधु जन अगति न जाई।४८
भांग पोसत अमल अहेड़ा, मद मूठि चुड़ावण चेड़ा। सांप जहर जल पासि, इण मरणे मुकति न जासी।४९
जाल पालि विच जोई, इण पाप न कियो कोई। माटी नर नारी निसारै, साधुजन सुरग सिधारै।५०

05. जांभोलाव की खुदाई

क. जांभोलाव की नींव लगाना:- जांभोलाव (जंभसागर) की स्थापना-तिथि के संबंध में विभिन्न ग्रंथों में भिन्न-भिन्न मत प्राप्त होते हैं। हीरालाल माहेश्वरी कृत शोध ग्रंथ में अल्लुजी के जीवन परिचय के संदर्भ में लिखा है:- "जांभोलाव की खुदाई विक्रम संवत् 1545 में आरम्भ की गई थी, जो संवत् 1548 की चैत्र की अमावस्या को पुर्ण हुई, क्योंकि प्रसिद्ध है कि जांभोलाव का मेला विल्होजी ने इसके 100 साल बाद संवत् 1648 में सर्वप्रथम आरम्भ किया था। स्वामी ब्रह्मानंद जी ने अपनी पुस्तक 'श्री जंभदेव चरित्र भानु' तथा 'विशनोई धर्म विवेक' में उन्होंने इसका निर्माण संवत् 1545 के आषाढ की पूर्णमासी को और अखिल भारतवर्षीय विसनोई महासभा के तृतीय अधिवेशन में कानपुर में सभापति के पद से दिये गए भाषण में संवत् 1547 में होना बताया है।" यह अंतर दर्शाता है कि परंपरा में तिथि-निर्धारण को लेकर मतभेद विद्यमान रहे हैं। साहबरामजी राहड़ कृत जंभसार के 14 वें प्रकरण में जांभोलाव की नींव के वर्ष का स्पष्ट उल्लेख नहीं है। लेकिन जैसा कि हीरालालजी माहेश्वरी के कहा था, ये सौ वर्ष के फासले का संकेत हो सकता है:-

संमत पनरासै चैत वदि, ग्यारस गिणी तलाब। सांतल रावल जेतसी, खोदाय कह्यौ जांभोलाव।
संमत सोला सै चैत वदि, इग्यारस सही इण भाय। अड़ताले मेलो मंडियो, आण्या वील्ह बुलाय।

हालंकि इसमें उल्लिखित राव सांतल और रावल जैतसी का संदर्भ काल-संगति से मेल नहीं खाता है क्योंकि सांतल का निधन संवत् 1545 में हो चुका था, और रावल जैतसी का राज्यारोहण संवत् 1550 में हुआ था। 20वीं सदी के एक अज्ञात कवि की साखी में संवत 1566 मार्गशीर्ष वदि 5 गुरूवार को जांभोलाव की नींव लगाने का वर्णन मिलता है:-

पनरासौ कै छयासठे, अगहन पक्ष अंधारा। पुख नक्षत्र और पंचमी, वृहस्पति वार सुवारा।
तां दिन नींव तलाब तीर्थ, देव हुकम ओदी दई। ओ धाम ऐसो मुक्त पावो, श्री जंभेश्वर यूं कही।
हवन प्रतिष्ठा करि पूजन, गोप प्रगट यूं दाखियो। ताथ विगत तालाब महातम, वील्हाजी से केशव सुन भाखियो।१२

ख. जांभोलाव की खुदाई:- 20वीं सदी के एक अज्ञात कवि की साखी के अनुसार गुरु जाम्भोजी ने एक पवित्र मनोरथ (संकल्प) लेकर तीर्थ स्थापना का निश्चय किया और रथ पर आरूढ़ होकर उस स्थल की ओर प्रस्थान किया। उनके साथ लगभग 1700 साधु-संत और अनुयायी थे, जो इस महान कार्य के सहभागी बने। यात्रा के दौरान गुरु जाम्भोजी और उनकी संगति खींदासर गांव पहुँची, जहाँ उन्होंने एक दिन का विश्राम किया। अगले दिन वे निर्धारित तीर्थ-स्थल (जांभोलाव क्षेत्र) में पहुँचे और वहाँ डेरा स्थापित किया। साखी के अनुसार गुरु जाम्भोजी ने इस स्थान पर छः महीने तक आसन लगाया और यहीं से तीर्थ निर्माण कार्य का संचालन किया। इसी दौरान उन्होंने यहाँ "साथरी" की स्थापना की। यहां सभी लोग मिलकर तालाब की मिट्टी निकालने में जुट गए:-

कियो मनोरथ उत्तम भोम कूं, रथ चढ जंभ पधारे। एक संहस और सात सौ, साधु संत जन सारे।
साधां संत गुरु गवन कीनो, खींदासर वासो लियो। दिन दुजे इन भोम संता, आय तट डेरो कियो।
षटमास तक रह्यो आसन, वहां थापी सतगुरु साथरी। नर नारी माटी सब ही काढे,जुड़िया जमाति जातरी।१०

जाम्भोलाव साथरी में सफेद मकराने के पत्थर का एक पूर्वाभिमुख सिंहासन है। कहते हैं कि इसी पर बैठकर गुरु जाम्भोजी तालाब की खुदाई का काम देखते थे। साहबरामजी राहड़ कृत जंभसार के 14वें प्रकरण में इस घटना का अत्यंत महत्वपूर्ण आध्यात्मिक पक्ष सामने आता है। गुरु जाम्भोजी स्वयं हाथ में हेंसु (खुदाई का औजार) लेकर सरोवर के मध्य गए और खुदाई प्रारम्भ की। फिर उन्होंने घोषणा की, कि जो कोई इस मिट्टी को बाहर निकालेगा, उसके करोड़ों जन्मों के पाप नष्ट हो जाएंगे। इसके पश्चात उन्होंने अपना हाथ ऊपर उठाया और प्रत्येक व्यक्ति को उसकी इच्छा के अनुसार मिट्टी दिखाई देने लगी। लोगों ने उस मिट्टी को बाहर निकाला और इसे अपने जीवन के पाप-क्षालन और मोक्ष-प्राप्ति का साधन माना:-

तीर्थ करण काज थल गऐऊ, हंसू हाथ आपणै लएऊ। मध्य सरोवर मारत भएसी, अपणे मुख तें इस विधि कहेसी।
इह माटी कोउ बाहर डारै, कोट जनम के पाप निवारे। अस कहि जभ गुर हाथ उंचाई, मन मांनी सो जिती दिखाई।
यूं ले माटी गेरी बाहर, सब जीवनि किया मुक्ति ठाहर।

ग. घूंघटवाली नारी का प्रसंग:- जांभोलाव की खुदाई के प्रसंगों में अनेक ऐसे दृष्टान्त मिलते हैं, जो केवल ऐतिहासिक घटनाएँ नहीं, बल्कि गहन आध्यात्मिक अर्थ लिए हुए हैं। प्रस्तुत प्रसंग "घूंघटवाली नारी" का है, जिसके माध्यम से गुरु जाम्भोजी ने कर्म, पुनर्जन्म और प्रायश्चित के गूढ़ सिद्धांत को अत्यंत सरल रूप में स्पष्ट किया है। साहबरामजी राहड़ कृत जंभसार में वर्णित है कि गुरु जाम्भोजी जांभोलाव की साथरी में विराजमान थे और जंभसरोवर की खुदाई का कार्य संचालित कर रहे थे। खुदाई के समय हेंसु के प्रहारों से धरती गूंज रही थी। समस्त जमात, साधु-संत, नर-नारी और सामान्य जन मिट्टी निकालने के इस पवित्र कार्य में समान रूप से भाग ले रहे थे। जैसलमेर के शासक रावल जैतसी

भी स्वयं गोबर और खाद निकालकर सरोवर की सफाई कर रहे थे। इसी सामूहिक कार्य के बीच एक नारी सबका ध्यान आकर्षित कर रही थी। वह सदा घूंघट में रहती थी। किसी को अपना मुख नहीं दिखाती थी। न किसी से बोलती, न किसी की ओर देखती। उसका व्यवहार इतना विचित्र था कि वह सबके बीच होते हुए भी सबसे अलग प्रतीत होती थी। यह देखकर लोगों के मन में जिज्ञासा उत्पन्न हुई और उन्होंने गुरु जाम्भोजी से पूछा कि यह नारी कौन है ? गुरु जाम्भोजी ने उत्तर दिया कि यह नारी अपने पूर्व जन्मों के कर्मों को जानती है, इसलिए इस प्रकार का आचरण कर रही है। लोगों के आग्रह करने पर उन्होंने बताया कि पिछले जन्म में यह एक गधी थी। बुढ़ोजी खिलेरी इसकी पीठ पर पानी ढोते थे। वह पानी साधु-संतों को पिलाया जाता था। एक दिन किसी संत ने प्रसन्न होकर आशीर्वाद दिया, जिसके प्रभाव से इसे मनुष्य जन्म प्राप्त हुआ। अब यह नारी तीर्थ की मिट्टी से प्रेम कर रही है, ताकि जन्म-मरण के चक्र से मुक्त हो सके। जब यह कथा सुनाई जा रही थी, तब लुणकरण ने प्रश्न किया कि यदि यह पिछले जन्म में गधी थी, तो उससे पहले ऐसा कौन सा पाप किया जिससे यह गधी बनी ? गुरु जाम्भोजी ने इस प्रश्न का उत्तर देते हुए एक प्राचीन कथा सुनाई। द्वापरयुग में हस्तिनापुर में भालु नाम का एक राजा था। उसकी साठ रानियाँ थीं, जिनमें आशा नाम की रानी पटरानी थी। मथुरा उनकी राजधानी थी। राजा की मृत्यु के बाद यह राज्य आशा रानी को मिला और वह अत्यंत अभिमानी होकर प्रजा से कर वसूलने लगी। एक समय गुजरात के 360 साधुओं की जमात गंगा स्नान के लिए जा रही थी। वे यमुना के घाट पर पहुँचे, जहाँ रानी के कर्मचारियों ने उनसे कर माँगा। उसी समय खुरासान से आए कुछ भक्त और साधु भी वहाँ आ पहुँचे। सभी ने कर देने से इनकार कर दिया। कर्मचारियों ने रानी से झूठ कहा कि ये साधु नहीं, बल्कि व्यापारी हैं जो साधु का भेष धारण किए हुए हैं। यह सुनकर रानी के मन में पाप उत्पन्न हुआ और उसने सभी साधुओं को मार डालने का आदेश दे दिया। सैनिकों ने लोभवश उन्हें मारकर यमुना में फेंक दिया और उनका धन लूट लिया। गुरु जाम्भोजी ने स्पष्ट किया कि इस पाप का फल केवल रानी को ही भोगना पड़ा। कर्मचारियों और सैनिकों को उसका पूर्ण दंड नहीं मिला, क्योंकि कर्म का मूल दायित्व कर्ता पर ही होता है। इस महापाप के कारण रानी ने लगभग दो हजार वर्षों तक गधी की योनि में जन्म लिया। अंततः वह बुढ़े खिलेरी के घर आई, जहाँ उसे संत-सेवा का अवसर मिला। संत के आशीर्वाद से उसे मनुष्य जन्म प्राप्त हुआ। अब वह तीर्थ की इस मिट्टी से प्रेम कर रही है ताकि दुबारा जन्म ना लेना पड़े:-

सतगुर ऊभा साथरी, खिणिये जांभोलाव। धमकारा धरती हुवै, गहि हींसू दे घाव।
ऊभो रावल जैतसी, खोदै जुड़ी जमात। गोबर गेरै गढपती, उभा डारै खात।
गह कर हींसूं देवत घावौ, सो तीर्थ चहूं में चावौ। सुगरा सेती स्यांम संभारै, नर नारी सब माटी डारै ।
इक नारी की रीतहु भारी, जंभ जन सेती रहत नियारी। निज तन घूंघट मांही छिपावै, द्रस काहु कूं नांही दिखावै।
सौ श्री घूंघट कबहू न खोलै, वचन मुखां कर कबहु न बोलै। जिण री सतगुर साख सुंणाएऊ, नर नारी सब देखण आएऊ।
काहू को तित तांण न चालै, पकड़े नांही कोई नही पालै। सुणियो प्रभुजी तीर्थ थारै, माटी जो एक नारी निकारै।
मुख सैं कूड़ कहत नहीं डोलै, श्रवण वचन सुणै नहिं बोलै। इह अहलो जमवारो जाणै, जंभ गुरु सोई वचन वखांणै।
प्रिथम जनम रासबी हैती, बूढै खिलेरी वहेती। याकी पीठ पांणी नित आवै, साध संत कूं बूढो पावै।
किण ही सन्त दवा पहुचाई, मिनख जमारो एहि विधि आई। अब माटी सूं चित लगावै, फिर इह अवागुण न आवै।
लुणकरण पूछत अस भऐउ, और जमाता सब सुण रहेऊ। जैतसिंघ बैठेंहै तहेंही, साधू संत सुणत सब जहहीं।
रासबी जनम कह्यौ इह आपा, तीसर जनम कियो कहा पापा। ताकी प्रभुजी कथा सुनावौ, मेरो सब अज्ञान धुनावो।
प्रसन्न भऐ गुरू जंभेशा, धन्य धन्य तू धन्य नरेशा। अब यह कथा रशाल सुणाउ, सबहिन कूं दृष्टान्त गुंणाऊ।
द्वापुर जुग एक भालु भूपाला, हथणापुर ताको है आला। रांणी साठ तास ग्रिहै राजै, ते मंहि आशा अधिक विराजै।
मथरा राज तास कूं दएउ, राजा आप काल वश भएउ। आशा की मथरा रजधानी, सब को डाण लेत अभिमांनी।
गुजराती गंगा गढ़ जावै, साठ तीन सै साध रहावै। जमनां जी के घाटहि आऐ, डाणी जाय पास बतलाऐ।
इतने में आऐ खुरसाणी, केइ भक्त केइ साधु सुजांणी। उनकै संग इन्हीं कूं रोके, सब साध भक्त जन चोखे।
इह मांगे बै डांण न देवै, डाणी रांणी सूं कहि भेवै। हीरा मोती मांणकां, खुरजी भरी अनेक।
इह तो साहुकार है, धरियौ बणावट भेख। तेहि राणीं मन पाप विचारा, कतल करण कूं कियो हूंकारा।
सुनकर सेन्यां शस्त्र लीन्हा, मारे तिनही लोभ आधीना। मार जमन में दीन्हे डारी, लूटियो माल पाप अधिकारी।
लूट पीट सब घर में ल्याएउ, पाप दरब रजवाड़े खाएउ। ताको कछुवन बिगड़ै भाई, पाप करै सो नरकनि जाई।
पाप सकल राणी कूं लागे, मारण वाले वंचे अभागे। तेहि बो पाप चीकणौं लागौ, नहिं करै कोउ जिव को सागौ।
सहस्र दोय खरी की जूणां, भुगत्या ईनसु मेटै कुणां। जनम अन्त बूढे घर आई, पृष्टी जल संतन कूं पाई।
खरी मरी मानुष तन पायो, पिछलो सारो पाप नशायौ। अब माटी सूं चित लगावे, बहुर जनम कबहूं नहीं पावै।

केसोजी गोदारा कृत 'कथा जती तलाव की' में भी यह प्रसंग संक्षिप्त रूप में वर्णित है:-

सतगुरू उभो साथरी, खणियो झांभोलाव। धमकारा धरती हुवै, गहि हीसु दे घाव।३५
गहि हीसु दे घावो, चित चोह दिस हुवो चावो। सुगरा ते साम संभारै, माटी नर नारि निसारै।३६

एक नारी ग्यान विचारी, निरखी जो रहै नियारी। घट घूंघट मांहि छिपावै, दरसण नाहि दिखावै।३७
घट घूंघट केम न खोलै, मुख हुंतै कबहुं न बोलै। जैरी संभलि साख सुणाया, नर नारी देखण आया।३८
तकियां ज्यूं ताण न चालै, कोई पकड़ै नाहि पालै। तिकमजी तीर्थ थारै, एक माटी नारि निसारै।३९
अहो कूड़ कहै न मन डोलै, मुख हुंता कहे न बोले। पहलो जमवारो जाणै, तिण कारण विसन बखाणै।४०
रासबी जमवारे होती, वहणी छूटै घरि बहंती। वैरी पूठि पाणी आवंतो, कोई साध सति पीवंतो।४१
किणी साध दवा पोहचाई, मनखा जमवारे आई। अब माटी सूं चित लावै, फिर आवागवण न आवै।४२

परमानंदजी बैनिवाल कृत हस्तलिखित ग्रंथ में सबदवाणी के सबद संख्या 107 के गद्य प्रसंग में भी यह उल्लेखित है:- "एक विसनोवणि घुंघट काढ, माटी काढे। विसनोई कहे- झांभाजी आ कुण जीव थ ? पहले जमवारे मुथरा नगर मां राणी थी। अण अकरम कुमाणा। फेरि लादणि हुई, बुढे खिलेहरी के घरे। कणी साध इहके उपरे पाणी आण्यो थो। साध दवा दीन्ही, मिनखा जमवारे आई। अब माटी काढिसी। आवागुणि खंडत होयसी।" साहबरामजी राहड़ कृत जंभसार में वर्णित है कि जब गुरु जाम्भोजी ने "घूंघटवाली नारी" के पूर्वजन्म की कथा सुनाई, तो लोगों ने जिज्ञासावश पूछा कि 'सुखनु थोरी' अपने पूर्वजन्म में कौन था ? जिसे मात्र एक तोले पवित्र तीर्थ (जंभसरोवर) की मिट्टी के बदले मोक्ष प्राप्त हो गया था। तब गुरु जाम्भोजी ने बताया कि इसके पाँच हजार जन्म बीत चुके हैं। इस जन्म में वह भील के रूप में मनुष्य योनि में आया था। इससे पिछले जन्म में वह हासन था। सत्संगति के प्रभाव से ही उसे इस जन्म में सुखनु का शरीर प्राप्त हुआ। वह महमंदखां होकर हासन खां हुआ। और दूदा के साथ हुए युद्ध में वीरगति को प्राप्त हुआ। सत्संगति का प्रभाव कभी निष्फल नहीं जाता और वह करोड़ों जन्मों के पापों को नष्ट कर देता है। इसी पुण्य के प्रताप से सुखनु जंभसागर (सरोवर) में स्नान करने आया, जहाँ उसने सरोवर में तीर चलाया और उस तीर पर दो तोला पवित्र मिट्टी लग गई। उसी मिट्टी के स्पर्श मात्र से उसे स्वर्ग की प्राप्ति हुई:-

सुखनु प्रिथमें कुण की देहा, तोलै माटी मुक्त सनेहा। याकी कथा कहों समझाई, प्रभुजी विन सांसे नहीं जाई।
तबही जंभ कहत मन विगसे, पांच हजार जनम इह निकसे। जनम इह भीलहीं भएऊ, मनुष जून सत संगत तै लएउ।
हासन होय सत संगत करी, ताते देह सूखनै की धरी। महमन्द होय हासन खां हुवा, दूदे के जुध माही मूवा।
सत संगत प्रभाव न जावै, कोट जनम के पाप नशावै। सति संगति प्रभाव बताऊ, ताकी महिमा तोहि जताऊं।
तेहि पुंन ते जंभ सागर नहायौ, आय जीव नैं बाण चलायौ। माटी बाण लगी दोय तोला, चढ़ विवाण लिये सुरगहि डोला।
जब लग रवि शसि रह तारागण, इमृत भोग और रवणी ठण। इह माटी कै पुन्य परतापा, मिट गऐ जनम मरण सह पापा।

घ. सामूहिक मुक्ति का प्रसंग:- साहबरामजी राहड़ कृत जंभसार के अनुसार, गुरु जाम्भोजी जांभोलाव की साथरी पर खड़े होकर जंभसरोवर की खुदाई करवा रहे थे। उसी समय खुदाई में लगे लोगों में से एक व्यक्ति नींबा की मृत्यु हो गई। तभी एक अद्भुत घटना घटी, स्वर्ग से दिव्य विमान उतर आए। उन विमानों में फूलों की सुसज्जित सेजें बिछी हुई थीं।उसी क्षण नींबा का शरीर दिव्य हो गया और उसने चतुर्भुज स्वरूप धारण कर लिया। देवताओं ने हाथ जोड़कर उसे आदरपूर्वक विमान में बैठाया। चारों ओर "जय नींबा, जय नींबा" का घोष गूंज उठा। इस प्रकार एक विसनोई जीव को प्रत्यक्ष रूप से मुक्ति प्राप्त हुई। इस घटना को देखकर अली नामक व्यक्ति ने गुरु जाम्भोजी से विनती की, कि हे प्रभु! मुझे भी कुछ मौज (कृपा) प्रदान कीजिए। गुरु जाम्भोजी ने तत्काल कोई उत्तर नहीं दिया। तब अली ने अपनी भक्ति प्रकट करने के लिए विविध स्वांग रचकर नृत्य करना प्रारंभ किया। जट, जाट और वशिष्ठ के रूपों का अभिनय किया। नट, कांजर और डूम जैसे लोक-नर्तकों की भाँति नाचा। हास्य, अभिनय और भावपूर्ण प्रस्तुति से पूरी जमात को प्रभावित किया। वह बार-बार निवेदन करता रहा कि आप तो सम्पूर्ण संसार को देते हैं, मेरी प्रार्थना भी सुनिए। अंततः अली की निःस्वार्थ भक्ति और भावपूर्ण स्वांग से गुरु जाम्भोजी प्रसन्न हुए और बोले कि जो चाहो, मांगो। अली ने अपने लिए कुछ नहीं माँगा, बल्कि कहा कि यहाँ उपस्थित सभी नर-नारियों को स्वर्ग प्रदान किया जाए। गुरु जाम्भोजी ने आदेश दिया कि पत्थर पर खड़े होकर पुकारो; जो तुम्हारी आवाज सुनकर आएंगे, उन्हें स्वर्ग की प्राप्ति होगी। तब अली एक पत्थर (भाठा) पर चढ़े और भैंसे के समान गंभीर, ऊँची आवाज में पुकारने लगे। जिस प्रकार सांड या भैंसा अपनी हुंकार से समस्त पशुओं को आकर्षित करता है, उसी प्रकार अली की पुकार से समस्त जनसमूह आकर्षित हुआ। तभी से वह पत्थर "भैंस भाठा" के नाम से प्रसिद्ध हुआ। अली की वाणी को हृदय में धारण करके लगभग एक हजार सत्रह नर-नारी सरोवर के मध्य एकत्र हो गए। तभी सभी का शरीर दिव्य हो गया। वे सूर्य के समान तेजस्वी और चतुर्भुज रूप में परिवर्तित हो गए। स्वर्ग से असंख्य (250) विमान उतर आए। प्रत्येक विमान में चार-चार व्यक्ति बैठकर वैकुण्ठ को प्रस्थान करने लगे। चारों ओर "जय अली, जय अली" का घोष गूंज उठा। जंभसागर (जांभोलाव) तीर्थ की अद्भुत महिमा है। इस तीर्थ के स्पर्श मात्र से जीव मुक्त हो सकता है। जो व्यक्ति यहाँ स्नान करता है, चाहे जल से या रेत (रज) से। वह भी कल्याण को प्राप्त होता है। जो इस तीर्थ की मिट्टी निकालकर सेवा करता है, वह बिना विशेष साधना के भी सतलोक को प्राप्त हो सकता है। यहाँ तक कि जो व्यक्ति केवल रज (धूल) को ही शरीर पर लगाता है, उसके निकट यमदूत भी नहीं आते:-

साथरिया पर सतगुर ऊभा, खोदे जाझा झालर खुबा। नुखतै सिर मूवो जन सोई, इतनै में एक अचरज होई।
दिव्य विवांण सुरग तैं आऐ, फूलन की सेझ्या छिब छाए। दिब रूप नींबो तब भयौ, रूप चतुरभुज धारत नयो।
हाथ जोड़ता मांही बठाऐ, जै नींबा जै नींबा शब्द सुणाऐ। उपर चंवर छत्र जो होई, सीदो मुक्त गयो विसनोई।

कर अरदास अली इम सारी, कछु मोहे दीजे मोज मुरारी। अलि मन डहक्यौ मुखा न बोल्यो, मधुसूदन जाणेहु नहिं डोल्यौ।
इण अवसर में देव न राच्यौ, निरखेउ अली फेर कर नाच्यौ। नाचेउ अली फेर संभारी, कछु दीजै मोहै मौज मुरारी।
सकल दुनी कहही दत दीजै, सतगुर मेरे वचन सुंणीजै। जट अरु जाट वसिट कहावै, नट अरु कांजर डूम नचावै।
कुकर्म देव न दीनीं दूवा, तोहु कुकरमी कृपण हूवा। नुखते सिर नाच्यौ भलो, सतगुर रीझ्यो सांग।
मोज समंपे जंभ गरु, मांग सकैं सो मांग। मांग अली मन में छे थारै, दुख अरु दालद देव निवारै।
कहै अली सुणहो सूरराया, नर नारी तब दरसण आया। सतगुर मेरी वचन सुणीजे, सुरग सकल लोकन कूं दीजे।
सिद्ध सिला चढ़ बोल जु मारो, चालै जेहि ले सुरग सिधारो। सुनत वचन अलि मनहिं सिधायो, सब साधां ने शब्द सुंनायो।
नर नारी सब सुरग निहालै, सब जन आवौ चोभ विचालै। सांड चरावै सांडियो कहहै, भैंसो लदैं भैंसियो बहहै।
असैं अली भैंसियो भाख्यौ, चढ़ भाठै पर सबकूं आख्यौ। अलि भाख्यौ चढ़ भाठे उपर, भाटो भैंस वखाण्यौं भू पर।
जंभसागर की चौभे आया, से जन सबही सुरग सिधाया। भैंसियै की बांणी उर धारी, सतरा संहस नार अरु नारी।
दिव्य रूप सब छिन में भएऊ, विवाण सवा सै अरसे अएऊ। रवि संम तेज चतुरभुज भएऊ, एक विवांण च्यार चड़ गएऊ।
चढ़ विवांण वैकुंठां जावै, जै अलि जै अलि शब्द सुणावैं। जंभ कहै यै मैं नहीं तारे, अलीयन करणीं कृतब सारे।
इह प्रताप जंभ सागर भाई, प्रस्त जीव मुक्त हुय जाई। जो जन या क्षेत्र में नहावै, जल होवै या रजी लगावै।
माटी काढै रू सूत फिरावै, विन करणी सत लोक सिधावै। जल विन रजी लगी तन जाकै, तेहि जन सनमुख जंम नहिं झांके
अंसो तीर्थ अधिभुत कहिये, याकै दर्शन सूं गति लहिये।
केसोजी गोदारा कृत 'कथा जती तलाव की' में भी इस प्रसंग का उल्लेख है:-
सतगुरू उभो साथरी, झांझा झूलर पास। नुकतै सिर नाच्यौ भलो, अली करै अरदास।५१
अरदास अली एम सारी, कछु दीजै मोज मुरारी।५२
अली डहक्यो मुख न डोल्यौ, मदसूदन मूख्यौ न बोल्यौ। इण अवसर देव राच्यौ, अली निरखी फेरि करि नाच्यौ।५३
नाचै अली अरज संभारी, कुछ दीजै मोज मुरारी। दुनियां माहि दत दीजै, सतगुरू औ वचन सुनीजै।५४
जट जाट बसीठ कहावै, नट कांजर डूंब नचावै। देवजी दत का नांही हुवा, करता के किरपण हुवा।५५
नुकतै सिर नाच्यौ भलो, सतगुरू रीझियो सांग। मोज समप महमण, अली मांग सकै सो मांग।५६
अली मांगी जकै मन थारै, दुख दालद देव निवारै।५७
अली कहै सुर राया, नर नारी जकै अत आया। सतगुरू ओ वचन सुणीजै, सुरग सबाए दीजै।५८
अली मन मांहे उमायौ, साधां नै साध सुणायौ। तकै आवे चौभ विचाले, नर नारि सुरग निहालै।५९
तकै चौभ विचालै आया, साध सुणे नर धाया। तकै चौभ विचालै आया, तहां सुरग सवाये पाया।६०

06. जंभसागर से रोग निवारण

क. तेजोजी चारण का कुष्ठ-निवारण:- साहबरामजी राहड़ कृत जंभसार के 14वें प्रकरण में वर्णित है कि तेजा नाम का एक चारण उस समय राज्य का मान्यता प्राप्त कविराज एवं विद्वान व्यक्ति था। किंतु दुर्भाग्यवश उन्हें कुष्ठ रोग हो गया। यह रोग इतना भयंकर था कि उनका सम्पूर्ण शरीर गलने लगा, हाथ-पाँव और अंगुलियाँ गलकर गिरने लगी। नाक, दाँत आदि अंग नष्ट होने लगे। शरीर से दुर्गंध आने लगी। समाज ने उन्हें अछूत मानकर त्याग दिया। भाई-बन्धु और कुटुम्ब ने भी उन्हें गाँव से अलग कर दिया। तेजोजी ने अपने रोग के निवारण हेतु हर संभव प्रयास किया। वैद्यों से उपचार कराया। विविध औषधियाँ ली। भोपों-भरड़ों से समाधान पूछा। विभिन्न देवस्थानों पर गए। अड़सठ तीर्थों में स्नान किया। चार धाम की यात्रा की। किन्तु इन सभी प्रयासों के बावजूद रोग दिन-प्रतिदिन बढ़ता ही गया। यह प्रसंग स्पष्ट करता है कि कर्मफल से बचना संभव नहीं, उसे भोगना ही पड़ता है। जब रोग असहनीय हो गया और जीवन समाप्ति के कगार पर पहुँच गया, तब तेजाजी के मन में आत्मचिंतन उत्पन्न हुआ। उन्हें स्मरण हुआ कि वे गुरु जाम्भोजी के सबसे बड़े निंदक थे। स्वस्थ अवस्था में कभी उनके दर्शन हेतु नहीं गए थे। इस पश्चाताप ने उन्हें गुरु की शरण में जाने के लिए प्रेरित किया। तेजोजी जंभसागर पहुँचे और स्नान करने हेतु वस्त्र उतारे। किन्तु वहाँ उपस्थित लोगों ने दुर्गंध के कारण घृणा प्रकट की। और सरोवर में स्नान करने से मना कर दिया। उन्हें दूर बैठा दिया। यह स्थिति उस व्यक्ति की दयनीयता को दर्शाती है जिसे समाज पूरी तरह अस्वीकार कर देता है। गुरु जाम्भोजी ने यह दृश्य देखकर अपने शिष्य निहालदास को आदेश दिया कि तेजोजी को यहां बुलाकर लाया जाए। तेजोजी गुरु के चरणों में गिर पड़े और विनम्र निवेदन किया कि हे प्रभु! मुझ पर कृपा कीजिए और मेरे कुष्ठ रोग को दूर कीजिए। गुरु जाम्भोजी ने कहा कि जंभसागर में स्नान करो, तुम स्वस्थ हो जाओगे। प्रारंभ में तेजोजी ने संदेह व्यक्त किया कि वे अनेक तीर्थों में स्नान कर चुके हैं, फिर भी रोग बढ़ता गया। तब गुरु ने पुनः आदेश दिया कि अब जाओ और स्नान करो, तुम्हारा कुष्ठ नष्ट हो जाएगा। गुरु आज्ञा मानकर जैसे ही तेजोजी ने जंभसागर में स्नान किया, वे तत्काल पूर्णतः स्वस्थ हो गए। उनका शरीर कंचन के समान निर्मल हो गया। स्वस्थ होने के पश्चात तेजोजी ने अत्यंत विनम्रता से गुरु की स्तुति की। उन्होंने स्वीकार किया वे पापी थे, अपने कर्मों के कारण ही दुःख भोगा था। गुरु की शरण में आते ही सभी दुःख दूर हो गए। तेजोजी की स्तुति के उत्तर में गुरु

जाम्भोजी ने स्पष्ट किया कि यह चमत्कार उनका व्यक्तिगत नहीं, बल्कि जंभसागर तीर्थ का प्रभाव है। उन्होंने कहा कि यहाँ स्नान करने से कुष्ठ रोग दूर हो जाता है। अंधों को नेत्र प्राप्त होते हैं। बहरे सुनने लगते हैं। मूक वाणी प्राप्त करता है। जलोदर जैसे रोग भी नष्ट होते हैं। पापों का क्षय तत्काल होता है। यहाँ तक कि हत्या जैसे महापाप का भी यहां प्रायश्चित संभव है:-

तेजै कै तन कुष्ट जु भई, फलोदी गढ़ को चारण यही। कुष्ट भई तन सारो गलियौ, भाई कुटम्बे गांव सूं टलियो।
तेजो भयो राज मानीतो, कविराज कहियै ज्ञांनी वौ। वैद्य बुलावै करै इलाजा, औषद पांणी सरै न काजा।
भोपां भरड़ा सबही बूझ्या, नांव नांव देवा बण झूंझ्या। ताते कोउव न कारज सरिया, थांन थनंत्रे सारई फिरिया।
अड़सट तीर्थ ही फिर नहायौ, च्यार धाम सारै फिर आयौ। दिन दिन विथा वादती भएसी, करै कर्म सौई जन पयसी।
जहां जावै तहां कर्म संगाती, भोगै आप कठन करि छाती। एक दिवस मन मांहि विचारा, कुष्ट भई मोहे अष्ट प्रकारा।
हाथ पांव गल अंगुरी खिरेऊ, बठेउ नाक दसन मिंग गिरेऊ। ऐहि विधि तेजो तन कर गयो, जात पांत से बाहर भयो।
जंभ गुरु को निंदक भारी, गुर के पास न जाय अनारी। गरयौ मरन सम गऐ अभिमांना, मनहि विचारा गुरू पहि जानां।
जंभ सागर आवा एक वारा, न्हावन कूं इन बदन उघारा। नर नारी सब सुज्ञा करहे, नहावौ मती अंग सब झरिहे।
मना किया तेहि दूर बठावा, न्हालदास कूं जंभ बुलावा। जल्दी ल्यावो ताकहुं भाई, निहालदास तेहि लियो बुलाई।
आवा तुरंत जंभ गुर पासा, गहें चरण भए बहुत उदासा। जब परमेसुर द्दष्ट उतारै, सकल जगति तेहि दूर निवारै।
जग अपमान करै सब तेही, ताको कोउ संग नहि देही। जग अपमांन करहि तब जाको, बिन श्रम पाप कटहि तब ताको।
कहै तेजो प्रभु कृपा करहू, मैरो कुष्ट दया कर हरहू। कहै गरु जंभ सागर नहावौ, नहावत ही कंचन होय जावो।
तेजो कहै सब तीर्थ नहायौ, ज्यूं ज्यूं कुष्ठ अधिक दरसायो। या थल न्हावन कूं मन भएऊ, तब लोगां न्हावण नहि दएऊ।
कहै जंभ अबही जा नहावहू, न्हावत ही तब कुष्ट गंवावहू। इतना सुनत जंभसर पैसा, भएऊ मात के जनमेऊ जैसा।
सकल जमातहि तन दरसाना, भएउ विसुध उराऊ जस भाना। जंभ सागर के नहात ही, कट जाय कोट कलंक।
ज्ञान उदै भए मुक्त है, कहा राव कहा रंक। अब अस्तूती करहे तेजो, सुध भए नहि लागी जेजो।
हम पापी आए तब सरणा, मिट गए दुख जन्म अरु मरणा। कोढ नर्क से दूर निकाला, मैं पापिष्ठ कीन्ह प्रितपाला।
मोरें कृत हिरदै नहि आने, तुम हीं परम गुर अबही जाने। जो कल्पवृक्ष ही सरनें आवे, ताहि दलद्र तुरत नसावे।
जो सेवहि सुरधेन हि जानी, छिन में होत दलद्र हानी। पारस कोउ जन राख गुलक में, ताहि दलद्र तुरत नसावे।
जो सेवहि सुरधेन हि जानी, छिन में होत दलद्र हानी। पारस कोउ जन राख गुलक में, ताहि दलद्र जाय पलक में।
हम प्रभु तुम तै दोष विचारा, तोहूं आप हिरदै नहिं धारा। अपणें पाप आप दुख पावा, तबही तव सरणागति आवा।
आवत ही दुख गए विलाई, जस बुध्या हित अमीं पिलाई। अब प्रभु कृपा करी जस भाखो, अपने जन कुं सरणै राखौ।
अस कहि चरन परेउ गहि ध्याई, पाहि पाहि सरणै जंभराई। त्राहि त्राहि तव चरण निमामी, तुम परमेसूर मैं अनुगामी।
तब जंभेसुर वचन उचारा, इसमें नहीं प्रताप हमारा। जंभसागर में नहावे कोई, कटे कुष्ठ कंचन सम होई।
अंधा न्हावे अंखियां पावै, बहरा न्हावे बहरापन जावे। मूक न्हाय होवे वाचाला, कुसठ झड़े नहावै ततकाला।
झड़े जलंधर होय निहाला, पापी होय धर्म के आला। जो कोऊ हित्या नर ते होई, सागर नहाऐ कटहे सोई।
कैसा ही पाप बनै तां तन तै, आय न्हावे सागर शुद्ध मन ते। कटै पाप एक पलक में, निर्मल होय शरीर।
सत वक्ता तस शब्द है, कहे जभ गुरु धीर।

ख. अल्लूजी चारण की रोग-मुक्ति:- साहबरामजी राहड़ कृत जंभसार के 14वें प्रकरण में अल्लूजी नामक चारण की अत्यंत मार्मिक और चमत्कारपूर्ण कथा वर्णित है। यह प्रसंग जैसलमेर के शासक रावल जैतसी के समय का है। अल्लूजी एक प्रतिष्ठित चारण थे, जिन्हें राजदरबार में मान-सम्मान प्राप्त था। अल्लूजी को जलोदर जैसा गंभीर रोग हो गया। स्थिति इतनी भयावह हो गई कि उन्हें सांस लेने में भी अत्यंत कष्ट होने लगा। उन्होंने अनेक स्थानों पर वैद्यों और सिद्ध पुरुषों की शरण ली, परंतु कहीं से भी राहत नहीं मिली। अल्लूजी ने रोग मुक्ति के लिए भारत के प्रमुख धार्मिक और चिकित्सकीय केंद्रों की यात्रा की। मुलतान के प्रसिद्ध वैद्य के पास 12 माह तक उपचार कराया, पर रोग बढ़ता गया। फिर लाहौर के सूफी संत के पास गए, पर लाभ नहीं हुआ। उसके बाद तारा तंबौला में एक सिद्ध शेख ने प्रयास किया, पर रोग और बढ़ा। कांगड़ा में नाथ सिद्ध के स्पर्श से भी कोई सुधार नहीं हुआ। इन्द्रपथ के एक मुल्ला को हाथ दिखाया, पर रोग तीव्र हो गया। मथुरा के प्रसिद्ध गुंसाई मुनि के पास एक माह रहे, पर कोई लाभ नहीं। जयपुर में परमहंस संन्यासी की सेवा की, अनेक औषधियां लीं, फिर भी व्यर्थ। फिर अजमेर में काजी और जति ने प्रयास किए, पर रोग जस का तस रहा। मंडोर के नाथ योगी जो शिव का अवतार माने जाते थे, उनकी सेवा की, पर रोग नहीं गया। पोकरण से फलौदी आते वक्त दो तपस्वियों को हाथ दिखाया, उन्होंने 16 दिन तक प्रयास किया, पर सब निष्फल रहा। इन सभी प्रयासों के बाद भी रोग निरंतर बढ़ता गया। अंततः स्थिति इतनी गंभीर हो गई कि अल्लूजी मृत्यु के समीप पहुँच गए। जब सभी आशाएं समाप्त हो गईं, तब अल्लूजी को खाट (चारपाई) पर डालकर अंतिम समय की प्रतीक्षा में ले जाया जाने लगा। यह एक प्रकार से मृत्यु-यात्रा थी। इसी दौरान वे चलते-चलते जंभसागर पहुँच गए, जो गुरु जाम्भोजी का पावन स्थल था। जंभसागर पहुँचते ही अल्लूजी ने गुरु जाम्भोजी

के दर्शन किए। वे अत्यंत व्याकुल होकर उनके चरणों में गिर पड़े। उनकी आंखों से अश्रुधारा बहने लगी। गुरु जाम्भोजी ने करुणा दिखाते हुए उनके सिर पर हाथ रखा और आदेश दिया कि जंभसागर में स्नान करो और जल भरकर उसका आचमन करो। अल्लूजी ने पूर्ण विश्वास के साथ गुरु आज्ञा का पालन किया। उन्होने जंभसागर में स्नान किया और जल को झारी में भरकर लाए, उस जल का आचमन किया। जैसे ही उन्होंने जल पिया, उसी क्षण उनका रोग दूर हो गया। पेट की पीड़ा समाप्त हो गई और वे पूर्णतः स्वस्थ हो गए। उनका शरीर कंचन (स्वर्ण) के समान निर्मल और तेजस्वी हो गया। रोगमुक्त होने के पश्चात अल्लूजी ने गुरु जाम्भोजी की महिमा का गान किया। उनकी स्तुति का भावार्थ इस प्रकार है- मैंने वैद्य, योगी, संन्यासी, सूफी, दरवेश आदि सभी को देखा, पर कहीं भी समाधान नहीं मिला। आज गुरु जाम्भोजी की कृपा से मुझे सच्चा मार्ग मिला। एक बार इस जल को पीने से ही मेरा समस्त दुख दूर हो गया। गुरु जाम्भोजी के सबद मुझे पंचम वेद के समान सत्य प्रतीत हुए। अब मुझे सच्चे ज्ञान और ईश्वर का बोध हो गया है:-

अब एक कथा सुणों चित लाई, ताके सुणे रोग कट जाई। जैसलमेर जैतसी राई, ता नगरी में अलु रहाई।
चारण जात राज तेहि मानहि, पूरब पाप विथा एक जांनहि। वध्यों जलन्धर वार न पारा, सांस न आवत दुख अपारा।
जहां तहां वैद्य पूछते भएऊ, काहू तें कछु काज न ठएऊ। एक वैद्य मुलताण रहावै, ताके दर्श रोग सब जावै।
सुनकर अलू गएऊ मुलतांणा, बारा मास दवा नित खांणां। दिन दिन रोग बधत भयो भारी, काम वधै भोगत जस नारी।
ताहि निमत लाहोर ही आवा, सोफी वचन कह्यौ दुख पावा। फेर गयौ तारा तंबौला, सेख सयाणौ सिद्ध कह भोला।
तेहू जतन बहुत विधि कीन्हा, निस दिन भयो रोग आधीनां। पीछै गयो कांगड़ै ध्याई, तहां नाथ एक सिध रहाई।
कह्यौ पर दृढ़ कर फेरियो, दिन दिन रोग अधिक तन घेरियो। पीछै चाल इन्द्रपथ आया, मुला एक हाथ दरसायो।
ता दिन तैं बहु वध गयो रोगा, मथरा गयो ऐहि संयोगा। तांहा गुंसाई मुनि एक राजे, बड़ो सिद्ध सिद्धां सिरताजै।
उनके पास मास एक रहेऊ, घट्यौ न रोग बधत नित नएऊ। जैपर में एक रहे सन्यासी, परमहंस एक और उदासी।
इन सबिहन के चरननि परेऊ, औषद पाणी सब हित करेऊ। कछु सारा नहीं दुख अपारा, तब अलू अजमेर पधारा।
काजी जती दोय गुणवंत भारा, रोग न गएऊ कियेउ उपचारा। तेही जतन कीन्हेहु बड़ भारी, कोऊ कर्म कर लगी न कारी।
तब मंडौर गएउ तिण वारा, कहै नाथ ने शिव अवतारा। ताकी टहल करत इह भएऊ, काहू ते इह रोग न गएऊ।
पोकरण जाय फलोदी आवा, दोय तापस कूं हाथ दिखावा। देख हाथ दिन सोला राखा, रोग न गएउ पचेउ हख नाखा।
तब मरणे के काबल भएऊ, जीवण के सब लक्षण गएऊ। झंफेउ काल दुख भयो भारी, तब मरणै कूं किये तियारी।
खाट मंगाय तास पर गेरा, लेकर चलत भएउ तेहि बेरा। चलत चलत जंभसागर आवा, अरु अड़सट तीर्थ फिर न्हावा।
कर्म पची सब छोड़ करि, गएे जम्भसर तीर। गुरु जम्भ दर्सत भयौ, नैनां वर्षत नीर।
दुख पावा चरनन में परेऊ, जंभ गुरु कर मस्तक धरेऊ। अलू तबही वचन आचरेऊ, पाहि पाहि सरणांगति हरेऊ।
कहत गुरु जंभसागर न्हावहू, जल की झारी भर ले आवहुं। सुणकर वचन न्हावतो भयौ, जंभेसुर के चरणे गयौ।
कहे जंभ जल अचवन करहू, जल पीवत ही रोग सबही झरिहू। कर विश्वास पीवतो भयो, जनम मरण को रोग जू गयो।
पेट विथा पल माहिं विनासी, भयो आनंद अरु मिटी उदासी। रोग गयो कंचन सम भएऊ, मिट गयो दुख खुशी होय गएऊ।
तब अस्तूती करणै लागा, जांण झूठ जग भएऊ वैरागा। अल्हू अस अस्तूती करेऊ, रक्ष रक्ष कहि चरननि परेऊ।
जंभ गरु प्रसन्न भएेऊ, धरियौ सीस पर हाथ। साहबराम चारन कुली, सब जन भए सनाथ।
वैद जोग्य वैराग खोज, दीठा नर नंगम। सन्यासी दरवेश सेष, सौफी अरू जंगम।
विधा वियापी मोहि आज, आस कर आयों। पांणी पियो एक वार, पेट सुख परचो पायो।
पंचवां वेद संभलिया शब्द, चार वेद होता चलू। केवलि जंभ सांवल कंवल, आज सांच पायो अल्हू।
एहि विधि अस्तुती करही, कंचन भयो शरीर। अस्तुति फिर करत है, नैनां ढलकत नीर।
धन्य धन्य गुरु जंभ जन, धन्य धन्य मम भाग। धन्य धन्य या भोमिका, धन्य जनां जल लाग।

ग. कान्होजी चारण को पुत्र-प्राप्तिः- साहबरामजी राहड़ कृत जंभसार के 14वें प्रकरण में एक महत्वपूर्ण प्रसंग कान्होजी चारण से संबंधित है। कान्होजी नामक चारण अपने समय में अत्यंत प्रतिष्ठित, संपन्न और सम्मानित व्यक्ति था। उसके पास अन्न, धन, लक्ष्मी और पशुधन की कोई कमी नहीं थी। वह राज्य में मान्यता प्राप्त था। किन्तु इन सबके होते हुए भी वह एक गहरे दुःख से ग्रस्त था। वह पुत्रहीन था, जिसके कारण वह निरंतर उदासी में जीवन व्यतीत करता था। गृहस्थ के लिए संतान का अभाव जीवन को अधूरा बना देता है। पुत्र-प्राप्ति की इच्छा में कान्होजी ने अनेक उपाय किए। वैद्य और हकीमों से परामर्श लिया। विभिन्न औषधियों का सेवन किया। भोपों-भरड़ों से समाधान पूछा। देवी-देवताओं की पूजा-अर्चना की। गौगा, भैरू आदि लोकदेवताओं को मनाया। मंदिर बनाने, छत्र चढ़ाने और नित्य दर्शन करने की मन्नतें की। जोगी, सन्यासी, नागा, ब्रह्मचारी, काजी, मुल्ला, फकीर आदि से उपाय पुछे। गंगा तट के गुरुकुलों तक जाकर उपाय खोजे। इस प्रकार कान्होजी ने हर संभव मार्ग अपनाया, किंतु सफलता प्राप्त नहीं हुई। लगातार आठ वर्षों तक प्रयास करने के बाद भी जब कोई फल नहीं मिला, तब कान्होजी अत्यंत निराश हो गए। उसने गृहस्थ जीवन त्यागकर वनवासी बनने का विचार किया। ऐसी ही स्थिति में कान्होजी की भेंट

अल्लूजी से हुई। उनके पूछने पर कान्होजी ने अपनी पीड़ा प्रकट की। अल्लूजी ने उपाय बताया कि जंभसागर जाओ और वहाँ से जल लाकर अपनी पत्नी को पिलाओ। कान्होजी ने पूर्ण विश्वास के साथ अमावस्या के दिन जंभसागर जाकर दर्शन किया और वहाँ से जल लाकर अपनी पत्नी को पिलाया। परिणामस्वरूप उसकी पत्नी गर्भवती हुई और समय आने पर पुत्र उत्पन्न हुआ। उसके बाद उन्होंने इसी तरह चार बार जल लाकर पाया और उसे कुल चार पुत्र प्राप्त हुए। जब पुत्रों के विवाह का अवसर आया, तब कान्होजी ने गुरु जाम्भोजी को ससम्मान निमंत्रित किया। गुरु जाम्भोजी साथरियों सहित पधारे। अल्लूजी भी उस अवसर पर वहां उपस्थित थे। कान्होजी ने भेंट सामग्री अर्पित कर गुरु जांभोजी का स्वागत किया। इस प्रकार जंभसागर के जल पीने से कान्होजी को पुत्र प्राप्ति हुई। कान्होजी और अल्लूजी ने गुरू जाम्भोजी की स्तुति की। इस प्रकार उन चारणों ने विसनोई धर्म धारण किया:-

अब एक कथा सुनहु मन लाई, जंभसागर जल सूं दुख जाई। कान्हो चारण राज मानितो, अन्न धन लक्ष्मी जगत जानीतो।
अर्थ गर्थ धन भरे भंडारा, गऊ भैंस धन वार न पारा। पुत्र हीन नित रहै उदासी, एक दिवस मन असी भासी।
ग्रिहस्त कै संतत घर नांही, व्रिथा जनम तास वरतांहि। वैद्य हकीम पूछने लागो, देश देश में फिरही भागो।
औषद बूटी करी अनेका, तोहू पुत्र भयो नहीं एका। पुनि भोपां भरड़ा कूं बूझै, तुम को तीन काल की सूझै।
देवी देव सकल कुं पूज्या, गौगा भैरू सब कूं बूझ्या। मंद्र करूं अरु छत्र चढ़ाऊं, नित दर्श कर सीस नवाऊं।
एहि विधि कियो देव आराधन, जहां तहां किये सकल को साधन। फिर जोगी सन्यासी पूजै, अरु नागा ब्रिह्माचारी बूझे।
बूझ बोदला काजी मुल्लां, गंग फकीरां गंग गुरकूला। बहुत भांत यह पूजत भएऊ, जिस तिस कूं जाय मस्तक नएऊ।
एहि विधि आठ वर्ष पच हारै, तीर्थ व्रत सकल सिर मारे। एक दिन अल्हू पे आय बैठो, हिरदै सौच बहुत विधि पैठो।
कह अल्हू किम भएउ उदासा, पुत्र काज तिन वचन प्रकाशा। कौटि उपाव किएऊ मैं भाई, काहु से गर्ज सरी न काई।
ताते भयौ बहुत दुख भारी, गृहस्थ छोड़ी होयहूं वनचारी। अल्हू कहै जाहु जंभसागर, जल लावहूं पावहु त्रियै नागर।
कर विश्वास तुरंत चल गएऊ, जंभ सागर के दर्शन भएउ। दिन अमावश जल भर ल्यायो, निज अस्त्री कूं ल्याय पिलायो।
पीवत स्पात भएउ आधाना, दिन दिन गर्भ अधिक दरसानां। समै पाय भए पुत्र प्रवींना, मंगलाचार बहुत विधि कीन्हा।
अवसर पाय फेर जल लावा, निज इस्त्री कूं एहि विधि पावा। इस विधि च्यार वार जल ल्याऐ, भऐ पूत्र कीने मन भाए।
पुत्रन काज जब व्याह रचाया, जंभ गुरु कूं निंवत बुलाया। आय साथरिये कीन्हा डेरा, कान्ह अल्हू पाएउ जब वेरा।
सामग्री का थाल भर, लीन्हे भेठ संजोय। चौतारे का चादरा, लीन्हां दोना दोय।
जंभसागर को जल पिया, कटे कोट अपराध। कान्हैं कुल पुत्र भयो, जन्म मृत्यु गये ब्याध।
एहि विधि अस्तुति जंभ की, अल्हू कान्ह जन कीन्ह। चारण च्यार जीव बांणवै, विसनु धर्म इंन लीन्ह।
पुत्र काज जेहि जांचिया, तेहीं दीन्हा सब त्याग। अड़सट धर्म हिरदै धरे, साहब भऐ बड भाग।
जंभ सागर महिमा सुण, सीखे चित लगाय। पापिष्टा पल एक में, साहब सुरपुर जाय।
जंभसागर महिमां बहुत, शेष न पावत पार। साहब रसना एक है, उनके जीभ हजार।

घ. कोल्होजी चारण की नेत्र-ज्योति प्राप्ति:- साहबरामजी राहड़ कृत जंभसार के 14वें प्रकरण में वर्णित यह प्रसंग कोल्होजी चारण से संबंधित है। कोल्होजी चारण फलोदी के निवासी थे। उनके मस्तक में किसी विकार के कारण आंखो में असहनीय दर्द होने लगा। जब लगातार छः महीने तक पीड़ा कम नहीं हुई तो वो धैर्यहीन हो गए। अपने रोग से मुक्ति पाने के लिए कोल्होजी ने हर संभव उपाय किए। भोपों-भरड़ों से परामर्श लिया। विभिन्न देवी-देवताओं की पूजा की। जोगी, यति, सन्यासी, ब्राह्मण, पंडित आदि सब से उपाय पुछा। उन्होंने उस समय प्रचलित विभिन्न देवी देवता जैसे जोगण, भैरू, पाबू, गोगा, गोरख, आई, माता, बाई, खेतपाल, गुणीदा, फुणीदा, केसरिया, सती, सुणीदा आदि सभी की आराधना की। वैद्य और हकीमों से औषधि ली। उन्होंने प्रत्येक स्थान पर एक-एक माह तक रहकर सेवा और पूजा की। सभी को प्रसन्न करने हेतु भेंट अर्पित की। किन्तु इतने प्रयासों के बावजूद उनका रोग दूर नहीं हुआ। लगातार प्रयासों के बावजूद उनकी आँखों की पीड़ा बढ़ती गई। अंततः उनकी दृष्टि पूर्णतः चली गई। वे तीन वर्षों तक अंधे रहे। इस दौरान वे तीर्थों में भटकते रहे। पीड़ा के कारण अत्यंत व्याकुल और निराश हो गए। एक दिन कोल्होजी के मन में जैसलमेर जाने का विचार आया, जहाँ उनके कुल के चारण अल्लूजी रहते थे। अल्लूजी के पास पहुँचकर उन्होंने अपना दुख प्रकट किया। अल्लूजी ने उन्हें मार्गदर्शन दिया कि गुरु जाम्भोजी जंभसागर पर विराजमान हैं। उनके दर्शन से दुःख दूर हो जाते हैं। तुम मेरे साथ वहाँ चलो।जंभसागर में स्नान करते ही तुम्हारी आँखें खुल जाएँगी। अल्लूजी कोल्होजी को साथ लेकर जंभसागर पहुँचे। उन्होंने गुरु जाम्भोजी के दर्शन किए और अत्यंत विनम्र होकर अपनी पीड़ा सुनाई। रोग निवारण की प्रार्थना करते हुए कोल्होजी कहने लगे कि नेत्रों के बिना मानव शरीर व्यर्थ हो गया है, प्रभु! अब मैं आपकी ही शरण में हूँ।

गुरु जाम्भोजी ने उन्हें आदेश दिया कि जंभसागर में स्नान करो, तुम्हारी आँखें ठीक हो जाएँगी। कोल्होजी ने पूर्ण विश्वास के साथ सरोवर में पहली डुबकी लगाई। दूसरी डुबकी लगाते ही उनकी आँखें खुल गईं। परिणामस्वरूप दृष्टि पुनः प्राप्त हो गई। समस्त पीड़ा समाप्त हो गई। उनकी आँखें कमल के समान निर्मल और प्रकाशमान हो गईं। इस चमत्कार के पश्चात कोल्होजी और अल्लूजी ने गुरु जाम्भोजी की स्तुति की। उन्होंने स्वीकार किया कि जंभसागर के प्रभाव से करोड़ों जन्मों के पाप नष्ट हो गए और जीवन का दुःख समाप्त हो गया:-

कौलो चारण रहे फलोदी, जंभ सरण गयो गति प्रमोधी। मगज तास कै भयी विकारा, चले सूल भयो दुःख अपारा।
षष्ट मास लग इकलग पीरा, चले वेग मन धरे न धीरा। भोपां भरड़ा पूछत भएऊ, बहु देवन के सरणें गएऊ।
जोगी जती सन्यासी सोधे, ब्राहमण पिंडत सब परमोधे। जोगण भेरू पाबू आई, गोगा गोरख माता बाइ।
खेतपाल गूंणीद फुंणीदा, केसरिया अरु सती सुणीदा। जितने देव सेवणे जोगा, वैद्य हकीम पूजे बहु लोगा।
सबसै कोल करी प्रणांमा, एक एक मास रहेउ सब धामां। सब की सेवा पूजा कीन्ही, सब को भेंट प्रसन्न होय दीनी।
काहू ते कुछ काज न सरेऊ, आंख पीड़ ते जीवत मरेऊ। दूख दूख दोउ नैंन निवारा, गुनियन देवन मिट्यो अधारा।
तब ही कोल्ह तीर्थ सब करेउ, नैन विथा हित पच पच मरेऊ। ऐहि विधि करेउ उपाव अनेका, फूटी आंख कछू नहिं देखा।
अन्ध भए बीते त्रिय साला, भटक भटक भयो बहुत बेहाला। ऐक दिनां मन असी आई, जेसलमेर गयो सुद्ध भाई।
अल्हू चारण के कुल कहिये, अंध कियौ हरि सो सब सहिये। कलपे कोल देख बड़ भारी, तब अल्हु इहैं वचन उचारी।
जंभ गुरु जंभ सागर राजै, ताके दर्शन सुं दुख भाजे। मेरे संग चलो तुम भाई, जंभसागर में निश्चै न्हाई।
न्हावत ही तव चक्षु खुल जावे, दर्शन करो हर दुःख नसावै। सुण के वचन कौल भयौ त्यारी, संग चालेउ अल्हू अधिकारी।
चलत चलत जंभ सागर आऐ, जंभेश्वर के दर्शन पाऐ। त्राहि त्राहि सरणै मैं आयो, पाहि पाहि बहुतो दुख पायो।
नैन विन्यां मानूष तन गएऊ, सब तज प्रभू सण तव भएऊ। अस कहिं परेउ गहेउ तव चरणां, सब जन त्याग लियो हरि शरणा।
सरणांगति कूं राख गुसाई, चक्षु देवौ राखो तव पांहि। अस कहि सीस चरण में धारा, तब जभेश्वर वचन उचारा।
नहावो जंभ सागर इण वारा, उधरै नैन जाय दुख सारा। उठेउ कोल्ह मन कर विश्वासा, चुभी मारत भऐउ प्रकासा।
दूसर चुभी मारत भएऊ, कंवल समांन भएसी चख नएऊ। खुले चक्षु दसेउ गुरु, गई हांन भयो लाभ।
कोट जनम के अघ गए, जंभसागर प्रताप। कोल्ह अल्हू की आरती, सुंणीं जंभ भवनेस।
कुष्ट गई चक्षू खुले, रह्यौ न दुख लवलेस। जंभ सागर कै नहात ही, कोट रोग विलाय।
साहबराम सतगुरु मिले, जीव ब्रिह्म मिलि ज्याय।

ङ. कुष्ठ रोगियों का उद्धारः- साहबरामजी राहड़ कृत 'जंभसार' के अनुसार एक समय गुरु जाम्भोजी सत्संग में उपस्थित जनसमूह को उपदेश दे रहे थे। उसी समय पाँच कुष्ठ रोगी उनके समक्ष आए। वे अत्यंत पीड़ित थे और अपने रोग को अनेक जन्मों के पापों का परिणाम मानते हुए विनम्र प्रार्थना करने लगे कि हे गुरुदेव! हम अनेक जन्मों के पापों से ग्रसित हैं। हमारे इस असाध्य रोग को दूर कर दीजिए। आपके लिए यह कार्य कठिन नहीं है। उनकी करुण पुकार सुनकर गुरु जाम्भोजी ने उन्हें जंभसागर का जल प्रदान किया और निर्देश दिया कि वे उस जल को पीकर स्नान करें। जैसे ही उन पाँचों रोगियों ने जल पिया और स्नान किया, तत्काल एक अद्भुत परिवर्तन हुआ। उपस्थित जनसमूह ने देखा कि पाँचों कुष्ठ रोगी पूर्णतः रोगमुक्त हो गए और उनके शरीर स्वर्ण (कंचन) के समान निर्मल और तेजस्वी हो गए। यह दृश्य सभी के लिए आश्चर्यजनक था। रोगमुक्त होने के बाद वे पाँचों व्यक्ति अपने परिवारजनों को भी साथ लेकर पुनः गुरु जाम्भोजी के पास आए। उन्होंने गुरु जांभोजी के हाथों पाहल ग्रहण किया और विसनोई धर्म में दीक्षित हो गए। यहाँ गुरु जाम्भोजी ने पाहल की महिमा बताते हुए स्पष्ट किया कि पाहल करोड़ों जन्मों के पापों का नाश करती है। यह केवल एक संस्कार नहीं, बल्कि आत्मशुद्धि का माध्यम है। इस चमत्कार को देखकर एक अंधा व्यक्ति आगे आया। उसने तर्कपूर्ण चुनौती देते हुए कहा यदि यह पाहल करोड़ों जन्मों के पापों को नष्ट करता है, तो मेरी आँखों का अंधत्व भी पाप का ही परिणाम है। यदि मेरे पाप कट जाएँ, तो मेरी दृष्टि भी लौट आनी चाहिए। मुझे भी पाहल दीजिए और अपने वचन को सत्य सिद्ध कीजिए। गुरु जाम्भोजी ने उसकी भावना को स्वीकार करते हुए उसे भी पाहल प्रदान किया। तत्क्षण उसकी आँखों की ज्योति लौट आई। इस घटना से समस्त जनसमूह अचंभित हो गया। पाहल लेकर विसनोई बनने पर पिछले पाप नष्ट हो जाते हैः-

जो पूछियौ इह विधि हरि कहेउ, कुसटी पांच आवते भऐउ। अरज करी जंभेसुर आगे, केई जनम के पातक लागै।
काटो म्हांरो रोग गुंसाई, दुर्लभ नहीं आपकै तांई। जंभ वचन कानां सुण लयो, जंभ सागर को जल तेहि दयो।
पीतेहु जल कीनेहु असनांना, पांचूं कंचन भऐ समाना। ताहि समें सब देखत भऐ, कुसटी पांच सुध हुय गऐ।
उलटे जाय कुटम कूं ल्याऐ, भऐ विसनोई पाहल दवाऐ। इह पाहल श्रीयै को करता, कोट जनम के पातक हरता।
इह सुन वचन अंध इक बोला, सत वकता के वचन न डोला। कोट जनम के पातक जावै, पातक सें ही आंख नसावै।
तो इह पाहल हमकूं दीजै, वचन आपणो सत कर लीजै। मेरे पाप कटै चख खुलै, हम से पापी फिर क्यूं भूलै।
सुनत वचन गुर पाहल दीन्हेउ, ताहि समै चख भऐ नविनेउ। ऐहि विधि चरत कियेउ गुर जंभा, सब लोकन कूं भऐउ अचंभा।
पाहल लियां होवै विसनोई, पिछलै पाप रहै नहि कोई।

च. फलोदी हाकिम का रोग निवारणः- साहबरामजी राहड़ कृत जंभसार के 23वें प्रकरण में वर्णित है कि रायचन्दजी एक उच्च कोटि के साधु और गुरु जाम्भोजी के परम भक्त थे। वे सदैव सतगुरु की भक्ति में अनुरक्त रहते। उनका जीवन साधना, सेवा और सत्संग का आदर्श उदाहरण था। वे अनुभवजन्य साखी और सबदी की रचना करते थे, जो उनकी आध्यात्मिक अनुभूति का प्रत्यक्ष प्रमाण है। उनका स्वभाव कोमल, वेश निर्मल तथा आचरण अत्यंत शुद्ध था। एक समय रायचन्दजी संभराथल पहुँचे और वहाँ गुरु जाम्भोजी के दर्शन किए। इस दिव्य

मिलन का उनके जीवन पर गहरा प्रभाव पड़ा। उनके सभी संशय समाप्त हो गए। उनके भीतर भक्ति की अखंड धारा प्रवाहित हो गई। वे दिन-रात भजन और सत्संग में लीन रहने लगे। रायचन्दजी का जीवन अत्यंत अनुशासित और साधनामय था। वे प्रतिदिन पाँच वक्त संध्या करते थे। हवन (होम) किए बिना कभी नहीं रहते थे। जहां जाते वहां उपदेश देते। वे निरंतर हरि-गुणों का गान करते रहते थे। उनका सम्पूर्ण जीवन भक्ति, तप और लोक-उपदेश में समर्पित था। एक बार रायचन्दजी फलोदी गए। वहाँ उन्होंने स्थानीय हाकम (पीरदान) से जांभोलाव तीर्थ हेतु नगारे की मांग की। हाकम ने अपनी पीड़ा बताते हुए कहा कि मेरे मस्तिष्क में कीड़े हैं। यदि यह रोग दूर हो जाए तो मैं नगारा चढ़ाऊँगा। तब रायचन्दजी ने गुरु जाम्भोजी के नाम की भभूति लेकर हाकम के सिर पर लगाई। भभूति के स्पर्श से कीड़े झड़ गए। हाकम का रोग तत्काल समाप्त हो गया। इस चमत्कार से प्रभावित होकर हाकम ने मेले के अवसर पर जांभोलाव तीर्थ पर नगारा अर्पित किया। जंभसागर पर सूत फिराया। संतों को भोजन कराया। प्रत्येक संत को दो-दो रुपये भेंट किए। जब तक वह हाकम पद पर रहा, वह प्रत्येक मेले में उपस्थित होकर इसी प्रकार संतों की सेवा करता रहा। रायचन्दजी की महिमा अत्यंत व्यापक थी। वे जहाँ भी जाते, उपदेश देते और सत्संग स्थापित करते। उनके साथ विभिन्न वेश-भूषा (लाल, पीली, श्वेत, भगवा आदि) वाले अनेक साधु रहते थे। वे गुरु जाम्भोजी के अतिरिक्त किसी अन्य देवता को नहीं मानते थे। उनका जीवन पूर्णतः एकनिष्ठ भक्ति और समाज-सेवा को समर्पित था। रायचन्दजी के अनुसार जंभसागर सर्वोत्तम तीर्थ है। यहाँ स्नान करने से मुक्ति प्राप्त होती है। अन्य तीर्थों की अपेक्षा इसका महत्व सर्वोपरि है। वे सोलह साथरियों और आठ धामों में ही रमण करते थे और अन्य तीर्थों की अपेक्षा इन्हें ही प्रधान मानते थेः-

रायचन्द जी साधू गुर भक्ता, नित रहै सत गुर अनुरूक्ता। साखी सबदी अणभै कारी, सदा संग रह जंभ मुरारी।
एक समै समराथल गएऊ, जंभ गुरु को दर्शन भएऊ। ता दिन ते सब संसय भागेउ, भजन करे निस दिन लिव लागेउ।
सत संगत ताकै वहु राजै, रायचन्द जी महा महेत बिराजे। जाहां ताहां करही उपदेशा, कोमल संत निरमलो भेशा।
पांच बखत संध्या नित करही, होम कियां बिन कदे न सरहीं। फलोदी गएऊ एक बारा, हाकम प्रति तिन वचन उचारा।
जांभोलाव नगारा चहियै, कृपा करो हमकू बकसाइये। हाकम असे बोलत भएऊ, मोर मगज मे कीड़ा रहेऊ।
सौ दुख मेरो मिटै गुंसाई, जोड़े नगारा चाडूं तांहीं। जंभगुरू की लई भभूति, सोई सजीवण है प्रसूती।
ले भभूत सिर के जब लई, किड़ा झड़े दुख गयो पराई। तब हाकम मन प्रसन्न भयो, लिया नगारा मेलै गयो।
जंभसागर पर सूत फिरायो, पीरदान इम प्रचो पायो। सब संतन कूं दई रसोई, एक एक मूरत रूपिया दोई।
पीरदानजी हाकम रह्यो, जब लग मेलै प्रति आवत भयो। तब लग संतन की सेवा नित करे, जंभ समान संत सब बरे।
रायचन्दजी की महिमा भारी, नित प्रति गावै जंभ मुरारी। जंभ गुरु प्रतख तेहि मिलेऊ, कंवल समान तेही दिन खिलेऊ।
ता दिन ते हरी के गुन गावै, कोऊ काल खाली नहिं जावै। जमो जागरन नित प्रति करिहै, एहि विधि पंथ में सदा बिचरिहै।
जब लग रहे संत बहु संगा, लाल पीत स्याह सित रंगा। जंभ टाल और देव नि माना, रायचन्द जाने खान समाना।
तीरथ जंभसागर सम कोहे, ता न्हांऐं मुक्ती जन होहे। मुक्ति लियो कर कोट उपाई, जंभ सागर नहाहे होय जाई।
तातै और न संक्या कामा, सोला साथरी आठौ धांमा। इनही में नित रंमते रहै, देव रु तीरथ मुखा न कहें।
ऐसी इष्ट उपासा जाके, नित प्रति प्रेम जंभ से राखै। जो कोऊ अपनो इष्ट ही ध्यावै, च्यार पदार्थ सहज ही पावै।
रायचन्दजी जंभ भक्तां भारी, जंभ ही गांवै जंभ उचारी। रायचन्द जी बहु काल हि रहे, जंभ गरु सिंवर जंभ मिल गऐ।
तेहि कारन साहब गुन गावा, जंभ उपासी मोहे मन भावा।

07. जंभसागर पर लोगों का आना

क. जंभसागर पर विराट संगमः- साहबरामजी राहड़ कृत 'जंभसार', के 20 वें प्रकरण में वर्णित है कि पड़ियाल ग्राम में भक्तों को भक्ति का वरदान देकर गुरु जाम्भोजी जंभसागर की ओर प्रस्थान करते हैं। यह प्रसंग केवल एक यात्रा का वर्णन नहीं, बल्कि उस विराट आध्यात्मिक आकर्षण का चित्रण है, जिसने समस्त जनसमुदाय को गुरु के चरणों में एकत्र कर दिया। सांझ के समय गुरु जाम्भोजी जंभसागर पहुँचे और सरोवर के निकट विराजमान हुए। जंभसागर की महिमा का वर्णन इस प्रकार किया गया है कि जो भी जंभसागर का दर्शन करता है, वह पापों से मुक्त होकर क्षणभर में तर जाता है। जहाँ साथरी स्थित है, वहीं गुरु का दिव्य सान्निध्य विद्यमान है। उस पवित्र स्थान पर कलियुग के दोष स्वतः ही नष्ट हो जाते हैं। इस प्रकार जंभसागर केवल एक तीर्थ नहीं, बल्कि मोक्षदायिनी शक्ति का केंद्र माना गया है। गुरु जाम्भोजी के जंभसागर पहुँचने का समाचार फैलते ही समस्त क्षेत्र से लोग उनके दर्शन हेतु उमड़ पड़े। विभिन्न गांवों से जमातें भेंट लेकर आई। फलोदी क्षेत्र से चालीस गांवों से जमातें आई, वे गांव ये थे- जांभोलाव, मोहटी, चिड़ी, चाखू, खिंदासर, उदट, मिठड़ियो, केलणसर, जैसला, माणेवड़ो, अजासर, चाडी, नोखड़ो, चारणवालो, भोजासर, भींयासर, बरजासर, रणीसर, पड़ियाल, धोलासर, देहणोक, मुंजासर, मोरियो, लोहावट, पल्ली, सावड़ाऊ, नौसर, भेड़, पीलवा, धुबली, शहड़ी, सांवरीज, आऊ, ढढु, उग्रास, घंटियाली, खारा, बारणाऊ, वालसर, लाठी आदि गांवों की जमातों ने जंभसागर पर डेरा डाला। जैसलमेर से स्वयं रावल जैतसी अपने साथ विसनोईयों को लेकर आए। जैसलमेर क्षेत्र से निम्न गांवों से जमाते आई- कानासर, खरींगो, राणेरी, मांडलियां, नेवा, खेतोलाई, गोड़ू, बज्जु, मोटसर, सिरड़, सेवड़ो, मदासर, नोख, मोडियो, टोकलो, रणजीपुरा, अवाय, बांड, फूलासर आदि। इन सभी गांवों से लोग गुरु जाम्भोजी के दर्शन के लिए जंभसागर पहुँचे। सभी आगंतुक अपने-अपने सामर्थ्य अनुसार

भेंट लेकर आए और गुरु के चरणों में अर्पित की। श्रद्धालुओं ने सिर नवाकर गुरु का वंदन किया। गुरु जाम्भोजी ने सभी का स्नेहपूर्वक स्वागत किया। वे प्रत्येक व्यक्ति से कुशल-क्षेम पूछते और उसके मनोभावों को समझते थे। यह दृश्य एक विशाल आध्यात्मिक मेले का प्रतीक था, जहाँ भक्ति, सेवा और समर्पण का अद्भुत संगम दिखाई देता है। जंभसागर पर यह आयोजन एक विराट मेले का रूप ले चुका था। चारों ओर श्रद्धालुओं की भीड़ थी। सत्संग और गुरु-दर्शन का वातावरण व्याप्त था। लोग अपने-अपने प्रश्न और जिज्ञासाएँ लेकर गुरु के पास आते थे। गुरु जाम्भोजी प्रत्येक व्यक्ति को उसके अनुरूप उपदेश देते और जीवन के सत्य मार्ग का बोध कराते:-

भक्ति वर दे चालत भऐ, सांझ समै जंभसागर गऐ। जाय विराजे सरवर पासा, जंभ गरु जग उदक उदासा।
जंभसागर का दर्शन करहे, पापी जीव पल में तरहे। जाहां साथरी ताहा हर बैठे, कलू के दोष पयांले पैठे।
आऐ जंभ सकल जग जानां, गुरु मिलन कूं किया पयानां। जिन गांवां से चली जमाता, ताके नाम सुनों अब भ्राता।
जांभोलाव मोहटी चिड़ी चाखू, खिंदासर उदट खिड़ी जंमश्राकू। ऐ सब ध्याऐ ले ले भेठा, मिलन कूं आऐ मेहाकोरठा।
मिठड़ियो केलणसर जैसलां, माणेवड़ो अजासर चाडी नोखड़ो। चारणवालो भोजासर भींयासर नहालो, आदि अनेक गांव जानलो।
आय आय जंभ दरस कूं करहे, डंड होय दूर पाप सब झरहे। बरजासर रणीसर पड़ियाल, धोलासर आय पहुंचे पाल।
दैसणोक मुंजासर मोरियो, लोहावट पली हर सूं मंन जोरियो। सांवड़ाऊ नोसर भेड़ पीलवा आए।
इण मोक्ष धूबली सहड़ी सांवरीज आऊ। जंभ गरु के भऐ बटाऊ, ढढु ऊग्रास घंटियाली खारो बारणाऊ।
वालसर लाठीसारो सारे गांव आऐ, भेठ धरी चरणों सिर नाऐ। चालीस गांव फलोदी केरा, जंभसागर पर दीन्हां डेरा।
जैसलमेर के गांव गिणाऊ, मिले जंभ ताके गुण गाऊं। जैसलमेर सूं रावल आऐ, विसनोई सारे संग ध्याऐ।
कानासर खरींगो राणेरी, मांडलिया नेवा खेतोलाई नेरी। गोड़ु बजु अरु मोटसर, सिरड़ सेवड़ो और मदासर।
नोख मोडियो टोकलो रणजीतपर, अवाय बांड फेर फूलासर। जैसलमेर गांव सब आऐ, जंभ गरु के दर्शन पाऐ।
अपणी अपणी भेठ जु दई, हितकर जंभ गुरा ले लई। सबकूं स्वागत पूछत भऐ, हाथ जोड़ सब कुशल जू कहे।
मेलो आन बहुत सो भरियो, सतगुर कौ दर्शन करियो। अपनै मन की सांसैं पूछे, जैसो जैसो जिनको रूछै।
मांनख देह को धरम बतावै, जंभ गरु सबकूं संमझावे।

साहबरामजी राहड़ कृत 'जंभसार' के 14वें प्रकरण में भी जांभोलाव तीर्थ पर लोगों के आने का अत्यंत सजीव और काव्यात्मक वर्णन मिलता है। जंभसागर की महिमा सुनकर साधु-संत, स्त्री-पुरुष सभी तीर्थ की ओर आने लगे। कोई सवारी पर, कोई पैदल परंतु सभी आनंद और उत्साह से भरे हुए। हरि-गुण गाते हुए, हर्षोल्लास के साथ साथरी पर पहुँचकर सिर नवाते है। कवि ने अत्यंत जीवंत चित्र प्रस्तुत किया है- चांदनी और तंबु लगाए हुए है। पूरा क्षेत्र एक दिव्य उत्सव स्थल के रूप में सुसज्जित है। रथ, घोड़े, हाथी निरंतर घूम रहे हैं। बैल और ऊँटों की असंख्य पंक्तियाँ हैं। लगाम, किंकणी और घंटियों की ध्वनि वातावरण को गुंजायमान कर रही है। हाथियों के घंटों की गूंज, बैलों के घुँघरुओं की मधुर ध्वनि और जनसमूह के कोलाहल सुनाई दे रहे है। यह सब मिलकर एक जीवंत, गतिशील और उत्सवमय वातावरण का निर्माण करते हैं। इस प्रसंग में स्त्रियों के परिधान और श्रृंगार का अत्यंत सुंदर वर्णन मिलता है। पटोली, पाट-पटंबर, चौली और नवरंगी वस्त्र पहने हुए, मदिया धाबल और साड़ा घुमाती हुई चलने की शैली, लाल लोई, चिणोटा आदि विविध परिधानों का उल्लेख है। आँखों में अंजन डाले हुए, जो सौंदर्य में वृद्धि कर रहा है। स्त्रियाँ समूहों में, नृत्यात्मक भाव से, हरि-गुण गाते हुए तीर्थ की ओर बढ़ती हैं। यह दृश्य लोक-संस्कृति और भक्ति का अद्भुत समन्वय प्रस्तुत करता है। कवि के अनुसार जांभोलाव धर्म का मूल केंद्र है। यहाँ स्नान करने से पापों का नाश होता है। विशेष रूप से जो व्यक्ति श्रद्धा से इस तीर्थ की मिट्टी निकालता है, वह विशेष पुण्य प्राप्त करता है। जो इस तीर्थ की कथा सुनता या सुनाता है, उसके जन्म-जन्मांतर के पाप नष्ट हो जाते हैं। कवि साहबरामजी राहड़ उल्लेख करते हैं कि इस वर्णन में पूर्ववर्ती कवि केसोजी गोदारा के कथन का भी आंशिक समावेश है:-

तीर्थ जांभोलाव सम, और तीर्थ नही कोय। माटी को फल इधक है, सतकर मांनो सोय।
तरहे जीव अनेक जग, जंभ सागर प्रताप। विवध भात महिमां अमित, कही जंभ गुर आप।
जंभ जगत कुं पुन्य बतायौ, निज तीरथ को धर्म जतायो। साध संत सूण के सब ध्यावै, नर नारी जंभसागर आवै।
केई चढिया केई चले उपाला, मन मां करे कुसी रलियाला। रहंस रहंस हरि के गुण गावै, आय साथरी सीस निवावै।
संते चोला चादर औपी, सीस सुहावणी लागै टोपी। तणी चांदणी तम्बु विराजै, सोह ताजी तीर्थ राजै।
रथ अरु घोड़ा हाथी घोमे, बैरख उंठ न मावै भोमे। ललाम लगांम किंकणी बाजे, हस्ती के गल घंटा गाजै।
गर घूघर घमसाण घणके, बैल्यां गुगरमाल भणंके। आण मचै गहगट नर लोई, कान पड़ियौ सुणिये नहि कोई।
अपणी अपणी आवत टोली, तरणी तन पर पहर पटोली। पहरे तन पर पाट पवांला, मदिया धाबल घूंम घूंमाला।
आपणी आपणी आवत टोली, पाट पटम्बर पहरियां चौली। पहर रही नवरंगा नाड़ा, सल घात्यां घूमावे साड़ा।
मदिया धाबल मुंसा रवानी, वरण वरण वन आई वानी। लोई तन पर लाल सुरंगी, पहर पहर चिणौटा चंगी।
जाणु माँणक चौक घुमावे, तिलिया तन पर सरस सुहावै। अंजण कर कर अंखिया चंगी, सुथड़ा अरु धड़क लिया धड़ंगी।

पग धमके हर के गुण गावै, आय साथरी सीस नवावै। साल पचासै सइये समें, कातक चोथ बखाणी हमे।
कछुक जोड़ केशेजी कही, सोई अद्र्ध कवि धर दई। सूरगुण भक्त की कवता राखी, झूठा खत विन घाल्यां साखी।
तेहि कारण कछुव ही कृत रही, साहबराम टीका कर कही। जंभ सागर को गुण में गायौ, प्राकृत बाणी में गुंथायो।
दिल के अन्त्र दूज न आणी, इण मांही जू कहि सत जाणी। जांभोलाव धरम को मूला, प्रगट भयो जंभ अनुकूला।
इण तीरथ में नहावै कोई, अन्त गुणौं फल पावै सोई। फल हरि अर्पण तीर्थ नहांवै, सोई आवागवण मिटावै।
विसनोई सोई सत भाऐ, माटी काढे हित चित लाए। तलाब कथा जो सुणै सूंणावै, जनम जनम के पाप मिटावै।
तीरथ जांभोलाव जो, कर कल्याण निवास। जो जन मन इंछिया करै, सब की पूरै आस।

ख. झाली राणी की जांभोलाव यात्राः- साहबरामजी राहड़ कृत 'जंभसार' के 17वें प्रकरण में मेवाड़ के शासक राणा सांगा की माता रतनकुंवरी झाला (झाली राणी) की एक महत्वपूर्ण तीर्थ-यात्रा का वर्णन मिलता है। राणी झाली संभराथल पर गुरु जाम्भोजी के दर्शनार्थ गई। वहां संतो से आज्ञा लेकर जांभोलाव की यात्रा पर निकलीं। सर्वप्रथम झींझालै की साथरी पर आकर डेरा लगाया। फिर यहां से आगे चलकर खींदासर आए और उदोजी के दर्शन किए। उसके बाद जैसला साथरी जाकर डेरा किया और साथरी की परिक्रमा की। रात भर जैसला साथरी पर रही, सुबह चलकर भींयासर पहुंची। भींयासर साथरी में गुरू जाम्भोजी के चरणों का दर्शन किया। चरण धोकर चरणामृत पिया। एक रात भींयासर साथरी पर रही और अगले दिन राणी झाली जंभसागर पहुंची, जहाँ गुरु जाम्भोजी साक्षात् विराजमान थे। उन्होंने श्रद्धापूर्वक भेंट अर्पित कर मस्तक नवाया। गुरु जाम्भोजी ने उनकी भेंट स्वीकार कर प्रसन्नता प्रकट की। झाली के दुःख और दरिद्रता का नाश हुआ। उनके भीतर गहन आनंद और संतोष उदय हुआ। जब गुरु जाम्भोजी ने उनकी कुशलता पूछी, तो झाली ने उत्तर दिया कि इस सुख का वर्णन नहीं किया जा सकता; मेरे हृदय में अपार आनंद है। गुरु जाम्भोजी ने उन्हें आदेश दिया कि वे स्नान कर डेरा स्थापित करें और भोजन करे। झाली ने तंबू लगवाए। नहाने हेतु कनात लगवाकर जंभसागर में स्नान किया। सभी संतों को निमंत्रण देकर प्रेमपूर्वक भोजन कराया। उस रात्रि झाली ने जमला (जागरण) आयोजित करवाया, जिसमें संतों को आमंत्रित कर गुरु जाम्भोजी का स्मरण किया गया। अगले दिन महोत्सव का आयोजन किया गया। संतों को अंगोछे प्रदान किए गए। तीर्थ स्नान के उपरांत सूत फिराया गया। साथ ही, झाली ने गुरु जाम्भोजी को एक तंबू भेंट किया। सरोवर की मिट्टी निकलवाने (तीर्थ-सेवा) हेतु सौ रुपये अर्पित किए। इस प्रकार झाली राणी ने आठ दिनों तक तीर्थ पर निवास किया। इस अवधि में उन्होंने प्रायश्चित किया। भक्ति और सेवा के माध्यम से पुण्य अर्जित किया। फलस्वरूप उन्हें मनवांछित फल की प्राप्ति हुईः-

संतन सें अज्ञा लई, झाली कियो पयांण। झींझालै की साथरी, डेरा कीन्हां आण।
तांहां ते चल खिंदासर आऐऊ, उदैजी के दर्शन भएऊ। जाय जैसला डेरा कीन्हा, साथरिया प्रकम्या दीन्हा।
रहे रात अरू चालत भएउ, प्रात काल भींयासर गएऊ। जंभ चरण का दर्शन किया, चरण खोल चरणोदिक लिया।
एक रात भिंयासर रहेऊ, प्रातः काल जंभसागर गऐऊ। सतगुर साथरी बैठे ही पाए, भेंठ धरी अरु सीस नवाऐ।
लई भेंठ प्रसन्न प्रभूं भएऊ, झाली के दुख दलद्र गएऊ। स्वागति आगति पूछी कुशलता, कहा कहूं सुख कह्या न जाता।
झाली कै मन महा अनंदा, प्रसन्न देख सुख माकंदा। कहत भए असनान ही करो, डेरा कर भोजन विसतरो।
सुण अज्ञा तंबू तणवाऐ, कर कनात जंभसागर नहाऐ। सब संतन कूं निंवता दीन्हा, मनस्या भोजन हेत सूं कीन्हां।
तेहि रात जमलो करवायो, संत बुलाय जंभ गुर ध्यायो। प्रातकाल फिर कियो महोछो, सब संतन कू दियो अंगोछो।
तीरथ न्हाय सूत फिरवायो, जभ गुरु कूं तंबू चढ़ायौ। सो रूपिया माटी के दयेऊ, आठ रात तीरथ पर रहेउ।
प्राछित कर पूर्ण पुन कियौ, मन वांछत फल झाली लियो। मानख तन पावै नर कोई, भावै नर नारी क्यूं न होई।
सुजीव होय सुरगां कूं जावे, ज्ञानी है सो मुक्ति सिधावै। भक्त होय विसनु पद लहहे, कर्मकांडी मानुष तन गहहे।
के जुणां में सुखीं कहेवे, भोगे जुन मानुष तन पावै। एहि विधि है यौ जग व्यौहारा, कोउ जीते काहू की हारा।
आठ दिन तीरथ वसी, गुर जंभ के दर्शन किये। करे भक्ति पूजेउ जगत गुरू, जनम के सब फल लिये।

08. जांभोलाव में समाधि स्थल का निर्माणः- साहबरामजी राहड़ कृत जंभसार के 20 वें प्रकरण में लिखा है कि एक समय जांभोलाव में गुरु जाम्भोजी के साथ जैसलमेर के शासक रावल जैतसी सहित अनेक श्रद्धालु उपस्थित थे। इसी अवसर पर गुरु जाम्भोजी ने अपने भावी समाधि स्थल (कंवल-कोष) के निर्माण का संकल्प प्रकट किया। उन्होंने रावल जैतसी को आदेश दिया कि इस पवित्र कार्य हेतु जैसलमेर के उत्कृष्ट पत्थर उपलब्ध कराए जाएँ। रावल जैतसी ने तत्परता से इसकी स्वीकृति दी। गुरु जाम्भोजी की दिव्य शक्ति का परिचय तब मिलता है जब उनके आदेश पर देवताओं ने एक ही रात में सौ बैलगाड़ियों में जैसलमेरी पत्थर जांभोलाव पहुँचा दिए। इन पत्थरों को समाधि स्थल के उत्तर दिशा में एकत्रित किया गया। इस प्रकार गुरु जाम्भोजी ने स्वयं अपने समाधि स्मारक की आधार-भूमि तैयार करवाई।इसके उपरांत गुरु जाम्भोजी ने इस स्थल का महात्म्य बताते हुए कहा कि जो श्रद्धालु यहाँ दर्शन करेगा और जंभसागर में स्नान करेगा, उसकी आठ पीढ़ियाँ तर जाएँगी। इस दिव्य वचन को सुनकर रावल जैतसी अत्यंत प्रसन्न हुए और इस स्थान की महिमा को स्वीकार किया। गुरु जाम्भोजी ने कंवल-कोष के महात्म्य के साथ-साथ वहाँ 'साथरी' की व्यवस्था भी स्थापित की, जिससे यह स्थान भविष्य में साधना, उपासना और धर्मचर्चा का केंद्र बन सके। उन्होंने उपस्थित संतों को संबोधित करते हुए कहा कि उनकी यह देह अमृत तत्व से निर्मित है, किंतु अब वे

शीघ्र ही इसका परित्याग करने वाले हैं। कुछ समय पश्चात वे देह त्याग करेंगे और उनका तत्व अखंड ज्योति में विलीन हो जाएगा। इस संदर्भ में गुरु जाम्भोजी ने संतों को विशेष निर्देश दिए कि वे जहाँ भी उनका देहावसान हो, वहाँ से उनके शरीर को जांभोलाव लाकर इसी स्थान पर समाधिस्थ करें। उन्होंने यह भी स्पष्ट किया कि यही स्थान आगे चलकर चारों महंतों की गुरु-गद्दी होगा। गुरु जाम्भोजी ने आदेश दिया कि इन एकत्रित पत्थरों से मंदिर का निर्माण किया जाए तथा चारों पोशाकों (लाल, काली, सफेद और भगवी) के संत यहाँ आकर उपासना करें। साथ ही, श्रद्धालु पहले समाधि स्मारक के दर्शन करें और फिर जंभसागर में स्नान करें। इस प्रकार गुरु जाम्भोजी ने स्वयं अपने मुख से इस जंभथल को अपना धाम घोषित किया:-

कछुवक चरत करत मन भावा, रावल कूं इह वचन सुंनावा। सुन रावल यह बात हमारी, कछुवक मैं इंछिया मन धारी।
इहां कंवल एक कियो चाहूं, तुमही कछुवक टहल भोलाऊं। ताकी बात कहूं समझाई, सुण राजा तूं चित लगाई।
अवनी अए गए ही थां राजै, राखी मम संमाध कै काजै। शिव ब्रिह्मा विसनु की अज्ञा, राखी इंद्र अदग इह जज्ञा।
ताते तुम कछु पथर देवौ, मम अज्ञा हिरदै धर लेवौ। कहे जैतसी इह प्रवाणा, मंगाय लेवी अबही महमाणां।
नव चोक्यां तांई संवरायो, सोई आपकूं मेह बकसायो। अरशा प्रभुजी आप मंगावो, इतनो चरत फेर दिखलावो।
अस सुन मन वेशे गुर जंभा, ताहि समै एक भयो अचंभा। जछ दे देवा कूं होकम करियो, रात रात पथर आय परियौ।
सो गाडां छब बलदां ध्यायौ, जेसलमेर को पथर आयौ। कंवल कोस की उतर औरा, लागत भयो ढेर तिंहि ठोरां।
कंवल कोस प्रभु आप चिणायो, ताको महात्म वरण सुणायो। कंवल कोस इह मम अस्थाना, सो जाणौ सतलोक समाना।
सतलोक की करै उपासा, एक जनम भर राखै आसा। जगत पदार्थ के सम जाने, दुतिया त्याग मनो क्रित भानै।
ले वैराग रहै निह संगा, भक्ति ज्ञान विज्ञान अभंगा। एहि विधि सदा ब्रिह्म कूं सेवै, देह पड़िया सतलोक ही लेवै।
सोइ महात्म इहां बताऊं, सब संतनि सत बात जताऊं। जिस तिस देश रहै विसनोई, ताकूं या सम और न कोई।
च्यार वर्ण आश्रमी च्यारूं, छतीस वर्ण के पाप निवारूं। इहां आवै फिर जनम न पावै, कंवल को दरशै इहां नहावै।
आवण की विधि तुमही बताऊं, जीवन के सब पाप नशाऊं। जाहां रहै तहे इहै विचारै, जंभ गरू मम पाप निवारै।
कंवल कोस को दर्शन करिहूं, जंभसागर में नहाय उधरिहूं। सतभाव कर असै चालै, तन के तसकर सारे पाले।
पगां उभाणौं धरती सोवै, निर्मल होय मन के मल खोवे। एक बखत नित भोजन करै, झूठ वचन मुख ना ओचरै।
चौरी जारी मिथ्या वादा, त्याग आवै सो मेरो साधा। निर्मल होय दर्शन कूं आवै, कंवल कोश कौ दरस करावै।
दर्शन कर अस्नांन कर, करै कछु मन ध्यांन। इहे विधि जो नर करत है, सो जन मोहि समान।
ऐहि विधि दरसन जो नर करिहे, अष्ट कुली तां पीछे तरिहे। वे अंत सतपुर में जावै, मोहि मिलैं मो माहि समावै।
संतन पै गुर प्रसन्न भयौ, भलो करन सब जीवन चह्यो। कंवल कोस को महात्म कह्यौ, सुण के रावल प्रसन्न भयो।
ऐहि विधि कंवल कोश हर कह्यो, करी साथरी खाली परियो। अस कर फिर अज्ञा प्रभु दई, सब ही संत करो मम कही।
अमी तत की इह देह हमारी, अब इह देह त्यागन की त्यारी। थोराई दिविस देह इह राखूं, फिर इह देह दूर करि नाखूं।
जाहां ताहां देह को त्याग कराऊं, अखंड जोति में शब्द मिलाऊं। तब इह देह को ले नांमूनौं, ल्याइयो इहां वचन मम सुनो।
मम छाया की इहां संमाधी, चहुं महंतन की इह गुरू गादी। इन पथरां मंदर करवाइयौं, चहूं पोशाख इहां चलि आइयो।
गुर की पूजा और रसोई, इंहां आय देइयो सब कोई। इहां आय गुर पूजा करे, विन करणीं भव सागर तिरे।
च्यार वरण को योही धामां, सतलोक पहुंचे नहकामां। पूजा करे जंभसर नहावै, वधै पुन्य कछु पार न पावे।
जंभ गुरू निज मुख सै भाखा, अपणीं धाम जंभ थल राखा।

जंभसार के 22वें प्रकरण में भी इसका उल्लेख है:-

अब हम अपने लोक सिधावां, तुम कूं कछु अज्ञा भोलावां। जंभसागर तीर्थन सिरताजा, तहां नहाऐ सत पुरष निवाजा।
जाहां मैं कंवल कोस करवायो, अपने हाथां खूब बनायो। अरू या संदूक धरूं निज देहा, मैं वहां जांउ नहीं संदेहा।
इह संदूक वहांई ले आना, अस कहि दिया पान प्रवाना।

जंभसार के 21वें प्रकरण में यह उल्लेख मिलता है कि गुरु जाम्भोजी ने अपने प्रमुख शिष्य रणधीर बाबल से कहा कि मैं तुम्हें यह आज्ञा देता हूँ कि एक दिन मैं अपनी देह त्याग करूँगा। उस समय तुम मेरे शरीर को एक संदूक में रखकर जंभसागर (जांभोलाव) ले जाना। वहाँ मैंने पूर्व से ही अपनी समाधि तैयार करवा रखी है। उसी स्थान पर मेरी देह को समाधिस्थ कर देना और उसके ऊपर प्रेमपूर्वक एक मंदिर का निर्माण करना:-

अब तुम कूं अज्ञा मम ऐहा, एक दिवस त्यागूं निज देहा। छांह हमारी धरूं संदूका, जंभ सागर तहां कंवल अनूपा।
कंवल मांहिं राखो निज देहा, ऊपर करो मन्दर निज नेहा।

आगे वे मंदिर निर्माण के साधन के विषय में कहते हैं कि तुम्हारे पास जो सोने की सिलम है, उसे जितना भी काटोगे, वह प्रातःकाल पुनः उतनी ही हो जाएगी। उसी के द्वारा तुम मंदिर का निर्माण कराना और जंभसागर की पैड़ियाँ (सीढ़ियाँ) भी बनवाना:-

इंहै सिलम काटोगे जितनी, प्रातः काल हुय जावै उतनीं। परबत कुल कुल नाग निज रहहूं, मंदर बने सतपुर जहहूं।
यांसे मंदर खुब बनावो, सागर की पैड़ी बंधवावौ।

इसी आज्ञा के कारण उनके अनुयायियों (साथरियों) ने उनके देहावसान के बाद शरीर को जांभोलाव ले जाने का प्रयास किया। किन्तु ऐतिहासिक परिस्थितियों (राव जैतसी द्वारा विरोध) के कारण यह संभव नहीं हो सका और अंततः तालवा (मुकाम) में ही समाधि दी गई। मुकाम में समाधि दे देने के बाद जांभोलाव की किसी ने सुध नहीं ली। बाद में जब विल्होजी जांभोलाव पर आए तो उन्होंने समाधि स्मारक हेतु रखे हुए उन पत्थरों को व्यवस्थित किया। साहबरामजी राहड़ कृत जंभसार के 28वें प्रकरण के अनुसार जाम्भोलाव के उत्तर की ओर पड़े उन पत्थरों पर विल्होजी ने पाल लगवाई। वहां अब मन्दिर बना हुआ है:-

इस पत्थर पर पाल लगावो, तातै उजड़ न पावै दावो। सुनंत ही स्यात पाल कर दई, उतरादै छेड़ै सो भई।

09. जांभोलाव तीर्थ का माहात्म्यः- साहबरामजी राहड़ कृत जंभसार के 14वें प्रकरण में जांभोलाव तीर्थ को समस्त तीर्थों में श्रेष्ठ बताया गया है। गुरु जाम्भोजी स्पष्ट रूप से कहते हैं कि संसार के अड़सठ तीर्थों का भ्रमण करने के पश्चात भी यदि कोई जंभसागर की पवित्र मिट्टी का स्पर्श नहीं करता है तो उसे वास्तविक मुक्ति प्राप्त नहीं हो सकती। यह तीर्थ केवल एक जलाशय नहीं, बल्कि गुरु की कृपा से सिद्ध एक दिव्य स्थान है, जहां की रज (मिट्टी) तक मोक्षदायिनी मानी गई है। गुरु जाम्भोजी द्वारा वर्णित जंभसागर की महिमा अत्यंत विलक्षण है। जो व्यक्ति जंभसागर की मिट्टी निकालता है, वह सांसारिक रूप से धन-समृद्ध होता है और अंत समय में मोक्ष को प्राप्त करता है। जो इस सरोवर में स्नान करता है, उसका जन्म-मरण का चक्र समाप्त हो जाता है। जो व्यक्ति यहां सूत फिराता है, उसे असंख्य गुना पुण्य प्राप्त होता है। यह सब गुरु के प्रताप का परिणाम है, जिसे श्रद्धा सहित स्वीकार करना चाहिए। गुरु जाम्भोजी चेतावनी देते हैं कि जो व्यक्ति इस तीर्थ की महिमा को असत्य मानकर अन्य तीर्थों में भटकता है, वह केवल स्वयं ही नहीं, बल्कि अपनी असंख्य पीढ़ियों को भी अधोगति (नरक) की ओर ले जाता है। संवत पन्द्रह सौ चैत वदि एकादशी को इस तालाब की खुदाई शुरू हुई थी। कवि ने यहां वर्ष का उल्लेख नहीं किया है। विक्रम संवत् 1648 चैत वदी एकादशी को यहां प्रथम मेला आयोजित हुआ, जिसे संत विल्होजी ने प्रारंभ कराया। गुरु जाम्भोजी ने इस तीर्थ पर साधना और आचरण की विशिष्ट विधियां भी बताई हैं। साहबरामजी राहड़ के अनुसार, जांभोलाव तीर्थ केवल एक धार्मिक स्थल नहीं, बल्कि मोक्ष का द्वार है। जो व्यक्ति इस तीर्थ की महिमा को श्रद्धा से सुनता, समझता और उसके अनुसार आचरण करता है, वह सहज ही मुक्ति को प्राप्त करता है:-

एका जोति बांकी म्हारी, सब तीर्थ या तीर्थ लारी। अड़सट तीर्थ जो फिर आवे, माटी विन्यां मुक्ति नहीं पावे।
जंभ सागर की मिटी निकालै, धनवंत होय मुक्त में भालै। जो जंभ सागर नहावै कोई, जनम मरण जांको नही होई।
जो जंभ सागर सूत फिरावै, असंख गुणो ताको पुन्य पावे। एक बात तामे कछु न्यारी, देवे गजी पटम्बर त्यारी।
इह प्रताप गुरु का कहिये, पुन्य करै सो ऊन हिसे रहिये। कहै जंभ सत मांनैं नांही, कोट कुली नर्कनि में जाहीं।
संमत पनरासै चैत वदि, ग्यारस गिणी तलाब। सांतल रावल जेतसी, खोदाय कह्यौ जांभोलाव।
समत सोला सै चैत वदि, इग्यारस सही इण भाय। अड़ताले मेलो मंडियो, आण्या वील्ह बुलाय।
तलाव महात्तम जो सुणें, सीखै चित लगाय। साहबराम सतगुर कृपा, सहज मुक्त होय ज्याय।
तीर्थ प्रगट भयों जब जाणी, संते मन मां निश्चल जाणी। इण तीर्थ रा फल है भारी, ज्यूं है त्यूँ फल कहो विचारी।
विनिये सुंनी जंभेसुर स्वामी, तीन लोक के अन्त्रजांमीं। आवत भऐ लोक बहु औरा, नवहहीं सीस दोउ कर जोरा।
सब के सनमुख जंभ विराजै, सब सनमुख देखत ससि लाजै। जब जंभेसुर दया कराई, असे वचन कहै जंभराई।
जो फल होय इन तीर्थ न्हाऐ, जिहवा एक कहूं कहो किहि भाऐ। कछुवक महिमा कहूं वखाणी, सुंणियौं श्रवण सत कर जाणी।
प्रेम भाव सूं तीर्थ नहावै, बार-बार जंभेसुर ध्यावै। जंभ धाम कुं सीस नवावै, दे प्रक्रमा सुरत लगावै।
तीर्थ त्रियै प्रक्रमां करियै, पांच प्रक्रमा पुस्तक धरियै। अष्ट प्रक्रमां गुर कै लावै, मात पिता कूं दोय करावै।
स्रधा होय संबकू कर अष्टा, सप्त जनम अघ जावै नष्टा। हाथ जोड़ जब सीस नवावैं, वार वार मन में हरषावे।
होम करै पूजा चितलावै, साखी हरजस सबद सुणावै। अद्र्ध मुखां अग्नि जो होई, मन्त्र पढ़ सनमुख कर सौई।
रसना सात अगन कै राजै, विधिवत भोग लगावै हरि काजै। गिरी छुहारा मेवा ल्यावै, मिश्री अरु मिष्ठांन चढावै।
पूजा प्रीत करै नर लोई, ताके पाप रहै नहिं कोई। तीर्थ पर मिंदर करवावै, साज्योज्य मुक्त सहज में पावै।
जो मन्दर में पूजा धारै, कुली एक सो आठ उधारे। मंदर पीछै बाग लगावै, सो सहजे सदगत कूं जावै।
सो बीघा जो जमीन देरावै, सौ गांवों को राज ही पावै। गांव एक मिंदर हित देवे, इन्द्र होय सकल सुर सेवै।
पुजा हित घृत देत है, एक सेर नर कोय। एक कलप घृत नदी पर, देव दिव्य तन होय।
अपणै मुख से जंभ गुर, कह्यो महात्म ऐन। करण हार कूं मिलत हैं, पावत अधिभुत चैन।
जंभ सागर कै पैड़ी लावै, जाको महात्म गुरु बतावै। पेड़ी करे परम पद लहे, विन्यां भजन मुक्ती में जहहे।
पैड़ी की महिमां प्रभु आखे, कहत ही कहत सेसहू थाकै। मंदर की महिमां फिर कहहु, पूजा करण पुरष जो रहहूं।

जो मन्दर में झाड़ू देवे, दीयो करै जोत कर सोवे। होम करावै दीपक धरहे, नेमन सै जो नितप्रित करहे।
झालर घंटा आन चढ़ावै, नोपत और नगारा लावै। झाड़ फनूस छत्र अरु हंडिया, मूरत सूरत पालखी कंडिया।
जंभ साथरी चाड़े कोई, सुरग सकल सुख पावै सोई। इन पुंन सै वैकुंठ सिधावै, राग छतीसूं गंध्रप गावै।
मिलै विवाण सुरग में विराजै, नाचै अपछरा अनहद बाजै। विसनु आलय में हरजस गावै, नाचै अरु वाजंत्र बजावै।
हरि भक्तां कूं कथा सुंनावै, साजोज्य मोक्ष या पुंन तें पावै। साध संत कूं निंवत जिमावै, प्रतिष्टा पीछै करवावै।
च्यार वासनां प्रियमें त्यागै, जो पुंन हरीजी कै हित लागै। गौरव मुतलब क्रोध ईरषा, त्यागे दर्शन गुरू पीर का।
अह मम तजैं हरी हित करै, जनम मरण को शांशौ हरे। इन पुन की आशा जो धरिहे, ताको कविजन निरणौं करहे।
मिंदर छत्री पेड़ी करावै, साथरी चौसलो चौक वणावै। जाकी ईट रहै जग मांही, तबलग केल सुरग करवांही।
विनहीं भजन नर भोगै भोगा, जो पिछले करहे संजोगा। इनकी नींव जगत में रहहे, वसहहिं सुरग वेद अस कहहे।
तीर्थ की जो तली बंधावे, प्रेम भाव से द्रब लगावै। ताही पुन्य परम पद लहहे, कंचन के मन्द्र बन जहहे।
इण विधि तीर्थ द्रब लगावे, ताको जनम सुफल होय जावै। मस्तक आंख नाक नर होई, तीर्थ की रज लावै कोई।
बाल रू व्रिध पुरष अरु नारी, प्रेम भाव का जो अधिकारी। तीर्थ रज कण का जु ले, मस्तक लावे कोय।
उते जनम के अघ हरे, जंभवेद कहै सोय। जंभ सागर की रजी में, गिर पड़हे नर कोय।
शाहबराम सांसे विना, च्यार भूजा नर होय। तीर्थ जांभोलाव में, जो नर नहावे कोय।
माटी काढै प्रीत सूं, सुरगा पंहुचे सोय। श्रद्धा सारू माटी काढ़ै, प्रेम भक्ती प्रभु सूं वाढै।
पीछे साधू निमत जीमावै, कोट जनम के पाप गमावे। जंभ सागर की चोभ मंझारी, तब लग वारो रह जुवारी।
तब लग कुली एक सो आठा, सुरग माहिं करहै नित थाटा। मेले की अमावस आवै, जंभ सागर में जमो दरावै।
देव रात सुख की गति पावै, सप्ता को महात्म मिल जावै।

जंभसार के तृतीय प्रकरण में साहबरामजी राहड़ बताते हैं कि जंभसागर क्षेत्र में स्थित "सिद्ध तलाई" अत्यंत पुण्यदायिनी है। यहां किए गए धार्मिक कर्म अनंत गुना फल प्रदान करते हैं। विशेष रूप से भाद्रपद शुक्ल द्वितीया के दिन यदि कोई व्यक्ति सूत फिराता है, तो उसे अनंत पुण्य प्राप्त होता है। चैत्र अमावस्या के दिन यदि कोई वस्त्र (पट) अर्पित करता है, तो उसका फल भी अनंत गुणा बढ़ जाता है:-

सिद्ध तलाई पुन्य करावा, अनंत गुणो तेहि पुन्य फरावा। भादवा सुदि दूज दिन कर, जो कोऊ सूत फिरावही।
चैती अमावस दिय पट कोउ, अनंत गुणो फल पावही।

जंभसार में गृहस्थ जीवन के आदर्शों का भी अत्यंत सुंदर वर्णन मिलता है। अपनी आय का दशमांश (दसवंध) धर्मार्थ अर्पित करना चाहिए। व्यापार या ब्याज से अर्जित धन में कोई दोष नहीं है, यदि उसमें से दशबंध धर्म हेतु समर्पित किया जाए। घर में बेटों व पोतों की दस बहुएं हो, तब सबसे बड़ी बहु को जंभसागर तीर्थ पर जाकर दसबंध खर्च करना चाहिए। उसका विधि विधान भी इसमें बताया गया है:-

दश कपड़ा इक कपड़ो दीजे, संतन कै अर्पण सब कीजै। विणज कमावै ब्याज कोउ लेवै, जाको दसबंध गुरू कूं देवै।
ब्याज विणज को दोष न लागै, जो दसवंद हरि कै हित त्यागै। दस बहुवां बेटा पोता घर, दसवंध खरचै राख हरी डर।
वड़ पुत्र की भऊ रहाई, जंभ सागर तीर्थ जाय न्हाई। मन सुधो होय कष्ट सब त्यागे, समता धार जुगति सूं जागे।
सुध संत कु लेय बुलाई, जां हिरदै रहे धर्म सदा रहाई। मनस्या भोजन तांहि करावै, सरधा होय संत सकल जिमावै।
या तेंहि होय अधिक धन जाकै, करे महोछब सरधा राखै। सुध भोमका सुध कड़ाही, सुध मंत्र सुध जाप कराही।
एहि विधि सकल भोमका भारे, हरि हरि मंत्र मुखां उचारे। प्रथम होम कर कलस करावे, मंत्र पढ़ जल सुध बणावै।
दे छिड़को अवनी कर सुधा, तेहि ठां आरम्भ करै प्रबुधा। सचै गुरु से संग पालीजै, तन मन धन सब अरपण कीजै।

साहबरामजी राहड़ कृत जंभसार के अनुसार जंभसागर में स्नान करते समय इस मंत्र का उच्चारण करना चाहिए:-

नहात वेर यह मंत्र उचारे, सरब पाप जल देव निवारै। हरे गंगा हरे संभरा, हरे हरे सोले साथरी।
जम्भ सागर हरे हरे हरि कटै कोट अपराध हरी।

जंभसार ग्रंथ के 24वें प्रकरण में इसके श्रवण की महिमा का वर्णन है। जंभसार ग्रंथ को सुनकर जो 'जंभसागर' में नहाता है उसे सोलह साथरियों के दर्शन का पुण्य प्राप्त होता है। जंभसार सुनकर 'जंभसागर' में नहाने से हत्या का पाप भी उतर जाता है। जिस घर में भूत प्रेत बाधा हो, तो उस घर में जंभसार कराने से अधोगति को प्राप्त जीवों का मोक्ष हो जाता है:-

जंभसार इह ग्रंथ कहावै, गुह्य कवि प्रगट कर गावै। सुनत ही सरब पाप जाय दूरा, जाय अज्ञान तम उगे ज सूरा।
जंभसार सुन सागरे न्हावै, षोडस साथरी द्रस्न पावै। जभसार सुन सागर न्हावै, इत्यादी हित्या सब जावै।
पित्र भूत होय जा घर में, छोड़िया जिन जंभ गुर का घर में। जंभसार तेहि ग्रिह करावै, भूता गति मिटि सुरग सिधावै।

जंभसार के 14वें प्रकरण में तीर्थ-व्रत का विशेष महत्व बताया गया है। यदि कोई व्यक्ति तीन दिन तक तीर्थ पर निवास करता है, तो उसके सभी पाप और दुख नष्ट हो जाते हैं। अमावस्या के दिन जंभसागर में स्नान करने से दरिद्रता दूर होती है। संतान और धन की इच्छा पूर्ण होती

है। और अंत समय में मोक्ष की प्राप्ति होती है:-

तीन दिवस तीरथ पर रहिहे, सांसो सोग सकल अघ दहिहे। अमावस दिन जंभसर न्हावै, दुख दालिद्र दूर नशावे।
पुत्र धन इछिया फल पावै, अंत समै मुक्ती हुय जावै। जंभ गुरु भाखी यहै गाथा, सबही संत नवायो माथा।
जब यह सागर जंभ बनायो, सब जीवन को पाप नशायो। यूँ जंभेश्वर देवन देवा, जाको मनुज लहै नहीं भेवा।

रायचंदजी कृत साखी के अनुसार, गुरु जांभोजी ने कलियुग में विशेष रूप से इस तीर्थ की स्थापना की। फलौदी प्रदेश में स्थापित यह तीर्थ ऐसा है, जिसके स्पर्श मात्र से पाप नष्ट हो जाते हैं।जंभसागर की मिट्टी भी अत्यंत पवित्र है। इस मिट्टी का स्पर्श करने से जन्म-जन्मांतर के पाप समाप्त हो जाते हैं:-

कलिजुग तीर्थ थापियो, भाग परापति पावियो। देस फलोधी मंझि थप्यौ, पाप न रहसे परसतां।
जाय परसो विसन तीर्थ, सिरे माटी काढिये। तेरा हुवे पहलोका पाप खिंडत, खेह तन ते झाड़िये।
कहे रायचंद सति जांणौ, पाप रहे न पापियो। अवतार झंभ नरेस को, कलि मंझ तीर्थ थापियो।१
जिस भोमि पंडवे जिगन रच्यौ, तिस भोमि सुत फिराइये। जहां स देवजी तीर्थ थप्यौ, जीवड़ां काजै जाइये।
जीव काजै काढि माटी, पाल पर परवाहिये। तेरा हुवे आवागुवंण खंडति, सुरग मां सुख लाडिये।
कहे रायचंद सति जांणो, उस तीर्थ जाइये। जिस भोमि पंडव जिगन रोप्यो, तांहा सुत फिराइये।२
सो पुंन अठसठि तीरथ थप्यौ, विसन तलाव सति जांणियो। जठे दवारिका किसन रहे, मुकति हुवे गुरू बांणियो।
गुरू वचने मुकति लाभे, उस तीर्थ जाइये। कासी बनारस हरी पेड़ी, जांण गंगा न्हाइये।
कहे रायचंद सति जांणौ, कांय भुला मनहठे। विसन तलाव थे सति जाणौ, अवर तीर्थ अठसठे।३
कलिजुग परचौ हालि लहो, कबुलो माटी निसारणी। अंधा लोयण मिलै सही, बछ करै मनि बांझड़ी।
बांझ आसा विसन पुरवे, उस तीर्थ जाइये। नीसारी माटी करो पुजा, न्यौत संत जिमाइये।
साथरी गुरू को ऐसो तीर्थ, जाय कंध नुवाइये। कर जोड़े रायचंद करे विनती, हालि परचौ पाइये।४

गोविंदजी गोदारा कृत साखी में जांभोलाव तीर्थ को अड़सठ तीर्थों से ऊपर बताया गया है:-

तीर्थ जांभोलाव, प्रीत करे कर जाइयो। हरख करे मन कोड, जांण गंगा न्हाइयो।
जांण गंगा न्हाइयो नै, माटी सूं मन लाय। निसार माटी करो पूजा, निंवत साध जिमाय।
विष्णु मंदर होम कीजै, परकम्मा कर प्रीत। साखी हरजस सबद गावै, कर कर उछब रीत।
जंभेसर गुण गाइयै।५
तीर्थ बडो तलाव, जहां जाय सूत फिराइयै। भाव भगत मन सार, सहस्र गुणौं फल पाइयै।
सहस्र गुणो फल पाइयै नै, जो सैवे निष्काम। साजोज मुक्ति मिलै, मन पावै विसराम।
अड़सठ तीर्थ ऊपरे, जंभ सरोवर धांम। जांभेस्वर की कृपा सेती, वरणत गोविंदराम।
श्री जंभेस्वर धाइयै।६

माधवानंदजी कृत भजन में अत्यंत सरल भाषा में जांभोलाव को सभी तीर्थों का सार बताया है:-

एक जाम्भोलाव बताय दिया, सब तीर्थ उसको मानो। व्रत अमावस मान कर पालना, ना व्रत और कोई ठानो।
मेला जो धाम मुकाम है, अड़सठ तीरथ कर मानो। मिल संत भक्ति अति प्रेम से, गुरूद्वारे शीश निवावो।१

हीरालालजी माहेश्वरी ने अपने शोध ग्रंथ में उल्लेख किया है कि विसनोई समाज में किसी बुजुर्ग की मृत्यु के समय जाम्भोलाव का पानी मुख में देने की भी है। सनातनधर्मी हिन्दुओं में जो महत्त्व प्रयाग संगम का है विसनोई धर्म में वही महत्त्व जाम्भोलाव का है।

10. अड़सठ तीर्थों से श्रेष्ठता:- भारतीय धार्मिक परंपरा में "अड़सठ तीर्थ" का विशेष महत्व माना गया है। ये तीर्थ संपूर्ण भारतवर्ष में फैले हुए वे प्रमुख स्थान हैं, जहाँ स्नान, दर्शन और अनुष्ठान से मोक्ष की प्राप्ति का विश्वास है। किन्तु विसनोई धर्म के मूल स्रोत ग्रंथों एवं संत-कवियों की वाणी में जंभसागर को इन अड़सठ तीर्थों से भी श्रेष्ठ बताया गया है। यह प्रतिपादन केवल आस्था नहीं, बल्कि अनेक प्रमाणिक ग्रंथों में एकमत रूप से वर्णित है। साहबरामजी राहड़ कृत "जंभसार" में स्पष्ट कहा गया है कि जंभसागर सभी तीर्थों से श्रेष्ठ है। यदि कोई व्यक्ति सभी 68 तीर्थों की यात्रा कर ले तब भी जंभसागर की मिट्टी निकालने के बिना मुक्ति संभव नहीं है:-

देव दया कर दाखव ऐहा, भक्त करै सो धन जन जेहा। तीर्थ अड़सट कहिये ऐहु, पुष्कर प्राग सबन पर जेहु।
जंभसागर इन सबहि तें अधिका, पाप जीव जेहि मारन वधका। कहै जेतसी मोहि बतावौ, अड़सट तीर्थ नाम जतावौ।
कहै जंभ सुनो सकल समाजा, बेठे सब सिरदार रु राजा। सत पुरष रहै सोई सत ठाऊं, अब सबहिन के नाम बताऊ।
प्रागराज संगम द्वारा कहिये, गौदावरी गंगा उजीण लहिये। रिषीके गया जुणवती कही, टीलो हटड़ी हथणापुर सही।
गोवरधन गिरनार बखांणो, मथरा अरु मुलतांण ही जांणो। नील कंठ नेपाल कहीजै, काशी अरु केदार लहीजै।
नयम खार जित नैड़ो कोला, कापरहेड़ो नोस्ती जोला। मुक्तसर मको रू मदीनो, रामहद जींद पिंडारो तीनों।

यहेवौ कुरूखेत केदारा, बद्रीजी अरु सप्तसर धारा। हरीद्वार हेमाचल जानी, मानसरोवर तीरथ मानौ।
सोनवौं आबू अचलेसर, और तीरथ जाणै परमेसर। एका जोती बांकी म्हारी, सब तीरथ या तीरथ लारी।
अड़सट तीरथ जो फिर आवे, माटी बिन्यां मुक्ति नहीं पावे।

बिहारीदासजी कृत "जंभ सरोवर स्तुति" में तुलनात्मक शैली में जंभसागर की श्रेष्ठता सिद्ध की गई है। वे भारत के प्रसिद्ध तीर्थों का उल्लेख करते हुए कहते हैं कि इन सभी का फल जंभसागर में स्नान से तुरंत प्राप्त हो जाता है:-

कासी वस बुध तन तजहि, चित्रकुट चित सोय। मथुरा विंद्रावन करै, और अजुध्या जोय।
पुहकर तीर्थ अवंतिका, गया पिंड दै जाय। सो फल पावै तुरंत ही, जंभ सरोवर नहाय।५
बद्रीपत जे द्वारिका, हरद्वार केदार। कांची और अमरावती, सप्त पुरी लौ झार।
प्राग नीम कुरछेत्र जौ, जनक सभा बैठाय। सौ फल पावै तुरंत ही, जंभ सरोवर न्हाय।६
रोहनी कुंड सेत गंगा जू, और महेंदर दीठ। कपिल देव गंगासर संगम, लछमन कुंवर बसीठ।
पंचवटी पंपासर रिकमुक, गोदावरी गराय। सो फल पावै तुरंत ही, जंभ सरोवर न्हाय।७
तोतादरी मल्लार रंगजी, रामनाथ सौ सेत। हर बोला की खाडी, उतरे राम महोला हेत।
धनुक तीर्थ रतनागर, सागर जंगजीत जो धाय। सो फल पावै तुरंत ही, जंभ सरोवर न्हाय।८
चल पल राईल धायिल मायिल, पंचवीर वरजोर। गढ गिरनार प्रभास विंदुसर, पांडव ताल तमोर।
नारायण सर गोप तलाई, हिंगलाज जो माय। सो फल पावै तुरंत ही, जंभ सरोवर न्हाय।९
नरसिंह फरहरू गौमति, जमना चक्र तीर्थ के हेत। मनीकरण त्रैलोक नाथ रौ, हाल रामसर खेत।
मुक्त नाथ और मानसरोवर, मांन तलाई भाय। सो फल पावै तुरंत ही, जंभ सरोवर न्हाय।१०

केसोजी गोदारा कृत "कथा जती तलाव की" में भी यही वर्णन हैं:-

देव दया करि दाखवे, धन भगतां रो भाग। अठसठ तीरथ ऊपरै, थाप्यौ पोहकर प्राग।६१
प्राग पोहकर त्रिवेणी, रामेसर रूपज रैणी।६२
गोमती जो सागर संगा, गिणीजै गोदावरी गंगा। रषिकेस गया जुणावर, टीलो हटड़ी हथणावर।६३
गोरंभ गिरनारि गीणिजै, मुथरा मुलताण भणीजै। नीलकंठ नहपाल कहीजै, कासी केदार लहीजै।६४
नींब खार जित नेड़ो, कोलायत कापड़हेड़ो। करता किरपा करी कीन्हो, गिणिजै जित मको मदीनो।६५
करता कुरखेत कहावै, सेत्र जे सीस नवावै। हरदार हेमाजल जाहि, गिण मानसरोवर माहि।६६
बदरी आबू अचलेसर, पहला जाणो परमेसर। अठसठ तीरथ फिरी आवै, माटी विन मुकति न पावै।६७

11. जांभोलाव तीर्थ पर बलिदान

क. धानु पुनियां का आत्मबलिदान:- जांभोलाव न केवल एक महान तीर्थ है, बल्कि यहाँ आयोजित होने वाला मेला भी विसनोई धर्म की सामाजिक, धार्मिक और ऐतिहासिक चेतना का प्रमुख केंद्र रहा है। संत-कवि विल्होजी कृत साखी में इस मेले के प्रारंभ, उसकी परंपरा तथा एक महत्वपूर्ण ऐतिहासिक घटना धानु पुनियां के आत्मबलिदान का विस्तृत वर्णन प्राप्त होता है। साखी के अनुसार जांभोलाव तीर्थ पर विक्रम संवत् 1648 में सर्वप्रथम मेले का आयोजन हुआ। यह मेला चैत्र मास के कृष्ण पक्ष में आयोजित हुआ था। गुरु जांभोजी द्वारा स्थापित इस तीर्थ की महिमा के प्रचार और भक्तों के कल्याण हेतु प्रारंभ किया गया। साखी के अनुसार विक्रम संवत् 1664, चैत्र बदी 14 के मेले में एक घटना घटी। एक ब्राह्मण ने किसी की "दोवड़" चोरी कर ली। विसनोई समाज के लोगों ने उसका पीछा करके पकड़ लिया। लेकिन भाखरसी राजपूत ने जबरदस्ती करके उसे छुड़ा लिया। और उसे अपने साथ ले गए। तब विसनोईयों ने उनका पीछा किया। एक चोर को शरण देने के कारण विसनोई और राजपूतों के बीच संघर्ष प्रारंभ हुआ। दोनों पक्षों ने हथियार उठा लिए। स्थिति अत्यंत उग्र हो गई। संघर्ष के दौरान चुखनु विसनोई ने क्रोध में आकर भाखरसी राजपूत का वध कर दिया। इस घटना से संघर्ष और भी भड़क उठा तथा व्यापक हिंसा की स्थिति बन गई। जब संघर्ष अत्यधिक बढ़ गया, तब धानु पुनियां ने शांति स्थापित करने हेतु बल्लु तुंवर को कहा कि भाखरसी के बदले वो उनका सिर काटकर शांति स्थापित करे। धानु पुनिया ने अपना सिर बल्लू तुंवर के आगे किया, उसने तलवार से सिर काट लिया। यह बलिदान दोनों पक्षों को झकझोर देने वाला था। इस बलिदान से राजपूत भयभीत होकर भाग गए। संघर्ष तत्काल समाप्त हो गया। मेले में पुनः शांति स्थापित हुई। साखी में धानु पुनियां के इस त्याग को अत्यंत महान बताया गया है:-

पहले मेलै की मांड हुई, सोला से अठतालै। तेरा धरमी धरम करे, तीरथ कल्यौ उजालै।
उजलौ तीर्थ कियो सतगुरू, पाप खंडण कारण। कुफर भंजे राह कियौ, काज भगतां तारण।
साहेब गरीबी गुंण विचारौ, विगति नांही जुजवी। चेत मासे पखि पहले, मांड मेले की हुई।१
निज तीरथ मेल हुई, भाव कियो भल सांई। मोमिण माघ जुलै, जीवड़ा के तांई।
जीव काजे काढि माटी, पालि परवाहियै। सबद सतगुरू सचिया, कण काजि कंकर गाहियै।

जपै जाप निंवाज रोजा, जुगति मिलिया सतपंथे। आस पियासा मिल मोमिणा, मेल हुइ निज तीरथे।२
एक दोवड़ दुज हड़ी, सुख मां सोर उपायो। नाठो चोर पकड़ि लियो, भाखर जोरि छुड़ायो।
जोर करि रजपूत रूता, चोर वासै घातियौ। धका धूम पग न छाडो, सारति मेलो साथियौ।
लिखि कारण जोग जुड़ियो, मरण आंणि मेले दई। सुख मांहे दुख उपनुं, दुज हड़ि दोवड़ लई।३
सोक बाजै सर वहै, बाजै धंणख कुबांणां। हथियार हाथ पड़ै, भाखर और झांभाणां।
हथियारे हाथ पड़िया, सुरेवां गहि मंडियौ। हुब हुई अर मंडियो कंकल, कायरे पग छडियौ।
गुरू यो सुगरा साल सुधा, सकड़ सुरा रहै। चौर कारण कल्ह मांडि, सोक बाजे सर वहै।४
भाखरसी क्यौं उबरै, जिंह नै लागौ कालौ। चुखनु उठियौ कोप करि, जांणे सिंघ पंचालौ।
पंचाल ज्यौ पड़ताले द्येतो, पाधरो भाखरि गयौ। सीकर न होई तौ सीस खेर, तुरति भड़ पकड़ि लयौ।
लिखि विणि क्यौं लोह लागै, मरण तै मत को डरे। चुखने की चोट आगी, भाखरौ क्यौं उबरै।५
धानु मांडी खरतर खड़ी, बलवा मोहे खड़ावौ। गुरू आपौ मरण कह्यौ, वैगा वार नै लावौ।
वार नै लावौ मेल्ह दावौ, धानीयै कंध मंडीयो। तुंवर बलवे तेग वाही, कंवल धड़ कुटका कियौ।
रजपुत न्हाठा मिटियो भारथ, रह्यौ तागौ भलसीरी। धानु पुनीयै कंध मांडियो, सत सीधौ खेली खरी।६
धाना दान सुमान सुरे, प्रभ मोटौ सारियौ। गुरू आपो मरण कह्यौ, गुरूमुखि आपौ मारियौ।
आपौ त मारियौ प्रभ सारियौ, सम छमछर चौस्टे। चेत मासे पखे पहलि, लिखी कलम से न घटे।
चवदसि के दिन चल्यौ धानु, कहे वील्ह विचारियो। मुगति दान सनमान धानो, प्रभ मोटो सारियो।

ख. गंगापार की जमात का बलिदानः- केसोजी गोदारा कृत साखी के अनुसार कालपी नामक शहर से एक विसनोई परिवार जांभोलाव तीर्थ यात्रा पर आया था। इस परिवार का मुखिया खड़गो नामक व्यक्ति था। उसके साथ उसके पूरे परिवार के सदस्य इस पवित्र तीर्थ पर पहुंचे थे। खड़गो के पिता का नाम खोजोजी था। खड़गो ने अपनी पत्नी, पुत्र-पुत्रियों तथा माता-पिता सहित कुल 14 लोगों के साथ जांभोलाव में खड़ाणा किया था। बलिदान देने वाले लोगों के नाम इस प्रकार है- खड़गो, फुलवो, मिठिया, रूपो, प्रेमा, भगिया, खेमु, भावति, रिड़मलो, नरायण, सुखी, परमो, दुरगो और खोजो। राऊ नामक व्यक्ति ने इन लोगों को मारा था। यह बलिदान विक्रम संवत् 1710 के जेठ बदि 11 को यह हुआ थाः-

देव दया करि दाखवै, पापां करण प्रछेद। जन वाड़े तां बिछड़िया, तांहा बतावे भेद।१
बागड़ कनवज कालपी, सांभली सारै रीति। राखै सिदक तलाव सूं, घटै नहीं परतीति।२
सहर बसे जो कालपी, खोजो नांव कहाय। देव दयावे सीखवै, तीरथ परसंण जाय।३
खोजे खड़गे कामण कियो, जग मां दीठो जोई। जावे र सांसो जीवणौ, अंति मरेवो होई।४
डेरा पुर कामण वसै, अंतरि इधकी आस। सुणियो धरम तलाव को, परसण साथि पियास।५
घर मिंदर माता पिता, भुवा भतीजा वीर। तजि तीरथ नै मरी, सकल चुकायो सीर।६
मतो करे मोमिण मिल्या, पैंडे चल्या पुलाय। कुण जाणै कितना दिना, पोंहता झांभोलाय।७
भाव भगति जप तप कियो, दया धरम आचार। सील संतोष किरिया सरस, पावै मोख दवार।८
खड़गे तया माता पिता, धी मीठड़िया सुत फूल। पहलि मुंहि फुलवो खड़ियो, कियो कवल कबूल।९
दुजलि कै मिठिया खड़ी, मांडियो कंध करार। राऊ खड़ग समाहियो, तन बूहि तरवार।१०
तीजले कै रूपो कहै, विधि सूं वचन विचार। मांगि हुकम जाणि खड़ो, जाणे जलम सुधार।११
चौथल कै खड़गो खड़ियो, तन मन कियो तियाग। वड तीरथ मरणो हुवो, धनि तुहारो भाग।१२
पांचवै प्रेमा छै खड़ी, अरथि लगाई आथि। सुरग भवणि कामणि गई, सुत पति कूं ले साथि।१३
छठल के भगिया खड़ी, मने चुकायो माण। सुरग भुवणे कामणि गई, नित नवला हाण।१४
सातवें सिंवरे सामि नै, करताजी कर धारि। विसन भगत खेमुं खड़ियो, चाल्यो जलम सुधारि।१५
आठवै अटकलि भावति, सिर नवायो तन साज। जांति वखत जाणे विसन, संगि मिलि सीधो काज।१६
नवें खड़ियो रिड़मलो, खरतर खंडा धार। सिर साटे सुरगे गयो, भुगते सुख अपार।१७
दसवें सिंवरे सामि नै, नरायण निरहार। तन तियाग्यो सुरगे गयो, तन बुहि तरवार।१८
ग्यारवैं गुरू सिंवरे सुखी, सिर नांयो धरि धीर। काया कंवल कुटलो हुवो, कियो सुरग सुं सीर।१९
बारवैं बाबल आपणौ, परमो सिंवरै पीव। कंवल वदन कुटका कियो, चड़ियो विवाणे जीव।२०
तेरवैं दुरगो देव सुं, एम करे अरदास। सांस सरीर बिछड़ियो, कियो अमरापुरी वास।२१
चवदवैं मिले जमाति सूं, सीस नवायो आय। विसन भगत खोजो खड़ियो, झूलर पुंहतो जाय।२२
पारि गिरांये वह गया, विचि वैकुंठा वास। इकवीसां कोड़ि मिल्या, अंतरि पूगी आस।२३

रलि मिले तन झिलमिले, को गति केल किलोल। तन दीपे जाणै कणी, काया सुरंग संचोल।२४
कवण कला चवगणी, मन सुध महल मलूक। मनसा भोजन मन रली, अंचवै अमी अचूक।२५
सुरगे सुख अनंत छै, कहतो लहुं न पार। दिन दिन रमी बधावणा, नित नित मंगलचार।२६
सतरा सै दसहोतरे, तिथि ग्यारसि बदि जेठ। बड तीरथ मरणो हुवौ, पूगी आय सहेठ।२७
कलि काल काया तजै, जिंह का एह आचार। सिर दिन्हो केसो कहे, सुरगि गया सुचियार।२८

12. जांभोलाव के मेले:- इस पवित्र स्थल पर वर्ष में दो प्रमुख मेले आयोजित होते हैं, जिनकी परंपरा संत वील्होजी द्वारा प्रारम्भ की गई थी। विक्रम संवत् 1648 में संत वील्होजी ने जांभोलाव पर चैती मेले की शुरूआत की थी। संत सुरजनजी पुनिया के कवित्त में भी वील्होजी द्वारा जांभोलाव पर चैती मेला और मुकाम में आसोजी मेला प्रारम्भ करने का उल्लेख मिलता है:-

तीरथ जांभोलाव, चैत चीठिये मिलायो। मेलो मंडियो मुकाम, लोक आसोजी आयौ।
अमर थाट बाकरा करे, खेजड़ी रखावै। अग्यानू उथपे, गति सोह ग्यान मिलावै।
बंधिया सील पोथी कथा, सुपह पंथ संवारियो। सीझत आठ साका किया, वील्ह वैकुंठ सिधारियो।

साहबरामजी राहड़ कृत जंभसार के अनुसार गुरू जाम्भोजी ने अपने समाधि स्मारक के निर्माण हेतु जंभसागर के उत्तर दिशा में जो पत्थर रखवाए थे, वील्होजी ने चैती मेले के अवसर पर उन पत्थरों पर पाल लगवाई थी, जिससे यह स्थान सुरक्षित और स्थायी बना रहे:-

जंभसागर जब गई जमाता, चैती मेले सब जन आता। जो आवै सोई माटी डारा, वील्ह देख मन कियो विचारा।।
कंवल काज पथर यह आयो, सो तो मंदर उंहां बनायौ। इस पथर पर पाल लगावो, ताते उजड़ न पावै दावो।
सुनंत ही स्यात पाल कर दई, उतरादै छेड़ै सो भई।

जांभोलाव पर भाद्रपद शुक्ल पूर्णिमा को लगने वाला माधा मेला भी वील्होजी ने शुरू करवाया था। इस मेले को प्रारंभ करने में पल्ली गांव के निवासी चौधरी माधोजी गोदारा का विशेष सहयोग रहा, इस कारण मेले का नाम 'माधा मेला' पड़ा। इस तथ्य की पुष्टि स्वामी ब्रह्मानंदजी द्वारा विक्रम संवत् 1981 में अखिल भारतवर्षीय विसनोई महासभा, कानपुर के तृतीय अधिवेशन में दिए गए भाषण से होती है। चैत्र अमावस्या को लगने वाला मेला बड़ा माना जाता है, जबकि भाद्रपद पूर्णिमा का मेला अपेक्षाकृत छोटा होता है। केसोजी गोदारा कृत "कथा जती तलाब की" के अनुसार, जांभोलाव में प्रथम चैती मेले का शुभारम्भ विक्रम संवत् 1648 के चैत वदि एकादशी को हुआ। इस मेले का आयोजन संत वील्होजी ने स्वयं करवाया तथा उन्होंने इस तीर्थ की महिमा और धर्म का उपदेश जनसमूह को सुनाया। इस आह्वान को सुनकर साधु-संत, नर-नारी सभी वर्गों के लोग तीर्थ की ओर उमड़ पड़े। यह केवल एक धार्मिक आयोजन नहीं, बल्कि व्यापक जनसमुदाय को जोड़ने वाला आध्यात्मिक उत्सव बन गया। मेले में आने वाले श्रद्धालुओं का वर्णन अत्यंत भावपूर्ण है। कोई पैदल तो कोई सवारी पर सवार होकर, हर्ष और उल्लास के साथ, हरि-गुण गाते हुए जांभोलाव की ओर अग्रसर होते हैं। तीर्थ पर पहुँचकर वे साथरी (पवित्र स्थल) पर सिर नवाते हैं। तीर्थ स्थल पर साधुओं की उपस्थिति, उनके सिर पर सुशोभित टोपी, और चारों ओर लगे तंबुओं का दृश्य मेले की भव्यता को दर्शाता है। इस प्रसंग की एक विशेषता स्त्रियों के परिधान, श्रृंगार और गतिशीलता का अत्यंत जीवंत एवं कलात्मक चित्रण है। केसोजी ने स्त्रियों की वेशभूषा, आभूषण और उनकी चाल-ढाल का ऐसा वर्णन किया है, जो तत्कालीन समाज की सांस्कृतिक झलक प्रस्तुत करता है। स्त्रियाँ समूहों में, नृत्यात्मक भाव से, हरि-गुण गाते हुए तीर्थ की ओर बढ़ती हैं। यह वर्णन न केवल धार्मिक उत्साह को दर्शाता है, बल्कि उस समय की लोक-संस्कृति, सौंदर्य-बोध और सामूहिक आनंद की भी झलक देता है। केसोजी गोदारा ने स्वयं इस रचना के लेखन-काल का उल्लेख किया है। उनके अनुसार यह रचना विक्रम संवत् 1711, कार्तिक वदि 4 को लिखी गई। अंत में वे कहते हैं कि उन्होंने बड़े तीर्थ का गुण गाया और सत्य को हृदय में धारण कर यह वर्णन प्रस्तुत किया:-

समत सोला सै चैत बद, ग्यारस गिणी तलाव। अड़तालै मेलो मंडियो, आण्यौ वील्ह बुलाय।६८
वील्ह बुलाय बतायो, निज तीरथ धरम सुणायो। साध सुणे सुण धावै, नर नारी तीरथ आवै।६९
के चड़िया के पाला, मन मांहि खुसी रलियाला। गमै गमै गुण गावै, साथरी आय सीस नवावै।७०
उडी रही अंग ओपी, सोहै साधां सिर टोपी। तणिया तंबु विराजी, सोहै तीरथ में ताजी।७१
अवरण रूप अनेरी, सोहै जां सीस चंगेरी। झीणा जंग झणकै, घण घूघरमाल घमकै।७२
अपणी अपणी करि टोली, त्रणी तन पहर पटोली। पहरती पाट पुवाला, उर देखि असा खगवाला।७३
अपणी अपणी करी टोली, पुरख पुलै करि झोली। पहरै नवरंग नाड़ा, सलि घाति घुमावै साड़ा।७४
मदिया तन मूसा खानी, बरण बरण की बानी। लोई तन लाल सुरंगी, पहरी चिणोटा चंगी।७५
घणी माणक चौक घुमावै, तिलिया तन सरस सुहावै। लहंगा डंडिया कसी डोरी, अपणा गुण गावै गोरी।७६
पहरी तिलक मनि मोहै, टुकरि तनि सूथणि सोहै। अंजण करै उर जगीसै, सूथड़ा धड़ तेघड़ दीसै।७७
गमे गमे गुण गावै, साथरी आय सीस नवावै।७८

सतरासे समै इग्यारो, वदि काति चोथि विचारो। किसन पखै परवाणी, केसे जती जोड़ बखाणी।७९
वड तीरथ को गुण गायो, केसेजी गुण गूंथि सुणायो। दिल अंतर दूज न आणी, जत मांही कह्यौ सत जाणी।८०

केसोजी गोदारा कृत हरजस में जांभोलाव मेले की सुरक्षा व्यवस्था का उल्लेख मिलता है। इसमें बताया गया है कि विसनोई युवक मेले की सुरक्षा हेतु धनुष-बाण, ढाल-तलवार, कटार और भाला आदि शस्त्रों से सुसज्जित होकर उपस्थित रहते थे:-

तीरथ वडो कियो कलि त्रिकम, जण तारण झांभेसर जांणी। झांभोलाव गयां रोग झड़िस्यै, पोह लहिस्यै पारखु पिछाणी।१।टेक।
गहमह मेले हुई गुरू वायके, सर कांठे सोहै सुघट। तंब सु तुरी अर ऊंठ अटंबर, नर नारी मिलिया निपट।२
वाना आय हुवा सह भेला, चल चोला वरे मंगलाचार। तठ तीरथि इम सोहै सुंदरि, तरणी तीज रमे तिंह वार।३
तरगस तीर करवारि कटारी, करि कला सै जोध कबांण। ढलकै ढाल भलहलै भाला, झुलरि झिलता फिरै जवान।४
सतगुरू तणी साथरी सुगरा, धणी धियाय नर द्यै छै धोक। पातणि पालि मंडियो अंति ओसरि, आगलि आप मांडियो इंद लोक।५
पातणि पालि निरखि नर नारी, वहता पुरिख विराजै वाट। स्याह सपेत सुरंग रंग केसो, जल थल विचि थिर किया थाट।६

केसोजी गोदारा कृत चन्द्रायणा में इस मेले की व्यापकता का उल्लेख मिलता है। इसमें कहा गया है कि गंगापार (पूर्वी भारत) से भी लोग इस मेले में भाग लेने आते थे:-

के पूरब का लोक घंणां गंग पार का। रलिमल चाले साथि संगाति सार का।
मेले मिले तलाय भगत भगवान का। हरि हां परसंण आवै पीव उमाह्यै पार का।

यह तथ्य इस बात का प्रमाण है कि जांभोलाव का मेला केवल स्थानीय नहीं, बल्कि दूर-दूर तक प्रसिद्ध और प्रभावशाली था। इन मेलों में आने वाले श्रद्धालु (जातरी) जंभसागर (तालाब) में स्नान करते हैं और तालाब से मिट्टी निकालते है। सरोवर की परिक्रमा करते है तथा सुत फिराते है। जांभोलाव केवल धार्मिक स्थल ही नहीं, बल्कि सामाजिक न्याय और निर्णय का केंद्र भी रहा है। यहाँ समाज के महत्वपूर्ण निर्णय लिए जाते थे और उन्हें अंतिम माना जाता था। इस प्रकार, यह स्थल धार्मिक, सामाजिक और सांस्कृतिक तीनों स्तरों पर अत्यंत प्रभावशाली रहा है।

13. संत आश्रम और महंत परम्परा:- साहबरामजी राहड़ कृत जंभसार के 22वें प्रकरण में वर्णित आठ धामों की सूची में जंभसागर का उल्लेख करते हुए बताया गया है कि गुरु जाम्भोजी ने जगमालजी को जांभोलाव साथरी का महंत नियुक्त किया था:-

धाम मूकाम जांगलू धामा, जंभसागर धाम रहे नित स्यामा।
जांभोलाव जगमालजी, सब महंतन पर महंत। चादर अपणै अंग की, देकर करी इकंत।
निज मंत्र सिद्धी दई, निधी उन कै हाथ। साहबराम सतगुर दई, कछुक जो करामात।

जंभसरोवर के समीप स्थित जाम्भा गांव में संतों के दो प्रमुख आश्रम 'आगूणी जागा' (पुर्वी क्षैत्र) और 'आथुणी जागा' (पश्चिमी क्षेत्र) विकसित हुईं। ये दोनों आश्रम जांभोलाव की धार्मिक व्यवस्था का संचालन करते रहे हैं और गुरु-शिष्य परम्परा के माध्यम से निरंतर विकसित होते रहे हैं। जाम्भा 'आगूणी जागा' के प्रमुख महंत हरिकिशनजी हुए, जिनका स्वर्गवास जाम्भा गांव में हुआ। 'आगूणी जागा' के दक्षिण स्थित छतरी पर उत्कीर्ण शिलालेख के अनुसार उनका देहावसान वि.सं. 1899, मिगसर सुदि 10 को हुआ था। स्वामी ब्रह्मानंदजी कृत इतिहास प्रदीप के अनुसार, कांठ विस्नोई मंदिर के महंत गंगारामजी (अनुमानतः वि.सं. 1840–1893) ने जंभसरोवर पर एक स्थान बनवाकर नया मठ स्थापित किया था। इनका स्वर्गवास वि.सं. 1893, चैत्र शुक्ल सप्तमी को हुआ था। इससे यह स्पष्ट होता है कि जांभोलाव केवल तीर्थ ही नहीं, बल्कि संत-आश्रमों का सक्रिय केंद्र भी रहा। जाम्भा 'आगूणी जागा' के महंत गोविंदरामजी गोदारा इस परम्परा के प्रमुख स्तंभ माने जाते हैं। इनका जन्म लगभग संवत 1860 के आसपास जांगलू गांव के थापन परिवार में हुआ था। और स्वर्गवास 1950 को जाम्भा में ही हुआ था, जहाँ उनका समाधि-चबूतरा आज भी विद्यमान है। ये जांभा 'आगूणी जागा' के महंत हरीकिशन जी के पोता शिष्य रतनदास के शिष्य थे। गोविंदरामजी के शिष्य साहबरामजी राहड़ ने जंभसार जैसे महत्वपूर्ण ग्रंथ की रचना की थी। जंभसार के 23 वें प्रकरण में साहबरामजी ने अपनी गुरू परंपरा वंशावली इस प्रकार दी है:-

संतन की फिर कुली बखाणौ, इन्हीं कूं परमात्म जाणो। रोलैजी का लोहट कहिये, लोहट का जंभेश्वर रहिये।
जांभेजी का शिष रेड़ोजी, नाथौजी इनके नैड़ोजी। नाथैजी का खिंदरजी संत, खिंदरजी का मनीरामजी महंत।
मनीरामजी का धनोजी राजै, धनोजी का मेहोजी विराजे। मेहोजी का रामचन्द्र वहै, रामचन्द्रजी का साजनजी कहै।
साजनजी का पूरोजी पूरा, पूरेजी का सरुपोजी सूरा। सरूपैजी का हरिकिसनजी महंता, हरिकिसनजी का परसरामजी संत।
याको शिष्य रतनदासजी भीष्म, गोविन्दरामजी ताके जिस्म। साहबराम के सतगुरू मांनो, गोविन्दरामजी गोविन्द कर जानो।
साहबराम के संत समाना, नित प्रति करिये इनको ध्यांना। रूपराम साहब शिष मानो, शंकर गनेश लक्ष्मी श्रीशानो।

गोविंदरामजी गोदारा के पश्चात उनकी शिष्य परम्परा में 'अगूणी जागा' के महंत क्रमश: इस प्रकार रहे- राजारामजी पंवार (धमाणा, सांचोर), जियारामजी बाड़ेटा (बनियां, लालासर), गाढुरामजी सारण (करावड़ी, सांचोर), कौशलदासजी कालीराणा (सिढां, फलोदी)। कौशलादासजी ने वि.सं. 1998 में भेख लिया था। प्रारंभ में ये कृपारामजी के शिष्य थे, बाद में महंत गाढुरामजी के 'खोले' आकर उनके उत्तराधिकारी शिष्य

बने। कौशलदासजी के शिष्य भगवानदासजी जंवर (मोटाई) वर्तमान में 'आगूणी जागा' के महंत है। इनके उत्तराधिकारी शिष्य ओमप्रकाशजी गोदारा (माडिया) है। गोविंदरामजी के शिष्य सांवतरामजी ने 'आथुणी जागा' के तत्कालीन महंत धनोजी के खोले जाकर 'आथूणी जागा' की महंत परम्परा को आगे बढ़ाया। सांवतरामजी के उत्तराधिकारी शिष्य परम्परा में क्रमशः हरीदासजी गोदारा (धोलासर, फलोदी), भरथरामजी सोहु (सिवाड़ा, सांचौर), रणछोड़दासजी गोदारा (कानासर) हुए। रणछोड़दासजी ने वि.सं. 1997 को भेख लिया था। इनके उत्तराधिकारी शिष्य रतीरामजी गोदारा (सांचौर) हुए। रत्तीरामजी के शिष्य प्रेमदासजी जांगू (सांवरीज) वर्तमान में आथुणी जागा के महंत है। इस प्रकार दोनो आश्रमों के महंत गोविंदजी गोदारा की शिष्य परम्परा से है।

14. हस्तलिखित सामग्री की प्राप्तिः- लेखक ने इन सभी हस्तलिखित ग्रंथों से सम्पूर्ण विसनोई साहित्य को संकलित करके, कवि कालक्रमानुसार व्यवस्थित करके तीन भागों (जंभकाल का साहित्य, विल्हकाल का साहित्य और उत्तरकाल का साहित्य) में प्रकाशित कराया है। हीरालालजी माहेश्वरी को लगभग सन् 1960-70 के मध्य जांभोलाव से निम्न हस्तलिखित सामग्री प्राप्त हुई थीः-

01. ग्रंथांक-69:- यह 5 पन्ने है जो कि जांभा आथुणी जागा के मंहत रणछोड़दासजी से मिले थे। यह साध हरिकिशनजी के शिष्य परसराम द्वारा संवत 1879 कार्तिक वदि 14 मंगलवार को लोहावट गांव में लिपिबद्ध है। इसमें केसोजी गोदारा कृत 'कथा सैंसे जोखाणी की' लिपिबद्ध है 105 छंदों में।

02. ग्रंथांक-70:- यह 8 पन्ने है जो कि जांभा आथुणी जागा के मंहत रणछोड़दासजी से मिले थे। यह साध हरिकिशनजी के शिष्य परसराम द्वारा संवत 1879 कार्तिक सुदि 15 गुरूवार को लोहावट गांव में लिपिबद्ध है। इसमें गोकलजी कृत ये रचनाएं हैः- (क). औतार की अस्तुति- 45 छंद (ख). इंदव छंद- 32 छंद।

03. ग्रंथांक-71:- यह 39 पन्ने है जो कि जांभा आथुणी जागा के मंहत रणछोड़दासजी से मिले थे। यह साध हरिकिशनजी के शिष्य फरसराम द्वारा संवत 1878 कार्तिक सुदि 7 गुरूवार को लोहावट गांव में लिपिबद्ध है। इसमें ये रचनाएं हैः- (क). कथा दुणपुर की- 60 छंद, वील्होजी कृत (ख). कथा चितोड़ की- 128 छंद, केसोजी कृत (ग). कथा उदा अतली की- 77 छंद, केसोजी कृत (घ). कथा धरमचरी- 80 छंद, सुरजनजी कृत (ड़). कथा झोरड़ा की- 32 छंद, वील्होजी कृत (च). बाल लीला- 61 छंद, केसोजी कृत (छ). कथा गुगलिये की- 86 छंद, वील्होजी कृत (ज). कथा लोहापागल की- 118 छंद, केसोजी कृत (झ). कथा मेड़ते की- 163 छंद, केसोजी कृत।

04. ग्रंथांक-72:- यह 10 पन्ने है जो कि जांभा आथुणी जागा के मंहत रणछोड़दासजी से मिले थे। यह परसरामजी द्वारा अनुमानतः संवत 1878 के आसपास लिपिबद्ध है। इसमें केसोजी कृत कथा इसकंदर की है 192 छंदों में।

05. ग्रंथांक-73:- यह 10 पन्ने है जो कि जांभा आथुणी जागा के मंहत रणछोड़दासजी से मिले थे। यह अनुमानतः संवत 1900 के आसपास लिपिबद्ध है। इसमें उदोजी अडिग कृत विष्णु चरित है 110 छंदों में।

06. ग्रंथांक-74:- यह 03 पन्ने है जो कि जांभा आथुणी जागा के मंहत रणछोड़दासजी से मिले थे। यह संवत 1898 आश्विन द्वितिय वदि 1 शुक्रवार को लिपिबद्ध है। इसमें गोकलजी कृत परची 37 छंदों में और 02 कवित्त है।

07. ग्रंथांक-76:- यह 669 पृष्ठों का एक गुटका है। जो कि जांभा आगुणी जागा के मंहत कौशलदासजी से मिला था। यह संवत 1901 आषाढ सुदि 6 को वीरमदासजी के शिष्य दयारामजी द्वारा साधु सांवतरामजी के पठनार्थ लिपिबद्ध की गई थी। इसमें ये रचनाएं हैः- (क). आवाहन- 02 श्लोक, संस्कृत में (ख). विसरजन- 04 छंद, संस्कृत में (ग). रामाष्टक स्तोत्र- 08 छंद, संस्कृत में, शंकराचार्य कृत (घ). नवग्रह रक्षा- 06 छंद, संस्कृत में (ड़). हरिभक्त जस- 07 छंद, नरहरिदास कृत (च). श्री राधे किरसण री सगाई री महमा- 52 छंद, भिवानीदास कृत (छ). नरसी मुहता री हुंडी री महमा- 84 छंद, जेठमल कायस्थ कृत (ज). गीता का हरिबल्लभ कृत हिंदी में पद्यानुवाद (झ). सनेह लीला भंवर गीता- 141 छंद, जगमोहन कृत (ञ). प्रहलाद चिरत- 592 छंद, केसोजी कृत (ट). ऊमाहो- 22 छंद, वील्होजी कृत (ठ). पतवो- 11 छंद, आलमजी कृत (ड). हिंडोलणो- 8 छंद, हीरानंद कृत (ढ). साखियां- 58, विभिन्न विसनोई कवि कृत (ण). श्री नृसिंह स्तुति, ध्यान, नृसिंह मंत्र, कवच आदि संस्कृत में (त). विष्णु शतनाम- विष्णु पुराण से, संस्कृत में (थ). विष्णु अठाईस नाम- संस्कृत में (द). सप्त श्लोकी गीता- संस्कृत में (ध). चतुर श्लोकी भागवत- संस्कृत में (न). श्री कृष्णाष्टक- संस्कृत में, शंकराचार्य कृत (प). हरिनाम माला- संस्कृत में (फ). विष्णु पंजर स्तोत्र- संस्कृत में, ब्रह्मांड पुराण से (ब). विष्णु लहरी- संस्कृत में, शंकराचार्य कृत (भ). उषा चरित्र- 128 छंद, अज्ञात कृत (म). जानराय लीला- 117 छंद, गोंसाई माधोदास कृत (य). विवाह, गणेश स्तोत्र, रक्षा- संस्कृत में (र). विवरस्य आदि (ल). अस्तुति (व). दश अवतार (श). मंगलाष्टक- 29 छंद, (ष). चौजुगी (स). द्वन्द्व चौजुगी।

08. ग्रंथांक-77:- यह 129 पृष्ठों का एक जीर्ण शीर्ण गुटका है। जो कि जांभा आगुणी जागा के मंहत कौशलदासजी से मिला था। 'क' से 'ग' तक की रचनाएं संवत 1820 वैशाख वदि 14 मंगलवार को नाथोजी के शिष्य कान्होजी और दामोजी के शिष्य हरजी द्वारा गांव गुढा में लिपिबद्ध है। 'घ' से 'झ' तक की रचनाएं संवत 1820 आषाढ सुदि 7 शनिवार को नाथोजी के शिष्य (सुखलाल दुधाधारी के पोता शिष्य) प्रेमदासजी और हरजी द्वारा गांव गुढा में मुकना गावण के घर पर लिपिबद्ध है। इसमें ये रचनाएं हैः- (क). नामदेवजी की बाणी- 75 पद (ख). फुटकर पद- 06 पद, रामरसिक, हरिबस, हरिदास, हितहरिदास, कबीर कृत (ग). हरचंद सत ग्रंथ- 262 छंद, ध्यानदास कृत (घ). कवि गद्द के कवित्त- 11 छंद (ड़). नासकेत पुराण बालाबोध- 18 अध्याय, गद्य में (च). फुटकर छन्द- 15 छंद, केसोजी व अज्ञात कृत (छ). सूम माया संवाद- 12

छंद, केसोजी कृत (ज). फुटकर छप्पय- 05 छंद, केसोजी कृत (झ). कवित्त की विगति- 379 कवित्त, सुरजनजी कृत (ञ). राम रछया- हिंदी में, रामानंदजी कृत (ट). फुटकर छंद- 08 छंद, सुरजनजी कृत (ठ). कवित्त-15 छंद, सुरजनजी कृत (ड). भरथराजी का श्लोक मुलो का समये का- संस्कृत हिंदी दोनों में (ढ). सवैये- 06 छंद, सुंदरदासजी कृत (ण). एकादशी माहातम कथा- गद्य में।

09. ग्रंथांक-111:- यह 58 पन्ने है जो कि जांभा आगुणी जागा के मंहत कौशलदासजी से मिले थे। यह संवत 1882 भाद्रपद सुदि 4 शुक्रवार को तिलोकजी के शिष्य साध माधोदासजी द्वारा लिपिबद्ध है। इसमें सबदवाणी के प्रसंग रहित 120 सबद है।

10. ग्रंथांक-135:- यह एक गुटका है जो कि जांभा आगुणी जागा के मंहत कौशलदासजी से मिला था। यह संवत 1936 आषाढ बदि 13 को लिपिबद्ध है। इसमें सबदवाणी के प्रसंग रहित 120 सबद है।

11. ग्रंथांक-167:- यह एक पन्ना है जो कि जांभा आथुणी जागा के मंहत रणछोड़दासजी से मिला था। यह लगभग संवत 1900 के आसपास लिपिबद्ध है। इसमें ये रचनाएं है:- (क). हरजस- 01, सुखसाम कृत (ख). जांभोजी की आरती- 01, ऊदोजी कृत (ग). भजन- 01, कबीर कृत।

12. ग्रंथांक-170:- यह एक पन्ना है जो कि जांभा आथुणी जागा के मंहत रणछोड़दासजी से मिला था। यह लगभग संवत 1900 के आसपास लिपिबद्ध है। इसमें केसोजी कृत एक गीत और वील्होजी के शिष्य परम्परा की वंशावली है।

13. ग्रंथांक-210:- यह 04 पन्ने है जो कि जांभा आथुणी जागा के मंहत रणछोड़दासजी से मिले थे। यह संवत 1912 पौष सुदि 13 शनिवार को रामदासजी के शिष्य भगवानदास द्वारा तिलवासणी गांव में लिपिबद्ध है। इसमें सेवादासजी कृत पिसण सिंघार (89 छंद) है।

14. ग्रंथांक-234:- यह 51 पृष्ठों की एक अपुर्ण और खंडित पोथी है। जो कि जांभा आथुणी जागा के मंहत रणछोड़दासजी से मिली थी। यह संवत 1935 आषाढ वदि 2 रविवार को आसारामजी गावण के पुत्र लिछमणदासजी द्वारा गांव पड़ियाल में लिपिबद्ध है। इसमें ये रचनाएं है:- (क). कथा मेड़ते की- 163 छंद, केसोजी कृत (ख). अहदावणी कथा- 655 छंद, डेल्होजी कृत।

15. ग्रंथांक-235:- यह 02 पन्ने है जो कि जांभा आथुणी जागा के मंहत रणछोड़दासजी से मिले थे। यह अनुमानतः संवत 1800 के आसपास लिपिबद्ध है। इसमें ये रचनाएं है:- (क). गौत्राचार- महादेव पार्वती संवाद (ख). वसंदर के नाम (ग). आदि वंशावली (घ). कवित (ड़). विवरस्य (च). अस्तुति (छ). कलश।

16. ग्रंथांक-236:- ये कुछ पन्ने जांभा आथुणी जागा के मंहत रणछोड़दासजी से मिले थे। यह अनुमानतः संवत 1850 के आसपास लिपिबद्ध है। इसमें वील्होजी और केसोजी कृत तीन साखियां है।

17. ग्रंथांक-237:- यह 05 पन्ने है जो कि जांभा आथुणी जागा के मंहत रणछोड़दासजी से मिले थे। यह अनुमानतः संवत 1850 के आसपास लिपिबद्ध है। इसमें हरजी कृत सात साखी और चार छंद है।

18. ग्रंथांक-238:- यह 01 पन्ना है जो कि जांभा आथुणी जागा के मंहत रणछोड़दासजी से मिला था। यह संवत 1943 में संतोषदासजी द्वारा लिपिबद्ध है। इसमें हरजी कृत एक साखी है तथा दो श्लोक व एक दोहा है।

19. ग्रंथांक-239:- यह 12 पन्ने है जो कि जांभा आथुणी जागा के मंहत रणछोड़दासजी से मिले थे। यह अनुमानतः संवत 1800 के आसपास लिपिबद्ध है। इसमें उदोजी कृत ग्रभ चितावणी (133 छंद) और 07 छप्पय है।

20. ग्रंथांक-240:- यह 01 पन्ना है जो कि जांभा आथुणी जागा के मंहत रणछोड़दासजी से मिला था। यह संवत 1835 में लिपिबद्ध है। इसमें सात वार, आठ वर्ग, बारह राशि, कलिजुग तथा जांभोजी के अवतार लिये की विगति है।

21. ग्रंथांक-241:- यह 39 पन्ने है जो कि जांभा आथुणी जागा के मंहत रणछोड़दासजी से मिले थे। यह संवत 1881 चैत्र सुदि 12 सोमवार को बलुजी के शिष्य साध कनीरामजी द्वारा गांव पुर में लिपिबद्ध है। इसमें डेल्होजी कृत कथा अहमनी (695 छंद) है।

22. ग्रंथांक-242:- यह 03 पन्ने है जो कि जांभा आथुणी जागा के मंहत रणछोड़दासजी से मिले थे। यह अनुमानतः संवत 1850 के आसपास लिपिबद्ध है। इसमें विभिन्न मंत्र है:- (क). कलश मंत्र (ख). पाहल मंत्र (ग). बालक को मंत्र (घ). स्तुति।

23. ग्रंथांक-243:- यह 67 पन्ने है जो कि जांभा आथुणी जागा के मंहत रणछोड़दासजी से मिले थे। यह प्रभुदास दादुपंथी द्वारा अनुमानतः संवत 1900 के आसपास लिपिबद्ध है। इसमें केसोजी कृत प्रहलाद चरित्र (596 छंद) है।

24. ग्रंथांक-244:- यह 01 पन्ना है जो कि जांभा आथुणी जागा के मंहत रणछोड़दासजी से मिला था। यह संवत 1878 आसोज सुदि 3 को लिपिबद्ध है। इसमें गुरू जांभोजी की वंशावली है।

25. ग्रंथांक-245:- यह 04 पन्ने है जो कि जांभा आथुणी जागा के मंहत रणछोड़दासजी से मिले थे। यह अनुमानतः संवत 1800 के आसपास लिपिबद्ध है। इसमें सुरजनजी कृत धर्मचरी (78 छंद) है।

26. ग्रंथांक-246:- यह 10 पन्ने है जो कि जांभा आथुणी जागा के मंहत रणछोड़दासजी से मिले थे। यह संवत 1881 पौष सुदि 12 को माधोदासजी के शिष्य साध रामदासजी द्वारा लिपिबद्ध है। इसमें उदोजी अडिग कृत विष्णु चिरत (110 छंद) है।

27. ग्रंथांक-247:- यह 11 पन्ने है जो कि जांभा आथुणी जागा के मंहत रणछोड़दासजी से मिले थे। यह अनुमानतः संवत 1850 के आसपास साध पराजजी के शिष्य सदारामजी द्वारा लिपिबद्ध है। इसमें वील्होजी कृत अवतार चिरत जांभैजी का (140 छंद) है।

28. ग्रंथांक-248:- यह 04 पन्ने है जो कि जांभा आथुणी जागा के मंहत रणछोड़दासजी से मिले थे। यह अनुमानतः संवत 1800 के आसपास

लिपिबद्ध है। इसमें केसोजी कृत तलाब की कथा (12 रूपक) है।

29. ग्रंथांक-249:- यह 08 पन्ने है जो कि जांभा आथुणी जागा के मंहत रणछोड़दासजी से मिले थे। यह अनुमानतः संवत 1850 के आसपास लिपिबद्ध है। इसमें ये रचनाएं है:- (क). औतार की विगति की अस्तुति- 47 छंद, गोकलजी कृत (ख). इंदव छंद- 32 छंद, गोकलजी कृत (ग). सवैया- 01, सुंदरदासजी कृत (घ). सवैया- 01, खेतसी कृत।

30. ग्रंथांक-250:- यह 03 पन्ने है जो कि जांभा आथुणी जागा के मंहत रणछोड़दासजी से मिले थे। यह अनुमानतः संवत 1800 के आसपास लिपिबद्ध है। इसमें सुरजनजी कृत चितावणी (26 छंद) है।

31. ग्रंथांक-251:- यह 03 पन्ने है जो कि जांभा आथुणी जागा के मंहत रणछोड़दासजी से मिले थे। यह अनुमानतः संवत 1850 के आसपास लिपिबद्ध है। इसमें वील्होजी कृत कथा दुणपुर की (59 छंद) है।

32. ग्रंथांक-252:- यह 01 पन्ना है जो कि जांभा आथुणी जागा के मंहत रणछोड़दासजी से मिला था। यह अनुमानतः संवत 1850 के आसपास लिपिबद्ध है। इसमें पांच आरती है उदोजी कृत तीन, प्रीतम कृत एक और एक अज्ञात कवि कृत है।

33. ग्रंथांक-253:- यह 01 पन्ना है जो कि जांभा आथुणी जागा के मंहत रणछोड़दासजी से मिला था। यह अनुमानतः संवत 1900 के आसपास लिपिबद्ध है। इसमें नवण, एक संस्कृत श्लोक और एक मनहर छंद है।

34. ग्रंथांक-254:- यह 07 पन्ने है जो कि जांभा आथुणी जागा के मंहत रणछोड़दासजी से मिले थे। यह संवत 1851 श्रावण बदि 7 शनिवार को श्यामदासजी के शिष्य मयारामजी द्वारा लिपिबद्ध है। इसमें स्वयं मयारामजी कृत अमावस्या कथा (144 छंद) और एक कवित्त है।

35. ग्रंथांक-255:- यह 01 पन्ना है जो कि जांभा आथुणी जागा के मंहत रणछोड़दासजी से मिला था। यह अनुमानतः संवत 1900 के आसपास लिपिबद्ध है। इसमें ये रचनाएं है:- (क). पुन्ह पैंतीस की (ख). लूरा 24 का (ग). लुगाईयां की पुन्ह 27 की (घ). छव राजविया न पुन्ह (ड). प्रनाली (वंशावली)- गुरू जांभोजी से लेकर सांवतरामजी तक की शिष्य परम्परा।

36. ग्रंथांक-256:- यह 05 पन्ने है जो कि जांभा आथुणी जागा के मंहत रणछोड़दासजी से मिले थे। यह संवत 1849 जेठ सुदि 4 गुरूवार को सामोजी के शिष्य साध मयारामजी द्वारा गांव अलाय में थापन हरिकिसन के पठनार्थ लिपिबद्ध की थी। इसमें विवाह पद्धति की ये रचनाएं है:- (क). विसन महिमा (ख). आदि वंशावली (ग). पचीस नाम (घ). विवरस (ड़). कलश (च). सुरति (छ). चौजुगी (ज). सूरत मुसलमाणी (झ). गजल।

37. ग्रंथांक-257:- यह 01 पन्ना है जो कि जांभा आथुणी जागा के मंहत रणछोड़दासजी से मिला था। यह अनुमानतः संवत 1800 के आसपास लिपिबद्ध है। इसमें विल्होजी कृत पुल्हैजी की कथा और बड़ी नवण है।

38. ग्रंथांक-258:- यह 04 पन्ने है जो कि जांभा आथुणी जागा के मंहत रणछोड़दासजी से मिले थे। यह अनुमानतः संवत 1900 के आसपास लिपिबद्ध है। इसमें डेल्होजी कृत कथा अहदावणी (88 छंद) है।

39. ग्रंथांक-259:- यह 07 पन्ने है जो कि जांभा आथुणी जागा के मंहत रणछोड़दासजी से मिले थे। यह संवत 1878 पौष सुदि 9 रविवार को श्रीरामदासजी के पुत्र मेघदासजी और बसतोजी द्वारा साध कनीरामजी के शिष्य सांवतराजी के पठनार्थ लिपिबद्ध है। इसमें ये रचनाएं है:- (क). राम रक्ष्या- अपुर्ण, रामानंदजी कृत (ख). कलस (ग). पाहल (घ). बालक को मंत्र (ड़). तेजोजी कृत कवित्त (च). बालक को मंत्र (छ). चंद्रायणा- 09 छंद, अज्ञात कृत (ज). कुंडली- 01, कवि गद्द कृत (झ). दोहे- 07, अज्ञात कृत (ञ). मंत्र मोहनी को (ट). बिछु को मंत्र (ठ). मंत्र अदासिसी को।

40. ग्रंथांक-260:- यह 01 पन्ना है जो कि जांभा आथुणी जागा के मंहत रणछोड़दासजी से मिला था। यह अनुमानतः संवत 1900 के आसपास लिपिबद्ध है। इसमें उदोजी कृत एक कवित्त और एक सवैया है।

41. ग्रंथांक-261:- यह 16 पन्ने है जो कि जांभा आथुणी जागा के मंहत रणछोड़दासजी से मिले थे। यह संवत 1869 आषाढ सुदि 6 गुरूवार को साध सुंदरजी के शिष्य उदोजी अडिग द्वारा लिपिबद्ध है। इसमें स्वयं उदोजी अडिग कृत प्रहलाद चिरत (232 छंद) है।

42. ग्रंथांक-262:- यह 07 पन्ने है जो कि जांभा आथुणी जागा के मंहत रणछोड़दासजी से मिले थे। यह अनुमानतः संवत 1800 के आसपास लिपिबद्ध है। इसमें केसोजी कृत इसकंदर की कथा (192 छंद) है।

43. ग्रंथांक-263:- यह 16 पन्ने है जो कि जांभा आथुणी जागा के मंहत रणछोड़दासजी से मिले थे। यह अनुमानतः संवत 1850 के आसपास लिपिबद्ध है। इसमें विभिन्न विसनोई कवियों द्वारा रचित 48 साखियां है।

44. ग्रंथांक-264:- यह 02 पन्ने है जो कि जांभा आथुणी जागा के मंहत रणछोड़दासजी से मिले थे। यह अनुमानतः संवत 1800 के आसपास लिपिबद्ध है। इसमें ये रचनाएं है:- (क). खड़ियां की विगति (ख). 35 की पुन्ह (ग). 22 को लुरो (घ). विगत लुगाईयां री (ड). राजा की पुन्ह।

45. ग्रंथांक-265:- यह 02 पन्ने है जो कि जांभा आथुणी जागा के मंहत रणछोड़दासजी से मिले थे। यह अनुमानतः संवत 1900 के आसपास लिपिबद्ध है। इसमें ये रचनाएं है:- (क). सुर्य स्तोत्र- 16 श्लोक, संस्कृत में (ख). विगत बाईस भंडारे की।

46. ग्रंथांक-282:- यह 01 पन्ना है जो कि जांभा आथुणी जागा के मंहत रणछोड़दासजी से मिला था। यह अनुमानतः संवत 1800 के आसपास लिपिबद्ध है। इसमें उदोजी कृत विसनोई धर्म के तीन कवित्त है।

47. ग्रंथांक-304:- यह 01 पन्ना है जो कि जांभा आथुणी जागा के मंहत रणछोड़दासजी से मिला था। यह साध हरिकिशनजी द्वारा अनुमानतः संवत 1880 के आसपास लिपिबद्ध है। इसमें ये रचनाएं है:- (क). शंकर स्तुति- 01 कवित्त, अज्ञात कृत (ख). वंशावली और बड़ी नवण।

48. ग्रंथांक-305:- यह 01 पन्ना है जो कि जांभा आथुणी जागा के मंहत रणछोड़दासजी से मिला था। यह अनुमानतः संवत 1850 के आसपास लिपिबद्ध है। इसमें ये रचनाएं है:- (क). आरती- 01, कबीर कृत (ख). हरजस- 01 (ग). हरजस-01, सुरजनजी कृत।

49. ग्रंथांक-321:- यह 23 पन्नों की एक पुस्तिका है जो कि जांभा आगुणी जागा के मंहत कौशलदासजी से मिली थी। यह अनुमानतः संवत 1925 के आसपास लिपिबद्ध है। इसमें केसोजी, सुरजनजी, भीमराज, रायचंद, ऊदोजी, गुणदास एवं अज्ञात कृत 15 साखियां और संस्कृत में प्रभु नामावली है।

50. ग्रंथांक-357:- यह 01 पन्ना है जो कि जांभा आथुणी जागा के मंहत रणछोड़दासजी से मिला था। यह संवत 1811 चैत्र वदि 11 को दयारामजी द्वारा लिपिबद्ध है। इसमें जांभोलाव पर पछेवड़ी फिराने का उल्लेख है।

मूल पाठ:- जांभोलाव र दोली पछेवड़ी फार इग्यार विसी दस पछवड़ी कीसनजी र डेरे री दस पछवड़ी नरायणजी र डेर री पनर पछेवड़ी पाल री पांच पछेवड़ी पुणियां री दस पड़ायाल र तबु री पछेवड़ी दस पछेवड़ी भीयासर र तबु री तीन पछेवड़ी चीड़ी री पांच लवाठ री पछेवड़ी तीन पली री पछेवड़ी पांच रास री पछेवड़ी पांच काकड़ गी पांच रोटु गी दस रामड़ासर तबु री पांच लांब री तीन तीलासणी री पांच खेजड़ली पांच गुड़ो पांच धवा रूड़कली पांच १८११ दसकत दयाराम जी।

हिंदी अनुवाद:- जांभोलाव तालाब के चारों ओर पछेवड़ी फिराई गई। ग्यारह बिसी। दस पछेवड़ी किसनजी के डेरे की। दस पछेवड़ी नरायणजी के डेरे की। पन्द्रह पछेवड़ी पाल की। पांच पछेवड़ी पुनियों की। दस पड़ियाल के तंबु की। तीन पछेवड़ी चीड़ी की। पांच लोहावट की पछेवड़ी। तीन पल्ली की पछेवड़ी। पांच रासीसर की पछेवड़ी। पांच काकड़े की। पांच रोटु की। दस रामड़ावास तंबु की। पांच लांबा की। तीन तिलवासनी की। पांच खेजड़ली, पांच गुड़े की, पांच धवा की, रूड़कली की पांच। विक्रम संवत् 1811 हस्ताक्षर दयाराम जी का।

51. ग्रंथांक-जांभोलाव प्रति:- यह 39 पन्ने है जो कि जांभा आथुणी जागा के मंहत रणछोड़दासजी से मिले थे। यह साध हरिकिशनजी के शिष्य परसरामजी द्वारा संवत 1879 मार्गशीर्ष वदि 12 बुधवार को लोहावट गांव में लिपिबद्ध है। इसमें सबदवाणी के गद्य प्रसंग सहित 123 सबद है।

52. लिखत:- यह लिखत विक्रम संवत् 1978 भाद्रपद पूर्णिमा को जांभोलाव के माधा मेला के अवसर पर की गई थी। यह लिखत जांभा महंत गाढ़ुराम और हरिदास, जयनारायण ने प्रकाशित करवाई थी। इसमें गाय के बच्छा मर जाने पर या बच्छे को दूध ना पिलाकर थनो को अत्यधिक निचोड़कर पुरा दुध निकालने की मनाही की गई है।

मूल पाठ:- जो विसनोई भाई गौ वत्स मर जाने के पश्चात या बच्चे को प्यार न करने पर दूध के लोभवश हो गौ माता को फूंका दे (गोरा कर) दूध निकालेगा उसे २१।) सवा इकीस मण मोठ व रू. १५१) धरमादे ताल के कर कबुतरा को नाकना पड़ेगा और रू. १५१) राज में गुनेगारी का जमा कराना पड़ेगा क्योंकि ऐसा करने से कभी कभी गो दूध के साथ साथ गो रक्त आ जाता है जिससे हम गोरक्षक के बदले में गो भक्षक कहलाते है और हिंदु होते हुए यवनो से भी नीच काम करने हारे कहलाते है।

हिंदी अनुवाद:- यदि कोई विसनोई भाई गाय का बछड़ा मर जाने के पश्चात, अथवा जीवित बछड़े को दूध न पिलाकर, केवल दूध के लोभवश गाय माता के थनों को निचोड़कर पूरा दूध निकालता है, तो ऐसे व्यक्ति को सवा इक्कीस मण मोठ धर्मार्थ रूप में जांभोलाव तालाब पर कबूतरों को डालना होगा तथा 151 रूपये राज्य को दंड (गुनहगारी) के रूप में जमा कराने होंगे। क्योंकि इस प्रकार का कार्य करने से कई बार दूध के साथ गाय का रक्त भी निकल आता है, जिससे हम गो-रक्षक कहलाने के स्थान पर गो-भक्षक कहलाने लगते हैं और हिंदू होते हुए भी यवनों से अधिक नीच कर्म करने वाले माने जाते हैं।

15. परवाने (रियासती आदेश):- जांभोलाव तीर्थ जोधपुर रियासत के अन्तर्गत फलोदी परगने में स्थित था। इस तीर्थ की मर्यादा, पवित्रता एवं परम्पराओं की रक्षा हेतु यहां के संत-महात्मा सदैव सजग एवं प्रतिबद्ध रहे है। तीर्थ की गरिमा को अक्षुण्ण बनाए रखने तथा धार्मिक व्यवस्थाओं को विधिवत संचालित करने के उद्देश्य से समय-समय पर जोधपुर के शासकों से रियासती आदेश (परवाने) भी प्राप्त किए गए। ये परवाने तीर्थ की प्रशासनिक मान्यता, संरक्षण एवं अधिकारों के प्रमाणस्वरूप महत्वपूर्ण दस्तावेज हैं। लेखक को इन परवानों की सभी मूल प्रतियां जांभोलाव 'आगूणी जागा' के महंत भगवानदासजी से प्राप्त हुई थी। इन प्रतियों का लिप्यंतरण और हिंदी अनुवाद लेखक (राजकुमार गोदारा विसनोई) ने स्वयं किया है। जहां अक्षर स्पष्ट नहीं है वहां * लगाया हुआ है। उपलब्ध परवानों का विवरण निम्नानुसार है:-

01. परवाना-01:- इस परवाने पर जो संवत है वो स्पष्ट नहीं है। संभवत: यह संवत 1831 को दी गई अर्जी के संबंध में जारी किया गया होगा:-

मूल पाठ:- श्री नाथ जी। श्री जलंधरनाथजी सत्य छै। (नीचे मोहर लगी हुई है जो कि फारसी लिपि में है) मैताजी श्री बिजैसिंघजी लिखावत परगने फलोधी रो गांव जाबा रा जागीरदारा रा कामदारा चौधरीयां लोकां दीसे तथा जांबो बिसनोई समसता री धाम जायगा है नै हमार जागीरदार तलाव कोयर तथा सीव मै ऐवड़ राखै सो ईणा रो सदाबद रखत है तीण सु ऐवड़ रेव न्ही नै कोई छाली लरड़ी राखै तीण ई बकरो गेटो हुवे तीण रै जाबा रा पुजारी रे अरूबरू कुड़की गलाय देवे न कदास कोई जीनावरै छान राख नै बेच नै खबर पड़ जावे तो गर मुजब गुनगारी लीरीजै नै तलाव कुवा री पियाई खरोटो सदाबध लागै नही सु हमई आगै मुजब राखजो नै सीव मै खेजड़ी लीलो रूंख न जीनावर नै गोली जाबा

री सीव मे बावसी न्ही बावसी तो गुनैगारी करसी। समत ** वैशाख वद १३।

हिंदी अनुवादः- श्री नाथ जी। श्री जालंधरनाथ जी सत्य हैं। यह लिखत मैताजी श्री बिजयसिंह जी के आदेश से लिखी गई है। इसके द्वारा परगना फलौदी के गाँव जांभा के जागीरदार, उनके कामदारों, चौधरियों तथा अन्य संबंधित व्यक्तियों को सूचित किया जाता है कि जांभा गाँव विसनोई समाज एवं संतों की पवित्र धाम–स्थली है। वर्तमान में जागीरदार द्वारा इस गाँव के तालाब, कुएँ तथा गाँव की सीमा में रेवड़ (भेड़–बकरियाँ) रखी जा रही हैं, जबकि परंपरागत नियम यह है कि जांभा गाँव की सीमा में किसी प्रकार की रेवड़ नहीं रखी जाए। यदि कोई व्यक्ति छिपकर बकरियाँ या भेड़ें रखे और उनमें बकरा अथवा मेढ़ा हो, तो उन्हें जांभा गाँव के पुजारी के समक्ष प्रस्तुत कर उनकी कुड़की (कानों में नथ) डलवाई जाए। यदि कोई व्यक्ति चोरी–छिपे ऐसे पशु बिना कुड़की के रखे और बाद में उन्हें बेच दे, तथा इसका पता चल जाए, तो उससे नियमानुसार गुनहगारी (दंड) वसूल की जाए। तालाब और कुएँ की पियाई (पानी का कर) तथा खड़ोटो (चराई कर) सदा से नहीं लगते आए हैं; अतः आगे भी इन्हें उसी प्रकार यथावत रखा जाए। जांभा गाँव की सीमा में खेजड़ी अथवा किसी भी हरे वृक्ष को न काटा जाए और न ही किसी जीव–जंतु पर गोली चलाई जाए। जो कोई इन नियमों का उल्लंघन करेगा, उसे अपराधी माना जाएगा और दंडित किया जाएगा। संवत् ** वैशाख वदी 13।

02. परवाना-02:- यह परवाना विक्रम संवत 1834 मार्गशीर्ष वदि 9 को लिपिबद्ध हैः-

मूल पाठः- जो श्री श्री आसकरणजी लिखावत प्रगने फलोधी रो गांव जाबा रा जागीरदारा रा कांमदारा ** ऊठा री सिव मा लीलो रूख खेजड़ी कटीया नही सु हमै ही कटण दिजो मती ऊठा री सीव मैं ऐवड़ रवै न्ही सु जे कदास राख तो गेटीया बकरीया हुवै तीणा रै कुड़कीया घलाय दीजो कसाया नै बेचण दीजो मती ऊठा री सिव मैं गोली बुही न्ही जीव जीनावर नै सु हमही बहण दिजो मती इण मुजब धरम री रीत मरजाद राखण रो खास पुरवानो हुवोड़ो है सु हमार थे फेर उपर राखणा सरू कीया ह सु रेण दीजो मती नै कदास राखे तो घेटिया बकरीया हुवै तिण रै संभलाय कुड़िया घलाय दीजो नै छान राख नै जीनावर नै बेचे तो गुनगारी लीजो इण तर रा समाचार जागीरदारा नै वचाय दीजो तलाव नै कुए धरम पुरा रौ है सु इणा री पीयाई आज ताई लागी न्ही नै हमार जागीरदार पीवाई खड़ोटो लेवणो सरू कीयो है सु लेवण दीजो मति। १८३४ रा मीती। उफाड़ो हो नै विसनोईया री गुरदुवारा सुखी ठोर करो हो सु हमै आगला परवाना मुजब राखजो रीत मरजाद मै कोई तरां रो दखल कियो तो ओलभो खावसो श्री हजूर रो हुकम छै सम १८३४ रा मिती मिगसर वद ९

हिंदी अनुवादः- यह लेख श्री आसकरणजी के लिखवाने पर फलोदी परगने के गाँव जांबा के जागीरदार एवं उनके कामदारों को संबोधित किया गया है गाँव जांबा की सीमा में हरे खेजड़ी के वृक्ष आज तक नहीं काटे गए हैं, इसलिए आगे भी किसी प्रकार से खेजड़ी नहीं काटी जाए। उस सीमा क्षेत्र में ऐवड़ (भेड़-बकरियों का झुंड) न रखा जाए। यदि किसी कारणवश भेड़-बकरियाँ रखी जाती हैं तो उनके बकरों एवं मेढ़ों के कानों में कुड़की (पहचान-चिह्न) डलवाई जाए तथा उन्हें कसाइयों को बेचने न दिया जाए। गाँव जांबा की सीमा में आज तक किसी जीव-जंतु पर गोली नहीं चलाई गई है, इसलिए आगे भी जीव-जंतुओं पर गोली चलाना पूर्णतः वर्जित रहेगा। विसनोई धर्म की इस रीति-मर्यादा को बनाए रखने का परवाना पूर्व से ही जारी है। किंतु यह शिकायत प्राप्त हुई है कि अब ऐवड़ रखे जा रहे हैं और कुड़की नहीं डलवाई जा रही है। अतः यदि ऐवड़ रखा जाए तो अनिवार्य रूप से कुड़की डलवाई जाए। यदि कोई व्यक्ति चोरी-छिपे भेड़-बकरियाँ रखे और उन्हें कसाइयों को बेचता पाया जाए तो उस पर नियमानुसार दंड (जुर्माना) लगाया जाए। इस प्रकार की सूचना जागीरदार को पढ़कर (बांचकर) सुना दी जाए। तालाब एवं कुएँ इस क्षेत्र की धर्म-परंपरा के अनुसार सार्वजनिक हैं। इनसे पानी पिलाना आज तक निःशुल्क रहा है। किंतु शिकायत के अनुसार अब जागीरदार द्वारा पानी पिलाने पर पियाई और खड़ोटो लेना प्रारंभ कर दिया गया है, जो अनुचित है। मिति 1834। (इसके नीचे जागीरदार को आदेश दिया गया है) जागीरदार आदेश की अवहेलना न करे। आपके कार्यों से लग रहा है कि आप विसनोई धर्म के गुरुद्वारे के क्षेत्र को सूखी ठौर (उजाड़ने) बनाने का प्रयास कर रहे हो। आगे से परवाने के अनुसार ही इस क्षैत्र की विसनोई धर्म की रीति-मर्यादा को बनाए रखें। यदि उनकी मर्यादा में किसी प्रकार का हस्तक्षेप किया गया तो उसका उत्तरदायित्व जागीरदार पर होगा और उसे राज को उत्तर देना पड़ेगा। यह श्री हजूर का हुक्म है संवत् 1834, मिति मिगसर वद 9।

03. परवाना-03:- यह परवाना विक्रम संवत 1847 को लिपिबद्ध हैः-

मूल पाठः- श्री रामजी। श्री रामजी सत छै। मोहरः- श्री रामजी श्री राजराजेश्वर महाराजाधिराज महाराजा श्री विजैसिंघजी छै रै सिंघवी वनैराज। सिंघवीजी श्री वंनराज जी लिखावत गांव जांभै रा जागीरदारां कामदारा जोग्य त्था तलाव वीत वगैरे पीवण आवै तिण नै पीवण दीजो वरजजो मती नै तलाव ऊपर कीणी रो कपड़ो लतो खोसजो मती नै तलाव रो आवै सु तलाव नै लगाय दैजो गैर वाजबी खेचल करजो मती। १८४७ रा जेठ सुद २। नकल लीवी। नकल लीवी।

हिंदी अनुवादः- श्री रामजी। श्री रामजी सत्य हैं। मोहर पर अंकित पाठः- 'श्री रामजी। श्री राजराजेश्वर, महाराजाधिराज महाराजा श्री विजय सिंहजी के अधिकृत कर्मचारी सिंघवी वनराज'। मूल पाठ- सिंघवी श्री वनराजजी द्वारा यह लेख गाँव जांभा के जागीरदारों और कामदारों हेतु लिखा जा रहा है। तालाब पर पशुधन आदि पानी पीने के लिए आएँ, उन्हें पानी पीने दिया जाए। उन्हें मना मत करना। तालाब के ऊपर किसी का कपड़ा वगैरा छीनना मत। जो तालाब का आए वो तालाब के लिए लगा देना। बिना काम किसी को परेशान मत करना। संवत 1847, जेठ सुदी 2। यह नकल ली गई।

04. परवाना-04:- यह परवाना 30 नवंबर सन् 1911 ईस्वी को लिपिबद्ध है। यह जोधपुर शासक सुमेरसिंह के शासनकाल में फलोदी हाकिम द्वारा जारी किया गया था। इसमें जांबा गांव के विसनोईयों को उनकी पारम्परिक मर्यादाओं को राज की तरफ से यथावत रखते का आश्वासन दिया गया है:-

मूल पाठ:- स्टाम्प पेपर- जोधपुर स्टेट राज मारवाड़ का एक रूपये का स्टाम्प पैपर है। जिस पर सन 1910-11 लिखा है। नीचे 'श्री जलंधरनाथजी सत छै' लिखा हुआ है उसके नीचे मोहर लगी हुई है। मोहर पर लेख:- श्री नाथजी श्री राजराजेश्वर महाराजाधिराज महाराजा श्री श्री १०८ श्री सुमेरसिंघ जी, मूल पाठ:- सृाजी कंवरजी श्री मदनसिंघ जी लिखावतै फलौदी रो गांव जाबा मैं जांभोजी रा देवल रा पुजारी साध जीयाराम दीसै। तथा थांरे कदीम सुं मरजाद रीत सदामंद इण मुजब है- तलाव नै कोर री पिवाई खरोटो सदामंद लागो नही सुं हमे ही लागसी नही। जांभा री सीव मैं खेजड़ी रूंख लीलो आज तांई कटीयो नही सु हमै ही कटसी नही। सदामद सु रख रहसी। जांबा री सीव मै जीव जिनावर नै आज तांई गोली बुई नही सु हमै ही बेसी नही। बलद री तांती सदामंद सु रख भडसी नही। मुसलमान कोर माथै वीसनोईयां री घड़ोई मैं जबरी सुं घड़ो भरसी नही नै मुसलमान चारणवासी जात रा जबरी सुं पीवसी नही। जांबा री सीव मै ऐवड़ रैवे नही नै जो कदास राखै तो गेटिया बकरीया हुवै तिण रै कुड़कीया घलीजै सु हमै ही कुड़कीया घलीजसी कसाईयां नै बेचसी नही। ईण मुजब धरम री रीत मरजाद राखण रा खास परवाणा आगै हुयोड़ा थारै कनै है हमार ** हरसी गोकलियो ऐवड़ राखै बो परवाणां सुं खीलाफ हुवो जिण जगा थे खेचल करी तो नी ठे परवांणां मुजब बैणो परवांणो करा दिरावण री दरखासत कीवी ने आगले प्रवाणा परेल कीया जिण सुं आगलो प्रवाणा देखलो ने जो नवो प्रवाणो आगले प्रवाणा मुजब कर दीयो जावे हमे थारी रीत मरजाद सदाबंद है सु बणी रेसी धरम री मरजाद रा खास परवाणा हुयोड़ा है जिण माफक अमल दरासद रेसी नै इण धरम मरजाद री भुलावण थारे हस्ते है सो इण मुजब धरम री रीत मरजाद मुजब रेसी नै थे थारो धरम सदाबंद पालो जिंऊ ही पालीयां जावजो जागीरदार वेजायी खेचल करसी नही नै हमे आगली प्रवाणां मुजब अ रेसी थे जमा खातर राखजो। ता॰ ३० नवंबर सन १९११ मुता मिती मिगसर सुद ९ गुरू (हस्ताक्षर) हाकम फलौदी।

हिंदी अनुवाद:- कंवरजी श्री मदनसिंह जी के आदेश से यह लेख फलौदी परगने के गाँव जांभा में स्थित गुरु जांभोजी के देवालय के पुजारी साध जीयाराम के लिए लिखा गया है। आपके क्षेत्र में प्राचीन काल से चली आ रही धार्मिक मर्यादाएँ और परंपराएँ इस प्रकार रही हैं-

1. तालाब और कुएँ की पियाई कर एवं खरोटा कर पहले से नहीं लगता रहा है और आगे भी नहीं लगाया जाएगा।
2. जांभा गाँव की सीमा में खेजड़ी तथा अन्य हरे वृक्ष आज तक नहीं काटे गए हैं और भविष्य में भी नहीं काटे जाएँगे। आपकी इस प्राचीन मर्यादा को सदा सुरक्षित रखा जाएगा।
3. जांभा गाँव की सीमा में जीव-जंतुओं को आज तक गोली नहीं मारी गई है और आगे भी नहीं मारी जाएगी।
4. बैलों की तांती को सदा सुरक्षित रखा जाएगा और उसे काटा नहीं जाएगा।
5. मुसलमान समुदाय के लोग विसनोइयों के कुएँ पर उनकी घड़ोई में ज़बरदस्ती घड़ा नहीं भरेंगे। ये मुसलमान निकटवर्ती चारणवासी गाँव के निवासी हैं और वे ज़बरदस्ती कुएँ से पानी नहीं पिएँगे।
6. जांभा गाँव की सीमा में भेड़-बकरियाँ रखना वर्जित है। यदि कोई व्यक्ति भेड़-बकरियाँ रखता है, तो बकरों और मेढ़ों के लिए कुड़कियाँ लगवाना अनिवार्य रहेगा, जैसा पहले होता आया है। यह प्रथा आगे भी जारी रहेगी। इन बकरों और मेढ़ों को कसाइयों को नहीं बेचा जाएगा।

इन सभी बातों के अनुसार धर्म की रीति और मर्यादा बनाए रखने हेतु पहले से एक विशेष परवाना (राजकीय आदेश) आपके पास मौजूद है। आगे कोई भी व्यक्ति इन नियमों का उल्लंघन नहीं करेगा और परवाने के विरुद्ध कार्य नहीं करेगा। पूर्व में जारी परवाने के आधार पर ही इस विषय में नया परवाना जारी करने हेतु दरख़्वास्त की गई थी। पुराने परवाने को देखकर उसके अनुसार ही यह नया परवाना जारी किया गया है, जिससे आपकी प्राचीन धार्मिक रीति और मर्यादा सदा बनी रहे। यह धर्म-मर्यादा का विशेष परवाना है, जिसके अनुसार कार्यवाही की जाएगी। इस धर्म-मर्यादा के पालन की जिम्मेदारी आपके ऊपर है। आप अपने धर्म का पालन उसी प्रकार करते रहें, जैसा आप अब तक करते आए हैं। आपकी माँग के अनुसार नया परवाना जारी कर दिया गया है। कोई भी जागीरदार या अधिकारी आपको बेवजह परेशान नहीं करेगा और सभी कार्य इसी परवाने के अनुसार किए जाएँगे। आप इस परवाने को अपने रिकॉर्ड में सुरक्षित रखें। दिनांक: 30 नवंबर, सन 1911 मिति: मिगसर सुदी 9, गुरुवार (हस्ताक्षर) हाकिम, फलौदी।

05. परवाना-05:- यह परवाना विक्रम संवत 1935 को लिपिबद्ध है:-

मूल पाठ:- स्टाम्प- श्री दरबार, मारवाड़ स्टेट, एक रुपया। मोहर- श्री नाथ जी श्री राजराजेश्वर राजाधिराज महाराजा श्री 108 श्री जसवंत सिंघ जी वांरे पातावत लिछमण सिंघ, आगे का पाठ- पातावत श्री लिछमण सिंघ जी लिखावत जांबै गांव रा विसनोई समसतां दीसै त्था गांव जांबै में थांरी धाम जायगा है जीठे लीली खेजड़ी बढसी नहीं नै जिनावरां नै गोली कोई बावसी नहीं नै कोयर तलाव ऊपर पियाई खरोटो बगैरै सदामंद नहीं लीरीजै है तो पुरे लिरीजसी नही नै ऐवड़ सदामंद नहीं रेवे तो पुरे रेसी नहीं नै बलदां रै तांती सदामंद नहीं बंदै तो पुरे बंदसी नहीं थांरी रीत मरजाद सदामंद है सु विणी रेसी नै गादीतरां आगै सरसते रीपाय देसी थै जमा खातर राखजो। 1935 रा शाके।

हिंदी अनुवाद:- स्टाम्प पर अंकित पाठ— श्री दरबार, मारवाड़ स्टेट, एक रुपया। मोहर पर अंकित पाठ— श्री नाथजी। श्री राजराजेश्वर, राजाधिराज महाराजा श्री 108 श्री जसवंतसिंहजी के अधिकृत कर्मचारी लिछमणसिंह पातावत। मुख्य लेख:- पातावत श्री लिछमणसिंह जी

द्वारा यह लेख जांबा गाँव के समस्त विसनोई समाज एवं संतों के प्रति लिखवाया गया है जांबा गाँव में आपका पवित्र धाम-स्थान (गुरु जाम्भोजी का) स्थित है। वहाँ हरी खेजड़ी नहीं काटी जाएगी। जीव-जंतुओं पर गोली नहीं चलाई जाएगी। कुओं एवं तालाबों पर यदि पियाई और खरोटो लिया जा रहा है, तो आगे से नहीं लिया जाएगा। ऐवड़ (भेड़-बकरियों का समूह) रखना वर्जित है; तथापि कुछ शर्तों के अंतर्गत ही इसकी अनुमति है। यदि वर्तमान में ऐवड़ नियमानुसार नहीं रखा जा रहा है, तो आगे से नियमानुसार ही रखा जाएगा। बैलों की तांती बांधना (अंडकोष बाँधना) वर्जित है। यदि बांधी जा रही है, तो आगे से नहीं बंधेगी। आपकी जो परंपरागत रीतियाँ, मर्यादाएँ एवं नियम हैं, वे यथावत बने रहेंगे। जो भी व्यक्ति पद पर नियुक्त रहेगा, वह आपसे आपकी परंपरागत रीतियों एवं मर्यादाओं के अनुसार ही लेन-देन करेगा। संवत् 1935।

16. महत्वपूर्ण लिखतें:- जांभोलाव तीर्थ पर चैती मेले के अवसर पर समाज से संबंधित महत्वपूर्ण निर्णय लिये जाते थे। लेखक को इन 'लिखतों' की सभी मूल प्रतियां जांभोलाव 'आगूणी जागा' के महंत भगवानदासजी से प्राप्त हुई थी। इन प्रतियों का लिप्यंतरण और हिंदी अनुवाद लेखक (राजकुमार गोदारा विसनोई) ने स्वयं किया है। जहां अक्षर स्पष्ट नहीं है वहां * लगाया हुआ है। उपलब्ध लिखतों का विवरण निम्नानुसार है:-

01. लिखत-01:- यह लिखत विक्रम संवत 1923 चेत्र सुदि 1 को जांभोलाव मेले के अवसर पर की गई थी:-

मूल पाठ:- लीखत १ नीयात रै विसनोईयां समसतां नीयात बांणारसी कर दीनो जांभोलाव रै मेले मां चेत सुद १ सांमत १९२३ रा कर दीनो जांभैजी कै श्री साथरी माथै नीत प्रीती होम होसी नै सीजीया रो दीपक करसी जिण रे खरच रै अ वासते वीसनोईयां रे घर पती गांव गांव आप रै घर मा घीरत विलावणै रो आवसी तको दीन १ मास १२ मा सांवण तक भादवै मा वीलावणो दीना जायो ईण घीरत रो श्री जांभोजी री साथरी उपर होम तथा दीयो होसी ओर जागा घीरत खराब करसी नही दुजी जागा खराब करै तो जाको खराब करसी जीण साध नै नीव तलाई रा रू. १५१) लाई रा देसी नै राज रो गुनो रू ३२५) देसी ईतरो कागद नीयात समसता सांबलही पनै लीखत कर दीनो छै सु लीखीये मुजब ही होम दीयो करीजेला साथरी री चाकरी * तको रीपीउ खरच रो कपड़ा ईण खरच माउ पड़सी * कपड़ा सदामद साथ वीसनोई * जीण मुजब पैरसी ओ वीलोवण ** होम रो भानसी नहीं भानसी तको श्री जांभाजी सु वेमुख होसी।

हिंदी अनुवाद:- यह एक लिखत विसनोई समाज की न्यात एवं संतों द्वारा संयुक्त रूप से की गई है। यह लिखत जांभोलाव के मेले में, चैत्र शुक्ल 1, संवत् 1923 को संपन्न हुई। इस लिखत के अनुसार श्री गुरु जांभोजी की साथरी पर नित्य प्रति होम किया जाएगा तथा संध्या समय दीपक जलाया जाएगा। इसके लिए होने वाले खर्च की पूर्ति हेतु विसनोई समाज के प्रत्येक गाँव के प्रत्येक घर से बिलौने का घी एकत्र किया जाएगा। यह घी केवल श्री गुरु जांभोजी की साथरी पर होम एवं दीपक के लिए ही उपयोग में लाया जाएगा तथा किसी अन्य स्थान पर घी का दुरुपयोग या अपव्यय नहीं किया जाएगा। यदि कोई साधु या अन्य व्यक्ति इस घी को किसी दूसरी जगह खर्च करेगा या खराब करेगा, तो उससे दंड वसूला जाएगा। दंड स्वरूप तालाब की मिट्टी निकलवाने हेतु रु. 151, तथा राज-दंड के रूप में रु. 325 देने होंगे। इन सभी बातों को विसनोई न्यात और संतों ने परस्पर सहमति से कागज पर लिखकर सुरक्षित रखा है। इसी लिखत के अनुसार होम और दीपक की व्यवस्था की जाएगी तथा साथरी की सेवा * होने वाला खर्च * कपड़ा इसी व्यवस्था के अंतर्गत शामिल रहेगा। कपड़े लेने की व्यवस्था जो पारम्परिक थी, विसनोई साधु परंपरा से पहनते आए हैं; उसी परंपरा का पालन किया जाएगा। यह बिलौने का घी केवल होम के प्रयोजन के लिए है, इसे किसी भी प्रकार से खराब या अन्यत्र खर्च नहीं किया जाएगा। जो कोई होम के घी का दुरुपयोग करेगा, वह श्री गुरु जांभोजी से विमुख माना जाएगा।

02. लिखत-02:- यह लिखत विक्रम संवत 1923 चेत्र सुदि 1 को जांभोलाव मेले के अवसर पर की गई थी:-

मूल पाठ:- सिंघवी जी श्री सिवदानमल जी लिखावत प्रगने फलोधी रो गांव जांभा मे जांभाजी रा देवल रा सादा दीसै। तथा थारे कदीम सु मरजाद रीत सदामद ईण मुजब जेपुर जोधपुर बीकानेर जेसलमेर वगेरे रा वीसनोया भैला होय नै १९२३ रा चेत सुद १ लिखत कर दीयो सु हमे लिखत मुजब ने आगे थारे सदामद री धरम री रीत मरजाद है जिण मुजब रेसी। तलाब ने कोर री पीयाई खरोटो सदामद लागो नही सुं हमें ही लागसी नही। जांभा री सीव मे खेजड़ी रूख लीलो आज तांई कटीयो नी सुं हमे ही कटसी नही सदामद मुजब रेसी। जांभा री सीव में जीव जीनावर ने आज तांई गौली बुई नही सु हमे ही बेसी नही। बलदां री तांती सदामद मुजब भडसी नही। मुसलमान कोर माथै वीसनोया री घड़ोई मे जबरी सु घड़ो भरसी नही ने मुसलमान चारणवासी जात रा जबरी सुं पीवसी नही। इण धरम मरजाद री भुलावण साधां हसते है सो इण मुजब धरम री रीत मरजाद सदामद मुजब रेसी नै थै थारो धरम सदामद पालो जीऊं ही पालिया जावजो जांभाजी रा धरम री सारा विसनोया मरजाद बांद लिखत कर दीयो है तिण मुजब विसनोई धरम पालसी ने जागीरदार बेवजह खेचल करसी नहीं। श्री हजूर रो हुकम १९२३ रा।

हिंदी अनुवाद:- सिंघवी जी श्री शिवदानमल जी द्वारा फलोदी परगने के गाँव जांभा में स्थित गुरु जांभोजी के देवालय के साधुओं को यह लिखत सौंपी गई। गुरु जांभोजी के अनुयायी विसनोई समाज में प्राचीन काल से चली आ रही धर्म–मर्यादा और परंपराएँ विद्यमान हैं। इन्हीं मर्यादाओं की पुष्टि और संरक्षण के लिए जयपुर, जोधपुर, बीकानेर, जैसलमेर आदि प्रदेशों के समस्त विसनोई समाज एवं साधुओं ने इकट्ठे होकर विक्रम संवत् 1923 के चैत्र शुक्ल 1 को यह लिखत तैयार की है। इस लिखत के अनुसार पूर्वकाल से चली आ रही धर्म–रीति और मर्यादा का आगे भी यथावत् पालन किया जाएगा। इसके अंतर्गत निम्नलिखित नियम निर्धारित किए गए हैं—

1. तालाब व कुएँ की पियाई तथा खरोटो पहले भी नहीं लिया जाता था और अब आगे भी नहीं लिया जाएगा।
2. जांभा गाँव की सीमा में खेजड़ी तथा अन्य हरे वृक्ष आज तक नहीं काटे गए हैं और भविष्य में भी नहीं काटे जाएंगे।
3. जांभा गाँव की सीमा में जीव–जंतुओं को आज तक गोली नहीं मारी गई है और आगे भी ऐसा नहीं किया जाएगा।
4. बैलों को बधिया नहीं कराया जाता है तथा आगे भी उनकी तांती नहीं काटी जाएगी।
5. कुएँ पर पानी भरने की बारी के समय मुसलमान विसनोइयों के घड़ों की बारी में अपना घड़ा नहीं भरेंगे। ये मुसलमान चारणवासी गाँव के हैं जबरदस्ती घड़ा नहीं भरेंगे।

इन सभी धर्म–मर्यादाओं की रक्षा का दायित्व साधुओं को सौंपा गया है, ताकि इस प्रकार धर्म की रीति–मर्यादा सदा बनी रहे। आप अपने धर्म का निरंतर पालन करें, जैसा कि अब तक किया जाता रहा है। गुरु जांभोजी के धर्म से संबंधित समस्त विसनोई मर्यादाएँ इस लिखत में सुनिश्चित कर दी गई हैं। इसके अनुसार विसनोई धर्म का पालन किया जाएगा और जागीरदार बिना कारण किसी को परेशान नहीं करेंगे। यह श्री हुजूर का आदेश है। संवत् 1923।

03. लिखत-03:- यह लिखत विक्रम संवत 1934 चेत्र सुदि 1 को जांभोलाव मेले के अवसर पर की गई थी:-

मूल पाठ:- लीखतु नीयात समसतां कर दीनो कै जांभे री मरजाद तलाव रीत थापी आई री तथा खेजड़ी री तथा ओर हर हक मरजाद सदामत सरसतै तथा परवाणो लीखीयै मुजब मरजाद भाजसी नही कदास जागीदार ओर कोई जबरदसती मरजाद भांगै नै चैया जखी करता दीसे तो गांव जांभै रा चोधरी गी ई ओर दुजा वीसनोई गांव मां रवै जीतरा साधां रै सामल उभा रसी नै साध कैसी जठे वीसनोई साथे हालसी नै पछै ऊ ईतरी बात नही करा तो राज रा गुनेगार ५०) तद करसी ने जागीदार मानै नही तो जांभै रा वीसनोई जांभै मां हल जोतै नहीं ओर कोई दुजो राज रो काम पड़ तो नीयात रा वीसनोई गांव गांव दीठ आदमी २ दोय सामल राज मां जासी नै खरच लागसी तको नीयात रो लागसी ईतरी बात मा चुकां नही ईतरा आखर नीयात समसतां कर दीनो छै। दस्तखत मदु खीचड़ रा छै। नीयात समसतां रे कयै सुं कीना छै। समत १९३४ मीती चेत र सुद १।

हिंदी अनुवाद:- यह लिखत समस्त न्यात द्वारा की गई है कि जांभा गाँव की मर्यादाएँ, तालाब की पियाई, खेजड़ी से संबंधित अधिकार तथा अन्य सभी धार्मिक और सामाजिक अधिकार परम्परा प्राचीन काल से चली आ रही हैं और आगे भी निरंतर यथावत बनी रहेंगी। इस विषय में जो परवाना लिखा गया है, उसके अनुसार किसी भी प्रकार से इन मर्यादाओं का उल्लंघन नहीं किया जाएगा। यदि कभी जागीरदार अथवा कोई अन्य व्यक्ति जबरदस्ती इन मर्यादाओं का भंग करे अथवा उत्पीड़न करता हुआ दिखाई दे, तो गाँव जांभा के चौधरी तथा अन्य विसनोई, गाँव में निवास करने वाले समस्त साधुओं के साथ अपने अधिकारों की रक्षा हेतु खड़े होंगे। संत जिस दिशा में चलने का आदेश देंगे, विसनोई उनके साथ चलेंगे। यदि कोई विसनोई साथ नहीं चलेगा, तो उसे राज का अपराधी माना जाएगा और उस पर पचास (50) का दंड लगाया जाएगा। यदि जागीरदार इस व्यवस्था को स्वीकार नहीं करता है, तो जांभा के विसनोई जांभा में हल नहीं जोतेंगे। और यदि राज्य का कोई अन्य कार्य उपस्थित होता है, तो न्यात के विसनोई प्रत्येक गाँव से दो–दो व्यक्ति साथ लेकर राज्य के पास जाएंगे; उसमें जो भी व्यय होगा, वह न्यात द्वारा वहन किया जाएगा। इस विषय में किसी प्रकार की चूक नहीं की जाएगी। यह अंतिम कथन समस्त न्यात की ओर से दिया गया है। इस लिखत पर मदु खीचड़ के हस्ताक्षर हैं। यह दस्तावेज़ समस्त न्यात की सर्वसम्मति से लिखा गया है। संवत् 1934 चैत्र शुक्ल 1

17. विभिन्न अभिलेख:- जांभोलाव से संबंधित कई अन्य अभिलेख भी प्राप्त हुए है। लेखक को ये सभी अभिलेख जांभोलाव 'आगूणी जागा' के महंत भगवानदासजी से प्राप्त हुए थे। इन प्रतियों का लिप्यंतरण और हिंदी अनुवाद लेखक (राजकुमार गोदारा विसनोई) ने स्वयं किया है। जहां अक्षर स्पष्ट नहीं है वहां * लगाया हुआ है। उपलब्ध अभिलेखों का विवरण निम्नानुसार है:-

01. अभिलेख-01:- यह एक अर्जी है जो विक्रम संवत 1831 आषाढ सुद 11 को लिपिबद्ध है:-

मूल पाठ:- श्री परमेश्वर जी सत्य। श्री अरजी एक समसुत विसनोइयां री नियात रा महार श्री जांभ गांव मां तलाव तीरथ जिण जांभ मा विसनोइया री नियात रो मैलो मडै छै जिण मा सदामत रा धरम मरजाद थेट सु चली आवे छै जांभ री सीव मां खड़ोटो गायां रो लागै नही सो हमे जागीदार गाया रो खड़ोटो लेवे छै जांभ री सिव मां तलाव तीरथ री पीवाई लागै नही सो हमे जागीरदार तलाव तीरथ री कुए री पियाई लेवे छै जांभ री सिव मां धन खाते कुवो बंधायो जिण री पीयाई लागे नही सो जागीदार कुवे री पियाई लेवे छै जांभ री सीव मां लीलो रूंख खेजड़ी कटै नही जांभा री सीव मां जीव नै जिनावर नै गोली वाहीजै नही जांभ री सिव मां बलदां री तांती भडै नही कुवै री कुंडी विसनोयां री मां सिंधु पाणी रो घड़ो भरै नहीं जांभ री सिव मां घेटिया बकरीया राखीजै नही जै राखै तो कुड़की घात नै थाट मां पुगाय देवै सो हम जागीदार सदामत री मरजाद न धरम भांगै छै रजपूत सिपाई घेटिया बकरीया कसाईयां ने साह ने बेचे छै सो हम श्री दरबार श्री हजूर महारी विसनोया री मरजाद न धरम रखावसी तो रहसी धणी महारो फिराद सुणसी महारो तो अरज रो जोर छै श्री राज रो पुन छै समत १८३१ रा मिति असाढ सुद ११।

हिंदी अनुवाद:- श्री परमेश्वर जी सत्य। यह अर्ज़ समस्त विसनोई न्यात की ओर से प्रस्तुत की जाती है, हमारे श्री जांभा गाँव में एक पवित्र तालाब–तीर्थ स्थित है। इसी जांभा गाँव में विसनोई न्यात का मेला लगता है, जिसमें प्राचीन काल से चली आ रही कुछ निश्चित धर्म–मर्यादाएँ प्रचलित रही हैं:-

1. जांभा गाँव की सीमा में पूर्वकाल से गायों पर खड़ोटो (चराई कर) नहीं लगता था, परंतु वर्तमान में जागीरदार द्वारा गायों का खड़ोटो वसूल

किया जा रहा है।
2. जांभा गाँव की सीमा में स्थित तालाब–तीर्थ के पानी पर पहले कोई कर नहीं लगाया जाता था। इसी प्रकार पशुधन हेतु एक कुआँ खुदवाया गया था, जिसकी पियाई (पानी लेने का कर) नहीं लगती थी; किंतु अब जागीरदार द्वारा तालाब और कुएँ के पानी पर कर वसूला जा रहा है।
3. जांभा गाँव की सीमा में हरे वृक्षों तथा खेजड़ी को काटना निषिद्ध है।
4. जांभा गाँव की सीमा में किसी भी जीव–जंतु पर गोली चलाना वर्जित है।
5. जांभा गाँव की सीमा में बैलों की तांती (बधियाकरण) नहीं काटी जाती।
6. कुएँ की कुंडी विसनोइयों की है, जिसमें सिंधु (सिंधी मुसलमान) पानी का घड़ा नहीं भर सकते।
7. जांभा गाँव की सीमा में भेड़–बकरियाँ रखना निषिद्ध है। यदि कोई ऐसा करता है, तो उन पशुओं को कुड़की (कान में नथ डालकर) कर थाट (पशुशाला) में पहुँचाया जाता था।

परंतु वर्तमान में जागीरदार और उनके अधीन राजपूत सिपाही सदा से चली आ रही इन धर्म–मर्यादाओं का पालन नहीं कर रहे हैं। भेड़–बकरियों को कसाइयों एवं साहूकारों को बेच दिया जाता है, जिससे विसनोई धर्म और मर्यादा का उल्लंघन हो रहा है। अतः हम श्री दरबार, श्री हुजूर से यह विनम्र फरियाद करते हैं कि विसनोइयों की धर्म–मर्यादा की रक्षा की जाए। आपकी कृपा से ही यह मर्यादा सुरक्षित रह सकती है। हमारा निवेदन स्वीकार करना श्री राज का पुण्य कार्य होगा। विक्रम संवत् 1831आषाढ़ शुक्ल 11।

02. अभिलेख-02:- यह एक अर्जी है जो कि जांभोलाव साथरी के साध थापन गोविंदजी गोदारा और आत्माराम जी द्वारा लिखी गई है। इस पर वर्ष अंकित नहीं है:-

मूल पाठः- अरजी १ जाबा जी रा पुजारी जोगेश्वर गौबंदराम आतमाराम वगै(रा) गांव जाबां वालां री। त्था जिण गांव में विसनोई समसतां री न्यात रो गुरदुवारो है मै मैलो सदीव सु वरसो दी चैत वद ** रो भरीजै है नै तलाव पुराचीन श्री जांभाजी रो खीणायोड़ो है नै पाखती गाव रा खेत रौ वीत ऊठ सदीव सु पीवै है नै पाखती रा गांवां मै कौस द्वयै मै पाणी नड़ो है नहीं ने पीवाई खरणोटो तौ आज तांई लागौ नही नै इण गाव मै ऐवड़ गाडरा बकरीयां हुव जीणां र कुड़क गलीजै नै ठाठ मै पुगावतां ऊ श्री जांभाजी री बादीयौड़ी मरजाद है नै उण तलाव रा सुख सु गाव वसीयो है सु आगै जागीरदार ४ त्था ५ हुवा सु कीण ही खैचल करी नही नै हमार जागीरदार राजवी बीका रूगनाथसिंघ जी खैचल कर नै जीनावर कसायां नै बैचाव जीणां न वरज नही नै गाव री सीव मे कौर १ मार दाद गरू रूग पुजन लगाय पुरस ८ भाटो खुदायोड़ो है ने वीचम जागेश्वर नंद रावल जी र गाव पट थौ सु ऊण कौहर रौ मुडो ऊणा बावड़ी करावण र मुंह चौड़ो करायो सु वावड़ी हुई नही न ऊण र गाव ऊतर गयो सु ऊण खाडा मे जीव जंत पड़ता तर अठा करां र पीता मार गरू न कही क थांरा वडैरा रो करायोड़ो है सु थै बंदावो तर लीखत १ प्रतापसिघ जी रौ करायौ सु इण कौहर र री पीवाई मारी आद औलाद लैसी नही तर कौर बंदाय दीनौ सु लीखत मौजूद है न हम ठाकुर रूगनाथसिघ जी तलाव कौहर री पीवाई री खैचल कर नै लेव नै गायां रो खरणोटो पीण लैव नै गाव री आसामीयां रा ऐवड़ रा जीनावर कसायां न वैचतां वरज नही नै समसथ वीसनोई मैलो भर जद ईणां नै कणो करां नै धरणो देवां जी वखत कव हम खैचल करां नही नै जीनावर कसायां नै बेचण देवां नही नै मैलो वीखरीयां सु खैचल सारी बात री कर सु पैली श्री खावदां सु आ अरज है सु सदीव री मरजाद भंग हुव तर मांन मरणो पड़े नै पछ अठा सु सामीया सु ताकीद हुव जार कीउ नही कीनी तीण सु हम हुकम रो प्रवानो तौ मांन कर दीजै नै जागीरदार नांव कागद नै फलौधी रा हाकम र नांव कागद लीखाय बंदौबसत कराव पछ मांन मरणो पड़ नही आप धणी ईश्र रहो सु बंदौबसत सौहो कराई जमान मास २ अठ खराब कुंता हुवा है सु म्हारी अरज कुण कर परमेश्वर नै वीचार सु म्हारी कर।

हिंदी अनुवादः- अर्जी एक गाँव जांबा के गुरू जांभोजी के पुजारी जोगेश्वर गौविंदरामजी, आतमारामजी आदि गाँव जांबा वालों की ओर से यह निवेदन प्रस्तुत है। जिस गाँव में समस्त विसनोई न्यात का गुरुद्वारा स्थित है, वहाँ प्राचीन काल से प्रत्येक वर्ष चैत्र वदी ** को मेला भरता चला आ रहा है। इसी गाँव में श्री गुरू जांभोजी द्वारा खुदवाया गया एक प्राचीन तालाब है। आस-पास के गाँवों के खेतों से पशुधन सदा से इसी तालाब पर आकर पानी पीते रहे हैं। आसपास के गाँवों में दो कोस की दूरी तक कहीं भी पानी का अन्य साधन उपलब्ध नहीं है। इस तालाब पर आज तक न तो पीवाई (पानी का कर) ली गई है और न ही खरणोटो (पशु-कर) लगाया गया है। इस गाँव में भेड़-बकरियों के झुंडों में बकरों-मेढ़ों की कुड़की (पहचान-चिह्न) डालकर उन्हें ठाठ (थाट) में पहुँचाने की प्रथा चली आ रही है। यह व्यवस्था और मर्यादा स्वयं श्री गुरू जांभोजी द्वारा स्थापित की गई थी। इसी तालाब के जल के कारण यह गाँव सदा से आबाद रहा है। पुर्व में चार-पाँच जागीरदार इस क्षेत्र में रहे, परंतु किसी ने भी कभी इस प्रकार की कोई बाधा या उत्पीड़न नहीं किया। किंतु वर्तमान जागीरदार ठाकुर राजवी बीका रुगनाथसिंहजी अनावश्यक रूप से बाधा डालते हैं तथा जो लोग भेड़-बकरियाँ कसाइयों को बेचते हैं, उन्हें रोकते नहीं हैं, जबकि यह कार्य पूर्णतः वर्जित है। गाँव की सीमा में एक कुआँ है, जिसे मेरे दादा-गुरु रुगेजी ने पूजा-चढ़ावे की राशि से आठ पुरस गहराई तक पत्थर को खुदवाया था। बाद में जब यह गाँव जोगेश्वर नंद रावलजी के पट्टे में था, तब उन्होंने उस कुएँ का मुँह बावड़ी बनाने के उद्देश्य से चौड़ा करवाया था। लेकिन बीच में ही गांव का पट्टा बदल गया और बावड़ी बनी नहीं। उस खुले गड्ढे में जीव-जंतु गिरकर मरने लगे। तब गाँव के लोगों ने मेरे गुरु से कहा कि यह कुआँ आपके पूर्वजों द्वारा बनवाया गया है, अतः आप इसे पक्का कराइए। इस पर प्रतापसिंहजी से एक लिखित प्रमाण कराया गया कि इस कुएँ की पीवाई न तो मैं और न ही मेरी संतान कभी लेंगे। यह लिखित दस्तावेज आज भी मौजूद है और उसी आधार पर कुआँ पक्का करवाया

गया। इसके बावजूद वर्तमान ठाकुर रुगनाथसिंहजी तालाब और कुएँ दोनों पर पीवाई कर लेकर तथा गायों पर खरणोटो कर लगाकर लोगों को परेशान कर रहे हैं। गाँव की आसामियों के भेड़-बकरियों के झुंड कसाइयों को बेचे जाते हैं और ठाकुर द्वारा उन्हें रोका भी नहीं जाता, जबकि यह पूर्णतः निषिद्ध है। दब-जब समस्त विश्नोई समाज का मेला भरता है, तब हम लोग जागीरदार से इन सभी बातों की शिकायत करते हैं और न मानने पर धरना देने की चेतावनी देते हैं। उस समय जागीरदार यह कह देता है कि आगे से ऐसा नहीं होगा, न पीवाई ली जाएगी, न खरणोटो लगाया जाएगा और न ही पशुओं को कसाइयों को बेचने दिया जाएगा। परंतु मेला समाप्त होते ही वह पुनः वही अत्याचार प्रारंभ कर देता है। अतः सर्वप्रथम हमारा यह निवेदन है कि यदि सदा से चली आ रही हमारी धर्म-मर्यादा और परंपराओं को भंग किया गया, तो हमें प्राण देने तक की स्थिति आ जाएगी। यहाँ के जागीरदार को कठोर निर्देश दिए जाएँ कि उन्होंने नियमों का पालन क्यों नहीं किया। हमें स्पष्ट हुक्मी परवाना प्रदान किया जाए तथा जागीरदार और फलोदी के हाकिम के नाम लिखित रूप में कागज़ तैयार कराकर स्थायी बंदोबस्त कराया जाए, जिससे हमें अपने प्राणों की रक्षा हो सके। आप हमारे स्वामी बने रहें, इसी आशा से यह निवेदन है कि यह बंदोबस्त शीघ्र कराया जाए। बीते दो महीनों से यहाँ खराब कुंता (फसली कर) की भी स्थिति बनी हुई है। हमारा निवेदन सुनने वाला कोई नहीं है, अतः ईश्वर का विचार कर हमारी इस अर्जी पर कृपा कर निर्णय किया जाए।

03. अभिलेख-03:- यह दस्तावेज विक्रम संवत 1913 आषाढ सुद 8 को लिपिबद्ध है:-

मूल पाठः- ।।श्री जलंधरनाथजी सत छै। श्री नाथजी। (महाराजा तख्तसिंह की मोहर)। लालाजी श्री ईसरी परसाद जी लिखावत प्रगने फलोधी रा गांव जांबा रा साद रतनदास अणदराम रूपराम रा जामना गांव गुढा बडा रा नै रामड़ावस रा नै खेजड़ली सांवड़ाऊ मतोड़ा रा विसनोयां दीसै त्था ऐ तीनु साध ऊठारो साद चतरदास १९१३ रा रा जेठ वद १ तलाव में डुब नै गुजर गयो तिणनै धको दै नै डबोय दीया रा भरम सुं पकड़ीज नै फलोधी रा हाकमा री मारफत अठे आया सु कैद में था तीणांरो नीरधार रूप अठाऊं सीख रूटेतरे गुनेगारी रा रूपीया १०१ साधां ऊपरे ठहरीया तीण मे छुट रा १) बाकि रूपिया एक सो वाजै साटे सुटैणा रे बदले थे राज में भरीया ऊ रूकद मारे पोते जमा रया तरे साधां नै अठाऊं सीख दीवी है नै फैसलो रयो तिण री हखकारी री नकल साधा नै उतार दीवी है तिण में सारी विगत फैसला री लिखी है नै एमे साधां नै सुटैण ऊ कद मा बाबत सीरकार रूकी रूटे खेचल कसी न्ही नै यो जामनी लिख दीवी जीऊं रूपीया भराय नै जामनी रो लिखत पाछो फाट दियो है जामनी बाबत साधां ऊ खेचल कसी न्ही १९१३ रा अषाढ सुद ८।

हिंदी अनुवादः- ।। श्री जालंधरनाथजी सत्य हैं। श्री नाथजी ।। (महाराजा तख्तसिंह की मुहर)। लालाजी श्री ईसरी प्रसाद जी के लिखवाने से परगना फलौदी के गाँव जांबा के निवासी साधु रतनदास, अणदराम एवं रूपराम की जमानत गाँव गूढ़ा बड़ा, रामड़ावास, खेजड़ली, सांवड़ाऊ तथा मतोड़ा के विसनोई समाज के लोगों द्वारा दी गई है। इन तीनों साधुओं पर यह आरोप था कि वहाँ के साधु चतरदास, जो संवत् 1913 के जेठ वदी 1 को तालाब में डूबकर मर गए थे, उन्हें इन तीनों साधुओं ने धक्का देकर डुबो दिया था। इसी संदेह के आधार पर उन्हें पकड़कर फलौदी के हाकिम के माध्यम से यहाँ लाया गया, जहाँ वे कैद में रहे। मामले का निर्णय इस प्रकार किया गया कि अपराध सिद्ध होने के दंडस्वरूप तीनों साधुओं पर कुल 101 रुपये का जुर्माना निर्धारित किया गया। इसमें से 1 रुपया क्षमा किया गया तथा शेष 100 रुपये कैद से मुक्त करने के बदले राज्य को जमा कराने का आदेश दिया गया। उक्त राशि राज्य में जमा करा दी गई। इसके पश्चात् तीनों साधुओं को यहाँ से रिहा कर दिया गया। जो निर्णय हुआ, उसकी प्रमाणित नकल साधुओं को प्रदान कर दी गई है, जिसमें निर्णय का समस्त विवरण अंकित है। अब साधुओं के रिहा हो जाने के पश्चात् कैद से संबंधित कोई शेष कार्यवाही या खींचाई नहीं की जाएगी। यह जमानतनामा लिखकर दे दिया गया है तथा निर्धारित राशि जमा हो जाने पर जमानत से संबंधित कागज फाड़ दिया गया है। जमानत के विषय में साधुओं से किसी प्रकार की कोई खींचाई नहीं की जाएगी। विक्रम संवत् 1913, आषाढ़ सुदी 8।

04. अभिलेख-04:- यह दस्तावेज विक्रम संवत 1923 को लिपिबद्ध है:-

मूल पाठः- श्री जालंधरनाथजी सत छै। सरूप श्री जोधपुर गढ माहा दुरांगे सरब ओपमाला सची भाई जी श्री श्री मु कनचंद जी चरण कवलापनु भोजासर थणले रा वास तेजकरण रो पगे लागणो बंचावसी अठा रा समाचार श्री ..... जी रा तेज प्रताप सु कर ने भला है आपरा सदा भला चाहीजे जी आपरो मीलै रा गणा जतन करावसी सारो सुदार मीले सु छै अप्रच गांव रा चोधरीयो फेलो कीयो मोरो जांभोजी रो धरम है ने जोभोजी रो तलाव है नहीं पर जगा है सु थाठ *रो री मेढे री मरजाद बोदीयोड़ी है सो ईतना दिन तो मरजाद हीज रेई नै हमे जागीरदार मरजाद मे चाले नी वीसोनोयो रो साद गोमदराम जी रा करायोड़ो कोयर छै उणा तो वीसनोयो री न्यात रो भोग ने लगायो छै सु आज तांही तो कोयर री पीवाई लेता नी ईणा री मरजाद है तिण सु ने हमे पीयाई लेण री सरू कर दीवी है सो ओ गो पुन रो काम छै नै गवो पीये छै सु ईणो रो या जबि तबि परूतर कराय नै परवोनो कराय देसी ईण काम रे वासते साद गोमदराम जी नै चोधरीयो मेलीया है समत १९२३ रा मीति माहा सुद। *सजी भाई कनचंद जी गढ जोधपुर।

हिंदी अनुवादः- श्री जालंधरनाथजी सत्य हैं। परम प्रतापी श्री जोधपुरगढ़ महादुर्ग के सर्वोपमा, सत्यस्वरूप भाईजी श्री श्रीमान मुंशी कनचंद जी के चरणकमलों में भोजासर ग्राम के थाणले के निवासी तेजकरण द्वारा सादर चरण-स्पर्श निवेदन। यहाँ के समाचार श्री ...... जी के तेज प्रताप से सर्वथा कुशल हैं। आप भी सदा कुशल रहें, यही कामना है। आपसे भेंट करने के लिए बहुत प्रयास किए गए। ग्राम के चौधरियों द्वारा यह निर्णय किया गया है कि यह स्थान हमारे जांभोजी का धर्म-स्थान है। यहाँ केवल जांभोजी का तालाब ही नहीं अपितु स्थान भी पवित्र है।

अतः यहाँ मर्यादा निर्धारित की हुई है। इतने समय तक यह मर्यादा चलती रही, परंतु अब जागीरदार इस मर्यादा का पालन नहीं कर रहे हैं। विसनोई समाज के साधु गोमदराम जी द्वारा खुदवाया गया कुआँ है, जिसे उन्होंने विसनोई न्यात को अर्पित कर दिया था। उस कुएँ से आज तक पानी पीने पर कोई कर नहीं लिया जाता था, क्योंकि यह मर्यादा का विषय था। अब उस पर पानी पीने का कर वसूलना प्रारंभ कर दिया गया है। जबकि यह कार्य गाय के पुण्य से जुड़ा हुआ है, क्योंकि इस कुएँ से गायें भी पानी पीती हैं। अतः इस विषय में इनका परवाना जारी करवाया जाए। इसी प्रयोजन से साधु गोमदराम जी ने चौधरियों को आपके पास भेजा है। विक्रम संवत् 1923, माह माघ शुक्ल पक्ष।

05. अभिलेख-05:- यह दस्तावेज 21 जून 1943 को लिपिबद्ध है। यह अंग्रेजी रनिंग में लिखा हुआ तीन पृष्ठों का दस्तावेज एक सादे कागज पर है:-

मूल पाठ:- नकल दरख्वास्त अज अदालत हकुमत फलोदी सीगे मुतफरकात वाकेत- 21/6/43, सायल कनीराम v.s. गाड़ुराम, सा= 54/4243 (नीचे TRUE COPY का Stamp लगा है 23/7/46 का), To The Chief Minister Saheb Government of Jodhpur Jodhpur (मोहर) 11652/21/6/43 Sir, It is most respectfully requested as under :- of Phalodi district most humbly beg to submit that we are living at Jamba a village there is a sacred temple & a tank at Jamba in village Jamba nearly the pilgrims are coming in the two famous fairs out of them most are the residents of Marwar & some are the outsiders. The exact dates for visiting the two fairs are Bhadwa Sud 15 the Hindi month & during Half Chait every year. That whatever income that we have got during these two fairs has all been destroyed due to the unsenses & uneducation as there are several persons who are not educated & they had no knowledge to use such income in the matters of Religion. Recently Ramdas ji Maharaj who is residing at village in the (पृष्ठ-2) district of Bikaner came at our residence at Jamba who has come to think about this income who has perswance us not to distroy such amount in vain but to use it in the religious matters since we have changed our ideas not to distroy the income uselessly but to use the amount in the matters of Religion. Under the circumstances it is most respectfully requested that your good self would be pleased to pass immediate orders to the Hakim of Phalodi to select some of the members & motbers from their community & they may be given necessary orders to collect such amount early & to construct the school for the sake of getting the education in our own community so that the community may get the advantages of this & the amount so collected may not be spoiled in this way as before & we the inhabitants of this community may use the amount in our education due to which the members who shall ever pray for your long long life. The orders to this effect may kindly be passed to the Hakim of Phalodi to arrange. Hoping for a very early & favourable consideration we beg to remain, Sd/- Your most obedient servant कनीराम (पृष्ठ-3) Inhabitants of Jamba Village in the Dist. of Phalodi, Marwar बीरबल द: धीमाराम Jodhpur 21-6-43 (नीचे TRUE COPY का Stamp लगा है 23/7/46 का) Submitted for orders of the HAKIM. Phalodi may be asked to report as to how the matter stands. (हस्ताक्षर व तिथि अंकित)

हिंदी अनुवाद:- नकल दरख्वास्त अज अदालत हुकूमत फलोदी सीगे मुतफरकात वाकियत दिनांक: 21-6-1943 वाद: कनीराम बनाम गाडूराम संख्या: 54/4243 (नीचे "TRUE COPY" की मोहर दिनांक 23-7-1946 अंकित है) सेवा में, मुख्यमंत्री साहब जोधपुर सरकार जोधपुर (मोहर) संख्या: 11652 / 21-6-43 महोदय, सविनय निवेदन है कि हम फलोदी ज़िले के गाँव जांबा के निवासी हैं। हमारे गाँव जांबा में एक पवित्र मंदिर तथा एक प्राचीन तालाब स्थित है। यहाँ प्रति वर्ष दो प्रसिद्ध मेलों में बड़ी संख्या में तीर्थयात्री आते हैं। इनमें अधिकांश मारवाड़ राज्य के निवासी होते हैं तथा कुछ बाहर के भी होते हैं। इन दोनों मेलों में आने की निश्चित तिथियाँ प्रतिवर्ष भादवा सुदी 15 तथा चैत्र मास के मध्य (आधा चैत्र) की रहती हैं। यह निवेदन करना है कि इन दोनों मेलों के समय जो भी आय होती थी, वह अब तक अज्ञानता और अशिक्षा के कारण नष्ट होती रही है, क्योंकि कई व्यक्ति अशिक्षित हैं और उन्हें यह ज्ञान नहीं है कि इस आय का उपयोग धार्मिक कार्यों में किस प्रकार किया जाना चाहिए। हाल ही में रामदास जी महाराज, जो बीकानेर ज़िले के एक गाँव में निवास करते हैं, हमारे गाँव जांबा में पधारे। उन्होंने इस आय के विषय में विचार किया और हमें समझाया कि इस धनराशि को व्यर्थ नष्ट न किया जाए, बल्कि इसे धार्मिक एवं समाजोपयोगी कार्यों में लगाया जाए। उनके उपदेश से हमारी सोच में परिवर्तन आया है और अब हमारा निश्चय है कि इस आय को व्यर्थ नष्ट न कर धर्म एवं समाजहित के कार्यों में उपयोग किया जाए। इन परिस्थितियों में सविनय प्रार्थना है कि आप कृपा कर फलोदी के हाकिम को तत्काल आदेश प्रदान करें कि वे हमारे समुदाय के कुछ प्रतिष्ठित सदस्यों को चुनें तथा उन्हें यह अधिकार दें कि वे इस आय को एकत्रित करें और हमारे समुदाय के बच्चों की शिक्षा हेतु एक विद्यालय का निर्माण करवाएँ, जिससे हमारे समाज को शिक्षा का लाभ प्राप्त हो सके। इस प्रकार यह आय पहले की भाँति व्यर्थ नष्ट नहीं होगी और हमारे समुदाय के निवासी इसका उपयोग शिक्षा के लिए कर सकेंगे। इसके फलस्वरूप हम सब आपके दीर्घायु की सदा प्रार्थना करते रहेंगे। अतः निवेदन है कि इस आशय के आदेश फलोदी के हाकिम को जारी करने की कृपा करें। शीघ्र एवं अनुकूल निर्णय की आशा में, हम सादर निवेदक बने रहते हैं। भवदीय, हस्ताक्षर:- कनीराम (पृष्ठ-3) जांबा गाँव के निवासी ज़िला फलोदी, मारवाड़ बीरबल द. धीमाराम जोधपुर दिनांक: 21-6-1943 (नीचे "TRUE COPY" की मोहर दिनांक 23-7-1946

अंकित है) कार्यालयीन टिप्पणी:- हाकिम, फलोदी के आदेशार्थ प्रस्तुत किया जाता है। फलोदी के हाकिम से यह रिपोर्ट माँगी जाए कि इस विषय में वर्तमान स्थिति क्या है। (हस्ताक्षर एवं तिथि अंकित)

06. अभिलेख-06:- यह दस्तावेज 21 जून 1943 को लिपिबद्ध है। यह अंग्रेजी की स्वच्छ हैंडराइटिंग में लिखा हुआ, तीन पृष्ठों का दस्तावेज एक लाईनदार कागज पर है:-

मूल पाठ:- नकल दरख्वास्त अज अदालत वकुआत फलोदी सीगे मुतफरकात वाकेत To The Chief Minister Saheb Government of Jodhpur, Jodhpur (मोहर) 11652 21.06.43 Sir, It is most respectfully requested as under:- of Phalodi district most humbly beg to submit that we are living at Jamba a village there is a sacred Temple and a tank at Jamba in village Jamba nearly the Pilgrims are coming in the two famous fairs out of them most are the residents of marwar and some are the outsiders. The exact dates for visiting the two fairs are Bhadwa Sud 15 the Hindi month and during Half chait every year. That whatever income that we have got during these two fairs has all been destroyed due to the unsenses and uneducation as there are several persons who are not educated and they have not knowledge to (पृष्ठ–2) use such income in the matters of Religion recently Ramdas ji Maharaj is under who is residing at village in the district of Bikaner came at our residence at Jamba who has come to think about this income who has perswance us not to distroy such amount in vain but to use it in the religious matters since we have changed our ideas not to distroy the income uselessly but to use the amount in the matter of Religion. Under the circumstances it is most respectfully requested that your good self would be pleased to pass immediate orders to the Hakim of Phalodi to select some of the members & motbers from their community & they may be given necessary order ...... to collect such amount early & to construct the school for the sake of getting the education in our own community so that the community (पृष्ठ–3) may get the advantages of this & the amount so collected may not be spoiled in the way as before & we the inhabitants of this community may use the amount in our education due to which the members who shall ever pray for your long long life. The orders to this effect may kindly be passed to the Hakim of Phalodi to arrange. Hoping for a very early & favourable consideration be beg to remain. Sd/- Your most obedient servant Inhabitants of Jamba Village in the Dist. of Phalodi Marwar Jodhpur 21.6.43 Submitted for orders of the HAKIM Phalodi may be asked to report as to how the matter stands.

हिंदी अनुवाद:- नकल दरख्वास्त अज अदालत वकुआत फलोदी सीगे मुतफरकात वाकेत सेवा में, मुख्यमंत्री साहब, जोधपुर सरकार, जोधपुर पत्र संख्या : 11652 दिनांक : 21.06.1943 महोदय, सविनय निवेदन है कि हम फलोदी ज़िले के जांबा नामक गाँव के निवासी हैं। जांबा गाँव में एक पवित्र मंदिर तथा एक तालाब स्थित है। जांबा गाँव में प्रतिवर्ष दो प्रसिद्ध मेलों के अवसर पर श्रद्धालु आते हैं, जिनमें अधिकांश मारवाड़ के निवासी होते हैं तथा कुछ बाहर के भी होते हैं। इन दोनों मेलों की निश्चित तिथियाँ प्रतिवर्ष भादवा सुदी 15 (हिंदी मास) तथा चैत्र मास के अर्ध भाग (अर्ध चैत्र) में होती हैं। इन दोनों मेलों से जो भी आय प्राप्त होती है, वह अब तक अशिक्षा और अविवेक के कारण नष्ट हो जाती रही है, क्योंकि समुदाय में ऐसे कई व्यक्ति हैं जो शिक्षित नहीं हैं और उन्हें इस आय के सदुपयोग का ज्ञान नहीं है। हाल ही में बीकानेर ज़िले के एक गाँव में निवास करने वाले रामदास जी महाराज जांबा हमारे निवास स्थान पर पधारे। उन्होंने इस आय के विषय में विचार किया तथा हमें समझाया कि इस धनराशि को व्यर्थ नष्ट न किया जाए, बल्कि इसका उपयोग धार्मिक कार्यों में किया जाए। उनके समझाने के बाद हमने अपने विचार बदल लिए हैं और अब यह निश्चय किया है कि इस आय को व्यर्थ नष्ट न करके धर्म से संबंधित कार्यों में लगाया जाए। इन परिस्थितियों में सविनय प्रार्थना है कि आप कृपा कर तुरंत आदेश जारी करें कि फलोदी के हाकिम को निर्देश दिया जाए कि वे हमारे समुदाय के कुछ सदस्यों को चुनें और उन्हें आवश्यक आदेश प्रदान करें, ताकि उक्त आय शीघ्रता से एकत्र की जा सके तथा हमारे अपने समुदाय में शिक्षा की व्यवस्था हेतु एक विद्यालय का निर्माण किया जा सके, जिससे समुदाय को शिक्षा का लाभ प्राप्त हो सके। इस प्रकार एकत्र की गई राशि पहले की भाँति व्यर्थ न हो, बल्कि समुदाय के निवासियों द्वारा अपनी शिक्षा के लिए उपयोग में लाई जाए, जिससे वे सभी सदस्य सदैव आपके दीर्घ एवं मंगलमय जीवन के लिए प्रार्थना करते रहें। कृपया इस आशय के आदेश फलोदी के हाकिम को देने की कृपा करें। शीघ्र एवं अनुकूल विचार की आशा में, निवेदक सादर, हस्ताक्षरित, आपका आज्ञाकारी सेवक, जांबा गाँव के निवासी, ज़िला फलोदी, मारवाड़, स्थान : जोधपुर, दिनांक : 21.06.1943, टिप्पणी:- हाकिम, फलोदी को आदेशार्थ प्रस्तुत किया जाए। फलोदी से यह रिपोर्ट मंगवाई जाए कि वर्तमान में यह विषय किस स्थिति में है।

07. अभिलेख-07:- यह दस्तावेज 31 जनवरी 1944 को लिपिबद्ध है:-

मूल पाठ:- नकल जवाब गेर सायल अज अदालत हकुमत फलोदी सीगे मुतफरकात वाजै ता 31-1-44 (नीचे TRUE COPY GOVT OF JODHPUR 23-7-46 लिखा हुआ है), सायल- कानाराम गायणा सा० माणेवड़ा, गेर सायल- गाडुराम, भारताराम साध सा० जांभा, दर० बा० मंदिर श्री जाभाजी जबाब गेर सायलान * है।दरखासत सायल बीलकुल गलत वो बेबुनियाद है न तो दरखास्त समस्थ समस्थ बीसनोयान की

तर्फ से की गई है ओर सायल कानाराम बीसनोई है ओर न उसका दरखास्त करने का हक है। दरखास्त सायल बीसनोईयान के पंचो के खीलाफ है ओर गेर सायलान के नाम बार मे अदावतन पेस कीये हैं जांबाजी के मंदीर मे भादवा सुद 15 को अथवा चेती अमावस का कोई चढावे के रूपये नही चढते है ओर जो बीसनोई दरसन करने आते है वो सीर्फ कबुतरों के लीये धान वो हवन वो जात जोत मे घी डालते है वह दोनो चीजें उन्ही दीनों मे काम मे आ जाती है अगर जुदा बच जाय तो बाद मे जोत मे अथवा कबुतरो के काम मे आती है न तो मंदीर मे कोई चढावा आता है ओर न मंदीर को अथवा बीसनोयों के जात की कोई बही गेर सायलान के पास है अगर बहीयात पंच बीसनोयो के पास हो तो गेर सायलान से कोई तालुक नही दरखास्त सायल बीलकुल गलत है पंचो को हटाया जावे वो न हटीया जाने उससे गेर सायलान को कोई सरोकार नही। गेर सायलान बीसनोयो के साथ है वो मंदीर की पुजा करते है वो अपने गुजारे के लीये बीसनोयो से फेरी मांग कर लाते है ओर उनके पास नही कोई बही है ओर न कोई रकम है। श्री जाभाजी का मंदीर बीसनोयो का ऐक साल धारमीक स्थान है ओर अगर इसे सरकार के कबजे मे ले लीया तो बीसनोयो के धर्म पर बहुत भारी आघात वो आनेय होगा। इसलीये अर्ज है के दरखास्त सायल मय खर्च खारीज फरमाया जावे वो गेर सायलान का खर्चा जीसमे सायल रखा जावे वो गेर सायलान के खर्चे की सायल से जमानत ली जावे। ता 31-1-44। द० गाढुराम। द० भारतराम।

हिंदी अनुवादः- नकल जवाब- गैर-सायल अदालत हुकूमत फलोदी तारीख: 31-01-1944 (TRUE COPY, GOVERNMENT OF JODHPUR, 23-07-1946), सायल (वादी):- कानाराम गायणा, निवासी माणेवड़ा, गैर-सायल (प्रतिवादी):- गाडूराम, भारताराम साध, निवासी जांभा, दरख़्वास्त (आवेदन) का विषय:- मंदिर श्री जांभाजी के संबंध में गैर-सायल के द्वारा जवाब। सायल की दरख़्वास्त बिल्कुल गलत और निराधार है। यह दरख़्वास्त न तो समस्त बिसनोई समाज की ओर से की गई है और न ही सायल कानाराम बिसनोई है, और न ही उसे ऐसी दरख़्वास्त देने का कोई अधिकार है। यह दरख़्वास्त बिसनोई समाज के पंचों के विरुद्ध है और गैर-सायल के नाम से दुर्भावनापूर्ण ढंग से पेश की गई है। गुरू जांभोजी के मंदिर में भादवा सुदी 15 अथवा चैत्र अमावस्या को कोई चढ़ावे के रुपये नहीं चढ़ते। जो बिसनोई दर्शन करने आते हैं, वे केवल कबूतरों के लिए धान लाते हैं, और हवन की जोत में घी डालते हैं। ये दोनों चीजें उन्हीं दिनों में काम आ जाती हैं। यदि कुछ बच भी जाए तो बाद में घी जोत में तथा धान कबूतरों के काम में आ जाता हैं। मंदिर में न तो कोई धन का चढ़ावा आता है और न ही मंदिर या बिसनोई जाति की कोई बही (हिसाब-किताब) गैर-सायल के पास है। यदि कोई बही हो भी तो वह बिसनोई समाज के पंचों के पास होगी, गैर-सायल से उसका कोई संबंध नहीं है। सायल की दरख़्वास्त पूरी तरह गलत है। पंचों को हटाया जाए या न हटाया जाए, उससे गैर-सायल का कोई सरोकार नहीं है। गैर-सायल बिसनोई समाज के साथ हैं, वे मंदिर की पूजा करते हैं और अपने गुजर-बसर के लिए बिसनोई समाज से फेरी (भिक्षा) मांगकर लाते हैं। उनके पास न कोई बही है और न कोई धनराशि। श्री गुरू जांभोजी का मंदिर बिसनोई समाज का एक प्राचीन धार्मिक स्थल है। यदि इसे सरकार के कब्जे में ले लिया गया तो बिसनोई समाज के धर्म पर बहुत बड़ा और अनुचित आघात होगा। अतः प्रार्थना है कि सायल की दरख़्वास्त खर्च सहित खारिज की जाए तथा गैर-सायल का खर्च सायल से दिलाया जाए, और गैर-सायल के खर्चे के लिए सायल से जमानत ली जाए। तारीख: 31-01-1944। हस्ताक्षर: गाडूराम, भारतराम।

08. अभिलेख-08:- यह दस्तावेज 09 नवम्बर 1944 को लिपिबद्ध है:-

मूल पाठः- नकल बयान लीयां अज अदालत हकुमत फलोदी सीगे मुतफरकात वाकेत 9-11-44 (नीचे TRUE COPY GOVT OF JODHPUR 23-7-46 लिखा हुआ है) मेरा नाम भीयां s/o गोरखा कौम बीसनोई उमर 45 साल पेशा करसन सा० जैसला प्रग० फलोदी, जांबाजी का मंदीर जो जांबा मे है वो देखा है वो बीसनोयो का कराया हुवा है इस मंदीर मे आमदनी बोहत है-

1. शादी चाहे बेटे की हो या बेटी की १)।
2. लाटो में रू १) से ५) तक का लाटा देते है।
3. ऐक मेला चेत मे होता है उसमे घीरत ३ मन से ५-६ मन तक आता है वह रोकड़ रू. ३००) से ५००) तक आ जाते है।
4. ऐक मेला काती या भादवे मे आता है उसमे मामुली आमदनी 10-15 सेर थी आता है येह सब आमदनी गेर सायलान गाडुराम भरतराम लेते है जिसका न हिसाब वे बताते है न रखते है।

जैसला जांबे से १२ कोस है मे काती के मेले मे जांबे नही गया चेती मेले मे गया था मेने घी तोला नही इसलीए मालुम नही कीतना आया रोकड़ी करीब १५००) रूपये आये थे गये साल के जोत मे कीतने आये मालुम नही उसके 3-4 बरस पहले मे कीतने रूपे आये मालुम नही घीरत जोत के लीये चढाया जाता है * है अखण्ड जोत नही रहेगी चेती वो काती के मेले मे हवन होता है चेत ३ दीन हवन होता है भादवा या काती मे १ दीन होता है हम घी घर से लाते है ओर होम मे डाल देते है जो बचता है वो जोत के लीये कलस मे चढाते है धान कबुतरों के लिये देते है लाटो मे साद आते है उसको हम यह कहते है की मंदीर के साध उगराई करने आये है २-३ महीने हुये ऐक साल सादो ने कराई है सफेदी कराई है बीसनोयो मे कोई चोधरी नही है जेसलो का चोदरी रामचंद s/o मोती भींयासर ने मुजासर रामदीन s/o बदीयन वो रामदीन s/o हरसुख है। भोजासर मे कासबा चोदरी है जांबे मे चोदरी खुमा है व नथु s/o मुगला व गणेश का बेटा है पेहलादो सांवरीज के चोदरी कोन है मालुम नही अगर इसका हीसाब रेहता भी है तो जांबा वो लोहावट के चोदरियो के पास रेहता है दुजो को वे बताते भी नही लोहावट के पंचो के नाम मालुम नही मेले मे पंच बेठते है उनके नाम मालुम नही।

हिंदी अनुवादः- नकल बयान अदालत हुकूमत, फलोदी, मुकदमा/विवरण की तारीख: 09-11-1944 (नीचे लिखा है: TRUE COPY,

GOVERNMENT OF JODHPUR, 23-07-1946), बयान देने वाले का विवरण:- मेरा नाम भीयां है, पिता का नाम गोरखा। जाति- बिसनोई, उम्र- 45 वर्ष, पेशा- कृषि (किसानी), निवासी: जैसला, परगना फलोदी। बयान- मैंने जांबा गाँव में स्थित गुरू जांभोजी का मंदिर देखा है। यह मंदिर बिसनोई समाज द्वारा बनवाया गया है। इस मंदिर से काफी आमदनी होती है, जैसे—

1. शादी-ब्याह के समय, चाहे बेटे की शादी हो या बेटी की, 1 रूपया का चढ़ावा दिया जाता है।
2. लाटों (फसल पकने पर) के समय में 1 रुपये से 5 रुपये तक दिए जाते हैं।
3. चैत्र महीने में एक मेला लगता है, जिसमें लगभग 3 मन से 5–6 मन तक घी आता है तथा नकद रकम लगभग 300 से 500 रुपये तक इकट्ठी हो जाती है।
4. कार्तिक या भादवे के महीने में एक और मेला लगता है, जिसमें साधारण आमदनी होती है लगभग 10–15 सेर घी आता है।

यह सारी आमदनी गैर-सायल गाडूराम और भरतराम लेते हैं, जिसका न तो वे कोई हिसाब बताते हैं और न ही रखते हैं। जैसला गांव, जांबा गांव से 12 कोस दूर है। मैं कार्तिक महीने के मेले में जांबा नहीं गया था, केवल चैत्र के मेले में गया था। मैंने घी तौला नहीं था, इसलिए यह नहीं जानता कि कितना घी आया था। नकद राशि लगभग 1500 रुपये आई थी। पिछले साल जोत (ज्योति) के लिए कितना आया, यह मुझे मालूम नहीं है। उससे 3–4 वर्ष पहले कितने रुपये आए, यह भी मुझे ज्ञात नहीं है। घी ज्योति के लिए चढ़ाया जाता है। लेकिन अखंड ज्योति लगातार नहीं जलाते है। चैत्र और कार्तिक महीने के मेलों में हवन होता है चैत्र में तीन दिन हवन होता है और भादवा या कार्तिक में एक दिन। हम घी अपने घर से लाते हैं और होम में डाल देते हैं। जो घी बच जाता है, उसे ज्योति के लिए कलश में डाल दिया जाता है। धान कबूतरों के लिए दिया जाता है। लाटों (फसल पकने के समय) में साध आते हैं। इस परम्परा को हम यह कहते हैं कि वे मंदिर के साध उगाही (दान एकत्र करने) के लिए आए हैं। करीब 2–3 महीने पहले साधों ने एक शाल (कमरा) कराया और सफेदी (रंगाई) करवाई है। बिसनोई समाज में कोई एक स्थायी चौधरी नहीं है। जैसला गांव के चौधरी रामचंद पुत्र मोतीजी, भींयासर और मुंजासर के चौधरी क्रमशः चौधरी रामदीन पुत्र बद्रीनारायन और चौधरी रामदीन पुत्र हरसुख है। भोजासर गांव के चौधरी कासबोजी है। जांबा गांव के चौधरी खुमोजी है और नथु पुत्र मुगला, गणेश का पुत्र प्रहलाद। सांवरीज गांव के चौधरी कौन है, यह मुझे मालूम नहीं है। यदि किसी प्रकार का हिसाब रखा भी जाता है तो वह जांबा या लोहावट के चौधरियों के पास रहता है, और वे दूसरों को नहीं बताते है। लोहावट के पंचों के नाम मुझे मालूम नहीं हैं। मेले में पंच बैठते हैं, पर उनके नाम भी मुझे ज्ञात नहीं हैं।

18. जांभा गांव का इतिहास:- मुहणोत नैणसी कृत 'मारवाड़ रा परगना री विगत' में फलोदी परगने के अन्तर्गत 'जांभोलाव' गांव का उल्लेख है। इसमें बताया गया है कि जांभोलाव गांव में 200 बड़े खेत है पर गांव में कोई निवासरत नहीं है। गांव निर्जन है। केवल जांभोलाव तालाब पर लोग (साधु-संत) रहते है। जब बारिश होती है तब निकटवर्ती ननेऊ और बाप गांव के लोग इन खेतों को जोतते है। इस तालाब में 8 महिने पानी रहता है। निकटवर्ती गांव सोवाणियो और देगावड़ी के लोग भी जांभोलाव तालाब से पानी पीते थे:- "जांभैलाव, कसबा था कोस 8 उतर नुं।धरती हलवा 200 बड़ा खेत। तलाव 1 जांभेलाव विसनोई रो करायो मास 8 पाणी रहै। वसीवान लोक नहीं। गांव नीनेऊ बाप बीजा ही गांवां रा लोक खेत खड़े बरसाली। बसती तलाव ऊपर लोक रहे। सुना गांव बाप के बांभण खेत खड़े। सोवांणियो गांव में कोहर नहीं, तलाई 1 मास 3 पाणी रहै। पछै जांभैलाव पीवै। मांगियो पीवै। (मांगकर पीते है) घर 20 चारणां रा। देगावड़ी गांव घणा बरस हुवा सुनो।वसीवांन लोक कोई नहीं। बाप रा बांभण खेत खड़ै। जिण नुं पटै तिका बसै। कोहर नहीं। जांभैलाव पीवै।" इन उल्लेखों से स्पष्ट होता है कि जांभा गांव में संवत 1725 के बाद ही लोगों की बसावट हुई थी। लेखक को राजस्थान अभिलेखागार, बीकानेर (रि. जोधपुर, म.खा. ब.नं.02, फा.नं.33) से सन् 1903 ई. में लिपिबद्ध एक 15 पृष्ठों की फाईल मिली है। इसमें मारवाड़ के फलौदी परगने के जांभा गांव और जैसलमेर के नोख परगने के सिरड़ा गांव की सरहदों का विस्तृत विवरण है। विसनोईयों के विशेष निसाण को भी दर्शाया गया है। साथ ही गांव का पुरा नक्शा व खेतों के नाम दर्ज है। जांभा गांव से संबंधित यह अत्यंत महत्वपूर्ण दस्तावेज है। जंभसागर के इर्द गिर्द अनेक साधु संतों के समाधि स्मारक विद्यमान है। हीरालालजी माहेश्वरी कृत शोध ग्रंथ में वर्णित है कि जांभोलाव साथरी के पास दो छतरियाँ है जो कि हरकिसनदासजी और नारायणजी की समाधि पर स्थित है। धन्नूजी की समाधि पर चबूतरा बनाया हुआ है। इनके अलावा विसनोई संतो की तीन और समाधियां भी स्थित हैं। मन्दिर के ठीक दक्षिण की ओर तालाब के पास लगे लाल पत्थर के एक शिलालेख में पशुओं के कर की माफी का उल्लेख है। इसमें संवत् अस्पष्ट है। लेख इस प्रकार है:- "श्री रामजी राज राजेसर महाराजा श्री 108 श्री जसवंतसिंघजी हाकम पातावतजी समणसिंघजी जागीरदार रघुनाथसिंघजी राजवीजी तलाव ऊपर खड़ेटो माफ कीनो बसावण मुजब धरम परोटो पीयाई री तलाब लेसा नहीं संवत् 1....... फागण वद ११ मीति"। रियासती काल में जांबा गाँव, जैसलमेर, जोधपुर एवं बीकानेर, इन तीनों रियासतों की सीमाओं के संगम क्षेत्र में स्थित था। साहबरामजी राहड़ कृत 'जंभसार' में संकेत मिलता है कि जैसलमेर के शासक रावल जैतसी, बीकानेर के शासक राव लूणकरण तथा जोधपुर के शासक द्वारा जांभोलाव तीर्थ हेतु यह सम्पूर्ण भूमि गुरु जाम्भोजी को समर्पित की गई थी। इतिहासकार मुहणोत नैणसी के अनुसार, विक्रम संवत् 1725 तक यह भूमि निर्जन अवस्था में पड़ी रही। इसके पश्चात विसनोई परिवार यहाँ आकर बसने लगे। बाद में तत्कालीन शासकों ने यह गाँव राजपूतों को पट्टे पर दे दिया। पट्टेदारों ने धीरे-धीरे जंभसागर की पायतान तथा ओरण भूमि पर भी अपना अधिकार स्थापित कर लिया। स्वतंत्रता के बाद जांबा गाँव में स्थित जांभोलाव तालाब, गुरु जाम्भोजी के मंदिर की पायतान तथा ओरण भूमि मुख्यतः तीन भागों में

विभाजित थी—

1. प्रथम भाग– यह भूमि चौधरी खमूजी गीला के पिताजी की खेतीहर भूमि के रूप में थी।

2. द्वितीय एवं तृतीय भाग– ये दोनों भाग स्थानीय जागीरदार के अधिकार क्षेत्र में थे।

चौधरी खमूजी गीला ने धार्मिक आस्था एवं सामाजिक दायित्व का परिचय देते हुए जागीरदार के अधीन दोनों भागों को 300 चाँदी के सिक्कों में क्रय किया। इसके उपरांत उन्होंने तीनों भागों को एकीकृत कर साधु-संतों द्वारा विधिपूर्वक "दूध की धार" दिलवाकर सम्पूर्ण भूमि जांभोलाव तालाब, गुरु जाम्भोजी मंदिर की पायतान तथा ओरण, गुरु जाम्भोजी के नाम समर्पित कर दी। जांबा गाँव में स्थित दोनों प्रमुख आश्रम आथूणी जागा एवं अगूणी जागा के निर्माण हेतु आवश्यक भूमि भी गीला परिवार द्वारा दानस्वरूप प्रदान की गई। वर्तमान में भी मंदिर परिसर में पानी के टांकों के लिए लगभग 3 बीघा भूमि सुरक्षित है, जो गीला परिवार द्वारा मंदिर एवं मेले के उपयोग हेतु छोड़ी गई थी।

19. आजादी के बाद जांबा गांव:- आगे दी गई दोनों फाईलों में आजादी के बाद सन 1948 ईस्वी में जांबा और सांईसर गांव में घटित घटनाक्रमों की प्रमाणिक जानकारी मिलती है:-

क. राजस्थान अभिलेखागार, बीकानेर में मौजूद 41 पृष्ठों की एक विस्तृत फाईल (रि. बीकानेर, PM D.C., ब.नं.20, फा.नं.71) जो कि सन् 1948 ई. में लिपिबद्ध है, इसमें सांईसर गांव के विसनोईयों की गांव के पट्टैदार ठाकुर के पोते भंवर मेघसिंह के खिलाफ दर्ज शिकायत की कार्यवाही का विवरण है। सांईसर गांव के विसनोईयों पर किए जा रहे अत्याचारों की करूण कथा दर्ज है। मारवाड़ रियासत के अधीन गांव जांभा और बीकानेर रियासत के अधीन गांव सांईसर ये दो गांव बीका राठोड़ के वंशज राजवी शाखा के राजपूतों को पट्टे में दिया गया था। पट्टेदार ठाकुर तख्तसिंह जो बुढे हो चुके है तथा उनके पोते भंवर बझर सिंह और भंवर मेघसिंह गांव के विसनोईयों पर जुर्म ज्यादती करते रहते है। मेघसिंह पहले बीकानेर पुलिस में थानेदार रह चुका है तथा वहां से बर्खास्त है। मेघसिंह जांभा के पास के मुसलमानों को लाकर यहां के विसनोईयों पर अत्याचार कराता है। इसके अलावा भी अनेक अमानवीय यातनाओं का जिक्र इसमें किया गया है। इसमें सांईसर गांव के विसनोई रामचंद्र पुत्र सुरा, रामचंद्र पुत्र मोती, बीरबल पुत्र प्रभु, छोगो पुत्र रामु, जीवण पुत्र रामू, लाखा पुत्र समेला, लाखा पुत्र श्रीराम, जीवण पुत्र हरदास, बुधर पुत्र भोमा, मिसरी पुत्र भोमा, उगरा पुत्र गणेशा, रामलाल पुत्र रामचंद, कानू पुत्र समेला, हरभज पुत्र रामू आदि सभी सांईसर गांव के विसनोईयों ने यह शिकायत दर्ज करवाई, जिस संबंध में इस फाईल में विस्तृत विवरण है। इसमें प्रजा सेवक नामक अखबार की कटिंग भी लगाई हुई है जिसका शीर्षक है 'फलौदी परगने में जागीरी अराजकता, पुलिस व हाकिम से भी सांठ गांठ सरहदी गांवों में लाखों की चोरबाजारी, जांभा भंवर के नेतृत्व में जागीरदारों के संगठित गिरोहों द्वारा खुलेआम लुटमार और अग्निकांड। इसमें जांबा भंवर मेघसिंह द्वारा सिंधी मुसलमानों को हथियार देकर जांबा, सांईसर, केलणसर आदि गांवों में लूटपाट करवाने का उल्लेख है।

ख. इस संबंध में एक और फाईल राजस्थान अभिलेखागार, बीकानेर (रि. बीकानेर, C.N. ब.नं.06, फा.नं.15) में मौजूद है जो कि सन् 1948 ई. की एक 26 पृष्ठों की फाईल है। इसमें सांईसर गांव के पट्टेदार ठाकुर तख्तसिंह राजवी के विरूद्ध विसनोईयों की शिकायत का विवरण है। इसमें सांईसर गांव के तत्कालीन समय के विभिन्न करों और अन्य वसूली के संबंध में विस्तृत जानकारी है। इन दोनों फाईलों में आजादी के बाद सन 1948 ईस्वी में जांबा और सांईसर गांव में घटित घटनाक्रमों की प्रमाणिक जानकारी मिलती है।

20. जांभोलाव में लिपिबद्ध ग्रंथ:-

क. गंगारामजी के शिष्य सुरतरामजी द्वारा गांव जांभोलाव में संवत 1858 को 'ग्रंथांक-113' लिपिबद्ध किया गया।

ख. महंत हरकिसनदासजी के शिष्य परसरामजी द्वारा जांभोलाव में साध साहबरामजी की पोथी में से संवत 1884 को 'ग्रंथांक-44' और संवत 1887 को 'ग्रंथांक-32' लिपिबद्ध किया गया।

ग. साधु गोविंदरामजी द्वारा गांव जांभा में संवत 1885 को 'ग्रंथांक-34' लिपिबद्ध किया गया।

घ. हरिकिसनजी:- साध हरकिसनदासजी द्वारा तीर्थ जांभोलाव डेरा में संवत 1887 को 'ग्रंथांक-104' और 'ग्रंथांक-123' लिपिबद्ध किया गया।

ड़. साध सांवलदासजी के शिष्य किसनदासजी द्वारा गांव जांभोलाव में संवत 1909 को 'ग्रंथांक-299' लिपिबद्ध किया गया। यह गुटका गांव रामड़ावास निवासी सगरामजी सोऊ ने लिखवाया था।

च. साध रतनदासजी के शिष्य साध गोविंदरामजी द्वारा जांभोलाव धाम में संवत 1933 को 'ग्रंथांक-225' लिपिबद्ध किया गया, जो कि साध मोतरामजी के शिष्य साध गंगादासजी ने लिखवाया था।

21. मेरा जांभोलाव भ्रमण:- मैं स्वयं (राजकुमार गोदारा विसनोई) जांभोलाव मेले के अवसर पर वहां शोध के उद्देश्य से गया था। वहां जांभोलाव तालाब की पाल पर एक स्मारक था, जिनमें एक नवीन शिलापट्ट लगाई हुई थी। जिस पर गांव धोलासर निवासी जेतारामजी गोदारा के संवत 1618 माघ वदि 14 को गौ रक्षार्थ बलिदान देने का उल्लेख है। इनका जन्म संवत 1607 में होना उत्कीर्ण है, इस हिसाब से 11 वर्ष की आयु में जेतोजी गोदारा ने बलिदान दिया था। (अगर बलिदान संवत 1698 माने तो 91 साल होते है।) स्मारक के आगे कुछ नर नारी हवन कर रहे थे तथा प्रदक्षिणा लगा रहे थे। उनसे पुछने पर ज्ञात हुआ कि यहां पहले चुने और पत्थरों से निर्मित एक जर्जर स्मारक था, जिसे तोड़ कर नया स्मारक बनाया गया है। उपरोक्त जैतारामजी आसुजी गोदारा के वशज थे। आसुजी गोदारा ने विसनोई धर्म अपनाकर पांचला

गांव में निवास किया था। आसुजी गोदारा के वंशज पांचला, धोलासर, धोलिया, जेगला व हाड़ेचा गांव में निवासरत है। उपरोक्त जेताराम जी के स्मारक के पास ही एक नया स्मारक बना हुआ था, इस स्मारक पर कोई लेख नहीं था। एक बुजुर्ग महिला से पुछने पर उन्होंने बताया कि ये थापनों का स्मारक है। पाल के एक छोर पर लाल रंग की एक अश्वारूढ मूर्ति थी। जिस पर लेख था, जिसे मिटा दिया गया। मूर्ति पुरानी थी तथा उनकी जड़ों में चुना व पत्थर डाले हुए थे। उपरोक्त मूर्ति के पास ही एक चुना व पत्थर वाला पॉइंट दिखा, संभवतः किसी समय यहां भी कोई मूर्ति थी। लेकिन वर्तमान में केवल चुने व पत्थर का ढांचा ही बचा था। मंदिर के पास पाल पर दो मूर्तियां लगी हुई है एक संगमरमर की है और एक पीले जैसलमेरी पत्थर की है। इन दोनों मूर्तियों पर लेख लिखा हुआ है। संगमरमर वाली मूर्ति के लेख के अनुसार विक्रम संवत् 1875 को सबलोजी वीरगति को प्राप्त हुए तथा दुसरी पीले पत्थरों वाली मूर्ति पर लेख कटा हुआ था, यह भी इसी वर्ष की है तथा उरजणजी नामक व्यक्ति की है जो कि संभवतः सबलोजी के साथी ही थे। मंदिर के पास जाल वृक्ष विद्यमान है। तांतु पंवार का ननेऊ गांव में ईशरवालों के यहां ससुराल था। उनका एक ग्वाला किसी बात पर नाराज हो गया था, जिन्होने यहां आकर इसी जाल वृक्ष के नीचे फांसी लगाई थी। साहबरामजी राहड़ ने जंभसार में इस जाल की महिमा का भी उल्लेख किया है। पुराने मंदिर को तोड़कर नया मंदिर बनाया है, पुराने मंदिर के अवशेष यहां डाले हुए है। उन अवशेषों में एक शिलालेख मिला, जिनमें संवत् 2000 में मंदिर पर कुछ कार्य करवाने का वर्णन था। साथ ही आकर्षक छज्जे व द्वार आदि भी वहां डाले हुए थे।

5

पीपासर

01. परिचयः- यह गुरु जाम्भोजी का अवतार स्थल है। यह मुकाम से लगभग 10-12 कि.मी. दक्षिण में और नागौर से लगभग 45 कि.मी. उत्तर में है। सम्भराथल पर रहना प्रारम्भ करने से पूर्व तक गुरु जाम्भोजी पीपासर में ही रहते थे।

02. गुरू जाम्भोजी का अवतरण स्थलः- गुरू जाम्भोजी का अवतरण स्थल पीपासर ग्राम माना जाता है, जो विसनोई परंपरा में अत्यंत पवित्र एवं ऐतिहासिक महत्व का केंद्र है। इसी ग्राम में पंवार वंशीय लोहटजी के घर पर माता हंसा खिलेरी के गर्भ से विक्रम संवत् 1508, भाद्रपद वदी 8, सोमवार, कृतिका नक्षत्र में गुरू जाम्भोजी का दिव्य अवतरण हुआ। संत विल्होजी 'कथा औतारपात' में लिखते है कि लोहट जी एक साधारण किसान थे। वे कृषि के साथ-साथ पशुपालन करके मुशिकल से अपना गुजारा करते थे। फिर भी उनका भाग्य बड़ा प्रबल था, क्योंकि उनके घर में गुरू जाम्भोजी ने अवतार लिया था:-

लोहट हल वाहे खेती करै, कोहर सींचण जाय। भाग वडो पुंवार कौ, घर वित छाली गाय।२३

वील्होजी इस कथा में आगे लिखते है कि घर में गाय बकरी आदि पशुधन भी अल्प ही थे तथा संग्रहित धन का अभाव था। जब बारिश होती थी तब अन्न पैदा होता था और अच्छी मेहनत करने पर घर चलाने योग्य धन हो जाता था:-

वित निरतो घरि छाली गाय, गांठी गरथ निरतो थाय। वरसा वरसी निपजै अंन, भली टबाई घर जोगो धंन।२४

जांभाणी साहित्य में गुरू जाम्भोजी के अवतरण का उल्लेख अनेक संत कवियों ने किया है। परमानंदजी बैनिवाल कृत हस्तलिखित ग्रंथ के 'तीन जुगां री वार्ता' नामक प्रसंग में इस घटना का सुस्पष्ट उल्लेख मिलता है:- "पछै संवत 1508 व्रषे मिति भादवा वदि 8 वार सोमवार कृतका नखत श्रीविसनजी गांव पीपासर मधे लोहट पुंवार रे घरे चिरत रूपी प्रगट हुवा पार कणी पायो नहीं।" सुरजनजी पुनिया कृत 'कथा औतार की' में माता हंसा खिलेरी और लोहटजी पंवार का उल्लेख मिलता है:-

खिलेरी कुल वंश निवास, हांसा नांव घरे सुख वास। सांई लोहट घर वर नारी, सुकलीणी सोभा संसारी।

गोकलजी बैनिवाल कृत इंदव छंद के अनुसार गुरू जाम्भोजी का अवतरण दुख-दरिद्रता दूर करने, भक्तों का उद्धार करने और धर्म की स्थापना के लिए हुआ था:-

पीपासर वास परगास भयो, दुख दालिद मेटण आप दई। पति प्रांण आधार पंवार तणौ कुल, आयौ आप अलेख सही।
बिछड़िया बाड़े विगति विसंभर, कोड़िया कारण कोल कियो। हरि हांसा मात सुपात सुपरसण, लोहट घरि अवतार लियो।
जांका पार अपार गिंवार न जांणै, सार सिरजण हार तणी। गुरू सोवन धार प्रगटियो, सिंभू संभराथल सुभियांन धणी।
आकार करण षट बरण निवाजण, भगत उधारण भाव कियो। सोई जन तारण झांभेसर जुग में, आई चक अवतार लियो।१९

हरजी बैनिवाल कृत साखी में गुरु जाम्भोजी के अवतरण को सूर्योदय के समान बताया है, उनके प्रकट होते ही संसार में धर्म रूपी प्रकाश फैल गया:-

गोवल रमतो डावड़ो, कुल पुंवार तणौ परकास। पींपासर परगटियो दई, धरम हुवो उजास।
जाणें रिव उगो सही, माता मन अंणद। पुत्र हुवो कुल पुंवार के, गावै गुण गोविंद।
सरणै राखो सांमजी, हरजी हर की आस। लोहट घरै बधावणां, कुल पुंवार तणौ प्रकास।
पींपासर परगटियो दई, धरम हुवो उजास।५

हरजी बैनिवाल की एक अन्य साखी में भी यही भाव व्यक्त होता है:-

पीपासर परकास कीनो, दई ज्यूं आयो दाय। घर लोहट के अवतरिया, दिया गुरू मोख बताय।

मयारामजी कृत 'अमावस्या कथा' में पीपासर को शुभ सुस्थान बताया गया है:-

ब्रह्मादिक पावै नहीं, अदभुत जांको भेव। पींपासर सौ प्रगटे, द्वादश कारण देव।१४६
सुभ सुथान देवल प्रगट, झंभ देव को धाम। अमावस महमा सहित, कथा करी जू मयाराम।१४७

सीस धरणी धर करत हूं, नमस्कार सौ बार। इष्टदेव मम झंभगुरू, लीला हित अवतार।१४८

माधवानंदजी कृत भजन में पीपासर को "सुर ग्राम" कहा गया है:-

पीपासर सुर गाम, जंभगुरू धाम धारणा धारी। लोहट घर लिया अवतार, बाल ब्रह्मचारी।

साधु जगदीशरामजी कृत भजन में वर्णित है कि गुरू जाम्भोजी के अवतरण से चारों दिशाओं में धर्म का प्रकाश फैल गया था:-

पींपासर प्रकासिया, चौचक हुवो उजास। बारे क्रोड़ जीवा के कारण, आप कलि में आये।२

साधु जगदीशरामजी कृत एक भजन में वर्णित है कि गुरू जाम्भोजी ने अपने वचन पालन के लिए पीपासर में अवतार लिया था:-

पींपासर गुरू लीयो अवतार, वचन पालन आवियो।६

बदरीदासजी कृत भजन में गुरू जाम्भोजी को नर-नारायण अवतार कहा गया है:-

नर नारायण आया मेरे, भगत हेत अवतारी। भोमि भार उतारो स्वामी, वन वन गाया चारी।४

पुरन रूपन रेखा आप निरंजन, आप भये अवतारी। भगवे बाने वाचां दीनी, पीपासर अवतारी।५

साहबरामजी राहड़ कृत साखी में लोहटजी को नंद और हंसा को यशोदा तथा पींपासर को ब्रज भूमि बताते हुए गुरू जाम्भोजी के अवतरण को कृष्णावतार की पुनरावृत्ति के रूप में लिखा गया है:-

लोहट है नन्दराय, जसोदा हांसा भई। मारुस्थल बृजभोम, पींपासर बृज है सई।

पीपासर बृज है सई ने, वचन के प्रतिपाल। कृष्ण कवल के कारणै, गुरु जंभ लियो अवतार।

साहबरामजी राहड़ कृत हरजस में भी यही उल्लेख है:-

नंद जसोदा के हितकारी, वचन के प्रतपारा। पींपासर में भगत बसत है, लोहट जी पुंवारा।२

सतलोक के वासी सतगुरू, आंन लियो अवतारा। धन धन लोहट धन धन हांसा, धन धन भाग हमारा।३

03. पीपासर गांव का कुआ:- जांभाणी साहित्य में पीपासर गाँव के कुएं से जुड़े दो अत्यंत महत्वपूर्ण प्रसंग वर्णित मिलते हैं। पहला प्रसंग गुरु जाम्भोजी के प्रथम उपदेश से संबंधित है, जहाँ उन्होंने इसी स्थल पर खेमनराय पुरोहित को परचा दिया था। दूसरा प्रसंग राव दूदा को परचा देने से जुड़ा है, जिसके माध्यम से गुरु जाम्भोजी ने अपने अलौकिक स्वरूप का परिचय राव दूदा को कराया था।

क. गुरू जांभोजी का प्रथम शब्दोपदेश:- गुरु जाम्भोजी के बाल्यकाल की अलौकिक स्थिति (वे सामान्य बालकों की भाँति वाणी प्रकट नहीं कर रहे थे) ने उनके माता-पिता लोहटजी पंवार और माता हंसा को अत्यंत चिंतित कर रखा था। यह चिंता केवल पारिवारिक ही नहीं, बल्कि गांव स्तर पर भी चर्चा का विषय बन गई थी। साहबरामजी राहड़ कृत जंभसार के 6वें प्रकरण में वर्णित है कि पीपासर में उपस्थित लोगों ने लोहटजी को परामर्श दिया कि वे नागौर जाएँ। उन लोगों ने बताया कि नागौर में एक विद्वान ब्राह्मण रहता है, जिसका नाम खेमनराय पुरोहित है। वह मूलतः पूर्व दिशा के कालपी नगर का निवासी है तथा देवी का प्रत्यक्ष उपासक और तंत्र-मंत्र का सिद्ध पुरुष है। लोगों ने लोहटजी से कहा कि रथ लेकर नागौर जाओ। खेमनराय को किसी भी प्रकार पीपासर लेकर आओ। वह जो भी पारिश्रमिक मांगे, उसे देने का वचन दो। देने में किसी प्रकार का लालच या कंजूसी मत करना। इस प्रकार, लोकमत को स्वीकार करते हुए लोहटजी ने नागौर जाने का निश्चय किया। लोहटजी ने रथ को तैयार किया, भोजन किया और नागौर के लिए प्रस्थान किया। नागौर पहुँचकर उन्होंने लोगों से खेमनराय के निवास के विषय में पूछा। उत्तर मिला कि वे राजद्वार (राजपोल) के पास मिल जाएंगे। यह सुनकर लोहटजी वहाँ पहुँचे, रथ को बाहर छोड़कर स्वयं खेमनराय के पास गए। उन्होंने विनम्रतापूर्वक उनका अभिवादन किया, कुछ भेंट अर्पित की और आदरपूर्वक उन्हें अपने घर चलने का निवेदन किया। लोहटजी ने खेमनराय से कहा कि आप कृपा करके मेरे घर पधारें और हमारे कार्य को पूर्ण करें। आप जो भी भेंट मांगेंगे, हम वह देने के लिए तैयार हैं। यदि मेरा कार्य सफल हो जाता है, तो आज से आप मेरे गुरु होंगे और मैं आपका जजमान बनूँगा। यह सुनकर खेमनराय मुस्कुराए और बोले कि पहले यह तो बताओ कि रोग क्या है? तब लोहटजी ने निवेदन किया कि उनका पुत्र बोलता नहीं है, यद्यपि वह सब समझता और सुनता है। वे चाहते हैं कि वह बालक वाणी प्रकट करे। तब खेमनराय ने स्पष्ट कहा कि मैं इस कार्य के बदले सौ रुपये और दो गायें लूँगा। लोहटजी ने यह शर्त स्वीकार करते हुए कहा कि यदि उनका पुत्र बोलने लगेगा, तो वे यह पारिश्रमिक अवश्य देंगे। इस समझौते को साक्षियों की उपस्थिति में लिखित रूप में भी सुनिश्चित किया गया। समझौता पूर्ण होने के बाद खेमनराय ने अपनी पुस्तकें और सामग्री रथ में रखी और लोहटजी के साथ पीपासर के लिए प्रस्थान किया। ब्राह्मण के पीपासर आगमन के बाद लोहटजी ने विधिपूर्वक उपचार की संपूर्ण व्यवस्था करवाई। प्रातःकाल ही ब्राह्मण को लेकर घर पहुँचे। गोबर से आँगन को लिपवाकर शुद्ध किया गया। आँगन में एक पवित्र चौक बनाया गया। चौमुखा दीप प्रज्वलित किया गया। मध्य में घृत से भरा कलश स्थापित किया गया। रेशमी गद्दी बिछाकर ब्राह्मण के बैठने का आसन तैयार किया गया। ब्राह्मण स्नान करके शुद्ध अवस्था में गद्दी पर बैठा। बालक (गुरु जाम्भोजी) को भूमि पर बिठाया गया। इसके बाद ब्राह्मण ने देव-स्तोत्रों का पाठ आरंभ किया। हाथ में एक तांत्रिक धागा लपेटा। मंत्र-जाप करते हुए अनुष्ठान को आगे बढ़ाया। जैसे-जैसे समय बीतता गया और सूर्य मध्याह्न में पहुँचा, ब्राह्मण ने अपनी क्रियाओं को तीव्र करते हुए लाल आँखें करके बालक को प्रभावित करने का प्रयास किया। फुंफकार करते हुए सिर को जोर-जोर से हिलाया।उड़द के दाने मंत्रोच्चार के साथ बालक पर फेंके। विभिन्न तांत्रिक क्रियाओं द्वारा बालक को बोलने के लिए प्रेरित किया। किन्तु बालक जाम्भोजी पर इन सबका कोई प्रभाव नहीं पड़ा। वे शांत भाव से बैठे रहे। केवल मुस्कुराते और हँसते

रहे। उनके शरीर पर सूर्य के समान तेज प्रकट हो रहा था। यह दृश्य ब्राह्मण के लिए अत्यंत आश्चर्यजनक और असहज करने वाला था। जब सभी प्रयास निष्फल हो गए, तो ब्राह्मण भीतर ही भीतर खिन्न हो गया। अपनी असफलता को स्वीकार करने के स्थान पर उसने एक तर्क प्रस्तुत किया कि इस बालक पर कोई प्रबल देवता अत्यंत क्रोधित है, इसी कारण मेरे मंत्र निष्फल हो गए हैं। यदि यह देवता और अधिक कुपित हो गया, तो मेरी सिद्धि भी नष्ट हो सकती है तथा यहाँ की भेंट और सामग्री भी जल सकती है। जब ब्राह्मण अपनी असफलता को छिपाने के लिए विभिन्न तर्क प्रस्तुत करने लगा, तब गुरु जाम्भोजी ने तत्काल वहाँ से उठकर बाहर की ओर प्रस्थान किया। उनके इस अचानक उठने पर कुछ स्त्री-पुरुष भी उनके पीछे-पीछे चल पड़े। सबसे पहले वे प्रजापति (कुम्हार) के घर गए और वहाँ से एक कच्चा घड़ा लिया। मार्ग में एक घर में कुछ बालिकाएँ सूत कात रही थीं, उनसे उन्होंने एक कुकड़ी (सूत की गठरी) प्राप्त की। गुरु जाम्भोजी ने उस कुकड़ी के सूत को खोलकर, उस धागे से घड़े के मुख को बाँधकर कुएँ में डालकर जल निकाला। उस जल को लाकर दीपकों में डाला। और आश्चर्यजनक रूप से जल से ही दीपक प्रज्वलित हो उठे। यह दृश्य वहाँ उपस्थित सभी लोगों के लिए अद्भुत और अविश्वसनीय था, क्योंकि सामान्यतः दीपक तेल और बत्ती से जलते हैं, जल से नहीं। दीपकों के जलते ही गुरु जाम्भोजी ने ब्राह्मण को संकेत किया कि अब उपचार करो। खेमनराय पुरोहित भय और विस्मय से काँपने लगा। उसने गुरु जाम्भोजी के दिव्य स्वरूप को पहचान लिया था। तत्काल उनके चरणों में गिरकर आत्मसमर्पण कर दिया। उपरोक्त मूल रचना इस प्रकार है:-

कथा एक मैं कहूं सुनाई, गयो नागोर सुनहु जन राई। ब्राह्मण एक रहे नागौरा, देवी बल देख्यौ बहू जोरा।
खेमनराय तास को नामा, पूरब शहर कालपी धामा। जंत्र मंत्र बहु विधि के साधै, देवी कूं प्रतख आराधै।
रथ ले तुम नागोर ही जावो, पूरबियै कूं यहां ले आवो। जो मांगे सो देवणे वरियौ, ल्यावहु चहि लालच मति करियो।
सुनतहि मत जन रथहि सुधारा, करि भोजन नागोर पधारा। पूछिया खेमनराय कहां रहे, राजपौर मां तुम कूं पहहे।
सुन एहु वचन गएउ तेहि पासा, पोर छोड रथ वचन प्रकाशा। स्वागत आगति पूछ बिठाऐ, धर कछु भेट बरहु बतलाए।
कृपा करो मोहि धाम पधारो, जो प्रभु कारज करिहे हमारो। पेहो भेंट कछु कहो सौ करिंहे, पान फूल आगे हम धरिंहे।
एहि विध लोहट विनिये कर, कीनेहु बहु सनमान। जो कारज हमरो भयो, तुम गुरु हम जजमांन।
तब ब्राह्मण बोला वे हंसाई, कहा रोग मोहे देवो बताई। कह लोहट बोलै नहीं लरका, समझे सुणै वचन श्रीनर का।
गुंगहु जतन किया होय कबहूं, बैठेउ रथ चालहु तुम अबहू। कहै ब्राह्मण सुन मेरा भेऊं, सौ रुपिया दोय गायां लेऊं।
कह लोहट इह वचन परवाणां, बोलत बाल लेहु तुम स्याणा। लियेऊ लिखाय गवा करि चालेऊ, पुस्तक पाना रथ में घालेऊ।
बड़ी सबेर चलेउ तेहि लाएऊ, उत्तरे तुरत अंतहपुर आएऊ। गोबर गो करि घर लिंपवावा, आंगण में एक चौक पुरावा।
चौमुखा इक दीप करावा, घृत का कलशा मध्य धरावा। एहि विध सारा साज बनाई, रेशम की गदी बिछवाई।
कर अस्नांन बैठ ता ऊपर, बालक बोल बठाएउ भू पर। देव स्तोत्र पढ़वेउ लागा, कर लपेटेउ कछु एक तागा।
जाप करत रवि आएउ मध्यानां, लाल आंख करि प्रभु बतलाना। फूंफूं करहे सीस बहू धुनहे, लएऊ उड़द फेंकहि चुन चुनिहे।
बालक बोलि न मुसकनि हंसहे, रवि सम तेज बदन पर लसहे। ब्राह्मण मनहिं गएउ खिसियाई, तब बोला कछु वचन बनाई।
एहि पर देव जबर कोउ रूसा, तातै मंत्र गएउ मोरे छूछा। मोरे जतन बाल नहीं बोलही, कोपेउ देव हमे सब तोलहीं।
एहि कहि राखेउ निज सिधाई, भेंट भिस्तरा सकल जराई। पूरण ब्रिह्म सुनेउ यह वचना, जानेऊ खूब कपट किहु रचना।
उठेउ तुरंत बाहर कऊं ध्यावा, कछु नर नारी लारइ आवा। प्रथम गएउ प्रजापति ग्रेह्मा, कच्चा करवा लीनेहु तेहा।
कात रही इक घर बहु बाला, लिवी कुकड़ी जम्भ कृपाला। बैठे दूकंत खोल तेहि तागा, करवै के मुख बांधण लागा।
बांधि ताहि छिन कूप उसारा, लाये जल दीपक में डाला। चुटकिन दीपक दयेऊ जलाई, करेहु सेन बोलावहू भाई।
तब ही खेमन मन में कंपेऊ, गुरू जान हरी चरनन चंपेऊ।

विल्होजी कृत 'कथा औतारपात' के अनुसार यह ब्राह्मण मोहिनी मंत्र और विविध तांत्रिक विधाओं का ज्ञाता था। श्मशान में साधना करता था। बिना बैलों के भी गाड़ी चलाने जैसी कई चमत्कारिक क्रियाएँ दिखाता था। अपनी विद्या के प्रभाव से सामान्य लोगों को प्रभावित कर लेता था। उसकी इन सिद्धियों के कारण लोग उसे अत्यंत मान्यता देते थे और उसकी बातों पर विश्वास करते थे। जब इस ब्राह्मण की ख्याति फैली, तो लोगों ने लोहटजी और माता हंसा तक भी उसकी चर्चा पहुँचाई। यह सुनकर लोहटजी ने उस ब्राह्मण को बुलवाया, इस आशा से कि शायद वह उनके बालक (गुरु जाम्भोजी) की वाणी प्रकट कर सके। ब्राह्मण के सामने लोहटजी ने स्पष्ट शर्त रखी कि यदि यह बालक पूर्ण रूप से स्वस्थ हो जाए, नियमित रूप से भोजन करने लगे (पांच वक्त भोजन करे) और जैसे हम बोलते हैं वैसे ही बोलने लगे, तो मैं तुम्हें बधाई स्वरूप एक गाय दूँगा। ब्राह्मण ने सबसे पहले एक पटड़ा मंगवाकर उस पर बालक जाम्भोजी को बैठाया। तत्पश्चात मंत्रोच्चार करते हुए जल तैयार किया। उसी मंत्रयुक्त जल से बालक को स्नान कराया। किन्तु इस पूरे अनुष्ठान के दौरान बालक जाम्भोजी शांत भाव से मुस्कुराते रहे। यह देखकर ब्राह्मण असमंजस में पड़ गया, क्योंकि उसे वास्तविकता की पहचान नहीं थी। इसके बाद ब्राह्मण ने अग्नि प्रज्वलित कर उपस्थित स्त्री-पुरुषों को एकत्र बैठाया। बालक को समीप बिठाकर होम (हवन) आरंभ किया। अनुष्ठान को प्रभावशाली बनाने के लिए उसने विशेष सामग्री की व्यवस्था की। कुम्हार से 64 छिद्रों वाला एक घड़ा बनवाया, 108 चौमुखे दीपक तैयार करवाए। शनिवार के बीतने के बाद,

अगली रात्रि को ब्राह्मण ने दीपकों में तेल और रूई (बत्ती) डाली। विधिपूर्वक उन्हें प्रज्वलित करने का प्रयास किया। किन्तु आश्चर्यजनक रूप से एक भी दीपक नहीं जला। ब्राह्मण ने मुहूर्त और अन्य कारणों का निरीक्षण किया और अंततः यह कहकर अपनी असफलता का कारण बताया कि बालक को स्नान नहीं कराया गया, इसलिए मंत्र प्रभावी नहीं हो रहे। इस पर बालक जाम्भोजी ने स्पष्ट और निर्भीक शब्दों में कहा कि हे मूर्ख ब्राह्मण! इतना झूठ क्यों बोलते हो? अभी थोड़ी देर पहले ही स्नान कराया गया है। यदि सत्य बोलोगे तो जीवन सफल होगा, और झूठ बोलने से पाप ही बढ़ेगा। जो स्वयं असत्य बोलता है, वह किसी अन्य का उपचार कैसे कर सकता है? उन्होंने आगे तर्कपूर्ण ढंग से कहा कि सत्य और असत्य का विवेक तुम्हें नहीं है। सच्ची वाणी का ज्ञान नहीं रखते। पत्थर से हीरे को नहीं तोला जा सकता है। जो व्यक्ति तंत्र-मंत्र आदि कुछ नहीं जानता वो भी दीपक जला देता है क्योंकि दीपक तेल और रूई से जलते है मंत्र से नहीं। यदि जल से दीपक जले, तभी मैं उसे मंत्र की सिद्धि मानूँगा। यह अद्भुत वाणी सुनकर ब्राह्मण आश्चर्यचकित हो गया और लोहटजी से पूछा कि यह बालक ऐसा कैसे बोलता है? मेरे मन की बात का उत्तर यह कैसे जान लेता है? लोहटजी ने उत्तर दिया कि हम स्वयं भी इसकी अवस्था को नहीं समझ पा रहे हैं, इसी कारण तुम्हें बुलाया था। किंतु तुमसे भी कुछ नहीं हुआ। ब्राह्मण ने अपनी स्थिति स्पष्ट करते हुए कहा कि यदि दीपक जल जाएँ, तो मेरे तंत्र-मंत्र प्रभावी होंगे; अन्यथा नहीं। इस पर गुरु जाम्भोजी ने आत्मविश्वासपूर्वक उत्तर दिया कि यदि दीपक जलने से मेरा उपचार हो सकता है, तो मैं उन्हें जलाकर दिखाऊँगा। परंतु उसके बाद अपनी बात से विमुख मत हो जाना। गुरु जाम्भोजी ने ब्राह्मण द्वारा रचित जटिल तांत्रिक व्यवस्था को एक ओर रख दिया। चौमुखे दीपकों और विशेष घड़े को अलग कर दिया। स्वयं मिट्टी का साधारण घड़ा तैयार किया। चौमुखे दीपकों में जल डालकर अग्नि लगाई। और उसी क्षण दीपक प्रज्वलित हो उठे। यह दृश्य समस्त उपस्थित जनों के लिए अद्भुत था। इस घटना को देखकर पांडे (ब्राह्मण) हक्का-बक्का रह गया। उसका समस्त गर्व और अहंकार समाप्त हो गया। उसने गुरु जाम्भोजी को 'अगम पुरुष' के रूप में पहचान लिया। उसने लोहटजी और माता हंसा से कहा कि यह कोई सामान्य बालक नहीं, बल्कि दिव्य अवतार हैं। इसके पश्चात् गुरु जाम्भोजी ने लोहटजी से कहा कि आप इस पंडित को गाय दोगे या नहीं? संकल्प करके उसे अधूरा नहीं छोड़ना चाहिए। लोहटजी ने उत्तर दिया कि वचन यह था कि यदि यह पंडित तुम्हें ठीक कर देगा और पाँच वक्त भोजन करवाएगा, तभी गाय दी जाएगी। इस पर गुरु जाम्भोजी ने अत्यंत गूढ़ और मानवीय दृष्टिकोण प्रस्तुत किया कि इसमें पांडे का कोई दोष नहीं है, उसने अपना प्रयास तो किया है। इसके भाव को देखो, यह विश्वास लेकर आया था कि बालक ठीक हो जाएगा। जो व्यक्ति ऐसी भावना लेकर आता है, उसे निराश नहीं करना चाहिए। उन्होंने स्पष्ट कहा लोहटजी, इनकार मत करो। इस पांडे को एक गाय अवश्य दो। गुरु जाम्भोजी के आदेशानुसार लोहटजी ने पांडे को एक गाय दान में दी। इस प्रकार संकल्प की मर्यादा पूर्ण की गई। इसके बाद गुरु जाम्भोजी वहाँ से वन (जंगल) की ओर चले गए। उपरोक्त प्रसंग की मूल रचना इस प्रकार है:-

बांभण एक कहीजै जांण, जांणै मंत्र मोहणी विवांण। बैसै जाय मुसाणां तीर, विरोटियौ चलावै वीर।१०१
विणि बलदां पोहण चलावै, विदिया बलि दुनिया भोलावै। लोग करै बांभण की मानि, लोहट हांसा सुणियो कानि।१०२
सोई बांभण ज्याण्यौ जाय, करै उमेद पिता और माय। जे औ बालक सारौ होय, दियां बधाई पांडे तोय।१०३
पांच टांक जे जीमे अंन, तोर पतीजै म्हारो मंन। ज्यौं म्हे बोलां ऊं बोलाय, दिया बधाई पांडे गाय।१०४
बांभण आण्यौ पाटड़ौ, जिंह बालक बैसाय। पढ़ पढ़ पांणी पांडियौ, सो बालकौ न्हवाय।१०५
बालक मुख मुलकै हरसाय, देख्यौ पांडे पड़ियो विपाय। सार साजै वदी करै, परिख न जाणै खोटै खरै।१०६
विप्र बैठो वासदे जगाय, नर नारी मिलि बैठा आय। मांडियो होम करै रहरासि, बालक आणि बैठायो पासि।१०७
चौसट नाला एक वाहड़ौ, कियो कुंभार घड़ायौ घड़ौ। अठोतरिये सै चुखडंडी, किवी कुंभार घड़ाई घुंडी।१०८
वसंदर आंण्यौ तेणि मांय, विप्र आंण बैठो तिणि ठांय। थावर वरति आई सिव राति , पांडे तेल मंगावै वाति।१०९
तेल ठव्यो चौखड़िये घाति, चौखंडी नाला मंडि वाति। वाति वाति वसंदर देव, दिवा जगै न करही खेव।११०
देखै निरखै पांडियौ, सकल स महुरति जोय। देह नुहायौ बालको, मंत्र न लागै कोय।१११
देव कहै बांभण सुंण मूढ़, अतरौ क्यौं बोलीजै कूड़। थोड़ी दा नुहायौ थयौ, तिंह न देहुं नुहायौ कह्यौ।११२
जलम सुफल जे वाचा सार, कुड़ौ बोलै जीव नै भार। कुड़ो बोलै मुखि वावरै, गहलो सारो किणि विधि करै।११३
साच झूठ की सुधि न लहो, लो हर छांनै दिवा कहौ। साची बांण न जांणौ बोलि, पांहण सेती हीर न तोलि।११४
पांडे जके न जांणे चेटक तंत, भणै गुंणै न जांणै मंत। चाल न जाणैं विरोटीया, सेई तेल रूई जगावै दीया।११५
तेल रूई दीवा जगै, मंत्र दीवा न जांणि। जल रूई दीवा जगै, सोई मंत्र प्रवाणि।११६
जांणी कहावै पांडे, इचरज देखि विचार। सतगुरु सार न जांणही, जांणै लोकाचार।११७
पांडे लोहट नै पुछाय, ओह बालक ऊं क्यों बोलाय। आखर कहूं अपूठौ लिय, तिंह आखर कौ उतर दीय।११८
लोहट कहै म्हां उणति घणी, विथा न लाभै बालक तणी। तिंह कारण तुह आण्यौ जाय, तै हथै पांडे सरी न काय।११९
पांडे कहै जे दीवा जगै, तंत्र मंत्र म्हारा सह लगै। दीवा जगै न दीसै लोय, म्हारौ मंत्र न लागै कोय।१२०
देव कहै दीवा जगै, सारौ करिस्यै मोय। दीवा सजल जगायस्यौ, पांडे विमुख न होय।१२१

चौखंडी नाला मेल्हिया दूरी, मलिय माटी आणी हजूरि। आणी माटी मांडियो घाट, चौखंडी नाला पाणी घात।१२२
वसंदर नै दीन्हुं हुवौ, जगै वसंदर सहचनण हुवौ। दीठौ किसन चिलत परवांण, गरब गलिया पांडे का मांण।१२३
पांडे आकल वाकल थाय, अगम पुरिख अवतरियो आय। जिंह की सदा निरोतरि वाच, विप्र पतिनुं दीठो साच।१२४
लोहट धोखौ मने निवार, मिनख न पूछी इणि संसार। हांसा मनि उणी मत जाय, अगम पुरिख अवतरियौ आय।१२५
देवजी लोहट ने कहै, कियौ कवल संभालि। संकलप उदकि न राखियै, गाय दियो क टालि।१२६
लोहट कहे इहकौ कवल चितारौ, जे पांडे तोहि करसी सारौ। पांच टांक जै अन्न जिमाय, तो पांडे नै दीजै गाय।१२७
कारी तौ क्रम सारी होय, पांडे दोस न दीजै कोय। इह पांडे को भाव विचारौ, जाण्यो होयसी बालक सारौ।१२८
ऐसौ भाव करि आवे आस, सो क्यौं करि मेल्हियै निरास। लोहट ना नु जीव न कीजै, एह पांडे नै गाय एक दीजै।१२९
देव पांडे नै गाय दिराई, आप रह्यो जंगली थलि जाई।

सुरजनजी पुनियां कृत 'कथा औतार की' के अनुसार लोहटजी और माता हंसा अपने बालक को स्नेहपूर्वक हृदय से लगाए रखते थे, किंतु उसकी अवस्था को समझ पाने में असमर्थ थे। बालक की यह स्थिति उनके लिए एक गहन रहस्य बनी हुई थी कि यह बालक किस प्रकार की अवस्था में है, इसका कोई भी सही ज्ञान नहीं कर पा रहा था। जब गांव में इस विषय की चर्चा बढ़ी, तो लोगों ने लोहटजी को सुझाव दिया कि नागौर में एक विद्वान पंडित निवास करता है, जिसे अन्य पंडित भी सम्मान देते हैं। वह ज्ञानी पुरुष इस प्रकार की समस्याओं का समाधान करने में समर्थ माना जाता था। लोगों ने कहा कि उस पंडित को पीपासर ले आओ, वह निश्चित ही बालक का उपचार कर सकेगा। यह सुनकर लोहटजी ने उस उपाय को अपनाने का निश्चय किया। लोहटजी नागौर गए और उस पंडित को अपने साथ पीपासर लाने हेतु तैयार किया। उन्होंने पंडित से वायदा किया कि यदि उनका बालक स्वस्थ हो जाता है, तो वे उसे बधाई स्वरूप एक दुधारू गाय प्रदान करेंगे। सुरजनजी पुनियां संकेत देते हैं कि पंडित के पीपासर आगमन के बाद की घटनाएँ अत्यंत महत्वपूर्ण हैं, जिनका विस्तृत वर्णन वील्होजी ने भी अपनी रचना में किया है। पंडित ने अपनी सिद्धि प्रदर्शित करने के उद्देश्य से एक विस्तृत तांत्रिक व्यवस्था की। 108 दीपकों का निर्माण करवाया। चौसठ छिद्रों वाला एक विशेष घड़ा बनवाया। इन सभी को विधिपूर्वक अग्नि में पकवाया। घड़े में जल भरकर उसे अनुष्ठान के केंद्र में स्थापित किया। अनुष्ठान के क्रम में पंडित ने मंत्रोच्चार प्रारंभ किया।गुरु जाम्भोजी को स्नान कराया गया। दीपकों में तेल और बत्तियाँ लगाई गई। विधिपूर्वक दीपक प्रज्वलित करने का प्रयास किया गया। किन्तु आश्चर्यजनक रूप से दीपकों में तेल और बत्ती होने के बावजूद जैसे ही अग्नि लगाई जाती, वह बुझ जाती है। कोई भी दीपक स्थिर रूप से प्रज्वलित नहीं हो पाया। यह दृश्य वहाँ उपस्थित सभी लोगों के लिए अत्यंत विस्मयकारी था। दीपकों के न जलने पर पंडित गहरे विचार में पड़ गया कि तेल और बत्ती होने पर भी दीपक क्यों नहीं जल रहे? ऐसा आश्चर्य न कभी सुना, न देखा। अंततः उसने यह निष्कर्ष निकाला कि जब तक दीपक प्रज्वलित नहीं होंगे, तब तक मंत्रों का प्रभाव भी नहीं होगा। इस स्थिति में गुरु जाम्भोजी ने अत्यंत स्पष्ट और गूढ़ वचन कहा कि हे पंडित! धोखा मत करना। मैं इन दीपकों को जल से प्रज्वलित कर दूँगा। उन्होंने आगे यह भी कहा कि तुमने जंतर-मंतर तो पढ़े हैं, परंतु आत्मतत्त्व का ज्ञान प्राप्त नहीं किया। तेल से दीपक तो सामान्य संसार जलाता है, किंतु सतगुरु जल से भी ज्योति प्रज्वलित कर देते हैं। गुरु जाम्भोजी ने कच्ची मिट्टी मंगवाई। उससे 108 दीपक बनवाए। उन दीपकों में जल भरवाया। जब बालक जाम्भोजी ने आदेश (हुक्म) दिया तब दीपकों में अग्नि प्रज्वलित हो उठी। इस अद्भुत दृश्य को देखकर समस्त उपस्थित जनसमूह अचंभित रह गया। इस घटना को देखकर पांडे (ब्राह्मण) गहरे विचार में पड़ गया और उसने अनुभव किया कि यह कोई साधारण बालक नहीं, बल्कि दिव्य स्वरूप है। यह "अगम पुरुष" का अवतरण है। इनसे अधिक ज्ञानी और समझदार कोई नहीं है। उसने अपनी समस्त विद्या और अहंकार को त्याग दिया। गुरु जाम्भोजी के चरणों में गिरकर आत्मसमर्पण कर दिया। गुरु जाम्भोजी ने ब्राह्मण को कहा कि तेरी मेहनत व्यर्थ नहीं जाएगी, मैं तुझे एक गाय दिलवाता हूँ। इसके बाद उन्होंने लोहटजी को संबोधित करते हुए कहा कि यह ब्राह्मण आशा लेकर आया है, इसे निराश नहीं करना चाहिए। गुरु जाम्भोजी के वचनों का सम्मान करते हुए लोहटजी ने ब्राह्मण को एक दुधारू गाय प्रदान की। मूल रचना इस प्रकार है:-

लोहट हांसा देव ने, लिया अंगि लगाय। इंह बालक किसी विथा, कोय न जाणे साय।३३
पंडत एक वसे नागौर, तिसकुं पिंडत पुछे ओर। लोहट सुणे सुणावे लोय, बालक सारो करीसी सोय।३४
लोहट पांडे नै ले आय, वले बधाई धीणो गाय। वील्ह कथा में कह्यो विचार, घरि आये को सुणो विचार।३५
अठोतरि दिवा उतराय, करवे चोस्ट नाल कराय। वसंदर मां खरा कराय, दितवार को नांव धराय।३६
करवे जल पुरायो जोय, पांडे मंत्र पढे संजोय। कदा सतगुरू ने नहुवाय, दिवां दिज वाति चड़ाय।३७
मंत्र करत पांडियो, सभ देखे संसार। वसंदर दिवा दीय, गुरूवर जहां हाथ पसार।३८
तेल वाति सार ठहराय, वसंदर परठे बुझ जाय। क्यों ही जोति न होई धार, पांडे मन मां करे विचार।३९
तेल वाति तां जोति न होय, असो अचंभो सुण्यो न कोय। जब लग दीवां जोति न होय, तो लग मंत्र लागे न कोय।४०
देव छंद हुवो को आज, पांडे मंत्र भयो अकाज। लोहट क्रम दीसे संसार, मंत्र की गति कुण विचार।४१
दीवा जगै दीसे जे लोय, बालक सारो करि द्यों तोय। जदि सतगुरू बोले सुर बाणी, पांडे धोखो मने न आणी।४२

दीवां देस्यों जल जगाय, छह दरसण की साख बुलाय। जंतर मंतर पढिया, करी वीरां को साथ।
पांडे आतम तंत को, ग्यान न आयो हाथ।४३
दीवां जगावे सोह संसार, सतगुरू जोति करे जल धार। काची माटी लई मंगाय, अठोतरी करी ठहराय।४४
जामां जल पुरायो जास, ती सतगुरू की बंदु आस। बालक हुकम कियो तिणी वार, जगि वसंदर हुवो तियार।४५
जल मां जोति परगटी जोय, दुनियां रही अचंभे होय। पांडे मन मां देखि विचार, देव छंद कोई संसार।४६
वीरोटियो लोहट सुं समझाय, अगम पुरिख अवतरियो आय। इंह ते स्याणो नांही कोय, जिंह की वाच निरोतरी होय।४७
विद्या वेद वहाय के, पिंडत लगो पाय। किसन चिरत परि देखि के, चरण रह्यो लिपटाय।४८
सतगुरू पिंडत ने समझाय, मसकति तेरी दियो में गाय। तदि हरी लोहट निकट हकारे, दया रूप होय सबद उचारे।४९
व्रहामण घरी आयो करी आस, सो क्यों आसा जाय निरास। लोहट हरि की मानी कही, वाग विण एक धीणो दई।५०

सुरजनजी पुनियां कृत 'कथा परसिध' के अनुसार ब्राह्मण ने पूर्ण तैयारी के साथ दीपक जलाने का प्रयास किया, किन्तु वह सफल नहीं हुआ। तब गुरु जाम्भोजी ने कच्ची मिट्टी के पात्र में जल भरकर दीपक प्रज्वलित किए:-

आवे रिजक उमेद करि, तेल बाति करि त्यार। विपर जगावे वासदे, वरजे सिरजण हार।।
काची माटी कारवी, छलिया जलहर छाण। विणि वसंदरि चांदिणो, जगिया जिंह परवाण।।
धेन विपर धरि धारणी, सिध मेटियो समाध। गुरू कहे गति सांभली, सतगुरू सबद अग्याध।।

परमानंदजी बैनिवाल कृत साखी में इस घटना को बाल-लीला के रूप में प्रस्तुत करते हैं:-

धर ऊपर जीवां धणी नै, बाल चरित अपार। काचे करवे नीर राख्यो, जोगी मानी हार।।
दीवा सजल जगाविया, बाल चरित अपार। अनेक स्याणा हार चाल्या, कथा सुणी करतार।।

सेवादासजी कृत इंदव छंद में ब्राह्मण के असफल प्रयासों को उकेरा गया हैं:-

हांसल दे कहै, एक जोतकी सयांनो सुन्यौ। लौहट सनेसो दियो, दिज वर आए है।।
आगनौ लिपाय कर, चौसट सै मंगाय दीया। घ्रत सुं सजौयां पीछै, बतियां ले धरे है।
सिनांन संपारा कर, धुंवा फुंकौ करे जोतसी। दीपग जरत नही, जोर काहां करे है।।

माधोदासजी कृत भजन में इस घटना को गुरु जाम्भोजी का प्रथम परचा माना गया है:-

प्रथम परचा जो दिया गरू, ब्राह्मण को परचाय। गुरू ग्यान शिक्षा दिवी, पापीक नेम छुड़ाय।।

परमानंदजी बैनिवाल कृत हस्तलिखित ग्रंथ में लिपिबद्ध 'सबदवाणी' के प्रथम सबद का गद्य प्रसंग इस प्रकार है:- "काचे करवे नीर राख्यो। काची माटी का दिवटिया कराय जां मांही पाणी घतायो। हुकम सुं दिया जगाया। बांभण ने परचो दिखाल्यो। ते समै श्रीवायक कह्यो- गुरू चीन्हो गुरू चीन्ह पिरोहित........। विक्रम संवत् 1877 को विष्णुदासजी के शिष्य पीताम्बरदासजी द्वारा लिपिकृत 'ग्रंथांक 112' में सबदवाणी के 120 सबदों के पद्य प्रसंग दिए हुए है। जिनमें प्रथम सबद के पद्य प्रसंग में इसका उल्लेख है:-

चौमुखा बनाय करि, पलीतो दियो सवार। बो जगावे बे बुझे, बुझत न लागे वार।४
सिर धुने फू फू करे, बहुता करे परग्यान। झंभ गरू तब बोलिया, सुण रे मुढ अंजान।५
काचे करवे जल राख्यो, सबदे जगाया दीप। बांभण को परचो दियो, ऐसो अचरज कीप।६
जो बुझ्यो सोई कह्यो, अलख लखायो भेव। धापो सब गमाय के, जद सबद कह्यो झंभ देव।७

ख. दुदे को परचा देना:- साहबरामजी राहड़ कृत जंभसार के छठे प्रकरण के अनुसार मेड़ता नगर में राजा बरसिंह का राज्य था। उनका छोटा भाई दूदा जोधावत ईश्वर-भक्त और धर्मनिष्ठ था। किसी कारणवश राजा बरसिंह उससे कुपित हो गए और उसे देश-निकाला दे दिया। दूदा अपने लश्कर सहित यात्रा करते हुए तीसरे पड़ाव पर पीपासर पहुँचा और गाँव के कुएँ के पास खेजड़ी के वृक्ष तले अपना तंबू लगाया। वहाँ दूदे ने एक अद्भुत दृश्य देखा कि गुरु जाम्भोजी पशुओं को कुएँ पर पानी पिला रहे थे, वे जितनी संख्या में पशुओं को बुलाते, उतने ही पशु आते थे। शेष पशु आज्ञा का पालन करते हुए अलग खड़े रहते थे। जैसे कहते कि सोलह भैंस भेज दो, तो ठीक सोलह भैंसें आतीं। बीस भैंसें, तो केवल बीस ही आतीं, अन्य दूर खड़ी रहतीं थी। इसी प्रकार गाय, बैल, बकरी और बछड़े भी गुरु जाम्भोजी को प्रणाम कर उनकी आज्ञा का पूर्ण पालन करते थे। यह देखकर दूदे के मन में गहरा आश्चर्य उत्पन्न हुआ और उसने विचार किया कि यह कोई साधारण बालक नहीं, अवश्य ही दिव्य अवतार है। दूदा ने मन ही मन निश्चय किया कि इस दिव्य पुरुष के निकट जाकर उनसे संवाद करना चाहिए। जब गुरु जाम्भोजी पशुओं को लेकर आगे बढ़े, तब दूदा घोड़े पर सवार होकर उनके पीछे चला। किन्तु जितना वह निकट जाने का प्रयास करते, उतनी ही दूरी बढ़ती जाती थी। तीन कोस तक पीछा करने पर भी वह निकट नहीं पहुँच सके। तब उसे बोध हुआ कि जिसे वेद, श्रुति और स्मृतियाँ 'नेति-नेति' कहकर भी नहीं पा सकीं, उसे मैं साधारण मनुष्य पकड़ना चाहता हूँ। यह विचार आते ही दूदा घोड़े से उतर गया, हाथ जोड़कर विनम्र भाव से आगे बढ़ा।तभी उसने देखा कि संभराथल पर गुरु जाम्भोजी भगवा वेश में विराजमान हैं। दूदा ने उनके चरणों में प्रणाम कर कहा कि आप तीनों लोकों के नायक हैं, मेरी मनोकामना पूर्ण करें। गुरु जाम्भोजी ने दूदा से कहा कि तुम वापस जाओ, मैंने तुम्हें मेड़ता राज्य प्रदान किया है। राज

करो और हरि-गुण गाओ। तब दूदा ने तलवार गुरू जांभोजी के चरणों में रखते हुए कहा कि उनको अपमानित करके देश निकाला दिया गया है, तब गुरु जाम्भोजी ने फिर से कहा कि तुम वापस जाओ, तुमको मेड़ता का राज्य मिल जाएगा। लेकिन दुदे को विश्वास नहीं हुआ। उन्होंने कहा कि मेरे ऊपर राजा बहुत कुपित है, अगर आप साथ चलो तो मैं वापस जाऊं। तब गुरू जांभोजी उन्हें आगे की घटनाओं का पूर्वकथन करते हुए कहते है कि नागौर के उत्तर द्वार पर दो सोनवी घोड़ी लेकर सिद्धि आएगी, जब तुम्हे घोड़ी मिल जाएगी, तब सिद्धि वापस अपने लोक को चली जाएगी। तुम उन घोड़ी को ले जाना। फिर आगे जाकर मूंडवा गांव में पड़ाव करना, वहां पर चार चरू (घड़े) धन से भरे मिलेंगे। इसको तुम मेरा दूसरा परचा मानना। तुम्हे लेने के लिए लोग सम्मुख आएंगे। क्योंकि राजा बरसिंह की काले नाग के डसने से मृत्यु हो जाएगी। और मेड़ता का राज्य तुम्हे पुनः प्राप्त होगा। लेकिन फिर भी दूदा का मन पूर्णतः संतुष्ट नहीं हुआ। उसने अपनी पगड़ी उतारकर गुरु के चरणों में रखी। तब गुरु जाम्भोजी ने उसके सिर पर हाथ रखकर उसे अपना भेष प्रदान किया। तभी चरणों में रखी हुई दूदे की तलवार की मूंठ लकड़ी की हो गई। तब दुदे का भ्रम निवारण हो गया। गुरू जांभोजी ने यह तलवार दुदे को सौंपते हुए कहा कि जब तक तुम इस भेष और तलवार को धारण करोगे, तुम्हारा राज्य अचल रहेगा:-

शहर मेड़तो मथुरा बाजे, बरसंगजी राजा तहि राजै। लघु भ्राता दुदो जोधावत, महा भक्त ईश्वर कूं ध्यावत।
तेहि पर कोप भएउ बड़ भ्राता, देश निकालेउ लहसकर साथा। तीसरि मंजल आएउ पींपासर, कुवै उतरेउ आय सकल दर।
त्रेता तुलछी तर तंबु राजै, करत पाठ नित नेमनि काजे। तहिं देखेउ इक अजब तमाशा, साहब जन तेहि चरत प्रकाशा।
सोला भैंस भेज दे भाई, कहतेई स्पात खेल पर आई। पय पी तुरंत भई तेउ दूरी, बीस भैंस आवण दे पूरी।
बीस गई और निकट न जावै, अज्ञा सेती अलग रहावै। एहि विधि गाय एहि विधि बैलहि, एहि विधि अजा बाछड़ु सै जहि।
सबहिं ज्यानवर सीस नवावहि, हिरदे मन अचरज अति आवहि। हिरदै देख्यो नैन पसारा, इहै बाल नहीं है अवतारा।
मन में हरष बहुत विधि धरिहे, सक्ति पूज हरि सेवा करिहे। ग्वाल आय करहे अरदासा, पशु ज्यानवर बैठेउ पासा।
हंस कर ग्वाल गुरू बतलाया, छाली तिसी पशु सब पाया। सिरजणहारे कह्यो सुणाई, अजिया उठो पियो जल जाई।
छाली सकल इखठी रहही, मावै खेल जती तहें जहई। देख दुदहि भएउ अचरिज, पशुवां परमेश्वर लयौ।
एहि चरत देख अपार अविभूत, दूदहि मन बहु सुख भयो। कर तुरंत पूजा झटपट, संगियन सेन इम कहयो।
कहेऊ जाकर कसेऊ पाखर, चढ ताजी चाबुख लयो। पशुवां परमेसुर लह्यो, भगवत भंगवैं भेस।
बैठा रहिया बाकरा, दूदो करे अंदेश। जल पीवे कहियै खड़ चरहे, पशु सकल अज्ञा संचरहे।
जास तणौं करियै नित जापा, हिरदै यूं जाण्यो प्रतापा। हिरदै यूं जाण्यों प्रतापा, पुन्य पूरबलै मिलियो दाता।
इतनई पशु सकल उछरिया, चले जंभ कांधे कांबरिया। चढ़ अश्व दूदे इम जाणा, जाय इकंत करहुं बतलाना।
आगे जंभ दूदो जन पाछै, घोड़ी लेर हांक दई आछै। छेती उतनी ही नहीं भाजे, छेड़ेउ घोड़ी मिलिबेहि काजै।
रस रस छेती पड़ती जावै, तर तर देव दूर दरसावै। तब चाबख मारसी बड जोधा, मारहि छलंगू करहि बड क्रोधा।
एहि विधि कोस तीन चल गएऊ, पहुंचे नहीं सोच बड भएऊ। तब दूदै मन कीन विचारा, है कोउ जगत सिरजणैं हारा।
निगमागम श्रुति स्मृति गावे, नैएति नैएति कहै सकल सुनावे। तेहि नहीं पावहि इन करि पारा, गहे चहूं मैं असल गैंवारा।
एहि जिंये जान तरे उतरेउ, जोड़ी खोल पावरे धरेऊ। खोलि अंगोछो कर दोय बांधेउ, दिखसी प्रभू नजीकहि जांदेउ।
खेछहिं घोडी कछुवक भाजे, समराथल पर पुरष बिराजे। भगवत देखेउ भगवे भेसा, दुदे आन कियेउ आदेसा।
कर जोड़े दूदो इम कहही, तीन लोक के नायक अहहीं। मो अपरंपर पुरो आसा, पारब्रिहा करजै प्रकासा।
जभ कह आवो दूद नरेशा, आएऊ जंभ परम परमेशा। जंभ गुरू तब वचन प्रकाशा, क्यूं राजिन्द्र भएउ उदासा।
मो अपरंपर पुरहु आसा, पारब्रिहा जद करूं प्रकाशा। श्याम कहे पाछो कर मतो, मया करि दीन्हो मेड़तो।
तब आगै मेल्ही तरवारा, दुदो अरज करे निरधारा। लीन्यों मेड़तो मुंह कर कालो, दियो राज मोहे देश निकालो।
कहै जंभ पाछा तुम जावो, करो राज हरि गुण गावो। मो ऊपर कोप्यों नृप भारी, कर पकड़ावो चलो मुरारी।
कहै जंभ तुम उलटा जावहूं, घोड़ी दोय सोनवीं आवहुं। नागोवाड़ उतर दरवाजे, ता पर सिद्धि होय विराजै।
जब घोड़ी तौहे मिलि जावे, सिद्धि अपने लोक सिधावै। घोड़ी तुम ले लीज्यो भाई, मो भक्ति तुम करो सदाई।
करहू पड़ाव मूंडवे जाई, तम्बू गाडेउ सहज सुभाई। ठोकत मेख देत धन धोरा, दूसर परचा मानहुं मोरा।
चरु च्यार आपस में जुरिया, मोहर रुपया तामै भरिया। पावहु वचन मानहुं प्रवाना, सनमुख लेन अहही अगवाना।
वरसंग डसिंयेऊ श्याम भवंगा, लहसकर लिय जाहू एहि संगा। असे वचन कहे गुर पीरा, हिरदे मन कछु भई न धीरा।
पाघ मेल्ह रु चरन पकरेहु, दे मन्त्र सिष कीजिये। कृपा रावरि पाउं अटल पद, देख दरशन जीजिये।
देह भेष अलेख मो कहुं, जगत में जस लीजिये। परसेऊ जम्भ नरेश फिर करि, भेष मोरा राखीजिये।
जम्भेश्वर कृपा करी, लियो भेष सिर धार। काठ मूंठ कृता करी, तद सूंपी तरवार।
पलटेउ मूंठ पलक में, गएउ सकल भ्रम भाज। खांडो भेष जु राखेहो, तब लग अवचल राज।

देख दई परचो दियो, विसन विसवा वीस। इह साख केसव कही, जंगल धर जगदीश।
जम्भ गुरु जगदीस है, परम पुरुष प्रकास। गुन अनेक उनहीं कहे, साहब हिरदै भास।

केसोजी कृत 'कथा बाललीला' के अनुसार जोधावत राव दूदा पीपासर गाँव के कुएँ पर आकर ठहरे। उनके साथ लश्कर भी था। उसी समय कुएँ पर गाय, बैल और अन्य पशु पानी पी रहे थे। गुरु जाम्भोजी अपनी आज्ञा से ही पशुओं को नियंत्रित कर रहे थे। यह दृश्य दूदा के लिए अत्यंत आश्चर्यजनक था। गुरु जाम्भोजी ने जब बकरियों को पानी पीने का आदेश दिया तो बकरियाँ उठकर पानी पीने चली गईं, किंतु बकरे वहीं बैठे रहे। दूदा ने देखा कि पशु भी गुरु जाम्भोजी की आज्ञा का पूर्ण पालन कर रहे हैं। तब उसके मन में यह भाव उत्पन्न हुआ कि यह कोई साधारण बालक नहीं, बल्कि परमात्मा का अवतार है। इस अद्भुत दृश्य को देखकर दूदा ने हाथ जोड़कर गुरु जाम्भोजी के समक्ष 'आदेश' किया और अपनी मनोकामना पूर्ण करने की प्रार्थना की। गुरु जाम्भोजी ने दूदा से कहा कि तुम वापस जाओ, मैंने तुम्हें मेड़ता प्रदान किया है। दूदा ने अपनी श्रद्धा प्रकट करते हुए अपनी तलवार गुरु जाम्भोजी के चरणों में रखकर विनम्र भाव से प्रार्थना की। तब गुरु जाम्भोजी ने उस तलवार की मूंठ को काष्ठ (लकड़ी) में बदलकर उसे पुनः दूदा को सौंपते हुए मेड़ता प्राप्ति का आशीर्वाद दिया:-

जोधावत दूदो इम जांणि, कुवै डेरो थाप्यौ आणि। गाय बलध पसु पांणी पीवै, निरहारी पणि आपौ नीवै।५१
सतगुरू दूदो दीठो सई, दुदै दिठ आयो इम दई। दुदो कहै किम रहिसी माम, सगते पूजै सालिगराम।५२
आवै बाल करै अरदासि, पसु जीवां रै बेठौ पासि। बात कही से वै बतलाय, छाली से गुरू कह्यौ सुणाय।५३
सिरजणहारै कह्यौ सुणाय, अज्या पांणी पीवो जाय। अंति छाली होती एकठि, अपरंपर कै कहिये उठी।५४
पसुवां पीव पिछाणियो, भगवंत भगवै भेस। बैठा रहिया बाकरा, दूदो करै आदेस।५५
जल पीवै कहिये खड़ चरै, पसु जीव क्यूं कह्यौ करै। जास तणौ कीजै जगि जाय, दुदैजी ओलखियो आय।५६
भगवंत दीठो भगवै भेस, दुदै आय कियौ आदेस। कर जोड़े दुदैजी कही, करता पुरख ओलख्यौ सही।५७
अपरंपर पुरो मन आस, पारब्रह्मा कीजै प्रकास। सांमि कहै करि पाछो मतो, मया करे दीन्हों मेड़तो।५८
तदि आगै मेल्ही तरवारि, दुदो अरज करै कर धारि। नरपति वैण कह्यो निस तोय, कर सुं कर पकड़ायो धोय।५९
झंभेसर देखी जुगति, हरखि न आवै हारि। काठ मूठि करता करी, तदि सौंपी तरवारी।६०
दिखी दई परचो दियो, विसन विसोवा वीस। कहै कैसो खैले खुसी, जंगल थल जगदीस।६१

राव दूदा जोधावत को दिए गए परचे का प्रसंग जांभाणी साहित्य में व्यापक रूप से वर्णित हुआ है। अनेक संत-कवियों ने इस घटना को अपने-अपने ढंग से प्रस्तुत किया है। सेवादासजी कृत 'इंदव छंद' में इस प्रसंग को अत्यंत जीवंत रूप में प्रस्तुत किया गया है:-

पीपासर वास कुवै जल उपरां, आंन दुदेजी की फौज परी है। लाव लसकर पीवण लागे, आप लौहट की गायां खरी है।
कुवै निकास कियौ फेर पांणी, ओर की गायां आंन अरी है। गवाल विनां सब गउवां उभी है, जद दुदेजी नै सुध परी है।११
गवां उछेर चले उनके ढीग, मोहन आपकी गउवां चरे है। दुदोजी आप तुरंग चढे जब, चाबका मारकर घौरो खरै है।
जोर कियो सारो सेथी भागै नही, रूंमाल लपेट के पांय परै है। खांडौ बगस जद मेड़तो दीनो, दुदो जंभेसर नांव धरै है।१२

विल्होजी कृत 'कवित प्रसंग' तथा हीरानंदजी कृत 'हिंडोलणो' में यह प्रसंग संक्षिप्त किंतु सारगर्भित रूप में मिलता है:-

दूदा देसूंटो दियो, मन में घणो सधीर। कूवै ऊपर निरखियो, जग तारण जंभवीर।
थलिये उठ दूदा मिल्या, तूठा सारा काज। जबलग खाण्डो राखसी, तबलग निश्चल राज।
दूदा दुरजन पाल्टै, जे चढ़ आवै भूप। आज्ञा छै जंभदेव री, अग्नि दीजै धूप।२

उदोजी नैण इस घटना को गुरु जाम्भोजी की आरती में स्थान देते हुए कहते हैं:-

दुसरी आरती पींपासर आये, दूदाजी कूं प्रभू परचौ दिखाये।

बिहारीदासजी कृत जंभ सरोवर स्तुति में इसका उल्लेख हैं:-

ज्यौं पीपासर आय कै, दूधाजी के पास। साधू परच्यौ पाय कै, करी निरंजण आस।।

माधवानंदजी कृत भजन में दूदा को प्रथम प्रमुख भक्त के रूप में प्रतिष्ठित किया गया है:-

बाल अवस्था गुरू बछे जो चराई गाय। दुदे भक्त परचो पायो, पींपासर गाम में आय।
किया जो उपदेश गुरू, दुदाजी के आया भाय। पहलो भगत दुदो भयो, गुरू की शिक्षा पाय।

हरिनंदजी कृत हरजस में भी इस घटना का उल्लेख किया गया हैं:-

प्रथम प्रवाड़े दुदो मेड़तियो, पीपासर परचायो। वरसंग जु देसोटो दीन्हो, सतगुरू पाछो पठायो।

बदरीदासजी कृत भजन में गुरु जाम्भोजी द्वारा बाल-लीला करने का उल्लेख है:-

सात बरस हरी बालक लीला, पीपासर में ठानी। पीपासर में बालक लीला, कीनी सो मन मानी।।

साहबरामजी राहड़ कृत जंभसार में भी इस प्रसंग का संक्षिप्त उल्लेख मिलता है:-

गउ चरावै बालका, जंभ गुरू सुं प्रीत। पीपासर जल पावही, करी बालनी की रीत।

04. पीपासर से संभराथल गमन:- गुरु जाम्भोजी के जीवन का एक अत्यंत महत्वपूर्ण मोड़ उनके माता-पिता के देहावसान के पश्चात पीपासर से संभराथल (समराथल) की ओर गमन से संबंधित है। यह घटना न केवल उनके सांसारिक जीवन से वैराग्य की पुष्टि करती है, बल्कि आगे चलकर विसनोई धर्म के प्रवर्तन की पृष्ठभूमि भी तैयार करती है। विभिन्न जांभाणी संत कवियों ने इस प्रसंग का उल्लेख किया है। स्वामी ब्रह्मानंदजी कृत 'श्री जंभदेव चरित्र भानु' के अनुसार विक्रम संवत् 1540 के चैत सुदि नवमी को पिता लोहटजी तथा लगभग पाँच मास पश्चात उसी संवत् के भाद्रपद पूर्णिमा को माता हांसा का स्वर्गवास हुआ। इस घटना के बाद उन्होंने अपनी समस्त सांसारिक संपत्ति का त्याग कर दिया और स्थायी रूप से संभराथल में निवास करने का निर्णय लिया। बद्रीदासजी कृत 'भजन' में उल्लेख मिलता है कि गुरु जाम्भोजी ने माता-पिता के स्वर्गवास के सात दिन पश्चात ही पीपासर का परित्याग कर दिया:-

आभ तासु उण नाही, बार-बार मन मानी। मात-पिता की आऊ खुटी, सात दिना में आनी।।५।।
सात दिना में गउलोक में, वैकुंठा में सोई। वैकुंठा में वासो देउ, मात-पिता कुं दोई।।६।।
पींपासर में काम नहीं है, संभराथल पे जाऊं। सारा जन तो वेग उबारूं, मेरे संग में लाऊं।।७

साहबरामजी राहड़ कृत साखी में गुरु जाम्भोजी द्वारा जेठ वदि नवमी को भगवा भेष धारण करने का उल्लेख मिलता है:-

सत्यलोक को छोड़ के, गुरु किया भगवां भेष। जेठ बदि नौमि दिने, गुरु कियो नंद उपदेश।।

माधवानंदजी कृत भजन में इस गमन का सरल और स्पष्ट उल्लेख मिलता है:- "पींपासर से चले गुरू, समरथल चल आये।" संभराथल उस समय निर्जन एवं तप के लिए उपयुक्त स्थल था। यहीं पर गुरु जाम्भोजी ने अपने आध्यात्मिक साधना और उपदेश का केंद्र स्थापित किया। आगे चलकर यही स्थान विसनोई धर्म के प्रवर्तन का प्रमुख केन्द्र बना।

05. पीपासर की राजनैतिक स्थिति:- गुरु जाम्भोजी के समय पीपासर गांव केवल एक साधारण ग्राम नहीं था, बल्कि वह तत्कालीन राजनैतिक सीमाओं के दृष्टिकोण से अत्यंत महत्वपूर्ण क्षेत्र में स्थित था। यह गांव नागौर क्षेत्र के अधीन था तथा बीकानेर रियासत की सीमा के समीप स्थित होने के कारण दोनों शक्तियों के संपर्क क्षेत्र में आता था। इस कारण यहाँ की घटनाओं में तत्कालीन शासकों की उपस्थिति और उनके पारस्परिक संबंधों की झलक स्पष्ट रूप से मिलती है। गुरु जाम्भोजी के समकालीन नागौर क्षेत्र का प्रशासन मुसलमान सूबेदार महमंद खाँन नागौरी के हाथों में था। जांभाणी साहित्य में उनके और गुरु जाम्भोजी के संबंधों के अनेक प्रसंग प्राप्त होते हैं, जो उस समय की धार्मिक एवं सांस्कृतिक सह-अस्तित्व की भावना को दर्शाते हैं। साहबरामजी राहड़ कृत 'जंभसार' में एक महत्वपूर्ण प्रसंग वर्णित है, जिसमें बीकानेर के शासक राव लूणकरण अपने राज्य का निरीक्षण करते हुए नागोर की सीमा में स्थित पीपासर गांव पहुंचे। संयोगवश वहीं नागौर के सूबेदार महमंद खाँन से उनकी भेंट हुई। वार्तालाप के दौरान गुरु जाम्भोजी का उल्लेख हुआ, जिसने एक रोचक वैचारिक विवाद का रूप ले लिया। लूणकरण ने गुरु जाम्भोजी को अपना देवता बताया, जबकि महमंद खाँन ने उन्हें औलिया पीर के रूप में स्वीकार किया। इस प्रकार एक ही व्यक्तित्व की दो भिन्न धार्मिक दृष्टियों से व्याख्या सामने आई। इस विवाद में दोनों पक्षों ने अपने-अपने तर्क प्रस्तुत किए। लूणकरण के अनुसार गुरु जाम्भोजी स्नान, ध्यान, संध्या आदि वैदिक कर्मों का उपदेश देते हैं। होम, जाप और सूतक धर्म का पालन करवाते हैं। विष्णु भक्ति का प्रचार करते हैं। शाकाहार का समर्थन करते हैं तथा मांस और मदिरा से दूर रहने को कहते हैं। इन विशेषताओं के आधार पर उन्होंने उन्हें हिंदू परंपरा के देव के रूप में स्वीकार किया। महमंद खाँन ने अपने तर्क में कहा कि गुरु जाम्भोजी सिर पर चोटी रखने की परंपरा को स्वीकार नहीं करते है। विवाह में वैदिक सप्तपदी (फेरे) का विधान नहीं कराते है। ब्राह्मणों को श्रेष्ठ न मानकर उन्हें भी अपने शिष्यों के समान मानते हैं। ब्राह्मणों के हाथों का भोजन सभी स्वीकार करते है पर उनके लिए ब्राह्मण और चमा* एक समान है। गंगा-गया, श्राद्ध तथा अड़सठ तीर्थों की परंपराओं से दूरी रखते हैं। मृत्यु के पश्चात दफनाने की पद्धति को स्वीकार करते हैं। इन विशेषताओं के आधार पर उन्होंने उन्हें इस्लामी परंपरा के पीर के रूप में निरूपित किया। जब यह विवाद बढ़ा, तो दोनों पक्षों ने अपने-अपने प्रतिनिधियों को संभराथल स्थित गुरु जाम्भोजी के पास भेजा। उनसे प्रश्न किया गया कि आप हिंदुओं के देव हैं या मुसलमानों के पीर? इस पर गुरु जाम्भोजी ने अत्यंत गूढ़ और सार्वभौमिक उत्तर दिया कि मुझे न हिंदू कहो, न मुसलमान। मैं तो उसी का हूँ जिसकी करनी (आचरण) शुद्ध है:-

एक समें समराथल स्वामी, बैठे जंभ सदा नह कामी। लूणकरण राजा तेहि वारा, सहल करण मन मांहीं विचारा।
देख मुल्क आए पींपासर, महमंद खांन मिल्यों तेहीं वर। जंभराय की बात चलाएऊ, महमंद खांन राजा बतलाऐऊ।
खांन कहै निज देव की जानेऊ, अवलिया पीर हमारा मांनेऊ। लूणकरण भाखै इम भेवा, यह तो जंभ हमारे ई देवा।
भयोउ वाद करहहिं बकवादा, कहु केहि भांतहि मिटहि विवादा। राजा कहे सुंनहू सुबदारा, देव जानिये एहि आचारा।
अस्नांन ध्यांन संध्यादिक कर्मा, होम जाप रहू सूतक धरमा। विसनु भजै अरु अंनहि जिमावै, मद आमख सै दूर रहावै।
ताते देव हमारे जानों, तुम कहों पीर कवन विधि मानो। महमंद खांन बतावैं पीरा, कछुवन दीखे तुमरों सीरा।
सिर पर चोटी राखै नाही, विवाह मध्य फेरा न कराहीं। सब हिन्दू ब्राह्मण कूं माने, यह ब्राह्मण कुं चेलेहि ठांनै।
ब्राह्मण कर जीमहि संसारा, एहि के सम ब्राह्मण चमारा। गंगा गया श्रादादिक करमा, अड़सट तिरथादिक सब धरिमा।
एह सब हिन्दु करहि सदाई, जंभ पीर एहि निकट न जाई। दाग जंमी का घोर अरु कफना, एहि विधि मानहि पीर जु अपना।
इनका राहा है सौई हमारा, जंभ पीर नहीं है देव तुमारा। ....

कहै पिरोहित जंभ ने, सत कहो गुरु पीर। तुम हिन्दु के देव हो, कैह मुसलमान सूं सीर।
हिन्दू मोकंहुं मति कहो, मुसलमांन मैं नाहि। जाकी करणी सुध है, ता मांहीं दरसाहि।

06. पीपासर की साथरी

क. गुरू जांभोजी की जन्मस्थली:- गुरू जांभोजी के जन्मस्थल पर सर्वप्रथम एक छोटी सी गुमटी थी, जिस पर बाद में मंदिर बना दिया गया। स्वामी ब्रह्मानंदजी कृत विसनोई धर्म विवेक (1914 ई.) के अनुसार पीपासर ग्राम में अवतार होने की जगह पर एक छोटा सा मन्दिर (शिवालय के आकार जैसा) बना हुआ है। हीरालालजी माहेश्वरी कृत शोधग्रंथ के अनुसार वर्तमान साथरी (प्रेमदासजी द्वारा निर्मित) के पूर्व की ओर एक छोटी सी गुमटी में गुरू जाम्भोजी का जन्म हुआ माना जाता है। सुर्यशंकर पारीक कृत जांभोजी की वाणी (2001 ई.) के अनुसार पीपासर के जिस स्थान पर गुरू जांभोजी का जन्म हुआ था उस स्थान पर वर्तमान में मंदिर बना हुआ है जिसे चौधरी बगडावतरामजी गोदारा निवासी गांव मेहराणां, तहसील अबोहर जिला फिरोजपुर (पंजाब) ने सन् 1970 मे बनाया था।

ख. वर्तमान साथरी (पीपासर साथरी):- साहबरामजी राहड़ कृत जंभसार के 20वें प्रकरण में वर्णित है कि अलाय साथरी से प्रस्थान कर गुरु जाम्भोजी प्रातःकाल पीपासर पहुँचे। वहाँ पहुँचकर उन्होंने सामान्य मानव जीवन की परम्पराओं का पालन करते हुए अपने माता-पिता के मृत्योपरांत किए जाने वाले कृत्यों का निर्वाह किया। गुरु जाम्भोजी के पीपासर आगमन का समाचार सुनकर चारों वर्णों के लोग उनके दर्शनार्थ उपस्थित हुए। इस अवसर पर उन्होंने समस्त जनसमूह को गूढ़ आध्यात्मिक ज्ञान प्रदान किया। इस संसार में कोई भी जीव किसी का स्थायी संगी नहीं है। केवल अपने किए हुए कर्म ही अंततः जीव के साथ जाते हैं। आत्मा का कोई माता-पिता नहीं होता; वह स्वभावतः शुद्ध, निर्मल और स्वर्ण के समान पवित्र है। गुरु जाम्भोजी ने पीपासर में तीन दिनों तक निवास किया। इस अवधि में उन्होंने न केवल आध्यात्मिक उपदेश दिए, बल्कि ग्रामवासियों की विविध समस्याओं का समाधान भी किया। पीपासर में जिस स्थान पर उनकी जमात ठहरी थी, वहाँ साथरी स्थापित की गई। उसके उपरांत गुरु जाम्भोजी संभराथल की ओर प्रस्थान कर गए और वहाँ जाकर विराजमान हुए:-

एक दिवस चालै प्रभू प्राता, पीपासर आए जग त्राता। देह धारी की रीत दिखाई, मात पिता की काण कराई।
च्यार वरण दरसन कूं ध्याए, जंभगरू निज ज्ञान सुनाए। जीव संगी कोई नहीं भाई, करम किये अपने संग जाई।
याके मात पिता नहीं होना, इह तो सुध सदा मनु सोना। असेई जंभ रहे दिन तीना, ब्रह्म ज्ञान सब जन कूं दीना।
समाधान सब गांव कराई, समराथल चालै जंभराई। जेहि थां जाय जमात ही रही, तेहि थां थाप साथरी दई।
समराथल प्रभु जाय विराजै, घुरै दमामा नौबत बाजै।

साहबरामजी राहड़ कृत जंभसार के 22 वें प्रकरण में सोलह साथरियों की सूची में दूसरे नंबर पर पीपासर साथरी का उल्लेख है। इसमें वर्णित है कि गुरू जांभोजी ने पीपासर साथरी की सेवा हेतु पदमोजी को महंत नियुक्त किया था:-

पीपासर पदमोजी राजै, कियै मंहत सेवा के काजै।

यह साथरी शुरूआत में तृण कुटी के रूप में थी। इस तृण कुटिया में तिलोकदासजी के शिष्य माधवानंदजी (अनुमानतः वि.सं. 1850-1915) के रहने का भी उल्लेख मिलता है। तिलोकजी के गुरूभाई धनुजी के पोता शिष्य प्रेमदासजी साधु ने बाद में इस स्थान पर पक्की शालाएं बनवा दी थी। सुर्यशंकर पारीक कृत जांभोजी की वाणी (2001 ई.) के अनुसार राव दूदा मेड़तिया को जहाँ वरदान दिया था वह स्थान पीपासर गांव से लगभग एक कि.मी. है। यहाँ कुछ वर्ष पहले प्रेमदासजी नाम के साधु ने मंदिर बनवा दिया था। यह मंदिर पीपासर की "साथरी" कहलाता है। हीरालालजी माहेश्वरी कृत शोधग्रंथ के अनुसार वर्तमान साथरी (प्रेमदासजी द्वारा निर्मित) उनके घर की सीमा क्षेत्र में ही स्थित है जिसके पूर्व की ओर छोटी सी गुमटी में गुरू जाम्भोजी का जन्म हुआ माना जाता है। वर्तमान साथरी में रखी हुई खड़ाऊ-जोड़ी गुरू जाम्भोजी की बताई जाती है।

ग. कुए के निकट स्थित खेजड़ा:- गाँव में जिस कुएँ के पास गुरु जाम्भोजी ने सबदवाणी का प्रथम सबद कहा था, वह गाँव में स्थित है और अब बंद पड़ा है। इसी कुए पर राव दूदा जी ने गुरु जाम्भोजी को चमत्कारिक ढंग से पशुओं को पानी पिलाते हुए देखा था। इस कुएँ और वर्तमान साथरी के बीच आज भी वह खेजड़ा मौजूद है, जिसके नीचे दुदोजी ने अपना डेरा लगाया था। अब वर्तमान में उस खेजड़े के नीचे भी एक छोटी सी गुमटी बना दी गई है।

घ. पैनोरमा:- पीपासर में राजस्थान सरकार की ओर से एक पेनोरमा भी बनाया गया है, जिसमें गुरु जम्भेश्वर भगवान के जीवनवृत्त को आधुनिक उपकरणों के माध्यम से दर्शाया गया है।

ड. भंडारा:- साहबरामजी राहड़ कृत जंभसार में 24 भंडारो की सूची में पीपासर भंडारे का भी नाम है:- "पीपासर भंडारो धारा, लोहट हंसा जंभ अवतारा।"

07. हस्तलिखित सामग्री की प्राप्ति:- लेखक ने इन सभी हस्तलिखित ग्रंथों से सम्पूर्ण विसनोई साहित्य को संकलित करके, कवि कालक्रमानुसार व्यवस्थित करके तीन भागों (जंभकाल का साहित्य, विल्हकाल का साहित्य और उत्तरकाल का साहित्य) में प्रकाशित कराया है। हीरालालजी माहेश्वरी को लगभग सन् 1960-70 के मध्य पीपासर साथरी से निम्न हस्तलिखित सामग्री प्राप्त हुई थी:-

01. ग्रंथांक-16:- यह 45 पन्ने है जो कि संवत 1904 कार्तिक सुदि 8 को लिपिबद्ध है। इसमें सबदवाणी के प्रसंग रहित 120 सबद है।

02. ग्रंथांक-17:- यह 20 पन्ने है जो कि संवत 1938 आश्विन सुदि 13 बुधवार को साध बालकदासजी के शिष्य संतोषदास द्वारा स्वपठनार्थ लिपिबद्ध है। इसमें केसोजी कृत तलाब की कथा लिपिबद्ध है।

03. ग्रंथांक-18:- यह 19 पन्ने है जो कि संवत 1907 जेठ सुदि 7 रविवार को साध पीताम्बरदासजी के शिष्य मोतीरामजी द्वारा गांव धोरू में कुसला गोदारा के घर पर लिपिबद्ध है। इसमें मयारामजी कृत अमावस्या री कथा (145 छंद) लिपिबद्ध है।

04. ग्रंथांक-19:- यह 11 पन्ने है जो कि अनुमानतः संवत 1850 के आसपास लिपिबद्ध है। इसमें ये रचनाएं है:- (क). अवतार की स्तुति- 47 छंद, गोकलजी कृत (ख). परची- 37 छंद, गोकलजी कृत (ग). स्तुति अवतार की- 13 सोरठे, केसोजी कृत (घ). इंदव छंद- 30, गोकलजी कृत (ड़). कवित्त- 02, गोकलजी कृत।

05. ग्रंथांक-54:- यह 03 पन्ने है जो कि संवत 1882 प्रथम श्रावण सुदि 13 बुधवार को साध हरकिसनदासजी के शिष्य परसरामजी द्वारा शहर नगीना में लिपिबद्ध है। इसमें केसोजी कृत तलाब री कथा लिपिबद्ध है।

06. ग्रंथांक-55:- यह 04 पन्ने है जो कि गंगाविशनजी के शिष्य परसरामजी द्वारा अनुमानतः संवत 1875 के आसपास लिपिबद्ध है। इसमें कलश, पाहल और बालक मंत्र है।

07. ग्रंथांक-56:- यह 34 पन्ने है जो कि संवत 1934 श्रावण सुदि 15 गुरूवार को गायणा हणवंतरामजी द्वारा नथुरामजी गीला के पठनार्थ गांव भाणा में लिपिबद्ध है। इसमें उदोजी कृत प्रहलाद चिरत (छंद 345) और अंत में गीता माहत्म्य व सुर्य को जल चढाने का मंत्र लिपिबद्ध है।

08. ग्रंथांक-57:- यह 28 पन्ने है संवत 1948 आश्विन सुदि 7 शनिवार को साधु मोतीरामजी के शिष्य नरसिंगदास द्वारा विसनोई साधु बिहारीदासजी के पठनार्थ लिपिबद्ध है। इसमें गोविंदस्वामी कृत संस्कृत जम्भाष्टक की विष्णोदास विलास टीका है। इसके टीकाकार विष्णुदास है। टीका गद्य में है, आदि अंत में टीकाकार ने स्वरचित दोहे भी दिए है।

09. ग्रंथांक-58:- यह 07 पन्ने है जो कि संवत 1954 माघ सुदि 9 शुक्रवार को ताजोजी के शिष्य साध गंगारामजी द्वारा गांव अलाय में किसनजी सिहाग के घर पर लिपिबद्ध है। इसमें ये रचनाएं है:- (क). विवेक चिंतावणी- 53 छंद, सुंदरदासजी कृत (ख). हरिबोल चितावणी- 30 छंद, सुंदरदासजी कृत (ग). तर्क चितावणी- 40 छंद, सुंदरदासजी कृत (घ). ग्रंथ चित्रामणी- 25 छंद, सुरजनजी कृत।

10. ग्रंथांक-59:- यह 17 पन्ने है जो कि संवत 1924 को नानुरामजी गोदारा गांव खेजड़ली द्वारा लिपिबद्ध है। इसमें केसोजी कृत तलाब री कथा लिपिबद्ध है।

11. ग्रंथांक-60:- यह 09 पन्ने है जो कि संवत 1854 चैत्र बदि बुधवार को लिपिबद्ध है। इसमें ये रचनाएं है:- (क). अवतार की विगत- 45 छंद, गोकलजी कृत (ख). इंदव छंद- 30, गोकलजी कृत (ग). कवित्त- 02, गोकलजी कृत (घ). जांभोलाव को जांगड़ो- 06 दोहे, केसोजी कृत।

12. ग्रंथांक-61:- यह 07 पन्ने है जो कि अनुमानतः संवत 1900 के आसपास लिपिबद्ध है। इसमें सुदामाजी कृत बारखड़ी (36 छंद) है।

13. ग्रंथांक-62:- यह 27 पन्ने है जो कि अनुमानतः संवत 1880 के आसपास लिपिबद्ध है। इसमें उदोजी कृत प्रहलाद चिरत (328 छंद) है।

14. ग्रंथांक-63:- यह 03 पन्ने है जो कि अनुमानतः संवत 1900 के आसपास लिपिबद्ध है। इसमें आदि वंशावली, पचीस नाम, कलस और पाहल इत्यादि रचनाएं लिपिबद्ध है।

15. ग्रंथांक-64:- यह 05 पन्ने है जो कि अनुमानतः संवत 1850 के आसपास लिपिबद्ध है। इसमें ये रचनाएं है:- (क). पारबती ईशवर संवादे गोत्राचार (ख). वसंदर के 25 नाम (ग). ईशवर का पारबती को उपदेश (घ). आदि वंशावली (ड़). पचीस नाम (च). विवरस (छ). अस्तुति (ज). कलस (झ). पाहल (ञ). फुटकर कवित्त- 03 (ट). बालक को मंत्र।

16. ग्रंथांक-79:- यह 48 पन्नों का एक गुटका है जो कि संवत 1941 चैत्र सुदि 8 गुरूवार को नगीना निवासी दिलदार के पुत्र प्राणसुख विसनोई द्वारा लिपिबद्ध है। इसमें उदोजी कृत प्रहलाद चिरत (346 छंद) है।

17. ग्रंथांक-82:- यह 66 पृष्ठों का एक गुटका है जो कि संवत 1930 फाल्गुन वदि 2 मंगलवार को साधु विष्णुदासजी के शिष्य बिहारीदास द्वारा लिपिबद्ध है। इसमें सबदवाणी के प्रसंग रहित 120 सबद है।

18. ग्रंथांक-83:- यह 76 पृष्ठों का एक गुटका है जो कि संवत 1941 जेठ वदि 2 मंगलवार को नगीना निवासी दिलदार के पुत्र प्राणसुख विसनोई द्वारा लिपिबद्ध है। इसमें सबदवाणी के प्रसंग रहित 120 सबद है।

19. ग्रंथांक-84:- यह 105 पृष्ठों का एक गुटका है जो कि संवत 1967 फाल्गुन वदि 6 रविवार को नगीना बड़ा मंदिर के स्वामी रामानंदजी के शिष्य स्वामी साहबरामजी द्वारा लिपिबद्ध है। इसमें सबदवाणी के प्रसंग रहित 120 सबद है।

20. ग्रंथांक-85:- यह 38 पृष्ठों का एक गुटका है जो कि संवत 1958 माघ वदि 13 को साध बालकदासजी के शिष्य संतोषदास द्वारा स्वपठनार्थ लिपिबद्ध है। इसमें उदोजी कृत प्रहलाद चिरत (350 छंद) है।

21. ग्रंथांक-127:- यह 51 पन्ने है जो कि अनुमानतः 19वीं सदी के उत्तरार्द्ध में लिपिबद्ध है। इसमें सबदवाणी के पद्य प्रसंग सहित सबद लिपिबद्ध है।

22. ग्रंथांक-136:- यह 36 पन्ने है जो कि संवत 1911 फाल्गुन सुदि 13 गुरूवार को गोपालराय ब्राह्मण द्वारा सनोडिया बस्ती गांव हरदा में

लिपिबद्ध है। इसमें सबदवाणी के प्रसंग रहित 120 सबद है। केवल पहले सबद का पद्य प्रसंग दिया हुआ है।

23. ग्रंथांक-137:- यह 34 पन्ने है जो कि संवत 1962 वैशाख वदि 9 शुक्रवार को विष्णदासजी के शिष्य साध बिहारीदासजी द्वारा गांव भगतासणी में स्वपठनार्थ लिपिबद्ध है। इसमें केसोजी कृत प्रहलाद चिरत (546 छंद) है।

24. ग्रंथांक-138:- यह 139 पन्ने है जो कि संवत 1948 श्रावण सुदि 6 मंगलवार को रूपरामजी के शिष्य केवलदासजी द्वारा गांव अलाय में लिपिबद्ध है। इसमें पदम भगत कृत रूकमणी मंगल लिपिबद्ध है।

25. ग्रंथांक-147:- यह 02 पन्ने है जो कि अनुमानतः संवत 1900 के आसपास लिपिबद्ध है। इसमें विष्णुदासजी कृत गुरू जांभोजी की आरती (09 छंद) है।

26. ग्रंथांक-148:- यह 01 पन्ना है जो कि अनुमानतः संवत 1850 के आसपास लिपिबद्ध है। इसमें हीरानंदजी कृत हिंडोलणो (08 छंद) है।

27. ग्रंथांक-149:- यह 01 पन्ना है जो कि अनुमानतः संवत 1850 के आसपास लिपिबद्ध है। इसमें रामोजी कृत भंवरो साखी (11 छंद) और बतीस लक्षण है।

28. ग्रंथांक-150:- यह 01 पन्ना है जो कि अनुमानतः संवत 1850 के आसपास लिपिबद्ध है। इसमें संध्या वंदन मंत्र (जंभ तांतु संवाद) है।

29. ग्रंथांक-151:- यह 02 पन्ने है जो कि अनुमानतः संवत 1850 के आसपास लिपिबद्ध है। इसमें वील्होजी कृत उमाहो (21 छंद) और आलमजी कृत पतवो (10 छंद) है।

30. ग्रंथांक-157:- यह 02 पन्ने है जो कि अनुमानतः संवत 1850 के आसपास लिपिबद्ध है। इसमें अज्ञात कृत दस अवतार (10 छंद) रचना और संस्कृत में 05 श्लोक है।

31. ग्रंथांक-162:- यह 01 पन्ना है जो कि अनुमानतः संवत 1850 के आसपास लिपिबद्ध है। इसमें पैंतीस की पुन्ह, लूर और मीठूदासजी कृत एक हरजस है।

32. ग्रंथांक-163:- यह 01 पन्ना है जो कि अनुमानतः संवत 1900 के आसपास लिपिबद्ध है। इसमें संध्या वंदन मंत्र, तारक मंत्र और अंत में दो श्लोक है।

33. ग्रंथांक-168:- यह 02 पन्ने है जो कि अनुमानतः संवत 1900 के आसपास लिपिबद्ध है। इसमें गुरू जांभोजी की वंशावली है उसके बाद विसनोई साधुओं की (गुरू-शिष्य परम्परा) वंशावली है।

34. ग्रंथांक-169:- यह 01 पन्ना है जो कि रामदासजी द्वारा अनुमानतः संवत 1900 के आसपास लिपिबद्ध है। इसमें गुरू जांभोजी की वंशावली और उसके बाद खिंदरोजी की (गुरू-शिष्य परम्परा) वंशावली है। तथा अंत में बालक मंत्र है।

35. ग्रंथांक-284:- यह 05 पन्ने है जो कि अनुमानतः संवत 1900 के आसपास लिपिबद्ध है। इसमें उदोजी कृत 24 छंद है।

36. ग्रंथांक-285:- यह 01 पन्ना है जो कि अनुमानतः संवत 1900 के आसपास लिपिबद्ध है। इसमें गुरू जांभोजी की स्तुति (01 दोहा, 02 श्लोक) और सरस्वती अष्टक (08 श्लोक) लिपिबद्ध है।

37. ग्रंथांक-287:- यह 01 पन्ना है जो कि अनुमानतः संवत 1950 के आसपास लिपिबद्ध है। इसमें उदोजी कृत लूर (09 छंद) लिपिबद्ध है।

38. ग्रंथांक-288:- यह 01 पन्ना है जो कि संवत 1950 आसाढ बदि 13 को गोविंदराम द्वारा लिपिबद्ध है। इसमें गोविंदरामजी कृत श्री विसनु सरूप (गद्य में) है।

39. ग्रंथांक-290:- यह 01 पन्ना है जो कि संवत 1900 में साध शंकरदासजी द्वारा लिपिबद्ध है। इसमें नवण और विल्होजी कृत 02 छप्पय है।

40. ग्रंथांक-291:- यह 01 पन्ना है जो कि अनुमानतः संवत 1850 के आसपास लिपिबद्ध है। इसमें केसोजी और विल्होजी कृत एक-एक साखी है।

41. ग्रंथांक-307:- यह 01 पन्ना है जो कि अनुमानतः संवत 1950 के आसपास लिपिबद्ध है। इसमें बद्रीदासजी के पांच भजन है।

42. ग्रंथांक-308:- यह 01 पन्ना है जो कि अनुमानतः संवत 1950 के आसपास लिपिबद्ध है। इसमें आठ छंद है:- मुरलीजी कृत-02, मयारामजी कृत-01, केसोजी कृत-01 और अज्ञात कृत-04।

43. ग्रंथांक-312:- यह 06 पन्ने है जो कि अनुमानतः संवत 1950 के आसपास लिपिबद्ध है। इसमें 23 छंद है:- वील्होजी कृत-18, मधुसुदन कृत-01, अज्ञात कृत-01 और उदोजी कृत-03।

44. ग्रंथांक-313:- यह 05 पन्ने है जो कि अनुमानतः संवत 1900 के आसपास लिपिबद्ध है। इसमें ये रचनाएं है:- (क). मंगलाष्टक- 28 छंद, केसोजी कृत (ख). दस अवतार (अपुर्ण) (ग). कृष्णार्जुन संवादे विष्णु अठाईस नाम- 07 श्लोक, संस्कृत में (घ). पच्चीस नाम (ड़). चौजुगी (अपुर्ण)।

45. ग्रंथांक-322:- यह एक पुस्तिका है जो कि अनुमानतः संवत 1925 के आसपास लिपिबद्ध है। इसमें उदोजी कृत कक्का बतीसी (36 कुंडलियां) है।

46. ग्रंथांक-332:- यह 14 पन्ने है जो कि संवत 1886 मार्गशीर्ष सुदि को गांव वावी में लिपिबद्ध है। इसमें 28 हरजस है:- मीरां कृत-05,

सुरदास कृत- 04, रामप्रताप कृत- 01, दयाल कृत- 01, बखतावर कृत- 03, बखता कृत- 01, अज्ञात कृत- 01, रैदास कृत- 02, नामदेव कृत- 01, लालदास कृत- 03, कबीर कृत- 03, रामदास कृत- 01, सतदास कृत- 01 और ध्यानदास कृत- 01।

47. ग्रंथांक-347:- यह 01 पन्ना है जो कि अनुमानतः संवत 1850 के आसपास लिपिबद्ध है। इसमें मीरां कृत एक भजन और अज्ञात कृत गुरू जांभोजी का एक भजन लिपिबद्ध है।

48. ग्रंथांक-349:- यह 04 पन्ने है जो कि अनुमानतः संवत 1875 के आसपास लिपिबद्ध है। इसमें वील्होजी कृत ज्ञानचरी (129 छंद) लिपिबद्ध है।

49. ग्रंथांक-358:- यह 01 पन्ना है जो कि संवत 1823 में लिपिबद्ध है। इसमें सुत फिराने और पछेवड़ी बांटने का उल्लेख है।

50. ग्रंथांक-386:- यह 01 पन्ना है जो कि अनुमानतः संवत 1875 के आसपास लिपिबद्ध है। इसमें पांच फुटकर छन्द है।

51. ग्रंथांक-387:- यह 82 पृष्ठों की एक पोथी है जो कि संवत 1972 जेठ वदि 30 अमावस्या को विष्णुदासजी के शिष्य साध बिहारीदासजी द्वारा गांव भगतासणी में विसनोई लाभु बणियाल के घर पर लिपिबद्ध है। इसमें विवाह पद्धति से संबंधित रचनाएं, विभिन्न मंत्र, नाम, उदोजी के कवित्त, कृष्ण और शिव से संबंधित शाखोच्चार और मंगलाष्टक आदि लिपिबद्ध है।

52. ग्रंथांक-388:- यह एक पुस्तिका है जो कि अनुमानतः संवत 1975 के आसपास लिपिबद्ध है। इसमे माधवदास कृत 13 भजन लिपिबद्ध है।

53. ग्रंथांक-389:- यह 22 पन्नों की एक पुस्तिका है जो कि संवत 1915 आषाढ वदि 5 गुरूवार को बिहारीलाल विसनोई झमैया द्वारा गांव कालपी में लिपिबद्ध है। इसमें ये रचनाएं है:- (क). विष्णु चरित- 107 छंद, उदोजी अडीग कृत (ख). जांभोलाव सरोवर अस्तोत्र- 13 छंद, बिहारीदास कृत (ग). जांभा अष्टक- 01 छंद, बिहारीदास कृत (घ). अस्तुति छप्पय- 06 छंद, लीलकंठ विसनोई कृत।

54. ग्रंथांक-रामदास प्रति:- यह 36 पन्ने है जो कि संवत 1886 श्रावण वदि 2 शनिवार को साध कनीरामजी के शिष्य रामदासजी द्वारा लिपिबद्ध है। इसमें सबदवाणी के प्रसंग रहित 120 सबद है केवल प्रथम सबद का पद्य प्रसंग दिया हुआ है।

55. ग्रंथांक-पीताम्बरदास प्रति:- यह 39 पन्ने है जो कि संवत 1878 जेठ सुदि 12 विष्णुदासजी के शिष्य पीताम्बरदासजी द्वारा लिपिबद्ध है। इसमें सबदवाणी के गद्य प्रसंग सहित 121 सबद है।

08. साध तिलोकजी के सानिध्य में सूत फिराना:- पीपासर साथरी से प्राप्त 'ग्रंथांक-358' में साध तिलोकजी के सानिध्य में सूत फिराने का उल्लेख मिलता है। इसका लिप्यंतरण और हिंदी अनुवाद लेखक ने स्वयं किया है:-

मूल पाठ:- ।।श्री विसनजी सिहाय।। लांबे को राजो कृसनाणी ईसराम सुंदर रामचंद को गोदारो भींयासर को वासी सुत फेरियो गुड़े रो वासी बुड़ियो दीपो नेताणी सुत फेरियो कड़वासरो जोहल्याली रो रायचंद सुत फेरियो पीलवे रो हरजी जांगु सुत फेरियो हिंगोली रो वासी नेतो राजाणी सोहू सुत फेरियो बलु वणयाल वासी नोसर रो सुत फेरियो सेख करीम गंगापार को सुत फेरियो बनिया को वासी मुहण सादाणी देराज डेलु काकड़े रो साध नरायणजी पड़या की १० भींयास कै तंबु की प १० रामड़ास कै तंबु प १० दस पाल की १० अरै थापन का ल्हत की यांकी पांच पांच पांच लहाव का थापना की डांवरे को लालो जांणी की ५ खेजड़ली को थापन बदरो लालाणी की ५ लांबै को थापन की पांच ५ काकड़े का थापन की ५ रासीसर का थापना की २ चिड़ी का थापना की २ मुड कै पछेवड़ी साधा कूं १ एक एक।। बाकी वंच स गायणा कुं ईतरा सुतां मां साध तीलोकै जी बांटी पीछोवड़ी।। समत १८ तेईसा।

हिंदी अनुवाद:- श्री विसनजी भली करे। लांबा गांव के किसनोजी ईसराम के पुत्र राजोजी ईसराम ने और भींयासर के निवासी रामचंदजी गोदारा के पुत्र सुंदरोजी गोदारा ने सुत फिराया। गुड़ा के निवासी नेतोजी बुड़िया के पुत्र दीपोजी बुड़िया ने सुत फिराया। जोलियाली के रायचंदजी कड़वासरा ने सुत फिराया। पीलवा के हरजी जांगु ने सुत फिराया। हिंगोली के निवासी राजोजी सोहू के पुत्र नेतोजी सोहू ने सुत फिराया। नौसर निवासी बल्लु बैनिवाल ने सुत फिराया। गंगापार के निवासी शेख करीम ने सुत फिराया। बनिया गांव के निवासी सादोजी के पुत्र मोहनजी, काकड़ा निवासी दैराज जी डेलू और साध नरायणजी ने सुत फिराया। पड़ियाल की दस। भींयासर के तंबु की दस। रामड़ावास के तंबु की दस। दस पाल की। दस अरै थापन की। लोहावट की और इनकी पांच पांच। पांच लोहावट के थापनो की। डांवरा निवासी लालोजी जाणी की पांच। खेजड़ली के थापन लालोजी के पुत्र बदरोजी की पांच। लांबा के थापन की पांच। पांच काकड़ा के थापन की। पांच रासीसर के थापनो की। दो चिड़ी के थापनो की। दो मुड की। साधुओं को एक-एक पछेवड़ी दी। बाकी बची हुई गायणों में बांट दी। इन सभी सुतों (पछेवड़ी) को लेकर साध तिलोकजी ने बांटा। विक्रम संवत् 1823 (सन् 1766 ईस्वी)।

6

लालासर

01. परिचय:- लालासर की साथरी बीकानेर जिले की नोखा तहसील में स्थित है। यह बीकानेर से दक्षिण-पूर्व में है तथा लालासर गांव से 6 कि.मी. दूर जंगल में स्थित है। इसमें लगे हुए कंकेड़ी वृक्ष के नीचे गुरू जाम्भोजी का निर्वाण हुआ माना जाता है।

02. गुरू जांभोजी का अंतिम उपदेश

क. साधुओं की प्रार्थना:- साहबरामजी राहड़ कृत जंभसार के 22वें प्रकरण में वर्णित है कि जब गुरु जाम्भोजी की आयु लगभग 85 वर्ष की हो चुकी थी, तब उनका जीवन संध्याकाल में प्रवेश कर चुका था। इस अवस्था में एक दिन वे संभराथल से प्रस्थान कर लालासर पहुँचे। उनके साथ साधु-संतों का विशाल समुदाय भी था। संवत 1593 मार्गशीर्ष वदि 6 को गुरु जाम्भोजी लालासर में एक कंकेड़ी वृक्ष के नीचे विराजमान हुए। उस समय का वातावरण अत्यंत अलौकिक बताया गया है, गंधर्व और मुनियों के साथ एक दिव्य लीला का आयोजन मानो साकार हो रहा था। साधु-संत यह भाँप चुके थे कि गुरु जाम्भोजी अब कोई अंतिम चरित्र (महत्वपूर्ण निर्णय) करने वाले हैं। गुरु जाम्भोजी के संभराथल छोड़कर लालासर आने से शिष्यों के मन में गहरी व्याकुलता उत्पन्न हुई। वे भावुक होकर निवेदन करने लगे कि आपने संभराथल जैसे पवित्र स्थान को सूना कर दिया है, अब हम आपके दर्शन के बिना कैसे रह पाएँगे? आपके वचनों के बिना जीवन असहनीय हो जाएगा। साधुओं ने गुरु जाम्भोजी की महिमा का अत्यंत भावपूर्ण वर्णन किया कि आपने हिन्दू और मुसलमान दोनों को समान रूप से ज्ञान प्रदान किया। उजड़ती हुई देहों (जीवनों) को आपने बसाया और उन्हें धर्ममार्ग पर स्थापित किया। काजी अपनी किताबें लेकर आए, ब्राह्मण वेद पढ़ते-पढ़ते थक गए, जोगियों ने अनेक युक्तियाँ अपनाईं, परन्तु कोई भी आपकी वास्तविकता को नहीं समझ सका। आपने ज्ञान रूपी खड़ग से सम्पूर्ण पृथ्वी को जीत लिया, आपके समान दूसरा कोई नहीं। वे जहाँ भी देखते हैं, केवल आप ही दिखाई देते हैं। गुरु जाम्भोजी के संभावित प्रस्थान की कल्पना से साधु-संतों ने भविष्य की भयावह स्थिति का चित्र प्रस्तुत किया कि गुरु के जाने के बाद सत्य मार्ग लुप्त हो जाएगा। झूठ, कपट और कुतर्क का विस्तार होगा। लोग गुरु-वचनों को भूलकर भ्रमित हो जाएँगे। अहंकार और वाद-विवाद बढ़ेंगे, और भक्ति का लोप हो जाएगा। सत्य, संयम और धार्मिक क्रियाएँ समाप्त हो जाएँगी। वे कहते हैं कि आपके बिना यह संसार अधर्म और भ्रम में डूब जाएगा, और जीवों की गति (मुक्ति) कठिन हो जाएगी। साधुओं ने गुरु-शिष्य संबंध की गंभीरता को भी रेखांकित किया कि शिष्य यदि मार्ग से भटक जाएँ, तो दोष गुरु पर ही आता है। शिष्यों के कुकर्म गुरु को लज्जित करते हैं। एक बार स्थिति बिगड़ जाए तो उसको सुधारना कठिन होता है। साधु-संतों का मुख्य आग्रह यही था कि पंथ को बिना संरक्षक के नहीं छोड़ा जाना चाहिए। वे स्पष्ट शब्दों में कहते हैं मालिक के बिना धन भी सूना हो जाता है। यदि पंथ का कोई धणी (नेतृत्वकर्ता) नहीं होगा, तो वह बिखर जाएगा। अतः वे हाथ जोड़कर प्रार्थना करते हैं कि इस पंथ का कोई मालिक नियुक्त कर दीजिए, ताकि आपकी मर्यादा और उपदेश सुरक्षित रह सकें:-

वर्ष पच्यासी कै ढिग आए, एक दिवस लालासर ध्याए। साध संत सब साथे गएऊ, लालासर थल बैठत भएऊ।
पंनरासैं रू तिराणवे साला, छठ तिथी बैठे जग पाला। गंन गंधरब मुंनि साथे आया, ऐसो खेल करियो सुर राया।
साधु मोमण जाणत भऐ, जो कछु चरत जंभ गुर ठऐ। दर्शन विन्या कहो कस रहां, वचन आपके कसैं सहां।
गोवल सूंनों करणी कहो, समराथल छोड़ियो प्रभु अहो। लालासर कहा खेल पसारियो, समराथल सूंनो कर डारियौ।
तिराणंवे की संध जु पूगी, साख सकल जंन हिरदै उगी। क्यां गुण वरणूं देव तुम्हारा, हिंदू तुरक चेताया सारा।
ऊजड़ देही बस्तीउ करी, कथ कथ ज्ञांन सुनायो हरी। ब्रिह्म गियांनीं ज्ञांन सुणांयौ, बूझ रू जीत कोई नहिं आयौ।
काजी कतेबां ले ले गएऊ, ब्राह्मण वेद वांच थक रहेऊ। जोगी जुगति विचारै घणी, परख न जाणैं सतगुर तंणी।
ग्यान खड़गां जीती वसुधा, दुतियै मेर काहू नहीं दशुधा। जाहां देखूँ ताहां सतगुर खड़ेऊ, एकलवाई उभा छड़ेउ।
तुम चाल्यां सब मिल संसारा, कोई कोई जाने दास तुम्हारा। गुर पीरी छूटी सब जायसे, झूठ रू कपट कुभाख्या आयसे।
वचन लोप दुनियां मिल जावै, थूल संग सैं थूल होय आवै। तुम दाखी सो बातां छूटहि, गति होय कैसे हर रूठहि।
वाद अहंकार वधै वड भारी, नांही दीसै भक्ती तुम्हारी। जत सत्य क्रिया भक्ती छूटेउ, तुम चाले बातां सब खुटेउ।

थेई जमातं के सिरदारा, खांचो जोत मिलै संसारा। तातै जोत न खीचो स्वांमी, बिगड़े सिख लजै गुर नामीं।
शिष्य कुकरमां स्यांम लजावै, गई बात फिर हाथ न आवै। तुम प्रताप मुक्त में जावै, जिवत मरै कोऊ अजर जरावै।
रतनां की काया जब पावै, जो सतगुर का वचन निभावै। सैतान झोलो करै परेरो, जो प्रभुजी राह पावै तेरो।
कर जोड़िया साधू अस कहहे, थे राखो मरजादा रहहे। धंणीं विन्यां धन सूनो जाय, रूलै पड़े फिर कछु न वसाय।
तातै पंथ भोलायौ चहिये, पंथ धंणी कर पीछै जइयै।

ख. पंथ का धणी नियुक्त करना:- साहबरामजी राहड़ कृत जंभसार के 22वें प्रकरण में पंथ के भावी धणी (स्वामी) की नियुक्ति का अत्यंत महत्त्वपूर्ण प्रसंग वर्णित है। जब गुरु जांभोजी की आयु लगभग 85 वर्ष की हो चुकी थी, तब उनके समीप उपस्थित साधु-संतों ने निवेदन किया कि उनके बाद पंथ का संचालन किसके हाथों में रहेगा। इस पर गुरु जांभोजी ने उत्तर दिया कि इस पंथ का धणी रेवाड़ी में रहता है। उसका नाम वीठल है, जो आगे चलकर 'वील्हो' नाम से प्रसिद्ध होगा। यह सुनकर उपस्थित संतों में जिज्ञासा उत्पन्न हुई, क्योंकि उस समय रेवाड़ी में गुरु का कोई प्रत्यक्ष शिष्य नहीं था। रणधीरजी बाबल ने गुरु से विनम्रतापूर्वक प्रश्न किया कि जब रेवाड़ी में कोई शिष्य नहीं है, तो वह व्यक्ति कौन है? वह कब और कैसे यहाँ आएगा? लोग उसे कैसे पहचानेंगे? उसका नाम, गोत्र और जीवनचर्या क्या होगी? वह किस प्रकार पंथ का संचालन करेगा? उन्होंने निवेदन किया कि यह अगम रहस्य कृपा करके स्पष्ट किया जाए। साधुओं की जिज्ञासा शांत करने हेतु गुरु जांभोजी ने वील्होजी के पूर्वजन्म और आगमन का विस्तृत वृत्तांत सुनाया। उन्होंने बताया कि एक समय स्वांति शाह नामक एक बादशाह उनसे मिला। प्रारंभ में उसने गुरु को केवल एक हिन्दू संत समझकर उपेक्षित किया, किंतु बाद में जब उसे गुरु का परचा (चमत्कारिक अनुभूति) मिला, तो वह विसनोई पंथ में दीक्षित हो गया और अपने पापों का प्रायश्चित किया। मृत्यु के पश्चात जब वह धर्मराज के द्वार पहुँचा, तो उसके लिए मुक्ति के द्वार खुल गए। किंतु धर्मराज ने कहा कि उसका एक पाप शेष है, जिसे भोगे बिना मुक्ति संभव नहीं। स्वांती शाह ने उस पाप को पहले भोगने की इच्छा व्यक्त की। धर्मराज की अनुमति से उसका पुनर्जन्म हुआ। गुरु जांभोजी ने बताया कि स्वांती शाह का जन्म रेवाड़ी में परसराम सुथार के घर हुआ। इस जन्म में उसका नाम विठल रखा गया। अपने पूर्वजन्म के शेष पाप के कारण वह बालक चार वर्षों तक नेत्रहीन (अंधा) रहेगा। यही बालक आगे चलकर वील्होजी के रूप में पंथ का संचालन करेगा। चार वर्ष की आयु के पश्चात एक दिन गुजरात से कुछ साधु रेवाड़ी आए और वहाँ एक रात विश्राम किया। उन्होंने संध्या के समय आरती एवं सबद-कीर्तन किया। उसी समय वह अंधा बालक विठल (सूरदास) अन्य बच्चों के साथ खेलते-खेलते वहाँ पहुँचा। आरती की ध्वनि सुनकर वह अत्यंत आनंदित हुआ और "वाह-वाह" कहकर प्रसन्नता व्यक्त करने लगा। महंत ने आश्चर्य से पूछा कि तुम क्यों वाह-वाह कर रहे हो? तब उस बालक ने साधुओं द्वारा गाए गए साखी-सबदों को स्वयं दोहराकर सुनाया। यह देखकर साधुजन चकित रह गए और समझ गए कि यह कोई साधारण बालक नहीं है। साधुओं ने विठल के पिता परसराम को बुलाया और उनसे उस बालक को अपने साथ ले जाने का निवेदन किया। उन्होंने कुछ दक्षिणा (रुपये और चादर) देकर बालक को उनके साथ विदा कर दिया तथा आदेश दिया कि वह सदा उनके साथ रहे। परसराम ने सहर्ष अनुमति दे दी और बालक विठल साधुओं के साथ चल पड़ा। आगे चलकर यही बालक यहां आकर पंथ को संभालेगा। गुरु जांभोजी द्वारा यह संपूर्ण कथा सुनाए जाने पर सभी संतों के मन का संशय दूर हो गया। उन्हें पूर्ण विश्वास हो गया कि पंथ का भावी धणी पूर्वनियोजित है और गुरु ने स्वयं उसकी व्यवस्था कर रखी है:-

इह सुंण जंभ बोलते भए, पंथ धंणी रेवाड़ी रहए। रेवाड़ी में आवियो, विठल ऐसो नाम।
विसनु भक्त वील्हो वहे, सदाई चितारै स्याम। कहै रणधीर सुनहु प्रभु मेरे, रेवाड़ी तव सिष नहि हैरे।
काहा नांव अरू कब आवैंगे, लोक ताहि कैसै पावेंगे। क्यूं आवै कैसे कर जाने, कहा गौत अरू नांव कहाने।
कद आवै कैसे कर रहहे, केहि विधि पंथ चलावे वहहे। याकी अगम आप जो कहेहऊ, कृपा कर कहो जान हम लहेहू।
सुन कर वचन कहे प्रभु ऐसै, जा विधि वील्ह आवहि तैसे। जाकी कथा सुणो चित लाई, भक्त कथा अब कहुं सुनाई।
स्वांती साह पातस्या ऐका, मोसै मिल्यौ तेहि ग्रभ विशेषा। हिंदू जांन आंख तिन मूंदा, करांबीण लाऐउ मोहे कूदा।
पंथ पड़ियो विसनोई भयौ, जरणां करी पाप तद गयो। मरकर गयो धरम के द्वारा, तेहि कूं खूलेउ मुक्ति किंवारा।
धर्मराय अस बोलत भएऊ, कछु एक पाप तुम्हारा रहेऊ। भौग लेवौ फिर मुक्ती जावो, बहुर जूंन में कबहु न आवो।
स्वांती साहा अस बोलत भऐऊ, प्रथम कर्म भोगस्यूं कहेऊ। सुंनकर धर्म हंकारो करियौ, रेवाड़ी सो आय अवतरियो।
रेवाड़ी परसौ सुथारा, हर को भक्त नांव आधारा। जाकै घर जनमत भयो सोई, च्यार वरष को जांणौं बोहि।
वीठल नांम सूर जन तेहां, राखै पंथ हमारो ऐहा। गुजरात से साधू चल आवे, रेवाड़ी ऐक रात रहावै।
करै आरती संझ्या काला, सूरदास खेलै संग बाला। साधां पास सुणणैं कूं गऐसी, सुंनी आरती वाहा वाहा कहेसी।
सुंनकर महंत बोलते भयेऊ, वाह वाह कहु कसै कहेऊ। साखी शब्द बोलियो भारे, पढ़कर वील्ह सुंनावै सारे।
तब साधु पिता बुलावही, कहै महंत मो संग सुख पावहीं। रूपियों चादर तुरंत चढ़ावै, तुमरै संग सदा सुख पावे।
ताते तुंम संग रहो सदाई, असै कहि कर बंटी बधाई। परसरांम अपणैं घर जहहे, साधा संग वीठल इत अहहे।
लेकर संग जाय गंगाजी, समे पाय आवै संगा जी। जंभराय अस कथा बखांणी, सुंणकर सकल भई दुख हानी।

सब संतन के निहचै आयो, पंथ सहायक साध बतायो।

परमानंदजी बैनिवाल कृत हस्तलिखित ग्रंथ में भी ये वर्णन मिलता है। इस ग्रंथ के अनुसार, जब गुरु जांभोजी के समक्ष संतों की जमात उपस्थित थी, तब उन्होंने विनम्रतापूर्वक प्रश्न किया कि हे देवजी! आपके पश्चात आप कौन-सा अवतार धारण करेंगे? कृपया उस अवतार की मर्यादा निश्चित करें, क्योंकि इसके बिना पंथ का सुधार संभव नहीं है। जमात के इस प्रश्न के उत्तर में गुरु जांभोजी ने स्पष्ट किया कि उनके स्थान पर वील्होजी पंथ का संचालन करेंगे। उनका जन्म रेवाड़ी में एक दैया गौत्र के सुथार परिवार में होगा। उनकी आँखों पर घाव होगा। गुरु जांभोजी ने अपने शिष्य नाथोजी को विशेष रूप से संबोधित करते हुए आदेश दिया कि नाथिया! तूं शरीर मत त्यागना जो कुछ तुमने सुना और देखा है, वह सब उसे (वील्होजी को) बताना। तुम्हें वह सच्चा भक्त मिलेगा:- "जमात कहै, देवजी थारे लेखै मां और देह धारै जको कियो अवतार। औतार की मरजाद इक की बांधिये। इह बिना वांसो सुधरै नहीं। म्हारो बदलायत छै रैवाड़ी जलम सुथार घरै ले। दोइयो जाति। आंखे जखम वील्हो नाम हुइसी। नाथियां तूं खड़ी ना। सुणी दीठी बात वानै कही। भगत मिलिसी।"

ग. गुरू जांभोजी का अखंड समाधि में लीन होना:- साहबरामजी राहड़ कृत जंभसार के 22वें प्रकरण के अनुसार, एक समय गुरू जांभोजी ने आकाश की ओर हाथ उठाया। उसी क्षण सूर्य के समान तेजस्वी एक दिव्य संदूक प्रकट हुआ। उसकी आभा हीरे के समान चमकदार थी और उसकी शोभा का वर्णन करना असंभव बताया गया है। यह संदूक इतना विशाल था कि उसमें एक शरीर सहज रूप से विश्राम कर सकता था। गुरू जांभोजी ने यह संदूक उनके शरीर के लिए ही मंगाया था, जिसमें उनके देहावसान के पश्चात उन्हें स्थापित किया जाएगा। उन्होंने संकेत दिया कि जब वे शरीर त्यागेंगे, तब उनके अंतिम दर्शन के लिए विशाल जनसमूह (मेला) एकत्रित होगा। गुरू जांभोजी ने अपने देहत्याग का समय भी पूर्व में ही निश्चित कर दिया। उन्होंने बताया कि संवत 1593 मार्गशीर्ष वदि नवमी को वे शरीर त्याग करेंगे। इससे पूर्व सप्तमी और अष्टमी के दिनों में विशेष आध्यात्मिक घटनाएँ घटित होंगी। जब मिगसर वदि सप्तमी की तिथि आई, तब गुरू जांभोजी ने एक दिव्य हुंकार किया। उस हुंकार के साथ ही ओंकार की ध्वनि सम्पूर्ण सृष्टि में व्याप्त हो गई। यह ध्वनि चारों दिशाओं में फैल गई। जहाँ-जहाँ विसनोई अनुयायी निवास करते थे, वहाँ यह शब्द सुनाई दिया। यह ध्वनि एक प्रकार से गुरू जांभोजी के प्रयाण की सूचना थी। गुरू जांभोजी ने अपने अनुयायियों को अंतिम उपदेश देते हुए कहा कि नवमी के दिन उनके देहत्याग तक अधिकतर भक्त देह त्याग कर देंगे। जो भी श्रद्धा से डाभ का तिनका कंधे पर धारण करेगा, उसका यह तिनका तलवार के समान प्रभावी हो जाएगा और वह देह त्यागकर परम पद को प्राप्त करेगा। जो उनके वचनों पर विश्वास करेगा, उसे चतुर्भुज विष्णुपुरी (विष्णु धाम) में स्थान मिलेगा। उन्होंने यह भी कहा कि सप्तमी से नवमी तक तीन दिनों में जो भी देह त्याग करेगा, वह जन्म-मरण के चक्र से मुक्त हो जाएगा। ऐसे भक्तों को विष्णुधाम की प्राप्ति होगी और वे यमपुरी का दर्शन नहीं करेंगे। गुरू जांभोजी के इस दिव्य आह्वान के प्रभाव से सप्तमी और अष्ठमी के दो दिनों में अनेक साधुओं ने देह त्याग किया। यह देहत्याग सामान्य मृत्यु नहीं, बल्कि सचेतन समाधि और मोक्ष प्राप्ति के रूप में वर्णित है। ग्रंथ में उल्लेख है कि जैसे पूर्व में प्रहलाद के साथ पाँच करोड़ भक्त तिर गए थे, उसी प्रकार बारह करोड़ जीव गुरू जांभोजी के साथ परमधाम को प्राप्त होंगे। जब मिगसर वदि नवमी का दिन आया, तब गुरू जांभोजी हंसते हुए बोले कि अब हम अपने लोक को जा रहे हैं। तुम्हें कुछ आदेश दे रहा हूँ। उन्होंने आगे निर्देश दिया कि जंभसागर तीर्थ सभी तीर्थों में श्रेष्ठ है, जहाँ उन्होंने स्वयं अपने हाथों से समाधि स्थल तैयार किया है। उनके देहावसान के पश्चात उनके शरीर को उसी दिव्य संदूक में रखकर जंभसागर ले जाया जाए। अंततः गुरू जांभोजी ने ओम शब्द का उच्चारण किया, ध्यानस्थ होकर शांत भाव से बैठ गए और अखंड समाधि में लीन हो गए:-

इतने हरि कर कियो अकासा, रवि सम ऐक संदूक प्रकासा। बाकी शोभा अधिक है, महिमां कही न जाय।
हीरे की सी आब है, सेज शरीरां थाय। दर्शन करे जू देव को, गिन तेतीसां ज्ञांन।
मेलो तब मोटा धणी, विसन विछोहा भांन। पंनरासै अरू तिराणवै, वद मिगसर वमेख।
तिथि नव निरखी निरमली, औलै हुवा अलेख। मिगसर वद सात्यूं तिथि आई, हुंकारो कीन्हौं जंभराई।
हुंकारै संग ओमकारा, भवन चतुर दस लाज्ञो तारा। जाहां ताहां शब्द भयो हलकारो, चक च्यार में फिरे इक सारौ।
जिस तिस लोक वसैं विसनौई, जहां तहां शबद सुनायौ सौई। नोमी औलै हुवा अलेखा, मेरो भक्त रहै नहिं सेखा।
काठ तिणौं कांधै पर धरहे, सतगुर कहैं सीस सौ परहे। मोर वचन करहे विसवासा, चत्रभुजी विसनुपुर वासा।
सात्यूं आदि नोमीं दिन अंता, धिन धिनकार सकल व्रतंता। तीन दिवस में जो तन त्यागै, जनम मरण दुख ज्यांको भागै।
विसनु धांम में प्रापति होई, जम नि पुरी देखै नहीं कोई। अस कहि शब्द सकल फिरियायौ, जंभ चलांण जननि द्रशायौ।
च्यार चक में धन धनकारा, गावै शब्द लगै झंनकारा। अपणौ वित पुंन सब करिहे, डाभ तिणौ कांधै पर धरहे।
सो तरवार सार हुय जावै, त्यागै देह परम पद पावै। सात्यूं अरू आठियौं दोय दिन में, साधू देह तजी एक छिन में।
पांच कोड़ प्रहलाद संग पहलां, बाहरा कोड़ जंभ संग जहलां। तिर गऐ तिनकी गिनती करहूं, भक्त हेत प्रभु आय अवतरहूं।
अठाईस कोड़ पीछै रह गएऊ, च्यार जुग नि अंत्रगत भएऊ। तेहि ते गुर के आगै गऐसी, प्रिथम भये पाछै लग रहेसी।
जब नोमी तिथ आवत जाणी, तब हंस बोले सारंग प्राणी। अब हंम अपनै लोक सिधावां, तुम कूं कछु अज्ञा भोलावां।
जंभसागर तीर्थन सिरताजा, तहां न्हाऐ सत पुरष निवाजा। जाहां मैं कंवल कोस करवायो, अपने हाथां खूब बनायो।

अरू या संदूक धरू निज देहा, मैं वहां जांउ नहीं संदेहा। इह संदूक वहांई ले आंना, अस कहि दिया पान प्रवानां।
ओम शब्द उचारन करेउ, बैस निसंक ध्यांन हरि धरेऊ। लगी समाधि अखंड अनंता, सुंनहु सकल उधरतेहु संता।
साहबरामजी राहड़ कृत जंभसार के 22वें प्रकरण के एक अन्य प्रसंग के अनुसार गुरू जांभोजी अपने अनुयायियों से कहते हैं कि एक बार पुनः सुन लो। जब मैं इस लोक का त्याग करूंगा, तब मेरा शब्द सम्पूर्ण लोक में व्याप्त होगा। गुरू जांभोजी आगे कहते हैं कि उनके देहत्याग के समय अनुयायियों को स्वाभाविक रूप से शोक होगा। किंतु उसी समय एक महान आध्यात्मिक अवसर भी प्राप्त होगा। तीन दिनों तक वैकुंठ के द्वार खुले रहेंगे। जो भी इन तीन दिनों में देह त्याग करेगा, वह सीधे मेरे पास (विष्णुधाम) पहुँचेगा। फिर गुरू जांभोजी अपने अनुयायियों को निर्देश देते हैं कि अब सभी अपने-अपने घर लौट जाएँ। उनके प्रयाण (देहत्याग) की तैयारी करें। क्योंकि अब उनके जाने में अधिक समय शेष नहीं है। यह आदेश सुनकर सभी अनुयायी गहरे भाव-विभोर हो उठे, किंतु गुरु के वचनों का पालन करते हुए अपने-अपने स्थानों को लौट गए। जब सभी लोग चले गए, तब गुरू जांभोजी एकांत में ध्यानावस्था में स्थित हो गए। आगे उनकी उस अवस्था का अत्यंत सुंदर उपमान दिया गया है कि वे ऐसे विराजमान थे, मानो आकाश के मध्य चंद्रमा की शीतल छवि प्रकाशित हो रही हो:-
ऐक बार बहुरियो सुंन लेहू, जब मैं त्यागहूं लोका एहू। जब मंम शब्द फिरहि सब लोका, तब तुम पावहू दूखमय शोका।
तीन दिवस वैकूंठ खुलासा, देह त्यागहि पावहिं मंम पासा। अब अपनें घर सबही जावौ, चलने का सब शाज बनावो।
बहुत देर मेरे अब नाहीं, सुंणे वचन सब लोक सिधाहीं। गऐ लोक सब जंभ विराजै, गगन मध्य जंनु शशि छिव छाजै।

03. गुरू जांभोजी का निर्वाण:- केसोजी गोदारा कृत साखी के अनुसार गुरू जांभोजी ने संवत 1593 मार्गशीर्ष वदि नवमी को लालासर की साथरी पर पहुँचकर प्रयाण किया:-
पनरासे रि तिराणवे, वदि मगसरी वमेख। तिथि नुंवि निरखी निरमली, ओल्हे हुवा अलेख॥
नाल्हासर की साथरी, पोहचि कियो परवाण। ईल मां अंधियारो हुवौ, भोमि वरत्यौ भांण॥
मीठुदास कृत हरजस में भी इस घटना का उल्लेख है:-
लालासर की साथरी, कियो चिरत मुरारी हो। दास मिठु भल दावे है, छक आई सारी हो॥
परमानंदजी बैनिवाल कृत हस्तलिखित ग्रंथ के अनुसार संवत 1593 मार्गशीर्ष वदि नवमी को गुरू जांभोजी अदृश्य हो गए थे। उन्होंने लोगों को दर्शन देने हेतु अपने स्थान पर शरीर का पुतला छोड़ दिया। वे कुल 85 वर्ष, 3 माह, 1 दिन, और 3 घड़ी तक इस संसार में प्रकट रहे। आगे उल्लेख है कि उन्हें लालासर से तालवा लाया गया। साथ के लोगों ने उनको जांभोलाव ले जाने का निश्चय करके दशमी तिथि को वहाँ से प्रस्थान किया:- "संवत् 1593 मगसर वदि नुंव साम्ही अलोप हुवा। वासे लोक दिखावे ने पुतलो मेल्ह गया। 85 वरस 3 महिना 1 दिन 3 घड़ी निरहारी पुरस प्रगट रह्या। नाल्हासर थी तालव्य ल्याया। साथरिया झांभोलाव रो मतो करि 10 दसुय रे दिन मुकाम कियो।"

04. अनुयायियों का देह त्यागना:- साहबरामजी राहड़ कृत जंभसार के 22वें प्रकरण में गुरू जांभोजी के निर्वाण के पश्चात घटित दिव्य घटनाओं का अत्यंत विस्तृत और विलक्षण वर्णन मिलता है। जिसमें असंख्य जीवों ने एक साथ मोक्ष प्राप्त किया था। गुरू जांभोजी के सतलोक गमन के साथ ही उनका दिव्य शब्द सम्पूर्ण सृष्टि में व्याप्त हो गया। जहाँ-जहाँ उनके भक्त निवास करते थे, वहाँ यह शब्द पहुँचकर उनके प्रयाण की सूचना देने लगा। तीनों लोकों में हुंकार गूंज उठा, जिससे पता चला कि गुरू जांभोजी सतलोक पधार गए हैं। जैसे ही भक्तों ने यह शब्द सुना, उन्होंने अपने गले पर तिनका लगाना शुरू किया। यह तिनका मानो चंद्रहास खड़ग के समान प्रभावी हो गया और उनके देहत्याग का माध्यम बना। इस प्रकार उनका जन्म मरण का बंधन समाप्त हो गया। वे संसार के समस्त दुःखों से मुक्त होकर परम पद को प्राप्त हुए। सप्तमी से नवमी तक के तीन दिनों में यह अद्भुत घटना निरंतर घटित होती रही। भक्त जहाँ भी घर, वन, खेत, खलिहान या कुए पर थे, वहीं पर देह त्याग कर मोक्ष को प्राप्त हो गए। कोई विवाह के लिए जा रहा था, कोई स्नान कर रहा था, कोई दैनिक कार्य में लगा था। सभी ने उसी क्षण देह त्याग दी। स्त्रियाँ जो चक्की चला रही थीं या गाय दुह रही थीं, वे भी उसी समय स्वर्गगमन कर गईं। यह दृश्य अत्यंत व्यापक था, सात समुन्द्र और नव खंडों तक फैले अनुयायी इस मोक्ष-लीला में सम्मिलित हुए। इस प्रसंग में देहत्याग की अवस्था को अत्यंत प्रभावशाली उपमाओं द्वारा व्यक्त किया गया है, जैसे सर्प अपनी कैंचुली त्याग देता है, उसी प्रकार भक्तों ने शरीर का परित्याग किया। यह त्याग इतना सहज और त्वरित था, मानो मेघों में बिजली चमककर विलीन हो जाए। उन्हे किसी प्रकार का भय, संकोच या शोक नहीं था। न किसी ने रोका, न किसी ने विलाप किया। सभी भक्त आनंद और आत्मबोध की स्थिति में थे। देहत्याग के साथ ही जीव चतुर्भुज रूप धारण कर विष्णुपुरी (विष्णुधाम) को प्राप्त हो गए। वे संसार-सागर से पार होकर परमधाम में स्थित हो गए। यह मोक्ष केवल व्यक्तिगत नहीं, बल्कि सामूहिक आध्यात्मिक उत्कर्ष का अद्वितीय उदाहरण था। इस प्रसंग में गुरू जांभोजी की दिव्य सत्ता का भी वर्णन किया गया है, वे वही परम शक्ति हैं, जिनकी इच्छा से यह समस्त ब्रहमांड और माया रची गई है। प्रलय करना भी उनके लिए सहज है और समस्त सृष्टि उनकी आज्ञा का पालन करती है। उनका अवतार विशेष रूप से बारह करोड़ जीवों के उद्धार हेतु हुआ था। यह कार्य पूर्व में विष्णु, ब्रह्मा और शिव के तप तथा निराकार परमात्मा के वरदान से निर्धारित हुआ था। प्रहलाद के वचनों की रक्षा और जीवों के कल्याण के लिए ही गुरू जांभोजी ने अवतार धारण किया और असंख्य जीवों का उद्धार किया। गुरू जांभोजी के सतलोक गमन के साथ ही अनंत कोटि जीवों को मुक्ति प्राप्त हुई। गुरू जांभोजी के प्रमुख शिष्यों रणधीरजी बाबल, रेड़ोजी सांवक तथा अन्य अनेक संतों ने मिलकर गुरू जांभोजी की देह को उठाया। उसे जंभसागर

ले जाने के लिए प्रस्थान किया। उनके साथ लगभग 120 साधु थे:-

जाहां जाहां भक्त रहेउ लिववाई, ताहां शब्द ने खबर जनाई। तीन लोक में भयो हंकारा, सतलोक गुर जंभ पधारा।
सुनतहि स्पात तिणा गल दयऊ, मांनहु चंद्रहास होय गएऊ। सप्त दीप जानत भये, गुर भक्ता जन साध।
जनम मरण उनको मिट्यौ, मिट गइ आद अरू व्याध। जा दिन जंभ गऐ सत लोका, इन भक्तन के हरख न सोका।
जभ शब्द ईन स्रवनां सुन्यौ, सुनकर चिलत मगन हुय गुन्यौ। तीन दिवस में खड़िया सारा, नोमी अंत सातम हंकारा।
सुंनत हंकारो एहि विधि खड़े, चत्रभुजी हुय बेड़े चड़ै। घर के घरां बनी के बन में, सुनतेहि सत आयो तेहि तन में।
कुवे खलै खेत मां रहेउ, ताहां ही खड़ै सुरगपुर गएउ। बींद बणे परणीजण नैं जावै, जांन समेत खड़ै सुख पावै।
तीरथ कूवै न्हावण कूं गऐ, लुटिया धोती व्हांई रहे। जीव उड़े विसनुं पुर जाई, खड़े जीव घर बंटै बधाई।
चाकी फेरत नारी खड़ी, गाय दूंवती सुरगे चड़ी। धन धनकार भयो जग सारौ, जाहां ताहां भक्त देह निज डारो।
सात संमद अरू नव खंड ताही, खड़े संत जाय सुरग समाही। तीन दिवस लग चल्यो दुधारो, तिणौ धरियौ सोई होय गयो पारो।
कछुवन सरम भई तन गताकै, जैसे सरप कांचली नाखै। ऐसै देह तजै छिन मांही, तड़त चंमक घंन मांहि समाहीं।
एहि विधि भक्त गऐ सुरलोका, काहू न ब्रज्या काहू न रोका। डाभ तिणौं कंधे पर धरहे, ताको सीस दूर जाय परहे।
इह परताप जंभ को जाणौ, सुंण अचरज कोई मति ठाणों। जाकी अंछिया सूं ब्रिह्मंडा, माया रचै अनेक प्रचंडा।
परलै करत देर नहिं लावै, जाकी अज्ञा सब व्रतावै। सो प्रभु आऐ बाहरा कारण, और असंख कोड़िया को तारण।
विसनुं ब्रिह्मा शिव तप कीन्हौ, तबहि निरंजन वर ऐहि दीन्हौ। बाहरा कोड़ जीव तब तारहि, नहतंती तंन जंभ गुर धारहि।
निराकार तप कियो अपारा, पुरष परमात्म वचन उचारा। जंभ कला हमरी एक आवै, बाहरा कोड़ जीव संग लावै।
प्रह्लाद वचन सबही प्रतिपारे, अहहिं जंभ काज सब सीरे। एहि विधि आऐ जंभ गुर, तारे जीव अनेक।
अपणा जीव उधार कै, सांत कियो सत भेख। जंभ गुरु सतलोक सिधाऐ, अनंत कोट जिव मुक्त मिलाए।
रणधीरज रेड़ोजी संगा, अवर संत वड़दी बहु रंगा। जंभ सिंगासण लियो उठाई, जंभसागर ले चलेउ पराई।
बीसा सौ साधू संग लीन्हें, ले श्रीकंवल पयानों कीन्हें।

केसोजी गोदारा कृत साखी के अनुसार भक्त गुरू जांभोजी से करुण निवेदन करते हैं कि हे देव! हमें भी उन तेतीस करोड़ जीवों में सम्मिलित करो, जिनका उद्धार होने वाला है। हमें उस मोटे धणी (विष्णु) से मिलाप करवाओ। आपके दर्शन के बिना हम विष्णु-वियोग से व्याकुल हैं। साखी के अनुसार संवत 1593 मार्गशीर्ष वदि नवमी को गुरू जांभोजी ने लालासर की साथरी पर पहुँचकर संसार से प्रयाण किया। उनके प्रयाण के साथ ही समस्त संसार में अंधकार छा गया, मानो सूर्य पृथ्वी में समा गया हो। भक्तों की स्थिति का वर्णन अत्यंत हृदयस्पर्शी उपमाओं द्वारा किया गया है, जैसे जल के बिना मछली तड़पती है, जैसे सारस प्रेम-वियोग में मर जाता है, जैसे पपीहा बिना वर्षा-बूंद के व्याकुल रहता है, जैसे माता के बिना बालक असहाय हो जाता है, वैसे ही गुरु के बिना भक्तों की ये स्थिति हो गई है। कलियुग में एक अद्भुत चमत्कार हुआ। जैसे ही गुरु का सार शब्द गूंजा। पूर्व, पश्चिम, कालपी, गंगापार आदि विभिन्न क्षेत्रों से साधु-संत तालवा गाँव में एकत्रित हो गए। सभी ने मिलकर गुरु के अंतिम मुकाम की व्यवस्था की। इस साखी में अनेक भक्तों और समूहों के देहत्याग का उल्लेख मिलता है। सर्वप्रथम तांतु ने देह त्याग किया। सवीरी के साथ लगभग 1400 लोग मुक्त हुए। गुणावती के भक्तों ने 1008 जीवों का उद्धार किया। भींयासर में 600 जीव मुक्त हुए। टोहे के साथ 140 लोग स्वर्ग गए। धारू के साथ सौ लाख जीवों का उद्धार हुआ। झीमा ने 50 लाख जीवों को तार दिया। अतली के साथ करोड़ों जीव स्वर्ग गए। इसी प्रकार चाखु गांव से दुदोजी और राणोजी, हाथु, नाथु, किसन कस्वां, दफरो, करमणि जाणी, वाड़ाणी भींछर, सोनी, किसन भादू, सायर, सुरताण, जगो जमाती, झोरड़ साध (रावण, गोयंद) आदि अनेक भक्तों और संतों ने देह त्याग कर मोक्ष प्राप्त किया। लखमण और पांडु ने खरींगे गांव में देह त्यागा। बालक, वृद्ध, युवा लगभग सभी वर्गों के लोगों ने देह त्याग किया। यह संख्या इतनी विशाल थी कि उसका पूर्ण आकलन असंभव बताया गया है। जो भक्त अपने शरीर पर लकड़ी का तिनका धारण करते थे, वह तिनका तलवार बन जाता था और उनके देहत्याग का माध्यम बनता था। भक्त जहाँ भी घर में, वन में, मार्ग में थे, वहीं हुंकार सुनते ही उन्होंने देह त्याग दी। इस घटना का प्रभाव इतना व्यापक था कि देवता, मनुष्य, हिंदु, मुसलमान आदि सभी आश्चर्य और भय से कांप उठे। कन्नौज और कालपी में 700 साधुओं ने महराज के नेतृत्व में देह त्यागा। गंगापार के क्षेत्रों में भी सामूहिक मोक्ष हुआ। कुलचंद के साथ लगभग 1500 लोग स्वर्ग गए। अंत में केसोजी गोदारा कहते हैं जो लोग प्रतिदिन प्रातः-सायं गुरु के दर्शन करते थे, तीसरे दिन उनकी अवस्था ऐसे हो गई, मानो कोई भ्रमित पक्षी हो:-

मेलौ करि मोटा धणी, गिणी तेतीसुं ग्यान। दरसण दीजै देवजी, विसन विछोहौ भान।१।टेक।
पनरासरि तिरांणवे, वदि मंगसरि वमेक। तिथि नुंवि निरखि निरमली, ओले हुवा अलेख।२
नाल्हासर की साथरी, पोहचि कियो परवाण। ईल मां अंधियारो हुवौ, भोमि वरत्यौ भांण।३
जल विणि मरै ज माछला, सारस मरे सनेह। हरि पाखो हरिजंण मरै, दुंनि तियागै देह।४
ज्यौं र पपीहो बुंद विणि, बालक पखो ज माय। तो विण जग जीवां धंणी, भगतां असी विहाय।५

किसंन चिलत कलिजुगि हुवौ, सुणी चहुंचकि सार। पुरब पछिम कालपी, गिणीयै गंगापार।६
सिरजंणहारौ साध का, सदा सुंवारे कांम। ताके जंन आया तालवे, मिलि थापियो मुकांम।७
पहलि मुंही तांतु खड़ी, उरियौ उतारी आथि। एक संहस अर च्यार से, खड़िया सवीरी साथि।८
गोमिंद भगत गुंणावती, अंतरि हुवा उडांणा। एक सहंस अर आठ से, सिधा संत सुजांणा।९
अपरंपर विणि आदमी, उरियौ सहारै आंच। छ से भीयासेरी खड़िया, सुजीव से पांच।१०
साधु सुरगे नावड़िया, सही विसोवा वीस। टोहे संगि सुरगे गया, सौ उपरि चालीस।११
जगि जीवत मरतगि हुवा, खुंय चाल्या होय खाक। धारू संगि सुरगे गया, सांभलिया सौ लाख।१२
झीमा जप्यो जीवां धंणी, अंतरि पुगी आस। जीव अता ले उधरी, प्रगट लाख पचास।१३
सुरगि गया सांसो मिटियो, खालिक मेटी खोड़ि। अतलि संगि सुरगे गया, करता कही करोड़ि।१४
चाखु चौकस सांभल्या, दुदे संमैप्यौ सीस। रांणे संगि सुरगे गया, से जांणे जगदीस।१५
हाथु अर नाथु निरखि, कसवां किसंन सहाय। चलांण कियौ चिलत, पोहता सुरगि पुलाय।१६
हरि विणि हरिजंण न रहै, उरि इधकी अंणराय। विसंन भगत दफरौ भलौ, खड़ियो घणां खड़ाय।१७
करमंणी जांणी कहै, करां न कुल की कांण। वाड़ाणी भींछर खड़िया, चड़िया विसत विवाण।१८
गोदारे गुरू ओलख्यौ, संमधा संत सुजांण। सोनि किसन भादू सही, सायर अर सुरतांण।१९
जगो जमाते प्रगटो, झोरड़ साध बखाण। लखमण अर पांडु परखि, खड़िया खरींघे जाण।२०
बाल विरध तरंणी तरल, काया तजै कितांन। कुंण जांणे कितनां खड़िया, गोमिंद करसि ग्यांन।२१
करि काठी वुही कंवलि, तका हुई तरवारि। घर का घर ही मां खड़िया, वन का वंनी मंझारि।२२
हहकारौ वरतियौ, इला फिरि जुगि आंण। कांप्या सुर नर देवता, हिंदु मुसलमांण।२३
कहीये कंनवज कालपी, करता सारिया काज। साध खड़िया छै सात सै, मांहि मुखी महराज।२४
गंगापारी गंगा खड़िया, सिंवरियौ सिरजंणहार। कुलचंद संगि सुरगे गया, दाख्या दोढ हजार।२५
ते बिछड़ि वांसे रह्या, अंतरि इधक उदास। परमेसर पुरण करौ, अंतर जांमी आस।२६
सेत पुंवग पुरो पुरेख, दीठो संझ सवेर। दिन तीजे केसो कहे, रह्या फिरि जुं गेर।२७

रायचंदजी कृत साखी में वर्णित है कि जब संवत 1593 में गुरू जांभोजी का निर्वाण हुआ तब उनके साथ अनेक साधु-संतों ने भी मोक्ष प्राप्त किया था:-

सांमि सिधारियो चिलत कियो, पनरासे री तिरांणवे। गुण गंद्रफ मोनियर साथे चल्या, परगट खेल पसारियो।
परगट खेल म्हारे सामि पसारियो, साथे चाल्यो मोमिणां।

हजूरी कवि कृत साखी में भी गुरू जांभोजी के निर्वाण के पश्चात भक्तों के देह त्यागने का उल्लेख है:-

कलजुग देवजी को चिलत बखांणि, पनरासे री तिरांणवै। वदि मगसरि नुंवा दिन जांणि, संभरथलि परवांणियो।
संभरथलि परवांण कियो, चिलत सुरां दिखावियो। सब मोमिण जीव काजे, साहचो रे चितावियो।
केई चालै खड़ग धारा, केई चालंण कुलंगे। संसार आयो क्रम पायो, चिलत कियो कलिजुगे।१

सेवादासजी गोदारा कृत इंदव छंद में उल्लेख मिलता है कि गुरू जांभोजी के निर्वाण के पश्चात तालवा में बड़ी संख्या में लोग एकत्रित हुए थे। जिनमें 500 लाल वस्त्रधारी साधु, 500 श्वेत वस्त्रधारी साधु और 500 काले वस्त्रधारी हजुरी साधु उपस्थित थे:-

पांच सै ठो लाल पोस, पांच सै तो सफेद पोस। काली पोस पांच सै, हजुरी साध जाणियै।
सबद की धुन सुन, आवत अनेक लोग। च्यार भुजा धारी आए, जिनकुं बखांनियै।१७

केसोजी गोदारा कृत प्रहलाद चरित्र में गुरू जांभोजी के साथ करोड़ों जीवों के मोक्ष प्राप्त करने का उल्लेख है:-

पह दाखवि परमोधि गति, पंथ चलायो सार। नुंवि तिथ निरमली, कियो चिलत करतार।६०७
संईया संगि सुरगे गया, कलिजुगि कई करोड़ि। जगजीवण जाणिसी, लिया जगत गुरू सुं जोड़ी।६०८

05. लालासर का भंडारा:- साहबरामजी राहड़ कृत जंभसार के 17वें प्रकरण में वर्णित है कि महंत लालदास के नेतृत्व में लगभग 500 वैरागियों की एक बड़ी जमात हरिद्वार से द्वारका की यात्रा पर निकली हुई थी। यात्रा के दौरान यह जमात पीपासर गांव में आकर ठहरी। पीपासर में उन्हें अपेक्षित सम्मान नहीं मिला। स्थानीय लोग उनकी ओर विशेष ध्यान न देकर केवल गुरु जाम्भोजी के प्रभाव और महिमा की ही चर्चा कर रहे थे। यह स्थिति महंत लालदास को खटक गई। इस उपेक्षा से प्रभावित होकर लालदास ने अपने शिष्यों से कहा कि वे स्वयं जाकर गुरु जाम्भोजी की "करामात" देखेंगे। उनके मन में संदेह था कि यदि गुरू जाम्भोजी पाखंडी सिद्ध हुए तो उन्हें दंडित किया जाएगा। इसी उद्देश्य से पूरी जमात संभराथल पहुंची। संभराथल पहुंचकर एक वैरागी ने गुरु जाम्भोजी से प्रश्न किया कि आपके पास कोई आसन या बिछौना क्यों नहीं है? इसका कारण क्या है? गुरु जाम्भोजी ने बिना किसी बाहरी संवाद के उनके मन की जिज्ञासा को भांप लिया और

उत्तर स्वरूप एक सबद का उपदेश दिया। गुरु के उस एक ही सबद ने समस्त वैरागियों के अंतःकरण को परिवर्तित कर दिया। उन्हें तत्काल आत्मज्ञान की अनुभूति हुई और उनके मन के सभी संशय समाप्त हो गए। सबद सुनते ही सभी वैरागी अत्यंत प्रसन्न हुए। उन्होंने अपना पूर्व भेष चोटी और बाह्य आडंबर त्याग दिया और सच्चे साधु के रूप में परिवर्तित हो गए। कुल 535 वैरागी उस क्षण विसनोई धर्म में दीक्षित हो गए। गुरु जाम्भोजी ने महंत लालदास को लालासर का भंडारा सौंपा। इस प्रकार कई तो भंडारी बन गए, कई साधु बन गए। कई जो बरड़, बटेसर आदि जाट थे, वे गृहस्थ विसनोई बन गए। जो भी व्यक्ति गुरु जाम्भोजी की शरण में आया, उसके सभी पाप और दोष नष्ट हो गए। उन्होंने कुपथ (गलत मार्ग) त्यागकर सुपथ (सत्य मार्ग) को अपनाया और शुद्ध, सज्जन साधु बन गए:-

हरिद्वार सूं द्वारका, जावै बहु वैराग। पूरी मूरत पांच से, महन्त लालदास बड़ भाग।
पीपासर डेरो कियो, उतरी आय जमात। कोई लोक मांने नहीं, करै जंभ की बात।
लालदास असै कह्यौ, देखियावों करामात। पाखंड हुवै तो पकड़ल्यौ, खुब देखावो हाथ।
एक वैरागी आय कै, हरि सुं पुछी बात। आसण बिछाणौ क्यूं नहीं, हमहीं बतावौ तात।
ताके मंन की सब लखीं, सबद सुणायों देव। एक सबद असौ कह्यौ, पायो सबही भेव।
सुन कर सबद प्रसन्न भऐ, वैरागी सब साध। भेख धरियौ चौटी दई, मिट गई भ्रम उपाध।
पांच सै अरू पैंतीस जो, भए विसनोई सोय। लालदास कूं लालासर को, दियो भंडारो जोय।
केई तो भंडारी भऐ, केई भऐ बह साध। केई तो विसनोई भऐ, बरड़ बटेसर आद।
जो आयौ गुरु जंभ पै, मिटे सकल अपराध। कुपह तज सुपह आण्या, भए सकल सुध साध।

साहबरामजी राहड़ कृत जंभसार में 24 भंडारो की सूची में लालासर भंडारे का भी नाम है। गुरू जांभोजी द्वारा करमसी बाड़ेटा को भंडारी नियुक्त करने का उल्लेख है:- "लालासर भंडारो रहिये, करमसी बाड़ेटो कहिये।"

06. लालासर साथरी की महंत परम्परा:- मान्यता है कि लालासर की साथरी पर स्थित हरी कंकेडी के नीचे गुरु जाम्भोजी ने अपना शरीर त्यागा था। आज इस कंकेड़ी के चारों ओर पक्का चबूतरा बना हुआ है। मुकाम में लगने वाले दोनों मेलों के समय भी श्रद्धालु यहां आते हैं। यहां चिलत नवमी को मेला भी लगता है। अब यहां एक भव्य मन्दिर बना दिया गया है। साहबरामजी राहड़ कृत जंभसार के 22वें प्रकरण में वर्णित 16 साथरियों की सूची में लालासर साथरी का भी उल्लेख मिलता है। इस प्रकरण में वर्णित है कि गुरु जाम्भोजी ने लाधोजी को लालासर साथरी का महंत नियुक्त किया था:- "लालासर लधोजी रहहे, जंभ गरू अज्ञा में वहहे।" लालासर साथरी में साध संतोषदासजी द्वारा संवत 1938 को 'ग्रंथांक-172' लिपिबद्ध किया गया था। लालासर साथरी के महंत के रूप में लालोजी के शिष्य विष्णुदासजी का भी उल्लेख मिलता है। इनका स्वर्गवास विक्रम संवत् 1885 में हुआ था, जिसका उल्लेख निम्न पंक्तियों में मिलता है:-

अठारे शत पंचासिया, माधव मास सधीर। विष्णुदास कुसा बरतप, सटके तज्यो शरीर।।

विष्णुदासजी के पश्चात उनके उत्तराधिकारी शिष्य पीतांबरदासजी लालासर साथरी के महंत बने। इनके शिष्य खेमदासजी जाखड़ थे। जंभसार के 24वें प्रकरण में साहबरामजी राहड़ ने इन दोनों गुरु-शिष्य की जोड़ी का उल्लेख करते हुए बताया है कि इन्होंने लालासर साथरी की शालाओं (कमरों) का निर्माण कराया था:-

पीताम्बरदासजी खेमदास ही, जग में कीने जोग विलासही। लालासर हरि सेवक भए, साल करी पुज्यमान ही रहे।।

पीतांबरदासजी के पश्चात उनके शिष्य खेमदासजी जाखड़ (वि.सं. 1865-1951) महंत बने। ये मूलतः सलुंडा गाँव के निवासी थे।इनका देहावसान लगभग 85 वर्ष की आयु में वि.सं. 1951 के आसपास हुआ था। इनका समाधि स्मारक भींयासर साथरी में स्थित है। खेमदासजी ने परमानंदजी बैनिवाल द्वारा लिपिबद्ध 'पोथो ग्रंथ ज्ञान' (ग्रंथांक 201) को सुरक्षित रखकर विसनोई समाज पर बहुत बड़ा उपकार किया। स्वामी ब्रह्मानंदजी कृत इतिहास प्रदीप के अनुसार लालासर साथरी के महंत खेमदासजी, महंत हरिनारायणजी तथा उनके शिष्य हरिदासजी ने मिलकर गुरूद्वारे (मुकाम मंदिर) के उत्तरी भाग में एक धर्मशाला का निर्माण करवाया था। खेमदासजी के पश्चात उनके उत्तराधिकारी शिष्य जगरामदासजी जाखड़ लालासर साथरी के महंत बने। स्वामी ब्रह्मानंदजी कृत इतिहास प्रदीप के अनुसार इन्होने जांगलू साथरी के महंत मनोहरदासजी के साथ मिलकर मुकाम मंदिर के उत्तरी भाग में दरवाजे के आकारयुक्त सोपान (जीना/सीढ़ी) का निर्माण करवाया था। इनका देहावसान विक्रम संवत् 1975 के चैत बदी 4-5 को लगभग 65 वर्ष की आयु में हुआ। जगरामदासजी के पश्चात उनके शिष्य रमणीकदासजी लालासर साथरी के महंत बने। रमणीकदासजी के पश्चात उनके शिष्य रामनारायणजी भांभू महंत बने। इनका जन्म विक्रम संवत् 1951 के आषाढ महीने में गांव मालास (पोलास, मेड़ता मिटी) में हुआ था। विक्रम संवत् 1965 में इन्होंने लालासर साथरी में 'भेख' लिया था। तब से विक्रम संवत् 1991 तक तो वहीं रहे। इसके पश्चात् रामड़ावास साथरी के महंत दामोदासजी के खोले जाने के कारण विक्रम संवत् 1998 तक लालासर साथरी तथा रामड़ावास साथरी दोनों स्थानों में आते-जाते रहते थे, किन्तु उसके पश्चात स्थायी रूप से रामड़ावास साथरी में ही रहने लगे थे।

07. हस्तलिखित सामग्री की प्राप्ति:- लेखक ने इन सभी हस्तलिखित ग्रंथों से सम्पूर्ण विसनोई साहित्य को संकलित करके, कवि कालक्रमानुसार व्यवस्थित करके तीन भागों (जंभकाल का साहित्य, विल्हकाल का साहित्य और उत्तरकाल का साहित्य) में प्रकाशित कराया

है। हीरालालजी माहेश्वरी को लगभग सन् 1960-70 के मध्य लालासर साथरी से निम्न हस्तलिखित सामग्री प्राप्त हुई थी:-

01. ग्रंथांक-20:- यह 15 पन्ने है जो कि अनुमानतः संवत 1850 के आसपास लिपिबद्ध है। इसमें गोकलजी के 32 छंद है।

02. ग्रंथांक-21:- यह 03 पन्ने है जो कि अनुमानतः संवत 1850 के आसपास लिपिबद्ध है। इसमें गोकलजी कृत परची (37 छंद) है।

03. ग्रंथांक-22:- यह 06 पन्ने है जो कि साध परसरामजी के शिष्य रतनदास द्वारा गांव सारंगपुर में अनुमानतः संवत 1884 के आसपास लिपिबद्ध है। इसमें उदोजी कृत बारखड़ी (कक्का छतीसी) है।

04. ग्रंथांक-23:- यह 07 पन्ने है जो कि संवत 1876 माघ सुदि 5 सोमवार को लोहावट में लिपिबद्ध है। इसमें तेजोजी चारण के 162 छंद है।

05. ग्रंथांक-24:- यह 06 पन्ने है जो कि पीताम्बरदासजी द्वारा संवत 1881 मिगसर सुदि 11 को लोहावट में लिपिबद्ध है। इसमें केसोजी कृत कथा सैंसे जोखाणी की (105 छंद) है।

06. ग्रंथांक-25:- यह 05 पन्ने है जो कि पीताम्बरदासजी द्वारा संवत 1881 मिगसर सुदि 10 को लोहावट में लिपिबद्ध है। इसमें केसोजी कृत उदै अतली की कथा (77 छंद) है।

07. ग्रंथांक-80:- यह 17 पन्ने है जो कि अनुमानतः संवत 1850 के आसपास लिपिबद्ध है। इसमें रामलला कृत रूकमणी मंगल है।

08. ग्रंथांक-109:- यह 15 पन्ने है जो कि संवत 1891 माघ सुदि पुर्णिमा शुक्रवार को साध रावलजी के शिष्य केसोदासजी द्वारा लिपिबद्ध है। इसमें ये रचनाएं है:- (क). आवाहन- संस्कृत में (ख). गौत्राचार (ग). वसंदर के नाम (घ). आदि वंशावली (ड़). नाम- संस्कृत में (च). विवरस (छ). अस्तुति (ज). विष्णु रक्षा- संस्कृत में (झ). नवग्रह रक्षा- संस्कृत में (ञ). पीढी पालटण- संस्कृत में (ट). वैश्वानर पूजा- संस्कृत में (ठ). कन्या लक्षण- संस्कृत में (ड). चौजुगी (ढ). मंगलाष्टक (ण). देवता विदा करण।

09. ग्रंथांक-110:- यह 04 पन्ने है जो कि संवत 1879 चैत्र सुदि 13 शुक्रवार को गांव लोहावट में लिपिबद्ध है। इसमें खैराती मेरठी कृत बारहमासो है।

10. ग्रंथांक-112:- यह 19 पन्ने है जो कि संवत 1877 को विष्णुदासजी के शिष्य पीताम्बरदासजी द्वारा गंगारामजी के शिष्य रावलजी के पठनार्थ लिपिबद्ध है। इसमें सबदवाणी के 120 सबद पद्य प्रसंग सहित लिपिबद्ध है।

11. ग्रंथांक-114:- यह 31 पन्ने है जो कि संवत 1884 आषाढ बदि 9 सोमवार को मंहत हरिकिसनजी के शिष्य परसरामजी द्वारा गांव धवा में लिपिबद्ध है। इसमें सबदवाणी के 120 सबद प्रसंग रहित लिपिबद्ध है।

12. ग्रंथांक-115:- यह 1 पन्ना है जो कि अनुमानतः संवत 1950 के आसपास लिपिबद्ध है। इसमें 'पुन्ह' लिपिबद्ध है।

13. ग्रंथांक-116:- यह 13 पन्ने है जो कि संवत 1884 में लिपिबद्ध है। इसमें केसोजी कृत इसकंदर की कथा (192 छंद) है।

14. ग्रंथांक-117:- यह 06 पन्ने है जो कि अनुमानतः संवत 1950 के आसपास लिपिबद्ध है। इसमें केसोजी कृत सैंसे जोखाणी की कथा (106 छंद) है।

15. ग्रंथांक-118:- यह 06 पन्ने है जो कि अनुमानतः संवत 1950 के आसपास लिपिबद्ध है। इसमें केसोजी कृत उदै अतली की कथा (89 छंद) है।

16. ग्रंथांक-119:- यह 10 पन्ने है जो कि अनुमानतः संवत 1900 के आसपास लिपिबद्ध है। इसमें उदोजी कृत विष्णु चिरत (105 छंद) है।

17. ग्रंथांक-120:- यह 04 पन्ने है जो कि संवत 1877 वैशाख सुदि 10 शनिवार को लिपिबद्ध है। इसमें सुरजनजी कृत धरमचरी (80 छंद) है।

18. ग्रंथांक-121:- यह 35 पन्ने है जो कि संवत 1884 भादवा सुदि 8 गुरूवार को जांभोलाव में लिपिबद्ध है। इसमें सुरजनजी कृत 329 कवित्त है।

19. ग्रंथांक-122:- यह 11 पन्ने है जो कि संवत 1878 चैत्र सुदि 12 रविवार को साध हरिकिशनजी के शिष्य परसरामजी द्वारा गांव लोहावट में लिपिबद्ध है। इसमें ये रचनाएं है:- (क). अस्तुति अवतार की- 13 छंद, गोकलजी कृत (ख). इंदव छंद- 32, गोकलजी कृत (ग). अस्तुति होम की- 10 छंद, गोकलजी कृत (घ). कवित्त- 03, अज्ञात कृत।

20. ग्रंथांक-123:- यह 10 पन्ने है जो कि संवत 1887 जेठ सुदि 15 को साध हरिकिशनजी द्वारा जांभोलाव में लिपिबद्ध है। इसमें सुरजनजी कृत ग्यान महातम (196 छंद) लिपिबद्ध है।

21. ग्रंथांक-131:- यह 32 पन्ने है जो कि संवत 1891 कार्तिक बदि 6 गुरूवार को साध कनीरामजी के शिष्य रामदासजी द्वारा गांव मोठसरा में लिपिबद्ध है। इसमें सबदवाणी के 120 सबद प्रसंग रहित लिपिबद्ध है।

22. ग्रंथांक-141:- यह 22 पन्ने है जो कि संवत 1890 पीताम्बरदासजी द्वारा स्वपठनार्थ लिपिबद्ध है। इसमें विभिन्न कवियों द्वारा रचित 69 साखी लिपिबद्ध है।

23. ग्रंथांक-271:- यह 01 पन्ना है जो कि अनुमानतः संवत 1800 के आसपास लिपिबद्ध है। इसमें अल्लूजी का एक कवित्त और सुंदरदासजी के दो सवैये लिपिबद्ध है।

24. ग्रंथांक-289:- यह 10 पन्ने है जो कि अनुमानतः संवत 1850 के आसपास लिपिबद्ध है। इसमें केसोजी, सुरजनजी, लालतंदजी और

अज्ञात कृत कुल 05 साखी लिपिबद्ध है।

25. ग्रंथांक-295:- यह 01 पन्ना है जो कि अनुमानतः संवत 1800 के आसपास लिपिबद्ध है। इसमें अल्लूजी के 03 कवित लिपिबद्ध है।

26. ग्रंथांक-317:- यह 01 पन्ना है जो कि अनुमानतः संवत 1850 के आसपास लिपिबद्ध है। इसमें कलस, पाहल, विवाह पद्धति आदि लिपिबद्ध है।

27. ग्रंथांक-354:- यह 01 पन्ना है जो कि अनुमानतः संवत 1950 को लिपिबद्ध है। इसमें संवत 1872 को मुकाम मेले के अवसर पर की गई धर्मनियम पालन संबंधी लिखत की नकल है।

08. लिखत की नकल:- हीरालाल जी माहेश्वरी ने अपने शोधग्रंथ में इसका उल्लेख ग्रंथांक 354 के रूप में किया है। यह विक्रम संवत 1872 को मुकाम मेले पर जो लिखत की गई थी, उसकी नकल है। यह नकल अनुमानतः संवत् 1950 में लिपिबद्ध की गई थी। माहेश्वरी जी को यह नकल लालासर साथरी से मिली थी। इसका लिप्यंतरण और हिंदी अनुवाद लेखक (राजकुमार गोदारा विसनोई) ने स्वयं किया है।

मूल पाठ:- श्री विसनु जी। लिखत एक मेल मुकाम र किनो छ। विसनोइया जोधपुरियां बीकानेरीयां नागौरीयां फलोधया मेड़ताटी रा सारा मुलकां रा ई मिल का भैला हुय न र धान लिखत राजी खुशी सुं कर दीनो विसनोईपण रो धरम वीनोई हुव सो गुलफी राखण पाव नहीं। खेजड़ी बाढण पाव नही आमावस ग्यारस हल हाकण पाव नही बलद साटिया लुहार से साटावण पाव नहीं। आ मरजाद जांभजी री छ चलत धरम री चली आव छ सु मेटण पाव नही मेटसी तो गुनगारी देसी गुनगारी रा रूपिया 25) जांभजी र तलाव री माटी रा देसी ने साधु सुं न्यात सुं जोरा मरदी कर तो श्री दरबार रो गुनगारी रा रूपिय 125) श्री दरबार रा देसी न न्यात बार हुयसी आ लिखत न्यात सारी भेली हुय न साधां न कागद सुंप्यो छ साधां सुं कोई टंटो कर तो न्यात सामल छ आ मरजाद न्यात री कीनोड़ी छ मेटसी तो चंवरी साड़ी पान चराई राज देसी न कवय खासो थापान राज म देसी दसकत धड़ु परम न र हाथ रा छ न्यात र कय सुं कीना छ मिति फागुण सुद १ समत १८७२ छ उपर लिख्यो सो सही लिखत री नकल ह।

हिंदी अनुवाद:- मुकाम मेले में एक लिखत की गई। जिसमें जोधपुर, बीकानेर, नागौर, फलौदी, मेड़ता आदि सभी देशों के विसनोईयों ने मिलकर अपनी राजी खुशी से यह लिखत की है। जो विसनोई है उसे विसनोई धर्म का पालन करना चाहिए। गुल्फी (जुल्फें) नहीं रखें। खेजड़ी नहीं काटने दें। अमावस्या और एकादशी को हल ना चलाएं। साटिया और लोहार से अपने बैलों का सौदा ना करें। यह विसनोई धर्म की मर्यादा है जिसे गुरू जांभोजी ने स्थापित की थी, तब से परम्परा चली आ रही है। इसलिए कोई इसे भंग ना करें। अगर कोई इन मर्यादाओं को तोड़ेगा तो गुनहगारी देगा। गुनहगारी के 25 रूपिये जांभोलाव तालाब की मिट्टी निकालने हेतु देगा। अगर साधु या न्यात से जबरदस्ती करेगा तो श्री दरबार में गुनहगारी के 125 रूपिये देगा। और न्यात से बाहर होगा। यह लिखत संपूर्ण विसनोई न्यात ने इकट्ठा होकर के लिखी और कागज साधुओं को सौंपा है। अगर साधुओं से इस बाबत कोई झगड़ा करेगा तो न्यात पुरी साधुओं के साथ में है। यह मर्यादा न्यात ने की है अगर कोई इन मर्यादाओं को तोड़ेगा तो उसे चंवरी, साड़ी, पान चराई आदि कर राज में भरने होंगे। और थापन अगर तोड़ता है तो कबाय खासो (एक विशेष कर) राज में दंडस्वरूप देगा। हस्ताक्षर परमे देहड़ु के हाथ का है। न्यात के कहने से हस्ताक्षर किया है। विक्रम संवत 1872 फाल्गुन सुदि 1। ऊपर जो लिखा है वो सब सही है। यह उस लिखत की नकल है।

7

रामड़ावास

01. परिचयः- रामड़ावास, राजस्थान के जोधपुर जिले की पीपाड़ शहर तहसील में स्थित है। यह स्थान जोधपुर से लगभग 35 किलोमीटर की दूरी पर अवस्थित है। विसनोई समाज के विख्यात संत वील्होजी ने यहाँ दीर्घकाल तक निवास किया था। तथा इसी पावन स्थल पर संवत 1673 में उन्होंने देह त्यागा था। रामड़ावास में उनकी समाधि स्थित होने के कारण यह साथरी विशेष धार्मिक महत्त्व रखती है।

02. गुरू जांभोजी का रामड़ावास आगमनः- साहबरामजी राहड़ कृत जंभसार के 20वें प्रकरण में वर्णनानुसार गुरू जांभोजी ने पोलास गांव में एक रात्रि विश्राम किया। फिर रामड़ावास की ओर चल पड़े। रामड़ावास पहुंचकर गुरू जांभोजी ने दीर्घकाल तक यहां निवास किया। उनके आगमन से वातावरण दिव्य हो उठा। गुरू जांभोजी के रामड़ावास प्रवास के दौरान वहां निरंतर आनंद और उत्सव का वातावरण बना रहा। इस अवधि में जोधपुर क्षेत्र के 64 गांवों के लोग एकत्र होकर गुरू जांभोजी के दर्शन के लिए आए। जंभसार में इन 64 गांवों के नाम क्रमवार दिए गए हैं। ये सभी गांव रामड़ावास आकर गुरू जांभोजी के दर्शन हेतु उपस्थित हुए- रामड़ावास, जाटियास, कुड़ी, खड़ी, झालामल, बुरचा, बारूड़ी, नांदियो, अरटियो, बंधड़ो, धोरू, बागोरियो, बड़लू, बिराणी, हिंगोली, कुसाणो, तिलवासनी, लांबो, कापरहेड़ो, रावर, हुण, पीथावास, रूड़कली, बीसलपुर, हिंगुणियो, बावलो, तांबड़ियो, सुरपुरो, दसोरियो, भवाद, नेतड़ा, जुड़, ढिकाई, अलतवो, डांवरो, खेजड़ली, गुड़ो, फिटकासनी, रसीदो, खांडोलाव, फींच, गोधास, डोली, जोलियाली, लुणावो, सालोड़ी, महलवो, सिंघासणी, बेगड़िया, बासणी, तापू, भेड़, पांचलो, खिंदाकोर, ढीकाई, नौसर, बीकूंकोर, सरमंडी, रिड़मलसर, डाबड़ी, खाबड़ो, हरसोलाई, मतोड़ो, पांचोड़ी, लुणादेसर आदि। इन सभी गांवों से आए लोगों ने गुरू जांभोजी के चरणों में उपस्थित होकर श्रद्धा व्यक्त की। वे भेंट स्वरूप विभिन्न वस्तुएं लाए और भक्ति भाव से स्तुति की। इस समागम का सबसे महत्वपूर्ण पक्ष यह था कि गुरू जांभोजी ने इन 64 गांवों के लिए एक संगठित सामाजिक व्यवस्था स्थापित की। उन्होंने आदेश दिया कि इन गांवों के आपसी विवादों और निर्णयों का निपटारा रामड़ावास (बडेर) में किया जाएगा। इस प्रकार रामड़ावास को एक केंद्रीय न्याय एवं संगठन स्थल के रूप में स्थापित किया गया। गुरू जांभोजी ने रामड़ावास में कार्तिक पूर्णिमा के अवसर पर मेले की स्थापना भी की। इस मेले में स्वयं गुरू जांभोजी की उपस्थिति का उल्लेख इसकी महत्ता को और बढ़ाता है। कुछ समय पश्चात् गुरू जांभोजी रामड़ावास से आगे की यात्रा पर निकले। वे अपनी जमात सहित मेवासे की पहाड़ी पर पहुंचे और वहां विश्राम किया। इसके बाद अगले दिन उन्होंने पुनः यात्रा प्रारंभ की, एक मंजिल जंगल में विश्राम किया और अंततः लोहावट पहुंचे:-

राणा आद सब मिलणे आए, पोलास गऐ प्रभु दर्शन पाए। एक रात रहि आगे चाले, रामड़ास आए प्रभु भाले।
रामड़ास हरि आंन विराजे, देख मूरति रवि छिव लाजे। बड़ां आय डेरो तहां दएऊ, एहि कारण बडेर जु भएऊ।
रामड़ास बहुत दिन रहे, किया आनंद उछाह। चौसट खेड़ा एकठा, मिलणै आया ताह।
उन गांवां के नाम जू, कहुं सुणौ चित लाय। धन धन वांकै भाग कूं, मिले जंभ गुर आय।
सतगुर के दर्शन किये, भए सकल प्रवीण। जुक्ति हुय मुक्ति भई, गए जुण न हीण।
न्यात सकल दर्शन कूं आई, तेहि जो गांव सबही लिखूं बनाई। रामड़ास जाटियास कुड़ी, खड़ी झालामल बुर बारूड़ी।
नांदियो अरटियो बंधड़ो, दर्शन किया कटै जभ फंदड़ो। धोरू बागोरियो बड़लू आए, जंभ गरु के दर्शन पाए।
बिरांणी हिंगोली कुसाणौ, जंभ गरु देख्ये थिर थांणौ। तिलासणी लांबौ कापरहेड़ो, सुणकर आयो गुर के नेड़ो।
रावर हुंण गांवे पीथावासा, रूड़कली बीसलपुर निकट निवासा। हिगूणियों बावलो तांबड़ियो आए, सूरपुरो दसोरियो ध्याए।
भवाद नेतड़ा जुड़ ढिंकाई, अलतवो डांवरो खेजड़ली आई। गुड़ो फिटकासणी रसीदो, खांडोलाव फींच गोधास लीधो।
डोली जोल्याली आया, जंभ गरु का दर्शन पाया। लुणावो सालोड़ी डोली, महलवो सिंघासणी सालोड़ी।
बेगडिया वासणी तापू, भेड़ पांचलो कर गुर जापू। खींदाकोर चेराई कुड़ी, चुंड़ियो आय जमाता जुड़ी।
खेतासर ढीकाई नोसर, बीकूंकोर सरमांडी रिड़मलसर। डाबड़ी खाबड़ो हरसोलाई, मतोड़ो पांचोड़ी आई।
लूणांदेसर आदि ध्याए, जंभ गरु कै दर्शन आए। आय आय सब चरणां में परेउ, नांना भेंठ चरणा गहि धरेऊ।

भिन भिन्न अस्तुती करहे, दर्शन कियां पाप सब झरहे। ऐहि विधि चोसठ खेड़ा मिलै, बहुत दिनां लग आनंद झिलै।
सब जमात कूं अज्ञा दई, रामड़ास करहे सो सही। रामड़ास बडेर ही मानही, गुर आज्ञा जा दिन ते जानही।
कातक पूनम मैलो थापहि, जंभ गरू पधारे आपहि। एक दिवस प्रभु बड़ी सवेरा, चली जमात वार नहीं पारा।
मेवासे की पहाड़ी रहे, ताही तै मैवासो कहे। प्रात काल प्रभु कीन पयानो, एक मंजल जंगल रहे जानो।
दूसरे दिन लोहावट गए, लोहजड़ नाथ भैंठ बहू दए।

03. विल्होजी को महंत नियुक्त करना:- साहबरामजी राहड़ कृत जंभसार के 21वें प्रकरण में गुरू जाम्भोजी के जीवन के संध्याकाल का अत्यंत महत्वपूर्ण प्रसंग वर्णित है। यह वह समय था जब उन्होंने अपने पंथ की दीर्घकालीन व्यवस्था को सुनिश्चित करने के लिए संतों को संगठित किया, उत्तरदायित्वों का विभाजन किया तथा भविष्य की दिशा निर्धारित की। गुरू जाम्भोजी ने अपने संध्याकाल में सभी संतों को अपने पास बुलाया। इस आह्वान पर लगभग चार हजार संत उपस्थित हुए, जो सभी उनके शिष्य थे। इन संतों में से प्रत्येक की योग्यता के अनुसार उन्हें कार्य सौंपने का निर्णय लिया गया। गुरू जाम्भोजी ने पंथ संचालन के लिए चार प्रमुख महंत पद निर्धारित किए और प्रत्येक को विशिष्ट पोशाक तथा दायित्व प्रदान किया। रेड़ोजी को काली पोशाक प्रदान कर महंत बनाया गया। गुरू जाम्भोजी ने उनके सिर पर हाथ रखकर उन्हें आशीर्वाद दिया। निहालदास को लाल पोशाक का महंत बनाया गया। वे सदैव गुरू जाम्भोजी की आज्ञा का पालन करने वाले संत थे। रणधीरजी को भगवी पोशाक का महंत नियुक्त किया गया। सभी संतों ने मिलकर उन्हें गद्दी प्रदान की। चौथी श्वेत पोशाक और उससे संबंधित वस्त्र जांभाणी टोपी, चोला, माला और सफेद चादर इन चारों को गुरू जाम्भोजी ने अपने पास एक संदूक में सुरक्षित रख लिया। जब यह पोशाक तत्काल किसी को नहीं दी गई, तो इससे संतों में जिज्ञासा उत्पन्न हुई। जब संतों ने चौथी पोशाक के विषय में प्रश्न किया, तब गुरू जाम्भोजी ने मुस्कुराते हुए भविष्यवाणी की, कि एक श्रेष्ठ आत्मा "स्वांति शाह" रेवाड़ी में बढ़ई परिवार में जन्म ले चुकी है। उसका नाम वीठल होगा। आठ वर्ष बाद वह यहां आएगा और पंथ को पुनः संगठित करके संचालन करेगा। उन्होंने यह भी बताया कि वह उनके सबदों को सुनते ही तुरंत दोहरा देगा। उसे पहचानने के बाद 'पुरोहित वृत्ति' देकर चौथा महंत बनाना। विवाहादि कर्म भी तुम उनको सुनाना। सुनते ही वह सीख जाएगा। गुरू जाम्भोजी ने वील्ह (वीठल) को अपना ही स्वरूप बताते हुए कहा कि वह साखी, सबदी आदि की रचना करेगा। बिखरते पंथ को पुनः व्यवस्थित करेगा। राजाओं द्वारा भी सम्मानित होगा। और उसके दर्शन से मोक्ष की प्राप्ति होगी। इस प्रकार आठ वर्ष पहले ही गुरू जांभोजी ने वील्ह कथा सुनाई। गुरू जाम्भोजी ने प्रत्येक महंत को उनके योग्य कार्य सौंपे। रेड़ोजी (काली पोशाक) को कहा कि उनको सबद कंठस्थ रहेंगे। और होम, जाप, क्रिया, जमा जागरण आदि का दायित्व सौंपा। निहालदास (लाल पोशाक) को हेला देने का कार्य सौंपा:-

तब सतगुर कछु मन रहसाएं, सब संतन कूं पास बूलाए। च्यार सहस्र संत सरवेता, जंभ गुरु के सिष थे एता।
इक इक संत जान सब लायक, किये महंत सर्व संत सहायक। रेड़ोजी काली पोसाखा, किये महन्त सिर पर कर राखा।
लाल पोशाख महंत है निहालो, जंभ गरु अज्ञा में चालो। रणधीरज भंगवे के महंता, गादी दीन्ही सब मिल संता।
चौथी गादी स्वेत पोसाखा, अपणै पास लीवी हर राखा। जांभाणी टोपी अरू चोलौ, माला अरू चादरो धोलौ।
इह च्यारूं पेई धर राखे, देख जमात वचन अस भाखे। इह पोशाख कून कूं देवा, याको हम ही बतावो भेवा।
तब हंस बोले जंभ दयाला, स्वांती साह जीव एक भाला। रेवाड़ी में जनम्यौं आई, बढई वीठल नांव धराई।
आठ वर्ष पीछे इत आवै, जो यहै पंथ सो फेर चलावै। तब रेड़ेजी पूछियौ ऐसै, कहो प्रभुजी हम जाणै कैसै।
सबद हमारे तो घट रहहे, सुणत हि स्पात सबद सब कहे। प्रोहित वृति तेही कूं दीजो, चौथौ मंहत वील्ह कूं कीजो।
ब्याव कर्म तुम तांहि सुनावौ, सुनते ही सीखे दुख नहीं पावौ। साखी सबदी बहुत उपावै, गयो पंथ बो फेर चेतावै।
वीठल है मेरोई रूपा, ताकूं मांनेगे सब भूपा। प्रचई सिद्ध विवेकी साधु, विसनुं भक्त नित मो आराधू।
ताकूं समझो मोर सरूपा, सकल जमात सुंणो सब भूपा। वील्हे को जो दर्शन करहे, या जग में फिर देह न धरहे।
वील्ह कथा गुरु आप सुनाई, अष्ट वर्ष पहलेई गाई। सत वकता श्री ऊनहिं बखाणी, संत सेवगनि प्रात कर मानी।
अब कछु रेड़ैजी कूं कह्यो, सबद सार ताके कंठ रह्यो। होम जाप क्रिया सब चीहिन्ही, जमां जागरण की विधि दीहिन्हीं।
इह अज्ञा रेड़े कूं दई, निहालदास कूं बोले यही। हेलो हबको निहालै हाथा, ऐसे जंभ कही निज बाता।
जो जन जाकै जोग्य थो, तैसी अज्ञा दीन। कर जोड़िया आगे खडे, जस कहि तस कर लीन्ह।

04. वील्होजी का मुकाम आगमन:- वील्होजी के मुकाम आगमन के समय को लेकर जांभाणी साहित्य में भिन्न भिन्न मत मिलते है:-

क. जंभसार के अनुसार:- साहबरामजी राहड़ कृत जंभसार के 22वें प्रकरण में गुरू जाम्भोजी के निर्वाण के पश्चात की स्थिति तथा वील्होजी (वीठल) के आगमन का अत्यंत महत्वपूर्ण वर्णन मिलता है। संवत 1593 मार्गशीर्ष वदि नवमी को गुरू जाम्भोजी सतलोक गमन कर गए। उनके निर्वाण के पश्चात पंथ में शिथिलता आ गई। स्थिति यह हो गई कि बारह राजा, चार पठान, करोड़ों जाट और मुगल भी पंथ से विमुख हो गए। अनेक लोग अपने-अपने मूल समुदायों में लौट गए। किन्तु जो सच्चे, सुपात्र और स्नेही जीव थे, उन्होंने विसनोई धर्म को नहीं छोड़ा और उसकी मर्यादा को बनाए रखा। गुरू जाम्भोजी के निर्वाण के आठ वर्ष पश्चात् संवत 1601 फाल्गुन वदि अमावस्या को वील्होजी मुकाम पहुंचे। उस समय प्रातःकाल की शीतल वेला थी। मुकाम मंदिर से सबद की दिव्य ध्वनि गूंज रही थी। कई योजन तक वह ध्वनि सुनाई दे रही

थी। उसी समय हिमटसर में कुछ वैरागी ठहरे हुए थे, जिनके साथ वील्ह भी थे। वील्होजी ने सबद की ध्वनि सुनकर एक विसनोई महिला से पूछा कि दक्षिण दिशा में कोई मंदिर है क्या ? महिला ने उत्तर दिया कि वह जंभद्वारा है, अगर आपको दर्शन करना है तो आप भी पधारो। इसके बाद वील्होजी अपने चार-पांच साथियों के साथ जंभद्वारे की ओर चल पड़े। जंभद्वारे पहुंचकर उन्होंने परिक्रमा की, द्वार पर बैठकर प्रणाम किया। उसी समय रेड़ोजी अपने नित्य नियम के अनुसार 120 सबदों का पाठ कर रहे थे। वे प्रतिदिन सभी सबदों का उच्चारण करते, फिर हवन (होम) करते और उसके बाद ही अन्न-जल ग्रहण करते थे। वील्होजी ने ये सभी सबद श्रवण किए। उनके भीतर अद्भुत आनंद और आत्मिक शुद्धि का अनुभव हुआ। यह वाणी उन्हें कंठस्थ हो गई थी। सबद सुनने के पश्चात वील्होजी ने उसकी महिमा का वर्णन किया कि यह वेदों के महावाक्यों से भी श्रेष्ठ है। जो इसे गाता, सुनता या अर्थ समझता है, वह धन्य है। उनकी इस गहन समझ को देखकर संतों ने पहचान लिया कि यही वह व्यक्तित्व है, जिसकी भविष्यवाणी गुरू जाम्भोजी ने की थी। जब उनसे नाम पूछा गया, तो उन्होंने उत्तर दिया कि मेरा नाम वीठल है और बाल्यकाल में लोग उन्हें "वील्हो" कहकर पुकारते थे। संतों ने गुरू जाम्भोजी की भविष्यवाणी को स्मरण कर वील्होजी का स्वागत किया। उधोजी तपस्वी, जिन्हें गुरू जाम्भोजी ने पूर्व में एक संदूक सौंपा था, उन्होंने वह वील्होजी को प्रदान किया। उसमें जांभाणी टोपी, माला, चादर, चोला रखे हुए थे। इस प्रकार वील्होजी ने श्वेत पोशाक धारण कर चौथे महंत के रूप में स्थान ग्रहण किया। वील्होजी ने साखी, सबद आदि का अध्ययन किया और शीघ्र ही उनमें निपुण हो गए। इसके पश्चात वे अपनी जमात के साथ पंथ के प्रचार-प्रसार हेतु भ्रमण पर निकल पड़े। उनके पास "पांच पीर" की करामात मानी गई थी- टोपी, माला, चादर, चोला और मंत्र की। वील्होजी विभिन्न प्रदेशों में रथ, बैलगाड़ी और घोड़ों द्वारा यात्रा करते, गांव-गांव जाकर डेरा लगाते और लोगों को धर्म के नियमों का पालन करने हेतु प्रेरित कर रहे थे। इस प्रकार वे गुरू जाम्भोजी की आज्ञा का पालन कर रहे थे:-

सूनो पंथ विटलतो भयो, सागे धर्म सब जंभ संग गयौ। बारे राजा च्यार पठांण, कोटक जाट और मुगलांण।
ईह सब पंथ छोड़ते भऐ, चलतोई पंथ उलट मिल गऐ। जे जे जीव सुपात सनेही, जंभ धर्म राख्यौ शुद्ध तेही।
पनरासे तिराणवे साला, तिथि नोमी मिगसर वद काला। जंभ गरू सतलोक समाऐ, अष्ट वर्ष पर वीठल आऐ।
सोलासे ऐके की साला, फागण वद मावस सुख आला। चौखलिया दर्शन कूं आऐ, शब्द धुन्य मिंदर गरणाए।
प्रात काल शीतल सुध बेरां, जोजन शब्द सुंणै चहुं फेरा। हिमटसर उतरे वैरागी, ताकै संग वीठल बड़ भागी।
पांच च्यार संग साधु लऐ, सहल करण ने साधु गऐ। शब्द धुन्य श्रवनां सुंन पाई, तब विठल मनौ हरखाई।
विसनोवण ने पूछत भयेऊ, दिखणा दिस कोउ मिंदर रहेऊ। कहै विसनोवण जंभ दवारो, दर्शन करो तो तुमहि पधारो।
सुणकर वीठल चालत भएऊ, संग का साधां असै कहेऊ। हमही तुम्हारै संगहि चालां, दर्शन करां कर्म गति टालां।
अस कहि पांचू चालत भएऊ, जांभैजी के मिंदर गएऊ। देख मंदर परकम्यां दऐऊ, दरवाजे बैठत सिर नएऊ।
रेड़ेजी के इह नित नेमा, बीसा सौ शब्दनि सूं प्रेमा। रेड़ेजी के कंठ जो, रहे शब्द छव बीसा।
सुंण वील्हो प्रसन्न भयौ, सोला जोजन दीस। शब्द सकल बोले निस प्राता, होम करे भोजन सब पाता।
सब ही बोल अंन जल नित करिहे, सो विठल के श्रवण पड़िहे। सुनते ही सकल पाप झर गएऊ, पृथम पाप संचत कछु भएऊ।
वाह वाह असै तिन कहेहू, पूछियो साधां सम्हजत भऐऊ। इह बांणीं सबही कंठ भएसी, धन्य भाग जाकूं हरि कहेसी।
धन्य भाग जो यांकू गावै, धन्य भाग जो पाठ करावे। धन्य धन्य श्रवनां सुनै, धन्य जो याको अर्थ ही गुनै।
महावाक वेदन में कहिये, ताते शब्द अधक ही लहिये। संतां याहि पिछांण जु ल्यो, जंभ बोल सब साचो भयो।
तब साधु बोलत भऐ असै, नाम कहो अब जांणां जैसै। नाम हमारो वीठल कहहे, बालक वीलो नाम जु लहहे।
जंभगुरु आगम कहि गएऊ, भेख तुम्हारो हमकूं दएऊ। संग के साधां ने अस बोले, अंत्र गत की प्रगट खोले।
महंता कूं डंडोत जु कहनां, हमकूं तो याहि मंदर रहना। सुंन कर संत चालते भएऊ, वीलैजी इहां भेख जु लऐऊ।
उधोजी तपसी गुर भक्ता, जाकूं जांने सब ही जगता। जंभगरू इंन पेई धरी, वील देव के हाजर करी।
टोपी माला चादरा चोलो, मंत्र सुने रह न तंम दोलो। वीलोजी साधू बन गऐऊ, साखी सबद सीख सब लएऊ।
रमण चले संग लई जमाता, पांच पीर की है करामाता। सब देशां में रमणी करिहे, रथ बहली घोड़ा संचरिहे।
डेरो जाय गांव में लावे, पांच बात चौकस करवावै। घड़ै छाणणूं चूले चाकी, न्हाण पहरे स सुध बुध जाकी।
इन पांचन में खंडत होई, ताकूं डंड देत है सोई। कछु उपदेश कछु भय देवे, गुर अज्ञा ऐसी विधि सेवे।

ख. रामड़ावास साथरी से प्राप्त हस्तलिखित प्रति के अनुसार:- उन्नीसवीं सदी के उतरार्द्ध में लिपिबद्ध 'ग्रंथांक-160' में एक दोहा है, जिसमें वर्णित है कि संवत 1611 कार्तिक सुदि सप्तमी को नाथोजी से ज्ञान प्राप्त करके वीठलदास को आत्मबोध हुआ:-

सोला सै ग्यारोतरे, सुदि सात ऊर्ज मास। नाथैजी को ज्ञान सुन, परचे वीठलदास।

ग. स्वामी ब्रह्मानंदजी का मत:- स्वामी ब्रह्मानन्दजी कृत 'श्री महर्षि स्वामी वील्होजी का जीवन चरित्र' तथा 'श्री वील्होजी का संक्षिप्त वृतांत' में वर्णित है कि विल्होजी की माता का नाम आनन्दा बाई और पिता का नाम श्रीचन्द था। ये रेवाड़ी के रहने वाले पुरी उपाधि वाले संन्यासी थे। इनके नेत्र शीतला रोग से नष्ट हो गए थे। 18 वर्ष की आयु में एक साधु-मंडली के साथ ये अलवर गए, वहां चातुर्मास्य करके

पुष्कर चले गए। वहां गोपाल भारती नामक विद्वान के पास रह कर 3 वर्ष तक विद्याध्ययन और योग साधन किया। तत्पश्चात् जोधपुर राज्य में भ्रमण करने लगे और अध्यात्म विद्या सम्बन्धी विषयों को समझने समझाने लगे। घुमते फिरते वे विक्रम संवत् 1632 में जोधपुर के धुपालिया नामक ग्राम में जा निकले। उस दिन माघ शुक्ला चतुर्दशी थी। रात्रि में उन्होंने किसी को यह कहते सुना कि कल अमावस्या है, इसलिए कोई गाड़ी व हल न चलावे। खेत की मेड़ न बांधे। कोई संसारी काम न करें। किन्तु घर रहें और विष्णु की भक्ति, होम, यज्ञ, अमावस्या का व्रत आदि करें। यह बात सुनकर उन्होंने गांव वालों से इस सम्बन्ध में पुछा। लोगों ने बताया कि इस गांव में विसनोई रहते हैं, ये लोग अमावस्या के दिन कोई सांसारिक कार्य न कर परमार्थ से सम्बन्ध रखने वाले कार्य करते हैं। और सब मिलकर नियत स्थान पर बैठ कर हवन करते हैं। दूसरे दिन ये हवन करने के स्थान पर गए। और विसनोईयों के कृतव्यों को देखकर उनके पंथ में दीक्षित होने की इच्छा व्यक्त की। नाथोजी ने इनको पाहल पिलाकर विसनोई बनाया और पुरी उपाधि हटा कर वील्होजी नाम रखा।

05. वील्होजी का जोधपुर गमनः- साहबरामजी राहड़ कृत जंभसार के 22 वें प्रकरण के वर्णनानुसार वील्होजी ने बहुत दिनों तक भ्रमण किया। भ्रमण करते हुए वे जोधपुर आए। यहां रूड़कली गांव में संत अज्ञानो रहते थे। इनके उपदेशों का पालन बहुत लोग करते थे। ये पानी पीकर फिर नहाने और चहमै चहमै भजन करने का उपदेश देते थे। इस स्थान के लोगों ने वील्होजी के उपदेशों को नहीं माना। इस स्थिति को देखकर वील्होजी अत्यंत चिंतित हुए। उन्होंने अनुभव किया कि केवल उपदेश मात्र से ऐसे लोगों में सुधार संभव नहीं है। उनके मन में यह विचार उत्पन्न हुआ कि बिना राजदंड (राजकीय अनुशासन) के ये लोग सत्य मार्ग को स्वीकार नहीं करेंगे। इसलिए उन्होंने तत्काल कोई प्रत्यक्ष विरोध या उपदेश नहीं दिया और मौन धारण किया। साथ ही, उन्होंने यह भी विचार किया कि बिना किसी प्रत्यक्ष प्रमाण (परचा/ चमत्कार) के राजा भी उनकी बात स्वीकार नहीं करेगा। अतः उन्होंने जोधपुर के गढ़ (राजदरबार) की ओर प्रस्थान करने का निश्चय किया, ताकि उचित माध्यम से धर्म की स्थापना की जा सके। गढ़ की ओर जाते हुए वील्होजी ने गुरु जाम्भोजी का स्मरण किया और उनके चरणों में मन ही मन नमन किया। उन्होंने यह दृढ़ निश्चय किया कि संसार में प्रेम (प्रीति) और अनुशासन का गहरा संबंध है। बिना भय (अनुशासन) के प्रेम स्थिर नहीं होता है। और बिना प्रेम के कोई किसी को पूछता नहीं है। यही संसार की व्यावहारिक रीति हैः-

बहुत दिवस लग रमणी करी, एहि विधि आएउ जोध जु पुरी। रूड़कली अज्ञानो रहहे, या उपदेश बहुत जन वहहे।
पांणी पाय र फेर न्हवावे, चहमें चहमें भजन करावै। इह ठां लोक कह्यो नहीं मानै, संत कहै सो कछुव न जानै।
देख भ्रष्ट आचार अतिकर, संत मन सोचत भए। विनहि राज न माने ऐहि जन, कछु कहे न तब चूप हो रहे।
राज विन परचे न मांनहि, अस कहि फिर गढ़ कूं गऐ। कह दास साहब आस कर जंभ, वील गुर चरनन नए।
वीलेसूर मंन अस भई, जोर विन्यां नहि प्रीत। प्रीत विन्यां पूछे नहीं, एही जगत की रीत।

साहबरामजी राहड़ कृत जंभसार के 23वें प्रकरण के वर्णनानुसार रूड़कली में व्याप्त धार्मिक विकृतियों को देखकर वील्होजी ने यह निश्चय किया कि समाज-सुधार हेतु राजसत्ता का सहयोग आवश्यक है। इस विचार से प्रेरित होकर वे जोधपुर पहुंचे और किले के प्रवेश द्वार लोहापोल पर अपना डेरा स्थापित किया। वहां उन्होंने विधिपूर्वक हवन किया और गुरु-वाणी (सबदों) का उच्च स्वर में पाठ आरम्भ किया। उनकी वाणी की ध्वनि जब किले तक पहुंची, तब राजा सूरसिंह के कानों में इसकी भनक पड़ी। उन्होंने जिज्ञासावश पूछा कि यह कौन गा रहा है? इस पर एक चारण (बारहट) ने उत्तर दिया कि गुरु जाम्भोजी का एक शिष्य आया है, जो आपको परचा (चमत्कार) दिखाने हेतु उपस्थित हुआ है। चारण ने यह बात यद्यपि द्वेषवश कही थी, किन्तु राजा सूरसिंह ने इसे गंभीरता से लिया। उन्होंने संत के दर्शन हेतु भेंट सजवाई। फूल, बताशे और मिठाइयों से भरा स्वर्ण-थाल तैयार कराया। लगभग सवा सौ उमरावों के साथ, पंचरंगी पोशाक धारण कर वे वील्होजी के पास पहुंचे। राजा ने अत्यंत विनम्रता के साथ संत का स्वागत किया, उनके समक्ष भेंट अर्पित की और करबद्ध होकर उनकी स्तुति करने लगे। उन्होंने संत-महिमा का वर्णन करते हुए कहा कि संत सेवा से मनुष्य और उसका कुल उद्धार पाता है। संत भगवान के समान पूजनीय होते हैं। उनके गुणों का पार नहीं पाया जा सकता। संत ही जन्म-मरण के बंधन से मुक्त कराने वाले होते हैं। इस प्रकार राजा ने पूर्ण श्रद्धा के साथ संत के समक्ष अपनी विनम्रता प्रकट की। इसी समय उस चारण (बारहट) ने बीच में हस्तक्षेप करते हुए चुनौतीपूर्ण स्वर में कहा कि चाहे आप गुरु जाम्भोजी के प्रमुख शिष्य हों या साधारण अनुयायी, यहां आने वाले को परचा देना ही पड़ता है, अन्यथा दंड सहना पड़ता है। यह कथन स्पष्टतः संत की परीक्षा लेने और उन्हें चुनौती देने के उद्देश्य से कहा गया था। चारण के इन वचनों को सुनकर वील्होजी ने अपने गुरु गुरु जाम्भोजी का स्मरण किया। गुरु-चिन्तन के प्रभाव से उन्हें गहन आध्यात्मिक अनुभूति हुई। तत्पश्चात उन्होंने अत्यंत विशद रूप में गुरु जाम्भोजी की आदि वंशावली का वर्णन आरम्भ किया। उन्होंने सृष्टि की उत्पत्ति से वंश की व्याख्या करते हुए क्रमशः बताया कि आदि से अनादि, अनादि से असंभ, असंभ से अधकंप, अधकंप से अछेद, अछेद से ओंकार, ओंकार से निरंजन, निरंजन से वायु, वायु से तेज, तेज से जल, जल से कमल, कमल से इंड, अंड से नव तत्व, और नव तत्वों से ब्रह्मांड की रचना। इसके पश्चात उन्होंने हिरण्यगर्भ से लेकर महातत्त्वों, सृष्टि-स्तंभों, और देवताओं की उत्पत्ति का क्रम बताया। ज्योति से विष्णु, विष्णु से ब्रह्मा, ब्रह्मा से शिव, मरीचि और कच्छप आदि। आगे वंशावली को विस्तार देते हुए उन्होंने कच्छप से इन्द्र, इन्द्र से उदियाचंद, और फिर क्रमशः अनेक पीढ़ियों का उल्लेख करते हुए गुरू जाम्भोजी की वंशावली बताई। गंद्रफसेन, विक्रजित, विक्रमचिलत, अजीत, महीपाल, सिंधलसेन, भोज, सहदेव, महायच, महीचंद, कुलचंद, कालू, वरड़, तांतल, हरसेर, सांवल, थेलप, जालप, रोलोजी और अंततः लोहटजी। इस प्रकार उन्होंने निष्कर्ष रूप में कहा कि लोहटजी के पुत्र के रूप में गुरु

जाम्भोजी का अवतरण हुआ:-

जब वील्हेसुर कियो विचारा, राजा सूं मिलस्यां एक बारा। अस जिय जांन जोधपुर गएऊ, लोहा पोल जाय डेरा दएऊ।
होम करियौ शब्दे धुन लाई, राजा श्रवन भनक परि जाई। कहै सूरसिंघ यह कुन गावै, तब चारण एक वचन सुणावे।
जांभैजी रा चेला आया, परचो देण आप पै ध्याया। चालो तो दर्शन कर आवां, करामात देखां सुख पावां।
सुनकर राजा भेट संजोई, द्वेष भाव ते कह गयो सोई। फूल बताशा और मिठाई, कंचन थाल लियो भरवाई।
अमराव सवा सै लीनेउ संगा, पोहसाकां पिचरंग बहु रंगा। एहि विधि राजा आवत भएऊ, दे परकमां बैठन चहेऊ।
स्वागत आगत आदर करियो, थाल वील्ह कै आगै धरियो। कर जोरे अस्तूति करिहे, संत सेवा से सब कोई तरिहे।
माता पिता बन्धु कुल संता, संतहि है ज्यूं आप भगवन्ता। संत गुणां कोउ पार न पावै, जन्म मरण ते संत छुड़ावे।
अस कहि राजा रह्यौ अरगाई, जब बारठजी बात चलाई। जांभैजी रा चेला पाटवै, का कोउ हो थे आन्धा जाटवै।
इत आवै सौ परचौही देवै, नहीं हैं तो बांसा री लेवै। यह सुण वील्ह गुरु जंभ चितारा, खूवां में हूंवा चमकारा।
अणभै भई विशाल विसुधा, कुल व्रनन लागेऊ विबुद्धा। आद वंसावली सुण ले भाई, सिष्टी में कुल प्रगटिया राई।
प्रिथम आद फिर भयो अनादू, अनादू ते भयो असंभ अगाधू। असंभ ते भयो अधकंप थंभा, अधकंप ते इक भयो अछेद अचंभा।
अछेद ते भये एक ओंकारा, तातै नांव निरंजन धारा। निरंजन तैं वाय विकासी, वाय तै भयो तेज अवनासी।
तेज तै जल जल ते भयो कंवला, कंवल ते इंड ते तत नवला। नव तत से रचियो ब्रिहमंडा, सोई हिरण्य ग्रभ हरि पिंडा।
पिंड तै षाषट महातत आई, षाषट ते षट थंभ बनाई। षट थंभ ते सृष्टी भई फेरा, तामे भयो जोत की ढेरा।
जोत ते विसनु प्रगट भएऊ विसनु के ब्रिहमा जब ठऐऊ। बिहमां के भयो शिव मारीचा, काछब भयो तास के बीचा।
काछब को ईंदर तुम जाणो, इन्दर को उदियाचंद राणो। नाम-नाम मैं कुल कह्यो, ताहि न पाऊं पार।
सब कुल बरनन जो करूं, तो ग्रंथ हुवे कोट हजार। उदियांचंद को गंद्रफसेना, गंद्रफसेन सुत विक्रजितेनां।
विक्रमचिलत सुत ताको जानो, विक्रम चिलत को अजित बखानो। अजीत को कहिये महीपाला, महीपाल कै सिंधलसैण विशाला।
सिंधलसैण को भोज भणीजै, भोज नृपत को सहदेव गिणिजै। सहदेवाच को महायच बंदा, माहयच को सुत है महिचंदा।
महीचंद को कुलचंद्र कहिये, कुलचंद को कालू सुत है सहिये। कालू सुत को वरड़ सुत तांतल, तांतल को हरसेर रू सांतल।
हरीसेर कौ सांवल साधू, सांवल को थेलप अगाधू। थेलप को तम जालप जांणो, जालप को रोलोजी रांणौ।
रोलोजी के लोहट भागी, लोहट सुत सू जंभ सुभागी।

गुरू जाम्भोजी की वंशावली का वर्णन करने के पश्चात संत वील्होजी ने अपनी अगम (भविष्यवाणी रूप) वंशावली का वर्णन किया। उन्होंने कहा कि गुरू जाम्भोजी के प्रमुख शिष्य ऊधव तपस्वी हुए और मैं स्वयं ऊधव तपस्वी का शिष्य हूं। मेरे पश्चात जो शिष्य परंपरा चलेगी, उसका वर्णन सुनो। यह समस्त शिष्यगण धोली (सफेद) पोशाक धारण करने वाले साधु होंगे। इस प्रकार वील्होजी ने आगामी शिष्य परंपरा का क्रम बताया। ऊधवजी, वील्होजी, सूजोजी, सुरणजी, अलेखजी, केसोजी, चंदणजी, रायचंदजी, जसोजी, पंचायणजी, हीरानंदजी, कान्होजी (हीरानंदजी के गोद आएंगे), खींयोजी, गुलाबदासजी, साहबरामजी राहड़ (गोविंदरामजी के शिष्य, जो गुलाबदासजी के गोद आएंगे), गणेशरामजी, हनुमानजी। वील्होजी ने स्पष्ट कहा कि ये सत्रह पीढ़ियाँ गुरू जाम्भोजी के पश्चात अवतरित होंगी। इस वंशावली में संत साहबरामजी राहड़ का विशेष महत्व बताया गया है। वील्होजी के अनुसार वे अत्यंत गुणी एवं अनुभवी संत होंगे। वे वील्होजी की समाधि पर स्मारक का निर्माण करवाएंगे। उनके द्वारा अनेक महत्वपूर्ण ग्रंथों की रचना की जाएगी, जैसे- सार बतीसी, शब्द गुंजार, महामाया स्तुति, अमर चालीसी, पान परवाना, जंभसार आदि। साहबरामजी के पुत्र रूपरामजी, गणेशरामजी और लक्ष्मीनारायणजी होंगे। आगे चलकर गणेशरामजी के शिष्य हनुमानजी होंगे। वील्होजी ने आगे की वंशावली बताने से इनकार करते हुए कहा कि इसके पश्चात कलियुग का प्रभाव अत्यधिक बढ़ जाएगा। लोगों की आशाएँ क्षीण हो जाएंगी। राजा परीक्षित द्वारा कलियुग को दंडित करने का प्रयास किया गया था, परंतु छह हजार वर्षों तक उसका प्रभाव समाप्त नहीं होगा। अतः उन्होंने आगे की पीढ़ियों का वर्णन नहीं किया। वील्होजी के इस अगम वचन को सुनकर राजा अत्यंत प्रसन्न हुआ, किंतु उसकी सत्यता परखने के लिए उसने परीक्षा ली। राजा ने कहा कि यदि तुम वैशाख वदि तीज के इस ग्रीष्म काल में मेरी तीन मांगें पूरी कर दो, तो मैं तुम्हारे वचनों को सत्य मान लूंगा। ये तीन मांगे थी- बाजरी के सिटे, दो काकड़ी और तीन मतीरे । वील्होजी ने अपनी योगशक्ति से तत्काल बूकल मारकर हरी बाजरी के लगभग दो सौ सिटे प्रस्तुत कर दिए। तत्पश्चात ताजी ककड़ी प्रदान की। अंत में तीन विशाल मतीरे प्रस्तुत किए। इन मतीरों का प्रत्येक का वजन लगभग आठ सेर था, बेल सहित हरे और ताजे। एक मतीरा काटने पर वह भीतर से गुलाल के समान लाल निकला। इन चमत्कारों को देखकर राजा पूर्णतः आश्वस्त हो गया और वील्होजी को गुरु रूप में स्वीकार कर लिया। उसने स्तुति करते हुए कहा कि आप जंभ के समान हैं, हम तो कपूत हैं। परमेश्वर और परमगुरु दोनों एक ही हैं। राजा ने वील्होजी के चरणों में प्रणाम कर उन्हें परमात्मा स्वरूप स्वीकार किया। राजा के आग्रह पर वील्होजी ने अपने लिए कुछ नहीं मांगा, बल्कि विस्नोई धर्म की रक्षा हेतु तीन प्रमुख अधिकार (वस्तुएं) मांगे। पहला तंबू और सरायचा, दूसरा खूंटा और कोरड़ा, तीसरा चौपदार का निशान तथा दंड-माफी का अधिकार। उन्होंने कहा कि गुरू जाम्भोजी के वैकुंठ गमन के पश्चात लोग धर्म से विचलित हो रहे हैं। इन्हें राजदंड

के बिना अनुशासित करना संभव नहीं है। राजा ने वील्होजी की मांग को तुरंत स्वीकार कर लिया और उन्हें ये सभी अधिकार प्रदान कर दिए। इन राजकीय प्रतीकों को प्राप्त कर वील्होजी वहां से प्रस्थान कर गए, और राजा अपने महल लौट गया:-

जांभेजी के शिष ऊधव तपसी, जंभ ऊधव सिस मैं भयो है पसी। मौ ते आगे जो कुल होई, ताका नांम सुणौं कहूं सोई।
वील्है शिष सूजोजी सुजांण, धोली पोशाखां री बजाण। सुजैजी शिष सुरणजी साधू, सुरणजी रा अलेख अगाधू।
अलेख रा केशोजी कहिये, केशैजी का चन्दण लहिये। चंदण रै रायचंद शिष होसी, रायचंद रै जसोजी जोशी।
जसै शिष पंचायण पैखो, हीरानंद ताका शिष्य देखो। हीरानंद खोले कानोजी होसी, कान्हेजी सिष खीयों रोशी।
खींयैजी रा गुलाबदासा, जा सिष होसी नित निवासा। गोविंदराम साहब कर पेशी, गुलाबदास रै खोले देसी।
सो मो पर करी असथाना, बड़ो गुंणी होय अणभै वाना। सार बतीसी शब्द गुंजारा, महामाया अस्तुति सारा।
अमर चालीसी आदिक ग्रंथा, पान प्रवांनां आदिक पंथा। जंभसार बोह वर्णन करसे, सतरा पीढी सो अवतरसै।
रूपराम अरू गनेशरामा, लिछमीनारायन सुत धामां। गनेश कै हूय है हनुमाना, आगे कुल नहीं वरणूं आना।
ता पीछै कलू करहि प्रकाशा, सब जन के हुयहै दुर आशा। कलु कुं डंड परिछित दएऊ, षष्ट सहंस्र बरष जोर न भएऊ।
तातै अब पूछो कु औरा, जैहिं ते मन प्रसन्न होय तोरा। तब राजा मन प्रसन्न भयो, साच मानसूं सारो कह्यौ।
ग्रिसम ऋतु वैशाख बद तीजा, अब मांगा सो देवो चीजा। परचा तीन पेश जो करो, अगम कही सो सच ओचरो।
सिटा कर लो एक दो, दूसर ककड़ी दोय। तीसरै मतीरा तीन द्यौ, तो सब साची होय।
ऐसें सुन गुर वील्ह जो, लई जु बूकल मार। सिटा हरी जु बाजरी, दिया दोय सै डार।
तब राजा बोलत भयो, देवो काकड़ी दोय। याकै उपर जीमस्यां, जब मन प्रसन्न होय।
बूकल में से काकड़ी, ताजी दई तियार। देख राव प्रसन्न भयो, लिए वील्ह गुरु धार।
तबहि वचन बोलत भयो, देवो मतीरा तीन। तबहि सत्य गुर मानस्यूं, इसमें मेख न मीन।
आठ आठ सेर तोल में, हरे गुंढ़ अरु नाल। एक मतीरो फोड़ियो, मानों खिले गुलाल।
राजा गुरु धारण करे, लगे करण अस्तुति। जंभ समान ही आप हो, हम तो भए कपूत।
परमेश्वर अरु परमगुरु, दोन्यू एक समान। साहबराम गुरुदेव ते, पावत केवल ज्ञान।
वील्हाजी के चरण कूं, वंदत राज सुजान। ताकी गहिमां कहत ही, पावत केवल ज्ञान।
परमेश्वर तुम में बसै, तुम परमेश्वर मांहि। साहबराम दोउ परस्पर, भिन्न भाव कछु नांहि।
परमेसुर व्यापक सकल, तुम निस्तारे जीव। कहि राजा चरनन परियो, तुम प्रमात्म पीव।
एहि विधि असतूती करी, मो पे प्रभु कछु मांग। ज्ञान कहो गुरू गम कहो, नहीं लजाऊ सांग।
वील्ह ज्ञांन ऐसै कह्यौ, राजा लह्यो आनंद। कर जोड़े बोलत भयौ, मांगहू कृपा कंद।
सब संतन को दास मोहे, जानहूं वील्ह दयाल। मो पर दया न छाड़िये, सदा करो प्रति पाल।
तब वील्हेसुर बोलत भएऊ, क्या मांगू कछु मोहि न चहेउ। यह बाड़ी सतगुरु की कहिये, विसनोई सत मार्ग बहिए।
जंभगुर वैकुंठ सिधाए, ता दिन ते इह जन इतराऐ। धर्म छोड चालहि वेराही, राज बिन्यां नहिं मानै भाई।
तीन बोल मेरा सत कीजै, जो मांगूं सो मोकूं दीजै। तंबू अरु सरायचा ल्यावो, खूंटो अरु कोरड़ो द्यावो।
चौपदार निशांण दरीजै, मार कुट सारी बकसीजै। इदमस्तु नृप बोलत भएऊ, जो मांग्यों सो तृरंतहि दएऊ।
लेकर वील्ह सिधावत भऐ, राजा अपणै मंदिर गए।

06. वील्होजी के जीवनवृत से संबंधित विभिन्न मत:- वील्होजी विसनोई पंथ के प्रमुख संतों में से एक हैं, जिनके जीवन, दीक्षा, गुरु-परंपरा तथा राजाओं के साथ संबंधों को लेकर विभिन्न स्रोतों में भिन्न-भिन्न मत प्राप्त होते हैं। विशेषतः स्वामी ब्रह्मानन्दजी, साहबरामजी राहड़ एवं अन्य संतों के कथनों में अनेक असंगतियाँ दिखाई देती हैं:-

क. स्वामी ब्रह्मानन्दजी का मत:- स्वामी ब्रह्मानन्दजी ने विभिन्न अवसरों पर वील्होजी के संबंध में अलग-अलग कथन प्रस्तुत किए हैं। उनके एक उल्लेख के अनुसार, जोधपुर नरेश चन्द्रसेन ने वील्होजी की सिद्धि देखने के लिए उन्हें अपने दरबार में बुलाया था। विक्रम संवत् 1981 में कानपुर में आयोजित अखिल भारतवर्षीय विसनोई महासभा के तृतीय अधिवेशन में सभापति के रूप में दिए गए भाषण में उन्होंने कहा कि वि.सं. 1620 में वील्होजी ने शुद्धि कर्म पर विशेष ध्यान दिया। उन्होंने अनेक जाटों एवं अन्य जातियों को पंथ में दीक्षित किया। वे केवल विश्वस्त व्यक्तियों को ही दीक्षा देते थे। उनके धर्म-प्रचार में जोधपुर के शासक मालदेव के पुत्र कुंवर चन्द्रसेन का सहयोग प्राप्त हुआ। वील्होजी पूर्व में दशनामी संन्यासी परंपरा से संबंधित थे, बाद में विसनोई संत नाथोजी के शिष्य बने। विक्रम संवत् 1972 में 'विद्या और अविद्या' पर दिए गए एक व्याख्यान में उन्होंने कहा कि वील्होजी ने विसनोई धर्म का व्यापक प्रचार किया। उन्होंने जोधपुर शासक उदयसिंह और चन्द्रसेन को उपदेश देकर इस मत की ओर आकर्षित किया। सैकड़ों जाटों को विसनोई धर्म में सम्मिलित किया।

ख. साहबरामजी राहड़ का मत:- संत साहबरामजी कृत जंभसार के अनुसार वील्होजी का दीक्षा समय विक्रम संवत् 1601, फाल्गुन वदि

अमावस्या है। और उनके गुरु ऊदोजी तापस बताए गए हैं। तथा जोधपुर शासक सूरसिंह को परचा देना लिखा है।

ग. श्रीरामदासजी का कथन:- विक्रम संवत् 1984 में रचित 'श्री 108 श्री जंभेश्वर धर्म दिवाकर' में श्रीरामदासजी महाराज लिखते है कि वील्होजी ने वि.सं. 1601, वैशाख वदि 3 को जोधपुर के राजा सूरसिंह को परचा दिया था।

घ. विभिन्न मतों का विश्लेषण:- स्वामी ब्रह्मानन्दजी ने एक उल्लेख में वील्होजी का संवत 1632 में विसनोई पंथ अपनाने का उल्लेख है। वहीं दूसरे उल्लेख में उन्होंने संवत 1620 को विसनोई पंथ का प्रचार प्रसार करने और जोधपुर शासक चंद्रसेन (संवत 1619-1621) से मिलने का उल्लेख किया है। एक अन्य उल्लेख में उदयसिंह (संवत 1640-1652) को प्रभावित करने का उल्लेख है। इस प्रकार स्वामी ब्रह्मनंदजी के मतों में एकरूपता नहीं है। वहीं श्रीरामदासजी महाराज ने संवत 1601 में वील्होजी द्वारा जोधपुर शासक सूरसिंह को परचा देना लिखा है, जबकि सूरसिंह का जन्म संवत 1627 में हुआ था। साहबरामजी राहड़ कृत जंभसार के अनुसार वील्होजी 11 वर्ष की उम्र में संवत 1601 में दीक्षित हुए थे। हीरालालजी माहेश्वरी अपने शोधग्रंथ में इस संबंध में विचार रखते हैं कि मुकाम मंदिर में आने के प्रसंग से विदित होता है कि साथ वाले साधु उनको अत्यंत आदर की दृष्टि से देखते हैं और उनकी आज्ञा का पालन करते हैं। इससे वे स्वयं निर्णायक और सम्मानित साधु प्रतीत होते हैं, जो 11 वर्ष के बाल साधु के लिए परिस्थिति देखते हुए असंभव सी बात है। अतः इस संवत् में उनका दीक्षित होना जंचता नहीं है। दुसरी और साधुओं की सर्वमान्य वंशावलियों में यह संवत् 1611 दिया हुआ है। साधु परम्परा में भी यही प्रसिद्ध है। साहबरामजी का ऊदोजी तापस को वील्होजी का गुरु मानना भी ठीक नहीं है। सभी प्राचीन उल्लेखों के अनुसार नाथोजी ही उनके गुरु थे। साधु वंशावलियों में लिखा है:- 'प्रथम आचार्य श्री जाम्भोजी। जाम्भेजी का चेला नाथोजी। नाथोजी का चेला वील्होजी।' सुरजनजी पुनियां कृत एक छप्पय की पंक्ति में 'नाथो मोती भाव, हीर गुण बीठलराया' लिखा है। परमानंद जी बैनिवाल ने नमस्कार प्रसंग में लिखा है:-

झंभ गुरू नाथव वील्हजी, धनो नेतो निज दास। दांमो रासो और ग्यान गुरू है सतगुरू का दास।

वील्होजी के निधन स्थान रामड़ावास से प्राप्त 'साधां री वंशावली' में भी यही कथन है:-

नाथैजी मुख ग्यांन सुणि, परचे बिठलदास। पंथ उजालण आवियो, वील्ह नाम परकास।

ड़. लेखक द्वारा निष्कर्ष:- इन सब उल्लेखों से यह निष्कर्ष निकलता है कि वील्होजी ने संवत 1611 को अनुमानत: 20-22 वर्ष की उम्र में नाथोजी को गुरू धारण करके विसनोई धर्म अपनाया था। बीकानेर शासक कल्याणराय जब तालवा गांव का पट्टा मनोहरदास बीका को सौंपना चाहते थे, तब वील्होजी ने चौखोजी थापन को दिल्ली भेजकर मुगल सम्राट अकबर से वि.सं. 1630 में परवाना (राजादेश) प्राप्त कर मुकाम की स्वतंत्रता सुनिश्चित करवाई थी। इस घटना से कल्याणमल अत्यंत अप्रसन्न हुए, जिसके परिणामस्वरूप वील्होजी को मुकाम छोड़कर जोधपुर राज्य में निवास करना पड़ा था। अत: जोधपुर शासक से वील्होजी का मिलन भी संवत 1630 के बाद ही हुआ होगा। जोधपुर शासक सूरसिंह का शासनकाल संवत 1652-1676 तक रहा था। उससे पुर्व उदयसिंह का शासनकाल संवत 1640-1652 रहा था। अत: अनुमानत: संवत 1640 से 1660 के मध्य जोधपुर शासक उदयसिंह या सूरसिंह से उनकी मुलाकात हुई होगी।

07. रूड़कली में अज्ञानो से मिलना:- साहबरामजी राहड़ कृत जंभसार के 23वें प्रकरण के अनुसार, जोधपुर नरेश सूरसिंह से भेंट के पश्चात संत वील्होजी ने अपने धार्मिक कार्यों को तीव्रता प्रदान की। जोधपुर के समीपवर्ती विसनोई गांवों फिटकासणी, रसीदा, गुड़ा आदि में वील्होजी का प्रभाव शीघ्र ही स्थापित हो गया। लोग उनके आदेश का पालन करने लगे। वे गांवों में जाकर तंबू गाड़ते और एक खूंटा रोपते थे। जो व्यक्ति धर्ममार्ग से विचलित होता, उसे उस खूंटे से बांधकर दंडित किया जाता था। इस कठोर अनुशासन के कारण समाज में भय उत्पन्न हुआ और लोग पुनः धर्ममार्ग पर चलने लगे। इस प्रकार वील्होजी ने न केवल अनुशासन स्थापित किया, बल्कि व्यापक स्तर पर विसनोई धर्म की पुनः प्रतिष्ठा की। वील्होजी का यह स्पष्ट मत था कि राजाओं को सुधारना अत्यंत कठिन है। उनके अनुसार, राजदरबार के लोग स्वयं कुसंग में लिप्त रहते हैं और समाज को भी उसी दिशा में ले जाते हैं। इसलिए उन्होंने राजद्वार का त्याग कर दिया और अपना सम्पूर्ण ध्यान सामान्य जनता के उत्थान पर केंद्रित किया। इसी समय एक व्यक्ति ने आकर सूचना दी कि रूड़कली गांव में गुरु जाम्भोजी स्वयं प्रकट होकर अडिग ज्योति के समान विराजमान हैं। चारों ओर उनका मुख दिखाई देता है। यह समाचार सुनकर वील्होजी ने तुरंत वहां जाने का निश्चय किया। उन्होंने रथ, ऊंट और घोड़े सजवाए तथा घंटा-नगाड़ों के साथ एक धार्मिक यात्रा के रूप में रूड़कली के लिए प्रस्थान किया। पूर्व में ही उनके अनुयायियों ने वहां तंबू गाड़ दिया था। दोपहर के समय वे रूड़कली पहुंचे और जांभोलाव तालाब के पास डेरा डाला। स्नान आदि के पश्चात वे मंदिर में प्रवेश कर उस "अज्ञानो" नामक व्यक्ति के दर्शन करने गए। मंदिर में पहुंचकर वील्होजी ने अज्ञानो की परिक्रमा प्रारंभ की। अज्ञानो ने उनका सम्मान करते हुए उन्हें अपने समान संत बताया। जब वील्होजी ने पंथ संचालन की विधि पूछी, तो अज्ञानो ने जो उपदेश दिए, वे विसनोई मर्यादाओं के विपरीत थे, जैसे पहले जल पीना, बाद में स्नान करना, तथा "चहमै-चहमै" भजन करना। इन उपदेशों को सुनकर वील्होजी ने तत्काल अनुमान लगाया कि यह कोई दिव्य अवतार नहीं, बल्कि एक भूत या छल करने वाला व्यक्ति है। उन्होंने उसकी परीक्षा लेने का निश्चय किया। गुरु जाम्भोजी के "चार मुख" होने की परंपरा के आधार पर उन्होंने दो परिक्रमा करने का संकल्प लिया। यदि वह चहुंमुखी होगा तो पूजन करेंगे, अन्यथा दंड देंगे। परिक्रमा के दौरान अज्ञानो स्वयं घूमता रहा, जिससे ऐसा प्रतीत हो कि चारों ओर उसका मुख है। यह छल अन्य लोगों को दिखाई नहीं दिया, परंतु वील्होजी ने उसे पहचान लिया। वील्होजी ने उसे स्पष्ट रूप से कहा कि वह स्थिर रहे, किंतु वह पुनः घूमने लगा। तब वील्होजी ने उसे पकड़कर अपने घुटने से दबाया और बांध दिया। भयभीत होकर अज्ञानो ने हाथ जोड़कर

क्षमा याचना की और स्वयं को समर्पित कर दिया। वील्होजी ने उसे दो प्रमुख निर्देश दिए कि बिना स्नान किए जल पीने का उपदेश देना बंद करे। और चहमह-चहमह जैसे भ्रामक भजन प्रचारित करना छोड़ दे। साथ ही उन्होंने उसे चेतावनी दी कि वह लोगों को भ्रमित न करे और उस स्थान को छोड़कर अन्यत्र चला जाए। अज्ञानो ने विनम्रता से आदेश स्वीकार किया, अपने वस्त्र समेटे, प्रणाम किया और वहां से प्रस्थान कर गया:-

फिटकासणी रसीदै गुड़ै, संत कहै सो हुकुंम न मुड़े। तंबू गाड खूटो दहै रोपी, बांधै मारै छुडावे न कोपि।
आगै से आगै भय पावै, सकल धर्म दुरहस्त करावे। वील्हदेव अस कीन्ह विचारा, छोड देवौ सब राज दवारा।
इनकै हित्या करसत संगी, यह सब लोकन को करे कुसंगी। ताते इनकु मति चेतावौ, गरीब लोक कूं राह लगावौ।
अस जिय जाण तजेउ रजवाड़ा, पूंण छतीसूं बांधेउ बाड़ा। धर्म बाड़ कर सब कूं राख्या, तब इक जन आय ऐसौ भाख्या।
रूड़कली जांभोजी राजै, इडक जोत चहुँ मुख छवि छाजै। कहै वील्हेश्वर कितनिक दूरा, पांच कोश पर रहै हजूरा।
सुणकर रथ अरू वाहन सझेऊ, घंटा शब्द नगारा बजेऊ। ऊंठ रु घोड़ा चालत भऐऊ, तंबू बहु पहलेई गड़ गएऊ।
बारा बजहि रूड़कली गैया, जांभोलाव पर डेरा दैया। नहाय धोय फिर मंदिर गऐऊ, अज्ञानौं के दर्शन भऐऊ।
वील्हेश्वर परकम्या करहे, अज्ञानो मन में बहु डरहे। कह अज्ञानों आवौ विराजौ, संत हमारे रूप ही छाजो।
कहै वील्हेसूर धर्म बतावौ, केहि विधि अपणौ पंथ चलावौ। कह अज्ञानौ सुंण तूं भाई, सवा सेर जल पहलै पाई।
पीछै सब अस्नान बिस्तरो, चहमैं चहमैं भजन जूं करो। एहि विधि धर्म सिखाउ सबहीं, आप धर्म इह धारौ अबही।
वील्हेसुर कीन्हेउ उनमानो, यह लक्षण भूतन के जानौं। जंभ नहीं यह भूत है भाई, पारक्ष्या करलेऊ जाई।
जंभ गुरू मुख च्यार हैं, करू प्रकम्या दोय। जंभ हूसी तो पूजस्यूँ, निंत्र मारूं तोहि।
यौं प्रकम्यां करते भएऊ, अज्ञाने तब इह छल ठएऊ। ज्यूं प्रकम्यां देवै साधु, त्यूं अज्ञानो करै उपाधु।
ज्यूं साधू प्रकम्या लावै, त्यूं चौगड़दे फिरतो जावै। और लोकां नै दीसे नाहीं, वील्हैजी कूं सब दरसांहि।
देख चरत्र बोलतो भएऊ, चौगड़दे फिरणो नहीं चहेऊ। अस्थिर रहो फिरो मत भाई, अस कहि दुसरी प्रकम्या लाई।
वैसे ही फिर फिरतों दीठो, पकड़ कंध गोडो दे पीठो। देकर गोडो बांधत भएऊ, दोन्यूं हाथ जोड़ तब लएऊ।
कर जोड़े रू दीनता भाखी, सुंण वील्हेसुर शांती राखी। अज्ञानो बोलउ भय पांही, आप कहो जाहां रहूं गुंसाई।
तब वील्हेसुर बोलत एहो, दोय उपदेश छोड़ तुम देहो। बिन न्हाए जल कबहूं न पाना, चहमह चहमह भजन छोड़ाना।
इन लोकां कूं मति बहकावो, और देश में तुम उठ ज्यावो। उठ कर कपड़ा बांधत भैयो, नमसकार कर चालत नयौ।

08. संत वील्होजी के कार्यः- गुरू जाम्भोजी के निर्वाण के पश्चात विसनोई धर्म में शिथिलता आने लगी थी। अनेक अनुयायी धर्मनियमों से विचलित हो गए थे और धर्म का प्रभाव क्षीण होने लगा था। ऐसे संक्रमणकाल में संत वील्होजी ने एक महान धर्म-संरक्षक और पुनर्जागरणकर्ता के रूप में कार्य किया। साहबरामजी राहड़ कृत जंभसार (प्रकरण 23) में वील्होजी के इन्हीं कार्यों का विस्तृत वर्णन प्राप्त होता है। साहबरामजी राहड़ के अनुसार जिस धर्म की जड़ जाम्भोजी थे, वील्होजी उनके स्तम्भ थे और शेष साधु सन्त डालियों के समान थे। धर्म का उन्होंने पुनरूद्धार किया, धर्म पर से उतरते हुए अमल को दुबारा चढाया। वील्होजी ने किसी एक क्षेत्र तक सीमित न रहकर सम्पूर्ण देश में भ्रमण किया। उन्होंने गाँव-गाँव, प्रदेश-प्रदेश जाकर धर्म का प्रचार किया और अपनी बुद्धि एवं प्रभाव से लोगों को पुनः धर्म से जोड़ा। उनका यह भ्रमण केवल धार्मिक उपदेश तक सीमित नहीं था, बल्कि सामाजिक संगठन और अनुशासन की स्थापना भी इसका प्रमुख उद्देश्य था। जंभसार के अनुसार गंगा पार के क्षेत्रों में अनेक लोगों ने विसनोई धर्म त्याग दिया था। वील्होजी जब वहाँ पहुँचे तो उन्होंने स्थिति का गंभीर मूल्यांकन किया और यह निष्कर्ष निकाला कि बिना दंड के व्यवस्था नहीं सुधरेगी। उन्होंने खूंटा रोपकर उन लोगों को बुलाया और दंड देने की योजना बनाई। इसका परिणाम यह हुआ कि जो लोग धर्म से विचलित हो गए थे, वे पुनः लौट आए। उन्होंने पहले से अधिक दृढ़ता से नियमों का पालन करने का संकल्प लिया। वील्होजी ने केवल बाह्य संगठन ही नहीं किया, बल्कि पंथ की आंतरिक शुद्धि पर भी बल दिया। उन्होंने अनुयायियों को नैतिक, आध्यात्मिक और सामाजिक रूप से उच्च बनाया। इस प्रकार उन्होंने साधारण मनुष्यों को देवतुल्य आचरण की ओर प्रेरित किया। गंगापार (पूर्वांचल) में धर्म को पुनर्स्थापित करने के बाद वील्होजी ने अपना भ्रमण जारी रखा। वे पूर्वी प्रदेशों से लौटकर मालवा होते हुए मेवाड़ क्षेत्र तक पहुँचे। हर स्थान पर उन्होंने पंथ को संगठित किया और अनुशासन स्थापित किया। वील्होजी का प्रभाव इतना व्यापक था कि समाज के सभी वर्ग उनके प्रति श्रद्धा और भय दोनों रखते थे। उनका व्यक्तित्व अनुशासन, न्याय और धर्म-संरक्षण का प्रतीक बन गया:-

कल्यौ पंथ वील्हेसुर काढ्यौ, उतरियौ अमल फेर जिम चाढियौ। ऐसै संत पंथ के थंभा, डाला संत मूल जड़ जंभा।
सब देशन में रमणी करेऊ, जहां तहां धर्म बुद्धि विस्तरेऊ। गंगा पार गये गुरु जबही, अपणौ धर्म पलट गये तबही।
देख वील्ह मन कीन्ह विचारा, बिन डंड दिये बिगड़ही सारा। खूंटो रोप अरू लिये बुलाई, डंड दैण की जुगत बनाई।
जो-जो धर्म छोड़ते भएसी, अड़सट के बहुतर गहि लहेसी। कल्यौ पंथ कीन्हौ सुध सारो, देव रूप कीनेहु नर नारो।
एहि विधि पूरब फेर पधारे, छोड्यौ धर्म सकल जन धारे। मालावादि मेवाड़ा आए, धूंसै सूं सब पंथ चलाए।

यूं रंमणी सब देशा करहीं, राव रंक सब उनते डरहैंही।

विक्रम संवत् 1648 में वील्होजी ने जाम्भोलाव पर दो मेले प्रारम्भ किये। एक तो चैत बदि 11 से अमावस्या तक चैती मेला और दूसरा भादवा की पूर्णिमा को माधा मेला। इसी प्रकार, मुकाम में भी परम्परा से चले आ रहे फागुन बदि अमावस्या के मेले के अतिरिक्त आसोज वदि अमावस्या का मेला शुरु किया। तीनों ही मेले आज तक चल रहे हैं। सुरजनजी पुनियां कृत कवित्त में इसका उल्लेख है:-

तीरथ जांभोलाव, चैत चीठिये मिलायो। मेलो मंडियो मुकाम, लोक आसोजी आयौ।
अमर थाट बाकरा करे, खेजड़ी रखावै। अग्यानू उथपे, गति सोह ग्यान मिलावै।
बंधिया सील पोथी कथा, सुपह पंथ संवारियो। सीझत आठ साका किया, वील्ह वैकुंठ सिधारियो।

जंभसार के अनुसार जाम्भोलाव के उत्तर की ओर पड़े पत्थर पर उन्होंने पाल भी लगवाई। वहां अब मन्दिर बना हुआ है:-

इस पत्थर पर पाल लगावो, तातै उजड़ न पावै दावो। सुनंत ही स्यात पाल कर दई, उतरादै छेड़ै सो भई।

गोविंदरामजी गोदारा के अनुसार उन्होंने अनेक स्थानों पर ज्ञानोपदेश कर समाज को सुधारा और अनेक अन्य लोगों को पाहल देकर नए सिरे से विशनोई बनाया:-

बीकानेर फलोधी जु देस देस धर्म धारे, छिमा हु संतोष जिन सील विस्तारे हैं।
गंगा पार देस अरू कालपी कनोजपूर, तहां वील्ह देव गुरु धर्म निज धारे हैं।
और हू अनेक जीव वील्हाजी मिलाए सीव, अज्ञाना उथाप पुनि जोधाण पधारे हैं।
सूरसिंघ राजा परचो पाय के मगन भये, कहे गोमदराम हाव भाव जु बधारे हैं।
वील्ह देव महाराज धर्म धार बांधी पाज, गुड़ै गांव लोगन कुं दर्शन आय दिये हैं।
और गांव जहां तहां शिक्षा को स्थाप करै, अज्ञानौ उद्धार अरु उपदेस किये हैं।
ऐसे हू अनेक भांत पंथ मांहि कीनी शांत, सार क्रिया धार कर लोग सब जिये हैं।
वील्हदेव अंति रामड़ास धाम मान, लोक मान चाव सूं वधार कर लिये हैं।

वील्होजी पर सुरजनजी ने अत्यन्त मार्मिक मरसिये कहे हैं। इनमें बताया गया है कि लाख गुणों वाले वील्होजी ने संसार में दो तो बड़े अवगुण और पांच भरम किए। दो अवगुण है- दुष्टो को सालना और सत्पुरूषों के हृदय में दिव्य ज्योति का प्रकाश करना:-

धर्म जप धारणां, ज्ञान भारी गुण सागर। सहज शील संतोष, कियो पंथ महा उजागर।
मुख दीठा दुख जाय, दुख सह मिटे दुरिजण। लख गुण लभतां, कीय दोय वील्ह अवगण।
दुरिजणां साल सणा दई, जोति श्री देवा जयो। बिछड़े जीव लागी विरह, अजे नेसासौ न गयो।

पांच भरम हैं- विशनोईयों का दाण आधा करवाना। वृक्षों को न काटने की राजाज्ञा प्रचारित करवाना। गुरू कथित ज्ञान को सुनाना समझाना। रामसर में वृहत यज्ञ कर जगत जिमाना। अनेक कुओं और जलाशयों का निर्माण करवाना:-

मकडाण मेटि, दाण अधकरी करावे। वन वाढै राजसी, महंत करि मेर छुडावै।
जो गुरु कथियो ग्यान, ग्यान सो गति सुणावै। कियो जिग रामसरि, न्योत जिणी जगत जिमावै।
धेन पर नीर आसीस द्यै, पोहमी निवाण किया पसा। सुरजमाल संसार मा, पांच भरम किया असा।

वे केवल तत्व कथन ही नहीं करते थे, भावपूर्ण रचना कर सुरीले स्वरों में गाते भी थे। आत्मज्ञानी और कवि होने के साथ वे राग रागिनियों के ज्ञाता और सुप्रसिद्ध गवैये भी थे:-

ग्यान गुसटि गुंण आतमा, तिल अघ नहीं अधूरी। जां पूछै तो पूछि, पुछी सारी तो पूरी।
च्यारि वेद री बात, कुली सुध काढि सुणावै। नाद वेद गुण जांणै, कंठ सरसो सरि गावै।
प्रमोधि एक प्रीतंम असो, गल्ह गुझ न को वियो। वील्ह मरण फटो नहीं, हे हे बजर पथर हियो।

09. वील्होजी का निर्वाण:- गोविंदरामजी गोदारा कृत 'वील्होजी की स्तुति' के अनुसार रामड़ावास में संवत् 1673 के चैत सुदि एकादशी रविवार को उन्होंने स्वर्गलाभ किया:-

वील्हजु महाराज तब धांमहि सिधारे जब, संमत सौलासै अरू तेहतरो बखाणियै।
सूरज उतर दिस काल सोई जानों उत, रूतहि बसंत मधुमास जु प्रमांणियै।
विष्णु वरत सुदि सोऊ एकादसि तिथि, मानों वार में सुआदिवार दितवार मांनिये।
उतरा नखत मानों धूरव कर जोग जानों, तुल सु लगन काल अमृत जांनियै।

तबसे रामड़ावास वील्होजी का धाम माना गया। गोविंदरामजी गोदारा के अनुसार:-

सिर सिरोमण रामड़ास, जां वील्हैजी को धाम। जाकै पद रज परसतां, मनसा पूरण काम।
मनसा पूरण कांम तास, कोउ सीस निवावै। मिटे अखल अघ दास, जास कोउ सरणै आवै।
पंथ सुधारण कारणे, वील्हजु जम्भगुरु आयुस आविया। रांमड़ास संमाद ले, वील्ह वैकुंठ सिधाविया।

गोविंदरामजी ने वील्होजी को गुरू जाम्भोजी का स्वरूप बताया है:-
अवतार जंभदेव जु बखानिये। सोई जंभ आय रामड़ास मांहि धाम कियो,
जंभ को स्वरूप वील्ह देव जु प्रमाणिये। वील्हैजी को धाम सो तो अधिक अनूप,
मथुरा की छिव जैसी ब्रज भूमि जानिये। और हू अनेक कोउ तीर्थ जगत जेते,
ऐसे वील्ह धाम जग प्रसिद्ध सु मानिये।९
प्रसिद्ध है कि उन्होंने स्वर्गवास से कुछ पूर्व सब भक्तों के सम्मुख बैठकर राग धनाश्री में उमाहो 'बाबो जांबू दीपे परगटियो' गाया था। सुरजनजी पुनियां ने अपने मरसियों में ठीक ही भविष्यवाणी की थी कि मरूधरा को वील्होजी जैसा व्यक्ति फिर नहीं मिलेगा:-
सुकृत ज्ञान सलेह, दीन पति पुरी दाखवै। वीठलदास वलेह, मिले न सारी मुरधरा।
वाग विलखो दीठ में, बड़ भागे वीठल। अब गयो घरि अपणे, मरंण सुरिजमल।
10. रामड़ावास साथरी एवं महंत परंपरा:- वील्होजी के सात शिष्य थे- केसोजी गोदारा, सुरजनजी पुनियां, धनुजी, दसूंधीजी, लालोजी, जसोजी व उधोजी। साहबरामजी राहड़ कृत जंभसार के 23वें प्रकरण के अनुसार जब बीरां थापन ने अपने पति कान्हौजी कुपासिया के लिए थापन पदवी मांगी थी:-
मांग बाईजी तो मन भावा, तब बीरां ईह वचन सुनावा। मेरो कुटम्ब कछु नाहि जांनै, कवाय दीजिये गुरु मोहे मांने।
तब वील्होजी ने मना कर दिया और अपने उत्तराधिकारी सुरजनजी पुनियां को थापन पदवी दी:-
रामड़ास में लेऊ संमाधा, कवाय कासो लेवेंगे साधा। और सकल तुम कूं दियो, जब लग तेरी देह।
पीछे संतन की कुशी, मेरी अज्ञा ऐह। एहि विधि वील्ह वचन तब कहेऊ, जीम जूठ फिर चालत भएेऊ।
जंभसार में आगे वर्णित है कि गुरू जाम्भोजी ने रामड़ावास को बडेर घोषित किया था। जहां 64 गांवों के फैसले होते थे। यहीं पर वील्होजी ने दीर्घकाल तक निवास करके समाधि ली थी। वील्होजी के समाधि लेने के पश्चात सुरजनजी पुनियां उत्तराधिकारी बने। उन्होंने रामड़ावास में वील्होजी की समाधि पर स्मारक का निर्माण करवाया। जंभसरोवर में नहाकर महोत्सव का आयोजन किया। सभी संतों की पूजा करके दक्षिणा में चादर और धोती दी। सुरजनजी पुनियां के पश्चात क्रमशः सूरणजी, अलेखजी, केसोजी, चंदणजी, रायचंदजी, जसोजी, पंचायणजी, हरनंदजी, खींयोजी, गुलाबदासजी रामड़ावास साथरी के महंत बने:-
जंभ गुरु ताहां किये बडेरा, ताहां समाधि वील्ह गुरु हेरा। रामड़ास में बहु दिन रहेऊ, सुभ उपदेश करत नित नयेऊ।
ऐक दिवस मन ऐसे भएसी, सुभ दिन जान समाधी लएसी। यौ संता कीन्हीं प्रतिपाला, संत सदैव रह दीन दयाला।
सूजोजी गद्दी बैठाए, कियो महोछिब जंभसर न्हाए। सब संतन पूजत भये भारी, चादर धौती दछणां न्यारी।
एहि विधि गुर से उरण भएऊ, रामड़ास सूजोजी गएऊ। चौसलो चोकस करवाये, काल पाय बैकुंठ सिधाये।
सूरणजी तेहि गदी बैठे, साखी शब्दी गांवन में सैंठे। बहुत दिवस लग पंथ चलाये, शब्द पाठ करि शब्द समाए।
अलेखजी इन के शिष्य भयेऊ, जंभ धर्म में ततपर रहेऊ। बहुत जमात रहै ता संगा, कछु कछु धर्म रहेउ अविलम्बा।
कोइ दिन पाय काल बस भएऊ, केसोजी ताके शिष रहेऊ। केशौजी के चंदण साधु, ताकी बुद्धि महा अगाधू।
चंदणजी के रायचन्द भये हैं, अणभै वांन साखियां कहे हैं। रायचन्दजी के जसोजी संता, निसि दिन चले जंभ के पंथा।
जसैजी रा पंचायण दयाला, अड़सट धर्म करे प्रतिपाला। पंचायणजी कै हरनंद कहिये, खीयोंजी इण खोले लहियै।
खींयेजीं के गुलाब दासा, यहै संत सब वील्ह उपासा।
साहबराम जी राहड़ आरम्भ में गोविंदराम जी गोदारा के शिष्य थे, जो बाद में गुलाबदास जी के 'खोले' (गोद) गए। साध गुलाबदास जी रामड़ावास में विल्होजी के मंदिर का निर्माण करा रहे थे लेकिन विक्रम संवत् 1909 को उनकी मृत्यु हो गई। तब साहबरामजी ने स्वर्गवासी गुलाबदासजी के खोले (गोद) जाकर मंदिर के काम को आगे बढाया तथा विक्रम संवत् 1911 को मंदिर पुर्ण करवाया तथा अगले वर्ष उस पर कलश स्थापित करवाया। साहबरामजी ने जंभसार के 23वें प्रकरण में इसका उल्लेख किया है:-
गुलाबदास हूँ जी की चादर, वील्ह दई साहब कर आदर। साहब करियौ वील्ह पर मंदर, दशै इग्नारे साल महा सुंदर।
समत उगणीस से बारह साला, मंदर पूरण भयो दयाला। मन्दिर प्रतिष्ठा तब ही करी, जंभ वील्ह दर्शन दियो हरी।
ता दिन ते अणभै बहु भई है, जंभ गरु की महिमा कहि है। साहबराम भएउ गुर भक्ता, जाकूं जानत है सब जक्ता।
साहबरामजी राहड़ के गुरू गोविंदरामजी गोदारा ने भी अपनी रचना 'वील्होजी की स्तुति' में इसका वर्णन किया है:-
संत जो गुलाबदास वील्हेजी की सेवा करे, वील्है जु क्रिपाल होय प्रेरणा सु किये हैं।
मिन्दर बनाइबे की मन में विचारी येहू, आरंभ रचाय मन साथ कर दिये हैं।
वील्हैजी महाराज संत मन की जु लई जांन, अपनो भगत मान हिरदै लाय लिये है।
साध ही साहबराम उनकी अज्ञा मान, धरम हू कि पाज जान हुलसाये हिये है।१२
साध ही साहबराम सूंदर बनायो धाम, आठों जाम विष्णु नाम मंदिर में गाइये।

मिंदर की सुंदरता नित ही है छवि रूप, इंडो ही अनूप रूप समाधि को ध्याइये।
संवत उनीस सो जु इग्गारै की साल मिंदर, क्वार सुदी पुन्युं वार सुक्र हु सुनाइये।
साहबराम जु की भेंट, ये ही मानो मेरे प्रभु, टैलहि सों नित चित चरणां में लाइये।१३
वील्ह धाम आय कर जप तप कर नेम, तन मन कर वस चित क लगाइये।
नर नारी सब आय मेवा मिष्ठान लाय, होम जाप धूप खेय, चित कूं लगाइये।
सात परकमां देवै सब दुख हर लेवै, मान मद दूर कर पाप कूं बहाइये।
कहै साध गोमिंदराम सबन को सारै काम, वील्ह जु कै धामहि कूं सीस आय नवाइये।१४

साध गोविंदरामजी के शिष्य साहबरामजी द्वारा संवत 1910 रामड़ावास गांव में (वील्होजी के धाम में) 'ग्रंथांक-94' और 'ग्रंथांक-279' लिपिबद्ध किया गया था। हीरालालजी माहेश्वरी कृत शोधग्रंथ के अनुसार समाधि मंदिर के बरंडे के खंभे में यह शिलालेख लगा हुआ है:- "॥6॥ श्री विष्णुजी सत सही॥ श्री 108 महाराज दरबार ॥6॥ तखतसिंहजी री वार संमत 1911 रा बुधे मिती आसोज सुदि 15 तिह समये श्री जांभोजी र पंथ मां श्री वील्हजी महाराज रो मिंद्र श्री 108 गुलाबदासजी तथा साध शायबराम मिंद्र बणायो रू ॥ सवा 825) सै लागा ठाकुरां श्री 108 अजीतसिंहजी र राज कारीगर रिमझानी दीना अहमद दसकत साध गोविन्दराम रा छै।" मन्दिर की नींव के पास पूर्व की ओर सड़क पर एक शिलालेख में गायो की उगाही माफी का लेख उत्कीर्ण है:- "श्री वीसनुजी सत सही संमत 1911 आसोज सुद 15 आज पछ गाया उपर उगाई आगारी गाज री माफ छे॥" वर्तमान में यहां चैत्र सुदि एकादशी एवं भादवा की अमावस्या को दो मेले लगते हैं।

11. हस्तलिखित सामग्री की प्राप्ति:- लेखक ने इन सभी हस्तलिखित ग्रंथों से सम्पूर्ण विसनोई साहित्य को संकलित करके, कवि कालक्रमानुसार व्यवस्थित करके तीन भागों (जंभकाल का साहित्य, विल्हकाल का साहित्य और उत्तरकाल का साहित्य) में प्रकाशित कराया है। हीरालालजी माहेश्वरी को लगभग सन् 1960-70 के मध्य रामड़ावास साथरी के मंहत रामनारायणजी से निम्न हस्तलिखित सामग्री प्राप्त हुई थी:-

01. ग्रंथांक-124:- यह 143 पृष्ठों का एक गुटका है जो कि संवत 1938 मिगसर वदि 11 को वैष्णव रामदास द्वारा लिपिबद्ध है। इसमें सबदवाणी के प्रसंग रहित 120 सबद और विष्णु सहस्रनाम रचना है।

02. ग्रंथांक-160:- यह 02 पन्ने है जो कि अनुमानत: 19वीं सदी के उतरार्ध में लिपिबद्ध है। इसमें गुरू जांभोजी की एवं उनके शिष्य परम्परा की वंशावली है।

03. ग्रंथांक-201:- यह 590 पृष्ठों की एक पोथी है जो कि संवत 1796 से 1810 के मध्य परमानंदजी बणिहाल द्वारा लिपिबद्ध है। इसका विस्तार से वर्णन इसी अध्याय के 'परमानंदजी का पोथा' खंड में दिया गया है।

04. ग्रंथांक-215:- यह 35 पन्ने है जो कि अनुमानत: संवत 1800 के आसपास लिपिबद्ध है। इसमें विभिन्न विसनोई कवियों द्वारा रचित 52 साखियां है।

05. ग्रंथांक- 216:- यह 02 पन्ने है जो कि अनुमानत: संवत 1900 के आसपास लिपिबद्ध है। इसमें जांभेजी रे भक्तां री भक्तमाल (24 छंद) लिपिबद्ध है।

06. ग्रंथांक-217:- यह 02 पन्ने है जो कि अनुमानत: संवत 1950 के आसपास लिपिबद्ध है। इसमें केसोजी कृत 07 सवैये और किसोरजी कृत 01 सवैया है।

07. ग्रंथांक-218:- यह 01 पन्ना है जो कि अनुमानत: संवत 1900 के आसपास लिपिबद्ध है। इसमें तारक मंत्र और विष्णु मंत्र है।

08. ग्रंथांक-219:- यह 01 पन्ना है जो कि अनुमानत: संवत 1900 के आसपास लिपिबद्ध है। इसमें हरजी कृत एक साखी है।

09. ग्रंथांक-220:- यह 54 पन्ने है जो कि संवत 1875 में प्रीतमजी द्वारा लिपिबद्ध है। इसमें सबदवाणी के पद्य प्रसंग सहित 117 सबद है।

10. ग्रंथांक-221:- यह 01 पन्ना है जो कि अनुमानत: संवत 1900 के आसपास लिपिबद्ध है। इसमें केसोजी कृत एक खड़ाणे की साखी (16 छंद) है।

11. ग्रंथांक-222:- यह 02 पन्ने है जो कि अनुमानत: संवत 1850 के आसपास लिपिबद्ध है। इसमें केसोजी और अज्ञात कृत एक-एक साखी है।

12. ग्रंथांक-223:- यह 01 पन्ना है जो कि अनुमानत: संवत 1900 के आसपास लिपिबद्ध है। इसमें नवण है।

13. ग्रंथांक-224:- यह 02 पन्ने है जो कि अनुमानत: संवत 1950 के आसपास लिपिबद्ध है। इसमें साधुओं की वंशावली लिपिबद्ध है।

14. ग्रंथांक-225:- यह 74 पन्नों की एक पुस्तक है जो कि संवत 1933 आषाढ वदि 8 गुरूवार को साध रतनदासजी के शिष्य साध गोविंदरामजी द्वारा जांभोलाव धाम में लिपिबद्ध है। साध मोतरामजी के शिष्य साध गंगादास ने लिखवाया। इसमें सबदवाणी के पद्य प्रसंग सहित 120 सबद है।

15. ग्रंथांक-226:- यह 291 पृष्ठों का एक गुटका है जो कि संवत 1937 कार्तिक सुदि 2 गुरूवार को साधु नृसिंहदास द्वारा लिपिबद्ध है। इसमें ये रचनाएं है:- (क). अमावस री कथा- मयारामजी कृत (ख). सबदवाणी- 120 सबद, प्रसंग रहित (ग). विचार माल- अज्ञात कृत (घ). विष्णु

सहस्रनाम रूद्र पाप मोचन मंत्र- संस्कृत में।

16. ग्रंथांक-315:- यह एक पन्ना है जो कि अनुमानतः संवत 1825 के आसपास लिपिबद्ध है। इसमें ये रचनाएं है:- (क). रज्जबजी के कवित्त-04 (ख). केसोदासजी के सवैये-05 (ग). भजन- 01, अज्ञात कृत।

17. ग्रंथांक-316:- यह 01 पन्ना है जो कि अनुमानतः संवत 1800 के आसपास लिपिबद्ध है। इसमें वील्होजी के 14 कवित्त है।

18. ग्रंथांक-362:- यह एक परवाना है जो कि संवत 1821 जेठ सुदि 5 को लिपिबद्ध है। यह जोधपुर के शासक विजयसिंह द्वारा जोधपुर परगने के समस्त गांवों के पट्टायतों के नाम जारी किया गया। इसमें विसनोईयों से कर और बेगार न लेने संबंधी आदेश है।

19. ग्रंथांक-363:- यह एक परवाना है जो कि संवत 1860 पौष सुदि 14 को लिपिबद्ध है। यह जोधपुर के शासक मानसिंह द्वारा जोधपुर परगने के समस्त गांवों के पट्टायतों के नाम जारी किया गया। इसमें विसनोईयों से कर और बेगार न लेने संबंधी आदेश है।

12. परमानन्दजी का पोथा:- परमानन्दजी बैनिवाल कृत पोथा (ग्रंथांक-201) विसनोई साहित्य की एक अत्यंत महत्वपूर्ण धरोहर है। इसके सुरक्षित रहने और एक स्थान से दूसरे स्थान तक पहुँचने का इतिहास न केवल रोचक है, बल्कि यह उस समय की सामाजिक, आर्थिक और धार्मिक परिस्थितियों का भी परिचायक है। इस पोथे की प्राप्ति और संरक्षण के संबंध में हीरालालजी माहेश्वरी ने अपने शोधग्रंथ में विस्तृत विवरण प्रस्तुत किया है, जिसके आधार पर इसका क्रमबद्ध इतिहास निम्न प्रकार से स्थापित होता है:-

क. प्रारम्भिक संरक्षण:- परमानन्दजी के स्वर्गवास के पश्चात् यह पोथा उनके परिवारजनों के पास सुरक्षित रहा। किन्तु विक्रम संवत् 1869 में पड़े भीषण अकाल ने उनके जीवन को प्रभावित किया। जीविकोपार्जन के अभाव में उन्हें राजस्थान छोड़कर पंजाब की ओर प्रवास करना पड़ा। प्रवास के समय आर्थिक संकट के कारण उन्होंने यह अमूल्य ग्रंथ बीकानेर क्षेत्र के रूणिया गाँव के एक ब्राह्मण के यहाँ मात्र 80 रुपये में गिरवी (रहन) रख दिया। यह घटना उस समय की विषम परिस्थितियों को दर्शाती है, जहाँ जीविका की आवश्यकता के सामने साहित्यिक धरोहर भी अस्थायी रूप से त्यागनी पड़ी।

ख. रूणिया से नोखा:- रूणिया गाँव में 'चीमों' नामक एक ब्राह्मण का ननिहाल था, जो मूलतः नोखा का निवासी था। उसने इस पोथे को वहाँ से प्राप्त कर अपने पास रख लिया। चीमों भिक्षा मांगने के लिए सलुंडिया गाँव के जाखड़ परिवारों के यहाँ अक्सर जाया करता था। एक अवसर पर उसने इस ग्रंथ का वाचन वहीं किया, जिससे यह पोथा पुनः विसनोई समाज के संपर्क में आया।

ग. खेमदासजी द्वारा पुनः प्राप्ति:- उस वाचन के समय महन्त खेमदासजी जाखड़ उपस्थित थे, जो पीताम्बरजी के शिष्य एवं सलुंडिया गांव के उसी जाखड़ वंश से संबंधित थे। उन्होंने बाल्यावस्था में ही साधु जीवन स्वीकार कर लिया था और उस समय लालासर साथरी के महन्त थे। ग्रंथ को सुनकर उन्होंने तत्काल पहचान लिया कि यह विसनोई धर्म का महत्वपूर्ण ग्रंथ है। परिणामस्वरूप उन्होंने 80 रुपये देकर इसे पुनः प्राप्त किया। इस प्रकार यह पोथा पुनः अपने मूल धार्मिक समुदाय के पास लौट आया और लालासर साथरी की संपत्ति बन गया।

घ. महन्त परम्परा में पोथे का संचरण:- खेमदासजी का स्वर्गवास लगभग 85 वर्ष की आयु में विक्रम संवत् 1951 के आसपास हुआ। उनकी समाधि भींयासर साथरी में स्थित है। उनके पश्चात यह पोथा उनके शिष्य जगरामदास जी जाखड़ के पास रहा, जिनका देहावसान विक्रम संवत् 1975 के चैत बदी 4-5 को 65 वर्ष की आयु में हुआ। जगरामदासजी के शिष्य रमणीकदास जी के माध्यम से यह ग्रंथ आगे बढ़ा और अंततः लालासर साथरी के तत्कालीन महन्त रामनारायणजी भांभू को प्राप्त हुआ।

ङ. महन्त रामनारायणजी से पोथा लेना:- रामनारायणजी भांभू का जन्म विक्रम संवत् 1951 के आषाढ़ मास में मालास (पोलास, मेड़ता) गाँव में हुआ। उन्होंने विक्रम संवत् 1965 में लालासर साथरी में 'भेख' ग्रहण किया। विक्रम संवत् 1991 तक वे लालासर साथरी में ही रहे। इसके पश्चात रामड़ावास साथरी के महंत के यहां खोले जाने पर संवत् 1998 तक वे रामड़ावास साथरी और लालासर साथरी दोनों स्थानों के बीच आवागमन करते रहे। अंततः वे स्थायी रूप से रामड़ावास साथरी में निवास करने लगे। इन्हीं के माध्यम से यह महत्वपूर्ण पोथा हीरालालजी माहेश्वरी को प्राप्त हुआ था।

च. ग्रंथांक-201 का परिचय:- यह 590 पृष्ठों की एक पोथी है जो कि संवत 1796 से 1810 के मध्य परमानंदजी बणिहाल द्वारा लिपिबद्ध है। इसमें ये रचनाएं है:- (1). छतीसी बारखड़ी- 36 छंद (2). बारखड़ी- 09 चौपई (3). जखड़ी- 10 छंद, उदोजी कृत (4). क्रम ध्रम संवाद-95 छंद (5). लुघतानाम- 43 छंद, खेमदास कृत (6). नाम मंजरी- 264 छंद, नंददासजी कृत (7). फुटकर श्लोक- 30 (8). श्लोक- 24 (9). छुटक साखी- 36 दोहे (10). दुहा दीसट कुट- 22 (11). उदराज का दुहा- 122 (12). दुहा- 16 (13). फुटकर दुहा- 26 (14). जोग समाधि-40 दूहा, जन हरिदास कृत (15). साखी छंदा की- 04, केसोजी-01, परमानंदजी-03 (16). सोहल- 05 छंद, उदोजी कृत (17). हरजस- 05, परमानंदजी-04, जन रसूल-01 (18). दस अवतार का छंद- 11 छंद, केसोजी कृत (19). चौढालियो- 100 छंद (20). समन की साखी- 20 दोहा (21). पाटी पाढ की- 08 (22). पाढी की विगते (23). पाढा, एकावली- 06 (24). पाटी एकाकी- 04 (25). चरणायक- 08 (26). गौत्राचार (27). आदि वंशावली (28). पचीस नाम (29). विसन पंजर (30). विसन सती नाम (31). विवरिस (32). कलस, पाहल (33). बालक को मंत्र (34). ब्याह की पीढीया की सुरति (35). कलमा निवाज (नमाज) (36). फातेमा (37). मछली की दवा (38). पंजनाम (39). हरफ (40). नवणि (41). सबदवाणी- 121 सबद, गद्य प्रसंग सहित, संवत 1796 में लिपिबद्ध (42). साखी- 116 (क). राग सुहब की-18 (ख). राग धनासी- 28 (ग). राग आसा की- 10 (घ). राग मारू की- 15 (ङ). राग भुंवरो की- 01 (च). राग हंस की- 02 (छ). राग मलार की- 03 (ज).

राग सोरठि की- 03 (झ). राग गवड़ी की- 10 (ञ). राग रामगीरी की- 09 (ट). राग सिंधु की- 08 (ठ). राग जतसीरी की- 03 (ड). उमाहो- 01 (ढ). असतोतर-01 (ण). रंगीलो-01 (त). आंबेलो-01 (थ). बारामासो-01 (द). बुध परगास-01, संवत 1797 में परमानंदजी बणिहाल द्वारा लिपिबद्ध (43). हरजस वील्होजी के- 20 (44). हरजस सुरजनजी के- 48 (45). हरजस केसोजी के- 11 (46). सोहलो मुकनजी को- 11 (47). हरजस और फुटकर- 10, आलमजी कृत (48). हरजस रासोजी के- 22 (49). दुहा वील्होजी का- 26 (50). दुहा केसोजी का- 41 (51). साखी केसेजी की- 45 (52). साखी नाटारंभ की- 30 (53). साखी सुरजजी की- 112 (54). असमेध की साखे- 45 (55). चंद्रायणा केसोजी का- 89 (56). छंद सुरजनजी का- 136 (57). छंद मुकनजी का- 55 (58). छंद कान्ह चारण का- 54 (59). छंद तेजे चारण का- 162 (60). गीत सुरजनजी का- 17 (61). कवत अलु चारण का- 16 (62). छपईया उदैजी का- 57 (63). छपईया वील्हजी का- 45 (64). कुंडलिया विसन छतीसी- 36 (65). कवत प्रसंग का- 13 (66). कवत सुरजनजी का- 491 (67). कवत गोपाल का- 07 कुंडलिया (68). सवईया फुटगर- 19 (69). कवत दामेजी का- 14 (70). कवत उदोजी का- 11 (71). कवत केसेजी का- 83, साथ में गोपालजी, कील्होजी, गद्द के छंद भी है (72). कवत कील्हजी का- 26 (73). कवत फुटगर- 20 (74). कवत वराठ का- 10 (75). कवत महाभारत का- 10 (76). कुंडलिया- 09 (77). सवईया पनरे तिथ का- 15 (78). संगीत के सवइये- 04 (79). सवईया किसनजी का- 12 (80). सवईया सुरजनजी का- 26 (81). सवईया केसेजी का- 39 (82). मंत्र सात सिध काज- 07 (83). कथा ग्रंथ धड़ाबंध दुहा- 53 छंद, वील्होजी कृत (84). कथा औतारपात- 142 छंद, वील्होजी कृत (85). कथा बाललीला- 61 छंद, केसोजी कृत (86). कथा गुगलिये की- 86 छंद, वील्होजी कृत (87). कथा पुल्हेजी की- 25 छंद, वील्होजी कृत (88). कथा सच अखरी विगतावली- 54 छंद, वील्होजी कृत (89). कथा लोहापागल की- 187 छंद, केसोजी कृत (90). कथा इंसकंदर की- 212, केसोजी कृत (91). कथा दुणपुर की- 63 छंद, वील्होजी कृत (92). कथा जैसलमेर की- 154 छंद, वील्होजी कृत (93). कथा चितोड़ की- 168 छंद, केसोजी कृत (94). कथा मेड़ते की- 172 छंद, केसोजी कृत (95). कथा सैंसे जोखाणी की- 144 छंद, केसोजी कृत (96). कथा झोरड़ा की- 32 छंद, वील्होजी कृत (97). कथा उदै अतली की- 77 छंद, केसोजी कृत (98). कथा जती तलाब की- 80 छंद, केसोजी कृत (99). कथा ग्यानचरी- 130 छंद, वील्होजी कृत (100). कथा ग्रंथ भोगल प्राण- 307 छंद, सुरजनजी कृत (101). कथा औतार की- 237 छंद, सुरजनजी कृत (102). कथा सेठ सुदरसण की- 28 छंद (103). कथा चत्रामणी- 25 छंद, सुरजनजी कृत (104). कथा धरमचरी- 111 छंद, सुरजनजी कृत (105). कथा ग्यान तलक- 104 छंद, सुरजनजी कृत (106). कथा ग्यान महातम- 228 छंद, सुरजनजी कृत (107). कथा गज मोख- 71 छंद, सुरजनजी कृत (108). कथा हरी गुण- 197 छंद, सुरजनजी कृत (109). कथा प्रसिध- 201 छंद, सुरजनजी कृत (110). नांव भैंटवाला का- 62 (111). कथा उषा पुराण- 232 छंद, सुरजनजी कृत (112). कथा पहलाद चिलत- 596 छंद, केसोजी कृत (113). कथा रामायण- 261 छंद, मेहोजी कृत (114). कथा बहसोवन की- 556 छंद, केसोजी कृत (115). कथा भींव दुसासणी- 66 छंद (116). कथा अहमनी- 717 छंद, डेल्हजी कृत) (117). कथा सुरगारोहणी- 219 छंद, केसोजी कृत (118). कथा विगतावली- 377 छंद, केसोजी कृत (119). कथा म्रघलेखा की- 138 छंद, केसोजी कृत (120). कथा पंच इंद्री की बेल- 38 छंद (121). कथा अखाड़ सिध की- 116 छंद, किनकदास कृत (122). कथा सतकवार की- 55 छंद (123). कथा नेम कवार की- 64 छंद (124). कथा ब्याहलो किसन- 255 छंद, पदम कृत (125). छमछरी सइको- 100 संवत की, 1800-1900, गद्य में (126). भाख्या छमछरी दूहा- 77, संवत 1700-1800 (127). भाडली पुराण- गद्य में (128). बुधचार- गद्य में (129). सुकर असत विचार- गद्य में (130). ग्रहणचार- गद्य में (131). इधक मास विचार- गद्य में (132). वार संक्रायत रो भाव- गद्य में (133). गुराचार- गद्य में (134). सामचार- गद्य में (135). भोगल पुराण- गद्य पद्य मिश्रित (136). अठाईस कुंड- गद्य में (137). वराठ पुराण- पद्य में 6 पटल, शंकर पार्वती संवाद रूप में (138). सरोदो, आरेजा फुटकर- गद्य में (139). चार भुवन- गद्य में (140). अभीच लगन, बाल लगन, मूल लगन- गद्य में (141). होड़चक्र- गद्य में (142). काल्यंग ग्यान क्रम वेपाक- गद्य में (143). आरेजा फुटकर (चंद्र आरेजा)- पद्य में (144). क्रम वेपाक- गद्य में (145). कवत फुटकर- 08 (146). कथा हरिचंद पुराण- 307 छंद, ध्यानदास कृत (147). कथा गोपीचंद की- 136 छंद, खेमजी कृत (148). कथा प्रस्ताव माल- 216 श्लोक, दोहा, चौपई (149). जम गीता- संस्कृत में (150). नासकेत पुराण- 670 छंद, 18 अध्याय (151). क्रम विपाक- 22 छंद, कृष्ण अर्जुन संवाद रूप में (152). महादेव का श्लोक- 20, संस्कृत में (153). भरथरी का श्लोक- 47, संस्कृत में (154). निरंजन अंग- 114 श्लोक, संस्कृत में (155). कवत फुटकर- 04 (156). अरजन पुराण- 75 छंद (157). सात पताल को विचार- 25 छंद (158). ध्रम समाधि- 301 छंद, संस्कृत, हिन्दी में (159). उतम कवार का श्लोक- 15 (160). जड़ भरथ नलघोष पंडवा का श्लोक- 24 (161). गोरखनाथ की सबदी- 269 छंद (162). बतीस लखण- 05 छंद (163). कवित्त- 02 (164). गुढा गाह दुहा- 112 (165). ध्रु चिरत- 225 छंद (166). सुगन आठ दिसा, समभाव की आरेजा (167). फुटकर कवित्त (168). वार संक्रायत रो वार विचार (169). वार संक्रायत रो भाव (170). कथा जड़ भरथ की- 89 छंद, जन गोपाल कृत (171). कवत गोपीचंद का (172). फुटकर कवित्त- 17 (173). गीत- 01 (174). साढा पचीस आख देश रा नाम (175). साका (176). विलायत री वार्ता (177). आदि विसन के नाम (178). फुटकर छन्द- कवित्त, कुंडली, दोहा आदि (179). मोह जीव की कथा- 117 छंद (180). भगत भावती भागोत सजुगत- 316 छंद, लालदास कृत। श्री विसनजी का यह 'ग्रंथ ज्ञान' नामक (शास्त्र-पुस्तक) पोथा परमाणंदजी संत (जाति बणिहाल थापन) द्वारा लिपिबद्ध किया गया है। जो कि सुरताणजी के पुत्र, रासोजी के शिष्य तथा दामोजी के पोता-शिष्य है। लेखक ने नवकोटि मारवाड़ के थापनों एवं अतीतों (साधुओं), तथा गंगापार के अतीतों (साधुओं) और महंतों की

प्राचीन पुस्तकों व पोथियों का अध्ययन कर इस 'ग्रंथ ज्ञान' पोथे का निर्माण किया। इस पोथे का लेखन संवत 1798 (1796) में आरंभ हुआ तथा संवत 1810, चैत्र सुदि 1, बुधवार को यह पूर्ण हुआ। यह पोथा कान्होजी के वाचनार्थ गांव रासीसर में लिपिबद्ध किया गया।

13. अमर बलिदानी पुण्यात्माएं:- धाणसिया गांव में जाट बच्छराज जी सोऊ के पुत्र आसूजी हुए, आसूजी ने धाणसिया गांव छोड़कर अपने ससुराल के गांव रड़ोद में निवास किया। आसूजी के पुत्र दिवराजजी, अमेदजी, गुणेशजी, माणकजी व सिधूजी हुए। आसूजी के पुत्र अमेद जी ने जसनाथी पंथ अपनाया तथा पांचला गांव में निवास किया। गुणेशजी, माणकजी व सिधुजी तीनों भाई क्रमश: भावी, महीयाणी व संगरिया गांवों में बसे।आसूजी के पुत्र दिवराजजी ने विसनोई धर्म अपनाया। दिवराजजी के पुत्र मंगोलजी, चांदोजी, लाडूजी, उदोजी, सांतलजी और पुत्रियां लीलां व लिछमा हुई। चांदोजी सोहू के पुत्र देपालजी हुए। दैपालजी के पुत्र साजनजी, बलालजी व भादोजी हुए। साजनजी विक्रम संवत् 1607 को रामड़ावास गांव में बसे। साजनजी के पुत्र नेतोजी हुए। नेतोजी का विवाह भोजासर गांव के गंगोजी निर्वाण के बेटे परबतजी की पुत्री नेतु से हुआ। नेतु निर्वाण विक्रम संवत 1692 आसोज बदी 6 को रामड़ावास में धर्मनियम रक्षार्थ देवगति को प्राप्त हुई।

8

रोटू

01. परिचयः- रोटू गांव नागौर जिले की जायल तहसील में स्थित है तथा नागौर से लगभग 10-15 कोस पूर्वोत्तर में है। रोटू गांव में गुरू जाम्भोजी ने उमाबाई भादू को मायरा भरा था।

02. नौरंगी भादू को भात भरनाः- रोटू का सर्वाधिक महत्त्व इस बात के लिये है कि यहाँ गुरु जाम्भोजी ने अक्षय तृतीया वि.सं. 1572 को जोखे भादू की बेटी उमा (नौरंगी) को भात भरा था। उसी समय लोगों की प्रार्थना पर गुरु जाम्भोजी ने यहाँ खेजड़ियों का बाग लगा दिया था। एक जैसी खेजड़ियों का यह बाग अब भी मौजूद है। यह भी कहा जाता है कि यहाँ की चिड़ियाँ या अन्य पक्षी यहाँ की फसलों से दाने नहीं चुगते। वे यहां खेजड़ियों पर बैठकर विश्राम करते हैं। नौरंगी की कथा साहबरामजी राहड़ और स्वामी ब्रह्मानन्दजी ने दी है और लोक प्रचलित भी है। हीरानन्दजी कृत हिंडोलणो में भी नौरंगी के भात भरने का उल्लेख है। इस अवसर पर गुरू जांभोजी ने नौरंगी के भाई को खांडा (तलवार) भी दिया था, जो कि रोटू की साथरी में अब भी मौजूद है। साहबरामजी राहड़ कृत जंभसार के 15वें प्रकरण में गुरू जाम्भोजी द्वारा रोटू गांव की नौरंगी भादू के भात भरने का वर्णन इस प्रकार है- रामसर के निकट स्थित रोटू गाँव में नौरंगी भादू नामक एक स्त्री रहती थी, जो गुरु जाम्भोजी की परम भक्त थी। उसका विवाह रोटू गांव के झोदकण परिवार में हुआ था। नौरंगी के पिता और भाई उसके विसनोई धर्म के प्रति धार्मिक झुकाव और जीवन-पद्धति से असंतुष्ट थे। उन्होंने उससे संबंध लगभग तोड़ दिए थे। यह विरोध इतना गहरा था कि सामाजिक और पारिवारिक अवसरों पर भी वे उससे दूरी बनाए रखते थे। समय आने पर नौरंगी की दो पुत्रियों का विवाह निश्चित हुआ। विवाह की परंपरा के अनुसार वह अपने पीहर पक्ष को भात भरने हेतु निमंत्रण (बतीसी) देने गई। किन्तु जब वह अपने पिता और भाई के पास निमंत्रण लेकर पहुँची, तो उन्होंने उसे अस्वीकार कर दिया। यह घटना नौरंगी के लिए अत्यंत पीड़ादायक थी। पीहर से अपमानित होकर लौटने के बाद नौरंगी अत्यंत उदास हो गई। एक दिन वह जल भरने के लिए गई। उसी समय उसकी सखियों ने विवाह के प्रसंग में भात भरने के रस्म की चर्चा की। एक सखी ने व्यंग्य करते हुए कहा कि जल्दी चल, घर पर भात बधावणे का भी काम है। इस पर नौरंगी के हृदय की पीड़ा फूट पड़ी। उसने कहा कि यदि मेरे भाई होते, तो कोई इस प्रकार ताना नहीं मारता। दूसरी सखी ने भी प्रश्न किया कि क्या तुम्हारे कोई काका-बाबा या सगा भाई नहीं है? इन कटु वचनों के बीच भी नौरंगी ने धैर्य नहीं खोया। उसने अत्यंत विश्वास के साथ उत्तर दिया कि मेरे माता-पिता गुरु जाम्भोजी ही हैं, वही मेरे भाई हैं। यह वचन उसकी गुरु-भक्ति और पूर्ण समर्पण का प्रमाण है। उसने अपने सांसारिक संबंधों से अधिक गुरु को अपना सर्वस्व मान लिया था। गुरु जाम्भोजी ने जब यह प्रसंग अपनी जमात (शिष्यों) को सुनाया, तो उन्होंने कहा कि नौरंगी ने अपने सभी सांसारिक संबंध त्यागकर उनकी शरण ग्रहण की है। इसलिए अब उसका कर्तव्य उनका है। गुरु जांभोजी ने घोषणा की कि वे स्वयं अपनी इस "बहिन" का भात भरेंगे। गुरु जाम्भोजी ने आदेश दिया कि एक हलकारा (दूत) सभी रजवाड़ों में जाकर निमंत्रण दे। हलकारे ने सबसे पहले जोधपुर जाकर राव मालदेव को निमंत्रण पत्र (कागद) दिया। राव मालदेव इस निमंत्रण से अत्यंत प्रसन्न हुए। राव मालदेव भव्य सेना और राजकीय वैभव के साथ संभराथल के लिए प्रस्थान करते हैं। उनके साथ 2000 घुड़सवार, 5 हाथी सहित राठौड़ों का दल था। इसके पश्चात निमंत्रण का विस्तार किया गया। एक ऊँट सवार को चित्तौड़ भेजा गया। समस्त मारवाड़ (नव कोटि) में निमंत्रण प्रेषित हुआ। चित्तौड़ से राणा सांगा भी इस आयोजन में सम्मिलित होने आए। उनके साथ 360 घोड़े और ऊँट, 16 हाथियों का दल था। मेड़ता के राव दूदा भी पूरे राजसी वैभव के साथ उपस्थित हुए। वह लगभग 1500 मेड़तिया घुड़सवारों के साथ नौबत बजाते हुए आते है। बीदावती से लगभग 1000 लोग संभराथल पहुँचे। जैसलमेर के राव जैतसी को भी निमंत्रण भेजा गया। राव जैतसी जब आए तो उनके साथ फलौदी के राव हमीर और प्रमुख चौधरी सहित लगभग 800 घोड़े और ऊँटों का दल आया। सभी ने आकर गुरु जाम्भोजी को जुहार किया और अपना डेरा स्थापित किया। बीकानेर के राजा लूणकरण भी अत्यंत वैभव के साथ आए। वे 16 रथ, 32 बैलगाड़ियाँ, 100 घोड़े, 25 हाथी और 300 ऊँटों के दल सहित आए। इस समागम में केवल हिंदू राजा ही नहीं, बल्कि मुस्लिम सरदार भी सम्मिलित हुए। महमंद खां, महलू खां और शेख सदू भी आए। इन सभी राजाओं, सरदारों और जनसमूह के आगमन से संभराथल पर अभूतपूर्व भीड़ एकत्रित हो गई। चारों ओर डेरे लग गए, भोजन-सामग्री का प्रबंध हुआ और पूरा क्षेत्र एक विशाल उत्सव स्थल में परिवर्तित हो गया। प्रथमा तिथि को इस महा-आयोजन की तैयारी प्रारंभ हुई। हाथियों पर अमाड़ियाँ (हौदे) सजाई

गईं। घोड़ों पर पाखर लगाए गए। विभिन्न प्रकार के ऊँटों को सुसज्जित किया गया। रथ, बैलगाड़ियाँ, गाड़े और खच्चरों को तैयार किया गया। सम्पूर्ण काफिला रोटू गाँव की ओर प्रस्थान के लिए सुसज्जित हुआ। दूसरे दिन यह विशाल दल रोटू गाँव पहुँचा और गाँव की सरहद (कांकड़) पर डेरा डाला। उधर नौरंगी के घर विवाह का मंगलाचार चल रहा था और वह मन ही मन गुरु जाम्भोजी का ध्यान कर रही थी। इतना विशाल दल देखकर गाँव के लोग आश्चर्यचकित हो उठे। कोई कहता कि यह दल जयपुर जा रहा है। कोई कहता कि यह दिल्ली की ओर जा रहा है। इसी बीच एक व्यक्ति दौड़ता हुआ आया और उसने सूचना दी कि गुरु जाम्भोजी स्वयं साथरियों के साथ आए हैं और नौरंगी का भात भरेंगे। यह सुनकर नौरंगी को विश्वास नहीं हुआ। उसने कहा कि मेरे भाई मुझे छोड़कर चले गए हैं, मैं केवल गुरु जाम्भोजी की पूजा करती हूँ, इसलिए तुम मेरा उपहास कर रहे हो। किन्तु उस व्यक्ति ने स्पष्ट किया कि यह सत्य है 6 राजा, 4 मुगल सूबेदार, 4000 सैनिक, 5000 साधु सहित कुल मिलाकर लगभग 14,000 लोगों का दल उपस्थित है। इसी बीच दूसरी सूचना आई कि गुरु जाम्भोजी ने भात का भंडार खोल दिया है और नौरंगी को आरती एवं स्वागत की तैयारी करने को कहा गया है। नौरंगी यह सुनकर संकोच और भय के साथ आरती का थाल सजाकर खड़ी हो गई। कुछ ही समय में रथों का काफिला गाँव में पहुँचा। नौरंगी ने देखा कि छह राजाओं के साथ गुरु जाम्भोजी आ रहे हैं। गाँव में इतनी भीड़ थी कि स्थान कम पड़ गया। महिलाएँ गीत गाती हुईं गुरु का स्वागत करने आईं। नौरंगी स्वयं अत्यंत भाव-विभोर होकर उनके समीप पहुँची, उसकी प्रसन्नता का वर्णन असंभव है। जब गुरु जाम्भोजी रथ से उतरे तो एक पैर रथ की पीनणी पर रखा और दूसरा पृथ्वी पर रखा। नीचे एक पत्थर पड़ा था। जब उन्होंने उस पर चरण रखा, तो उस पत्थर पर उनके चरण-चिह्‌न अंकित हो गए। यह चमत्कार ऐसा था मानो गीली मिट्टी में पैर धँस जाता है। मान्यता है कि जो इन चरण-चिह्‌नों के दर्शन करेगा, वह जंभलोक को प्राप्त होगा। गुरु जाम्भोजी ने नेगचार प्रारंभ किया, पंचों के मार्फत नेग दिया। जो एक बार मांगते, उन्हें पाँच बार दिया। इसके बाद दान की वर्षा होने लगी। नौरंगी को चुनरी ओढाकर 5000 रुपए दिए। 16 मोहर तिलक के समय दी। उसके बाद 100 दगली और 80 कबंल दी। असंख्य दुपट्टे और चादरें दी। पूरे गाँव की चाकियों को (प्रत्येक घर की स्त्री को) वस्त्र दिया। घांची, मोची, बलाई आदि सभी जातियों को नेग दिए। गुरू जांभोजी का वस्त्रदान करना, भाद्रपद मास में वर्षा की झड़ी के समान प्रतीत हो रहा था। भात में विशाल मात्रा में संपत्ति प्रदान की गई। 2 टोले ऊँट (पश्मीना ओढ़ाकर), 200 गाय (रेशमी वस्त्रों सहित), वृषभ (बैल) जूल ओढाए हुए दिए। साथ में घोड़े, बैल और रथ बहुत दिए। झोदकण परिवार ने इस भात को अत्यंत प्रसन्नता से स्वीकार किया। लगभग ढाई प्रहर तक भात भरा गया। जो भी वहाँ आया, कोई भी खाली हाथ नहीं लौटा।चरू, टोकणे, थाली, लोटे, बड़े कड़ाह, कड़ाही, कड़छी, छुरियाँ, चरखा, पीढ़ा, पलंग, तोसक, जाजम, गलीचे आदि दिए। यह दान इतना व्यापक था कि उसका पूर्ण विवरण करना कठिन है। भात के पश्चात गुरु जाम्भोजी ने नौरंगी के समस्त कुटुम्ब भादू परिवार को बुलवाया। सभी भादू परिवारजन उपस्थित हुए और गुरु ने उन्हें स्नेहपूर्वक अपने समीप बुलाकर पहरावणी की। प्रत्येक को सम्मानपूर्वक वस्त्र दिए गए। नौरंगी के भाई को "भाई" कहकर संबोधित किया और उसे तलवार (खांडा) प्रदान करके पगड़ी (पाघ) बंधाई। जिस पत्थर पर गुरु जाम्भोजी ने चरण रखा था, उसकी जड़ पाताल तक चली गई थी। उस पर स्थायी रूप से चरण-चिह्‌न अंकित हो गए। यह स्थान पवित्र तीर्थ के रूप में प्रतिष्ठित हुआ। साथ ही भादू परिवार को दिया गया खांडा (तलवार) भी पवित्र माना गया।जिसके दर्शन मात्र से पापों का नाश होता है। गुरु जाम्भोजी ने स्पष्ट कहा कि बिना पहरावणी के कोई न रहे। इसलिए जो लोग छूट गए थे, उन्हें पुनः बुलाया गया और सभी को तृप्त किया गया। जब गुरु जाम्भोजी साथरियों की ओर प्रस्थान करने लगे तब आकाश में अदृश्य नगाड़े बजने लगे। देवताओं ने पुष्पवृष्टि की और जय जंभ के स्वर गूंज उठे। साथरी पहुँचकर गुरु जाम्भोजी ने बारातियों को निमंत्रण दिया।सम्पूर्ण गाँव को आमंत्रित किया। तत्पश्चात अद्‌भुत चमत्कार घटित हुए। आकाश से घी और मैदा प्रकट हुआ। भोजन बनाने हेतु देवता स्वयं उपस्थित हुए। छप्पन भोग और विविध व्यंजन तैयार किए गए।आकाश से थालियाँ, लोटे और झारियाँ आईं। देवता साधु-वेश धारण कर सेवा में लग गए। भीषण धूप और जल की कमी देखकर राव मालदेव ने निवेदन किया कि छाया और जल के बिना लोग कष्ट पा रहे हैं, इसका उपाय कीजिए। गुरु जाम्भोजी ने उन्हें आश्वस्त किया कि चिंता मत करो, समाधान स्वयं होगा। तृतीया तिथि के अंतिम प्रहर में आकाश मार्ग से खेजड़ी के वृक्ष प्रकट हुए। उनकी संख्या लगभग 3700 थी। सभी वृक्ष सीधे और समरूप थे। उनकी शाखाएँ तंबू की भाँति छाया प्रदान कर रही थीं। यह दृश्य इतना रमणीय था कि वृंदावन भी लज्जित हो जाए, और वह स्थान मथुरा के समान प्रतीत हो रहा था। इन वृक्षों की छाया स्थायी मानी गई। प्रातःकाल भोजन प्रारंभ हुआ। सर्वप्रथम बारात को भोजन कराया गया। फिर समस्त गाँव को भोजन कराया गया। उसके पश्चात रजवाड़ों को भोजन कराया गया। भोजन की व्यवस्था इतनी अद्‌भुत थी कि एक ही क्षण में सबको परोसा जाता था। कोई भी उसके रहस्य को समझ नहीं पा रहा था। यह सम्पूर्ण आयोजन आनंद और तृप्ति से परिपूर्ण था। भोजन के पश्चात बारातियों को पुनः बुलाकर सम्मानित किया गया। सभी को संतोषपूर्वक विदा किया गया। इसके बाद गुरु जाम्भोजी ने अपने प्रस्थान की तैयारी की। साधुओं ने रथ और ताँगे सजाए।हाथी, ऊँट, घोड़े और बैलगाड़ियाँ तैयार की गईं। शंखनाद के साथ प्रस्थान की व्यवस्था हुई। पालकियाँ और वाहन सुसज्जित किए गए। और इस प्रकार सम्पूर्ण दल पुनः प्रस्थान के लिए तैयार हुआ। जब रोटू गाँव में खेजड़ी के हजारों वृक्ष प्रकट हुए, तब वहाँ के किसान गुरु जाम्भोजी के पास आए। और उन्होंने विनम्रतापूर्वक हाथ जोड़कर निवेदन किया कि हम कृषक लोग हैं, खेती पर निर्भर हैं। इन वृक्षों पर बैठने वाले पक्षी हमारे खेतों का अन्न खा जाएंगे। तब हम भूखे मर जाएंगे। गुरु जाम्भोजी ने अत्यंत करुणा और दृढ़ता के साथ उत्तर दिया कि तुम्हें इन वृक्षों के पक्षियों से खेत की रखवाली करने की आवश्यकता नहीं है। पक्षी इन वृक्षों पर बैठेंगे, किन्तु भोजन (चुग्गा) गाँव की सीमा से बाहर करेंगे। मेरे वचन के प्रभाव से वे यहाँ जल भी नहीं पिएंगे। गुरु जाम्भोजी ने खेजड़ी वृक्षों के संरक्षण हेतु

कठोर नियम निर्धारित किए कि जो कोई इन वृक्षों को काटेगा, उसका कुल नष्ट हो जाएगा। जो इनके संरक्षण हेतु अपना सिर समर्पित करेगा, उसका काल भी कुछ नहीं बिगाड़ सकेगा। गुरु जाम्भोजी ने आगे कहा कि जो उस पत्थर पर अंकित उनके चरण-चिह्नों की पूजा करेगा, वह भवसागर से पार हो जाएगा। भादू परिवार को दिया गया खांडा (तलवार) उनका ही स्वरूप है, उसके दर्शन मात्र से पापों का नाश होता है। साथ ही उन्होंने यह भी कहा कि जो विसनोई धर्म और नियमों की रक्षा हेतु खांडे के सामने सिर अर्पित करेगा, वह पुनर्जन्म से मुक्त हो जाएगा। इन उपदेशों के उपरांत गुरु जाम्भोजी संभराथल की ओर प्रस्थान करने लगे। समस्त जनसमूह "जय जंभ गुरु" का उद्घोष करने लगा। देवताओं ने पुष्पवर्षा की। विशाल दल के चलने से धूल आकाश में छा गई। लोग उन्हें जाते हुए देखते रहे। एक ओर उनके हृदय में आनंद था कि उन्हें गुरु का सान्निध्य मिला, दूसरी ओर वियोग का दुःख भी था। संभराथल पहुँचकर गुरु जाम्भोजी ने अपना डेरा स्थापित किया। रथ, घोड़े आदि स्थिर किए गए। वे आसन ग्रहण कर पुनः ज्ञानोपदेश देने लगे:-

कहै जंभ सुणौं सकल जमाता, याकी तुम ही सुणाउ गाथा। रोटू गांवे रामसर पासा, नोरंगी मोहे भक्त उपासा।
झौदकणां कै घर तेहि ब्याही, भ्राता पिता मुगध है ताही। नोरंगी सूं रखे विरोधा, भादू भौदू कछुवन बोधा।
किंन्या दोय धर्म परणाई, अपणौ पीहर निंवतै बाही। बा बतीसी लेकर गएसी, बै तेतीसा देते भएसी।
होय उदास गई जल लावण, वेगी चल घर भात बधावण। भात भरणियो होतो म्हारै, तो या मोसा कहों कद मारै।
दूसरी सखी वचन अस भाखा, इनके है कोउ बाबा काका। माता जाया है कोऊ बीरा, नौरंगी बौली धर धीरा।
माता पिता जंभ गुरू जांणी, बै ही म्हारा बीर बखाणो। इह कारण मौहे भात जु भरणौ, सकल छाड मम लीन्हौं सरणों।
अस कहि बोल लएऊ हलकारा, बोल लिए सबही रजवारा। जोधाणैं जाय कागद दऐऊ, राव मालदे प्रसन्न भएऊ।
दोय हजार लऐ संग घोड़ा, हस्ती पाँच चढ़ियौ राठोड़ा। गढ़ चितौड़ गए एक औठी, और आदमी गऐ नव कोटि।
घोड़ा उंठ तीन से साठा, हाथी सोला जुड़े अस थाटा। एह राणै कै संग सब आऐ, सांगों ने राठोड़ सिधाऐ।
रहे मेड़तै दूदो राजा, चढ़ियौ बजाय नोपतां बाजा। मेड़तियां संग डोढ हजारा, छड़ा छबीला अश्व असवारा।
सकल आय समराथल पहुंचे, पीतलिया काठी अरु कूंचे। बीदावती खबर सब पावा, सहंस एक समराथल आवा।
औठी गए जु जेसलमेरा, राव जैतसी दयो जू वेरा। चौधरी संग अरु राव हमीरा, भाटी तीन चढे रणधीरा।
छड़े छबीले कंवर सलूणां, घोड़ा उंठ च्यार सै दूणा। आय सकल गुर जंभ जुहारे, डेरा किया मन भए सुखारे।
लुणकरण बीकाणै राजा, इन सझ्या भात में साजा। सोला रथ बैली बतीसा, सो घोड़ा हाथी पचीसा।
ऊंठ तीन सै काठी सजे, सुर विवांण तेहि देखत लजै। आये सकल समराथले, डेरा दीन्हा लाय।
भोजन साजन पूस खड, अरसा उतर आय। महमंद खां महलू खां आऐ, सेख सदू कूं जंभ बुलाए।
एहि विधि घन घमंड जुड़ आएऊ, समराथल राजन बहु छाएऊ। एकम दिन कूं करी तियारी, हसतिन ऊपर पड़ी अमाड़ी।
अरु घोड़ा पर पाखर लाऐ, भांत भांत के उंठ सजाऐ। रथ अरु बैली किए तियारा, गाडा खचर सकल संवारा।
कर तियार रोटू कहूं धावा, सुभ दिन साध जंभ चल जावा। बीज दिवस रोटू दल आऐउ, सब कांकड़ में डेरा लाऐउ।
नोरंगी घर मंगल गावै, तन मन कर गुर जंभ धियावे। लोकन कै मन अचरज भएऊ, इतनौ दल क्यूं आऐ कित गएऊ।
कौऊ कहै इह जैपर जावा, कोऊ कहै दिली कहूं ध्यावा। इतनें में एक आवा ध्याई, साथरिये उतरिया जंभराई।
नोरंगी कै भात भरेंगें, इनकै संग राजा बहु रंगे। सुन नोरंगी अचरज भएउ, छोड़ गांवे भाई सब गएउ।
जांभैजी की मैं हूं दासी, ताते तुम कर रहै सब हासी। कहै मांनौं मैं ठठा न करहुं, जो देख्यौ सोई औचरहूं।
छव राजिंद्र दल बहुतेरा, च्यार मुगल उतरे चहुं फेरा। सो दल की रछिया में आए, च्यार हजार फोज संग ल्याऐ।
पांच हजार साध संग कहिये, चवदा संहस सकल दल लहिये। और कटक कोउ वार न पारा, देख्यौ सौ कीन्हौं निरधारा।
एहि विधि बात करत ही रहेऊ, इतने में ध्यावन आय कहेऊ। नौरंगी घर एहि विधि बोला, भात भंडार जंभगुर खोला।
ले खोपरा तुम सजो बधावा, जंभ गरु अबही इत आवा। सुनकर सरमत मन में भई, डरत डरत आरती सज लई।
इतने में रथ आएउ बजारा, नोरंगी देख्या तेहि वारा। छव राजिन्द्र संगहि आवहि, भीड़ भाड़ गामैं नहिं मांवहि।
दरवाजै लग रथ चल आवा, तब विधु वदनीं गावै बधावा। गाय बजाय बारणै आई, भक्ति प्रभाव वरण नहिं जाई।
आय खड़ी गुर जंभ समीपा, आन खरे सत लोक के दीपा। एक पैर रथ पीनणि दएऊ, दूसर पैर अवनि मन ठएऊ।
ताहि समै पथर एक देखा, ता पर चरण जंभ गुरू टेका। चरण चहन पथर मंडियो, सो हरि भक्तिनि काजै।
जंभ चरन दर्शन करै, सो जंभ लोक विराजै। ज्यूं गार पग गडत है, यू पथर गयो पाय।
साहबराम अस ईस कु, पलक मती विसराय। एहि विधि खरे जंभ गुर देवा, बोलेउ नेगचार सब लेवा।
पंच सकल आऐउ तेहि वारा, देज लेज देवहिं तेहि सारा। एकर जो देवन कूं कहेहू, पांच पांच बार देवत भएउ।
नेगी नेगदार सब आऐ, सकल ठांव जिन अपनें पाऐ। नोरंगी के कुल पहरावा, जिम बरसै घन अंबर छावा।
पांच हजार रूपइये दऐऊ, सोला मोहर टीकै संग भएऊ। दगली शत कांबलां असी, रोम पाट पसमीनै जसी।

दूपटा अरु चादरा दहहूं, गिनता कोउ पार नहिं पहहूं। चाकी जिती गांव में फिरेऊ, तिन वहराय दिवी सब घरेऊ।
घांची मोची और बलाई, नेगीदार नेग सब पाई। भादू मास मघा झर लाऐ, वसन जंभ गुर इम बरसाए।
टोला दोय भात में दीन्हां, ता उपर एक एक पसमीना। गऊ दोय सै भरी जु भाता, सब उपर रेशम सकलाता।
वृषभ हूँ करहे ताके संगा, वाके पूंछ जावका रंगा। चौतारे के जूल औढाऐ, खुरां मुखा में मोहर जू लाऐ।
घोड़ा बैली रथ बहु दएऊ, झोदकणां रुच रुच कर लएऊ। ऐहि विधि दीनहूं पहर अढाई, मांनहुं इंद्र मेघ झर लाई।
जो कोउ आयर ठाढो भयो, भात मांहिं खाली नहिं गयो। जम्भ गरू जो भात भर दीन्हो, फिर ऐसो काहू नहि कीन्हौं।
कोउ जन गांमै कह्यौ न जावै, भर भर ढाल खास भरवावे। चरू टोकणाँ थाली लोटा, दीनां ठांव लोह का मोटा।
दोय कड़ाव रू पांच कड़ाई, कड़छी छुरिया मिरिया सराई। चरखा पीढ़ा पलंग दराऐ, सोड़ गीदवा उपर लाए।
तोसक जाजम और गलीचा, थिरमां पाग रु पेच दुलीचा। नोरंगी घर ऐहि विध तूठा, मनुं सुकत कृषि मेह बूठा।
नोरंगी कै कुटम कूली, लीन्हौं फेर बुलाय। कहता ही हाजर भऐ, सतगुर हुवा सिहाय।
जाको वैरी क्या करै, जा पर रीझै स्यांम। कुटम आयौ काहा अचरज, लाखां करै सलांम।
भादू आए सब कर भावा, जंभ गरु तेहि निकट बुलावा। सबकूं पहरावणी प्रभु दएउ, धन्य भाग प्रसन्न हरि भएऊ।
भाई कहि खांडो प्रभु दीन्हौ, पाघ बंधाय प्रेम हर कीन्हो। पथर पर प्रभु चरण जु दएऊ, ताकी जड़ पताल जु गएऊ।
चरण चहन ऊपर मंड गएसी, जब लग गंगा तब लग रहेसी। खांडो दियो भादुवां हाथा, दर्शन कियां पाप कट ज्याता।
भात भरियौ प्रभु वचन सु बोले, बिन पहरावनि रहै न भोले। रहयां खयां कुं फेर बुलावा, सब तृपत भऐ कोउव न आवा।
जब साथरियां जंभ पधारा, सुन्य में गबी बजेउ नगारा। देवनि बहुत पुष्प बरसाऐ, जंभ जयत जै शब्द सुनाए।
डेरा जाय साथरि कीन्हां, मांडा जांन निंवत सब दीन्हां। और गाँव कुं निंवतो दीन्हौं, छत्र बंध निंवते सब लीन्हौं।
अरशां सूं आऐ घृत मैदा, सेवण वाले देव अलैदा। छै रस छतीसूं तरकारी, छपन भोग बिजन बहु भारी।
अरशां से थाली बहु आई, लोटा झारी गिणी न जाई। साध भेख धर आए देवा, सूपकार करहे सब सेवा।
राजा मालदेव इम बोला, रवि तपै जल प्रिथवी खोला। छाया विन्यां लोक सब जरहीं, जल बिन सारे प्यासै मरहीं।
याको प्रभुजी जतन विचारौ, छांयाँ कीजियै धूप निवारो। कहै जंभ तुम सोच न करणा, गौ लोकहि तुलछा अवतरणां।
तणै तणाऐ तंबू आवै, नित रह छाँह बहुर नहिं जावै। पछलै पहर तीज की राता, तुलछां आई गिणी न जाता।
तीन हजार सात सै पेड़ी, सूधी सरल कोई नहि टेढ़ी। हाथी पीठ अड़े नहिं जाकै, ऐकै बराबर डाला ताकै।
ताहि देख वनरावन लाजै, मथरा जैसी पुरी विराजै। दर्शन कियां पाप सब जाई, बहुर न जग में जनमें आई।
जंभगरु अपनै मुख भाखा, जो कछु कह्यौ सोई लिख राखा। प्रात भऐ जिमण बुलवाऐ, सब सैं पहलू जान जिमाएं।
एक पलक में परसेऊ देवा, तांको कोउव न पावै भेवा। मांढो अरू फिर गांवे जिमायो, एक पलक में चलू करायौ।
पीछे रजवाड़ा सब जीमे, स्तुति गावै मधुर सुर धीमे। जीमत बढियौ आनन्द बहू, सो सुख वरनि न जाय।
जंभ अज्ञा सुर आविया, सबहिन गऐ जिमाय। एहि विधि जंभ जिमाय जमाता, सबकूं प्रसन्न किए जग त्राता।
फेर बुलाए माढों जाना, सबहिन को कीन्हौं सनमांनां। कर सनमांन विदा हरि मांगा, साध संवारे रथ अरु तांगा।
हाथी गाडा ऊंठ रु घोड़ा, संख बजाय रथ जब जोड़ा। बैली अरु पालखी संवारा, चढ़ो चढ़ो भई सब दरबारा।
जब रोटु के लोगहि आऐ, हाथ जोड़ चरणा सिर नाऐ। कर जोरे बोलत भए ऐसै, दुख भयौ कह्यौ परे कैसै।
कृषिवांन हम खेती करिहां, अंन खाय जीव भूख हम मरिहां। कहै जंभ मत करी रूखाली, खाद खुराक दूर हम टाली।
बैसहि इत चुगहिं पर सीवां, वचन काज जल इहां नहीं पीवां। जो पेड़ काटै कोउ डारा, ज्यांको कुल हुहे खंकारा।
जो तुलसां हित सीस समपैं, ताकू काल कदे नहि झंपे। चरण हमारो पूजन करिहे, जो भव सागर छिन में तरिहे।
खांडो दर्शन मोर सरूपा, दर्शन कियां तजै भव कूंपा। जो खांडै सूं आय खड़ीजै, देवगणां में इमृत पीजे।
जो इन तुलछां दर्शन करिहीं, जोनी आय नहीं अवतरिहीं। अस कहि जंभ चालते भऐ, जै जै शब्द सकल मिल कहे।
सुरनि पुष्प की बरखा करी, जै जंभ गुर हरी। चालेउ दल कछु वरनि न जाई, उडेउ गरद रजनीं मनु आई।
देखते रहे सकल ही लोगा, कछुक हरष कछुवक भयौ सोगा। हरष भयौ हरिपुरी अपनाई, सोग भयौ बिछड़े जंभराई।
संभराथल प्रभु आय विराजे, छोड़े रथ अरु हय गय गाजै। बैठ ज्ञान गुर कियेउ उचारण, बोलत भए जगत गुरु तारण।

03. रोटू गांव के साणिये पैदड़ का प्रसंग:- साहबरामजी राहड़ कृत 'जंभसार' के वर्णनानुसार रोटू गांव उस काल में गुरू जाम्भोजी की प्रमुख स्थली अथवा राजधानी के रूप में प्रतिष्ठित था। इसी रोटू में एक विचित्र प्रसंग घटित हुआ। रोटू गांव में पैदड़ गोत्र का एक विसनोई, जिसका नाम साणिया था, वन में सांढ (ऊंटनियां) चराने का कार्य करता था। धीरे-धीरे उसने एक धोरे (रेतीले टीले) पर बैठकर भविष्यवाणी करना प्रारंभ कर दिया। वह स्वयं को "देव" बताता और कहता कि "मैं संभराथल पर विराजमान गुरू जाम्भोजी का छोटा भाई हूँ"। लोगों को "परचा" (अलौकिक जानकारी) देने का दावा करता। उसकी बातों और कथित चमत्कारों से ग्रामवासी प्रभावित होने लगे। एक दिन गांव

में एक तलवार चोरी हो गई। जब लोग साणिया के पास पहुंचे तो उसने तुरंत बताया कि चोर दुगोली गांव का निवासी भैरिया बावरी है और तलवार उसकी पश्चिममुखी झोंपड़ी में घास के पुलों के नीचे रखी हुई है। जब गांव वालों ने जाकर खोजा, तो तलवार वहीं मिल गई। इससे उसकी ख्याति अत्यधिक बढ़ गई। झोदकण गोत्र के विसनोइयों के सांढ (ऊंटनिया) खो गई। साणिया ने बताया कि वे धूपालिया गांव के धोरों में है और सचमुच वहीं मिल गई। इस प्रकार उसने लगभग पन्द्रह परचे देकर लोगों को अपने प्रभाव में ले लिया। साणिया केवल परचे ही नहीं देता था, बल्कि वह पंथ-विरोधी उपदेश भी देने लगा कि बिना स्नान किए पहले पानी पीना, फिर स्नान करना। “चहमै-चहमै” भजन करना। इससे विसनोई धर्म के मूल नियमों में विकृति आने लगी। रोटू के विसनोई गुरू जाम्भोजी के पास पहुंचे और कहा कि हमारे गांव में एक देव प्रकट हुआ है, जो आपकी तरह चमत्कार करता है। गुरू जाम्भोजी ने स्पष्ट उत्तर दिया कि वह चेड़ा है। स्थिति की गंभीरता को समझकर गुरू जाम्भोजी स्वयं रोटू जाने का निश्चय किया। निहालदास से रथ मंगवाकर रोटू गए। रोटू गांव के पूर्व दिशा में डेरा लगाया। समस्त ग्रामवासियों के बीच विराजमान हुए। लोगों ने दोनों (गुरू और साणिया) को समान बताने का प्रयास किया, परन्तु गुरू ने सत्य उद्घाटित करने का निश्चय किया। जब चौधरी साणिया को बुलाने गए, तो उसने अहंकारपूर्वक कहा कि जो बड़ा है, वह अपने आसन पर बैठा रहेगा। जिसे आवश्यकता हो, वही मेरे पास आए। अंततः लोगों ने उसे पकड़कर गुरू जाम्भोजी के पास ले आए। गुरू जाम्भोजी ने साणिया से प्रश्न किए कि तूं दूसरा पंथ क्यों चला रहा है? मेरा नाम क्यों लेता है? गलत आचरण (बिना स्नान पानी) क्यों सिखाता है? “चहमै” भजन क्यों करवाता है? गुरू जांभोजी ने स्पष्ट किया कि यह आध्यात्मिक सिद्धि नहीं, भ्रम है। और महत्वपूर्ण चेतावनी दी कि कलियुग में इससे भी बड़े चेड़े आएंगे, जो पूरी जमात को पथभ्रष्ट कर देंगे। गुरू जाम्भोजी ने लोगों को सावधान किया कि चमत्कारों के पीछे मत भागना, केवल गुरू के उपदेशों पर स्थिर रहना। बाहरी करामातें सच्चे धर्म का प्रमाण नहीं है। साणिये ने भी गुरू से शक्तियां मांगी, परन्तु गुरू ने आदेश दिया कि यह स्थान छोड़ दे और कुसाणा गांव में जाकर डेरा लगा। इस प्रकार उसे रोटू से निष्कासित कर दिया गया। साणिया कुसाणा गया और वहां “जांभोलाव” नामक तालाब खुदवाया। गुरू जाम्भोजी के नाम पर भूत-धर्म चलाया। परचे देकर लोगों को आकर्षित करता रहा। बाद में एक पंवार गौत्र के विसनोई के साथ वह रूड़कली गांव गया, वहां भी उन्होने जांभोलाव तालाब बनवाया। रूड़कली में भी उसी प्रकार लोगों को भ्रमित करता रहा। उसकी ख्याति दूर-दूर तक फैल गई। जब संत वील्होजी रूड़कली पहुंचे, तो उन्होंने साणिया को वहां से भगा दिया। साणिया वहां से समेलिया (भीलवाड़ा) चला गया। वहीं उसका निधन हुआ। वहां आज भी उनका समाधि स्मारक विद्यमान है:-

कवि जन कथा कहत हितलाई, जाके सुने पाप कटि जाई। रोटू गांव जंभ रजधानी, ताकी कथा मुक्त की खानी।
जो सुंनहे ताकी गति होई, ताहां पेदड़ो एक विसनोई। नावें साणियो ताकुं कहै, सांढ चरावै वन में रहै।
एक थली पर बैठो तेवा, भाखै अगम कहै निज देवा। पूछे लोक कवन है भाई, साहणियौं बोल्यो मुसकाई।
समराथल पर है जंभराई, उनकौ हूं मैं छोटो भाई। जो तुंमरै कछु परचो चहिये, मेरे पै चाहै सो लहिये।
ताहि दिनां तरवार चुराई, पूछत भयो गांव सब आई। तूं जो साचो देव कहावै, जंभ गुरु का भ्रात रहावै।
तेगो एक चोर ले गयो, कुण चोर किस जाती भयो। तब अज्ञानों बोलत भयो, खांडो तब दूगोली गयो।
भैरियो बावरी लेगो, बिन्यां म्यांन को है बो तेगो। पिछम मुंह की छान रहावै, पूलै तलै धर छाज बनावै।
अस सुन सकल गांव चल आयो, भैरियो घर बैठो पायो। कहै भैरियो आवौ जुजमाना, ताहि समैं देखत भऐ छांना।
दो तीन पूलो दूर ही करियौ, तेगो ताकै नीचै धरियो। तेगो काढ़ लियो ततकाला, पकड़ भैरियो कियो बेहाला।
मारपीट करि राज ही सूंप्यो, ऐसै परचौ दयौ अनूप्यो। झोदकणां की सांढ टोडिया, गया तेहि कहुं बाहर छोडिया।
पुछियो जाय तुरंत बतलाऐ, धूपालिये के धोरां पाए। जो जांकै चोरी हुय जावे, ताहि साहणियौ तुरंत बतावे।
एहि विधि पंनरा परचा दऐऊ, जद विसनोई गुरु पै अएऊ। एक देव प्रगटियौ म्हां थलियां, थांहीं जिसी करे रंगरलियां।
जो कोई चोरी करि ले जावे, ताहि साणियौं तुरंत बतावै। जंभ गुरु बोलत भऐ बाणी, याकूं चेड़ो पुरो जांणी।
बोतो हंमनें राह बतावै, न्हायां विन्यां ही पांणी पावे। पहलैं पांणी फिर अस्नांनां, चहमैं चहमैं भजन बताना।
जब जंभेसुर मनां विचारा, याके राख्यां होत बिगारा। निहालदास ते रथ मंगवाया, सुणतहि स्पात तुरंत ले आया।
गुरु नाम का इहे जु अरथा, सिष्यादिक न चलन दै वृथा। जोड़ियो रथ रोटू प्रभु आया, गांव पूर्व दिस डेरा लाया।
गऐ लोक दरसन के काजा, सनमुख सबके जंभ विराजा। पूछत गांव कहो गुर पीरा, कितने भाई हो रणधीरा।
तुम तो प्रभु सब एक समांना, बड़े सिद्ध हम सत करि जाना। सेणों सिद्ध एक अवतरियो, आप समान देव संचरियो।
नितहि हमारी थलियां विराजै, आप समांन लक्षण सब राजै। सुनत वचन वेसे हरी, इहां लियावी ताहि।
च्यार चौधरी उठ चले, लावण चालै जाहि। देखण ख्याल लोग सब गएऊ, आगे सहेणियों ध्यान धर रहेऊ।
आय चौधरी तेहि बतलावै, जंभगुरु तुमकूं बुलवावे। सुनत हि ताहि रीस भई भारी, कून बुलावनहार अनारी।
जंभगुर त्रिलोकी राजा, आऐ तुम्हारे मिलणै काजा। कह देउ इहां आन मिलि जावे, मैं जांऊ तो लाज मोहे आवे।
जाय कहो इहाँ आप सिधावे, नितर यहां ते उठ चलि जावे। जांके गरज होय सोई अहही, बड़े होय आसण में रहहीं।
सारे सुणकर गुर पे आए, सेणे के सब वायक सुणाऐ। कहै जंभ फिर के तुम जावो। अपड़ हाथ मेरे पे ल्यावो।

सिद्ध थली सूं अलग उतारो, फिर न सामनुं करही तुम्हारो। सुन इह वचन फेर सब गएऊ, अज्ञानै सै बोलत भएऊ।
चल भाई तोहे गुरु बुलावे, तुम सैं कछु बात बतलावै। तब बोल्य सहणो अणखाई, वीरम के मुख थाप चलाई।
कहा प्रपंच लगायो तुमने, वार वार बतलावो हमनै। कहते हि स्पात हाथ ऊन गहरोऊ, खाँच्यो तुरंत चालते भएऊ।
जंभ गुरु पै ले करि आऐ, परम गुरु तेहि पास बैठाऐ। जंभ गुरु ताकूं बतलावहि, कसै दूजो पंथ चलावहि।
देव नांवे तुं कैसे लेवै, बिन न्हाऐ पाणी केसे पेवै। याको मोहे भेद बतावौ, चहमें चहमें काहां सिखावौ।
चहेमें भजन भूत सब करि है, चेहेमे भजन पित्र अवचरि है। मैं तो सागे भजन बतायो, मो में कहा औलांणों लायौ।
जमात कहे हम अचरज आवै, गयो माल कसै बतलावे। बहुत दूर लग सूझत जाकुं, चेड़ो असल जाणियों याकूं।
कहै जमात अलोप हुय जावे, तब जंभसुर वचन सुनावे। इह तो चेड़ो तुछ है, जाणत थोड़ी बात।
कलि के चेड़े आवसी, बै पलटे सकल जमात। भुतां सू मति भूलो भाई, आप गुरू कहिके समझाई।
कहे साणियां यू कृपा करहुं, कछु संग्या मो मांही धरहुं। तुम तो बड़े गुरू महाराजा, भूत पितर सबके सिरताजा।
तब सतगूरू बोलत भए असे, पलटियो भूत देव होय वेसै। इह अस्तान छोडिज्या भाई, करो कुसाणे डेरो जाई।
सांणियो यों चालत भयो, गयो कुसाणे गांव। धर्म चलावै भूत को, लेवे जंभ को नांव।
अज्ञानो कुसाणे गएऊ, तांहा तालाब खोदावत भएऊ। नांव धरायो जांभोलावा, परचा दे लौकां नै चावा।
बहुत दिवस तैहि ठां तप करेऊ, अज्ञा में सारे जन खरेऊ। रुड़कली को परण्यो पुंवारा, गयो सैणियो ताके लारां।
तैहिं खुदायो जांभोलावा, पंथ चलावे बौहि सुभावा। जो पुछे सौ परचो देवे, ताहि गुंण सूं सब कोई सेवे।
आवे बैठै जुड़े जमाता, मुख सुं कहे गुरू को भ्राता। दूर दूर लग सब जन जाना, पहले पाणी पावे अज्ञाना।
चहमे चहमे ध्यान लगावे, पाणी पाय अस्नान करावे। ऐहि विधि भुत लोक बहकावहि, ताकी कथा फेर कछु आवहि।

परमानंदजी बैनिवाल कृत हस्तलिखित ग्रंथ में सबदवाणी के गद्य-प्रसंगों में भी साणिये पैदड़ का उल्लेख मिलता है। गद्य-प्रसंग के अनुसार साणिया पैदड़ गोत्र का था। वह रोटू गांव में निवास करता था। उसके पिता का नाम कुंभो पैदड़ था। कथा में स्पष्ट उल्लेख है कि साणिया पर किसी भूत का प्रभाव हो गया था, जिसके कारण वह चमत्कारिक बातें बताने लगा। रोटू गांव के एक विसनोई की तलवार चोरी हो गई। साणिया ने बताया कि चोर मेहंदसर गांव का एक राजपूत है, तलवार उसने अपने झोंपड़े के कातरे में छुपा रखी है। जब लोग बताए स्थान पर गए, तो तलवार वहीं मिल गई। एक व्यक्ति का लोटा किसी ने थेपड़ियों (उपलों के ढेर) में छुपा दिया था। साणिया ने वह स्थान भी बता दिया, और वस्तु प्राप्त हो गई। साणिया दूर देशों और प्रदेशों की बातें भी बताने लगा, जिससे उसकी ख्याति और बढ़ गई। साणिया केवल परचे ही नहीं देता था, बल्कि विसनोई धर्म के मूल आचारों में परिवर्तन भी करने लगा। वो कहता था कि तुम्हारा स्नान अधूरा है। पहले पानी पियो, यह भीतर का स्नान है। फिर बाहरी स्नान करो। उसने यह भी कहा कि विसन का नाम मत लो। महचे, चेहमे, वेहमे, मचउ का जाप करो। जब साणिया की गतिविधियाँ बढ़ने लगीं, तब वीरम भादू ने उसे पकड़कर गुरू जाम्भोजी के समक्ष प्रस्तुत किया। साणिया के समक्ष प्रस्तुत होने पर गुरू जाम्भोजी ने उसकी वास्तविकता को स्पष्ट किया और एक महत्वपूर्ण सबद सुनाया- "चौईस चेड़ा कालिंग केड़ा, इधक कलावंत आयस्ये.....।" इस सबद के माध्यम से गुरू जाम्भोजी ने यह प्रतिपादित किया कि ऐसे "चेड़े" (भ्रमकारी/अधम शक्तियाँ) अनेक प्रकार के होते हैं। वे विभिन्न रूपों में प्रकट होकर लोगों को भ्रमित करते हैं। कलियुग में इनकी संख्या और प्रभाव बढ़ेगा:- "स्याणियो पेदड़ो, कुंभे पेदड़ को बेटो। गांव रोटु रहे। जिंह ने भुत लागो। उपंग की वात कहण लागो। एक विसनोई की तरवारे चोरी थी, मेंहदसर के रजपुत। छानि क कातरे मां बताई, लाधी। एके को लोटो, एके थेपड़ियां मां ल्हकोयो। जको बतायो, लाधो। देसां परदेसां की बात कहे। विसनोईयां ने कह- थे सिनान करो जको आधो सिनान थ। पहलु पाणी पियो, तो भीतरलो सिनान हुवे। पछे उपरलो सिनान सुधि। वले विसन को नांव मत ल्यो। महचे चेहमे वेहमे मचउ जाप करो। विरम भादु डकराय, झांभेजी केह हजुरी आयो। साथे ल्यायो। झांभोजी श्री वायक कहे- "चोईस चेड़ा कालिंग केड़ा, इधक कलावंत आयस्ये.....।"

04. विसनोई धर्म का प्रतीक चिह्नः- रोटू साथरी में स्थित खांडा केवल एक ऐतिहासिक अवशेष नहीं, बल्कि विसनोई धर्म की आत्मा का प्रतीक है। यह गुरु की उपस्थिति का चिन्ह, धर्म-रक्षा का आह्वान और बलिदान की प्रेरणा तीनों का संगम है। इस प्रकार यह खांडा विसनोई परंपरा में उसी प्रकार पूजनीय है, जैसे किसी तीर्थ का पवित्र प्रतीक। नौरंगी भादू के भात प्रसंग में गुरु जाम्भोजी ने नौरंगी के भाई को "भाई" कहकर संबोधित किया और उसे यह सम्मानपूर्वक खांडा (तलवार) प्रदान किया। यह खांडा केवल एक उपहार नहीं था, बल्कि धर्म-रक्षा का प्रतीक था।बाद में साणिये पैदड़ के प्रसंग में यह खांडा जब चोरी हो जाता है। तो साणिया उस चोर का नाम और स्थान बता देता है। रोटू गाँव के लोग बताए गए स्थान पर जाते हैं और खांडे को पुनः प्राप्त कर लाते हैं। यह घटना इस खांडे के प्रति समाज की आस्था और उसकी रक्षा के प्रति जागरूकता को दर्शाती है। रोटू गांव की साथरी में वर्तमान में यह खांडा (तलवार) मौजूद है। साहबरामजी राहड़ कृत जंभसार के 19वें प्रकरण में वर्णित है कि गुरू जाम्भोजी भ्रमण के समय सांवतसर से रोटू आए थे। और इस खांडे का रहस्य उद्घाटित किया था। जंभसार के वर्णनानुसार गुरु जाम्भोजी जब सांवतसर से रोटू आए तब भादू और झोदकण परिवार अत्यंत प्रसन्न हुए। नौरंगी के मन में विशेष उत्साह था। समस्त ग्रामवासी उनका स्वागत करने दौड़े। प्रत्येक घर में मंगल-वाद्य बजने लगे। गुरु जाम्भोजी के साथ विशाल संत-जमात भी थी,

जिससे रोटू में एक भव्य धार्मिक वातावरण निर्मित हुआ। रोटू के आसपास के गाँव रामसर, गुगरियाली, दुगोली, भरनाऊं, खारी आदि से लोग गुरु जाम्भोजी के दर्शन हेतु आए। सभी अपनी-अपनी भेंट लेकर आए और गुरु के चरणों में अर्पित की। गुरु जाम्भोजी पाँच दिन तक रोटू में रहे। इसी दौरान उन्होंने इस खांडे के प्रतीक का रहस्य उजागर किया कि जो व्यक्ति विसनोई धर्म नियमों के रक्षा हेतु खांडे के समक्ष सिर समर्पित करेगा, उसे सहज ही साजोज्य मुक्ति प्राप्त होगी। जो खेजड़ी वृक्षों की रक्षा हेतु प्राण देगा, वह सहज ही गुरु के लोक को प्राप्त होगा। जो मृगों (हिरणों) की रक्षा करेगा, वह अपने कुटुम्ब सहित स्वर्ग को प्राप्त करेगा। इस प्रसंग में तीन प्रमुख तत्व एक साथ जुड़े हुए हैं- खांडा (तलवार) जो धर्म-रक्षा और बलिदान का प्रतीक है। खेजड़ी वृक्ष जो पर्यावरण संरक्षण का प्रतीक है। मृग जो जीव-दया का प्रतीक है। इन तीनों के माध्यम से गुरु जाम्भोजी ने एक समग्र धर्मदृष्टि प्रस्तुत की, जिसमें प्रकृति, प्राणी और धर्म तीनों की रक्षा ही सच्चा धर्म है। इस प्रकार गुरू जाम्भोजी ने विसनोई धर्म का प्रतीक चिह्न 'खांडा, खेजड़ी और हिरण' बताया। रोटू में प्रवास के दौरान लोगों ने अपनी भेंट अर्पित की। संतों को रसोई कराई। सामूहिक भोजन का आयोजन हुआ। पाँच दिन के प्रवास के पश्चात संतों ने अपने-अपने रथ सजाए। गुरु जाम्भोजी ने गंगापार क्षेत्र में जाने की इच्छा व्यक्त की। वे रोटू से प्रस्थान कर संध्या समय भरनाऊं गाँव में रुके और अगले दिन दूणपुर गाँव पहुँचे:-

दूसर मंजल रोटू चल आऐ, भादू झोदकण मन रहंसाऐ। नोरंगी मन भयो उछाहा, सब ही लोक सनमुख गऐ धाहा।
पग मंडाकर कै ले आऐ, घर घर मंगल बजे बधाऐ। साथरियां आय उतरे, साथे बहुत जमात।
बहुत हंगामां ठाट सूँ, पूजै सारी न्यात। रोटू रांमसर गुगरियाली, अबाद दुगोली भरनाऊं खारी।
सब ही गांव मिलणे कूं आऐ, अपणी अपणी भेंठ ही ल्याऐ। जंभ गुरु के दर्शन करे, भेंठ सकल चरणन में धरे।
एहि विधि जंभ पांच दिन रहे, सत वरदान मांग जो लए। जो खांडे सूं खड़िहे कोई, साज्योज्य मुक्ति सहज में होई।
खेरड़ियां बदलै सिर देवे, मेरो लोक सहज में लेवे। मृघन की करहे रिछपाला, कुटम सहत पावै सुर आला।
इहै वरदान दिवेय मुख अपनै, सब जन जंभ नाम लगै जपने। अपनी अपनी भेंठ संजोई, करी भेंठ अरु दिवी रसोई।
जीम जूठ अरु संत सवाया, अपणा अपणा रथ जोड़ाया। रोटू सें चाले जंभ हरी, गंगापार की अंछिया करी।
भरनांवै संझिया कूं रहे, दूजै दिवस दूणपर गऐ।

05. रोटू साथरी:- साहबरामजी राहड़ कृत जंभसार के 22 वें प्रकरण में अष्टधामों की सूची में रोटू धाम का उल्लेख करते हुए, लिखा है कि गुरू जाम्भोजी ने धनुजी को रोटू साथरी की सेवा का कार्य सौंपा था:-

रोटु धाम हमारो रहहे, जंभ गरू अपणै मुख कहहे। रोटू धांम धनूंजी राजै, ऐ आठं निज धांम विराजे।

वहीं जंभसार में 16 साथरियों की सूची में भी 14वें नंबर पर रोटू साथरी का उल्लेख करते हुए, लिखा है कि गुरू जाम्भोजी ने रिड़मलजी साधु को रोटू साथरी की सेवा का कार्य सौंपा था:- "रोटू में रिड़मलजी साधू, सेवा करे सदा निर उपाधू।" भंडारो की सूची में भी रोटू के भंडारे का उल्लेख करते हुए, लिखा है कि गुरू जाम्भोजी ने अपनी धर्म बहिन नौरंगी भादू को यह भंडारा सौंपा था:- "रोटू नोरंगी निज भाणऊ, सतगुरु दियो भंडारो जांणहू।"

06. हस्तलिखित सामग्री की प्राप्ति:- लेखक ने इन हस्तलिखित ग्रंथों से सम्पूर्ण विसनोई साहित्य को संकलित करके, कवि कालक्रमानुसार व्यवस्थित करके तीन भागों में प्रकाशित कराया है। हीरालालजी माहेश्वरी को लगभग सन् 1960-70 के मध्य रोटू गांव के रामकिशन जी भादू से निम्न हस्तलिखित सामग्री प्राप्त हुई थी:-

01. ग्रंथांक-209:- यह 100 पृष्ठों की एक पोथी है जो कि संवत 1946 आसोज सुदि 4 को साधु विष्णुदासजी के शिष्य बिहारीदासजी द्वारा लिपिबद्ध है। इसमें ये रचनाएं है:- (क). सबदवाणी- 123 सबद, गद्य प्रसंग सहित (ख). विष्णु चिरत- उदोजी अडिग कृत।

9

जांगलू

01. परिचयः- जांगलू गाँव देशनोक से लगभग 10-12 कि.मी. दक्षिण-पश्चिम में है। यह बीकानेर जिले की नोखा तहसील में स्थित है। जांगलू में गुरु जाम्भोजी का चोला (कुर्ता) एवं चींपी (कमंडल) रखी हुई है।

02. रतनोजी राहड़ की कथाः- साहबरामजी राहड़ कृत जंभसार के अठारहवें प्रकरण में जांगलू गांव के रतनोजी राहड़ की कथा वर्णित है। जांगलू गांव के निवासी रतनोजी राहड़ गुरु जाम्भोजी के परम भक्त थे। वे केवल नाममात्र के अनुयायी नहीं, बल्कि विसनोई धर्म की "बाड़" (रक्षक) थे। उनका जीवन संतों की सेवा और धर्मपालन में समर्पित था। उनकी दिनचर्या का एक प्रमुख नियम था- पहले संतों को भोजन कराना, तत्पश्चात स्वयं भोजन करना। वे संतों को ईश्वर का स्वरूप मानते थे और उनके लिए गुरु जाम्भोजी और संत में कोई भेद नहीं था। यह भाव उनकी भक्ति की उच्च अवस्था को दर्शाता है। रतनोजी राहड़ का ससुराल बांवरला गांव में था। एक बार उनके ससुर ने दहेज देने के लिए उन्हें आमंत्रित किया। इस अवसर पर रतनोजी ने अत्यंत साज-सज्जा के साथ यात्रा की तैयारी की। एक उत्तम ऊँट को सजाया गया। उस पर पीतल का पलाण (काठी) रखा गया, रेशमी घासिया बिछाया गया। ऊँट के पैरों में चौरासी तथा गले में घुँघरू बाँधे गए। स्वयं रतनोजी ने भी पूरी सज्जा धारण की। अंगरखा, पगड़ी, कानों में कुण्डल, कमरबंध, जूते, तथा शस्त्र ढाल, तलवार, बंदूक और कटार आदि। यात्रा प्रारंभ करने से पूर्व उन्होंने माता-पिता को प्रणाम किया। और गुरु जाम्भोजी का स्मरण कर मार्ग पर प्रस्थान किया। जब रतनोजी राहड़ लगभग एक कोस चले, तो मार्ग में एक संत से भेंट हुई। संत का स्वरूप सरल और सहज था। रतनोजी ने तत्काल ऊँट को बैठाया। संत के चरणों में सिर नवाया और अत्यंत विनम्रता से उन्हें ऊँट पर बैठने का आग्रह किया। उन्होंने कहा कि प्रभु! आज मेरे बड़े भाग हैं कि आपके दर्शन हुए। आप ऊँट के अगले आसन पर विराजिए। संत के पास जो होम के लिए घृत का पात्र था, उसे भी ऊँट पर रखने का आग्रह किया। संत ने उत्तर दिया कि मैं तो गुड़ा गांव जा रहा हूँ, और तुम अपने ससुराल जा रहे हो। मैं आठ दिन में वहाँ पहुँचूँगा, जबकि तुम आज ही पहुँच जाओगे। इस पर रतनोजी ने अत्यंत भावपूर्ण उत्तर दिया कि मैं आज ही आपको अपने साथ ले चलता हूँ। ससुराल में खीर-खांड का भोजन कराऊँगा। गुड़ा गांव तो केवल एक मंजिल दूर है, कल वहाँ पहुँचकर वापस आ जाना। रतनोजी के इस निष्कपट भाव, आग्रह और श्रद्धा को देखकर संत प्रसन्न हो गए और ऊँट पर बैठने के लिए तैयार हो गए। रतनोजी राहड़ ने बिना किसी अहंकार या दिखावे के, अत्यंत प्रेमपूर्वक संत को ऊँट पर बैठाया। यह सेवा उनके लिए केवल कर्तव्य नहीं, बल्कि आध्यात्मिक साधना थी। ऊँट अत्यंत तीव्र गति से चला। प्रातः यात्रा आरंभ हुई और उसी दिन सांझ तक वे अपनी मंजिल पर पहुँच गए।रतनोजी राहड़ अपने संत के साथ बांवला गाँव पहुँचे। ससुराल पक्ष पहले से ही उनके आगमन की प्रतीक्षा कर रहा था। ऊँचाई पर चढ़कर जब उन्होंने मार्ग की ओर देखा, तो एक ही ऊँट पर दो व्यक्तियों को आते देखा। एक ने पगड़ी बाँधी हुई थी और दूसरे ने टोपी धारण की हुई थी। यह दृश्य देखकर वे आश्चर्य और विचार में पड़ गए। जब यह ज्ञात हुआ कि दामाद के साथ एक साधु भी आया है, तो सास के मन में अप्रसन्नता उत्पन्न हुई। संत ऊँट से उतरकर अलग जाने लगे, परंतु रतनोजी ने उन्हें रोकते हुए कहा कि आप मेरे साथ आए हैं, अब अलग क्यों जा रहे हैं? ऐसा करने से अधर्म होगा और मेरी बदनामी होगी। रतनोजी के आग्रह पर संत पुनः उनके साथ घर की ओर चले, परंतु वे समझ चुके थे कि ससुराल पक्ष उनके आगमन से प्रसन्न नहीं है। इसलिए वे मौन और निरुत्साह भाव से साथ आए। सास ने बड़े आदर के साथ अपने दामाद के लिए भोजन की तैयारी की। दाल छौंकी गई, उत्तम चावल की खीर बनाई गई। पूड़ियाँ और विविध सब्जियाँ तैयार की गईं, कुटुम्बजनों को भी निमंत्रित किया गया। जब भोजन का समय आया, तो रतनोजी ने संत को साथ चलने के लिए कहा। संत ने संकोच किया, परंतु रतनोजी के आग्रह पर वे साथ गए। भोजन के समय एक सूक्ष्म छल किया गया। भोजन कक्ष में दीपक नहीं जलाया गया। अंधेरे में रतनोजी को खीर, घी, शक्कर और फुलके परोसे गए। जबकि संत को केवल ज्वार की राबड़ी और ठंडी रोटी दी गई। रतनोजी का सम्मान हुआ, संत की उपेक्षा। भोजन के बाद संत चुपचाप अपने डेरे चले गए और साथ में रोटी का एक टुकड़ा कुत्ते के लिए ले गए। रतनोजी ने कहा कि आप तो आना नहीं चाहते थे, ऐसा उत्तम भोजन आपको कहाँ मिलता होगा? संत ने शांत भाव से उत्तर दिया कि हम तो ऐसा ही भोजन प्रतिदिन करते हैं। रतनोजी को यह असत्य लगा। बार-बार पूछने पर संत ने वह रोटी का टुकड़ा दिखाया। तब सत्य प्रकट हुआ कि संत को केवल राबड़ी और ठंडी रोटी दी गई थी। यह देखकर रतनोजी का मन अत्यंत दुखी और उदास हो गया। रतनोजी ने तत्काल निर्णय लिया कि अब मैं इस घर

का एक ग्रास भी ग्रहण नहीं करूँगा। उनके लिए यह केवल अपमान नहीं था, बल्कि संत-अनादर, जो उनके धर्म के विरुद्ध था। रतनोजी ने अपनी पत्नी से कहा कि अब मेरा इस घर से कोई संबंध नहीं रहा। इतना कहकर वे ऊँट लेकर तुरंत वहाँ से चल पड़े। ससुर और सालों ने उन्हें रोकने का बहुत प्रयास किया। दहेज देने का प्रलोभन दिया, लोक-प्रशंसा का तर्क दिया। भविष्य में पछतावे की बात कही। परंतु रतनोजी अपने निर्णय पर अडिग रहे। गाँव के लोगों ने भी उन्हें समझाया कि तुम्हें साधु प्रिय है तो उसे वापस बुला लो। साधु ने तुम्हें भ्रमित कर दिया है। परंतु रतनोजी ने स्पष्ट कहा कि मैंने संत को स्वयं बुलाया था, अब उनके अनादर से मेरा जीवन व्यर्थ हो जाएगा। जो गुरू जांभोजी के वचनों की रक्षा नहीं करता, उसका पतन निश्चित है। जब रतनोजी चल पड़े, तो उनकी पत्नी भी माता-पिता, भाई-बन्धुओं को छोड़कर अपने पति के साथ चल पड़ी। यह उसकी पत्नीत्व निष्ठा और धर्म के प्रति समर्पण का प्रतीक था। ससुर ने कहा कि मैं तो दो हजार का दहेज देने वाला था, परंतु यह उसके भाग्य में नहीं था। साधु ने इन्हें भ्रमित कर दिया। रतनोजी राहड़ अपनी पत्नी सहित वहाँ से निकल पड़े। ऊँट पवन वेग से दौड़ने लगा और उन्होंने पीछे मुड़कर भी नहीं देखा। ससुराल बांवला से धर्मनिष्ठ निर्णय लेकर रतनोजी राहड़ अपनी पत्नी सहित रवाना हुए। मार्ग में चलते हुए वे लवेरे गांव पहुँचे। यहीं उन्होंने एक ऐसा दृश्य देखा, जिसने उनके हृदय को व्यथित कर दिया। एक जीवित हिरण को भीलों ने जाल में फँसाकर पकड़ रखा था और चारपाई पर बाँधकर ले जाया जा रहा था। रतनोजी ने ऊँट रोककर पूछा कि इस हिरण को चारपाई पर क्यों बाँध रखा है? भीलों ने उत्तर दिया कि इसे ठाकुर अनड़सिंह को भेंट करेंगे। वह इसे देवी को चढ़ाकर इसका वध करेगा। यह सुनकर रतनोजी का मन द्रवित हो उठा। जीव-दया विसनोई धर्म का मूल सिद्धांत है, और उसके विरुद्ध यह कार्य उन्हें असह्य था। रतनोजी ने भीलों से कहा कि यदि तुम इसे नहीं छोड़ोगे, तो मैं स्वयं ठाकुर के पास जाकर इसे छुड़ाऊँगा। इतना कहकर वे अपनी पत्नी सहित हिरण के पीछे-पीछे चल पड़े और सीधे लवेरे के ठाकुर के पास पहुँच गए। गांव के लोग यह देखकर आश्चर्यचकित रह गए कि एक बाहरी व्यक्ति इतना साहस दिखा रहा है। जब रतनोजी ठाकुर के दरबार में पहुँचे, तो ठाकुर अनड़सिंह क्रोधित होकर बोले कि तुम यहाँ क्यों आए हो? क्या चाहते हो? रतनोजी ने विनम्रता से हाथ जोड़कर कहा कि आपके सेवक इस हिरण को पकड़कर लाए हैं। मैं इसके पीछे-पीछे आया हूँ। कृपा करके यह हिरण मुझे दे दीजिए। ठाकुर ने तिरस्कारपूर्वक उत्तर दिया कि यह विसनोई गांव की सीमा नहीं है। तुम्हारा इस हिरण पर क्या अधिकार है? उसी समय एक चारण ने कहा कि यदि तुम अपना ऊँट, सोने के कड़े, गोखरू और अन्य आभूषण दे दो, तो यह हिरण ले जा सकते हो। यह सुनकर रतनोजी अत्यंत प्रसन्न हुए मानो उन्हें जीवनदान मिल गया हो। उन्होंने बिना किसी संकोच के अपना ऊँट, आभूषण और समस्त मूल्यवान वस्तुएँ त्याग दीं, और बदले में हिरण को मुक्त कराया। रतनोजी ने हिरण को लेकर जंगल में जाकर छोड़ दिया। उस समय उनके हृदय में अपार आनंद था। वे अपनी पत्नी से कहते जा रहे थे कि इस ठाकुर जैसा भला कोई नहीं। उसने धन के बदले हिरण दे दिया। यदि ऐसा न होता, तो मुझे अपना सिर देना पड़ता। और शरीर बिना गुरु जाम्भोजी की सेवा कैसे होती? यह भाव उनके गुरुभक्ति और जीव-दया दोनों को प्रकट करता है। रतनोजी की ये बातें एक दासी ने सुन ली और जाकर ठाकुर की माता को सब बता दिया। माता ने ठाकुर को बुलाकर कहा कि वे मनुष्य नहीं, देवतुल्य हैं। उनके दर्शन मात्र से मुक्ति मिलती है। माता की बातें सुनकर ठाकुर के हृदय में परिवर्तन हुआ। उन्होंने आत्मग्लानि से कहा कि मैं कितना अधम हूँ, जो धन के लिए जीव की हत्या करने चला था। और वे धर्मात्मा व्यक्ति धन देकर उस जीव को बचा ले गए। उन्होंने तुरंत रतनोजी को वापस बुलवाया। रतनोजी के आने पर ठाकुर ने उन्हें सिरोपाव पहनाकर सम्मानित किया। उनकी पत्नी को वस्त्र देकर पुत्री समान आदर दिया। रतनोजी को पुत्रवत् स्नेह दिया और उनका ऊँट व आभूषण सब वापस लौटा दिए। उन्हें आदरपूर्वक विदा किया गया। इस घटना के बाद ठाकुर अनड़सिंह का हृदय पूर्णतः परिवर्तित हो गया। वे स्वयं भी विसनोई धर्म के सिद्धांतों विशेषतः जीव-दया का पालन करने लगे। इस प्रकार रतनोजी राहड़ वहां से आगे बढ़े और दूसरे दिन अपने गांव जांगलू लौट आए। किन्तु यहाँ उनके जीवन की सबसे कठिन परीक्षा प्रतीक्षारत थी। जब माता-पिता ने उन्हें देखा, तो दहेज के वस्त्र और आभूषण उनके पास नहीं थे। साले भी साथ नहीं थे। यह देखकर उनके पिता ठुकरोजी राहड़ क्रोधित हो उठे। उन्होंने ऊँट छीन लिया, गहने और कपड़े उतरवा लिए। और उन्हें धक्का देकर घर से बाहर निकाल दिया। उन्होंने कठोर शब्दों में कहा कि जिससे प्रीत जोड़ी है, उसी के पास जाओ। मेरे घर में तुम्हारे लिए स्थान नहीं है। पिता के इन वचनों को सुनकर रतनोजी विचलित नहीं हुए। उन्होंने अपनी पत्नी को साथ लिया और संभराथल की ओर चल पड़े। वहीं, जहाँ उनके आराध्य गुरु जाम्भोजी विराजमान थे। यह क्षण उनके जीवन में संसार से पूर्ण विरक्ति और गुरु की शरणागति का प्रतीक था। जब रतनोजी और उनकी पत्नी संभराथल के निकट पहुँचे, उसी समय गुरु जाम्भोजी अत्यंत प्रसन्न हुए। साथरियों और संतों ने आश्चर्य से पूछा कि हे स्वामी! आप आज किस कारण इतने प्रसन्न हैं? तब गुरु जाम्भोजी ने कहा कि मेरे दो श्रेष्ठ भक्त आ रहे हैं। उन्होंने आदेश दिया कि गाय-बजाकर उनका स्वागत करो। फूलों की वर्षा करो। गुरु के आदेश को सुनते ही संत और साथरी मंजीरे बजाते हुए, भजन गाते हुए रतनोजी के स्वागत हेतु आगे बढ़े। वे उनके सामने पहुँचे, परिक्रमा की और कहा कि जिन पर गुरु जाम्भोजी प्रसन्न होते हैं, उनसे बड़ा भाग्यवान कोई नहीं। रतनोजी और उनकी पत्नी को गुरु जाम्भोजी के सम्मुख लाया गया। गुरु ने उनके सिर पर करुणा-भरा हाथ रखा और उन्हें अपने समीप आसन दिया। यह दृश्य केवल सम्मान नहीं, बल्कि गुरु-कृपा का प्रत्यक्ष प्रस्फुटन था। गुरु जाम्भोजी ने संतों के समक्ष रतनोजी राहड़ की महिमा का वर्णन करते हुए कहा कि इसने संतों की सेवा के लिए अपने ससुराल से संबंध तोड़ दिया। दो हजार का दहेज त्याग दिया। संत के अपमान के कारण वहाँ का जल तक ग्रहण नहीं किया। जीव-दया के लिए अपने प्राण देने को तत्पर हो गया। विधर्मियों के गाँव में जाकर हिरण को छुड़ाया। गुरु ने आगे कहा कि जो व्यक्ति सिर देने पर भी हिरण नहीं छोड़ता, उससे इसने हिरण छुड़वा लिया। इस कारण यह मेरा अत्यंत प्रिय भक्त है। इसके

साथ दो करोड़ जीवों का उद्धार होगा। गुरु जाम्भोजी ने स्पष्ट किया कि जो संतों का हित करता है, वह मुझे प्राणों से भी अधिक प्रिय है। जो संतों की रक्षा करता है, वह करोड़ों जीवों को भवसागर से पार करता है। जो संत को ईश्वर का स्वरूप मानता है, वह जन्म-मरण से मुक्त हो जाता है। यह उपदेश विसनोई धर्म में संत-सेवा और जीव-दया की सर्वोच्चता को स्थापित करता है। इसके पश्चात गुरु जाम्भोजी ने रतनोजी से कहा कि हे रतना! तुम्हारी जो इच्छा हो, वह माँगो। रतनोजी राहड़ ने अत्यंत विनम्रता से उत्तर दिया कि हे प्रभु! मुझे कुछ भी नहीं चाहिए। मैं केवल आपके दर्शन चाहता हूँ। दिन-रात आपके चरणों में रहना चाहता हूँ। उन्होंने आगे कहा कि जीवन और मृत्यु दोनों में आपकी भक्ति बनी रहे और मैं सदैव आपके चरणों में अनुरक्त रहूँ। यह उनकी निष्काम भक्ति और पूर्ण समर्पण का सर्वोच्च उदाहरण है। गुरु जाम्भोजी ने करुणा से कहा कि सुख-दुःख देने वाला कोई अन्य नहीं है, मनुष्य अपने कर्मों का फल स्वयं प्राप्त करता है। संभराथल में गुरु जाम्भोजी ने रतनो राहड़ की निष्काम भक्ति, संत-सेवा और जीव-दया से प्रसन्न होकर उन्हें अनेक वरदान प्रदान किए। उन्होंने कहा कि तूने एक साधु के लिए धन त्याग दिया, इसलिए तूने सब पदार्थ प्राप्त कर लिए। हिरण के लिए सिर देने को तत्पर हुआ, इस कारण तेरी मुक्ति निश्चित है। जहाँ भी तूं निवास करेगा, वहाँ अखूट भंडारा रहेगा। जितना दहेज तूने छोड़ा, उससे चार गुना धन तुझे प्राप्त होगा। इन वचनों को सुनकर रतनोजी ने विनम्रतापूर्वक कहा कि प्रभु! माता-पिता ने तो मुझे घर से निकाल दिया है, अब मैं कहाँ निवास करूँ? कृपा कर मार्गदर्शन दें। गुरु जाम्भोजी ने तत्काल रतनोजी द्वारा त्यागे गए दहेज से दोगुना धन प्रदान किया। वस्त्र, टोकरे और गृहस्थी का समस्त सामान दिया। एक गाड़ा भरकर सामग्री उनके साथ भेजी। इसमें कटोरी, अबखोरे, चरू, कड़ाव, परात, चड़स, कुएँ का लाव आदि वस्तुएं शामिल थी। संतों ने साखी गाकर उन्हें विदा किया, और स्वयं गुरु जाम्भोजी भी कुछ दूरी तक उनके साथ चले। कवि कहता है कि उस दहेज की महिमा का वर्णन करना संभव नहीं है। रतनोजी पहले कूदसू गांव पहुँचे, जहाँ पूरा गाँव उन्हें देखने आया। इसके पश्चात वे पारवा गाँव गए और वहाँ घर बनाकर रहने लगे। कुछ समय बाद उनके पिता ठुकरोजी वहाँ पहुँचे और समस्त सामग्री वापस जांगलू ले गए। फिर भी रतनोजी अपने धर्म और धैर्य पर अडिग रहे। गुरु जाम्भोजी ने रतनोजी को चार वरदान दिए थे पहला वरदान धन-समृद्धि का था, पृथ्वी से पर्याप्त धन की प्राप्ति होगी। दुसरा वरदान संत-समागम का था, उनके यहाँ सदैव संतों का निवास रहेगा। तीसरा वरदान अनुपायनी भक्ति था, उनकी भक्ति निरंतर और अटूट बनी रहेगी, वंश वृद्धि होगी। चौथा वरदान मोक्ष का था, उन्हें पुनर्जन्म नहीं होगा, अंतिम मुक्ति प्राप्त होगी। साथ ही यह भी कहा गया कि उनके कुल में भक्त जन्म लेंगे। पिता की मृत्यु के पश्चात रतनोजी ने उनका क्रियाकर्म किया और कुछ समय जांगलू में निवास किया। वहाँ उन्होंने छीपटियो कुआँ खुदवाया। किन्तु मन उदास हो गया और वे पुनः पाँच गाड़ों में सामग्री भरकर पारवा गांव लौट आए। रतनोजी के सात पुत्र हुए, ज्येष्ठ पुत्र अमेदोजी पारवा में ही बस गए। शेष छह पुत्रों को साथ लेकर रतनोजी आगे बढ़े। वे विभिन्न स्थानों पर गए। अलाय गाँव में एक पुत्र का विवाह किया, महोत्सवपूर्वक गाँव को भोजन कराया। गुरु जाम्भोजी की साथरी की पूजा की। फिर बिचपड़ी गाँव में उनके छह पुत्रों ने हल जोता। पहले ही दिन हल चलाते समय भूमि से गुप्त धन प्राप्त हुआ। चार चरू (घड़े) धन से भरे हुए निकले। दो मोहरों से और दो रुपयों से भरे हुए। इन चरूओं पर "मेहंदोजी राहड़" का नाम अंकित था। रतनोजी ने कुचामण जाकर ठाकुर यह बात बताई, तब ठाकुर ने कहा कि यह धन गुरु जाम्भोजी ने तुम्हारे लिए ही रखा था। रतनोजी को मनाणा गाँव बसने के लिए दिया गया। उनके पुत्रों को विभिन्न गाँव प्रदान किए गए। हंसोजी को हुड़िया गांव, दांदलजी को दाबड़िया गांव भींयोजी को भूतावा गांव, मालोजी को मोकुंपुर गांव, मेहोजी को मनाणा गांव, और एक पुत्र को पालड़ी गांव दिया गया। अमेदोजी पारवा में ही रहे। इस प्रकार ये राहड़ो के सात गाँव स्थापित हुए- पारवा, पालड़ी, मनाणा, हुड़िया, दाबड़िया, भूतावा, मोकुंपुर। रतनोजी राहड़ का वंश जंभसार के रचनाकार साहबरामजी राहड़ तक इस प्रकार विकसित हुआ- महेंदोजी के पुत्र ठुकरोजी हुए। ठुकरोजी के पुत्र रतनोजी हुए। रतनोजी के वंशज क्रमश: थिरोजी, हंसोजी, खैराज भोमिया, टीलोजी, आसोजी, दामोजी, रोमियोजी हुए। रोमियोजी के पुत्र रायमलजी, रूपोजी, जीयोजी और तारोजी हुए। तारोजी के पाँच पुत्र हुए- तुलछोजी, चेनोजी, जसरामजी, आनंदोजी और साहबरामजी। इन्हीं साहबरामजी राहड़ ने जंभसार ग्रंथ की रचना की और गुरु जाम्भोजी के दर्शन प्राप्त किए:-

अब एक कथा कहों गंगधारा, नेम धर्म कर पहुंचै पारा। गांव जांगलू रतनो राहड़ हूं, गुर भक्ता रू धर्म की बाड़ हुं।
साध संगत संता का दासा, निज संतन की करै उपासा। संत जिमाय रू भोजन करेहे, और नित नेम सदा विसतरहे।
संतां ने ईश्वर कर जानै, जंभ संत में भेद न आनै। गांव बांवलै सो परणायो, देन दायजो ताहि बुलायो।
अच्छे ऊंठ पर करी सजाई, पीतलियो पलांण कराई। रेशम केरा घासिया सोहै, ऊंठ भलो ओठी मन मोहै।
गोडां पर बांधी चोरासी, गल घुंघरू कोड़ा जड़वासी। पहर अंगरखो बांधी पाघा, काना में कुंडल बड भागा।
पेटी कमरबंधो कस लयो, जोड़ो पहर तियारी भयो। ढाल बंदूक लीवी तरवारा, बांध कटारो भयो जु त्यारा।
मात पिता कूं कर प्रणामां, लीन्हो जंभ गुरु को नामां। जाकोड़े झकाण जू चड़ियो, बावंल रै रसते पड़ियो।
कोस एक जो गयो पराई, संत मिल्यौ एक सहज सुभाई। ऊंठ बैठाय बोलतो भयो, संत चरण में मस्तक नयो।
कहे रतनो आवौ प्रभु मेरे, बड़े भाग दर्शन भए तेरे। चढो ऊंठ कै अगले आसण, होम घृत को टांग्यौ वासण।
गुड़ै गांव में जांउ भाई, तुं तो जाय सासरै ध्याई। मैं तो आऊं आठ दिना में, तू जाय पहुंचै आज तिही गांमै।
आजहि आपहि कूं ले जाऊं, खीर खांड का भोजन करवाऊं। गुड़ो एक मंजल पर रहिहे, कल पहुंचाय उलट आय जहिहे।
देर करो मति आवौ बैठो, भाव जाण साधू भयौ सैंठो। बड़े हेत सूं लियो चढ़ाई, ना अभिमांन नांहि बड़ाई।

चल्यौ ऊंठ बहु वेग से, साविधि कही न जाय। प्रात चल्यौ ताहि दिनां, सांझे पहूंच्यौ आय।
बांवलै जाय पहुंचत भएऊ, सासरिया जु अडीकत भएऊ। चढै ऊंचे उतर दिस ध्यावै, एक ऊंठ दोय पुरुष ही आवै।
एक पाघ एक टोपी कहियै, करहे सोच अचंभै रहिहे। साथे साध पांवणौ आयौ, सासू देख बहुत दुख पायो।
साधू उतर और घर जावे, तब रतनो कर जोर कहावै। आऐ संग जावो कांहां स्वांमी, अधर्म होय सू होयै कुनामी।
साधू संक रू संगहि रह्या, इनकै दुख बहुत सो भयौ। लाचारी कर कछुव न कहेऊ, भाव विन्यां उतारत भऐऊ।
धोई दाल अरू छुंकते भऐऊ, चोसलेस भक्ष भोजन ठएऊ। चौखे चावल खीर बनाई, सुंदर बहुत पूड़ी उतराई।
दोय च्यार तिवंण सुध कीन्हे, कुटम्ब आपके निवतो दीन्हें। ऐहि विधि भोजन भयो तियारी, लियो पाहुणौं तुरंत हंकारी।
लियो पावणौ तुरंत बुलाई, तब रतनो बोलत एहि भाई। चलो गुरां भोजन कर आवां, आऐ आप नफो सो पावां।
कहै साधु तुंम जीमो आई, मैं तो फेर जीमसूं भाई। कहै रतनो अब ही तुम चालो, भोजन करो नेम प्रति पालो।
कहै रतनो तुम बिन कस जीमो, कहो गरु बोलौ कस ईमो। सालो कहै लियावो संगा, विन्यां भाव सब कांम जु भंगा।
भोजन घर में दीयो न दीन्हौ, ऐसा छल उन सासू कीन्हो। एक थाली मां खीर परूसी, दूसर ज्वार राबड़ी बूसी।
खांड खीर घृत फुलका धरेऊ, जंवाई को बहू आदर करेऊ। ताकै संग दोय साला बैठा, भोजन जीम पलंग जाय पैठा।
साधू जीम राबड़ी लई, ठाढ़ी रोटी जुवार की दई। जीम जूठ कर डैरे गयो, स्वान टूक कर में ले लयो।
एहि विधि जीम रू बैठत भऐ, रतने वचन याहि विधि कहे। तुम तो संतो आवत न्हाहीं, अस भोजन कहो केहि ठां पांही।
अच्छेई भोजन है भाई, हम तो असै जीमां सदाई। तब उन कहियौ झूठ क्यूं बोलो, ऐसो भोजन कांहा अमोलो।
वेर वेर अस रतने कहयौ, ठंडो टुकड़ो ता कर दयो। देखत ही मन भयो उदासा, ख्याल करो की साच ही साचा।
साध कह्यो सब साच है, झूठ न बोलां कोय। आद सेर लिवि राबड़ी, ठंडी रोटी दोय।
सो टुकड़ो देखत भयो, देख रू हुवौ उदास। कर कुंची बोलत भयो, फेर न लेवां ग्रास।
साधू चल आगे गयो, रतनो भयो अधीर। निज अस्त्री सूं यूं कहै, या घर चुक्यौ सीर।
अस कहि खांच ऊंठ घर चाल्यौ, सुसरे सालां बहु विधि पाल्यौ। देऊं दायजो बहुत प्रकारा, देखै लोक सरावै सारा।
सामी मोडां कै संग जावै, बहुत भांत पीछै पिछतावै। एहि विधि सब समझावत भएऊ, माने नहीं बहुत दुख ठएऊ।
कहै गांव क्रोधी बड़ भारा, साध लिआयो कियो बिगारा। फेर गांव सब न्होरा किया, साध प्रियै तो अबही लिया।
संतां सूं इन दुभिधा राखी, सुनहूं सकल कहहूं सत भाखी। कामधेन तज खरी सुं सैवै, सो याके भोजन घर लेवै।
साध न आवहू मैं ही ल्यायो, सो मैं अपणी जनम घमायो। नरक परै यामे सक नांही, जे बचसां जो जंभ बचाहीं।
अस कहि चलत भयौ जब जुंवाई, इतने में किन्या चलि आई। अपणै पति कै संग सिधाई, भ्राता पिता छोड़ दई माई।
मुंडियै जो भ्रमाया राहू, दोय हजार को डेरो देहूं। याके भाग लिख्यौ सो नाही, बेटी बहुत और ले जाहीं।
साध अनादर मन नही भायो, यूं रतनो घर बाहर आयो। चढ़ कर चले श्री निज संगा, पवन वेग वहै ऊंठ दुरंगा।
यूँ कर चले फिर उलटो न देखा, पवन वेग वहै ऊंठ विसेखा। यूँ करता र लवेरे आयौ, अनाचार देख्यौ दुख पायो।
अनड़ सिंघ ठाकर एक रहे, जीवत मृघ मंगायो चहहे। सो भीला फांसी दे पकड़ियो, मांजे पर बांधियौ गहि जकड़ियो।
ऊंठ ठांभ इहै पूछत भऐऊ, मांजै पर क्या बांध्यो अहेऊ। भील भऐ बोलत ऐहि भांति, विसनोई की करी न ख्यांती।
मृघ भेंठ ठाकर की करंस्यां, देवी चाड़ सीस तेहि हरस्यां। अस कहि मृघ उठावत भऐऊ, श्री पुरुष पीछे हुय गएऊ।
तुम छोडो तो छोड़ो भाई, ठाकर पास छुड़ाऊं याही। एहि विधि बोलत गांमे गएऊ, सबही लोग अचंभे भएऊ।
या विधि गए जो कोट में, ऊंठ श्री ता संग। तब ठाकुर बोलत भयो, करत भयो भुंव भंग।
कहो सिनांनी कसै आऐ, कहा चाहो ऐसे बतलाऐ। तब रतनो बोल्यौ कर जोरे, मृघ लियाऐ अनुचर तोरे।
याके पीठे मैं चल आयौ, मृघ देवो अस वचन सुनायो। विसनोइयां की कांकड़ नाहीं, तुम क्या मांगो या मृघ माहीं।
तब उन सीस निवायो आगे, चारण एक बोलणै लागै। कड़ा गोखरू गहणां देवै, ऊंठ रु और सजाई देवै।
लेज्या मृघ सीख तोहे दीन्हीं, मृतक देह भई मंनहुं नविन्हीं। ऐसो प्रसन्न भयो सुन बानी, कृपा करी जंभ अंत्रजामी।
मृघ लियो इम चालत भएऊ, मन मां बहुत अनंदित भएऊ। मृघ दीन्हो वन में छिटकाई, अस सुख भयो देह दुतियाई।
दोऊ बात करत मघ जावै, श्री पुरुष दोऊं अस बतलावे। या ठाकर सम और न कोई, धन साटे मृघ दीन्हो मोहि।
निंतर आज सीस हम देतेऊ, देह विन्या गुरु कसै सेवेऊ। सीस संग सबही कछु जाता, तातै राखेऊ जंभ गुर ताता।
ऐसी बात सुनी एक दासी, जाय रावले तुरंत प्रकासी। ठाकर की माता पै गईऊ, सुन इंहा बात उहां उन कहीऊ।
ठाकुर कूं माता बुलवाऐ, तेही सकल दृष्टांत सुणाएऊ। मंनख नहीं बै देव कहीजे, दर्शन करत ही मुकत लहीजै।
इतनी सुन ठाकर मन सोचा, हम वरगो कोई और न पोचा। धन देके उन मृघ छुड़ायो, हम मारण कूं जीव मंगायो।
धृग धृग है मो ठाकर पैनां, तुरंत मंगावो वाही जैना। अस कहि ओठी तुरंत चढ़ायो, ताह समै वाकूं बुलवायो।

सिरोपाव दे प्रसन्न भएऊ, वैस मंगायै श्री कूं दएऊ। पुत्री मान सीस तेहि परसा, पुत्र संमान पुरुष तेहि दरसा।
ऊंठ रू गहणां दिया मंगाई, तैसेहि फिर कर करीउ सजाई। गाय बजाय सीख तेहि दीन्हां, ठाकर भयो धर्म लवलीन्हा।
विसनोई संम रहै सदाई, ता कुल जीव न मरे भाई। एहि विध रतनो चालत भएऊ, दूसर दिवस जांगलू गएऊ।
आगे मात पिता तेहि देख्यो, गैणो कापड़ा अधिक विसेख्यौ। साला संग कोऊ नहीं, भउ पनही बीनांहि।
जोड़ी एक तोड़े दई, यौं बोल्यो बहराय। जोड़ी त्रलोकी नाथ सूं, तोड़ी हर वेमुख।
हर तोड़ियां दुख ऊपजै, जनम जनम नही सुख। ठुकरो ऐसे बोलत भैयो, ऊंठ आपणौं कोस जु लैयो।
गहंणा कपड़ा लिया उतारी, दे धक्को कहै जाह घर बाहरी। जासे जोड़ी तापैं जावौ, मेरे घर में तुंम नहीं मावो।
सुण कर रतनो चालत भयो, ले अस्त्री संभराथल गयो। धोक धोरे जु आवत भया, तब गुरू जंभ करी बहु दया।
खूंवा भरो सलाव अनेका, साथरिया अरू साधां देखा। कांहि पर प्रसन्न भए हो स्वामी, तुम तो हो गुर अंतरजामी।
सुन कर बोले जंभ दयाला, आवत भक्त दोय बड़ भाला। गाय बजाय बधाय रू ल्यावो, फूलां की वर्षा करवावो।
सुनत ही स्पात संत उठ चाले, लिया मंजीरा बहुत उंताले। गाय बजाय सामने गए, दे प्रकम्या बोलत भऐ।
जां पर प्रसन्न जंभ गुरु होई, ता समान बड़ भाग न कोई। श्री संत दोनू कर आगै, साखी हरजस बोलण लागे।
फेरे मंजीरा करै रमझौला, इस विध ल्याए जंभ की पोला। जंभगरू सनमुख हुय लए, अपनो हाथ सीस पर दऐ।
जंभ गरू निज निकट बैठाऐ, बहुर प्रिय गुरु वचन सुनाए। जो मेरे संतनि हितकारी, ता सम प्रिय जगत नही मंझारी।
सो संतन करि करि उपकारा, जो जन मोहे प्राण से प्यारा। जो संतन को रछिया करै, क्रोड़ जीव ले भवजल तरै।
जो संतन कुं ईश्वर कर जानै, जन्म मरण तन जाय ठिकानै। संतन कूं सेवत है कोई, जम के दर्शन कदे न होई।
इन तो संत सेवा बड़ कीनी, निज अस्त्री कूं साथे लीनी। सुसरवार सबहीं सै तोरा, दो हजार का दायजा छोरा।
संत अपमान जलही नही पियो, तेहि ते सतलोक इन लियो। जीव दयाला जीवन त्याग्यो, मृघन के पीछे हुइ लाग्यौ।
वेमुख नै के गामे गयो, अपनो सीस जीव हित दयौ। धन दीनो ईजत दई, लीन्हों मृघ छुडाय।
जो कबहुं नहीं छोड़तो, सिर देते दोऊ तांहि। तांते एहि प्रिय बहुत है, या सम अवर न कौय।
दोय क्रोड़ जिव ले तीरे, झूठ कहूं नहीं तोहि। कहे जंभ रतनां सुण भाई, तो इंछ्या होय कहो सुणाई।
मांगहु जो तैरै मन भावा, एहि विधि सतगुर वचन सुणावा। कह रतनो सूनहू प्रभु नांमी, अब वचन हमारा सुनहू स्वामीं।
दर्शन बिन प्रभु कछुवन चहहूं, रात दिवस चरणन में रहहूं। जीयां जूगत मुवां चहुं मुक्ति, आप चरण में नित अनुरुक्ती।
हंस बोले जंभेस कृपाला, ते तेरी ही कीन्हीं प्रितपाला। सुख दुख देनहार कोऊ नांही, अपने कृतब आपहि पाही।
साध हेत त्यागो ते द्रबा, ताते पाए पदारथ सरबा। सिर देणो कीनो मृघ काजा, ताते संतन मुक्ति साजा।
तूं रतना जाय बसहे तितही, अखुट भंडारो रहिहे जितही। जितनो द्रव्य दायजै त्यागै, च्यार गुणो द्रब मिलही आगै।
अस सुन वचन पूछतो भयो, मात पिता तो काढे दयो। अब प्रभु कहो ताहां मैं रहूं, आपहू की आज्ञा में वहहूं।
जितनौ त्याग दायजो आयो, जातै दुणौ जंभ दरायो। कपड़ा और टोकणां दीन्हां, गाड़ा भर कर संग ही किन्हां।
कटोरी अबखौरे आदि, चरू कड़ाव पिरात अनादि। चड़स लाव कूवै का दामां, एहि विधि कीनेहूं पूरण कामां।
साखी गाय सीख दे आए, केहिक दूर गुर आप सिधाए। काहा मैं महिमा कहुं दायजै, सोवन साख किवि घोड़ी दायजै।
एक दियो जाखेड़ो साथे, सोवन साजत गुर किवी हाथे। एहि विधि चाल कूदस्यूं आऐ, सकल गांव देखण कूं ध्याऐ।
पीछे गये पारवै गांवहि, मांडियो घर लींन्हो हरि नांवहि। एक दिनां ठुकरो ताहां आयो, ले सब भार जांगलू ल्यायो।
च्यार वचन जांभेजी कहेऊ, अष्ट सिद्ध अरु नव निधि भएऊ। च्यारवैं वर के नांव बखाणौं, ताकी विगति भिन कर ठाणौं।
इक वर दियो अवनि धन पावै, दूसर संतत बहुत रहावै। अनपायनि भक्ती नित रहहे, पूत पोते वधती नित जहहे।
चवथौ वर मुक्ती हुय जावै, बहुर जनम नहीं जग में पावै। कही आप गुर जंभ कृपाला, एहि कुल जलमहि होवहि निहाला।
छीपटियो कूंवौ करियो, कियो जांगलू वास। सताइसो पित को कियो, फिर रतनो भयो उदास।
गाड़ा पांच माल का भरिया, डेरा आय पारवे करिया। मोटो पुत्र अमेदो कहियो, वो तो सदा पारवै रहियो।
छै पुत्र संग लेकै चाल्यौ, एक ऊंठ आटै को छाल्यौ। एक दिवस बै बीचहीं रहिया, दूसर दिवस अलाय यही गइया।
अलाय एक पुत्र परणायो, करियो महोछो गांव जिमायो। सतगुर केर साथरी पूजी, भक्त भाव मन और न दूजी।
फिर आगै कूं चालत भऐ, कई दिन पाय बिचपड़ी गऐ। छः बैटा हल जोते साता, जात सेवतो संग जमाता।
पहले दिवस जाह हल जोया, पायो दरब गुरु जंभ लकोया। चरूं च्यार सांकल्पा मिलिया, दोय मोहर दो रुपियां छलिया।
महंदै को नाउं लिख राख्यौ, रतने जाय कुचामण आख्यो। कहै ठाकुर महंदै के नावै, जंभ गुरू के दीन्हे पावै।
तूँ है सतगुरु को बहु प्यारो, सात नांवै को द्रब तुम्हारो। तुम तो हो म्हाराई भाई, दियौ मनांणौं बसो सदाई।
अस कहि सिरोपाव ही दीन्हो, साथे अपणो भाई कीन्हों। रूपसिंघ मेड़तियो रावा, आय बिचपड़ी लियौउ ठावा।

एकहू पुत्र पालड़ी रह्यो, रतनो और मनाणे गयो। पांच पूत्र रतने संग रहेऊ, जिनकूं पांचू खेड़ा दएऊ।
हुड़ियौ तो हंसे ने दएऊ, मांहा सुख संपति सूं रहेऊ। दाबड़ियो दांदल कूं कहियो, भूतावे में भींयो रहियो।
मोकुंपर में मालो रहहे, मेहोजी मनाणो लहहे। पारवो पालड़ी मनांणू, हुड़ियो दाबड़ियो भूतावो जाणो।
एक पुत्र मोकुंपर रहहे, सात खेड़ा राहड़ां का कहहे। अब याकी औलाद बखाणौ, याके वे सब भक्त जाणो।
मंहेदो ठुकरो रतनो राहड़ा, दीन्हा जंभ बिवाणे चाड़ा। थिरो हंसो खैराज भोमियो, टीलोज आसो दांमो रोमियो।
रोमियो किन रोमावली पांचा, लिया नाम नहीं लागी आंचा। रायमल रूपो जियौ जांणो, तारो संत गुरु जीव पिछाणो।
तारे भक्त के पुत्र पाचां, होम करे नित शब्दही वांचा। तुलछो चेनो जसराम अनंदा, साहिबराम जंभ कर बंदा।
जेहि साहिब जंभसार बनायो, जंभ गरू को दर्श पायो। कृपा कर हिरदे में रहेऊ, ताते जंभसार कहि दऐऊ।

03. रतनोजी राहड़ का भंडाराः- साहबरामजी राहड़ कृत जंभसार के 20वें प्रकरण में गुरू जाम्भोजी के जांगलू आगमन का संक्षिप्त किंतु महत्वपूर्ण वर्णन प्राप्त होता है। यह प्रसंग रतनोजी राहड़ की संत-सेवा और श्रद्धा का प्रमाण प्रस्तुत करता है। इस प्रकरण के अनुसार एक दिन गुरू जाम्भोजी नाथूसर में विराजमान रहे, तत्पश्चात दूसरे दिन वे किसनासर पहुँचे।किसनासर गाँव की सीमा (कांकड़) में गुरू जाम्भोजी ने लगभग एक महीने तक निवास किया। यह निवास स्थान उनके भ्रमण-जीवन में एक स्थिर पड़ाव के रूप में उल्लेखनीय है। किसनासर में गुरू जाम्भोजी के प्रवास के समय रतनोजी राहड़ ने अत्यंत श्रद्धा और विनम्रता के साथ गुरू की जमात (संतों) को जांगलू आने का निमंत्रण दिया। यह निमंत्रण केवल औपचारिक नहीं, बल्कि भक्तिभाव, सेवा-निष्ठा और धर्मपरायणता का प्रतीक था। रतनोजी के निमंत्रण को स्वीकार करते हुए गुरू जाम्भोजी की जमात जांगलू पधारी। वहाँ रतनोजी ने अत्यंत श्रद्धा से चावल, शक्कर और घी से समृद्ध रसोई (भोजन) तैयार कराई। संपूर्ण जमात को एक महीने तक विधिपूर्वक भोजन कराया गया। यह सत्कार विसनोई परंपरा में अतिथि एवं संत-सेवा की सर्वोच्च परंपरा का उदाहरण है। इस सेवा से गुरू जाम्भोजी अत्यंत प्रसन्न हुए। एक दिन गुरू जांभोजी वहां से उठकर रतनोजी के पास आए। उन्होंने अपने संतों को स्नेहपूर्वक भोजन कराया और रतनोजी की सेवा-भावना को स्वीकार किया। कुछ समय पश्चात गुरू जाम्भोजी वहाँ से प्रस्थान कर गए। वे आगे चलकर खारा गाँव के वन (रोही क्षेत्र) में जाकर विराजमान हुएः-
एक दिवस नाथुसर रहे, दुसर दिन किसनासर गए। किसनासर की कांकड़ मांहि, एक मास जंभ रहे जू तांहि।
रतने आय रसोई दई, जमात जांगलू आवत भई। निंवता सोला कीन्हा सारा, चावल खांड चले घृत धारा।
एहि विधि जंभ बहुत सुख पाए, अपणे संतनि खुब चुगाए। एक दिवस प्रभू उठे सकारा, चालत भए मुक्ति आगारा।
खारे की रोहि मां रहेऊ, नाना रिधि आवती भएऊ।

04. जांगलू साथरीः- साहबरामजी राहड़ ने जंभसार के 22 वें प्रकरण में अष्टधामों की सूची में जांगलू धाम का उल्लेख करते हुए, लिखा है कि गुरू जाम्भोजी ने जैतोजी को जांगलू धाम का महंत बनाया थाः-
धाम मूकाम जांगलू धामा, जंभसागर धाम रहे नित स्यामा। जांगलू के जैतोजी महंता, राख्यो धाम बठायो संता।
जांगलू गांव से दो कोस दक्षिण-पश्चिम की ओर साथरी में उत्तर की ओर एक छोटी सी चौकी बनी हुई है; प्रसिद्ध है कि इसी स्थान पर गुरू जाम्भोजी ने हवन किया था। इसके पास ही कंकेड़ी का एक वृक्ष है जिसे गुरू जाम्भोजी ने लगाया बताते हैं। जांगलू गाँव और साथरी के बीच "बरसिंह वाली नाडी" पड़ती है। यह एक बहुत बड़ा तालाब है जिसे बरसिंह बैनिवाल ने खुदवाया था। सैणोजी बैनिवाल इनके पुत्र थे। प्रति अमावस्या को दूर-दूर से लोग अपनी मनोकामना पूर्ण करने हेतु इसमें स्नान करते हैं और मिट्टी निकालते हैं। स्वामी ब्रह्मानन्दजी कृत इतिहास प्रदीप के अनुसार जांगलु साथरी के महन्त मनोहरदासजी ने महात्मा जगरामदास जी के सहयोग से मुकाम मंदिर पर दरवाजे के आकारयुक्त उत्तरीय भाग में सोपान (जीना) बनवाया था।

क. जांगलू का पिछोवड़ो मंदिरः- यह जांगलू गांव के बीच स्थित एक बहुत बड़ा विसनोई मन्दिर है। थापन सुखोजी गोदारा के पुत्र मेहोजी ने तालवा गांव छोड़कर जांगलू में निवास किया था। इसके पश्चात वो जांगलू गांव में ही आजीवन रहे थे। जांगलू में मेहोजी ने एक छोटा सा मंदिर बनवाकर गुरू जाम्भोजी का भेष पधराया था। तथा उसमें गुरू जाम्भोजी के उपयोग की तीन वस्तुएं चोला, चींपी और टोपी लाकर रखी। बाद में इसी स्थान पर मनरूपजी साधु ने विक्रम संवत् 1883 चैत्र सुदि 9 सोमवार को नए मंदिर की नींव रखी थी। मेहोजी का देहांत विक्रम संवत् 1601 में हुआ और उनको जांगलू मंदिर के पास ही समाधि दी गई थी। मुकाम मंदिर पर संवत 1673 में सूरसिंह के हमले के समय जब वहां मौजूद सारी ऐतिहासिक सामग्री नष्ट कर दी गई थी, तब बाद में जांगलू से टोपी लाकर मुकाम मंदिर में रखी गई थी। कहते हैं कि जांगलू मंदिर में रखी हुई चींपी वही है, जो सैंसोजी कस्वां के घर खंडित हो गई थी। मूल चींपी सुरक्षित रहे, इसलिये उसे काम में नहीं लेते। उसी आकार की एक दूसरी चींपी है, जिसे श्रद्धालु अपनी मनोकामना के लिये अमावस्या को घी से भरते हैं। यहां प्रति अमावस्या को मेला भरता है। जांगलू मन्दिर में वर्ष में दो मुख्य मेले प्रथम चेत की अमावस्या तथा दूसरा भादवा की अमावस्या को लगते हैं।

ख. जांगलू का भंडाराः- साहबरामजी राहड़ ने जंभसार के 22 वें प्रकरण में 24 भंडारो की सूची में जांगलू के भंडारे का उल्लेख करते हुए, लिखा है कि पहला भंडारा ठुकरोजी व रतनोजी राहड़ और दुसरा भंडारा सैणोजी बैनिवाल चलाते थेः-
भंडारो जांगलू जबरा, जाकी लई जंभ गुर खबरा। प्रथम ठुकरै रो भंडारो, रतनों कहिये भक्त हमारो।

सेणें वणियाल रो भंडारो, जंभ गरू को कहिये प्यारो।

05. हस्तलिखित सामग्री की प्राप्तिः- लेखक ने इन सभी हस्तलिखित ग्रंथों से सम्पूर्ण विसनोई साहित्य को संकलित करके, कवि कालक्रमानुसार व्यवस्थित करके तीन भागों (जंभकाल का साहित्य, विल्हकाल का साहित्य और उत्तरकाल का साहित्य) में प्रकाशित कराया है। हीरालालजी माहेश्वरी को लगभग सन् 1960-70 के मध्य जांगलू साथरी से निम्न हस्तलिखित सामग्री प्राप्त हुई थीः-

01. ग्रंथांक-49:- यह 20 पन्नों की एक पुस्तक है जो कि मोतीरामजी के शिष्य नरसिंहदास द्वारा संवत 1937 कार्तिक बदि को गांव रैणीवा सेखपुर खदर में लिपिबद्ध है। यह पुस्तक सांवलदास जी के शिष्य साध बुधरामजी गांव नगीना विसनोई मंदिर के पठनार्थ लिखी थी। इसमें उदोजी कृत विष्णु चरित है 110 छंदो का।

02. ग्रंथांक-50:- यह 26 पन्नों की एक पुस्तक है जो कि मोतीरामजी के शिष्य साध नरसिंहदास द्वारा संवत 1937 आश्विन पुर्णिमा को गांव नगीना के विसनोई मंदिर में लिपिबद्ध है। यह पुस्तक सांवलदास जी के शिष्य साध बुधरामजी निवास मंदिर रैणी के पठनार्थ लिखी थी। इसमें मयारामजी कृत अमावस की कथा है 150 छंदो की।

03. ग्रंथांक-51:- यह 18 पन्नों की एक पुस्तक है जो कि महंत हरकिसनजी के शिष्य परसराम द्वारा संवत 1889 आषाढ सुदि 8 गुरूवार को गांव फतैपुर में लिपिबद्ध है। इसमें ये रचनाएँ हैः- (क) अवतार विगति- 45 छंद (ख) परची- 37 छंद (ग) स्तुति अवतार की- 13 छंद, केसोजी कृत (घ) इंदव छंद- 32 छंद (ङ) स्तुति होम की- 08 छंद।

04. ग्रंथांक-52:- यह 1 पन्ना है जो कि अज्ञात लिपिकार द्वारा अनुमानतः संवत 1850 के आसपास लिपिबद्ध है। इसमें 'उणतीस धर्म की आकड़ी' है।

05. ग्रंथांक-53:- यह 11 पन्नों की एक पुस्तक है जो कि बालकदासजी के शिष्य संतोषदास द्वारा संवत 1941 मार्गशीर्ष सुदि 4 शुक्रवार को गांव नींवग्राम के विसनोई मंदिर में लिपिबद्ध है। इसमें हरिचंदजीजी कृत लघु हरि प्रहलाद चरित्र है 172 छंदो का।

06. ग्रंथांक-129:- यह 30 पन्नों की एक पुस्तक है जो कि बुधरामजी के शिष्य साध लक्ष्मणदास द्वारा संवत 1925 वैशाख सुदि 15 को लिपिबद्ध है। इसमें सबदवाणी के प्रसंग रहित 120 सबद तथा अंत में सन्ध्या मंत्र है।

07. ग्रंथांक-140:- यह 30 पन्नों की एक पुस्तक है जो कि अनुमानतः संवत 1875 के आसपास लिपिबद्ध होगी। इसमें विभिन्न राग रागनियों में 164 हरजस है। इसमें सूर, रिषीकेश, कबीर, मनसुखदास, रजब, ध्यानदास, सुंदरदास, अग्रदास, श्रीभट्ट, तुलसीदास, नामदेव, मीरा, अनाथदास, परमानंद, माधोदास, तुरसो, मरसी, जन हरिदास, रामदास, दादु, भींव, अमरदास, अनंतदास, वाजिंददास, तानसेन, दीपराम, बुधानंद, विष्णुदास, खेमदास, सुरतराम, रामलला, मीठुदास, जन रीवदास, सुरजनदास, गंगादास आदि के हरजस है।

08. ग्रंथांक-172:- यह 1 पन्ना है जो कि संतोषदासजी द्वारा संवत 1938 श्रावण सुदि 4 को लालासर साथरी में लिपिबद्ध है। इसमें संध्या वंदन मंत्र और तारक मंत्र है।

09. ग्रंथांक-173:- यह 1 पन्ना है जो कि अनुमानतः संवत 1950 के आसपास लिपिबद्ध है। इसमें साहबरामजी राहड़ कृत एक आरती और चार भजन है।

10. ग्रंथांक-174:- यह 1 पन्ना है जो कि अनुमानतः संवत 1950 के आसपास लिपिबद्ध है। इसमें एक साखी है।

11. ग्रंथांक-175:- यह 1 पन्ना है जो कि अनुमानतः संवत 1950 के आसपास लिपिबद्ध है। इसमें गोविंदजी कृत 6 छप्पय है।

12. ग्रंथांक-176:- यह 2 पन्ने है जो कि अनुमानतः संवत 1900 के आसपास लिपिबद्ध है। इसमें सुरतरामजी कृत 4 पद है।

13. ग्रंथांक-177:- यह 1 पन्ना है जो कि अनुमानतः संवत 1900 के आसपास लिपिबद्ध है। इसमें हीरानंदजी कृत हिंडोलणो (8 पद) है।

14. ग्रंथांक-178:- यह 1 पन्ना है जो कि अनुमानतः संवत 1850 के आसपास लिपिबद्ध है। इसमें ये रचनाएं है- (क) साखी- 01, केसोजी कृत (ख) साखियां- 04 (ग) कवित- 02, विल्होजी कृत

15. ग्रंथांक-179:- यह 1 पन्ना है जो कि अनुमानतः संवत 1950 के आसपास लिपिबद्ध है। इसमें शीतल कृत एक भजन और एक लावणी है।

16. ग्रंथांक-180:- यह 1 पन्ना है जो कि जोधपुर शासक तख्तसिंह द्वारा जारी किए गए, विसनोई धर्म संबंधी संवत 1923 के आज्ञा पत्र की नकल है।

17. ग्रंथांक-183:- यह 1 पन्ना है जो कि अनुमानतः संवत 1950 के आसपास लिपिबद्ध है। इसमें साहबरामजी राहड़ कृत एक कवित्त है।

18. ग्रंथांक-190:- यह 101 पृष्ठों की एक पोथी है जो कि संवत 1945 चैत्र सुदि 4 शुक्रवार को कृपाराम पुरोहित द्वारा स्वपठनार्थ लिपिबद्ध है। इसमें राग रागिनी वर्णन और रूकमणि मंगल है।

19. ग्रंथांक-270:- यह 1 पन्ना है जो कि अनुमानतः संवत 1920 के आसपास लिपिबद्ध है। इसमें गोविंदजी कृत विभिन्न छंद (13 छंद) है।

20. ग्रंथांक-272:- यह 4 पन्ने है जो कि अनुमानतः संवत 1850 के आसपास लिपिबद्ध है। इसमें विल्होजी के 11 कवित्त और अल्लूजी के तीन कवित्त है।

21. ग्रंथांक-273:- यह 1 पन्ना है जो कि अनुमानतः संवत 1850 के आसपास लिपिबद्ध है। इसमें जंभ महिमा विषयक अज्ञात कवि कृत

तीन कवित्त और सुरदासजी कृत एक भजन है।

22. ग्रंथांक-274:- यह 2 पन्ने है जो कि अनुमानतः संवत 1900 के आसपास लिपिबद्ध है। इसमें उदोजी कृत एक लुर और एक ढाल है।

23. ग्रंथांक-277:- यह 5 पन्ने है जो कि अनुमानतः संवत 1900 के आसपास लिपिबद्ध है। इसमें कालू, चतरदासजी और अज्ञात कृत 4 साखी और हरजस है।

24. ग्रंथांक-278:- यह 1 पन्ना है जो कि अनुमानतः संवत 1900 के आसपास लिपिबद्ध है। इसमें विसनोई साधुओं के निधनकाल का उल्लेख है।

25. ग्रंथांक-281:- यह 1 पन्ना है जो कि अनुमानतः साहबरामजी राहड़ द्वारा संवत 1910 के आसपास लिपिबद्ध है। इसमें गोविंददासजी कृत जम्भाष्टक (संस्कृत में 9 श्लोक) है।

26. ग्रंथांक-286:- यह 1 पन्ना है जो कि साध गणेशराम द्वारा संवत 1956 कार्तिक बदि 4 को गांव दुतारावाली में लिपिबद्ध है। इसमें हरिनंद के 2 कवित्त और 1 दोहा है।

27. ग्रंथांक-292:- यह 1 पन्ना है जो कि अनुमानतः संवत 1950 के आसपास लिपिबद्ध है। इसमें गायणों से संबंधित कविता है।

28. ग्रंथांक-293:- यह 1 पन्ना है जो कि संवत 1944 आषाढ वदि 1 को लिपिबद्ध है। इसमें उणतीस धर्म की आखड़ी है।

29. ग्रंथांक-299:- यह 159 पृष्ठों का एक गुटका है जो कि साध सांवलदासजी के शिष्य किसनदास द्वारा संवत 1909 भाद्रपद सुदि 13 को गांव जांभोलाव में लिपिबद्ध है। यह गुटका गांव रामड़ावास निवासी सगरामजी सोऊ ने लिखवाया था। इसमें ये रचनाएँ है:- (क) विष्णु पंजर स्तोत्र- संस्कृत में, ब्रह्मांड पुराणे इंद्र नारद संवाद (ख) सबदवाणी- 120 सबद, बिना प्रसंग के (ग) स्तुति श्री जांभैजी की- 47 छंद, गोकलजी कृत (घ) परची- 37 छंद, गोकलजी कृत (ड़) श्री विष्णु चिरत- 110 छंद, उदोजी अडीग कृत।

30. ग्रंथांक-310:- यह 1 पन्ना है जो कि अनुमानतः संवत 1950 के आसपास लिपिबद्ध है। इसमें उदोजी कृत दो कवित्त है।

31. ग्रंथांक-314:- यह 121 पन्नों की एक जीर्ण शीर्ण पुस्तिका है जो कि रामदासजी, गणेशरामजी, तिलोकदासजी तथा अनेक अज्ञात व्यक्तियों द्वारा संवत 1944 से 1960 के मध्य लिपिबद्ध है। इसमें ये रचनाएँ है:- (क) गोविंदजी के छंद- 07 छंद (ख) साहबरामजी राहड़ के भजन- 10 भजन (ग) श्री रामदासजी का पत्र- संस्कृत व्याकरण नियम लेखन, संवत 1944 में (घ) अमर चालीसी- 43 छंद, साहबरामजी राहड़ कृत (ड़) आरती- 01, साहबरामजी राहड़ कृत (च) पदम भगत कृत कृष्ण रूकमणि विवाह संबंधी भजन (छ) धुन- गंगादास कृत।

32. ग्रंथांक-320:- यह 10 पन्नों की एक जीर्ण शीर्ण पुस्तिका है जो कि अनुमानतः संवत 1900 के आसपास लिपिबद्ध है। इसमें ये रचनाएँ है:- (क) सांईदीन के सवैये- 13 (ख) दीन दरवेश की कुंडलिया- 06 (ग) हिंडोलणो- हीरानंद कृत

33. ग्रंथांक-325:- यह 81 पृष्ठों का एक गुटका है जो कि अनुमानतः संवत 1919 कार्तिक वदि 9 को प्राणसुख विसनोई नगीना द्वारा लिपिबद्ध है। इसमें ये रचनाएँ है:- (क) नवण (ख) विष्णु पंजर स्तोत्र- संस्कृत में, 25 श्लोक (ग) सबदवाणी- 120 सबद, बिना प्रसंग के (घ) मंत्र गले का।

34. ग्रंथांक-326:- यह 468 पृष्ठों का एक गुटका है जो कि अनुमानतः संवत 1850 के आसपास लिपिबद्ध है। पुस्तक के अंत में लिखा है 'यह पुस्तक साधु जीयारामजी की है दस्तखत साधु मंगलदास का है'। इसमें ये रचनाएँ है:- (क) सबदवाणी- 120 सबद, बिना प्रसंग के (ख) पांडव गीता- संस्कृत में, 163 श्लोक (ग) श्री भगवदगीता- संस्कृत में, 18 अध्याय (घ) एकादशी महात्म- 26 अध्याय, चौपाईयों में (ड़) जन्म अष्टमी की कथा- 31 चौपई।

35. ग्रंथांक-331:- यह 09 पन्ने है जो कि संवत 1950 आश्विन बदि 10 बुधवार को साधु बालकदासजी के शिष्य संतोषदास द्वारा ग्राम रत्ताखेड़ा में लिपिबद्ध है। इसमें उदोजी कृत कका छतीसी (37 कुंडलिया) है।

36. ग्रंथांक-334:- यह 142 पृष्ठों का एक गुटका है जो कि संवत 1930 पौष बदि 6 को बिहारीदास द्वारा लिपिबद्ध है। इसमें ये रचनाएँ है:- (क) सबदवाणी- 120 सबद, बिना प्रसंग के (ख) विष्णु सहस्रनाम (ग) विष्णु पंजर स्तोत्र- संस्कृत में (घ) रूकमणि मंगल- रामलला कृत (ड़) फुटकर साखियां (च) अमावस्या की कथा- 141 छंद, मयारामजी कृत (छ) साखियां- 06, केसोजी, ऊदोजी, दामोजी, भींवराज और रिवदास कृत।

37. ग्रंथांक-335:- यह 96 पृष्ठों का एक गुटका है जो कि अनुमानतः 1950 के आसपास लिपिबद्ध है। इसमें निम्न कवियों के हरजस और भजन है- कान्हड़दास, चंद्रसखी, मीरा, तुलसीदास, रामसेवक, कृपाराम, नानकदास, रामचरण, लालदास, विष्णुदास, सूरदास, खेमदास, हरिदास, पुरणदास, कबीर, बखतावर, रामसरण, तानसेन, हरिराम, सेवादास, कालूराम, गंगादास, केवलदास, जन रिवदास, बुधरमल, चरणदास, जमलदास, सहज, रसिकनाथ, नागरीदास, साईदीन, सुरतराम, पोकरदास, रामराय, औघड़, दयाराम, मुरारीदास, नामदेव, माधोदास, नरसी, पदम भगत और अनेक अज्ञात कवि।

38. ग्रंथांक-338:- यह 15 पृष्ठों की एक पुस्तिका है जो कि संवत 1958 फाल्गुन सुदि 14 को तिलोकदास द्वारा लिपिबद्ध है। इसमें ये रचनाएँ है:- (क) पदम कृत रूकमणि मंगल पद (ख) हरजस- कबीर, तुलसीदास और पदम कृत (ग) छप्पय- 01, साहबरामजी कृत (घ) साखी- 01, रायचंदजी कृत (ड़) भजन- 01, शंकर कृत।

39. ग्रंथांक-339:- यह 238 पृष्ठों की एक जीर्ण शीर्ण पुस्तिका है जो कि संवत 1958 के लगभग स्वामी ब्रह्मानंदजी द्वारा लिपिबद्ध है। इसमें पदम भगत कृत रूकमणि मंगल है।

40. ग्रंथांक-350:- यह 1 पन्ना है जो कि अनुमानतः संवत 1940 के आसपास लिपिबद्ध है। इसमें संध्या वंदन मंत्र है।

41. ग्रंथांक-384:- यह 1 पन्ना है जो कि संवत 1872 फाल्गुन सुदि 1 को लिपिबद्ध है। यह मुकाम मेले में की गई लिखत है।

42. ग्रंथांक-385:- यह 1 पन्ना है जो कि संवत 1906 चैत्र बदि अमावस्या को लिपिबद्ध है। यह जांभोलाव मेले में की गई लिखत है।

43. ग्रंथांक-391:- यह एक खंडित गुटका है जो कि अनुमानतः संवत 1900 के आसपास लिपिबद्ध है। पहली रचना साधु मगनीरामजी द्वारा साधु जगदीशजी की पुस्तक से लिखी है। दुसरी रचना साधु बुछमराम द्वारा लिपिबद्ध है। इसमें ये रचनाएँ है:- (क) सांईदीन के छंद- 10 (ख) ग्रंथ पिसण सिंघार- 102 छंद, सेवादासजी कृत।

44. ग्रंथांक-392:- यह एक खंडित गुटका है जो कि संवत 1923 आषाढ सुदी 4 शुक्रवार को बिहारीलाल द्वारा लिपिबद्ध है। इसमें ये रचनाएँ है:- (क) सबदवाणी- 120 सबद (ख) विष्णु सहस्रनाम स्तोत्र- संस्कृत में, 163 श्लोक (ग) अमावस्या री कथा- 144 छंद, मयारामजी कृत।

45. ग्रंथांक-393:- यह विभिन्न लिपिकारों द्वारा संवत 1942 से 1954 के मध्य लिपिबद्ध एक गुटका है। इसमें क से ग तक की रचनाएं संवत 1942 जेठ वदि 11 बुधवार को दिलदार के पुत्र प्राणसुख विसनोई द्वारा लिपिबद्ध है। बाकि की रचनाएं साहबराम द्वारा संवत 1954 आषाढ सुदी 5 को लिपिबद्ध है। इसमें ये रचनाएँ है:- (क) श्री जांभोलाव महात्म- गद्य में (ख) जंभ स्तोत्र- 17 छंद, सुरजनजी कृत (ग) सबदवाणी- 120 सबद, पद्य प्रसंग सहित (घ) संध्या मंत्र (ड़) उणतीस धर्म (च) जम्भाष्टक- संस्कृत में, गोविंदजी कृत (छ) मंत्र- 02 (ज) धर्मशास्त्र के श्लोक- 02 (झ) अमावस्या कथा का अंतिम छंद, मयारामजी कृत (ञ) आरती- 06, उदोजी-04, कबीर-01, नामदेव-01।

46. ग्रंथांक-गो.प्रति:- यह 29 पन्नों की प्रति है जो कि साधु गोविंददासजी द्वारा संवत 1907 मार्गशीर्ष सुदि 7 को लिपिबद्ध है। इसमें 120 सबद बिना प्रसंग के है।

06. अमर बलिदानी पुण्यात्माएं:- मांझवास गांव के जाट दौलाराम जी मांझू के तीन पुत्रों ने विसनोई धर्म अपनाया था। विसनोई धर्म अपनाने के पश्चात कुंभोजी मांजू हिमटसर में, बिरमोजी मांजू जांगलू में तथा रेड़ोजी मांजू मूंजासर गांव में बसे। बीरमोजी मांजु की पत्नी बीरांदेवी पुनियां विक्रम संवत् 1587 आसोज सुदि 12 को जांगलू गांव में धर्मनियम रक्षार्थ देवगति को प्राप्त हुई। बिरमोजी के वंशक्रम में क्रमशः खींयोजी, भेरोजी, दयारामजी, नत्थूरामजी, बागोजी, जसोजी, रतनोजी, किशनोजी, मनोहरजी हुए। मनोहरजी मांजु अपनी माता कानीदेवी बैनिवाल के साथ विक्रम संवत् 1787 मिगसर सुदि 13 धर्मनियम रक्षार्थ जांगलू गांव में देवगति को प्राप्त हुए।

10

लोहावट

01. परिचयः- यह जोधपुर जिले की फलोदी तहसील में स्थित है। लोहावट गांव फलौदी तहसील से लगभग 20-25 कि. मी. दक्षिण में है। लोहावट रेलवे स्टेशन से वर्तमान साथरी लगभग 2 कि.मी. पूर्व की ओर है। साथरी के पास ही दक्षिण-पश्चिम की ओर एक ऊँचे और बड़े धोरे को "संभराथल" का रूप मान कर "धोक धोरो" कहते हैं जहाँ पर गुरू जाम्भोजी ने हवन किया बताते हैं। साथरी के निज मन्दिर में बाएँ पैर का निशान बना हुआ है। विक्रम संवत् 1584 में कुंवर मालदेव गुरू जाम्भोजी से यहीं मिले थे।

02. चांदोजी ढाका को भंडारा एवं थाट सौंपनाः- साहबरामजी राहड़ ने जंभसार के 22 वें प्रकरण में 24 भंडारो की सूची में लोहावट के भंडारे का उल्लेख करते हुए, लिखा है कि यह भंडारा गुरू जाम्भोजी ने चांदोजी ढाका को सौंपा था। जो पुर्व में नाथ पंथ अपनाकर लोहाजड़ बन चुके थे:-

लोहावट भंडारो भयो, लोहजड़ कहिये नाथ। चांदो चोकस नाम है, ढाका जाकी जात।

जंभसार के 17वें प्रकरण में लोहाजड़ (चांदोजी) की कथा दी हुई है। कथा के अनुसार, जब गुरु जाम्भोजी ने लोहाजड़ के सिर पर हाथ रखा, तो उसके समस्त पाप नष्ट हो गए। उस क्षण लोहाजड़ ने भावविभोर होकर कहा कि वह जन्म-जन्मांतर तक गुरु का साथ नहीं छोड़ेगा। गुरु ने उससे उसके नाम का इतिहास पूछा। उसने बताया कि जन्म के समय उसका नाम चांदो रखा गया था। पूर्व गुरु ने दीक्षा देते समय उसका नाम बदलकर लोहाजड़ कर दिया। जिस गुरु ने चांदी (चांदोजी) छुड़वाकर लोहा (लोहाजड़) दिया, उससे मोह नहीं करना चाहिए। अंततः गुरु ने उसे पुनः “चांदो” नाम प्रदान किया। चांदोजी ने गुरु के समक्ष स्वीकार किया कि उसने अब अभिमान और बड़ाई का त्याग कर दिया है। वह धर्मनियम जानकर उनका पालन करना चाहता है। यहाँ से उसका जीवन एक साधक के रूप में प्रारंभ होता है। गुरु जाम्भोजी ने उसे “सुकरणी” (श्रेष्ठ आचरण) करने का उपदेश दिया। कहा कि ऐसी करणी करो, जिससे इस दुस्तर संसार-सागर को पार किया जा सके। गुरु जाम्भोजी ने चांदो को दो मुख्य कार्य साधु सेवा और गौ सेवा सौंपा। साधु सेवा के अन्तर्गत उसे भंडारे का कार्य दिया गया। आने वाले सभी साधुओं की सेवा, भोजन और व्यवस्था की जिम्मेदारी सौंपी गई। गोसेवा के अन्तर्गत गुरु ने विशेष रूप से कहा कि नंगे पैर (उभाणे) गाय चराने से जीव हत्या के पाप नष्ट होते हैं। जो 12 वर्ष तक नंगे पैर गाय चराएगा, वह यमलोक नहीं जाएगा। गुरु जाम्भोजी के पास जितने भी “मुंदराले साधु” आए, उन्हें भंडारों में सेवा का कार्य सौंपा गया। जो साधु स्वयं को ब्रह्मज्ञानी और महान योद्धा मानते थे, वे भी गुरु के सान्निध्य में आकर किसान और सेवक की तरह कार्य करने लगे। यहाँ स्पष्ट संदेश है कि सच्ची साधना ज्ञान या शक्ति में नहीं, बल्कि विनम्र सेवा में है। लोहाजड़ ने आगे चलकर लोहावट गाँव बसाया और जीवन भर भंडारे का महंत बना रहा। उसे गुरु द्वारा दिया गया पशुधन “चांदै की थाट” कहलाया। गुरू जाम्भोजी ने उन्हें थाट सौंपते समय कहा था कि दुध, दही पीयो और पावो। चांदोजी का जीवन अत्यंत अनुकरणीय बन गया था। वह कंधे पर दो कावड़ों में चार घड़े रखकर पानी लाता और साधु संतो को पिलाता। स्वयं श्रम करके सेवा कार्य करते थे। उसकी यह सेवा इतनी श्रेष्ठ मानी गई कि गुरु ने उसे स्वर्ग का फल प्रदान किया। चांदोजी लोहावट गांव की भाखरी (पहाड़ी) पर विश्राम करता था। उसकी दृष्टि में अब परिवर्तन आ चुका था। अब लोहावट की भाखरी (पहाड़ी) ही उसे काश्मीर प्रतीत होने लगी थी, तथा साथरी ही उसे गोरखनाथ की हटड़ी के समान लगी। यह दर्शाता है कि जब दृष्टि बदल जाती है, तो साधारण स्थान भी दिव्य बन जाता है। गुरु की कृपा से चांदो को दूध, दही, चावल का उत्तम भोजन मिलता था। किसी राजा का दंड नहीं और किसी चोर या तस्कर का भी भय नहीं था। यह जीवन निर्भयता, संतोष और स्वतंत्रता का प्रतीक था। गुरु जाम्भोजी की कृपा से जुक्ति (युक्तिपुर्ण जीवन) और मुक्ति (मोक्ष) दोनों ही प्राप्त होती हैं। चांदोजी ने इसी विश्वास के साथ निरंतर गुरु की उपासना की और अपने जीवन को पूर्णतः सेवा और साधना में समर्पित कर दिया:-

लोहाजड़ कै सिर दीन्हा हाथा, सांई जनम न छोडू साथा। हरिजी पाप हिये तां हड़ियो, स्याम कहै लोहो किम जड़ियो।
जिहिं गुर की धुर आयों सांव, तिहिं लोहाजड़ राख्यौ नांव। मात पिता साथै तब सांव, तद ते जो चांदो थो नांव।
लोहजड़ नांव लोह जेहि जड़ियो, चांदों नाम जदो उन हड़ियौ। चांदी रेड़ लोह लियो जबही, ता गुर मोह न कीजै कबही।
आयौ सरण तुम्हारी स्यामां, आप देवौ सौई अब नांमां। पारब्रिहम अब लियौ पिछाणी, चांदो नाम दियौ हरि जाणीं।

सतगुर दीन्हीं सीख सवांता, पारब्रिह्म युं कियो पांता। गुर जांभेसुर हुवौ सहाई, नाटक चेटक दिये चलाई।
लोहाजड़ लोहावट बसायो, भंडारै रो महंत रहायो। गुरु पै आया दरसणी, गुरु जंगल थल जाम।
मूदराला सब सिद्ध हुवा, करै भंडारै काम। भंडारै में कर रहे कामां, सांमत जोध बड़ा ब्रियामां।
हरि चरणें सब ही चित लावै, करसणि जसै काम कमावै। चांदों कहै सतगुर अब सुणियौ, धर्म नेम हिरदै में गुणियो।
मदसुधन कह दीजै भेवा, करणी मोहि दाखवो देवा। चांदो कहे वचन प्रवांणा, तजी बड़ाई मूक्यौ माणा।
करता कहै सुकरणी करो, जिहिं करणी ता दुस्तर तरो। गुर जांभेसर दाखे भेवा, स्याम कहै कर साधां सेवा।
पारब्रह्म यौ आयो भावा, करता कहै तूं गऊ चरावा। गऊ उभाणौ चारै कोई, जीव हत्या अघ नासै सोई।
बारा बरस उभाणों चारै, सो नर जाय न जम के द्वारे। वित जांभांणो दीनों खाटा, चांदै तणी कहावे थाटा।
चांदो मन में खरो सधीरा, कांधे कावड़ ढोवे नीरा। च्यारूं कुंभ कावड़ बो बे लिये, स्यांम सुरग सेवा ते दिये।
भोम थली लोहावट गावां, तांहा भाखरी करे विसरामां। कासमेर भाखरी करि मानौ, गोरख हठड़ी साथरी जांनो।
भंडारो बुधर कर दियो, दुध धई वो पावो अरु पीवो। गुरु तूठा सुख दीनां घणां, दूथ धई चावल जीमाणा।
ठाकर चाकर कोइय न अड़ेहे, राज न डंडे तसकर ने हड़ेहे। गुरु मिल्या जब ऐ सुख जोइये, जुक्ति मुक्ति हरि तूठां होइयै।
एहि विधि गुरु की किवि उपासा, अंत्रजामी पूरवी आसा। अंत्रजामी आयो भाय, लोहजड़ कथा कही समझाय।

03. लोहावट में मालदेव को ज्ञानोपदेश:- एक समय मुले पुरोहित ने जोधपुर के शासक राव गांगा के दरबार में गुरू जाम्भोजी की महिमा का बखान किया। यह सुनकर उनके पुत्र मालदेव ने लोहावट में गुरू जाम्भोजी के दर्शन किए। मालदेव के कतिपय प्रश्नों के उत्तर भी गुरू जाम्भोजी ने तीन सबदों में दिए। परमानंदजी बैनिवाल कृत हस्तलिखित ग्रंथ में सबदवाणी के गद्य प्रसंगों में यह उल्लेखित है:- "राव मालदे पुछे- झांभाजी थांहरी आदि उतपुति कहो। झांभोजी श्री वायक कहे- सहंस नांव सांई भल संभु .... पावो मोख दवारा। मालदे कहे- झांभाजी पहलां कुण उपाया ? झांभोजी श्री वायक कहे- ओउं आदि सबद अनाहद बाणी .... उपना व्रंभा अर तिप्रारी। मालदे कहे- अलख संभु कहो, सो कुण उपायो ? पहलां क्योई बीजो ही हुतो ? झांभोजी श्री वायक कहे- आपि अलख उपनां संभु .... हो राजिंदरे लेह विचारूं। मालदे कहे- देवजी सीख द्यो। झांभोजी कहे- जको राजवी दया धर्म पालिसी। विसनोई को तागो पालसी। मरजाद मां रहिसी। ते राजवी के राज रीध खड़ग सिध होसी। मेटे जिंह के राज रीधि खड़ग सिध जायसी। सतगुरू कही साच करि मानी।" साहबरामजी राहड़ के गुरू एवं जाम्भा 'आगूणी जागा' के तत्कालीन महंत गोविंदरामजी गोदारा कृत "लोहावट साथरी की महिमा" में कवि ने गुरू जाम्भोजी की महिमा का वर्णन करते हुए लिखा है कि गुरू जाम्भोजी लोहावट में रूके थे, जहां उनकी मुलाकात जोधपुर के शासक राव मालदेव से हुई। गुरू जांभोजी ने राजा को परचा दिया। उस स्थल पर भलुंडिया गौत्र के एक गुरूमुखी विसनोई ने गुरू जाम्भोजी के चरण पादुका का सिंघासन स्थापित किया था:-

पूर्ण गुरू परमात्मा, अविगत अलख अभेव। जंभगुरू महाराज है, देवां ही अतिदेव।
देवां ही अतिदेव सृष्टि ओतार जु लीन्हो। लोहावट कर वास, राजन कुं परचो दीन्हो।
जोधांणै रो मालदेव, सांगो रांण चित्तोड़। रावल जैतसी परचवहु, पगे पड़ए कर जोड़।
विसनोई सो गुरूमुखी, जात भलुंडिया जांण। चरण पादुका मेल्ह कर, थाप्यो सिंघासण आंण।

सुरजनजी पुनियां कृत "कथा परसिध" में उल्लेख है कि गुरु जाम्भोजी संवत 1584 में लोहावट पहुँचे थे। यहां के जंगल में उन्होंने एक बाल ग्वाल उदोजी को अपना साथी बनाया था। इसी जंगल में राव मालदेव से भी उनकी भेंट हुई थी:-

साम ही साथ मारू सु संगी, जोधाण राण मालदे जगी। बाल गुवाल सुं बंधि बेला, चोरासिये वास उदा स अकेला।१२०

उक्त बाल ग्वाल उदोजी भलुंडिया, जीवणजी के पोते और रूघोजी के बेटे थे। जो बाल्यावस्था में लोहावट के जंगल में अकेले गाय चरा रहे थे। गुरू जाम्भोजी ने उनके व्यवहार से प्रसन्न होकर उसे अपने चरण चिह्न युक्त पत्थर प्रदान किया था। उक्त पत्थर को रखने हेतु भलुंडिया परिवार ने एक पत्थरों का सिंघासन बनाया था। जो आज भी लोहावट साथरी में मौजूद है। भलुंडिया गौत्र के बही भाटों के अनुसार गांव मूंदड़ासर (नागौर) के भलुंडिया गौत्र के जाट जैसोजी के पुत्र जैतोजी, रामूजी व सुरतोजी हुए। जिनमें जैतोजी के पुत्र जीवणजी ने विसनोई धर्म अपनाकर गांव जांगलू में निवास किया। फिर जांगलू से लोहावट आकर बसे। और गुरू जाम्भोजी के लोहावट आगमन के समय इन्हीं जीवणजी के पोते उदोजी से गुरू जाम्भोजी का मिलन हुआ था।

04. रामड़ावास से लोहावट आगमन:- गुरु जाम्भोजी के जीवन में उनके भ्रमण (धर्म-प्रचार यात्राओं) का विशेष महत्व रहा है। विभिन्न साथरियों, ग्रामों और वन क्षेत्रों में प्रवास करते हुए उन्होंने न केवल लोकमंगल का कार्य किया, बल्कि अपने अनुयायियों के साथ प्रत्यक्ष संपर्क स्थापित कर धर्म के सिद्धांतों को व्यवहार में उतारा था। साहबरामजी राहड़ कृत जंभसार के 20वें प्रकरण में वर्णित है कि गुरू जाम्भोजी रामड़ावास से आते वक्त लोहावट में तीन दिन रूके थे। प्रात:काल को गुरू जाम्भोजी ने प्रयाण किया, और रात को जंगल में रहे। दूसरे दिन लोहावट आए। यहां लोहाजड़ से उनकी भेंट हुई। लोहाजड़ ने सभी संतो को भोजन कराया। चीनी का सीरा (हलवा) बनाया। पुड़ी, कचोरी, फुलका, फीणी, खीर, शक्कर और घृत से युक्त भोजन कराया। तीन दिन तक लगातार लोहाजड़ ने इसी प्रकार सेवा की। लोहाजड़ की निष्कपट भक्ति और सेवा से गुरु जाम्भोजी अत्यंत प्रसन्न हुए। उन्होंने उसकी भेंट को स्वीकार किया और उसे आशीर्वाद प्रदान किया। इस प्रकार तीन

दिनों तक लोहावट में निवास करने के पश्चात गुरु जाम्भोजी ने आगे की यात्रा का निर्णय लिया और मुंजासर साथरी की ओर प्रस्थान किया:-
एक दिवस प्रभु बड़ी सवेरा, चली जमात वार नहि पारा। मेवासे की पाहाड़ी रहे, ताही तै मैवासो कहे।
प्रात काल प्रभु किन पयानो, एक मंजल जंगल रहे जांनो। दूसरे दिन लोहावट गऐ, लोहजड़ नाथ भेठ बहू दऐ।
सब संतन कूं भोजन दियो, खूब खांड को सीरो कियो। पुरी कचोरी फुलका फीणी, खीर खांड घृत धारा झीणी।
तीन दिवस लग असै सेवैहि, तन मन धन सब गुर कूं देवहि।
लोहाजड़ की भेठ ले, प्रसन्न भये जंभ राज। मुंजासर की साथरी, कियो पयाणों आज।

05. लोहावट साथरी:- इस साथरी के चारों ओर जंगल स्थित है।साथरी के पास ही दक्षिण-पश्चिम की ओर एक ऊँचे और बड़े धोरे को "संभराथल" का रूप मान कर "धोक धोरो" कहते हैं जहाँ पर गुरू जाम्भोजी ने हवन किया बताते हैं। साथरी में एक पत्थर का सिंघासन मौजूद है जिसमें गुरू जाम्भोजी के चरण चिह्न विराजमान है। ये चरण चिह्न एक पत्थर पर अंकित है। गोविंदजी गोदारा कृत 'लोहावट साथरी की महिमा' के अनुसार यह सिंघासन भलूंडिया गौत्र के एक विसनोई ने स्थापित किया था:-
विसनोई सो गुरूमुखी, जात भलुंडिया जांण। चरण पादुका मेल्ह कर, थाप्यो सिंघासण आंण।
इस रचना में कवि ने आगे लोहावट साथरी की महिमा का वर्णन करते हुए लिखा है कि गुरू जाम्भोजी के चरण पड़ने से यह भूमि पवित्र हो गई है और इस पवित्र भूमि में साथरी स्थापित हुई। इस साथरी में पूजा करने सब दुख दुर हो जाते है:-
वृदांवन की रैण का, पावन सुध सरूप। ज्यूं जंभ गुरू के चरण सुं, भूमि भई अनूप।
सो भूमि भई साथरी, कहीय कारण कूण। यह संतो संसय हरो, कृपा करो सुख भूण।
गुरीष्ट मांहि प्रवीण, जो बुद्धि भगतां तणी। निश्चयै कर सरूप, तातै कहियै साथरी।
अर्थ धर्म अरू कामना, जो चहै पर निर्वाण। साथरी सु पूजा करै, विविध प्रकार सुं आंण।
जंभ धांम आय कर, जप तप जमा जगाईये। नेम करत धरत ध्यांन, विष्णु गुण गाईयै।
नर नारी सब आय, मेवा मिष्टांन लाय, होम जाप धूप खेय, चित कुं लगाईयै।
सात परकम्मा देवै, सब दुख हर लेवै, मान मद दूर कर, पाप कुं बहाईयै।
कहै साध गोमदराम, सबन को सारै काम, जांभैजी की साथरी कुं, सीस आय नवाईयै।
जंभ गुरू पूरण बह्मा, संत सबै सिरमोर। गोयंदराम विनय करै, सीस निवाय कर जोर।
जंभगुरू धर्मालय, निरधारां आधार। सारद सेस महेस मुनि, कोउ न पावै पार।
भक्तांधीन सो जंभ गुरू, धर्म चलायो सार। विष्णु धर्म की उपासना, क्रिया नेम अचार।
भांग तमाखु छोतरा, अमल मास मद पांन। विष्णु उपासी एहि तजै, हिरदै तत सुजांन।
कवि लोहावट साथरी की महिमा का बखान करते हुए अंतिम छंदों में लिखते है कि साध गुमानीराम जी ने विक्रम संवत 1800 फागुण बदि 13 को इस साथरी की शालाओं (कमरों) का निर्माण कराया था:-
संवत अठार सै समै, ओर सईको मांन। फागुण मासे आदिही, तिथि तिरियोदश जांन।
साथरी की साला बणी, सोई समईयो जांण। साध गुमानीराम जी, साल कीवी हित मांण।
लोहावट साथरी से संबंधित संत:- साहबरामजी राहड़ कृत जंभसार के 22वें प्रकरण में सोलह साथरियों की सूची में लोहावट साथरी का भी नाम है। साहबरामजी राहड़ के अनुसार गुरू जाम्भोजी ने लोहावट साथरी की सेवा का दायित्व लाधोजी को सौंपा था:- "लोहावट लाधोजी रहहे, सेवा कर हरि लोकहि जहहे।" संवत 1873 आसोज बदि 2 रविवार को लोहावट में साध हरिकिशनजी ने एक पत्री विसनोई मंदिर काट के महंत गंगारामजी के नाम लिखी थी। जिनमें उनके पैरों में हुई पीड़ा का हाल चाल पुछा था। गंगारामजी ने ही 'विसनोई मंदिर कांट' की स्थापना की थी। हरिकिशन ने पत्र में लिखा है कि वे गांव लोहावट में थापन करमोजी के घर पर बैठे है। और साथ में थापन केसोजी भी है। साध हरिकिशनजी के शिष्य परसरामजी ने भी लोहावट में रहते हुए संवत 1878 से 1879 के मध्य ग्रंथांक 69, 70, 71, जा. प्रति, 122 लिपिबद्ध किए थे। साध पीताम्बरदासजी ने भी लोहावट में रहते हुए संवत 1881 को ग्रंथांक 24, 25 लिपिबद्ध किए थे। ताजोजी के शिष्य गंगारामजी ने विसनोई मंदिर कांट की स्थापना की थी। उनके शिष्य सूरतरामजी उनके उत्तराधिकारी शिष्य बने थे। दुसरे शिष्य गुमानीरामजी ने लोहावट साथरी की शालाओं का निर्माण करवाया था। गुमानीरामजी के शिष्य क्रम में वृंदावनजी व बालकदासजी हुए। बालकदासजी के शिष्य नेनुरामजी लोहावट साथरी के महंत रहे। उनके उतराधिकारी शिष्य मंहत सूरजाराम बने। सूरजारामजी का जन्म संवत् 1971 में हुआ था, और संवत 1997 में उन्होंने भेष धारण किया था।

06. हस्तलिखित सामग्री की प्राप्ति:- लेखक ने इन सभी हस्तलिखित ग्रंथों से सम्पूर्ण विसनोई साहित्य को संकलित करके, कवि कालक्रमानुसार व्यवस्थित करके तीन भागों (जंभकाल का साहित्य, विल्हकाल का साहित्य और उत्तरकाल का साहित्य) में प्रकाशित कराया है। हीरालालजी माहेश्वरी को लगभग सन् 1960-70 के मध्य लोहावट साथरी से निम्न हस्तलिखित सामग्री प्राप्त हुई थी:-

01. ग्रंथांक-01:- यह 04 पन्ने है जो कि अनुमानत: संवत 1850 के आसपास लिपिबद्ध है। इसमें केसोजी कृत कथा बाल चिरत (61 छंद)

लिपिबद्ध है।

02. ग्रंथांक-02:- यह 03 पन्ने है जो कि अनुमानतः संवत 1850 के आसपास लिपिबद्ध है। इसमें ये रचनाएं है:- (क). उमाहो- 21 दोहे, वील्होजी कृत (ख). पतवो- 10 दोहे, आलमजी कृत (ग). हरजस- 01, ऊदोजी नैण कृत।

03. ग्रंथांक-03:- यह 10 पन्ने है जो कि अनुमानतः संवत 1850 के आसपास लिपिबद्ध है। इसमें ये रचनाएं है:- (क). उदै अतली की कथा- 77 छंद, केसोजी कृत (ख). कथा सैंसे जोखाणी की- 106 छंद, केसोजी कृत।

04. ग्रंथांक-04:- यह 02 पन्ने है जो कि अनुमानतः संवत 1800 के आसपास लिपिबद्ध है। इसमें वील्होजी कृत उमाहो (22 छंद) है।

05. ग्रंथांक-05:- यह 09 पन्ने है जो कि अनुमानतः संवत 1850 के आसपास लिपिबद्ध है। इसमें वील्होजी कृत अवतार चिरत जांभैजी का (140 छंद) लिपिबद्ध है।

06. ग्रंथांक-06:- यह 03 पन्ने है जो कि संवत 1896 मिगसर सुदि 4 मंगलवार को रामदासजी के शिष्य द्वारा लिपिबद्ध है। इसमें गोकलजी कृत परची (37 छंद) और 02 कवित्त लिपिबद्ध है।

07. ग्रंथांक-07:- यह 06 पन्ने है जो कि अनुमानतः संवत 1800 के आसपास लिपिबद्ध है। इसमें केसोजी कृत लोहापांगल की कथा (187 छंद) लिपिबद्ध है।

08. ग्रंथांक-08:- यह 05 पन्ने है जो कि अनुमानतः संवत 1900 के आसपास लिपिबद्ध है। इसमें गोकलजी कृत जंभ स्तुति (45 छंद) और जंभाष्टक (05 श्लोक) लिपिबद्ध है।

09. ग्रंथांक-09:- यह 01 पन्ना है जो कि अनुमानतः संवत 1875 के आसपास लिपिबद्ध है। इसमें पोकरजी कृत नुगरी सुगरी को झगड़ो (16 छंद) लिपिबद्ध है।

10. ग्रंथांक-10:- यह 04 पन्ने है जो कि अनुमानतः संवत 1850 के आसपास लिपिबद्ध है। इसमें वील्होजी कृत दुणपुर की कथा (60 छंद) लिपिबद्ध है।

11. ग्रंथांक-11:- यह 11 पन्ने है जो कि संवत 1887 आषाढ वदि 3 को गंगाविसनजी के शिष्य फरसरामजी द्वारा गांव सिसवाल में लिपिबद्ध है। इसमें उदोजी अडिग कृत विष्णु चरित (109 छंद) लिपिबद्ध है।

12. ग्रंथांक-12:- यह 10 पन्ने है जो कि संवत 1877 जेठ द्वितीय बदि 9 को पिताम्बरदासजी द्वारा लिपिबद्ध है। इसमें केसोजी कृत कथा बाल चिरत (61 छंद) लिपिबद्ध है।

13. ग्रंथांक-13:- यह 25 पन्ने है जो कि संवत 1888 जेठ सुदि 4 सोमवार को लिपिबद्ध है। इसमें ये रचनाएं है:- (क). तलाब की कथा- केसोजी कृत (ख). उदै अतली की कथा- 76 छंद, केसोजी कृत।

14. ग्रंथांक-14:- यह 09 पन्ने है जो कि अनुमानतः संवत 1850 के आसपास लिपिबद्ध है। इसमें ऊदोजी नैण कृत 45 कवित्त है।

15. ग्रंथांक-15:- यह 05 पन्ने है जो कि संवत 1888 भादवा सुदि 14 मंगलवार को गंगारामजी के शिष्य साध गुमानीरामजी द्वारा गांव रासीसर में लिपिबद्ध है। इसमें वील्होजी कृत 44 कवित्त है।

16. ग्रंथांक-27:- यह 26 पन्ने है जो कि संवत 1880 को पिताम्बरदासजी द्वारा जयपुर में लिपिबद्ध है। इसमें वील्होजी कृत जांभोजी का अवतार चिरत कथा (140 छंद) है।

17. ग्रंथांक-28:- यह 02 पन्ने है जो कि अनुमानतः संवत 1850 के आसपास लिपिबद्ध है। इसमें ये रचनाएं है:- (क). पुन्ह पैंतीस (ख). लुरा (ग). सती लुगाईयां की पुन्ह (घ). राजवियां री विगत।

18. ग्रंथांक-29:- यह 10 पन्ने है जो कि संवत 1892 भादवा वदि 3 मंगलवार को लिपिबद्ध है। इसमें ये रचनाएं है:- (क). अवतार विगति- 45 छंद, गोकलजी कृत (ख). इंदव छंद- 32, गोकलजी कृत।

19. ग्रंथांक-30:- यह 10 पन्ने है जो कि अनुमानतः संवत 1875 के आसपास लिपिबद्ध है। इसमें मयारामजी कृत अमावस्या कथा (144 छंद) है।

20. ग्रंथांक-31:- यह 04 पन्ने है जो कि संवत 1876 भादवा सुदि 4 मंगलवार को लिपिबद्ध है। इसमें केसोजी कृत तलाब की कथा है।

21. ग्रंथांक-32:- यह 10 पन्ने है जो कि संवत 1887 आसोज सुदि 10 बुधवार को मंहत हरकिसनजी के शिष्य परसरामजी द्वारा जांभा में लिपिबद्ध है। इसमें मयारामजी कृत अमावस्या कथा (145 छंद) है।

22. ग्रंथांक-33:- यह 12 पन्ने है जो कि संवत 1925 आसोज वदि 6 सोमवार को लिपिबद्ध है। इसमें उदोजी कृत विष्णु चरित्र (110 छंद) है।

23. ग्रंथांक-34:- यह 06 पन्ने है जो कि संवत 1885 कार्तिक सुदि 5 को साधु गोविंदरामजी द्वारा गांव जांभा में लिपिबद्ध है। इसमें उदोजी कृत विष्णु चरित (110 छंद) है।

24. ग्रंथांक-35:- यह 09 पन्ने है जो कि संवत 1897 आषाढ वदि 6 को साध गंगाविसनजी के शिष्य फरसरामजी द्वारा गांव सीसवाल में लिपिबद्ध है। इसमें उदोजी कृत कका छतीसी (37 छंद) है।

25. ग्रंथांक-36:- यह 35 पन्ने है जो कि संवत 1885 को साधु गोविंदरामजी द्वारा लिपिबद्ध है। इसमें केसोजी कृत प्रहलाद चरित (594

छंद) है।

26. ग्रंथांक-37:- यह 03 पन्ने है जो कि अनुमानतः संवत 1950 के आसपास लिपिबद्ध है। इसमें केसोजी कृत मंगलाष्टक (43 छंद) है।

27. ग्रंथांक-66:- यह 117 पृष्ठों की एक पोथी है जो कि संवत 1820 से 1826 के मध्य लिपिबद्ध है। इसमें ये रचनाएं है:- (क). कबीर का रेख्ता- 01 (ख). प्रहलाद चरित- 595 छंद, केसोजी कृत, संवत 1820 आषाढ द्वितीय वदि 5 गुरूवार को दामोजी के शिष्य हरजी द्वारा गांव गुढा में पहराज सिहाग के घर पर सरूपोजी के वाचनार्थ लिपिबद्ध (ग). ध्रुचिरत- 208 छंद, जन गोपाल कृत, संवत 1820 को सुखलाल दुधाधारी के पोता शिष्य तथा नाथोजी के शिष्य कान्होजी द्वारा गांव गुढा में पहराज सिहाग के घर पर लिपिबद्ध (घ). मोहमरद राजा की कथा- 117 छंद, जन जगन्नाथ कृत, संवत 1820 आषाढ द्वितीय सुदि 6 शनिवार को सुखलाल दुधाधारी के पोता शिष्य तथा नाथोजी के शिष्य प्रेमदासजी द्वारा सरूपोजी के पठनार्थ गांव गुढा में पहराज सिहाग के घर पर लिपिबद्ध (ङ). कथा सुरगारोहणी- 217 छंद, केसोजी कृत, संवत 1820 आषाढ द्वितीय सुदि 8 सोमवार को दामोजी के शिष्य हरजी द्वारा गांव गुढा में पहराज सिहाग के घर पर सरूपोजी के वाचनार्थ लिपिबद्ध (च). धड़ाबंध- 53 छंद, वील्होजी कृत (छ). अवतार कथा- 240 छंद, सुरजनजी कृत (ज). चित्रामणी- 27 छंद, सुरजनजी कृत (झ). धरमचरी- 80 छंद, सुरजनजी कृत (ञ). चेतन कथा- 30 छंद, सुरजनजी कृत (ट). ग्यान महातम- 236 छंद, सुरजनजी कृत (ठ). छपइया उदैजी का- 54, उदोजी कृत, परमानंदजी बैनिवाल द्वारा लिपिबद्ध (ड). बहसोवन की कथा- 520 छंद, केसोजी कृत, संवत 1821 चैत्र वदि 10 शनिवार को दामोजी के शिष्य हरजी द्वारा गांव जांभोलाव में लालोजी जाणी की पोथी से लिपिबद्ध (ढ). वंशावली- अज्ञात कृत (ण). वाहन नाम- 28 (त). सुत नाम- 27 (थ). रिपु नाम- 28 (द). गुढार्थ- 82 सवैया (ध). हीराबेधी छंद- 10 (न). पद्मनी हस्तनी चित्रणी संखणी वर्णन, संस्कृत में- 05 छंद (प). गोत्राचार- 07 छंद (फ). वसंदर के नाम (ब). ईश्वर पार्वती संवाद (भ). आदि वंशावली (म). पच्चीस नाम (य). विवरस (र). स्तुति (ल). कलस (व). पाहल (श). बालक को मंत्र (ष). ग्यान तिलक- 105 छंद, सुरजनजी कृत (स). गज मोख- 70 छंद, सुरजनजी कृत (ह). कवित्त राम रासो का थापन सुरजनजी का कह्या- 364 छंद (क्ष). छींकारी आरजा (त्र). सतरज री विगत (ज्ञ). हीराबेधी- 01 छप्पय (अ). कथा अखाड़सिध की- 112 छंद, कनकदास कृत, खेता थापन द्वारा लिपिबद्ध, लिखवाया सरूपा अतीत ने (आ). कथा चितोड़ की- 128 छंद, केसोजी कृत, संवत 1824 आषाढ सुदि 11 को थापन अमरा व खेता द्वारा गांव चीड़ी में लिपिबद्ध (इ). साखियां- 101 (1). साखी कणां की- 08 (2). साखी छंदां की- 9-56 (3). साखी कणां की- 57-85 (4). साखी छंदां की- 86-95 (5). रंगीलो- 96, 55 छंद (6). साखी खेजड़ली की- 97, 12 छंद (7). साखी गोपीचंद की- 98, 38 छंद (8). आंबैलो- 99 (9). रामो की विनती- 100, 11 छंद (10). उमाहो- 101, 21 छंद, संवत 1826 भादवा सुदि 2 शनिवार को हरजी बैनिवाल द्वारा लिपिबद्ध (ई). फुटकर भजन आदि- जन रहमत-01, तुलसीदास-01, तुरसीदास-04, कबीर-01, अज्ञात-01, जन हरिदास-01, हीरानंद को हिंडोलणो, 24 अवतारों के नाम आदि है। (उ). पुल्हैजी की कथा- 23 छंद, वील्होजी कृत (ऊ). साखियां आदि। (ए). गोरख गणेश की गुसटि- 35 छंद, अज्ञात कृत, संवत 1825 फाल्गुन वदि 7 को हरजी द्वारा जीवण डारा की पोथी से गांव रासीसर में लिपिबद्ध।

28. ग्रंथांक-128:- यह 44 पन्ने है जो कि संवत 1885 को गोविंदजी द्वारा लिपिबद्ध है। इसमें सबदवाणी के 120 सबद (प्रसंग रहित) है।

29. ग्रंथांक-142:- यह 43 पन्ने है जो कि संवत 1886 आषाढ सुदि 10 शनिवार को कनीरामजी के शिष्य रामदासजी द्वारा गांव अलाय में लिपिबद्ध है। इसमें 63 साखी है।

30. ग्रंथांक-143:- यह 11 पन्ने है जो कि अनुमानतः संवत 1850 के आसपास लिपिबद्ध है। इसमें 14 साखी है।

31. ग्रंथांक-144:- यह 55 पन्ने है जो कि संवत 1891 भादवा वदि 5 रविवार को साध रावलजी के शिष्य विसनोई साध केसोदासजी द्वारा गांव भवानीपुर में लिपिबद्ध है। इसमें तुलसीदास, सूरदास, मीरां, जन हरिदास, नामदेव, रामदास, कबीर, माधोदास, अग्रदास, श्रीभट्ट, अनाथदास, मनसुखदास, दादु, ध्यानदास, व्यासदेव, परमानंद, वाजिददास, रज्जब, खेमदास, अमरदास, दीपराम, नरसी, तानसेन, तुरसीदास, काजी महमद, लालदास, विष्णुदास, सुंदरदास, गंगादास, रामलला, मिठु आदि के कुल 173 हरजस है।

32. ग्रंथांक-145:- यह 06 पन्ने है जो कि अनुमानतः संवत 1900 के आसपास लिपिबद्ध है। इसमें ये रचनाएं है:- (क). विष्णु 28 नाम स्तोत्र (ख). एक श्लोकी रामायण (ग). विष्णु शतनाम (घ). देवाधिदेव स्तोत्र (ङ). पार्वती ईश्वर संवाद गौत्राचार (च). वसंदर के 25 नाम (छ). आदि वंशावली (ज). पचीस नाम (झ). विवरस्य।

33. ग्रंथांक-146:- यह 02 पन्ने है जो कि अनुमानतः संवत 1850 के आसपास लिपिबद्ध है। इसमें बालक मंत्र तथा बड़ी नुवण है।

34. ग्रंथांक-158:- यह 01 पन्ना है जो कि अनुमानतः संवत 1900 के आसपास लिपिबद्ध है। इसमें उदोजी कृत घुमर और एक कवित्त है।

35. ग्रंथांक-159:- यह 01 पन्ना है जो कि अनुमानतः संवत 1850 के आसपास लिपिबद्ध है। इसमें ये रचनाएं है:- (क). विसनोई धर्म- 03 छंद, उदोजी कृत (ख). साखी उडारथ की- 04 छंद, रायचंदजी कृत।

36. ग्रंथांक-161:- यह 01 पन्ना है जो कि अनुमानतः संवत 1850 के आसपास लिपिबद्ध है। इसमें बड़ी नवण है।

37. ग्रंथांक-164:- यह 03 पन्ने है जो कि अनुमानतः संवत 1875 के आसपास लिपिबद्ध है। इसमें ये रचनाएं है:- (क). गुरू महिमा- मुरली कृत (ख). धुन- गंगादासजी कृत (ग). भजन- 02।

38. ग्रंथांक-165:- यह 01 पन्ना है जो कि अनुमानतः संवत 1900 के आसपास लिपिबद्ध है। इसमें उदोजी कृत दो आरती है।

39. ग्रंथांक-166:- यह 01 पन्ना है जो कि अनुमानतः संवत 1900 के आसपास लिपिबद्ध है। इसमें नुवण है।
40. ग्रंथांक-194:- यह 01 पन्ना है जो कि अनुमानतः संवत 1850 के आसपास लिपिबद्ध है। इसमें किशोरजी और केसोजी के 08 छंद है।
41. ग्रंथांक-195:- यह 01 पन्ना है जो कि अनुमानतः संवत 1900 के आसपास लिपिबद्ध है। इसमें लालदासजी कृत बारहमासा और पिताम्बरदासजी कृत एक भजन है।
42. ग्रंथांक-196:- यह 01 पन्ना है जो कि अनुमानतः संवत 1850 के आसपास लिपिबद्ध है। इसमें उदोजी कृत दो भजन है।
43. ग्रंथांक-197:- यह 01 पन्ना है जो कि अनुमानतः संवत 1900 के आसपास लिपिबद्ध है। इसमें मीठुजी कृत दो छंद है।
44. ग्रंथांक-212:- यह 42 पन्ने है जो कि संवत 1889 माघ सुदि 14 रविवार विसनोई साध गंगारामजी के शिष्य गुमानीरामजी द्वारा गांव काकड़ में लिपिबद्ध है। इसमें ये रचनाएं है:- (क). गीता माहात्म्य- दोहे चौपाइयों में (ख). दोहा- 01, उदोजी कृत (ग). छप्पय- 01, उदोजी कृत।
45. ग्रंथांक-266:- यह 01 पन्ना है जो कि अनुमानतः संवत 1850 के आसपास लिपिबद्ध है। इसमें हीरानंदजी कृत हिंडोलणो है।
46. ग्रंथांक-267:- यह 01 पन्ना है जो कि अनुमानतः संवत 1800 के आसपास लिपिबद्ध है। इसमें केसोजी कृत कुंडलिया (04 छंद) है।
47. ग्रंथांक-268:- यह 01 पन्ना है जो कि अनुमानतः संवत 1850 के आसपास लिपिबद्ध है। इसमें विगत 22 भंडारे की, गूगल की विधि तथा औषधियों की सूची है।
48. ग्रंथांक-283:- यह 01 पन्ना है जो कि अनुमानतः संवत 1850 के आसपास लिपिबद्ध है। इसमें हरिनंदजी कृत दो कवित्त और एक दोहा है।
49. ग्रंथांक-302:- यह 01 पन्ना है जो कि अनुमानतः संवत 1850 के आसपास लिपिबद्ध है। इसमें सुरजनजी कृत एक हरजस है।
50. ग्रंथांक-303:- यह 01 पन्ना है जो कि अनुमानतः संवत 1850 के आसपास लिपिबद्ध है। इसमें नरसीजी और केसोजी कृत कुल दो भजन है।
51. ग्रंथांक-327:- यह 83 पन्ने है जो कि संवत 1935 भादवा वदि 4 रविवार को महंत आतमारामजी के शिष्य साहबरामजी द्वारा गांव फिटकासनी में लिपिबद्ध है।
52. ग्रंथांक-352:- यह 01 पन्ना है जो कि संवत 1862 फाल्गुन सुदि 15 को लिपिबद्ध है। यह लोहावट गांव के लोगों की एक लिखत है इसमें धर्म नियम पालन करने संबंधी उल्लेख है।
53. ग्रंथांक-353:- यह 01 पन्ना है जो कि अनुमानतः संवत 1862 के आसपास लिपिबद्ध है। यह लोहावट गांव के लोगों की एक लिखत है इसमें धर्म नियम पालन करने संबंधी उल्लेख है।
54. ग्रंथांक-355:- यह 01 पन्ना है जो कि संवत 1989 फाल्गुन सुदि 11 को लिपिबद्ध है। यह एक रूक्का है इसमें पानी निकालने व पिलाने संबंधी नियमों का उल्लेख है।
55. ग्रंथांक-360:- यह 01 पन्ना है जो कि संवत 1883 फाल्गुन सुदि 8 को लिपिबद्ध है। इसमें लोहावट साथरी में मेवाड़ के विसनोईयों द्वारा चढावा चढाने का उल्लेख है।
56. ग्रंथांक-361:- यह 01 पन्ना है जो कि संवत 1878 मिगसर सुदि 2 को लिपिबद्ध है। यह एक परवाना है जो कि जोधपुर शासक मानसिंह द्वारा सांवड़ाऊ गांव में खेजड़ी आदि न काटने संबंधी आदेश है।
57. ग्रंथांक-407:- यह 01 पन्ना है जो कि अनुमानतः संवत 1850 के आसपास लिपिबद्ध है। इसमें अज्ञात कृत गोपीचंद का हरजस है।

07. अभिलेखीय अध्ययन:- हीरालालजी माहेश्वरी को लगभग सन् 1960-70 के मध्य लोहावट साथरी से निम्न अभिलेख प्राप्त हुए थे:-
01. परवाना-01:- हीरालालजी माहेश्वरी ने अपने शोधग्रंथ में ग्रंथांक-361 के रूप में इसका उल्लेख किया है। यह विक्रम संवत् 1878 मार्गशीर्ष सुदि 2 को लिपिबद्ध है। इस परवाने का लिप्यंतरण और हिंदी अनुवाद लेखक (राजकुमार गोदारा विसनोई) ने स्वयं मूल प्रति से किया है:-
मूल पाठ:- महाराजा मानसिंह की मोहर। सींघवीजी श्री हरखमलजी लिखावत गांव सांवड़ाऊ रा चौधरीयां लोकां दीसे तथा तलाव पीपड़ले रे आगोर मै लाय नाखजो मती नै खेजड़ीयां बाढजो मती नै लाखेटा री मुरड ले जावजो मती नै ले जावसी तीण कने श्री दरबार मै गुनैगारी लरीजसी ने खेच हुसी। संवत १८७८ री मीति मीगसर सुद २।
हिंदी अनुवाद:- श्री हरखमलजी सींघवी ने गांव सांवड़ाऊ के चौधरियों और लोगों को लिखा है कि तालाब पीपड़ले के आगोर में लाकर मत डालना। खेजड़ियां मत काटना। तालाब के लाखेटे की मुरड़ मत ले जाना। जो ले जाएगा उससे श्री दरबार में गुनहगारी ली जाएगी और खेंच होगी। विक्रम संवत 1878 मार्गशीर्ष सदि 2।
02. लिखत-01:- हीरालाल जी माहेश्वरी ने अपने शोधग्रंथ में इसका उल्लेख ग्रंथांक-352 के रूप में किया है। माहेश्वरी जी के अनुसार यह संवत 1862 फाल्गुन सुदि 15 को लिपिबद्ध है लेकिन यह त्रुटिपुर्ण है। मुझे मूल प्रति में संवत् की अंतिम संख्या 5 स्पष्ट रूप से लिखी हुई मिली थी। इसका लिप्यंतरण और हिंदी अनुवाद लेखक (राजकुमार गोदारा विसनोई) ने स्वयं मूल प्रति से किया है:-
मूल पाठ:- लिखत १ गांव लोहोअट रा चोधरीया विसनोया पंचां समतां कर दीनो छै। विसनोयां री नियात में ईतरी बात री मरजाद छै। बरयो

नै तमाकु नै खेजड़ी ओयण रो अमर झाड़ बाढण पाय नै। जै कैदायी कोई बाढै तो रूपीया ५) तो नाडी मांहे दे न रूपिया ५) श्री दरबार मांहे देयै। ईतरी बात री लीखत सारां पंचां क सीरै जासु लीख दीने छै। समत १८६५ रा फागण सुद १५ (पीछे के पेज पर) गुलफी राखण पय नै। जै राखै तो रूपिया ५) दरबार में दे ५) दे तलाइ में। इसके बाद भिन्न हस्तलिपि में लिखा है:- "श्री गांव नगीन म खेमजी न रीपियो एक दियो स साख गोबंदराम की साख उदराम की म साख मोतीरा की राघोदास जी दिनो रीपियो खेमदास जी न दिया स मनरूपदास जी क चेला की नुण मानजो।"

हिंदी अनुवादः- लोहावट गांव के चौधरियों, विसनोई पंचों और संतो ने एक लिखत की है। विसनोईयों की न्यात में इतनी बातों की मर्यादा होनी चाहिए। तम्बाकू का सेवन न करें। खेजड़ी ना काटे। ओरण के अमर झाड़ ना काटें। फिर भी अगर कोई काटे तो वो पांच रूपये तालाब में देवें। और पांच रूपये श्री दरबार में देवें। इतनी बातों की लिखत सभी पंचों ने मिलकर की है। विक्रम संवत 1862 फाल्गुन सुदि 15। (पीछे के पेज पर) गुलफी (जुल्फें) ना रखें। अगर रखी तो पांच रूपिया दरबार में और पांच रूपिया तालाब में देवें। इसके बादः- गांव नगीने में खेमेजी को एक रूपया दिया। जिसके साक्षी गोविंदराम, उदयराम, मोतीराम है। राघोदासजी ने खेमदास जी को रूपया दिया है। मनरूपदासजी के शिष्य की नुवण स्वीकार करना।

03. लिखत-02:- हीरालाल माहेश्वरी जी ने अपने शोध ग्रंथ में इसका उल्लेख ग्रंथाक-353 के रूप में किया है। माहेश्वरी जी के अनुसार यह लिखत अनुमानतः विक्रम संवत 1862 को लिपिबद्ध है। लेकिन लिखत के मूल पाठ के अनुसार यह लिखत जेठ सुदि (18)67 को थापन राऊ द्वारा लिपिबद्ध की गई थी। इसका मूल पाठ पुस्तक से लिया गया है, और हिंदी अनुवाद लेखक (राजकुमार गोदारा विसनोई) ने किया है:-

मूल पाठः- "लतु लोहावट रा चौधरीयां कर दीन छै। अमवस र दीन गर गोबर करता, चाकी फरतो, बेमरजादी बात करता, नत रा गुनगार मरीदा। खेजड़ी ओण बाढे तो नात रा गुनगार। नत सारी चौरासी खड़ रा लख दीना छै। घरबार र रा ५) रीपीया पंच दरबार रा देसी। नत रा गुनगारी, गुनगारी १) रीपीया सवा। मीती जेठ सद सतसीटे। दसतक थापन राऊ रा छै।"

हिंदी अनुवादः- लोहावट के चौधरियों ने एक लिखत की है। अमावस्या के दिन गोबर नहीं लिपना। चाकी नहीं फेरनी। मर्यादाहीन बात नहीं करनी। अगर ये किया तो न्यात के गुनहगार होंगे। खेजड़ी नहीं काटें, ओरण के झाड़ नहीं काटें। अगर काटे तो न्यात के गुनहगार। चौरासी खेड़े की न्यात ने यह लिख कर दिया है। अगर कोई गुनहगारी करेगा तो उसे पांच रूपये दरबार में जमा कराने होंगे और सवा रूपिया न्यात को।विक्रम संवत् 1867 जेठ सुदि। हस्ताक्षर थापन राऊ का है।

04. रूक्का-01:- हीरालाल जी माहेश्वरी ने अपने शोधग्रंथ में ग्रंथांक-355 के रूप में इसका उल्लेख किया है। यह एक्का (रूक्का) विक्रम संवत 1989 फाल्गुन सुदि 11 को लिखा गया था। इस अभिलेख का लिप्यंतरण और हिंदी अनुवाद लेखक (राजकुमार गोदारा विसनोई) ने स्वयं मूल प्रति से किया है:-

मूल पाठः- १९८९ रा फागण सुद ११। १ ऐको बीसनोई समस्तु भेला हो नै खास मै लीख दियो तथा नीचे मुजब सरते जाम्भेजी ने बीच में ले ने कर दियो है आ सरत नहीं नीभावेला सो जम्भेजी स बेमुख हवेला ने नीयात सु गुनेगारी रा रू ११) देसी ईण मे ऊजर करे नही पखाल भील तथा मेघवाला रे पीयाई सु पावै न्ही अगर हो सके तो घर री पखाल मेघवाल भीला ने देवे न्ही कदास मांगी देवे तो पाछी लाय ने धोवे ओ एको सारा भेला होय ने कीना छ ने भीला सु घड़े १ रो आदो आनो ले ने भरे। द।। ननुराम।

हिंदी अनुवादः- विक्रम संवत 1989 फाल्गुन सुदि 11 (सन् 1932 ईस्वी) को समस्त विसनोईयों ने इकट्ठा होकर यह एक्का लिख दिया। गुरू जांभोजी को साक्षी मानकर नीचे शर्ते लिखी गई है। जो इन शर्तों को नहीं मानेगा, वो गुरू जाम्भोजी से विमुख होगा। और न्यात को गुनहगारी के 11 रूपये देगा। इसमें किसी को आपत्ति नहीं होगी। अपनी पखाल से भील और मेघवालों के यहां पानी की आपुर्ति नहीं करेंगे। अगर संभव हो तो अपनी पखाल मेघवाल और भीलों को ना दें। अगर कभी उनके मांगने पर दे दी हो तो वापस लाकर धोयें। यह एक्का सबने मिलकर किया है। और भीलों से एक घड़े का आधा आना लेकर भरें। (नीचे ननुराम के दस्तखत किए हुए है)

05. चढावे की विगतः- हीरालालजी माहेश्वरी ने अपने शोधग्रंथ में ग्रंथांक-360 के रूप में इसका उल्लेख किया है। यह विक्रम संवत 1983 फाल्गुन सुदि 8 को लिपिबद्ध है। इसमें मेवाड़ के विसनोईयों द्वारा लोहावट साथरी के दर्शन करके साथरी में चढावा चढाने का उल्लेख है। इस अभिलेख का लिप्यंतरण और हिंदी अनुवाद लेखक (राजकुमार गोदारा विसनोई) ने स्वयं मूल प्रति से किया है:-

मूल पाठः- ।।श्री।। मेवाड़ र विसनोईयां रो चड़ावो गाम पुर का। २) रीपीया दोय। १) साद चचदास रो चड़ावो। १ चौधरी हजारी बागेला अमरा को। १ हजारी जी देवड़ा कालु को। १ हांसाजी देवड़ा नारायणजी। १ केवला बागेला धनाजी रो। १ हजारी राठोड़ नदाजी रो। १ खेमा मोयल गोमा। १ गींसा देवड़ा नाथाजी रो। १ राम देवड़ा गेंदा रो। १ गंभीड़ देवड़ा दला रो। १ जीवो थापन घासी। १ वरभ देवड़ा पुरा को। १ नगजी राठोड़ भोजा रो। १ ओनकारजी पंडत चवांण दौलाजी रो। १ कोगजी चावाण लुणांजी रो। १ गोपी हाडो हजारी। १ लालु भागेलो फता रो। १ चेनो मोहल गुलाबजी रो। समत १९८३ मिती फागण सुद ८ लोहावट की साथरी जांभाजी रो दरसण करन आया। १ गोरू देवड़ो भीमा को। १ हीराजी हाडां अणदोजी। १ बीड़दाजी रूपाजी रा। १ कजोड़ी पंवार गंभीरजी रो। १ दुंडो देवड़ा मेरामजी रो। १ तुलसा बागेला जसा। १ नारायणजी सागर हीराजी रो। १ बगतावर चौधरजी अमराजी रो।

हिंदी अनुवादः- मेवाड़ क्षैत्र के गांव पुर के विसनोइयों का चढावा। दो रूपया। एक साध चचदास का चढावा। एक अमरोजी बाघेला के पुत्र चौधरी

हजारी बाघेला। एक कालुजी देवड़ा के पुत्र हजारीजी देवड़ा। एक नारायणजी देवड़ा के पुत्र हांसाजी देवड़ा। एक धनाजी बाघेला के पुत्र केवलोजी बाघेला। एक नदाजी राठोड़ के पुत्र हजारीजी राठोड़। एक गोमाजी मोयल के पुत्र खेमाजी मोयल। एक नाथाजी देवड़ा के पुत्र घींसाजी देवड़ा। एक गेंदोजी देवड़ा के पुत्र रामजी देवड़ा। एक दलाजी देवड़ा के पुत्र गंभीड़जी देवड़ा। एक घासीजी थापन के पुत्र जीवोजी थापन। एक पुरोजी देवड़ा के पुत्र वरभोजी देवड़ा। एक भोजोजी राठोड़ के पुत्र नगजी राठोड़। एक दौलाजी चौहान के पुत्र पंडित ओंकारजी चौहान। एक लुणोजी चौहान के पुत्र कोगजी चौहान। एक हजारी जी हाड़ा के पुत्र गोपीजी हाड़ा। एक फताजी बाघेला के पुत्र लालुजी बाघेला। एक गुलाबजी मोहिल के पुत्र चेनोजी मोहिल। विक्रम संवत 1983 फाल्गुन सुदि 8 को लोहावट की साथरी पर गुरू जाम्भोजी के दर्शन करने आए। एक भीमाजी देवड़ा के पुत्र गोरूजी देवड़ा। एक अणदोजी हाडा के पुत्र हीरोजी हाडा। एक रूपोजी के पुत्र बिड़दोजी। एक गंभीरजी पंवार के पुत्र कजोड़ीजी पंवार। एक मेहरामजी देवड़ा के पुत्र धुड़ोजी देवड़ा। एक जसोजी बाघेला के पुत्र तुलसोजी बाघेला। एक हीराजी सागर के पुत्र नारायणजी सागर। एक अमरोजी के पुत्र चौधरी बगतावरजी।

08. अमर बलिदानी पुण्यात्माएं:- गुरू जांभोजी ने कहा था कि जो व्यक्ति विसनोई धर्म नियमों के रक्षा हेतु खांडे के समक्ष सिर समर्पित करेगा, उसे सहज ही साजोज्य मुक्ति प्राप्त होगी। इस कारण इतिहास में ऐसे अनेक विसनोई नर-नारी हुए, जिन्होंने विसनोई धर्म के नियमों की रक्षार्थ बलिदान दिया था। विसनोई समाज में इन धर्म योद्धाओं को 'सता-सती' कहा जाता है। लगभग प्रत्येक विसनोई कुल में ऐसे धर्मयोद्धा हुए थे, जिनके समाधि स्मारक आज भी मौजूद है। इनके स्मारक पर शहीदी दिवस के अवसर पर मेले लगते है। उस धर्मयोद्धा का पुरा कुल इकट्ठा होकर एक जाजम पर बैठता है, और उस 'सता-सती' से प्रेरणा लेकर विसनोई धर्म पर दृढ रहने की प्रतिज्ञा करता है। ऐसे ही लोहावट गांव के कुछ धर्मयोद्धाओं का परिचय आगे दिया जा रहा है:-

01. ढाका परिवार लोहावट:- लोहावट गांव में रामू जी ढाका के पुत्र सुरजण जी ढाका हुए, सूरजणजी का पहला विवाह लोहावट गांव के बागोजी खीचड़ के बेटे सुरोजी की पुत्री रेशमा खीचड से हुआ। दुसरा विवाह खरींगिया गांव के सुरताण जी गोदारा के पुत्र धूहड़जी की बेटी सजना गोदारा से हुआ। सुरजन जी ने लोहावट गांव में विक्रम संवत् 1662 को नाडी खुदवायी थी। इनके पुत्र अखोजी हुए, जिनका विवाह भींयासर गांव की राही पुनिया से हुआ। राही पुनिया ने अपने पुत्र हैदोजी और ससुर सुरजनजी के साथ विक्रम संवत 1664 भाद्रपद सुदि 4 को धर्मरक्षार्थ देवगति पाई। इस पर मैने एक छोटी सी काव्य रचना लिखी थी:-

जठे रेवे ढाका, बठे कदे न पड़े डाका। रल मिल भाइये, गाम बसायो ढाका।१
ढाका से चलिया, बसिया बिदुसर अ बलवान। साल सातसे पहले, बिदुसर सूं बोड़वी बसवान।२
मेहण जेड़ा मानवी, ढाका कुल री ढाल। मेहण रा पुत्र मोटा, रूड़ा कहीजै रायसाल।३
रायसाल जेड़ा रणवीर, बसे बोड़वी गांव। रायसाल पूत सपूत, सांतल जिणरो नांव।४
भोजा कल्ला रतना, सांतल के पुत्र तीनों। जाट जबर जोधार, लाग कदे नहीं दीनों।५
चोखो गांव चाडी, आ सियागां री ठोड़। पुल्हे री पुत्री हरू, सियाग भोजे जोड़।६
समत बंयाले साल, समराथल सतगुरू वरणे। भोजा कल्ला भाई, आया जंभगुरू के सरणे।६
विसनोई धर्म अपनाय, बम्बोर आया बामरले। भींया उदा भोजे रा, पुत हुए है असे विरले।७
लोहावट में लठ रोपियो, नाडी भोजेलाई खुदाय। उदोजी जोड़े भूरी, पीहर पीलवे जिणरो थाय।८
उदोजी के पुत्र धना, धर्म सां धन कमाय। धनोजी ढाका परणीया, चाखू गांव जाय।९
चौखो गांव चाखू, थोरी गोत रो थाट। पोला विसनोई हुआ, थोरी हता जाट।१०
धना के पुत्र भया, रामू कहीजै जिणरो नाम। नैनी सीगड़ परणिया, सासरो चूंडिया गाम।११
रामू भजै राम नै, जिणरा सुरजण पूत। घुड़ले रमता घरां, पुत हुआ ऐसा सपूत।१२
सुरजन परणिया बाघा पोती, लोहावट जिणरो गाम। सुरा खीचड़ री बेटी कहीजै, रेशमा जिणरो नाम।१३
दुजी परणिया सजना गोदारी, खरींगिया पीहर जाण। सुरताण पोती धूहड़ बेटी, गोत गोदारा को अभिमाण।१४
गण रूखाला गोदारा, किया गणायत महाण। समत बासठे साल, नाडी खुदाई सुरजाण।१५
सुरजण के पूत्र भया, अखोजी जांरो नाम। जोड़े राही पुनियाणी, भींयासर जिणरो गाम।१६
जगूजी री बेटी भणीजै, सत शील आ पालै। अखा पुत हैदा कहीजे, गाय चरावण चालै।१७
धाड़ेती धाड़ा पटकण, आया लोहावट गाम। ढाका के घर डाका पाड़ां, मेटां इणरो नाम।१८
जठे रेवे है ढाका, बठै कदेन पड़े डाका। तेग उठाई सुरजाण, कठे थारा आका।१९
सुरजण संग हेदा चाल, गौ बचावण जाय। रण झूंझे दादा पोता, गायां लिवी बचाय।२०
धाड़ेती मार धाम गिया, राखियो ढाके सार। ढाका कुल री ढाल, दादा पोता हुआ झूंझार।२१
भादव मास चांदणी चौथ, माता राही सत आय। समत सोला सै चोसठे, पुत हैदा हेत मिलाय।२२
राज गोदारा कथा कही, दोष न दीजो मोय। पढी सुणी बाता म्हे लिखी, आखर छंदा पोय।२३

02. खीचड़ परिवार लोहावट:- तेजरासर गांव के जाट सांतल जी खीचड़ के पांच पुत्र हुए, जिनमें से दो पुत्रों भाल्होजी और रामूजी ने विक्रम संवत् 1542 को विसनोई धर्म अपनाया। भाल्होजी के पुत्र कंवरपालजी, सदोजी, बीजोजी व उदोजी हुए। कंवरपाल जी ने बंधाला/खिंदाकोर में निवास किया। कंवरपाल जी के पुत्र देदो जी हुए, जो कि विक्रम संवत् 1562 को लोहावट गांव में बसे। देदोजी के वंशक्रम में क्रमशः भादोजी, मोटलजी हुए। मोटलजी के पुत्र सांवतजी व जैतोजी हुए।

क. रूपा पुनिया:- सांवतजी के पुत्र रूपोजी व धनोजी हुए, सांवतजी की पत्नी रूपा पुनियां चैत्र सुदि नवमी को देवगति को प्राप्त हुई।

ख. रूकमा खीचड़:- वहीं धनोजी की बहन/बेटी रूकमा खीचड़ भी देवगति को प्राप्त हुई।

ग. सूजी गोदारा:- जैतोजी के पुत्र सुरोजी का विवाह खरींगिया गांव के बनोजी गोदारा के बेटे मोटलजी की पुत्री सूजी गोदारा से हुआ। विक्रम संवत् 1665 माघ सुदि 13 को सूजी गोदारा अपने बेटे सिदजी सहित देवगति को प्राप्त हुई।

घ. कंवरी गोदारा:- सुरोजी के पुत्र हरचंदजी का विवाह पल्ली गांव के रूघोजी गोदारा के बेटे साजनजी की पुत्री कंवरी गोदारा से हुआ। विक्रम संवत् 1707 माघ सुदि 10 को कंवरी गोदारा अपने पति हरचंद जी के साथ देवगति को प्राप्त हुई।

03. सियाग परिवार लोहावट:- रूणिया गांव के सियाग गौत्र के जाट रेड़ोजी ने विशनोई धर्म अपनाया। रेड़ोजी के वंशक्रम में क्रमशः रेड़ोजी, कल्लोजी, रावलजी, तेजोजी, जैतोजी हुए। लोहावट गांव के जैतोजी सियाग का विवाह भोजासर गांव की चिम्मू सारण से हुआ। जैतोजी के पुत्र रूपोजी व जगमालजी हुए। रूपोजी सियाग अपनी माता चिम्मु सारण के साथ गौरक्षार्थ देवगति को प्राप्त हुए।

04. जाणी परिवार डाबड़ी:- जाणी गौत्र के जाट मुगलोजी ने विशनोई धर्म अपनाकर चाखू गांव में निवास किया। मुगलोजी के पुत्र बुधरजी जाणी हुए, बुधरजी के पुत्र वरियामजी संवत 1668 को चाखू गांव से लोहावट में बसे। वरियामजी के पुत्र लिछमणजी हुए। लिछमणजी के पुत्र सारंगजी हुए। सारंगजी के पुत्र बागोजी व रूघोजी हुए। रूघोजी का विवाह खिंदासर गांव के हरखोजी सिंवर के बेटे पांचोजी की पुत्री रूखमणी सिंवर से हुआ। रूखमणी सिंवर अपने पुत्र हरजी जाणी के साथ संवत 1701 को लोहावट गांव में विसनोई धर्म रक्षार्थ देवगति को प्राप्त हुई। फिर विक्रम संवत् 1702 को दोनों भाईयों बागोजी व रूघोजी ने लोहावट गांव छोड़कर डाबड़ी गांव में निवास किया।

11

खेजड़ली

01. परिचयः- खेजड़ली गांव जोधपुर जिले में है। यह जोधपुर शहर से लगभग 20-25 किलोमीटर दक्षिण-पूर्व में स्थित है। यह गांव इतिहास में पेड़ों की रक्षा के लिए दिए गए महान बलिदान के लिए विश्व प्रसिद्ध है। वर्ष 1730 ई. में यहां 363 विसनोई लोगों ने हरे पेड़ों (खेजड़ी) को कटने से बचाने के लिए अपने प्राण न्यौछावर कर दिए थे।

02. खेजड़ली की साखी

क. कवि परिचयः- हीरालालजी माहेश्वरी कृत शोधग्रंथ के अनुसार "गोकलजी बैनिवाल जोलियाली गांव (जोधपुर) के निवासी थे। खेजड़ली गांव में वृक्ष रक्षार्थ हुए खड़ाणे के ये प्रत्यक्ष दृष्टा थे, इन्होने इस खड़ाणे पर आधारित 'साखी खेजड़ली री' की रचना की। 363 विसनोईयों के बलिदान के साक्षी ये महापुरूष लगभग वि.सं.1790 को स्वर्गवासी हुए थे।" साहबरामजी राहड़ ने गोकलजी की साखी पर आधारित 'खेजड़ली की कथा' लिखी थी:-

गोकलजी साधू सुख दाता, ताकी साख सकल विख्याता। इह आगम गोकलजी कही, जसी कही तैसी लिख दई।

ख. साखी का सारः- इस साखी में वृक्षों के बदले जोधपुर के पास खेजड़ली गांव में 363 विसनोई स्त्री-पुरूषों के बलिदान होने का वर्णन है। यह घटना जोधपुर के शासक अभयसिंह के शासनकाल में घटी थी, इस घटना की पूर्णाहुति विक्रम संवत् 1787 के भादवा सुदि दशमी मंगलवार को हुई थी। साखी में वर्णित है कि जोधपुर राज्य के एक हाकिम गिरधरदास भंडारी ने पैसों के लिए खेजड़ली गांव का वन काटने का विचार किया। विसनोईयों के मना करने पर उसने कहा कि यदि पेड़ रखना है तो पैसे दो। इस पर विसनोईयों ने पेड़ो के बदले सिर देने का संकल्प किया। गिरधरदास भंडारी सेना लेकर आया और उसने वन कटवाना आरंभ करवा दिया। इसका पता लगते ही अनेक गांवों के सैंकड़ों विसनोई साका करने के लिए तुरंत एकत्र हो गए। वृक्ष रक्षार्थ अमृता बेनीवाल, अणदोजी भादु, चाचोजी बैनिवाल, उदोजी, कान्होजी, किसनोजी, दैराजजी आदि प्रमुख पुरूषों और दामी भादु, देऊ, चीमां भादु आदि महिलाओं सहित अनेक विसनोईयों ने अपने प्राण दिए। इस प्रकार कुल 363 स्त्री पुरूषों ने बलिदान देकर अपने विसनोई धर्म की रक्षा की। विसनोई धर्म में पेड़ों पर बलिदान होने का यह सबसे बड़ा साका है। इस साके से पहले व बाद में भी अनेक ऐसे अवसरों पर विसनोई लोगों ने अपने प्राण दिए है किंतु इतनी बड़ी संख्या में तागा करने का यह पहला उदाहरण ही है। गिरधरदास भंडारी के नेतृत्व में राजपुत सैनिकों द्वारा इतनी बड़ी संख्यां में निर्दोष विसनोईयों का जो कत्लेआम किया गया था, इसके प्रत्यक्ष दृष्टा गोकलजी बैनिवाल थे। इस कारण यह साखी आंखो देखे हाल पर आधारित होने से प्रमाणिक है:-

पण पालण पिसणां गंजण, रूंखा राखंणहार। जोधाणै जालिम तप्यौ, अजमलजी अवतार।१
इंणि कलि मां अजमाल सो, कोई राणा हुवौ न राव। तप मेटिया तुरकां तणां, किया अमर पसाव।२
वन राख्या वैरी गंज्या, जालिम किया जेर। पतिसाही ऊपर तज्यौ, थिर थांणौ अजमेर।३
पतिसाही रो पेखणो, पिसणां पुरो साल। पोहमी में परगट भयो, अरि गंजण अजमाल।४
हाकिम मति हरजी हरी, देखि ज कियौ दाव। डाकर करि डंड मांगिस्यां, ईणि विधि करो उपाव।५
विरच कह्यौ वन वाढिस्यां, करिस्यां वणी विणास। पण राखो तो पैसो दो, दाखै गिरधर दास।६
भंडारी भरमे मतै, विण बादर बैकांम। सिर सौंपा रूंखा सटे, म्हे टुकड़ो न दां दांम।७
दाग लगै जो दांम द्यां, पंथ मां पूणौ होय। पण राखां तो पांणी चड़े, कलंक न लागै कोय।८
चेल चाल बणीं करी, तसकर घात्यौ तांण। सिस पड़िया रूंख सूंपस्यां, पैलां किसो बखांण।९
सतरा सै सतियासियै, दसमी मंगलवार। भादव सुदि साधू खड़िया, खरतर खांडे धार।१०
कुंण पोहमी पंण मेटसी, धरम सह कुंण धीज। वन राख्या विसनोइयां, राठौड़ां री रीझ।११
राजा के मन रीझ, मन में मतो उपायो। हाकम सूं कर हेत, विध सूं वेग बुलायो।
बुलाय विध सूं बात पुछी, जस कीजै जो सवो। पाज पुन की बांधियै, नरपति कहे कीजै निवो।

निवेत करस्यां नींव थरपां, ग्यांन खोजो नरपति। बामण सरवण वियास, भोजग पुछियो जोगी जति।१
पढिया पुस्तक बांच, धोरी धरम बतावो। हाकम के मन जोर, दिल मै दाय न आवो।
दाय न आवे दूज राखी, पाप कुल को प्राणियो। राजकुल की रीत मैटे, करै भूंडी बाणियो।
साधु सुणियो स्यांम साचो, मेहर करे मोटा धणी। विसन दोसी भसम होयसी, वाद कर बाढै वणी।२
आवो हरि की बार, चेलो चोकस लागो। बरण मिल्या बोह भांत, तमक्या करस्यां तागो।
तागो तो करस्यां नहीं डरस्यां, ध्यान मन ऐसो धरो। मांण तज्या जो मांण रहसी, सिर सूंपो साको करो।
कियो साको हुई साक, तभड़कै भड़ वो भाजसी। सार बहसी सीस पड़सी, लांणती जद लाजसी।३
सिर सूंपै सुचियार, मुक्त करै गुरू भाई। खरतर खांडे धार, अंणदे तेग संभाई।
तेग संभाई हुवो तागो, नर नारी निसचै खड़िया। बिणियाल विरच्यौ चढी बांनी, पण राख्यौ पातक झड़िया।
झड़िया पातक हेत कर कै, दुख मेटियो दालद हड़ियौ। भली बणी बुरो न ताक्यौ, दिन दसवैं चाचो खड़ियो।४
करे क्यूं किरतार, सूरा सार संभावो। अक रण अपार, बेगा बार न लावौ।
बार न लावो हुवो बैगा, पाछा खिसां तो पण घटै। उदो सार संभाय आयो, सिर सूंपा रूंखा सटै।
सीस सूंपा नहीं कंपा, मरणै सूं मत कोई डरो। होयहो तब कवल गुरू को, सिर सूंपो साको करो।५
कर मन कोल करार, कांन्है कंध निवायो। किसना रै मन कोड, सर पर सर दे आयो।
सर दै ज आयो स्यांम ध्यायो, साख राखी सिर दियो। दैराज दरगे दाद पाई, जीव त्यागो जस लियो।
लियो जस जीण जीव काजै, आथ उर सूं परहरि। ग्यांन गुरू के ध्यांन धरियो, सुरत सुरगे संचरी।६
सुरगे सुख अपार, तन की तृष्णा भागी। कियो कवल कबूल, दांमी देह त्यागी।
देह त्यागी भरम भगो, सोभादे सांभली। कृपा हुई कुलोभ छुटो, पण राख्यौ पूगी रली।
रली पुगी राज करस्यां, काज करतार सारिया। सिध साधू विवांण चढिया, प्रभू पार उतारिया।७
बेऊ दाखै बैंण, राजी रिणवट आवो। चीमां जन्म सुधार, रतन काया धन पावो।
पावो तो काया तजो, माया मन को मोह निवारियो। कारवो तन कांम, कहै प्रभु पंथ सारियो।
वृक्ष पड़िया रिखी खड़िया, पंथ की पारख पड़ी। तागाला सूं धेख बांधी, हाकिम नै हतिया चड़ी।८
हत्या करह परांण, कुमति कुमत कुमाई। चैले के मन और, चौकस चाल चलाई।
चाल चलाई हुयो तागो, आसी क्युं अवसलै। बडो औसर खड़ियो, मांडी चाचो पहुंतो चौसलै।
खड़ग धारा खेल मंडियो, और आपो मारियो। ग्यांन गुरू के ध्यान धरियो, प्रभू काज सुधारियो।९
करता करै जो सार, राज करै कुफराणां। हरि ने पहुंता पार, विध सूं बात बखाणां।
बात बखाणां सत जाणां, पण राखो पुरा धणी। पापियां नै तुरंत पूगो, तागाला तीखी अणी।
अणी तीखी सुर पूर तके, आखर क्यूं ओदरै। पाछा खिसौ तो पण घटै, तंत लियां तागो करै।१०
तागांला सूं तांण, काल्हा कदे न कीजै। अंक का ऐनाण, दुख दे डाण न लीजै।
डाण न लीजै माण दीजै, बरण सतायो राणियौ। सरब सदा मन साख पारख, रीत कर मन भानियौ।
आपो तो मारे बेग सारे, दया पालै देखता। तीन सै तिरेसठ ऊपरि, पंथ पुरो पेखता।११
ओ तागो संसार, जुग मां जोर पिछाणो। सत मानै सुरताण, राजा राव बखांणो।
राव बखाणै सत जांणै, जीव काया राखै जुवो। खरा खोटा खबर लाभै, खेजड़ली खलकत हुवो।
मूल मरणो अमर नांहि, मोमण कियो मतो। खड़िया खांडै चड़िया चंवरी, करै अपछर आरतो।
जाति कुल की न्यात निहचै, पंथ परकाजै मिल्यो। गुण गुंथ गोकल कहै साखी, खेजड़ली खलकत संभल्यौ।१२

03. जंभसार में वर्णित खेजड़ली कथाः- साहबरामजी राहड़ कृत जंभसार के 23 वें प्रकरण में इस प्रसंग का आरंभ अत्यंत भावपूर्ण और दार्शनिक भूमिका से हुआ हैं। वे स्पष्ट करते हैं कि यह केवल एक ऐतिहासिक घटना नहीं, बल्कि धर्म, परोपकार और त्याग की चरम अभिव्यक्ति है। चारों वेद और छहों शास्त्र यह प्रतिपादित करते हैं कि जो मनुष्य परोपकार हेतु अपने शरीर का त्याग करता है, वही सच्चे धर्म का पालन करता है। इसी आदर्श को मूर्त रूप देने वाली यह खेजड़ली की कथा है। यह कथा उन लोगों की है जो प्रण पालन में अडिग रहे, जिन्होंने अधर्मियों (पिशाचों) का विरोध किया। और जिन्होंने रूंख (वृक्षों) की रक्षा को धर्म माना। इन्हें ही गुरु जाम्भोजी की "जमात" कहा गया है। इस प्रसंग में जोधपुर के राजा अजमलजी (अजीतसिंह) का विशेष उल्लेख मिलता है, जिन्हें एक तपस्वी और धर्मनिष्ठ शासक के रूप में चित्रित किया गया है। कवि लिखते है कि वे तपधारी और धर्मनिष्ठ राजा थे। उस काल में उनके समान कोई अन्य राजा, राणा या ठाकुर नहीं माना गया। उन्होंने तुर्कों और अधार्मिक शक्तियों का प्रभाव कम किया। संतों को संरक्षण दिया और उन्हें "अमर पसाव" प्रदान किया।अजमेर क्षेत्र तक वनों की रक्षा सुनिश्चित की। अत्याचारियों का दमन किया। यहाँ तक कि मुगल बादशाह भी उनके प्रभाव से

प्रभावित था। इससे स्पष्ट है कि अजमलजी (अजीतसिंह) केवल क्षेत्रीय शासक नहीं, बल्कि व्यापक प्रभाव वाले व्यक्तित्व थे। लेकिन इनके पुत्र अभयसिंह ने सन् 1724 में अपने पिता अजीतसिंह की हत्या करके जोधपुर की राजगद्दी हासिल कर ली। उनकी संगति से राज्य के अधिकारियों (हाकिम) की बुद्धि भी भ्रमित हो गई। उन्होंने यह विचार किया कि विसनोई लोग अकर (बिना कर के) होकर क्यों रहते हैं? इन्हें डराकर उनसे दंड (कर) वसूला जाना चाहिए। मुहते के इस विचार पर मंत्रणा की गई और सभी सरदारों से राय ली गई। जब यह प्रश्न उठा कि विसनोइयों से दंड कैसे लिया जाए, तब गिरधरदास ने एक षड्यंत्रपूर्ण उपाय सुझाया कि विसनोइयों के वनों को काटा जाए और उनसे कहा जाए कि यदि वे वन बचाना चाहते हैं, तो धन (दंड) दें। यह स्पष्ट रूप से पर्यावरण पर आघात के माध्यम से आर्थिक शोषण की योजना थी। इस योजना का मुख्य सूत्रधार गिरधरदास भंडारी था, जिसकी बुद्धि भ्रमित हो चुकी थी। उसने बिना किसी उचित कारण के राज्य को एक अनैतिक और विनाशकारी कार्य की ओर प्रेरित किया। गिरधरदास ने राजा अभयसिंह के सामने एक व्यावहारिक तर्क प्रस्तुत किया कि जांभाणी ओरण (विसनोई वन) में इतना वृक्ष है कि उससे करोड़ों मण कोयला बनाया जा सकता है। किले (गढ़) में लोहे के कार्य, तोप निर्माण और अस्त्र-शस्त्र बनाने के लिए, लोहा गलाने के लिए बहुत अधिक कोयले की आवश्यकता है। बिना कोयले के राज्य के सैन्य और निर्माण कार्य संभव नहीं हैं। इस प्रकार उसने राजकीय आवश्यकताओं का हवाला देकर वन विनाश को उचित ठहराया। अंततः गिरधरदास ने विशेष रूप से खेजड़ली के वन पर ध्यान केंद्रित करने का सुझाव दिया। राजा ने उसकी बात मानते हुए आदेश दिया कि खेजड़ली के लिए प्रस्थान करने की तैयारी करो। राजा के आदेश के पश्चात हाकम स्वयं खेजड़ली पहुँचा और विसनोई समाज के सामने अपने उद्देश्य को स्पष्ट किया। उसने वृक्षों को देखकर कहा कि तुम्हारे गांव की खेजड़ियाँ उत्तम हैं, इनसे उत्तम कोयला बनेगा। इसलिए पूरे वन को जड़ों सहित उखाड़ने का विचार है। यह केवल वृक्ष कटाई नहीं थी, बल्कि वन के पूर्ण विनाश की घोषणा थी। हाकम की इस बात का विसनोइयों ने स्पष्ट और निर्भीक उत्तर दिया कि जो इन वृक्षों को काटेगा, वह नरक का भागी होगा। यह उत्तर केवल विरोध नहीं, बल्कि धर्म का उद्घोष था, जिसमें वृक्षों को जीवधारी मानकर उनकी रक्षा को धर्म बताया गया। हाकम ने अपनी नीति स्पष्ट करते हुए कहा कि यदि वृक्ष काटने से रोकना है तो धन देकर बचाओ, अन्यथा वृक्ष काटे जाएंगे। यह सुनकर समस्त समाज स्तब्ध रह गया। यह स्थिति केवल आर्थिक नहीं, बल्कि धर्म और अधर्म के बीच खुली चुनौती थी। इस संकट की घड़ी में विसनोइयों ने गुड़ा गांव में एक विशाल सभा आयोजित की। सभा में समस्त विसनोई समाज के पंच व चौधरी उपस्थित हुए। हाकम का प्रतिनिधि "चेला" भी वहाँ आया। गंभीर विचार-विमर्श के बाद ऐतिहासिक निर्णय लिया गया कि वन किसी भी स्थिति में नहीं कटने देंगे, प्रत्येक वृक्ष के साथ एक मनुष्य अपने प्राणों का बलिदान देगा। यह निर्णय विश्व इतिहास में अद्वितीय है, जहाँ प्रकृति की रक्षा हेतु सामूहिक आत्मोत्सर्ग का संकल्प लिया गया। सभा का निर्णय सुनते ही हाकम का प्रतिनिधि (चेला) क्रोधित होकर चला गया और उसने जाकर तुरंत खेजड़ी पर प्रहार कर दिया। इसके परिणामस्वरूप विसनोइयों और हाकम के आदमियों के बीच झड़प (कलह) हुई, भगदड़ में किसी ने चेले के भी एक लट्ठ मार दिया। विसनोइयों ने स्पष्ट चेतावनी दी कि खेजड़ियों को काटने का मत सोचना, आवश्यकता पड़ी तो हम सिर देने को तैयार हैं। यह केवल शब्द नहीं, बल्कि आगामी बलिदान की उद्घोषणा थी। इस प्रतिरोध को देखकर चेला भयभीत हुआ और उसने विचार किया कि अभी पीछे हटना ही उचित है, पुनः संगठित होकर लौटेंगे। वह अपने साथियों सहित जोधपुर लौट गया। परन्तु उसके मन में संघर्ष की भूमिका तैयार हो चुकी थी। जिसके परिणामस्वरूप संवत 1787, भाद्रपद शुक्ल दशमी, मंगलवार के दिन विसनोईयों ने खड़ाणा (देह त्याग) का मार्ग अपनाया। वे खांडे की धार पर चढ़े, अपने प्रण की रक्षा हेतु मृत्यु को स्वीकार किया। यह उद्घोष था कि इस पृथ्वी पर कोई भी हमारी प्रतिज्ञा को नहीं तोड़ सकता। इस घटना के पश्चात संघर्ष व्यापक हो गया। 64 गांवों में संदेश भेजा गया, सम्पूर्ण "न्यात" (समाज) को बुलाया गया। संदेश स्पष्ट था कि अब धर्म और अधर्म का सीधा सामना होगा, धर्म का पालन न हो तो मृत्यु श्रेष्ठ है। समाज के प्रमुख चौधरी गुड़ा और खेजड़ली में एकत्रित हुए, डेरा डाला गया। साधु संत भी पहुँचे। निर्णय लिया गया कि पूरी जमात को एकत्रित किया जाए। इसके बाद एक अद्वितीय दृश्य सामने आता है, जहाँ समस्त विसनोई समाज एकजुट होकर खेजड़ली की ओर बढ़ता है। उसमें प्रमुख गोत्रों का उल्लेख इस प्रकार है- भादू, खोड़, गोदारा, सोहू, पोटलिया, खोखर, जाणी, कड़वासरा, डहूकिया और इन सबके साथ थापन वर्ग भी शामिल हुआ। ये सभी गोत्रों के दल धर्म रक्षा हेतु अग्रसर हुए। एक-एक कर अनेक गांव इस आंदोलन में सम्मिलित हुए- रामसर, हिंगोली, कुसाणो, तिलवासनी, बड़लू, बीसलपुर, रूड़कली, पिथावास, बांवरला, अरटिया, धोरू, तांबड़ियो, डांवरा, जुड़, नेतड़ा, खांडोलाव, डोली, जोलियाली, धवा, लूणावो, फींच, महलवा, लोहरड़ी सालोड़ी, जाटियावास, हिंगुणिया, हूण, धोरू, बुरछा, बीराणी, सिंगासणी, फिटकासणी, बेगड़िया, बासणी, बालावास, झालामल, पांचला, जाखड़, तापू, खींदाकोर, खेतावास, सिरमंडी, नौसर से नेतोजी, बीकूंकोर से बीदोजी, हरलाई से रिड़मलजी, डाभड़ी, पीलवा, पांचोड़ी, कुड़छी, भवाद, रसीदो, सुरपुरो, बागोरियो आदि गांवों के लोग, जो भक्ति में अग्रणी माने जाते थे, इस महाआंदोलन में सम्मिलित हुए। गुड़ा की सभा के निर्णय के पश्चात खेजड़ली केवल एक गांव नहीं रहा, बल्कि वह धर्मयुद्ध का केंद्र बन गया। चारों दिशाओं से गांवों के गांव खेजड़ली की ओर बढ़ने लगे। इन सभी गांवों का एक ही उद्देश्य था कि खेजड़ी के बदले देह त्यागेंगे। इस अद्भुत घटना का एक और पहलू सामने आता है कि घर-घर में मंगलाचार हुए, बधाइयाँ बाँटी गईं, लोग केसरिया वस्त्र पहनकर आए। ऐसा प्रतीत हो रहा था मानो कोई उत्सव हो। यह दर्शाता है कि यह बलिदान भय का नहीं, बल्कि गौरव और धर्मानंद का विषय था। लोग जैसे बैठे थे, वैसे ही उठकर चल पड़े। यह आवेग नहीं, बल्कि आस्था की तीव्रता थी। कवि इस दृश्य का अत्यंत सुंदर चित्रण करता है कि जैसे किसी बड़े उत्सव या भोज में लोग एकत्र होते हैं, वैसे ही यहाँ लोग जुटे थे। परंतु यह कोई सामान्य आयोजन नहीं था बल्कि यह था मृत्यु को

उत्सव मानने वाला धर्मसमर्पण। इस प्रसंग का सबसे मार्मिक पक्ष है कि सामान्य मनुष्य पुत्र के लिए भी सिर नहीं देता, पर विसनोई खेजड़ी के लिए सिर देने को तत्पर हैं। यह विचार विश्व इतिहास में अद्‌वितीय है, जहाँ प्रकृति को संतान से भी अधिक महत्व दिया गया। एक ओर विसनोई समाज खेजड़ली में संगठित हो रहा था, प्राण त्यागने की तैयारी कर रहा था। दूसरी ओर जोधपुर राज्य भी अपनी शक्ति एकत्र कर रहा था। यह स्पष्ट था कि अब यह संघर्ष निर्णायक टकराव में परिवर्तित होगा। कवि विसनोई समाज के जीवन का भी परिचय देता है कि वे विष्णु नाम की माला जपते हैं, प्रतिदिन स्नान और हवन करते हैं, शुद्‌ध आचरण के पालनकर्ता हैं। यह बलिदान केवल भावनात्मक नहीं था, बल्कि दैनिक साधना और धर्मनिष्ठ जीवन का परिणाम था। सभी मिलकर एक संगठित दल बनाते हैं जो "तागा" (प्राण त्याग) के लिए समर्पित समूह कहलाता है। प्रत्येक व्यक्ति स्वयं को इस बलिदान के लिए प्रस्तुत करता है। विभिन्न कस्बों के लोग घोषणा करते हैं कि वृक्ष के बदले हम अपना शरीर देंगे। समाज का गायणा वर्ग भी आया, उन्होंने 'नुण नुण' कहकर सबको प्रणाम किया। इनमें हरदासजी, दाऊजी आदि ने घोषणा करी कि वे राजा के सामने सिर चढ़ाएंगे। विसनोई धर्म का सबसे श्रेष्ठ और उच्च वर्ग थापन है, जिनका विसनोई समाज में राजा की भांति सम्मान होता है। इन्होंने कहा कि सबसे पहले हम बलिदान देंगे। यह नेतृत्व का सर्वोच्च उदाहरण है कि वे केवल आदेश देने वाले नहीं है, बल्कि स्वयं भी अग्रिम पंक्ति में खड़े होने वाले है। इसके अतिरिक्त सूरज, आसाराम अतीत, अणदोजी, नाथोजी, अमरोजी, अरजनजी सहित 16 साधु आए। ये सभी साखी और हरजस का गायन करते हुए, मंजीरों की झंकार के साथ बलिदान के लिए उपस्थित हुए। कवि इस अद्‌भुत दृश्य को "मेला" कहकर चित्रित करता है कि गायन, वादन, भजन, झांझ, मंजीरे, नगाड़े यह सब दर्शाता है कि यह मृत्यु का भय नहीं, बल्कि धर्मानंद का महोत्सव था। रामड़ावास, जो इन 64 गांवों का प्रमुख केंद्र (बडेर) था, वहाँ से भी सोऊ, धायल, सारण, गोदारा, हरियाड़, लोल आदि गोत्रों के लोग आए। सभी ने मिलकर इस आंदोलन को व्यापक रूप दिया। इस प्रसंग का सबसे प्रेरणादायक पक्ष है महिलाओं की सक्रिय भागीदारी। गांव-गांव से महिलाएं सजकर आईं, जंभसागर के जल से स्नान कर तैयार हुईं। भजन गाते हुए खेजड़ली पहुँचीं। उन्होंने घोषणा करी कि पहले हम खड़ेंगे, पतियों के साथ प्राण देंगे। यह दृश्य विवाहोत्सव जैसा प्रतीत हो रहा था। यहाँ मृत्यु नहीं, बल्कि धर्म से मिलन का उत्सव था। चौधरी अणदोजी की पत्नी जो गोपालजी कालीरावणा की पुत्री थी। उन्होंने इन महिलाओं का नेतृत्व किया। इस प्रकार अनेक कुलीन परिवारों की महिलाएं भी इस बलिदान में सम्मिलित हुईं। यह दर्शाता है कि यह आंदोलन केवल सामान्य वर्ग का नहीं, बल्कि सम्पूर्ण समाज का सामूहिक धर्मयज्ञ था। इस पूरे प्रसंग में खेजड़ली एक गांव से बढ़कर धर्म, प्रकृति और मानवीय चेतना का केंद्र बन जाता है। यहाँ भक्ति है, वीरता है, संगठन है और सबसे बढ़कर आत्मोत्सर्ग की पराकाष्ठा है। यह अध्याय उस ऐतिहासिक क्षण को प्रस्तुत करता है, जहाँ समस्त विसनोई समाज एक स्वर में कहता है कि खेजड़ियों के बदले हम प्राण देंगे। मनुष्य का यश और अपयश, उत्थान और पतन आदि सब कुछ उसकी संगति (साथियों) पर निर्भर करता है। संगति ही मनुष्य को डुबोती है, संगति ही उसे उद्‌धार करती है, वही उसे स्वर्ग या नरक तक ले जाती है। इसी संदर्भ में पितृहन्ता राजा अभयसिंह का भंडारी (गिरधरदास) के प्रभाव में आना, आगे आने वाली घटना का मूल कारण बनता है। कवि स्पष्ट करता है कि राजा पर "मद" (अहंकार) का प्रभाव था। अन्न का मद, धन का मद, राज का मद, विद्‌या का मद परंतु इन सब में भी राग (आसक्ति) का मद सबसे प्रबल बताया गया है। राजा इसी मद में इतना लिप्त था कि उसे सही-गलत का भान नहीं रहा और भंडारी का विचार उसे उचित प्रतीत हुआ। राजा ने हाकम को बुलाकर एकांत में परामर्श किया और उससे पूछा कि अब क्या करना चाहिए?" हाकम ने अत्यंत कठोर और अहंकारपूर्ण उत्तर दिया कि मोडे (विसनोई) घमंडी हो गए हैं, वे शासन (रावले) की आज्ञा नहीं मानते है। इन जाटों (विसनोई धर्म के जाट) को इतना अधिकार नहीं देना चाहिए। उसने सुझाव दिया कि गांव का पूर्ण स्वामित्व मत दो, खेतों के अधिकार भी सीमित करो। इनका वृक्षों पर कोई अधिकार नहीं है। हाकम ने आगे कहा कि ये मोडे (विसनोई) लोग मरने को तैयार खड़े हैं। इनमें कोई ब्राह्मण या साधु नहीं है। इन्होंने शासन के प्रतिनिधि (चेला) के सिर में भी लट्‌ठ दे मारा, इस प्रकार शासन (रावले) का इन्हें तनिक भी भय नहीं है। इसलिए अब इनका अभिमान नष्ट करो, मुझे मारने की आज्ञा दो। यह स्पष्ट रूप से दमन और हिंसा की नीति थी। हाकम के विपरीत, राजा ने एक क्षण के लिए धर्म का पक्ष लिया। उसने कहा कि मेरे पूर्वजों (बड़े बाबे) ने वचन दिया था कि विसनोई गांवों की सीमा में हरे वृक्ष नहीं काटे जाएंगे। किसी का धर्म तोड़ना उचित नहीं है, धर्मभंग से राज्य स्थिर नहीं रह सकता। राजा ने नम्रता का मार्ग सुझाया कि नम्रता से ही धर्म की नींव स्थिर होती है। राजा ने इस विषय पर निर्णय हेतु विद्‌वानों और धार्मिक व्यक्तियों को बुलाया, जिसमें ब्राह्मण, भोजक, व्यास, पुरोहित, स्वामी, चारण, बारहट, जोगी, जति आदि उपस्थित हुए। उनसे स्पष्ट कहा कि तुम शास्त्रज्ञ हो, सत्य बताओ कि अब क्या करना उचित है? सभी विद्‌वानों का एकमत निर्णय था कि धर्म तोड़ना उचित नहीं है। विद्‌वानों के इस निर्णय से हाकम अत्यंत क्रोधित हो गया, उसने उनके मत को अस्वीकार कर दिया। उन्हें अज्ञानी कहकर अपमानित किया और सभा से जाने को कहा। उन्होंने कहा कि तुम लोग मोडों (विसनोईयों) के घमंड को बढाने का कार्य कर रहे हो। उसका तर्क था कि यदि विसनोइयों को रोका नहीं गया तो वे राज्य पर अधिकार कर लेंगे, फिर शासन और प्रजा का अस्तित्व संकट में पड़ जाएगा। उन लोगों ने देश प्रदेशों से लोग बुलाए है, वो लोग राजा को कुछ मानते ही नहीं है। जिस प्रकार गोह और गधा पिटने पर ही काम करते है वैसे ही ये जाट (विसनोई धर्म के जाट) भी पिटकर ही इज्जत लेंगे। इसलिए इनको डराना जरूरी है। यहाँ हाकम का दृष्टिकोण स्पष्ट रूप से भय, अहंकार और अज्ञान पर आधारित था। हाकम के मन में विसनोइयों के प्रति गहरी घृणा थी, वह उन्हें अपशब्द (मोडा) कहता था। उन्हें दंडित करने के लिए आतुर था। कवि उसे कुबुद्‌धि, पापी कुल का प्राणी बताता है, जो राजकुल की मर्यादा को नष्ट करने पर तुला हुआ था। अंततः राजा ने हाकम को आदेश दे दिया। हाकम ने तत्काल युद्‌ध की तैयारी की।

5 तोपें, 20 रायफलें और लगभग 2500 सैनिकों की सेना तैयार की। क्रोध में भरा हुआ वह कहता है कि जाते ही सबको मार दूंगा। इस प्रकार धर्म की रक्षा के लिए विसनोई समाज तैयार था और सत्ता की शक्ति लेकर हाकम खेजड़ली की ओर बढ़ा। वह वहाँ पहुँचकर नाड़ी (जलाशय) के पास डेरा डालता है, जहाँ से आगे वह भीषण संघर्ष प्रारंभ होता है। जब हाकम अपनी सेना सहित खेजड़ली पहुँचा और नाड़ी के समीप डेरा डाला। तब उसने बिना किसी विलंब के वृक्षों की कटाई आरंभ कर दी। खेजड़ली गांव के दो मुख्य चौधरी थे- चाचोजी और अणदोजी। हाकम सबसे पहले चौधरी अणदोजी के घर के आगे मौजूद एक विशाल खेजड़ी के पास पहुँचा। और उसी पर कुल्हाड़ी चलानी शुरू कर दी। कुल्हाड़ी की आवाज सुनकर अणदोजी बाहर आए। उन्होंने देखा कि सामने विशाल सेना खड़ी है और उनके घर के सामने की खेजड़ी काटी जा रही है। अणदोजी ने हाकम को रोकते हुए कहा कि इन खेजड़ियों को मत काटो, यह पाप मत करो। परंतु हाकम ने उपहास करते हुए उत्तर दिया कि तुम ही कहते थे कि खेजड़ी के बदले सिर देंगे, अब अपना सिर दो। यह चुनौती केवल व्यक्ति को नहीं, बल्कि पूरे विसनोई धर्म को दी गई थी। जैसे ही यह वचन घर के भीतर पहुँचा, अणदोजी की पत्नी जो कालीरावणा कुल की वीरांगना थी, तुरंत बाहर आई। वह घर पर दही मथ रही थी, पर धर्म संकट सुनते ही सब छोड़कर दौड़ी। उसने खेजड़ी के आगे खड़ी होकर कुल्हाड़ी के सामने अपना हाथ रख दिया। क्रमशः पहला हाथ कट गया, फिर दूसरा हाथ भी कट गया। फिर उसने पैर आगे किया, वह भी काट दिया गया। फिर दूसरा पैर भी कट गया। अंततः उसने अपना मस्तक खेजड़ी की रक्षा हेतु अर्पित कर दिया। इस प्रकार एक नारी ने "पाँच खड़ाणा" (पाँच अंगों का बलिदान) किया। फिर भी हाकम के हृदय में कोई दया उत्पन्न नहीं हुई। माता के बलिदान के पश्चात अणदोजी की तीनों कन्याएँ दामा, चीमा, इमरती वहाँ पहुँचीं और हाकम से बोली कि इन खेजड़ियों को मत काटो, अपने कुल पर कलंक मत लगाओ। हाकम ने उन्हें भी चुनौती दी कि तुम्हे यदि खेजड़ी प्रिय है, तो कुल्हाड़ी के आगे हाथ दो। दामा ने बिना विलंब क्रमशः दो हाथ फिर दो पैर कटवाए, और अंत में उसने अपना सिर अर्पित कर दिया। इस प्रकार दामा ने भी अपनी माता की तरह पाँच खड़ाणा करके अपना बलिदान दिया। दामा के पश्चात चीमा आगे आई और बोली कि हम इन खेजड़ियों को माता-पिता समान मानते हैं, इन्हें नहीं कटने देंगे। उसने भी क्रमशः दोनों हाथ, दोनों पैर और अंत में अपना मस्तक अर्पित कर दिया। चीमा का बलिदान भी उतना ही अद्वितीय और प्रेरणादायक था। तीसरी बहन इमरती क्रोध और धर्मभाव से आगे बढ़ी। उसने भी क्रमशः हाथ, पैर और अंततः सिर अर्पित किया। कवि कहता है कि हाकम कसाई के समान निर्दयी था। फिर भी इमरती का साहस अडिग रहा। इन तीनों बहनों के बलिदान के पश्चात एक अद्भुत घटना घटित हुई, आकाश से एक दिव्य विमान प्रकट हुआ, तीनों बहनों ने दिव्य रूप धारण किया। देवताओं ने उनका स्वागत किया, वे पुष्पों की शैया पर विराजमान होकर उस विमान में बैठ गईं। कवि कहता है कि ऐसा कृत्य करने वाले नर-नारी मुक्ति के अधिकारी होते हैं। यह घटना इस बलिदान को केवल ऐतिहासिक नहीं, बल्कि आध्यात्मिक और दिव्य स्तर पर स्थापित करती है। इस प्रसंग का निष्कर्ष अत्यंत गूढ़ है कि जो मनुष्य परोपकार हेतु अपना शरीर त्यागता है, वह सीधे मुक्ति का अधिकारी होता है। यहाँ खेजड़ली का बलिदान केवल पर्यावरण रक्षा नहीं, बल्कि मोक्ष का मार्ग बन जाता है। अणदोजी के परिवार के बलिदान के पश्चात भी हाकम का हृदय नहीं पिघला। उलटे उसने व्यंग्यपूर्वक अणदोजी से कहा कि तूने अपनी स्त्री और पुत्रियों को मरवा दिया, अब अपना बल दिखा, तब मैं तुझे परवाना दूंगा। यह सुनते ही अणदोजी का क्रोध चरम पर पहुँच गया। उन्होंने तलवार उठाई और हाकम की ओर दौड़ पड़े। हाकम भयभीत होकर भागने लगा, अणदोजी उसका पीछा करते रहे। मार्ग में चेला आया, अणदोजी ने उसे लात मारी, जिससे उसकी मृत्यु हो गई। हाकम घोड़े पर चढ़कर भागा, पर कुछ ही दूरी पर घोड़ा गिर पड़ा और मर गया। अब हाकम असहाय था। अणदोजी ने उसे ललकारा कि अब कहाँ जाएगा? खेजड़ियों का बदला लेकर ही रहूँगा। अणदोजी ने पहले कंधे पर प्रहार किया, फिर सिर पर भीषण वार कर उसका वध कर दिया। कवि कहता है कि जितने प्रहार उसने खेजड़ी पर किए थे, उससे दुगने उसके टुकड़े किए। यह केवल हत्या नहीं थी बल्कि यह धर्म की रक्षा हेतु न्यायपूर्ण प्रतिकार था। अणदोजी ने कुल 16 योद्धाओं का संहार किया, यहाँ तक कि कहा गया है कि वे सिर कटने के बाद भी ढाई प्रहर तक युद्ध करते रहे। अंततः उन्होंने देवगति (वैकुंठ) प्राप्त की। यह प्रसंग उन्हें अलौकिक वीरता का प्रतीक बनाता है। अणदोजी के पश्चात चौधरी चाचोजी आगे बढ़े, उन्होंने भंडारी (गिरधारदास) पर प्रहार किया। भंडारी की सुरक्षा में लगे आठ योद्धाओं का चाचोजी ने वध किया और स्वयं पाँच गोलियाँ खाकर वीरगति प्राप्त की। उनके लिए भी स्वर्ग से विमान आया और वे देवगति को प्राप्त हुए। गिरधरजी और गांगोजी, दोनों भाइयों ने तलवार लेकर ऐसी मारकाट मचाई। मानो पक्षियों के झुंड पर बाज टूट पड़ा हो। उन्होंने कई शत्रुओं को मार गिराया, अंततः तोप के गोले से वीरगति को प्राप्त हुए। इस युद्ध में 16 साधुओं ने खेजड़ियों की रक्षा हेतु प्राण त्यागे, चोखोजी ने भी खड़ाणा कर स्वर्ग पद प्राप्त किया। इसके अतिरिक्त अनेक गांवों और गोत्रों के लोग क्रमशः बलिदान देते गए। जंभसार में विभिन्न गांवों से आए बलिदानियों की संख्या दी गई है। प्रमुख रूप से गुड़ा से बुड़िया गोत्र के 15 लोग, धवा और डोली से सात-सात लोग, जोलियाली गांव से तीन लोग, खांडोलाव से एक, रामड़ावास से 12, हिंगोली से 13, कुसाणे से 1, लांबे से 5, हिंगुणिया से 10, रसीदा से 2, फिटकासणी से 2, रूड़कली और पीथावास से 5-5, तिलवासनी से 13, कुड़ी से 3, पांचला से 4 लोग खेजड़ियों के रक्षार्थ स्वर्ग गए। मेवाड़ से बालदिया विसनोई भी आए, और 12 लोगों ने बलिदान दिया। धोरू से 8 लोगों ने प्राण त्यागे। इन सबको मिलाकर कुल 145 बलिदानियों की तो पहचान हो गई। इसके अलावा भी अनेक लोगों ने प्राण त्यागे थे। कवि अंततः निष्कर्ष देता है कि कुल 363 विसनोइयों ने अपने प्राणों का बलिदान दिया और उन्हीं के बल पर पृथ्वी पर धर्म की रक्षा हुई। यह संख्या केवल गणना नहीं बल्कि धर्म की रक्षा का शाश्वत प्रतीक बन गई। इस संघर्ष में विसनोइयों ने 166 शत्रुओं को भी मार गिराया था। कवि स्पष्ट करता है कि जो परोपकार हेतु मरे, वे स्वर्ग के अधिकारी है। और जो निर्दयी थे, वे नरक के भागी बने। यह घटना शीघ्र ही दूर-दूर तक

फैल गई। चार गढ़ों के राजा, आठ मिसलों, बारह कोटड़ियाँ आदि सभी स्थानों पर इस बलिदान की चर्चा हुई। चारों वर्णों, ब्राह्मण, चारण, भाट, जोगी, वैरागी, जसनाथी जाट आदि सभी ने स्वीकार किया कि ऐसा त्यागी समाज संसार में दुर्लभ है। घर-घर में यह चर्चा होने लगी कि ये लोग वृक्षों के लिए सिर दे देते हैं, ये कभी डरते नहीं हैं। कवि स्पष्ट कहता है कि ऐसा त्याग, ऐसा साहस, ऐसा धर्मपालन अन्यत्र कहीं नहीं मिलता। इस प्रसंग का अंतिम संदेश अत्यंत गूढ़ है कि हर मनुष्य को मृत्यु अवश्य है, परंतु जो परोपकार के लिए मरता है, वही वास्तव में अमर होता है। खेजड़ली का यह बलिदान केवल एक ऐतिहासिक घटना नहीं, बल्कि मानवता, पर्यावरण और धर्म की रक्षा का सर्वोच्च उदाहरण है। इस प्रकार वृक्षों के लिए सिर दिए गए। स्त्रियों, पुरुषों, संतों आदि सभी ने समान भागीदारी निभाई और अंततः 363 बलिदानियों ने इतिहास में अमर स्थान प्राप्त किया। खेजड़ली के ये बलिदानी वास्तव में ही सच्चे वीर हैं जिन्होंने अपने सिर देकर धर्म को अमर कर दिया।खेजड़ली में हुए महाबलिदान के पश्चात् विसनोई न्यात (समुदाय) ने सामूहिक रूप से यह निश्चय किया कि अब सीधे राज्यसत्ता के समक्ष जाकर धर्म का निर्णय कराया जाए। इस उद्देश्य से समस्त न्यात जोधपुर पहुँची और लोहापोल पर डेरा डाला। जब यह समाचार राजा तक पहुँचा, तो उसने आश्चर्य से पूछा कि ये विसनोई यहाँ क्यों आए हैं? दरबार में उपस्थित मुंहते के पिता ने राजा को उकसाते हुए कहा कि ये लोग मुंहते (हाकम) को मार चुके हैं और अब आपको मारने आए हैं। ये पूरी फौज का संहार कर देंगे, ये मरने से नहीं डरते, सिर काटकर तागा करते हैं। इस प्रकार दरबार में भय और भ्रम का वातावरण बना दिया गया। तब राजा ने आदेश दिया कि तोपों का मुंह लोहापोल की ओर झुकाओ। फिर दुर खड़े रहकर विसनोईयों से पूछा कि तुम यहाँ क्यों आए हो? तुम्हारा यहां क्या खो गया है?विसनोईयों का उत्तर अत्यंत मार्मिक था कि खोया तो धर्म है। अब सब कुछ तेरे हाथ में है, चाहे मार, चाहे तार। यह उत्तर केवल विनती नहीं, बल्कि नैतिक चुनौती था। राजा अभयसिंह ने उत्तर दिया कि जो मरे, वे अपनी करणी कर गए। अब मैं तुम्हें परवाना (आदेश) देता हूँ। तुम खेजड़ी और जीव-जंतुओं की रक्षा करो। मेरा लिखा हुआ कोई मिटा नहीं सकेगा। विसनोइयों ने विनम्रतापूर्वक कहा कि आप पाँच शर्तें लिख दें, तब हम स्वीकार करेंगे। राजा ने सहमति दी और स्वयं कागज-कलम मंगवाकर परवाना लिखवाया। यह परवाना भारतीय इतिहास में प्रकृति संरक्षण का अद्‌वितीय दस्तावेज़ है। इसके प्रमुख बिंदु इस प्रकार हैं- खेजड़ी, कंकेड़ी, जाल, बड़, पीपल आदि वृक्ष नहीं काटे जाएंगे। यदि कोई काटता है और विसनोई देख ले, तो उसे रोकने का अधिकार होगा। उल्लंघन करने वाला दंड का भागी होगा। जिस गांव में एक भी विसनोई घर होगा, वहाँ किसी भी जीव-जंतु का वध नहीं होगा। विसनोई गांवों की सीमा में शिकार पूर्णतः निषिद्‌ध होगा। यदि दरबार का व्यक्ति भी शिकार करने आए तो विसनोई उसे रोक सकते हैं, यहाँ तक कि मार भी सकते हैं, और उन्हें दंड नहीं दिया जाएगा। खड़ाणा (बलिदान) करने वालों के वैर के बदले केवल पाँचवाँ हिस्सा कर लिया जाएगा। विवाह कर (चिड़कली) माफ रहेगा। डाण-डफाण (अन्य कर) नहीं लिया जाएगा। भविष्य में कोई अतिरिक्त कर नहीं लगाया जाएगा। विसनोइयों के धर्म को राजकीय संरक्षण दिया गया। उनके अधिकारों का उल्लंघन दंडनीय घोषित किया गया। परवाना प्राप्त होते ही समस्त न्यात ने संतोष प्रकट किया और अपने-अपने गांवों को लौट गई। इस परवाने के बाद वृक्षों की कटाई बंद हो गई, जीव-जंतुओं का वध रुक गया। विसनोई धर्म को राजकीय संरक्षण मिला। कवि कहता है कि अब कोई वृक्ष और जीवों का संहार नहीं कर पाएगा। इसके पश्चात विसनोई समाज गुरु जाम्भोजी के नियमों का पालन करता रहा। नित्य हवन, स्नान और धर्मचर्या करता रहा। वन एवं जीव रक्षा को जीवन का लक्ष्य बनाए रखा। इस प्रसंग का मूल संदेश है कि जो स्वयं मरकर दूसरों को बचाता है, वही सच्चा धर्मात्मा है। जो प्रकृति की रक्षा करता है, वही वास्तव में मानवता की रक्षा करता है। इस समस्त घटना को संत गोकलजी ने अपनी आंखो से देखकर साखी के रूप में लिपिबद्‌ध किया था, जिसे आगे चलकर साहबरामजी राहड़ ने जंभसार में कथा के रूप में संकलित किया। कवि का अंतिम कथन है कि जो इस कथा को सुनेगा, उसके करोड़ों पाप नष्ट हो जाएंगे:-

खेजड़ली की कथा सुनाऊं, वन हित देह तजी तिंहि गाऊं। च्यार वेद षट शास्त्र केहे, देह त्यागियै धर्म जो जेहे।
पर उपकारा त्यागी देहा, सो अब कथा सुणाऊं एहा। पण पालण पीसण दुख दाता, रूंखा राखण जंभ जमाता।
जोधाणै तपियो तपधारी, अजमलजी राजा अवतारी। इंण कलि में अजमाल सो राजा, रांणो ठाकुर कोईय न आजा।
तप मेटिया तुरकां दे तावां, संता दीनेऊ अमर पसावा। वन राख्या तांई अजमेरा, मारेउ जालम कीनेउ जेरा।
पातस्या उपर तप ताको, थिर थांणो अजमेरां जांको। पातस्या पेखे अजमाला, पिसणां रों छै पूरो साला।
पल पालण पोहमी अवतरियो, अजमल अरि गंजण तन धरियो। हाकम री मत हरजी हड़ी, देख दाव कीन्हों ता घड़ी।
विसनोई अकर क्यू रहहे, डाकर कर डंड मांग्यों चहहे। मुंहते यू मन कियो विचारा, पूछ लिया सारा सिरदारा।
विसनोइयां सूं डंड मांगस्या, सबकूं पूछ रू किवी कांगस्या। विरच कह्‌यो वन वाढण आसा, विसनोयां रो वंन करां विणासा।
पण राखो पईसो दो सही, गिरधरदास लोकां सौं कही। भंडारी मति भरम्यो भारी, विण वादर कियो कांम खवारी।
कल चाली जब कुपहे कमाई, देशपति सूं चुगर चलाई। जांभाणी ओवण असि जांणौ, क्रोड़ा मण जो कोईला ठांणो।
लगै कोइला केतक मणो, गढ़ पर लोह लागसी घणो। तोपां तांई कोइला चाहिये, और सतर नाना घड़ लाइये।
बिछिया गढ़ के बहुता लागै, विन्यां कोयलां काम न वागै। खेजड़ली पर दृष्टी धरी, इहई अर्ज राजा सूं करी।
राजा होकम दियो भंडारी, खेजड़ली ने करी तियारी। हाकम आप खेजड़ली गयो, विसनोइयां सों बोलत भयो।
सरपर बात सुणौ तुम साची, थारी सींव में जांड़ी आछी। कोईला इंण रा भल हौय सै, जड़ां कढ़ावां वन सब खोयसे।

तब विसनोई बोल्या बांणी, याकै काटै नरकां जइयै। तब हाकम कहे तुलछा काटां, के छोड़ा तो दामां साटां।
के म्है नांणौ लेस्यां नेटही, इण विध मुहतै मांगी भेठही। मुंहते कै मुंह सुण्यौ हवाला, सरसा मानों सकल सवाला।
खेजड़ली दिस चड़ खड़ो, चेलो आयो चाल। गुढो बुलायो गाढ कर, मिल्या सुण्यां सब हाल।
तब विसनोई बोल्या ऐसै, वणी काटणै देवां केसै। पान पड़ते नर पड़ ज्यायसी, रूंख रूंख माणस खड़ ज्यायसी।
वचन सुण्यौ चेलो उठ चाल्यौ, झटपट तुलछी घाव ही घाल्यौ। हूवौ कल्है हलबलो हूवो, एक लठ चेलै के बुवौ।
चेले यूं चालवणी करीहे, एक कुहाड़े की ले धरिहे। साख पड़ियां सिर सूंपां जांणहि, पहलाई कांई करे बखाणहि।
चेलै मंन में कियो विचारा, पूठा चाल्यां एकण वारा। चेलो आदि उलटा फिर आया, वाद रच्यो मन में गरभाया।
सतरा सै सतियासियै वारा, दसमी कहियै मंगलवारा। भादवा सुध में साधू खड़िया, खरतर खांडे धार ही चड़िया।
कुंण पोहमी पंण मेटे महारौ, धर्म सहो हिये सब धारो। वन राख्या मन कींन्हीं खीज, पण राखौ राठोड़ां रीझ।
चौसठ खैड़ां चीरी गई, सारी न्यात बात सुण लई। आमां साम्हां आभिड़ आया, धर्म जाय जीवो मति भाया।
चौकस खरा चोधरी आया, गुड़े खेजड़ली डेरा लाया। बड गुर भाई बोल्या बांणी, भेली करो जमात ही जांणी।
भादू निंव खिंव चालै खरा, खोड़ गोदारा धरम री धरा। सोहू पोटलिया सबसे खरा, खोखर खड़ीजण त्यारी खड़ा।
मालम थापन मांहि विराजै, ज्यांणी कड़वासरा डहूकिया छाजै। साचो सूरो गांव कहीजै, रामसर कागद मेल्हीजै।
चीरी सकल न्यात में भेजौ, जलदी आवो लाव न जेजो। सुंणज्यौ न्यात जमात इह जांणा, चूको मतना इह औसाणां।
उभां धरम जांण नहीं देस्यां, जीयां जस मूवा गति लेस्यां। जोर कियां नहीं देस्यां जांणों, पहलांई काहा करां बखाणौ।
बड़ हेतू हिंगोली न्यात, खेजड़ियां हित जुड़ी जमात। कुसाणौ रू तिलासणी आया, जाका जस त्रिलोकी छाया।
बड़लू सुणत ही वाटा पड़ी, बीसलपुर आयो तिंहि घड़ी। रिधी लियां रुड़कली आई, पिथावास सुण तुरंत सिधाई।
बांवल लैने आद बड़ाई, अहरटियै संग धोरू आई। सुण तांबड़ियो तुरंत सिधायो, खेजड़ली सारे चढ़ आयो।
सुप्यौं डांवरै बंटी बधाई, जुड़ रू नेतड़ां सुणत ही आई। घर घर मंगल बंटी बधाई, मांनहू राजश्री कहां पाई।
खांडोलाव जंभ हितकारी, डोली ही संग खेड़ भई भारी। जोल्याली जस लीन्हौ घंणौ, राख्यौ धर्म जंभ गुर तणौ।
धवो लूणावो फींच मिल, चाल्या चौकस चाव। साराई खड़ ज्यावस्या, एक टूक दोय घाव।
महलवो सज करै तियारी, खेजड़ली आया तिण बारी। लोहरड़ी सालोड़ी आई, करै मंगल अरु बंटै बधाई।
जाटियावास रा जालम आया, हिंगूणियै रा संत सुवाया। हूण गांव में हर हितकारी, करण खड़ाणो सारा त्यारी।
धोरू बूरछां ने बीरांणी, सिंगासणी सुण पियो न पाणी। फिटकासणी सुंणते ही आई, सब राजा पर रह्या रिसाई।
खड़णै कूं सब सज कर आया, सज केसरिया रंग सुवाया। बेगड़ीयां र बासणी ध्याए, खेजड़ली खड़णै कूं आऐ।
बालावास झालामल आई, पांचलै जाखड़ सिद्धी पाई। तापू खींदाकोर पधारिया, चड़ भड़ सुरा सकल सिधारिया।
खेतावास सरमांडी आई, चित चौखे सूं खड़णै ध्याई। नोसर सू आया संग नेतो, जांडा सूं जाको बहू हेतो।
बीकूंकोर रहहे बड़ वीदो, खेजड़ली ने आयो सीदो। हरलाई में रिड़मल रहहे, खड़ीजणे ने सीधो जहहे।
डाभड़ी नर लीवी भलाई, खेजड़ली ने करी सजाई। पीलवै नर पूरा बसहे, खड़ण ने आघा बह धसहे।
पाचोंड़ी गुण कहिये जाझो, जांभेजी मां जांरो साजो। आऐ गुणा दे अले आदे, भारी नर कुड़छी ने भवादे।
एह जन सब खड़णै कूं आए, ज्यूं बैठे त्यूंही उठ ध्याऐ। रसीदो सूरपरो सुहायौ, ताहि समै बागोरियो आयौ।
सबही भगवत भक्त कहावै, मांनूं जीमण भइ इकट्ठी। सूरा रे मन सोच न कोई, आनन्द मंगल करै विसनोई।
इति विसनोई उत जोधाण, खेजड़िया सिर सूप्यां प्राण। चिट्टी वाच वाच सब चाल्या, तन का तसकर बस कर पाल्या।
पुत्र साठै सीस न देवै, खेजड़ियां साठै जस लेवै। यूं वण तण खेजड़ली आया, बधै तेज अरु रूप सवाया।
सारी बातां सदा सपूत, आया मूरधर रा महरूत। जस अरु दान सिनाना साझे, तागालां रे नूर विराजै।
तुलछां निमत जुड़ता तागाला, तां पर कोप्या बड़ बागाला। विसनु विसनु की जप कर माला, सूरवीर जग में विगताला।
सूरा पूरा मिलिया साथे, होम करै झलै हाथे न बाथे। रल सारा यूं मिसल रचावै, सुध करणी रा सूर कहावै।
तत बात मनस्या ईक धारी, मांने जंभगुरु विसनु मुरारी। धरम करै असै गुरु ध्यावै, विसनु रा गुण निस दिन गावै।
प्रातःकाल उठसे इण काजै, नाह धोय जाय होम विराजै। विसनु भक्त साचा सही, नेम धरम की पाज।
सो खेजड़ली आविया, बारां मिलणें काज। कूण आवै और विना विसनोई, और सकल मुतलब का सोई।
तागाला हर के मन भाया, दिन दिन रूप रु तेज सवाया। लिव ल्याई सतगुरु इम रीझे, कहिये गुरू रे तागो कीजै।
धजा बंध कसबां ईम धारी, जांडी बदलै देह द्यो महारी। वानो कहै घणो कहा कहां, तुलछां साटे सिर म्हे दहां।
मांनो जंभ मोज इह मांणौ, देस्यां सीस ऐसौ फुरमांणों। देस्या देस जबांनी मिल्या, आपस में भेला आय भिल्या।
या विधि आय सकल विसनोई, मानो मेलो मंड्यौ है कोई। राजी गाजी गायणा आया, नूण नूण मुख सूं फरमाया।

उर झालै इधका बै वाणां, यू आय आयके जुड़ै जांभाणां। खड़णे खातर खरा तियारी, हरदास तणो हमलो बड़ भारी।
इणही न्यात मांहि उजवालो, धर्म गयां नही देवे टालो। दाऊ कहै आयो वड दावा, राजा आगे सीस चढ़ावा।
सबही न्यात में जो जस लेवै, सारां आगे मस्तक देवे। सतवादी वड थापन आजा, सारा सिरै कहियद राजा।
खड़स्यां खेजड़ियां रै काजै, यूं चाल्या बै पंथ री लाजे। सबसै पहिलां मोहि खड़ावो, ता पाछे और जन जावै।
सुणियौं यूं है राज पापाणौ, सत मत साच सही कर जांणों। कलजुग में इहै कारज पड़िया, खेजड़ियां साटै सब खड़िया।
सूरज सू अरदास करायो, आशाराम अतीत जु आयो। अणदोजी नाथोजी साधा, खडणै ने है सबसे बाधा।
अमरोजी अरजनजी फेरहीं, सोला साध आए तिण वैर ही। साखी हरजस गावैहि घंणा, उठै झणकार मजीरों तणा।
झांझ सतार रु घुरै नगारा, रामड़ास सुं आया सारा। रामड़ास सब को बडेरा, सोऊ धायल सारण सेरा।
गोदारा हरियाड़ अरू लोला, गावै साखी करै किलोला। गांव गांव सूं कामण आवे, सप्त नव सज अरु हरि जस गावै।
त्यार खड़ी तागारे तांई, जंभसागर जल सूं नहाई। कह कामण पहलै म्हे खड़स्यां, पतियां रे संग बेड़े चड़स्यां।
इन्द्र भवण रो लग्यौ उछाव, जैसो आनंद ब्याह में चाव। कुल मंडण कालीरावणी, गोपाले री धीव सुहावणी।
सारी आय खड़ी खड़बा ने, सब विसनोई चड़िया वांने। राजा सुणे भंडारी कह्यो, संगत जस अपजस सब लयो।
संगत बोरे संगत तारे, संगत सुरग नरक में डारै। रीझ छोड़ न राजा रीस्यौ, राजमद में कछुव न दीस्यो।
अन मद धन मद राज मद, विद्या मद उनमद। जे मद देख्यो राग को तो, और मद सब मंद।
मन में मतो उपायो ऐसौ, हाकम सुं करी हेत अनेसो। एहि विधि हाकम वेग बुलायो, पाय ईकंत खुब बतलायो।
जो राजा अस पूछत भयो, अपणी ईछ्या हाकम कह्यौ। अन्नदाता मोडा गरभाना, जाणे नहीं रावला बाना।
अतरो इकत्यार जाट ने न दीजे, सब कांकड रो मालक कीजे। खेतां रो मालक तीन राखो, ओतो बिगड़ियोड़ो खाखो।
रूंख राय में मांगै कांई, मोडा खड़ा मरण रे तांई। मोडा खड़ा मरे अब देखौ, न बामण न दीखे भेखो।
सुवें सिर लाठी री दीनी, रावलो संक कछु नहीं कीन्ही। अब आंरो अभिमान गिरावौ, मारण री आज्ञा फरमावो।
तब राजाजी बोलत भए, बड बाबे परवाणां दऐ। धर्म तोड़णौ आछौ नांही, युं नहीं राज सदा ठहराही।
कहे राजा आप ही नवौ, इह तो बात धर्म री कहो। निंव कर धर्म नींव थरपीजै, खोजो न्यांन पाप नहीं कीजै।
अस कहि बांभण भोजक बोल्या, व्यास पिरोहित सामी टोल्या। चारण बारट जोगी जती, पूछ्यौ राजा रति रति।
तुम पढियोंड़ा पुस्तक वांचों, पुछां वचन बोलज्यौ सांचो। रूंखां मील करी बड़ बाबे, थारे मन में कांई फाबे।
स्याणा सकल कहत इह मांही, धर्म तोड़णौं आछो नांही। सुण हाकम मन में खुणसायो, बारों कह्यौ दिलां नहीं आयौ।
जाणौ कांई घरां उठ जावो, मत मोडां रे गर्भ बधावो। बै तो राज धणी होय जायसी, कहो राज फिर कांई खायसी।
देश-देश री खेड़ बुलाई, राजा ने कांई जाणै भाई। गोह गधो कुट्यां कस देवे, ऐसे जाट इजत लै लेवे।
ताते कछुक डराया चाहिए, बिना विचारियां वचन न कहिये। ब्राह्मण मुकर चालता भया, विसनोईयां ने मारिया चह्या।
हाकम मन अभिमान सवांयो, दिल मां दुज बहुत सी ल्यायो। उण री बात दाय नहीं आई, कुबधी हाकम कुभध कमाई।
पापी कुल रो प्राणी नैठे, राजा कुल री रीतां मैटै। भुंडी वाणी मुखां जू बोलै, अजब गजब री आये तोलै।
राजा सूं हुक्म ले लयो, विसनोइयां पर करड़ो भयो। तोपां पांच रु रेखला बीसा, फोज लिवी सत संग पचीसा।
कोप करे यो चालियों, मन मं घणी जू रीस। जांतां ही सब मारस्यूं, तजों न बिसवा बीस।
अस कहि हाकम चालत भयो, नाडी ऊपर डैरो दयो। चाचो अणदो चोधरी दोय, अणदे रै घर आयो सोय।
घर आगे तुलछा बड भारी, हाकम ताने जाय संघारी। खड़को सूण अणदो उठ देखै, फौज खड़ी दरबार जै पेखे।
और जमाता जुड़ती आवे, अणदो ताने वचन सुणावे। तुलछां ने मति बावो चौट, पाप करै हाकम तोह फोट।
अरि अणदा माथो देह, तुलछां रो पुंन अब तो लेह। आयों देख समावो भाई, सुण्यौ वचन घर नारी ध्याई।
कुल री मंडण कालीरावणी, धई उथांवती छोड़ी जांवणी। कुहाड़ी रे धके कर दयौ, लागी कुहाड़ी अलगो भयौ।
दूसरो कर दीन्हो फेरो, मार कुहाड़ी कियो अलगेरो। पुनरपि पैर दियो उन सती, जोति रही नहीं एको रती।
दुसर पैर दियो यहि रीती, काट्यो पैर करी विपरीती। तब माथो जांडी के लायो, मार कुहाड़ी दूर बगायो।
नारी एक खड़ाणां पांचा, हाकम नै नही आई आंचा। दांमां चीमां इमृती तीन, कंवारी कन्या महा प्रवीन।
आय खड़ी तुलछा मति बाडो, कुल ने कलंक काहै कुं चाढो। आछी लागै तो हाथ दरावौ, नांही तो घर में बड़ि ज्यावौ।
सुण कर दामां दीन्हौ हाथा, लगी कुहाड़ी मनु पविपाता। दूसर हाथ दरावत भई, कठिन घोर घन सहती रही।
फिर तुलछां कै चोट चलाई, दियो पैर काट अरगाई। फेर कुहाड़ो ऊंचो करियो, दामा पांव जांड पर धरियो।
पंचम सीस जांड कै लायौ, कठन घाव घन घोर लगायौ। लागत ही सिर गयो पराई, तब चीमां उठ बाहर आई।
जांडी काटण कदे न देऊ, मात पिता सम याकू सेऊं। कहत ही स्पात कुहाड़ उठावा, तब चीमां ताहा हाथ देरावा।

पड़त कुठार हाथ कट गयौ, दूसर हाथ तेहि ठांह दयौ। कट्यौ हाथ बहु खून प्रचारा, दीयो पैर तिन कुहाड़ा मारा।
लागत चोट पैर कट गयौ, तब चीमा माथौ तहां दयौ। माथौ काट कियो जब दूरा, धन्य धन्य नर नारी सूरा।
इमृती आई कर कोपा, दियो हाथ जांडी मां रोपा। तोहू कायर न पड़ियौ, करम कसाई जान।
हरिजन जीया लाभहै, मूवां न आवै हान। तब ही कुठार कोप कर मारा, कट्यौ हाथ गयो पार दुसारा।
दूसर हाथ दियो तिन आडा, कियौ पाप पापी बहु वाढ़ा। तब इमृती पग आडो दयौ, लगत कुठार दूर हुय गयौ।
दूसर पैर और तिन दीनां, मार कुहाड़ै दूर ही कीनां। तब कन्या दियौ सीस निवाई, कर हुंकार कुहाड़ी बाही।
लगत कुठार सीस गयो दूरा, तबहु न संकेउ पापी पूरा। ताहि समै इक इचरज लयौ, दिव्य विमांण आवतो भयौ।
दिव्य रूप तीनूं त्रिय धारा, देवगनां उतरी तेहि वारा। कर गति ताहि विवाण बैठाई, चत्रभूजी मूरत दरसाई।
फूलन की सेज्या अति राजै, ता पर बाई तीनू विराजै। बैठ विवाण चली तेहि बारा, भयो जगत में जै जै कारा।
ऐसा कृतब करै नर नारी, ते जन होय मुक्ति अधिकारी। यूं तीन्यूं बाई तिर गइ है, सो विवाण पहले ही चढ़ि है।
पर उपकारी जो नर नारी, ते सब है मुक्ती अधिकारी। सुरती निस दिन करत पुकारा, नहीं जग में जस पर उपकारा।
सतं भिहायै भुक्तव्य, सहस्र असनानं आचरेत। लक्ष पर उपकाराय, कोटं तिक्त्वा हरिं भजेत।
तब हाकम इम बोलत भयौ, बालक मार बैठ क्यूं रह्यो। मारी छोरी सारी रांड, इण मुंह सूं तें खादी खांड।
सो अब जोर देखावो मौहि, तो परवांनो लिख दूं तोहि। इतनी सुणत उठ्यौ रिसाय, ले तरवार चल्यो बहराय।
आगे हाकम अणदो पाछै, लारे लग्यौ दीख रह्यो आछै। चेलो राज रो धक्कै आयो, लगी लात जमपुरी सिधायो।
हाकम घोड़ो दियौ भगाई, कदम डोड सै गयो पराई। आखड़ घोड़ो अवनि पड़ियो, गयो जंमपुरी फेर न चड़ियो।
अतने में अणदो जाय बागो, कहत भयो क्यूं जावै भागौ। काहां जावै अब जांन न देऊं, तुलछां रो बदलो सब लेऊं।
अस कहि खड़ग कंध प्रहारा, वज्र समान लग्यौ तेहि बारा। लागत सीस पर रयो बोह जाई, कूतर करत भयौ एहै भाई।
बीस घाव जांडी पर वाह्या, दुगणा टुकड़ा तांही बणाया। सोला सांवत मारत भयो, यूं अंणदो वैकुंठे गयौ।
सिर बिन झूझियौ पहर अढाई, पलट्यौ रूप देव गति पाई। इतने में चाचो उठ चाल्यौ, भंडारी सिर घाव जु घाल्यौ।
आठ मार अलगो जाय गिरियो, गोली पांच लगी तब तिरियो। उतरे सुरग विमाण, दोनों चढ़ चालत भऐ।
कीन्ही कूल री काण, या विधि सूरा सिर दऐ। गिरधर गांगो दोनूं भाई, खेजड़ियां की करी सहाई।
ले तरवार चले तब ऐसै, चिड़िया मांहि बाज परे जेसै। मारत मारत पार ही गऐ, लगी तोप दोनू गिर गऐ।
मुहतां दोय मार लियां मरता, कोइय न नेड़ा आवै डरता। ए पांचू आया निज कांमां, जंभ गुरु कै पहुंच्या धामां।
सोला साध पाल पर खड़े, मुक्ति महल पलक में चड़े। साध सु खड़िया चड़िया विवांणा, सुणो सकल जग में हुई जाणा।
विसनु दोसी भस्म होये गयेऊ, बाढ़ वणी नरकां में रहेऊ। आया हर री सरण सवाया, चोखो खड़ियो सुरग पद पाया।
बुड़िया गुड़े रहे गांवां, पनरा खड़िया विसनु रे नांवा। बरण बरण मिलिया बहु भांती, तमक्यां करै तागाला तांती।
धवै डोली रा खड़िया सात, जोल्याली रा तीन विख्यात। खंडोलाव रो खड़ियो एक, जांभैजी री राखी टेक।
तागो करस्यां टलस्या नांही, यूं विसनोई खड़णै जांही। राममड़ास रा बारा खड़िया, तेरा हिंगोली रा पड़िया।
एक कुसाणै लाम्बे पांचा, खड़िया पण आई नहिं आंचा। हिंगुणिया दस रसीदे दोय, दोय ही खड़िया फिटकासणी जोय।
रूड़कली पिथावास बखाणौं, पांच पांच चड़िया प्रवाणौं। तिलासणी खड़िया जन तेरा, कूड़ी तीन गया हर नेरा।
च्यार पांचलै रा खड़ गया, खड़िया खेजड़ली सुरगे गया। बालदिया बारा खड़ गया, सारां पहली खड़ता भया।
धोरू धजबंध खड़ि गया आठ, ऐतो सूरा सकल निराठ। जंभ गुरु का ध्यान जु धरिया, एक सो पंतालिस जू खड़िया।
दिया खेजड़ी साटै सीसा, किता खड़ियां जाणै जगदीसा। तज्या माण तन राख्या मांन, सिर सूप्यां साखा जिम जांन।
दया पाली मृतक हुय गया, पीसण सकल खेत में रह्या। दिया सीस ते चड़िया परवाण, खड़िया ते चड़िया विमांण।
तीन सै तिरेसठ ता उपर, साचौ धर्म रहलो भू पर। पीछे पंथ पूरो हुय जावै, पापी जीव पंथ प्रगटावै।
इह आगम गोकलजी कही, जसी कही तैसी लिख दई। ओ तागो तागा सिर जाणौ, जस भयो तसौ कीन बखाणौ।
देख तागो कांप्या सुरताण, हाथी घोड़ा खड़िया केकांण। राजा राव बखाण जूं करै, धन धन तागो सबसें सिरै।
सूरां सोई जाणिये, धड़ां उतारै सीस। सिर उतार कर में धरै, ते पावै जगदीश।
च्यार गढ़ां रा राजा जाण्या, आठां मिसला सब पहचाण्यां। बारे कोटड़ियां भयो चावा, दोय टूक दीठा एक घावा।
चारण वारट भोजक भाट, बामण सरवण जसनाथी जाट। स्वामी जोगी अरु वैरागी, च्यार वर्ण में इसा न त्यागी।
फाड़े सीस साथल अस हाथां, तागो करै जणावै जातां। आंरो तागो बड़ संसारा, धड़ सूं सीस उतारेण हारा।
बंध बांध्यां सूं कोउवक मरे, रूंखां साटे ऐ सिर हरै। यूं घर घर में बातां करे, विसनोई कबहूं नहीं डरै।
जब क्रिया यह ही भल राखै, रूंख सटेई जो माथो नाखे। खरां खोटां री खबर जो पावे, जो कोई याही पंथ में आवै।

खेजड़ली खल भेला हुवा, एक सौ रू छांसटिया मूवा। देखो मरणैं की विधि न्यारी, केई मूक्त केई नरकां अधिकारी।
दया मुक्त निर्दय नर्क पाती, दोनों मुवा एक संगाती। एक तिरे इक नरकां जावै, अपणै कृतब किये सो पावै।
मरणौ सकल अमर कोउ नांही, मर मर सकल नरक में जांही। अमर होय परहित कोउ मरहे, खोटां कर्मा सूं नित डरहे।
मरणैं मतो मोमणां करियो, अपणो पाप पलक में हरियो। खड़िया खांडे चड़िया चंवरी, करे आरतो अपछर भंवरी।
जात कुल कोऊ काण न करे, या पंथ चाल्या अपछर वरे। पंथ प्रकाजां मुक्ति मिलै, कोट जुगां लू आनन्द झिलै।
अब जो न्यात गई जोधाणै, ताकी कथा करूं बाखाणै। लोहा पोल जाय डेरो करियो, जब राजा नै बेरो परियो।
विसनोई क्यूं आया भाई, मुंहतैजी को बोल्यौ पिताई। मुंहतो मार आप ने मारे, और फौज सारी संघारे।
ऐही एक पलक में मरै, सिर काटै तागो यह करे। बिन कदानै जावै नाही, अंनदाता ने जाणैं कांई।
इह सुण राजा लिया बुलवायी, तोपख़ानां ताहां दिया झुकायी। दूर बैस कर पूछत भयौ, क्यूं आया कांई खोयो गयो।
खोयो धरम गई सब बात, अब है नृपत तेरे हाथ। चांहै मार तार चहे अबही, के कर पार मार चहे सबही।
सुंण कर अभैसिंघ तब कह्‌यो, मरियो सो अपणी करणी गयौ। ऐब प्रवांणां मोसे लेवौ, तुलछां जीव जंत सब सेवो।
सारी रखत लिखावौ अबही, मेरो लिख्यो मिटै नहि कबही। सुण कर सकल जमात, कर जोड़िया बोलत भई।
कलम पांच कुसलात, लिख देवो मांना सही। तब राजा इंम बोलत भऐ, कागद कलम मंगाय जू लऐ।
अपनें कर परवानों करियो, विसनोईयां ऐ कारज सरियो। परवानो असी विधि होई, ताकी विगत सुंणाऊ तोहीं।
जांड कंकेड़ी भूल न काटां, रूख राय जो कांकड़ जाटां। काटत विसनोई आय जावै, देख्यां पछै न काटण पावै।
जो काटै ईग्यारी देवै, और गांव री सींवा भेवै। अब विसनोईयां री सूण ल्यौह, लिख्यौ धर्म सूणल्यौ सब कोह।
जाल खेजड़ी और कंकेड़ो, बड़ पीपल रूखां नहीं छेड़ो। एक छड़ी काटै विसनोई, छतीस पूंण में भावै कोई।
दांतण मात्र काटै बे मरजी, आयर करो राज में अरजी। ऐक सो रई कियां वंन लागै, जांभैजी रा रखत जो भागै।
और न्यात री डंड सुंणांऊ, लिख परवानूं सकल बंचाऊं। अजाण काटै इक्यावन सागै, काटै जाण पुरी सो लागै।
विसनोई घर ऐको होई, जीव जंत मारै नर कोई। ऐक सौ इक्यावन लागै, बदलै जीव सांड जो दागै।
जूती सकल न्यात की ठावै, जो जांभाणीं रखत भनावै। खड़िया जांरो वैर चुकावौ, पंचवों हैंसो तुम द्‌यावौ।
ब्याह चिड़कली छोडी थांने, डांण डफाण देवो मति म्हाने। और कोऊ कर कदे न लेवां, लिख परवानो थाने देवां।
विसनोइयां री कांकड मांहि, आखेटे खेलो मती नाहि। सिकार खेलण दरबार हूं जावे, जो विसनोई मार गिरावे।
जो गादी पर बैठो होई, ताहि पुकार सुणे नहीं कोई। आप नृपत की कदे न सुनहे, मेटियां पाप रखत कियां पुन है।
अस कहि लिख प्रवांनो दीयो, सब जमात को आदर कियो। मुंहतैजी का मरिया सो गया, मुंहता पणां दुर कर दया।
जै जै कर भयो जग सारै, रूंख जीव फिर कोउ न संघारे। विधि ठाक पड़ी जग मांही, रूंख जीव फिर मारै नाहि।
ले परवानो न्यात सिधाई, अपणै अपणे गावां आई। ता दिन ते सब सुख बासाणा, मद्‌या फिरे सिष्य गुर जांभांणा।
जीव जन्तु की रच्छया करहे, रूंखां बदलै जे कोई मरहे। औरां तारै आपो तरहे, जाका कारज सारा सरहे।
गोकलजी साधू सुख दाता, ताकी साख सकल विख्याता। तूलछां साटे सिर जिन दएऊ, चड़ विवाण सुरगां ने गयेऊ।
इह कथा जो सुनत ही, कटे कोट अपराध। साहबराम उन संतन कूं, निस दिन राखौ याद।

04. बही भाटों द्‌वारा प्रदत सूचीः- विसनोई समाज के इतिहास का संकलन करने वाले बही भाटों ने अपनी बहियों में उक्त शहीदों का विवरण खोजकर 363 अमर शहीदों की सूची समाज को प्रदान की थी। बही भाटों के लेखों के अनुसार सर्वप्रथम अमृता बेनीवाल ने बलिदान दिया था। उसके पश्चात अनेक नर-नारी शहीद हुए। उनकी गांववार स्त्री व पुरूषों की गौत्र सहित सूची इस प्रकार हैः-

01. गांव खेजड़ली से 16 स्त्री व 26 पुरूष, कुल-42

1.अमृता बेनीवाल पत्नी श्री रामोजी खोड़ खेजड़ली
2. रतनी बाई पुत्री श्री रामोजी खोड़ खेजड़ली
3. आसी बाई पुत्री श्री रामोजी खोड़ खेजड़ली
4. भागु बाई पुत्री श्री रामोजी खोड़ खेजड़ली
5. श्री रामोजी खोड़ खेजड़ली
6. श्री गिरधारी पुत्र श्री सिंभुजी भादू खेजड़ली
7. श्री जीवणजी पुत्र श्री सिंभुजी भादू खेजड़ली
8. जीयां बैनिवाल पत्नी श्री गिरधारी भादू खेजड़ली
9. श्री पीथोजी पुत्र श्री गिरधारी भादू खेजड़ली
10. श्री अणदोजी पुत्र श्री गिरधारी भादू खेजड़ली

11. कानी कालीराणा पत्नी श्री अणदोजी भादू खेजड़ली
12. दामी बाई पुत्री श्री अणदोजी भादू खेजड़ली
13. चीमा बाई पुत्री श्री अणदोजी भादू खेजड़ली
14. इमरती बाई पुत्री श्री अणदोजी भादू खेजड़ली
15. श्री हरनाथजी पुत्र श्री अणदोजी भादू खेजड़ली
16. लाडू ईसराम पत्नी श्री हरनाथजी भादू खेजड़ली
17. श्री सांवतजी पुत्र श्री हरनाथजी भादू खेजड़ली
18. श्री इंदोजी पुत्र श्री हरनाथजी भादू खेजड़ली
19. श्री खिंवजी पुत्र श्री हरनाथजी भादू खेजड़ली
20. मानबा कसवां पत्नी श्री खिंवजी भादू खेजड़ली
21. श्री बरजांगजी पुत्र श्री बींजाजी बैनिवाल खेजड़ली
22. भागीबाई पुत्री श्री बरजांगजी बैनिवाल खेजड़ली
23. सबियां बाई पुत्री श्री बरजांगजी बैनिवाल खेजड़ली
24. श्री चाचाजी पुत्र श्री बरजांगजी बैनिवाल खेजड़ली
25. श्री हरजी पुत्र श्री मुकनाजी बैनिवाल खेजड़ली
26. मेई डूडी पत्नी श्री मुकनाजी बैनिवाल खेजड़ली
27. श्री अखजी पुत्र श्री बरजांगजी बैनिवाल खेजड़ली
28. श्री उमोजी गोदारा खेजड़ली
29. श्री भेरजी पुत्र श्री दुर्गाजी पोटलिया खेजड़ली
30. श्री कल्याणजी पुत्र श्री मोटाजी पोटलिया खेजड़ली
31. श्री किशनाजी पुत्र श्री पेमजी पोटलिया खेजड़ली
32. श्री शुकजी पुत्र श्री पेमजी पोटलिया खेजड़ली
33. श्री इसरजी बांगड़वा खेजड़ली
34. श्री मगजी पुत्र श्री इसरजी बांगड़वा खेजड़ली
35. श्री टावोजी पुत्र श्री इसरजी बांगड़वा खेजड़ली
36. श्री सुन्दरोजी पुत्र श्री इसरजी बांगड़वा खेजड़ली
37. हीराबाई पुत्री श्री इसरजी बांगड़वा खेजड़ली
38. श्री हरदासजी पुत्र श्री खरतोजी बुड़िया खेजड़ली
39. कसुंबी खोड़ पत्नी श्री हरदासजी बुड़िया खेजड़ली
40. श्री करमसिंहजी पुत्र श्री हरदासजी बुड़िया खेजड़ली
41. श्री किसनोजी पुत्र श्री धनजी बुड़िया खेजड़ली
42. श्री देदारामजी पुत्र श्री भीमजी बुड़िया खेजड़ली

02. गांव रसीदा से 2 स्त्री व 7 पुरूष, कुल-09

43. श्री बींजोजी पुत्र श्री हीरोजी भादू रसीदा
44. श्री रिड़मलजी पुत्र श्री बींजोजी भादू रसीदा
45. श्री तेजोजी पुत्र श्री बींजोजी भादू रसीदा
46. श्री केशोजी पुत्र श्री कुम्भाजी जाणी रसीदा
47. हरिया गोदारा पत्नी श्री केशोजी जाणी रसीदा
48. श्री भगवानजी पुत्र श्री केशोजी जाणी रसीदा
49. श्री रासोजी पुत्र श्री कलुजी सियाग रसीदा
50. नारा नैण पत्नी श्री रासोजी सियाग रसीदा
51. श्री केशोजी पुत्र श्री रासोजी सियाग रसीदा

03. गांव हुण से 1 स्त्री व 10 पुरूष, कुल-11

52. श्री जेसोजी पुत्र श्री अखोजी गोदारा हुण

53. श्री उदोजी पुत्र श्री अखोजी गोदारा हुण
54. श्री केशोजी पुत्र श्री हरदासजी बैनिवाल हुण
55. श्री हेमाजी पुत्र श्री हरदासजी बैनीवाल हुण
56. श्री लूणोजी पुत्र श्री नाथोजी बेनिवाल हुण
57. श्री अणदोजी पुत्र श्री नाथोजी बैनिवाल हुण
58. श्री मनरूपजी पुत्र श्री खेताजी गोदारा हुण
59. श्री गेनोजी पुत्र श्री खेराजजी गोदारा हुण
60. श्री गोकलजी पुत्र श्री खेराजजी गोदारा हुण
61. श्री पेमोजी पुत्र श्री जेसोजी गोदारा हुण
62. लालीबाई पुत्री श्री जेसोजी गोदारा हुण

04. गांव नेतड़ा से 1 स्त्री व 5 पुरूष, कुल-06

63. श्री सुन्दरोजी पुत्र श्री मालजी ढाका नेतड़ा
64. श्री साजननजी पुत्र श्री मालजी ढाका नेतड़ा
65. श्री बीरमजी पुत्र श्री मालजी ढाका नेतड़ा
66. श्री डाऊजी पुत्र श्री रूपजी सोहू नेतड़ा
67. श्री केसोजी पुत्र श्री रामोजी भादू नेतड़ा
68. बींजी लोल पत्नी श्री सामोजी भादू नेतड़ा

05. गांव बीराणी से 4 स्त्री व 5 पुरूष, कुल-09

69. श्री सदरोजी पुत्र श्री मनोहरजी गोदारा बीराणी
70. श्री अणदोजी पुत्र श्री मनोहरजी गोदारा बीराणी
71. अणदुबाई पुत्री श्री मनोहरजी गोदारा बीराणी
72. जीमां बाई पुत्री श्री सूजोजी गोदारा बीराणी
73. सुखिया बाई पुत्री श्री मनोहरजी गोदारा बीराणी
74. श्री जेसाजी पुत्र श्री धनोजी भादू बीराणी
75. श्री नाथोजी पुत्र श्री जसवंतजी भादू बीराणी
76. सेरी धत्तरवाल पत्नी श्री नाथोजी भादू बीराणी
77. श्री मोटाजी पुत्र श्री नाथोजी भादू बीराणी

06. गांव लांबा से 3 पुरूष

78. श्री कचरोजी पुत्र श्री करमचन्दजी लोल लांबा
79. श्री मदमोजी पुत्र श्री करमचन्दजी लोल लांबा
80. श्री भोजोजी पुत्र श्री सुरजांणजी जाणी लांबा

07. गांव फिटकासनी से 3 स्त्री व 23 पुरूष, कुल-26

81. श्री पांचोजी पुत्र श्री सुरजांणजी बाबल फिटकासणी
82. श्री रूपोजी पुत्र श्री पांचोजी बाबल फिटकासणी
83. श्री बुढोजी पुत्र श्री आसोजी बाबल फिटकासणी
84. श्री रूगोजी पुत्र श्री लाधूजी बाबल फिटकासणी
85 श्री भींयोजी पुत्र श्री नाथोजी बाबल फिटकासणी
86. श्री पीथोजी पुत्र श्री जसजी बाबल फिटकासणी
87. श्री तेजोजी पुत्र श्री जसजी बाबल फिटकासणी
88. श्री लाखोजी पुत्र श्री अजोजी बाबल फिटकासणी
89. श्री राऊजी पुत्र श्री अजोजी बाबल फिटकासणी
90. श्री सुजांणजी पुत्र श्री अजोजी बाबल फिटकासणी
91. श्री जेतोजी पुत्र श्री गोरधनजी बाबल फिटकासणी
92. श्री नरसिंहजी पुत्र श्री गोरधनजी बाबल फिटकासणी

93. श्री भींयोजी पुत्र श्री कचरोजी बाबल फिटकासणी
94. श्री पीथोजी पुत्र श्री भींयोजी बाबल फिटकासणी
95. पदमा खोड़ पत्नी श्री पीथोजी बाबल फिटकासणी
96. श्री नाथोजी पुत्र श्री भींयाजी बाबल फिटकासणी
97. श्री मनोहरजी पुत्र श्री अणदोजी गोदारा फिटकासणी
98. श्री रूगोजी पुत्र श्री जीयोजी गोदारा फिटकासणी
99. श्री सबलोजी पुत्र श्री जीयोजी गोदारा फिटकासणी
100. श्री भंवरजी पुत्र श्री सुजोजी गोदारा फिटकासणी
101. नेती थालोड़ पत्नी श्री भंवरजी गोदारा फिटकासणी
102. श्री मनोहरजी पुत्र श्री भंवरजी गोदारा फिटकासणी
103. श्री रोहितासजी पुत्र श्री जसजी जाणी फिटकासणी
104. श्री जेतोजी पुत्र श्री जसजी जाणी फिटकासणी
105. सोनी गोदारा पत्नी श्री जेतोजी जाणी फिटकासणी
106. श्री जगोजी पुत्र श्री रामोजी डूडी फिटकासणी

08. गांव गुड़ा विसनोईयान से 5 स्त्री व 29 पुरूष, कुल-34

107. श्री दामोजी पुत्र श्री मोटलजी खावा गुड़ा विसनोईयान
108. श्री अमरोजी पुत्र श्री पुरणजी खावा गुड़ा विसनोईयान
109. श्री पांचोजी पुत्र श्री करमोजी खावा गुड़ा विसनोईयान
110. श्री भारमलजी पुत्र श्री हरीरामजी खावा गुड़ा विसनोईयान
111. श्री जीवराजजी पुत्र श्री हरिरामजी खावा गुड़ा विसनोईयान
112. श्री पांचोजी पुत्र श्री हरीरामजी खावा गुड़ा विसनोईयान
113. श्री लाखोजी पुत्र श्री किशनोजी सारण गुड़ा विसनोईयान
114. श्री रामोजी पुत्र श्री केशोजी सारण गुड़ा विसनोईयान
115. श्री करमसिंह जी पुत्र श्री शंकरजी सारण गुड़ा विसनोईयान
116. श्री नरबदजी पुत्र श्री सालुजी सारण गुड़ा विसनोईयान
117. श्री हीरोजी पुत्र श्री सालुजी सारण गुड़ा विसनोईयान
118. श्री केशोजी पुत्र श्री सालुजी सारण गुड़ा विसनोईयान
119. श्री सांईदासजी पुत्र श्री तेजोजी सारण गुड़ा विसनोईयान
120. श्री देदोजी पुत्र श्री करमसिंहजी माल गुड़ा विसनोईयान
121. श्री कुंभोजी पुत्र श्री भगवानजी कड़वासरा गुड़ा विसनोईयान
122. श्री लाखोजी पुत्र श्री आसुजी कड़वासरा गुड़ा विसनोईयान
123. श्री रायमलजी पुत्र श्री आसुजी कड़वासरा गुड़ा विसनोईयान
124. श्री हेमराजजी पुत्र श्री आसुजी कड़वासरा गुड़ा विसनोईयान
125. श्री सांईदासजी पुत्र श्री सदोजी डूडी गुड़ा विसनोईयान
126. श्री गंगारामजी पुत्र श्री खेराजजी झांग गुड़ा विसनोईयान
127. श्री सुरताणजी पुत्र श्री चांपजी भादू गुड़ा विसनोईयान
128. श्री अणदोजी पुत्र श्री चांपजी भादू गुड़ा विसनोईयान
129. जसोदा गोदारा पत्नी श्री चांपजी भादू गुड़ा विसनोईयान
130. श्री देवराजजी पुत्र श्री अमरोजी सियाग गुड़ा विसनोईयान
131. श्री जीयोजी पुत्र श्री अमरोजी सियाग गुड़ा विसनोईयान
132. केशी डोगियाल पत्नी श्री अमरोजी सियाग गुड़ा विसनोईयान
133. श्री चांपोजी पुत्र श्री उदोजी सियाग गुड़ा विसनोईयान
134. श्री रूपजी पुत्र श्री नेतोजी जाणी गुड़ा विसनोईयान
135. श्री अचलोजी पुत्र श्री भोजोजी बुरड़क गुड़ा विसनोईयान

136. लुंगा सियाग पत्नी श्री अचलोजी बुरड़क गुड़ा विसनोईयान
137. बिंजी सियाग पत्नी श्री देवराजजी बुरड़क गुड़ा विसनोईयान
138. श्री कंवरोजी पुत्र श्री गोरधनजी बुरड़क गुड़ा विसनोईयान
139. हीराबाई पुत्री श्री गोरधनजी बुरड़क गुड़ा विसनोईयान

09. गांव भगतासनी से 3 पुरूष

140. श्री दानोजी पुत्र श्री रूगोजी गोदारा भगतासणी
141. श्री बालुजी पुत्र श्री रूगोजी गोदारा भगतासणी
142. श्री हरकोजी पुत्र श्री वीरमजी गोदारा भगतासणी

10. गांव रूड़कली से 16 पुरूष

143. श्री लाखोजी पुत्र श्री कंवरोजी पंवार रूड़कली
144. श्री रामजी पुत्र श्री अखजी सींवर रूड़कली
145. श्री मानोजी पुत्र श्री अखजी सींवर रूड़कली
146. श्री जीवराजजी पुत्र श्री अखजी सींवर रूड़कली
147. श्री खरतोजी पुत्र श्री अखजी सींवर रूड़कली
148. श्री दासोजी पुत्र श्री जगमालजी धायल रूड़कली
149. श्री रामोजी पुत्र श्री अणदोजी धायल रूड़कली
150. श्री सोनगजी पुत्र श्री खिराजजी अड़ीग रूड़कली
151. श्री खुमोंजी पुत्र श्री खिराजजी अड़ीग रूड़कली
152. श्री मुकनोजी पुत्र श्री रतनाजी भादू रूड़कली
153. श्री करमोजी पुत्र श्री आसोजी डऊकिया रूड़कली
154. श्री मनोहरजी पुत्र श्री खमोजी डऊकिया रूड़कली
155. श्री देवजी पुत्र श्री आसुजी सीगड़ रूड़कली
156. श्री जीवणजी पुत्र श्री आसुजी सीगड़ रूड़कली
157. श्री नगराजजी पुत्र श्री भारमल रिणवां रूड़कली
158. श्री नरसिंहजी पुत्र श्री माधोजी गोदारा रूड़कली

10. गांव पीथावास से 4 पुरूष

159. श्री किशनोजी पुत्र श्री कलजी कस्वां पीथावास
160. श्री करमसिंहजी पुत्र श्री कलजी कस्वां पीथावास
161. श्री दमोजी पुत्र श्री रायचन्दजी बैनिवाल पीथावास
162. दाऊजी पुत्र श्री जेसाजी बैनिवाल पीथावास पुरूष

11. गांव रामड़ावास से 2 स्त्री व 14 पुरूष, कुल-15

163. श्री मानोजी पुत्र श्री केशोजी सियाग रामड़ावास
164. केसु सियाग पत्नी श्री मानोजी सियाग रामड़ावास
165. श्री देवजी पुत्र श्री इशरजी गोदारा रामड़ावास
166. श्री जैमलजी पुत्र श्री हरनाथजी गोदारा रामड़ावास
167. श्री करमचन्दजी पुत्र श्री सुरताणजी गोदारा रामड़ावास
168. श्री सुरताणजी पुत्र श्री हेमराजजी धायल रामड़ावास
169. श्री पांचोजी पुत्र श्री मोटाजी बैनिवाल रामड़ावास
170. श्री कलजी पुत्र श्री चतुराजी गीला रामड़ावास
171. श्री गोरधनजी पुत्र श्री चोकजी सारण रामड़ावास
172. श्री हरकोजी पुत्र श्री सीयाजी मांजू रामड़ावास
173. श्री मानोजी पुत्र श्री राजूजी भादू रामड़ावास
174. श्री मेयोजी पुत्र श्री हेमजी भादू रामड़ावास
175. श्री चोकजी पुत्र श्री मनोहरजी सोहू रामड़ावास

176. दीपां चाहर पत्नी श्री चोकजी सोहू रामड़ावास
177. श्री जोधरामजी ऐचरा रामड़ावास
178. श्री धनराजजी पुत्र श्री मनोहरजी सोहू रामड़ावास

12. गांव फींच से 6 स्त्री व 15 पुरूष, कुल-21

179. श्री ओपोजी पुत्र श्री गोरधनजी मांजू फींच
180. रामी गोदारा पत्नी श्री आसोजी पंवार फींच
181. श्री सुजांणजी पुत्र श्री सिरदारजी पंवार फींच
182. श्री जगन्नाथजी पुत्र श्री शिंभुजी पंवार फींच
183. देऊदेवी पत्नी श्री जगनाथजी पंवार फींच
184. श्री तेजोजी पुत्र श्री डाऊजी पंवार फींच
185. श्री उगरोजी पुत्र श्री पोलाजी गोदारा फींच
186. सेरू जंवर पत्नि श्री पोलाजी गोदारा फींच
187. श्री पंचाणजी पुत्र श्री पोलाजी गोदारा फींच
188. श्री उदोजी पुत्र श्री केसोजी गोदारा फींच
189. गंगा भादू पत्नि श्री उदोजी गोदारा फींच
190. श्री अणदोजी पुत्र श्री खेतोजी गोदारा फींच
191. सोमी पंवार पत्नि श्री खेतोजी गोदारा फींच
192. श्री सुन्दरोजी पुत्र श्री किशनोजी गोदारा फींच
193. इंदा कस्वां पत्नी श्री सुन्दरोजी गोदारा फींच
194. श्री जगमालजी पुत्र श्री सुन्दरोजी गोदारा फींच
195. श्री हेमराजजी पुत्र श्री सुन्दरोजी गोदारा फींच
196. श्री अणदोजी पुत्र श्री सुन्दरोजी गोदारा फींच
197. श्री जीवराजजी पुत्र श्री फतेहजी गोदारा फींच
198. श्री सांवलजी पुत्र श्री बागोजी खोत फींच
199. श्री सांवतजी पुत्र श्री बागोजी खोत फींच

13. गांव धवा से 1 स्त्री व 7 पुरूष, कुल-08

200. श्री पीथोजी ढाका धवा
201. बाली बैनिवाल पत्नि श्री पीथोजी ढाका धवा
202. श्री रायचन्दजी पुत्र श्री पीथोजी ढाका धवा
203. श्री रूपोजी पुत्र श्री अणदोजी ढाका धवा
204. श्री मोटोजी पुत्र श्री फतेहजी ढाका धवा
205. श्री गिरधारीजी पुत्र श्री जीवणजी खिलेरी धवा
206. श्री भागुजी पुत्र श्री हेमोजी बिड़ियासर धवा
207. श्री अणदोजी पुत्र श्री मानजी बिड़ियासर धवा

14. गांव डोली से 4 स्त्री व 11 पुरूष, कुल-15

208. श्री खेराजजी पुत्र श्री हेमजी गोदारा डोली
209. श्री देवराजजी पुत्र श्री हेमजी गोदारा डोली
210. श्री जीयोजी पुत्र श्री अणदोजी गोदारा डोली
211. दीपां खोड पत्नि श्री जियोजी गोदारा डोली
212. श्री रतननोजी पुत्र श्री हरजी डारा डोली
213. श्री समेलजी पुत्र श्री हरजी डारा डोली
214. लाडो सारण पत्नि श्री समेलजी डारा डोली
215. श्री हरजी पुत्र श्री भारमलजी डारा डोली
216. श्री दिवराजजी पुत्र श्री भारमलजी डारा डोली

217. श्री खिंवजी पुत्र श्री हीरजी डारा डोली
218. काली सारण पत्नि श्री खिंवजी डारा डोली
219. श्री ओरमी पुत्री श्री खिंवजी डारा डोली
220. श्री महेसजी पुत्र श्री हरचन्दजी डारा डोली
221. श्री लालूजी पुत्र श्री बिठलजी जांगू डोली
222. श्री रतनोजी पुत्र श्री जेतोजी जाणी डोली

15. गांव खांडोलाव से 2 पुरूष

223. श्री रतनोजी पुत्र श्री जीतोजी कस्वां खांडोलाव
224. श्री राजूजी पुत्र श्री जीतोजी कस्वां खांडोलाव

16. गांव भवाद से 1 स्त्री व 4 पुरूष, कुल-05

225. श्री मगोजी कस्वां भवाद
226. श्री सवाईजी पुत्र श्री मगोजी कस्वां भवाद
227. श्री अजोजी पुत्र श्री मोटोजी बोला भवाद
228. सुन्दर गोदारा पत्नी श्री अजोजी बोला भवाद
229. श्री सुन्दरोजी पुत्र श्री अजोजी बोला भवाद

17. गांव कौसाणा से 2 स्त्री व 9 पुरूष, कुल-11

230. श्री हरजी पुत्र श्री चौकजी कस्वां कोसाणा
231. श्री भीखजी पुत्र श्री चौकजी कस्वां कोसाणा
232. नाथी पंवार पत्नी श्री भीखजी कस्वां कोसाणा
233. श्री टिकुजी पुत्र श्री चौकजी कस्वां कोसाणा
234. श्री धनजी पुत्र श्री भगवानजी जांगू कोसाणा
235. श्री टिकुजी पुत्र श्री बस्तीजी जांगू कोसाणा
236. श्री नारायणजी पुत्र श्री मोटाजी जुड़िया कोसाणा
237. हीरा राहड़ पत्नी श्री नारायणजी जुड़िया कोसाणा
238. श्री किसनोजी पुत्र श्री साजनजी सियाग कोसाणा
239. श्री साजनजी सियाग कोसाणा
240. श्री गोहदजी नेण कोसाणा

18. गांव धोरू से 1 स्त्री व 5 पुरूष, कुल-06

241. श्री श्यामजी पुत्र श्री शिंभुजी गोदारा धोरू
242. नारां धायंल पत्नी श्री शिंभुजी गोदारा धोरू
243. श्री सांईदास पुत्र श्री रासोजी गोदारा धोरू
244. श्री नाथोजी पुत्र श्री सिमरथजी डूडी धोरू
245. श्री रेड़ोजी पुत्र श्री सिमरथजी डूडी धोरू
246. श्री दुर्गोजी पुत्र श्री सिमरथजी डूडी धोरू

19. गांव दोहोरियो से 3 पुरूष

247. श्री उदोजी पुत्र श्री हीरजी भादू दोहोरियों
248. श्री जीयारामजी पुत्र श्री अणदोजी भादू दोहोरियों
249. श्री सालोजी पुत्र श्री अणदोजी भादू दोहोरियों

20. गांव जालमलिये से 1 पुरूष

250 श्री भाऊजी पुत्र श्री मगजी ढुकिया जालमलिया

21. गांव डांवरा से 1 स्त्री व 3 पुरूष, कुल-04

251. श्री देदाजी पुत्र श्री सुजाणजी कड़वासरा डांवरा
252. बीरां डूडी पत्नी श्री सुजाणजी कड़वासरा डांवरा
253. श्री साजनजी पुत्र श्री आसोजी राहड़ डांवरा

254. श्री किसनोजी पुत्र श्री दरियाणजी सारण डांवरा

22. गांव नांदिया से 3 पुरूष

255. श्री बस्तीजी पुत्र श्री चांपोजी ईसराम नांदिया
256. श्री हरचन्दजी पुत्र श्री मानोजी पूनियां नांदिया
257. श्री ठाकरजी पुत्र श्री मानोजी पूनियां नांदिया

23. गांव हिंगुणिया से 1 पुरूष

258. श्री रामोजी पुत्र श्री अमरोजी राहड़ हीगुणिया

24. गांव तिलवासनी से 6 स्त्री व 10 पुरूष, कुल-16

259. श्री मोटोजी पुत्र श्री अलोजी खोखर तिलवासणी
260. श्री करणोजी पुत्र श्री अलोजी खोखर तिलवासणी
261. खिंवणी नैण पत्नी श्री मोटाजी नैण तिलवासणी
262. श्री पांचोजी पुत्र श्री बींजाजी खोखर तिलवासणी
263. दमु नैण पत्नी श्री पांचोजी खोखर तिलवासणी
264. श्री केशोजी पुत्र श्री बींजाजी खोखर तिलवासणी
265. नाथी नैण पत्नी केशोजी खोखर तिलवासणी
266. श्री खुमाणजी नैण तिलवासणी
267. श्री किरपोजी नैण तिलवासणी
268. खिवणीबाई नैण तिलवासणी
269. श्री गोपालदासजी नैण तिलवासणी
270. थानीबाई नैण तिलवासणी
271. श्री तेजोजी पुत्र श्री गोहदजी नैण तिलवासणी
272. सजनी थालोड़ पत्नी श्री तेजोजी पंवार तिलवासणी
273. श्री लालोजी पुत्र श्री देदोजी पंवार तिलवासणी
274. श्री हरदासजी पुत्र श्री धनजी टुईया तिलवासणी

25. गांव लुणावा से 4 पुरुष

275. श्री अमरोजी पुत्र श्री जीवणजी डूडी लुणावा
276. श्री देदोजी पुत्र श्री नरसिंहजी डूडी लुणावा
277. श्री नारायणजी पुत्र श्री देवराजजी डूडी लुणावा
278. श्री दुरगाजी पुत्र श्री मोटोजी डूडी लुणावा

26. गांव बांवरला से 1 स्त्री व 5 पुरूष, कुल-06

279. श्री उगरोजी पुत्र श्री नगराजजी सारण बांवरला
280. श्री सादुलजी पुत्र श्री सांवलजी सारण बांवरला
281. श्री देवोजी पुत्र श्री रामोजी सारण बांवरला

27. गांव बाला से 1 स्त्री व 2 पुरुष, कुल-03

282. श्री हरिचन्दजी पुत्र श्री दुर्गाजी सोहू बाला
283. श्री नरसिंह जी पुत्र श्री कुम्भोजी सोहू बाला
284. दीपां खावा पत्नी श्री नरसिंह जी सोहू बाला

28. गांव जुड़ से 9 पुरूष

285. श्री बस्तीजी पुत्र श्री ईशरजी लोल जुड़
286. श्री बिरमोजी पुत्र श्री इशरजी लोल जुड़
287. श्री बागोजी पुत्र श्री कुशलोजी लोल जुड़
288. श्री करनोजी पुत्र श्री कुशलोजी लोल जुड़
289. श्री माहोजी पुत्र श्री कुशलोजी लोल जुड़
290. श्री रोहितासजी पुत्र श्री जसोजी जाणी जुड़

291. श्री खिंयोजी पुत्र श्री जसोजी जाणी जुड़
292. श्री रामचन्दजी पुत्र श्री पीथोजी जाणी जुड़
293. श्री रूपोजी पुत्र श्री पीथोजी जाणी जुड़

29. गांव ओलवी से 3 पुरूष

294. श्री दानोजी पुत्र श्री परमानन्दजी चाहर ओलवी
295. श्री चूड़जी पुत्र श्री जुवाणजी चाहर ओलवी
296. श्री दिवराजजी पुत्र श्री नाथोजी चाहर ओलवी

30. गांव जोलियाली से 3 स्त्री व 3 पुरूष, कुल-06

297. श्री चोलोजी पुत्र श्री भारमलजी तांडी जोलीयाली
298. रेसी सारण पत्नी राजूजी तांडी जोलीयाली
299. श्री जगनाथजी पुत्र श्री रायचन्दजी बैनिवाल जोलीयाली
300. असी वीसु पत्नी श्री रायचन्दजी बैनिवाल जोलीयाली
301. श्री पांचणजी बैनिवाल जोलियाली
302. खेमी सारण पत्नी श्री पांचणजी बैनिवाल जोलियाली

31. गांव बीसलपुर से 1 स्त्री व 2 पुरूष, कुल-03

303. श्री हेमराजजी पुत्र श्री सांमोजी बैनिवाल बीसलपुर
304. श्री मदोजी पुत्र श्री हेमराजजी बैनिवाल बीसलपुर
305. सुवटी ढाका पत्नी श्री हेमराजजी बैनिवाल बीसलपुर

32. गांव मतोड़ा से 1 स्त्री व 5 पुरूष, कुल-06

306. श्री सादोजी पुत्र श्री गोपालजी खिलेरी मतोड़ा
307. श्री भारमलजी पुत्र श्री चांपोजी खिलेरी मतोड़ा
308. श्री बदरीजी पुत्र श्री चांपोजी खिलेरी मतोड़ा
309. सुजी नैण पत्नी श्री भारमलजी खिलेरी मतोड़ा
310. श्री जेसोजी पुत्र श्री बिरमजी जाणी मतोड़ा
311. श्री केशोजी पुत्र श्री बिरमजी जाणी मतोड़ा

33. गांव बंधड़ा से 2 पुरूष

312. श्री किशनोजी पुत्र श्री साजनजी सियाग बंधड़ा
313. श्री रतनोजी पुत्र श्री साजनजी सियाग बंधड़ा

34. गांव हिंगोली से 1 स्त्री व 5 पुरूष, कुल-06

314. श्री नेतोजी पुत्र श्री राजोजी सोहू हिगोंली
315. आसी बुड़िया पत्नी श्री नेतोजी सोहू हिगोंली
316. श्री मोटोजी पुत्र श्री भारमलजी कुपासिया हिगोंली
317. श्री कुशलोजी पुत्र श्री जीयोजी कुपासिया हिगोंली
318. श्री देदोजी पुत्र श्री केशोजी बैनिवाल हिगोंली
319. श्री नाथोजी पुत्र श्री केशोजी बैनिवाल हिगोंली

35. गांव अरटिया से 1 स्त्री व 4 पुरूष, कुल-05

320. श्री कुशलोजी पुत्र श्री अणदोजी डारा अरटिया
321. श्री बालूजी पुत्र श्री भागचन्द जी डारा अरटिया
322. श्री रतनोजी पुत्र श्री गणेशजी गोयत अरटिया
323. हीरां पंवार पत्नी श्री रतनोजी गोयत अरटिया
324. श्री लाखोजी पुत्र श्री हरखोजी पंवार अरटिया

36. गांव बेरू से 1 स्त्री व 3 पुरूष, कुल-04

325. श्री कंवरोजी पुत्र श्री गणेशजी सारण बेरू
326. रूपां खोड़ पत्नी श्री कंवरोजी सारण बेरू

327. श्री लादूजी पुत्र श्री गुणेशजी सारण बेरू
328. श्री मगोजी पुत्र श्री गोहदजी सारण बेरू

37. गांव जांगलू से 1 स्त्री 4 पुरूष, कुल-05

329. श्री धनराजजी बैनिवाल जांगलु
330. श्री हरदासजी पुत्र श्री दावदजी सियोल जांगलु
331. श्री बिशनोजी पुत्र श्री हरदासजी सियोल जांगलु
332. श्री रामचन्दजी पुत्र श्री तेजोजी सियोल जांगलु
333. जेती अग्रवाल पत्नी श्री तेजोजी सियोल जांगलु

38. गांव बेगड़िया से 2 पुरूष

334. श्री देईदासजी पुत्र श्री नाथुजी धत्तरवाल बेगड़िया
335. श्री अखजी पुत्र श्री नाथूजी धत्तरवाल बेगड़िया

39. गांव हाणिया से 1 पुरूष

336. श्री नाथोजी पुत्र श्री रामचन्दजी खीचड़ हाणिया

40. गांव सिरमंडी से 3 पुरूष

337. श्री करमसिंह जी पुत्र खिंदोजी गोदारा गांव सिरमंडी
338. श्री नाथोजी पुत्र भोजोजी गोदारा गांव सिरमंडी
339. श्री हरूजी पुत्र हदोजी गोदारा गांव सिरमंडी

41. गांव सामराऊ से 1 पुरूष

340. श्री नरसिंह जी ईसरवाल सावड़ाऊ

42. गांव पांचला से 2 पुरूष

341. श्री रूपोजी पुत्र श्री भगवानजी पंवार पांचला
342. श्री दुर्गोजी पुत्र श्री भगवानजी पंवार पांचला

43. गांव बुरचां से 4 पुरूष

343. श्री रूपोंजी पुत्र श्री धनजी खिलेरी बुरचा
344. श्री रेड़ोजी पुत्र श्री पोलोजी भंवाल तांबड़िया
345. श्री भोजोजी पुत्र श्री धनराजजी भंवाल तांबड़िया
346. श्री मोटोजी पुत्र श्री पोलोजी भंवाल तांबड़िया

44. गांव तापू से 2 पुरूष

347. श्री महेशजी पुत्र श्री रामचन्दजी सारण तापू
348. श्री अणदोजी पुत्र श्री शंकरजी खिलेरी तापू

45. गांव कुड़ी से 1 पुरूष

349 श्री केसोजी जांगू कुड़ी

46. गांव जाटियावास से 1 पुरूष

350. श्री तेजोजी सियाग जाटियासर

47. गांव भाकरासणी से 1 पुरूष

351. श्रीचाम्पोजी पुत्र श्री बरजांगजी सियाग भाकरासणी

48. गांव पीलवा से 1 पुरूष व 1 स्त्री

352. हेमोजी पुत्र खरतोजी जांगू गांव पीलवा
353. बाला पंवार पत्नी हेमोजी जांगू गांव पीलवा

49. गांव अज्ञात 2 स्त्री व 8 पुरूष

354. श्री मोटोजी
355. श्री पांचोजी
356. श्री पीथोजी
357. हरकुबाई

358. सुन्दर बाई
359. श्री हरूपजी
360. श्री गुगतोजी
361. श्री तेजोजी
362. श्री उदोजी
363. श्री कानोजी

05. अमृता बैनिवाल का वंश परिचयः- रायसलाणा गांव के जाट खैराज जी बेनिवाल ने विसनोई धर्म अपनाकर जांगलू गांव में निवास किया था। खैराज जी बैनीवाल के पुत्र बरसिंघ जी बैनिवाल हुए, जिन्होंने जांगलू में नाडी खुदवाई। ये नाडी आज भी 'बरसिंघ वाली नाडी' कहलाती है। बरसिंघजी के पुत्र सैणौजी हुए, जिन्होंने मुकाम मंदिर में 'हजीरो चौक' का निर्माण कराया। सैणो जी बैनिवाल के वंशज क्रमशः डोली व गुड़ा गांवों में बसे। उसके बाद बींजो जी बैनिवाल गुड़ा गांव छोड़कर विक्रम संवत् 1740 को खेजड़ली गांव में बस गए थे। बींजो जी के पुत्र बरजांग जी बैनिवाल हुए, जिनके पुत्रियां अमृतां, भागी व सभियां तथा पुत्र चाचोजी व अखोजी हुए। अमृता का विवाह खेजड़ली गांव के रामोजी खोड़ से हुआ। विक्रम संवत् 1787 को अमृता देवी अपने परिवार सहित खेजड़ली खडाणे में अमर हुई। अमृता के साथ खेजड़ली खड़ाणे में अमर होने वाले उनके पारिवारिक सदस्यों का विवरण निम्नानुसार है:- (1). पति- रामो जी खोड़ (2). पुत्र- जगो जी खोड़ (3). पुत्रियां- आसी खोड़, भागी खोड़, रतनी खोड़ (4). पिता- बरजांग जी बैनिवाल (5). बहनें- भागी बैनिवाल, सभियां बैनिवाल (6). भाई- चाचोजी बैनिवाल, अखोजी बैनिवाल। गोकलजी बैनिवाल कृत 'खेजड़ली की साखी' में सर्वप्रथम बलिदान देने वाली अमृता बैनिवाल का उल्लेख मिलता है:- "बिणियाल विरच्यौ चढी बांनी, पण राख्यौ पातक झड़िया।"

06. खेजड़ली साथरी:- इन 363 बलिदानी वीरों की याद में प्रतिवर्ष भादवा सुदी दसमीं को खेजड़ली मे विशाल मेला भरता है। राजस्थान सरकार ने इस दिन को सार्वजनिक अवकाश घोषित कर रखा है। साहबरामजी राहड़ कृत जंभसार के 22वें प्रकरण में 24 भंडारो की सूची में खेजड़ली भंडारे का भी उल्लेख है। यहां के भंडारी डुमोजी भादू रहे थे:- "खेजड़ली भंडारो भयौ, डूमो भादू सतगुर कह्यो।" खेजड़ली गांव के नानूरामजी गोदारा द्वारा संवत 1924 में 'ग्रंथाक-59' लिपिबद्ध किया गया था।

07. खेजड़ली खड़ियां रा नांवः- लेखक (राजकुमार गोदारा विसनोई) ने खेजड़ली खड़ाणे में शहीद होने वाले गोदारा परिवार और भादू परिवार के नामों को छंदबद्ध किया है:-

क. गोदारा परिवार

रूंखा ने राखण वाला, वीर विशनोई निराला। गण रूखाला गोदारा, गुरू रा कौल पाला।१
समंत सतरा सो अर सतयासी, अभयसी रे वार। गोदारा गिरधर सां भिड़ीया, रूंखा राखण सार।२
खेजड़ली में खड़ीया, उमोजी गोदारा जाण। पाछा हटीया पण घटे, जंभगुरू की आण।३
हुण गांव रा हाल सुणो, गोत बसे है गोदारा। खेजड़ली आय खड़ीया, नांव बतावां जिणारा।४
अखो जी गोदारा हुण वासी, जिणरा दो सपूत। जैसो उदो गोदारा खड़िया, संग ले अ पुत्री पूत।५
जैसा के पुत्री पुत, जिणरी तो है बात निराली। खेजड़ली जाय खड़ीया, पुत्र पेमो पुत्री लाली।६
खैराज गोदारो खरो, जिणरा कहीजै दो पूत। खेजड़ली आय खड़ीया, गेना गोकल सपूत।७
खेतो गोदारो बसे हूण, जिणरो पूत मंदरूप। खेजड़ली जाय खड़ियो, दाखवियो असो रूप।८
बात सुणाऊं बिराणी री, मनोहर गोदारा महान। दो पुत्र अर संग दो पुत्री, खड़ीया खेजड़ली आन।९
सदरो अणदो पुत्र, पुत्री अणदी सुखीया नांव। चारो भाई बहन चाल, खड़ीया खेजड़ली गांव।१०
सुजो जी गोदारा री पुत्री, चाली यांके संग बाई। झीमा हतो जिणारो नांव, रूखां हित काम आई।११
अब भगतासणी नै भणत, रूघोजी गोदारा रेवे। पुत्र दाना अर बालु, पिता रुघेजी सुं अगिया लेवे।१२
वीरमोजी रो पुत हरको, गोत गोदारा कहावे। जिणरे संग ऐ भाई भी, देह रूंखा हित दे आवे।१३
रूड़कली रो रूखालो, माधोजी गोदारा महाण। जिणारो पुत्र नरसिंह, खड़ियो खेजड़ली जाण।१४
रामड़ावास रा रूक्का, गोदारा ईशर अर हरनाथ। देव कहीजै ईशर रो, जैमल ने जाणो पुत हरनाथ।१५
रामड़ावास से सब चाल, गया अ खेजड़ली गाम। रूंखा राखण हित खड़िया, अमर जिणारो नाम।१६
फींच गांव सूं फुरती करी, गोदारा परिवार अ जाय। किशना पुत सुंदरो खड़ियो, जोड़े इंदा कस्वीं आय।१७
जगमाल हेमराज अणदो, पिता सुंदरेजी संग खड़िया। तीनों पुत्र खेजड़ली जाय, रूंखा हित बेरी सां लड़िया।१८
पोला रा दो पुत्र, उगरो अर पंचाण गोदारा। माता शेरू जंवर संग, रूंखा राखण हारा।१९
केशा पुत्र उदा आया, संग में जीवराज ने लाया। पिता फतोजी गोदारा सुं, अगिया ले खड़ने आया।२०
डोली बसे गोदारा, माडिया गांव रा मूल। केसोजी गोदारा रा वंशज, भाखै ना थूल।२१

हेमा पुत्र खैराज न देवराज, जीयो अणदे रो। जीयो तो खड़ियो, संग लीवी दीपां खोड को।२२
धोरू री आ धरा महान, शिंभू रा पुत्र श्याम नाम। माता नारां धायल संग, खड़ीया अ खेजड़ली गाम।२३
साथ यांके चाल आया, गोदारा तो सांईदास। पिता रासोजी गोदारा सूं, अगिया ली पास।२४
अब सुणाऊं सिरमंडी शूरां री, पीथाणी परवार। खिंदे को पुत्र खड़ियो, करमसिंह कर ले तरवार।२५
भोजा पुत्र नाथा संग, हदा पुत्र हरजी आया। देवसी के पुत्र हरूपजी ने भी, संग में लाया।२६
राज गोदारा नमन करै, रूंख रूखाला जाण। खेजड़ली खड़िया रा नांव, राखो इणारो माण।२७

ख. भादू परिवार

भलो परवार भादूवां, शिंभूजी जिणरो नांव। पनरा प्राणी खड़ीया, बसता खेजड़ली गांव।१
शिंभूजी रा दो सपूत, हता असी बरस रा डोकरा। खड़ीया लड़पोता सांवत, सोले बरस रा छोकरा।२
शिंभू पूत सपूत, गिरधारी अर जीवण कहीजै। गिरधारी जी जौड़ै जियां, देह रूंखा हित देईजै।३
माता बैनिवाल संग, गिरधारी पुत्र अणदा पीथा आवै। कानी कहीजै कालीराणी, भादू अणदो तो जोड़े लावै।४
अणदो तो खड़ियो अगवाणी, पत्नी पुत्री पुत सहित। पुत्री दामी चीमा ईमरती, देह दीनी रूंखा राखण हित।५
हरनाथ कहीजै अणदा पूत, जोड़े लाडु जाय। पुत्र सांवत इंदो खिंयो, तीनों ने संग ले आय।६
खिंये संग मनबा आवे, कस्वीं थी भादू रे जोड़े। अ पनरा प्राणी खड़िया, गरब भंडारी रो तोड़े।७
रसीदा रो तो रहवासी, बींजो हीरे रो पूत। दो पुत्र संग खड़ियो, रिड़मल तेजा सपूत।८
नेतड़ा सूं अ नेड़ा आया, केसा पुत्र रामे रे। बींजा लोल खड़ी, जोड़ायत भादू सामे रे।९
बात सुणाऊं बीराणी री, धना पुत्र जैसा आया। शेरा धतरवाल संग, नाथा पुत्र जसवंत जाया।१०
शेरां पुत्र मोटो खड़ियो, धतरवाल माता धन्य। देह रूखां हित देवे, साचै सतगुरू सुमिर मन्य।११
गुड़ा गांव रा वासी, चंपे भादू रा अ पूत महान। सुरताण अणदो सपूत, खड़ीया खेजडली आन।१२
चांदोजी भादू चंचल, गोदारी जिणरे जोड़े। जशोदा खेजड़ली जाय, दंभ बैरी रो तोड़े।१३
रतनो रैहतो रूड़कली, मुकन पूत तो मनभावणो। खेजड़ली जाय ओ खड़ियो, साको कियो सुहावणो। १४
राजू बसतो रामड़ावास, जिणरो पुत मानो। हेमे रो पुत महियो, देह रूंखा राखण दीनो।१५
दोहरिये से दोनू दोड़िया, हीरे रा पूत उदा। संग तो चाल ओ आवे, जीया सपूत अणदा।१६
भादू परवार खड़िया, खेजड़ली खड़ाणे माय। राज गोदारा तो नांव बांचै, आखर छंदा लाय।१७

12

तिलवासनी

01. परिचयः- तिलवासनी गांव जोधपुर जिले के बिलाड़ा तहसील में स्थित है। यह जिला मुख्यालय जोधपुर से पूर्व की ओर 67 KM तथा बिलाड़ा से 6 KM दूर स्थित है। तिलवासनी गांव में वृक्ष रक्षार्थ विसनोईयों ने खड़ाणा किया था। इन्होंने खेजड़ला के ठाकुर गोपालदास भाटी से संघर्ष करके हरे वृक्षों को बचाया था।

02. विल्होजी कृत तिलवासनी की साखीः- विल्होजी कृत तिलवासणी की साखी केवल ऐतिहासिक घटना का वर्णन नहीं है, बल्कि यह विसनोई धर्म के त्याग, वैराग्य, धर्मनिष्ठा और प्रकृति-रक्षा के आध्यात्मिक आदर्श को अभिव्यक्त करती है। इन 17 दोहों में कवि ने खिंवणी, नेतु नैण, मोटोजी और समस्त विसनोई समाज के बलिदान को केवल घटना नहीं, बल्कि मोक्षमार्ग के रूप में प्रस्तुत किया है। कवि कहता है कि मनुष्य जब अपने अंतर्मन में विचार करता है तो उसे ज्ञात होता है कि संसार का जीवन दुखमय है। जितने दिन जीवित रहता है, उतने दिन दुःखों से घिरा रहता है। इसलिए खिंवणी खोखर ने अपने सिर का त्याग कर यह सिद्ध किया कि शरीर नश्वर है। जो सतगुरु के पंथ की लाज रखता है, वही सच्चा साधक है। कवि खिंवणी खोखर को धन्य कहता है, और नेतु नैण को धैर्य की प्रतिमूर्ति मानता है। इन दोनों ने वृक्षों की रक्षा के लिए अपना शरीर अर्पित कर दिया। दूसरी ओर कुबुद्धि भाटियों ने वन का विनाश करना चाहा। इसके बाद मोटोजी ने भी खड़ाणा किया, और स्वर्ग की राह ली। मोटोजी कहते हैं कि हे मन! स्थिर रहो, शरीर का त्याग करके ही वास्तविक विजय प्राप्त होती है। जो देह त्याग कर धर्म मार्ग पर चलता है, वही नित्य सुख को प्राप्त करता है। कवि बताता है कि सबसे पहले सृष्टिकर्ता विसन का स्मरण करना चाहिए। इसी आधार पर सतगुरु ने इस पंथ की स्थापना की। यह पंथ तलवार की धार जैसा कठिन है। तिलवासणी में रहने वाले विसनोई सतलोक के ज्ञानी हैं। गुरु की आज्ञा का पालन करते हैं। विसन नाम का जप करते हैं। और स्वभाव से वृक्षों की रक्षा करते हैं। इस कारण उनकी नगरी तेज और पवित्रता से युक्त है। खेजड़ला में किरपो और गोपालदास भाटी रहते थे। किरपो अहंकारी था और उसने देव आज्ञा का मान नहीं रखा। उसने वन का विनाश करना आरंभ किया। जब हरे-भरे वृक्षों पर संकट आया, तब इसकी सूचना विसनोई जमात को मिली और यह उनके लिए संकट का विषय बन गया। तब जमात ने विचार किया कि यदि इस अवसर पर हम धर्म के लिए प्राण नहीं देंगे, तो हमारी नेकी व्यर्थ हो जाएगी। तब पांचोजी और पीथोजी जैसे सरदार आगे आए और खेजड़ला जाकर भाटी के दरबार में पहुंचे। फिर प्रातःकाल होते ही स्नान करके सभी साधक तैयार हुए। वीरता का वातावरण बन गया, ऐसा प्रतीत होता था मानो युद्ध के लिए तलवारें चमक रही हों और वीर आगे बढ़ रहे हों। सबसे पहले खिंवणी ने खड़ाणा किया। इसके पश्चात विसन भक्त मोटोजी ने खड़ाणा किया, जिनका गुरु के प्रति अत्यंत प्रेम था। फिर नेतु नैण ने बलिदान दिया और इस प्रकार उन्होंने अपने जीवन को सफल बना लिया। कवि वर्णन करता है कि स्वर्ग से दिव्य विमान उतरे और इन आत्माओं को अपने साथ ले गए। जो संत इस मार्ग पर चलते हैं, उन्हें जन्म-मरण का चक्र नहीं सताता है। वे सदा नवीन और आनंदमय स्थिति में रहते हैंः-

आल्हांणी आतंम थके, आलोच्यौ मंन माहि। जां जां जुग मां जीवियै, ते दिन दुख मां जाहि।१
सिर मतौ खोखरी कियो, झड़ न जोए काय। पंथ सतगुरू को लाजवै, जे कोइ इण परि थाय।२
खींवणी खोखरी धंन्य तुही, नेतु नैण सधीर। रहि कारणि रूंखा उपरे, वह सुंपिया सरीर।३
वन सिंघारियौ भाटियां, कुबधी कागां जोय। जिंह उपरि मोटो खड़ियो, सुरगि पहुंतो सोय।४
मोटो खोखर मेरी वारी, निहचल राखि रे चित। तजि काया जीत जाइये, सुख सुहावे नित।५
पहलु नांव विसंन कौ, सिंवरू सिरजणहार। जीणि औ पंथ चलाइयौ, खरतर खंडा धार।६
विसनोइ बसै तिलवासणी, सति लोक सुजांण। राह चालै सतगुरू तणां, मांनै गुरू की आंण।७
जपै नांव विसंन कौ, खरतर किरीया सुर। राखै रूंख सुभाव सुं, नगरी इधको नुर।८
खेजड़ले किरपो बसै, भाटी गोपालदास। संक न मानै किरपो देव री, वन रौ करै विणास।९
बाढै विरख सुहांवणा, करपे कियो कहर सिंघार। आइ खबर जमाति नै, सर पर हुई सार।१०

जमाते अलोचियो, मरणो इण परि थाय। इणि ओसरि मरिये नहीं, नेकी रहै न काय।११
पांचौ पीथो परगटा, नगरी मां सिरदार। चाल र खेजड़ले गया, भाटी के दरबार।१२
पोह फाटी पगड़ो हुवौ, साधे मांडियो न्हांण। सुरा होय संसा बहै, जीत झबकी तरवार।१३
पहलि मुंहि खींवणी खड़ी, सत सुं घणो करार। विसंन भगत मोटो खड़ियो, गुरू सुं हेत पियार।१४
जिंह उपरि नेतू खड़ी, चाली जलम सुधार। सुरग विवाणी वांनै उतरियो, जिंह चड़ी पुहंता पार।१५
हुरक सुर मंनि मोहणी, सर पर साध सुजांण। जामण मरण जुरा नहीं, नित नवला हांण।१६
डील दमकै वीज ज्यूं, मानो ऊगतो भाण। वील्ह कहै गति सांभलो, साधां तणां बखांण।१७

03. जंभसार में वर्णित कथाः- विसनोई धर्म में वृक्षों की रक्षा केवल एक सामाजिक कर्तव्य नहीं, बल्कि धार्मिक आस्था का मूल अंग है। गुरु जाम्भोजी के 29 नियमों में हरित जीवन की रक्षा सर्वोच्च मानी गई है। इसी सिद्धांत के पालन हेतु अनेक बलिदान हुए, जिनमें तिलवासणी गांव का बलिदान अत्यंत महत्वपूर्ण है। यह प्रसंग साहबरामजी राहड़ कृत जंभसार के 23वें प्रकरण में वर्णित है, जिसमें सत्यवादियों की कथा के रूप में इस घटना का वर्णन मिलता है। खेजड़ला गांव में भाटी राजपूतों का शासन था और तिलवासणी गांव उनके अधीन (पट्टे) में आता था। खेजड़ला गांव के ठाकुर गोपालदास भाटी थे तथा उन भाटियों में पोहकरसिंह और किरपो प्रमुख थे। एक दिन पोहकरसिंह तिलवासणी गया और वहां के घने वन को देखकर उसने विचार किया कि इस वन को काटकर मकान निर्माण हेतु लकड़ी तैयार की जाए। जब राजपूतों ने वन काटने का विचार व्यक्त किया, तब वहां के विसनोईयों ने इसका विरोध किया। उन्होंने स्पष्ट कहा कि यह खेजड़ी वृक्ष गुरु जाम्भोजी के आदेश से संरक्षित है। हम किसी भी स्थिति में इसे काटने नहीं देंगे। इस पर कृपो ने व्यंग्यपूर्वक कहा कि रूंख हमारा, गांव हमारा, तुम इसमें क्या अधिकार रखते हो? इस प्रकार बातों-बातों में विवाद बढ़ गया। राजपूतों ने चुनौती दी कि वे वृक्ष काटेंगे और देखेंगे कि उन्हें कौन रोकता है। इस स्थिति में विसनोई समाज ने आपस में विचार किया और यह निर्णय लिया कि जीवन भर धर्म नहीं त्यागेंगे, धर्म त्याग कर जीवित रहना, मृत के समान है। यह निर्णय विसनोई जीवन-दर्शन की दृढ़ता को दर्शाता है। जब कृपो ने खेजड़ी काटने के लिए कुल्हाड़ी उठाई, तब खिंवणी खोखर ने इस संकट का सामना करने का संकल्प लिया। उन्होंने जंभसागर के जल से स्नान किया, सूर्य को अरदास की और उस स्थान पर पहुंचीं जहाँ वृक्ष काटा जा रहा था। खिंवणी ने वृक्ष की रक्षा हेतु अपने शरीर को ही ढाल बना लिया। खेजड़ी पर हो रहे प्रहार को रोकने हेतु उन्होंने क्रमशः दोनों हाथ और फिर दोनो पैर कटवा दिए। फिर भी खेजड़ी पर प्रहार नहीं लगने दिया। अंततः खिंवणी ने अपना सिर प्रस्तुत कर दिया। पाँचवें प्रहार में उनका शीश कट गया। यह पाँच खड़ाणा विसनोई इतिहास में अद्वितीय आत्मोत्सर्ग का उदाहरण है। खिंवणी के इस अद्वितीय बलिदान के बाद कृपो का मन विचलित हुआ। वह घबराकर वहां से चला गया। जाते हुए उसने पूरे वन को काटने की धमकी दी। तिलवासणी के चौधरी पांचोजी और पीथोजी ने कहा कि जो भगवान करता है वही होता है। उन्होंने खिंवणी के बलिदान को धर्म की विजय माना। खिंवणी ने एक खेजड़ी वृक्ष को बचाया। अपने परिवार की चिंता नहीं की। शरीर के पाँच अंगों का बलिदान दिया। अंततः अपना सिर धर्म हेतु समर्पित किया। यह बलिदान केवल एक वृक्ष की रक्षा नहीं, बल्कि विसनोई धर्म की जीवंत परंपरा का प्रतीक है। तिलवासणी का यह प्रसंग खेजड़ली जैसे बड़े आंदोलन से पूर्व का एक महत्वपूर्ण प्रेरणास्रोत है। खिंवणी खोखर का यह बलिदान दर्शाता है कि विसनोई समाज में धर्म और प्रकृति की रक्षा सर्वोपरि है। स्त्रियों ने भी इस परंपरा में अग्रणी भूमिका निभाई। खिंवणी खोखर के बलिदान के पश्चात चौधरी पांचोजी और पीथोजी ने कहा कि आप लोग जमात इकट्ठा करो, हम दोनों खेजड़ले जाकर ठाकुर के आगे हाथ जोड़कर विनती करते हैं। दोनों खेजड़ले पहुंचे और ठाकुर गोपालदास से निवेदन किया कि गुरू जाम्भोजी ने हमें धर्मनियम पालन करने का आदेश दिया है। इस कारण हम जीव-जंतुओं को मारने नहीं देते और रूंखों को काटने नहीं देते, यही हमारा धर्म है। उन्होंने खिंवणी के बलिदान का वर्णन करते हुए कहा कि किरपो ने खेजड़ी पर प्रहार किया, तब खिंवणी ने हाथ, फिर दूसरा हाथ, फिर पैर और दूसरा पैर देकर भी खेजड़ी को कटने नहीं दिया। अंत में सिर देकर भी वृक्ष की रक्षा की, पर किरपो ने निर्दयता से उसका सिर काट दिया। इस प्रकार वह गरीब रैयत पर अत्याचार कर रहा है, अतः आप यह मारकाट रुकवाएं। इस पर गोपालदास ने कहा कि गांव और रूंख हमारे हैं, इन पर तुम्हारा कोई अधिकार नहीं है। उसने चेतावनी दी कि वह कल सौ आदमी भेजकर सभी रूंख कटवा देगा और तुम जितना जोर लगा सकते हो, लगा लेना। उसने व्यंग्यपूर्वक कहा कि आज रूंख काटने से रोकते हो, कल कर (हांसल) भी नहीं दोगे। तुम्हारे घरों में रांडां (महिलाएं) अधिक हैं, इसलिए खेजड़ियों के बदले सिर कटवा रही हैं। ऐसे लोगों की आवश्यकता नहीं है, जो रूंख काटने से रोकें। उसने आदेश दिया कि यह गांव छोड़कर चले जाओ और यहां का पानी भी मत पीना। चौधरियों ने कहा कि तुम क्षत्रिय हो, तुम्हारे हृदय में दया होनी चाहिए। यदि तुम धर्म की रक्षा नहीं करोगे तो सभी विसनोई कटकर मर जाएंगे। किन्तु गोपालदास ने किरपो को सेना सहित भेजने का आदेश दिया और स्वयं भी युद्ध के लिए तैयार होकर घोड़े पर सवार हो गया। पांचोजी और पीथोजी तिलवासणी लौटे और समस्त वृतांत सुनाया। गांव में जमात एकत्र हुई और प्रत्येक व्यक्ति एक-एक रूंख के आगे खड़ा हो गया। उधर गोपालदास और किरपो सौ सशस्त्र घुड़सवारों के साथ पहुंचे। तब न्यात ने कहा कि रूंख हमारे माता-पिता हैं, तुम्हारा उनसे क्या बैर है? अमृत छोड़कर जहर क्यों पीते हो? तब गोपालदास ने चुनौती दी कि तुम सब खेजड़ियों के साथ कटकर भी जीत नहीं सकते और खाती को वृक्ष काटने का आदेश दिया। तब नेतु नैण आगे बढ़ीं। उन्होंने जंभसागर के जल से स्नान किया और खड़ाणे के लिए तैयार होकर कहा कि सबसे पहले मुझे खड़ाओ। उन्होंने देखा कि प्रत्येक रूंख पर विसनोई चिपके हुए हैं और सामने सशस्त्र राजपूत खड़े हैं। धर्म की रक्षा हेतु वे आगे बढ़ीं।

गोपालदास ने कुल्हाड़ी उठाई और प्रहार किया। तब नेतु ने उन्हें 'लेड' (राजपूत जाति का अपमानसूचक नाम) कहा। तब गोपालदास गुस्से में भरकर बोला कि मोडी रांड ऐसा कहने की तेरी हिम्मत कैसे हुई। यह सुनते ही न्यात गुस्से से भर गई। एक हजार लोग नहाकर खड़ाणा करने के लिए तैयार हो गए। तब नेतु ने खेजड़ी की रक्षा हेतु अपना सिर आगे कर दिया। खाती ने प्रहार किया, खेजड़ी नहीं कटी, पर नेतु का सिर कट गया। इसके पश्चात मोटोजी आगे आए और उन्होंने भी अपना सिर अर्पित कर दिया। इस प्रकार तीन खड़ाणे हुए और एक हजार लोग बलिदान के लिए तैयार खड़े थे। यह दृश्य देखकर सभी स्तब्ध रह गए। मृत्यु के समय मोटोजी ने कहा कि मन को निश्चल रखकर धैर्य धारण करो और काया त्यागकर सतगुरु का दर्शन करो। हम अब पुनः मृत्यु लोक में नहीं आएंगे। उन्होंने कहा कि यह शरीर नश्वर है, अंततः मिट्टी में मिल जाता है। जो भाग्यवान है वही इसका उपयोग धर्म और परोपकार में करता है। उन्होंने स्पष्ट कहा कि रूंखों के लिए मरना ही सच्चा जीवन है। विसनोई समाज ने घोषणा की कि जब तक देह है तब तक हरि के गुण गाएंगे और आवश्यकता पड़ने पर परोपकार के लिए देह त्याग देंगे। उन्होंने कहा कि हमारा पंथ खड़ग की धार पर चलता है। हमारे धर्म का प्रतीक चिह्न भी खड़ग ही है। जो इस मार्ग से नहीं डिगता वही पार उतरता है और जो पार जाता है वह पुनः नहीं आता, ज्योति में समा जाता है। इस अद्‌वितीय त्याग को देखकर गोपालदास का हृदय बदल गया। वह कांपने लगा और हाथ जोड़कर बोला कि मुझसे गलती हो गई, मुझे क्षमा करो और जो दंड देना हो दो। न्यात ने कहा कि इतने लोग बलिदान के लिए तैयार हैं, अब इनका क्या होगा। तब गोपालदास ने कहा कि तीनों बलिदानियों का क्रियाकर्म करो, उनकी स्मृति में समाधि स्मारक बनाओ और जो दंड देना हो दे दो। आगे के लिए वह परवाना लिखेगा कि कभी रूंख नहीं काटे जाएंगे। तदनुसार क्रियाकर्म हुआ, मृत्युभोज हुआ और बड़ी जमात एकत्र हुई। लगभग पांच सौ रुपया खर्च हुआ। राजपूतों ने प्रण लिया कि अब जीव-जंतु नहीं मारेंगे और वृक्षों का विनाश नहीं करेंगे। उन्होंने लिखित परवाना दिया और न्यात ने उन्हें क्षमा कर दिया। जो सिर का त्याग करता है वही यश प्राप्त करता है। तिलवासणी के विसनोई गुरू जाम्भोजी के मार्ग पर चलते हैं, विष्णु नाम का जाप करते हैं और वृक्षों की रक्षा करते हैं। धन्य हैं वे लोग, जो रूंखों के बदले सिर का त्याग करते हैं। उन्होंने इस नश्वर देह को तिनके समान त्यागकर भगवान से प्रेम किया। इस प्रकार का पुण्य अपरिमेय है:-

सतवादियां की कथा सुनाऊ, सत सूं मुक्त हुई तेहि गांऊ। खेजड़लै में भाटी ठाकर, तिलासणी है पटे ता कर।
खेजड़लै रा भाटी कहियै, पोहकर कृपो नाम जूं रहिये। गयो तिलासणी पोहकरसिंघ, देख्या जांण वणी बहू रंग।
कहत भयो कछु वणी बढ़ावां, करां मकान अरू पाट चढ़ावां। तब विसनोई बोलत असै, जांडी काटण देस्यां कैसे।
जांभेजी को होकम महानै, रूंख न काटन देवां थाने। तब कृपो बोल्यौ मुसकाई, रूखां में के मांगो भाई।
रूंख हमारा गांव हमारो, रूखां में के आवै थारो। बात ही बात कख बढ़ियाई, कह विसनोई काटो जाई।
अब काटां कछु जोर करो तो, देखां थानै मारो मरो तो। मालाणी अस बोलत भएऊ, सब आलोचे मन अस रएऊ।
जब लग जग में जीवौ भाई, धर्म न त्यागो इह मनुषाई। धर्म त्याग अरू जीवै आंनां, जो जीवन है मृतक समाना।
यौं विसनोई करै विचारा, कृपै खाती कीन्हौ त्यारा। जाय खेजड़ी तुरत सिंघारी, खिंवणी खोखर भई तियारी।
जंभसागर जल न्हावत भई, सूर्य अरदास कियो तिण सही। कर अरदास चालती भई, कटै खेजड़ी ताहां सौ गई।
कृपो कहै आडो दे हाथां, तब इमृत सम बोली बातां। जब जांडी कै घाव जु लायौ, खिवणी खोखर हाथ दरायौ।
देतेहि स्पात कुहाड़ी इन वाही, हाथ कट्यौ जांडी नहीं जाही। दूसरी कुहाड़ी बावत भएऊ, दूसर हाथ तुरंत इन दएऊ।
लागत चोट हाथ कट गएऊ, जब पोकर अस बोलत भएऊ। अबकै क्या देवेली कहेऊ, याहि विधि पग आड़ो दहेऊ।
कहतहि स्पात पैर दियो आडी, लागतिहि जोती नही छाड़ी। दूसर औरु चोट चलाई, तब खिंवणी पग कियो समुहाई।
तोहू कृपो कायर नहीं पड़ियौ, दियौ सीस गहणे सूं जड़ियौ। पांच घाव सू माथो कट्यौ, तब कृपो कायर पड़ हट्यौ।
चढ़ घोड़े खेजड़लै गएऊ, सारो वन काटू इम कहेऊ। पांचो पीथो चोधरी दोवा, इणां कह्यौ हर करै सो होवा।
खिंवणी एक खेजड़ी राखी, घर वर कांनी उलट न झाकी। पांच खड़ाणा तन को किया, आपणा सीस पुन्य कर दिया।
जब एक जाड़ी लई वंचाया, दुष्ट आयो देखो ईण भाया। अब कोई मिलकर जतन विचारो, तो रूंखा को होय उबारो।
पांचो पीथो यूं कहे, चढ़ो जू ल्यावो जमात। महे दोन्यू खेजडले जावां, जाय रू जोड़ां हाथ।
पांचो पीथो जाय पहुंतो, अर्ज सुणो गोपाल कहुं तो। महां गुरू जांभोजी महाराजा, बांधी ताहि धर्म की पाजा।
जीव जंत हम मारां नांही, रूंख राय म्हे काटा कांही। कोउ मारे तो मारन न देवां, जंभ गुरु कहि दई सो सैवा।
कृपै जांडी घाव जु ल्यायो, खिंवणी आडो हाथ जू दयायो। काट्या हाथ जांड नहीं कट्यो, तोहू कृपो नांही हट्यो।
तब खिवणी दूसर कर दयो, ताहि कुहाड़ो खुब ही सह्यो। कटयो हाथ तुलछा नहीं कटेऊ, खिवणी उलटी तोहू न हटेऊ।
पुनः कृपै घन घोर लगायो, काट पैर जिन दूर बगायो। तोहू कृपे को दया न आई, दूजो पैर दियो तेहि भाई।
कृपै मारियो कठन कुठारा, कटियो पैर होय गयो दूसारा। तोहूं कृपो भयौ कठोरा, तुलछां घाव लगायौ घोरा।
खिंवणी सीस दियो ता धकहे, तोहू कृपो कबहू न संकहे। जादव यूं निर्दई जु भैयौ, गरीब रयत कू मारण चह्यो।
मार काट ऐसी विधि आयो, अब कछु करो आप मन भायौ। गोपालदास बोलत भयौ ऐसै, कहो भाइयां कीजै अब कसै।

गांव हमारो रूंख हंमारा, तामै काहां है जोर तुम्हारा। काल आदमी सौ भेजावां, रूंख काट कै सकल मंगावा।
जितनो जोर हुवै सौ करनो, इहै कुहाड़ी वाही है मरनो। अब तो कहो तुम रूंख न काटो, पिरस्यूं हांसल देणौ नाटो।
थारै रांडां घरां न मावै, जांडां साटै सीस कटावे। ऐसा लोकी चहिये नांही, रूंख न काटै जावौ तांही।
गांव बाबैजी महानै दएऊ, थे जावौ म्हे चौकस कहेऊ। म्हारे गांमे पाणी न पीयो, म्हे पीथाजी उत्तर दियो।
पांचो पीथौ बोलत भया, थे छत्री चाहियै उर दया। थेही धर्म राखस्यो नांही, तो विसनोई सब मर ज्यांही।
गोपालदास तब बोलत भएउ, कृपै नै ऐसे उन कएऊ। लेकर खेड़ जावौ इण वारा, काटो रूंख न छोडो सारा।
थे चौधरियां मत ना डरहूं, अपणौ जोर हुवै सो करहूं। कहि आंख ततैरत भयो, हूय असवार गोपाल ही गयौ।
पांचौ पीथौ दोनू आया, वहां सब वृतांत सुनाया। इतने मांहि जमातां आई, रूंख रूंखतरै ठाढे जाई।
कृपो गोपालदास चेल आया, सौ घोड़ा पंच शस्त्रा छाया। तबही न्यात बोलती भई, छत्रियां की सेखी सब गई।
रूंख हमारे मात पित, तुम्हरै काहा जु वैर। इमृत पिया जो सरे, तो काहे पीयो झैर।
सुंण गोपालदास इम बोलेऊ, अपणै दिल की प्रगट खोलेऊ। तम जांडां सब ही मर ज्यावौ, महां सूं जीत कदे नही जावौ।
अस कहि खाती लिये बुलाई, जांडी हूं पर करी चढ़ाई। नेतूं नेण मन भई सधीरा, जंभसागर के न्हाई नीरा।
न्हाय धोय सिर बाहर आई, तुलछां पर इन चोट चलाई। जाहां जांडी काटण कूं ठाढ़े, सो घोड़ा सूं भाटी गाढे।
राह राखण ने नेतु आई, मानू कंचन पुतली तपाई। पर उपकार संत करै है भाई, धर्म राह रहै मरियां सदाई।
तो यहै देही भल कर जावौ, सब से पहला मोही खड़ावौ। गोपालदास कीन्हो बहू जोरा, कुठार हाथ में लियौ कठोरा।
ले तुलछां कै पेड़ ही दयो, तब नेतू तां लेढ ही कह्यो। कहतहि स्पात कह्यो सिर मांड, क्यूंकर बोली मोडी रांड।
सुंणतहि न्यात रोस भर आयौ, एक हजार आदमी न्हायौ। न्हाय न्हाय सब आऐ तैंहवा, तुलछांजी नै काटत जहेवां।
नेतूं सीस जांड के लायो, तब खाती ताहां कुहाड़ो वायो। जांड न कटी सीस कट गएऊ, हाहाकार सकल मिल कहेऊ।
इतने में मोटो चल आयो, तोड़ शीश तेहि दूर बगायौ। लए विवांण अबछरा आई, चतुरभुजी मूरत दरसाई।
पर उपकार देह कूं त्यागै, तांकू दुख नहि उरै न आगै। एहि विधि तीन खड़ाणे भए, धन धन धुन सुंनमें सुन लऐ।
एक हजार भए सब त्यारी, धन धन पिता धन्य महतारी। मरते समै मोटो इंम बोल्यो, खोखर को सांसो सब खोल्यो।
निश्चल चित करो मन धीरा, तज काया कर सतगुर सीरा। जाहां जांवां पुन बहुर न आवां, जंभ गुरु का दर्शन पावां।
ताते सोच न करियो कोई, रूखां काज मरे विसनोई। यह तो देह अंत में जावै, कीड़े खाय खाख मिल जावे।
बड़ भागी सो लेखै लावै, निंत्र अंत यू ही मर ज्यावै। अस कहि गए मुक्त के मारग, सकल कुटम्ब के भये जु तारग।
देह रहै तो हरि गुंन गांना, पर उपकार देह कर जानां। जंभ गुरु के निकट सिधारियौ, देह गेह सूं मोह न लायो।
यह तो पंथ खड़ग को धारा, जो न डिगै सो उतरै पारा। पार गयो फिर बहुर न आवै, जाय जोत कै मांहि समावे।
अस कहि देव गये वैकूंठा, भए सूर हरमा सतगुरु तूठा। गोपालदास मन कांपत भयौ, हाथ जोड़ ठाढ़ो होय गयौ।
कसूर हमारो बकसो भाई, मोसे कछू खोटी बनि आई। सब जमात तुम घरे सिधावौ, मोरे पर कछु डंड ठहरावो।
तब ही न्यात असै कह्यौ, गोपालदास सुन बात। एक हजार सावै चढै, या कित जावै न्यात।
तीनां का तईया कर लेवौ, और डंड कछु हमकूं देवौ। आगै कू परवांना देहां, फेर रूंख को नांव न लेहा।
तीनां कूं संमाद दरावौ, चौसलो या पर करवावौ। कृपो गोपाल अस कहि गएऊ, लागे सो रूपिया दे दएउ।
सीरो कीन्हौ दोना वासां, और जमात जुड़ी थी खासा। पांच सै रुपिया तेहि लागा, और पाप सब दीन्हेऊ त्यागा।
जीव जंत पुन भले न मारां, रूंख राय कोउ नाहि संघारा। अस परवानों लिख कर दएऊ, हाथ जोड़ कै ठाढ़े भएऊ।
बकस न्यात सब गई जमाता, सिर त्यागै सोई जस पाता। तिलासणी विसनोई वसहे, सत लोक सारे सुख रसहे।
राह चलावै सत गुर तणो, गुर को कह्यौ मांन्स्यै घणौ। विसनु नाम वै जपै सदाई, खरतर क्रिया खूब चलाई।
राखै वृख सकल जन सूरा, नगरी इधको बरसै नूरा। पोह फाटी पगड़ो जब भएऊ, असनांन करे साधा जस लएऊ।
सब ही सूरवीर समुहांही, सनमुख तरवारा कै जांहि। पहल मुंही खिंवणी खड़ गएसी, सो तो जाय सुरग में रहेसी।
सत कियां सूरगां में जावै, निसती लोक नरक नित पावै। विसनु की भक्त मोख चढ गएऊ, गुरु सूं हेत करिया सुख भएऊ।
सब पीछै नेतु खड़ गएसी, सुरग गई फिर बहुर न अएसी। सुरगा सूं उतरिया है विवांणा, जिण चढ़ साधां कियौ पयाणा।
हुर कासुर मन मोहन भए, सर पर साधू सुरगां गए। जामण मरण जुरा नहीं पावै, नित ही नवल किशोर रहावै।
परे उपकार इसा फल पावै, जनम मरन छिन माहि मिटावै। धन धन है विसनोई जेहा, रूंखा बदलै त्यागी देहा।
मोह जाल कूं दूर बगाया, इह संसार सुपनवत ध्याया। इह देहा तुंण के जिम तोड़ी, हरि सुं रीत प्रेम कर जोड़ी।
ऐसै पूंण्य को वार न पारा, चाकर ठाकर डर गये सारा। सौ सौ कोसां बणी बिराजै, जैसै वनरावन छिब छाजै।
बहुत काल लग काटै न कोई, कहो पुन्य कितनो एक होई। सब शिष्टि में ब्रिहम वियापी, मारे काटे जो जन पापी।

रक्षा करै सो मुक्ती पावै, ब्रिह्म बचावे ब्रह्म समावे। गीता में हरि असै कह्यौ, घट घट में सारे मैं रह्यो।
इह सिधांत वेद सिधांता, ब्रह्मवेता ब्रिह्मा होयहु जाता।
जो काहू सुख देत है, सो मेरे कूं जांन। जो काहू दुख देत है, होत हमारै हांण।

04. खड़ाणे की घटना:- खेजड़ला गांव की जागीर आसकरण भाटी के पुत्र गोपालदास भाटी के पास थी। खेजड़ला के अधीन 12 गांव थे, जिनमें तिलवासनी भी शामिल है। यह खेजड़ला गांव प्रसिद्ध खेजड़ली गांव से अलग है। तिलवासनी गांव में दो मुख्य बास थे- खोखरों का बास और नैणों का बास। खोखरों में मुख्य चौधरी पांचोजी थे और नैणों में मुख्य चौधरी पीथोजी थे। गोपालदास भाटी ने जब खेजड़ला में अपने किले के निर्माण हेतु हरे वृक्षों को काटने का निश्चय किया, तब तिलवासनी गांव के मुख्य चौधरी बींजोजी खोखर के पुत्र पांचोजी और चौधरी पीथोजी दोनों ने वहां गोपालदास भाटी के पास जाकर उन्हें समझाया, लेकिन वे माने नहीं। फिर गोपालदास भाटी के आदेश पर किरपो भाटी और पोहकर भाटी सेना लेकर आए और वृक्ष काटने लगे। तब तिलवासणी गांव से चौधरी पीथोजी, चौधरी पांचोजी खोखर, चौधरी पांचोजी खोखर की माता खिंवणी नैण, चौधरी पांचोजी की पत्नी दमु नैण, चौधरी पांचोजी के भाई केशोजी खोखर और उनकी पत्नी नाथी नैण, खिंवणी खोखर, अलोजी खोखर के दो पुत्र मोटोजी खोखर व करणोजी खोखर के नेतृत्व में अनेक नर-नारियों ने अपने प्राण अर्पण किए। इस खड़ाणे ने गोपालदास भाटी को पीछे हटने पर मजबूर किया तथा इस खड़ाणे की शिकायत करने हेतु विशनोई लोग मुगल बादशाह जहांगीर के पास गए। जहांगीर ने गोपालदास को दिल्ली दरबार में हाजिर होने का आदेश दिया। गोपालदास ने डरकर इसे अस्वीकार कर दिया। तब जहांगीर ने गोपालदास को पकड़कर लाने हेतु एक सैन्य टुकड़ी भेजी। उस सैन्य टुकड़ी का गोपालदास भाटी से पिचियाक गांव के पास युद्ध हुआ, लेकिन मुगल सैन्य टुकड़ी इन्हें गिरफ्तार करने में असफल रही। और गोपालदास भाटी सुरक्षित रूप से जोधपुर राजा की शरण में चले गए। कहा जाता है कि यह घटना विक्रम संवत् 1668 (सन् 1611 ईस्वी) की थी। इस घटना का वर्णन वील्होजी ने अपनी साखी 'साखी तिलवासनी की' में किया है। इसके अलावा साहबरामजी राहड़ ने जंभसार में इस घटना को विस्तार से लिखा है।

05. लिपिबद्ध ग्रंथ:- जांभा आथुणी जागा से प्राप्त 'ग्रंथांक-210' संवत 1912 पौष सुदि 13 शनिवार को रामदासजी के शिष्य भगवानदास द्वारा तिलवासणी गांव में लिपिबद्ध है।

13

कांट

01. परिचयः- कांट रियासत संयुक्त प्रांत (वर्तमान उत्तर प्रदेश) के जिला मुरादाबाद में स्थित विसनोई समाज की एक अत्यंत प्रतिष्ठित और समृद्ध रियासत थी। इस रियासत की स्थापना का इतिहास राजस्थान से आए नैण गौत्र के विसनोईयों के शौर्य से जुड़ा है।

02. संस्थापक और उनके पूर्वजः- कांट रियासत के संस्थापक चौधरी बहादुरसिंह जी नैण थे। इनके पुर्वज नैण गौत्र के जाट ऊदोजी ने विसनोई धर्म अपनाकर नैणावास (नैणास) ग्राम में निवास किया था। इसके पश्चात् उदोजी नैण के वंशक्रम में क्रमशः लिखमोजी, राजूजी, गणेशजी, हरकिशजी, मदुजी हुए। इस परिवार के बुजुर्ग मारवाड़ छोड़कर अलवर और फिर दिल्ली के निकट बहादुरगढ़ में बसे। इनके साथ नैणावास के समीवर्ती विसनोई गांव पोलावास, पुनासर, पंडवाला व बिचपड़ी के विसनोई जन भी शामिल थे। अंततः मदुजी नैण मुरादाबाद जिले के फतेहपुर गाँव में आकर बस गए, वहीं इनके साथ वाले कई विसनोई जन हिसार, मेरठ व मुजफ्फरनगर प्रान्तों में आबाद हो गए। जिनमें से मेरठ के बामड़ौली और मुजफ्फरनगर के पेलखा गांव के विसनोईयों ने कालान्तर में विसनोई धर्म छोड़कर वापस हिन्दु जाट बन गए। फतेहपुर में मदूजी के वंशक्रम में क्रमशः लिछमणजी, छबीलसिंहजी, सुजानसिंहजी हुए। सुजानसिंहजी के पुत्र बहादुरसिंहजी और मोहकमसिंहजी हुए। इस प्रकार इस कांट रियासत के अधिनायक चौधरी बहादुर सिंह का जन्म सुजानसिंह नैण के घर फतैपुर में हुआ। बड़े होने पर बहादुरसिंह अपने ननिहाल के गांव महमुदपुर में बस गए। कहा जाता है कि इस गांव के निवासी विसनोई जन संवत 1724 के आसपास यहां महमूदपुर में आबाद हुए थे।

03. स्थापना का इतिहासः- उस समय यहां अवध के नवाब शुजाऊद्दोला का शासन था। उनके कुशासन में महमूदपुर के निकटवर्ती गांव के मुस्लिम लुटेरों के आंतक से गांववासी परेशान थे। चौधरी बहादुरसिंह ने दल बनाकर लुटेरों से मुकाबला किया और गांव को लुटेरों के आतंक से मुक्त किया। इन्हीं दिनों में अवध के नवाब शुजाऊद्दोला की मृत्यु हो गई और आसफउद्दौला नए नवाब बने। उसके बाद बहादुरसिंह ने अमरोहा के सय्यदों से गांव महमुदपुर का ठेका लिया और एक मिल्क खरीदी। उसके बाद कई और गांवों पर भी ठेकेदारी की हैसियत से उनका अधिकार हुआ। तब तक उनकी वीरता के चर्चे अवध के नवाब आसफ-उद-दौला के कानों तक पहुँचे। नवाब से उन्हें नवीन गांव आबाद करने की परवानगी मिली। उन्होंने जंगल को कांट छांट कर एक नवीन गांव बसाया तथा उसका नाम कांट रखा। यह गांव अवध के नवाब आसफ-उद-दौला के शासनकाल (सन् 1775-1798 ई.) में बसाया गया था।

04. कांट रियासत के प्रथम शासकः- चौधरी बहादुर सिंह नैण (शासनकाल सन् 1781-1837) ने अनुमानतः सन् 1781 को कांट रियासत की नींव रखी थी। इनके चार पुत्र गंगारामजी, रतनसिंहजी, धनसिंहजी, गुलाबसिंहजी हुए। जिनमें धनसिंहजी और गुलाबसिंहजी की नि:संतान मृत्यु हो गई। बहादुर सिंह को वि.सं. 1875 (सन् 1818) को ब्रिटिश सरकार से प्रतिष्ठा सूचक परवाना मिला था। तथा वि.सं. 1894 (सन् 1837) को इनका निधन हो गया। इनकी मृत्यु के पश्चात कांट रियासत दो भागों में बंट गई। एक भाग (कांट पश्चिम) पर इनके बड़े पुत्र गंगारामजी का शासन स्थापित हुआ तथा कांट पुर्व पर दुसरे पुत्र रतनसिंहजी का आधिपत्य हुआ। मनीरामजी विसनोई एडवोकेट कृत 'यादों के झरोखों से' पुस्तक के पृष्ठ संख्या 117 पर जांभोलाव धाम का वर्णन करते हुए लिखा है कि "जांभोलाव के लगते हुए ऊपर की ओर एक मंदिर है जिसके किवाड़ों पर लगे पीतल पर खोदकर लिखा है- राजाजी राजाधिराज बहादुरसिंह स्टेट कांठ 651 रूपये।" इसका मतलब यह है कि कांठ उस समय एक राज्य था, तथा कांठ के राजा की पदवी 'राजाजी राजाधिराज' थी। राजा बहादुरसिंहजी नैण जांभोलाव धाम गए थे, और वहां 651 रूपये अर्पित किए थे।

05. कांट पश्चिम रियासत के शासक

क. चौधरी गंगारामजी नैण (शासनकाल सन् 1837 से):- बहादुरसिंह जी नैण के बड़े पुत्र गंगारामजी का कांट पश्चिम पर अधिकार हुआ। गंगारामजी के तीन पुत्र घनश्यामसिंह, निहालसिंह और रणधीरसिंह हुए। रणधीरसिंह के पुत्र पृथ्वीसिंह हुए और पृथ्वी सिंह के केवल एक लड़की हुई। निहालसिंह के पुत्र चन्द्रवंशसिंह हुए। चन्द्रवंश सिंह का 09 अप्रेल सन् 1920 में निधन हो गया। तब उनके पुत्र राजकुमारसिंह उत्तराधिकारी हुए। स्वामी ब्रह्मानंदजी लिखते है कि वर्तमान में चौधरी बहादुर सिंह के वंशजों में मात्र यही एक वंशज बचे है।

ख. चौधरी घनश्याम सिंह नैण (शासनकाल सन् 1854 तक):- गंगारामजी के उतराधिकारी उनके बड़े पुत्र घनश्यामसिंह जी हुए। घनश्याम सिंह के दो पुत्र जीराजसिंह और उमरावसिंह हुए। घनश्यामजी को सन् 1851 में ब्रिटिश सरकार से कुछ गांव जमीदारी में मिले। और कुछ गांव उन्होंने स्वयं खरीदे। और सन् 1854 में इनका निधन हो गया। उमरावसिंहजी के वि.सं. 1907 को एक पुत्र ध्यानसिंह हुए।

ग. चौधरी जीराजसिंह नैण (शासनकाल सन् 1854-1863):- घनश्यामजी के उतराधिकारी उनके बड़े पुत्र जीराजसिंह हुए। सन् 1857 की गदर के समय बहुत सारे जमीदारों ने इनके यहां आकर शरण ली थी। जब माड़ेखां नामक लुटेरे ने दल बनाकर हल्दौर पर आक्रमण किया तब चौधरी जीराज सिंह ने एक तोप देकर बहुत से विसनोईयों को भेजा और उन्होंने हल्दौर की रक्षा की। इसके अलावा सन् 1858 में बंदायु निवासी डाकु हरपाल सिंह ने भारी दल बल के साथ कांट पर आक्रमण किया तब चौधरी जीराज सिंह और उनके रिश्तेदार हेमराजसिंह ने तलवार उठाकर डाकुओं के दल में मारकाट मचाई, और डाकूओं के मुख्या हरपाल सिंह को मारकर नीम के पेड़ पर उल्टा लटका दिया था। उसकी लाश कई दिनों तक लटकती रही, किसी भी डाकू की उसे ले जाने की हिम्मत नहीं हुई। इनके वीरत्व से प्रसन्न होकर ब्रिटिश सरकार ने उन्हें तीन गांव रायपुर, शिमला व पहाड़ मऊ इनाम में दिए। इन्होंने सन् 1862 में एक वसीयतनामा लिखकर अपनी और अपने भाई उमरावसिंह की समस्त जायदाद का उत्तराधिकारी अपने भतीजे ध्यानसिंह के नाम कर दी। ध्यानसिंह जी के पिता उमरावसिंह इससे पुर्व ही स्वर्गवासी हो चुके थे। और सन् 1863 में जीराजसिंह का भी देहान्त हो गया। जीराजसिंह जी के केवल एक पुत्री मथुरा नैण हुई, जिनका विवाह मुजफ्फरनगर के सौंजनी ग्राम के चौधरी हमीरसिंह से हुआ और फिर कांठ में रहने लगी। इनके तीन पुत्र और एक पुत्री हुई। जिनमें से एक पुत्र जोतसिंहजी जो कि डिप्टी कलेक्टर बने थे।

घ. चौधरी ध्यानसिंह जी नैण (शासनकाल सन् 1863-1898):- जीराजसिंह जी ने अपने भाई उमरावसिंह के पुत्र ध्यानसिंह को अपना उत्तराधिकारी नियुक्त किया था। ये सन् 1877 में केसरी दरबार दिल्ली में शरीक हुए। सन् 1884 में तीसरे दर्जे के स्पेशल मजिस्ट्रेट नियुक्त हुए। सन् 1886 में दुसरे दर्जे पर पदोन्नत हुए। और 01 जनवरी 1894 को सरकार से राय बहादुर की उपाधि मिली। ध्यानसिंहजी के केवल एक पुत्री किसना देवी नैण हुई। जिनका विवाह मुजफ्फरनगर के सौंजनी ग्राम के निवासी चौधरी धर्मसिंह जी लोहमरोड़ के साथ हुआ। इनके सन् 1895 में एक पुत्र शिवकुमारसिंह लोहमरोड़ का जन्म हुआ। इसके विवाह (सन् 1907) में चौधरन जमुना कुंवर ने 80 हजार रूपया खर्च किया। लेकिन शिवकुमारसिंह की सन् 1908 में मृत्यु हो गई। ध्यानसिंहजी ने अपने जीवनकाल (सन् 1898) में अपनी पत्नी जमुना कुंवर के नाम वसीयतनामा लिखा। इसमें एक गांव महमुदपुर को विष्णु अर्पण लिखा। तब से यह महमुदपुर माफी गांव कहलाता है। 20 अप्रैल 1898 को ध्यानसिंह का निधन हो गया। जहां इनको समाधि दी गई वहां पर इनकी पत्नी जमुना कुंवर ने 80 हजार रूपया की लागत से एक विशाल छत्री का निर्माण करवाया। तथा विक्रम संवत् 1967 में रिषिकेश के विसनोई बाड़े में एक मकान बनवाया। रिषिकेश में विसनोई बाड़े की स्थापना 25 फरवरी सन् 1875 में महात्मा बुधरामजी ने की थी। उसके बाद जमुना कुंवर ने अपने पति ध्यानसिंह नैण और दोहिते शिवकुमारसिंह लोहमरोड़ की यादगार में कांट में एक अस्पताल खोला। जिसका उदघाटन 21 जुलाई सन् 1916 को संयुक्त प्रांत अवध के लेफ्टिनेंट गवर्नर सर जेम्स सेक्टन ने किया। और एक अंग्रेजी हाई स्कूल के नींव का पत्थर भी रखा। यह स्कुल चौधरी ध्यानसिंह जी की यादगार में होने के कारण इसका नाम ध्यानसिंह मेमोरियल हाई स्कूल रखा गया। उसके बाद संवत 1980 भाद्रपद बदि 5 शुक्रवार (31 अगस्त 1923) को धर्मसिंह लोहमरोड़ के बड़े पुत्र महेन्द्रप्रताप सिंह लोहमरोड़ जो उस समय लगभग पांच वर्ष का था, उसे मुरादाबाद के डिप्टी कलेक्टर मिस्टर चार्लस के सामने अपना दत्तक पुत्र अंगीकार किया। और इस मौके पर इतिहास प्रदीप पुस्तक के लेखक स्वामी ब्रह्मानंदजी भी स्वयं उपस्थित थे।

ड़. कांठ पच्छिम रियासत के अंतिम शासक (महेन्द्रप्रतापजी लोमरोड़ और जितेन्द्रप्रतापजी लोमरोड़):- चौधरी ध्यानसिंहजी नैण के केवल एक पुत्री किसना देवी नैण हुई। जिनका विवाह मुजफ्फरनगर के सौंजनी ग्राम के निवासी चौधरी धर्मसिंह जी लोहमरोड़ के साथ हुआ। धर्मसिंहजी लोमरोड़ के पुर्वज राजस्थान के बिचपड़ी गांव से आए थे। लोहमरोड़ गौत्र के जाट कंवरपालजी ने विसनोई धर्म अपनाकर बिचपड़ी गांव में निवास किया था। लोहमरोड़ गौत्र के विसनोईयों का आदि गांव बिचपड़ी ही है। 26 जनवरी 2012 को अमर उजाला में छपे लेख के अनुसार धर्मसिंह जी लोहमरोड़ के चार पुत्र हुए। शिवकुमारसिंह, महेन्द्रप्रताप सिंह, राजेन्द्रप्रताप सिंह और जितेन्द्रप्रताप सिंह हुए। इन चारों में सबसे छोटे जितेन्द्रप्रताप सिंह थे। राजेन्द्रप्रताप सिंह अविवाहित रहे। शिवकुमारसिंह और महेन्द्रप्रताप सिंह की निसंतान मृत्यु हो गई। महेन्द्र प्रताप की पत्नी कृष्णदेवी और शिवकुमार की पत्नी भागीरथी थी। कांठ रियासत के अंतिम राजा जितेन्द्रप्रताप सिंह लोहमरोड़ अपनी भाभियों और पत्नी के साथ कांठ में ही रहते थे। सन् 1951 के जमींदारी उन्मूलन के समय कांठ रियासत (पश्चिम) के अधीन 150 गांव थे। सन् 1957 में कांठ विधानसभा से ये निर्विरोध विधायक चुने गए थे। तथा सन् 1978 ईस्वी को इनका स्वर्गवास हो गया।

06. कांट पुर्व रियासत के शासक

क. चौधरी रतनसिंह नैण (शासनकाल सन् 1837 से):- चौधरी बहादुरसिंह जी नैण के निधन के पश्चात रतनसिंहजी को कांट का पुर्वी हिस्सा मिला। जो कि आगे चलकर कांट पुर्व रियासत कहलाई। चौधरी रतनसिंहजी के चार पुत्र बलदेवसिंह, भूपसिंह, गणेशसिंह व दयालसिंह हुए। भूपसिंह के पुत्र बख्तावरसिंह हुए, और उनकी नि:संतान ही मृत्यु हो गई। उनकी उत्ताधिकारिणी चौधरन जीयो देवी का भी 07 अगस्त सन् 1913 को स्वर्गवास हो गया। तब इस जायदाद पर चंद्रवंश सिंह का आधिपत्य हो गया। गणेशसिंह के पुत्र गुमानसिंह हुए, जो कि नि:संतान

ही मृत्यु को प्राप्त हो गए।

ख. चौधरी बलदेवसिंह नैण (शा.का. लगभग सन् 1863 तक):- रतनसिंहजी के उतराधिकारी पुत्र बलदेवसिंह काफी समय तक थानेदार के पद पर भी रहे थे। बलदेवसिंह जी के एक पुत्र शेरसिंह का जन्म वि.सं. 1889 माघ पुर्णिमा को हुआ।

ग. चौधरी शेरसिंह नैण (शा.का. सन् 1863 से 1887):- बलदेवसिंहजी की मृत्यु के पश्चात उनका पुत्र शेरसिंह उत्तराधिकारी हुआ। शेरसिंह का विवाह रैनी रियासत के शासक डालचन्दजी जांगू की इकलौती पुत्री तुलसा जांगू से हुआ। इस विवाह के कुछ समय पश्चात डालचन्दजी जांगू का स्वर्गवास होने पर रैनी रियासत की उतराधिकारिणी उनकी पुत्री तुलसा जांगू हुई। रैनी रियासत के अधीन लगभग 30 गांव थे। इन्होंने विसनोई संत महात्मा मोतीरामजी को 27 जनवरी 1866 ईस्वी को जगतपुर गांव भेंट किया था। यह गांव तत्कालीन तहसील धामपुर जिला बिजनोर में था। इसके बाद संत मोतीराम जी ने तत्कालीन हिसार जिले की फतेहाबाद तहसील के गांव रताखेड़ा में कुछ जमीन खरीदकर वहीं रहने लगे और रताखेड़ा में ही उनका सन् 1879 को देहान्त हो गया। शेरसिंह जी ने जगतपुर गांव को विसनोई मंदिर कांट के महंत रामलालजी के नाम कराने हेतु मुकदमा लड़ा। लेकिन 28 अप्रेल सन् 1881 को मोतीराम जी के शिष्य नृसिंहदास के पक्ष में फैसला आया। इस प्रकार जगतपुर गांव पर विसनोई संत नृसिंहदास का अधिकार हो गया। इनकी मृत्यु के पश्चात इनके शिष्य मनीरामजी उत्तराधिकारी हुए। मनीरामजी ने सन् 1912 में विसनोई मंदिर कांट के महंत भगवानदासजी के नाम जगतपुर गांव कर दिया। चौधरण तुलसा जांगू के सन् 1865 ईस्वी में एक पुत्र बलवन्त सिंह हुआ। इनके जन्म के 15 दिन पश्चात तुलसा जांगू का स्वर्गवास हो गया। तब रैनी रियासत का उत्तराधिकारी ये पुत्र बलवंत सिंह हुआ। लेकिन एक वर्ष पश्चात इनका भी निधन हो गया, और यह सारी जायदाद शेरसिंह के नाम हुई। इसके पश्चात् शेरसिंह ने गांव खिड़का मुजाहदपुर के निवासी चौधरी प्रतापसिंह की लड़की रामोकुंवर से विवाह किया। उसके बाद सन् 1871 में गुरू जाम्भोजी की समाधि के दर्शनार्थ मुकाम यात्रा की, और यहां बहुत बड़ा जातिय भोज दिया। यहां पर इन्हें एक विसनोई संत केशवदास जी मिले, केशवदासजी ने उन्हें एक जलकुंड बनाने का आदेश तथा पुत्रवान होने का आशीर्वाद दिया। इसके दो वर्ष पश्चात सन् 1873 में चौधरन रामोकुंवर के गर्भ से एक बालक रामकुंवरसिंह का जन्म हुआ। शेरसिंह जी ने सन् 1863 में विसनोई मंदिर कांट के महंत चैनरामजी को गांव दोमहला दान किया था। जो कि उनकी मृत्यु के पश्चात उनके शिष्य महंत रामलाल जी के नाम हुआ था। रामलालजी जब सन् 1884 में बीमार हुए, तब शेरसिंह जी की प्रेरणा से उन्होंने विसनोई मंदिर कांट की वसीयत लिखी थी। सन् 1887 को शेरसिंह जी का देहान्त हो गया। मृत्यु के समय इनके एक पुत्र रामकुंवरसिंह और दो पुत्रियां थी।

घ. चौधरी रामकुंवरसिंह नैण (शासनकाल सन् 1887-1906):- शेरसिंह की मृत्यु के पश्चात रामकुंवरसिंह इनके उत्तराधिकारी हुए। इन्होंने लोदीपुर के विसनोई मंदिर का जीर्णोद्वार कराया। तथा रिषिकेश के विसनोई बाड़े में एक मंदिर बनवाया। रामकुंवरसिंह ने दो विवाह किए, पर दोनों ही पत्नी से उनके कोई संतान नहीं हुई। फिर कुछ काल तक बीमार रहकर 13 सितम्बर 1906 को निधन हो गया। इनकी मृत्यु के पश्चात इनकी पत्नी जयदेवी कुंवर और शिवदेवी कुंवर उत्तराधिकारिणी हुई। माता रामोकुंवर का भी 22 मई 1920 को स्वर्गवास हो गया।

07. विसनोई मंदिर कांट का इतिहास

क. स्थापना की पृष्ठभूमि:- उत्तर प्रदेश के मुरादाबाद जिले में स्थित कांट का विसनोई मंदिर विसनोई समाज की आस्था और श्रद्धा का एक प्रमुख केंद्र है। विसनोई मंदिर कांट की नींव विसनोई संत गंगारामजी महाराज ने रखी थी। वे मूल रूप से मारवाड़ के रहने वाले थे और विक्रम संवत 1805 को संत मंडली के साथ भ्रमण करते हुए बिजनोर जिले के महमूदपुर गांव उत्तर प्रदेश आए थे। और इस ग्राम के दक्षिण को लगभग आधा मील की दूरी पर जंगल में कुटिया बनाकर रहने लगे और बहुत कुछ समय तक वहीं रहे और विसनोई धर्म का प्रचार करते रहे। फिर वहां से नगीने में आये और अपनी मंडली सहित बहुत कुछ समय तक नगीने रहे। उस समय नगीने में मुरादनामी व्यक्ति सम्पदाशाली था, उसके प्रताप के सामने सारे नगर के लोग अवनत थे। वह अभिमान का पुंज था और बहुत सी बातों में विसनोई धर्म के विपरीत उसका आचरण था। इस समय विसनोई संत हरिकृष्णदास जी जो कि विसनोई धर्म के सुदृढ़ अनुयायी और प्रचारक थे, सदुपदेश का नाद करते हुए नगीना आये और उन्होंने भी मुराद को धर्मतत्व का भेद समझाया परन्तु वो नहीं समझा। उन्होंने संतों के साथ हाथापाई की। संत मंडली ने भी इसका प्रत्युत्तर दिया। इस धर्म युद्ध में कई एक साधु आहत (जख्मी) हुए और उधर से भी कई एक मुराद के साथी विसनोई लोग भी सख्त जख्मी हुए। उसके बाद सन्तजनों ने विसनोई लोगों से स्पष्ट कह दिया कि अब जिस किसी का आचरण विसनोई धर्म की मर्यादा के विपरीत देखेंगे अवश्य ताड़ना करेंगे। और इस धर्म काम में देहार्पण को हम स्वर्गलोक की प्राप्ति का मुख्य कर्म समझते हैं। फिर इस विषय में पंचायत क्रम से सर्व सम्मति यह विचार स्थिर हुआ कि साधु लोग हमारे धर्म पथप्रदर्शक धर्माचार्य हैं, उनकी शिक्षा हमारे सुधार के लिए अति उपयोगी अमृत के समान है। अब हम सबको चाहिए कि उनके बताये हुए धर्म मार्ग पर चलें और जो उनकी धर्म शिक्षा के विपरीत आचरण ग्रहण करे उसे बिरादरी उचित दण्ड देवे। फिर मुराद सहित समस्त विसनोई लोग विसनोई मन्दिर में सन्त मण्डली के पास आये और नम्रतापूर्वक साधुओं के सामने अपने किये अज्ञानवश दुश्चेष्टित कर्म का पाश्चाताप करते हुए क्षमा मांगी। तथा विसनोई धर्म की मर्यादा के अनुसार चलने की प्रतिज्ञा की। इस प्रकार कुछ समय तक महात्मा हरिकृष्णदासजी और संत गंगारामजी नगीने में रहते हुए धर्मोपदेश करते रहे। साहबरामजी राहड़ ने जंभसार में हरिकृष्णजी के बारे में लिखा है:-

हरीकृष्णजी हर अवतारा, एक समैं गए गंगा पारा। भिस्ती काहार सकल किये दूरा, चोटी पटा दूर किये जूरा।

शास्त्र पोथी बांचत नितही, गंगाधार चलत रहे जितही। गई रीत सब दूसर करी, महेंती चादर पूजा वरी।
पकी साल कराई तीनां, पंथ चले हरसूं लवलीना।
साहबरामजी राहड़ ने जंभसार में गंगारामजी के बारे में लिखा है:-
गंगारामजी गंगा समाना, निसदिन वाचै वेद पुराना। सीतल सदा रहै अविकारी, जंभगरु की अज्ञा पारी।
फिर गंगाराम जी तो महमूदपुर गांव में आ गये और कुछ समय तक इसी ग्राम में स्थित रहे और यहां एक कूप बनवाया। उसके बाद कांट में (अनुमानत: वि.सं.1840 के आसपास) अपने मठ की स्थापना की थी।

ख. विसनोई मंदिर कांट की महंत परंपरा

01. महंत गंगाराम जी (अनुमानत: वि.सं.1840-1893):- विसनोई मन्दिर कांट के आदि संस्थापक एवं निर्माणकर्ता महात्मा गंगारामजी के गुरू महात्मा तेजरामजी थे, जिनका उपनाम ताजा भी था। महात्मा गंगारामजी मारवाड़ से आकर कुछ काल तक जिला बिजनौर महुम्मदपुर नामक ग्राम में रहे, फिर वहां से आकर नगीने में रहे। फिर नगीने से महमूदपुर गांव में आकर निवास किया। जिस समय चौधरी बहादुरसिंह महमूदपुर में अवस्थित हुए थे, यह महात्मा इस ग्राम में पहले से ही आ गये थे। चौधरी बहादुर सिंह नैण ने इन महात्मा से गुरु दीक्षा ग्रहण की और अपनी महमूदपुर की मिल्क में से 26 बीघे भूमि संत गंगारामजी को समर्पण कर दी थी। जिसमें उन्होंने आमों का बाग लगाया। 22 मार्च 1884 में जो महात्मा रामलालजी ने वसीयतनामा लिखा था उसमें जायदाद की नामावली में 26 बिघे बाग का उल्लेख है और वह महमूदपुर में लिखा है। पशुशाला और गांव खाता महमूदपुर में ही लिखा है। इन महात्मा ने इस भूमि में आम्ब वृक्ष लगाये जो कि कुछ समय के पश्चात सुन्दर सघन बाग हो गया। फिर एक दिन चौधरी बहादुर सिंह ने इनसे अभ्यर्थना पूर्वक कहा कि महाराज मैं एक नवीन बस्ती (कांट) आबाद करना चाहता हूं आप प्रसन्नता से मुझे आशीर्वाद दें कि मैं अपने मनोरथ में कुशलक्षेम से कृतकार्य हूं और आप उस जगह सबसे पहले अपना मठ या मन्दिर संस्थापित करें। फिर इन महात्मा ने चौधरी बहादुरसिंह को निज मुख प्रसन्नचित हो नवीन नगर (कांट) आबाद करने के लिये आशीर्वाद दिया और अपने मठ या मन्दिर स्थापित करने का भी कहा। महात्मा गंगारामजी ने उस बाग भूमि (महमूदपुर) के ही सन्निहित करीब 5 बीघा भूमि में अपना मठ स्थापित करने के उद्देश्य से चारों तरफ बाड़ लगाकर उसकी सीमा नियत कर दी। इन्होंने मठ स्थापित करने से पहले एक कूप बनवाया और फिर दोखना वह स्थान बनाया कि जिसके ऊपर एक विशाल सुदृढ़ मकान बना हआ है और जिसके अन्तराल चौधरी ध्यानसिंह नैण के मकानों और मन्दिर के परनालों का पानी बहा करता है जो अपचक के नाम से प्रसिद्ध हैं। जिस समय यह महात्मा अपना स्थान बना रहे थे उस समय साधुगण भी महमारों को चिनाई का मसाला देने से लेकर ईंटे घिसने तक श्रमजीवियों के सदृश काम करते थे। इससे पहले का यहां कांट में टाइलों का पक्का मकान नहीं बना था। चौधरी बहादूर सिंह ने भी उस समय अपने निवास के लिये केवल कच्चे मकान बना लिये थे, फिर शनै :-शनैः पुख्ता बनाये गये। महात्मा गंगारामजी ने ऊपर के मन्दिर भवन के चौबूतरे तक स्थान निर्माण करा दिये थे। इस समय जहां ईटों का जंगला बना है यहां दरवाजा लगाया था। आम्र वाटिका भी 26 बिघे मिल्क (भूमि) में लहरा रही थी, पथिकजन इसमें विश्राम किया करते, यही कांट में पथिकों के लिये उस समय एक मात्र समाश्रय था। फिर यहां से जाकर श्री जम्भसरोवर पर भी आपने एक स्थान बनवाया और वहां पर भी नूतन मठ की स्थापना की। ये महात्मा बड़े परोपकारी और उदारचित थे। सम्वत् 1869 में जब राजपूताने में भयंकर दुर्भिक्ष हुआ था और उधर से इस जिले में बहुत से विसनोई और साधु भी आ गये थे तब उस समय दुर्भिक्ष पीड़ितिजनों की अन्न वस्त्रादि से महात्मा गंगाराम जी ने बहुत कुछ सहायता की, उनके इस कार्य से प्रसन्न होकर उस समय के मुख्य प्रतिष्ठित विसनोई सन्त महन्तों ने अपना श्री महन्त नियत किया और उच्चासन पर बिठाकर इनको भेंट की गई। इस समय से चारों स्तम्भों के सन्त महन्त महाराज श्री गंगाराम जी को अपना शिरोमणि श्री महन्त मानते थे। इस प्रकार इस मन्दिर का निर्माण करके परम माननीय यतिवर महाराज गंगाराम जी ने संवत 1875 में इस नश्वर संसार से प्रयाण किया, प्रयाण के समय इनके कई शिष्य विद्यमान थे जिनमें श्री सूरतराम जी और रावलजी अधिक योग्य और प्रतिष्ठ थे। उनकी आज्ञानुसार उनका शवदेह श्री सुरतराम जी ने गंगा पहुंचाया। फिर इनके उत्तराधिकारी शिष्य श्री सुरतराम जी नियत हुये।

02. महंत सुरतराम जी (वि.सं. 1875-1890):- महाराज सुरतराम जी ने अपने गुरु के समान ही स्थान निर्माण की ओर विशेष ध्यान दिया और मन्दिर चौबूतरे से दरवाजे तक सब भवन दोनों तरफ इन्होंने बनाये और एक ब्रह्माजी नाम के साधु ने जोकि सुरतराम जी के गुरु भाई और श्री महन्त गंगाराम जी के चेले थे, ने दरवाजे के ऊपर के बने हुए मकान से पूर्व की तरफ को जो कोठड़ी बनी हुई है, बनाई और फिर सुरतराम जी इतना कार्य करके सम्वत् विक्रम के 1890 को इस संसार से प्रयाण कर गये और उनके शरीरान्त होने के समय श्री चैनराम जी और महाराज रामकृष्ण दास जी आदि कई शिष्य विद्यमान थे। महाराज चैनराम जी जो कि महन्त सुरतराम जी के चेलों में से सबसे बड़े और अधिक योग्य प्रतिभा सम्पन्न थे, अपने गुरु की गद्दी पर विराजमान हुए।

03. महंत चैनरामजी (वि.सं. 1890-1920):- महंत सुरतरामजी के निधन के पश्चात उनके शिष्य चैनरामजी उत्तराधिकारी महंत बने। महंत बनने के पश्चात कुछ काल तक यहां रहकर आपने रामलाल जी और गोविन्दराम जी नामी दो शिष्यों को मन्दिर का प्रबन्धाधिकार देकर आप राजस्थान को चले गये और वहां जाकर गुरुद्वारे (मुकाम) के पूज्य स्थान के कामों को करने में दत्त चित हुए और गुरुद्वारे (समाधि भवन) के समीप धर्मशाला बनाने के कार्य प्रबन्ध को अपने अधिकार में लिया और समाधि भवन से दक्षिण भाग में आपने 1904 विक्रमीय में एक

सुदृढ़ और सुरम्य दरवाजा और कई स्थान धर्मशाला के बनाये जिनमें अद्यावधि मेले के दिनों में बहुत से यात्री ठहरते हैं। गुरुद्वारे के दक्षिण भाग में एक सोपान (पौड़ी का जीना) मन्दिर में ऊपर जाने के लिये सुरम्य और सुदृढ़ पत्थर का बनवाया। इतना ही नहीं वरन आपने विविध चित्रकारियों से सज्जित दरवाजे के आकार में उसे बनाकर धाम गुरुद्वारे की शोभा को अधिक बढ़ाया। इसके अलावा आपने गुरुद्वारे के पूर्व भाग में भी विश्रामशाला भी बनवाई। श्री चैनरामजी के इन निर्माणकारी कार्यों में वहां के निवासी थापनों ने उन्हें सहायता पहुंचाने में अधिक भाग लिया था। जब कभी भी चैनरामजी बाहर को इस महोपकारी कार्य के निमित्त धनार्जन करने जाते थे, तब उनके स्वागत के लिये बड़े प्रेम और उत्साह के साथ अनेकजन आते और अपने स्थान में सम्मान पूर्वक ठहराते थे। और अपनी-अपनी सामर्थ्य के अनुसार भेंट देकर अपने को कृतार्थ मानते थे। जब यह एक जगह से दूसरी जगह को यात्रा करते थे, तब अधिकजन मिलकर प्रेम से आबद्ध होकर दूर तक उनको विदा करने के लिये जाते थे। महन्त चैनरामजी जोधपुर रियासत के अन्तर्गत तहसील सांचौर के ग्रामों में गये और वहीं सर्वत्र भ्रमण करके धाम गुरुद्वारे का महत्त्व विसनोईयों को बताया, जिससे वे लोग फाल्गुण मास की अमावस्या पर गुरुद्वारे के मेले पर अवश्य आवें। स्वार्थ त्यागी, उदारचित, परोपकारी, अपने इष्टदेव के अनन्य भक्त महन्त चैनरामजी के कार्यक्रम को देखकर सब ही लोग उनका अधिक सम्मान करते थे। उनकी स्मृति चिरकाल तक बनी रहे इस लक्ष्य से सांचौर के निवासी विसनोइजनों ने जो एक नूतन ग्राम बसाया, उसका नाम उन्होंने चैनपुरा रखा, यह ग्राम अभी तक उक्त तहसील में वर्तमान है। सारांश यह है कि सर्व साधारण श्री विसनोई लोग इनका उत्कर्ष मान्य करते थे। और इन्होंने तालवा ग्राम से बाहर कुवे के समीप अपने निवास के लिये एक स्थान बना लिया था कि जिसमें ये रहा करते थे। फिर गुरुद्वारे के निर्माण सम्बन्धी कार्यो से अवकाश पाकर संवत् 1910 में आपका शुभागमन कांट को हुआ और यहां पधारकर उन्होंने अपने दादा गुरु महाराज गंगाराम जी के बनाये हुये स्थान के ऊपर एक सुन्दर कमरा बनवाया, जो कि पूर्व व पश्चिम 60 फुट अर्थात् 20 गज लम्बा और दक्षिणोत्तर 26 फुट चोड़ा है। इसके बनाने में पांच हजार रुपये इनके खर्च हुये और ये रुपये एतदर्थ राजस्थान से वे लाये थे। इस विशाल भवन में 41 चौखटें लगी हुई हैं। इसकी इमारत बहुत मजबूत बनी है। इनके एक गोविन्दरामजी शिष्य थे जिन्होंने दरवाजे के ऊपर का स्थान बनाया है। किसी बात पर उनसे अप्रसन्न होकर चैनरामजी ने उन्हें अपने मन्दिर से निकाल दिया और वह चौधरी घनश्याम सिंह के पास गये और उनसे अपने मन्दिर से पृथक हो जाने का समस्त वृतान्त सुनाया, तब उन्होने अपने पुख्ता बाग में रहने का प्रबन्ध गोविन्दराम जी का कर दिया। यह बहुत काल पर्यन्त चौधरी घनश्याम सिंह के बाग में रहे, फिर राजस्थान की तरफ चले गये और वहां ही उनका देहान्त हो गया। बाहर के सदर दरवाजे की दीवार, जो दक्षिणोत्तर को बनी हुई है। सुरतराम जी के शिष्य श्री रामकृष्णदास जी की बनाई हुई है। अब चैनरामजी सम्वत् 1920 में सन्त रामलालजी नामी अपने चेले को स्थानापन्न नियुक्त करके पुनः राजस्थान चले गये। गुरुद्वारे में ही रहते हुए अदृष्ट ब्रण की वेदना से संवत 1920 में स्वर्गधाम को प्रस्थान कर गये। उनके शरीरान्त होने के समय लच्छीरामजी, मंगलदासजी आदि कई शिष्य उनके पास थे। उनका प्राण वियोग उस ही जगह हुआ कि जहां पर वे तृण रचित झोपड़ों में कूप के समीपवर्ती पूर्वी भाग में निवास किया करते थे, फिर इनके शिष्यों ने थापनों की सम्मति से गुरु समाधि भवन के बहुत नजदीक उनको समाधिस्थ कर दिया। इसके पश्चात उनके सुयोग्य शिष्य रामलाल जी उनके जानशीन हुए और उन्होंने मुकाम जाकर उस जगह लाल पत्थर से छत्री बनवा दी थी। महात्मा चैनराम जी बड़े क्षमाशील, महोदार, सत्य, धर्मनिष्ठ, परोपकारी महापुरुष थे। मन्दिरों को सुरक्षित रखने और उनकी विशेष उन्नति की ओर जीवन पर्यन्त उद्योग बना रहा। भगवान् श्री जम्भदेवजी महाराज पर उनका अचल विश्वास था। थोड़ी रात शेष रहने पर 'ओ गुरु आयो श्री जम्भराज देव' इस साखी का वे नित्य प्रेमभाव द्वारा गान किया करते। उन्होंने कई बार फागुन के मेले के समय गुरुद्वारे पर जातीय भोज दिया। उनका शरीर बीकानेर राज्य के अन्तर्गत रासीसर गांव का था। अब उनके स्वर्गाधिरोहण के अनन्तर उनके शिष्य रामलाल जी मन्दिर कांठ के सिंहासनारुढ हुए। साहबरामजी राहड़ ने जंभसार में चैनरामजी के बारे में लिखा है:-

गंगारामजी के चैनरामजी, जाण्यों जिनां मुकाम धाम जी। सालां दोय जू छत्री करी, मुकांम माहिं देही जो परी।
पुज्यमांन प्रिथवी में भए, जंभ गुरु के लोकहि गए। ताके लछीराम कहाऐ, गोविंदराम मोतीरांम सुहाऐ।

04. महंत रामलाल जी (वि.सं. 1920-1941):- महंत चैनरामजी के निधन के पश्चात उनके शिष्य रामलालजी का विसनोई मन्दिर कांट और मन्दिर की समस्त सम्पति पर अधिकार हुआ और महन्त की पदवी से सुशोभित हुए। उधर गुरुद्वारे में महन्त चैनरामजी के स्थानापन्न श्री लच्छीराम जी हुए और मारवाड़ के निवासी गण्यमान्य सन्त, महन्त और गृहस्थी इनको गुरुद्वारे के महन्त के नाम से सम्बोधन करने लगे और फिर महन्त लच्छीरामजी ने गुरुद्वारे के प्रबन्धाधिकार को अपने हाथ में लिया परन्तु महन्त चैनारामजी के समान गुरुद्वारे की समुन्नति करने में वे अपने को कार्यकुशल अथवा सुप्रबन्धक साबित न कर सके और महन्त लच्छीरामजी के देवलोक प्रयाण करने के पश्चात् भी उनके उत्तराधिकारीगण बराबर गुरुद्वारे के महन्त पदवी को धारण करते रहे और अब तक गुरुद्वारे के महन्त कहलाते हैं। किन्तु महन्त चैनारामजी के समान गुरुद्वारे को वैसा सच्चा सेवक, कार्य कुशल, उत्साही और दत्त चित से काम करने वाला प्रतिभा सम्पन्न महापुरुष फिर नहीं मिला। यह हमने प्रसंगवश लिख दिया है। अब फिर हम अपने प्रकृत विषय का अनुसरण करते हैं। श्री महन्त सुरतरामजी के शिष्य जो महाराज रामकृष्णदास जी थे, उन्होंने दरवाजे के बाहर दक्षिणोत्तर 18 गज लम्बी दीवार बनाई जो कि लाला बालकराम और गुलजारीमल वैश्य के मकान से पश्चमीय भाग में है और सदर दरवाजे की दीवार भी जो कि सड़क के समीपवर्ती दक्षिणोत्तर 18 गज लम्बी कूप से मिली हुई दीवार है, महाराज रामकृष्णदास जी ने बनवाई। ये महात्मा अधिकांश नजीबाबाद रहा करते थे। महन्त रामलालजी ने फिर एक रसोई भवन

बनवाया जहां कि इस समय भी भोजन बनाया जाता है। फिर सम्वत् 1941 अर्थात् सन् 1884 में आप अधिक बीमार हुए और चौधरी शेरसिंह आदि कांठ निवासियों के अधिक अनुरोध तथा अभ्यर्थना से महन्तजी ने एक वसीयत अपने शिष्य आत्माराम के नाम लिखी। और शेष दो शिष्यों मनोहरदासजी और भगवानदासजी के नाम सालाना बीस-बीस रूपये देने तय किए। तत्कालीन विसनोई मंदिर कांट की कुल जायदाद निम्नानुसार थी- मौजे दोमहला कुल मिल्क, मौजे पहाड मऊ 50 बीघे, मिल्क मौजै आमीनाबाद 15 बीघे, बाग आम्बा मौजे कासमपुर 20 बीघे, मिल्क सुलतानपुर परगना ठाकुरद्वारा 5 बीघे, बाग अम्बा मौजे महमूदपुर 26 बीघे, हवेली कच्ची वाकैह कस्बे कांट और दुकान खाम, दुकान खाम मोजे महमुदपुर और गांव खाता वाकैह मौजै महमूदपुर। इस वसीयतनामे की गवाही में चौधरी शेरसिंह जी नैण और चौधरी ध्यानसिंह जी नैण मौजूद थे। 22 मार्च सन् 1884 ई. को यह वसीयतनामा लिखा गया और 25 मार्च सन् 1884 को रजिस्ट्री हुआ। इस वसीयतनामें की उल्लेखित जायदाद में से मौजा दुमैहला कुल और मिल्क मौजे पहाड़ मऊ 50 बीघे, मिल्क अमीनाबाद 15 बिघे और बाग मौजे कासमपुर 20 बिघे, ये जायदाद महन्त रामलालजी को चौधरी शेरसिंह नैण से मिली और शेष जायदाद उनसे पहले की पुश्तैनी है। महन्त रामलालजी शान्तशील और एक उदारचित दयालु महात्मा थे। चौधरी शेरसिंह उनके साथ बड़ी प्रीति रखते थे और उनका मान्य करते थे। इस जायदाद में से 15 बीघे जमीन मिल्क अमीनाबाद की राम गंगा नदी में चिरकाल से डूबी हुई है और 26 बीघे बाग जो महन्त गंगाराम जी ने लगाया था वह भी आत्माराम जी के प्राप्ताधिकार समय में समूल विनष्ट हुआ और उस भूमि पर इस समय चौधरन जमना कुंवर का बाग और चौधरी ध्यानसिंह की छत्री है। इस वसीयतनामे के लिखने के बाद महन्त रामलाल जी गंगातट पर दारानगर जिले बिजनौर चले गये और कुछ दिन जीवित रहकर वहीं उन्होंने शरीर त्याग दिया। फिर इनके स्वर्गवास हो जाने के पश्चात महन्त आत्मारामजी उनके उत्तराधिकारी महंत हुए।

05. महंत आत्मारामजी (वि.सं. 1941-1958):- महंत रामलालजी के निधन के पश्चात उनकी वसीयत के अनुसार उनके उत्तराधिकारी महंत आत्मारामजी हुए। ये भी अपने समय और योग्यता के अनुसार अच्छे प्रबन्धक रहे। स्वामी ब्रह्मानंदजी लिखते है कि एक असरदार व्यक्ति जो किसी समय आत्माराम जी महन्त कांट का चेला हुआ था फिर गुरु से अनादर पाकर वह भेष उतारकर गृहस्थ हो गया और वह स्त्री सहित जिले हिसार के बड़ोपल गांव में चिरकाल तक रहा और वहां इसी ग्राम में ही मर गया। इस व्यक्ति को मैंने भी बडोपल में देखा था। महंत आत्मारामजी सोलह वर्ष तक विसनोई मन्दिर कांट की गद्दी पर समासीन रहे। फिर उनके गुम हो जाने के बाद इनके गुरूभाई मनोहरदास जी महन्त बने।

06. महंत मनोहरदासजी (वि.सं. 1958-1967):- महंत आत्मारामजी के गुम हो जाने के पश्चात उनके उत्तराधिकारी गुरूभाई महंत मनोहरदासजी बने। लेकिन फिर भगवानदास जी और मनोहरदास जी में सन् 1901 में गद्दीनशीनी की प्राप्ति के सम्बन्ध में दोनों मे विवाद उत्पन्न हुआ और यह झगड़ा अदालत कलक्टरी (माल) से अदालत दीवानी तक पहुंचा और अदालत दीवानी ने सन् 1904 ई. में महन्त मनोहरदास जी के पक्ष में फैसला दिया और फिर यह अधिक समय तक बीमार रहकर वि.सं. 1967 आषाढ़ शुक्ल प्रथमा तदानुसार 7 जुलाई सन् 1910 को परलोक गमन कर गये। जबकि इनकी दशा मरणासन्न हो गई थी तब अपने सामने ही भगवानदासजी को अपने पास बुलाकर, सब काम मन्दिर के इनके सूपर्द कर दिये थे। फिर मन्दिर और मन्दिर की निखिल सम्पत्ति का सर्वाधिकार महन्त भगवानदास जी को प्राप्त हुआ और सब जायदाद का दाखिल खारिज महन्त भगवानदास जी का स्वत्वाधिकार हो गया।

07. महंत भगवानदासजी (वि.सं. 1967-1972):- वि.सं. 1967 में महंत मनोहरदासजी के निधन के पश्चात उनके उत्तराधिकारी महंत भगवानदासजी बने। महंत बनने के पश्चात उन्होंने अपने जीवनकाल में सन् 1911 में एक वसीयतनामा लिखा। जिसमें अपना उत्तराधिकारी इस निबंध के लेखक (स्वामी ब्रह्मानंदजी) को नियत किया था। भगवानदासजी बड़े उद्योगी, सदाचारी होने के अतिरिक्त अपने पंथ के पक्के अनुयायी थे। धर्मपक्ष को वह अपने जीवन का अमूल्य रत्न मानते थे। दुष्चरित्र व्यक्ति से वह सदैव उपेक्षा किया करते थे। यहां तक कि उन्होंने दुश्चरित (बदचलन) होने ही के कारण अपने सौराज उर्फ शिवानन्द शिष्य को भी मठ से निकाल दिया और अपने शिष्यत्व से उसे पृथक कर दिया था। सौराज उर्फ शिवानन्द वल्द रामसुख साकिन महमूदपुर मुतासिल कांट परगना अमरोहा जिला मुरादाबाद निवासी था तथा निकाले जाने से करीब तीन चार साल पुर्व ही भगवानदास जी का चेला बना था। भगवानदासजी ने इन्हें अपने शिष्यत्व से पृथक करने का विज्ञापन प्रयाग के साप्ताहिक समाचार पत्र अभ्युदय में 19 जुलाई 1913 को और उर्दू के साप्ताहिक समाचार पत्र मुरादाबादीय रहबर में 21 अगस्त 1913 को प्रकाशित कराया था। मठ अथवा मन्दिर से निकाले जाने के पश्चात् कई साल तक वह इधर-उधर फिरता रहा और फिर 20 अप्रैल सन् 1915 को हरिद्वार के कुम्भ मेले पर वह वहां गया और उसने विसनोई धर्म के अनुयायीं सन्त महन्तों के पास पहुंचकर इस बात की उनके द्वारा पूरा करने की चेष्टा की कि महन्त भगवानदास उसके अपराध को क्षमा करके समागत साधुओं के सामने उसे अपना शिष्य स्वीकार करलें जिससे कि अन्य सभी साधुगण उसे साधु मान लें और अपने भंडारे में सम्मिलित करते हुये अपना पंक्ति से पृथक न करें परन्तु वह वहां पर अनेक यत्न करने पर भी अपने मनोरथ में कृतकार्य न हुआ अर्थात् उस कुम्भ पर्व के मेले पर आये हुये सब सन्त महन्त, साधुओं ने उसका आदर न किया और अपने भंडारे में भी उसे शरीक नहीं किया और साधुओं ने अपनी पंक्ति से निकाल दिया। यह सारा वृत्तान्त हमको हीरा नामक विसनोई से ज्ञात हुआ था जो गढी से सन्नहित सलेमपुर का निवासी था। अतिरिक्त इसके गंगाबिसन जी साधु से भी कुछ वृत्तान्त मालूम हुआ था कि जो उस मेले पर गंगा स्नान के निमित्त हरिद्वार गये थे। इस साधु सम्प्रदाय के अन्दर यह रिवाज बहुत पुराने समय से प्रचरित है कि गुरु अपने निन्दित आचरणयुक्त शिष्य को उसका भेष उतार लिया करते और समस्त साधु और गृहस्थों

में उसकी सूचना दे दिया करते थे, फिर वह उसी ही समय उस गुरु का शिष्य नहीं समझा जाता था कि जो उसके दुश्चरित होने के कारण अपने शिष्यत्व से पृथक कर दिया था अर्थात् साधु गृहस्थ सब उसको साधु नहीं समझते थे। महन्त भगवानदास जी का 30 जुलाई सन् 1915 को स्वर्गवास हो गया और उन्होंने अपनी मृत्यु से एक दिन पहले लेखक (ब्रह्मानन्दजी) को यह आदेश किया कि मेरी मृत्यु के बाद मेरे निर्जीव शरीर को मौजे दोमहले के बाग में बेल के वृक्ष के नीचे समाधिस्थ कर देना और समाधि बैठी दी जावे, उत्तर को मुख कर दिया जाय, दो मन नमक डाल दिया जाय अर्थात् सर्वथा ही संन्यासियों की समाधि के समान ही समाधि को संस्करण करना और तीसरे दिन अग्निहोत्र पाहलादि पथ की प्रथानुसार कर्मो को करने के अनन्तर फिर कुछ भी मेरे निमित जातीय भोज आदि कार्य कर्तव्य नहीं है, हो सके तो उस जगह जहां कि मेरा शरीर समाहित किया जावे पक्का चौबूतरा बना देना। अस्तु सब काम उनकी स्वर्ग यात्रा के अनन्तर वैसे ही किये गये जैसा कि उन्होंने निर्देश किया था। अब फिर स्वीकार पत्र के लेखानुसार लेखक (स्वामी ब्रह्मानंदजी) उनका जानशीन हुआ।

08. महंत स्वामी ब्रह्मानंदजी (वि.सं.1972-1983):- स्वामी ब्रह्मानन्दजी का जन्म वि.सं. 1910 में गांव खुररमपुर (उर्फ शाहजहांपुर) तहसील नजीबाबाद जिला बिजनौर (उत्तप्रदेश) के कालीराणा गौत्र के विसनोई परिवार में हुआ था। उनकी प्रारम्भिक शिक्षा नजीबाबाद में हुई। वह बालक अवस्था में थे तभी श्री स्वामी दयानन्द जी सरस्वती के सम्पर्क में आ गये और कुछ पढ़ाई उनके पास की। अष्टाध्यायी महाभाष्य पंडित देवदत शास्त्री (मुरादाबाद) के पास पूर्ण किया। स्वामी ब्रह्मनंदजी ने विक्रम संवत् 1950 में 'ग्रंथांक 171' और संवत् 1958 में 'ग्रंथांक 336 व 339' लिपिकृत किए। ब्रह्मानंद जी द्वारा लिपिकृत एक हस्तलिखित प्रति में स्वयं को नगीना निवासी बताया है:- 'दस्तखत साधु ब्रह्मनंद के हैंगे, उमर 26 वर्ष की, रहने वाला नगीने का'। ये जब विसनोई धर्म के साधु बने तब इन्होंने संत वील्होजी की परम्परा के साधु स्वामी रामदासजी से दीक्षाग्रहण की। जंभदेव चरित्र भानु में इसका उल्लेख है। गुरू जांभोजी के जीवन चरित संबधी जानकारी के लिए संवत् 1946 में इनका साहबरामजी राहड़ से गांव हरीपुरा में मिलना और तद विषयक बात पर दोनों में मनमुटाव होने का उल्लेख भी मिलता है। इस बारे में लक्ष्मीनारायण जी राहड़ ने लिखा है कि "इसी साल (संवत् 1946) ब्रह्मानंद साधु साहबरामजी के पास जंभेश्वरजी का जीवन चरित्र लिखणे वास्ते वार्ता पुछण के खातिर पहले नांधड़ी आये थे फेर नांधड़ी में महात्माजी (साहबरामजी) नहीं मिले। तब हरीपुर आये और अंदाजन चार महीना साहबरामजी के पास रहे और बहुत सी बात जांभेजी की पुछते और लिखते रहे और एक दिन प्रश्नोत्तर के बखत कुछ जंभेश्वर को स्वामी ब्रह्मनंदजी ने अपसबद कह दिया तब महात्माजी ने कहा- मैं जंभेश्वर को ईश्वर तुल्य मानता हूं तुम उनके वास्ते अपशब्द मत कहो। इस बात पर ब्रह्मानंदजी रूष्ट होकर चले गये। अपशब्द ये था- स्वामीजी ने कहा (एक सबद के ऊपर)- ये जाम्भेजी महाराज गपोड़ा मार दिया। बस इतनी बात पर साहबरामजी की और ब्रह्मानंदजी का जुबानी दुख हो गया था। ये मेरी आंखे देखी बात है" ये वेद, व्याकरण और धर्मशास्त्रों के धुरन्धर विद्वान थे। उनकी निम्नलिखित रचनायें उनके जीवन काल में ही प्रकाशित हो चुकी थी:- (1).श्री जम्भदेव चरित्र भानु, वि.सं.1958 (2). मृतक संस्कार निर्णय, वि.सं.1969 (3). महर्षि वील्होजी का जीवन चरित्र तथा महर्षि वील्होजी का संक्षिप्त वृतान्त, वि.सं.1970 (4). साखी संग्रह प्रकाश, वि.सं. 1971 (5). विसनोई धर्म विवेक, वि.सं. 1971 (6). विद्या और अविद्या पर कुम्भ मेला, हरिद्वार के अवसर पर दिया गया भाषण, वि.सं. 1972 (7). गोत्राचार-विधि, वि.सं.1973 (8). अखिल भारतीय विसनोई महासभा के तृतीय अधिवेशन कानपुर में सन् 1924 ई. का अध्यक्षीय अभिभाषण। स्वामी ब्रह्मानंदजी की 'इतिहास प्रदीप' पुस्तक (सन् 1926 में लिपिबद्ध) अप्रकाशित थी। जिनका संपादन करके मनीरामजी विसनोई ऐडवोकेट ने सन् 2009 में प्रकाशन कराया। जिसमें स्वामी ब्रह्मानंदजी के परिचय के संबंध में मनीरामजी लिखते है कि चौधरी श्रीरामजी जाणी (आदमपुर) संस्थापक प्रधान विसनोई सभा हिसार तथा कोषाध्यक्ष अखिल भारतीय विसनोई महासभा ने जून 1955 में जब उनके साथ मैं सदभावना मिशन में काण्ट गया था तब बतलाया था कि स्वामी ब्रह्मानन्दजी जब स्वामी दयानन्दजी के साथ शिक्षा प्राप्ति हेतु रहा करते थे तब श्री स्वामी दयानन्द जी का जहर के कारण अजमेर में निधन हो गया तथा स्वामी ब्रह्मान्दजी को भय हुआ कि कहीं पुलिस वाले उन्हें गिरफ्तार न कर लें अतः वह अजमेर से लगते हुए मेड़तावाटी के विसनोई गांवों में चले गये। उधर भ्रमण करते हुए वे गांव रोटू धाम भी गये थे। निकटवर्ती गांव दुगोली (जिसे स्थानीय लोग बड़ागांव कहते हैं) के महन्त ने उन्हें श्री गुरू जम्बेश्वरजी महाराज का जीवन चरित्र लिखने का सुझाव दिया था। फिर स्वामीजी ने आर्य समाज के प्रचार हेतु नगीना को अपना केन्द्र बनाया। उस क्षेत्र के बहुत से विसनोइयों को उन्होंने आर्य समाजी बना दिया। यह देखकर नगीना निवासी भगत चैतरामजी थापन तथा बाबु विन्ध्या प्रसाद जी को चिन्ता हुई कि इस तरह तो स्वामीजी इस क्षेत्र से विसनोई धर्म को ही समाप्त कर देंगे। अतः वे तत्कालीन महन्त श्री विसनोई मन्दिर, मौहल्ला विशनपुरा काण्ट के पास पहुंचे और उन्हें सारा वृतान्त सुनाकर निवेदन किया कि स्वामी ब्रह्मानन्दजी को वह अपने मन्दिर में रख लें ताकि वह आर्य समाज के बजाये विसनोई धर्म से जुड़ जायेंगे। महन्त जी ने ऐसा ही किया। फिर महन्त भगवानदास जी ने अपनी वसीयत में स्वामी ब्रह्मान्दजी को अपना उत्तराधिकारी नियुक्त कर दिया। इस प्रकार स्वामी जी विसनोई धर्म और समाज से जुड़ गये। स्वामी ब्रह्मानंदजी अपनी पुस्तक 'इतिहास प्रदीप' में लिखते है कि विसनोई मंदिर कांट के महंत बनने के पश्चात उन्होंने मन्दिर का बहुत कुछ जीर्णोद्धार करने के अतिरिक्त दो नुतन मकान बनवाये। एक चौधरन जमना कुंवर रईसा कांट के अश्वशाला (अस्तबल) की दीवार से मिलता हुआ पश्चिम सामना बगिया में बनवाया और दुसरा मन्दिर के दरवाजे के बाहर दक्षिण सामना रामसरन बनारसी जागन प्रशाद वैश्य के मकान के पीछे बनवाया था। स्वामीजी ने वर्ष 1926 ई. में ' इतिहास प्रदीप' लिखा था जिसे वह प्रकाशित कराने से पूर्व दिनांक 7.12.1926 (सम्वत् 1983) को ब्रह्मलीन हो गये। स्वामी जी ने अपनी वसीयत दिनांक

1.12.1926 को लिखवाई जिसका पंजीकरण दिनांक 23.12.1926 को उनके शिष्य महन्त हरिहरानन्दजी (काण्ट) ने सब-रजिस्ट्रार अमरोहा, जिला मुरादाबाद के कार्यालय में कराया था।

खुर्रमपुर उर्फ शाहजहांपुर:- मनीरामजी विसनोई एडवोकेट कृत 'यादों के झरोखे से' में वर्णित है कि "इस गांव में केवल तीन ही परिवार विसनोइयों के हैं। श्री हरपाल सिंह जी कालीराणा जो स्वामी ब्रह्मानन्द जी महन्त कांठ के सगे छोटे भाई का पोता है तथा इस कालीराणा परिवार के पूर्वज श्री नत्थू सिंह जी इस गांव में निकटवर्ती गांव आगुपुरा से 300 वर्ष पूर्व आये थे परन्तु उससे पहले राजस्थान के किस गांव से आये थे इसका ज्ञान नहीं है। 2. श्री जोगेन्द्र सिंह जी सहू के पूर्वज 150 वर्ष पूर्व रैनी से आये थे, उन्हें यहां हक मिला था। 3. श्री हरसरूप सिंह जी जाखड़ जिनका परिवार प्रारम्भ से ही इस गांव का वासी है। शिक्षा शत प्रतिशत है। प्रत्येक के पास 25/30 बीघे ज़मीन है, सभी खेती करते हैं तथा बैल या ट्रैक्टर रखते हैं। यहां इन तीनों से ही भेंट 5.4.2003 को हुई थी। मैं वहां विसनोई सभा, नजीबाबाद के प्रधान श्री वेदप्रकाश जी तथा उनके सुपुत्र श्री आदेश कुमार जी के साथ यहां गया था।"

08. हस्तलिखित सामग्री की प्राप्तिः- हीरालालजी माहेश्वरी को लगभग सन् 1960-70 के मध्य विसनोई मंदिर कांट से यह हस्तलिखित प्रति प्राप्त हुई थी:-

01. ग्रंथांक-189:- यह 17 पन्नों की एक पुस्तिका है। जो कि अंदाजन वि.सं. 1950 के आसपास लिपिबद्ध है। इसमें माखनजी, मीठुदास, उदोजी, मुरारी, मोतीरामजी कृत आरतियां और कबीर, रिवदास, परमानंदजी कृत हरजस है।

09. उपसंहार:- सन् 1951 में अमर ज्योति में प्रकाशित एक लेख 'स्वामी दयानंद कांठ मे' वर्णित है कि आर्य समाज के संस्थापक स्वामी दयानंद सरस्वती अपने भ्रमण काल के दौरान कांठ गए थे और चौधरी ध्यानचंद जी नैण की छतरी पर विश्राम किया था। लाला तुलसीराम उन्हें कांठ के विसनोई मंदिर में ले गए, वहां उनकी भेंटवार्ता विसनोई साधुओं से हुई।

नोट:- इस अध्याय (कांट) की सम्पूर्ण जानकारी स्वामी ब्रह्मानंदजी कृत इतिहास प्रदीप पुस्तक से ली गई है।

14

रूड़कली

01. परिचय:- रुड़कली गाँव जोधपुर जिले में है। गांव से लगभग एक कि.मी. उत्तर में एक बड़ा तालाब है, जिसे यहां के लोग 'जाम्भोलाव तालाब' कहते हैं। अपने जीवन काल में वील्होजी यहां आये थे और उन्होंने साणिये पैदड़ (अज्ञाननाथ) नामक वामपंथी साधक को परास्त करके विसनोई बनाया, फिर यहां से समेलिया (भीलवाड़ा) भेज दिया था। जाम्भाणी साहित्य के प्रसिद्ध कवि ऊदोजी अडीग इसी गांव के थे। गाँव के पास ही वह कुआं है, जहां पर ऊदोजी को वैराग्य प्राप्त हुआ था।

02. साणिये पैदड़ (संत अज्ञाननाथ) का प्रसंग

क. रूड़कली में जांभोलाव तालाब खुदवाना:- साहबरामजी राहड़ कृत जंभसार के वर्णनानुसार रोटू में मौजूद साणिये को गुरू जांभोजी ने आदेश दिया कि यह स्थान छोड़ दे और कुसाणा गांव में जाकर डेरा लगा। इस प्रकार उसे रोटू से निष्कासित कर दिया गया। तब साणिया रोटू से कुसाणा गया और वहां "जांभोलाव" नामक तालाब खुदवाया। गुरू जाम्भोजी के नाम पर भूत-धर्म चलाया। परचे देकर लोगों को आकर्षित करता रहा। बाद में एक पंवार गौत्र के विसनोई के साथ वह रूड़कली गांव आ गया। रूड़कली में भी उन्होने जांभोलाव तालाब खुदवाया। रूड़कली में भी उसी प्रकार लोगों को भ्रमित करता रहा। उसकी ख्याति दूर-दूर तक फैल गई:-

तब सतगूरू बोलत भए असे, पलटियो भूत देव होय वेसै। इह अस्तान छोडिज्या भाई, करो कुसाणे डेरो जाई।
सांणियो यों चालत भयो, गयो कुसाणे गांव। धर्म चलावै भूत को, लेवे जंभ को नांव।
अज्ञानो कुसाणे गएऊ, तांहा तालाब खोदावत भएऊ। नांव धरायो जांभोलावा, परचा दे लौकां नै चावा।
बहुत दिवस तैहि ठां तप करेऊ, अज्ञा में सारे जन खरेऊ। रुड़कली को परण्यो पुंवारा, गयो सैणियो ताके लारां।
तैहिं खुदायो जांभोलावा, पंथ चलावे बौहि सुभावा। जो पुछे सौ परचो देवे, ताहि गुंण सूं सब कोई सेवे।
आवे बैठै जुड़े जमाता, मुख सुं कहे गुरू को भ्राता। दूर दूर लग सब जन जाना, पहले पाणी पावे अज्ञाना।
चहमे चहमे ध्यान लगावे, पाणी पाय अस्नान करावे।

ख. रूड़कली छोड़कर समेलिया जाना:- वील्होजी जब रामड़ावास में थे तब एक व्यक्ति ने आकर वील्होजी को सूचना दी कि रूड़कली गांव में गुरु जाम्भोजी स्वयं प्रकट होकर अडिग ज्योति के समान विराजमान हैं। चारों ओर उनका मुख दिखाई देता है। यह समाचार सुनकर वील्होजी ने तुरंत वहां जाने का निश्चय किया। उन्होंने रथ, ऊंट और घोड़े सजवाए तथा घंटा-नगाड़ों के साथ एक धार्मिक यात्रा के रूप में रूड़कली के लिए प्रस्थान किया। पूर्व में ही उनके अनुयायियों ने वहां तंबू गाड़ दिया था। दोपहर के समय वे रूड़कली पहुंचे और जांभोलाव तालाब के पास डेरा डाला। स्नान आदि के पश्चात वे मंदिर में प्रवेश कर उस "अज्ञानो" नामक व्यक्ति के दर्शन करने गए। मंदिर में पहुंचकर वील्होजी ने अज्ञानो की परिक्रमा प्रारंभ की। अज्ञानो ने उनका सम्मान करते हुए उन्हें अपने समान संत बताया। जब वील्होजी ने पंथ संचालन की विधि पूछी, तो अज्ञानो ने जो उपदेश दिए, वे विसनोई मर्यादाओं के विपरीत थे, जैसे पहले जल पीना, बाद में स्नान करना, तथा "चहमै-चहमै" भजन करना। इन उपदेशों को सुनकर वील्होजी ने तत्काल अनुमान लगाया कि यह कोई दिव्य अवतार नहीं, बल्कि एक भूत या छल करने वाला व्यक्ति है। उन्होंने उसकी परीक्षा लेने का निश्चय किया। गुरु जाम्भोजी के "चार मुख" होने की परंपरा के आधार पर उन्होंने दो परिक्रमा करने का संकल्प लिया। यदि वह चहुंमुखी होगा तो पूजन करेंगे, अन्यथा दंड देंगे। परिक्रमा के दौरान अज्ञानो स्वयं घूमता रहा, जिससे ऐसा प्रतीत हो कि चारों ओर उसका मुख है। यह छल अन्य लोगों को दिखाई नहीं दिया, परंतु वील्होजी ने उसे पहचान लिया। वील्होजी ने उसे स्पष्ट रूप से कहा कि वह स्थिर रहे, किंतु वह पुनः घूमने लगा। तब वील्होजी ने उसे पकड़कर अपने घुटने से दबाया और बांध दिया। भयभीत होकर अज्ञानो ने हाथ जोड़कर क्षमा याचना की और स्वयं को समर्पित कर दिया। वील्होजी ने उसे दो प्रमुख निर्देश दिए कि बिना स्नान किए जल पीने का उपदेश देना बंद करे। और चहमह-चहमह जैसे भ्रामक भजन प्रचारित करना छोड़ दे। साथ ही उन्होंने उसे चेतावनी दी कि वह लोगों को भ्रमित न करे और उस स्थान को छोड़कर अन्यत्र चला जाए। अज्ञानो ने विनम्रता से आदेश स्वीकार किया, अपने वस्त्र समेटे, प्रणाम किया और वहां से प्रस्थान कर गया:-

धर्म बाड़ कर सब कूं राख्या, तब इक जन आय ऐसौ भाख्या। रूड़कली जांभोजी राजै, इडक जोत चहुँ मुख छवि छाजै।
कहै वील्हेश्वर कितनिक दूरा, पांच कोश पर रहै हजूरा। सुणकर रथ अरू वाहन सझेऊ, घंटा शब्द नगारा बजेऊ।
ऊंठ रु घोड़ा चालत भऐऊ, तंबू बहु पहलेई गड़ गएऊ। बारा बजहि रूड़कली गैया, जांभोलाव पर डेरा दैया।
नहाय धोय फिर मंदिर गऐऊ, अज्ञानौं के दर्शन भऐऊ। वील्हेश्वर परकम्या करहे, अज्ञानो मन में बहु डरहे।
कह अज्ञानों आवौ विराजौ, संत हमारे रूप ही छाजो। कहै वील्हेसूर धर्म बतावौ, केहि विधि अपणौ पंथ चलावौ।
कह अज्ञानौ सुंण तूं भाई, सवा सेर जल पहलै पाई। पीछै सब अस्नान बिस्तरो, चहमैं चहमैं भजन जूं करो।
एहि विधि धर्म सिखाउ सबहीं, आप धर्म इह धारौ अबही। वील्हेसुर कीन्हेउ उनमानो, यह लक्षण भूतन के जानौं।
जंभ नहीं यह भूत है भाई, पारक्ष्या करलेऊ जाई। जंभ गुरू मुख च्यार हैं, करू प्रकम्या दोय।
जंभ हूसी तो पूजस्यूँ, नित्र मारूं तोहि। यौं प्रकम्यां करते भएऊ, अज्ञाने तब इह छल ठएऊ।
ज्यूं प्रकम्यां देवै साधु, त्यूं अज्ञानो करै उपाधु। ज्यूं साधू प्रकम्या लावै, त्यूं चौगड़दे फिरतो जावै।
और लोकां नै दीसे नाहीं, वील्हैजी कूं सब दरसांहि। देख चरत्र बोलतो भएऊ, चौगड़दे फिरणो नहीं चहेऊ।
अस्थिर रहो फिरो मत भाई, अस कहि दुसरी प्रकम्या लाई। वैसे ही फिर फिरतों दीठो, पकड़ कंध गोडो दे पीठो।
देकर गोडो बांधत भएऊ, दोन्यूं हाथ जोड़ तब लएऊ। कर जोड़े रू दीनता भाखी, सुंण वील्हेसुर शांती राखी।
अज्ञानो बोलउ भय पांही, आप कहो जाहां रहूं गुंसाई। तब वील्हेसुर बोलत एहो, दोय उपदेश छोड़ तुम देहो।
बिन न्हाए जल कबहूं न पाना, चहमह चहमह भजन छोड़ाना। इन लोकां कूं मति बहकावो, और देश में तुम उठ ज्यावो।
उठ कर कपड़ा बांधत भैयो, नमसकार कर चालत नयौ।

साणिया रूड़कली छोड़कर वहां से समेलिया (भीलवाड़ा) चला गया। वहीं उसका निधन हुआ। वहां आज भी उनका समाधि स्मारक विद्यमान है। उसकी समाधि समेला के निज मन्दिर से 20 फुट पूर्व की ओर है जिसको साणिये का मन्दिर कहते हैं।

03. ऊदोजी अडीग (वि.सं.1818-1933):- उदोजी अडिग का जन्म अनुमानतः संवत 1818 के आसपास केसोजी अडीग के घर पर गांव रूड़कली (जोधपुर) में हुआ था। उदोजी का विवाह इस गांव के निकट स्थित गांव बीसलपुर में साहबी बैनिवाल के साथ हुआ था। ये अत्यंत सम्पन्न किसान और बचपन से ही धार्मिक प्रवृति के थे। इनके पास 200 बीघा जमीन तथा एक कुआ था जो 'पिछड़ियो बेरो' कहलाता था। रूड़कली गांव के पास यह कुआ अब भी इसी नाम से प्रसिद्ध है किंतु अब उसका पानी पीने या सिंचाई के काम नहीं आता है। गांव के बीच इनका घर भी मौजुद है। इनके विरक्त हो जाने की घटना बहुत प्रसिद्ध और रोचक है। एक बार ये अपने कुए से पानी निकाल रहे थे। उस समय सर्दी का मौसम था और खुब ठंडी चल रही थी। पानी निकालते समय संसार की नश्वरता और अपने जीवन पर विचार करते हुए इनको वैराग्य उत्पन्न हुआ और यह कहते हुए 'लाव' (कुए से पानी निकालने की रस्सी) को वहीं छोड़कर विरक्त हो गए:-

आव जाव उठ बैठ, ठंडी बाजे बुक रे। भजियो नहीं भगवान, उदा तेरी चाकरी में चुक रे।
एक हाथ में लाव, एक हाथ में रास, ऊंठा बेवो बुक रे। भजियो नहीं भगवान, उदा तेरी चाकरी में चुक रे।
भजन न कियो उदा, ठंडी रात लहरका भुख रे।

वहां से अपने घर न जाकर मालवा की ओर चले गए, तथा विसनोई संत सुंदरोजी को गुरू बनाकर साधु हो गए। यह घटना संवत् 1867 की बताई जाती है, तब इनकी आयु 45-50 साल के आसपास थी। इनके कोई संतान नहीं थी। भेष लेने के चार पांच वर्ष बाद ये रूड़कली वापस आए थे। उस समय इनकी स्त्री भी सन्यास लेकर इनके साथ चली गई। तब से मालवा को केन्द्र बनाकर ये अनेक स्थानों में भ्रमण करने लगे। प्रसिद्ध है कि एक बार होली के दिनों में ये रूड़कली में विराजमान थे। गांव में कहीं इन्होंने स्त्रियों को फाग के अश्लील 'लुर' गाते हुए सुना। ये वहां पहुंचे और उनको मना करने लगे। स्त्रियों ने कहा- स्वामीजी फगुआ में यह नहीं गाएं, तो कुछ तो गाएं ही, आप ही बताइए क्या गाएं ? इस पर वहीं बैठकर इन्होंने तत्काल उसी 'ढाल' में 'लुर' बनाकर गाई और बोले कि गाना है तो इसको गाओ। यह लुर विसनोई समाज में विशेषतः मारवाड़ में बहुत प्रसिद्ध और प्रचलित है। 114-115 वर्ष की दीर्घायु में संवत् 1933 के आसपास उदोजी का स्वर्गवास हुआ था। इससे पुर्व इन्होंने अपनी सब जमीन और घर दुर के रिश्ते की एक बेटी पारी और जंवाई सिमरथाजी के नाम कर दी थी। सिमरथाजी फिटकासनी गांव के बाबल गौत्र के थे। सिमरथाजी के पुत्र मुकनोजी हुए जिनका परिवार वर्तमान में रूड़कली गांव में निवासरत है। उदोजी के हाथ की लिखी हुई दो प्रतियां उपलब्ध है। इन प्रतियों की पुष्पिकाओं से भी इनके विषय में प्रमाणिक जानकारी मिलती है। प्रथम प्रति 'ग्रंथांक 232' की दो रचनाएं इन्होंने क्रमशः संवत् 1837 के जेठ सुदि 8 और संवत् 1838 के जेठ बदि 10 बुधवार के दिन गांव रूड़कली में लिपिबद्ध की थी। दोनों ही बसतोजी पुत्र सांवत पुंवार के पठनार्थ लिखी गई थी। इसमें इन्होने स्वयं को केसोजी का पुत्र बताया है। इससे उनका घर बारी होना सिद्ध होता है दुसरी प्रति 'ग्रंथांक 261' में कवि का स्वरचित "प्रहलाद चिरत" है जो संवत् 1869 की आषाढ सुदि 6 बृहस्पतिवार को लिपिबद्ध किया गया था। इसमें वे स्वयं को सुंदरोजी का चेला लिखते है। स्पष्ट है कि इस समय तक वे भेष ले चुके थे। विल्होजी की शिष्य परम्परा में नरायणजी के चेले दुरगोजी, गांगोजी, सुंदरोजी व नरसिंघजी हुए। उपरोक्त सुंदरोजी के शिष्य उदोजी अडिग, प्रहलादजी, सांवतजी, गैनुजी, रूघोजी, दानुजी व सुखोजी थे। साहबराम जी राहड़ ने जंभसार के 24वें प्रकरण में उदोजी के विषय में लिखा है:-

उद्धवजी अणभे अधिकारी, नाना शास्त्र किए संवारी। जंभ गरू के दर्शन भये, प्रहलाद चिरत विष्णु चिरत कहे।
कवत छंद नानां विध बाणी, उद्धवजी बहु भांत बखाणी। बहुत काल लग जग में रहे, फेरू सुध संप्रधा गये।

04. रूड़कली साथरी:- साहबरामजी राहड़ ने जंभसार के 22 वें प्रकरण में अष्टधामों की सूची में रूड़कली धाम का उल्लेख करते हुए, लिखा है कि गुरू जाम्भोजी ने रामलालजी को रूड़कली धाम का महंत बनाया था:-
रामड़ास गुरु को निज धाम ही, रूड़कली धाम जंभ के नाम ही। रूड़कली के है रामलाला, अपने हाथ किये जग पाला।

05. महत्वपूर्ण लिखत:- हीरालालजी माहेश्वरी ने अपने शोधग्रंथ में ग्रंथांक 359 के रूप में इसका उल्लेख किया है। विक्रम संवत् 2001 माघ सुदि 11 रविवार को यह लिखत की गई थी। इसमें वर्णित है कि रूड़कली गांव के निवासी बाबुजी विसनोई ने मुर्गे मारे थे, इस कारण उनको न्यात से बाहर किया जाता है। माहेश्वरी जी को यह लिखत रूड़कली साथरी के साधु श्री हणुतरामजी सारण के पास मिली थी।

06. हस्तलिखित सामग्री की प्राप्ति:- लेखक ने इन सभी हस्तलिखित ग्रंथों से सम्पूर्ण विसनोई साहित्य को संकलित करके, कवि कालक्रमानुसार व्यवस्थित करके तीन भागों (जंभकाल का साहित्य, विल्हकाल का साहित्य और उत्तरकाल का साहित्य) में प्रकाशित कराया है। हीरालालजी माहेश्वरी को लगभग सन् 1960-70 के मध्य रूड़कली साथरी के मंहत हणुतरामजी सारण से निम्न हस्तलिखित सामग्री प्राप्त हुई थी:-

01. ग्रंथांक-227:- यह 204 पृष्ठों की एक पोथी है जो कि परमानंदजी बणिहाल द्वारा संवत 1833 से 1838 के मध्य लिपिबद्ध है। इसमें ये रचनाएं है:- (क). सर्व गुणी साखी- 955, परमानंदजी कृत, संवत 1838 में लिपिबद्ध (ख). चतुर्थ श्लोकी भागवत, द्वितिय स्कंद चतुर्थ श्लोकी टीका- 06 साखी (ग). सप्त श्लोकी गीता टीका- 08 दोहा (घ). राग नाम- 02 कवित्त और 13 दोहे, संवत 1838 में लिपिबद्ध (ड़). नांव महातम दीज पुत्री वाखान- 268 छंद, अज्ञात कृत (च). श्री महादेव पार्वती संवादे सरोदो- 169 छंद, अज्ञात कृत (छ). ग्रंथ काफर बोध- 30 छंद, गोरखनाथ कृत (ज). मारकुंडे पुराण- 1306 छंद, 30 अध्याय, भाषानुवादकर्ता दमोदर, संवत 1833 भाद्रपद सुदि 5 को परमानंदजी द्वारा कान्होजी के वाचनार्थ सुखजी की पोथी में से गांव रासीसर में लिपिबद्ध (झ). सबदवाणी- 124 सबद, गद्य प्रसंग सहित (ञ). पजनामु, अरबी पारसी में पजनामु और हिंदगी में पजनमो (ट). मंत्र- विसन मंत्र, वीरज मंत्र, तारग मंत्र, सुजीवण मंत्र, सिध मंत्र, गुरू मंत्र, अघोर मंत्र (ठ). गायत्री- 25, संस्कृत में (ड). सुखदेव लीला- 136 छंद, अज्ञात कृत (ढ). पदम पुराण स्तोत्र टीका सजुगति विसन सहस्रनाम- 252 श्लोकों पर गद्य टीका (ण). हरिनाम माला- 19 छंद, संस्कृत में (त). सत्यनाम स्तोत्र- 17 छंद, संस्कृत में (थ). पचीस नाम, विसन पिंजर, गोत्राचार (द). गीत वसंदर नाम- 04 दोहले (ध). वसद नाम, आदि वंशावली, विवरस्य, कलस, पाहल, बालक को मंत्र, ब्याह की सुरति, चौजुगी, सुरति (न). सदसी मुसलो भाख्या- 23 छंद (प). बार फरज निवाज के (फ). असतोतर- 06 छंद, बद्रीनाथ का (ब). हरजस- 19, वील्होजी कृत (भ). हरजस- 48, सुरजनजी कृत (म). छुटक हरजस- 11, उदोजी, वील्होजी, कान्होजी, तेजोजी, आसानंदजी, दुरगदासजी और पदम कृत (य). हरिजस- 12, केसोजी कृत (र). हरिजस- 12, आलमजी कृत (ल). छूटक हरिजस- केसोजी, माखनजी, मीठुदासजी, देवोजी और उदोजी कृत (व). हरिजस- 39, परमानंदजी कृत (श). हरिजस- 08, गोरखनाथजी कृत (ष). फुटकर हरिजस- मीठुदासजी, अज्ञात, मुकनदासजी, तानसेन, भगाल, कान्होजी, भगवानजी कृत (स). रख्या (ह). हरजस- वखनु, परमानंददास, रामदास, अज्ञात व किसनानंदजी कृत (क्ष). साखी- 03 (त्र). विसन असतोतर- 22 छंद (ज्ञ). अथर्वण वेदे नारायण पनिपद- संस्कृत में।

02. ग्रंथांक-228:- यह 09 पृष्ठों की एक बहीनुमा पुस्तिका है जो कि संवत 1902 से 1903 के मध्य बिहारीदासजी द्वारा कालपी में लिपिबद्ध है। इसमें ये रचनाएं है:- (क). कवित्त- 01, बिहारीदास कृत (ख). गुरू नानक जप (ग). प्रातः कालीन पूजा पाठ विधि तथा आरती (घ). कलस थापण मंत्र, पूजा विधि (ड़). पाहल मंत्र, संवत 1902 फाल्गुन सुदि 02 को लिपिबद्ध (च). बालक के कान फूंकने को मंत्र (छ). तिलक मंत्र (ज). पेसव करने का मंत्र (झ). दिसा जवे को मंत्र (ञ). दतौन को मंत्र (ट). अस्नान मंत्र (ठ). भस्म धारण करवे को मंत्र (ड). संध्या वंदन (ढ). नवण मंत्र (ण). संध्या आरती-05 (त). आरती प्रथम मंगलाचार-04 (थ). विभिन्न मंत्र- भोजन पायबे को मंत्र, भोजन कर चुके पर मंत्र पढे, अनंत वाधिवे को मंत्र, संस्कृत में, जुर को मंत्र, संस्कृत में (द). अवतार नाम, नमस्कार, संस्कृत में (ध). शिव पार्वती संवाद- सख्याण (न). चौजुगी, बिहारीदास कृत 05 दोहे (प). जंभ सरोवर अस्तुति- 10 छंद, बिहारीदास कृत (फ). जंभाष्टक- 10 छंद, संवत 1903 को कालपी में लिपिबद्ध (ब). आरती-02, मोतीरामजी कृत (भ). दोहा-05, बिहारीदासजी कृत।

03. ग्रंथांक-229:- यह 07 पन्ने है जो कि संभवत: गोविंदरामजी द्वारा संवत 1910 से 1912 के मध्य लिपिबद्ध है। इसमें ये रचनाएं है:- (क). साखी खेजड़ली की- गोकलजी कृत (ख). जांभोलाव महात्म्य- 06 छंद, गोविंदरामजी कृत (ग). साखी- 01, गोविंदरामजी कृत।

04. ग्रंथांक-230:- यह 41 पृष्ठों की एक पोथी है जो कि अनुमानतः संवत 1950 के आसपास लिपिबद्ध है। इसमें ये रचनाएं है:- (क). गुरू जांभोजी के जन्म समय का कवित्त- 08, केसोजी, किसोरजी व अज्ञात कृत (ख). निज धर्म उनतीस का कवित्त- 05, उदोजी कृत (ग). उनतीस धर्म की आखड़ी- 02 इयोढे छप्पय (घ). कवित्त- 02, रामसरण कृत (ड़). जमे संबंधी कवित्त- 01 (च). फुटकर छंद- 37 छंद, हरचंदजी, उदोजी, केसोजी, गद्द, गिरधर, कविराय, रामचरण, तत्ववेता तथा अज्ञात कवियों के (छ). अठार पुराणों की संध्या, निपट निरंजन, तत्ववेता, बालकराम, जगनाथ, रज्जब, सुंदर, दत्तराम, सिंह, मीर, भगवान, वील्होजी, खेमदास तथा अज्ञात कृत छप्पय, कुंडलिया आदि छंद (ज). श्लोक कवि कालदासजी के- 05 (झ). फुटकर छंद- ऊदोजी, तत्ववेता, सहजप्रताप तथा अज्ञात कृत।

05. ग्रंथांक-231:- यह 29 पृष्ठों का एक गुटका है जो कि अनुमानतः संवत 1850 के आसपास लिपिबद्ध है। इसमें ये रचनाएं है:- (क). सबदवाणी- 03 सबद (ख). संस्कृत श्लोक गद्य टीका सहित (ग). स्त्री पुरुष तथा पशु आदि के लक्षण, संस्कृत श्लोक पद्य टीका सहित
06. ग्रंथांक-232:- यह एक गुटका है जो कि उदोजी अडिग तथा अज्ञात लिपिकारों द्वारा संवत 1836 से 1838 के मध्य लिपिबद्ध है। इसमें ये रचनाएं है:- (क). पिसण सिंघार- 70 छंद, सेवादास कृत (ख). सिद्धांत पाटी (ग). लघु चर्णायके राजनिति शास्त्र- संस्कृत में (घ). एकावली री पाटी (ङ). सबद कबीर का (च). शिवरात्रि कथा- गद्य में (छ). एकादशी री कथा- गद्य में (ज). हरिरस गुण- बारहट ईसरदास कृत, संवत 1838 जेठ वदि 10 बुधवार को विसनोई केसा अडिग के पुत्र उदा अडिग द्वारा गांव रूड़कली में सांवत पुंवार के पुत्र वसतो के पठनार्थ लिपिबद्ध (झ). जोगणी चक्र, गंग के फुटकर कवित्त आदि (ञ). जांभाणी साखी (ट). कबीर, मीरा, बखतावर तथा अज्ञात कृत भजन (ठ). दसु अवतार (ड). राजा भोज डोकरी री कथा- गद्य में (ढ). गौढा विगनान, संवत 1836 वैशाख सुदि 9 को लिपिबद्ध (ण). पायस रित रा दूहा (त). चंद्रायणा लालदासजी रा- 07 (थ). ऊदोजी अडीग की लूर (द). मीरा के भजन, फुटकर सवैये, वाजिद के चंद्रायणे आदि। (ध). बाराखड़ी- सुदामा कृत।
07. ग्रंथांक-233:- यह एक पुस्तिका है जो कि अनुमानतः संवत 1925 के आसपास लिपिबद्ध है। इसमें ये रचनाएं है:- (क). भाडली पुराण- गद्य में (ख). औषद (ग). मंत्र (घ). साखी-03
08. ग्रंथांक-309:- यह एक पन्ना है जो कि अनुमानतः संवत 1875 के आसपास लिपिबद्ध है। इसमें गुरू जांभोजी के शिष्यों (गुरू-शिष्य परम्परा) की वंशावली है।
09. ग्रंथांक-318:- यह एक पन्ना है जो कि अनुमानतः संवत 1875 के आसपास लिपिबद्ध है। इसमें रैदास कृत एक साखी और 04 फुटकर दोहे है।
10. ग्रंथांक-319:- यह एक पन्ना है जो कि अनुमानतः संवत 1875 के आसपास लिपिबद्ध है। इसमें पैंतीस की पुन्ह, लुर तथा 27 लुगाईयां की पुन्ह है।
11. ग्रंथांक-359:- यह एक पन्ना है जो कि संवत 2001 माघ सुदि 11 रविवार को लिपिबद्ध है। यह एक लिखत है इसमें बाबु विसनोई द्वारा रूड़कली गांव में मुर्गे मारने पर उसे न्यात बाहर किये जाने का उल्लेख है।

15

समेलिया

01. परिचयः- समेलिया भीलवाड़ा जिले में है तथा भीलवाड़ा जिला मुख्यालय से लगभग 10 कि.मी. दूर है। यहां एक बहुत बड़ा एवं प्रसिद्ध मन्दिर है। यह मन्दिर साणिया पैदड़ (अज्ञाननाथ) ने बनाया था। मन्दिर के पूर्व की ओर एक समाधि मन्दिर है। जो कि साणिया पैदड़ (अज्ञाननाथ) का है।

02. केसोजी गोदारा कृत 'कथा चित्तौड़ की':- केसोजी गोदारा कृत 'कथा चित्तौड़ की' में वर्णित है कि कन्नौज क्षैत्र के आदू गांव के महाजन बनिया लोग, जिनकी गौत्र पुरवार, औधिया व उमरा आदि थी, वे सौदा करते हुए चित्तोड़ आए, वहां क्रय-विक्रय किया किन्तु चूंगी देने से इनकार कर दिया। राणा को विसनोई धर्म के विषय में बताते हुए उन्होंने चुंगी के बदले तीन दिन बाद अपने सिर देने के निश्चय से अवगत कराया और द्वार पर धरणा दे दिया। झाली राणी ने उनसे बात जान कर बैलों के लिए 'बीड' (चरागाह) दिया और कहा- गुरू जाम्भोजी से पूछ आओ यदि वे कहे तो देना अन्यथा नहीं। तब उनमें से कुछ व्यक्ति सम्भराथल पर गए। चितोड़ से आए विसनोईयों को गुरू जाम्भोजी ने अपना कथन और 'सबद' तथा भेंट स्वरुप झारी, कंघी और माला दी। साथ में अपने चार आदमी रणधीर बाबल, दूरजण माल, संहसारो राठोड़ व खींयो साह को भेजा। चित्तोड़ आकर उन्होंने भेंट दी और जाम्भोजी की 'सीख', सबद व चुंगी क्षमा करने की बात कही। इस पर राणी को प्रतिबोध हुआ, उसको अपना पूर्व जन्म स्मरण हूआ। उन्होंने अपने पुत्र राणा सांगा को बुलाकर उक्त पुर्व जन्म की बात बताई, तथा चुंगी माफ कराई। फिर झाली राणी, राणा सांगा, रायसल और बैरीसाल ये चारों चलु लेकर विसनोई हो गएः-

पूरब की परमोधि में, आदू गिणीयै गांव। विसनोई किया घणा, नगर कनवज नांव।४
लोग महाजन बणिया न्याति, पुरवार ओधिया उमरा जाति। विसनोई धरम हुवा जे तरै, लोग महाजन सोदो करै।५
गाडरिया आया गुरू सांव, मन तै तजियो वाद विरांव। सतपंथ की जो करणी करै, से भवसागर दूतर तरै।६
घरे गरथ लिछमी औतार, माया बल सबलो बौपार। सतगुरू बलि डरपै नही डरै, चहूं दिसा फिरि सोदौ करै।७
मारू खंड विणजै मेवाड़ि, बेचै वसत दिसावरि चाड़ि। वसत खरीदी मतो कर मिल्या, गाड़ौला दिसावरि चल्या।८
मन सुधि भाव बतायो वौड़ि, बालदि लादि गया चित्तौड़ी। जां वसत विकै महंगी अर मदी, बालदि जाय तहां ऊलदी।९
बेचि वसत सौदौ कियो, खबर हुई दरबारि। माणस आया रावला, मांगै दांण हकारि।१०
सुणी दांणी विसनोई कहै, आयो कहां कहां तूं रहै। पतिसा की पतिसाही मंही, दांण जगात न दीन्हौ कंही।११
वैणौ वैण हुवा विपरूत, रीसांणां बोल्या रजपूत। सीस छत्र बैठो छै राण, इतौ सबल कुण राखे दाण।१२
निवति भली न कहै मारि, करि भेला लेग्यौ दरबारि। सीस छत्र बैठो छै राण, आगल आय मंडियो दीवाण।१३
न द्यौ दाण कहो कुण मात, परधाने गुदराई बात। लोक महाजन न दै दाण, भांजै दाण कहै छै राण।१४
परौ न जाणा थांहरौ, कौण तुहारी जाति। राण कहै रीसाय नै, मेल्हो नही जगाति।१५
भेख नहीं तागो नही, कोई सांग न धरियौ धारि। राण कहै थे दाण द्यौ, राखो किसै विचारि।१६
चारण भाटां बांभणा, यां पणि मनि विसवास। कर छैदे तागौ करै, वले जीवण री आस।१७
विसनोई यों बोलिया, राण न करीजो रीस। औ तागो तागां सिरै, म्हे धड़ां उतारां सीस।१८
कहै विसनोई संभलि राण, तागाला सूं न करो ताण। न्याव करो पूछावो न्याति, तागालां री नही जगाति।१९
राण कहै म्हे तागा सुणा, चारण भाटां अर बांभणा। जोगी जाचग नै भगवानां, अतरा तागा सुणिया कानां।२०
विसनोई रो तागो कहीं, राण कहै म्हे सुणियो नही। विसनोई कहै विचारि, औ तागौ परगट संसारि।२१
अजमेर पुंवार मानै कर्मसी, जेसलमेर रावल जैतसी। आरोड़ी मानै अरू और, महमंद खां मानै नागौर।२२
खाना खोजां मुलकां मीर, कोट फलोधी राव हमीर।२३
महि मंडल मेटै कवण, चाल्यौ आप अलेख। तागो तोहि दिखालिसां, देसपति तूं देख।२४

विसनोई यों बोलिया, सांभलि वचन विचार। तीजै दिन तन त्यागिस्यां, ओ कोल कियो करतार।२५
धरणो दीन्हौ पोलि दवारि, तन मन त्यागौ हुवो तियार। केई केई लोग नगर में डरे, ज्यूं विसनोई लांघण करै।२६
वात सहर सारै चलचली, राजलोक भीतर सांभली। कारण दाण रो काया साध, करि तागो देस्यां अपराध।२७
मरणै काज घणी गति मिली, वात असी झाली सांभली। साधूजन कोई ततसार, राणी नै इम कह्यो विचार।२८
तागालां सूं तोरो कियो, कुबध करै साधां दुख दियो। साध दुखी राणी दुख सहै, पड़े छ पड़दै राणी रहै।२९
मन मोटै राणी चित खरी, महरि करे महलां ऊचरी। केई क साथि सहेली सही, पड़दै राणी ऊभी रही।३०
विसनोईयां सूं आई भाय, प्रधान पुरिख ऐक लियो बुलाय। परधान पुरिख तूं वैगी सिधाय, विसनोईयां नै उरा बुलाय।३१
महरि करे जन मोकल्यौ, वैगि पहुंतौ आय। वैण जके राणी कह्या, अरज सुणावो जाय।३२
परधान पुरिख इम बोलियो, वैगा चलौ सताब। राणी तेड़ो मेल्हियो, यों जाई करो जवाब।३३
जांरी कथ मानीजै कही, परधान तणै संगि चाल्या सही। पोहंता जाय विसोवा वीस, जांभाणै दीन्ही आसीस।३४
गाढ करे पूछै चित घणौ, राणी कहै विसनोई भणौ। सनमुख राणी पूछै करि ख्याति, कोण कुली थे कोण नियाति।३५
थे पूजा जाप कवण री सैव, कौण गुरू करि थरप्यौ देव। राणी कहै गुण करो बखाण, थे हिंदु ध्रम क मुसलमान।३६
कौण ध्रम चालौ किणि राहि, राणी कहै मोहि भेद वताहि। उनमन ध्यान असी परि धरां, पूजा जाप विसन रो करां।३७
जन झांभाणा बोलियो आचार, ध्रम तणौ पौह पूछियो राणि पुनि विचार।३८
परथम दया बताई देव, साध भगत फुरमाई सेव। साच सील नै ध्रम बखांण, दूज जीव दया दाखी दिवाण।३९
दिल मां दूजि नही मन मोम, तीजै हरि फुरमायो होम। मुसल ब्रह्मा जोग धियान, धारा तीरथ सझा सिनांन।४०
दान सील तप भाव विचार, च्यार ध्रम चाल्या संसार। ध्रम तणां ज्यूं सुण्या बखाण, ऐतो हिंदुवा ध्रम अहनाण।४१
खुसी हुई राणी सुणी बात, थां माथै हरि दीन्हा हाथ। थांसू महरि कीवी हरि घणी, पड़दै हुवौ क प्रगट धणी।४२
विसनोई यों बोलिया, चित करि वसियो चित। पारब्रह्म प्रगट खड़ो, जाणै जगि ऊगौ आदित।४३
सैंरू प्रगट सिरजणहार, काया धर ऊभौ करतार। इल अंबर अर सपत पंयाल, सरब जीव की करै संभाल।४४
तब राणी पुछै उपदेस, औ परगट पुरख रहै किणी देस। भोमि थली भूधर कौ भाव, संभराथलि ऊभौ सुरराव।४५
पौंण छतीसूं एक नियाति, दरसण भेंटै जुड़ै जमाति। जे परसै तां कारज सरै, लोक महाजन कलमौ करै।४६
हिंदू तुरक करै सब सेव, दया सरूप औलख्यौ देव। चहुंचक मांहे हुवो चाव, राव रंक परच्या पतिसाव।४७
वैण करिया विसनोईयां, विध सूं सुणो विचार। राणी उं ओलख्यौ, सही त सिरजणहार।४८
दया रूप देवजी सूं डरो, राणी कहै वीरा मत मरो। म्हारै अंतरि आरति छै घणी, थे अरज करो पूछावो धणी।४९
राणी कहै पकौ परताति, देव दिरावै तो द्यौ जगाति। राणी कहै पूछै परवांण, न दिरावै तो न लिया दाण।५०
विसनोईयां किवी अरदास, दुख पावै बालद विण घास। गुरू पूछे लागै दिन घणा, दुख झांकै आपौ आपणा।५१
राणी कै मनि हुवो जु कोड, दया रूप होय सौंप्यौं जोड। इणि परि बालद चरिसी घास, म्हारै गुरू पूछण की इधकी प्यास।५२
मतौ ज मोटै सांमि को, म्हांपै लख्यौ न जाय। दांण दिरावै देवजी, तौ खरच न खेयो जाय।५३
म्हांनै देव न द्यावै दाण, तौ बकस्यौ जोड न करिस्यु ताण।५४
अंतर की कीवी अरदासि, घंण लागै परच दिहाड़ा घासि। रांणी साधां लहे परपीड़, बालदि कारंणि बकस्यो बीड़।५५
मोटो विसवास, बकस्यौ बीड़ चरावो घास। राणी येम करे अरदास, जावौ वेगि जगतगुरू पास।५६
जगजीवंण म्हां दई जगाति, तो घास चराय न करां ताति। थांहरी भगवंत भांने भीड़, म्हे बालदि ने बकस्यौ बीड़।५७
जन झांभाणा पुरिख पिछांणी, दोय नफर मेल्हो दीवाणी। न जाणो दिन जो कहूं बखाणि, को थै दिन पोहता दीवाणि।५८
भेट धरे जन लागा पाय, अरज करै अंतर की आय। चितौड़ कोट टीकायत राण, सो म्हां पासे मांगे दांण।५९
अंतरजामी मन की लहै, पूरबियां नै प्रीतम कहै। थां राणी पूछैली सही, औ गुरू वाइक राणी नै कही।११३
झंभगुरू जन मोकल्या, दाखौ भेद विचार। जलम सोझ राणी पड़ै, तदि करसूं करि जो कार।११४
झाली राणी परखै पीव, देव कहै सीता कौ जीव। औदरि आय पूराई ईछ, सांगौ राणौ हुंतो मारीछ।११५
जदि पूछै म्हारी कुसलात, तदि इणि विधि कहिजो राणी नै बात। कीड़ी नगरो अंति असराल, भुंय भीगी वहतौ होई नाल।११६
ऊंठ तणो हरि आंण्यू घड़ो, ज्यूं कीड़ी नगरो कीजै खड़ो। भूधर कहियो वैण विचार, ईसौ सुखी अबकै अवतार।११७
करता की कल लहै न कोई, दुख सुख दोन्यूं रह्यो समोई। दूजण संहसारो रिणधीर, चौथो खींयो साह सधीर।११८
पूरबीयां संगि मेल्हिया, जन झांभाणा चार। सनमुख साहिब सीखव्या, कहियो सबद विचार।११९
दीन्ही भेट झांभैसर धणी, झारी माला सुलझांवणी। सतगुरू कहै थे पुंहचौ थेट, राणी आगै धरिजो भेट।१२०
जदि राणी आवै थां भाय, भेंट धरो राणी पै जाय। वैंण सुणे कहियो रहमांण, चितौड़ दिसा कियो परवांण।१२१

हरि नफरां सूं कियो आसांन, चितौड़ पुंहता जाय प्रधान। राणी अंतर घणौ उमाह, महल चड़े नित जोवे राह।१२२
विसनोई आय सहर में वड़िया, छह नफर राणी दिठ पड़िया। अंति निरखै मसतक दे हाथ, हाथी हिंवर दिसै साथ।१२३
देखि नफर हुई खुसी, लसकर तै अणराय। राणी माणस मेल्हियो, खबरि ले आवो जाय।१२४
हाथी हिंवर को नहीं, न को भेद क भूप। छह नफर इधकी कला, टोपी सीस सरूप।१२५
नफर मिल्या राणी नै जाय, भेट धरी आगै कर साय। ओ निरंजण पूछियो नेट, सिरजणहारै दीन्ही भेट।१२६
यांसू महर कीवी जगनाथ, यांह हरी पहला ली जगात। राणी लियो बात न केट, तदि राणी दिसि मेल्ही भेट।१२७
आ तौ भेट तया हुं तणी, दीठी माला सुलझावणी। संग नफर दियो करि भाव, ए राज लोक भीतरि ले जाव।१२८
नफर दियो महिपति करि मया, राज लोक भीतर ले गया। भेट धरी दीन्ही जगदीस, जन राणी आपै आसीस।१२९
कर झारी झाली लई, विधि सूं वाच्यौ लेख। सीस धूणि रांणी कहै, हाहा करम वसेख।१३०
पुरबलो जाणै जनम, उरि आई अणराय। जलम सोझ राणी पड़ियौ, महि मूंध पड़ी मुरझाय।१३१
कहै सहेली थे नादेद, थे राणी नै कियो छल छेद। राणी अंतरि हुई अधीर, थे मोहणी मंत्र चलाया वीर।१३२
विसनोईयां हुई चटपटी, तदि राणी की मुरछागत घटी। विसनोइयां सूं आई भाय, राणी उठि विलगै पाय।१३३
विसनोईयां सूं राणी कहै, औ पुरिख कहो कित रहै। राणी कहै सुणावौ बात, कायम की पूछै कुसलात।१३४
राणी विधि सूं कहै विचार, देव दुखी क सुखी संसार। सुणि राणी विसनोई कहै, सिरजणहार असी परि रहै।१३५
सिरजणहार सिखाविया, स्यामि न बोलै झूठ। सतगुरू कहै इसड़ो सुखी, ज्युं कीड़ी नगरे ऊंठ।१३६
देव दुनी मां खरो उदास, पौहमी प्रथ न टेकै पास। धरती ध्यान विसोवा वीस, ऐक पाय खड़ो जगदीस।१३७
राणी बोली जलम विचार, क्युंह म्हांई सूं कहियो किरतार। तूं लछमण सुरगापुर राम, सीता जी घड़ी किण आम।१३८
कहै विसनोई सुणो विचार, विसन कहै तै लोपि कार। राणी जल छलि आया नैण, ज्यूं पूरबला सुणिया बैण।१३९
राणी मन पड़ियौ विसवास, दिल सोचे उर लियो उसास। बात ईसी झांभाणो कही, अब सतगुरू कौ सबद सुणावै सही।१४०
-:सबद की विगत:-
आतर पातर राही रूकमणि, मेल्हयां मिंदर भोयों। गढ सोवनां ते पणि मेल्हया, रहया छड़ा सी जोयो।१४१
राति पड़ता पाला भी जाग्या, दिवस तपंता सूरूं। ऊन्हा ठाढा पवणां भी जाग्या, घण बरसंता नीरूं।१४३
दुनी तणां औचाट भी जाग्या, केके निगुरा देता गालि गहीरूं। जिहिं तन भगवां वसतर ओढां, तिहिं ओढतां चीरूं।१४४
जां हाथे जपमाली जपां, जांर जपंता हीरूं। राघो सीता गुणवंत पाखे, कौण बंधावत धीरूं।१४५
मागर मणियां काच कथीरूं, हीर स हीरै हीरूं। विखा पटंतर पड़ता आया, पूरस पूरै पुरूं।१४६
रिण राहे जो सूर गहीजै, तो सुर स सुरै सुरूं। जै दुखिया ते सुखिया होयसै, करिसै राज गहीरूं।१४७
माह अगीठी वृखा न औलौ, जेठ न ठंढा नीरूं। पलंग न पोढण सेझ न सोवण, कंठि रूलंता हीरूं।१४८
अतरा मोह न मानै स्यंभु, तंही तंहीसूं सीरूं।१४९
घोड़ाचोली बालगुदाई, श्रीराम का भाई गुरू की वाचा वहियौ। राघो सीता गणवंत पाखो, दुख सुख कासूं कहियो।१५०
सतगुरू वायक संभल्या, सांसै लियौ सरीर। आंसू नाखै मोर ज्यूं, नैणै सरवै नीर।१५१
राणी मुकै उर न सास, कांय छुडायो अपणौ पास। राणी वलि वलि लागै पाय, नैण छलै बोल्यौ नहि जाय।१५२
चित राखो बंदी करि चिति, अब पूरबली पालौ प्रीति। जलम जलम देवजी री दासि, करता कांय आणी ग्रभवासि।१५३
पीव सेती कांय कियो बिछोह, राणी मनमां करै अनोह। राणी अरज करै कर धारि, अबकै आवागवणि निवारि।१५४
राणी तेड़ो मेल्हियो, सांगो लियो बुलाय। विसनोई गुरू मांहरै, राणी विलगै पाय।१५५
झांभैजी पूरी मन ईछ, हुं सीता छुं तूं मारीछ। राणी कहै सुत सुण विचार, झांभोजी सो लछण कंवार।१५६
गुरू झांभेसर इणि विधि कह्यौ, रामचंद सुरगापुर गयौ। माता कहै सुत मानो सही, सतगुरू की सेवा करि सही।१५७
विसनोइयां सूं कीयो भाव, राणौ कहै दीजै सिरपाव। विसनोई कहै संभलिजो राण, दया करो बगसीजै दाण।१५८
बात सुणंत परच्यौ प्रवांण, राणौ रहस्यौ बकस्यौ दांण। सुत माता मन वध्यौ करार, सतकर जाण्यौ सिरजणहार।१५९
राणौ रहसै बोलियो, मो आणो इणि राहि। करता करणी दाखवो, विध सोह द्योह बताय।१६०
विसनोई यों बोलिया, संभलि वचन विचार। झंभगुरू पौह दाखवै, खरतर खंडा धार।१६१
जलम वचन सुणियो जुजुवो, जदि सांगो विसनोई हुवो। धरणीधर मन माहे धरो, करणी कही तका गुरू करो।१६२
सुत सांगो झालीजी मांय, रायसल वरसल आण्या राह। चलु लियो विसनोई किया, गुरू वायक माथे बंदिया।१६३
रावल रूड़ा पिछाण्यौ देव, झंभगुरू की आयौ सेव। रायसाल बैरीसाल सांगो सही, गुरू राणो राणी मान्यूं सही।१६४
सुधि झांभाणी चालै चाल, मिल्यौ निरंजण हुवा निहाल। सुधि चाल्या ध्रम विचार, सुरग दीयै इम सिरजणहार।१६५

बारा सोला सम करि धरै, गुरू फुरमाई करणी करै। पांच पचीसूं रहै समोय, जीवत खाक खलक में होय।१६६

सुध वचन सतगुरू का गहो, कारण क्रिया गुरू मुखि वहो। सतरा सै छिहोतरै सही, कथा विचारी कैसैजी कही।१६७

03. जंभसार में वर्णित कथा:- साहबरामजी राहड़ कृत जंभसार के दसवें प्रकरण में वर्णित है कि पुरब के विसनोई व्यापारी अत्यंत संगठित एवं समृद्ध थे। वे "बालद" (बैलों पर सामान) लादकर विभिन्न प्रदेशों में व्यापार करते थे। इस प्रसंग में उनका चित्तौड़ आगमन वर्णित है। वे चीनी, खांड, चावल, वनस्पति एवं अनेक प्रकार के किराणा पदार्थ लेकर आए। कुल नौ लाख बीस हजार मण माल लादा गया। यह माल लगभग साढ़े तीन लाख बैलों पर लदा था। यह दृश्य किसी राज्य की विशाल सेना के रसद के समान प्रतीत होता था:-

विसनोई पूरब का, बालद लादी औड़। पर भोमी पर खण्ड गया, आया गढ़ चितोड़॥

चीणी खांड चावल भर ल्याऐ, वांसपती के बहुत सुहाऐ। और किराणौं बहु प्रकारा, गिनत करत कछु पाउं न पारा॥

नव लख बीस संहस मण बोझा, रहै कालपी सहर कनोजा। साढ़ा तीन लख मतवाला, लदै बैल मनु राज रसाला॥

जब यह विशाल व्यापारी दल चित्तौड़ पहुँचा, तो नगर में हलचल मच गई। "डाणी" (कर लेने वाला) ने जाकर राजा को सूचना दी। राजा ने तत्काल चौपदार को आदेश दिया कि नायक (दल प्रमुख) को दरबार में बुलाया जाए। बिना कर (डाण) दिए बैलों को घास-पानी न दिया जाए। "खड़ोटो" (घास कर) और "पियाई" (पानी कर) वसूला जाए:-

चितोड़ जाय ऊतरते भऐऊ, डाणीं जाय राज में कहेऊ। चौपदार राजा बुलवाऐ, अज्ञा देकर तहां पठाऐ।

जावौ नायक कुं ले आवहु, कर बिन घास पांणी मत पावहु।।

राजा के समक्ष उपस्थित होकर नायक ने स्पष्ट कहा कि विसनोई धर्मावलंबियों को डाण (कर) सर्वत्र माफ है। अजमेर में करमसी पुंवार, जैसलमेर में रावल जैतसी, नागौर में महमंद खां और फलौदी में राव हमीर ने भी इस धर्मनियम को स्वीकार किया है। यदि जबरन कर लिया गया, तो वे तीसरे दिन "तागा" (प्राण-त्याग) करेंगे। यह उत्तर केवल आर्थिक असहमति नहीं था, बल्कि धार्मिक स्वायत्तता का उद्घोष था। विसनोई समाज अपने गुरु के सिद्धांतों के अनुसार अन्यायपूर्ण कर को स्वीकार नहीं करता था। जब कर वसूली का दबाव बढ़ा, तो विसनोई व्यापारियों ने चित्तौड़ के द्वार पर धरना दे दिया:-

विसनोईयां रो तागो कहांहि, कहे राणो म्हे सुणियो नांही। विसनोई इम कहन विचारा, ओ तागो प्रगट संसारा।

अजमेर पुंवार मानै करमसी, जैसलमेर रावल जैतसी। आरोड़ी मानै अरि औरा, महमंद खां मानै नागौरा।

खाना खोजां मुलकां मीरां, कोट फलोधी राव हमीरा। महि मंडल कुण मेटे भाई, ओ तागो तागां अधिकाई।

तागो तोहि दिखावां देखहु, देसपति निज नैनां पेखहु। विसनोई इम बोलिया बाणी, सांभल वचन विचार प्राणी।

तीजै दिन तन षट को मेटां, कवल पाल परमेसुर भेटां। अस कहि बैठे दरबारा, तन धन त्याग रू हुवा तियारा।

लोक सकल मन मांहि डरहे, ज्यों विसनोई लांघण करिहे।

यह समाचार पूरे नगर में फैल गया। जनाना महलों तक यह बात पहुँच गई। मालवा एवं अन्य क्षेत्रों के विसनोई बड़ी संख्या में चित्तौड़ आने लगे। वे सभी "तागा" (बलिदान) करने के लिए तैयार होकर आने लगे:-

बाति नगरि सारै चल चलेऊ, राज जनाना सब साँभलेउ। डाण काज रोक्या है साधू, कर तागो देसी अपराधू॥

मालवै में रह विसनोई, गढ़ चितोड़ में भेला होई। पुर माँडण संमेलो संगा, खड़णे आए मंनहि उछंगा॥

यह घटना एक प्रकार का सामूहिक सत्याग्रह प्रतीत होती है, जहाँ धर्म और अधिकार के लिए समाज एकजुट हो गया। जब यह बात रानी तक पहुँची, तो उन्होंने हस्तक्षेप किया। रानी ने विसनोइयों से संवाद कर कहा कि यदि उनके गुरु यह प्रमाणित कर दें कि डाण नहीं लगता, तो कर नहीं लिया जाएगा। इस पर पुरबिया विसनोई संभराथल जाकर गुरु जाम्भोजी के पास पहुँचे। गुरु जाम्भोजी ने उन्हें अपना "सबद" देकर पुनः चित्तौड़ भेजा। गुरु के सबद को सुनकर रानी अत्यंत प्रसन्न हुई और विसनोइयों को एक लाख बीघा भूमि "बीड़" (चरागाह) के रूप में प्रदान की। उन्हें वहाँ बसने की अनुमति दी गई। इस अनुग्रह के पश्चात पुरबिया विसनोइयों ने अपना मूल देश त्यागकर चित्तौड़ क्षेत्र में स्थायी निवास ग्रहण किया। उन्होंने "समेलिया गढ़" बसाया। यह क्षेत्र उनके बैलों के चरने और व्यापारिक गतिविधियों का केंद्र बना:-

सुध वचन सतगुर के पाया, बीघा लाख बीड़ बकसाया। जम्भ कियो पूरबियां पेसा, वसएउ आंण छाड़ निज देसा॥

बालद चरै दिवस निस जहेवां, गढ़ समेल बसायो तहेवां॥

इसके पश्चात संवत 1563 को झाली राणी अपने पुत्र सांगा को लेकर गुरू जाम्भोजी के पास संभराथल आई थी। और राणा सांगा के परिवार ने विसनोई धर्म अपनाया था। यहां उस समय जैसलमेर शासक रावल जैतसी भी बीकानेर शासक लुणकरण को लेकर आए थे:-

पनरासे रू तेसटे सइया, कुल राणा विसनोई भईया। जंभगुरू जमाता सगरी, ता दिन आए संभरा नगरी।

मिलिया लुण जैतसी राई, भया आनंद बंटी बधाई।

इस प्रसंग में वर्णित 'झाली राणी' जो कि चित्तौड़ के शासक राणा कुंभा के पुत्र रायमल की पत्नी रतनकुंवरी झाला है और इनके पुत्र राणा 'सांगा' थे। ये 'झाली राणी' जैसलमेर शासक 'रावल जैतसी' की 'मामी' थी। राणा कुंभा की पुत्री दलकुंवरी का विवाह जैसलमेर शासक देवीदास से हुआ, जिनके पुत्र रावल जैतसी हुए थे। राणा सांगा का विवाह अजमेर के 'करमचंद पंवार' की पुत्री करणावती से हुआ। जिनका उल्लेख भी इस

प्रसंग में है। कहा जाता है कि इस प्रसंग के समय राणा रायमल चित्तौड़ के शासक थे। जिनकी पत्नी झाली राणी गुरू जाम्भोजी से प्रभावित होकर अपने पुत्र सांगा को लेकर संभराथल पर गई थी। गुरू जाम्भोजी ने राणा सांगा को चित्तौड़ मिलने का आशीर्वाद दिया था। उसके बाद राणा सांगा जब चित्तौड़ के शासक बने, तब गुरू जाम्भोजी समेलिया गए थे। और राणा सांगा वहां गुरू जाम्भोजी के दर्शनार्थ आए थे।

04. गुरू जांभोजी का समेलिया आगमनः- साहबरामजी राहड़ कृत जंभसार के उन्नीसवें प्रकरण के अनुसार गुरु जाम्भोजी मेवाड़ क्षेत्र में भ्रमण करते हुए सर्वप्रथम 'पुर' नामक स्थान पर पधारे। वे यहां पांच दिन तक ठहरे। जिस स्थान पर उन्होंने अपने चरण स्थापित किए, वह स्थान कालांतर में 'साथरी' के रूप में प्रतिष्ठित हो गया। पांच दिन पश्चात् एक प्रातःकाल वे वहां से प्रस्थान कर 'दरीबा' पहुंचे। दरीबा में उनके दर्शन हेतु अनेक लोग एकत्र हुए, परंतु गुरु जाम्भोजी ने उन लोगों को 'मलीन' समझकर वहां ठहरना उचित नहीं समझा। परिणामस्वरूप वे वहां से आगे बढ़ गए। दरीबा से प्रस्थान कर गुरु जाम्भोजी समेलगढ़ (वर्तमान समेलिया) पहुंचे। वे गांव के उत्तर दिशा में एक स्थान पर ठहरे। यह स्थान शीघ्र ही आध्यात्मिक गतिविधियों का केंद्र बन गया, जहां निरंतर मेले का आयोजन होने लगा। गुरु जाम्भोजी ने वहां ध्यानस्थ होकर तप किया। उनके प्रभाव से समस्त छत्तीसों जातियों के लोग वहां एकत्र होने लगे। कवि के अनुसार समस्त समाजों का एक जगह इकट्ठा होकर मेला भरने के कारण ही इस स्थान का नाम 'संमेला' पड़ा। गुरु जाम्भोजी के प्रभाव और ख्याति को सुनकर मेवाड़ के शासक राणा सांगा भी उनके दर्शन के लिए समेलिया पहुंचे। समेलिया में गुरु जाम्भोजी को जो भेंट-राशि प्राप्त हुई, उसका उपयोग उन्होंने जनकल्याण हेतु किया। उसी द्रव्य से वहां एक विशाल सरोवर का निर्माण करवाया, जिसे 'जांभोलाव तालाब' कहा गया। यह तालाब केवल जलस्रोत नहीं, बल्कि एक पवित्र तीर्थ के रूप में प्रतिष्ठित हुआ। गुरु जाम्भोजी ने वहां एक दिव्य ज्योति की स्थापना की, जिसके बारे में कहा गया कि यह ज्योति सभी जीवों के पापों का नाश करने वाली है। इस मेले में मेवाड़ की झाली रानी भी उपस्थित हुईं। उन्होंने अपनी श्रद्धा व्यक्त करते हुए जांभोलाव तालाब की पैड़ियाँ (घाट) बनवाईं। गुरु जाम्भोजी ने जांभोलाव तालाब को मोक्षदायी तीर्थ घोषित करते हुए कहा कि जो व्यक्ति इस सरोवर में स्नान करेगा, वह जन्म-मरण के चक्र से मुक्त हो जाएगा और मोक्ष को प्राप्त करेगा। जहां गुरु जाम्भोजी ने अपना तंबू स्थापित किया, वहीं उन्होंने एक स्थायी स्तंभ (थंभा) भी स्थापित किया। उस स्तंभ पर एक पटरी रखी गई। गुरु जाम्भोजी ने राणा सांगा को संबोधित करते हुए कहा कि जिस दिन यह पटरी कोई हिलाएगा, उसी दिन तुम्हारा राज्य छिन जाएगा। इस भविष्यवाणी को सुनकर राणा सांगा ने उस स्थान पर सैनिक चौकी स्थापित कर दी, जिससे उस पटरी की सुरक्षा सुनिश्चित हो सके। समेलिया में गुरु जाम्भोजी के समय से ही वर्ष में दो मेलों का आयोजन प्रारंभ हुआ। इस प्रकार वहां एक प्रमुख तीर्थ (जांभोलाव तालाब) और दो वार्षिक मेलों की स्थापना हुई। गुरु जाम्भोजी लगभग एक वर्ष तक समेलिया में रहे और इस दौरान उन्होंने धार्मिक, सामाजिक और आध्यात्मिक चेतना का व्यापक प्रसार किया। समेलिया प्रवास के माध्यम से गुरु जाम्भोजी ने मेवाड़ क्षेत्र को एक महत्वपूर्ण तीर्थ, सामाजिक समरसता का केंद्र तथा धार्मिक चेतना का स्थल प्रदान किया। इसका उल्लेख करते हुए कवि ने लिखा है कि गुरु जाम्भोजी ने मेवाड़ पर महान उपकार किया। समेलिया में अपने एक वर्ष के प्रवास के उपरांत गुरु जाम्भोजी ने आगे प्रस्थान करने की इच्छा व्यक्त की। उन्होंने वहां उपस्थित जनसमुदाय को उपदेश देकर उनके जीवन की दुरबुद्धि और दुःखों का नाश किया। अंततः वे मेवाड़ से प्रस्थान कर आगे बढ़ गए:-

पांच दिवस प्रभु पुर में रहेउ, चरण धरे जांहां साथरी भएउ। एक दिवस चाले प्रभाता, गंगावे दड़ीबै आए प्राता।
लोक सकल आय दर्शन कीनेउ, जंभ गरू तेहि जांन मलीनेउ। रहे नही समेलगढ़ गएऊ, आटो सीधो इन संग दएऊ।
जाय उतरे उतर की ओरा, मेलो सदा मंडहि तिहिं ठोरा। जंभ गरु ताहां ध्यांन लगाया, पूण छतीसूं मेलै आया।
संग सारो तांहां भेलो भयो, ताते गांव संमेलो कहौ। दर्शन कारण सांगो जांहां आयौ, जांभोलाव तलाब खुदायो।
जंभगुरु की भैंठ जु करी, द्रब लगायो सगलो हरी। जोत की असथापन करे, सब जीवन के पातक हरे।
झाली रांणी मेलै आई, जांभोलाव की पैड़ी बंधाई। इन सागर में जो नर नहावै, कहे जंभ जोणी नहि पावै।
जांहां तंबु ताण्यौ गुर जंभा, तांहां अटल रोप्यो एक थंभा। जेहि थंभे पर पटड़ी धरी, असे वचन उचारे हरी।
कहे जंभ सांगा सुंण बाता, तुम कूं एक बताउं घाता। या पटड़ी कूं कोऊ हलावे, तेरो राज ताहि छिन जावे।
इह सुंन चौकी दह बठाई, मेला दोय तैहें मंडे सदाई। एहि विधि जंभ साल इक रहे, दोय मेला इक तीर्थ भएे।
यही विधि प्रभु संबोधन करेऊ, आश्रु भाव जीवन का हरेऊ। अब चलण की इंछियां करी, दुरबुद्धि सब जीवन की हरी।
इहै चरित गुर जंभ के जु, सुनहि सिखहि गावहि। कल्याण सुरग सुख परम पदादिपद, विनहि श्रम तेहि आवही।
आरोग्य अति सुख पुत्र पउत्र, सिदि नव निधि पावही। गाऐउ हरि गुंन साधु ऋषि मुनि, निगम आगमांदि ध्यावही।
जंभ गरु मेवाड़ सै, अस कीन्हो उपकार। संख नौबतां घुर रहीं, चाले जंभ मुरार।

05. सैणिया पैदड़ (अज्ञानोजी) की कथाः- साहबरामजी राहड़ कृत जंभसार के तेइसवें प्रकरण के अनुसार साणिया पैदड़, जिन्हें आगे चलकर अज्ञाननाथ के नाम से जाना गया, की गुरु जाम्भोजी से भेंट रोटू में हुई। उस समय गुरु जाम्भोजी ने उनकी दृष्टि-शक्ति की परीक्षा लेते हुए पूछा कि उन्हें कितनी दूर तक दिखाई देता है तथा लंका के विषय में भी प्रश्न किया। उसी समय अज्ञानोजी ने अपनी दृष्टि से दक्षिण दिशा में समेलगढ़ क्षेत्र के जंगलों में अंबली (इमली) के वृक्षों के नीचे अपार धन लगभग डेढ़ अरब का देखा। उसी क्षेत्र के निकट जंभसागर तीर्थ भी विद्यमान था। जब गुरु जाम्भोजी द्वारा साणिये पैदड़ को रोटू से निष्कासित कर दिया गया। इसके पश्चात् वे क्रमशः कुसाणा गांव और

फिर रूड़कली में रहे। किंतु जब संत विल्होजी ने उन्हें रूड़कली से भी निष्कासित कर दिया, तब वे अंततः समेलिया (समेलगढ़) क्षेत्र में आकर बस गए। समेलिया पहुंचकर अज्ञानोजी ने पूर्व में देखे गए स्थान से वह धन निकाल लिया। इसके बाद उन्होंने वहां निवास हेतु भूमि प्राप्त करने के लिए 'पूरबियों' (स्थानीय निवासियों) से निवेदन किया कि वे उन्हें कुछ भूमि दे दें और बदले में मूल्य स्वीकार करें। तब एक विधवा पुरबणी ने उदारतापूर्वक उन्हें भूमि देने का प्रस्ताव रखा। उसने कहा कि जितनी भूमि पर वे अपना गढ़ (किला) बना लें, उतनी भूमि पर वह कोई दावा नहीं करेगी। इस प्रकार लिखित समझौते के साथ अज्ञाननाथ को 52 बीघा भूमि प्राप्त हुई। अज्ञाननाथ ने उस भूमि की परिधि में हजार पत्थर गाड़कर अपनी सीमा निर्धारित की। अज्ञाननाथ ने उनकी दो पुत्रियां का विवाह साधुओं से करके उन्हें समेलगढ़ में बसाया। और अज्ञाननाथ स्वयं जंभसागर के समीप रहने लगे और वहां एक विशाल गढ़नुमा मंदिर का निर्माण करवाया। इसके निर्माण की विशेषताएं उल्लेखनीय हैं- लगभग 1000 पावंडा (पैर माप) क्षेत्रफल में उनकी सीमा थी। उनके दरवाजे और छज्जे बहुत सुंदर बनाए। 19 गज चौड़ा और 40 गज की ऊंचाई, शीर्ष पर तीन मुकुट (शिखर) स्थापित किए। विशाल चौक (आंगन) का निर्माण किया। जहां 5 समाधियां विराजमान है, वहां समाधि-मंदिर की चौड़ाई 13 गज और ऊंचाई 21 गज है। इसके अतिरिक्त 60 कदम लंबी घुड़शाला, बैलखाना एवं रथखाना तथा चारों ओर कमरें बनवाए गए। इस प्रकार घने जंगल के मध्य एक सुदृढ़ धार्मिक-सामाजिक केंद्र की स्थापना हुई। अज्ञाननाथ ने जंभसागर तालाब को और अधिक गहरा खुदवाया, जिसकी विशेषता यह बताई गई कि उसमें जल कभी समाप्त नहीं होता था। इसका विस्तार लगभग दो कोस क्षेत्रफल में बताया गया है। तालाब पर लगभग डेढ़ सौ कदम लंबी पैड़ियां (घाट) बनवाई गईं, जहां सभी जातियों एवं चारों वर्णों के लोग स्नान करने आते थे। यह मान्यता है कि यहां स्नान करने से पापों का नाश होता है। अज्ञाननाथ के दो पुत्रियां फूलकंवर और पदमावती तथा तीन पुत्र थे। इन दोनों पुत्रियों की सगाई मेवाड़ के राणा से हुई थी, किंतु यह संबंध उनकी इच्छा के विरुद्ध स्थापित हुआ था। राणा बारात सहित समेलगढ़ विवाह हेतु आया। अज्ञाननाथ ने उसका सम्मानपूर्वक स्वागत किया और उत्तम व्यवस्था कराई। इसके पश्चात् उन्होंने अपनी पुत्रियों से उनकी इच्छा पूछी कि यदि वे सांसारिक (नीच) जीवन अपनाना चाहें तो बताएं, अथवा यदि वे ईश्वर-मार्ग (उच्च) को चुनना चाहें तो भी स्पष्ट करें। दोनों कन्याओं ने उत्तर दिया कि उन्होंने परमात्मा को ही अपना साक्षी एवं पति स्वीकार किया है। जब राणा ने बलपूर्वक फूलकंवर को प्राप्त करना चाहा, तब वह अपने पलंग के चारों पैरों में समा गई और वहां से चार पुतलियां प्रकट हुईं। ये पुतलियां अब भी वहां मौजूद है और लोग पुतलियों के दर्शन करते है। इसके पश्चात् राणा ने पदमावती को लाने का आदेश दिया। पदमावती ने पूर्ण श्रृंगार कर बाहर आकर माता-पिता को प्रणाम किया और तत्क्षण धरती में समा गई। जहां वह समाई, वहां एक देवली (मूर्ति) प्रकट हो गई। इन घटनाओं से प्रभावित होकर राणा ने अज्ञाननाथ के समक्ष समर्पण भाव व्यक्त किया। तब अज्ञाननाथ ने उसे उपदेश दिया कि उनकी गद्‌दी (पीठ) की रक्षा करना। यहां आने वाले चारों वर्णों के यात्रियों से कर (डाण) न लेना और धर्म के मार्ग पर चलना। राणा ने इन वचनों को स्वीकार कर अपने राज्य को लौट गया। इसके पश्चात् अज्ञाननाथ ने संवत् 1626, मघा नक्षत्र, एकादशी तिथि के दिन अपने जीवन का समापन किया। उन्होंने अपने दो पुत्रों, दो पत्नियों सहित कुल पाँच व्यक्तियों ने समाधि ग्रहण की और मोक्ष प्राप्त किया:-

अज्ञानहिं अख्यान बखानो, रोटू में गुरु जंभ मिलानो। पूछ्यो याकूँ कितनों सूझै, लंका की जंभेश्वर बुझै।
दखन दृष्ट गई तेहि काला, समेलगढ़ पूरबियां वाला। तां जंगल में अंबली पेड़ा, जंभसागर धरम की मेड़ा।
होय गयो सेलर मिट गई टेढा, तहां द्रव्य देख्यौ अरब डेढा। जाहां अज्ञांनौं देखत भएऊ, केई दिन पाय तेहि थां गएऊ।
द्रब निकाल लियो तेहि वारा, पूरबियां सूं वचन उचारा। कछुक जाग्या हमकूं देवो, दांम हमारै सूं भर लेवो।
तब विधवा पूरबणी बोली, अवगति की बाहर नहीं खोली। मोहर मंडल जितनी तक लावो, जितनी दूर में गढ़ लगावो।
उतनी में मोहे दावा नांही, अस कहि कागद लिख दियो ताहीं। तेहि संग लेय मोहर दई जोरा, बीघा बावन मापी डोरा।
हजार पथर रोप दिया चहुं फेरा, पूरबियां कर बाहर डेरा। बैटी दोय रहै घर जांके, सो सगाई कीन्हीं वांके।
साधां कूं दीन्हीं परणांई, समेलगढ़ में दिये बसाई। आप जाय जंभसागर रह्यौ, किलौ एक चिणांवत भयो।
एक हजार पैंड धर नीवां, सौ रचियौ सुखमां की सींवां। जैसो दिल्ली को दरवाजो, जिससे अधिको सुन्दर छाजो।
गुनीस गज मंदिर की नींवां, सो मिंदर सुखमां की सीवां। गज चालीस उंचौ गयौ, तीन मुकट सिरताज।
चोक चौसला सुध किया, पांच संमाद विराज। जोथकि यांको मंदर करेऊ, तेरा गज चौड़ो संचरेऊ।
इकीस गज उंचौ तेहि जानौ, चौक चाक संपूर्ण मांनौ। साठ कदम घुड़साल बनाई, बैलखाना रथवार खलाई।
और मकान बने चहुं फेरा, यूं जंगल में कीन्हां डेरा। ऐसो जंभसागर खुदवायौ, जामै जल को अन्त न आयौ।
दोय कोस में मंडल जाको, महिमा कहत कवि जन थाको। कदम डेड सै पैड़ी बांधी, पूंण छतीस देखिये नहान्दी।
तहां न्हाए पातक कट ज्यावै, च्यारूं वर्ण का जात्री आवै। बाई दोय कंवर भए तीन, सदेव काल सुख में लवलीन।
फुलकंवर पदमांवती बाई, राणै संग तेहि करी सगाई। बे मरजी राणै संनबंधा, कीन्हौ प्रेम नहीं आनंदा।
ताकी कथा सुनो अब असी, राणै विवाह किवी विधि जसी। ले दल राणों ब्याहन आयो, अज्ञानदास डेरो करवायो।
कुंवारों भोजन दींन्हौ जानां, भलि भांत किन्हौ सनमांनां। फिर बाइया ने पूछ्यो जाई, राणौं आयो जांन बणाई।
नीच घरां सूं संगत राखौ, तो बाईजी म्हानै भाखौं। ऊंच घरां की इंछ्या होई, कहै फरमावो बाई सोई।

तब भाई दोउ अस भाखा, सुंन्य सिखर कर लीन्हीं साखा। सुनकर वचन प्रसन्न भयो भारी, बैठी जहे तुम राजकुमारी।
अस कहि गएउ जान कै डेरै, राणै आदर कियो भलैरै। कहै अज्ञानदास सुन लेहू, बाई मनुष वरे नहीं केहू।
तेहि ते तुम जावो ले आवौ, डेरे ल्या अरु ब्याह करावो। महामें तो अब औगण नांही, वर लेवौ चह न वरो तांहीं।
अस सुण रांणौं चालतो भयो, हजार बारै सै दल ले गयो। साधू कहि मंदिर ने आऐ, जनानां राणे घबराये।
फूलकंवर फूलन सम सोभा, अली गुंजार करत मन लोभा। ताकी महिमा बरनि न जाई, देवगनां में ऐसी न काई।
फूलकंवर याही ते कहहे, फुल बराबर तोली जहे। महलन पर एक मैड़ी राजै, ल्यौ ढ़ोलियो परवाई साजे।
नित प्रति फूल बिछाऐ जावै, उदैपूर सूं मालण ल्यावे। ढोलिये पर बाई सोवे, ताकूं देख रूप मन मोहै।
तासन राणै घेरा दएऊ, तब बाई कूं मालुम भएऊ। पागे चार पलंग कै, तामे गई समाई।
च्यार पूतली नीकसि, अब लग दर्शने थाय। तब राणो मैड़ी चड गएऊ, जाय ढोलिय बैठत भयेऊ।
बैठत ही लाग्यौ फटकारो, पड़ियो चौक में भयो उघारो। खमा खमा कर चरवर दोरे, सारे आय भए एक ठोरे।
पाग बंधाय होस करवायौ, तब राणौं ऐसे बतलायौ। पदमावती कूं पकड़ो भाई, डेरै कूं ले चलो वांही।
अस सूण चरवर गये सूपासा, बाई के मन हरख हुलासा। हाथ जोड़ चर बोलत भएऊ, राणैं आज्ञा हंमकूं दएऊ।
कृपा करो तुम डैरे चालो, राज करो रांणैं संग मालो। चालो कहत भई तेहि वारा, नव अरु सप्त सझे सिंणगारा।
नख सिख गहेणां पहर किसूरत, सती सावत्री लक्ष्मी मूरत। अस हंसकर फिर बोलत भएऊ, मन कूँ तड़त घन बाहर भएऊ।
गज गांमनि उति रवि ससि लाजै, छिव ललिनां मध महा छिब छाजै। एहि विधि कंवरी चली पुर बाहर, बैठ नगर में कीन्हों ठाहर।
तिहि ठांह बैठकि बनी अनूपा, चौगड़दे ठाढे सब भूपा। उठ बाई फिर बाहर चाली, संग फोज गावही सब आली।
एहि विधि कदम तीन से गएऊ, देख सुथल ताहां उभी रहेऊ। ताहि समे तेहि पितु चल आए, मात पिता के दर्शन पाए।
हंस कर पुत्री कर प्रणांमा, अवनि प्रवेसेऊ सुन्दर स्यांमां। फाट जमीन उलट मिल गैई, तांहां देवली ऊगत भैई।
तड़त चमक घन मांही समायेऊ, युं गज गांमनि बहूर न पाएऊ। राणी देख भयो खिसियांनो, मनहूं सांझ मंझ सी रूहसानो।
हाथ जोड़ अस बोलत भएऊ, मैं तन मन तब सेवग ठएऊ। तातै कछु मोहे अज्ञा दीजै, अपनों जांन रीस नहिं कीजे।
तब सेणौं साधू इंम बोलेउ, गदी बैस सुआवन भोलेऊ। जो आवै तोहि राज सुभंगा, रछ्या करहु तरहहु उत्तंगा।
च्यार वरण जमाती आवै, जो वस्तू यामे लै ल्यावै। ताको डांण लेण नहीं पावौ, हंसो खिलो अपणै घर जावो।
एहि विधि राणै सुण कर वेणां, अपणै घर कूं कीन्हौ गैवणां। इह बहु दिन लग राजत रहेऊ, बहु उपदेश करत नहीं भएऊ।
ता दिन साध मुक्ति कूं गएसी, शुभ घड़ी तिथि वार सुभ अएसी। जंभगुरु को सांग बनायौ, तेहि कारन साज्योजय समायौ।
रहन करन सारी कवि कहीं, जांभैजी को चेलो यही। सोलै सै छाईसै साला, मघा नखत तिथि ग्यारस हाला।
प्रातकाल जंभ शिष्य जो, कहै अज्ञांनो ताहि। दोय पुत्र दोय स्त्री, आपही ब्रिह्म समाय।
ऐकादशी कै प्रातही, पांचां लई संमाद। जंभ गुरु परताप ते, मिट गई सकल उपाध।

06. मेवाड़ के विसनोई:- स्वामी ब्रह्मानंदजी कृत 'इतिहास प्रदीप' पुस्तक के अनुसार मेवाड़ राज्य (उदयपुर) में विसनोई धर्म का प्रचार उस समय हुआ जब जोधपुर, जैसलमेर और बीकानेर राज्यों में लोग गुरु जांभोजी के अनुयायी बन रहे थे। मेवाड़ के महाराणा संग्रामसिंह (राणा सांगा) के शासनकाल में यह धर्म मेवाड़ में काफी फला-फूला और कई ग्राम व कस्बों के लोग इसके अनुयायी बन गए। विशेषकर मेवाड़ के तीन गांव पुर, दरीबा और समेलिया के लोगों ने बहुतायत से विसनोई धर्म को अपनाया। उक्त 'इतिहास प्रदीप' पुस्तक के सम्पादक मनीरामजी विसनोई एडवोकेट ने यहां लिखा है कि वास्तव में ये धनगर पुरबिया है जिनके गौत्र राजपूतों से मिलते जुलते है। इस कारण लोगों को यह भ्रम हो जाता है कि ये राजपूत है। उक्त धनगर पुरबिया जाति के विसनोईयों की गौत्र निम्नलिखित है:- बाघेला, पंवार, हाड़ा, चौहान, राठोड़, रायवाल, भोजावत, सिसोदिया, सागर, गुजेला, मोटाल, चंदेल, अहुदिया (औधिया), उमराव, कलवाणिया, पुरवाह, अग्रवाल, गोयल व ऐरण आदि। संभवतः इनमें कई वैश्य विसनोई भी शामिल है। क्योंकि केसोजी गोदारा कृत चित्तौड़ की कथा में वर्णित है कि पूर्व दिशा में कन्नौज नगर के अंतर्गत 'आदू' नामक ग्राम स्थित था, जहाँ विसनोई धर्म के अनेक अनुयायी निवास करते थे। इस ग्राम में मुख्यतः महाजन एवं बनिया वर्ग के लोग रहते थे, जिनकी गौत्र पुरवार, औधिया, उमरा आदि थीं। इन लोगों ने गुरु जाम्भोजी के उपदेशों को स्वीकार कर अपने जीवन को धर्म, दया और सत्य के आधार पर ढाल लिया था। इनका मुख्य व्यवसाय व्यापार था। ये व्यापारी बैलों (बालद) के माध्यम से दूर-दूर तक यात्रा करते, विभिन्न क्षेत्रों से वस्तुएँ खरीदते और जहाँ लाभ मिलता वहाँ बेचते थे:-

पूरब की परमोधि में, आदू गिणीयै गांव। विसनोई किया घणा, नगर कनवज नांव।४
लोग महाजन बणिया न्याति, पुरवार ओधिया उमरा जाति। विसनोई धरम हुवा जे तरै, लोग महाजन सोदो करै।५

इसी प्रकार गाडरिया जाति के लोग, जो मेवाड़ के पुर, समेलिया और दरीबा क्षेत्रों में निवास करते थे, वे भी विसनोई धर्म से प्रभावित होकर सतपंथ के अनुयायी बन गए। इन सभी ने अहंकार, विवाद और वैमनस्य का त्याग कर सत्य, दया और संयम पर आधारित जीवन को अपनाया:-

गाडरिया आया गुरू सांव, मन तै तजियो वाद विरांव। सतपंथ की जो करणी करै, से भवसागर दूतर तरै।६
इनका व्यापार बैलगाड़ियों पर होता था, इस कारण इनको बालदिया भी कहा जाता था:-
वसत खरीदी मतो कर मिल्या, गाड़ौला दिसावरि चल्या।८
मन सुधि भाव बतायो वौड़ि, बालदि लादि गया चित्तौड़ी। जां वसत विकै महंगी अर मदी, बालदि जाय तहां ऊलदी।९
साहबरामजी राहड़ कृत जंभसार में भी इनको पुरबिया और बालदिया कहा गया है:-
विसनोई पूरब का, बालद लादी औड़। पर भोमी पर खण्ड गया, आया गढ़ चितोड़।
अज्ञा सुण रछक तांहां गऐसी, पूरबियां सूं बोलत भऐसी। डाणी कहै सुनहु तुम भाई, चल दे आवौ डांण चराई।
बालदिया मन करै बिचारा, कूंण है डांण लेवण हारा।
जंभसार में वर्णित है कि ये बालदिया भी कालान्तर में अपना देश छोड़कर यहां समेलिया में बस गए थे। इस प्रकार "धनगर पुरबिया (गाडरिया)" और "बालदिया" दोनों जातियों के लोग यहां मेवाड़ में विसनोई धर्म अपनाकर रहने लगे:-
सुध वचन सतगुर के पाया, बीघा लाख बीड़ बकसाया। जम्भ कियो पूरबियां पेसा, वसएउ आंण छाड़ निज देसा॥
बालद चरै दिवस निस जहेवां, गढ़ समेल बसायो तहेवां॥
पुर से प्राप्त ताम्रपत्र व परवाने में भी उक्त विसनोईयों हेतु "पुरबिया गाडरी" शब्द का प्रयोग किया गया है। कालांतर में संवत की 20वीं सदी में जब मारवाड़ में अकाल पड़ा तो कई "जाट विसनोई" भी यहां मेवाड़ में आकर रहने लगे है।

07. समेलिया साथरी:- साहबरामजी राहड़ कृत जंभसार के 22 वें प्रकरण में वर्णित अष्टधामों की सूची में समेलिया धाम का भी उल्लेख है। तथा लिखा है गुरू जाम्भोजी ने अज्ञानोजी जैसे भूत साधक को संत बना दिया। जो कि समेलिया धाम के प्रथम महंत बने थे:-
समेलगढ़ मेरोई धामा, पूरब मध मूंसांणपर नामा। समेलगढ़ अज्ञानो महंता, भूत कियो जंभेसुर संता।
स्वामी ब्रह्मानन्दजी अपनी पुस्तक 'इतिहास प्रदीप' में लिखते है कि यह बात निर्विवाद सिद्ध है कि समेले ग्राम की भूमि में एक विशाल भवन महाराणा सांगा के शासनकाल में संत ज्ञाननाथजी ने बनाया था। वास्तव में यह महापुरुष इसी ही ग्राम का निवासी कहा जाता है। यह बड़ा भारी तान्त्रिक था अर्थात् मन्त्र तन्त्र नाटक चेटक विषय में उसकी बड़ी प्रसिद्धि थी। कहते हैं कि उसका मत अघोर था और उसने यह स्थान अपनी सिद्धिबल से बनाया। इसके बनाने में उसने किसी की सहायता धन सम्बन्धीय किसी प्रकार से नहीं ग्रहण की थी। स्थान बन जाने के बहुत समय तक वह इसी ही विचार में व्यस्त रहा कि मैं इस स्थान में किस देवता की मूर्ति की स्थापना करूं। इस विचार ही विचार में वह मारवाड़ प्रदेश की ओर चला गया। विसनोई बनने से पुर्व उनका आचरण विसनोई धर्म के विपरीत था। इसी से सर्व साधारण लोग उसे अज्ञाना भूत के नाम से सम्बोधित करते थे। फिर वह गुरू जाम्भोजी के उपदेशों को सुनकर तथा सिद्धियों को देखकर उनका शिष्य हो गया। जब से वह विसनोई धर्म में प्रविष्ट हुआ तबसे उसका नाम ज्ञाननाथ प्रसिद्ध हुआ। वह गुरू जाम्भोजी का बड़ा भक्त तथा सुदृढ़ विश्वासी शिष्य हो गया था। फिर मेवाड राज्य में जाकर इसने उस विशाल भवन को अपने गुरु जांभोजी के मन्दिर के नाम से संबोधित किया। उसके पश्चात ज्ञाननाथ सिद्ध ने श्रावण मास की अमावस्या के दिन मंदिर में महोत्सव का समारम्भ कर दिया। इस अवसर पर बड़ा होम होने लगा, दूर-दूर के यात्रीगण इस उत्सव में सम्मिलित होने लगे। यह वृतान्त वि.सं. 1570 के समकालीन का है। इस समय मेवाड़ के राजसिंहासन पर महाराणा संग्रामसिंह जी अधिरुढ़ थे। उसी ही समय उक्त राणा ने समेला ग्राम भी मन्दिर के नाम अर्पित कर दिया था। वर्तमान (सन् 1926) में जिसकी वार्षिक आमदनी लगभग 6 हजार रुपये की है। ज्ञाननाथ ने अपने उपदेश सिद्धि परिचय से मेवाड़ राज्य के अन्तर्गत बहुतों को नूतन विसनोई धर्म में प्रविष्ट किया और जीवन पर्यन्त वह उस स्वनिर्मित मन्दिर में ही रहा और जबकि उसका देहान्त हो गया तब उसके मृत देह को उसी ही की भूमि में समाहित कर दिया अर्थात् समाधि दे दी। साहबरामजी राहड़ कृत जंभसार में वर्णित है कि जब गुरु जाम्भोजी द्वारा साणिये पैदड़ को रोटू से निष्कासित कर दिया गया। इसके पश्चात् वे क्रमशः कुसाणा गांव और फिर रूड़कली में रहे। किंतु जब संत विल्होजी ने उन्हें रूड़कली से भी निष्कासित कर दिया, तब वे अंततः समेलिया (समेलगढ़) क्षेत्र में आकर बस गए। समेलिया पहुंचकर अज्ञानोजी ने पूर्व में देखे गए स्थान से वह धन निकाल लिया। इसके बाद उन्होंने वहां निवास हेतु भूमि प्राप्त करने के लिए 'पूरबियों' (स्थानीय निवासियों) से निवेदन किया कि वे उन्हें कुछ भूमि दे दें और बदले में मूल्य स्वीकार करें। तब एक विधवा पुरबणी ने उदारतापूर्वक उन्हें भूमि देने का प्रस्ताव रखा। उसने कहा कि जितनी भूमि पर वे अपना गढ़ (किला) बना लें, उतनी भूमि पर वह कोई दावा नहीं करेगी। इस प्रकार लिखित समझौते के साथ अज्ञाननाथ को 52 बीघा भूमि प्राप्त हुई। अज्ञाननाथ ने उस भूमि की परिधि में हजार पत्थर गाड़कर अपनी सीमा निर्धारित की। अज्ञाननाथ ने उनकी दो पुत्रियां का विवाह साधुओं से करके उन्हें समेलगढ़ में बसाया। और अज्ञाननाथ स्वयं जंभसागर के समीप रहने लगे और वहां एक विशाल गढ़नुमा मंदिर का निर्माण करवाया। इसके निर्माण की विशेषताएं उल्लेखनीय हैं- लगभग 1000 पावंडा (पैर माप) क्षेत्रफल में उनकी सीमा थी। उनके दरवाजे और छज्जे बहुत सुंदर बनाए। 19 गज चौड़ा और 40 गज की ऊंचाई, शीर्ष पर तीन मुकुट (शिखर) स्थापित किए। विशाल चौक (आंगन) का निर्माण किया। जहां 5 समाधियां विराजमान है, वहां समाधि-मंदिर की चौड़ाई 13 गज और ऊंचाई 21 गज है। इसके अतिरिक्त 60 कदम लंबी घुड़शाला, बैलखाना एवं रथखाना तथा चारों ओर कमरें बनवाए गए। इस प्रकार घने जंगल के मध्य एक सुदृढ़ धार्मिक-सामाजिक केंद्र की स्थापना हुई। अज्ञाननाथ ने जंभसागर तालाब को और अधिक गहरा खुदवाया, जिसकी विशेषता

यह बताई गई कि उसमें जल कभी समाप्त नहीं होता था। इसका विस्तार लगभग दो कोस क्षेत्रफल में बताया गया है। तालाब पर लगभग डेढ़ सौ कदम लंबी पैड़ियां (घाट) बनवाई गईं, जहां सभी जातियों एवं चारों वर्णों के लोग स्नान करने आते थे। यह मान्यता है कि यहां स्नान करने से पापों का नाश होता है:-

अज्ञानहिं अख्यान बखानो, रोटू में गुरु जंभ मिलानो। पूछ्यो याकूँ कितनों सूझै, लंका की जंभेश्वर बुझै।
दखन दृष्ट गई तेहि काला, समेलगढ़ पूरबियां वाला। तां जंगल में अंबली पेड़ा, जंभसागर धरम की मेड़ा।
होय गयो सेलर मिट गई टेढा, तहां द्रव्य देख्यौ अरब डेढा। जाहां अज्ञानौं देखत भएऊ, केई दिन पाय तेहि थां गएेऊ।
द्रब निकाल लियो तेहि वारा, पूरबियां सूं वचन उचारा। कछुक जाग्या हमकूं देवो, दांम हमारै सूं भर लेवो।
तब विधवा पूरबणी बोली, अवगति की बाहर नहीं खोली। मोहर मंडल जितनी तक लावो, जितनी दूर में गढ़ लगावो।
उतनी में मोहे दावा नांही, अस कहि कागद लिख दियो ताहीं। तेहि संग लेय मोहर दई जोरा, बीघा बावन मापी डोरा।
हजार पथर रोप दिया चहुं फेरा, पूरबियां कर बाहर डेरा। बैटी दोय रहै घर जांके, सो सगाई कीन्हीं वांके।
साधां कूं दीन्हीं परणांई, समेलगढ़ में दिये बसाई। आप जाय जंभसागर रह्यौ, किलौ एक चिणांवत भयो।
एक हजार पैंड धर नीवां, सौ रचियौ सुखमां की सींवां। जैसो दिल्ली को दरवाजो, जिससे अधिको सुन्दर छाजो।
गुनीस गज मंदिर की नींवां, सो मिंदर सुखमां की सीवां। गज चालीस उंचौ गयौ, तीन मुकट सिरताज।
चोक चौसला सुध किया, पांच संमाद विराज। जोथकि यांको मंदर करेऊ, तेरा गज चौड़ो संचरेऊ।
इकीस गज उंचौ तेहि जानौ, चौक चाक संपूर्ण मांनौ। साठ कदम घुड़साल बनाई, बैलखाना रथवार खलाई।
और मकान बने चहुं फेरा, यूं जंगल में कीन्हां डेरा। ऐसो जंभसागर खुदवायौ, जामै जल को अन्त न आयौ।
दोय कोस में मंडल जाको, महिमा कहत कवि जन थाको। कदम डेड सै पैड़ी बांधी, पूंण छतीस देखिये नहान्दी।
तहां न्हाए पातक कट ज्यावै, च्यारूं वर्ण का जात्री आवै।

जंभसार में आगे वर्णित है कि अज्ञाननाथ ने संवत् 1626, मघा नक्षत्र, एकादशी तिथि के दिन अपने जीवन का समापन किया। उन्होंने अपने दो पुत्रों, दो पत्नियों सहित कुल पाँच व्यक्तियों ने समाधि ग्रहण की और मोक्ष प्राप्त किया था:-

सोलै सै छाईसै साला, मघा नखत तिथि ग्यारस हाला। प्रातकाल जंभ शिष्य जो, कहै अज्ञानो ताहि।
दोय पुत्र दोय स्त्री, आपही ब्रिह्म समाय। ऐकादशी कै प्रातही, पांचां लई संमाद।

हीरालालजी माहेश्वरी ने अपने शोधग्रंथ में उक्त पांच समाधियों का जिक्र करते हुए लिखा है कि "समेलिया मन्दिर दक्षिणाभिमुख है जिसमें उत्तर-दक्षिण पाँच समाधि पत्थर लगे हुए हैं। मन्दिर से पूर्व की ओर लगभग 5 गज के फासले पर एक और समाधि मन्दिर है जो संत ज्ञाननाथ उपनाम 'अज्ञानोजी' का बताया जाता है। इसमें एक समाधि है।" स्वामी ब्रह्मनंदजी कृत इतिहास प्रदीप के अनुसार अज्ञानोजी के पश्चात इस मन्दिर के प्रबन्धकर्ता सन्त दयाराम जी हुए और वह बहुत समय तक मन्दिर में अधिष्ठित रहे और उनका जब वि.सं. 1650 में देहावसान हो गया, तब संत सुरजनदास जी मन्दिर के संरक्षक तथा अधिष्टता नियत हुए और सुरजनदास जी ने दयाराम सन्त के मृतक देह को भी वहीं ज्ञाननाथ के सन्निहित समाधिस्थ कर दिया। इसके अनन्तर महात्मा सुरजनदासजी अपने चतरदास नामी साधु को मन्दिर का संरक्षक छोड़कर अपने आप मारवाड की तरफ चले गये और वहीं उनका शरीरान्त हो गया। अब साधु चतरदास जो कि महात्मा केशवदास जी के शिष्य थे, जीवन पर्यन्त मन्दिर के संरक्षक रहे और उनका भी जब वि.सं. 1740 में देहान्त हो गया तब उनके शिष्य मानदास ने चतरदास के मृतक देह को भी वहीं समाहित कर दिया और उनके पश्चात साधु मानदास, चतरदास का स्थानापन्न (जानशीन) हुआ। इस प्रकार वि.सं. 1740 में समेलिया मंदिर के महंत मानदासजी बने। समेलिया धाम के महंत मानदासजी के निधन के पश्चात उनके उत्तराधिकारी महंत भोजोजी नामी एक सन्त हुए। महंत बनने के कुछ काल पश्चात वे किसी कार्यवश समेला ग्राम के निवासी पंवार गोत्री विसनोईयों को कुछ समय के लिये मन्दिर का प्रबन्धाधिकार उनके हस्तगत (सुपुर्द) करके मारवाड़ को चले गये। और जबकि कई वर्ष व्यतीत हो जाने पर भी वह नहीं आये और भी किसी साधु ने इस मन्दिर के प्रबन्ध की ओर ध्यान नहीं दिया। तब फिर उन्हीं पंवार विसनोईयों ने मन्दिर और मन्दिर की जायदाद पर अपना पूर्णाधिकार कर लिया। इस प्रकार समेलिया के मंदिर और समेलिया गांव पर वहां के स्थानीय पंवार विसनोईयों का सब प्रकार से बेखटके अधिपत्य हो गया। साधुओं ने उस ओर से सर्वथा ही उपेक्षा की। इस समय मेवाड़ के राजसिंहासन पर महाराणा श्री भीमसिंह जी विराजमान थे। फिर उन पंवारों ने बड़े प्रयत्न और युक्तिपूर्वक ढंग से सदा के लिये मन्दिर की सम्पति पर अपना पूर्णाधिकार स्थिर रखने के लिये एक चाल चली। क्योंकि इन्हें इस सम्पत्ति का फिर से साधुओं के अधिकार में चले जाने का भय बना हुआ था। ये मेवाड़ के तत्कालीन महाराणा भीमसिंह जी के पास गए, और उन्हें बताया कि हमारे पुर्वजों का समेलिया ग्राम के गुरू जाम्भोजी के मंदिर पर आधिपत्य शुरू से ही चला आ रहा है और महाराणा कुंभा ने मंदिर के निमित्त समेलिया गांव हमारे पुर्वजों को अर्पित किया था। जिसका ताम्रपत्र लड़ाई झगड़ों में कहीं खो गया। अतः आप नवीन ताम्रपत्र इस आशय का जारी करें। यहां पर इन लोगों ने महाराणा सांगा की बजाय भूलवश महाराणा कुंभा द्वारा ग्राम अर्पित करना भीमसिंह जी को बताया। इस कारण ताम्रपत्र में भी यही भूल दर्ज हो गई। ताम्रपत्र का मूल पाठ निम्नानुसार है:-

महाराजाधिराज महाराणाजी श्री भीमसिंह आदेशातु ग्राम समेला परगने पुर रे श्री देव जाम्भाजी रे देवरे महाराणाजी श्री कुम्भाजी उदक अगाड़ी

कर चढ़ायो हो तीरो ताम्बा पत्र दंगा में जातो रीयो तीरे बदलें यो ताम्बा पत्र पुंवार सोभा दुल्ला जोगा है सो और समसुथ पंवार है कर देवाणो है सो गांव समेला नींव सींव रुंख वृक्ष सर्व सुदी हासल वराड सीम खायां पीयां जासी और श्री देव जाम्भाजी रे बाल भोग कराया जासी यो पुन श्री दरबार जी रो है अणी गांव थी नम्बरदार मुकातो आऐ थानेदार केणी बात रो छोलण करवा पावेगा नहीं। श्लोक- स्व दत्तां पर दत्तां वा यो हरेत् वसुधराम् षष्ठी वर्ष सहम्राणि विष्ठा यां जायते क्रमिः प्रणीपत हवे पंचोली किसन नाथ लिखता पंचोली सुरतसिंह नाथुराम रा सम्वत् 1875 फाल्गुण बदी 4 गुरुवार उदयपुर। इस पत्र का आशय यह है कि गुरू जाम्भोजी के मन्दिर के लिये समेला गांव जो श्री महाराणा कुम्भा जी ने पहले अर्पित किया था और तल्लिखित दानपत्र जो कि ताम्रपत्र पर अंकित था लड़ाई झगड़ों में गुम हो गया, अब उसके बदले यह ताम्रपत्र महाराणा श्री भीमसिंह की आज्ञा से सोभा और दुल्ला नामी पुंवारों के लिये दिया जाता है। वे लोग इसकी आमदनी को अपने खान पान में खर्च करने के अतिरिक्त श्री जम्भदेव जी के देवरे अर्थात् मन्दिर के पूजा प्रतिष्ठा आदि कार्यों में लगाते रहें और यह पुण्य श्री दरबार का है। इस प्रकार उक्त समेलिया गांव के पंवारों ने अपना परम्परागत वंशाधिकार बताकर अपने नाम का समेलिया ग्राम का महाराणा भीमसिंह जी के निर्देश से दान पत्र लिखवा लिया। और उसी ही समय से ग्राम समेलिया पर इनका पूर्णधिकार आधिपत्य स्थापित हो गया। जो कि इस समय तक वर्तमान है। इसी समय से ही ये इस मन्दिर के पुजारी कहलाने लगे। जिस देव भवन के हितार्थ यह ग्राम समेलिया अर्पित मेवाड़ राज्य की ओर से हुआ। उस देवस्थ सम्पति का इस समय मन्दिर के निमित कछ भाग भी व्यय नहीं किया जाता है। अब उस जायदाद की ऐसी चिन्तनीय दशा हो गई है कि उसे मन्दिर की सम्पति कहना भी असंगत है क्योंकि वह गांव समेलिया बीस बिस्वे वर्तमान कालिक पुजारियों की घरेलु जायदाद हो गई क्योंकि उस जायदाद को समस्त संभेला ग्राम निवासी पंवार जो नाम मात्र के विसनोई कहलाते हैं उन्होंने इस धर्म के आचार विचार सब ही भुला दिये है। इनका विवाह भी अब उनकी ही जाति में होता है। अब खान-पान का व्यवहार भी विसनोई लोगों जैसा नहीं रहा। जब से समेला का मन्दिर इन पंवारों के अधिकार में आया है इसकी कुछ भी उन्नति नहीं हुई है। और जब से मन्दिर की जायदाद का विरासत के समान आपस के सब खानदान वालों ने बंटवारा कर लिया है तब से तो मन्दिर की दशा बहुत ही बिगड गई, उसके टूटे-फूटे की मरम्मत भी नहीं होती और उन्नति तो क्या करनी थी। इस बात को 5-6 वर्ष का समयातिक्रान्त हुआ कि मन्दिर का एक बुर्ज बिजली गिरने से टूट गया, वह उसी दशा में पड़ा हुआ है, अब तक उसकी मरम्मत ही नहीं हुई। जो समेला ग्राम मन्दिर का था, वह पुजारियों की निज की मिल्कियत के रूप में हो गया। तब मन्दिर का ख्याल कौन करे। अहो कैसी विचित्र घटना है कि जो समेला ग्राम जम्भदेवजी के मन्दिर की रक्षा और उन्नति के अर्थ मेवाड़ नरेशों ने दान किया था, आज वह पुजारियों के आमोद-प्रमोद तथा उपभोग की निजी सम्पति होकर अनेक भागों में विभाजित हो गया है। जिसे मन्दिर की जायदाद कहना भी असंगत है, मन्दिर व मन्दिर सम्पति (जायदाद) की ऐसी दुर्व्यवस्था देखकर अब तक भी वहां के साधु और गृहस्थियों का ध्यान इस ओर आकर्षित नहीं हुआ है। यह सारा वृतान्त स्वामी ब्रह्मानंदजी कृत इतिहास प्रदीप पुस्तक से लिया गया है।

08. मनीरामजी विसनोई एडवोकेट कृत 'यादों के झरोखे से' निम्नांकित जानकारी ली गई हैः- "इस गांव को समेलगढ़, समेला और समेलिया कहते हैं। यहां माण्डल होकर या दरीबा होकर पहुँचा जा सकता है। यह गांव तीसरे स्थान पर आबाद किया गया है। पहले समेलगढ़ कोठारी नदी के किनारे पर आबाद था। सन् 1955 ई. में मेजा बांध के कारण वह गांव भी छोड़ना पड़ा और वर्तमान गांव तीसरी बार आबाद किया गया। इस समय यहां विसनोइयों के 80 परिवार हैं जबकि शेष नया समेला में आबाद हैं तथा कुछ भीलवाड़ा नगर में रहने लग गये हैं। इनके पूर्वज मारवाड़ एवं बीकानेर राज्यों से लगभग 350 वर्ष पूर्व आये थे। इनके गोत्र पंवार , ओदिया, कलवाणिया, उमराव, दिलोइया, पूनिया, बिलावत, पोरवाल आदि है। इनके पूर्वज किस गांव से आये थे? इस बारे में इन्हें कोई जानकारी नहीं है। इनके बही भाट मुसलमान मिरासी हैं जो अन्य गांव में रहते हैं, जो यहां 15 वर्षों से नहीं आये। यहां वर्ष 1975 ई. में श्री विसनोई मन्दिर का निर्माण किया गया था जिसमें गुरु जम्भेश्वर जी की पत्थर की मूर्ति स्थापित है। वर्तमान गांव समेलिया से एक किलोमीटर की दूरी पर प्रसिद्ध श्री विसनोई धाम मन्दिर है। इसका भवन बहुत भव्य है तथा समाधि मन्दिर मुक्तिधाम मुकाम के नमूने का है परन्तु आकार और ऊंचाई में उससे ज्यादा है। समाधि मन्दिर के बाद विसनोई सम्प्रदाय का दूसरा प्राचीन मन्दिर है। इसका निर्माण किसने तथा कब कराया इस बारे में भिन्न-भिन्न मत हैं। कुछ कहते हैं कि स्वयं गुरु जी ने बनवाया था तथा कुछ कहते हैं कि साणिये सिद्ध ने बनवाया था। यह सर्वविदित है कि गुरु जी ने अपनी वाणी में स्पष्ट कहा है 'अडसठ तीर्थ हिरदै भीतर बाहर लोका चारू' तथा 'दिल साबत हज काबो नेड़ो' उन्होंने अपने जीवन काल में सम्भराथल पर पत्थर का एक टुकड़ा भी मन्दिर निर्माण हेतु नहीं रखा था, न ही किसी शोधकर्ता ने उन द्वारा बनाये गए किसी मन्दिर का उल्लेख किया है। मुझे भी राजस्थान, हरियाणा, पंजाब, पश्चिमी उत्तर प्रदेश तथा उत्तरांचल में अपने व्यापक भ्रमण में गुरु जी द्वारा निर्मित मन्दिर कहीं देखने को नहीं मिला। 'जम्भसार' (महात्मा साहिबराम जी राहड़) के 19वें प्रकरण में गुरुजी के यहां पधारने तथा एक वर्ष तक ठहरने का उल्लेख है परन्तु यहां मन्दिर बनाने का उल्लेख नहीं है जबकि यहां जम्भ सरोवर खुदवाने का वर्णन किया हुआ है। मेवाड़ दरबार के ताम्र पत्र सम्वत् 1647 आषाढ़ सुदी एकम (ईस्वी 1590) में वर्णन है। '...जाम्भाणी का साद वील्होजी का चेला अज्ञानदास जात विसनोई कस्य ग्राम समेलगढ़ मेहय जांभाजी का मंदर बणयो।" अतः यह स्पष्ट सिद्ध है कि समेलगढ़ स्थित यह मन्दिर गुरु जी का बनवाया हुआ कदापि नहीं है बल्कि साणिया सिद्ध जिसका नाम बाद में अज्ञानदास प्रसिद्ध हुआ, द्वारा बनवाया गया सिद्ध होता है। इसके निर्माण में लगा हुआ इतना धन वह कहां से लाया, यह एक पहेली बनी हुई है। अभी कुछ वर्ष पूर्व मन्दिर के बचाव हेतु बनाये गये चौक में वह हिस्सा मिट्टी में दब गया जहां एक पत्थर

पर इसके निर्माण की तिथि, मास एवं वर्ष उल्लेखित थे। मन्दिर की नींव 19 गज गहरी, ऊंचाई 21 गज तथा दीवारों का आकार 6 फुट है। गुम्बदनुमा छत है तथा अन्दर की ओर बहुत सुन्दर चित्रकारी की हुई है जो अभी तक मूल रूप में ही है। छत के चारों कोनों में एक-एक छत्री बनी हुई है। दक्षिण पूर्व में मण्डेर के पास चन्दन का पहिया चलता रहता था जो अब कई वर्षों से बन्द है। मन्दिर का चौक पहले काफी ऊंचा था जिसके लिए 11 पौड़ियां बनी हुई थीं। अब भराई के कारण दब गईं। मन्दिर का द्वार दक्षिण मुखी है। नौबत खाना और घुड़साल थे जो चौक ऊंचा करने के कारण मिट्टी में दब गये। मन्दिर के पूर्व की ओर एक भवन है जिसे अज्ञानदास की समाधि बतलाते हैं। इसके पूर्व में सूरजपोल है जिसके चारों ओर परकोटा है। दोनों ओर चबूतरे हैं। अन्दर अलमारियां हैं। अन्दर की ओर दक्षिणी और उत्तरी दीवारों से सीढ़ियां ऊपर चढ़ाई हुई हैं। छत 15 फुट ऊंची तथा दीवारों का आसार 5 फुट है। मन्दिर के पास पूर्व एवं दक्षिण में दो बावड़ियां थीं जो मेजा बांध के कारण मिट्टी से भर गईं। मेजा बांध के पश्चिम में अन्तिम छोर पर मन्दिर है। अमावस्या पर पहले यहाँ वर्ष में बैसाख एवं सावण को मेले लगा करते थे परन्तु मेजा बांध के कारण सन् 1955 से बन्द हो गये हैं। अखिल भारतीय विसनोई महासभा से निवेदन है कि यहाँ वर्ष में एक मेला शीघ्र ही शुरू करे ताकि स्थानीय समाज को एक सूत्र में पिरोया जा सके। समेलगढ़ गांव कोठारी नदी के किनारे पर था जो मन्दिर से दक्षिण में लगभग एक किलोमीटर की दूरी पर हुआ करता था, अब यहां कीकर (बबूल) एवं खजूर के वृक्ष खड़े हैं। वहां से लगभग 100 मीटर दक्षिण में जाम्भोजी की बावड़ी अभी तक मौजूद है। गांव से 300 मीटर पश्चिम में खींवां बाई का चबूतरा है जो खजूर के वृक्षों के निकट है तथा गांव से 2 कि.मी. पश्चिम में जाम्भा नाम का चबूतरा है। गुरु जाम्भोजी इस गांव में सम्वत् 1563 वि. (सन् 1506 ई.) में पुर से पधारे थे। यहां से ही वे माण्डल पहुंचे थे। मन्दिर के साथ ही जम्भ सरोवर तालाब है जिसकी पक्की पौड़ियों से युक्त घाट है परन्तु मेजा बांध के बाढ़ के कारण मिट्टी भर गई है। इस तालाब का रकबा 110 बीघे है। (1 बीघा 12 बिसवे = 1 एकड़)। अब इसमें कीकर के हजारों वृक्ष लगे हुए हैं जिनकी पातड़ी का ठेका गडरिया लेते हैं। इसकी पाल पर से सरकार ने सड़क निकाली है जो वर्तमान समेलिया गांव तक जाती है। बांध के समय सरकार ने मन्दिर के चारों तरफ चौक को ऊंचा करा दिया था। इतने वर्षों से बांध के पानी में घिरा रहने पर भी इस मंदिर के भवन को कोई क्षति नहीं पहुंची है तथा कहीं तरेड़ (दरार) नहीं आई है जिससे उसके निर्माण में बरती गई मजबूती सिद्ध होती है। अब 5 वर्षों से इस मन्दिर एवं तालाब पर पुनः समाज का कब्जा हो गया है। अब इस मन्दिर की बाढ़ एवं बांध के पानी से सुरक्षा हेतु लम्बा-चौड़ा चौक बना दिया गया है। इस कार्य पर समाज का दो लाख रुपया व्यय हुआ है। शेष राज्य सरकार ने व्यय किया है। अब नई धर्मशाला, रसोई घर और बरामदा बनाये गये हैं। स्वामी चन्द्रप्रकाश जी के शिष्य स्वामी भगवान प्रकाश जी यहां के महन्त हैं जो मन्दिर में हवन आरती करते हैं। महन्त भगवान प्रकाश जी यहाँ के अतिरिक्त नेमावर मध्यप्रदेश के महन्त भी हैं। मन्दिर एवं धर्मशाला में बिजली की भी व्यवस्था है तथा जल के लिए नल लगा हुआ है। बहुत अच्छा सुधार हो रहा है। जैसा कि ऊपर पुराने समेलिया के भ्रमण वृतान्त में उल्लेख हुआ है कि वहां 1952 ई. में बांध बनाया जाना शुरू हुआ था जो 1955 में पूरा हो गया जिसके कारण वह गांव बांध के बाढ़ की चपेट में आ गया। गांव के बहुत से विसनोइयों की कृषि भूमि बांध में आ जाने पर उन्हें नये स्थान पर जमीन अलॉट हुई। जमीनें और आवासीय प्लाट इन्हें 1955 ई. में अलाट हुए तथा 1956 ई. में सर्वप्रथम 13 परिवार यहां स्थापित हुए। फिर धीरे-धीरे आबादी बढ़ती गई। यहां इस समय विसनोइयों के 40 परिवार रहते हैं तथा इनके गोत्र अहोदिया, पोरवाल, बेनीवाल, उमराव तथा कालीराणा हैं।"

16

बापेऊ

01. परिचयः- बापेऊ गांव वर्तमान में बीकानेर जिले की श्रीडूंगरगढ तहसील में स्थित है। इस गांव में गुरू जाम्भोजी का ननिहाल था। तथा सर्वप्रथम विसनोई भी इसी गांव से ही बनाए थे।

02. बापेऊ गांव के खिलेरी जाटः- विल्होजी कृत 'कथा गुगलिये की' में विक्रम संवत् 1542 में पड़े भयंकर अकाल का वर्णन करते हुए कवि बताता है कि धरती पर वर्षा का अभाव था। अन्न समाप्त हो चुका था। पशु-पक्षी और मनुष्य सभी भूख से व्याकुल थे। लोग आजीविका के लिए अपने स्थान छोड़कर बाहर जाने को विवश हो रहे थे। थली प्रदेश के बापेऊ गांव में भाटी नख के खिलेरी जाट निवास करते थे। विशेष बात यह थी कि यह वही खिलेरी परिवार था जिसमें माता हंसा (गुरु जाम्भोजी की माता) का जन्म हुआ था। अतः यह गुरु जाम्भोजी का ननिहाल था। इस कारण गुरू जाम्भोजी का इनसे आत्मीय संबंध था। उस समय गुरू जाम्भोजी समराथल पर निवास करते थे। वे लोग यदि कुछ उपाय पूछते तो गुरू जाम्भोजी अवश्य ही बताते किन्तु उनको उन पर विश्वास ही नहीं था। पाप कर्मों में लिप्त, भ्रम में पड़े हुए वे लोग कुल की लीक पीटते थे। भूत को तो देव बताते किन्तु देवजी का रहस्य नहीं जानते थे। गुरू जाम्भोजी को उन पर दया आई, वे उस गांव में गए। लोग उनके सम्मुख तो आए किन्तु अभिवादन नहीं किया। किसी ने भी उनसे सुपथ की बात नहीं पूछी क्योंकि वे गुरू जाम्भोजी को गहला समझते थे। पर गुरू जाम्भोजी अपने ननिहाल वालों से प्रेम करते थे। इस कारण गुरू जाम्भोजी ने ही उनसे पुछा तुम यहां रहोगे या जीवारी के लिए बाहर जाओगे ? वे बोले हम तो भुखों मर रहे है, यहां रहेंगे तो और अधिक दुख पाएंगे। बिना अन्न के रहा नहीं जाता, सो विदेश जाकर कुछ समय काटेंगे। गुरू जाम्भोजी ने पुछा कि जीवारी के लिए कितना अन्न चाहिए ? उन्होंने उत्तर दिया कि यदि सवा मण अन्न रोज मिल जाए, तो हममें से कोई बाहर नहीं जाएगा। गुरू जाम्भोजी ने बाईस के तौल का सवा मण अन्न प्रतिदिन के हिसाब से मुफ्त देना स्वीकार किया और कहा कि तुम दृढ़ निश्चय कर प्रतिज्ञा करो कि पशु, पक्षी आदि जीवों की हत्या नहीं करोगे और मन में दयाभाव रखोगे। लोगों के मन में संदेह हुआ। गुरू जाम्भोजी ने दुष्काल समय तक पुरबोजी खिलेरी को एक ऊंट छांटी सहित इंकातरै ढाई मण अन्न के लिए भेजते रहने का आदेश दिया। वे इस प्रकार अन्न देते रहे। सावन आता देखकर उन लोगों ने खेती के लिए सिंध से बीज मोल लाने की सोची। खिलेरियों के पास एक ही ऊंट था। उन्होंने गुरू जाम्भोजी से पुरबोजी खिलेरी के द्वारा एक ऊंट और दो ऊंटो पर जितना बीज आ सके, उसके दाम मांगे। गुरू जाम्भोजी ने तीसरे दिन गूगल और घी मंगा कर जंगल में मनसा से एक ऊंट उत्पन्न किया। उस ऊंट में गूगल की महक आती थी। कतार में वह ऊंट ही सरदार था। वे लोग बीज खरीदकर सकुशल सिंध से वापस आ गए। गूगलिया ऊंट उन्होंने वापस दे दिया जो छूटने पर दिखाई नहीं दिया। आषाढ में वर्षा से दुष्काल दूर हो गया। तब गुरू जाम्भोजी के संकेत पर लोगों ने अन्न लेना छोड़ा। उनके उपकारों और अपने बुरे कर्मों को याद कर वे लोग पछताने और क्षमा याचना करने लगे। सिदि्ध परिचय पाकर वे उनकी ज्ञानवाणी सुनने के लिए आने लगे। इस प्रकार गुरू जाम्भोजी ने स्वयं को प्रकट कर ज्ञानोपदेश से मुक्ति का मार्ग दिखाया। वील्होजी इस कथा के अंत में कहते हैं कि गुरु जाम्भोजी निष्कलंक, उपकारी और मोक्ष मार्ग के दाता हैं। उन्होंने इस कथा के माध्यम से यह सिद्ध किया कि सच्चा गुरु वही है जो भूखे को अन्न, अज्ञानी को ज्ञान और पापी को धर्ममार्ग प्रदान करेः-

जगत गुरु जंगल वसै, वासो मंझि वणांह। भेद प्रगासै भाव करि, गुरु तारिसी घणांह।१
संमत कहावै पनरासियौ, कुसमूं सबल बंयालो पयो। जीवा जुणि संताई भूख, गउवां मिनखां इधकौ दूख।२
के के जीव बड़ा दुखियार, अपणी कीवी कुमाई लार। भूख तणी दोरही पहारि, निबलो लोग चल्यौ जीवारि।३
देस थली बापेऊ गांव, थूल लोक बसै उणि ठांव। भाटी वंसै खिलेहरी जाति, लोक क्रसांण र रायक न्याति।४
हतै जीव छाली बाकरा, मींढा गाडर मारै बुरा। जीवां तणी न पालै दया, बाज सिनांन कुचीली काया।५
केवल न्यांनी आय मिल्यौ, भूला भैव भवीक। बांध्या संकल भ्रम के, वहै ज कुल की लीक।६
धरमां तणो न लाभै भेव, कह परिदया किसी परिदेव। माता हांसा को परवार, जिंह के देव लियो अवतार।७
जंगल थलि देवजी रहै, जो को पूछै त्यौं गुरु कहै। पूछै नाहीं लोग गिंवार, सतगुरू तणी न जांणै सार।८

आवै जांहि नही परतीति, गुरु कौ सबद न करही चीति। साच झूठ की न लहे संधि, मन्यसा रही पाप सूं बंधि।९
धोकै भूत कहै ओह देव, देवजी तणौं न जांणै भेव। पुछै भोपां अर बांभणां, पोह न जांणै धरमां तणां।
जड़िया भरम के संकलै, वहै ज कुल की लाज। दरब गुमांवै इबरथौ, सरै न एको काज।११
सतगुरू सुगर कियो भाव, नगरी मां आयो सुर राव। नर नारी मिलि संनमुखि गया, नुण सलामै न जाणै भया।१२
हेत विहुणां बैठा आय, सुपही बात न पूछै काय। आप डाहा गुरु गहलौ गिणे, फहै में न धापै आपो आपणे।१३
आपणी उचति देवजी कहै, हांसा तणै परित ने वहे। देवजी बात कहै तिण वारि, रहस्यौ का जायस्यौ जीवारि।१४
लोक कहे म्हां आई भूख, रहां तै मारां इधको दूख। अन्न विहुंणां रह्यौ न जाय, वेला लैस्यां विदेसे जाय।१५
साखि मिटी कुसमु पयौ, भूख वियापी आय। लोक कहै इणि अंन विणि, धीरी धरी न जाय।१६
देवजी कहे कुड़ मत कहौ, कित एक अंन जीवारी रहो। सवा मण अंन जे दिन पति होय, म्हारै जीवारि न जाई कोय।१७
देवजी कहै जीवारी न जाह, अंन दिहाड़ै देसी साह। सवा मण अंन बाइस कै तोल, दे करि वलै न मांगै मोल।१८
करौ करार दिढ़ावौ मतौ, पसु पंखेरू जीव मत हतौ। राखो मन दया को भाव, कादा खरौ न मेटे साह।१९
साह तणा थे बरकति घंणी, परगास रिधि सीधि आपणी। पर उपगारी उपगार करै, मत कोई जीव करणी कर तिरे।२०
लोकां मंनै अनेसड़ो, गहला एह सभाव। खास भंडारै बाहरियौ, अंन पुजावै काह।२१
जां जां धरती बरसै नीर, धापै गऊ मुकता खीर। धीणौ धापै लीला चरै, मुहराउ भुरट वापरै।२२
जब वापरै पूंख अर फली, धापौ धांन करौ मनि रली। वलि कलि उपजै अंन अमोल, तां तां थे सतगुरू को कौल।२३
एक पूरबौ पोहणौ साथि, सखरी छाटी उपरि घाति। एकांतर आय अंन लियौ, ऐसौ करार लोकां सूं कियौ।२४
सतगुर उठि चल्यौ वन वासि, पूरबौ मेल्हौ मेरे साथि। कजि करि साथि दियो पोहणौ, आण्यौ अंन अढाई मणौ।२५
एक पूरब और पोहणौ, गया देव जी पासि। पूरब रलियालो हुवो, दीठी अंन की रासि।२६
न को तोलौ न ताकडि, न मेपीणी सुथार घड़ी। कैही ज तोलता ल्यौ खरै, अव ताके पूरौ उतरै।२७
आंण जिमे अंन अतूट, एकान्तर न घातै चूक। सतगुरु बोल कह्यौ जीणि ठांय, तां तां ढिगली खूटि न जाय।२८
एक दिहाड़ै घरे बैसाय, एक दिहाड़े अंन नु जाय। देव दया करि विधि दाखवी, गुरु का सबद मान्या करि सही।२९
करारे महीनां सियालौ गयौ, ताती रूति उन्हालौ आयौ। देस मतौ कियौ लोकांह, लादौ ऊंठ विसाही जांह।३०
मतो उपायौ सिंध को, किणक लियावां मोल। आवै सांवण ढूकड़ो, करां हलां को सोल।३१
सगे सोईये दीन्ही सार, खिलेहरी मिलि हूवा तियार। संवैराया आथर पलाण, विसाही कौ हुवौ परवाण।३२
खिल्हेरिये मिलि कियो मतौ, एक ऊंठ आपण थ थितौ। दूजौ ऊंठ लहां जे कोय, सीझे खरच नफौ पणि होय।३३
मनै उपाव विचारै बात, दावो करां देव जी साथ। जीणि जांता राख्या जीवार, ऊंठ भी देसी तासो दातार।३४
कियो मतौ खिल्हेरीये साथ, संनेसो दिन्हौ पूरब साथ। पूरब तुंह सनेसो कही, एक ऊंठ म्हे मांगां सही।३५
दोय ऊंठ आवै किनक, अतौ किनक कौ मोल। अतरा मांगा दमड़ा, अबचल गुरु की बोल।३६
पूरब गयौ देवजी के पासि, कह्यो सनेसो करि अरदासि। हेक ऊंठ किता हेक दांम, देव देस्यौ तो रहिसी नांम।३७
जे तूं देव न देही ऊंठ, तो ए लोक दिखालै पूठ। दीन्है अंन तणो उपगार, करिस्यै ज्यौं वैदरि गलिहार।३८
देवजी कहै बात कहो समझाय, पूरबा तुं अवताके जाय। एक दिहाड़ै रहि अवताके, घी गूगल आणी परभाते।३९
हेक पूरबो पोहणौ साथि, अंन की बोरी उपरे घाति। ओताके आयो तिणि वार, आवै लोक पूछै समचार।४०
के तै पूछियो के कह्यो, कै मुखि बोल्यौ साह। देसी ऊंठ के दमड़ा, के नां राख्यसि वे राह।४१
पूरब कहे संनेसो कह्यो, सतगुर मन रलियालो थयौ। मांग्यौ गूगल न लाधौ भेव, भली हियाली दीठौ देव।४२
एक दिन आयौ दूजे दिन रह्यो, तीजै दिन गूगल ले गयौ। एक पूरबौ पोहणौ साथि, गूगल ले दीन्हु गुरु हाथि।४३
देवजी आप फिरै वन मांहि, नीली सूकी तोड़ै नांहि। किणी ज कारज आयो भाय, टूटी काठी लई उठाय।४४
आणी काठी मेल्ही जांमे, वसंदर प्रगास्यौ तांमे। होम जाप कियो संम तुठ, मन्यसा सै वौ उपायौ ऊंठ।४५
वील्ह कहै ग्रभवास विणि, कोय वडो न वेस। किसन चिरत करहो कियौ, तिंह गुर नै आदेस।४६
पुरबै नै देव दिखालै थली, वै चड़िया एक दिस वली। ऊंठ चरवहे कियौ छालि, जावौ पूरब ल्यावौ झालि।४७
सुघट ऊंठ भलौ नलियार, आवै गूगल की महकार। वरन रूड़ौ आंखे काजलौ, चालै तो विखां आगलो।४८
सांढ़ि न जायो उपनुं भाय, जिणि कियो सो कल्यौ न जाय। किसन चिलत कियो करहाल, चरण पीवण की दीनही भाल।४९
दोह ऊंठां आवै किणक, अति किणक को मोल। अतना दीन्हां दमड़ा, अबचल गुरु को बोल।५०
एक पूरबौ पोहणौ साथि, अंन की बोरी उपरि घाति। हाथे ऊंठ झांभेसर दियौ, देता एक अंनेसौ कियौ।५१
विसनोई मांगि र लियौ, इधकौ लोभ न जाइ कियौ। इधकौ लोभ न करणौ जाय, आवौ जदि दीजौ पहुंचाय।५२

आयौ पूरब दीठो लोय, लोग रहया अचंभे होय। ए वड दांन करै दातार, गहलो कहै से लोग गिंवार।५३
ऊंठ पलाणि खंचाउ किया, सहजे सहजि पयाणां दिया। सांढ़ि ऊंठ मिलि कीवी कतार, मांही गूगलियो सिरदार।५४
गुगलियो देवजी कियौ, पूरी मन की आस। वाटि वहै त साथ मां, वैणि तणां फुटे बास।५५
लियो वासौ वसती झोकि, ते तकि हुवा अचंभो लोकि। को करतौ होम न दीसे धार, आवै गूगल की महकार।५६
गूगलियो गुणवंतो जाणि, विणज वोपार न होई हांणि। साथ मांही न होई सोर, पड़े धाड़ो न लागै चोर।५७
साथी स्यंधि होता जाय, लिवी किणक सुहंघै भाय। छाटी छाली हुवा तियार, लादौ ऊंठ न लावौ वार।५८
वलियो साथ कियो परवाण, वांसै मेल्हिया नदी निवाण। वांसै मेल्हिया रोही रन, कियो पयाणौ मेल्हिया वन।५९
साथी सोह घरि आइया, आंणी किणक विसाहि। गुगलियो मनां न विसरै, पणि राखिणौं न जाहि।६०
चारि पाय दीन्हौ पुंहचाय, सेवा कीवी इधक भाय। मुहरि छाड़ि र दीयो उछेरि, गूगलियो बोहड़ि न दीठो फेरि।६१
आणी किणक जदि घाती ठांहि, सरम न करही अंन न जांहि। गुरु नांही वाचा चूकणौ, मेल्है नहीं अढ़ाई मणौ।६२
आयो असाढ़ अति बूठौ मेह, खलक्या पांणी बहि गई खेह। नीलो निदांण अंति हुवौ घणौं, तोऊ न मेल्है अढ़ाई मणौ।६३
बगरो अर चंदलेवो जोय, आणै जीमै करे रसोय। हरी सीनावड़ी पड़िया हाथ, तोऊ न रहै पूरब को साथ।६४
गुरु दाता गुरु देवणौ, गुरु सत संजम पूर। कियो कौल न चुकई, सतगुरू वाचा सूर।६५
धीणौ धापै नीला चरै, मुंहराउ भुरट वापरै। खोटा छुलको चाल्यो घंणौ, तोऊ न छोड़े अढाई मणौ।६६
देवजी उमंगि उमंगि बातां कहै, क्यौं क्यौं गुरु वायक सा सहै। हुवौ सुकाल कुसमुं उतरियो, सीवज धांन नीटानुं सांवरियो।६७
बोल संभालो आयो आपणौ, अब राखौ पूरबा पोहणौ। राख्यो राख्यो करि बोलियो, मन रस्यौ रलियालो थयौ।६८
खुसी हुवौ खिलेहरियां साथ, सेलि सालि गुरु काढिया हाथ।६९
गुरु वाचा पूरी हुई, रहयौ मेल्हाण संतोख। वील्ह कहै जंपौ विसन, तूठो देसी मोख।७०
अंन दांन देवजी कियौ, भूखां नै कुसमै अंन दियौ। परोउपगारी सारिया काज, कौल किये की बूहो लाज।७१
पाप कियो पछताणां लोग, पहलु घणां बांध्या क्रम रोग। अकलि विहुंणां निंद्यौ देव, अब लाधौ सतगुरू को भेव।७२
गहलो गहलो कहयौ अजाण, पाछै गुरु सूं हुई पिछाण। भूखां नै पहुंचायौ वरौ, सरम्यां लोग लुगाई खरौ।७३
जाण्यौ सहजे सतगुरू सेव, अब लाधौ सतगुरू कौ भेव। कर जोड़े नै करै विलाप, परले कर पहलोका पाप।७४
मागर मंणिया एह रतन, कथूं न कूड़ कथन। भाग परापति संपनू, चित्रामणी रतन।७५
धीणौ मांगै जे मघधीण, वसतर मांगै वसतर हीण। उणति दाखै आपो आपणी, माया किसनी अति घणी।७६
जो जो मांगै सो सो दियै, अपणां जीव संभाल लियै। उणति भांजै जग दातार, आयो सांसो मेटणहार।७७
चहुं दिसां सांभलियो लोय, खेल प्रगास प्रगट होय। पहलोकी परगासै बात, गुरु कौ सबद पिछाणै पात।७८
गुरु गुरुवौ प्रगासा जाण, संभलि पापां पड़ै भगांण। रीण घटी ज्यौं उगो सूर, पाप गयो परगटियो नूर।७९
अंधेरे चांदिण हुवौ, सूझिया धरम र पाप। जांणायौ सह जुगति सूं, सतगुरू आपो आप।८०
वील्ह कहै गति सांभलौ, साधौ सुणौ बखाण। गूगलियो देवजी कियौ, कथा चड़ी परवाण।८१
गुरु उपदेस दियो सुणा, गुरु परगट आप गुण घणा। पहली परि फुरमावै दया, विसन नाव जंपौ सुची काया।८२
क्रोध माण माया कलोभ, गुरु बरज्या पाप का थोभ। सतगुरू फुरमाया धरम च्यारि, दान सील तप भाव विचारि।८३
अनहत व्रत मानियो खरो, भाखियो साच झूठ परहरो। वरज्या गुरु कुसंग कुपात, जा तै जीवड़ो दोजकि जात।८४
काया निरमल जल मांजणै, वाचा निरमल सति बोलणै। मन निरमलौ ग्यान सूं होय, पांचूं इन्द्री रहै समोय।८५
गुरु निरमल निकलंक गुरु, पर उपगार करंत। वील्ह कहै गुरु दाखव्यौ, मुकती खेत को पंथ।८६
साहबरामजी राहड़ कृत जंभसार के सातवें प्रकरण में भी यही वृतांत वर्णित है:-
देश थली बापेऊ गावां, मुरख थूल वसहे तेहि ठांवा। जादवै भाटी जात कहेऊ, खिलेरी निकासी भएऊ।
कृसाणी जंन रायक न्याता, सतगुरु सुरग सुं किये सुपाता। हते जीव छाली अरु अज्जा, मींढ़ा भेड़ सु खाय अखजा।
जीव जात की दया न आवै, जलमत बाल सिनान करावै। और भूल जल छूवै नाहीं, सींचे सा न जांणे ताहीं।
कोऊ करम ऊदै भयो आई, आपे आय मिल्यौ जंभराई। केवल न्यानी मिलियों जबही, भोलै बात चलाई तबही।
बांध्या सांकल भ्रम सदाई, कुल की रीत न त्यागी जाई। धर्म तणै नहीं जांणै भेवा, भूल न दया न साधू सेवा।
माता हांसा कुल परवारा, जहि के जम्भ लियो अवतारा। जंगल थले देवजी रहहे, जो कोउ पूछै तो गुरु कहहे।
पुछत नांही लोग गंवारा, सतगुर तणी न जाणै सारा। आवे जाय नहीं प्रतीता, गुरु को शब्द न लावे चीता।
पाप रु भूख मेटवे तांई, नगरी मां मां आया सुर सांई। नर नारी सब सनमुख होई, नूण प्रणाम न जाणे कोई।
हेत विहूणां बैठा आई, सुपह सुबात न पूछे काई। गुंगा आप गिणै गुरु गहलो, पूछे नाहीं पाप कछु पहलो।

अपणी ईछ्या सतगुरु कहहे, माता नाती एहि कुल रहहे। देवजी बात कहि तिण वारा, रहस्यो डरां मिलै नहीं टूका।
लोग कहे महा आई भूखा, रहता डरां मिलै नहीं टूका। पड़ियो काल वजराक अखंडा, ता भय डिग्यो सकल ब्रिह्मंडा।
अन्न विणा कहि रहयौ न जावै, बखत निमांणों अन्न न पावै। साख मिटी कुसमौ हुय गएऊ, भूख वियापी मरणो भएउ।
लोक कहि अन बिन जन सारा, साध न सिद्ध न देव विचारा। जम्भ गुरु कूं ऐसे कहे, अंन बिन्या सब मर महि गए।

03. गुरू जाम्भोजी का ननिहालः- वील्होजी कृत 'कथा औतारपात' में माता हांसा का जन्म भाटी नख की खिलेरी गौत्र में होना तथा उनका विवाह लोहटजी पंवार से होना वर्णित हैः-

भाटी जादंम वंशावली, ताहूं निकाह खिलेहरी कुली। तिंह वंशे ऊपनी हांसा माय, भाग बड़ो सुकलीणी थाय।२१
लेख हुवो पाणी पुंवार, सांई लोहट घरि वर नार। लखण सुलखणी धर्म आचार, सुकलीणी सोभा संसार।२२

सुरजनजी पुनियां कृत 'कथा औतार की' में माता हांसा को स्पष्ट रूप से खिलेरी बताया गया हैः-

खिलेरी कुल वंश निवासा, हांसा नांव घरे सुख वासा। सांई लोहट घर वर नारी, सुकलीणी सोभा संसारी।२

ये बापेऊ गांव गुरू जाम्भोजी का ननिहाल था। यहां के खिलेरी गौत्र के जाट परिवार में माता हंसा का जन्म हुआ था। विल्होजी कृत 'कथा गुगलिये की' में वर्णित है कि थली प्रदेश के बापेऊ गांव में भाटी नख के खिलेरी जाट निवास करते थे। विशेष बात यह थी कि यह वही खिलेरी परिवार था जिसमें माता हंसा (गुरु जाम्भोजी की माता) का जन्म हुआ था। अतः यह गुरु जाम्भोजी का ननिहाल थाः-

देस थली बापेऊ गांव, थूल लोक बसै उणि ठांव। भाटी वंसै खिलेहरी जाति, लोक क्रसांण र रायक न्याति।४
माता हांसा को परवार, जिंह के देव लियो अवतार।७

साहबरामजी राहड़ कृत जंभसार में भी यही उल्लेख हैः-

माता हांसा कुल परवारा, जहि के जम्भ लियो अवतारा।

अपना ननिहाल होने के कारण गुरू जाम्भोजी का इनसे आत्मीय संबंध थाः-

आपणी उचति देवजी कहै, हांसा तणै परित ने वहे।

साहबरामजी राहड़ कृत जंभसार में भी यही उल्लेख हैः-

अपणी ईछ्या सतगुरु कहहे, माता नाती एहि कुल रहहे।

विल्होजी कृत ''कथा गुगलिये की' के अनुसार गुरू जाम्भोजी ने पुरबोजी खिलेरी के जरिये खिलेरियों के लिए अनाज की व्यवस्था की थीः-

एक पूरबौ पोहणौ साथि, सखरी छाटी उपरि घाति। एकांतर आय अंन लियौ, ऐसौ करार लोकां सूं कियौ।२४
सतगुरु उठि चल्यौ वन वासि, पूरबौ मेल्हौ मेरे साथि। कजि करि साथि दियो पोहणौ, आण्यौ अंन अढाई मणौ।२५
खुशी हुवौ खिलेरियां साथ, सेलि सालि गुरु काढिया हाथ।६९

सुरजनजी पुनियां कृत 'कथा अवतार की' के अनुसार इस अकाल में गुरू जांभोजी ने अपनी माता के पीहर (बापेऊ के खिलेरी) और पिता के कुटंब (बापेऊ के पंवार) के परिवारों को अन्न दिया थाः-

इंह दुरभख मां अन दे जोय, पीहर पिता गरू हुवे सोय। आप आपणा चारो पाल, थल सिर आय बेठो प्रतपाल।६०
पुरब पोहण कियो तियार, पतवो वेगि न लावो वार। मेरी वाचा भंग न होय, देस्यों अन न वलगे तोय।६१
पोहणो पुरब कियो तियार, पुहण दे मेल्ह्यो तिण वार। पुरब गयो सतगुरू के पास, खुसी हुवो अन दीठो रास।६२
अन आणि वांटियो कुटंब बुलाय, तो गुरू आवे सगलां की दाय। आठ मास जदि आणे अन, तदि कुछ अवर पसारियो मन।६३

सुरजनजी पुनियां कृत 'कथा परसिध' के अनुसार गुरू जांभोजी ने आठ मास तक इंकातरै अन्न दिया थाः-

काल बंयालो करम गति, खरच हीण खकाल। साह खरचा भजिसी, पति राखे प्रतपाल।
आठ मास इकांतरे, आणे अन अभंग।

उक्त पुरबोजी खिलेरी के प्रति गुरू जाम्भोजी के अपनत्व को 'जांभेजी रे भक्तां री भक्तमाल' रचना में भी दर्शाया गया हैः- "पूरबे प्रीत हरी हिरदै धरी, भलो करियो जांभेसर हरी।" सुरजनजी पुनियां के कृत 'कथा औतार की' के अनुसार अकाल के समय गुरू जाम्भोजी ने बापेऊ गांव के खिलेरी जाटों के साथ-साथ पंवार जाटों के लिए भी अनाज की व्यवस्था की थी। उन पंवारों में से सर्वप्रथम पुल्होजी ने ही शंका जाहिर की थीः-

अब आयो सतगुरू तिंह गांव, लोग पुंवार वसे तिंह ठांव।७२
गुरू गुरू करि आया हरी पास, कर जोड़े कीवी अरदास। अब झांभाजी टहल बताय, सोई टहल करां हित लाय।७३
मैं थाने वाचा दई, अब वाचा द्यो मोय। सखरी बात बतायस्यो, मुकरे न हुईयो कोय।७४
संभलि लोग रह्या अरगाहि, किण हि जाब न कहणो जाय। वड पुल्हो जाति को पुंवार, अकलवंत कुछि मने विचार।८१

इस प्रकार आठ महीने अन्न देने के पश्चात जब अकाल समाप्त हो गया तो गुरू जाम्भोजी बापेऊ गांव में पंवारो के बास में गए और सर्वप्रथम भींयोजी पंवार के पुत्र पुल्होजी से वार्तालाप हुआ। गुरू जाम्भोजी ने उन लोगों को अपना वादा याद दिलाया। अपने किए गए वादे के मुताबिक

बापेऊ के खिलेरी जाटों और पंवार जाटों ने विसनोई धर्म अपनाया था।

04. बापेऊ गांव का भंडारा:- साहबरामजी राहड़ कृत जंभसार में 24 भंडारो की सूची में बापेऊ भंडारे का भी नाम है। गुरू जांभोजी द्वारा पुरबोजी खिलेरी को भंडारी नियुक्त करने का उल्लेख है:- "बापेउ भंडारो भूरा, पूरबो खिलेरी निज नूरा।"

17

रणीसर

01. परिचयः- रणीसर गांव फलौदी जिले में स्थित है। यहां पर प्रथम विसनोई पुल्होजी सहित सात लोगों की समाधि है।

02. पुल्होजी पंवार का जीवनवृत्त

क. बापेऊ गांव के निवासीः- जब संवत 1542 में अकाल पड़ा था, तब गुरू जांभोजी अपने ननिहाल बापेऊ गांव गए थे। वहां अपने माता के पीहर वालों (खिलेरी) और अपने पिता के कुटुम्ब वालों (पंवार) को आठ महीने अन्न इस शर्त पर दिया था कि अकाल समाप्त होने के बाद वे विसनोई धर्म अपनाएंगे। सुरजनजी पुनियां कृत 'कथा अवतार की' के अनुसार इस अकाल में गुरू जांभोजी ने अपनी माता के पीहर (बापेऊ के खिलेरी) और पिता के कुटंब (बापेऊ के पंवार) के परिवारों को आठ महीने तक अन्न दिया थाः-

इंह दुरभख मां अन दे जोय, पीहर पिता गरू हुवे सोय। आप आपणा चारो पाल, थल सिर आय बेठो प्रतपाल।६०

अन आणि वांटियो कुटंब बुलाय, तो गुरू आवे सगलां की दाय। आठ मास जदि आणे अन, तदि कुछ अवर पसारियो मन।६३

सुरजनजी पुनियां के कृत 'कथा औतार की' के अनुसार जब आठ महीने अन्न देने के पश्चात अकाल समाप्त हो गया तो गुरू जाम्भोजी बापेऊ गांव में पंवारो के बास में गए और सर्वप्रथम पुल्होजी पंवार से वार्तालाप हुआ। गुरू जाम्भोजी ने उन लोगों को अपना वादा याद दिलाया। अपने किए गए वादे के मुताबिक बापेऊ के इन पंवारों ने सर्वप्रथम विसनोई धर्म अपनाया थाः-

अब आयो सतगुरू तिंह गांव, लोग पुंवार वसे तिंह ठांव।७२

गुरू गुरू करि आया हरी पास, कर जोड़े कीवी अरदास। अब झांभाजी टहल बताय, सोई टहल करां हित लाय।७३

मैं थाने वाचा दई, अब वाचा द्यो मोय। सखरी बात बतायस्यो, मुकरे न हुईयो कोय।७४

संभलि लोग रह्या अरगाहि, किण हि जाब न कहणो जाय। वड पुल्हो जाति को पुंवार, अकलवंत कुछि मने विचार।८१

ख. भींयोजी पंवार के पुत्रः- वील्होजी कृत 'कथा पुल्हेजी की' के अनुसार उक्त पुल्होजी भींयोजी पंवार के पुत्र थेः-

भींयाणी भाईक जण, परीयावट पुंवार। पूल्हौ सतगुरु ने विनवै, पूछै भेद विचार।१

साहबरामजी राहड़ कृत 'जंभसार' में भी यही उल्लेख हैः-

भींयाणी भाविक जन, परच्या पहलु आय। पूल्ह कहे सतगुरू हमें, कछुवक बात बताय।४

ग. पुल्होजी का स्वर्ग दर्शनः- साहबरामजी राहड़ कृत जंभसार में वर्णित है कि पुल्होजी ने गुरू जाम्भोजी से कहा कि हम आपके कुटुम्ब (पंवार परिवार) के होने के कारण संबंधी है, फिर भी परचै के बिना पहचान नहीं होती है। इसलिए आप हमें परचा दो, ताकि विश्वास आएः-

परचै विन्या पिछाण नी, गुरु परचै परचाय। म्हे संबंधी शाख मां, चरण गह्या हम आय।

साहबरामजी राहड़ कृत जंभसार में वर्णित है कि जब गुरू जाम्भोजी ने उन्हें ज्ञान देकर समझाना चाहा, तब पुल्होजी स्वर्ग दर्शन की जिद पर अड़ गए थेः-

देव कहे तोहे ज्ञान सुणाऊं, देकर ज्ञान तोहि समझाऊं। पुल्हो कहे देव भ्रम भानहुं, परचै बिना प्रतीत न मानहुं।

एक अर्ज प्रभु मोरी मानहुं, दास आपणो मोकूं जानहुं। प्रीत कोड़ तेतीसां पालो, पुल्ह कहे मोहि सुरग देखालो।

श्रुति डोर सरड़क संवराई, मनस्या सास विवाण कराई। लेकर स्वर्ग गए जंभ संगा, देख पुल्ह मन अति उछंगा।

विल्होजी कृत 'कथा पुल्हेजी की' में भी यही वर्णित है कि पुल्होजी ने गुरू जाम्भोजी से कहा कि 'मैं आपकी बातों पर विश्वास नहीं कर सकता, जब तक कि अपने आंखो से स्वर्ग न देख लुं'। तब गुरू जाम्भोजी ने उन्हें स्वर्ग दिखाया थाः-

सुरग न देखूं अपणां नैणां, तो न प्रतीजू गुरु का वैणां।

मन्यसा सांस विवांण करि, सतगुरु पूल्ह बईठ। किसन चिलत पुंहता सुरग, अजब अचंभौ दीठ।१०

घ. विसनोई धर्म अपनानाः- विल्होजी कृत 'कथा पुल्होजी की' के अनुसार स्वर्ग दर्शन के पश्चात पुल्होजी विसनोई धर्म के अग्रगामी हुएः-

करि परिमोध परगास गुण, दाखवि करणी सार। सतगुरु सेती सीख सुणि, पूल्हो चालण हार।१९

सुरजनजी पुनियां कृत 'कथा परसिध' के अनुसार सर्वप्रथम पुल्होजी ने विसनोई धर्म अपनाया था:-
पहली पुल्ह परचियो, हरि पंथ चालणहार।
परमानंदजी बैनिवाल कृत साखी के अनुसार पुल्होजी ने स्वर्ग दर्शन के पश्चात विसनोई धर्म अपनाया था:-
थिर नामी कलस थापियो नै, परच्या सुरग देख। पहली पुल्हो परचियो, अरू ओलख्यो अलेख।
साहबरामजी राहड़ कृत 'जंभसार' के अनुसार सर्वप्रथम पुल्होजी पंवार ने विसनोई धर्म अपनाया था:-
पूल्हेजी के गुण प्रगट, वरणत हूं ऐहि बार। प्रथम पंथ इन आचरियो, विशनोई जात पुंवार।३

इ. विसनोई धर्म अपनाने के पश्चात

1. विल्होजी के अनुसार:- विल्होजी कृत 'कथा पुल्होजी की' में वर्णित है कि विसनोई धर्म अपनाने के पश्चात पुल्होजी ने अपने भाई सैणों को बुलाया, और अपनी बात बताई। पुल्होजी के पास जितनी भी गायें, धन और सामग्री थी, वह सब उन्होंने धर्मकार्य के लिए अर्पित कर दी। यह दान विसनोई धर्म के संगठन और उत्थान में सहायक बना। अपनी दो कन्याओं का विवाह भी विसनोई संतों से किया। जब पुल्होजी ने अपने समस्त सांसारिक कर्तव्यों का निर्वहन कर लिया, तब उन्होंने वैराग्य धारण कर समाधि लेने का निश्चय किया। उनके इस निर्णय में अकेलापन नहीं था, उनके साथ छह अन्य व्यक्ति भी इस आध्यात्मिक मार्ग पर अग्रसर हुए। सातों व्यक्तियों ने मिलकर यह निश्चय किया कि वे माया और मोह का त्याग कर समाधि के माध्यम से परमात्मा में लीन होंगे। इस महान संकल्प की पूर्ति हेतु गांव रणीसर में सात समाधियां तैयार की गईं। यहाँ पुल्होजी और उनके साथ छह लोगों ने समाधिस्थ होकर अपने जीवन का समापन किया, जो वस्तुतः आध्यात्मिक उत्कर्ष की चरम अवस्था थी। पुल्होजी एवं उनके साथ के लोगों की समाधि केवल मृत्यु नहीं थी, बल्कि यह आत्मा का परमात्मा में विलय था। यह घटना विसनोई धर्म में त्याग, समर्पण और गुरु आज्ञा के पालन की सर्वोच्च मिसाल के रूप में स्थापित हुई। संत सहज भाव से परमात्मा में लीन हो गए और उनकी आत्मा (हंस) परमधाम को प्रस्थान कर गई:-
पूल्ह मतौ करि सैण हकारिया, निंवतो मांगि वचन कहि सारिया। किती एक गाय कितौ एक नांणौं, कापड़ चोपड़ धन झांभाणौ।२०
संता हेत कबूली तांहि, कन्या दोय कबूली जांहि। दोय सुभ्यागत ल्यावौ जोड़, जानै कन्या कबूल न करही कोइ।२१
ऐह कन्या वांहनै परणावौ, वसत वासि न करीयो दावौ। निंवतौ वित ले कन्या दियौ, आप मतौ सुरगां नै कियौ।२२
सात जणा मिलि बांध्यौ बेलौ, एक मनि होय माया मोह मेल्हो। गांव रणीसर घोर संवारी, संते झागी हीव करारी।२३
संत सहज सूं साध समाणां, हाक हकम सूं हंस उडाणां।२४
वील्ह कहै करणी करौ, जो गुरु आवै दाय। छहां जणां सूं पूल्ह जी, दीठी गयो पुलाय।२५

02. जंभसार में वर्णन:- साहबरामजी राहड़ कृत जंभसार के सातवें प्रकरण में वर्णित है कि विसनोई धर्म स्वीकार करने के पश्चात पुल्होजी के मन में यह विचार उत्पन्न हुआ कि वे अपने समस्त धन का उपयोग किसी महान पुण्य कार्य में करें। इस संकल्प के साथ उन्होंने साधु-संतों और अपने भाई सैणों को निमंत्रित किया। सभा में उन्होंने स्पष्ट घोषणा की कि उनके पास जो भी धन-संपति है, उसे वे पुण्यार्थ समर्पित करना चाहते हैं। उन्होंने कहा कि समस्त पशुधन (गाय, भैंस, बकरी, बैल आदि) जांभाणी थाट में अर्पित करेंगे। शेष धन संतों के हित में लगाया जाएगा। अपनी दो कन्याओं का विवाह भी पुण्य कार्य के रूप में करेंगे। यहाँ विशेष बात यह थी कि वे अपनी कन्याओं का विवाह ऐसे व्यक्तियों से करना चाहते थे जो मोक्ष के इच्छुक हों। अपने इस संकल्प को लेकर पुल्होजी गुरु जाम्भोजी के पास पहुँचे और स्तुति कर निवेदन किया। गुरु जाम्भोजी अंतर्यामी थे। उन्होंने पुल्होजी के मन का भाव पहले ही जान लिया था, फिर भी उन्होंने पूछकर कहा कि हे भाई! तुम्हारा यह संकल्प श्रेष्ठ है। संतों के हितार्थ धन लगाने से तुम्हारा मनोरथ सफल होगा। और दो निष्पक्ष (निर्लिप्त) साधुओं से कन्याओं का विवाह करो। गुरु की आज्ञा प्राप्त कर पुल्होजी अपने घर लौटे और एक भव्य महोत्सव का आयोजन किया। उन्होंने अपना समस्त धन अपनी कन्याओं को दे दिया। कन्याओं का विवाह गुरु की आज्ञा अनुसार संतों से किया। और स्वयं स्वर्ग गमन का निश्चय किया। यह प्रसंग दर्शाता है कि पुल्होजी ने गृहस्थ जीवन के सभी दायित्व पूर्ण कर लेने के पश्चात वैराग्य को अपनाया था। पुल्होजी के इस महान संकल्प में वे अकेले नहीं थे। उनके साथ छः अन्य व्यक्तियों ने भी अपना सर्वस्व त्याग कर इस मार्ग को अपनाया। दो साधु अजोजी व अमरदासजी और पुल्होजी की पत्नी धारणियाणी (धारणिया गौत्र की) सहित छः लोग इस हेतु तैयार हुए। इस प्रकार पुल्होजी सहित कुल सात व्यक्तियों ने एक साथ अपना समस्त धन विसनोई धर्म के हित में दान किया। और स्वर्ग गमन का निश्चय किया। सातों व्यक्ति गांव रणीसर पहुँचे और वहाँ समाधि (घोर) खुदवाने की तैयारी की। यह समाचार पूरे प्रदेश में फैल गया। बड़ी संख्या में लोग इस अद्‌भुत घटना को देखने के लिए एकत्र हुए। इस समय स्थानीय ठाकुर ने आपत्ति जताई कि हिंदू धर्म में पृथ्वी-दाग (समाधि) की परंपरा नहीं है, अतः यह कार्य नहीं होने दिया जाएगा। तब पुल्होजी ने अत्यंत तर्कपूर्ण और आध्यात्मिक दृष्टि से समझाया कि चार प्रकार के दाग (अंत्येष्टि विधियाँ) वेदों में वर्णित हैं- छाया, जल, अग्नि और धरणी (भूमि)। विभिन्न युगों में भिन्न-भिन्न विधियाँ प्रचलित रही हैं- सतयुग में वायु, त्रेतायुग में जल, द्वापर में अग्नि और कलियुग में धरणी (भूमि) दाग। अतः कलियुग में भूमि समाधि ही शास्त्रसम्मत है। इस तर्क से लोगों का भ्रम दूर हुआ और विरोध समाप्त हो गया। अंततः सातों व्यक्ति एक ही समाधि (घोर) में लेट गए। एक ही कफन से उन्हें ढका गया। लोगों ने श्रद्धा से उन पर मुट्ठी-मुट्ठी मिट्टी डालनी शुरू की। इस प्रकार पुल्होजी सहित सातों साधक सहज भाव से समाधिस्थ हो गए। जनसमूह ने उनकी जय-जयकार की और

उन्हें धन्य कहा। पुल्होजी ने न केवल स्वयं मोक्ष प्राप्त किया, बल्कि अपने साथ छह अन्य व्यक्तियों को भी इस मार्ग पर अग्रसर किया:-
पुल्हजी मन कीन्ह विचारा, करूं मोहछब धन लावऊं सारा। साधु सैंण हकारिया सबही, भेज्यो निंवतों आया जब ही।
कहे पूल्ह मोहे वचन विचारो, सुणहू सकल सैण चित धारो। जो कछु धन माल घर मेरे, करिहूं पुन्य नहिं लावहू वैरै।
गाय भैस अज सांड्या जाणों, कापड़ चोपड़ धन जाभाणों। संता हेत लगावहूं एहा, कन्या दोय पुन्य प्रणेहा।
मो कन्या परणीजै सोई, गुरु बालक सुभ्यागत होई। ए कन्या जाकूं परणावौ, जगत बहुर नहीं राखै दावौ।
एहि विधि कुटुम्ब पूछ पूलेसर, होय विद्या जहां गये जांभेसुर। अस्तुति करे बैठ सिर नाई, कहे जंभ प्रकाशहु भाई।
अंत्रजामीं जानहु सारा, जो मोमन कछु कीन विचारा। कहे जंभ भए सुफल मनोरथ, धन लावो संतन कै सो अरथ।
साधू दोये रहै निरपेखा, ब्यावहू कन्या करहु ववेका। सुन अज्ञा अपने घर आयो, कियो पूल जन मन को भायो।
वित सकल कन्या कूं दीन्हो, अपण मतो सुरग कहूं कीन्हो। सात जणा मिली मान्यो साचा, मुक्त पधारिया गुरु के वाचा।
अजो अमरदास दोय साधा, धर धारियो धारणियनी दादा। पूलेजी संग सीधे साता, किन्हां वित सब दियो जमाता।
सातां वित संतन हित लायो, सातां मिल कर मतो उपायो। गांव रणीसर गए तिहीं वारा, लोक बुलाय रु घोर संवारा।
जंभ ध्यान कर भए निरधारा, देखत सुणत मुल्क अब सारा। ठाकर लोग बुलावत भए, पृथ्वी दाग हिंदु नहीं लऐ।
एक घोर सोए सुन सारा, कफन एक सात पर डारा। सोए सेझ पूल इम बोला, भ्रम सकल लोकन का खोला।
परम पुरूष जंभेसुर भऐऊ, संग सुरग मोकूं ले गएऊ। धर्मराय सौं पूछी बाता, च्यार दाग वेदहि विख्याता।
छाया जल अग्नि अरु धरणी, जुग निज दाग तीरे विन करणी। कलू में दाग सिरष्ट धर कहिये, थोड़ेई श्रम सुरग सुख लहिये।
सतजुग दाग वणी धर आवे, दाग जोग सुं सुरगहि पावै। त्रेता जल में करै प्रवेशा, दाग जोग मिलहे अमरेशा।
द्वापुर अग्नी देहू जराई, दाग जोग सुरगा में जाई। कलू में केवल अवनि अधारा, दाग जोग सुरपुर पग धारा।
जो जन जुग कृत धर्मही जागै, जा जन कूं कछू पाप न लागै। अस कहि धर्मराय अरगानां, हम किनेह इह लोक पयानां।
जो जन दाग जमीं का लही, विन करणी सुरगांपुर पहही। अस कहे पूल कियउ हुंकारा, तब लोगनि अस कियेउ विचारा।
सात जणां मरघट महि सोवा, चुकटी माटी गेर रू जोवा। सील सहज सूं साध समाणां, हरि होकम से हंस उडाणां।
जैजैकार करहि जन सारा, धन्य पूल जन भाग तुम्हारा। सात जणां ले सुरग पधारा, जंभ धरम कलूजुग में सारा।
वील्ह गुरु की साख सुंण, कवता करी बणाय। छवां जणां सूं पूलजी, सुरग पहूँता जाय।

03. गुरू जांभोजी का रणीसर आगमन:- जांभोलाव में विराजमान गुरू जाम्भोजी ने एक दिन स्वयं ही भ्रमण की इच्छा प्रकट की। प्रातःकाल स्नान के पश्चात उन्होंने सभी संतों को बुलाकर कहा कि साधु को सदैव भ्रमणशील रहना चाहिए, क्योंकि इससे मन निर्मल रहता है और समाज में समरसता बनी रहती है। गुरू जाम्भोजी की आज्ञा से संतों की पूरी जमात उनके साथ चल पड़ी। इस यात्रा में रावल जैतसी भी उनके साथ थे। इस प्रकार संत-मंडली रणीसर गाँव पहुँची। जब गुरू जाम्भोजी रथ से उतरकर भूमि पर आए, तो उनका चरण एक पत्थर पर पड़ा। यह घटना सामान्य नहीं थी, पत्थर पर उनका चरण ऐसे धँस गया जैसे गीली मिट्टी में धँसता है। यह एक दिव्य लीला थी। गुरू जाम्भोजी ने जानबूझकर वहाँ अपना चरण-चिह्न अंकित किया, ताकि भविष्य में आने वाले श्रद्धालु उसके दर्शन कर सकें। यह चरण-चिह्न रणीसर साथरी की पवित्रता का प्रतीक माना जाता था। गुरू जाम्भोजी एक दिन रणीसर साथरी में ही विराजमान रहे। यहाँ उन्होंने संतों को भंडारे में भोजन करवाया। संत-मंडली के साथ सत्संग और धर्मोपदेश दिया। अगले दिन गुरू जाम्भोजी भींयासर गए और वहाँ दिनभर रहे। संध्या समय वे पुनः रणीसर साथरी लौट आए। उनके आगमन पर संतों और भक्तों ने उनके चरणों का दर्शन किया। रणीसर साथरी में गुरू जाम्भोजी के विराजमान होने से यह स्थान निरंतर धार्मिक गतिविधियों का केंद्र बन गया। दूर-दूर से लोग दर्शन हेतु आने लगे। रणीसर की इस पवित्र भूमि पर पहले से ही पुल्होजी और उनके साथियों की सात समाधियाँ स्थित थीं। ये वही सात महापुरुष थे जिन्होंने गुरू जाम्भोजी के मार्ग पर चलकर अपना सर्वस्व त्यागकर मोक्ष प्राप्त किया था। गुरू जाम्भोजी का यहाँ आगमन इस स्थान की आध्यात्मिक गरिमा को और अधिक बढ़ाने वाला सिद्ध हुआ। गुरू जाम्भोजी इन सात महापुरूषों के सम्मान में सात दिनों तक रणीसर में रहे। उन्होंने लोगों को विभिन्न प्रकार का भोजन करवाया। धर्मोपदेश देकर लोककल्याण किया। संतों के साथ रमण करते हुए समाज में सद्भाव का संदेश दिया। सात दिन के प्रवास के पश्चात गुरू जाम्भोजी पुनः अपने भ्रमण पर निकल पड़े:-
एक दिवस प्रभू प्रातही न्हाऐ, सब संतन कूं निकट बुलाऐ। सहल करण कूं चालो भाई, साधू रमणी करै सदाई।
रमते रहै साध सो निरमल, वैर न बधे सबन सूं रलमिल। अस सुण चालत भई जमाता, राव जेतसी है तेहि साथा।
चली जमात रणीसर आऐ, रथ सूं पथर पांव धराऐ। पथर पांव गड़ियो जब कैसे, ज्यूं गारै में गड़ज्यै जैसे।
चरण चिहन मांड्यो ऐहि कारण, दर्शन करें तास कूं तारण। एक दिवस साथरी जांहा रहे, भंडारे में भोजन दऐ।
दूसर दिवस भिंयासर गऐ, दिवस दिवस भिंयासर रहे। उलट साथरी सब जन गऐउ, चरण कंवल के दर्शन भएउ।
नित ही साथरी संत विराजै, आवै लोग दर्शनां के काजै। जांहा समाध सात पूलै के संगा, जे जन पगे जंभ गुर रंगा।
सात दिवस तहां सतगुर रहे जू, नांना भोजन लोगन दए जू।

रमणीं में राजत भऐ, सचे गुरू दयाल। जेहि जेहि गांवां संचरे, तेहि तेहि करत निहाल।

04. रणीसर साथरी:- साहबरामजी राहड़ कृत जंभसार के 22 वें प्रकरण में वर्णित 16 साथरियों की सूची में रणीसर साथरी का भी उल्लेख है। साहबरामजी के अनुसार गुरू जाम्भोजी ने राघोदासजी को रणीसर साथरी का महंत बनाकर यहां वास कराया था:- "रणसीसर में राघोदासा, जंभ गरू करवायो वासा।" यहां पर स्थित साथरी में पुल्होजी सहित सात विसनोई महापुरुषों की समाधियां है। तथा जंभसार के अनुसार यहां गुरू जाम्भोजी के चरण चिह्न अंकित पत्थर भी था। सन् 1960-70 ई. के मध्य रणीसर साथरी के महन्त पड़ियाल गांव के छोगारामजी बणियाल थे। इन्होंने विक्रम संवत् 1981 में 5-7 साल की आयु में लोहावट के प्रभुदासजी ढाका को गुरू बनाकर भेष लिया था। इस प्रकार रणीसर साथरी की अपनी महंत परंपरा है। मुहणोत नैणसी कृत 'मारवाड़ रा परगना री विगत' में फलोदी परगने के विसनोईयों के 13 गांवों का वर्णन है, जिनमें रणीसर गांव का भी उल्लेख है:- "रीणीसर, कसबा था कोस 11। खेत थली रा हलवा 50। कोहर 1, पुरस 48, पाणी मीठो। गायां 300 पीवै। नाडी 1, मास 4 पाणी रहै। बसती घर 20 तथा 25 विसनोई बसै।"

05. अमर बलिदानी पुण्यात्माएं:- गुरू जांभोजी ने कहा था कि जो व्यक्ति विसनोई धर्म नियमों के रक्षा हेतु खांडे के समक्ष सिर समर्पित करेगा, उसे सहज ही साजोज्य मुक्ति प्राप्त होगी। इस कारण इतिहास में ऐसे अनेक विसनोई नर-नारी हुए, जिन्होंने विसनोई धर्म के नियमों की रक्षार्थ बलिदान दिया था। विसनोई समाज में इन धर्म योद्धाओं को 'सता-सती' एवं झूंझार कहा जाता है। लगभग प्रत्येक विसनोई कुल में ऐसे धर्मयोद्धा हुए थे, जिनके समाधि स्मारक आज भी मौजूद है। इनके स्मारक पर शहीदी दिवस के अवसर पर मेले लगते है। उस धर्मयोद्धा का पुरा कुल इकट्ठा होकर एक जाजम पर बैठता है, और उस सता-सती/झूंझार से प्रेरणा लेकर विसनोई धर्म पर दृढ रहने की प्रतिज्ञा करता है। ऐसे ही रणीसर गांव के एक धर्मयोद्धा का परिचय आगे दिया जा रहा है:- खावा गौत्र के जाट हांसोजी ने विसनोई धर्म अपनाकर सालोड़ी गांव में निवास किया था। हांसोजी के पुत्र करमोजी, लालोजी व दासोजी हुए। जिनमें करमोजी के पुत्र सामोजी हुए। सामोजी के पुत्र सांगोजी, मोटोजी व नाथोजी हुए। सांगोजी के पुत्र जगमालजी, गिरधारीजी व भोलूजी हुए। जगमालजी के पुत्र रिड़मलजी, हीरोजी, उमोजी, दूदोजी, रामचंदजी व मनोहरजी हुए। रिड़मलजी सालौड़ी से विक्रम संवत् 1702 में रणीसर गांव में आकर बसे। रिड़मलजी के पुत्र ताजोजी, गोकूलजी, सबलोजी व भरमलजी हुए। उक्त भरमलजी खावा विसनोई धर्म के नियम जीव रक्षा का पालन करते हुए गौरक्षार्थ संवत् 1767 को देवगति को प्राप्त हुए। इनका समाधि स्मारक रणीसर गांव में स्थित है।

18

पड़ियाल

01. परिचयः- पड़ियाल गांव फलौदी जिले में स्थित है। यह गुरू जाम्भोजी के पाटवी शिष्य रणधीरजी बाबल का गांव था।

02. पीतलजड़ का पड़ियाल में बसनाः- साहबरामजी राहड़ कृत जंभसार के 17 वें प्रकरण में वर्णित है कि पीतलजड़ योगी माया के प्रभाव में आकर गुरु जाम्भोजी के चरणों में उपस्थित हुआ। उसने विनम्र होकर प्रार्थना करी, कि हे प्रभु! मुझे अपना शिष्य बनाइए और एक स्त्री प्रदान कीजिए, जिससे मैं आपके समीप रह सकूँ। यहाँ उसकी कामना सांसारिक (माया-प्रधान) थी, जिसमें भक्ति से अधिक भोग की इच्छा निहित थी। गुरु जाम्भोजी ने तत्काल उसकी इच्छा पूरी नहीं की, बल्कि उसे आध्यात्मिक मार्ग का प्रथम नियम बताया कि पहले कपट और छल का त्याग करो। स्वयं को शुद्ध बनाओ। तब मैं तुम्हारे दुखों का निवारण करूंगा। उसके बाद गुरू जाम्भोजी ने उनको अपनी सिद्धियों का प्रदर्शन करने को कहा। गुरु की आज्ञा पाकर पीतलजड़ ने अपनी योग-सिद्धियों का प्रदर्शन आरंभ किया। उसने आकाश में गज-गज ऊँचा आसन स्थापित किया। उसके साथ पाँच सौ योगी रहते थे। तिरेसठ प्रकार के आसन लगाए गए। लगभग ढाई सौ योगी अदृश्य (गुप्त) रूप में थे। पृथ्वी से आवाजें निकलने लगीं। आकाश में वाद्य-यंत्रों की ध्वनि सुनाई देने लगी। यह सब उसकी मायावी शक्ति (चेटक) का प्रदर्शन था, जिससे वह अपने प्रभाव और सामर्थ्य का परिचय दे रहा था। तब गुरु जाम्भोजी ने "पाहल" करके उसका छांटा (छिड़काव) दिया। इसके परिणामस्वरूप उसकी समस्त चेटकता समाप्त हो गई। सभी अदृश्य योगी प्रत्यक्ष हो गए। चमत्कारों का भ्रम टूट गया। यह दृश्य उपस्थित साथरियों के लिए अत्यंत आश्चर्यजनक था। इस घटना से स्पष्ट होता है कि सच्चे गुरु के समक्ष मायावी सिद्धियाँ टिक नहीं सकती है। जब पीतलजड़ की सिद्धियाँ निष्फल हो गईं, तब उसका अभिमान नष्ट हो गया। उसने जंतर-मंतर त्याग दिए। शरीर पर धारण किए हुए सवा मण पीतल के आभूषण उतार दिए। मुद्रा, सींगी, सेली आदि सब त्याग दिए। जटाओं को काटकर रस्सी बना दी। यह उसका पूर्ण वैराग्य और आत्मसमर्पण था। इसके बाद पीतलजड़ ने योगमार्ग को त्याग कर विसनोई धर्म अपनाया। उसके साथ सभी पाँच सौ योगियों ने भी यही मार्ग स्वीकार किया। यह घटना विसनोई धर्म के प्रभाव और गुरु जाम्भोजी की आध्यात्मिक शक्ति का प्रमाण है। गुरु जाम्भोजी ने उसकी कामना को भी पूर्ण किया। अपनी योग-माया से एक स्त्री उत्पन्न की। उसका नाम अणची था, जो एक अप्सरा थी। वह श्रापवश देवलोक से पृथ्वी पर आई थी। गुरू जांभोजी ने कहा कि श्राप समाप्त होने तक वह पीतलजड़ की पत्नी बनी रहेगी। पीतलजड़ अपने अनुयायियों सहित पड़ियाल गांव में आकर बस गया। उसके पूर्वजों ने "बणी" (वन) काटी थी, इसी कारण उनकी गौत्र बणियाल कहलायी थी। गुरु जाम्भोजी ने उसे एक तंबू प्रदान किया, जो आज भी परंपरा में प्रतिष्ठित है। जांभोलाव और मुकाम के मेलों में ताना जाता है। जंभसागर में सूत फेरने पर तंबू को भी भाग मिलता है। यह तंबू "डेढ़ न्यात" के प्रमुख प्रतीक के रूप में मान्य हुआ। सामाजिक निर्णयों (हेला देने) में इसी तंबू से पंचों को बुलाया जाता है। लोहावट में लोहजड़ की न्यात भी इसी परंपरा से जुड़ी हुई हैः-

अब पीतलजड़ की कथा कहूं सुणों चितलाय। जोगी पलट विसनु धर्म लियो, सा विधि कहूं समझाय।
पीतलजड़ माया वश भयो, जंभ गुरु के चरणां नयो। एक श्री मोकूं प्रभू देवो, मोहि कूं चेलो करि लेवो।
नित ही रहूं आपके पासा, अंत्रजांमी पुरवो आसा। तब जांभेसर बोले बाणी, कपट त्याग सुध होवै प्रांणीं।
तब मैं वांका दुख निवारौं, कोट जनम के पातक टारौं। अपणीं सिद्धि मोहि दिखावौ, तब ही माया श्री पावो।
जब आयस चेटक दिखलावा, गज-गज ऊंचा आसण लाया। जोगी पांच सै ताके संगा, त्रेसठ आसन लाय उतंगा।
ढाई सै बै गुपत रहावै, पीतलजड़ ताकूं बतलावै। सो जंमी मां करै अवाजा, कछुवक सुन में बाजे बाजा।
जंभ गुर एक अचरज कियो, पाहल करके छांटो दियो। चेटकता के दूर पराऐ, सादे जोगी सब दरशाए।
साथरियां कूं अचरज भयो, पीतलजड़ अभिमांन जु गयो। जंत्र मंत्र दूर पराऐ, पीतल के पोले कढवाऐ।
पीतल सांग सवा मण संगा, सो वे काढियौ जंभ प्रसंगा। मुदरा सींगी सेली धरी, जटा उतार रासड़ी करी।
जोग मेल हुवा विसनोई, पुरा पांच सै या संग होई। माया कर इक श्री बनाई, पीतलजड़ कूं सो परणाई।
अणची नाम अभछरा एका, देव त्याग आई दुख भेखा। श्राप कटै जब उलटो जहहे, पीतलजड़ घर नारी रहहे।

जिनकी जैसी आसा रही, तसी ही प्रभू पूजै दई। तंबु एक तास कूं दयो, पीतलजड़ पड़ियालां गयो।
अपणै संग लियो सब साथा, आय गयो पुर पीतलनाथा। बहु बणी काट दूर कर दऐऊ, बणियाल जात ताहि ते कहेऊ।
अब लग तंबू है पड़ियाला, मेले मांहि तंणावै पाला। जंभ गुरू तब तंबु दएऊ, सोई डेड न्यात सिर रहेऊ।
जंभसागर कोऊ सूत फेरावै, तामै भाग तंबू को पावै। गुर भाई साधां का कह्या, अब लग लारै लाग्या रह्या।
लोहावट मां वारा जाता, बह कहिये लोहजड़ की न्याता। हेलो हबको कांहूहि दहै, सिरे पंच याही को रहे।

03. गुरू जाम्भोजी का पड़ियाल आगमन:- साहबरामजी राहड़ कृत जंभसार के 20वें प्रकरण में वर्णित है कि गुरु जाम्भोजी दो दिन तक मुंजासर में विराजमान रहे। तत्पश्चात प्रातःकाल उन्होंने मुंजासर से प्रस्थान किया। सांयकाल के समय वे पड़ियाल पहुँचे। उनके आगमन का समाचार मिलते ही वहाँ श्रद्धालुओं की भीड़ उमड़ पड़ी और बड़ी संख्या में जमात उनके दर्शन हेतु एकत्रित हुई। पड़ियाल में पहले से ही निवास कर रहे पीतलजड़ ने गुरु के आगमन पर अत्यंत श्रद्धा और उत्साह से उनका स्वागत किया। गुरु जाम्भोजी के चरण मंडवाए। समस्त संतों को निमंत्रण दिया। विविध प्रकार के व्यंजन बनाकर सभी को भोजन कराया। यह सेवा केवल बाह्य आयोजन नहीं था, बल्कि पीतलजड़ की अंतःकरण से उत्पन्न भक्ति और कृतज्ञता का प्रतीक था। भोजन एवं सत्कार के पश्चात पीतलजड़ अत्यंत भाव-विभोर होकर बोले कि हमारा परम सौभाग्य है कि आपने पड़ियाल में पधारकर हमें दर्शन दिए। यह कहकर वह भाव विभोर होकर गुरु जाम्भोजी के चरणों में गिर पड़ा। यह दृश्य उसके पूर्ण आत्मसमर्पण और विनम्रता का परिचायक है। गुरु जाम्भोजी ने उसके मस्तक पर हाथ रखकर आशीर्वाद प्रदान किया। इस प्रकार गुरू जांभोजी ने पीतलजड़ का सम्मान किया। इसके पश्चात गुरु ने उसे कुछ वर मांगने के लिए कहा। परंतु गुरु जाम्भोजी उसके मन की भावना पहले ही जान चुके थे। पीतलजड़ की अंतःस्थ भावना को समझकर गुरु जाम्भोजी ने उसे भक्ति का वरदान प्रदान किया। पीतलजड़ को आशीर्वाद और भक्ति का वर प्रदान करने के पश्चात गुरु जाम्भोजी उसी सांयकाल को जंभसागर की ओर प्रस्थान कर गए:-
दोय दिवस मुंजासर रहे, प्रात काल प्रभु चालत भए। सांझ समै पड़ियाले गऐ, जमात जुड़ी बहु दर्शन करे।
पीतलजड़ पग मंडा करे, सब संतन कूं निंवता वरे। भांत भांत के भोजन कीन्हें, बड़े भाग तुम दर्शन दीन्हे।
अस कहि आगे ठाढ़ो भयो, जंभ गरू कर मस्तक दयो। मांन दियो मांगेउ मन मांने, जंभ गरु तब मन की जांने।
भक्ति वर दे चालत भऐ, सांझ संमै जंभसागर गऐ।

04. लिछमणदासजी सियोल का परिचय:- जांभा आथुणी जागा से हीरालाल माहेश्वरी को सन् 1960-70 के मध्य एक हस्तलिखित प्रति 'ग्रंथांक-234' मिली। इस प्रति में लिखा है कि 'यह प्रति संवत 1935 आषाढ वदि 2 रविवार को आसारामजी गावण के पुत्र लिछमणदासजी द्वारा गांव पड़ियाल में लिपिबद्ध की गई है। उपरोक्त लिछमणजी के पिता आसोजी गावण मूलतः जांगलू गांव के निवासी गुमानोजी सियोल के पुत्र थे। गुमानोजी के बड़े पुत्र मूलोजी पीलवा गांव में बसे थे और दुसरे पुत्र आसोजी पड़ियाल गांव में बसे थे। आसोजी के सात पुत्र थे- हुकमोजी, बिशनोजी, गिरधारीजी, लिछमणजी, हरखोजी, गजोजी व डूंगरजी। इनमें सबसे छोटे पुत्र लिछमणजी थे। लिछमणजी के अलावा अन्य सभी भाई पड़ियाल गांव छोड़कर अन्यत्र बस गए थे। लेकिन लिछमणजी पड़ियाल गांव में ही रहे। और पड़ियाल गांव में ही उन्होंने ''ग्रंथांक-234" लिपिबद्ध किया था। इस हस्तलिखित प्रति के आधार पर इनका कालक्रम संवत 1875-1955 अनुमानित है। इनकी पांच छंदों की एक साखी 'सतगुरु किरपा करी मेरा जीयो, केवल ज्ञान बतायो।' प्रचलित है।

05. पड़ियाल का भंडारा:- साहबरामजी राहड़ कृत जंभसार में 24 भंडारो की सूची में पड़ियाल भंडारे का भी उल्लेख है। यह भंडारा पीतलनाथ बणियाल द्वारा संचालित था:- "भंडारो कहियै पड़ियाला, पीतलनाथ कियो बणियाला।" मुहणोत नैणसी कृत 'मारवाड़ रा परगना री विगत" में फलोदी परगने के विसनोईयों के 13 गांवों का वर्णन है, जिनमें पड़ियाल गांव का भी उल्लेख है:- "पड़ियाल, फलोधी था कोस 11। धरती हलवा 20, खेत कंवला सखरा। तलाई 4 तथा 5 पाणी मास 4 पीवै। पछै कोहर 2 पाणी मीठो। कोहर 1, दुदासर पाणी थोड़ो गायां 300 पीवै। आगै पहली कहै छै नाल 100 थी, सु बुरी पड़ी छै। जाट विसनोई बसै।"

06. बाबल परिवार पड़ियाल

क. रणधीरजी बाबल का परिचय:- बाबल वंश के बही भाटों के अनुसार बाबलसर गांव के जाट खेमराज जी बाबल के तीन पुत्र हुए- रणधीरजी, उमेदजी, उदोजी। रणधीरजी का जन्म वि.सं. 1513 को हुआ था। रणधीरजी के तीन पत्नियां गैनी बैनिवाल, मीरां कड़वासरा व मीरां पुनिया थी। रणधीरजी के बेटे हापुजी थे। अनुमानतः वि.सं. 1800 के आसपास लिपिबद्ध एक हस्तलिखित प्रति "खड़ियां री विगति" में रणधीरजी बाबल के पुत्र गंगोजी बाबल का भी उल्लेख मिलता है। गुरू जाम्भोजी ने अपनी भगवी पोशाक देकर रणधीरजी को अपना उतराधिकारी बनाया था। परमानंद जी बैनिवाल के अनुसार वि.सं. 1593 मिगसर वदि 11 को गुरू जाम्भोजी को समाधि देने साथ ही रणधीरजी बाबल ने अपने हाथ से मंदिर की नींव रख दी थी। रणधीरजी बाबल ने लगभग चार वर्षों की मेहनत से रोल गांव के सिलावटों द्वारा मकराने के संगमरमर से मुकाम मंदिर का निर्माण कराया था। हीरालालजी माहेश्वरी कृत शोधग्रंथ में वर्णित है कि "संवत 1597 के चैत सुदि 7 शुक्रवार को मुख्य मंदिर बनकर तैयार हो गया था। मंदिर रणधीरजी ने ही अपने अथक प्रयास, पंचायत और अन्य साधुओं की सहायता से बनवाया था।" बाबल वंश के बही भाटों के अनुसार इसी दिन ही रणधीरजी बाबल का 83 वर्ष की उम्र में देहांत हो गया। जैसे रणधीरजी ने अपनी सांसे मंदिर निर्माण के पुरा होने का तक रोककर रखी हो। रणधीरजी बाबल जिनको गुरू जाम्भोजी ने अपना उतराधिकारी बनाया था, मृत्योपरान्त उनकी समाधि

को गुरू जाम्भोजी के मंदिर की सीढीयों के बायें तरफ समाधिस्थ करके उसके ऊपर छतरी का निर्माण किया गया था। बीसवी सदी में मंदिर के नवीनीकरण के समय यह छतरी यहां से हटा दी गई थी। तथा पुराने मंदिर का केवल गर्भगृह ही मूल स्वरूप में है, बाकि सब नया बनाया गया।

ख. रणधीरजी का परिवारः- रणधीरजी बाबल के पुत्र हापुजी हुए, जिनका प्रथम विवाह पल्ली गांव के मालोजी खिलेरी के बेटे मोटोजी की पुत्री हीरां खिलेरी से हुआ। और दूसरा विवाह गैरां भांभू से हुआ। हीरां खिलेरी वन्य जीव रक्षार्थ संवत 1553 जेठ सुदि दशमी को देवगति को प्राप्त हुई। हापुजी के पुत्र मांडुजी, मालजी और पुत्रियां रेसी, अणची व बरजु हुई। मांडुजी का प्रथम विवाह भोजासर गांव के देदोजी सारण के बेटे जगुजी की पुत्री गवरी सारण से हुआ। और दुसरा विवाह पल्ली गांव के रामूजी गोदारा के बेटे प्रेमजी की पुत्री अंतिया गोदारा से हुआ। मांडुजी के पुत्र लालोजी, नाथोजी व लादुजी हुए। अंतिया गोदारा अपने पुत्र नाथोजी के साथ धर्मनियम रक्षार्थ गांव पड़ियाल में संवत 1608 भादवा सुदि अष्टमी सोमवार को देवगति को प्राप्त हुई। मांडुजी के पुत्र लालोजी का प्रथम विवाह जोलियाली गांव के मुगलोजी बैनिवाल के बेटे इशरोजी की पुत्री गंगा बैनिवाल से हुआ। दुसरा विवाह गांव भोजासर के निंबोजी महला के बेटे धर्मोजी की पुत्री नोजी महला से हुआ। लालोजी के पुत्र रतनोजी व समेलोजी हुए। लालोजी का पुरा परिवार पड़ियाल छोड़कर संवत 1617 जेठ सुदि पांचम को फिटकासणी गांव में बस गया था। रतनोजी का विवाह पल्ली गांव के कुंभोजी गोदारा के बेटे कानोजी की पुत्री पारो गोदारा से हुआ। रतनोजी के पुत्र जैमलजी, जयोजी, जोधोजी, आसोजी व जगमालजी हुए। जिनमें से जैमलजी बाबल विसनोई धर्मनियम रक्षार्थ फिटकासनी गांव में सता हुए। वर्तमान में रणधीरजी बाबल का परिवार फिटकासनी गांव में निवासरत है।

19

ननेऊ

01. परिचयः- ननेऊ गांव जोधपुर जिले की फलोदी तहसील में स्थित है। इस गांव में गुरू जाम्भोजी की बुआ तांतु पंवार का ससुराल था। यहां वर्तमान में गुरू जाम्भोजी के फूंफा महीपालजी ईशरवाल और बुआ तांतु पंवार का समाधि स्मारक विद्‌यमान है।

02. तांतु के थटवाले का प्रसंगः- केसोजी गोदारा कृत 'कथा जती तालाब की' में वर्णित इस प्रसंग के अनुसार ननेऊ नामक नगरी अत्यंत सरस, सुघटित और समृद्‌ध थी। इस नगरी में तांतु पंवार निवासरत थी। विसनोई धर्म के 29 नियमों में एक नियम 'अमर रखावे थाट' भी है। इस नियम का पालन करते हुए तांतु पंवार भी अपने यहां एक थाट (पशुशाला) का संचालन करती थी। जिनकी देखभाल के लिए एक थटवाला (ग्वाला) नियुक्त था। थटवाला प्रतिदिन इन पशुओं को थली में चराने ले जाता और अत्यंत निष्ठा से अपना कार्य करता। उसके जीवन की विशेषता यह थी कि वह अपने कार्य के साथ-साथ निरंतर परमात्मा का स्मरण करता रहता था। वह पशुओं को चराते हुए भी हृदय में हरि-नाम का जाप करता रहता था। एक दिन किसी त्रुटि के कारण तांतु पंवार को क्रोध आ गया और उसने थटवाले को कठोर शब्दों में डांट दिया। यह घटना थटवाले के हृदय को गहरे तक आहत कर गई। अपमान और आत्मग्लानि के कारण उसके मन में तीव्र निराशा उत्पन्न हुई और उसने आत्महत्या करने का निश्चय कर लिया। उसके मन में मरने का उपाय करने का विचार दृढ़ हो गया। क्रोध और आवेश में उसने एक रस्सी ली और यह निश्चय किया कि वह उससे फांसी लगाकर अपने प्राण त्याग देगा। किन्तु इसी बीच उसके भीतर सुबुद्‌धि का उदय हुआ। उसके मन में एक परिवर्तन आया और वह सीधे जंभसागर तीर्थ की ओर चला गया। यहाँ यह संकेत मिलता है कि उसके भीतर की श्रद्‌धा और भक्ति ने अंतिम क्षणों में उसे एक पवित्र स्थान की ओर प्रेरित किया था। जंभसागर तीर्थ पर पहुँचकर उसने वहाँ की पवित्र मिट्‌टी निकाली। विसनोई परंपरा में यह मान्यता है कि इस तीर्थ की मिट्‌टी का स्पर्श और उत्खनन पापों का नाश करता है। अतः उस पवित्र मिट्‌टी के प्रभाव से उसके समस्त पापों का नाश हो गया। इसके बाद वह तालाब की पाल के पीछे स्थित एक जाल वृक्ष के पास गया। वहाँ कोई अन्य व्यक्ति उपस्थित नहीं था जो उसे रोक सके। उसने उसी रस्सी को वृक्ष पर बाँधा और गले में डालकर फांसी लगा ली। इस प्रकार उसने अपने शरीर का त्याग कर दिया। एक दिन इस घटना का उल्लेख जमात में हुआ। तब संतों ने गुरु जाम्भोजी से प्रश्न किया कि इस थटवाले की क्या गति होगी? जमात ने यह भी कहा कि शास्त्रों में यह मान्यता है कि भांग, पोस्त, अमल (अफीम), शराब, मांस का सेवन करने वाले अथवा सर्प-दंश या जल के समीप मरने वाले को मुक्ति नहीं मिलती है। इस जिज्ञासा का समाधान करते हुए गुरु जाम्भोजी ने स्पष्ट किया कि उस थटवाले ने कोई पाप नहीं किया था। उन्होंने यह भी बताया कि उसने जंभसागर तीर्थ की मिट्‌टी निकाली थी, जो अत्यंत पुण्यदायी है। जो नर-नारी इस तीर्थ की मिट्‌टी निकालते हैं, वे स्वर्ग को प्राप्त होते हैं। अतः गुरु जाम्भोजी के अनुसार उस थटवाले को मोक्ष की प्राप्ति हुई थी:-

ननेऊ तांतु बसै, नगरी सरस सुघाट। थटवालो तातुं तणौ, थली चरावै थाट।४३
थाट थलांसिर चारै, हिरदै हरि नांव उचारै। थटवालो कुमत कुमाणी, तिण सुं तांतु रीसाणी।४४
थटवालौ उर अणरायौ, मरणै जिण मतो उपायो। रोस करे लिवी रासी, मरस्युं गल घात परासी।४५
कोई सुबुधि सरीरां आई, पुलि तीरथ गयो पुलाई। माटी नर निरखि निसारी, अघ मोच्या बुधर भारी।४६
पालि पिछोवर जालि, गल कारण कीवी गालि। कोई मिनख न मिलियो आगी, जिणि काया तहां तियागी।४७
मूवो गल घाति परासी, जगदीस कहो कित जासी। करि जोड़ि जमाति कहीई, साधु जन अगति न जाई।४८
भांग पोसत अमल अहेड़ा, मद मूठि चुड़ावण चेड़ा। सांप जहर जल पासि, ईण मरणे मुकति न जासी।४९
जाल पालि विच जोई, इण पाप न कियो कोई। माटी नर नारी निसारै, साधुजन सुरग सिधारै।५०

03. तांतु पंवार का जीवनवृत्तः- जांभाणी साहित्य में सर्वप्रथम हीरानंदजी कृत 'हिंडोलणो' में तांतु पंवार का उल्लेख गुरू जाम्भोजी की बुआ के रूप में मिलता है:- भुवा तांतु चली हिंडण, नायक लई बुलाय।
अज्ञात कवि कृत 'जांभेजी रे भक्तां री भक्तमाल' में भी गुरू जाम्भोजी की बुआ के रूप में उल्लेख है:-
तांतू कियो भतीजो भाय, भक्त मुक्त दीन्हीं सुरराय।

तांतु पंवार का ससुराल ननेऊ गांव में था। केसोजी गोदारा कृत 'कथा जती तलाब की' में इसका उल्लेख है:-
ननेऊ तांतु बसे, नगरी सरस सुघाट। थटवालो तांतु तणो, थली चरावे थाट।४५
तांतु का विवाह चौधरी महीपालजी ईशरवाल से हुआ था। जब तांतु के कोई संतान नहीं हुई, तो महीपालजी ने दुसरा विवाह तौला जांगु से किया था। जिनसे उनका वंश आगे बढा। वर्तमान में जो 'ईशरवाल विसनोई' है, वो सब महीपालजी ईशरवाल के ही वंशज है। जांभाणी साहित्य में प्रचलित 'नवण मंत्र' गुरू जाम्भोजी ने तांतु के प्रति ही कहा था। प्रसिद्ध है कि उन्होंने गुरू जाम्भोजी से अत्यंत संक्षेप में मुक्ति का उपाय पुछा तब गुरू जाम्भोजी ने निवण के द्वारा उपाय बताया था। इस क्रम में गुरू जाम्भोजी ने उन्हें 'नुवण' सहित चार सबद (118-121) सुनाए थे। परमानंदजी बैनिवाल कृत हस्तलिखित ग्रंथ में सबदवाणी के गद्य प्रसंगों में वर्णित है कि तांतू ने गुरू जाम्भोजी से पुछा कि कोई आरती करते है, कोई नमाज पढते है। इनमें ज्यादा फायदा किसमें है ? गुरू जाम्भोजी ने कहा कि ज्यादा फायदा नुवण करने में है। फिर गुरू जाम्भोजी ने यह वृहत नुवण तांतू को सुनाई:- "एक समै तांतु पुंवार कहे- झांभाजी केई आरती करे, केई निवाज करे। ओह मां घणो नफो किस मां ? झांभोजी कहे- अवतार साम्हां बैसि नुंवण कीजे। झांभोजी श्री वायक कहे- विसन विसन तुं भणि रे प्राणी .... साचे सतगुरू को कलमुं कहियो।118। तब तांतू ने कहा कि इसमें अक्षर ज्यादा है याद नहीं रहेगा। फिर गुरू जाम्भोजी ने उन्हें यह छोटी नुवण सुनाई:- "तांतु कहे- अह तो आखर घणां आवे नही। झांभोजी श्री वायक कहे-
विसन विसन तुं भणि रे प्राणी, विसन भणंता अनंत गुणो। आसा सांस निरास भईलो, पाइये मोख दवार खिणो।119।
विसन विसन तुं भणि रे प्राणी, पैंके लाख उपाजे। रतन काया वेकुंठे वासो, जुरा मरण भोव भाजे।120।"
इस प्रकार बड़ी नवण (वृहत नवण/ वृहन्नवण) और छोटी नवण प्रचलित हुई। छोटी नुवण सुनने के बाद तांतू ने कहा कि दिन में कितने समय और कितनी बार नुवण करनी चाहिए। तब गुरू जाम्भोजी ने तांतु से कहा कि नवण दिन में पांच समय और चालीस बार करनी चाहिए:- (1). फजर की नुवण, सुर्यादय से पूर्व, 04 बार (2). दोपरी की नुवण, जब सुर्य सिर के उपर हो, 10 बार (3). असर की नुवण, दोपरी व मगरिब के बीच, 08 बार (4). मगरिब की नुवण, सुर्यास्त से ठीक पहले, 05 बार (5). इसां की नुवण, सोने से ठीक पहले, 13 बार। इस प्रकार गुरू जाम्भोजी ने पांच समय को पांच पेड़ और चालीस बार को चालीस कली (फूल) के नाम से संबोधित किया:- "झांभाजी वेलां किती एक वार नुंवण कीजे ? झांभोजी श्री वायक कहे-
च्यारि फुल फजर का फुलि, दस दोपरी वार। आठ फुल असर का फुल्या, पांच मगरिब की वार।
तेरा फुल इसां का फुल्या, सेझ सोवंता वार। पांच पेड़ चालीस कली, विसन पठायो हर।
मिलि करि गुंथो मोमिणो, पावो मोख मुकति दीदार। रतन कया अमरापुरी वासो, भेटां साहिब को दीदार।121।"
सुरजनजी पुनियां कृत 'कथा परसिध' में वर्णित है कि तांतु पंवार ने गुरू जाम्भोजी के निर्वाण के पश्चात ननेऊ गांव में देह त्यागी थी:- सात से मुकटि सीधा ननेऊ, साथ तांतु तणां अते सेऊ।
केसोजी गोदारा कृत 'साखी' में वर्णित है कि गुरू जाम्भोजी के निर्वाण के पश्चात सर्वप्रथम तांतु ने ही देह त्याग किया था:-
पहलि मुंहि तांतु खड़ी, उर यौ उतारी आथि। एक सहंस अर च्यारि से, खड़िया सवीरी साथि।८
'27 लुगाइयों की पुन्ह' में भी तांतु का नामोल्लेख है। एक दंतकथा यह भी प्रचलित है कि विक्रम संवत् 1571 की चैत्र पुर्णिमा को महीपाल जी ईशरवाल अपनी पत्नी तांतु पंवार के साथ गौधन की रक्षा करते हुए देवगति को प्राप्त हुए थे। वर्तमान में ननेऊ गांव में महीपालजी ईशरवाल का स्मारक बनाया हुआ है। उक्त स्मारक के पास लगे साईनबोर्ड पर लिखा है 'ईशरवाल सती तांतु व सता दादोसा महीपालजी का स्थान'।
04. ननेऊ गांव का इतिहास:- साहबरामजी राहड़ कृत जंभसार में वर्णित 24 भंडारो की सूची में ननेऊ भंडारे का भी उल्लेख है। यह भंडारा बुआ तांतु के द्वारा संचालित था:- "ननेउ भंडारो भयो, तांतू भूवा के कर दयो।" मुहणोत नैणसी कृत 'मारवाड़ रा परगना री विगत' में फलोदी परगने के अन्तर्गत जिन गांवों में जाट व विसनोई दोनों साथ में निवासरत थे। उन गांवों की सूची में ननेऊ का भी उल्लेख है:- "नीनेऊ, कसबा था कोस 4 ऊतर नुं विसनोई बसै। कोहर 1, पुरस 16, मीठो। घणा खेत थली रा सखरा हलवा 200। तलाव 1, पाणी मास 4 रहै। विसनोई, पलीवाल बसै।" इस पुस्तक में वर्णित है कि संवत 1664 कार्तिक वदि 12 को मदे बलोच का पुत्र मुदाफर खान ने फलोदी परगने के ननेऊ गांव पर हमला किया। इस हमले में सुरजमल के पुत्र जसवंत और जसवंत के पुत्र दयालदास दोनों बाप-बेटा की मृत्यु हो गई। इस प्रकार बलोच ननेऊ गांव को लुटकर सारा माल ले गए। उस समय फलौदी परगना मुहता जगनाथ के पास था। और जोधपुर के शासक गजसिंघ थे:- "संवत 1664 रा काती बद 12, बलोच मुदाफर खान, मदा रो बेटो, फलौधी रा गांव ननेऊ ऊपर आयो। तठै भा: जसवंत सुरजमलोत ने रा: दयाळदास जसवंतोत, बाप बेटो आदमियां सुं मारीया, घणा बित ले गया। तद मु: जगनाथ रै हवालै परगनो छै। माहाराजाजी श्री गजसिंघजी जोधपुर छै।"

20

लोदीपुर

01. परिचयः- लोदीपुर जिला मुरादाबाद (उत्तरप्रदेश) में स्थित है। लोदीपुर, मुरादाबाद-दिल्ली रेलवे लाईन पर है और मुरादाबाद से लगभग 5 कि.मी. दूर है। कहा जाता है कि यहां गुरू जाम्भोजी आए थे और उन्होंने एक खेजड़ी का वृक्ष लगाया था। वर्तमान मन्दिर के पास वह खेजड़ी का वृक्ष अब भी मौजूद है। यहां प्रति वर्ष चैत और आसोज की अमावस्या को दो मेले लगते हैं।

02. गुरू जाम्भोजी का लोदीपुर आगमनः- साहबरामजी राहड़ कृत जंभसार के उन्नीसवें प्रकरण में वर्णित है कि गुरु जाम्भोजी नगीना में चार मास तक विराजमान रहे। इस अवधि में उन्होंने वहां के जनसमुदाय को सत्संग और उपदेश द्वारा धर्ममार्ग पर प्रवृत्त किया। जो भी जिज्ञासु उनके समक्ष उपस्थित होता, वे उसकी जिज्ञासा का समाधान करते और उसे जीवन के मूलभूत सद्गुणों का उपदेश देते। गुरु जाम्भोजी ने स्पष्ट किया कि शील, संतोष, क्षमा आदि ये सभी गुण मिलकर मानव जीवन को पूर्ण बनाते हैं और मोक्ष के मार्ग को प्रशस्त करते हैं। चार माह पश्चात एक दिन गुरु जाम्भोजी ने लोदीगढ़ की ओर प्रस्थान करने का निश्चय किया। उनके आदेश से रथ और घोड़ों को सुसज्जित किया गया और समस्त संतजन यात्रा हेतु तैयार हुए। नगीना में जहाँ गुरु जाम्भोजी विराजमान रहे थे, उस स्थान पर वहाँ के लोगों ने साथरी की स्थापना की। जब गुरु जाम्भोजी प्रस्थान करने लगे, तब नगीना के स्त्री-पुरुष अत्यंत व्याकुल हो उठे। उनके हृदय में गुरु से बिछुड़ने का गहरा शोक था। वे कुछ दूरी तक उनके साथ चले और विनयपूर्वक कहने लगे कि आपके बिना हम अभागे हो गए हैं। गुरु जाम्भोजी ने सभी को सांत्वना दी और उनकी समस्याओं का समाधान कर उन्हें भक्ति मार्ग पर स्थिर किया। किन्तु विरह की पीड़ा इतनी तीव्र थी कि मानो हिरदै में घमासान सा मच गया हो। लोगों ने इसे अपने जीवन की महान हानि माना। प्रत्येक घर में गहन चिंता व्याप्त हो गई। इस स्थिति की तुलना कवि ने जुआ हारने वाले जुआरी की व्यथा से की है। अंततः सभी लोग भारी मन से अपने-अपने घर लौटे और गुरु जाम्भोजी लोदीगढ़ की ओर प्रस्थान कर गए। लोदीगढ़ पहुँचने पर वहाँ के विसनोई समाज ने अत्यंत श्रद्धा के साथ गुरु जाम्भोजी का स्वागत किया। सभी भक्त भेंट लेकर उनके सम्मुख उपस्थित हुए और उनके चरणों में नमन किया। तंबू तानकर एक विशाल सभा का आयोजन किया गया। गुरु जाम्भोजी वहाँ विराजमान हुए। चारों वर्णों के लोग दर्शन हेतु आने लगे। गुरु जाम्भोजी ने वहाँ भी परमात्मा का ज्ञान सुनाया और लोगों को धर्ममार्ग की शिक्षा दी। उनके दर्शन मात्र से ही लोगों के करोड़ों जन्मों के पाप नष्ट हो जाते थे। लोदीगढ़ में गुरु जाम्भोजी का स्वरूप अत्यंत दिव्य एवं अलौकिक प्रतीत होता था। वे ज्योति स्वरूप में चहुँ दिशाओं में प्रकाशमान दिखाई देते थे। इस अद्भुत दृश्य को देखकर नर-नारी अचंभित रह गए। गुरु की दिव्यता का अनुभव सभी ने प्रत्यक्ष किया। इस प्रसंग में गुरु के दो प्रमुख भक्त धारू और घाटम का उल्लेख मिलता है। दोनों अत्यंत विनम्र और समर्पित भक्त थे। वे हाथ जोड़कर गुरु के सम्मुख उपस्थित हुए। उनकी आँखों से प्रेमाश्रु बह रहे थे।शरीर रोमांचित हो उठा था। सबसे पहले घाटम ने गुरु जाम्भोजी की स्तुति की, जिसको सुनने से जीवों का उद्धार होता है। इसके पश्चात धारू ने भी अत्यंत भावपूर्ण स्तुति प्रस्तुत की। धारू और घाटम की निष्कपट भक्ति से प्रसन्न होकर गुरु जाम्भोजी ने उन्हें भक्ति का वरदान प्रदान किया। साथ ही यह आशीर्वाद दिया कि वे अंततः अमरपुर (मोक्ष लोक) को प्राप्त होंगे। लोदीगढ़ में गुरु जाम्भोजी के समक्ष मांगो और वरियां नामक दम्पति उपस्थित हुए। गुरु जांभोजी ने उन्हें तथा समस्त जमात को पतिव्रत धर्म का उपदेश दिया। इस उपदेश के लिए गुरु जाम्भोजी ने पड़ियाल की एक राजपूत नारी का उदाहरण प्रस्तुत किया। वह नारी अत्यंत अधम और पापिनी थी। उसने कुबुद्धि से अपने ही पति की हत्या कर दी थी। यह घोर पाप उसे नरकगामी बनाने वाला था। किन्तु जब उस स्त्री ने जंभसरोवर की मिट्टी निकाली, तब उसके समस्त पाप नष्ट हो गए। उसके हाथ से चिपकी हुई कटारी स्वयं गिर गई। वह पापिनी स्त्री शुद्ध और पवित्र बन गई। गुरु जाम्भोजी ने इस कथा के माध्यम से शील (चरित्र) और पतिव्रत धर्म का महत्व स्पष्ट किया कि पतिव्रता स्त्री पुनर्जन्म के बंधन से मुक्त हो जाती है। शील के समान कोई अन्य धर्म नहीं है। सभी धर्मों का मूल शील ही है। उन्होंने यह भी कहा कि जो स्त्री और पुरुष शील का पालन करते हैं, उनके करोड़ों जन्मों के पाप नष्ट हो जाते हैं। इस प्रकार मांगो-वरियां सहित समस्त जमात को जीवन का उच्च आदर्श प्रदान किया गया। गुरु जाम्भोजी ने इसके पश्चात जंभसरोवर के महान महत्व का वर्णन किया कि यह आदि तीर्थ और अत्यंत पवित्र भूमि है। सतयुग में कपिल देव ने यहाँ तपस्या की, तथा अनंत ऋषियों ने इसे श्रेष्ठ तीर्थ मानकर तप किया। पांडव ने यहाँ यज्ञ किया था। इस तीर्थ का प्राचीन नाम कपिल सरोवर और सिद्ध स्थल

था। कलियुग में गुरु जाम्भोजी द्वारा इसे पुनः प्रकट करने पर इसका नाम जंभसरोवर पड़ा। गुरु ने इसकी महिमा बताते हुए कहा कि यह सभी तीर्थों में श्रेष्ठ है। यहाँ शरण लेने वाला सदैव गुरु जांभोजी का सामीप्य पाता है। उसके जीवन के विघ्न और संकट दूर हो जाते हैं। इसी समय पाँच कुष्ठ रोगी गुरु जाम्भोजी के समक्ष उपस्थित हुए। वे अत्यंत पीड़ित थे और अपने रोग को पूर्वजन्मों के पापों का फल मानते हुए विनती करने लगे कि हे गुरुदेव! हमारे असाध्य रोग को दूर कर दीजिए। गुरु जाम्भोजी ने करुणा करके उन्हें जंभसागर का जल दिया और निर्देश दिया कि वो इस जल को पिएं, फिर स्नान करें। जैसे ही उन्होंने ऐसा किया, वे पाँचों तत्काल रोगमुक्त हो गए। उनके शरीर स्वर्ण (कंचन) के समान तेजस्वी हो उठे। यह चमत्कार देखकर समस्त जनसमूह आश्चर्यचकित रह गया। रोगमुक्त होने के पश्चात वे पाँचों अपने परिवार सहित पुनः गुरु के पास आए और पाहल ग्रहण कर विसनोई धर्म में दीक्षित हुए। गुरु जाम्भोजी ने पाहल की महिमा बताते हुए कहा कि यह करोड़ों जन्मों के पापों का नाश करता है। यह आत्मशुद्धि का महान माध्यम है। इसी समय एक अंधा व्यक्ति आगे आया और उसने तर्क प्रस्तुत किया कि यदि पाहल पापों को नष्ट करता है तो मेरे पाप कटने पर मेरी दृष्टि भी लौटनी चाहिए। गुरु जाम्भोजी ने उसे भी पाहल प्रदान किया, तत्क्षण उसकी आँखों की ज्योति लौट आई। यह दृश्य सभी के लिए अत्यंत आश्चर्यजनक था। इस प्रसंग के अंत में गुरु जाम्भोजी ने कर्म और आचरण पर महत्वपूर्ण उपदेश दिया कि मनुष्य की श्रेष्ठता उसके कर्मों से होती है, न कि जाति से। जो श्रेष्ठ कर्म करता है वही श्रेष्ठ है। नीच कर्म करने वाला ही वास्तव में नीच है। उन्होंने निर्देश दिया कि कभी भी नीच कर्म न करें, सदैव गुरु के वचनों का पालन करें। सतगुरु के वचन को सत्य मानें। गुरु जाम्भोजी ने लोदीगढ़ में एक माह तक सत्संग किया। तत्पश्चात उन्होंने दारानगर जाने की तैयारी की। वाहनों को सजाया गया। लोगों में पुनः विरह की भावना उत्पन्न हुई। लोदीगढ़ से प्रस्थान कर गुरु जाम्भोजी दारानगर पहुँचे, जहाँ समस्त संतों ने गंगा में स्नान किया। गंगा ने गुरु जांभोजी के चरणों का दर्शन कर आनंद व्यक्त किया। गुरू के चरण धोकर चरणामृत ग्रहण किया। फिर वापस नीर में समाहित हो गई। जहाँ-जहाँ गुरु जाम्भोजी विराजमान हुए, वहाँ-वहाँ साथरी का निर्माण हुआ। लोदीगढ़ में भी जहां वे विराजमान हुए, उनके स्थान पर सुंदर साथरी मंदिर बनाया गया। दारानगर में गुरु जाम्भोजी तीन दिन तक रहे, उस समय वहां सोनी (सुनार) जाति के लोगों ने आकर विसनोई धर्म अपनाया:-

च्यार मास प्रभु रहे नगीने, प्रेम पयोधर जन मन भीनै। जो पुछे सो जंभ बतावै, शील संतोष छिमां समझावै।
सम जम नेम सांत अरू दाता, पूण छतीसूं एक नियाता। एक समै गुर जंभ कृपाला, चलन कह्यौ लोहट के लाला।
रथ घोड़ा चक डोल संवारा, चढ़ चढ़ सकल भऐ असवारा। जांहां विराजे गुर जंभ राई, मिलि लोगनि साथरी बनाई।
जब गुरु जंभ चालते भएउ, बिछड़न सोग सकल के ठएउ। लोदीगढ ने करी तयारी, रोवन लगे पुरष अरू नारी।
चलती देर लोग संग लागे, कहन लगे हम भए अभागे। समाधान सब लोगनि कीना, स्वांत दृष्ट कर भक्ति ही दीनां।
चलत बेर भऐ घन घमसांना, जंभ चलत मांनी बहू हाना। घर घर सोच भयो बड भारी, जसै सोचे हार जुवारी।
सोच साच अपने घर रहे, जंभ गरू लोदीगढ़ गऐ। लोदीगढ़ के सब विसनोई, भेठ लऐ सब सनमुख होई।
पग मंडा कीनेउ बहु भांती, गए पाप आई जब स्वांती। तंबू ताने सभा बनाई, जांहां विराजे गुर जंभ राई।
च्यार वरण दर्शन कूं आवै, श्री परमात्म ज्ञान सुनावै। मंडल दे सब दर्शन करै, कोट जनम के पातक टरै।
चहुं दिस जोति विराजै भारी, भऐ अचंभे नर अरू नारी धारू घाटम गुर के भक्ता, सांत दांत जाने सब जगता।
कर जोरियां आगे आय गाढे, नैंन स्रवै रोमावलि ठाढे। अब अस्तूति घाटम करै, जाकै सुन्यैं जीव निसतरे।
.................(घाटम की स्तुति)..................... धारू अस्तूति कर जोर आगे है खरो।
....................(धारू की स्तुति).................... धारू अस्नूती करी, प्रसन भऐ सुर राय।
भक्ति वर ताकूं दयो, अंत अमर पुर पाय। ले जनम केरि इह गाथा, जंभ सुणाई सबेही साथा।
......(मांगो वरियां को पतिव्रत धर्म की कथा सुनाना).......
पावंर अधम नीच यह नारी, नरक पातनीं सरपनि कारी। महा पापनि अस्त्री ऐहा, पति मारियौ इन नहीं संदेहा।
ऐसो पातक ताको मिटियो, कुभधी पिता पति इह मिट्यौ। दोनां की गति ऐसै भई, हित्या छोड़ उतम गति लई।
कनिष्ट पति धर्म जो रह्यो, इस संगत विभिचारन भयो। जंभ सरोवर माटी काढ़ी, तातै मिटी पाप गति गाढ़ी।
पाप कटे तै झड़ी कटारी, पापनि भई सुध वह नारी। बहुर जगत में जनम न लेवे, पतिवृति धर्म तुछ कोऊ सेवे।
शील समान और कछु नांही, सबही धर्म शील के मांहि। अस्त्री पुरुष शील जो पालै, कोट जनम के पातक टालै।
यूं मांगो वरियया समझाई, जो पूछियो सो कथा सूणाई।

पूर्ण ब्रिह्मा परमात्मा, जगत गरू जगदीश। तीन लोक की गत लहै, अंत्रजामी ईस।
जेहि विधि वहि पातक कटियो, सो विधि कहि सुणाय। प्रेम भाव कर प्रीत सूं, सकल सुणी चितलाय।
महा उत्तम वह भोमका, आदू तीर्थ होय। कपल देव तपस्या करी, सत जूग वारे सोय।
अनंत ऋष ताप्या इहां, उतम तीर्थ जांण। जज्ञ कियो इहां पांडवा, यह मम वचन प्रवांण।
कपल सरोवर सिद्ध थल, इन तीर्थ ऐ नांम। सकल मोक्ष को धाम है, प्रणत कलपतरू काम।

जंभ सरोवर नाम अब, प्रगट कहत सब लोग। सब तीर्थ सिर मोड़ है, मेटे संकट सोग।
जो आवै शरणागति, या तीर्थ के जोय। सदा समीपी जंभ को, विघ्न न व्यापे कोय।
कलू पाप सेन्या कठन, काम क्रोध की त्रास। विवध जीव तड़फत फिरे, उलट न लेतउ सास।
मांगो वरियां यह सुनी, पतिवृता की रीत। तीर्थ को महात्म सुन्यौ, सबकै भई प्रतीत।
जो पूछियौ इह विधि हरि कहेउ, कुसटी पांच आवते भएेउ। अरज करी जंभेसुर आगे, केई जनम के पातक लागै।
काटो म्हांरो रोग गुंसाई, दुर्लभ नहीं आपकै तांई। जंभ वचन कानां सुण लयो, जंभसागर को जल तेहि दयो।
पीतेहु जल कीनेहु असनांना, पांचूं कंचन भऐ समाना। ताहि समे सब देखत भऐ, कुसटी पांच सुध हुय गऐ।
उलटे जाय कुटम कूं ल्याऐ, भऐ विसनोई पाहल दवाऐ। इह पाहल श्रीयै को करता, कोट जनम के पातक हरता।
इह सुन वचन अंध इक बोला, सत वकता के वचन न डोला। कोट जनम के पातक जावै, पातक सें ही आंख नसावै।
तो इह पाहल हमकूं दीजै, वचन आपणो सत कर लीजै। मेरे पाप कटै चख खुलै, हम से पापी फिर क्यूं भूलै।
सुनत वचन गुर पाहल दीन्हेउ, ताहि समै चख भऐ नविनेउ। ऐहि विधि चरत कियेउ गुर जंभा, सब लोकन कूं भऐउ अचंभा।
पाहल लियां होवै विसनोई, पिछलै पाप रहै नहीं कोई। जाकै पाप नहीं सोई सुधा, सोई पंडत सोई परबुधा।
पंडत कू सबहीं जन माने, शुद्ध कर्म कर भ्रांति भांने। कर्म अधिक सो सबसे अधिका, कर्म नीच सोई कहियै वधिका।
उतम कर्म करे सोइ लायक, वेद पूराण कहे सब वायक। उतम कर्म नीचहू अधिका, नीच कर्म ब्राह्मण जस वधिका।
ताते नीच कर्म नहीं करियै, गुर की नाथ सदाई डरिये। सतगुर वचन सदा सत मांनो, कर्म ऊंच सोई ऊंचो जानो।
सुनकर वचन प्रसन्न सब भऐउ, जंभ गरू मस्तक नएऊ। अज्ञा ले ले घर कूं जावै, बहुत जमात दर्शन कूं आवै।
एक मास लग ज्ञान सुनावा, अब चलनै का साज बनावा। साहण वाहण सजते भऐ, लोक उदास सकल सुंन भए।
वडै बज रही संख बजावा, दारानगर जंभ गुर आवा। सकल संत गंगाजी नहाऐ, गंग जंभ के दर्शन पाऐ।
प्रसन्न भऐ मन हरख बढ़ायो, हरि चरणां में सीस नवायो। चरण धोय चरणोदिक लियो, गंग प्रवेश नीर में कियो।
लोदीगढ़ जांहा प्रभुजी रहे, तांहा साथरी मंदर भए। दारानगर रहे दिन तीनां, सोनी जात विसनु कुल कीनां।
जाहां जाहां जंभ विराजिया, ताहां ताहां पूजा धाम। तांहा जाय सिर नाइये, नित रहिये नहकाम।

03. लोदीपुर साथरी:- साहबरामजी राहड़ कृत जंभसार के 22 वें प्रकरण में वर्णित 16 साथरियों की सूची में लोदीगढ साथरी का भी उल्लेख है। साहबरामजी के अनुसार गुरू जाम्भोजी ने लाधुजी को लोधीगढ़ साथरी का महंत बनाया था:- "लाधूजी लोधीगढ़ रहहे, मंहत बनाय रखे प्रभु वहहे।" स्वामी ब्रह्मानंदजी कृत इतिहास प्रदीप के अनुसार कांट रियासत के शासक चौधरी शेरसिंह नैण (विसनोई) की पत्नी रामों कुंवर और पुत्र चौधरी रामकुंवर सिंह नैण ने लोदीपुर के प्राचीन विसनोई मंदिर का जीर्णोद्धार कराया था। यह जीर्णोद्धार का कार्य सन् 1887-1906 ईस्वी के मध्य किसी वर्ष में हुआ था।

04. लोदीपुर मेले का प्रसंग:- स्वामी ब्रह्मानन्दजी 'इतिहास प्रदीप' पुस्तक में लिखते है कि "जबसे 14 मार्च सन् 1926 से लोधीपुर के मेले के अवसर पर विसनोई महासभा के कार्यकर्ताओं ने तीन स्त्रियों को शुद्धि द्वारा विसनोई धर्म में प्रवेश कराने का साहस किया तब से ही बिरादरी के अंदर विरोध की आग फैल गई।विशेषकर 'जाट विसनोई' लोगों में हीं इस शुद्धि ने फूट का बीजारोपण कर दिया जिसका दूर होना कठिन हो गया है। मैं शुद्धि के विपरीत न पहले और न अब हूँ किंतु इस प्रकार की शुद्धि से सहमत नहीं हूँ। शुद्धि के कार्यकर्ताओं का इस अवसर पर जल्दी करना और उन प्रमादाओं की जाति पान्ति कुलधर्म ग्राम का यथार्थ अनुसन्धान न करना ही इस विरोध का कारण हुआ। सिवाय इसके आम जलसे में भी इस कार्य को प्रस्तुत नहीं किया गया, यह भी सभा के कार्यकर्ताओं से एक बड़ी असावधानी हुई। यथार्थ बात यह है कि किसी ने भी निश्चत रूप से उन स्त्रियों की जाति, कुल, ग्रामादि का पता अवगत नहीं किया जबकि उनकी जाति का संश्यापन्न है तब आनुमानिक उन्हें अज्ञात कुलजा कहना असंगत नहीं। इस प्रकार की स्त्रियों को जो अपने कुल धर्म, जाति त्याग कर अन्य धर्मान्तरस्थ पुरुषों से केवल काम वासना की पूर्ति की उत्कण्ठा से सम्बन्ध करती हैं, कामुकी कहलाती हैं। कामुकी स्त्रियां किसी मत तथा सम्प्रदाय के धर्म की उत्कृष्टता के लक्ष्य से किसी जात्यन्तर पुरुष की सहधर्मिणी नहीं हुआ करती हैं, उनका लक्ष्य ही अन्यतम होता है। जबकि इस प्रकार की शुद्धि का वृत्तान्त बाबू हरचरणदास जी को ज्ञात हुआ तब वह इस प्रकार की शुद्धि से सहमत नहीं हुए और उन्होंने भी सभा से पृथक्ता ग्रहण कर ली जबकि उन्होंने अपना त्यागपत्र मेरे निरीक्षण पूर्वक सम्मति ग्रहण करने भेजा तब मैंने भी उनका आभ्यान्तरिक सदमा देखकर अपनी सम्मति उस त्यागपत्र पर लिख दी। प्रत्येकजन किसी से पृथक होने में स्वतंत्र है, इस प्रकार बाबु हरचरणदास जी ने विसनोई महासभा से पृथक्ता ग्रहण कर ली।"

21

खरींगिया

01. परिचयः- खरींगिया गांव जैसलमेर जिला मुख्यालय से 20-25 कि.मी. पश्चिमोत्तर में स्थित है। यह गांव छत्रैल से लाणेला जाने वाली सड़क पर, छत्रैल से 9 कि.मी. की दूरी पर स्थित है। वर्तमान में यह गांव खंडहर है। इस गांव में कोई निवास नहीं करता है। गुरू जाम्भोजी ने इस गांव में दो विसनोईयों को बसाया था। 'ग्रंथांक-265' और 'ग्रंथांक-268' में वर्णित 22 भंडारों की सूची में खरींगा गांव का भंडारा भी शामिल है।

02. गुरू जाम्भोजी का जैसलमेर जानाः- विल्होजी कृत 'कथा जैसलमेर की' में रावल जैतसी द्वारा गुरू जाम्भोजी को जैसलमेर बुलाये जाने की घटना का वर्णन किया गया है। यह घटना विक्रम संवत् 1570 की है क्योंकि जैतसी ने जैतबंध का निर्माण इसी वर्ष ही आरंभ करवाया था। कथा में वर्णित है कि रावल जैतसी ने जैतसमंद तालाब की प्रतिष्ठा पर यज्ञ कराने का विचार किया। इस आयोजन की सफलता हेतु उन्होंने गुरू जाम्भोजी को बुलाने का निश्चय करके अपने प्रधान को उनके पास भेजा। उन्होंने गुरू जाम्भोजी की यह शर्त स्वीकार की कि वे पुर्णरूपेण उनकी बात मानेंगे। तब गुरू जाम्भोजी ने जैसलमेर जाने की तैयारी की। गुरू जाम्भोजी के साथ रहने वाले साधु पुर्णरूपेण विसनोई धर्म का पालन करते थे। वे दिन में पांच वक्त नवण करते थे। सफेद वस्त्र, सिर पर टोपी और हाथ में जपमाला धारण करते थे। इस प्रकार 325 ऊंटों को सजाकर साथरियों सहित गुरू जाम्भोजी जैसलमेर को चले। और जैसलमेर के बासणपीर गांव में जाकर डेरा दिया। पता लगने पर रावलजी ने भेंट संजोई और अपने आदमियों के साथ पैदल वहां आकर गुरू जाम्भोजी के चरण स्पर्श किए। गुरू जाम्भोजी ने एक कच्चा घड़ा रावलजी को भेंट किया। इसी समय रावल के साथ आए एक गुवाल नामक चारण को जब यह ज्ञात हुआ कि गुरु जाम्भोजी और उनकी समस्त जमात जाट जाति की है, तो वह भीतर ही भीतर आक्रोशित हो उठा। उसे यह स्वीकार्य नहीं था कि जैसलमेर का शासक किसी जाट संत के चरण स्पर्श करे। इस संशय को दूर करने हेतु उसने जमात के मध्य जाकर प्रश्न किया कि गुरु के साथ रहने वाले लोग किस जाति के हैं। इस पर गुरु के शिष्य तेजोजी चारण ने उत्तर दिया कि वे सभी जाट हैं। यह सुनकर गुवाल चारण ने व्यंग्य किया कि जाट (गुरू जांभोजी) के साथ जाट ही जाट हैं, इन्हें बोलना नहीं आता, इसलिए इन्होंने बारहट (तेजोजी चारण) को साथ रखा है। इस प्रकार उसने तेजोजी से वार्तालाप करते हुए अनेक निंदात्मक बातें कहीं। गुवाल चारण के इन कथनों पर रावल जैतसी ने उसे समझाया और अनेक उदाहरण देकर उसकी भ्रांति दूर करने का प्रयास करते हुए कहा कि वो जैसलमेर के शासक है, ऐसे ही किसी झूठे और कुपात्र व्यक्ति की बातों में नहीं आते है। फिर उन्होंने गुवाल से कहा कि इनके अवगुण तो तुमने बता दिए, अब अपने गुण भी बता दो। तब चारण ने अपने गुणों को छंदबद्ध रूप में प्रस्तुत करने की कोशिश की। किन्तु उसकी वाणी असमर्थ हो गई और वह एक भी छंद नहीं बना सका। तब गुवाल चारण को अपने अपराध का बोध हुआ। उसने रावल से विनती करते हुए कहा कि उसने सतगुरु की निंदा की है, इसलिए उसे कलंक (श्राप) लग गया है। इसके बाद वह जाटों के मध्य गया, जहाँ एक क्रोधित जाट ने 'जेड़ंग' (जेई) से उस पर प्रहार किया, जिससे उसके शरीर से रक्त बहने लगा। उसके शरीर से बहते रक्त के साथ मानो उसका जातिगत अहंकार भी समाप्त हो गया। और उसने गुरु जाम्भोजी के चरणों में गिरकर क्षमा माँगी। तत्पश्चात वह श्रद्धापूर्वक जमात के साथ जैसलमेर की ओर चल पड़ा। सब जैतसमंद पर जाकर उतरे। वहां पर प्रजा आकर गुरू जाम्भोजी के चरण स्पर्श करने लगी। रावलजी के आग्रह पर गुरू जाम्भोजी ने उनसे चार बातों के पालन करने का वचन मांगा- (1). आपके सगे संबधी ठाकुरों के तम्बुओं में बंधे बकरे आदि बेगुनाह जीवों को मारने से बचाएं। (2). बेम लगने वाले (प्रजननशील) जीवों की रक्षा करें। (3). आपके राज्य में कोई बावरी (भील, नायक) किसी जीव का शिकार न करे। (4). किसी चोरी किए हुए जाम्भाणी दाग वाले पशु के राज्य की संपत्ति मान लिए जाने पर यदि उसका मालिक प्रार्थना करे तो उसको प्राथमिकता देते हुए पशु वापस दिलवाएं। इन चार बातों के अलावा गुरू जाम्भोजी ने कहा कि जो विसनोई आजीविका हेतु आपके राज्य में आए, तो उनका डाण-जकात (कर) माफ होना चाहिए। रावलजी ने इनका संकल्प लिया और राज्य में तद्हेतु ढिंढोरा पिटवा दिया। इस अवसर पर रावलजी ने कन्या का विवाह भी किया। सभी कार्य गुरू जाम्भोजी की आज्ञा अनुसार किए गए। समस्त आयोजनों में किसी वस्तु की कमी नहीं आई। रावलजी ने अपने देश में विसनोईयों को बसाने की प्रार्थना गुरू जाम्भोजी से की। रावल ने कहा कि हम उनको आपकी अमानत मानकर व्यवहार करेंगे। उनके धर्मनियम पालन में कभी दिक्कत नहीं आएगी। जमात में यह बात सुनने पर

लखमण गोदारा व पांडु गोदारा ने अपनी जन्मभूमि छोड़कर, यहां के खरींगा गांव में बसना स्वीकार किया। इस प्रकार दोनों ने गुरू जांभोजी की आज्ञा का पालन करते हुए अपने बाप दादों की भूमि और अपने कुटुम्ब परीवार को छोड़कर देसोटा लिया। गुरू जाम्भोजी ने लखमण व पांडु को अपनी अमानत बताते हुए रावल जैतसी को उनके साथ सद् व्यवहार करने को कहा। उसके बाद रावल ने विनती करते हुए कहा कि उसने ऐसा सुना है कि कलियुगी जीव की मुक्ति नहीं होती है। इस कारण मेरी भी मुक्ति नहीं होगी। क्योंकि मैंने भी पाप किए है। आपके दर्शन से मेरा यह मनोरथ भी पुर्ण होगा। मैं आपसे मेरा अगला जन्म मृग (हिरण) का मांगता हूं। मुझे कोई और जुणी मत देना। मैं हिरण बनकर खरींगा में घास चरूंगा, और इन विसनोईयों के दर्शन करूंगा। और पास में मौजूद ब्रहमसरि पर पानी पिऊंगा। इस प्रकार मैं आपसे अलग नहीं होऊंगा। विसनोईयों के दर्शन के जरिये आपका सामीप्य प्राप्त होगा। तब गुरू जांभोजी ने उन्हें उसका मनोरथ पूर्ण होने का वरदान दिया और साथरियों सहित गुरू जाम्भोजी समराथल पर वापिस आ गए:-

सतगुरु आगलिये विनती, करे विलगू पाय। इंहि कारण गुरु विनऊं, आखर द्यौ समझाय।१
विसनवतार बखाणतां, कूड़ भिले क्यौं मांय। बकस करे तूं बापजी, तीन्य लोक का राय।२
जैसलमेर सुथांन गढ़, जादम वंसी राज। टीके रावल जैतसी, राखे कुल की लाज।३
दान दया जरणां जुगति, साच सील सुगियान। डरपै प्राछीत पाप तै, धर धरमे धियान।४
जैत समंद पतीठ की, हरख उपनी मनि। उजवणौ सुकियारथौ, आवै देव जिगनि।५
जादम नै जगदीस रा, चरण कंवल री चाहि। उजवणौ हुवै उजलौ, सतगुरू आवै माहि।६
सीख दियै सांई करूं, पाप निसंकै पोहि। खरच करूं बरकति हुवै, तो जिग पूरो होई।७
देव दीसी परधान चलायौ, देव दीवाणि उमेद करि आयौ। नीणे नीर निरमलौ दीठौ, चरण बंदि सनमुखि बइठौ।८
कर जोड़ वीनवती सारे, रावल कह्यौ सो वैण विचारे। तुं सतगुरू हूं सेवक थारो, इणि अवसरि जैसलमेर पधारौ।९
धनि धनि धरमे जुग मां अवतरियौ, सतजुग धरम कलि मां वापरियौ।
जाता कुपह परचे पहे आण्यां, गुरु के ग्यान अबूझ बुझाण्यां।१०
गुर ओलख्ये परथाय न भूल्ला, रीद कंवल रा ताला खुल्ला। रिधि सीधि साच दया दरि सूरौ, तो आये जिग होयसी पूरौ।११
जिण री वाचा न टलै, वायक कूड़ न होय। खरच रचत खता न पड़ै, जे जिगि आवै सोय।१२
देव कहै रावल पूछावौ, मौ आयै नहीं अवर को दावौ। मिलिस्यै राय घणी ठुकराई, जण परधान घणां छै माही।१३
मिलिस्यै जोगी नै सन्यासी, मिलिस्यै तापस तीरथवासी। मिलिस्यै पढ़िया पिंडत जोयसी, म्हारौ कहियो करणौ होयसी।१४
आयो सो आप कनै रखायौ, जण परधान आपरो चलायौ। आखर अकलि सूं मति रूड़ौ, कहिसी कह्यो न भाखै कुड़ौ।१५
मन वाचा अंत्र नहीं राखै, जां हिरदै सांई सति भाखै। गुर दिवाणि ऐसो जोविजै, जिण रे कह्यो सोह कोय पतीजै।१६
झंभ ऐसो जंण मोकल्यो, आप दियो उपदेस। रावल नै रुड़ा कही, सतगुरू तणौ संदेस।१७
परधान कही जो गुरु कही, रावल आगै जाय। तुं माहरौ कहियो करै, मत धरम रवो मांय।१८
भाव सहेत परधान चलायो, जैसलमेर हुकम सूं आयौ। दुवागर दुव वापरियौ, साचौ बनो सभा सांचरियो।१९
रावल नै मिलियो सुगियानां, गुरु का वचन सुणाया कानां। देव कहै रावल पूछावौ, मो आयां नहीं अवर को दावौ।२०
मिलस्यै जोगी नै सन्यासी, मिलस्यै तापस तीरथवासी। मिलस्यै राय घणी ठुकराई, जण परधान घणां छै मांहि।२१
मिलस्यै पढ़िया पिंडत जोयसी, मांहरो कहियो करणौ होयसी। परधान कहै एह वचन विचारौ, मन रो मतौ कहो जी थारौ।२२
रावल कहै म्हे पढ़िया पिंडतां पूछता, करता वांरी सेव। म्है सोई सति थापस्यां, जो दाखविस्यै देव।२३
रावलजी विनवती सारै, गुरु चरणां री आरति म्हारै। देवजी पोह करे साथरियां, पहली निरति करता करिया।२४
सीव संधि जे सांम्हौ आऊं, चरण बंदि नै सीस नुवाऊं। आए गुरु आपौ परगासै, इण दीठां पातिग नासै।२५
रावल कह्यौ रुड़ा सांभलियो, सीख मांग जण पाछो चलियौ। देव दीवाणी विगसतौ आयौ, रावल कह्यो सो आय सुणायौ।२६
रावल कौल कियौ रलियाले, कौल सुध होय वाचा पाले। थांहरो कहियो रावल करिसी, थे कहिस्यौ सोई आदरिसी।२७
आसा पूरण दुख हरण, औसर सारण काज। रावल सारै विनती, थां आयां गुरु लाज।२८
रावल एक वीनवती सारी, घणी उमेद करूं छूं थारी। देवजी पोह कर साथरीयां, पहली निरति करता करीया।२९
देव कहतां निरति न दीजै, संगति पाप क्यों मांहे लीजै। साथि घणां रावल रे चड़िस्यै, जीव घणां खुरा तलि मरिस्यै।३०
जां जां गांवां मां निसरिस्यै, थोड़ी घणी खीयारण करिस्यै। घोड़ा ऊंठ मिनख दुख पायस्यै, मांहो मांही वेठि चलायस्यै।३१
देव कहै दुसण परि हरिस्यां, रावल सूं गोठि निदोसी करिस्यां।३२
जिणि विधि दुंसण न चड़ै, दोष न लागै कोय। रावल सूं इम मिल्यस्यां, गोठि निदोसी होय।३३
जगत गुरु जगदीस रो, भाटी ऊपरि भाव। चल चल हुई चलण, संतो करो समझाव।३४
के के मोमिण दरगे पूरा, पांच बखत अर करणी सूरा। सीस टोपी जपमाली हाथे, के साथरीयां चाल्या साथे।३५

उजला वागा सुं हथेयारा, माता ऊंठ र घणौ सतारा। कूंची साज नै वरगै सुधा, सामि साथे संत समुंधा।३६
सह सारीखी करै सझाई, कसणे सीरख डोरी बणाई। पांणी प्रघल छागल हाने, भोजन भाव सुणीजै काने।३७
ऊंठ सिणगारि किया सह उभा, झोल साथे सुहावै सूभा। मने उछाह विवाणे चड़िया, जैसलमेर पोह पंथे खड़िया।३८
ऊंठ तीन्य सै अवर पचीसा, महमां घणी करै जगीसा। झोलौ झुलरि मुंहरै छाजै, अनंत कला सूं आप विराजै।३९
संत सांतरा सतगरू केरा, जाय बासणपीर दीन्हा डेरा।४०
नफर न चाकर न कह्यौ, मिनख न दीन्हौं भेव। गैब सरूपी सांभल्यौ, बासणपीर आयौ देव।४१
सांभलि रावल मनि रसायौ, निरति हुई तिम वरौ चलायौ। चावल मूंग र घिरत मिठाई, आटो आंण करै सझाई।४२
लायक साथ कियो सोह भेलौ, चालौ करां सुगुरू सूं मेलौ। महमां दीठी मनि रलियालौ, देसपती होय चाल्यौ पालौ।४३
सनमुखि आया विलगौ पाए, बांह ग्रहे ने मिलियो साहे। देवजी घणी मया रावल सूं राखै, दया सरूप मया करि भाखै।४४
विनुं हेत वधार जुवा, साम्हां आय दुखी कांय हुवा। कांय सताया अतरा जीव, पोहण मिनख दुखी कांय किव।४५
केवल वचन न जाई मेटा, काचौ घड़ो दियो एक भेटा। थे तीन्य लोक रा नाथ कहावौ, मोमिण खरा तेड़िया आवौ।४६
आं कुड़ां कुगरा तां सरे न काई, तो आय मो इधक बड़ाई। पांच कोस जे साम्हो ना आउं, कहो देव हूं कुण कहाउं।४७
रावल सारे विनती, वरौ रखावौ ठांहि। जीम र संत संतोषिया, रली हुवै मन मांहि।४८
देव कहै जिगि परज मिलेसी, थारो वरौ स कोई लेसी। जत जुगति सूं पात परीखौ, वरौ लियो तौ बांही सरीखौ।४९
मांहरौ वरौ गरु उपदेसौ, भाव सहेत विगतिस्यौ देस्यौ। दया सरूपी बोह उपगारौ, देतां लेतां होय निसतारौ।५०
गुवाल कहै देवजी र साथि संगाती, कुंण जाति नै कुंण नियाती। कुंण कुली मांहि उतपनां, चारण कहै सुणावौ कानां।५१
तेजौ कहै प्रथमै तौ जाट कुली उतपनां, गुरु मिलियो ज्यौं हुवा सुग्यानां।
पात हुवा पालटिया परिया, उतिम संगति हूं निसतरिया।५२
सतपंथ मेल न जांही जूवा, कुल पालटि नै निरमल हूवा।५३
गुवाल कहै जीकारो जांणै नहीं, खर कूकर री बाणी। बतलायां हो हो कहे, निरमल कहि न बखाणी।५४
सीसौ तौ सोहटौ बिकै, नहीं कंचण रै मोली। जाट स जाटे जाट छै, बारहट बिना न बोली।५५
आखर अकलि सूं आखरौ, गुण वायके सुजाण। माथो कांय मुंडाड़ियौ, एथ कणि हुवौ अजाण।५६
तेजो कहै माथौ तो तिहूं अंगला, औ नहीं मुवाल। म्हे गुरू मुखि मुंड मुंडाड़ियौ, अलियो न चवि गुवाल।५७
मुद्रा देखि आदेस कहीजै, माला देखि राम राम करीजै। मुसलमान सलामां लेख, राह मारग का एही भेख।५८
निगुर सुगुर की परख लहीजै, वांनौ देखि वंदना कीजै। मुंडत भेख भगत रो वानुं, यांनु नुवणि करै सुगियानुं।५९
मूंड मुंडाया खेचर नींदै, पलतर की बात न वींदै। कोड़ि निनाणवै नरपति राया, गुरु मिलियो जां मूंड मुंडाया।६०
गुर कै सबद सूअखर रीधा, कुल पालटि नै सतपंथ सीधा। कुल मांही म्हे हुंता मारण, करता अनरथ जुलम अकारण।६१
कुल पालटि नै किया जुवा, पाप परहरे नै चारण हूवा।६२
मारण तां चारण हुवा, मन तां मेल्ही मार। चारां पणि मारां नहीं, ऐ सतगुरू का उपगार।६३
रावल कहै चारण चंदण परीखा, नींब भी करि ले आपां सरीखा। विसहर है चंदण के खोह, अंत्र गांठी वास न पोह।६४
वास तणां गुण मन परवाण, सो सतगुरू की परखि न जाण। पारस मणि तांबौ मेलिजै, कुल पालटि कंचण होय सीजै।६५
मीठा मिल्यै पालटियै खारा, गुरु मिलियै रा उपगारा। गुरु पांणी हुंता दूध पियावै, निंबड़ियां नारेल निपावै।६६
कंचण करि पालटिया परीया, मध्यम हुंता उतिम करिया। जैसलमेर रो धणी कहीजूं, कूड़ कुपातां हूं न पतीजूं।६७
अगुण कह्या स यांही नै छाजै, कहि दाखौ मनै न विराजै।६८
चारण रावल नै विनवै, करिसुं गुण संकलाप। आखर जोड़ियौ न जुड़ै, लागो कलंक सराप।६९
चारण गयो जटाध्य मां, वाही चोट जेड़ंग। विसहर किया बारहट, विरत किया वेरंग।७०
चड़ौ चड़ो करि सेवग चड़िया, जैसलमेर पोह पंथे खड़िया। रावल मनि रलियालौ दीसे, दरसण दीठा खरो जगदीसे।७१
पोहण पंथ घणां दुखाया, जैसलमेर सहज सूं आया। जैत समंद आय उतरिया, दरसण दीठे पातिग हरिया।७२
जैजैकार सहर गढ़ मांहि, परजा आय विलगै पांए। दरसण भैंटै राव ज राणां, सांभलि पापां पड़े भगाणां।७३
कला नूर वरत झांभाणौं, देव सभा देवलोक मंडाणौ। जे जण औलखि पाय विलग्गा, जां जीवां रा सांसा भग्गा।७४
जिणि घटि कुड़ न वापरै, बोलै साच सुजांण। जप तप किरीया गुरु सुगुरू, जाचग करै बखांण।७५
रावल कहै हूं तो मानू वचन तुहारो, हुकम करौ तौ वरौ हकारौ। जां जां देवजी हुकम नहीं दीजै, तां तां मांहरौ मन न पतीजै।७६
देवजी कहै थारै ठाकूर आया, नगर नजीक तंगोट तणाया। सैण सगा रलि मिलण आया, मींढा बाकर भैंट लियाया।७७
आज तंगोटी दीसै तांण्या, मांहे जीव गुन्है विणि आण्या। वे मरता थे जीव रखाड़ौ, पहलौ वरौ सुक्यारथ म्हारौ।७८

जां जां गाडर छाली ब्यावै, तां तां हेज घणो करि आवै। करि विछोह फरजन मारीजै, ताथै अखज अकारण कीजै।७९
वैम लगे से जीव उबारो, दुजौ वरो सुक्यारथ म्हारौ। जितरी आण तुम्हारै दावौ, तितरी बावरी जीव रखावौ।८०
अतरी मांहे जीव उबरिस्यै, तां धरम काज घणा ही सरिस्यै। अतरी रा थे जीव उबारौ, तीजो वरो सुक्यारथ म्हारौ।८१
जाहि चोर चोरी करि आवै, थाहरी सींव मां ढांढो ल्यावै। दाग दीठे जे हुवै झांभाणौ, चोर जाय हुवै ठाकुर वाणौ।८२
निरति हुवै वैठिगर आवै, आय खरौ दिवाणि सुणावै। उपरि करि नै पाछो दिराड़ौ, चौथो वरो सुक्यारथ म्हारौ।८३
ऐ च्यारि वरा सतगुरू मांग्या, संकलप करि नै रावल त्याग्या। पांचहुं वरां रौ उपर करिसी, सो रावल निहचै निस तरिसी।८४
जो विसनोई नाम कहावै, देस आप रे लध कर आवै। उदर काज आजीवका कीजै, डाण जगायत माफ करिजै।८५
यह धरम निहचे छै थारो, पांचवों वरौ सुक्यारथ म्हारौ।८६
धन्य धन्य तूं धरमां धणी, पापां करण प्रहार। तोड़तां जीव उबारिया, केई एक जीव हजार।८७
केहक आगलि वेम री, बाल विछोहे वरजि। ढमके ढंढोरो फिरियौ, सुणियौ सोह परजि।८८
ढमके ढंढोरो फिरियौ, मेल्ही आण दिराय। बावरि मत को मांडियौ, रावल कह्यौ रिसाय।८९
जीव मरता राखिया, पाप न सक्यौ पोहि। सतगुरू आयौ किम जांणियै, जे उपगार न होई।९०
भगति तंणी परि एह, प्रथम नांय तेड़ीजै। कटोरां तेल कटोल, अंग मलि मरदनि कीजै।
ताता पांणी तुरति, नीर निरमल न्हाविजै। उजल वागा पहराय, सोभा सिणगार सझीजै।
उतिम कुल नै ऊंची चाल, मन मोट मदे से घणी। आदि गरु तौ आवियौ, अंति औपम डैरा तंणी।९१
जान जीमण काज, राय आंगण्यै तेड़ीजै। सिंघासण सकलात, दोवड़ बिछावणां कीजै।
विनुंवे गति संसारि, आगलि आडवणी ऊभीजै। थाली ऊपरे मेल्ह, भाय भोजन पुरूसीजै।
दाल्य साल गेवर घिरत, छतीस भोजन सारिजै। प्रीतमां नै ढोलै पुंवण, आगलि फड़का ढालिजै।९२
तीवण तीस तियार, सुवाय सुवाद सुभाव। जीमैं जांन आंगण, जांह सीरि मोटा दाव।
करि झारी ग्रह जोय, भाय भाविक पतीजै। राय आंगण री रीति, चलु जाय बारै कीजै।
सली दंतावलिये फेरि, जल सूं कुरला किया। लूंग सुपारी पांन, मंहत महोछण दिया।
विनौ वडाई मंगले, मांन महुंत इधकी मया। जीमी जांन राय आंगणै, सीख मांगि थने थया।९३
लाभ लगनि पति देखि, महुरत मंडहो मंडांणौं। खुंटी चौह दीस रोप, चंवरी ग्रह सूत फिरांणौ।
आदि कुंभ जल पुरिये, आणि कलस थापिजै। वासदेव कीजै वंदना, घ्रत गूगल होमीजै।
ज्यौं ज्यौं होम प्रगटे, वास विगसै देवता। सतगुरु सा विधि दाखवै, ध्रम पुंन न पड़े खता।९४
प्रथमे औउंकार, आदि गुण निकत भणीजै। विपर वेद उचरै, सुरति सुभ कानि सुणीजै।
कामणि सझ सीणगार, महुरति मंगल गाविजै। हथलेवौ करि जोड़ि, ध्रम कन्या प्रणाविजै।
कंचण रूपा गज तुरी, चंवरी सीरि संकलप किया। ए वड दान कन्या सहत, रावल रलियालै दिया।९५
देव पूछै प्रभाय, पुंन प्रवाह मंडाणी। वरा दीयै जैतसी, मोकला अंन ज पांणी।
गऊ दान बाहमणां, कुल आचार करीजै। घ्रत आटा मौकला, दान प्रथमादिक दीजै।
संन्यास्यां लोवड़ी, जोगीयां पतर पूरीजै। पीरोज्या प्रवाह, दान जाचिगां दीजै।
भेर दमामां ढोल दुड़बड़ी, जस रा बाजा बाजिया। धन्य धन्य रावल जति, च्यारे वरा गुरु मुखि दिया।९६
धन्य धन्य रावल जति, जेणि ए वड मत आई। जगत मरु तेड़ाय, नींव धरम री दिराई।
जिग चड़ियौ परवाणि, जगि जसकार भंणीजै। कवियण वैणा वधारिये, सुरति सुभ कानि सुंणीजे।
सत सुकरत कारज सरियौ, लहि लाध लाहौ लियौ। जैकार जगि सौ वापरियौ, कलजुगि कन्याहल कियो।९७
जिम पिता काजि पंडवां, जिग हथणापुरे थायौ। कुलबंद होय किसन, जुग जिग मांहे आयौ।
पंचबुत होय साथि, काज पंडवां सारियौ। आप दया करि देवजी, जिग जादवां पधारियौ।
जिसौ भाव दवापुर मां, राव दहुठल सेती दखियौ। ऐसो भाव कलजुग मां, रावल सेती रखियौ।९८
सतगुरु आगलि आय, रावल एक विनती सारै। मांग छै एक पसाव, उमेद उपनी मनि म्हारै।
केहक विसनोई देव, देस म्हारै बसावौ। राखिसां रूड़े भाय, वांरौ मं करिस्यौं दावौ।
रावल कहै चुकिस नहीं, कोल बोले रूड़ा वहिस्यै। अमाण तुहारा देवजी, साच सील तागै वहिस्यै।९९
वायक फिरियौ जमाति मां, कौल सतगुरू कौ पालै। रावल सारै विनती, सांई विनती संभालै।
लखमण पांडव धन्य, कह्यो सतगुरू कौ कियो। तजि बाप दादै री भौमि, जांण देसोटो लियौ।
कुटम कडुंबो छाड़ि के, गुरु वायक माथै बंदियो। भोमि छाडि परभौमे गया, वास खरींघे मंडियो।१००

राह चालै राही के, आण सतगुरू की मांनै। जपै एक विसन, आन तोफान न मांनै।
अजर जरे जीव काजि, वैर भरंम सह भग्गा। लखमंण पांडू दोऊ, आय गुरु पांव विलग्गा।
जांह संहस भूज हुवे संतोषियां, सतगुरू संभलाये कही। रावल अंमाण छै आपणी, यांसूं परि विना रूड़ा वही।१०१
थारा म्हारा सूं दिल भीली, ताग ज्यौं पालिस तागे। पुंन वधिसी परवाह, लछण प्राछीत न लागे।
न हुवै तुरकां रो तेज, आंण जो जादम जेती। भाटियां भोमि पतिसाह, आय न लिय कोई एती।
जैतसी झंभ जांण्यौ सही, खरी आसीसां एम खट। एक किसन चिरत कान रहयौ, गढ़ जैसलमेर न पालट।१०२
सतगुरू आगलि आय, रावल नुंय पाय विलग्गो। त्रीकम तौ परसादि, मोहि कुजस कलंक नहीं लग्गो।
अंन धन खरचिया, भंडार रीता नहीं हुवा। दरसण थांहरै देव, पाप सह परलै हुवा।
जिम थे कहियौ तिम कियौ, मांगि मांगि तोपै दुवौ। आदि गरु तौ आविया, मांहरौ उजवणौ पूरौ हुवौ।१०३
सतगुरू आगलि आय, रावल पाय विलग्गौ। तो आया भगवंत, जीव सांसौ भग्गो।
हुं ज करंतो वर, वर तो आय वढ़ियौ। हूं ज करंतौ पाप, थां पाप मां कलतौ कढियौ।
भाग भलौ छै मांहरौ, तै तड़गो लागण न दियौ। तूं साहेब हूं सेवग थांहरौ, तै मो सुगुण मुं कियौ।१०४
रावल सारै एक विनती, सांई एक ऐसी सुंणीजै। कलिजुग मां जै जीव, मुकति तांह नुं न कहीजै।
सा क्यौ म्हानै होय, म्हे पापी अपराधी। दरसण थांहरौ दीठे, आह नीधि मोटी लाधी।
मांगूं छूं जूणि मिरघ री, हवान मत घातौ कही। खड़ चूंटि नै व्रंभसरि पाणी पिऊं, विहुं पणि विहाडु नहीं।१०५
जांहरी धोती रैहती अधर, सेऊ सिधकार न पायौ। करण बड़ो दातार, नी कुछ पणि पाछो आयौ।
कुंडरीक संजम लियो, सोऊ सिधकार न लग्गौ। सहंस बरस तप कियौ, नीछ आपौ करि भग्गौ ।
धन्य धन्य रावल जति, जैनें मुकति दान सतगुरू दियौ। आवागुवणि चुकाय करि, कौल सुरग कौ कियौ।१०६
सतगुर पारिख एह, प्रथम मुख कूड़ न भाखै। झुरै नहीं दसूं दवार, पांच इंद्री वसि राखै ।
खुध्या तिसनां नींद, ताहु रै मूलि न वियापै। परति न छीपै पाप, पुंन छीपै गुरु आपै।
कुपह कुमारग वरजि करि, सुपह साच करणी कहै। सहनाण सुगर तणां सुरता सुणो, परमन की प्रगट कहै।१०७
दिल्ली सिकन्दर साह, दे परचो परचायौ। महमंद खांन नागौरी, परचि गुर पाए आयौ।
दूदो मेड़तियो राव, आय गुरु पाय विलग्गो। रावल जैसलमेर, परचतां सांसौ भग्गौ।
सांतिल सनमुखि आय, सुचील जित हुवौ सिनानी। सांगे रांणे सुणि सीख, जका गुरु कही सै मानी।
छव राज्यंदर के के अवर, आचारे औलखियौ । वील्ह कहै मांगौ पुन्ह, जांह मुगति नै हाथो दियो।१०८
प्रथम दया करि भाव, आप पर एक गिणीजै। दूजै सहज घरि आवे, जास सीध अपणां लीजै।
तीजै खीमा करि तप, जास गुरु अजर जरीजै। चौथै चवीजै साच, साच सुवचन बोलीजै।
पांचवै पुन करि सत सुं, छठै सील संग्रहि सही। सातवै साध संतोषि के, विसन नांव रातो रही।१०९
धन्य धन्य रावल जति, जास जीगि सतगुरू आयौ। आप मत मां होय, जैतसरि सूत फिरायौ।
जीव मरंता राखि, अभैदान दैतां दियो। माया मुकति खरचि, पुंन प्रथीपति कियो।
विखरी मेल प्रथी पहे, दे आसीसां चलिया। जे ठाकुर जांह गांव रा, सीख मांगि डेरे थिया।११०
सामि करै छै सीख, रावल सूथानि सीधावै। रावल सुं रखि भाव, सामि साथरीयां आवै।
साथरीये सुभकार, नूर थलियां अवास्यौ। जाणी ज जुग मांहि, पोहसै वौ सूर प्रगास्यौ।
निराकार नूर प्रगटियो, मिलिया साध सोहावणां। आदि गुरु तौ आविया, विगस्या वन रलि आवणां।१११
वील्ह कहै जी विनती, आवागुवणि निवारि। सरब रसी स कथा हुई, साहब के दरबारि।११२
थारी दीठो दान द्यौ, जिंह दान खोड़ि न होय। पार गीराएं वास द्यौ, कलंक न लागे कोय।११३

03. लक्ष्मण और पांडु का खरींगा में बसनाः- साहबरामजी राहड़ कृत जंभसार के 15 वें प्रकरण में वर्णित है कि जंभसागर का जल मृत्यु और रोगों का महान औषध है। जो व्यक्ति इस सागर में स्नान करता है अथवा इसका जल पीता है, वह तीनों लोकों में प्रसिद्धि पाता है। जैसलमेर शासक रावल जैतसी के पेट में कोई भयंकर रोग हो गया था। दिन-प्रतिदिन उनकी पीड़ा बढ़ती जा रही थी। और भोजन-जल ग्रहण करना भी कठिन हो गया। जब पीड़ा असहनीय हो गई, तब उन्होंने गुरु जाम्भोजी को हृदय से स्मरण किया। गुरु जाम्भोजी चार हजार संतों के साथ साथरी पर विराजमान थे। रावल उनके पास पहुँचे और उनके चरणों में गिर पड़े। गुरु जांभोजी ने उनके मस्तक पर हाथ रखकर उन्हें आश्वासन दिया। तब रावल ने करुण स्वर में अपनी व्यथा व्यक्त की और निवेदन किया कि उनके रोग का निवारण कैसे होगा। तब गुरु जाम्भोजी ने निहालदास को बुलाकर जंभसागर का जल मंगवाया। निहालदास जल छानकर लाए। गुरू जांभोजी ने रावल से कहा कि वे इस जल का आचमन करें, इससे दुख दूर हो जायेगा। जैसे ही रावल ने वह जल पिया, उनका रोग तत्काल दूर हो गया। पेट का कष्ट समाप्त हो गया

और उन्हें भूख लगने लगी। यह एक दिव्य चमत्कार था, जिसे देखकर आकाशवाणी भी हुई कि जंभसागर का जल अद्भुत और अपार महिमा वाला है। ब्रह्मा और शिव भी इसकी महिमा का पूर्णतः वर्णन नहीं कर सकते। यह जल केवल शारीरिक रोगों को ही नहीं, बल्कि जन्म-मरण के बंधनों को भी नष्ट करने की क्षमता रखता है। इसके स्नान और पान से दैहिक, दैविक और भौतिक ताप समाप्त हो जाते हैं। जंभसागर पर एक कपिल देव की जाल मौजूद है, जिनके दर्शन करने से गौहत्या के पाप का मोचन होता है। जो इनके नीचे से निकलता है उसका मोक्ष हो जाता है। जो इस जंभसागर तीर्थ की तीन परिक्रमा करते है उनके जन्म मरण का दुख मिट जाता है। जो जंभसागर में नहाता है उसको जमदूत के कभी दर्शन नहीं होंगे। जंभसागर में नहाते ही वो मोक्ष का अधिकारी हो जाता है। जो जंभसागर की मिट्टी निकालता है उसे मलमूत्र वाली देह धारण नहीं करनी पड़ती है। जंभसागर के चारों ओर सूत फिराने पर सारे पापों का नाश हो जाता है। मृत्युपरांत उनकी दिव्य देह को विसनुपुर में निवास मिलता है। गुरू जांभोजी ने अपने श्रीमुख से यह बात रावल जैतसी को बताई। यह सुनकर जैतसी हर्षित हुए और पुरी जमात आनंदित हुई। तब जैतसी ने मन में निश्चय करके कहा कि वे गुरु जाम्भोजी के दर्शन के बिना भोजन नहीं करेंगे। उन्होंने प्रण किया कि जब तक शरीर में प्राण हैं, तब तक वे प्रतिदिन गुरु के दर्शन करेंगे और तभी अन्न ग्रहण करेंगे। यह निश्चय करके गुरू जांभोजी की स्तुति की। इस प्रकार जैतसी ने प्रतिदिन गुरु के दर्शन करने का नियम धारण किया और नियमानुसार गुरू के दर्शन करके अत्यंत आनंद का अनुभव करते। जब रावल वृद्ध होने लगे, तब गुरु जाम्भोजी ने उन्हें कहा कि अब यहां आने की परेशानी मत उठाओ। यह सुनकर रावल रावल उदास हो गए, और दीनतापुर्वक कहा कि हे जगत के नाथ आपके दर्शन के बिना मैं रह नहीं सकता। इस कारण आकर मस्तक नवाता हूं। तब गुरू जांभोजी कृपा करके बोले कि हे जैतसी तुम लिछमण और पांडु को अपने साथ ले जाकर अपने राज्य में बसाओ और उनके दर्शन को ही मेरे दर्शन समझो। साधु और गुरु में कोई भेद नहीं है। साधु का शरीर, मन और स्वरूप ही गुरु का स्वरूप है। जहाँ साधु रहते हैं, वहाँ गुरु का निवास होता है। इस कारण इन दोनों साधुओं का दर्शन करना। और मदिरा, भांग और लील से दूरी रखना। यह कहकर लछमण व पांडु दोनों संतों को रावल के साथ भेजा। रावल जैतसी लखमण और पांडु को अपने साथ ले आए और उन्हें अपने अंतःपुर में स्थान दिया। वे उनके दर्शन कर ही भोजन करते और उनका अत्यंत सम्मान करते। उनको पुछकर ही कोई काम करते थे। रावल जैतसी इनको गुरू जांभोजी के समान मानकर व्यवहार करते थे। यह देखकर वहां के चारण, बारहट व सेवकों को बहुत दुख हुआ। तब दरबार के इन लोगों ने ईर्ष्या वश उनके विरुद्ध षड्यंत्र रचा। उन्होंने लखमण और पांडु को समझाया कि वे बिना बालों का सिर अशुभ होता है। इससे दरबार की शोभा बिगड़ती है। राजा का अहित होता है। अतः अपने सिर पर लंबे बाल (चोटी पटा) रखें, जिससे दरबार की शोभा बढ़ेगी और राजा का भी भला होगा। तब उन संतों ने कहा कि गुरू जांभोजी ने हमें सिर पर बाल रखने का मना किया है। इस कारण हम नियम का पालन करते है। तब उन लोगों ने कहा कि आप लंबे बाल भले ही मत रखो, पर गिड़दौ (सिर के पीछे बालों की चोटी) तो रख ही सकते हो। तब उन्होंने यह बात मान ली। उन्होंने सोचा कि दरबार के चारण बारहट आदि लोग कह रहे है तो सही ही होंगे। उनको इनके कपट का पता नहीं चला। फिर दरबारियों ने रावल को भ्रमित किया कि ये सच्चे साधु नहीं हैं, बल्कि कपटी हैं। अंतहपुर में रहने लायक नहीं है। हमें तो आपको यह बताते हुए भी शर्म आ रही है। इन बातों को सुनकर रावल के मन में संशय उत्पन्न हुआ और वे गुरु जाम्भोजी के पास समराथल पहुँचे। तब गुरू जांभोजी ने उन्हें कहा कि तुम आज इतने उदास क्यों हो ? तब रावल बोले कि मैने तो आपकी आज्ञा का पालन किया था। संतो की पुजा करता, जो मैं खाता वही संतों को खिलाता। पोशाक पहनाता। उनका दर्शन करके भोजन करता। आपके समान उनकी सेवा करता था। मैने अपनी करणी भंग नहीं की। पर उन्होंने आपकी आज्ञा भंग करके केश रख लिए है। इस कारण मैं उदास हो गया हूं। तब गुरु जाम्भोजी ने स्पष्ट किया कि इसमें साधुओं का कोई दोष नहीं है, बल्कि दरबारियों ने उन्हें भ्रमित किया है। उनके कहने पर ही संतों ने बाल रखे है। संतों में कोई दोष नहीं आया है। इसलिए उनके दर्शन में कोई कमी मत मानो और उनको मेरा ही स्वरूप मानो। उन्होंने मेरी आज्ञा भंग की है, इसका दोष उन्हें लगा है। इस कारण उनको अलग स्थान पर बसाकर उनका विवाह करवा दो। और उनका नित्य दर्शन करके परमगति पाओ। यह सुनकर रावल आनंदित हुए। और कई दिनों तक गुरू जांभोजी के पास रहे। गुरू जांभोजी ने उन्हें गुरू पुजा का ज्ञान दिया। कि गुरू धर्म मर्यादा के रक्षक होते है। यदि कभी गुरु में कोई अवगुण दिखाई दे, तो भी उसे त्यागना नहीं चाहिए। फिर रावल वापस जैसलमेर आ गए। यहां आकर शुद्ध कुल की दो कन्याओं का पता लगाकर लछमण और पांडु का विवाह कराया। उनको दो गांव आजीविका के लिए दिए। रावल जब तक जिया तब उन संतों का शिष्य बनकर रहा। इन संतों ने गृहस्थ रहते हुए भी भक्ति, दया और धर्म का पालन किया और गुरु की मर्यादा को बनाए रखा। वर्तमान में जंभसागर के पश्चिमोत्तर में लछमण और पांडु के वंशज निवास करते है। ये मूलतः रूणियां गांव के गोदारा गौत्र के जाट थे। गुरू जांभोजी ने इनको बाल रखने का दंड देते हुए, सन्यास छुड़वाकर गृहस्थी बनाया था। गृहस्थ जीवन अपनाने के बाद भी उनकी भक्ति समाप्त नहीं हुई और उनके कुल में दया, धर्म और समृद्धि बनी रही। गुरू जांभोजी के आशीर्वाद से इनके वंश में कई महापुरुषों का जन्म हुआ। इस प्रकार रावल ने विसनोई धर्म निभाया। गुरू जांभोजी ने उन्हें कलश (घड़ा) देकर कहा था कि जब तक इस कलश की पुजा करोगे, तब तक तुम्हारा राज्य बना रहेगा। अभक्त कुल में जन्म नहीं लेंगे। अंत में कहा गया है कि जो इस कथा को श्रद्धा से सुनता और हृदय में धारण करता है, उसके सात जन्मों के पाप नष्ट हो जाते हैं। जैसे पारस के स्पर्श से लोहा सोना बन जाता है, वैसे ही सतगुरु की कृपा से छतीसूं कुल के जाट विसनोई बने थेः-

अब एक कथा कहूं समझाई, जाकै सुणे मुक्त हुय जाई। जंभसागर के जल की महिमां, मृत्यु रोग की औषद ऐमां।
जो कोई पीवै नहावै सागर, तीन लोक मां होय उजागर। राव जेतसी के दुख भएऊ, पेट मांहि फीयो हुय गएऊ।

दिन दिन विथा बधत नित नईऊ, खाण पीण की मुसकल भइऊ। विथा बधी दुख भएउ अपारा, जब राजा जंभगुर उरधारा।
साथरियां गुर जंभ विराजै, च्यार हजार संत संग छाजै। रावल आय चरण गहि परेऊ, जंभ गरू मस्तक कर धरेउ।
तब रावल बोलेउ विलखाई, पेट विथा प्रभू केही विधि जाई। निहालदास कूं तुरंत बुलावा, नीर कठोता छांण मंगावा।
कह जंभेश्वर आचवन करिहु, इह जल दुख तुरंत तव हरिहु। सुनत ही स्पात पियौ जल प्यालो, कटियौ रोग भयो पेट निखालो।
लागी भूख दुख भई हानी, भई अकास देव की बांनी। इह जल महिमां अजब अपारा, शिव ब्रिह्मा नहि पावे पारा।
देह रोगां की काहा चलाई, जनम मृत्यु सब रोग नशाई। देही देवक भोतक तापा, न्हावै पीवे तेहि नहीं व्यापा।
कपल देव की जाल विराजै, तां दरसे गो हित्या भाजे। तेहि जंत्री में निकसे कोई, फेर जोन नहीं जावे सोई।
च्यौरासी की काटै फांसी, काल करम से होय अवनासी। तीन प्रकमां तीरथ लावै, जनम मरण के दुख मिटावै।
जाकूं जम दरसै नहीं कबही, जंभसागर में नहावै जबही। जंभसागर में नहावै जबही, मुक्त भयो जाणीजे तबही।
जंभसागर की मिटी निकारे, मल मूत्र देह कदे न धारे। सूत फिराऐ सब अघ नासा, दिव्य देह पुर विसनु निवासा।
विसनु पुरी सकल मन महि, पाटम्बर की सेझ्या सोहे। पाटम्बर के वस्त्र राजे, चरणजीव होय सुरग विराजै।
सूत फेरावै रेशम पावै, एक कलप हरि मुक्त संमावै। श्री मुख अपणै मुख कर गावा, जैत राव सुनके हरखावा।
और जमात भयो आनन्दा, कट गए जनम मरण के फन्दा। कहै जेतसी ने मन वरियहूं, दर्शन विन नहि भोजन करिहूं।
मुख देख्यां भोजन करू, दर्शन से दुख जाय। जब लग शांस सरीर में, तब लग दरस दिखाय।
..................जैतसी की स्तुति.................. नित नेम कियो हर दरसन को, मुख देखहिं सजन प्रसन्न जो।
एहि रीत हमेसूं राव आवै, गुर दर्शन करि अति सुख पावै। कछु विरध भए श्रधा जु हटी, गुर जंभ कहे अब आवो मती।
सुंण सत बाणी उदास भऐ, दीन भऐ कछु वाक कहै। रावल जैतसी यूं कहै, सुणौं जगत के नाथ।
दर्शन विन मैं न रहूं, आय नवाउं माथ। कृपा करी गुर गिरा उचारी, सुनों जैतसी बात हमारी।
लिछमण पांडू साथ ले ज्यावौ, अपणीं नगरी मांहि बसावौ। इनको दरस करो तुम नितहि, मेरो दर्शन जांणौ बितही।
साध रु मोकूं दोय न जांनो, साध कहीजै मेरोई वानौ। साध देह सौ मेरी देहा, मैं रहूं साधन कै उर ग्रेहा।
ताते साध रू मैं दोय नांही, मैं साधू साधू मोहि मांही। साधू रूप हमारोइ जांनौ, साधू सतगुर दोय न मानौ।
साधू तन सो मेरो तन है, साधु मन सो मेरो मन है। साधू पावै सौ मैं पाऊं, साधु जावै जाहां मैं जाऊं।
साधू सोवै जाहां मैं सोऊ, साधू होवै जहां मैं होऊ। साधू प्रसन्न तो मैं प्रसन्न, साधू दर्शन सो मम दर्शन।
साधू राजी तो मैं राजी, साधू वैराजी तो मैं वैराजी। रावल साधू अरु मैं दोय नांही, साधू बसै मोर उर मांही।
इन दोनां का दर्शन करियो, मदरा भांग लील ते डरियो। अस कहि संत किये दोउ संगा, लक्ष्मण पांडु संत सुरंगा।
ले राजा चालेउ निज धामां, अंतहपुर में दियौ विसरामां। दर्शन कर नित भोजन करै, कारज पूछ पूछ पग धरे।
सत गुनो भाव राव प्रतिपालै, जंभ गरू सम इनकूं न्हालै। हाली मुस्दी सब दुख पावै, चारण बारट सब खुणशावै।
सभा सकल तब कपट विचारा, इन दोनां से वचन उचारा। तुम हो दोउं साध सलूणा, राजा के नितप्रति हित दूणां।
मोडा सीस सदा भयकारी, ताते शोभा कछू न तुम्हारी। चोटी पटा रखाइयै भाई, तो राजा सुख लहे सदाई।
अस कहि सभा सकल अरगाने, लक्ष्मण पांडु वचन बखाने। चोटी का गुर हुकम न दएऊ, तातै रखां न ऐसे कहेऊ।
तो सारेई गिड़दो राखो, ऐसौ मत उन सुन्यो सभा को। जब दोनां गिड़दा रख लीन्हा, साधू कपट भाव नहीं चीन्हा।
तब राजा कूं कहै दिवाना, इह छिलोर साधू हम जानां। रजगुन की मूरत यहे दोनो, पाय सुहागो द्रवै सोनौ।
अन्तहपुर लायक इह नांही, कहत आप ते हम सरमाही। सुन्यौं सभा को वचन अस, राजा ने भएउ ओचाट।
साधन की रहणीं कहन, मिलन जंभ ठटियौ ठाट। रावल चल्यौ जंभ गुर पासा, देख साध गति भएउ उदासा।
चलत चलत समराथल आवा, जंभ गुरु कूं सीस नवावा। कहै जंभ किम भऐउ उदासा, सुनकर रावल वचन प्रकाशा।
मैं तो आपकी अज्ञा पाली, पूजूं संत संग दयुं थाली। भोजन मैं भोजन प्रसाऊं, पोसागां पोसाग बनाऊं।
उनको दर्शन कर अन्न लेऊं, आप समान तास कूं सेऊं। मैं करणीं नहीं कीवी भंगा, तुम जल उनकूं मानूं तरंगा।
पर उन तो लिये केश रखाई, तुमरी अज्ञा रखी न काई। ताते मेरे भयो अभावा, अब सतगुरू तुम करो निभावा।
सुन करि वचन जंभ अस बोलेऊ, नृपत हिरदै संशयै सब खोलेउ। उन साधन में कसर न काई, तेरी सभा दियेउ बहकाई।
सभा कहै उन राखेउ केसा, और संत बै सागेई भेसा। मन डहक्यौ डोल्यौ सुन वचना, ताते करां दूसरी रचना।
दर्शन मांहिं कसर मति मांनौ, उनकूं मेरी मुरत ही जानो। अज्ञा भंग दोस तेहि लागा, दूर बसावौ दो कछू जागा।
विवाह करो ग्रिहस्त बंधवावौ, दर्शन करो परम गति पावो। अस सुण रावल भए अनंदा, सुन्यो वचन पायो परमानन्दा।
केई दिन रहै जंभ के पाशा, सुने शब्द हिय ज्ञान प्रकाशा। जंभ गुरू गुर पुजा भाखी, धरम मरजाद सीस सब राखी।
जो गुर में अवगुण हुय जावै, तोउ न तजिय जंभ दरसावे। अज्ञा मांग गएऊ निज देशा, सुभ दिन साध किएऊ प्रवेशा।

सुध कुल दोय किन्यां पूछाई, द्रव लाय दिये गुरु विवाही। दोय गांव भोगण कूं दएऊ, जीयो जितै सिष्य सम रहेऊ।
गुरू धर्म कूं इस विधि पालै, गुंण ग्रिह अवगण नाहीं निहालै। जो गुरू कबहू काम गति ठाणे, तो गुर निज प्रिय कृष्णहि जाणै।
जो गुरु होय क्रोध लवलीना, दुरवासा जाणै प्रवीणा। जो गुरू होय लोभ लिपटाना, तो गुरु कूं बांवन कर जानौ।
जो निज गुरु मोह मय स्वामी, जाने राम सिष अन्त्रजामी। यों गुरू के अवगण नहिं दरसे, ते जन ब्रिह्म लोक जाय परसे।
जंभसागर सूं पश्चम उत्तर, लछमण पांडू के जहां पुत्र। जात गोदारा तेहि औलादा, गांव रूणियों इनकी आदा।
केस डंड गुर उनकूं दएउ, मुक्त छोड ग्रिह आश्रम लएऊ। तोहू ते घर भक्ति न गएसी, दयावन्त तां कुल में रहेसी।
फेर तांह ते गई न ऋद्धि, सदा वरहे तास नव निद्धि। एहि विधि रावल धर्म निभावै, कलसा रखही तो राज न जावे।
जब लग कलस नि पूजा करही, अभक्त कुल में नही अवतरहि। जो इहै कथा सुनहिं चितलाई, ताके पाप पलक में जाई।
पाठ करै हिरदै में धारै, सप्त जनम के पाप निवारे।
पारस से लोहा पलट, चंदण पलटै काठ। साहब सतगुर पलटिया, कुली छतीसूं जाट।

04. जैसलमेर का इतिहास (वि.सं. 1553-1657)

क. लखमीचंद कृत 'तवारीख जैसलमेर' (वि.सं.1948) के अनुसारः- ये जैसलमेर शासक रावल देवीदासजी के पुत्र थे। देवीदासजी की पहली पत्नी चित्तौड़ के शासक राणा कुंभा की पुत्री दलकुंवरी थी। रावल जैतसी संवत 1553 को जैसलमेर शासक बने। रावल जैतसी के शासनकाल में मुल्क में डकैती बढ गई थी, खासकर खरींगे में व जैतसर से कुंवर लुणकरण का घोड़ा ही ले गए। तो भी दरबार ने कुछ न किया। कुंवर लुणकरण नाराज होकर नवाब अलीखां के पास खंधार गए और पगड़ी बदल भाई हुए। इस अरसे में बीकानेर की फौज आई, शहर से 3 कोस तलाई राजबाई पर कई दिन रही। फिर गांव सोमले आई, लुटकर वापिस गई। एक दिन रावल जैतसी शिकार करने गए, बाड़मेरी रावत के ताने पर संवत 1570 में तलाब की नींव डाली। और बंधै (बांध) का नाम जैतबंध रखा। काम शुरू ही था कि इनका देहांत हो गया। उसके बाद जैतसी के पुत्र कर्मसी शासक बने, 15 दिन बाद जैतसी के दुसरे पुत्र लुणकरण खंधार से 800 पठानों के साथ आए। कर्मसी को हटाकर स्वयं शासक बने। पठानों को अपनी सेना में भर्ती कर लिया। इस प्रकार संवत 1586 में रावल लुणकरण जैसलमेर शासक बने। जैतबंध तैयार हुआ। एक यज्ञ का आयोजन किया तथा दुसरी रियासतों में यह सूचना भिजवाई कि जो हिंदु किसी वजह से बीते कालखंड में मुसलमान बन चुके है वो इस यज्ञ पर आएंगे तो उसे हिंदु बना दिया जाएगा। इस यज्ञ में ऐसे अनेक लोग आए, और उन्हें हिंदु बनाया गया। तब बाड़मेर से रावतजी (जिन्होंने रावल जैतसी को ताना दिया, तब जैतसी ने इस जैतबंध की नींव रखी थी) हाथों में आठियों (प्रायश्चित स्वरूप कच्चा धागा) डालकर हाजिर हुआ। तब रावल लुणकरण ने कहा कि संदेह मत करो, तुम्हारे ताने से ही यह बहुत बड़ा काम हुआ है। फिर इस जैतबंध के दुसरी तरफ बाग लगाया, जो वर्तमान में बड़ा बाग कहलाता है। इस बाग में आम के पेड़ थे, जिनको जोधपुर शासक मालदेव ने कटवा दिया था। बदला लेने के लिए पुगल के राव जयसिंह को भेजा, उन्होंने मंडोर के बाग में तीन दिन रहकर हर पेड़ के नीचे एक कुल्हाड़ा और ऊपर एक कपड़ा रखकर चले आए। इस संदर्भ में प्रसिद्ध है कि 'बाढिया नहीं वृक्ष, बैरावत ओढाड़े कीधी उपगार'। अलीखां के हाथ से कंधार निकलने पर वो यहां किशनघाट में रहते थे। एक दिन अलीखां ने कहा कि हुरमां (बेगमें) रानी से मिलना चाहती है। तब लुणकरण ने इजाजत दे दी, और अली खां सहित पठान पालकियों में बैठकर किले में प्रवेश कर गए और अंदर हमला कर दिया। इस युद्ध में रावल लुणकरण वीरगति को प्राप्त हुए। उस समय कुंवर मालदेव बड़ा बाग में थे, उन्होंने वहां से आकर इनको मारकर किले को वापस सुरक्षित किया। इस प्रकार संवत 1607 को रावल मालदे जैसलमेर शासक बने। इनके बाद रावल हरराज संवत 1618 को शासक बने। हरराज के बाद रावल भीम संवत 1634-1680 तक शासक रहे।

ख. 'मुहता नैणसी री ख्यात (भाग-2)' के अनुसारः- रावल जैतसी देवीदास रो। देवीदास रै पछै पाट बैठो। बरस 35 मास 4 दिन 10 जैसलमेर राज कियो। सुसतो सो ठाकुर हुवो (यह कुछ सुस्ता सा (अकर्मण्य) शासक हुआ)। एक बात यु सुणी। रावल जैतसी बुढो हुवो। पछै इण रे बैटे जैंसिंघदे नारणदास राम पुनसी इणै मिलने रावल नु को दिन अटक में कियो (इन्होंने मिल कर रावल को कई दिन कैद में रखा) नै बाहिड़मेरी सीता रा बेटा रावल लुणकरण नै रावत करमसी नुं इणे परा काढिया। ऐ रावत भीमा बाहड़मेरा भाणेज सु ऐ सिंध गया। पछै कितरे के दिने रावल जैतसी इणा सु घणो ललो पतो कराय (खुशामद करके) पछै कह्यो- भाटी च्यार 4 बुढा म्हा कनै मेलो, राज थे भोगवो। हू तो इण बात गाढो राजी छू। म्हारै थे सपूत छो। लुणकरण करमसी बै कपूत छै, सु परा गया। बलाय चुकी। बाप बैटा रे ऊपरलो रस हुवो। तिण दिन पायगा घोड़ा घणा बांधै। तरै रावल जैतसी बैटा नुं कहाड़ियो- इतरा घोड़ा बांधा चारीजै, इतरो हासल आपणे किसु छै ? घोड़ा असवारी रा पायगा बांधा राखो। बीजा खारींगे मांहै छोड़ दो। तरै छोड़ दिया। रावल जैतसी बडेरा भाई सारा हाथ किया। भाटिया सारा आगै कह्यो- म्हारो जीव निपट दोहरो हुवो छै। तरै कह्यो- कुण वास्तै ? तरै कह्यो- इणे म्हारी बुढे बारै इजत पाड़ी। मोनू रोक माहै कियो। सारै राईत नै सुणियो। तरै भाटिये सारा कह्यो- हमै राज कहो सु करा। तरै रावल पांच भाटिया कनै बांह मांगी। दो तो दिलरी बात कहूं। तरै सारा बांह दिवी। तरै रावल जैतसी भाटिया आगै कह्यो- लुणकरण नु तेड़ावो, नै इणा नूं परा करो। तरै भाटिया रावल भैळा हुय लुणकरण नुं कागद मेलियो। थे बेगा आवो। खारींगे रा घोड़ा उरा ल्यो। म्हे आदमी ऊपर छै तिणा नुं कहि राखां छा। थांनु घोड़ा देसी। पछै लुणकरण करमसी सिंध सु अजाण जकरा अठीनु आय नै मामा रावत भीमा नु सहेट माथै तेड़िया सु आया। अठी सु वां आय घोड़ा लिया। पछै असवारा रो थंडो वांसै राखियो। सै असवार 20 तथा 25 आगै म्हैल नै

जैसलमेर सहर री खबर लिराई। कुकवो पड़ियो। तरै जैसिंघदे नरसिंघदास रावल जैतसी नूं बडेरा भाटिया नूं पुछायो- कासू कियो चाहीजै। तरै कह्यो- इणा रा दांत पाड़िया चाहीजै। तरै एकवर आपरो साथ लेने वाहर चढिया। वे आगे थडो कर ऊभा रह्या था, देठाळो हुवो, तठै मामलो हुवो। जैसिंघदे रै पातलो कालजो थो सु सोह कूट पाड़ियो। इणा सिरदार रै लोह लागा। अ नीसरिया। लुणकरण तो पाधरो सहर नु चलायो। नै वे तो डावा जीमणा नीसरिया। उणा री मावा गढ मांहै हुती, तिणा गढ री प्रोला आडी दिराई। पछै रावल जैतसी जिण भुरजां दिसा धरती नीचे रो थी, तिणा दिसा राढु नखाय नै लुणकरण करमसी नूं इणा रो साथ गढ ऊपर चाढियो। रावल जैतसी री दुहाई फेरी। नै रावल जैतसी आय सिंघासण बैठा। लुणकरण करमसी आय पगे लागा।

05. खरींगा गांव का इतिहासः- विल्होजी कृत 'कथा जैसलमेर की' में वर्णित है कि गुरू जाम्भोजी जब जैसलमेर गए थे, तो उनके साथ लक्ष्मणजी गोदारा और पांडुजी गोदारा भी मौजूद थे। रावलजी ने अपने देश में विसनोईयों को बसाने की प्रार्थना गुरू जाम्भोजी से की। रावल ने कहा कि हम उनको आपकी अमानत मानकर व्यवहार करेंगे। उनके धर्मनियम पालन में कभी दिक्कत नहीं आने देंगेः-

सतगुरु आगलि आय, रावल एक विनती सारै। मांग छै एक पसाव, उमेद उपनी मनि म्हारै।
केहक विसनोई देव, देस म्हारै बसावौ। राखिसां रूड़े भाय, वांरौ मं करिस्यौं दावौ।
रावल कहै चुकिस नहीं, कोल बोले रूड़ा वहिस्यै। अमाण तुहारा देवजी, साच सील तागै वहिस्यै।९९

जमात में जब यह बात सुनाई गई, तो लखमणजी गोदारा व पांडुजी गोदारा ने गुरू जांभोजी की आज्ञा मानकर, अपनी जन्मभूमि छोड़कर, यहां के खरींगा गांव में बसना स्वीकार कियाः-

वायक फिरियौ जमात मां, कौल सतगुरू कौ पालै। रावल सारै विनती, सांई विनती संभालै।
लखमण पांडव धन्य, कह्यो सतगुरू कौ कियो। तजि बाप दादै री भौमि, जांण देसोटो लियौ।
कुटम कड़ुंबो छोड़ के, गुरु वायक माथै बंदियो। भोमि छोड़ परभौमे गया, वास खरींघे मंडियो।१००

लक्ष्मणजी और पांडुजी दोनों विसनोई धर्म के नियमों का पुर्णतः पालन किया करते थे। वे निर्गुण विसन का जाप करते थे। इसके अलावा अन्य किसी को भी नहीं मानते थे, चाहे वो कितना ही बड़ा तूफान क्यों न हो। इन्होंने गुरू जांभोजी के चरण स्पर्श करके आशीर्वाद लिया। गुरू जांभोजी ने रावल को हिदायत देते हुए कहा कि ये मेरी अमानत है, इनके साथ सद् व्यवहार करनाः-

राह चालै राही के, आण सतगुरू की मांनै। जपै एक विसन, आन तोफान न मांनै।
अजर जरे जीव काजि, वैर भरंम सह भग्गा। लखमंण पांडू दोऊ, आय गुरु पांव विलग्गा।
जांह संहस भूज हुवे संतोषियां, सतगुरू संभलाये कही। रावल अंमाण छै आपणी, यांसूं परि विना रूड़ा वही।१०१

लखमीचंद कृत 'तवारीख जैसलमेर' (वि.सं.1948) के अनुसार रावल जैतसी ने जैतसमंद की नींव संवत 1570 में लगाई थी। अतः इस कथा के अनुसार लक्ष्मणजी गोदारा और पांडुजी गोदारा विक्रम संवत 1570 को खरींगा गांव में बसे थे। वहीं साहबरामजी राहड़ कृत जंभसार के 15 वें प्रकरण में भी एक कथा दी गई है। जिसका विस्तार से वर्णन हमने इसी अध्याय में किया है। जंभसार की कथा के अनुसार पहले ये ब्रह्माचारी संत थे, फिर रावल जैतसी ने इन दोनों का विवाह कराया था। और दोनों को एक-एक गांव की जागीर दी थी। लेकिन कवि ने गांव के नामों का उल्लेख नहीं किया। लेकिन खरींगा गांव के अलावा दूसरा गांव शायद बटिया खड़ीण था। क्योंकि लखमीचंद कृत 'तवारीख जैसलमेर' में खरींगा गांव की दो बीड़ (चारागाह) का उल्लेख मिलता है। इसमें वर्णित है कि "खरींगा गांव में 'खिंवाई' नामक घास की दो बीड़ थी, जिस पर पशु चराई कर 'दाल' लगता था। पहली 'खरींगा खड़ीण' की बीड़, जिनका क्षेत्रफल 8 कोस का और दूसरी बटिया खड़ीण की बीड़, जिनका क्षेत्रफल 2 कोस का था। जिसमें भैंस 1-3 का 1 रूपया, गाय-बैल 7-30 का 1 रूपया, छांग (भेड़-बकरी) 9 का 1 रूपया नकद और 1 दिन के बिलौने का घृत, 1 जोटी ऊन व 1 बेड़ी जट की लेते थे। 'मुहणोत नैणसी री ख्यात' में खरींगा गांव के बारे में लिखा है कि खरींगा गांव लुद्रवा के पास है। यह घोड़ों के चरने हेतु बहुत अच्छी जगह है। यह गांव जैसलमेर से 16 कोस की दूरी पर मुहार गांव की ओर खडालां में स्थित हैः- "खरींगो लुद्रवा कनै। घोड़ा ध्राव बड़ी बांकी ठौड़। मुहारा दिसी जैसलमेर था कोस 16 खडाळा में।" खरींगा गांव में जैसलमेर राजपरिवार के घोड़े चरा करते थे। 'मुहणोत नैणसी री ख्यात' में वर्णित है कि जब राजपरिवार में घोड़ों की संख्या बढ गई तब एक दिन रावल जैतसी ने बेटों से कहा कि अपने जितने घोड़े बंधे हुए चर रहे है, इतनी आमदनी भी नहीं है। सवारी वाले जरूरतमंद घोड़ों को ही यहां रखो, बाकि वाले सभी घोड़ों को खरींगा में छोड़ दो। तब सारे घोड़ों को खरींगा में छोड़ दिया गया- "तिण दिन पायगा घोड़ा घणा बांधै। तरै रावल जैतसी बैटा नुं कहाड़ियो- इतरा घोड़ा बांधा चारीजै, इतरो हासल आपणे किसु छै ? घोड़ा असवारी रा पायगा बांधा राखो। बीजा खारींगे मांहै छोड़ दो। तरै छोड़ दिया।" लखमीचंद कृत 'तवारीख जैसलमेर' के एक प्रसंग में वर्णित है कि "रावल जैतसी के शासनकाल में मुल्क में डकैती बढ गई थी, खासकर खरींगे में व जैतसर से कुंवर लुणकरण का घोड़ा ही ले गए।" 'मुहणोत नैणसी री ख्यात' के एक प्रसंग में वर्णित है कि जब रावल जैतसी को उनके दुसरे बेटों ने बंदी बना लिया तब भाटियों ने रावल जैतसी के कहने पर कागज भेजा, और कहा कि आप जल्दी आवो। और आते वक्त खरींगा से घोड़े ले आना। खरींगा में हमारा आदमी है, जिनको हमने कह रखा है, वो आपको घोड़ा दे देंगे। तब जैतसी के पुत्र लुणकरण और करमसी सिंध से आए, और खरींगा जाकर घोड़े लेकर आए। बाद में दल बनाकर जैसलमेर गढ में प्रवेश करके कार्य पुर्ण कियाः- "तरै भाटिया रावल भैळा हुय लुणकरण नुं कागद मेलियो। थे बेगा आवो। खारींगे रा घोड़ा उरा ल्यो। म्हे आदमी ऊपर छै तिणा नुं कहि राखां छा। थांनु घोड़ा देसी। पछै लुणकरण करमसी सिंध

सु अजाण जकरा अठीनु आय नै मामा रावत भीमा नु सहेट माथै तेड़िया सु आया। अठी सु वां आय घोड़ा लिया।" इन सबसे यही साबित होता है कि खरींगा उस समय एक अच्छा चारागाह था। जहां राजपरिवार के घोड़े चरा करते थे। तथा अन्य लोग भी टैक्स भरकर अपने पशुओं को वहां चराते थे। यही दो गांव (खरींगा व बटिया) रावल जैतसी ने लक्ष्मण और पांडु को आजिविका हेतु प्रदान किए थे। और इन्होंने खरींगा गांव में ही बस्ती बसाई थी। पांडुजी गोदारा के बारे में कहा जाता है कि ये हिंदुजी गोदारा के पुत्र थे। जिनकी वंशावली क्रमश: इस प्रकार है:- देवराजजी, कड़वोजी, सोनकजी, डेल्होजी, गुणराजजी, मेणोजी, मालकजी, लाखोजी, रोवलोजी, सहजरोजी। सहजरोजी गोदारा ने सहजरासर गांव बसाया था। कहा जाता है कि सहजरोजी गोदारा के 12 पुत्र थे- आतलजी, दुणियोजी, मालोजी, सुखोजी, भोजोजी, भींवोजी, मानोजी, देवोजी, राजूजी, मैराजजी, सांतलजी, खीमोजी और मोहलोजी। इनमें से सात पुत्रों (आतलजी, भींयोजी, दुणियोजी, भोजोजी, मालोजी, देवोजी व मानोजी) के परिवार से विसनोई बने थे। सहजरोजी के पुत्र मालोजी गोदारा ने विक्रम संवत 1535 को तालवा गांव बसाया, जो वर्तमान में मुकाम कहलाता है। तथा इस गांव में गुरू जाम्भोजी की समाधि स्थित है। मालोजी के पुत्र सुखोजी गोदारा को गुरू जाम्भोजी ने "थापन" नियुक्त किया था। सुखोजी के बेटे चैनोजी हुए। जब बीकानेर शासक कल्याणमल गांव तालवा (मुकाम) पर अधिकार करके अपने चहेते मनोहरसिंह बीका को पट्टा देना चाहते थे, तब विल्होजी की आज्ञा से चैनोजी के पुत्र चोखोजी ने बादशाह अकबर से 1573 ईस्वी में गांव तालवा (मुकाम) का तीन हजार बीघा जमीन का पट्टा हासिल किया था। सहजरोजी के पुत्र आतलजी के बेटे मीमोजी ने विसनोई धर्म अपनाकर पल्ली गांव में निवास किया था। आतलजी के दुसरे बेटे उदोजी ने विसनोई धर्म अपनाकर उदाणा गांव बसाया था। सहजरोजी के बेटे दुणियोजी के परिवार से भी कई सदस्य विसनोई बने थे। दुणियोजी का परिवार डेलाणा गांव में बसा। इसी प्रकार सहजरोजी के बेटे भोजोजी के पुत्र हिंदुजी थे। हिंदुजी के बेटे पांडुजी ने विसनोई धर्म अपनाकर गांव खरींगा (जैसलमेर) में निवास किया था। गोदारा वंश के बही भाटों के अनुसार रावल जैतसी ने इनको दो गांवों की जागीर, ठाकुर उपाधि, घोड़ा और तलवार प्रदान की थी। केसोजी गोदारा कृत साखी में वर्णित है कि गुरू जाम्भोजी का निर्वाण होने पर लछमणजी और पांडूजी ने खरींगा गांव में अपने प्राण त्यागे थे:-

जगो जमाते प्रगटियो, झोरड़ साध बखाण। लछमण अर पांडू परखि, खड़िया खरींगे जाण।

पांडुजी के पुत्र धेनोजी हुए। धेनोजी के पुत्र सुरताणजी, जैसोजी व आसोजी हुए। आसोजी के पुत्र जगमालजी व रायमलजी हुए। रायमलजी के पुत्र अणदोजी और पुत्रियां अणदलबाई व बगतूबाई हुई। वहीं लक्ष्मणजी के पुत्र देवराजजी, देवराजजी के पुत्र मेदोजी और मेदोजी के पुत्र गंगोजी व शंकरजी हुए। लक्ष्मणजी गोदारा ने राग धनाश्री में पांच छंदों की एक साखी 'संभरि आयो सामि, सुचियारा साचौ धंणी' भी लिखी थी। इस साखी में संभराथल पर आने वाले भक्तों का सजीव वर्णन है। विक्रम संवत 1657 में रायमलजी के पुत्र अणदोजी और दोनों पुत्रियां अणदलबाई व बगतूबाई धर्मनियम रक्षार्थ रूपसी गांव के भाटी राजपुतों से लड़ते हुए तीनों भाई-बहिन देवगति को प्राप्त हुए थे। तब पांडुजी और लक्ष्मणजी के वंशजों ने खरींगा गांव छोड़कर खारा गांव में निवास किया। इस बात का उल्लेख 'मारवाड़ रा परगना री विगत' में भी मिलता है:- "मारवाड़ रियासत के पोकरण परगने में स्थित खारा गांव में चार बास है। जिनमें से दो बास 'पुरोहित खीमा री सरेह' और 'सीड़डां रो बास' सूनसान है। 'सातलमेरीया रो बास' में राजपूतों के 40 घर है। यह गांव इनके पट्टे है। और 'विसनोयां रो बास' में विसनोईयों के 30 घर है। इनमें कई तो राव नरा के समय बसे थे और कई जैसलमेर शासक रावल भीम के शासनकाल में खरींगा से आए थे।" रावल भीम का शासनकाल संवत 1634 से 1680 तक रहा था। और ये लोग संवत 1657 को खरींगा छोड़कर खारा गांव में आए थे। इनमें पांडुजी के कई वंशज कालान्तर में खारा से कानासरिया (ननेऊ) जाकर भी बसे थे। और कई बाप के पास स्थित सर गांव में और सर गांव से कानासर गांव में भी बसे थे। कहा जाता है कि संवत 1657 में खरींगा गांव पुरी तरह सुनसान नहीं हुआ था, कई गोदारा परिवार वहीं बसे रहे थे। लखमीचंद कृत 'तवारीख जैसलमेर' (संवत 1948) में जैसलमेर रियासत की जनगणना (संवत 1937) के हवाले से लिखा है कि "गांव 'विसनोई खरींगे रा' जैसलमेर परगने में स्थित है। यहां पक्की ढाणियां है। वर्ष में दो फसल होती है। कोई कुआ या बेरी नहीं है, पर एक तलाई है। वर्तमान में यह गांव सूनसान है। इस गांव के निवासी संवत 1893 में यह गांव छोड़कर गांव कानासर में बस गए है।" इस पुस्तक के अनुसार संवत 1893 में खरींगा गांव पुरी तरह उजड़ गया था, यहां के निवासी गोदारा परिवार कानासर गांव में जाकर आबाद हो गए थे। इसी पुस्तक में कानासर गांव के सन्दर्भ में लिखा है कि "संवत 1937 की जनगणना में कानासर गांव में 252 घर और 1289 लोग निवासरत थे। संवत 1893 में खरींगे के विसनोईयों ने अव्वल यह गांव कानासर तलाब पर बसाया था। बहुत से घर मारवाड़ से भी आए थे।" इस प्रकार संवत 1570 में बसा यह गांव संवत 1893 में पुरी तरह उजड़ गया था। वर्तमान में उजड़े हुए इस गांव में उक्त तीनों भाई-बहिनों के समाधि स्मारक मौजूद है। जिनमें एक पर शिलालेख भी अंकित है। यहां दो समाधि स्मारक तो दोनों बहिनों का संयुक्त रूप से सटा हुआ निर्मित है और पास में ही भाई अणदोजी का समाधि स्मारक स्थित है। ये तीन महत्वपूर्ण समाधि स्मारक एक जाल वृक्ष के पास विद्यमान है। इसके अलावा भी कई अज्ञात महापुरुषों के 5-7 समाधि स्मारक उस गांव में मौजूद है। वर्तमान में इन मूल समाधि स्मारकों की देखरेख करने वाला कोई नहीं है। इसके विपरीत, खरींगिया गांव की सरहद पर स्थित निकटवर्ती रूपसी गांव में शहीदी स्थल पर पिछले 30-40 वर्षों में उक्त तीनों पुण्यात्माओं (खरींगिया वीर अणदोजी, दादी अणदल और जहू दादी) के तीन नए स्मारक बनाकर वहीं धर्मशाला का निर्माण कर दिया गया है। वहीं खरींगिया गांव में अनेक समाधि स्मारक, खंडहर पड़े मकान और टूटी हुई मूर्तियाँ बिखरी पड़ी हैं। यहां ध्यान देने योग्य बात यह है कि खरींगिया गांव की बस्ती आज भी सरकारी अभिलेखों में दर्ज है, अतः उसका संरक्षण संभव है। परंतु वर्तमान में इतनी महत्वपूर्ण पुरा संपदा की सुध लेने वाला भी कोई नहीं है।

06. देव वंश कथा:- यह 108 दोहा-चौपाइयों में रचित एक काव्यात्मक कथा है, जिसकी रचना स्वयं लेखक राजकुमार गोदारा विसनोई द्वारा की गई है। यह कथा धार्मिक आस्था, वंश परंपरा, सामाजिक संघर्ष और ऐतिहासिक घटनाओं का समन्वित चित्र प्रस्तुत करती है। कवि अपने इष्टदेव गुरु जांभोजी को प्रणाम करके कथा का शुभारंभ करते हैं। यह आरंभ परंपरागत भक्ति शैली में है, जिसमें गुरु को ज्ञान, मुक्ति और धर्म का आधार माना गया है। कथा के प्रारंभिक भाग में गोदारा वंश की उत्पत्ति का वर्णन किया गया है। इसमें विशेष रूप से सोनकरा थांबे का उल्लेख मिलता है, जो इस वंश की प्रमुख शाखा है। तथा इसी शाखा में इस कथा के नायकों का जन्म हुआ था। इसके पश्चात गोदारा गणराज्य का वर्णन आता है, जिसमें महान गणनायक दानवीर पांडुजी गोदारा का विशेष बखान किया गया है। उनकी वीरता, दानशीलता और नेतृत्व क्षमता को आदर्श रूप में प्रस्तुत किया गया है। इससे आगे कथा दूसरे पांडुजी से जुड़ती है, जिन्होंने विसनोई धर्म को अपनाया था। आगे का प्रसंग विल्होजी कृत 'कथा जैसलमेर की' पर आधारित है। जिसमें गुरू जांभोजी के जैसलमेर जाने और लखमणजी व पांडुजी का खरींगा में बसना बताया गया है। उस समय रावल जैतसी गुरू जांभोजी से कहते है कि उसने ऐसा सुना है कि कलियुगी जीव की मुक्ति नहीं होती है। वो जन्म मरण के चक्र में ही फंसा रहता है। अतः मेरे साथ भी यही होगा। इस कारण आप मुझे स्थाई रूप से हिरण की जुणि दे देना। मैं हिरण बनकर रहूंगा तब खरींगिया के चारागाह में घास चरूंगा, और निकट स्थित ब्रह्मसरी में पानी पीऊंगा। इस प्रकार खरींगा गांव के इन विसनोईयों के नित्य दर्शन करूंगा। जिससे मुझे आपका सामीप्य प्राप्त होता रहेगा। तब गुरू जांभोजी ने उन्हें मनोरथ पूर्ण होने का आशीर्वाद दिया और जैतसी मृत्योपरान्त हिरण बनकर खरींगा में रहने लगे थे। रावल हरराज संवत 1618 से 1634 तक जैसलमेर के शासक रहे। इसके बाद इनके पुत्र रावल भीम जैसलमेर के शासक बने। इन्होंने अपनी बहिन नाथीबाई का विवाह मुगल बादशाह अकबर से कर दिया। एक दिन रावल भीम खरींगा गांव में चारागाह का निरीक्षण करने आए, तो वहां पर उन्हें एक हष्ट पुष्ट हिरण नजर आया। तब रावल भीम ने इस हष्ट पुष्ट हिरण को मारकर अपने बहनोई अकबर को देने की सोची। फिर इस हिरण का बड़ी मुश्किल से शिकार हुआ, और रावल भीम ने मांस ले जाकर अकबर को सौंपा। (कई लोगों का मानना है कि इन्हीं हिरण को बचाते हुए उक्त तीनों भाई-बहिन शहीद हुए थे) उस हिरण के रूप में वो रावल जैतसी ही थे। जो खरींगिया में घास चर रहे थे। इस प्रकार जैसलमेर राज्य में पाप का उदय हुआ। पाप अपने पांव पसारने लगा। खरींगा गांव के पड़ोसी गांव रूपसी में भाटी राजपूत निवास करते थे। ये लोग रूपसी भाटी कहलाते थे। इन लोगों को खरींगा के विसनोईयों से बहुत चिढ थी। क्योंकि विसनोई लोग इन्हें शिकार करने नहीं देते थे। खरींगा और बटिया खड़ीण में अनेक वन्यजीव स्वच्छंद विचरण करते थे। विक्रम संवत 1657 में इन रूपसी भाटियों से हुए एक विवाद में तीनों भाई-बहिन देवगति को प्राप्त हुए। फिर खरींगा गांव के विसनोईयों ने इकट्ठा होकर इसका प्रतिरोध करते हुए रूपसी गांव पर हमला किया। इन्होंने रावल जैतसी द्वारा दी गई राजसी तलवार और ठाकुर उपाधि का परित्याग कर दिया। और खरींगा गांव छोड़कर खारा गांव में आ गए। फिर इस मामले की शिकायत करने हेतु दिल्ली गए। उस समय अकबर वहां मौजूद नहीं थे। ये लोग अकबर की पत्नी नाथीबाई से मिले, और सारा वृतान्त सुनाया। तब नाथीबाई ने अपने भाई की तरफ से माफी मांगी और इनको वापस भेजा। इस अधर्म के फलस्वरूप बाद के वर्षों में जैसलमेर में लगातार कई भीषण अकाल पड़े। उन रूपसियों की कुष्ठ रोग से मृत्यु हुई। रावल भीम भी निपुत्र ही मरे। खारा में रहने के पश्चात कई गोदारा परिवार कानासरिया (ननेऊ) गांव में भी बसे। कई सर गांव में जाकर बसे। कहा जाता है एक समय उन गोदारा लोगों ने वापस अपने मूल गांव रूणिये जाने का विचार किया। जब जैसलमेर शासक को इस बात का पता लगा कि ये लोग वापस बीकानेर राज्य में जा रहे है, तो उन्होंने नुरे खां कलर को भेजकर इन्हें वापस खरींगा गांव में बसाने की कोशिश की। लेकिन ये लोग वापस खरींगा में बसने को राजी नहीं हुए। तब इन्हें जैसलमेर राज्य में स्थित कानासर गांव में बसने हेतु मनाया गया। इस प्रकार ये कानासर में बस गए। यहां कानासर में इन्होंने उक्त तीन पुण्यात्माओं (खरींगिया वीर अणदोजी, दादी अणदल व जहू दादी) के स्मारक बनाए। इस प्रकार कथा की समाप्ति होती है:-

जंभगुरू सिंवरू सदा, सकल जग वियापी सोय। दुख मेटण दालिद हरण, जिण सिंवरियां सुख होय।१
निवण करूं गुरू जंभ ने, परम सतगुरू पार लगावो नाव। सुमिरूं सती अणदल ने, साचा देवां भलो राखजो भाव।२
अरज करूं गुरू आपणो, प्रथम प्रणउं पाय। कथा कहुं देवां री, सकल सुणो चितलाय।३
निवण करूं पूर्वजां ने, वंश बखाणु गाय। कथा आरंभ करूं, सुणजो ध्यान लगाय।४
पुरबली कथा गावतां, हुवै पवितर गाम। काया रा तो कष्ट कटै, होय पवितर धाम।५
नर नारी कथा सुणै, देव चरणां चित लाय। नारी अमरापुर बसै, नर तो बैकुंठा जाय।६
कूड़ कदे ना भाखियौ, कथियो जो परवाण। आ कीरत देवां री, समझ अर करो बखाण।७
पहलां सुणजो पुरबला प्रसंग, कथा चड़ेला परवांण। प्रसंगा प्रसंग कथा चालसी, साचा देवां तक जाण।८
मैं म्हारी बुध सूं करूं, थे लीज्यो आखर सुधार। राज गोदारा कथा रचे, दोहा चौपाई आधार।९
सतजुग री बात सुणो, शिव संकर संतापिया। दक्ष रे जिगन मांही, जद सती देह समापिया।१०
जटेश्वर महादेव जागिया, वीरभद्र ने लियो बुलाय। जत्था आया जाटां रा, दक्ष रो शीश दियो विलगाय।११
सती तो जद साजियो देह, शिव सुं पुछे कुण है ऐह। शिव शंकर बोल्यो जाण, देव संहिता में ओ परवाण।१२
महा पराक्रमी महा बलवान, जट्ट क्षत्रिय आने जान। खेत खड़ उपजावे धान, मही बधसी जाटां रो मान।१३

शिव शंकर जत्था बणाया, जगत रूखाळा जाट। दुनी दीनां का रखवाला, पोहमी देवे बेरी दल पाट।१४
गण बणाय गांव बसावे, गणां को राज चलावे। जामे एक गण गोदारो, देव कथा में आप पधारो।१५
शिव शंकर जाट थरपिया, वीरभद्र जाटां को सरदार। गोदारो आदु जाट घराणो, लीनो उज्जवल बंश बधार।१६
मरू भोम मंझार, जांगलदेस में कियो प्रवेश। गण रक्षक गोदारा, जय जांगलधर जाट नरेस।१७
दिवराज के पुत्र पांच, कड़वो भरतो सांवरो रायसल धवल। पांच थांबा प्रकासिया, काका तीन दो भतीजे किया कवल।१८
भरतगा सांवरिया धवलिया, तीन थांबा होय। सोनकरा बनड़गा थांबा, दो भतीजां रा जोय।१९
आगलो प्रसंग सुणो, सोनकरा थांबो जाण। राज गोदारा कथा रचे, बंश रो करे बखाण।२०
गोदारा वंश उजवल, उजवल कुल किरत गाय। दिवराज जांगल मां, दिवराजसर गांव बसाय।२१
जिणरा बड़ा पुत, कड़वोजी नाम कहाय। कड़वोजी रे दो सपुत, सोनक बड़ा सहाय।२२
माता बेणीवाल रा लाडला, सोनक बनड़ थे दो भाई। सोनक गोदारो बडो भुप, जांरो वंश सोनकरा कहाई।२३
थांबो जोर जाटां मां, सोनक रा गोदारा कहाय। सोनक रा सपूत भणीजे, नाम कहीजे डेहल राय।२४
डेहलराय मन डहकियो, भादुआं सुं भिड़ियो जाय। काका बनड़ करो तैयारी, भादु भड़क्या बारे आय।२५
भादु जाटां सुं जीतियो, सुरो सेल संभाय। मत लड़ो आपस में जाटों, राखो हेत भाय।२६
डेहलराय कदे ना डरियो, पुत गुणराज वोही सभाव। गुणराज रो पुत महान, मेहण गोदारो कहीजे नांव।२७
मेहण रो मालक कहीजे, जांरा अठारह पुत। मेहण रो भाई डांडु, जिणरा बेटा बड़ा सपुत।२८
इण वंश में अनगिनत गांव, इतरो वंश बढियो भाया। राज तो करता रूणिये, खेड़ा तीन सो साठ बसाया।२९
सात पट्टी सिरदारां में, गोदारा कहीजे सिरमौर। गोदारे गणायत आया, मांझरा सताईस और।३०
आगलो प्रसंग सुणो, पांडु राजा पृथ्वी पालणहार। राज गोदारा कथा रचे, सतगुरू छंद लगावो पार।३१
जाटां की पट्टी सात, सोहू पुनिया सियाग। बेनिवाल कस्वां सारण, गोदारा मोटे पाग।३२
पांडूजी रो नाम बखाणु, गोदारां को राय। काया महाबली की, देखत बैरी घबराय।३३
पांडु बड़ा बलकारी भूप, मारे अरि करे संहार। बैरी कंपे धरणी धुजे, जद करे इधक प्रहार।३४
रूणिये को माण कहीजे, गोदारां में मोटो राय। गणां को सरताज गिणीजे, बेठो तखत रचाय।३५
गोदारा जांगल गढां, प्रगट शेरूणा पाट। तीनसो साठ खेड़ा कहे, जय गोदारा जाट।३६
दानवीर दातारां में, नाम कहीजे जोय। पुल्हा सारण आपसुं, बराबरी ना होय।३७
घटा बादळी ज्यूं बरसै गोदारा, छत भाड़ंग री भीजै। ज्यूं-ज्यूं पांडू गोदारा बगसै, पूल्हो मन-मन में छीजै।३८
पांडु री पहुंच इती सुणी, पतिसाह दिल्ली दहलीजे। दिल्ली अरू गुजरात बीचै, कह्यो पांडू रो ही कीजै।३९
रण छैला रण बावळा, कुळे सुधारण काज। पांडुजी गोदारा थाने, साख साख शुभराज।४०
बीके छल कियो पुराणो, पांडुजी रे हाथ सूं राज लेराणो। गोदारो आदू राजघराणो, हापै थाप दान दियो बीकाणो।४१
आगलो प्रसंग सुणो, जंभगुरू समराथल आवियो। राज गोदारा कथा रचे, पंथ विशनोई तो पालियो।४२
शेरूणा रा शूरा पूरा, रूणिया के रजवट। गोदारा पंथ में आया, पाट विशनोई प्रगट।४३
एकलवाई आप प्रगट्यो, समराथल को राय। पांडु पंथ विशनोई पालियो, धर्म राखे भाय।४४
प्रधान संदेशो ले आवियो, जंभ गुरू पार उतारो। जेतसी समंद खुदावे, नींव लगावण गुरू पधारो।४५
गुरू साथरिया साथे चालिया, ऊंट तीन सो पचीस। लिछमण पांडु संग हुवा, साचो गुरू बिसवा बीस।४६
जैतसी को कारज सारियो, जैसलमेर थे जाय। धन धन धणियां सतपंथ, गुरू दिया पार लगाय।४७
जाम्भेजी सुं अरज करे, जेतसी लागो गुरू के पाय। केहक विशनोई बसावो, नित दरसन करूं जाय।४८
वायक फेरियौ जमात मां, कवल सतगुरू को पालियो। रावल सारै है विनती, लिछमण पांडु वायक संभालियो।४९
राह चालै पंथ की, आण सतगुरू की मांनै। जपै निर्गुण को जाप, आन तोफान न मांनै।५०
अजर जरे जीव काजै, वैर भरंम सह भग्गा। लखमंण पांडू दोऊ, आय गुरु पांव विलग्गा।५१
जांह संहस भूज हुवे संतोषियां, सतगुरू संभलाये कही। रावल अंमाण छै आपणी, म्हारो रूप मान रूड़ा वही।५२
लखमण पांडव धन्य, कह्यो सतगुरू कौ कियो। तजि बाप दादै री भौमि, जांण देसोटो लियौ।५३
कुटम कडुंबो छोड़ के, गुरु वायक माथै बानियो। भोमि छोड़ परभौमि गया, वास खरींघे मांडियो।५४
रावल सारै एक विनती, सांई एक ऐसी सुंणीजै। कलिजुग मां जो जीव, मुकति बांहने न कहीजै।५५
सो क्यौं म्हानै होय, म्हे हां पापी अरू अपराधी। देव दरसण थांहरौ दीठे, आह नीधि मोटी लाधी।५६
मांगूं छूं जूणि मिरघ री, खरींगिया में चरसुं घास। त्रंभसरि में पाणी पिऊं, निज दर्शन अमर आस।५७

सतगुरू वर दियो, आगली जुणी मिरघे री बगसी। लछमण पांडु देव दरसन, अमर आसीस इसी।५८
लिछमण अर पांडु गोदारा, जाम्भेजी सम धर्म रूप। जांका दरसण देव रा, कहीजे जाम्भेजी रा स्वरूप।५९
खरींगिया में बसिया खरा, जेतसी राखे भाय। हेत घणो हिये मां, नित उठ दरसन करे जाय।६०
घोड़ा तलवार ठाकुर उपाधि, खरींगिया खड़ीण थारी होय। दरबार बेठण रो कुरब दीनो, जागीर जेतसी बगसी जोय।६१
खरींगिया तो बीड़ मोटी, राजसी घोड़ा चरण ने जाय। बस्ती मोटी बसी तहां, खिलेरी पुनिया बैनिवाल भी आय।६२
धेनोजी रा पुत्र लाडला, जैसो आसो भाई। बाप दादा रा चौतड़ा, थरपिया खरी कमाई।६३
आसे को पुत्र रायमल, धन्य गोदारा थारी कंवराई। रायमल पुत्र पुत्री कहीजे, अणदी अणदो बहन भाई।६४
नित उठ हवन करे, गायां राखे रखवाल। चोर डाकू धाड़ेत घणा, कुण करे प्रतपाल।६५
रावल हरराज री बेटी नाथी, अकबर ने दीवी परणाय। हरे रो बेटो रावल भीम, मिरघो मार अकबर ने पहुंचाय।६६
मिरघे जुणि जेतसी री, जेसलमेर में घटियो धर्म को भाव। इण भांति तो सत घटियो, पाप तो पसारण लागो पांव।६७
पाप बुधि पालण लागा, रूपसी हमे राखे मरोड़। राजा गोदारा कथा रचे, आगलो प्रसंग छंदा जोड़।६८
रांघड़ जाया रूपसी, गोदारां सुं करे विरोध। गांया बांधी गोदारां री, अणदे आयो करोध।६९
परगट परचा पाविया, उण समै अणपार। गांया खातर गोदारे, साझियो रण सिणगार।७०
खलखल खलकत खाग, पलपल पलकत सिर पाग। भलभल भलकत भाला, चढ घोड़े वीर अणदा चाला।७१
पावन पंथ विशनोई, गोत गोदारा कहावे। अणदो घणौ सपूत, गायौ री वारां जावै।७२
रूड़ी गांया रूपसी, दुष्टी ले जावे दोड़। वैगो चड़ीयौ वाहरू, मुंछा वंकड़ी मोड़।७३
रोया घणाई रूपसी, साचो लड़ियो शूर। धेन बचावण धरमी, हिन्दुवा रीत हजूर।७४
अणदो घणौ सपूत, लड़ियौ धेना लारे। रूपसी लागा रोवण, अणदे ने कुण मारे।७५
घायल अणदो देख, घात करे घाती जोय। पीठ में तलवार मारण, तैयार हुआ सोय।७६
पीठ में तलवार मारी, कपट करे कपटी। जद बहन अणदल, सिंहणी बण झपटी।७७
बचा न सकी बहन, भाई को हेत पियार। रांगड़ खपिया रंणमां, स्वर्गा गया सिधार।७८
बहन भाई हेत पियार, सती हुवा अणदल बाई। समंत सोला सै सतावने, रण झुंझियो भाई।७९
खरींगिया में खबर हुई, गोदारा मिलिया आय। बैरियां ने छोडां नहीं, रूपसीयां ने मारां जाय।८०
आगलो प्रसंग सुणो, रूपसीयां ने घेरिया जाय। राज गोदारा कथा रचे, वंश बखाणे गीत गाय।८१
चौथे दिन चालिया, गोदारा फौजां में अगवाणी। जाय घेरिया रूपसीयां ने, बोलिया एकण बाणी।८२
रहे हाथ ढाल तलवार, और मन मजबूती। भर दो सती अणदल, गोदारों में मजबूती।८३
गोदारों की फौज, रूपसी पर चढ आई। रूपसी गांव घेर लियो, घटा ज्यूं ही छाई।८४
थे समय देखकर, शस्त्र उठाओ रणवीरों। गोदारा शूरो के संग में, सदा रहो बलवीरों।८५
बे हुआ घोर संग्राम, लगी झड़ी बांणा गी। बिजली ज्यूं चमके, तेग खास गोदारां गी।८६
हो जाओ होशियार, वीरों रखो मजबूती। रहे हाथ ढाल तलवार, और मन मजबूती।८७
रूपसियां पर जो, तीर तलवार चलाई। थी कृपा कुमारी, सती अणदल बाई।८८
खरींगिया के वीर, पुनियां खिलेरी गोदारा। रूपसी की सेना में, मचा दिया हाहाकारा।८९
जब हमें कभी याद, उस युद्ध की आती है। पराकम देख पांडु, छाती चौड़ी हो जाती है।९०
रूपसी बैरियों की, बेइज्ज़ती हुई बेहुदी। भर दो सती अणदल, गोदारों में मजबूती।९१
गांव तजियो गोदारे, समत सोले साल सतावने मांही। पलक नहीं रूकणो, जिण नगरी धर्म को भाव नांही।९२
जैसांणै रो गांव खरींगियो, सतगुरू री मरजाद। गोदारा तो चालण लागा, समान ऊंटां घोड़ा लाद।९३
गांव छोडियो खरींगियो, राजसी खड़ग फेंकियो वहां। दीनी जागीर पाछी राखो, ठाकुर पदवी तो त्यागी तहां।९४
खरींगिया तज खारे आया, लीनो पड़ाव खारे मांह। भीम राज में अन्याव हुवो, न्याव मांगण दिली जांह।९५
पतिसाह अकबर सुं मिलण, गोदारा गया दिली दरबार। बादशाह तो दिखण देस, नाथी सूं हरम में मिलिया जार।९६
गुन्हौ बकसौ गोदारौ, अकबर सुं मत करजो अरदास। माफी मांगे गुनाह री, काल्हे रूपसीये करियो विनास।९७
अधर्म रा अह ऐहनाण, रूपसीयां कोढ लाग झरिया। जैसलमेर में झुकियो काल, रावल भीम निपुता मरिया।९८
खारे पड़ाव सूं आगे की बात, कृपा अणदल मात। गोदारा कई गांवां में बसिया, देव भजन का रसिया।९९
सुणी बात कहूं संभालो, खारे पछे ननेऊ कानासरिया। कानसरिया में कुवो खोदियो, फेर अठे सूं भी निसरिया।१००
सर बसिया तलाब खुदाई, सर में जद कोई विपत आई। पाछां हालां रूणिये भाई, सभा में जद आ बात चलाई।१०१

जैसाण रावल संदेशो पठायो, मनावण नुरो कलर आयो। पाछा खरींगिया पधारो, जैसाण रावल की अर्ज संभारो।१०२
खरींगिया जे नहीं बसे तो, जैसलमेर हद में बसवावो। नुरे ने जद कह्यो रावल, खानजी थे तो बेगा सर जावो।१०३
नुरे नारो गांव भुर्ज बसायो, कानासर में गोदारा बसवार। देव वंश कथा सम्पूर्ण हुई, सुणजो सकल खरींगिया परवार।१०४
सुणता गुणता ईधक फल, कथा कही कर जोड़। छंद संवारिया जुगत सुं, खालक मेटजो खोड़।१०५
आखर थोड़ा कह्या, घणा मानजो भाया। हिरदो निरमल राख, वंश कथा गुण गाया।१०६
देव वंश कथा दाखवी, साल ईक्यासियो जोय। समत दो हजार भणीजे, रचिया छंद निर्भय होय।१०७
राज गोदारा कथा कही, वंश बखाणियो जोय। पढी सुणी बातां म्हे लिखी, दोष न दीजो कोय।१०८

22

भींयासर

01. परिचय:- भींयासर गांव फलोदी जिले में स्थित है। गांव से लगभग दो कि.मी. पश्चिम की ओर साथरी है। संत वील्होजी के उत्तराधिकारी शिष्य सुरजनजी पुनियां का जन्म इसी गांव में हुआ था। यहां इनका समाधि स्मारक भी मौजूद है।

02. गुरू जाम्भोजी का भींयासर आगमन:- साहबरामजी राहड़ कृत जंभसार के बीसवें प्रकरण में वर्णित है कि गुरू जांभोजी जब रणीसर साथरी आए थे, तब दुसरे दिन भींयासर गए थे। एक पुरे दिन भींयासर में ही रूके, फिर संध्या के समय रणीसर वापस आ गए थे:-

एक दिवस साथरी जांहा रहे, भंडारे में भोजन दऐ। दूसर दिवस भींयासर गऐ, दिवस दिवस भींयासर रहे।

उलट साथरी सब जन गऐउ, चरण कंवल के दर्शन भएउ।

03. झाली राणी का भींयासर आगमन:- साहबरामजी राहड़ कृत जंभसार के 17वें प्रकरण में वर्णित है कि झाली राणी संभराथल से जंभसागर की यात्रा पर निकली थीं। इस यात्रा के दौरान उन्होंने मार्ग में स्थित जैसला गांव में रात्रि विश्राम किया। प्रातःकाल वे भींयासर साथरी पहुँचीं, जहाँ गुरु जांभोजी के पावन चरण-चिह्न विद्यमान थे। राणी ने अत्यंत श्रद्धा एवं भक्ति भाव से उन चरणों का दर्शन किया, उन्हें जल से पखारा तथा उस पवित्र जल को चरणोदक के रूप में ग्रहण किया। भींयासर में उन्होंने एक रात्रि विश्राम किया। इसके पश्चात अगली सुबह वे पुनः अपनी यात्रा पर अग्रसर होती हुई जंभसागर की ओर प्रस्थान कर गई:-

जाय जैसला डेरा कीन्हा, साथरियां प्रकम्या दीन्हा। रहे रात अरू चालत भएउ, प्रात काल भींयासर गएऊ।

जंभ चरण का दर्शन किया, चरण खोल चरणोदिक लिया। एक रात भींयासर रहेऊ, प्रात काल जंभसागर गऐऊ।

04. भींयासर साथरी:- मुहणोत नैणसी कृत 'मारवाड़ रा परगना री विगत' में वर्णित है कि फलोदी परगने में विसनोईयों के 13 गांव थे। उन 13 गांवों की सूची में भींयासर भी शामिल है। उस समय भींयासर में विसनोईयों के 80 घर थे:- "भींवासर, फलौधी था कोस 13 ईसान में। धरती हलवा 300, खेत कंवला थली रा सखरा। तलाई मास 4 पाणी रहै। कोहर भींवासर, लहुवै भींवा रो खीणायो। पुरस 48, पाणी मीठो। घणो लोग विसनोई घर 80 बसै।" साहबरामजी राहड़ कृत जंभसार के 22 वें प्रकरण में वर्णित 16 साथरियों की सूची में भींयासर साथरी का भी उल्लेख है:- "भीयोंजी भींयासर रहहे, करै साथरी सेवा बहहे।" साहबरामजी राहड़ कृत जंभसार में 24 भंडारो की सूची में भींयासर भंडारे का भी नाम है। गुरू जांभोजी द्वारा सूजोजी डारा को भंडारी नियुक्त करने का उल्लेख है:- "भींयासर कहिये भंडारो, जंभ भक्त है सूजो डारो।" हीरालालजी माहेश्वरी कृत शोधग्रंथ में वर्णित है कि "विसनोई बही भाटों के अनुसार संवत् 1936 में आऊ गांव (भींयासर से दो कोस दक्षिण-पूर्व में स्थित) के ठाकुर दलपतसिंह पातावत राठौड़ ने 259 बीघा जमीन गोचर भूमि के रूप में साथरी को प्रदान की थी। साथरी के बाड़े के बाहर लगे एक शिलालेख में 'सा 1936 का रावा श्री दलपतसीघ जी रो' लिखा है। इसके वर्तमान महंत साधु ब्रहमदासजी डारा भींयासर गांव के हैं, जो पारवा गांव के स्वर्गवासी जगदीशानन्दजी राहड़ के शिष्य हैं। यहाँ इसी साथरी के भूतपूर्व महन्त भोलारामजी की और लालासर साथरी के महन्त खेमदासजी की समाधि है। वर्तमान मन्दिर भोलारामजी ने ही बनवाया था। हिसार जिले के रावतखेड़ा गांव का विसनोई मन्दिर भी इसी साथरी की शाखा बताया जाता है।" भींयासर साथरी के महंत भोलाराम के शिष्य साधु जगदीशरामजी का स्वर्गवास भी संवत् 2005 में रावतखेड़ा में हुआ।

05. हस्तलिखित सामग्री की प्राप्ति:- लेखक ने इन सभी हस्तलिखित ग्रंथों से सम्पूर्ण विसनोई साहित्य को संकलित करके, कवि कालक्रमानुसार व्यवस्थित करके तीन भागों (जंभकाल का साहित्य, विल्हकाल का साहित्य और उत्तरकाल का साहित्य) में प्रकाशित कराया है। हीरालालजी माहेश्वरी को लगभग सन् 1960-70 के मध्य भींयासर साथरी से निम्न हस्तलिखित सामग्री प्राप्त हुई थी:-

01. ग्रंथांक-269:- यह 01 पन्ना है जो कि अनुमानतः संवत 1875 के आसपास लिपिबद्ध है। यह गद्य पद्य मिश्रित एक पत्री है।

02. ग्रंथांक-342:- यह 36 पन्नों की एक पुस्तिका है जो कि साधु जगदीशरामजी द्वारा अनुमानतः संवत 2000 के आसपास लिपिबद्ध है। इसमें साधु जगदीशरामजी कृत 10 साखी, 03 भजन, 01 आरती और फुटकर छंद है। इसके अलावा चंदु, राजाराम गायणा, रिसीलाल, शंकरदास, सूरदास और गोरखजी के फुटकर छन्द है।

03. ग्रंथांक-343:- यह 01 पन्ना है जो कि साधु जगदीशरामजी द्वारा संवत 2003 श्रावण वदि 14 को लिपिबद्ध है। इसमें जगमालदासजी कृत एक आरती और जगदीशरामजी कृत एक साखी है।

04. ग्रंथांक-345:- यह 03 पन्ने है जो कि साधु जगदीशरामजी द्वारा अनुमानतः संवत 2000 के आसपास लिपिबद्ध है। इसमे साधु जगदीशरामजी कृत तीन भजन है।

05. ग्रंथांक-346:- यह एक अपुर्ण पुस्तिका है जो कि अनुमानतः संवत 2000 के आसपास लिपिबद्ध है। इसमें विवाह पद्धति के अनेक मंत्र, वील्होजी, तेजोजी के कवित, आशीर्वचन, नाम तथा राधाकृष्ण और मंगल के शाखोच्चार है।

06. महत्वपूर्ण लिखत:- लेखक (राजकुमार गोदारा विसनोई) को इस लिखत की मूल प्रति जांबा महंत भगवानदासजी के पास मिली थी। इसका लिप्यंतरण और हिंदी अनुवाद लेखक ने स्वयं किया है। यह लिखत विक्रम संवत 1949 जेठ सुदि 7 को भींयासर गांव में की गई थी:-

मूल पाठ:- लिकाइ कती साध श्री गौविदराम जी कर दीनी पवर गीरधारी * (आगे की एक पुरी लाईन दीमक की खाई हुई है) * साध गोबीदराम जी री रीपय्या पइसो पवार गीरधारी मागतो तर आपरो दाम आप भर पायी हमे साध गोबीदराम जी रो चेला कता चेला गुर भाई गुर भाईयां र चेला ओर हरकीसन जी र थान रा को साध पवर गीरधारी सु टंटो झगड़ो करण पाव नही टंटो झगड़ो कर तो श्री राज दरबार अगरेजी अदालत पंच पंचायती झुठो पड़े हमै साध गोबीदराम जी र न पवर गिरधारी कोयर पाणी रो सीर छै आगे दावो नही अ आखर साध श्री गोबीदराम जी आपरी राजी कुसी सु गीरदारी न कर दीना छै। साख १ साध संतोसदासजी रा छै रतनदास जी रा भी छै गोबिदराम जी र कय सु घाती छै। साख १ साध हेतराम री छै श्री गोबिदराम जी र कय सु घाती छै साख १ साध वीरमदास जी छै लाला हरीदास जी री छै साख १ डार सरेजदास जी री छै साध गोबीदराम ज र कय सु घत छै साख १ साध परभुदास चेल रूपराम जी र री छै गोमदराम जी र कय सु घाती छै दाा साध संतषदास चल मयकदस जी र रा छै गोमदराम जी र कय सु गांव भीयासर म लीखी गई १९४९ मत जेठ सुद ७ (निसान) यह न्साण साध सा गोबिदराम जी री छै।

हिंदी अनुवाद:- यह लिखत साध श्री गोविंदराम जी ने पंवार गिरधारी के लिए कर दी है। साध गोविंदराम जी की जो भी रुपये-पैसे की मांग साध पंवार गिरधारी करता था, उसका पूरा दाम भर दिया गया है, अब साध गोविंदराम जी के चेला, गुरुभाई और गुरुभाईयों के चेला, और हरकिशन जी से संबंधित किसी भी साध द्वारा पंवार गिरधारी के साथ कोई टंटा-झगड़ा नहीं किया जाएगा। यदि कोई टंटा-झगड़ा करता है, तो वह श्री राज दरबार, अंग्रेजी अदालत अथवा पंच-पंचायती व्यवस्था में झूठा ठहरेगा। अब साध गोविंदराम जी और पंवार गिरधारी का कुएँ के पानी में हक है आगे कोई दावा नहीं रहेगा। ये अक्षर साध श्री गोविंदराम जी ने अपनी राज़ी-खुशी से गिरधारी को लिखकर दिया है। साक्षी:- साध संतोषदासजी, रतनदासजी। गोविंदरामजी के कहने से साक्षी। साध हेतरामजी की साख, गोविंदरामजी के कहने से साक्षी। साध वीरमदासजी की, लाला हरीदासजी की साख। डारा सुरजदासजी की साख, साध गोविंदरामजी के कहने से। साध प्रभुदास, चेला रूपरामजी की साख, गोविंदरामजी के कहने से। साध संतोषदास, चेला मायकदासजी की साख, गोविंदराम जी के कहने से। यह लेख गाँव भीयासर में लिखा गया, संवत 1949, माह जेठ, शुक्ल पक्ष, तिथि 7। (नीचे निशान बनाया हुआ है) यह निशान साध श्री गोविंदराम जी का है।

07. भींयासर निवासी हरजी विसनोई:- राजस्थान अभिलेखागार बीकानेर में मौजूद कई फाइलों में भींयासर गांव के निवासी हरजी पुत्र ओमा विसनोई का जिक्र मिलता है:-

01. रि. बीकानेर, F.P.D., ब.नं. 15-2, फा.नं. 1755:- यह सन् 1928 ई. की एक 04 पृष्ठों की फाईल है। इसमें फलौदी परगने के गांव भींयासर निवासी हरजी पुत्र ओमा विसनोई को जैसलमेर से गिरफ्तार करके बीकानेर लाने के संबंध में हुई कार्यवाही का विवरण है।

02. रि. बीकानेर, F.P.D., ब.नं. 20, फा.नं. 1446:- यह सन् 1933 ई. की एक 118 पृष्ठों की विस्तृत फाईल है। इसमें हरजी विसनोई को सात अन्य लोगों के साथ जैसलमेर से पकड़कर बीकानेर लाने का वर्णन है। इस फाईल में उक्त लोगों के संबंध में दर्ज मुकदमे की कार्यवाही का विवरण है।

03. रि. जैसलमेर, म.खा.ब.नं. 48, फा.नं. 897:- यह सन् 1928-29 ई. के मुकदमें की 08 पृष्ठों की एक फाईल है। इसमें गांव भींयासर के हरजी पुत्र ओमा विसनोई जो उस समय जैसलमेर रियासत के बारू गांव में आबाद थे, उनको हिरासत में लेने संबंधी कार्यवाही का विवरण दर्ज है।

08. अमर बलिदानी पुण्यात्माएं:- डारा गौत्र के जाट केल्हणजी ने विसनोई धर्म अपनाकर भींयासर गांव में निवास किया था। केल्हणजी के वंशक्रम में क्रमशः करणोजी, पांचोजी, पोलोजी, मुगोलजी, बागोजी हुए। बागोजी के पुत्र बरियामजी हुए, जिनका विवाह खारा गांव की बन्नु मांजु से हुआ। बन्नु मांजु भींयासर गांव में विक्रम संवत् 1732 को अपने पुत्र गणेशोजी के साथ धर्मनियम रक्षार्थ देवगति को प्राप्त हुई थी। जिनका स्मारक भींयासर गांव में स्थित है।

23

पुर

01. परिचयः- पुर कस्बा भीलवाड़ा जिले में है। यह जिला मुख्यालय से 8-10 कि.मी. की दूरी पर स्थित है। यहां पर गुरु जाम्भोजी पांच दिन तक रूके थे और एक पेड़ लगाया था। गुरू जांभोजी जहां विराजमान हुए, उस स्थान पर अब साथरी बनी हुई है।

02. गुरू जांभोजी का पुर आगमनः- साहबरामजी राहड़ कृत 'जंभसार' के 19वें प्रकरण में वर्णित है कि गुरु जांभोजी अपने धर्म-प्रचार एवं लोककल्याण के उद्देश्य से निरंतर देश-विदेश में भ्रमण करते रहते थे। इसी क्रम में वे उत्तर भारत के लखनऊ और नवाबगंज से होते हुए मालवा मार्ग द्वारा मेवाड़ पहुँचे। उस समय मेवाड़ पर महाराणा सांगा का शासन था। मेवाड़ की इस भूमि पर पहुँचकर गुरु जांभोजी ने 'पुर' नामक ग्राम को अपने प्रवास का केंद्र बनाया। यह स्थान धनगर क्षत्रियों का निवास क्षेत्र था, घाटमजी थापन भी इसी वंश से संबंधित थे। गुरु जांभोजी के आगमन का समाचार मिलते ही पुर नगरी में उत्साह की लहर दौड़ गई। धनगर क्षत्रियों की लगभग बीस गौत्रों के लोग गुरु के दर्शनार्थ उपस्थित हुए। उन्होंने श्रद्धापूर्वक गुरु का स्वागत किया, कुशलक्षेम पूछी और भेंट अर्पित की। गुरु जांभोजी ने समस्त जनसमूह को बैठाकर ज्ञानोपदेश दिया। पूरी जमात श्रद्धा और एकाग्रता के साथ उनके उपदेशों को सुनती रही। उस समय का वातावरण आध्यात्मिकता से परिपूर्ण हो उठा। गुरु के साथ संत-मंडली भी उपस्थित थी, जिससे यह सभा और अधिक दिव्य एवं प्रभावशाली बन गई। गुरु जांभोजी के प्रिय शिष्य रणधीरजी सेवा-भाव से प्रेरित होकर एक दिन बैरी (बेर) के वृक्ष से दांतून के लिए लकड़ी तोड़ लाए। गुरु जांभोजी ने उस लकड़ी से दांतून किया और उसे पास में ही रख दिया। तभी एक अद्भुत चमत्कार घटित हुआ, वह साधारण लकड़ी भूमि में स्थापित होते ही जड़ पकड़कर वृक्ष का रूप धारण कर गई। इस प्रकार घाटमजी थापन के घर के सामने बैरी का वृक्ष उग आया। समय बीतता गया और घाटमजी थापन के वंश में बारहवीं पीढ़ी में एक बालक उत्पन्न हुआ। एक दिन उसे उसी बैरी वृक्ष का कांटा चुभ गया। पीड़ा से व्यथित होकर उसने मन में विचार किया कि गुरु जांभोजी ने यह कांटेदार वृक्ष क्यों लगाया? यदि यहाँ बड़ का वृक्ष होता तो हम उसके दर्शन करते और कांटों की पीड़ा भी न सहनी पड़ती। उसने यह बात कहकर रात में विश्राम किया। परंतु अगली सुबह जब वह जागा, तो उसने आश्चर्यचकित होकर देखा कि बैरी का वृक्ष परिवर्तित होकर बड़ (वट) के वृक्ष में बदल चुका था। यह वृक्ष आज भी उस स्थान पर विद्यमान माना जाता है। गुरु जांभोजी के आगमन से पुर नगरी में अपार हर्ष व्याप्त हो गया। नगर में नौबत बाजे बजने लगे और उत्सव जैसा वातावरण बन गया। इस प्रसंग की तुलना उस आनंद से की गई है, जो अयोध्यावासियों को भगवान राम के वनवास से लौटने पर हुआ था। लोगों ने विविध प्रकार की भेंट अर्पित की, संतों को अनेक प्रकार के व्यंजन परोसे और मंगलाचार के साथ बधाइयाँ बाँटी। धार्मिक अनुष्ठानों में खांड, खोपरा, गिरी, छुहारा आदि का विशाल भंडार एकत्र हुआ। ऐसा माना गया कि गुरु के दर्शन मात्र से लोगों के पाप नष्ट हो जाते हैं। गुरु जांभोजी ने पुर नगरी में पाँच दिन तक निवास किया। जिस स्थान पर वे विराजमान हुए, वहाँ श्रद्धालुओं ने उनकी स्मृति में 'साथरी' का निर्माण किया। पाँच दिन के पश्चात गुरु जांभोजी प्रातःकाल पुर से प्रस्थान कर दरीबे पहुँचे। वहाँ भी अनेक लोग उनके दर्शन के लिए आए, परंतु गुरु जांभोजी ने उस स्थान को मलीन (अशुद्ध) जानकर वहाँ ठहरना उचित नहीं समझा। अतः वे वहाँ से तुरंत समेलिया की ओर प्रस्थान कर गए। दरीबे के लोगों ने श्रद्धा स्वरूप आटा एवं अन्य रसोई सामग्री गुरु की जमात को प्रदान की, जिससे समेलिया पहुँचकर भोजन तैयार किया गयाः-

चली जमात आई मेवाड़ा, जाहां सांगे का सदा अखाड़ा। पुर पटण जांहा मखत्री वंसा, जांहा घाटमजी थापन अंशा।
तांहा जंभगुर जाय विराजे, क्षत्रिनपर गुर जंभ निवाजे। देश देश रमणी करी, आऐ पुर जंभ राज।
बीस जात खत्री रहै, करी भेंठ सब साज। स्वागति आगति पूछ कै, बैठे त्रिभुवन नाथ।
करत ज्ञान उपदेश कूं, सुंण रही सकल जमात। पूरण गुर पुर मांहि विराजै, साथे संत सकल सिरताजे।
रणधीरज हाजरिया हरी के, ल्याऐ दांतण गुर सूं डर के। बैरी को दांतण हर करैऊ, कर दांतण काद में धरेऊ।
नीचै डाला जड़ आकाशे, भई बेर घाटम के वासे। थापन के घर बेरी रहई, अबी तलक वेसे ही भई।
बारां पीडी पोतो भयो, कांटो लग्यो दुख मन ठयो। जांभेजी यो काहा लगायौ, कांटो लग्यो दुख बहु पायो।
बड़ होतो तो दर्शन करते, कांटे पीड़ कभू नहीं मरते। अस कहि सोऐ तिस ही राता, गई बेर बड़ भयो प्रभाता।

पुर मांहीं जंभेसुर राजै, करै उछाव नोबतां बाजै। दर्शन कर कर हरषै लोगा, जेहि विधि अवध राम संजोगा।
नांना भैंठ चढ़ावत भऐ, भांत भांत के भोजन दऐ। बंटै बधाई मंगल ठऐ, दर्शन करत पाप सब गऐ।
खांड खोपरा गिरी छुहारा, लागै ढेर होम की वारा। पांच दिवस प्रभु पुर में रहेउ, चरन धरे जांहा साथरी भएउ।
एक दिवस चाले प्रभाता, गंगावे दड़ीबै आऐ प्राता। लोक सकल आय दर्शन कीनेउ, जंभ गरू तेहि जान मलीनेउ।
रहे नही समेलगढ़ गएऊ, आटो सीधो इंन संग दएऊ।

03. हस्तलिखित सामग्री की प्राप्तिः- लेखक ने इन सभी हस्तलिखित ग्रंथों से सम्पूर्ण विसनोई साहित्य को संकलित करके, कवि कालक्रमानुसार व्यवस्थित करके तीन भागों (जंभकाल का साहित्य, विल्हकाल का साहित्य और उत्तरकाल का साहित्य) में प्रकाशित कराया है। हीरालालजी माहेश्वरी को लगभग सन् 1960-70 के मध्य पुर से निम्न हस्तलिखित सामग्री प्राप्त हुई थी:-

01. ग्रंथांक-213:- यह 213 पृष्ठों का एक गुटका है जो कि श्री ओंकारलालजी चौहान के पुत्र भगवतीलालजी गांव पुर भीलवाड़ा से प्राप्त हुआ था। यह संवत 1907 फाल्गुन वदि अमावस्या को साध गोविंदरामजी द्वारा लिपिबद्ध है। इसमें ये रचनाएं हैः- (क). सबदवाणी- 120 सबद प्रसंग रहित, गुरू जांभोजी कृत (ख). प्रहलाद चिरत- 594 छंद, केसोजी कृत (ग). अमावस्या री कथा- 145 छंद, मयारामजी कृत (घ). पाणिग्रहण- 10 श्लोक, संस्कृत में (ड). महादेव पार्वती संवाद, गोत्राचार (च). वसंदर के 25 नाम- संस्कृत में (छ). सख्याण तथा ईश्वर पार्वती संवाद (ज). आदि वंशावली दस अवतार वर्णन- 10 छंद (झ). पच्चीस नाम विष्णु के (त्र). विवरस (ट). स्तुति (ठ). विष्णु रक्षा- 08 श्लोक (ड). नवग्रह रक्षा- 06 श्लोक (ढ). पीढी पालटण- 03 श्लोक (ण). वैश्वानर पूजा- संस्कृत में (त). कन्या वर लक्षण- संस्कृत में (थ). चौजुगी- 04 छंद (द). स्तुति जांभोजी की (ध). मंगलाष्टक- केसोजी कृत (न). देवता विदा करण अग्नि विसर्जन- 02 श्लोक (प). साखियां- केसोजी, सुरजनजी, रायचंदजी, उदोजी, गुणदासजी और अज्ञात कृत (फ). छपईया- वील्होजी कृत।

02. ग्रंथांक-214:- यह 28 पन्ने है जो कि श्री नारायणजी सिसोदिया के पुत्र गोपीलालजी विसनोई गांव पुर भीलवाड़ा से प्राप्त हुआ था। यह संवत 1886 आषाढ सुदि 14 बुधवार को साध बलुजी के शिष्य कनीरामजी द्वारा गांव पुर की साथरी में लिपिबद्ध है। इसमें सबदवाणी के प्रसंग रहित 117 सबद है।

03. ग्रंथांक-364:- यह 01 पन्ना है जो कि गांव पुर के मुखिया नायक सुखलालजी मांगीलालजी से प्राप्त हुआ। यह संवत 1874 आषाढ वदि 2 को लिपिबद्ध है। यह उदयपुर के महाराणा भीमसिंह द्वारा जारी परवाना है। इसमें पुर के नायक मानसिंहजी को छुट देने के संबंध में उल्लेख है।

04. ग्रंथांक-365:- यह 01 पन्ना है जो कि गांव पुर के मुखिया नायक सुखलालजी मांगीलालजी से प्राप्त हुआ। यह संवत 1885 मिगसर वदि 13 को लिपिबद्ध है। यह उदयपुर के महाराणा जवानसिंह द्वारा जारी परवाना है। इसमें पुर के नायक शिवलालजी को छुट देने के संबंध में उल्लेख है।

04. परवाने और ताम्रपत्र

01. परवाना-01 (ग्रंथांक-364):- यह परवाना विक्रम संवत् 1874 को उदयपुर के महाराणा भीमसिंह द्वारा पुर के नायक मानसिंहजी को जारी किया गया था। इसका मूल पाठ पुस्तक से लिया गया है तथा हिंदी अनुवाद लेखक ने किया हैः-

मूल पाठः- श्री गणेसप्रसादातु (भाले का निशान) श्री एकलिंग प्रसादातु। सही। स्वस्ति श्री उदैपुर सुथाने म्हाराजाधिराज म्हाराणा श्री भीमसिंघजी आदेशातु कसबे पुर रे नायेक मानसिंघ और समसत बसनोया कस्या- १ अप्र- आगे थारे मेर मरजाद है तथा दाण एक लागे है सो लेवासी थारी अदागी श्री द्रबार वने कटक से पदारे जदी ओठी पाच से थी बदगी करोगा थारी पावण वावढा हे जी प्रमाणे पाया जावोगा ने थारे सदामद सरणो पले हे जी प्रमाणे पल्या जावेगा थारे श्री द्रबार रो वराड़ आगे थी माफ हे सो पल्या जासी थे हे घणी जमा खातर राखे पुर मे बसजो प्रवानगी व वासते जी संवत १८७४ वर्षे असाड वदी २ सन ओठी ५०० सो रूपिया का जम्हो वा थारे सगली मेवाड़ म्हे दाण १ लागे हे सो था तीरासू लेवायेगा।

हिंदी अनुवादः- श्री गणेश की कृपा से। श्री एकलिंगजी की कृपा से। (भाले का चिह्न)। सही। कल्याण हो। उदयपुर राज्य के शुभ स्थान से महाराजाधिराज महाराणा श्री भीमसिंहजी की आज्ञा से कस्बा पुर के नायक मानसिंहजी तथा समस्त विसनोई समुदाय के प्रति यह आदेश दिया जाता है कि आगे से तुम्हारी जो पूर्व से चली आ रही मर्यादा है, वो यथावत रहेगी। परंपरागत रूप से एक दाण लगता आया है, वही लिया जाएगा। तुम्हारी अदायगी श्री दरबार जब कटक से पधारे तब ऊँट-सवारों के साथ हाजिर होना है। आपके श्री दरबार का वराड़ पहले से माफ है जो यथावत रहेगा। तुम निश्चिंत होकर कस्बा पुर में निवास करो। यह परवाना विक्रम संवत 1874, आषाढ़ वदी 2 को जारी किया गया है।

02. परवाना-02 (ग्रंथांक-365):- यह परवाना विक्रम संवत् 1884 को उदयपुर के महाराणा जवानसिंह द्वारा पुर के नायक सिवलालजी को जारी किया गया था। इसका मूल पाठ पुस्तक से लिया गया है तथा हिंदी अनुवाद लेखक ने किया हैः-

मूल पाठः- ।।श्री रामोजयति।। श्री गणेस प्रसादातु (भाले का निशान) श्री एकलिंग प्रसादातु। सही। स्वस्ति श्री उदैपुर सुथाने महाराजाधिराज महाराणा श्री जवानसिंघजी आदेशातु नायेक सबलाल कस्य १ अप्र थारा वडा री मेर मरजाद सदाबंद री है सो पाया जासी जुनी मटेगा नहीं नवी बेगा न्ही देस परदेस री पावण हे सो थारी थारे बाल हे जणो री चोलण बेगा न्ही तु जमा खात्र सु वदाव ने श्री द्रबार थी थारी अरदास रहेगा और

पुरब्या गाडरी लागत थारी थारेवाल है थारा कया प्रमाणे विसनोई चाल्या जायेगा प्रवानगी महेता सू संवत १८८५ रा मगसर बीद १३ सुक्रे।

हिंदी अनुवादः- ।।श्री राम जयति।। श्री गणेश प्रसादातु। (भाले का निशान) श्री एकलिंग प्रसादातु। सही। स्वस्ति श्री उदयपुर शुभ स्थान के महाराजाधिराज महाराणा श्री जवानसिंहजी की आज्ञा से नायक सिवलाल को यह आदेश है कि तुम्हारे बड़ो की जो पूर्व से चली आ रही मर्यादा है, वह यथावत कायम रहेगी। जो पहले से प्राप्त है, उसे कोई मिटाएगा नहीं, और न कोई नया कर लगाया जाएगा। देश परदेश की पावण है सो तुम्हारी तुम्हारे हवाले है। श्री दरबार में तुम्हारी अरदास रहेगी। और तुम्हारे पुरबिया गाडरी समुदाय पर लगने वाला कर तुम्हारे हवाले है। तुम्हारे कहे अनुसार ये विसनोई चलेंगे। यह परवाना मेहता द्वारा जारी किया गया। संवत् 1885, मगसर वदि 13, शुक्रवार।

03. ताम्रपत्र-01ः- यह ताम्रपत्र विक्रम संवत् 1874 आषाढ़ वदि 2 को लिपिबद्ध है। लेखक को यह ताम्रपत्र समेलिया गांव के घनश्यामजी विसनोई के पास मिला था। यह ताम्रपत्र उदयपुर के महाराणा भीमसिंह द्वारा कस्बे पुर मांडल के नायक मानसिंह, उमराव और समस्त विसनोईयों के नाम जारी किया था। यह चांदबाग के चौहटे में चार बीघा जमीन देने के संबंध में है। इस ताम्रपत्र का लिप्यंतरण तथा हिंदी अनुवाद लेखक ने स्वयं किया हैः-

मूल पाठः- श्री गणेशा प्रसादातु। (भाले का निशान) श्री एकलिंग प्रसादातु। सही।। स्वस्ति श्री उदैयपुर सुथाने कु महाराजाधिराज महाराजा श्री भीमसिंघ जी आदेशातु क कस्बे पुर माण्डल रा नायक मानसिंघ और अमराव समस्त विशनोईयां कष्य अप्रंच थे कामदारा न फौजदारा की हक सुं कमर पछेवड़ी बान्ध जदा रूकबा हुवा सु चांदबाग मांही छड़ी रोप थे बालद ढालजो बालद ढालवा नै चांदबाघ को चोवट्ठो बीघा चार को पट्टो करायो है यो श्री बड़ी हजुर श्रीरामा अरपण कियो है जिको हासल थे जमा खात्री सुं बन्धावजो थे नवीं बेगार नी देवेगा माण्डल मांही जांभाजी का मन्दर की सेवा पूजा थापण अणदा भगत विलाजी करेगा धूप दिप को घ्रित थे थारी बरादरी से बान्धजो थारा बडेरा की जो मरजाद बन्धी है वो पाई जावे श्री द्रबारे थारी अरदास रहेगा डाण ढकेल जदा थै (ताम्रपत्र के दुसरे पेज पर) पाल कर सारी मेकड़ रा श्री दरबारे पेंचो बांध बन्दगी करोगा पुरबिया गाडरी की लागत थारी थारे वावे है सारा विशनोई थारा किया प्रवाण चालीया चालेगा देश प्रदेश की पावण कर पाछा बुलावे जद पाल वार माण्डल पुर मांही आक बैसजो श्री द्रबारे सदर ड्योडी में दियो सही सदर मेहता संवत 1874 आषाढ विद्ध 2 सरे।

हिंदी अनुवादः- उदयपुर के महाराजाधिराज महाराजा श्री भीमसिंह जी की आज्ञा से कस्बा पुर और मांडल के नायक मानसिंह, उमराव तथा समस्त विसनोई समाज के नाम। आपको जब कामदारों और फौजदारों के हक से रुकना पड़े, तब चाँदबाग में छड़ी रोपकर (डेरा डालकर) बैलगाड़ियों को खोलकर अपना सामान रखना। बैलगाड़ी का सामान उतारने एवं रखने हेतु चाँदबाग के चौहटे में चार बीघा भूमि का पट्टा प्रदान किया गया है। यह भूमि श्री बड़ी हुज़ूर श्रीरामाजी द्वारा अर्पित की गई है। इस भूमि की हासिल (लगान/कर) सरकारी जमा-खात्री में जमा कराई जाएगी तथा इस पर कोई नई बेगार नहीं ली जाएगी। मांडल में स्थित गुरु जांभोजी के मंदिर की सेवा-पूजा थापन अणदा और भगत विलाजी द्वारा किया जाएगा। धूप-दीप के लिए आवश्यक घी आप अपनी बिरादरी से लेना। आपके पूर्वजों से चली आ रही मर्यादाएँ यथावत् आपको प्राप्त होती रहेंगी। आपकी अरदास (निवेदन) श्री दरबार में मान्य रहेगी। जब डाण (कर) जमा कराना हो, तब अपनी-अपनी पाल का समस्त डाण एकत्र कर, सिर पर पगड़ी बाँधकर श्री दरबार में उपस्थित होना होगा। तुम्हारे पूरबिया गाडरी समुदाय की लागत और कर-व्यवस्था तुम्हारे अधिकार क्षेत्र में रहेगी। ये समस्त विसनोई समाज तुम्हारे आदेशानुसार आचरण करेगा। जब देश-प्रदेश की पावण करके वापस बुलाया जाए, तब अपनी-अपनी पाल के अनुसार मांडल और पुर में आकर निवास करना। यह आदेश श्री दरबार की सदर ड्योढ़ी से, सदर मेहता द्वारा विक्रम संवत् 1874, आषाढ़ कृष्ण पक्ष, तिथि 2 को जारी किया गया है।

05. पुर साथरीः- साहबरामजी राहड़ कृत जंभसार के 22 वें प्रकरण में वर्णित 16 साथरियों की सूची में पुर साथरी का भी उल्लेख है। जंभसार के अनुसार गुरू जाम्भोजी ने पीथोजी को पुर साथरी का महंत बनाया थाः- "पुर मांहीं पीथोजी प्रेमी, सेवा संध्या के वड नेमी।" बलुजी के शिष्य साध कनीरामजी ने पुर साथरी में संवत 1881 को 'ग्रंथांक-241' लिपिबद्ध किया था। हीरालालजी माहेश्वरी कृत शोधग्रंथ के अनुसार "पुर में विसनोइयों के लगभग दो सौ घर हैं जिनकी प्रमुख गौत्र सिसोदिया, देवड़ा, हाड़ा, चौहान, मोहिल, राठौड़, इंयार, भोजावत, बाघेला, पंवार, सागर, गुजैला, बलावत (हाड़ा) चंदेल, सांखला आदि हैं। उल्लेखनीय है कि पुर के विसनोइयों के विवाह-सम्बन्ध अपने गांव में ही होते हैं। पुर के चारों ओर अनेक गांवों में भेड़ बकरी चराने वाले "गाडरी" या "धनगर" रहते हैं। ये लोग विसनोई नहीं हैं किन्तु अपने सम्बन्ध में पुर के विसनोइयों की पंचायत के निर्णयों को मानते हैं। इससे यहां के विसनोइयों के प्रभाव का पता चलता है।" हालंकि परवानों और ताम्रपत्रों में यहां के विसनोईयों को भी 'पुरबिया गाडरी' बताया गया है। जिनसे पता चलता है कि विसनोई बनने से पुर्व ये भी इन्हीं गाडरी/धनगर समुदाय से थे। संवत 1884 के परवाने में लिखा है कि तुम्हारे पुरबिया गाडरी समुदाय की कर व्यवस्था तुम्हारे हवाले है, ये सभी विसनोई तुम्हारी आज्ञा का पालन करेंगेः- "पुरब्या गाडरी लागत थारी थारेवाल है थारा कया प्रमाणे विसनोई चाल्या जायेगा" संवत 1874 के ताम्रपत्र में भी यही उल्लेख हैः- "पुरबिया गाडरी की लागत थारी थारे वावे है सारा विशनोई थारा किया प्रवाण चालीया चालेगा"। 'इतिहास प्रदीप' पुस्तक के सम्पादक मनीरामजी विसनोई एडवोकेट ने उक्त पुस्तक में लिखा है कि वास्तव में ये विसनोई 'धनगर पुरबिया' है जिनके गौत्र राजपूतों से मिलते जुलते है। इस कारण लोगों को यह भ्रम हो जाता है कि ये राजपूत है। विक्रम संवत 1983 फाल्गुन सुदि 8 को लोहावट की साथरी के दर्शनार्थ पुर गांव के विसनोइयों का एक दल आया था, जिनका विवरण लोहावट साथरी से प्राप्त 'ग्रंथांक-360' में लिपिबद्ध है, इसके अनुसार गांव पुर से साध चचदास, अमरोजी बाघेला के पुत्र चौधरी हजारी बाघेला, कालुजी देवड़ा के पुत्र हजारीजी देवड़ा, नारायणजी देवड़ा

के पुत्र हांसाजी देवड़ा, धनाजी बाघेला के पुत्र केवलोजी बाघेला, नदाजी राठोड़ के पुत्र हजारीजी राठोड़, गोमाजी मोयल के पुत्र खेमाजी मोयल, नाथाजी देवड़ा के पुत्र घींसाजी देवड़ा, गेंदोजी देवड़ा के पुत्र रामजी देवड़ा, दलाजी देवड़ा के पुत्र गंभीड़जी देवड़ा, घासीजी थापन के पुत्र जीवोजी थापन, पुरोजी देवड़ा के पुत्र वरभोजी देवड़ा, भोजोजी राठोड़ के पुत्र नगजी राठोड़, दौलाजी चौहान के पुत्र पंडित ओंकारजी चौहान, लुणोजी चौहान के पुत्र कोगजी चौहान, हजारी जी हाड़ा के पुत्र गोपीजी हाड़ा, फताजी बाघेला के पुत्र लालुजी बाघेला, गुलाबजी मोहिल के पुत्र चेनोजी मोहिल, भीमाजी देवड़ा के पुत्र गोरूजी देवड़ा, अणदोजी हाडा के पुत्र हीरोजी हाडा, रूपोजी के पुत्र बिड़दोजी, गंभीरजी पंवार के पुत्र कजोड़ीजी पंवार, मेहरामजी देवड़ा के पुत्र धुड़ोजी देवड़ा, जसोजी बाघेला के पुत्र तुलसोजी बाघेला, हीराजी सागर के पुत्र नारायणजी सागर, अमरोजी के पुत्र चौधरी बगतावरजी आदि ने लोहावट आकर साथरी में चढावा चढाया था। हीरालालजी माहेश्वरी कृत शोधग्रंथ के अनुसार "पुर साथरी के महंत साधु राघोदासजी उर्फ चिमनीरामजी थे, जिनका देहान्त कई वर्ष पूर्व 75-80 साल की आयु में हुआ था। वे आनन्दरामजी देवड़ा के शिष्य सीतारामजी के चेले थे और इस क्षेत्र में बड़े प्रसिद्ध थे। यहाँ के तीनों गांवों-पुर, दरीबा और समेला के वे एकमात्र साधु थे। इनकी समाधि दरीबा में स्थित है। यहाँ के विसनोई प्रति तीसरे वर्ष किसी भी अमावस्या को (विशेषतः सावन या वैशाख की) सामूहिक रूप से हवन करने के लिए समेला मन्दिर पर जाते थे और वहां रात्रि भर रहते थे।"

06. मनीरामजी विसनोई एडवोकेट कृत 'यादों के झरोखे से' निम्नांकित जानकारी ली गई है:- "यह उप नगर भीलवाड़ा जिला मुख्यालय नगर से 10 किलोमीटर उदयपुर राजमार्ग पर स्थित है। पहले यहां नगरपालिका थी परन्तु अब भीलवाड़ा महानगर का अंश बना दिया गया है। पहले यह परगना था, अब तहसील है। यह तीन हजार वर्ष पुरानी बस्ती बतलाई जाती है। यहां के विसनोई जन एक परकोटा में बसे हुए हैं, जिसे विसनोई मोहल्ला कहते हैं। इस बस्ती के विसनोइयों के बही भाट सर्वश्री नसूर एवं पीरू मिरासी हैं जो गैर विसनोई से दान नहीं लेते। उन बही भाटों के अनुसार यहां के विसनोई धनगर पूर्बिया हैं जिनके पूर्वज पूर्व से यानी काशी आदि (वर्तमान उत्तर प्रदेश) से आकर सम्वत् 1461 विक्रमी (सन् 1404 ई.) में यहाँ स्थापित हुए थे। इनके गोत्र (शाखाओं सहित) निम्न हैं- पुंवार, देवड़ा (मोड, लोडा, खेड़ेवाला, टोडरवाला), सिसोदिया (सागर), राठौड़, बघेला, हाड़ा (भोजावत, बलावत), चन्देल, गोयल, गजेला, सांखला, ईंयार, चौहान। यहां के थापन चौहान गोत्र के हैं। विसनोई धर्म की स्थापना के पश्चात् श्री गुरु जम्भेश्वर जी चित्तौड़ (मेवाड़) से आते हुए विक्रमी सम्वत् 1563 (सन् 1506 ई.) में यहां पधारे थे तथा पांच दिनों तक ठहरे थे। जिस स्थान पर वे विराजमान हुए थे वहां अब छोटा सा चबूतरा बनाया हुआ है और पास में नीम का वृक्ष है जो बाद में लगाया गया है। उस समय यहां के विसनोइयों के पूर्वजों को गुरु महाराज ने विसनोई बनाया था। इस चबूतरा को 'बेर चबूतरा' कहते हैं। प्रसिद्ध है कि गुरु जी को किसी श्रद्धालु ने बेर भेंट किये। गुरु जी ने उसकी गुठली फेंकी जिससे बेरी का वृक्ष लग गया। कहते हैं कि रात्रि में बेरी का कांटा किसी को लग गया। उस व्यक्ति ने कहा कि बेरी के स्थान पर यदि गुरुजी बड़ लगा देते तो अच्छा रहता। इस पर गुरु कृपा से वहां बड़ का वृक्ष लग गया और वह बेरी चिह्न स्वरूप उस बड़ में लग गई। बड़ और उसमें लगी बेरी अब भी विद्यमान है। बड़ के दाड़ी लगी हुई नहीं है। यह बड़ बेर चबूतरा के निकट पूर्व दिशा में है। पहले इस चबूतरा के निकट मंदिर हुआ करता था जिसे निकटवर्ती मकान वाले ने अपने मकान में मिला लिया। यह चबूतरा वर्तमान मंदिर से दक्षिण में लगभग एक सौ फुट की दूरी पर है। इसके निकट ही घाटमजी चौहान का मकान हुआ करता था जिसे गुरु महाराज ने यहां का थापन नियुक्त किया था। इनके वंशज के अब भी दो परिवार इस बस्ती में आबाद हैं परन्तु उन्होंने थापन पद का कार्य छोड़ दिया है। यहां गायणाचार्य नहीं हैं अतः साधारण विसनोई ही मंदिर में हवन, आरती, पाहल आदि करते हैं। मंदिर के पुजारी श्री किशोरी लाल जी देवड़ा (आयु 70 वर्ष) हैं। जो बड़े ही लग्न एवं प्रेम भाव से अपना कर्त्तव्य निभा रहे हैं। यहां के श्री विसनोई मंदिर को साथरी कहते हैं जिसका निर्माण लगभग 240 वर्ष पूर्व सर्वश्री ईसर जी देवड़ा (नायक जी) एवं मानसिंह जी देवड़ा (नायक जी) ने कराया था तथा इसकी चिनाई श्री बीरमजी कारीगर ने की थी। मंदिर के अन्दर पश्चिमी दीवार के साथ चौकी (चबूतरा) है जिस पर पद चिह्न रखे हुए हैं जो गुरुजी के बतलाए जाते हैं। मंदिर में सायं आरती भजन का कार्यक्रम होता है जिसमें महिलाओं की संख्या बहुत ही ज्यादा होती है जबकि प्रातः हवन पर पुरुषों की संख्या बहुत होती है। छोटे-छोटे बच्चों में नम्रता एवं मंदिर में जाने के संस्कार डाले जाते हैं। यहाँ सवा सौ शब्दों के पाठ से हवन होता है। हवन पर श्री लादूराम जी सुपुत्र श्री किशोरी लाल जी देवड़ा शब्द उच्चारण, साखी, मौखिक एवं आरती गाने में अग्रणी रहते हैं। इनका स्वर बहुत ऊंचा है। बहुत से बन्धुओं को शब्द मौखिक याद हैं। हवन पर शब्दों का पाठ की भांति उच्चारण करते हैं लय में नहीं, जबकि गुरु महाराज ने एक सबद में कहा है 'गुरु का सबद ज्यों बोलो झीणी वाणी जिंका दूरा हंवते दूर सुणी जै'। अतः मैंने सुझाव दिया था कि शब्दों की संख्या घटा कर इक्कीस कर लेवें परन्तु उच्चारण शुद्ध लय में करें। यहां हवन के बाद "सनातन-धर्मी" ढंग से आरती होती है परन्तु वह सुनने एवं देखने योग्य होती है। आरती के समय नौबत, नगाड़ा, ताल, मृदंग, गरुड़, घंटा झालर, मंजीरा और टिकोरा बहुत ही अच्छे ढंग से बजाए जाते हैं जिससे सारा मंदिर संगीतमय होकर गूंज उठता है। श्री गोरेलाल जी राठौड़ खूब अच्छा नगाड़ा बजाते हैं। पुर जाने वाले बन्धुओं से मेरा अनुरोध है कि वे सवेरे के हवन एवं आरती में अवश्य भाग लें। दिनांक 1.4.2002 की रात्रि में आधी रात तक जागरण सुना। साखियों के राग में मेवाड़ी प्रभाव है। मंदिर के पुजारी श्री किशोरी लाल जी देवड़ा (आयु 70 वर्ष) ने भजन के साथ सिर पर आरती का थाल रखकर बड़ा ही सुन्दर नृत्य किया। यहां भजन, कीर्तन एवं जागरण करने के लिए पुरुषों की संख्या है जिसे 'जम्भ मण्डली' कहते हैं। इसी प्रकार महिलाओं की भी मण्डली भी है। धनगर पूर्बिया मूल रूप से गड़रिया थे। बाद में उन्होंने बालद लादना यानी बैलों पर अनाज लादकर बेचना शुरू कर दिया जिससे वे बालदिये यानी बंजारे कहलाने लग गये। कहते हैं एक बार विक्रमी सम्वत् 1819 (सन् 1762 ई.) में मेवाड़

की राजधानी उदयपुर में अनाज की कमी हो गई। उस कठिनाई के समय पुर के विसनोइयों ने बैलों पर अनाज लादकर राजधानी में पहुँचाया और जनता में वितरण किया यानी किसी से मूल्य नहीं मांगा। जिसने मूल्य दिया उससे ले लिया, जिसने नहीं दिया उससे मांगा नहीं। जब यह सूचना तत्कालीन महाराणा अड़सी (शुद्ध अरि सिंह, शासन काल 1762-73 ई.) को मिली तो वह अति प्रसन्न हुआ और विसनोइयों के मुखिया को गांव जागीर में देना चाहा परन्तु मुखिया ने जागीर लेने से इनकार कर दिया और निवेदन किया कि यदि आप देना चाहते हैं तो मुझे मान-सम्मान बख्शें। महाराणा ने यह स्वीकार कर लिया और निवेदन किया कि यदि आप देना चाहते हैं तो मुझे मान-सम्मान बख्शें। महाराणा के दरबार में 16 विसनोई उमरावों की स्थापना की गई। उमरावों की स्थापना की गई। इमली बाग, विसनोई बावड़ी, स्वर्ग द्वार तथा बिश्नोई मोहल्ला के चार दरवाजे- 1. चांद पोल, 2. हाथी पोल, 3. सूरज पोल, 4. दिल्ली पोल तथा दिल्ली पोल के निकट ही साथरी (पंचायत घर) बनवाये। इस बंगला में पुर के विसनोई समाज की पंचायत होती है। धनगर (पूर्बिया गड़रिया) समाज के झगड़े, विवादों एवं लड़ाइयों के फैसले भी पुर का विसनोई मुखिया नायक इस बंगले में बैठकर किया करता था। ये फैसले सर्व विसनोई समाज एवं सर्व पूर्बिया गड़रिया समाज को मानना पड़ता था। मुख्य नायक के कहे अनुसार विसनोई समाज चलता था और विसनोई जन अपनी आन-बान, शान-मर्यादा से सम्मानित थे। विसनोई मुख्य नायक द्वारा दिए गए फैसलों को दरबार भी मान्यता प्रदान करता था। विसनोई मोहल्ला में कोई सवार होकर या छत्ता लगाकर नहीं गुजर सकता था, केवल विसनोईयों से ही महाराणा मेवाड़ी पगड़ी भेंट स्वरूप लेते थे। छड़ी और छत्र विसनोई नायक को प्रदान किया। उदयपुर में अनाज पहुँचाने बारे दूसरा कथन यह है कि महाराणा स्वरूप सिंह (1848-61 ई.) के समय अकाल पड़ने के कारण पुर के विसनोइयों द्वारा मुफ्त अनाज बांटा गया था। पहले श्रावण की अमावस्या पर प्रतिवर्ष समेलिया मन्दिर एवं तालाब पर विसनोई समाज का मेला लगा करता था। उस समय पुर का विसनोई मुख्य नायक जुलूस के रूप में हथियारबंद अंगरक्षकों के साथ, छड़ी व छत्ता लगाकर जाया करता था तथा मिरासी नगाड़ा बजाते हुए साथ-साथ घोड़े पर चला करते थे। यह मेला सन् 1955 ई. में मेजा बांध के कारण बन्द हो गया। इस समय यहां विसनोइयों के 500 परिवार हैं। यहां के विसनोई सूतक तीस दिन तक रखते हैं तथा इकतीसवें दिन मन्दिर के पुजारी द्वारा हवन-पाहल करके चालू दिलाया जाता है। बच्चा पैदा होते ही ब्राह्मण को बुलाकर उसका नामकरण पंचांग के नक्षत्र के आधार पर किया जाता है। सूर्य पूजा और चन्द्र पूजा के दिन भी ब्राह्मण निर्धारित करता है। विवाह प्रायः आखा तीज तथा देव उठनी ग्यारस पर होते हैं। रसम सगाई में पहले लड़के वाले लड़की वाले के घर जाया करते थे परन्तु अब लड़के वाले के घर पर लड़की वाले आते हैं। टीका और दहेज की प्रथा केवल नाम मात्र है। बाल विवाह की प्रथा अभी भी है। फेरे ब्राह्मण कराता है। विवाह की रसोई (बड़ार, प्रीतिभोज) वाले दिन मन्दिर का पुजारी हवन पाहल करता है। विवाह उपरान्त जब लड़की अपनी ससुराल जाती है तो उसके साथ उसकी भाभी तथा सहेलियां जाती हैं। यहां के विसनोई वे तमाम त्योहार मनाते हैं जो अन्य हिन्दू मनाते हैं। मुर्दा गाड़ने की प्रथा है। मृत्युभोज किया जाता है जिस पर लगभग पचास हजार रुपये खर्च हो जाते हैं। कुल मिलाकर ये पच्चीस संस्कार हंसी-खुशी मनाते रहते हैं। जेवण (भोजन) के प्रति ये लोग काफी उदार हैं।"

24

दरीबा

01. परिचय:- दरीबा गांव भीलवाड़ा जिले में स्थित है। यह जिला मुख्यालय से 10-12 कि.मी. की दूरी पर स्थित है। गुरू जांभोजी अपने भ्रमण के समय यहां आए थे।

02. गुरू जाम्भोजी का आगमन:- गुरु जांभोजी प्रातःकाल पुर से प्रस्थान कर दरीबे पहुँचे। वहाँ भी अनेक लोग उनके दर्शन के लिए आए, परंतु गुरु जांभोजी ने उस स्थान को मलीन (अशुद्ध) जानकर वहाँ ठहरना उचित नहीं समझा। अतः वे वहाँ से तुरंत समेलिया की ओर प्रस्थान कर गए। दरीबे के लोगों ने श्रद्धा स्वरूप आटा एवं अन्य रसोई सामग्री गुरु की जमात को प्रदान की, जिससे समेलिया पहुँचकर भोजन तैयार किया गया:-

एक दिवस चाले प्रभाता, गंगावे दड़ीबे आए प्राता। लोक सकल आय दर्शन कीनेउ, जंभ गरू तेहि जांन मलीनेउ।
रहे नही समेलगढ़ गएऊ, आटो सीधो इन संग दएऊ।

03. पोखर निर्माण हेतु ताम्रपत्र:- हीरालालजी माहेश्वरी ने अपने शोधग्रंथ में 'ग्रंथांक-366' के रूप में इसका उल्लेख किया है। इनको यह ताम्रपत्र दरीबा गांव के नाथुलालजी ओदिया विसनोई के पास मिला था। यह ताम्रपत्र विक्रम संवत् 1909 वैशाख वदि 12 को लिपिबद्ध है। इसमें उदयपुर के महाराणा सरूपसिंह द्वारा विसनोई साधु मनीरामजी व मगनीरामजी को दरीबा में पोखर निर्माण हेतु ढाई बीघा जमीन देने के संबंध में है। इसका मूल पाठ पुस्तक से लिया गया है तथा हिंदी अनुवाद लेखक ने स्वयं किया है:-

मूल पाठ:- ।।श्री रामोजयति।। श्री गणेस प्रसादातु (भाले का निशान) श्री एकलिंग प्रसादातु। महाराजाधिराज म्हाराणा श्री सरूपसिंघजी आदेशातु साद मनीराम मगनीराम चेला अजबदास रा झामाजी रा विसनोई साद कस्बे गाम दरीबो प्रगणे पुर रे जणो म्हे थे पीथावास समेल्या रा गेला ऊप्रे बावड़ी तयार कराई नै पो तयार करावे नै ध्रती रोतु अ रजाऊ हुवो सो ध्रती बीगा २।।) अडाई राखड़ ई री मेर ऊगमणी तो गाम दरीबा री लंकाऊ मेर रेत को दड़ो लीव को जोड़ आथमणी मेर काजी सायेबदीन री डोहली री धराऊ मेर पीथावास समेल्या रो गेलो माली तारू री बाड़ी बचे चालेजी री आ जमी चौमेरी अबार श्री हजुर सु पुन अरथ कर देवाणी है सो खाय्या पाय्यां जाजे कोई बात री चोताण बेगा नही थ्यो पुन श्रीजी रो है प्रंत दुबे पंचोली हरनाथ लीखता पंचोली रामसिंघ सुरतसींघोत संवत १९०९ वर्षे वैशाख वीद १२ सुक्रे। (पीछे मोहरों पर) प्रधानगी महता सेरसिंघजी ह श्री सुरत नं. माराज रथी दवे बगसी के दफत्र मडो।

हिंदी अनुवाद:- ।।श्री राम जयति।। श्री गणेश प्रसादातु। (भाले का निशान) श्री एकलिंग प्रसादातु। महाराजाधिराज महाराणा श्री सरूपसिंहजी की आज्ञा से। साधु मनीराम एवं मगनीराम, जो अजबदासजी के शिष्य हैं तथा गुरु जाम्भोजी द्वारा प्रवर्तित विसनोई धर्म के साधु हैं, निवासी कस्बा ग्राम दरीबा, परगना पुर। इनके द्वारा यह निवेदन किया गया कि पीथावास समेलिया के मार्ग पर इन्होंने एक बावड़ी का निर्माण कराया है, अब पोखर का निर्माण कराना है, जिसके लिए भूमि की आवश्यकता है। अतः इन्हें ढाई बीघा भूमि पुण्यार्थ प्रदान की जाती है, जिसकी सीमाएँ इस प्रकार हैं पूर्व दिशा में ग्राम दरीबा की सीमा। दक्षिण दिशा में रेत का टीला तथा लीव का जोड़। पश्चिम दिशा में काजी साहबदीन की डोहली की भूमि। उत्तर दिशा में पीथावास समेलिया की ओर जाने वाला मार्ग, जिस पर माली तारू की बाड़ी स्थित है। उक्त चारों दिशाओं के मध्य स्थित चालेजी की यह भूमि वर्तमान में श्री हजूर (राज्य) की है, जिसे पुण्यार्थ प्रदान किया जा रहा है। इस भूमि से साधुजन निर्विघ्न उपभोग कर सकते हैं। उनसे किसी प्रकार की चोताण या बेगार नहीं ली जाएगी। यह पुण्य श्री हजूर का माना जाएगा। यह ताम्रपत्र दुबे पंचोली हरनाथ द्वारा लिखा गया। पंचोली रामसिंह सूरतसिंघोत की उपस्थिति में। संवत् 1909, वर्ष वैशाख वदि 12, शुक्रवार।

04. दरीबा साथरी:- हीरालालजी माहेश्वरी कृत शोधग्रंथ के अनुसार "दरीबा में एक उत्तराभिमुख विसनोई मन्दिर है, जिसकी सीढ़ियों के पास लगे एक शिलालेख में इसका निर्माण काल जेठ वदि 5, संवत् 1939 उत्कीर्ण है। दरीबा में लगभग 100 घर विसनोइयों के हैं जिनकी गौत्र पुनिया, कालीराणा, ओदिया, बणियाल, परवाल, एमरा, पंवार, बल्लावत, बावल, ढाका, मालीवाल, गोदारा आदि हैं।" महाराणा स्वरूपसिंहजी के संवत् 1909 के एक ताम्रपत्र से विदित होता है कि विसनोई साधु मनीरामजी व मगनीरामजी ने एक बावड़ी तैयार कराई थी, उसके बाद पोखर (जलाशय) तैयार कराना चाहते थे, जिस हेतु ढाई बीघा धरती मेवाड़ राज्य की ओर से प्रदान की गई थी। गांव के पश्चिम की ओर वह

बावड़ी स्थित है जिसके पास लगे एक शिलालेख में संवत् 1904 के भादों सुदि 15 को उसका निर्माण काल उत्कीर्ण है। अर्थात् इस ताम्रपत्र के जारी होने से पांच वर्ष पुर्व बावड़ी का निर्माण हुआ था। इसके पश्चात पोखर का निर्माण किया गया। यहां चिमनीरामजी महाराज की समाधि स्थित है। स्वामी ब्रह्मानंदजी कृत इतिहास प्रदीप में वर्णित है कि "उदयपुर राज्य के अन्तर्गत पुर नामक कस्बे और दरीबा, समेला ग्रामों के अधिवासी विसनोई जनों के घर से एक मोतीशाह नामक मुसलमान फकीर का चिरकालिक बंधान था, जो प्रतिवर्ष प्रत्येक घर से लिया जाता था। विसनोई संत अमरदासजी ने उन्हे सदा के लिये दूर कर दिया था।"

05. मनीरामजी विसनोई एडवोकेट कृत 'यादों के झरोखे से' निम्नांकित जानकारी ली गई हैः- "दरीबा गांव भीलवाड़ा से लगभग 7 किलोमीटर की दूरी है जो ग्रामीण-सम्पर्क सड़क से जुड़ा है। इस गांव की भूमि में पत्थर की शिलाओं की खानें हैं। अतः यह गांव पत्थर की शिलाओं के लिए प्रसिद्ध है। यहां लगभग 200 परिवार विसनोइयों के हैं जबकि कुल 600 परिवार हैं। विसनोइयों के घर पोल (बड़ा दरवाजा) के अन्दर हैं। इनके पूर्वज मारवाड़ एवं बीकानेर राज्यों से पलायन करके सांगानेर (नजदीक जयपुर) में आबाद हुए जहां से 350 वर्ष पूर्व पलायन करके यहां स्थापित हुए। इनके गोत्र पंवार, ओदिया, दुलेहया, कलवाणिया, पुनिया, माल, उमराव, बरुड़िया, बेनीवाल, धत्रवाल, पोरवाल, मालीवाल, ऊनिया, बाबल, ढाका, गोदारा। यहां के रीति-रिवाज प्रायः पुर के समान ही हैं। यहां विसनोई मोहल्ले में श्री विसनोई मन्दिर है जिसमें विष्णु की मूर्ति स्थापित है। इसकी नींव ज्येष्ठ बदी 5 वि.संवत् 1939 को रखी गई थी। सायं आरती होती है तथा प्रातः इक्कीस शब्दों से हवन होता है। शब्द शुद्ध लय में उच्चारण किए जाते हैं। हवन में स्त्री, पुरुष, बच्चे सभी शामिल होते हैं। आरती सनातनी ढंग से की जाती है। यहां के पुजारी श्री सोहनलाल जी सुपुत्र श्री परसाराम जी बेनीवाल हैं जो शब्दों का शुद्ध लय में उच्चारण करते हैं तथा हवन, साखी, भजन और आरती में अग्रणी रहते हैं। यहां विसनोइयों में श्री डालचन्द जी अहोदिया नायकजी हैं। यहां के विसनोइयों का बही भाट श्री लाल मोहम्मद मिरासी है जो किसी अन्य गांव का वासी है। यहां शिकार नहीं खेलने देते। श्री मांगीलाल जी (दिलोइया) विसनोई प्रसिद्ध ठेकेदार भीलवाड़ा, इसी गांव के मूलवासी हैं। यहां के विसनोइयों को यह ज्ञात नहीं है कि इनके पूर्वज किन-किन गांवों से आए थे।"

25

रावतखेड़ा

01. परिचयः- रावतखेड़ा गांव हिसार जिले में है। यह जिला मुख्यालय से 6 कोस दक्षिण-पूर्व में स्थित है। यहां गुरु जाम्भोजी का एक प्राचीन मन्दिर है।

02. रावतखेड़ा साथरीः- रावतखेड़ा साथरी का संचालन भींयासर साथरी के महंत भोलारामजी किया करते थे। इनके शिष्य साधु जगदीशरामजी का स्वर्गवास भी रावतखेड़ा में ही संवत 2005 को हुआ था। स्वामी ब्रह्मानंदजी कृत इतिहास प्रदीप के अनुसार एक सुखरामदास नाम का व्यक्ति जो कि रावतखेड़ा ग्राम निवासी महन्त तुलसीदासजी का चेला हुआ था, गुरु के प्रकूपित होने पर पुनः गृहस्थ हो गया था।फिर बड़ोपल ग्राम निवासी साधु भगवानदासजी का चेला हो गया था।

03. हस्तलिखित सामग्री की प्राप्तिः- लेखक ने इन सभी हस्तलिखित ग्रंथों से सम्पूर्ण विसनोई साहित्य को संकलित करके, कवि कालक्रमानुसार व्यवस्थित करके तीन भागों (जंभकाल का साहित्य, विल्हकाल का साहित्य और उत्तरकाल का साहित्य) में प्रकाशित कराया है। हीरालालजी माहेश्वरी को लगभग सन् 1960-70 के मध्य रावतखेड़ा साथरी के मंहत श्री भोलारामजी से निम्न हस्तलिखित सामग्री प्राप्त हुई थीः-

01. ग्रंथांक-96:- यह 80 फोलियो का एक गुटका है जो कि अनुमानतः संवत 1922 के आसपास लिपिबद्ध है। इसमें सबदवाणी के गद्य प्रसंग सहित 123 सबद है।

02. ग्रंथांक-97:- यह 41 पन्ने है जो कि संवत 1928 भाद्रपद द्वितीय वदि 3 को नगीना निवासी प्राणसुख विसनोई द्वारा लिपिबद्ध है। इसमें उदोजी कृत प्रहलाद चिरत (छंद 356) है।

03. ग्रंथांक-98:- यह 04 पन्ने है जो कि अनुमानतः संवत 1850 के आसपास लिपिबद्ध है। इसमें गोकलजी कृत परची (37 छंद) है।

04. ग्रंथांक-99:- यह 12 पन्ने है जो कि अनुमानतः संवत 1900 के आसपास लिपिबद्ध है। इसमें मयारामजी कृत अमावस्या री कथा (129 छंद) है।

05. ग्रंथांक-100:- यह 44 पन्ने है जो कि संवत 1892 आसोज वदि 12 शनिवार को साध मनरूपदासजी के शिष्य साध तुलसीदासजी द्वारा नगीना में लिपिबद्ध है। इसमें केसोजी कृत कथा बहसोवनी (538 छंद) है।

06. ग्रंथांक-101:- यह 27 पन्ने है जो कि संवत 1939 फाल्गुन वदि 10 मंगलवार को ठाकर थापन द्वारा गांव बड़ोपल में लिपिबद्ध है। इसमें ऊदोजी कृत प्रहलाद चिरत (348 छंद) है।

07. ग्रंथांक-102:- यह 41 पन्ने है जो कि संवत 1957 पौष वदि 12 शनिवार को रामानंदजी के शिष्य साहबरामजी द्वारा गांव नगीना में लाला शिवलालजी के घर पर स्वपठनार्थ लिपिबद्ध है। इसमें ऊदोजी कृत प्रहलाद चिरत (346 छंद) है।

08. ग्रंथांक-103:- यह 73 पन्ने है जो कि संवत 1947 कार्तिक वदि 9 को बिहारीदासजी द्वारा लिपिबद्ध है। इसमें पदम भगत कृत रूकमणी मंगल है।

09. ग्रंथांक-104:- यह 02 पन्ने है जो कि संवत 1887 जेठ वदि 8 शनिवार को साध हरकिसनदासजी द्वारा तीर्थ जांभोलाव डेरा में लिपिबद्ध है। इसमें वील्होजी कृत पुल्होजी की कथा (23 छंद) है।

10. ग्रंथांक-105:- यह 01 पन्ना है जो कि अनुमानतः संवत 1850 के आसपास लिपिबद्ध है। इसमें अज्ञात कृत पुन्ह है।

11. ग्रंथांक-106:- यह 01 पन्ना है जो कि अनुमानतः संवत 1900 के आसपास लिपिबद्ध है। इसमें पांच जांभाणी आरती (उदोजी-04, प्रीतम-01) है।

12. ग्रंथांक-107:- यह 08 पन्ने है जो कि संवत 1886 श्रावण सुदि 2 शनिवार को साध कनीरामजी के शिष्य रामदासजी द्वारा गांव अलाय में लिपिबद्ध है। इसमें केसोजी कृत कथा चितोड़ की (128 छंद) है।

13. ग्रंथांक-108:- यह 16 पन्ने है जो कि संवत 1894 फाल्गुन सुदि 10 मंगलवार को महंत मनरूपजी के शिष्य साध तुलसीदासजी द्वारा

नगीना में लिपिबद्ध है। इसमें रामलला कृत रूकमणी मंगल (365 छंद) है।

14. ग्रंथांक-113:- यह 41 पन्ने है जो कि संवत 1858 आसोज वदि 5 रविवार को गंगारामजी के शिष्य सुरतरामजी द्वारा गांव जांभोलाव में लिपिबद्ध है। इसमें सबदवाणी के प्रसंग रहित 117 सबद है।

15. ग्रंथांक-130:- यह 34 पन्ने है जो कि संवत 1887 भादवा वदि 9 गुरूवार को साध कनीरामजी के शिष्य रामदासजी द्वारा गांव रावतखेड़ा में लिपिबद्ध है। इसमें सबदवाणी के प्रसंग रहित 120 सबद है।

16. ग्रंथांक-139:- यह 08 पन्ने है जो कि संवत 1870 जेठ सुदि 13 को साध भगवानदासजी द्वारा स्वपठनार्थ लिपिबद्ध है। इसमें वील्होजी कृत ग्यानचरी (130 छंद) तथा सुरजनजी कृत धर्मचरी व चेतन कथा (109 छंद) है।

17. ग्रंथांक-152:- यह एक पोथी है जो कि संवत 1817 से 1833 के मध्य परमानंदजी बैनिवाल, प्रेमदासजी व हरजी बणिहाल द्वारा लिपिबद्ध है। इसमें ये रचनाएं है:- (क). पहलाद चिरत- 596 छंद, केसोजी कृत, संवत 1817 भादवा वदि 4 को परमानंदजी द्वारा देवोजी के शिष्य तिलोकजी के पठनार्थ लिपिबद्ध (ख). ग्यान महातम- 234 छंद, सुरजनजी कृत (ग). कथा मोहमरदी- 114 छंद, जन जगनाथ कृत (घ). कथा ग्यानचरी- 133 छंद, वील्होजी कृत (ङ). ब्याहलो किसनजी को- 241 छंद, पदम कृत (च). आरती- 09 छंद, पदम कृत (छ). कथा अहदावणी- 717 छंद, डेल्ह कृत (ज). कथा बहसोवनी- 538 छंद, केसोजी कृत (झ). धु्र चिरत- 214 छंद, जन गोपाल कृत (ञ). कथा इसकंदर पतिसाह की- 214 छंद, केसोजी कृत, संवत 1833 मिगसर वदि 13 को परमानंदजी द्वारा देवोजी के शिष्य तिलोका के वाचनार्थ लिपिबद्ध (ट). साखी- 60 (ठ). ग्रंथ रामायण- 271 छंद, मेहोजी कृत (ड). राम चिरत- 361 छंद, थापन सुरजनजी कृत (ढ). गौत्राचार आदि।

18. ग्रंथांक-155:- यह 13 पन्ने है जो कि संवत 1870 जेठ सुदि 7 को साध हरकिसनजी के शिष्य भगवानदासजी द्वारा लिपिबद्ध है। इसमें केसोजी कृत कथा इसकंदर की (192 छंद) है।

19. ग्रंथांक-156:- यह 10 पन्ने है जो कि संवत 1884 मिगसर वदि 5 शनिवार को साध गंगारामजी के शिष्य सूरतरामजी द्वारा लिपिबद्ध है। इसमें मयारामजी कृत अमावस्या महात्म्य (144 छंद) है।

20. ग्रंथांक-171:- यह 03 पन्ने है जो कि संभवतः स्वामी ब्रहमानंदजी द्वारा अनुमानतः संवत 1950 के आसपास लिपिबद्ध है। इसमें ये रचनाएं है:- (क). धर्म अंग- ब्रहमानंदजी कृत (ख). भजन-01, ब्रहमानंदजी कृत (ग). भजन-01, पदम भगत कृत।

21. ग्रंथांक-275:- यह 01 पन्ना है जो कि अनुमानतः संवत 1875 के आसपास लिपिबद्ध है। इसमें पोकरजी कृत झगड़ो (16 छंद) है।

22. ग्रंथांक-276:- यह 02 पन्ने है जो कि अनुमानतः संवत 1850 के आसपास लिपिबद्ध है। इसमें ये रचनाएं है:- (क). भरथरी की साखी-01, कालूजी कृत (ख). भरथरी व गोपीचंद के हरजस- 02, अज्ञात कृत (ग). गोपीचंद का हरजस-01, चतरदासजी कृत।

23. ग्रंथांक-280:- यह 01 पन्ना है जो कि संवत 1873 को साध कन्हीरामदासजी द्वारा लिपिबद्ध है। इसमें केसोजी कृत एक साखी (27 छंद) है।

24. ग्रंथांक-311:- यह 01 पन्ना है जो कि अनुमानतः संवत 1875 के आसपास लिपिबद्ध है। इसमें गद्द, रज्जब, उदोजी व अज्ञात कृत एक-एक कवित्त है।

25. ग्रंथांक-323:- यह एक पुस्तिका है जो कि अनुमानतः संवत 1950 के आसपास लिपिबद्ध है। इसमें हरजी, साहबरामजी व अज्ञात कृत कुल 04 साखी है।

26. ग्रंथांक-344:- यह एक पुस्तिका है जो कि साधु जगदीशरामजी द्वारा अनुमानतः संवत 2000 के आसपास लिपिबद्ध है। इसमें रामानंदजी के 05 भजन, साखोच्चार, पचीकरन, अनेक मंत्र (संस्कृत), 35 पुन्ह तथा साधु जगदीशरामजी का 01 छंद और 02 साखियां है।

27. ग्रंथांक-351:- यह 02 पन्ने है जो कि दोलोजी द्वारा अनुमानतः संवत 1950 के आसपास लिपिबद्ध है। इसमें हरजी कृत 02 साखी है।

26

दुतारांवाली

01. परिचयः- दुतारांवाली गांव फाजिल्का जिले की अबोहर तहसील में स्थित है। तहसील मुख्यालय से यह गांव 10-15 कि.मी. की दूरी पर स्थित है। इस गांव में प्रसिद्ध जांभाणी कवि साहबरामजी राहड़ की समाधि स्थित है।

02. दुतारावाली का विसनोई मंदिरः- दुतारावाली मंदिर में साहबरामजी राहड़ की समाधि स्थित है। साहबरामजी राहड़ अपने जीवन के अंतिम समय में नांधड़ी छोड़कर पंजाब के दुतारांवाली गांव में बस गए थे। उनके द्वारा लिपिकृत जंभसार की अंतिम प्रति 'ग्रंथांक-193' संवत 1944 से 1947 के मध्य गांव नांधड़ी में लिपिकृत है। इसके बाद वे दुतारांवाली में बस गए थे। जीवन के अंतिम दिनों में उन्होंने 'ग्रंथांक-184' में 'सतलोक पहुंचने का परवाना' लिखा था। दुतारांवाली गांव में ही विक्रम संवत् 1948 मार्गशीर्ष सुदि 11 को साहबरामजी का निधन हुआ था, इनकी समाधि पर भव्य मंदिर बना हुआ है। साहबराम जी के तीन पुत्र रूपरामजी, गणेशारामजी व लक्ष्मीनारायणजी हुएः-

क. गणेशरामजी राहड़ः- इनके द्वारा लिपिकृत 7 प्रतियां उपलब्ध है। संवत् 1940 में 'ग्रंथांक-45 व 186' लिपिबद्ध किए। संवत् 1946 से 1950 के मध्य अपने भाई लक्ष्मीनारायण राहड़ के साथ 'ग्रंथांक-192' लिपिबद्ध किया। संवत् 1945 में 'ग्रंथांक-369' और संवत् 1950 में 'ग्रंथांक-390' लिपिबद्ध किए। संवत् 1956 को गांव दुतारांवाली में 'ग्रंथांक-286' तथा अंतिम प्रति संवत् 1980 में 'ग्रंथांक-324' लिपिबद्ध की। गणेशराम जी के दो पुत्र प्रेमसुखजी व संतकुमारजी हुए। भारत सरकार ने संतकुमारजी राहड़ को पर्यावरण के क्षेत्र में उत्कृष्ट योगदान हेतु इंदिरा गांधी पर्यावरण पुरस्कार प्रदान किया था। संतकुमारजी राहड़ ने खेजड़ली खड़ाणे को अन्तर्राष्टीय स्तर पर पहचान दिलाई थी।

ख. लक्ष्मीनारायणजी राहड़ः- इनके दो बेटे धौंकलरामजी व विष्णुदतजी हुए। विष्णुदत्तजी के बेटे लविन्द्रजी राहड़ के घर पर सन् 1993 ईस्वी में लॉरेंस विसनोई का जन्म हुआ। लॉरेंस विसनोई के बचपन का नाम बलकरण राहड़ उर्फ बलकारी था। इन्होनें 'जय बलकारी' का उदघोष करते हुए, वन्य जीव के हत्यारों को ललकारा था।

03. हस्तलिखित सामग्री की प्राप्तिः- लेखक ने इन सभी हस्तलिखित ग्रंथों से सम्पूर्ण विसनोई साहित्य को संकलित करके, कवि कालक्रमानुसार व्यवस्थित करके तीन भागों (जंभकाल का साहित्य, विल्हकाल का साहित्य और उत्तरकाल का साहित्य) में प्रकाशित कराया है। हीरालालजी माहेश्वरी को लगभग सन् 1960-70 के मध्य गांव दुतारावाली के धौंकलराम विष्णुदत विसनोई से (क्रम संख्या 15 से 19 संतकुमारजी विसनोई से) निम्न हस्तलिखित सामग्री प्राप्त हुई थीः-

01. ग्रंथांक-38:- यह 10 पन्ने है जो कि संवत 1892 माघ वदि 2 को साध हरिकिशनदासजी द्वारा लिपिबद्ध है। इसमें वील्होजी कृत विसन छतीसी (37 छंद) और 41 छप्पय है।

02. ग्रंथांक-39:- यह 09 पन्ने है जो कि अनुमानतः संवत 1850 के आसपास लिपिबद्ध है। इसमें ये रचनाएं हैः- (क). कथा गुगलिये की- 86 छंद, वील्होजी कृत (ख). कथा झोरड़ा की- 33 छंद, वील्होजी कृत (ग). बाललीला- 61 छंद, केसोजी कृत (घ). संवत्सरी।

03. ग्रंथांक-40:- यह 07 पन्ने है जो कि संवत 1884 में लिपिबद्ध है। इसमें ये रचनाएं हैः- (क). कथा जैसलमेर की- 111 छंद, वील्होजी कृत (ख). फुटकर सवैये- 08, केसोजी कृत-07, किसोरजी कृत-01

04. ग्रंथांक-41:- यह 33 पन्ने है जो कि अनुमानतः संवत 1875 के आसपास लिपिबद्ध है। इसमें हरचंदजी कृत हरि प्रहलाद चिरत (169 छंद) है।

05. ग्रंथांक-42:- यह 26 पन्ने है जो कि अनुमानतः संवत 1900 के आसपास लिपिबद्ध है। इसमें हरचंदजी कृत हरि प्रहलाद चिरत (172 छंद) है।

06. ग्रंथांक-43:- यह 07 पन्ने है जो कि संवत 1867 को लिपिबद्ध है। इसमें मयारामजी कृत अमावस री कथा (144 छंद) और वील्होजी कृत 10 कवित्त है।

07. ग्रंथांक-44:- यह 20 पन्ने है जो कि संवत 1884 श्रावण सुदि 11शुक्रवार को महंत हरकिसनदासजी के शिष्य परसराम द्वारा जांभोलाव में साध साहबराम की पोथी में से लिपिबद्ध किया। इसमें केसोजी कृत प्रहलाद चिरत (594 छंद) है।

08. ग्रंथांक-45:- यह 20 पन्ने है जो कि साध साहबरामजी के शिष्य गणेशरामजी द्वारा अनुमानतः संवत 1940 के आसपास लिपिबद्ध है। इसमें सुरजनजी पुनिया कृत अवतार कथा (236 छंद) और चार छंद (केसोजी कृत-03, किसोरजी कृत-01) है।

09. ग्रंथांक-46:- यह 07 पन्ने है जो कि संवत 1891 माघ सदि 4 को साध सरूपदासजी के शिष्य हरिकिशनदासजी द्वारा लिपिबद्ध है। इसमें ऊदोजी कृत 55 छप्पय है।

10. ग्रंथांक-47:- यह 03 पन्ने है जो कि अनुमानतः संवत 1875 के आसपास लिपिबद्ध है। इसमें सुरजनजी कृत 18 कवित्त और वील्होजी कृत 04 कवित्त है।

11. ग्रंथांक-48:- यह 27 पन्ने है जो कि अनुमानतः संवत 1825 के आसपास लिपिबद्ध है। इसमें विभिन्न विसनोई कवियों के 111 हरजस है:- (क). वील्होजी के हरजस-19 (ख). सुरजनजी के हरजस-48 (ग). फुटकर हरजस-11, उदोजी-02, वील्होजी-01, कान्होजी-01, तेजोजी-02, आसानंदजी-01, दुरगदासजी-02, पदमोजी-02) (घ). केसोजी के हरजस-12 (ङ). आलमजी के हरजस-12 (च). फुटकर हरजस- 07, केसोजी-01, माखनजी-01, मिठुदासजी-01, देवोजी-01, उदोजी-02, हरिनंदजी-01 (छ). हिंडोलणो- 10 पद, हीरानंदजी कृत (ज). रहमतजी कृत हरजस-01

12. ग्रंथांक-68:- यह 572 पृष्ठों की एक पोथी है जो कि हरजी बैनिवाल सहित विभिन्न लिपिकारों द्वारा संवत 1828 में लिपिबद्ध है। इसमें ये रचनाएं है:- (क). पहलाद चिरत- 596 छंद, केसोजी कृत (ख). साखियां- 06, उदोजी-01, केसोजी-01, सुरजनजी-01, वील्होजी-01, आलमजी-01, अज्ञात-01 (ग). होम को पाढ गोत्राचार (घ). वसंदर का नांव (ङ). आदि वंशावली (च). पच्चीस नाम (छ). विवरस (ज). ब्याह सुरत (झ). चौजुगी हिंदगी (ञ). गुरमंत्र (ट). परम तत मंत्र (ठ). बालक को मंत्र (ड). गुणेश गावत्री (ढ). निरजण गावत्री (ण). गाइत्री (त). साखी जांभाणी- 18, अज्ञात-02, केसोजी-03, वील्होजी-02, सिवदासजी-01, समसदीनजी-01, सुरजनजी-01, भींवराजजी-01, रायचंदजी-01, उदोजी-06 (थ). गुण श्री रामरासो- माधोदास दधवाड़िया कृत (द). श्रीमद भगवदगीता- संस्कृत श्लोकों सहित भाषानुवाद, अनुवादक नाजर आनंदराम, संवत 1828 आषाढ द्वितीय वदि 2 शनिवार को हरजी बणिहाल द्वारा गांव कुड़ावास में कान्हा जाणी के घर पर अनोपराम जोशी की पुस्तक ग्रंथ गीता में से लिखा (ध). गोपीचंद चरित्र वैराग बोध ग्रंथ- 153 छंद, रज्जबजी के शिष्य खेमदास कृत (न). भगवत भाषा हरिबल्लभ कृत (प). साखियां- 15, वील्होजी-01, केसोजी-05, सुरजनजी-02, दामोजी-01, लखमणजी-01, गोकलजी-01, रायचंदजी-01, उदोजी-02, नानगजी-01 (फ). सच अखरी विगतावली- 47 छंद, वील्होजी कृत (ब). कथा दुणपुर की- 60 छंद, वील्होजी कृत (भ). कथा उदा अतली की- 77 छंद, केसोजी कृत (म). कथा संहसा जोखाणी की- 105 छंद (य). कथा पुल्हाजी की- 25 छंद, वील्होजी कृत (र). कथा बाललीला की- 61 छंद, केसोजी कृत (ल). कथा धमचरी व कथा चेतन- 115 छंद, सुरजनजी कृत (व). विष्णु पजर स्तोत्र- संस्कृत में

13. ग्रंथांक-88:- यह 17 पन्ने है जो कि संवत 1944 फाल्गुन वदि 11 को साहबरामजी द्वारा लिपिबद्ध है। इसमें साहबरामजी कृत हरि प्रहलाद चिरत (68 छंद) है।

14. ग्रंथांक-89:- यह 07 पन्ने है जो कि साध भगवानदास द्वारा संवत 1864 भाद्रपद सुदि 7 मंगलवार को चसरकठा में लिपिबद्ध है। इसमें ये रचनाएं है:- (क). धर्म संवाद- 178 छंद, खेमदास कृत (ख). कवित्त- 03, अल्लुजी कृत (ग). सवैये- 02, अज्ञात कृत

15. ग्रंथांक-90:- यह 53 पन्ने है जो कि संवत 1924 चैत्र सुदि 1 शुक्रवार को लिपिबद्ध है। इसमें पदम भगत कृत रूकमणी मंगल है।

16. ग्रंथांक-91:- यह 70 पन्ने है जो कि साहबरामजी द्वारा संवत 1939 माघ वदि 9 को लिपिबद्ध है। इसमें पदम भगत कृत रूकमणी मंगल है।

17. ग्रंथांक-92:- यह 02 पन्ने है जो कि साहबरामजी द्वारा अनुमानतः संवत 1940 के आसपास लिपिबद्ध है। इसमें साहबरामजी कृत गणेशजी व सुरसती के भजन है।

18. ग्रंथांक-94:- यह 33 पन्ने है जो कि साध गोविंदरामजी के शिष्य साहबरामजी द्वारा संवत 1910 पौष वदि 14 गुरूवार को रामड़ावास गांव में (वील्होजी के धाम में) लिपिबद्ध है। इसमें विभिन्न विसनोई कवियों द्वारा रचित 64 साखियां है।

19. ग्रंथांक-95:- यह 40 पन्ने है जो कि साध गोविंदरामजी के शिष्य साहबरामजी द्वारा संवत 1908 पौष सुदि 1 को लिपिबद्ध है। इसमें सुरतराम, सूरदास, लालदास, चन्द्रमुखी, विसनदास, शीतल, अली, तुलसीदास, अगरदास, नानक, कबीर, सुंदरदास, नरसी, मीराबाई, सुरसीदास, माधोदास, भानीनाथ, रामदास, बख्तावर, देवीदास, नामदेव, रैदास, केसोजी, मिठुदास, सुरजनजी, पदम भगत आदि कवियों के कुल 105 हरजस है।

20. ग्रंथांक-181:- यह 05 पन्ने है, इसमें साहबरामजी कृत गुरूदेव महिमा है।

21. ग्रंथांक-182:- यह 01 पन्ना है जो कि साहबरामजी द्वारा अनुमानतः संवत 1925 के आसपास लिपिबद्ध है। इसमें साहबरामजी कृत एक हरजस है।

22. ग्रंथांक-184:- यह 04 पन्ने है जो कि साहबरामजी द्वारा अनुमानतः संवत 1950 के आसपास लिपिबद्ध है। इसमें साहबरामजी कृत परवाना (पाना) है।

23. ग्रंथांक-185:- यह 18 पन्ने है जो कि साध गोविंदरामजी के शिष्य साहबरामजी द्वारा अनुमानतः संवत 1950 के आसपास लिपिबद्ध है। इसमें साहबरामजी कृत सार बतीसी है।

24. ग्रंथांक-186:- यह 13 पन्ने है जो कि साध साहबरामजी के शिष्य गुणेशरामजी द्वारा अनुमानतः संवत 1950 के आसपास लिपिबद्ध है। इसमें साहबरामजी कृत अमर चालीसी है।

25. ग्रंथांक-187:- यह 56 पन्ने है जो कि महंत गोविंदरामजी के शिष्य साहबरामजी द्वारा संवत 1936 चैत्र सुदि 11 गुरूवार को गांव नांधड़ी में लिपिबद्ध है। इसमें साहबरामजी कृत सार शब्द गुंजार (180 छंद) है।

26. ग्रंथांक-188:- यह 01 पन्ना है जो कि अनुमानतः संवत 1950 के आसपास लिपिबद्ध है। इसमें ये रचनाएं है:- (क). आरती- 02, उदोजी कृत-01 (ख). भजन- 03, कबीर, रिवदास, नामदेव कृत।

27. ग्रंथांक-192:- यह 140 पृष्ठों का एक रजिस्टर है जो कि गणेशरामजी और लक्ष्मीनारायणजी द्वारा संवत 1946 से 1950 के मध्य लिपिबद्ध है। इसमें साहबरामजी के संग्रह की प्रकाशित और हस्तलिखित पुस्तकों की सूची है। साथ ही साहबरामजी, ब्रह्मानंदजी तथा जंभसार संबंधी महत्वपूर्ण सूचनाएं भी है।

28. ग्रंथांक-193:- यह 947 पन्नों का एक विशाल ग्रंथ है जो कि साहबरामजी द्वारा संवत 1944 से 1947 के मध्य लिपिबद्ध है। इसमें साहबरामजी राहड़ कृत ये रचनाएं है:- (क). सतलोक पहुंचने का परवाना (ख). सार शब्द गुंजार- 05 प्रकरण (ग). सार बतीसी- 41 छंद (घ). अमर चालीसी- 44 छंद (ड़). महामाया की स्तुति- 37 छंद, संवत 1944 आसोज वदि 9 को साहबरामजी द्वारा गांव नांदड़ी में स्वपठनार्थ लिपिबद्ध (च). जंभसार- 24 प्रकरण, जंभसार में लिपिबद्ध प्रकरणों के नाम और उनकी रूपक संख्या निम्नानुसार है:- (1). वंशावली वर्णन नाम- 42 रूपक (2). प्रहलाद चरित्र आख्यान- 50 रूपक (3). सनतकुमार चरित्र कथा- 20 रूपक (4). अवतार स्तुति- 40 रूपक (5). अवतार चरित्र ग्रंथ- 57 रूपक (6). बाल चरित्र कथा- 68 रूपक (7). सिकंदरशाह पातस्याह परच्या नाम- 172 रूपक (8). विसनोई स्थापना- 59 रूपक (9). भक्त विड़दावली- 78 रूपक (10). राज उपदेश- 86 रूपक (11). जोगी उपदेश- 127 रूपक (12). रावल प्रबोध- 146 रूपक (13). नव राजिन्द्र उपदेश- 144 रूपक (14). जंभसागर महात्म वर्णन- 167 रूपक (15). भूत पलटणो दव कर्तव्य- 139 रूपक (16). महाप्रलय- 96 रूपक (17). जोगी आख्यान- 78 रूपक (18). वद विभाग- 200 रूपक (19). जांभ रमणेवो- 78 रूपक (20). भक्तगिणत प्रकाश- 43 रूपक (21). जमो महात्म्य वर्णन- 57 रूपक (22). जंभचलण भद्र अख्यानो- 51 रूपक (23). (...कोई नाम नहीं...)- 282 रूपक (24). नीत धरम महात्म संयुक्त- 168 रूपक, संवत 1947 ज्येष्ठ सुदि 12 को साहबरामजी द्वारा रचित और लिपिकृत।

29. ग्रंथांक-198:- यह 10 पन्ने है जो कि संवत 1878 चैत्र सुदि 15 मंगलवार को साध हरकिसनदासजी के शिष्य परसरामजी द्वारा लिपिबद्ध है। इसमें केसोजी कृत इसकंदर पातस्या की कथा (204 छंद) है।

30. ग्रंथांक-199:- यह 02 पन्ने है जो कि संवत 1886 ज्येष्ठ सुदि 8 को साध हरकिसनजी द्वारा लिपिबद्ध है। इसमें सुरजनजी कृत चेतन कथा (31 छंद) और ग्रभ चितावणी के अंतिम 09 छंद है।

31. ग्रंथांक-200:- यह 02 पन्ने है जो कि अनुमानत: संवत 1925 के आसपास लिपिबद्ध है। इसमें गोविंदरामजी कृत 14 कवित्त है।

32. ग्रंथांक-202:- यह 74 पन्ने है जो कि संवत 1937 जेठ सुदि 1 को गोविंदरामजी के शिष्य साहबरामजी द्वारा गांव नादड़ी में लिपिबद्ध है। इसमें सबदवाणी के 120 सबद पद्य प्रसंग सहित लिपिबद्ध है।

33. ग्रंथांक-211:- यह 04 पन्ने है जो कि संवत 1908 भाद्रपद सुदि 10 को साध साहबरामजी द्वारा लिपिबद्ध है। इसमें सेवादासजी कृत पिसण संघारण (छंद 102) लिपिबद्ध है।

34. ग्रंथांक-279:- यह 11 पन्ने है जो कि संवत 1910 पौष सुदि 4 सोमवार को साध गोविंदरामजी के शिष्य साहबरामजी द्वारा रामड़ास गांव में लिपिबद्ध है। इसमें गोकलजी कृत ये रचनाएं है:- (क). औतार की विगत- 47 छंद (ख). परची- 37 छंद (ग). इंदव छंद- 32 (घ). अस्तुति होम की- 10 छंद

35. ग्रंथांक-296:- यह 01 पन्ना है जो कि अनुमानतः संवत 1880 के आसपास लिपिबद्ध है। इसमें रामोजी कृत एक साखी और सुरतरामजी कृत एक हरजस है।

36. ग्रंथांक-297:- यह 01 पन्ना है जो कि अनुमानतः संवत 1850 के आसपास लिपिबद्ध है। इसमें वील्होजी कृत 08 कवित्त है।

37. ग्रंथांक-298:- यह 01 पन्ना है जो कि संवत 1873 में साध हरिकिशनदासजी द्वारा लोहावट में लिपिबद्ध है। इसमें हरिकिसनजी कृत पत्री (09 चौपाई और शेषांश गद्य में) लिपिबद्ध है।

38. ग्रंथांक-300:- यह 01 पन्ना है जो कि अनुमानतः संवत 1950 के आसपास लिपिबद्ध है। इसमें अज्ञात कवि कृत 02 कवित्त है।

39. ग्रंथांक-301:- यह 01 पन्ना है जो कि अनुमानतः संवत 1950 के आसपास लिपिबद्ध है। इसमें पदम भगत कृत एक आरती (10 छंद) है।

40. ग्रंथांक-306:- यह 01 पन्ना है जो कि अनुमानतः संवत 1925 के आसपास लिपिबद्ध है। इसमें पदम भगत कृत 11 छंद और 08 गीत है।

41. ग्रंथांक-324:- यह 10 पन्नो की एक पोथी है जो कि संवत 1980 पौष सुदि 14 को बाबा साहबरामजी के पुत्र गणेशराम द्वारा शेरे थापन के पठनार्थ लिपिबद्ध है। इसमें गोत्राचार तथा होम के सबद है।

42. ग्रंथांक-367:- यह 01 पन्ना है जो कि अनुमानतः संवत 1900 के आसपास लिपिबद्ध है। इसमें रामलला और तुरसी कृत एक-एक भजन है।

43. ग्रंथांक-368:- यह 01 पन्ना है जो कि अनुमानतः संवत 1950 के आसपास लिपिबद्ध है। इसमें गोविंदरामजी कृत एक साखी है।

44. ग्रंथांक-369:- यह 01 पन्ना है जो कि अनुमानतः संवत 1945 के आसपास गणेशरामजी द्वारा लिपिबद्ध है। इसमें इसमें 06 आरती (उदोजी-04, प्रीतम-01, कबीर-01) लिपिबद्ध है।

45. ग्रंथांक-370:- यह 01 पन्ना है जो कि अनुमानतः संवत 1950 के आसपास लिपिबद्ध है। इसमें खैरासाह कृत बारहमासो है।

46. ग्रंथांक-371:- यह 04 पन्ने है जो कि संभवतः साहबरामजी द्वारा अनुमानतः संवत 1940 के आसपास लिपिबद्ध है। इसमें जांभाणी विवाह पद्धति है जिसमें गोत्राचार, आदि वंशावली, वसंदर के नाम, चौजुगी, सदाशिव महिमा, विवरस, कलस और पाहल इत्यादि रचनाएं लिपिबद्ध है।

47. ग्रंथांक-372:- यह 19 पन्ने है जो कि अनुमानतः संवत 1950 के आसपास लिपिबद्ध है। इसमें केसोजी कृत प्रहलाद चरित्र (अपुर्ण) है।

48. ग्रंथांक-373:- यह 11 पन्ने है जो कि साहबरामजी द्वारा अनुमानतः संवत 1940 के आसपास लिपिबद्ध है। इसमें साहबरामजी कृत महामाया की स्तुति (अपुर्ण) है।

49. ग्रंथांक-374:- यह 01 पन्ना है जो कि अनुमानतः संवत 1945 के आसपास लिपिबद्ध है। इसमें साहबरामजी कृत दो साखी (अणभै की) है।

50. ग्रंथांक-390:- यह कुल 313 पृष्ठों (01-179 व 180-313) की दो पुस्तिकाएं है। जो कि संभवतः गणेशरामजी द्वारा अनुमानतः संवत 1950 के आसपास लिपिबद्ध है। इसमें खड़ी बोली गद्य में अज्ञात कवि कृत चेलेजी की कथा है। यह कथा किसी अन्य पुस्तक से उतारी गई है जिसके संकेत अनेक स्थानों पर मिलते है।

27

रेणी

01. परिचयः- रेणी रियासत पश्चिमी उत्तर प्रदेश के बिजनौर जिले में स्थित विसनोई समाज की एक महत्वपूर्ण और समृद्ध रियासत थी। इस रियासत का इतिहास राजस्थान से आए प्रवासियों और उनके द्वारा स्थापित जमींदारी से जुड़ा है।

02. रैणी रियासत का इतिहासः- स्वामी ब्रह्मानंदजी कृत 'इतिहास प्रदीप' (सन् 1926 में लिपिबद्ध) पुस्तक के अनुसार रैणी रियासत की नींव जांगू गोत्र के 'विसनोई जाटों' ने रखी थी। ऐतिहासिक विवरणों के अनुसार, जांगू गौत्र के जाट हरपाल जी ने विक्रम संवत् 1542 भादवा सुदी अष्टमी को विसनोई धर्म अपनाकर गांव अलाय में निवास किया था। तथा विक्रम संवत् 1560 मिगसर सुदि सप्तमी को अलाय में ही हरपाल जी का स्वर्गवास हुआ। हरपालजी के पुत्र जगमालजी (जगूजी) हुए। और जगमालजी के वंशक्रम में क्रमशः लाभूजी, जवाहरजी, रावतजी, कल्याणजी हुए। कल्याणजी जांगू विक्रम संवत् 1702 को अलाय से पलायन कर करके बिजनौर जिले के रैणी गांव में बस गए। यहीं से इस प्रतिष्ठित रैनी के जांगू घराने की शुरुआत हुई। कल्याण जी के पुत्र प्रभुजी हुए। और प्रभुजी के पुत्र चौधरी डालचन्द जी जांगू थे। रैनी रियासत के सबसे प्रतापी और प्रसिद्ध शासक चौधरी डालचन्द जी थे। उन्हें एक बहुत बड़े जमींदार, ऐश्वर्यवान और प्रतापी पुरुष के रूप में वर्णित किया गया है। चौधरी डालचन्द के पास रैनी रियासत के अन्तर्गत विशाल भू-संपत्ति थी, जिसमें लगभग 35 गांव शामिल थे। हालांकि, उनका कोई पुत्र नहीं था, केवल एक मात्र पुत्री थी जिसका नाम चौधरन तुलसा जांगू था। पुत्र न होने के कारण चौधरी डालचन्द के बाद उनके वंश की पुरुष परंपरा वहीं समाप्त हो गई। रैनी रियासत का कांट रियासत के साथ गहरा संबंध स्थापित हुआ जब चौधरी डालचन्दजी जांगू की पुत्री तुलसा जांगू का विवाह कांट रियासत के चौधरी शेरसिंहजी नैण के साथ हुआ। पुत्री के विवाह के कुछ समय पश्चात चौधरी डालचन्दजी जांगू का स्वर्गवास हो गया और उनकी समस्त जायदाद (लगभग 30-35 गांव) उनकी पुत्री चौधरन तुलसा जांगू को प्राप्त हुई। इस प्रकार रैनी रियासत की संपत्ति का सम्पूर्ण हिस्सा वैवाहिक संबंधों के माध्यम से कांट पुर्व के नैण परिवार के अधिकार में आ गया। रैनी रियासत के शासक धार्मिक प्रवृत्ति के थे। चौधरन तुलसा जांगू ने अपने गुरु महात्मा मोतीरामजी (विसनोई संत) से दीक्षा ली थी और उन्हें अपनी जायदाद में से जगतपुर नामक गांव दान में दिया था। इसके अतिरिक्त, चौधरी शेरसिंह ने भी रैनी रियासत से प्राप्त धन और संसाधनों का उपयोग सामाजिक और धार्मिक कार्यों में किया, जिसमें मंदिरों का निर्माण और विद्वानों को भूमि दान देना शामिल था। दुर्भाग्यवश, उत्तराधिकार के अभाव में इस रियासत का स्वतंत्र अस्तित्व धीरे-धीरे समाप्त हो गया। चौधरन तुलसा जांगू का उनके पुत्र बलवंत सिंह नैण के जन्म के केवल 15 दिन बाद निधन हो गया और बालक बलवंत सिंह नैण की भी एक वर्ष की आयु में मृत्यु हो गई। इसके बाद रैनी रियासत की पूरी जायदाद के मालिक चौधरी शेरसिंहजी नैण बन गए। इस प्रकार यह रैनी रियासत का विलय कांट पुर्व रियासत में हो गया। रैनी रियासत विसनोई समाज के गौरवशाली इतिहास का प्रतीक रही है। चौधरी डालचन्दजी जांगू जैसे उदार और प्रतापी रईसों के कारण इस रियासत ने न केवल आर्थिक बल्कि सामाजिक क्षेत्र में भी अपनी विशिष्ट पहचान बनाई थी।

03. रैणी का विसनोई मंदिरः- मोतीरामजी के शिष्य साधु नरसिंघदासजी विसनोई मंदिर रैणी में निवास करते थे। इन्होंने 'ग्रंथांक-126' संवत 1925 माघ बदि 8 को गांव रैणी में लिपिबद्ध किया था। उसके बाद 'ग्रंथांक-49' और 'ग्रंथांक-50' भी संवत 1937 को रैणी में लिपिबद्ध किए। स्वामी ब्रह्मानंदजी कृत 'इतिहास प्रदीप' में वर्णित है कि "टीकाराम नामक एक व्यक्ति रैनी ग्राम का निवासी था, जो कि विसनोई मंदिर ऋषिकेश के महन्त शुकदेवदासजी का चेला हो गया था। पुनः वह गुरुद्वारा से पृथक किये जाने पर भेष उतारकर गृहस्थ हो गया था, जो अब तक उक्त रैनी ग्राम में रहता है। इसके अलावा रैनी ग्राम निवासी साधु रूपरामजी प्रथम महन्त शंकरदासजी गांव महमुदपुर जिला बिजनौर का चेला हुआ था, फिर गैरिक रंजित वस्त्र गुरु के समर्पण करके गृहस्थ हो गया जो अद्यपर्यन्त गृहस्थ है और विवाह भी उसने कर लिया है।"

04. मनीरामजी विसनोई एडवोकेट कृत 'यादों के झरोखे से' निम्नांकित जानकारी ली गई हैः- गांव रैनी में मैं सर्वप्रथम अकेला मई 1958 के प्रथम सप्ताह में गया था। यहां के अधिवासी चौधरी गंगाप्रसाद जी जांगू से मेरा परिचय अप्रैल 1951 में कांठ में हुआ था, जब जिला हिसार से हमारी पाँच विसनोइयों की पार्टी चैत्री अमावस्या मेला लोधीपुर धाम से वहां पहुंची हुई थी। डॉक्टर हरिराजसिंह जी (होम्यो.) ने चौधरी साहब

से परिचय कराया था। तब चौधरी साहब ने श्री विसनोई मंदिर ऋषिकेश की चिंता व्यक्त की थी। इस मंदिर को तत्कालीन महंत जसरामजी ने अग्रवाल ट्रस्ट सहारनपुर को दे दिया था। इसे उक्त ट्रस्ट से वापिस लेकर अखिल भारतीय विसनोई महासभा के नाम करवाने, इसका कब्जा लेने और यहाँ की व्यवस्था चलाने में चौधरी साहब ने बड़ा सहयोग दिया। एक गड़रिया जो कांग्रेसी बना हुआ था, महंत जसरामजी का चेला बन गया। कई फोटो खिंचवा रखे थे तथा समाचार पत्र में सूचना प्रकाशित करा रखी थी, उससे भी चौधरी साहब ने मंदिर को छुटकारा दिलवाया। उत्तर प्रदेश में रैनी सबसे बड़ा विसनोइयों का गांव है। यह गांव बहुत पुराना है। जो रामगंगा के किनारे पर बसा हुआ है। राजस्थान से आकर यहां विसनोइजन सर्वप्रथम सन् 1645 ई. में आबाद हुए थे। यहां पहले चौधरी डालचंद जी जांगू रईस की रियासत हुआ करती थी। गांव रामगंगा नदी की बाढ़ के कारण कई बार बह गया। यहां पुराना श्री विसनोई मंदिर है जहां दोनों समय हवन होता है। आजकल स्वामी विश्वानन्दजी यहां रहते हैं। एक बार शेरकोट के माड़े नवाब खराज की वसूली हेतु आया था। परन्तु जब रैनी के विसनोइयों को मुकाबला करने के लिए तैयार देखा तो वह अपना लाव-लश्कर लेकर वापिस मुड़ गया। जब चौधरी शेरसिंह रैनी में रहा करते थे तब एक बार रामगंगा में बड़ी भयंकर बाढ़ आई जिसमें उनका मकान, धन की थैलियां और टोकने बाढ़ में बह गए। उसके बाद चौधरी शेरसिंह ने काण्ठ के पूर्वी रियासत वाले भवन का निर्माण कराया और उसमें रहने लगे। चौधरी डालचंद का गोत्र जांगू था तथा गांव पीलवा तहसील फलोदी जिला जोधपुर, राजस्थान से उनके पूर्वज अन्य विसनोइयों के साथ वहां से पलायन करके रैनी में विक्रमी सम्वत् 1702 में स्थापित हुए थे। भादवा उतरते की पूर्णमासी को लगने वाले माधा मेला जाम्बोलाव (जाम्बा, फलोदी, जोधपुर) के उपरांत मैं अपने भ्रमण के साथियों सहित गांव मैलाना, तहसील भोपालगढ़, जिला जोधपुर दिनांक (1) 22.9.1999 (2) 14.9.2000 (3) 4.9.2001 को बही भाट पदमाराम के पास गया परन्तु वह मुझे झूठ बोलकर टरकाता रहा कि बड़ी जूनी (पुरानी) बही दूसरे साथी लेकर बाहर यजमानों के पास गए हुए हैं। मैं हर बार उसको एक सौ रुपये का नेग देता रहा। आखिर उसने तीसरी बार कह दिया कि कोई वकील बिना फीस लिए कोई काम नहीं करता जबकि यह वकील (लेखक) तीन बार यहां पर कार लेकर हिसार से पहुंचा है। स्पष्ट है इन सूचनाओं से इसे लाखों का फायदा होगा। अगर यह मुझे हजारों रुपये दे तो मैं जूनी (पुरानी) बही से वांछित जानकारियां उपलब्ध करा दूंगा। अब पाठकगण ही विचार करें कि इस कार्य में मुझे लाखों रुपये की आमदनी कहां से हो जाती है। मैं तो समाज हित में चौधरी डालचंद की वंशावली तथा बामडौली एवं पेलखा के विसनोइयों की वंशावलियां प्राप्त करके प्रकाशित करना चाहता था। बही भाट पदमाराम के असहयोगी एवं अड़ियल स्वभाव के कारण कुछ भी जानकारी न मिली। अतः इतिहास में चौधरी डालचंद के बारे में रही कमी पूरी नहीं की जा सकी। कुंवर देवेन्द्र कुमार सिंह जी जाखड़, गांव सलाबा हाल काण्ठ हाउस, बारादरी, मुरादाबाद ने अपने वंश के बही भाट से चौधरी डालचंद जी रईस रैनी रियासत की वंशावली अपने पत्र दिनांकित 23.9.2008 द्वारा मुझे उपलब्ध कराई है जो निम्न हैं- "जगूजी जांगू जाट सम्वत् 1542 में विसनोई धर्म में प्रविष्ट हुए। जगुजी का लांगूजी, पांगाजी (गाँव पीलवा में बसे) लांगूजी का जुवाहरजी-रूपाजी (मध्य प्रदेश में गांव खमलाय जिला देवास में बसे) जुवाहर जी का रावत जी-छोगाजी (गांव गुडा विसनोइयान तहसील लूणी जिला जोधपुर में बसे) रावत जी का कल्याणजी राजस्थान छोड़कर उत्तर प्रदेश में गाँव रैनी में सम्वत् 1702 सन् 1645 ई. (मुगल सम्राट शाहजहां के शासन काल में) बसे हैं। कल्याणजी के प्रभुरामजी के चौधरी डालचंद जी रईस रियासत रैनी (उनके एक मात्र पुत्री तुलसां) जिसका विवाह चौधरी शेरसिंह रईस पूर्वी रियासत काण्ठ में हुआ। एक बेटा बलवंत सिंह सन् 1922 में उत्पन्न हुआ। बेटा के उत्पन्न होने के पंद्रह दिन बाद वह स्वर्ग सिधार गई। चौधरी डालचंद का वंश लुप्त हुआ। कुंवर साहिब का हार्दिक धन्यवाद जिन्होंने चौधरी डालचंद जी की वंशावली उपलब्ध कराकर स्वामी ब्रह्मानन्द जी (काण्ठ) द्वारा लिखे गए 'इतिहास प्रदीप' में रही हुई कमी को पूरा कर दिया। बही भाट से इस गांव के जांगू गोत्रीय विसनोइयों के बारे में कुछ जानकारी मिली। गांव आसपासर में वर्तमान तहसील सरदार शहर जिला चूरू (राजस्थान) में मनोहर जांगू गोत्रीय जाट रहा करता था। सम्वत् 1542 में अकाल पड़ने पर वह अन्य लोगों के साथ सपरिवार मालवा जा रहे थे, जब उनका काफिला सम्भराथल के निकट से गुजर रहा था तब गुरु जम्भेश्वर जी ने उन्हें रोका और कहा कि तुम लोग यहीं रुक जाओ। उन्हें विश्वास दिलाया कि तुम सबको अन्न तथा तुम्हारे पशुओं को चारा दूंगा, यही आस-पास के गांवों में ठहर जाओ। कार्तिक वदी अष्टमी सम्वत् 1542 वि. (सन् 1485 ई.) को गुरु जम्भेश्वर जी ने विसनोई धर्म स्थापित किया। मनोहर जी ने कार्तिक वदी 7 को गुरु जी से पाहल लेकर विसनोई धर्म में प्रवेश किया फिर गांव जांगलू वर्तमान तहसील नोखा, जिला बीकानेर (राजस्थान) में आबाद हो गए, फिर वहां से पलायन करके गांव पीलवा वर्तमान तहसील फलौदी, जिला जोधपुर (राजस्थान) में बस गए। पीलवा में रहते हुए अकाल पड़ जाने पर वहां से उनके वंशज के परिवारजन अन्य बहुत से परिवारों के साथ पलायन करके सम्वत् 1702 वि. (सन् 1645 ई.) में गांव रैनी में आबाद हुए। विसनोइयों के रैनी में सर्वप्रथम आबाद होने के बारे में स्वामी ब्रह्मानन्द जी के इतिहास प्रदीप (पांडुलिपि) में उल्लेखित है, "राजपूताना के अमरा भाट के वंशधर (खानदानी छोगाराम भाट से जो कि सम्वत् 1980 में इस तरफ आया था और कांठ में कई दिन तक मेरे पास ठहरा था, उससे ज्ञात हुआ कि मौजे रैनी जिला बिजनौर में विक्रमीय सम्वत् 1702 अर्थात् सन् 1645 ई. में विसनोई आबाद हुए थे।" यहां आबाद होने के बाद जांगू गोत वाले विसनोइयों ने कालांतर में अपनी रियासत कायम कर ली जबकि एक अदालती फैसले में लिखा है कि रूहेलखण्ड (मुरादाबाद) के तत्कालीन सूबेदार महताब सिंह विसनोई के सौजन्य से विसनोई रियासतें-काण्ठ, सलाबा, रैनी और अगवानपुर कायम हुई थी। रैनी गांव काफी बड़ा है। रैनी वास्तव में पांच गांवों का जमावड़ा है। 1. भगवानपुर रैनी (आबाद है), 2. शेरपुर रैनी (आबाद है) शेष तीन बेचिराग हैं, 3. जगतपुर रैनी, 4. बहादुरपुर रैनी, 5. हसनपुर रैनी जिसे हुमायपुर रैनी/मोहब्बतपुर रैनी भी कहते हैं। कुल रकबा 5400 बीघे हैं जो सबसे ज्यादा विसनोइयों के पास हैं। गांव

की आबादी 3000 है जिसमें आधे से ज्यादा विसनोई हैं। अन्य जातियों में चमार, गडरिया और बागवान रहते हैं। पहले आबादी बहुत ज्यादा थी। सभी जातियों के लोग रहते थे। विसनोई, ब्राह्मण, सैनी, गडरिया, चमार, वाल्मीकि, नाई, मुसलमान रहते थे। बहुत जन यहां से स्योहारा आदि शहरों में जाकर आबाद हो गए हैं। विसनोइयों के निम्न गोत्र हैं:- 1. जांगू, 2. पंवार, 3. पूनिया, 4. नैण, 5. सहू, 6. सरावक, 7. लोहमरोड़, 8. जाणी, 9. अत्रि, 10. तंवर, 11. चौधरन, 12. जाखड़ हैं। मास्टर संजीव कुमार ने लिखा है- "रैनी गांव में सबसे पहले चौधरी डालचंद (रैनी) ने श्री विसनोई मंदिर बनवाया था परन्तु वह राम गंगा नदी की बाढ़ में बह गया। दूसरा मंदिर चौधरी शेर सिंह (काण्ठ) ने बनवाया परन्तु वह भी राम गंगा नदी की बाढ़ में बह गया। तीसरा मंदिर ग्रामवासियों ने बनवाया। अभी हाल ही में इसमें बढ़ोतरी की गई। जिस पर ग्रामवासियों ने एक लाख रुपये खर्च किए। दोनों समय हवन होता है। इस समय स्वामी विश्वानंद जी महंत हैं। यहां के विसनोई केवल गुरु जाम्भोजी को मानते हैं, अन्य किसी को नहीं मानते। रैनी के विसनोइयों के कारण स्योहारा के तगा जमींदारों ने स्योहारा स्थित मंदिर विसनोइयों को दिया था। श्री विसनोई मंदिर हरिद्वार वाले स्वामी राजेन्द्रानंद जी महाराज का जन्म स्थान रैनी है तथा उनका जन्म पूनिया परिवार में हुआ था। कसाई लोग वध करने हेतु गांवों से पशु खरीदकर रैनी में से होकर शहर में ले जाया करते थे। एक बार उनके पशुओं को छीन लिया और उन्हें चेतावनी दी कि भविष्य में भी उनके पशुओं को छीन लेंगे। अब वे लोग रैनी से होकर पशु नहीं ले जाते हैं।"

28

हिंगोली

01. परिचयः- हिंगोली गांव जोधपुर जिले की भोपालगढ़ तहसील में स्थित है। इस गांव में जोधपुर शासक तख्तसिंह हिरण का शिकार करने आए थे। उनको गुरू जांभोजी ने ऐसा परचा दिया कि परवाना लिखना पड़ा। तख्तसिंह ने परवाने में लिखा कि आज के बाद कोई भी विसनोईयों के गांव में शिकार नहीं करेगा और हरे वृक्ष नहीं काटेगा।

02. वील्होजी का आगमनः- साहबरामजी राहड़ कृत जंभसार के 23 वें प्रकरण में वर्णित है कि भ्रमण के क्रम में वील्होजी पोलास से होते हुए हिंगोली पहुँचे। उस समय हिंगोली में कान्होजी कुपासिया निवास करते थे, जिनकी पत्नी वीरां थापन थी। वीरां धर्मपरायण और वील्होजी की शिष्या थी। इस समय उनके परिवार में एक महत्वपूर्ण मांगलिक अवसर आया। उन्होंने अपना जीवित भोज (जीवत काज) करवाकर अपनी पाँचों पुत्रियों का विवाह करने का निश्चय किया। इस पुण्य कार्य के लिए उन्होंने व्यापक आयोजन किया, जिसमें चौंसठ गाँवों से विसनोई लोग आमंत्रित हुए। बारात और अन्य रस्मों में बड़ी संख्या में लोग सम्मिलित हुए। समस्त आयोजन अत्यंत भव्य और सफलतापूर्वक सम्पन्न हुआ, जिससे परिवार को यश प्राप्त हुआ। वीरां थापन ने अपने गुरु वील्होजी को भी इस समारोह में आमंत्रित किया। गुरु के आगमन पर उन्हें आदरपूर्वक गद्दी पर विराजमान किया गया। ओढावणी होने के बाद निंवता लेने के लिए पंच लोग बैठे। तब वील्होजी ने सौ रुपये निंवते के रूप में अर्पित किए। इस अवसर पर वीरां थापन ने विनम्रता से हाथ जोड़कर कहा कि गुरुजी, आप मुझे अमर निंवता प्रदान करें। वील्होजी ने पहले मन में विचार किया कि संभवतः वह अमर पान-परवाना माँग रही है। उन्होंने कहा कि बाईजी, जो तुम्हारे मन को भाए, वह माँगो। तब वीरां ने अपनी वास्तविक इच्छा प्रकट करी कि मेरा परिवार कुछ भी विशेष नहीं जानता। आप हमें कवाय (थापन पदवी) प्रदान करें। वीरां खुद तो थापन थी, पर उनके पति थापन नहीं थे। वो अपने पति और बच्चों हेतु थापन पदवी मांग रही थी। ताकि सामाजिक प्रतिष्ठा भी बनी रहे और आजीविका भी हो जाए। वील्होजी इस पर तुरंत कुछ नहीं बोले। तब कान्होजी कुपासिया ने आगे बढ़कर कहा कि गुरु की स्वीकृति इसमें निहित है। समाज की मान्यता और साधुओं की सहमति से इस प्रस्ताव को स्वीकार कर लिया गया। इसके लिए तीन गाँव निर्धारित किए गए और यह तय हुआ कि हिंगोली में आठ आना कवाय खासो (थापन कर) निश्चित रहेगा। इसमें न तो वृद्धि होगी और न ही कमी। वील्होजी ने आगे कहा कि वे रामड़ावास में समाधि लेंगे। उनके पश्चात "थापन पदवी" साधु लेंगे। तब तक यह अधिकार वीरां के परिवार को रहेगा। उन्होंने कहा कि जब तक तुम जीवित हो, यह सब तुम्हें दिया। उसके बाद संतों की इच्छा सर्वोपरि होगी, यही मेरी आज्ञा है। (बाद में सुरजनजी पुनियां को थापन पदवी प्रदान की गई थी।) इस प्रकार अपने वचन कहकर वील्होजी ने भोजन किया और हिंगोली से प्रस्थान कर गएः-

फिर वील्हो पोलास पधारे, जहां तहां संत बुलावै सारे। समाधान सबकूं कर दएऊ, फेर जमात हिंगोली गएऊ।
कान्हौ कुपासियो जांहा रहहे, वीरां थापन ता घर कहहे। बेटी पांच पुन्य परणांई, अपणो जीवत काज कराई।
चौसट खेड़ा सबही आऐ, जांन जपांन बहुत जन ध्याऐ। वीरां चेली वील्है केरी, गुरु ने चावल दीन्हा हेरी।
किया ब्याह हमलो बड़ करियो, लियौ जस सब कारज सरियो। निंवतै बैठे जांन बुलाई, गुरु कूं गद्दी दिवी बिछाई।
हुई औढ़ावणी निंवतो परहे, सो रूपिया वील्हेसुर धरहे। तब वीरां बोली कर जोरे, अमर निंवतो द्यो गुरु मौरे।
वील्हेसुर मंन में इह जाना, अमर मांगे पान परवाना। मांग बाईजी तो मन भावा, तब वीरां ईह वचन सुनावा।
मेरो कुटम्ब कछु नांही जानै, कवाय दीजिये गुरु मोहे माने। जब वील्हेश्वर बोले नांही, तब कानोजी वचन कहांही।
खाती पड़तौ खलके के खेटै, कवाय रू खासो सकल लपेटे। लोक मानता साधां मानी, खेड़ा तीन टाल लिये जानी।
हिंगोली में आना आठ, और न लागै वाध न घाट। रामड़ास में लेऊ समाधा, कवाय कासो लेवेंगे साधा।
और सकल तुम कूं दियो, जब लग तेरी देह। पीछै संतन की कुशी, मेरी अज्ञा ऐह।
एहि विधि वील्ह वचन तब कहेऊ, जीम जूठ फिर चालत भएेऊ।

03. तख्तसिंह को परचाः- साहबरामजी राहड़ कृत जंभसार में वर्णित है कि हिंगोली गाँव में उस समय विसनोई समाज के लोग निवास करते थे, जहाँ हिरणों के अनेक झुंड निर्भय होकर विचरण करते थे। एक दिन एक सिंघी (सिंघवी) शिकार की इच्छा से वहाँ पहुँचा। किन्तु विसनोईयों

ने जीव रक्षा धर्म के अनुसार उसका विरोध किया और उसे मारपीट कर भगा दिया। अपमानित होकर वह सीधे जोधपुर के शासक महाराजा तख्तसिंह के पास पहुँचा और चुगली करते हुए बोला कि हिंगोली में असंख्य हिरण हैं, आप वहाँ पधारकर शिकार करें। साथ ही उसने राजा को उकसाते हुए यह भी कहा कि यदि आप बिना सेना के वहाँ जाओगे, तो जीवित लौटना कठिन होगा। आप चारपाई पर ही आओगे, क्योंकि वहाँ के विसनोई लोग अत्यंत कठोर हैं। यह सुनकर राजा के मन में अहंकार जागा। उन्होंने कहा कि ऐसा कौन है जो मुझे मारकर जीवित रह सके? सिंधी ने उत्तर दिया कि विसनोई लोग ऐसे ही हैं। तब राजा क्रोधित होकर विशाल सेना के साथ हिंगोली के लिए रवाना हुए। रायफलधारी सैनिक, चार तोपें और लगभग दो हजार सैनिक साथ में लिए। मार्ग में दो स्थानों पर विश्राम करते हुए वे हिंगोली पहुँचे और गाँव के तालाब (नाडी) के पास डेरा डाल दिया। हिंगोली पहुँचकर राजा ने ढिंढोरा पिटवाया कि हम हिरण मारने आए हैं, जो करना हो कर लो। आज जांभोजी की शक्ति भी देखेंगे। इसके बाद पूरे गाँव को चारों ओर से घेर लिया गया। घरों के द्वार बंद करवा दिए गए। जो बाहर निकलता, उसे मारने की धमकी दी गई। लगभग दोपहर बारह बजे तक यह घेरा बना रहा। दोपहर के समय गुरु जांभोजी के प्रिय हिरण तालाब पर जल पीने आए। सिंधी ने राजा को बुलाया और शिकार का अवसर बताया। राजा ने पहले पिस्तौल से निशाना लगाया पर गोली नहीं लगी। फिर बंदूक से गोली चलाई, तब अद्भुत घटना घटी। उसी क्षण गुरु गुरु जाम्भोजी ने अपना चमत्कार दिखाया। हिरण अचानक उछलकर (फलांग मारकर) राजा के तंबू की ओर आ गए। राजा का घोड़ा बिदक गया। राजा घोड़े से गिर पड़े और उनका हाथ टूट गया। और तभी हिरणों के स्थान पर राजा को गुरु जांभोजी के दिव्य दर्शन हुए। इस दिव्य दर्शन से राजा की बुद्धि शुद्ध हो गई। उन्होंने तुरंत अपना तंबू उठवाया और सेना को बुलाकर आदेश दिया कि आज से विसनोईयों से विन्रम बर्ताव किया जाए। जहाँ विसनोई रहते हैं, वहाँ कोई हिरण नहीं मारेगा। जो इस मर्यादा को तोड़ेगा, उसे दंड दिया जाएगा। राजा ने गाँव के प्रमुख लोगों (चौधरियों) को बुलवाया। चार चौधरियों को सिरोपाव देकर सम्मानित किया। नाई, बलाई, सुथार, भंगी, चौकीदार आदि को भी वस्त्र प्रदान किए। एक जाट को, जिसने उन्हें जल पिलाया था, 100 बीघा भूमि दान में दी। साथ ही आदेश दिया कि यह भूमि तुम्हारे वंशज भी भोगेंगे, इस पर कोई कर नहीं लगेगा। राजा ने उस सिंधी को हाकिम के पद से हटा दिया। विसनोई समाज को परवाना लिखकर दिया। जीव रक्षा के इस धर्म को राज्य स्तर पर मान्यता दी:-

हिंगोली में हर के दासा, सींधी आयो मृघां आसा। सींधी के उन चौट लगाई, तखतसींघ पै पहुंच्यौ जाई।
चुगली करत भयौ बो नीच, सुझै नही आपणी मीच। राजा ने ईम बोलत नयौ, पाप करण मन ताको भयौ।
सुनो स्वामी एक वचन हमारो, शिकार हेत हिंगोली पधारो। हिंगोली हिरणां रो गोल, बैठे आय गांव रै कोल।
कृपा करो एकर पधारो, दोय च्यार मृघ हाथे मारो। सुणकर राजा चालत भऐ, इंद राजा रे लाग्या कहे।
फौज विन्यां जावोला बठे, मांजी घाल्या आयस्यौ अठै। ऐसा कुण जोरावर कहिये, म्हानै मार जीवता रहिये।
तब सींधी मन में हरषाऐ, अस विसनोई सकल बताऐ। तब ले फोज रैफला लया, च्यार तौप ले राजा गया।
दोय सहंस लिये आदमी, चढे आप दरबार। दोय मंजल बीच में रहै, तीजै पहुंचे पार।
नाडी पर जाय डेरो करियौ, हिंगोली ढिंढोरो फिरियो। मिरघ मारस्यां आवो अबही, जांभोजी देखांगे तबही।
सकल गांव का फलसा रोक्या, तोप रफलां चंहु दिस झोक्या। फोज खड़ी कर दीन्ही सारे, कोऊ निकसै ताकूं मारै।
बारै बजै जिततें रह्यौ घेरौ, आयौ मृघ जंभ को प्रेरौ। नाडी में जल पीवण लाग्यौ, तब सींधी सूतोड़ो जाग्यौ।
कह अंनदाता मृघ दिखाऊं, सोचौ अमां जीव की पाऊं। ले पिस्तौल उठे नृपाला, सनमुख पीय रहेउ मृघ काला।
पीते ही कलाबीन लगाई, गोली दोय लगी नहीं ताही। दूसर भर बंदूक चलावा, तब ही जंभ अचंभ दिखावा।
मार फलांग तंबू तहि आऐऊ, उबरत अस्व तब चले पराऐउ। उबरत अस्व गिरेउ नृप तहवां, काला मृघ गए पग जहवां।
खूंवे अंदर टूट गयौ हाथा, मृघ गयो तेहि नांही निपाता। जंभ गरु नृपहि दरसायो, बुध भई शुद्ध दरस जेहि पायो।
नृप उठाय तंबू ले गऐऊ, फोज बुलाय सकल कूं कहेऊ। सुंनहूं सकल मम अज्ञा ऐहा, विसनोईयां सूं कीजै नेहा।
जेही गांव विसनोई रहहे, हिरण मरै नहि अज्ञा अहहे। जो मरजादा मेटै कोई, मोर हाथ कीड़ा सो होई।
अस कहि गांव लियो सब बोली, अंत्र गत की बाहर खोली। लायक भर तब गांव में काहै, बालाबंधी लायक जग जोहै।
तिन का नांवा मोहि लिखावौ, भिन्न भिन्न सारे बुलवावौ। च्यार चोधरी तुरंत बुलाऐ, सिरोपाव ताकूं दरवाऐ।
बालाबंदी और दूसाला, औढ़ाऐ तबही नरपाला। नाई दोय बलाई दोय, दोय सुथार पहराऐ जोय।
ऐक भंगी एक चौकीदारा, सिरोपाव दीन्हां अहवारा। एक जाट जल पायो सही, सो बीघा जंमीन लिख दई।
बैटै पोतै ख़ायां जावो, हांसल माल रो नांही दावौ। एहि विधि जंभ गुर प्रचौ दयो, हाथ राजा को आछो भयो।
घर घर में जब बजे बधाऐ, तब राजा जोधाण सिधाऐ। सींधी हाकम कीन्हौं दूरा, तखतसिंघ धरमात्म पूरा।
लिख परवाना ईनकूं दिया, विसनोईयां यूं जग में जस लिया।
तखतसिंघ महाराज जो, ऐसै भऐ दयाल। जांभेजी कै धरम की, सदा करी प्रतिपाल।

उपरोक्त प्रसंग में जो तख्तसिंह द्वारा परवाना देने का उल्लेख है उस परवाने का हीरालालजी माहेश्वरी ने अपने शोधग्रंथ में भी उल्लेख किया है। यह परवाना विक्रम संवत् 1900 वैशाख बदि 1 को लिपिबद्ध है। माहेश्वरी जी ने इस परवाने को स्वामी ब्रह्मानंदजी कृत

'विसनोई धर्म विवेक' के पृष्ठ संख्या 17-18 से लिया था। उपरोक्त पुस्तक में लेखक को भी यह पृष्ठ संख्या 18 पर प्राप्त हुआ। लेखक को यही दस्तावेज निम्न पुस्तक में भी मिला- "CENSUS OF INDIA 1961 VOLUME XIV RAJASTHAN PART VI-A VILLAGE SURVEY MONOGRAPHS 4. MUKAM Field investigation and First Draft by R.C. BHARGAVA Supervision and Final Drafts by G.R. GUPTA प्रकाशन वर्ष 1965" यह परवाना जोधपुर के महाराजा तख्तसिंह द्वारा जारी किया था। इसमें विसनोइयों के गांवों की सीमा में हरी खेजड़ी काटना और शिकार करना वर्जित किया गया है। इस परवाने का पाठ दोनों पुस्तकों से लिया गया है, तथा हिंदी अनुवाद लेखक ने स्वयं किया है:-

मूल पाठः- श्री परमेश्वरजी सत्य छै। श्री राजराजेश्वर महाराजाधिराज श्री तखतसिंहजी वचनात थापन विसनोइयां रा गांवा री सींव में नीली खेजड़ी कोई बाढण पावै नहीं सिकार खेलण पावै नहीं कोई नीली खेजड़ी बाढसी सिकार खेलसी सो दरबार रो गुनैगार होसी संवत १९०० वैशाख बदि १ गढ जोधपुर।

हिंदी अनुवादः- श्री परमेश्वर सत्य है। श्री राजराजेश्वर, महाराजाधिराज श्री तख्तसिंहजी की आज्ञा से थापन विसनोईयों के गाँवों की सीमा के भीतर किसी को भी हरी (लीली) खेजड़ी काटने की अनुमति नहीं होगी और न ही शिकार खेलने की अनुमति होगी। यदि कोई व्यक्ति विसनोई गाँवों की सीमा में हरी (लीली) खेजड़ी काटेगा अथवा शिकार खेलेगा, तो वह दरबार का अपराधी (गुनहगार) माना जाएगा। विक्रम संवत् 1900, वैशाख कृष्ण पक्ष प्रतिपदा, गढ़ जोधपुर।

04. संत हीरानंदजीः- साहबरामजी राहड़ कृत जंभसार में वर्णित है कि संत हीरानंदजी हिंगोली ग्राम के निवासी थे। वे विसनोई समाज के उन विशिष्ट संतों में गिने जाते हैं, जिन्होंने ज्ञान और भक्ति दोनों मार्गों को समान रूप से अपनाया। उनका जीवन साधना, श्रवण और हरि-भजन का उत्कृष्ट उदाहरण प्रस्तुत करता है। हीरोजी केवल भक्त ही नहीं, बल्कि विसनोई शास्त्रों के ज्ञाता और श्रोता भी थे। वे विभिन्न धार्मिक ग्रंथों का श्रवण करते थे। शास्त्रीय ज्ञान को आत्मसात कर उसे भक्ति में रूपांतरित करते थे। इस प्रकार वे ज्ञान (बौद्धिक साधना) और भक्ति (आध्यात्मिक साधना) दोनों के अधिकारी माने गए हैं। हीरोजी को महाविष्णु का भक्त बताया गया है। उनकी भक्ति इतनी गहन थी कि उन्हें स्वयं हरि का स्वरूप माना गया। अर्थात् उनका जीवन ईश्वर के साथ एकाकार (एकत्व) का प्रतीक बन गया था। उन्होंने सांसारिक मोह-माया का त्याग कर केवल हरि-भजन को ही जीवन का लक्ष्य बनाया। संत हीरानंदजी का सम्पूर्ण जीवन इस सिद्धांत को स्थापित करता है कि निरंतर भजन और साधना से मनुष्य जन्म-मरण के चक्र से मुक्त हो सकता है। सच्ची भक्ति ही संसार रूपी जन्म-मृत्यु के गहरे कुएँ से बचने का मार्ग है। उनके जीवन का सार यह है कि जिसने संसार को त्यागकर केवल भगवान का स्मरण किया, वह कभी भवसागर में नहीं डूबता है:-

हीरो भक्त हिंगोली भऐ, सोई शुद्ध संप्रदा गऐ। श्रोता सब शास्त्र के भारी, ज्ञांन भक्त दोनूं अधिकारी।
महाविसनु के भक्त हैं, हीरोजी हरि रूप। जगत तज्यौ हरही भज्यौ, परै नही भव कूप।

05. अमर बलिदानी पुण्यात्माएंः- धाणसिया गांव में जाट बच्छराज जी सोऊ के पुत्र आसूजी हुए, आसूजी ने धाणसिया गांव छोड़कर अपने ससुराल के गांव रड़ोद में निवास किया। आसूजी के पुत्र दिवराजजी, अमेदजी, गुणेशजी, माणकजी व सिधूजी हुए। आसूजी के पुत्र अमेद जी ने जसनाथी पंथ अपनाया तथा पांचला गांव में निवास किया। गुणेशजी, माणकजी व सिधुजी तीनों भाई क्रमशः भावी, महीयाणी व संगरिया गांवों में बसे। आसूजी के पुत्र दिवराजजी ने विसनोई धर्म अपनाया। दिवराजजी के पुत्र मंगोलजी, चांदोजी, लाडूजी, उदोजी, सांतलजी और पुत्रियां लीलां व लिछमा हुई। दिवराज जी के पुत्र मंगोलजी का विवाह धोरू गांव के नेतोजी गोदारा के बेटे हीरोजी की पुत्री पारां गोदारा से हुआ। मंगोल जी विक्रम संवत् 1552 आसोज बदी सातम को अपनी पत्नी सहित धर्मनियम रक्षार्थ रड़ोद गांव में देवगति को प्राप्त हुए। मंगोल जी के पुत्र सायभानजी व खुमोजी हुए। मंगोलजी के परिवार ने रड़ोद छोड़कर हिंगोली गांव में निवास किया। मंगोल जी सोऊ के वंशज 'सोऊ विसनोई' आज भी हिंगोली गांव में निवासरत है।

29

नगीना

01. परिचयः- नगीना गांव बिजनौर (उत्तरप्रदेश) जिले में स्थित है। गुरु जाम्भोजी अपने भ्रमण के समय नगीना भी गये थे। यह हजुरी कवि सेठ कुलचंदजी अग्रवाल का गांव है।

02. गुरू जांभोजी का नगीना आगमनः- साहबरामजी राहड़ कृत जंभसार के उन्नीसवें प्रकरण के अनुसार गुरु जांभोजी अपने भ्रमण के दौरान फलावदा से नगीना पहुंचे। नगीना में जिस स्थान पर गुरु जांभोजी ने अपना आसन लगाया, वही स्थान आगे चलकर साथरी धाम के रूप में प्रतिष्ठित हुआ। यह स्थान केवल एक विश्राम स्थल नहीं, बल्कि गुरु की दिव्य उपस्थिति और उपदेशों का सजीव केंद्र बन गया, जहाँ से भक्ति और धर्म का प्रकाश चारों दिशाओं में प्रसारित हुआ। नगीना में गुरु जांभोजी के परम भक्तों में प्रमुख थे- कुलचंदजी, धन्नोजी, बिच्छुजी, भंवरोजी, सुरगुणी, चेलोजी आदि। इन सभी भक्तों ने गुरु के आगमन का समाचार सुनते ही अत्यंत श्रद्धा से भेंट सामग्री अशर्फी, अतलस, चौतारा, पुष्प एवं पताशे थाली में सजाकर गुरु के समक्ष प्रस्तुत किए। उनके वचन अमृत के समान मधुर और श्रद्धा से परिपूर्ण थे। सर्वप्रथम कुलचंदजी ने गुरु जांभोजी की स्तुति की। उनकी निष्काम भक्ति से प्रसन्न होकर गुरु ने उनसे वर मांगने को कहा। किन्तु कुलचंदजी ने अत्यंत विनम्रता से उत्तर दिया कि उन्हें कोई सांसारिक वस्तु नहीं चाहिए, वे तो केवल सदा गुरु के चरणों में ही रहना चाहते हैं। इस निष्काम भाव से प्रसन्न होकर गुरु जांभोजी ने उन्हें भक्ति का वरदान प्रदान किया। इसके पश्चात धन्नोजी ने गुरु की स्तुति की। गुरु ने उन्हें भी वर मांगने को कहा। धन्नोजी ने सिर झुकाकर केवल भक्ति का ही वर मांगा। उनकी इस भावना से प्रसन्न होकर गुरु ने उन्हें भी भक्ति का वरदान दिया। चेलोजी स्वभाव से अत्यंत सरल और भोले भक्त थे। वे स्तुति करते समय संकोच अनुभव कर रहे थे। उन्होंने विनम्रतापूर्वक निवेदन किया कि वे गुरु के दास हैं और गुरु उनके हृदय में निवास करें। गुरु जांभोजी उनकी सरलता से अत्यंत प्रसन्न हुए। उन्होंने अपने दोनों हाथ उनके सिर पर रखकर उन्हें कंठ से लगा लिया। इस प्रसंग में गुरु ने एक महत्त्वपूर्ण उपदेश दिया कि वही हाथ और पैर श्रेष्ठ हैं, जो परोपकार में लगते हैं। सुरगुणी ने अत्यंत भावपूर्ण स्तुति करते हुए स्वयं को मन, वचन और कर्म से गुरु की दासी बताया और उनकी शरण मांगी। गुरु जांभोजी उनकी भक्ति से अत्यंत प्रसन्न हुए और कहा कि पृथ्वी पर उनके समान भक्ति करने वाला कोई नहीं है, और ऐसे भक्तों के लिए ही वे अवतार धारण करते हैं। उन्होंने सुरगुणी को आश्वासन दिया कि वो जो भी मांगेगी, वह उन्हें अवश्य प्राप्त होगा। फिर सुरगुणी के पति भंवरे ने गुरु के समक्ष अपना सिर अर्पित करते हुए एक अत्यंत उच्च कोटि की कामना प्रकट करी कि उन्हें पुनः इस संसार में जन्म न लेना पड़े। यह वैराग्यपूर्ण भावना उनके आध्यात्मिक उत्कर्ष को दर्शाती है। इस प्रसंग में गुरु जांभोजी का अत्यंत मनोहारी स्वरूप वर्णित है कि उनका तेज करोड़ों कामदेवों के समान था। नेत्र कमल के समान और भौंहें भंवरे के समान शोभायमान थी। पीताम्बर धारण किए हुए थे, उनके सिर की टोपी सूर्य की किरणों से चमक रही थी। वे मधुर मुस्कान के साथ उपदेश दे रहे थे। वे पद्मासन में विराजमान थे और चारों ओर संतजन उपस्थित थे। गुरु जांभोजी के दर्शन के लिए अनेक स्थानों से जनसमूह नगीना पहुंचने लगे। कांट, मीरपुर, रैणी, सलेमपुर, धामपुर, दारानगर आदि से लोग आने लगे। चारों वर्णों एवं छत्तीसों समुदायों के लोग एकत्र हुए। गुरु ने सभी को एक समान मानते हुए एक न्यात में समाहित किया। गुरू जांभोजी के दर्शन से पापों का नाश होता है, भ्रम दूर होते है और जीवन का कल्याण होता है। गुरु जांभोजी नगीना में चार माह तक विराजमान रहे। इस अवधि में उन्होंने सत्संग और उपदेशों के माध्यम से जनसमुदाय को धर्ममार्ग पर प्रवृत्त किया। उन्होंने उपदेश दिया कि शील, संतोष, क्षमा, संयम, नियम आदि सभी गुण मिलकर मानव जीवन को पूर्ण बनाते हैं और मोक्ष का मार्ग प्रशस्त करते हैं। चार माह पश्चात गुरु जांभोजी ने लोदीगढ़ की ओर प्रस्थान करने का निश्चय किया। रथ और घोड़ों को सजाया गया, और समस्त संतजन यात्रा के लिए तैयार हुए। जब गुरु प्रस्थान करने लगे, तब नगीना के स्त्री-पुरुष अत्यंत व्याकुल हो उठे। वे कुछ दूर तक उनके साथ गए और अपने विरह को व्यक्त करते हुए स्वयं को अभागा कहने लगे। गुरु जांभोजी ने सभी को सांत्वना दी और भक्ति मार्ग पर दृढ़ रहने का उपदेश दिया। किन्तु उनके प्रस्थान के समय जनसमुदाय में गहरा शोक व्याप्त हो गया। प्रत्येक घर में चिंता छा गई। कवि ने इस स्थिति की तुलना जुआ हारने वाले जुआरी की व्यथा से की है। अंततः सभी लोग भारी मन से अपने-अपने घर लौट गए और गुरु जांभोजी लोदीगढ़ की ओर प्रस्थान कर गएः-

फिर आगे कूं चालत भऐ, चली जमात नगीने गऐ। जांहा जंभ गुरू आसण लायौ, तांहा साथरी धांम बणायौ।
धनौ बिछु कुलचंद चेलो, इन को मारग कठन दुहेलो। जंभ गुरु कूं आए सुने, जन जन भैंठ संजोई उन्हें।
असरपी अतलस चौतारा, फूल पतासा भर भर थारा। आंन गुरु कै आगे राखे, इमृत समान वचन इन भाखे।
असतूती जू करेऊ कुलचंदा, मैं हूं गुरु तुम्हारे बंदा। (................कुलचंद की स्तुति................)
कुलचंद एहि विधि अस्तुति करी, प्रसन्न भए जंगगुरू हरी। मांग मांग ऐसे गुरू कह्यो, कुलचंद चरन कंवल गहि रह्यो।
काहा मांगू प्रभु कछु न चाहिए, जन तो सदा चरनन में रहिये। कुलचंदजी अस्तुति कर, सुनत प्रसन्न भए जंभ।
भक्ति वर मांगत भए, छाड सकल आरंभ। (....................धन्ना की स्तुति..................)
धन्ना हर लीना अस्तुति कीन्हा, जंभ प्रवीना प्रसन्न भए। जो वर लेहहूं सो वर देहहूं, भक्ति लई कर सीस दए।
चेलोजी अस्तुति करहे, भोलो भक्त करत कछु डरहे। कहे चेलो मैं तुमरो दासा, हिरदै कंवल मोहे किजिये वासा।
(......................चेले की स्तुति......................) चेले की अस्तुति सुण, प्रसन्न भए जंभराय।
दोनूं कर सिर पर धरे, लीन्हो कंठ लगाय। हस्त कंवल चूंबत भए, जंभ गरू जगन्नाथ।
कर धोए विसनोई इक, देखाले हरी हाथ। जंभ गरू असै कह्यो, कोमल कर तब जान।
खीले ठोके जाहिंगे, मेरे वचन प्रवान। कर पद सोई जाणिये, आवै पर उपकार।
तें करसूं कछु ना कियो, खरे रहो जम द्वार। सुरगुण अस्तुति करत, सरणो मोकू राखियै।
मन वचन काया दास तव प्रभु, जानत जैसी भाखिये। (..................सुरगुणी की स्तुति..............)
एहि विधि अस्तुति कीन हर की, सुरगन हर चरनन परियौ। अपनाय गुर जंभराय, हिरदै लाय सिर कर तेहि धरियो।
सुण सुरगुंण तोसो भक्ति, मोरे पृथ कोउ नांहि। तुम सारीसै भक्ति हित, देह धरू जग मांहि।
मांग तुम्हारी मन विरत, जो मांगै सो लेह। तोहि सारखै भक्त कूं, मोरै नांहि अदेह।
भंवरै भ्रम दीनों मेट, जंभ गुर सीस तुंमरी भेट। (.................भंवरे की स्तुति.............)
मांग मांग वर हर कहेउ, मांग मांग वर मांग। भंवरा भव नहिं आवे हैं, साहब साचो सांग।
भिन्न भिन्न अस्तुति करी, सबकै मध्य विराजे हरी। सब जन के सनमुख ही विराजै, कोट काम छिब तन तेहि छाजे।
कमल अमल दल नैननि सोहै, भृकुटी कुटल अली अद्भुत मोहे। पीतंबर तन अधक विराजै, रवी किरन सम टोपी छाजै।
मधुर मधुर बोलत मुसकाई, हुसट देख बिंबा जु लजाई। आसण पदम लगाय विराजै, चंहु और संतन छिब छाजै।
चली जमात जंभ दर्शन कूं, अपनै गुर के पाव परसन कूं। कांट मीरपर रैणी रायक, आय सुणै सतगुर के वायक।
सलेमपर धामपर नगर जू दारा, छोटे मोटे नगर जु सारा। जंभ गुरु कै दर्शन आवै, पर चरनन में सीस निवावै।
दर्शन करत पाप सब जाई, अनंद होत देखत जंभ राई। जिन जंभ गुर का दर्शन किया, अपणां जनम सुधार जु लिया।
दर्शन किया सकल भ्रम भागा, भूल्या जीव पाय निज लागा। च्यार वरण छतीसूं पुणां, विसनु वरण ब्रिह्मा मय हुंणा।
च्यार वर्ण सब एक नियाता, जंभ गरू कीन्हे सब पाता। पुछे जंभ ज्ञान गुर कहै, दर्शन किये पाप नस जहे।
च्यार मास प्रभु रहे नगीने, प्रेम पयोधर जन मन भीनै। जो पुछे सो जंभ बतावै, शील संतोष छिमां समझावै।
सम जम नेम सांत अरू दांता, पूण छतीसूं ऐक नियाता। ऐक समै गुर जंभ कृपाला, चलन कह्यौ लोहट के लाला।
रथ घोड़ा चक डोल संवारा, चढ़ चढ़ सकल भऐ असवारा। जांहां विराजे गुर जंभ राई, मिलि लोगनि साथरी बनाई।
जब गुरु जंभ चालते भएउ, बिछड़न सोग सकल के ठएउ। लोदीगढ ने करी तयारी, रोवन लगे पुरष अरू नारी।
चलती देर लोग संग लागे, कहन लगे हम भए अभागे। समाधान सब लोगनि कीना, स्वांत दृष्ट कर भक्ति ही दीनां।
चलत बेर भऐ घंन घमसांना, जंभ चलत मांनी बहू हाना। घर घर सोच भयो बड भारी, जसै सोचे हार जुवारी।
सोच साच अपने घर रहे, जंभ गरू लोदीगढ़ गऐ।

03. कुलचंदजी अग्रवालः- ये नगीना के रहने वाले सम्पन्न व्यापारी थे। इनके संबध में अज्ञात कवि कृत चेलोजी की कथा, स्वामी ब्रह्मानंदजी कृत श्री जंभदेव चरित्र भानु एवं साहबरामजी राहड़ कृत जंभसार में जानकारी मिलती है। प्रसिद्ध है कि 40 वर्ष की आयु होने पर भी जब इनके सन्तान नहीं हुई, तो किसी के कहने पर नगीना से गुरू जाम्भोजी के दर्शनार्थ सम्भराथल जाने वाली यात्रियों की जमात के साथ, ये भी अपनी पत्नी रामप्यारी सहित चल दिये। वहां पाहल लेकर विसनोई हो गए। गुरू जाम्भोजी ने इनके दो पुत्र और दो पुत्रियां होने का वर तथा धर्म नियमों पर दृढ़ रहने का आदेश दिया। कालान्तर में इनके क्रमशः शान्ति, धन्नो, बिच्छू और इमरती ये चार सन्तान हुई। इनकी पुत्री शान्ति सुप्रसिद्ध भक्त चेलोजी से ब्याही गई थी। नगीना से ये गुरू जाम्भोजी के दर्शनार्थ सम्भराथल पर प्रायः आते रहते थे। जब दोनों पुत्र और पुत्री इमरती विवाह योग्य हुए, तो कुलचंदजी ने जाम्भोजी से इस अवसर पर अपने यहां आने का आग्रह किया। गुरू जाम्भोजी ने कहा कि चेलोजी को मेरा ही रूप समझो। विवाह के समय कुलचंदजी ने जानबुझ कर चेलोजी को अनेक भांति से अपमानित करके उनको परखा और गुरू जाम्भोजी के कथन की सच्चाई का अनुभव किया। गुरू जाम्भोजी के परदे होने के पश्चात कुलचंदजी ने नगीना के पास अपने

प्राण त्यागे थे। जिनका उल्लेख परमानंदजी कृत 'खड़ियां री विगति' में भी किया गया है। '35 पुन्ह' और 'हिंडोलणो' में इनका नामोल्लेख है। इनके द्वारा रचित दो साखी भी उपलब्ध है।

04. चेलोजी की कथा

क. अज्ञात लेखक कृत रचना:- हीरालालजी माहेश्वरी कृत शोधग्रंथ में वर्णित है कि "यह खड़ी बोली गद्य में लिखित रचना है, दुतारांवाली गांव के श्री धोंकलरामजी राहड़ के अनुसार संवत् 1920 की लिखी हुई एक हस्तलिखित प्रति से नकल की गई थी।" इस कथा का सार इस प्रकार है- नगीना के निःसंतान धनाढ्य सेठ कुलचंदजी के जाम्भोजी के आशीर्वाद से चार पुत्र पुत्रियां- शान्ति, धन्ना, बिच्छु, और इमरती हुई। किसी समय एक विसनोई युवक रामलाल (अपरनाम भंवरा भक्त) अपनी पत्नी सुगणी सहित सेठ के यहां नौकरी की तलाश में आया। वह मुनीमी का काम और सुगणी घर की देखभाल करने लगी। सुगणी अत्यंत रूपवती थी। सेठ उसकी ओर आकर्षित होने लगा। एक दिन मौका पाकर सकुचाते हुए उसने उससे अपना प्रेम निवेदन किया। इस पर पति परायण सुगणी ने उसको बहुत फटकारा। दोनों काम छोड़कर वहां के एक 18 वर्षीय धर्म प्रिय विसनोई युवक 'चेले' के घर आए और उसके अनुरोध पर वहीं रहने लगे। चेला फेरी लगाकर कपड़ा बेचता और एक रुपये की आमदनी होते ही वापस घर आकर शेष समय भगवत भजन में बिताता। कुलचंद अपने व्यवहार पर बहुत लज्जित हुआ। परिस्थिति समझ कर उसकी पत्नी रामप्यारी ने उसको सात्वना दी और समस्त दोष अपने सिर लिया। प्रायश्चित स्वरूप ये सब लोग समराथल पर गुरू जाम्भोजी के दर्शनार्थ आए और उनसे क्षमायाचना की। गुरू जांभोजी ने उन्हें क्षमा करते हुए, धर्म नियमों पर दृढ रहने का आदेश दिया। रामलाल पुनः उसके यहां मुनीमगिरी करने लगा। कुलचंदजी ने अपनी पुत्री शान्ति के लिए वर के विषय में पुछा, तो गुरू जाम्भोजी ने चेले का नाम लिया। चेले की निर्धनता देखते हुए, कुलचंद बहुत हिचकिचाया। किन्तु गुरू जाम्भोजी के कथन और पत्नी के अनुरोध पर उन्होने यह विवाह कर दिया। दहेज में कुलचंद ने कुछ भी नहीं दिया, तथा दोनों पुत्रों के भी विवाह कर दिए। कुलचंद की वृद्घावस्था को देखते हुए गुरू जाम्भोजी ने उसको समराथल पर न आने और नगीना में ही अपने रूप 'चेले' के दर्शन करने का आदेश दिया। चेलोजी को गुरू जाम्भोजी का रूप समझना, उसको जमा नहीं। इस कारण उसकी परीक्षा करने का निश्चय किया। कुलचंद ने अपनी लड़की इमरती के विवाह में चेले को क्रोध दिलाने के विचार से अपने पुत्र बिच्छू को तैयार किया। बिच्छू ने उसको भुखे रखते हुए मौके बेमौके हर प्रकार से अपमानित किया। किन्तु क्रुद्ध तो वह हुआ ही नही, उल्टे उसने बिच्छू की प्रशंसा की। परीक्षा में वह खरा उतरा। प्रायश्चित की अग्नि में जलते हुए कुलचंद के परिवार ने इस कार्य के लिए गुरू जाम्भोजी से क्षमा याचना की। वैकुंठवास से पूर्व गुरू जाम्भोजी भी नगीना में अंतिम बार अपने भक्तों को धर्मोपदेश करने गए थे।

ख. जंभसार में वर्णित कथा:- साहबरामजी राहड़ कृत जंभसार के सोलहवें प्रकरण में वर्णित है कि परम भक्त कुलचंदजी अपने पुत्रों धनो और बिच्छु सहित समराथल धाम पर गुरु जांभोजी के दर्शन हेतु पहुँचे। उनके मन में जीव की गति, मुक्ति और साधना के मार्ग को जानने की तीव्र जिज्ञासा थी। वे गुरु के समक्ष विनम्र होकर बार-बार यही निवेदन करते हैं कि उन्हें सच्चे मार्ग का उपदेश दिया जाए। एक दिन धनो ने गुरु जांभोजी के चरणों में निवेदन किया कि वह अपने घर पर एक यज्ञ और महोत्सव करना चाहता है, और चाहता है कि गुरु स्वयं संत-मंडली सहित उसके घर पधारें। यह सुनकर गुरु जांभोजी अत्यंत प्रसन्न हुए और उन्होंने धनो की भक्ति की सराहना करते हुए कहा कि यज्ञ अवश्य करो। संतों का भावपूर्वक आदर करो। सुपात्र को दान दो। सम्पूर्ण जमात को भोजन कराओ। गुरु ने स्पष्ट कहा कि संतों को भोजन कराना ही मेरा भोजन कराना है। उन्होंने धनो को आश्वासन दिया कि उसका मनोरथ अवश्य पूर्ण होगा और उसे प्रसन्नचित्त होकर अपने घर लौटना चाहिए। धनो और बिच्छु ने कहा कि उनका नियम है कि वे प्रत्येक छह महीने में समराथल आकर गुरु के दर्शन करते हैं और जीवन भर इस नियम को नहीं छोड़ेंगे। इस पर गुरु जांभोजी ने एक अत्यंत गूढ़ आध्यात्मिक उपदेश दिया कि चेलैजी को मेरा ही स्वरूप मानो। यह सुनकर कुछ जनों के मन में संशय उत्पन्न हुआ कि कोई शिष्य भगवान के समान कैसे हो सकता है। तब कुलचंदजी ने समझाया कि महान व्यक्ति अपने भक्तों के गुण देखते हैं, अवगुण नहीं। तब गुरु जांभोजी ने इस सिद्धांत को स्पष्ट करते हुए कहा कि जो व्यक्ति शील, संतोष, क्षमा और सत्य का पालन करता है, जो सहनशीलता का भाव रखता है, वही मेरा स्वरूप है। इस प्रकार गुरु ने बाह्य दर्शन से अधिक आंतरिक साधना को महत्व दिया। कुलचंदजी और उनके पुत्र समराथल में सोलह दिनों तक रहे। जब विदा का समय आया, तब सम्पूर्ण जमात भाव-विभोर हो गई। कुलचंदजी के नेत्रों से अश्रुधारा बहने लगी। वे बार-बार गुरु के चरणों में दंडवत करने लगे। उनकी स्थिति वैसी ही थी जैसे भगवान राम के वनगमन पर अयोध्या वासियों का दुःख हुआ था। उन्होंने बार-बार गुरु से निवेदन किया कि वे उनके साथ चलें, परंतु गुरु ने पुनः वही उपदेश दिया कि चेलैजी को ही मेरा स्वरूप मानो। अब तुम वृद्ध हो गए हो, बार-बार यहाँ आकर कष्ट मत उठाओ। इस प्रसंग में चेलैजी ने भी गुरु से प्रार्थना करी कि उन्हें अपने चरणों में स्थान दें और उन्हें पुत्र रूप में स्वीकार करें। तब गुरु जांभोजी ने चेलैजी के ऊपर दुपट्टा डालकर उन्हें कृपा प्रदान की। विदा के समय कुलचंदजी और सम्पूर्ण जमात ने गुरु जांभोजी की महिमा का गुणगान किया। गुरु सर्वव्यापक हैं। उनकी महिमा का पार शिव और ब्रह्मा भी नहीं पा सकते। चारों वेद भी उनकी स्तुति करते हैं। उन्होंने स्वीकार किया कि ऐसे प्रभु की महिमा को कोई पूर्णतः नहीं जान सकता। समराथल से विदा होकर वे कुचोरा गाँव पहुँचे, वहाँ विसनोई समाज ने उनका आदर-सत्कार किया। रात्रि विश्राम के बाद वे पुनः यात्रा पर निकल पड़े। लगभग बीस दिनों के पश्चात वे अपने घर पहुँचे और अपने परिवार से मिलकर अत्यंत आनंदित हुए। कुलचंदजी का अपने परिवार के साथ कुछ समय तक अत्यंत सुख और समृद्धि के साथ जीवन व्यतीत हुआ। घर में धार्मिक वातावरण और भक्ति का प्रभाव

बना रहा। फिर उन्होंने विशाल यज्ञ-महोत्सव करने की तैयारी शुरू की। यह केवल एक सामाजिक आयोजन नहीं था, बल्कि धर्म, दान और प्रतिष्ठा का भी बड़ा अवसर था। इसलिए उन्होंने पूरे उत्साह के साथ इसकी तैयारी आरम्भ की। साधु-संतों को निमंत्रण भेजा गया। दूर-दूर तक जाति-बिरादरी को बुलाया गया। धनो और बिच्छु ने अपनी बहनों, सवासणियों और रिश्तेदारों को स्वयं जाकर आमंत्रित किया। परंतु इस व्यापक निमंत्रण में एक विशेष बात छिपी थी, उन्होंने अपने बहनोई चेलेजी को जानबूझकर निमंत्रण नहीं दिया। यह कोई भूल नहीं थी, बल्कि एक परीक्षा थी। वे देखना चाहते थे कि चेलेजी का स्वभाव, धैर्य और भक्ति वास्तव में कितनी दृढ़ है। महोत्सव की तैयारी इतनी भव्य थी कि उसका वर्णन भी कठिन है, सौ मण घी और सौ मण शक्कर मंगाई गई। बारह विवाह एक साथ सम्पन्न करने की योजना बनाई गई। विवाह धर्मार्थ किए गए, किसी प्रकार का लेन-देन या मूल्य नहीं लिया गया। भोजन व्यवस्था तो अद्‌भुत थी। पाँच सौ मण मिठाइयाँ तैयार की गई। ढाई सौ मण चावल और चने पकाए गए। सीरा (हलवा), लापसी और अनेक प्रकार के षडरस व्यंजन बनाए गए। पुरा वातावरण उत्सवमय हो उठा। द्वादशी के दिन बारात आई, जनवासे की व्यवस्था हुई और भोज का शुभारम्भ हुआ। जब भोज आरम्भ हुआ, तब चेलेजी ने अपनी पत्नी से कहा कि चलो, हम भी भोज में चलते हैं। तब पत्नी ने आक्रोश से उत्तर दिया कि जिन्होंने पूरे देश को निमंत्रण दिया, उन्होंने हमें याद तक नहीं किया। ऐसे घर में मैं पानी भी नहीं पीऊँगी। किन्तु चेलेजी ने शांत स्वर में समझाया कि हम तो अपने ही हैं, हमें निमंत्रण की क्या आवश्यकता? वे पत्नी और बच्चों सहित वहाँ पहुँचे। परंतु जैसे ही वे अंदर गए तो किसी ने उनका स्वागत नहीं किया। लोगों ने तिरस्कार भरी दृष्टि से देखा। कुलचंदजी ने भी कटु वचन कहे कि बिना बुलाए क्यों आ गए? चेलेजी ने सब कुछ सह लिया। वे चुपचाप बैठ गए। एक प्रहर तक वे भूखे बैठे रहे, न किसी ने भोजन दिया, न किसी ने पूछा। अंततः वे अपमान सहकर लौट गए। सांझ के समय चेलेजी ने अपने बच्चों से कहा कि तुम लोग भोज में आना, मैं वहाँ पंगत में मिलूँगा। वे स्वयं पहले जाकर कुलचंद के घर के पशुओं (बैल और ऊँट) को पानी पिलाने लगे, यह उनके सेवा-भाव का प्रमाण था। जब वे पुनः भोज में पहुँचे तो उनको घर में प्रवेश से रोका गया। आँगन में बैठने पर कहा गया कि भोजन समाप्त हो गया है। चेलेजी ने विनम्रता से कहा कि थोड़ा-बहुत इन बालकों को दे दो, ये नासमझ हैं। परंतु कोई ध्यान नहीं दिया गया। वे पुनः एक प्रहर तक भूखे बैठे रहे और फिर बिना शिकायत लौट गए। तीसरे अवसर पर जब फिर से भोज लगा, तब चेलोजी पुनः पहुँचे। उन्हें रसोई के पास बैठाकर उपेक्षित रखा गया। एक प्रहर तक वहीं बैठे रहे। फिर पंगत में बैठने पर उनकी थाली छीन ली गई। घर के भीतर जाकर जब थाली लेने लगे तो सासु ने तिरस्कार किया कि इन्हें लाज-शर्म नहीं है, जहाँ देखो वहीं आ जाते हैं। फिर भी चेलेजी ने धैर्य नहीं खोया। अंततः उन्हें बची-खुची खुरचन दी गई। उन्होंने उसी को भगवान को अर्पित कर बच्चों को खिलाने का प्रयास किया। जब कुलचंदजी ने उनका हाथ पकड़ लिया, तब चेलेजी ने अत्यंत विनम्र स्वर में कहा कि बालकों ने आज कुछ नहीं खाया है, इन्हें थोड़ा खाने दो। इस वाक्य में न क्रोध था, न शिकायत। केवल करुणा और विनम्रता थी। अब धनो और बिच्छु का हृदय पिघल गया। उन्हें गुरु जांभोजी के वचन स्मरण हो आए, उन्होंने कहा था कि चेलोजी को मेरा ही स्वरूप मानना। उन्होंने हाथ जोड़कर कहा कि आपकी सहनशीलता अद्‌भुत है। हमने आपके साथ बहुत अन्याय किया। हम पतित हैं, हमें क्षमा करें। चेलेजी ने अत्यंत सहजता से उत्तर दिया कि हम तो आपके ही बालक हैं। आप सब हमारे माता-पिता हैं, गुरू भाई है। उन्होंने न किसी को दोष दिया, न क्रोध किया। उनका यह भाव ही उनकी महानता का प्रमाण था:-

धनो बिछू जंभ दवारा, अपनी गति पूछी निरधारा। जा विधि गति जीव की होई, सो मारग पूछियौ सब कोई।
एक दिवस पुछत अस भएऊ, जंभ गरू कूं मस्तक नएऊ। कहे धनोजी कृपा अब कीजै, अपणै जन पर दया करीजै।
साध संत सब ही संग लीजै, समाचार सब जन कूं दीजै। लेवो बुलाय आपका प्यारा, जिग्य करूं ले चालो सारा।
अपणे जन के ग्रिहे पधारो, मैं हूं प्रभुजी दास तुम्हारो। वचन सुने अपने जन कैरे, प्रसन्न भए कृपा कर हेरे।
धन्य धन्य तें भक्ति अमानी, तेरी प्रीत भक्त मैं जानी। जज्ञन करो महोछिब कीजे, भाव मुक्त संतन कूं दीजै।
सुपात्र पुजिये दिन राती, और जिमावे सकल जमाती। जो कछु कीजै हरि के हेता, सौ पावै वेकूंठ अगेता।
संत जिमायां मैं ही जीमूं, ढाण न पड़िये चलियै धीमूं। धीमों चलै सूं छीदो बीजै, फिर देखीजै मास जू तीजै।
नाई दटे में कछु न होवै, जादा बीज मूल ही खोवै। छीदो बीजै बूंटो मारै, गुर मुख सुगरा सुरग पधारे।
कलियुग ऐक बडो प्रतापा, मनस्या पुन्य न लागै पापा। ऐहे सद पुरूषन की साखा, आगम निगम सकल इम भाखा।
तें मनवार करी अब मेरी, मनसा पूरण भई जु तेरी। प्रसन्न रहो अपनें ग्रिह जावौ, जीवत जुगति मूवां गति पावौ।
धनो बिछू बांणी सुणी, सत प्रतंग्या मन में गुंणी। गत मुक्त कूं कृतब करे, सोई काज सहज में सरे।
तव प्रशन की वृति एहा, देह रहे तब लग संदेहा। तेहि कारण कछू वचन उचारा, इह वाक गुरू सुनो हमारा।
आप दर्शन को नेम हमारे, षष्ट मास में आऊं थारे। बिन आयां कबहूं नहीं रहहूं, जब लग देह तभी अहहूं।
नेम कबहुं नहीं त्यागहूं स्वामी, तब हंस बोले अंत्रजांमी। चेलैजी को दर्शन करो, मेरो रूप तास हूं वरो।
सुरगुण भंवरो बोलत भए, सब करता कसें प्रभु कहे। चेलो कुलचंद युं कहे, इहै बड़ां की रीत।
भक्तनि गुण कहे, औगण न आवे चीत। धनै बीछू पूछियो जब हरी, वांणी बहुत बड़ी औचरी।
कहै जंभ सांसै नहीं करणां, सील संतोष छिमां सत जरणां। अजरा जरे अरू जीवत मरे, सो जन मेरी संमता करे।
एह सुन वचन हिरदै धर राखै, विद्या होण सब कहुं ऊं भावै। जोड़े रथ अरू घोड़ा कसे, सोला दिन समराथल बसे।

सब जमात जोर कर खरेउ, कंठ कलाकल नेत्र झरेउ। पर पर चरण करत डंडोता, ताहि संमे रथ कुलचंद जोता।
विछिरत जंभ भयो दूख भारी, राम गवन वन अवध दुखारी। गुहा निषाद के जस भयो प्रेमां, ऐसो इन सबहिन के नेमां।
कर प्रणांम चालते भएऊ, संग लेन हित विनती कहेऊ। वार वार प्रभु सब ही निहोरा, जंभ सीख देनेहु वर जोरा।
चेलेजी कूं मो तन जानहुं, मेरे वचन मांन प्रवानहूं। विरध भऐ आयां दुख पावौ, चेलैजी को दर्शन करावो।
जंभ वचन हिरदै धर लीन्हां, भिन्न-भिन्न अस्तुती कीन्हां। कहे धनों प्रसन्न प्रभु रहनां, मंम गति होय चलै प्रभु कहना।
बीछु वचन बोलते भयऊ, आप दर्शन पातक सब गएऊ। सुरगुण निरगुण अस्तुति करिहे, परम तत हिरदे में धरिहे।
जनम मरण में कबहुं न आवै, जो प्रभु दरस आपके पावै। भंवरो हर भूलै नहीं चरणां, जनम जनम जंभेसुर सरणां।
चेलो चरण कंवल में राखो, सिर धर हाथ पुत्र कहि भाखो। तब जंभेसूर भए दयाला, चेले पर दुपटा प्रभु डाला।
कूलचंद करै जंभ की महिमा, नख सिख जोत व्यापे देह अहिमां। जंभ गुर घट घट जानन हारा, तेहि कारन जंभ नाम तुम्हारा।
सकल जमात करै अस्तुती, इह ब्रिह्मंड तुम्हारि विभूति। असे प्रभु नित रहो दयाला, सब संतन ही करो प्रितपाला।
दर्शन किये ही पाप प्रभु नासै, हिरदै उजल ज्ञान प्रकासे। शिव बिह्मा तव पार न पावै, च्यारूं वेद सदा गुन गावै।
नै एति नै एति प्रभु भाखे ऐसे, दास पार प्रभु पावै कैसे। यूं भिन्न भिन्न कीन्ही अस्तूता, विछरत दुख मन भयो बहूता।
एहि विधि सबही पाप छिमाऐ, चलत भऐ कुचोरां आए। कूचोरां जिस गांव में, धनो पहूंचे आय।
विसनु भक्त सब आदरे, सब जमात शुभ भाय। प्रातः भऐ फिर चालत भऐ, जल थल देख रात कूं रहे।
बीस दिवस बीते घर आऐ, मिले कुटंम बहुता सुख पाऐ। कछुक काल सुख में चल गऐऊ, करण महोछब इंछ्या भएऊ।
साध संत निंवते विख्याता, जात बिरादरी सकल जमाता। धनै बीछू निंवत्या जबही, बहन सवासणी निवंती सबही।
चेलेजी कूं निंवत्या नांही, जंभ कह्यौ बहहे में समांही। अहरण धर कर घंण घंमकावै, हीरो मोल आपणों पावै।
कंचन तांबे वानी चढ़हे, पुरूष मोल विद्या जब पढ़हे। भक्त मोल अजरा कूं जारै, कांम रू क्रोध लोभ मोह मारै।
सब घट घट में बिह्म विचारै, ब्रिह्म जांन सब दोष निवारे। मांन अपमांन न मानै कोई, राग दोष मंन में नहीं होई।
भाव कुभाव न कछुव न ताके, रीस दोष मंन में नहीं राखै। जांकै मंन में कुबध न आवै, ते जन हर संम लछन पावै।
अस मन जांन जमात न वरस्यां, चेलेजी को पारख करस्यां। ऐहि विधि त्यागे जीजो बहनी, अब कछु कहूं जिज्ञ की कहनी।
सौ मण घृत सवा सो खांडा, बाहरा ब्याह रच्या निज मांडा। बेटी पौती पुत परणावै, ऐक पईसौ लेन न पावै।
और मिठाई बहु प्रकारा, नांव गिनत कहीं पावै न पारा। भख्य भोज चौसरू लेसा, छै रस बिंजन बहुत सुदेसा।
सीरो लपसी सरस बनाई, पाच शत मण किवी मिठाई। चावल चिणां की काहा बखाणी, मंण ढाई सै छीजै जाणी।
महा उछब कीन्हो बहु भारी, बारस के दिन जान पधारी। गाय वधाय दएउ जनवासा, जीमहि चालो जीम्यां रस विलासा।
चेलोजी घरणीं से कहहे, जीमण चालो जीम्यां सरहे। सुणकर घरणी बोलत भएउ, बूढ़े भए अकल सब गईऊ।
देस सकल जिन निंवत बुलायो, सबही सवासणी जाय जाय ल्यायो। ऐसहु जिज्ञ याद नहीं कीन्हां, ता घर पाणी चहूं न पीन्हां।
तब चेलोजी श्री प्रति बोले, सांसे सोग सकल जिन खोले। आपन कूं निंवत काहा, अपणे घर की बात।
रीस उंना कूं चाहिये, तूं काहे खुंणसात। और काम बहुते लगे, काहा निंवते मोहि तोहि।
चालोनी जीमंण कूं चलां, अबही देर बहु होय। बालक बचा छोकरी सबही, जीमण कूं चाले है तबही।
धनजी वरजे सब दीन्हां, तातें किनहुं न आदर कीन्हां। चाल्यौ आऐ ले परवारा, भीतर बड़तां सब दिरकारा।
कुलचंदजी ऐसे बतलावे, विन्यां बुलाऐ कैसे आवे। जिन मनुषन के लज्या नांही, ऐसै मनुष बहुत जग मांही।
ले ले थाली जीमण आए, देखौ इनकूं कंवण बुलाऐ। चेलैजी मन कछुव न जाना, तोहू घर में कीन पयाना।
घर में गऐ कोउ नहीं बोला, बैठण कूं करै ताका तोला। तबही भक्त की सासू बोली, क्यूं ठाढ़े जस खड़े तमोली।
पनवाड़ा जस लेके आवै, जैसै मुंछ खड़े फरकावै। ऐसे ही सब करै निरादर, जीमण की नहीं लागी पादर।
ऐक पहर लग बैठत उठे, भूखे ही जब चालत पूठे। जब लोगनि मिल ठठा कीन्हां, जीए बहुत जब आया पसीन्हा।
एहि विधि सुनत गऐ निज ग्रेहा, बाल बचां कूं बोले ऐहा। सांझ वार जीमण कूं चलहां, तब पंगत में मांडै मिलहां।
अब मैं जाउं कार कराऊं, सांझ वार तुम कूं ले जाऊं। अस कहि धनै कै घर गएऊ, बैल रू ऊंठ पावते भएऊ।
फिर जानां कूं परूस जीमाऐ, न्यात जमात सकल जी धाए। घर आए चेलोजी तबही, जीमण चलो बुलावै अबही।
जब घरणी बोली ईह बाणी, तुम कूं लोटो पावै न पांणी। न पावै तबही डर नांही, जबही रहनां उन घर मांही।
हम तो उनकी झूठ ही ढोंवे, तबहूं हम उरण नहीं होवे। अस कहि सबकूं लेकर चाले, मांहि वड़त कुलचंदजी पाले।
तुम भींतर काहे कूं जावौ, विन हीं कांम क्यूं भीड़ करावो। खड़े रहो कुलचंदजी पालै, देख आउं मैं पीछै चालै।
भींतर गए कोउ बौलै नांही, कहा आय चलि आवौ मांही। तब श्री सहत बालक सब आए, धने बिछू ना बतलाऐ।
आंगण में जाय बैठे जबही, कहियो पाक खूट गयौ अबही। थोड़ा बहुत कछु दीजियै, ऐ बालक बेबुद्ध।

प्रातकाल फिर आवहे, कीज्यो मति ना क्रुद्ध। ऐक पहर ठाढे रहे, किनहुं न पूछियौ ताहि।
तब भूखेई उठ चले, सहणसीलता जाहि। तीसर जीमण लोक जिमाएं, सब पीछे चेलोजी आऐ।
पाक साल जीमण कूं आऐ, तब ही बारणे ऐक बठाऐ। एक पहर पीछें कह्यौ जावौ, बालक तरणी ने कह आवौ।
ऐहि विधि गऐ पाक अस्थांना, काहू न दीन्हो तेहि सनमाना। पंगत जाय बैठते भऐ, थाली खोस मांहि ले गऐ।
बेठे रहे घड़ी इक तांही, थाली लावण गए घर मांही। तब चेलै की सासू बोली, पेटां पर मांडी है झोली।
लाज सरम इनके कछु नांही, जांहा तहां आगे ही दरसांही। यूं कहतां थाली ले आऐ, पाकशाल में बाल बठाऐ।
धनोजी कह याहि उठावौ, घर ने जावौ भीड़ चुकावो। कछु भोजन बालां कूं दीजे, मेरो मन तो जबही पतीजै।
तब पिछली खुरचण ले आए, सत विसन कर भोग लगाऐ। कुलचंदजी कर पकड़ियो जबही, चेलोजी बोलत भए तबही।
थोड़ो सो जीमणे क्युं न देवो, आज बालां नहीं कियो कलेवो। फेर सतांवां तुम कूं नांही, काढो क्यूं अपणै जिज्ञ मांही।
कर जोड़े धनोजी रहेऐ, जंभ गरू अब साचे भऐ। तुमरै सहनसीलता भारी, हम तो भए बहुत अपकारी।
कृपा करो अब पाप निवारो, हम से पतितन कूं तुम तारो। चेलोजी बोलत अस भएऊ, हम तो तुमरे बालक रहेऊ।
तुम मायत एह सब गुर भाई, तुम जिम्या हम सदा भलाई। भीड़ भाड़ में हम दुख दीन्हौ, तोहू तुम कछु क्रोध न कीन्हो।
ता पर फेर दोस कहा लावौ, हाथ जोड़ कर कहा छिमावो। धनों बिछू बोलत भएऊ, हम तो सरण तुम्हारी रहेऊ।
तुम तो हो जंभगुर की देहा, हम से गुन्हा बकसद्यो एहा। तुमरो हम अपमान ही कियो, असे जग में अन नहीं दियो।
पारख में खोयो परलोका, अंत लियो कीन्हों सब थोका। जो संतन कुं दुख देवै, तोहू उलट करै उपकार।
चेलै जो जिग्य ससुर के, रीस न करी लिगार। ऐसी छिमां जास उर होई, सहजे ब्रह्म समावै सोई।
असे असे भये विसनोई, जाके दर्शन सूं गति होई। दर्शन कियां पाप झर जावै, विनही करणी मुक्त समावै।
च्यार च्यार लाख जीव तिन लारै, सुरग पहूंते कलिजुग वारै।

05. मुराद को सदमार्ग पर लाना:- स्वामी ब्रह्मानंदजी कृत इतिहास प्रदीप के अनुसार "विसनोई मंदिर कांट के संस्थापक विसनोई संत गंगारामजी महाराज मूलतः मारवाड़ के निवासी थे और विक्रम संवत 1805 को संत मंडली के साथ भ्रमण करते हुए बिजनोर जिले के महमूदपुर गांव उत्तर प्रदेश आए थे। और इस ग्राम के दक्षिण को लगभग आधा मील की दूरी पर जंगल में कुटिया बनाकर रहने लगे और बहुत कुछ समय तक वहीं रहे और विसनोई धर्म का प्रचार करते रहे। फिर वहां से नगीने में आये और अपनी मंडली सहित बहुत कुछ समय तक नगीने रहे। उस समय नगीने में मुरादनामी व्यक्ति सम्पदाशाली था, उसके प्रताप के सामने सारे नगर के लोग अवनत थे। वह अभिमान का पुंज था और बहुत सी बातों में विसनोई धर्म के विपरीत उसका आचरण था। इस समय विसनोई संत हरिकृष्णदास जी जो कि विसनोई धर्म के सुदृढ़ अनुयायी और प्रचारक थे, सदुपदेश का नाद करते हुए नगीना आये और उन्होंने भी मुराद को धर्मतत्व का भेद समझाया परन्तु वो नहीं समझा। उन्होंने संतों के साथ हाथापाई की। संत मंडली ने भी इसका प्रत्युत्तर दिया। इस धर्म युद्ध में कई एक साधु आहत (जख्मी) हुए और उधर से भी कई एक मुराद के साथी विसनोई लोग भी सख्त जख्मी हुए। उसके बाद सन्तजनों ने विसनोई लोगों से स्पष्ट कह दिया कि अब जिस किसी का आचरण विसनोई धर्म की मर्यादा के विपरीत देखेंगे अवश्य ताड़ना करेंगे। और इस धर्म काम में देहार्पण को हम स्वर्गलोक की प्राप्ति का मुख्य कर्म समझते हैं। फिर इस विषय में पंचायत क्रम से सर्व सम्मति यह विचार स्थिर हुआ कि साधु लोग हमारे धर्म पथप्रदर्शक धर्माचार्य हैं, उनकी शिक्षा हमारे सुधार के लिए अति उपयोगी अमृत के समान है। अब हम सबको चाहिए कि उनके बताये हुए धर्म मार्ग पर चलें और जो उनकी धर्म शिक्षा के विपरीत आचरण ग्रहण करे उसे बिरादरी उचित दण्ड देवे। फिर मुराद सहित समस्त विसनोई लोग विसनोई मन्दिर में सन्त मण्डली के पास आये और नम्रतापूर्वक साधुओं के सामने अपने किये अज्ञानवश दुश्चेष्टित कर्म का पाश्चाताप करते हुए क्षमा मांगी। तथा विसनोई धर्म की मर्यादा के अनुसार चलने की प्रतिज्ञा की। इस प्रकार कुछ समय तक महात्मा हरिकृष्णदासजी और संत गंगारामजी नगीने में रहते हुए धर्मोपदेश करते रहे। फिर गंगाराम जी तो महमूदपुर गांव में आ गये और कुछ समय तक इसी ग्राम में स्थित रहे और यहां एक कूप बनवाया। उसके बाद कांट में (अनुमानतः वि.सं.1840 के आसपास) अपने मठ की स्थापना की थी।"

06. नगीना में लिपिबद्ध हस्तलिखित प्रतियां

01. परसरामजी:- साध हरकिसनदासजी के शिष्य परसरामजी द्वारा शहर नगीना में संवत 1882 को एक हस्तलिखित प्रति लिपिबद्ध की गई।

02. तुलसीदासजी:- साध मनरूपदासजी के शिष्य साध तुलसीदासजी द्वारा नगीना में संवत 1892 से 1894 के मध्य दो हस्तलिखित प्रतियां लिपिबद्ध की गई।

03. प्राणसुख विसनोई:- नगीना निवासी दिलदार के पुत्र प्राणसुख विसनोई द्वारा संवत 1919 से संवत 1941 के मध्य 6 हस्तलिखित प्रतियां लिपिबद्ध की गई।

04. नरसिंघदासजी:- मोतीरामजी के शिष्य साध नरसिंहदासजी के द्वारा संवत 1937 में दो हस्तलिखित प्रतियां लिपिबद्ध की गई।

05. साहबरामजी:- नगीना बड़ा मंदिर के स्वामी रामानंदजी के शिष्य स्वामी साहबरामजी द्वारा संवत 1957 से 1967 के मध्य दो

हस्तलिखित प्रति गांव नगीना में लिपिबद्ध की गई थी।

07. नगीना साथरी:- हीरालालजी माहेश्वरी कृत शोधग्रंथ के अनुसार "नगीना में दो विसनोई मन्दिर हैं- बड़ा और छोटा। बड़े मन्दिर के बारे में प्रसिद्ध है कि यह सेठ कुलचन्द के जंवाई चेलेजी ने बनवाया था। यहां के छोटे विसनोई मन्दिर के पास एक कुआँ है जो धनोजी व बिच्छूजी का बताया जाता है।" साहबरामजी राहड़ ने जंभसार के 22 वें प्रकरण में सोलह साथरियों की सूची में नगीना साथरी का उल्लेख करते हुए, लिखा है कि गुरू जाम्भोजी ने नंदरामजी को नगीना साथरी का महंत बनाया था:- "नंदराम नगीनें गएऊ, जंभेसुर टीको तेहि दएऊ।" जंभसार में इनकी गणना अष्टधामों की सूची में भी है, वर्णित है कि गुरू जाम्भोजी ने नरसिंघदासजी को नगीना धाम का महंत बनाया था:- "नगीने के नरसिंघदासा, किये महंत गुर ज्ञान प्रकाशा"। नगीना में ज्यादातर वैश्य विसनोई निवासरत है। स्वामी ब्रह्मानंदजी कृत 'इतिहास प्रदीप' में वर्णित है कि "मारवाड़ के छोगाराम भाट से ज्ञात हुआ कि वि.सं. 1704 वैशाख सुदि 15 को टीकाराम नामक गोवल (गोयल) गौत्र के वैश्य विसनोई अपने अनेक साथियों सहित जिले हिसार के सिवानी नामक कस्बे से आकर नगीने में बसे थे। अधिकान्वेषण से ज्ञात हुआ कि कुछेक वे लोग भी थे जो कि वास्तविक नगीने के ही अधिवासी थे। और ये सभी अग्रवाल जाति के वैश्य विसनोई थे।"

08. नगीना में आर्य समाज:- सत्यकेतु विद्यालंकार कृत आर्यसमाज का इतिहास, भाग प्रथम (1882 ई.) में वर्णित है कि "मोहम्मदपुर देवमल के विसनोई लोगों के सहयोग से ही नगीना में आर्यसमाज की स्थापना हुई। पंडित हरिशंकर यहां सत्यार्थ प्रकाश की चर्चा में तत्पर थे, यह ऊपर लिखा जा चुका है। लोग उससे प्रभावित भी हो रहे थे, पर उन्हीं दिनों ब्रह्मानंद नाम के एक साधु नगीना में आए। यह पहले विसनोई सम्प्रदाय के अनुयायी थे, पर स्वामी सहजानन्द सरस्वती के उपदेशों को सुनकर वैदिकधर्मी बन गए थे। नगीना में भी विसनोई लोगों का अच्छी बड़ी संख्या में निवास था। जब साधु ब्रह्मनंद ने भी वहां वैदिक धर्म के मन्तव्यों का प्रतिपादन प्रारम्भ किया, तो नगीना के विसनोई भी उससे प्रभावित हुए बिना नहीं रहे। इसी का यह परिणाम हुआ कि सन 1883 का अंत होने से पुर्व ही नगीना के विसनोई मोहल्ले में आर्यसमाज की स्थापना हो गई। मुंशी छेदीलाल अग्रवाल इस समाज के प्रथम प्रधान नियुक्त हुए और भक्त हरकृष्णदास उपप्रधान। समाज के प्रथम सभासदों में मुंशी नत्थासिंह और मुंशी केवलराम के नाम उल्लेखनीय है। नगीना में आर्यसमाज की स्थापना तो हो गई, पर उसके कारण एक गंभीर समस्या भी उत्पन्न होने लगी। आर्यसमाज द्वारा विसनोई लोगों को यज्ञोपवीत धारण कराया जा रहा था, और आर्य समाजियों ने उनके साथ खानपान भी प्रारम्भ कर दिया था। नगीना के हिन्दुओं में इससे बहुत हलचल मची, और उन्होंने आर्यसमाज का प्रबल रूप से विरोध करना शुरू कर दिया। विसनोई लोगों का यज्ञोपवीत संस्कार जिन पंडित मुकुन्दराम द्वारा कराया जा रहा था, ब्राह्मणों ने उन्हें जातिच्युत कर दिया। अग्रवाल आदि अन्य बिरादरियों में भी जातिबंधु आर्यसमाजियों को जातिच्युत कर देने के निर्णय किये जाने लगे। विसनोई लोगों में भी दो पक्ष हो गए। यज्ञोपवीत धारण कर जो विसनोई आर्यसमाज में सम्मिलित हो गए थे, उनका अन्य विसनोईयों द्वारा प्रबल विरोध किया जाने लगा। आर्य समाज के विरोधी विसनोइयों ने साधु ब्रह्मानंद को भी अपने साथ मिला लिया। और समाज में सम्मिलित हुए अनेक विसनोईयों के यज्ञोपवीत उतरवाकर उनसे प्रायश्चित कराया गया। पर इस सबसे नगीना में आर्यसमाज के कार्य को अधिक क्षति नहीं पहुंची। सन 1883 में वहां आर्यसमाज की स्थापना हो गई थी, वह अब तक विद्यमान है। और उसके तत्वाधान में न केवल अनेक संस्थानों का संचालन हो रहा है अपितु वैदिक धर्म के प्रचार में भी उस द्वारा महत्वपूर्ण कार्य किया जा रहा है।"

09. मनीरामजी विसनोई एडवोकेट कृत 'यादों के झरोखे से' निम्नांकित जानकारी ली गई है:- कस्बा नगीना, जिला बिजनौर का पुराना शहर है। महात्मा साहिबराम जी राहड़ तथा स्वामी ब्रह्मानंदजी के अनुसार गुरु महाराज यहां पधारे थे तथा कई दिनों तक यहा धर्म प्रचार किया था। हजुरी धन्ना तथा बिच्छु का नामोल्लेख हैं जो यहीं के वासी थे। यहां पर दो मन्दिर हैं जिन्हें बड़ा (पुराना या थापनो वाला) मंदिर और दूसरे को नया (या छोटा) मंदिर कहते हैं। बाबू टेकचन्द जी थापन ने वर्ष 1949 ईस्वी में बतलाया था कि जहां गुरु महाराज बिराजे थे, उसी स्थान पर पुराना मन्दिर बना हुआ है जबकि श्री करणसिंहजी थापन बजाज आयु 86 वर्ष तथा स्व. कुंवर कीर्तिसिंह गहलोत सुरजननगर ने बतलाया कि शहर से बाहर (पूर्व की ओर) धामपुर रोड़ पर इमली के वृक्ष के नीचे गुरु जी ठहरे थे तथा वहीं पाहल पिलाया था। यहां विसनोइयों का पृथक मोहल्ला है जिसका पुराना नाम विसनोई सराय है, जिसे अब विसनोई नगर कहते हैं। यहां के थापन एवं अन्य विसनोई हर क्षेत्र में बहुत ऊंचे रहे। जमींदारी उन्मूलन के कारण बहुत से विसनोई अन्य व्यवसाय एवं सर्विस में लग गये और इस नगर को छोड़ गये है। भारतवर्षीय विसनोई महासभा का जन्म यहीं हुआ, प्रथम तथा नवां अधिवेशन भी यहीं हुए थे। केवल बिजनौर जिला में ही ऐसा हुआ है कि कुछ एक विसनोइयों ने मुसलमानी नाम रखे हैं जिसका कारण था कि उन्हें मुसलमानों ने बहुत दबाया बल्कि एक समय तो यह हालात हो गए थे कि विसनोइयों को जड़-मूल से ही खत्म कर दिया होता। इसका कारण था कि एक विसनोई ने एक काजी का वध कर दिया था। अंत में मुसलमानों को शांत करने के लिए विसनोइयों ने अपने मुसलमानी नाम रख लिए परन्तु अंग्रेजों की सत्ता की स्थापना के साथ ही यह प्रथा समाप्त हो गई। हम वहां के पुराने बड़े मंदिर (जिसे थापनों का मंदिर भी कहते हैं) तथा छोटे नए मंदिर भी गए, तब बाबू टेकचंद जी थापन ने बतलाया कि जब गुरु जम्भेश्वर जी महाराज नगीना पधारे थे तब जिस स्थान पर विराजे थे उसी स्थान पर यह पुराना बड़ा (थापनों वाला) मंदिर बना हुआ है। बाबू टेकचंद जी थापन के इस कथन को महात्मा साहिब रामजी राहड़ की रचना 'जम्भसार' के 19वें प्रकरण से भी प्रमाणिकता मिलती है। जिसमें उल्लेखित है, "गुरु जम्भेश्वर जी अपने अंतिम भ्रमण में नगीना आए और तीन मास तक वहां ठहरकर धर्म प्रचार किया। उन्होंने आसन (पड़ाव) लगाया वहां विसनोइयों ने साथरी धाम बनाया।" (वह स्थान ही अब बड़ा, पुराना या थापनों का मंदिर कहलाता है।) थापन

एक संस्था यानी सम्प्रदाय के पुरोहित को कहते हैं। थापन होने के नाते थापन ही वहां हवन आदि धार्मिक कार्यक्रमों में अग्रणी रहा करते थे। अतः यह मंदिर थापनों वाला कहलाने लग गया। स्वामी ब्रह्मानन्द जी काण्ठ ने अपने ग्रंथ "श्री जम्भदेव चरित्र भानु (1901 ई.)" के पृष्ठ 210 पर गुरु महाराज का नगीना में संवत् 1590 में पहुंचना और वहां के अधिवासियों को विसनोई बनाना, चौधरी उदयराज को विसनोई बनाकर वहां का थापन नियुक्त करने का उल्लेख है। स्वामी भागीरथ दास जी, आचार्य गुरु जम्भेश्वर जाजीवाल निकट जोधपुर ने अपने ग्रंथ "श्री विसनोई धर्म संस्थापक (1989)" के पृष्ठ 204 पर गुरु जी के सुझाव पर धन्ना, बिच्छु ने अपनी बहन शांति का विवाह चेला जी के साथ किया जो बड़े संतुष्ट व्यक्ति थे। केवल अपनी आजीविका के लिए ही कमाई करते थे। (नोटः- कहते हैं कि चेलाजी प्रतिदिन गंगा जी में स्नान करके आया करते थे। गुरु देव ने उसके घर के निकट एक कुआं खुदवाकर उसमें गंगा का जल पहुंचाया ताकि चेलाजी को प्रतिदिन गंगा स्नान करने हेतु सफर न करना पड़े।) कुछ गोयल गोत्र के तथा थापन जो ब्राह्मण थे वे नगीना चले गए। मास्टर राजपाल सिंह जी बिश्नोई (नगीना) कहते हैं कि उनके पूर्वज श्री मेहताबरराय जी गोयल बिश्नोई सम्वत् 1740-50 वि. में राजस्थान से आकर नगीना में स्थापित हुए। थापन भी उनके साथ आए थे। स्वामी ब्रह्मानन्द जी काण्ठ ने अपने 'इतिहास प्रदीप' (पाण्डुलिपि) में लिखा है "राजपुताने के छोगाराम भाट से ज्ञात हुआ कि सम्वत् 1704 विक्रमी शुक्ल 5 को टीकाराम नाम वैश्य बिश्नोई धर्मानुयायी अनेकों के साथ जिले हिसार के सिवानी नामक कस्बे से आकर नगीना में बसे, उसका गोयल गोत्र था, अधिकान्वेषण से ज्ञात हुआ कि कुछ एक वे लोग जो वास्तविक नगीना के निवासी थे विसनोई धर्म के अनुयायी हुए और वे सब अग्रवाल गोत्री (जाति से) थे।" दिनांक 29.9.1949 को नगीना में वहां के नवयुवकों आर्य भूषण थापन, प्रेमचंद्र थापन, मास्टर हजारी लाल ने बतलाया था कि एक बार नवाब का वजीर हाथी पर सवार होकर विसनोई सराय में आया जिस पर विसनोइयों ने उसे मार दिया। जब इस घटना की सत्यता जानने हेतु बाबू टेकचंद जी थापन से मैंने पूछा तो उन्होंने कहा कि यह नहीं हुआ था बल्कि तत्कालीन काजी को मार दिया गया था जिस पर नवाब ने आदेश दिया कि सभी विसनोइयों को फांसी चढ़ा दिया जाए। इस नवाब की बेगम नगीना की थी। अतः विसनोई जन उसके पास गए। बेगम ने कहा कि तुम मुसलमान धर्म कबूल कर लो तो मैं तुम सबको बचा दूंगी। विसनोइयों ने कहा कि हम मुसलमान बन जाएंगे परन्तु रोटी-बेटी का संबंध हम आपस में ही रखेंगे, अन्य किसी मुसलमान से नहीं रखेंगे। बेगम ने शर्त मंजूर कर ली। उसके बाद ही यहां के विसनोइयों के नाम मुसलमानी रखे जाने लगे। अंग्रेजों के शासन काल आने पर यह रिवाज बंद कर दिया गया।" लोधीपुर होते हुए गुरुदेव यहां पर भी पधारे थे। जिस स्थान पर गुरुदेव बैठते थे वहां पर एक मंदिर बना हुआ है जिसे बड़ा मंदिर कहते हैं। यहां पर विसनोई समाज की आबादी उत्तरप्रदेश के किसी अन्य स्थान की अपेक्षा सबसे अधिक है और सबके सब एक मोहल्ले में रहते हैं जिसे विसनोई सराय कहते हैं।" प्राचीन मंदिर व उसके निकटवर्ती पिलखन का वृक्ष देखकर हमने शहर के पूर्व में धामपुर रोड पर इमली के पेड़ के निकट वाली कब्र देखी तथा दूर स्थित कब्र को देखा। इमली के पेड़ के निकट वाली पुरानी कब्र समाप्त कर दी गई है तथा नया रूप दे दिया गया है जिससे वह कब्र नहीं लगती। भगत धन्ना, बिच्छु के मकान, भगत चेलाजी का मकान और उसके निकट वाला कुआं समाप्त करके उस स्थान पर दुकान बना दी गई है।"

30

छान नाडी

01. परिचय:- छान नाडी रामड़ावास से लगभग दो कि.मी. दक्षिण-पूर्व में एक बड़ा तालाब है, जिसे 'सुरजनजी का तालाब' या 'छान नाडी' कहते हैं। कहते हैं कि इस तालाब का निर्माण प्रसिद्ध कवि सुरजनजी पूनिया ने करवाया था और वे स्वयं भी इस तालाब की पाल पर छान (छप्पर) बनाकर रहते थे। इस कारण इसका नाम 'छान नाडी' पड़ा।

02. जसवंतसिंह को परचा देना:- साहबरामजी राहड़ कृत जंभसार के तेइसवें प्रकरण में वर्णित है कि सुजोजी, जिनका नाम सुरजनजी भी था, एक सिद्ध योगी, विद्वान कवि, पंडित और सुरज्ञानी संत थे। केसोजी गोदारा और सुरजनजी पुनियां, ये दोनों संत गुरु जाम्भोजी के अत्यंत प्रिय और विश्वसनीय अनुयायी माने जाते थे। उस समय समाज में विसनोई धर्म के प्रति शिथिलता आने लगी थी। लोग नियमों से विचलित हो रहे थे। यह स्थिति देखकर सुरजनजी पुनियां ने गंभीर चिंतन किया कि धर्म को स्थायी रूप से स्थापित करने के लिए राजकीय समर्थन आवश्यक है। इसी विचार से प्रेरित होकर उन्होंने जोधपुर के शासक महाराजा जसवंतसिंह से मिलने का निश्चय किया। सुरजनजी लगभग पैंसठ संतों की मंडली के साथ जोधपुर पहुँचे। वे लोहापोल के निकट उतरे और वहीं रथ छोड़कर तंबू स्थापित किया। संध्याकाल में संतों ने भक्ति-भाव से आरती और सबद गाए। झांझ और मंजीरों की ध्वनि से मधुर भजन गाए। फिर ध्यानमग्न साधना करके सो गए। इनकी ध्वनि रात्रि के सवा प्रहर तक गूंजती रही। पूरा वातावरण आध्यात्मिक ऊर्जा से भर गया। प्रातःकाल से पहले ही सभी संत सुरसागर जाकर स्नान कर आए और पुनः साखी एवं सबदों का गान प्रारंभ किया। इतनी प्रातःकालीन भक्ति-ध्वनि सुनकर महाराजा जसवंतसिंह के मन में जिज्ञासा उत्पन्न हुई कि इतनी सुबह यह भजन कौन कर रहा है? जब उन्होंने जानकारी ली तो चारण आवड़दान ने बताया कि विसनोई साधुओं का एक दल आया है। राजा ने उनसे मिलने का निर्णय लिया और भेंटस्वरूप फूल, पताशा और एक अशर्फी सहित थाल लेकर स्वयं संतों के पास पहुँचे। राजा के साथ आए चारण ने व्यंग्यपूर्ण प्रश्न किया। तब सुरजनजी पुनिया ने अपने ज्ञान और काव्यशक्ति से सात कवित्तों के माध्यम से उत्तर दिया। इससे उनकी विद्वत्ता और संतत्व का प्रभाव सभा पर स्पष्ट हो गया। वहां उपस्थित हाकिम दुर्गादास ने कहा कि महाराज को परचा दीजिए, मारवाड़ में वर्षा कराइए, तभी राजा विश्वास करेंगे। यह चुनौती स्वीकार करते हुए सुरजनजी ने हाथ जोड़कर प्रार्थना की और एक कवित्त के माध्यम से ईश्वर की स्तुति की।सुरजनजी की प्रार्थना से इंद्र प्रसन्न हुए और अद्भुत दृश्य उपस्थित हुआ, आकाश में घनघोर बादल छा गए। बिजली चमकने लगी। दोपहर में अंधकार छा गया। काजल समान बादलों ने आकाश ढक लिया। इसके बाद सात दिनों तक लगातार वर्षा हुई। तालाब, सरोवर और नदियाँ भर गईं। खेतों में जल भर गया। सूखा समाप्त हो गया। इस प्रकार अकाल दूर हुआ और प्रजा का कष्ट मिट गया। यह घटना इस विश्वास को दृढ़ करती है कि संत की प्रार्थना पर गुरु जाम्भोजी तत्काल कृपा करते हैं। इस अद्भुत चमत्कार से प्रभावित होकर महाराजा जसवंतसिंह अत्यंत प्रसन्न हुए और उन्होंने सुरजनजी से कहा कि आप मुझसे जो चाहें मांग लो। सुरजनजी ने धन या सम्मान स्वीकार नहीं किया। उन्होंने जो माँगा, वह विसनोई धर्म के मूल सिद्धांतों की रक्षा से संबंधित था। उन्होंने राजा से निम्नलिखित बिंदुओं पर लिखित परवाना माँगा- विसनोई अपनी उपज का पांचवां हिस्सा राज्य को देंगे। विसनोई गांवों में जीव हत्या पूर्णतः निषिद्ध होगी। हरे वृक्षों को काटना वर्जित होगा। यदि कोई विसनोई वृक्ष बचाने हेतु पापी का सिर भी काट दे, तो वह अपराध नहीं माना जाएगा। डाण (कर) और चराई कर से विसनोई मुक्त रहेंगे। राज्य विसनोई धर्म के साथ सद्व्यवहार करेगा। दुर्गादास हाकिम की उपस्थिति में यह परवाना तत्काल स्वीकृत किया गया। राजा ने यह भी घोषित किया कि यदि कोई जीव हत्या करेगा या हरा वृक्ष काटेगा, चाहे वह किसी भी वर्ण या जाति का हो, तो विसनोई उसे दंडित कर सकते हैं, उसका सिर काट सकते है। और राज्य इसे अपराध नहीं मानेगा, बल्कि अपराधी को ही दोषी ठहराएगा। यह आदेश विसनोई धर्म के संरक्षण का एक ऐतिहासिक दस्तावेज सिद्ध हुआ। राजा ने संतों को सोलह सिरोपाव देकर सम्मानित किया। साथ ही धन देने का भी प्रयास किया, किंतु सुरजनजी ने इसे मर्यादा के विरुद्ध मानकर अस्वीकार कर दिया। यह संतों के त्याग और उच्च आदर्श का प्रमाण है। राजा के विदा होने के पश्चात सुरजनजी अपनी संत मंडली के साथ गुड़ा गाँव जाकर ठहर गए। इस प्रकार धर्म को राजकीय संरक्षण प्राप्त हुआ। समाज में अनुशासन स्थापित हुआ। और विसनोई धर्म को स्थायित्व मिला:-

संतन में जिन परचा दया, ताके गुण पुनि बाकी रहया। सूजैजी सुरजनजी नांम, जोगी कवि पंडत सुर ज्ञान।

केशोजी सुरजनजी दोउ जन, जंभ गुरु के मांनहू ऐहि मंन। सुरजनजी प्रचाले भए, जसवंतसिंघ राज पै गये।
जसवंतसिंघ जोधाणै रहहे, विसनु धरम विचलतो जहहे। तब सुरजनजी मनां बिचारा, राज गया रह धरम हमारा।
अस मन जांन जोधपुर गए, पैंसठ साध संग तेहि रहे। लोहापोल पे उतरे जाई, छोडियौ रथ दियो तम्बू तणाई।
संध्या शब्द आरती गाई, सो धुन सकल लोक सुण पाई। झांझ मजीरा का झणकारा, सवा पहर रजनी विसतारा।
गाय बजाय ध्यान पुन कीन्हां, सोऐ सकल संत रंग भीना। ऐहि विधि रजनी सकल सिरानी, अरुण सखा धुन जागेउ ज्ञानी।
सुरसागर न्हाय न्हाय सब आये, साखी शब्द पाठ धुन लाए। जिनांने राजा सुने, मन में कियो विचार।
भजन करै बड़ भोर सैं, लगै नाव ततकार। प्रात काल पूछत अस भएऊ, लोहापोल संत कौ रहेऊ।
आवड़दान चारण इंम बोला, विसनोई साधां रा टोला। को जांने काहा कारन आऐ, तब राजा ऐसे बतलाऐ।
भेठ संजोय मिलन कूं चालो, चारण कूं जाण्यौ नृप कालो। मुक्ती राजा लियो न्हालो, चारण को मुख होय गयो कालो।
गह्यौ धर्म अधर्म कियो दूरा, संत भक्त राजा पन पूरा। अस कहि भेठ संजोवत भएऊ, फूल पताशा थाल भर लएऊ।
ऊपर एक अशरफी धरेऊ, संतनि कौ जाय सरने परेऊ। बैठत ही चारण अस बोला, खेती फली के रही अडोला।
तब सुरजनजी असै कहेंऊ, यहे हरांनी हरकत भएऊ। साध भऐ तुम भये हरांना, ऐसे बाहरट फिर बतलानां।
तब सुरजनजी बोलत भएऊ, चारण कूं उत्तर अस दएऊ। (एक बडो हैरान........(8 कवित्त).........बुठो अमर।)
दुर्गदास ऐसे कहै, परचो दयो महाराज। मारू धरा मेह कीजिये, जब मानैं तब राज।
सुरजनजी ठाढ़े भये, अरज करी कर जोड़। कवित्त एक कहते भए, घटा मंडी उन ओड़।
(गुड़े बंब निसाण....(1 कवित्त).....मेह कीजै) एहि विधि अस्तूती करी, हाथ जोड़ महाराज।
सुण राजा प्रसन्न भयो, सबके सुधरे काज। जब सुरजनजी विनती करी, इन्द्र प्रसन्न भये ताहि घरी।
जैसलमेर ही घंन प्रकाशा, घन घमंड दामनि विलाशा। चपला चमकत बरखत बारी, मध्य दिवस भई रात अंधियारी।
गिगन मध्य बद्दर बहु छाये, मनु कज्जर के परवत आये। सो जोजन वर्षही इक सारा, धूजहि धरती शब्द गुंजारा।
सात दिवस इकल वर्षाये, मानहूं मेघ मघा झर लाऐ। विवर तलाब भरे बहु भारी, जहां तहां ते नदिया संचारी।
खेत कियार भरत भऐ कैसे, सिमट सिमट भर सरवर जैसे। एहि विधि बिरखा भएऊ अपारा, गयो काल भयो जैजैकारा।
सब प्रजा की पीड़ा गएऊ, अंजन कर पृथ्वी सब छएऊ। नाना विधि सिसि लगी अपारा, दुख भऐ दूर सुख विसतारा।
यू संतन के कारज सारे, जंभदेव वृखा विस्तारे। जेहि जे संत बांनी औचरहे, सोई गुरु जंभ पलक में करहे।
एहि विधि काल कियो पैमाला, सब जन के दुख सुरजन टाला। राजा प्रसन्न भए तेहि बारा, ताही समय नृप वचन उचारा।
कृपा करो कछु मोपै लेवो, अपने जन कूं आदर देवौ। तबही महंतश्री बोलत भएऊ, जो इच्छ्या अपणे मन भएऊ।
धर्म धार परवाना कीजे, अपने हाथ दस्तखत लिख दीजै। त बस्या ही विसनोई रहहे, हैंसो पांचऊं राज में दहहे।
विसनोईयां की कांकड़ होवे, जीव हतन दृष्टी नहीं जोवे। लीलो रूंख कदे नहीं काटे, सिर लेवा रूंखा के साटै।
तोही आप खून बकसावौ, औ परवानो फिर करावौ। तीन कलमें प्रवांनौ कीजै, श्री आप दस्तखत लिख दीजै।
डाण रु चराई ए कदे न देवै, विसनु धरम प्रीत कर सेवे। दुर्गदासजी हाकम बोले, संता की सांसें सब खोले।
ताहि समय परवानां करिया, पापी जीव सकल तब डरिया। सोला सिरोपाव मंगवाऐ, नृप अपने हाथां पहराऐ।
मारै जीव जांड जो काटहि, कहां छत्री कहां ब्राहमण जाटहि। वर्ण च्यार अरू पूंण छतीसा, काटत हरै विसनोई सीसा।
तेहू राज खुन नहीं लेवे, उलट डंड इंनही कूं देवे। यामै फेर सार नहीं जांनो, यों राजा दियो परवांनौ।
और दरब देने मन कियो, वेद मरजाद जान नहीं लियौ। हाथ जोड़ राजा गए, चलत भए जब साध।
गुड़े जाय डेरो कियो, मिट गई सकल उपाध।

03. हाकिम दुर्गादास को परचा:- साहबरामजी राहड़ कृत जंभसार के तेइसवें प्रकरण में वर्णित है कि महाराजा जसवंतसिंह से धर्म-संरक्षण का परवाना प्राप्त करने के पश्चात सुरजनजी पुनियां जब जोधपुर से लौटे, तो उनका पहला पड़ाव गुड़ा गांव रहा। यह समाचार सुनते ही गुड़ा गांव के विसनोई बड़ी संख्या में उनके स्वागत हेतु एकत्रित हुए। उनका स्वागत सामान्य नहीं, बल्कि अत्यंत श्रद्धामय और भक्तिभाव से परिपूर्ण था। गांव के सेवकों ने पग मंडाकर उनका अभिनंदन किया। हाथ जोड़कर उनकी परिक्रमा की। उन्हें साक्षात गुरु जाम्भोजी का स्वरूप मानकर पूजा-अर्चना की। उनके प्रति श्रद्धा इतनी गहरी थी कि लोग उन्हें केवल संत नहीं, बल्कि गुरू के जीवंत प्रतिनिधी के रूप में देख रहे थे। गुड़ा गांव में सुरजनजी और उनकी संत मंडली के लिए विविध प्रकार के भोजन बनाए गए। संतों को अत्यंत प्रेम और सम्मान के साथ भोजन कराया गया। विदाई के समय अनेक प्रकार की भेंट अर्पित की गई। सुरजनजी का प्रभाव केवल उनके व्यक्तित्व तक सीमित नहीं था, बल्कि उनके दर्शन और उपदेश से समाज में व्यापक परिवर्तन आता था। जहां-जहां वे जाते, वहां आनंद और आध्यात्मिक वातावरण बन जाता। धर्म से विमुख लोग पुनः धर्ममार्ग पर लौट आते। उनके दर्शन मात्र से लोगों के भवबंधन कट जाते। भ्रमण करते हुए एक दिन सुरजनजी रामड़ावास पहुंचे। गांव के निवासियों ने अत्यंत हर्ष और उत्साह से उनका स्वागत किया। वे सामने जाकर गांव में लाए और उनके लिए तंबु

स्थापिया किया। यहां भी वही दृश्य दोहराया गया, विभिन्न प्रकार के भोजन तैयार हुए। संतों को आदरपूर्वक भोजन कराया गया। लोग दूर-दूर से उनके दर्शन हेतु आने लगे। रामड़ावास शीघ्र ही एक आध्यात्मिक केन्द्र बन गया। रामड़ावास में निवास के दौरान सुरजनजी की दिनचर्या अत्यंत नियमित, संतुलित और साधनापूर्ण थी। वे सवा पहर तड़के (लगभग ब्रह्ममुहूर्त में) जागते थे। स्नान करके तत्पश्चात सबदों का पाठ करते। यह समय पूर्णतः ध्यान और आत्मशुद्धि का होता था। सूर्योदय के समय सूर्य के दर्शन करके अग्नि मंगवाकर हवन (होम) करते थे। विधिपूर्वक पूजा संपन्न करते। यह क्रिया विसनोई धर्म की परंपरा को दर्शाती है। इसके पश्चात साखी और सबदों का गायन होता। मंजीरों की मधुर ध्वनि वातावरण को पवित्र कर देती थी। वे प्रतिदिन दोपहर बारह बजे कथा आरंभ करते थे, बड़ी संख्या में लोग एकत्रित होकर कथा सुनते थे। चार बजे तक कथा चलती थी। कथा के पश्चात लोग संध्या और तर्पण करते थे। सुरजनजी आरती गाते और इसके बाद साखी और हरजस का नियमित गायन होता था। रात्रि के सवा पहर तक भक्ति-गायन चलता रहता था। सुरजनजी योग और ध्यान में भी लीन होते थे, वे उन्मुन मुद्रा में स्थित होकर गहन आध्यात्मिक अवस्था (अगम घर) का अनुभव करते थे। सुरजनजी ने रामड़ावास में चातुर्मास (चौमासा) व्यतीत किया। इस दौरान एक विशेष बात उल्लेखनीय है कि उनके रथ के बैल खुले विचरते थे। किसी को कोई हानि नहीं पहुंचाते थे। स्वयं ही चरकर डेरे पर लौट आया करते थे। यह उनके प्रभाव और अनुशासन का प्रतीक माना जाता है। इसी समय कापरड़ा गांव में एक विशाल मेला लगा, जिसमें दूर-दूर के प्रदेशों से लोग आते थे। सुरजनजी ने अपने बैलों को एक साधु के साथ मेले में भेजा। मेले में उपस्थित हाकिम दुर्गादास ने बैलों को अपने पास रखने की इच्छा व्यक्त की। उन्होने साधु को दाम लेकर लौट जाने को कहा। तभी एक बारहट (चारण) ने हाकिम को यह कहकर भ्रमित किया कि सुरजनजी कपट सिद्धि वाले है। इससे प्रभावित होकर हाकिम ने बैल रोक लिए और सुरजनजी को बुलाने का आदेश दिया। जब यह समाचार रामड़ावास पहुँचा, तो सुरजनजी ने विलंब नहीं किया, तुरंत तांगा मंगवाया और स्वयं कापरड़ा के लिए प्रस्थान किया। जैसे ही वे वहां पहुंचे, हाकिम दुर्गादास ने उन्हें पहचान लिया। हाकिम ने हाथ जोड़कर स्वागत किया। उन्हें अपनी गद्दी पर बैठाया। तभी वहां उपस्थित एक चारण ने प्रश्न किया कि जब आत्मा शरीर छोड़ती है तो वह किस पर सवार होकर जाती है? यह एक गूढ़ आध्यात्मिक प्रश्न था। सुरजनजी ने कवित्त और दोहों के माध्यम से अत्यंत गहन और दार्शनिक उत्तर दिया। उनके उत्तर से दुर्गादास अत्यंत प्रभावित हुआ। इस ज्ञान और संतत्व के प्रभाव को ही "परचा" कहा गया है। दुर्गादास की शंका दूर हो गई। उसने बैल वापस कर दिए। सुरजनजी अपने डेरे लौट आए। इस प्रकार बिना किसी विवाद के समाधान हो गया। सुरजनजी पुनियां केवल संत ही नहीं, बल्कि उच्चकोटि के साहित्यकार भी थे। उन्होंने अनेक कवित्त, विविध छंद, गहन अर्थपूर्ण साखियां, हरजस और कथाओं की रचना की। उनकी वाणी शास्त्रसम्मत, अनुभवजन्य और निःसंदेह सत्य पर आधारित थी:-

हाथ जोड़ राजा गए, चलत भए जब साध। गुड़े जाय डेरो कियो, मिट गई सकल उपाध।
गुड़ै गांव के सेवग आऐ, पग मंडाकर संत बधाऐ। हाव भाव कर पूजत भएऊ, हाथ जोड़ परकम्यां दएऊ।
बड़ै भाव सै निवंता दीना, नाना भोजन भए नवीना। विद्‌या भेठ बहुत विधि करी, ऐसे जाने जैसे हरी।
यूं रमणी सारै कर आए, उजड़े धर्म सो फेर बताए। जहां जाय तहा महा अनन्दा, दर्शन कियां कटे भव फंदा।
इन्द्री जीत इडग मन साधू, ज्ञान ध्यान कर परम अगाधू। सूरजनजी का दर्शन करिहे, गौपद इव भवसागर तरिहे।
एहि विधि रमणी करत पधारे, इक दिन रामड़ास पग धारे। रामड़ास सेवग सुचियारा, देख संत मन बहुत सुखारा।
सनमुख आय ले गये गामै, तम्बू रोप दियो हैं तामे। नाना भांत होत जिवनारा, भाव भुक्त तेहिं बहु प्रकारा।
सुरजनजी को दर्शन करहीं, पतित जीव भव सागर तरहीं। उनकी वृती कहू बखानी, जाकूं सुनत तरत हैं प्रानीं।
सवा पहर के तड़के जागै, नहाय पाठ करणै कूं लागै। जब पीलो बादल हुय परहे, संध्या ध्यान सकल जन करहे।
रवि दर्शन कर अग्न मंगावै, होम करै पूजा पधरावै। साखी शब्द धुन बहु प्रकारा, मंजीरा लगहे झणकारा।
बारै बजे कथा नित करही, सकल लोक सुनही सुख भरही। च्यार बजे जब होत समापन, संध्या तृपण करत सकल जन।
फिर आरती गावन बैठही, विसनु मूरत हिरदै पैठही। साखी हरीजस कर नित नेमा, सवा पहर रजनी तक प्रेमां।
जोग ध्यान सुरजनजी करही, उंनमुंन होय अगम घर चरही। रामड़ास चोमासो करेऊ, रथ के बैल खुले सिसि चरेऊ।
कोई लोक दुख नहीं पावे, खुल्ले चर चर डेरे आवे। ताहिं समै कापरड़े मेलो, चार मुलक होवे जित भेलो।
सुरजनजी हु बैलिया भेज्या, कह्यौ साध कूं मेलै लेज्या। तबही मेलै लेकर गएऊ, दुर्गदासजी बोलत भएऊ।
साधां बैलिया मोहि दरावौ, दांम लेवौ अपणै घर जावौ। अस कहि बैलिया लिया मंगाई, बारट हाकिम दियो भरमाई।
सुरजनजी के अणभै नांही, प्रथम कहै अरु फेर कहाहीं। ताते इह अणभै मति मांनौ, कपट सिधी याकी तुम जानौ।
यह सुण कह्यौ साध जा भाई, अपनै गुरु कूं भेजौ भाई। सुण कर साध चालते भएऊ, रामड़ास महेंतन पै गएऊ।
साधू गुर से यूं बतलाई, बैल आपणा लिया छिनाई। जहहु तो संकहू तब पाई, खुशी होय सो करो गुंसाई।
अस सुन तांगों तुरंत मंगायो, बैठ मेहंत कापरड़े आयो। चबुतरै जाय खोलत भएऊ, जो निजरे हाकम होय गएऊ।
हाथ जोड़ सनमुख उठ ध्याऐ, गादी पर गुरु कूं बैठाए। कह चारण सुरजन सुणौ, पूछां ऐक विचार।
देह छोड़ हंसा चलत, वै क्या पर होय अवसार। (.................कवित व दोहा................)

ज्ञान सुण्यौ प्रसन्न भए, दुरगदास सुन ज्ञान। कछु अस्तूती करत है, जोरत जांन जुग पांन।
(.......................कवित्त..............) यू हांकम प्रचावियो, सुरजनजी महाराज।
बैल ले डेरे गये, सुधरे सबही काज। कवित छन्द साखी बहु भाखी, काहू की संका नही राखी।
निसंक साख सुरजन की कहिये, शास्त्र से अविरोधी लहिये। बहुत काल लग कर उपदेशा, जोग ध्यान कर मिले अमरेसा।

04. सुरजनजी पुनियां (वि.सं.1640-1748):- सुरजनजी पुनियां भीयांसर गांव के निवासी थे। ये वील्होजी के शिष्य बने थे। वील्होजी के सात शिष्यों में सर्वाधिक प्रसिद्ध सुरजनजी पुनियां और केसोजी गोदारा हुए है। विक्रम संवत् 1673 में वील्होजी ने अपने स्वर्गवास के समय इनको अपना उत्तराधिकारी और रामड़ावास का महन्त बनाया था। इससे उनके प्रभाव, महत्त्व और वैचारिक प्रोढता का पता चलता है। वील्होजी के स्वर्गवास पर कहे गए मरसियों से इनकी भाषा परिपक्वता का प्रमाण मिलता है। इस समय इनकी आयु अनुमानतः 30-33 साल की मानने से जन्म विक्रम संवत् 1640 के लगभग ठहरता है। इनका स्वर्गवास विक्रम संवत् 1748 में जाम्भोलाव में हुआ था। परमानंदजी बैनिवाल कृत हस्तलिखित ग्रंथ में वर्णित है कि 'समत 1748 झांभोलाव सुरेजंनजी चलांणौ कियो'। वहां से इनके शव को भीयांसर लाकर पूनियों के गवाड़ में समाधिस्थ किया गया था। प्रसिद्ध है कि समाधि स्थान पर लाल पत्थर का एक चबुतरा भी बनाया गया था जो कालांतर में रेत में गड़ गया था। वर्तमान में उनके स्थान पर नवीन स्मारक बनाया हुआ है।परमानंदजी बैनिवाल के अनुसार ये थापन थे। उन्होंने अपने ग्रंथ में जहां सुरजनजी के कवित्त सम्पुर्ण हुए वहां लिखा है:- 'एति थापन सुरजनजी का कह्या कवत परमोध रूपी समपुरण समापिता'। सुरजनजी पुनियां को 'थापन' पदवी विल्होजी द्वारा प्रदान की गई थी। जिसका जिक्र साहबरामजी राहड़ ने जंभसार के 23वें प्रकरण में किया है। सुरजनजी रामड़ावास में न रह कर उससे एक कोस दूर दक्षिण पूर्व में स्थित एक नाडी (तालाब) पर ही प्रायः रहते थे। यहां इन्होंने अपने लिए एक छोटी सी छान (झोपड़ी) बनायी थी। तब से लोग इस तालाब को 'छान नाडी' या 'सुरजन नाडी' कहने लगे। अब भी यह इन्हीं नामों से प्रसिद्ध है। ये प्रदर्शन और आत्मप्रशंसा से दूर वीतरागी महात्मा थे। यही कारण था कि इन्होंने किसी को भी अपने शिष्य रूप में स्वीकार नहीं किया, फलतः इनकी शिष्य परम्परा नहीं चली। हिंडोलणो और भक्तमाल में इनका नामोल्लेख है। साहबरामजी राहड़ ने सुरजनजी के गुणों का वर्णन करते हुए जंभसार के 23वें प्रकरण में लिखा है:- 'वे योगी, कवि, शास्त्रज्ञ पंडित, ज्ञानी, भक्त, संगीत विद्या के जानकार, निशंक और निर्भीक व्यक्ति थे। उनको और केसोजी को जाम्भोजी का मन मानना चाहिए। शास्त्र से अविरोधि 'निशंक साख' सुरजनजी की ही थी, तथा धर्म नियम पालन में वे बड़े दृढ थे। योग ध्यान से वे उनमुन होकर 'अगम घर' में विचरण करते थे। अपने गुरु वील्होजी के प्रति तो सुरजनजी की असीम श्रद्वा भावना थी। उनके वैकुण्ठवास पर कहे गए मरसियों में सुरजनजी का हृदय चित्कार करता सुनाई पड़ता है।

31

ऋषिकेश

01. परिचयः- ऋषिकेश नगर उत्तराखंड राज्य के देहरादून ज़िले में स्थित है। यह गंगा नदी के दाहिने किनारे पर स्थित है और हिन्दुओं का पवित्र तीर्थस्थल है।

02. विसनोई बाड़ा ऋषिकेशः- स्वामी ब्रह्मनंदजी कृत इतिहास प्रदीप के अनुसार "रिषिकेश में विसनोई बाड़े की स्थापना 25 फरवरी सन् 1875 में महात्मा बुधरामजी ने की थी। कांट रियासत के शासक चौधरी शेरसिंहजी नैण की पत्नी रामों कुंवर ने रिषिकेश के विसनोई बाड़े में विसनोई मंदिर का निर्माण कराया था। कांट रियासत के शासक चौधरी ध्यानसिंहजी नैण के निधन के पश्चात उनकी पत्नी जमुना कुंवर ने विक्रम संवत् 1967 में रिषिकेश के विसनोई बाड़े में एक मकान बनवाया था।" स्वामी ब्रह्मनंदजी कृत इतिहास प्रदीप के अनुसार "एक टीकाराम नामक व्यक्ति रैनी ग्राम निवासी था, जो कि ऋषिकेश के महन्त शुकदेवदास जी का चेला हो गया था। फिर वह गुरुद्वारा से पृथक किये जाने पर भेष उतारकर गृहस्थ हो गया था। जो अब तक उक्त रैनी ग्राम में रहता है।"

03. हस्तलिखित सामग्री की प्राप्तिः- लेखक ने इन सभी हस्तलिखित ग्रंथों से सम्पूर्ण विसनोई साहित्य को संकलित करके, कवि कालक्रमानुसार व्यवस्थित करके तीन भागों में प्रकाशित कराया है। हीरालालजी माहेश्वरी को लगभग सन् 1960-70 के मध्य रिषिकेष से निम्न हस्तलिखित सामग्री प्राप्त हुई थीः-

01. ग्रंथांक-132:- यह 182 पृष्ठों का एक गुटका है। जो कि वि.सं. 1912 आषाढ सुदि 6 वार बुधवार को साधु दिलराम द्वारा ग्राम ब्राह्मणवाला के मध्य (वैष्णव भगवानदास की दुकान के मध्य) लिपिबद्ध है। इसमें सबदवाणी के प्रसंग रहित 120 सबद तथा विष्णु सहस्रनाम रचना है। यह प्रति स्वामी शिवानंदजी महाराज मुक्तिधाम रिषिकेष के पास से प्राप्त हुई थी।

04. मनीरामजी विसनोई एडवोकेट कृत 'यादों के झरोखे से' निम्नांकित जानकारी ली गई हैः- "हरिद्वार में विसनोइयों की पुरानी आबादी नहीं है बल्कि जिले मेरठ, बिजनौर और मुरादाबाद से आकर व्यवसाय या सर्विस के कारण स्थापित हुए हैं। यहां विसनोई सम्प्रदाय के दो स्थान हैं। (1) विसनोई धर्मशाला जो भीमगोड़ा के सामने ऋषिकेश रोड़ पर गंगाजी की तरफ है। ब्रह्मलीन स्वामी ब्रह्मदासजी महाराज मेहराणा टिब्बा (धोरा भूड़) ने अप्रैल, 1956 में मुझे बतलाया था कि यह स्थान उनके गुरुजी की प्रेरणा से चौधरन जयदेवी (पूर्वी रियासत कांठ) ने अपने ननदोइया एवं मैनेजर चौधरी जगतसिंह लोहमरोड़ (खरड़ जिला मुजफ्फरनगर) से स्थापित कराया था जिसका भवन भी चौधरीजी ने ही बनवाया था तथा इसका एक ट्रस्ट कायम किया गया था जिसके 1. चौधरन जयदेवीजी, 2. चौ. जगतसिंहजी, 3. चौधरी हरिराजसिंहजी (बड़े, सोहजनी जिला मुजफ्फरनगर) 4. चौ. रामनारायण जी जैलदार (सीतो गुन्नो, पंजाब) एवं 5. चौ. रामजस जी जैलदार (सूण्डावाला रियासत बहावलपुर) ट्रस्टी थे। चौ. जगतसिंहजी तथा चौधरन जयदेवीजी का निधन तो वर्ष 1951 तक हो गया था परन्तु शेष तीनों ट्रस्टियों ने इस धर्मशाला बारे कभी भी रूचि नहीं ली। परिणाम यह हुआ कि कुछ वर्ष पूर्व बाबा बंसीरीवाला (कांठ के कोठी वाले परिवार से चौधरन जयदेवीजी का भतीजा) ने धर्मशाला भवन बेच दिया। खाली स्थान पर बहुत वर्ष पहले ही बिजली बोर्ड ने ट्रांसफार्मर लगवा दिया तथा नगरपालिका ने गन्दे पानी का नाला निकाल दिया। दूसरा भवन श्री बिश्नोई मन्दिर (जो विसनोई बाड़ा भी कहलाता रहा है) भीमगोड़ा के निकट ही स्थित है। इसके निर्माण में सभी क्षेत्रों के विसनोइयों का धन लगा है परन्तु स्वामी ब्रह्मानन्दजी, महन्त, श्री विसनोई मन्दिर, कांठ की वसीयत दिनांकित 1.12.1926 के अनुसार यह सम्पत्ति मलकीयती कांठ मन्दिर है। इसे बहुत वर्षों तक बाबा बंसीरीवाला ने अपने आपको चेला महन्त हरिहरानन्द जी (कांठ) होना कहकर कब्जे में रखा तथा वर्तमान में स्वामी राजेन्द्रानन्द जी इसका कार्यभार देख रहे हैं। इसमें काफी सुधार किया गया है जिसके लिए विसनोई सभा, हिसार ने अच्छा खासा आर्थिक सहयोग दिया है। हरिद्वार के सुप्रसिद्ध कांगड़ी विश्वविद्यालय के वर्तमान वायस चांसलर आचार्य वेदप्रकाश जी हैं जो सरकड़ा विसनोई, तहसील ठाकुर द्वारा जिला मुरादाबाद के मूलवासी विसनोई है।"

32

पोलास

01. परिचयः- पोलास गांव नागौर जिले की डेगाना तहसील में स्थित है। यहां गुरू जाम्भोजी और संत वील्होजी का आगमन हुआ था। इस गांव के विसनोई बुचोजी ऐचरा ने संवत 1700 में हरे वृक्ष रक्षार्थ बलिदान दिया था।

02. गुरू जांभोजी का पोलास आगमनः- साहबरामजी राहड़ कृत जंभसार के बीसवें प्रकरण में वर्णित है कि गुरू जाम्भोजी अपने भ्रमण के समय पोलास गांव में आए थे। तब आसपास के गांवों से अनेक लोग उनके दर्शनार्थ आए थे। जिनमें हुड़िया, मोखुंपुर, भूतावा, दाबड़ियो, पालड़ी, रामपुर, दमोही, आसोजाई, कुचामण, नैणास, पूनास, राजोद, बिचपड़ी, जलोड़ा आदि गांवो से विसनोई पोलास आए, तथा गुरू जांभोजी के दर्शन किए। गुरू जांभोजी ने यहां रात्रि विश्राम किया, फिर यहां से रामड़ावास की ओर प्रस्थान कियाः-

चले जंभ पोलासां ध्याऐ, न्यात सकल मिलणे कूं आऐ। हुड़ियै अरू मोखूंपर आया, भूतावौ दाबड़ियो ध्याया।
पालड़ी रामपूर दमोही, आसोजाई कुचामण सोई। नैणास पूनास राजोद कहिये, बिचपड़ी जालोड़ो रहिये।
राणां आद सब मिलणे आऐ, पोलास गऐ प्रभु दर्शन पाए। एक रात रहि आगे चाले, रामड़ास आए प्रभु भाले।

03. वील्होजी का पोलास आगमनः- साहबरामजी राहड़ कृत जंभसार के 23 वें प्रकरण में वर्णित है कि वील्होजी पुष्कर होते पोलास आए थे। यहां पर आसपास से विसनोईयों और संतों को बुलाकर सबको हिदायत दी। विसनोई धर्म नियम पालन का उपदेश दिया। फिर यहां से जमात सहित हिंगोली की ओर प्रस्थान कर गएः-

पुसकर न्हाय चौरासी आवा, डिग्या धर्म सापत करवाया। फिर वील्होजी पोलास पधारे, जहां तहां संत बुलावै सारे।
समाधान सबकूं कर दएऊ, फेर जमात हिंगोली गएऊ।

04. बूचोजी ऐचरा का बलिदान

क. केसोजी गोदारा कृत साखीः- इस साखी में वर्णित है कि बुचोजी ऐचरा मेड़ता परगने के पोलास गांव के रहने वाले थे। राजोद गांव के मेड़तिया ठाकुर ने पोलावास के जंगल से होली जलाने के लिए खेजड़ी वृक्ष कटवा लिए। इसकी खबर होने पर आसपास के विसनोई राजोद में एकत्र हुए। प्रतिवाद स्वरूप बूचोजी ऐचरा ने अपने प्राण देने का संकल्प किया और उन राजपुतों को अपना सिर सौंप दिया। यह घटना विक्रम संवत् 1700 के चैत बदि तीज को हुई थीः-

बूचो बारां कोड़ि सूं, कियो वैकुंठे वास। इल मांही इण ऐचरे, जुग लियो जस वास।१
मेड़ताटी मां मानियै, परगट पोलावास। जिण नगरी विसनोई बसे, रूंखा तणो निवास।२
सरवर नीर सुहावणा, तरू रहिया धर छाय। वन विगताला राखिया, मंझ मेड़ताटी माय।३
जांहि दीठो तांही कह्यो, वनरावन उणिहार। व्रंभ गऊ गुरू खेजड़ी, तुलछी ऐ ततसार।४
राखै विसनोई खेजड़ी, जै चालै गुरू राह। राय रखावै तो रहे, कां पालै पतिसाह।५
रैहण नै राजोद में, दूदे तणी औलाद। नुगरो गुरू मांनै नहीं, विरख बढावे करे वाद।६
बाढ विरख होली किवी, सरवर दीठां गौट। आई खबर जमात मां, खोजि गया राजोद।७
चिरी म्हेली चोखले, चोहगावां मिलिया आय। नरसो नरसिंघदास रो, संक न मानै काय।८
करमचंद ने कालो चड़ियो, दुर्जन लियो सराप। मेड़तिया सूं मेड़तो, उतरियो इण पाप।९
बुधहीणां बांभण बाणियां, पति बाहरो परधान। सिरजणहार सिर साटे, सिर साटे सन्मान।१०
सिर साटे लाभै सुरग, जे सिर दीन्हों जाय। उत तागाला तमकिया, बूचे बीड़ो लियो उठाय।११
न्याते जमाते परगटियो, दरगे नै दरबार। मांगी सीख मात स्युं, मांडियो कंध करार।१२
कंध करारो मांडियो, रतनां तेग संवार। तीन हुकम बूचै किया, तन बूही तरवार।१३
काया कंवल जुं वाल्हया, सुरगे गयो सुचियार। अखी अवचल ऐचरो, साख रही संसार।१४

झीणां कंठा झबकती, पदमल करे पियार। हस्त नखत ने तीज दिन, होली मंगलवार।१५

झांभेसर जन ओलखियो, लंघिया भवजल पार। सुकरत करि सुरगै गया, केसो कहै विचार।१६

ख. जंभसार में वर्णित कथा:- साहबरामजी राहड़ कृत जंभसार के 23वें प्रकरण में वर्णित है कि बुचोजी विसनोई बड़े भाग्यशाली थे, क्योंकि उन्होंने खेजड़ियों के रक्षार्थ अपनी देह त्यागी थी। बुचोजी ऐचरा गुरू जांभोजी की उन 12 करोड़ जमात में शामिल हुए, जिनको लेने हेतु गुरु जांभोजी स्वयं इस संसार में आए थे। उनका यश इस संसार में अमर हुआ। मेड़ताटी के गांव पोलास में बूचोजी का जन्म हुआ था। जहां विसनोई निवास करते हैं, वहां रूंख (वृक्ष) बहुत होते हैं। यहां के जलाशय अत्यंत शोभायमान थे और उनके आस-पास की धरती पर वृक्ष अपनी पवित्रता सहित खड़े थे। यहां के वन ऐसे प्रतीत होते हैं मानो वनरानी स्वयं चलकर आ गई हो। जाल, खेजड़ी, कंकेड़ी, रोहिड़ा, पीपल, बड़, कुमठा आदि वृक्षों से युक्त यह वन वृंदावन से भी अधिक सुंदर लगता था। इन वनों की रक्षा विसनोईयों ने की थी। उन्होंने कभी वृक्ष काटने का विचार तक नहीं किया। वे विशेष रूप से खेजड़ियों की रक्षा करते हैं और गुरु जांभोजी की आज्ञा का हृदय से पालन करते हैं। बगीचे तो राजाओं के होते हैं, किन्तु ये वन उन बगीचों से भी श्रेष्ठ हैं। जो भी इन्हें देखता है, उसका मन मोहित हो जाता है। वृंदावन भी इन्हें देखकर लज्जित हो जाए। संत, गुरु, गौ और खेजड़ी, इनमें भी खेजड़ी का महत्व अधिक माना गया है। यहां हजारों की संख्या में खेजड़ी वृक्ष खड़े हैं। कोई ईंधन हेतु भी उनकी डाली नहीं काटता। इन खेजड़ियों की रक्षा विसनोईयों ने अपने सिर देकर की है। जितनी दूर तक विसनोईयों के 84 गांव हैं, उन गांवों में कोई भी हरा वृक्ष नहीं काट सकता था। यह विसनोईयों का धर्म था। राहण, राजोद, बिचपड़ी, जालोड़ा, पोलास, पालड़ी, बासणी, नैणास, पुनास, हुड़िया, दाबड़िया, मोखुपर, मनाणा, कुचामण, रामपर आदि गांवों में विसनोई निवास करते थे। इन गांवों में दूदे के वंशज भी रहते थे। गुरु जांभोजी द्वारा दुदोजी को प्रदत्त खांडे (तलवार) को, उनके एक वंशज ने निरादर करके फेंक दिया था। तब से उनकी मति भ्रमित हो गई थी। इस प्रकार भक्त दुदे के वंश में अधार्मिक प्रवृत्तियों का जन्म हुआ। इन लोगों ने विवाद करके वन कटवाया, जबरदस्ती वृक्ष काटकर उनकी होली जलाई तथा खेजड़ी काटकर उसका थंबा बनाकर रोप दिया। इस प्रकार उन्होंने मर्यादा का उल्लंघन किया। जब विसनोईयों ने कटी हुई खेजड़ियों के अवशेष देखे, तो उन्होंने कहा कि यह पाप किसने किया। जब यह समाचार फैला, तब गांव-गांव से न्यात बुलाई गई। सभी लोग एकत्रित होकर पैरों के निशानों के आधार पर अपराधियों का पीछा करने लगे। ये निशान राजौद तक पहुंचे। आसपास के गांवों के मुख्य पंचों को चिट्ठी भेजी गई। सभी गांवों के लोग एक स्थान पर एकत्रित हुए और सम्पूर्ण न्यात ने मिलकर सभा की। नरसिंहदास के पुत्र नरसे के लक्षण चाकरों से भी गए-बीते थे। वह धर्मनियम तोड़ने में तनिक भी विलंब नहीं करता था। उसने प्राचीन परंपरा और मर्यादा को भंग कर दिया। करमचंद और दुर्जन भी उसी के समान थे। भक्त दुदे के वंश में ऐसे अभक्त उत्पन्न हुए। पूर्वजन्म के पापों के कारण ऐसे दुष्टों का जन्म हुआ। इसी श्राप के कारण इनके हाथ से मेड़ता का राज्य निकल गया। उनके राज्य में बुद्धिहीन ब्राह्मण, बनिया तथा मर्यादाहीन, अनपढ़ प्रधान होने के कारण ऐसी स्थिति उत्पन्न हुई। विसनोई अपने धर्मनियमों के पालन में दृढ़ थे। वे अपने धर्म की रक्षा के लिए अपना सिर तक समर्पित कर देते थे। (पश्चिमी राजस्थान के लगभग प्रत्येक विसनोई गांव में ऐसे बलिदानियों के स्मारक मिल जाएंगे, जिन्होंने धर्मनियमों की रक्षा हेतु देवगति प्राप्त की।) बुचोजी ऐचरा ने स्नान करके तागा करने का प्रण लिया। उन्होंने परिवार से अनुमति लेकर न्यात के समक्ष अपना निर्णय घोषित किया। स्नान कर तैयार होकर उन्होंने रतने से कहा कि तलवार तैयार करो और वार करो। रतने ने तलवार से प्रहार किया। बुचोजी ने तीन बार "गुरु जांभोजी की जय" बोली, उसी क्षण तलवार का प्रहार हुआ और उनका सिर धड़ से अलग हो गया। इस प्रकार हंसते-हंसते अपने प्राण त्याग दिए थे। उनका समस्त परिवार और पूरी न्यात यह दृश्य देख रही थी। होली के तीसरे दिन, हस्त नक्षत्र की तृतीया तिथि को बूचोजी ऐचरा ने यह बलिदान दिया। तत्पश्चात नरसिंहदास और करमसी आए। उन्होंने विसनोईयों को सिर झुकाकर प्रणाम किया और कहा कि हमारा अपराध क्षमा करें और शीतल दृष्टि रखें। यह पाप हमने ही किया था, और उसका फल भी हमें ही मिला। हमारी बुद्धि भ्रमित हो गई थी, तभी हमने ऐसा कार्य किया। इस तागे और खेजड़ी के बदले जो दंड आप देंगे, वह हमें स्वीकार है। आप जो कहेंगे, हम उसे लिखकर देंगे और आज के बाद कभी खेजड़ी नहीं काटेंगे। तब विसनोईयों ने कहा कि इसे कागज पर लिखकर दो, कि हरे वृक्ष कभी नहीं काटेंगे, जीव-जंतु कभी नहीं मारेंगे, बकरों को थाट (पशुशाला) में रखेंगे और बैलों को नपुंसक नहीं करेंगे। यह भी लिखो कि जिस गांव में विसनोई रहते हैं, वहां से कोई भी बकरा या बैल वध हेतु नहीं ले जाया जाएगा। यदि कोई ले जाएगा, तो विसनोई उसे छीन लेंगे और उसका मूल्य भी नहीं देंगे। तब उन्होने कहा कि हम इसका परवाना लिखकर देते है और इस बलिदानी वीर का स्मारक भी बनवाएंगे। तब मालोजी विसनोई ने कहा कि यह बात मेड़ता के राजा से लिखवाई जाए। तब वे मेड़ता गए और राजा से परवाना लिखवाया। न्यात ने उस लिखित कागज को स्वीकार कर लिया। इस प्रकार धर्म की जीत हुई:-

चौरासी में भक्त भुवाला, कथा सुणै छुटे जम जाला। बूचौ विसनोई थो बड़ भागी, खेजड़ियां हित देह त्यागी।

बाहरां क्रोड़े मिलियौ जाई, रहयौ वैकुंठा जाय सदाई। धन धन जाको इल में वासा, सब जग में जाको जस वासा।

मेड़ताटी में जनमहि भएऊ, परगट पोलास जु कहेऊ। जिण नगरी विसनोई बसहे, रूंखा रो सरणों तेहि दसहे।

जलासरिये सी बहुत सुहावन, तर धर रहया बहु अति पावन। वन की विगत कहूं समझाई, मनहूं वन रानी चल आई।

जाल खेजड़ी और कंकेड़ा, रोहीड़ा पीपल बड़ बेड़ा। कुंमठा हीगूणो बेरी, वनरावन से छिब अधिकेरी।

कीकर आद फूले त्रिकाला, बहुत सघन धन वन विगताला। इहै वणी विसनोई राखै, काटण नांव मुखां नहीं भाखै।

खेजड़ियां बहु रच्छ्रया करहे, गुरु रो कह्यौ ह्रदय में धरहे। बगीचा नृपतां रा रहहे, प्रिथीपत समही वन अहहे।
जो देखे ताकै मन भावै, वनरावन देहि देख लजावै। संत गुरु गौ खेजड़ी लहिये, ऐ तुलछां सूं अधिका कहिये।
पुजण नै कहियै तत शारा, खड़ी खेजड़ी केई हजारा। लूंग मात्र डाली नहीं काटै, खड़ी खेजड़ी सीस ही साटै।
जती दूर चौरासी खैड़ा, विसनोइयां कै लागै नेड़ा। ताहां रूंख कोई काटै नांही, विसनोइयां की आंण रहाहीं।
रांहण अरु राजोद बिचपड़ी, जालोड़ो पोलास पालड़ी। वासणी नेणांस पूनास, खेजड़ियां रा सदा निवास।
हूडियो दावड़ियों मोखूप्रियो, मंनाणो कुचामंण रांमपरियौ। इह कारण यहै गांव गिणाया, दूदै री औलाद बताया।
खांडो गेरियो मत भरमाया, भक्तां रै राकस हूं आया। नुगरो वाद रू वणी बढ़ावै, बाढ़ बृख होली करवावै।
काट खेजड़ी थांभो कियो, पण मरजाद मेट जू दियो। कटी खेजड़ी दीठा गूंढ, पाप किया किण लीन्ही भूंड।
गउपाला यह खबर लगाई, गांव गांव सुं न्यात बुलाई। जुड़ी जमात लिया वां खोज, पग चाल्या पहुंच्या राजोद।
चीरी लिखी चोखलै गई, आजा जीती इत अत सै भई। सबही गांव मिल हूवा भैला, सकल जमात भयो मिल मेला।
नरसिंघदास रो नरसो ठाकर, लखण पोचा मानहुं चाकर। धरम तोड़तो संक न माने, अगली मरजादा सब भानै।
करमचंद ने कालो चड़ियो, दुरजण पाप रे खेटे पड़ियो। भक्त वंस अभक्त हुवै, पुन पूरबलो पोच।
दुदे वंश में दुष्ट जो, कीन्हो ऐसी गौछ। तातै लाग्यो ताहि सरापा, गयो मेड़तो इण ही पापा।
बुध हीणा ब्राह्मण अरु बणिया, पति बाहरा परधान अभणिया। सिर थल साटे सिर कट जावै, सिर कठियां तन मा नहीं गावे।
सिर काटे लाभत है सूरगा, देवे सीस वचन गहि गुरुगा। धर्म सटे सिर दीनौ जावै, एक सीस का असंख्या पावे ।
कर असनान तागाला आया, बूचे बीड़ा सीस लगाया। न्याते जाते प्रगट भयो, दरगां हित दरबारे गयो।
सीख करे परवार ही सारा, खड़णै मांडियो कंध करारा। न्हाय धोय कर बठो आई, तेग संभावौ रतनां भाई।
तीन होकम बूचे तब कह्या, हंस कर घाव कंवल में सह्या। देखत है सारो परवारा, ताहि समय बूही तरवारा।
काया कंवल हुवा दोउ जुवा, सुरग गयो सुचियारा हूवा। अबचल अक्षी ऐचरो भयो, साख रहीं सुरगा ने गयो।
जाकी साख रही संसारा, जाको जीवण धन्य विचारा। झबकती कंठ झीणा सही, पदमल प्यार करती गई।
हसत नखत तिथी कहिये तीजे, होली मंगलवारी कीजे। चढ़ विमाण वैकुंठा गयो, जैजैकार जगत में भयो।
सुकरत कर पहुंच्यो सुर लोकां, केसव साख जांण त्रिय लोका। नरसिंघदास करमसी आया, विसनोईयां ने सीस नवाया।
गुनो बकसो क्रोध परहरो, महांसूं सीतल द्दष्टि करो। म्हारा पाप म्हाने ई लागो, म्हा मत गई परण मम भागो।
तागै खेजड़ी डंड लगावो, वैर तुम्हारो दयो बकसावो। कहो सो लिखत मैं कर देवा, भूल जांड को नांव न लेवा।
तब विसनोई बोलत भए, लिखो तो धर्म तुम्हारो रहे। कागद लाय लिखत कर दएऊ, जंभगुरु को मारग रहेऊ।
रूंख राय कूं कदे न काटां, धर्म करतां कदे न नाटा। जीव जंत कोउ मारा नांही, बकरां घालां थाटां मांहि।
खसी बलद करावां नांही, इतरा धरम लिखो मो पाहि। विसनोई जा गामै रहहे, बकरो बलद लेर कोउ जहहे।
खोस लेवो फिर दाम न देवो, राजन पूछे कागद लेवो। खर्च चोसलो करस्यां आंरो, अब तुम नहोरो मांनो म्हारो।
तब विसनोई बोल्यो मालो, वडै राज में लिख दयो चालो। इतनी सूणकर चाल रू गया, जाय मेड़ते लिखता भया।
जो कच्चे कागद लिख्यौ, सो म्हानै मोजूद। पांणी सो पांणी भयौ, रह्यौ दूध सो दुध।

05. हस्तलिखित सामग्री की प्राप्तिः- हीरालालजी माहेश्वरी को लगभग सन् 1960-70 के मध्य गांव ढाणी पोलास से निम्न हस्तलिखित सामग्री प्राप्त हुई थी:-

01. ग्रंथांक-395:- यह 79 पृष्ठों का एक गुटका है जो कि गांव पोलास के कानारामजी गायणा से प्राप्त हुआ। यह संभवतः प्राणसुख विसनोई द्वारा अनुमानतः संवत 1940 के आसपास लिपिबद्ध है। इसमें सबदवाणी के प्रसंग रहित 120 सबद है।

06. पोलासः- पोलास गांव में बूचोजी ऐचरा का स्मारक स्थित है। मुहणोत नैणसी कृत 'मारवाड़ रा परगना री विगत' में मेड़ता परगने के अन्तर्गत पोलास गांव का उल्लेख है। यह राहण (रैहण) तालुका में स्थित था:- "पोलास, कोस 7। रकबो 3901। खेत रूड़ा थल रा। कोहर 1 पाणी मीठो। विसनोई बसै।"

33
धवा

01. परिचयः- धवा गांव राजस्थान के जोधपुर जिले की लुणी तहसील में स्थित है।

02. रामूजी खोड़ का बलिदान

क. केसोजी गोदारा कृत साखीः- इस साखी में वर्णित है कि मारवाड़ देश में मंडोर के निकट स्थित कापड़हेड़ा (कापरड़ा) गांव में एक विशाल मेला आयोजित होता था। यह मेला अत्यंत प्रसिद्ध था, जिसमें देश-विदेश के विभिन्न भागों से लोग सम्मिलित होते थे। इस मेले में नवकोटि मारवाड़, नागौर, नौहर, जालौर, जैसलमेर, मुल्ताण, मथुरा, मालवा, मेवाड़, आमेर, उज्जैन, इडर, थली, थट्टा, हांसी, हिसार, कच्छ, कन्नौज, कालपी, गुजरात, गंगापार, सिंध, बल्ख, सोत, सांभर, लाहौर, सिवाणची, सांचौर, सोरठ, माड़ु, मेड़ता, आगरा, अजमेर, दिल्ली, बीकानेर, बिकमपुरा आदि अनेक क्षेत्रों से लोग पहुंचते थे। चारों दिशाओं से जनसमूह यहां एकत्रित होता था। यह मेला अत्यंत भव्य और समृद्ध था। चारों ओर तंबू तने हुए थे। बड़े-बड़े सौदागर और व्यापारी यहां व्यापार करने आते थे। लोग ऊंट, अश्व, बैल तथा सांढ (ऊंटनी) पर सवार होकर मेले में पहुंचते थे। शूरवीर अपने नाद और निशान के साथ उपस्थित होते थे। मेले में विविध प्रकार की दुकानें सजी रहती थीं। किसानों की आवश्यक वस्तुओं से लेकर विलास सामग्री तक सब कुछ यहां उपलब्ध था। कस्तूरी, केसर, मखतूल, मिश्री, कलाकंद, बादाम, खारक, गिरी, किशमिश आदि बहुमूल्य वस्तुएं यहां बिकती थीं। ऐसा कहा गया है कि इस मेले में माता-पिता को छोड़कर संसार की लगभग सभी वस्तुएं प्राप्त हो जाती थीं। व्यापारी अपने-अपने भाग्य के अनुसार लाभ प्राप्त करते थे और यह मेला व्यापार का एक बड़ा केंद्र बन चुका था। किन्तु इस समृद्ध मेले में एक गंभीर समस्या भी थी। कुछ दुष्ट लोग मेले में आने वाली प्रजा से जबरन कर (दाण) वसूलते थे। वे मार्ग में ही यात्रियों को रोककर उनसे कर लेते और उन्हें अत्यधिक कष्ट देते थे। इस कारण समस्त प्रजा इन दाणियों से अत्यंत त्रस्त थी और वे जनसामान्य के शत्रु बन चुके थे। जब विसनोईयों का एक दल मेले में पहुंचा, तब दाण वसूलने वालों ने उनसे भी कर मांगा। किन्तु विसनोईयों ने दाण देने से स्पष्ट इंकार कर दिया। इस बात को लेकर विवाद बढ़ गया और स्थिति युद्ध तक पहुंच गई। तीर और तलवारें चलने लगीं। उसी समय धवा गांव निवासी सुरोजी खोड़ के पुत्र रामूजी खोड़ अपनी बारात के साथ विवाह हेतु जा रहे थे। जब उन्होंने यह संघर्ष देखा, तो वे तुरंत रणभूमि में उतर पड़े। रामूजी ने विसनोईयों का नेतृत्व संभाला और वीरतापूर्वक युद्ध किया। उनकी तलवार और तीरों से रणभूमि गूंज उठी। ऐसा प्रतीत होता था मानो युद्धभूमि में आरती हो रही हो और भालों से मंगलाचार किया जा रहा हो। उनके साथ सुरोजी सियाग भी वीरतापूर्वक युद्ध में सम्मिलित हुए। युद्ध के दौरान जसवंत ने तलवार से वार कर रामूजी का सिर धड़ से अलग कर दिया। इस प्रकार रामूजी ने रणभूमि में ही अपना विवाह रचाते हुए वीरगति प्राप्त की। उनका यह बलिदान एक साका के रूप में प्रतिष्ठित हुआ। कहा गया है कि उनके इस बलिदान से देवलोक (इंद्रभवन) में भी उत्साह छा गया। रामूजी खोड़ के इस साहसिक कार्य के फलस्वरूप दुष्ट दाणी भाग खड़े हुए और मेले में कर वसूली समाप्त हो गई। समस्त जनता ने रामूजी की भूरि-भूरि प्रशंसा की। चारों ओर "धन्य है रामू, धन्य है रामू" के जयघोष से धरती गुंजायमान हो उठी। इस घटना का समाचार जोधपुर, बीकानेर, चितौड़, अजमेर सहित दिल्ली के बादशाह तक पहुंचा। रामूजी खोड़ ने इस प्रकार समस्त मारवाड़ में यश प्राप्त किया। यह ऐतिहासिक बलिदान विक्रम संवत 1700, चैत शुक्ल एकादशी, मघा नक्षत्र, मंगलवार को हुआ था:-

हटवाड़े हलचो मंडियो, असरे दीन्ही आण। रामइयै कियौ रूड़ा, दुनी छुड़ायौ दाण।
जोधाणे लग जाणियौ, वलै जै बीकानेर। चाल गई चितोड़ लग, अली सुण्यौ अजमेर।
तु सूरां सीरि सूरिवो, मौड़ बधामण मंत। पति करियौ पतिसाह लग, पोहमी परगट पंथ।१
खोड़ खड़ंतै खल खिस्या, हुई सकल सराह। धन्यकारी वरत्यौ धरा, धन्य रामू धन्य राह।
मंझि मारू के देसि, कहियै कापड़हेड़ो। मंडियो मंडोवर भोमि, नवकोटि सूं नेड़ो।
नवकोटी नागोर नोहर, जालौर जैसलमेर का। मुलतांण मुथरा मालवौ, मेवाड़ अर आंबेर का।२
उजीण इडर थली थटौ, हांसी अर हंसार का। कछ कनवज कालपी, गुजरात गंगापार का।
सिंध र बलख सोत सांभरि, लोक लाहोरी कितौ। स्वांणची सांचौर सोरठि, माड़ु मरहट मेड़तौ।

आगरौ अजमेर दिली, बीकानेर विकंपरा। चहुं दिसा तै चालि आया, मंडियो मेलो मुरधरा।३
चौहटि दिसे चाव, धन्य धर उपरि छाजै। अंति डेरे उंणिहारि, तणियां तंबु विराजै।
विराजही अंति तणि तंबु, पुरि परजा पेखिये। गुदड़ीत गहमह मिल्या गाहक, दुंनी को गति देखिये।
सीर सगलां निरखि नांणौ, सकल वसत लाभ सटे। थिर किया थ थाट धोरी, चाव दिसै चोहटे।४
सोदागर नै साहा, मिलिया वड वोपारी। सांढि सुर असव उंठ, निपट मिल्या नर नारी।
नर नारि मेले निपट मिलिया, नाद निसांणे सुरा। हटवाड़े है थाट थाट, गहंण गहमह घुंमरा।
नालेर नाणो नाजनौ निधि, भांति भांतिला भिल्या। धन्य धरती हुवा भेला, साह सोदागर मिल्या।५
आरति काजै आय, करसंण सोदौ कीजै। दिह वसत देवाल, लाह कारणि लीजै।
लिजिये कसतुरि केसरि, मखतुल मीसरी मोलिये। कलाकंद बिदांम खारिक, गीरी किसमीसि अंति घंणी।
नर नारि मैलै आय मिलिया, आरति आयौ आपणी।६
सकल वसत संसारि, विणजै साह विकावै। वांना हुवै वदेस, लाह कारणि ल्यावै।
ल्यावही अंति काजि लाह, कपुर किरियांणौ कितौ। सटे नाणे सकल लाभ, वरतिये जग मां जितौ।
लाभ लहिये भाग सारू, साह सोदर जिये। जावै जलणी पिता पाखौ, सकल मानां विणजीये।७
दुंनी उगाहै दांण, सहरी परज संतावै। हीर पखो हुजदार, मारग मिनख रूकावै।
रोकि रसतां दुख दीजै, दुंनी इण विधि भिड़िये। खबरि हीणा खलक खोसे, पुरी परजा पिड़िये।
दिवांणि दादि न पावही, नर कूकि दुनियां ऊं कहे। दांणी दुसमंण होय लागा, दांण दुनियां उगहै।८
ऐ नर न द्यै दांण, झूंबि हुई झांभाणां। खल चड़िया करि खीज, साहि करि कुबांणां।
कुबांण कर गहि सांबहे, तिण वार तागाला रहै। निसरै तरवारि तीखी, बांण सर गोली बहै।
लिख्यै विणि क्यौं लोह लागै, सार अंगि सूरा सहे। विसनोई पतिसाह परगट, दांण रोक्या न दिवै।९
मंगल रचियो रांम, विध सूं वरी विसाही। मिलिया मिनंख अनेक, जांन जुगति सूं आई।
जुगति जांनी हुवा भेला, निज क्रंम लाभ निबंधियौ। रामटो रिण खेति आयौ, मौड़ मसतग बंधियौ।
तरवारि तीरे आरती, रची चंवरी चौहटे। खिंवे भाला मंडियो भारथ, रचौ मंगल रांमटे।१०
साहो सडियो रामु, रण मां ब्याह रचायौ। धन्य सुरो सिहाग, करग सार संमाह्यौ।
संमाहि सार खंधार आयो, कटक चाड़ि कियौ कड़ौ। परणाय जसवंत पारि पुंहचुं, लिख्यौ साहो सांकड़ौ।
जस जुगति सुं तेग वाही, देखि सर तौ ओ लज्यौ। इंद भुंवणि उछाह हुवौ, रांमइयै साहौ सडियो।११
वड साको संसारि, खोड़ खड़ंते कियौ। वास धवै सुत सूर, जग मांहि जसि लियौ।
जस लियौ जिण जीव काजै, सुकल पख काया कसी। मघा नखत नै वार मंगल, चैत सुदि एकादसी।
सतरासै सइकै संमै, नर दांण काजै सिर दियौ। मुकति पहुंतो कहे केसो, संसारे वड साकौ कियौ।१२

ख. जंभसार की कथा:- साहबरामजी राहड़ कृत जंभसार के 23वें प्रकरण में वर्णित है कि रामूजी खोड़ परोपकारी भक्त थे, जो परोपकार हेतु देह त्यागकर संसार में प्रसिद्ध हुए। कापरहेड़ा गांव के मेले में यह घटना हुई, जहां रामूजी खोड़ धर्म कार्य के लिए देवगति को प्राप्त हुए। वे दुष्ट लोग दाण के नाम पर लूटमार करके लोगों को परेशान कर रहे थे। रामूजी ने दाण छुड़वाकर लोगों को राहत प्रदान की। यह बात जोधपुर, बीकानेर, चित्तौड़, उदयपुर और अजमेर तक पहुंची। कवि कहता है कि हे रामू! तुम वीरों में श्रेष्ठ हो, तुमने विसनोई धर्मनियमों पर चलते हुए यश प्राप्त करके स्वर्ग की ओर प्रस्थान किया। रामूजी खोड़ के खड़ाणा करने पर दुष्ट लोग वहां से भाग गए और सब लोग हक्के-बक्के रह गए। धरती पर "धन्य-धन्य" के स्वर गूंज उठे, धन्य हैं रामूजी, धन्य है उनका विसनोई धर्म। कापरहेड़ा गांव मारवाड़ में स्थित है। यहां विशाल मेला लगता है, जिसमें चारों दिशाओं से असंख्य लोग आते हैं। नवकोटि मारवाड़, नागौर, नोहर, जालौर, जैसलमेर, मंडोर, मुल्तान, मथुरा, मालवा, मेवाड़, आमेर, उज्जैन, इडर, थली, ठट्टा सहित हांसी व हिसार से जाट आते हैं। कच्छ, कन्नौज, कालपी, कानपुर, पहाड़ी ब्रह्मादेश, भरतपुर, नागपुर, गुजरात, गंगापार, अमृतसर, सिंध, स्वालख, सोत, सांभर, जैसलमेर, फलोदी, आमेर, लाहौर, सिवाणची, सांचौर, सोरठ, मरहट, मंडोर, मेड़ता, आगरा, अजमेर, प्रयाग, बीकानेर, बीकुंपुर सहित चारों दिशाओं के लोग यहां पहुंचे। मारवाड़ में यह विशाल मेला लगा, जिसमें इतने स्त्री-पुरुष आए कि जिसका कोई पार नहीं था। इतनी भीड़ थी कि खड़े होने की जगह नहीं थी। बड़े व्यापारी और साहूकार यहां एकत्र हुए। लोग ऊंटनी, बैल, घोड़े, ऊंट, खच्चर आदि पर सवार होकर आए। स्त्री, पुरुष, बालक और वृद्ध सभी मेले में आए। वीर अपने नगाड़ों और ध्वजों के साथ आए, साधु-संत भी आए। बाजारों में इतनी भीड़ और धक्का-मुक्की थी कि रास्ता नहीं मिलता था। नारियल, खोपरा, खारक, सिंघाड़ा, सोंठ, सौंफ आदि वस्तुएं लाई गईं। लड्डू, जलेबी, खाजा, मालपुआ, पेड़ा आदि मिठाइयाँ थीं। गेहूं, चावल, मोठ, बाजरा सभी प्रकार का अन्न उपलब्ध था। विभिन्न प्रकार के लोग और व्यापारी यहां मिले। लोग अपनी जरूरत के लिए विभिन्न वस्तुएं खरीदने आते थे। जो वस्तु मन को भाए, वही खरीदो और अपना लाभ देखो। मेले में बहुत धन एकत्र होता था और बहुत भीड़ रहती थी। यहां भाट, मागध और

नट भी उपस्थित थे। कस्तूरी, केसर, मखमल, मिश्री आदि खरीदी-बेची जा रही थीं। कपड़े, मोहर, मोती, शाल, दुशाला, धोती आदि वस्तुएं थीं। तांबा, पीतल, चांदी, सोना और अन्य धातुएं भी उपलब्ध थीं। कलाकंद, रेशम, बादाम, चिलगोजा, कस्तूरी, छुहारा आदि थे। गिरी, खोपरा, मिश्री और मेवा बहुत सुन्दर लगे हुए थे। स्त्रियाँ भी मेले में आईं और अपनी-अपनी आवश्यकता का सामान खरीद रही थीं। चौक-चौराहों पर बहुत उत्साह था, धनी लोग विविध प्रकार से सज-धज कर बैठे थे। सबने अपने-अपने डेरे लगाए और अच्छे तम्बू तान दिए। अलग-अलग प्रकार के तम्बू लगे थे और बहुत सी प्रजा अपने काम से आई थी। गरीब और साधारण लोग भी खरीदारी के लिए आए और मेले का यह दृश्य देखने लगे। बहुत बड़ी संख्या में यहां लोग एकत्र हुए। यहां सभी वस्तुएँ मिलती हैं। चौक-चौराहों पर लोगों की भीड़ का वर्णन नहीं किया जा सकता। मेले में हर वस्तु आती है और व्यापारी बहुत व्यापार करते हैं। विदेशों से भी वस्तुएँ आती हैं, लोग अपने लाभ के लिए उन्हें लाते हैं। कितना धन आता-जाता है, इसका वर्णन नहीं किया जा सकता। धन के बदले विभिन्न वस्तुएँ मिलती हैं, जो मिल जाए वही लोगों को प्रिय लगती है। जो भाग्य में है, उतना ही लाभ मिलता है। यहां माता-पिता को छोड़कर सब कुछ मिल जाता है। दाण लेने वाले बहुत कर वसूलते और पूरी प्रजा को सताते थे। उनके सिपाही जगह-जगह खड़े रहते और रास्तों में लोगों को रोकते थे। रास्ता रोककर लोगों को कष्ट देते और भीड़ से कर वसूलते थे। बेबस लोग उन्हें कोसकर रह जाते। इस प्रकार प्रजा अनेक प्रकार से पीड़ित थी। इस अन्याय की कहीं सुनवाई नहीं थी, इसलिए लोग रोते-चिल्लाते थे। दाणी लोगों के शत्रु बन गए थे और जबरन कर लूटते थे। गुरु जांभोजी के अनुयायी दाण नहीं देते थे, जिससे मेले में हर जगह विसनोईयों से संघर्ष हुआ। दाण लेने वाले दुष्ट लोग हथियार उठाकर धमकाते हुए दाण मांगने लगे, पर विसनोईयों ने स्पष्ट मना कर दिया कि हम दाण नहीं देंगे। दाणी कहते हैं कि वे दाण लिए बिना नहीं छोड़ेंगे। इस प्रकार विसनोईयों के जवाब देने पर दाणियों का क्रोध बढ़ गया और युद्ध की तैयारी होने लगी। विसनोई मृत्यु से नहीं डरते हैं; वे धर्मरक्षार्थ तुरंत देह त्याग देते हैं। दुष्ट डराते हैं, पर स्वयं जल्दी भयभीत हो जाते हैं। उसी समय तलवारें निकल गईं और तीर-बाण चलने लगे। योद्धा अपने प्राण त्यागने लगे। सभी विसनोई लोग दृढ़ प्रतिज्ञ थे; उन्होंने निश्चय कर लिया था कि दाण कभी नहीं देंगे। रामूजी ने कहा कि हम दाण नहीं देंगे और दाण देकर संसार में अपयश नहीं लेंगे। यदि हम दाण देंगे तो हमारे गुरु का अपमान होगा और हमारी मर्यादा टूट जाएगी। मर्यादा तोड़ने वाला कायर होता है; सिंह, सायर और सपूत कभी मर्यादा नहीं तोड़ते हैं। अपयश के साथ जीना मृत्यु के समान है, इसलिए ऐसा कार्य नहीं करना चाहिए। बार-बार मनुष्य शरीर नहीं मिलता है। शरीर, धन और यौवन स्थायी नहीं हैं; ये सब क्षणभंगुर हैं। इसलिए हम दाण नहीं देंगे और समाज में अपयश नहीं लेंगे। वही जीवन धन्य है जिसकी शोभा संसार में कही जाती है। यदि जीना है तो यश के साथ जियो, अपयश के साथ कभी मत जीओ। दाण नहीं देंगे, चाहे प्राण ही क्यों न देने पड़ें। इस प्रकार रामूजी ने ऐसा मंगल रचा कि मारने-मरने में भी कोई भय नहीं रहा। जो जैसा कर्म करता है, वैसा ही फल पाता है; रामूजी रणभूमि में आ पहुँचे। सिर पर साफा बाँधा हुआ था और तलवारों से मानो आरती उतारी जा रही थी। तीरों से तिलक किया गया और रक्त रोली की तरह बह रहा था। भाले और बरछियाँ तेजी से चल रही थीं; तलवार और गदा से प्रहार हो रहे थे। चौक में चंवरी (विवाह मंडप) जैसा दृश्य बन गया और चावल की तरह अस्थियाँ चमकने लगीं। रंगों की जगह रक्त बह रहा था और लाठियों से प्रहार हो रहे थे। सिर नारियल की भाँति फूट रहे थे और केसर की तरह धूल उड़ रही थी। भाले खिंच रहे थे और युद्ध हो रहा था। सगे-संबंधियों की जगह डाणी बाथ डाल रहे थे। रामूजी ने ऐसा मंगल (विवाह) रचा, जहां गुड़ की जगह पत्थर चल रहे थे। रामूजी सज-धजकर आए और इस प्रकार रणभूमि में ही विवाह रचाया। शूरवीर सियाग भी युद्धभूमि में रामूजी के साथ में आया और तलवार लेकर उसने शत्रुओं को घेर लिया। वह सियाग एक होते हुए भी अनेकों जैसा प्रतीत हो रहा था। उसने शत्रु सेना को मारकर देवगति प्राप्त की और देवताओं ने उसका स्वागत किया। उन्होंने एक प्रहर तक तलवार चलाई और अंततः दिव्य विमान में बैठकर स्वर्ग पहुँचा। तब सुरतोजी तलवार लेकर रणभूमि में उतरे और कई दुष्टों को मार गिराया। जैसे-तैसे युक्ति से तलवार चलाई गई, रामूजी ने देवगति पाई। सोलह योद्धाओं को मारकर रामूजी स्वर्ग गए। इन्द्रलोक में उत्सव मनाया गया; रामूजी का स्वागत हुआ। देवताओं ने उनका आदर किया और इन्द्रलोक में उनका विवाह हुआ। इस प्रकार धवा गाँव के इस वीर ने संसार में यश प्राप्त किया। यह घटना संवत 1700, चैत सुदी एकादशी, मघा नक्षत्र, मंगलवार को हुई। उन्होंने दाण के बदले अपना सिर देकर दुनिया को दाण से मुक्ति दिलाई। जो मनुष्य परोपकार के लिए देह त्याग करता है, उनकी सहज ही मुक्ति होती है। इसलिए जीवन भर परोपकार करो और मृत्यु से मत डरो। दधीचि ने भी परोपकार के लिए अपना शरीर दान किया। कबूतर ने भी परोपकार के लिए अपना शरीर अग्नि में दे दिया। जो मनुष्य परोपकार करता है, वह फिर यमलोक नहीं जाता, वह सीधा मोक्ष पाता है:-

अब एक कथा सुणौ चित लाई, जाकै सुणै मुक्त हुय जाई। रामों भक्त जु पर उपकारी, देह त्याग भयो जग उजियारी ।
भक्ती जंभ भक्त को धारक, च्यार मोक्ष को भयों इध कारक। कापरहेडे हमचौ हुवौ, धर्म काज रामइयो मूवौ।
हठवाड़ै हमचौ भयौ भारी, असरे आंच दई नर नारी। दुनियां काजै रामो मरियौ, डाण छुड़ायौ परहित करियो।
जोधाणै लग जाणत भया, बीकानेर तास जस गया। चितोड़ उदैपर आदी वेरा, शाह अली सूणियो अजमेरा।
तूं सूरां सिर सूरवौं सोहै, मोड़ बंधण महमंतो बौहै। पंथ राख पैंडे सों पड़ियो, पोहमी परगट स्वर्गे चड़ियौ ।
खोड़ खंड़तै खल खिस गया, सबहीं लोक हा कर रहया। धन धनकारो वरत्यौ धरा, धन धन रामो धन धन राहा।
मझ मारू को देस कहीजै, कापरहेड़ा गांव लहीजै। मेलो मंडे मंडोहर भौमा, आवै नव कोटी चहूं कोमां।
नवकोटी नागोर अरु नोहर, जालोर जेसलमेर मंडोहर। मुलतांन मथरा मालवै आयो, मेवाड़ आंबेर उज्जोण हीं ध्यायो।

इडर थली थटा अरु थाटा, हांसी हंसार देसो बहु जाटा। कछ कनवज कालपी कानपर, पाहाड़ी ब्रह्मादेश भरतपर।
नागपर गुजरात गंगापारा, अमृतसर सिंध सवालख सारा। श्रोत रू सांभर जेसलमेरा, फलोदी अरु जांभर आमेरा।
लोक लाहोरी कितो एक आयो, स्वाणची साँचोर सोरठ ही ध्यायो। मरहट मंडोर मेड़तो आवै, आगरो अजमेर प्रागपण ध्यावे।
बीकानेर विकूंपर आऐ, च्यारि खंड के लोग सिधाए। मुरधर मेलो मंडियो भारी, बहुत लोग आए नर नारी।
ताको वार पार नहीं पावे, वाही लकड़ी धर नहीं आवै। सौदागर अरू साह सधीरा, मिलिया वड बोपारी बीरा।
सांढ सुरहे अरु अस्वै ऊंठा, बहड़ा झोट खचर जूंठा। नर नारी बालक अरु वृधा, मेलै आवै मिलै समद्धा।
नादी निसांणे आवै सूरा, साधू संत अवत है पूरा। हटवाड़ै हठ दावहु थाटे, घंण घूंबर मावै नहिं वाटे।
नारेल खोपरा खारक आवै, सिंघोड़ा सूंठ सूंफ बहु ल्यावै। लाडू और जलेबी खाजा, मालपुवा पैड़ा उपराजा।
गोऊं चावल मोठ बाजरी, नवनिधी अरु सिधी है सगरी। भांत भांतीला आयरू मिल्या, साह सौदागर सबही भिल्या।
अपणैं आरत काजै आवै, नानां वसत मेले सुं ल्यावै। मन भावै सो सोदो कीजे, आपणौं लाहै कांरण लीजै।
मेलो जुड़ै बहुत ही धन, वड थाटां गढ़ भीड़। भीड़ भाड़ अति सै घणी, सूत रू मागध नट।
लेवत है किस्तुरी केसर, मखतुल मिश्री मोलिये वेसर। कांसी कपड़ो मोहर मोती, साल दुशाला पेचा धोती।
तांबो पीतल चांदी सोनौ, आठों धातूं हड़ताल दोनो। कलीकंद रेशम चोतारा, बिदाम चलगोजा किस्तूरी छुहारा।
गिरी खोपरा अति कर आया, मिश्री मेवा बहुत सुहाया। नारी मेलै आय मिलिया, आरत आपो आपणी झिलिया।
चौहट चौहट चाव विराजै, धनि धर ऊपरी बहु विधि छाजै। अपणै अपणै डेरे लाए, तणियां तम्बू खुब खंचाए।
भांत भांत के तम्बू विराजै, परजा बहुत आई स्व काजै। गुदड़ी गाहक मिलिया आई, दुनियां कोगद देखण ध्याई।
एक एक सूं सिरे बखाणौ, बहुत लोग जुड़ियो जांभाणो। सकल वस्तु लाभत है भाई, थिर जुड़िया रह थाट सदाई।
चौहट्टे नाना कर चावा, जुड़े लोक कछु कह्या न जावा। सकल वस्तु मेलै में आवे, विणजै साह बहु वस्तु बिकावै।
वस्तु अनेक विदेसी आवै, अपणै लाहै कारण लावै। कहा कहूं धन आवि कितो, कपूर आप क्रियाणौं जितौं।
नाणै सटै नाना वस्तु लावै, जोई मिलै सोई जन भावै। मिलहे लाभ भाग निज सारू, साह जु सोदा करै अपारू।
माता पिता इह मिलते नाहीं, और वस्तु सारी मिल ज्याहीं। दाणी उगाहै दाण अपारा, सहरी परज संतावै सारा।
गुरजदार जहां तहां रहावै, मारग जित तित मिनख रुकावै। रोके रसता दुख बहु दीजै, भीड़ी दुनियां दाणे छीजै।
खबर विहिणां खलक कूं कोसै, प्रजा पीड़े बहु विधि रोसै। इह दिवाणां दाद न पावै, कुकै दुनियां यौ करलावै।
दाणी दूसमण होय कर लागा, लेवे दाण कहां लुटै अभागा। जांभाणां नर न देय दांणां, झूंझ हुई जहां तहां जांभाणां।
खल चड़िया कर खीज अयांणां, बाध्यां तरकस लिये कबांणा। कबाण कर गहि संभहे भारी, तांगालां तब करी तयारी।
मागै डांण डांण नहीं देवै, जांभाणां सतगुरु कूं सेवे। डाणीं कहै ले आवांगा अबही, डाण लिया बिन छोडां न कबही।
एहि विधि जांबो जवाब लड़हे, ज्यूं ज्यूं राज रीस बहु चड़िहे। बात ही बात क्रोध भयो भारी, तब तागालां करी तैयारी।
साधू मरणै न डरे, तुरंत तियागै देह। दुष्ट डरावै घण डरे, तुरंत दिखाव छेह।
ताहि समै तरवार निकारी, बांण गोलियां चालै है भारी। लिखियां बिना लोह कसै लागे, सार बहे सूरां तन त्यागै।
विसनोई पणधारी सबही, रोक्यां दांण देवे नहि कबही। रामै रच्यो जु मंगलाचारा, वरी वशावण कीन्हीं त्यारा।
मिलिया मिनख अनेका भाई, बणत जांन जुगत सूं आई। जुगतिवान जानि हुवा भेला, तरवारे लीन्हा संमेला।
रामों कहत डांण नहीं देवां, जग में अजस कदे नहीं लेवां। डाण देवां तो सतगुरु लाजै, आगै ने मरजादा भाजै।
मरजादा भांने नर कायर, सिंघ सपूत न भाने सायर। जस जीवै अपजस है मरणौं, ताते इसो कांम नहीं करणो।
वार वार जननी नही जनहे, वार वार मानुष नहिं तनहे। बार बार थिर रहै न काया, धन जोबन अंजरी की माया।
ताते डांण कदे नहीं देवां, न्यात पांत मां अजस न लेवा। जाकी शोभा जग में कहिये, जाको धन जीवन सो लहिये।
जीवे तो जग में जस लीजे, अजस पाय कबहुं नहीं जीजै। डांण न देवौ देस्यां प्रांण, ब्रिह्मलोक जांय चढां विमांण।
असहि मंगल रचियो रामै, मारा मरां फेर नहीं तामे। जो जो करे कियो सोई पायौ, रांमटड़ो रणखेत जु आयौ।
मस्तक मोड़ बंध्यों है भारी, तरवारा आरती उतारी। तीरां सेती तिलक जुं करिया, खूने रोली रींगा झरिया।
बरछी सेला लगै दुड़वड़ी, तेग मुगदरा दये ता घड़ी। चौहटे चंवरी रच काढी, चावल जाग्यां चमकै हाडी।
रंग रा पाणी चालै खून हि, लाठ्यां सुं घाते अति पूंन हि। सिर नारेलां नेग झलावै, केसर जाग्यां धूल बगावै।
भाला खिंवे मंड्यौ पुन भारथ, बाथां डाणीं मिलै सगारथ। ऐसौ मंगल रचियों रांमे, गुड़ को जाग्यां भाठा धामै।
साहो सझ रामों यों आयो, एहि विधि रन में व्याह रचायौ। सूरवीर सियाक सवायौ, रण में सूरै सार समायो।
ले तलवार घेर लियो झीके, एक सियाक अनैक ही दिखे। मार कटक कर दीन्हों मरियो, देवलोक देवगंना वरियो।
ऐक पोहर वाही तरवारा, बैठ विवाण पंहुतो पारां। साहो लिख्यों सांकड़ो भाई, जैसे जुगत सूं तेग जु वाही।

जस काजै सुरतो रन सूरो, ले तरवार परण कियो पूरो। ले तरवार पड़ियो भारत में, डाणीं मार किया गारत में।
सोला मार सेर गयो पारा, मूवो खांडे खरतर धारा। सूरा को घर सिखर है, वाजत तबल निसांन।
तरवारां सूं आरती, तरवांरा दये वान। उछाह इंद्र घर बाजा बज्या, रामइयै साहा अब सझ्या।
वड साहो सारेई सझ्यौ, खोड़ खड़तौ नांहीं लज्यौ। बींद घणां ने मार रू मरियौ, रामे ब्याह इन्द्र घर करियौ।
वड साको किन्हों संसारा, खड़ियों खोड़ धर्म की धारा। वास धवै कहिय नर सूरो, जग मांहे जस लीन्हौ पूरौ।
लियो जस जिण जीव कै काजै, जाय अबछरां माहि विराजै। सुकल पक्ष काया इस कसी, चैत सुदी थी ऐकादसी।
मघा नक्षत्र मंगल वारा, यूं साधू जन सुरग सिधारा। सतरासै सइके समै भाई, डाण काज सिर दीन्हौं जाई।
पर उपकार करै नर कोई, मुवां मुक्त सहज में होई। जो जन जग में मुक्ती पावै, निस दिन हर सूं प्रीत लगावै।
प्रीत करै परमेसुर मिलहे, सारे पाप पलक में गिलहे। तातै पर उपकार हि करियै, देह गये तक कदे न डरिये।
पर उपकार दधीच ही करियौ, दीन्हे देह लोभ नहीं चीन्हयो। पर उपकार कपोता कियो, अपनों देह अगन में दियो।
पर उपकार करण कर गयौ, सोने कारण देह नित दह्यौ। मानुष देह करै उपकारा, बहुर न जावै जम के द्वारा।

03. केसोदासजी सिंवरः- केसोजी सिंवर धवा गांव के गायणा विसनोई थे। इनके पिता भाखचंदजी गायणा थे। केसोजी की पत्नी मानी तंवर अपने पुत्र सुरजजी सिंवर के साथ धर्मनियम रक्षार्थ संवत 1887 आसोज सुदि नवमी को धवा गांव में देवगति को प्राप्त हुई। इस घटना के बाद केसोजी गृहस्थी छोड़कर साधु बन गए तथा रावलजी को अपना गुरू बनाया। रावलजी खिंदरोजी की शिष्य परम्परा में गंगारामजी के शिष्य थे। केसोदासजी सिंवर के गुरूभाई मयारामजी, बालकिशनजी व जैरामजी थे। केसोजी द्वारा भवानीपुरा गांव में रहते हुए विक्रम संवत् 1891 को 'ग्रंथांक-144' और 'ग्रंथांक-109' लिपिबद्ध किया गया था। विक्रम संवत् 1922 में लिपिबद्ध एक हस्तलिखित प्रति 'ग्रंथांक 96' की पुष्पिका में लिखा है:- 'परमहंस साध केसोदासजी के पठनार्थ'। केसोजी के पठनार्थ लिखी गई इस प्रति के आधार पर इनका संवत् 1922 में मौजुद होना प्रमाणित होता है। इसके अलावा स्वामी ब्रह्मानंदजी कृत इतिहास प्रदीप में वर्णित है कि "संवत 1928 में कांट रियासत के शासक चौधरी शेरसिंहजी नैण ने गुरू जाम्भोजी की समाधि के दर्शनार्थ मुकाम यात्रा की, और यहां बहुत बड़ा जातिय भोज दिया। यहां पर इन्हें एक विसनोई संत केशवदास जी मिले, केशवदासजी ने उन्हें एक जलकुंड बनाने का आदेश दिया। तथा पुत्रवान होने का आशीर्वाद दिया। इसके दो वर्ष पश्चात संवत 1930 में चौधरन रामोकुंवर के गर्भ से एक बालक रामकुंवरसिंह का जन्म हुआ।" कहा जाता है कि बाद में वे डंडाली गांव में चले गए, वहीं उनका स्वर्गवास हुआ। वह स्थान वर्तमान में गायणा भाखर कहलाता है। केसोजी के दुसरे बेटे चैनारामजी के सात पुत्र हुए, जिनके वंशज "चैनाणी सिंवर" कहलाए तथा ये हरियाणा, राजस्थान व पंजाब के विभिन्न गांवों में निवासरत है। केसोजी सिंवर के नाम से एक दोहा भी प्रचलित है जिनमें उनके गांव व गौत्र उल्लेख मिलता है:-
सब कवियों का दास हुं, केसव मेरा नाम। सिंवर जात का गायणा, धवाज है निज ग्राम।

04. धवा:- साहबरामजी राहड़ कृत जंभसार के 22 वें प्रकरण वर्णित 24 भंडारो की सूची में धवा गांव के भंडारे का भी उल्लेख है:- "धवे भंडारो सुंप्यौ स्यामां, नाथू हाथू जाको नांमां।" लालासर साथरी से प्राप्त 'ग्रंथांक-114' संवत 1884 को मंहत हरिकिसनजी के शिष्य परसरामजी द्वारा गांव धवा में लिपिबद्ध है।

34

पारवा

01. परिचयः- पारवा गांव राजस्थान के बीकानेर जिले की नोखा तहसील में स्थित है। इस गांव में उदोजी पंवार के घर पर गुरू जांभोजी आए थे। यहां दो भंडारे चलते थे।

02. उदो अतली का पारवा में बसनाः- केसोजी गोदारा कृत 'कथा उदै अतली की' में वर्णित है कि जब गुरु जाम्भोजी ने ऊदो अतली को पारवा गाँव में बसने का आदेश दिया, तब उन्होंने माडेवाली का त्याग कर पारवा में निवास ग्रहण किया। वहाँ पहुँचकर उन्होंने खेती प्रारम्भ की, जिसके फलस्वरूप मोठ और बाजरा अत्यधिक मात्रा में उत्पन्न हुआ। धीरे-धीरे अन्न की कमी समाप्त हो गई, कोठार अनाज से भर गए और गृहस्थी धन-सम्पत्ति से सम्पन्न हो गई। किन्तु इस समृद्धि के बीच अतली के मन में एक नई चिंता उत्पन्न हुई। उन्होंने विचार किया कि संभवतः गुरु जाम्भोजी उनसे अप्रसन्न हैं, क्योंकि उनके घर कोई संत या सुभ्यागत (अतिथि) नहीं आते। इस कारण उन्होंने उदोजी को गुरु जाम्भोजी के पास भेजा, ताकि वे इस विषय में आज्ञा प्राप्त कर सकें। उदोजी ने गुरु के चरणों में पहुँचकर निवेदन किया कि हे गुरुदेव! आपकी कृपा से अन्न और सम्पत्ति तो बहुत प्राप्त हुई, किन्तु हमारे घर कोई अतिथि नहीं आते। इस पर गुरु जाम्भोजी ने गूढ़ उपदेश देते हुए कहा कि हे उदा! निर्धन के मन में केवल धन प्राप्त करने की इच्छा रहती है, और तुमने भी वही माँगा, जो तुम्हें मिल गया। अतली ने अन्न माँगा था, इसलिए अन्न की प्राप्ति हुई। परन्तु स्मरण करो कि जब तुम पंडवालो (मेड़ताटी) में थे, तब तुम्हारे मन में धर्म का पूर्ण भाव था। हिंगुणियो में बसने पर वह आधा रह गया, और कूदसूं तथा खींचियासर में पहुँचते-पहुँचते धर्म का भाव लगभग समाप्त हो गया। अब पारवा में धन तो प्राप्त हो गया है, किन्तु धर्म का भाव क्षीण हो चुका है। उदोजी जब घर लौटे, तब अतली ने उनसे गुरु के वचनों के विषय में पूछा, किन्तु उन्होंने स्पष्ट कुछ नहीं बताया। तब अतली स्वयं गुरु जाम्भोजी के पास गईं और चरणों में प्रणाम कर विनम्रता से पूछा कि हे गुरुदेव! क्या हमने कोई अधर्म किया है, या साधना में कोई त्रुटि हुई है? हमारा धर्म किस कारण घट गया? इस पर गुरु जाम्भोजी ने उत्तर दिया कि तुम्हारे मन से जैसे-जैसे धर्मभाव घटता गया, वैसे-वैसे ही धर्म भी घट गया। यह सुनकर अतली वापस लौटीं और उन्होंने ऊदो अतली के साथ मिलकर विचार किया कि अब प्राप्त धन का सदुपयोग धर्मकार्य में किया जाए। इस संकल्प के साथ उन्होंने गंगापार से आए उन विसनोई श्रद्धालुओं को, जो गुरु जाम्भोजी के दर्शनार्थ आए थे, भोजन के लिए आमंत्रित किया। उन्होंने बड़े प्रेम और श्रद्धा से मूंग, मोठ, बाजरा, दूध, दही आदि से युक्त भोजन तैयार कराया। बिछावन कर अतिथियों को बैठाया गया और सेवा आरम्भ हुई। अतली स्वयं अपने हाथों से घी परोस रही थीं, और उनका नियम था कि जब तक सामने वाला मना न करे, तब तक घी की धार को खंडित नहीं करती थीं। इसी समय गुरु जाम्भोजी ने उनकी परीक्षा लेने के उद्देश्य से भिखारी का वेश धारण किया और उनके घर पहुँचे। वे हाथ में एक पात्र लेकर आए, किन्तु किसी ने उन्हें आते नहीं देखा। उस समय मीठड़ी भोजन के बर्तनों के पास थी। गुरु ने जाकर एक बर्तन का ढक्कन उठाया, तो मीठड़ी ने उन्हें हाथ से हटाया। यह देखकर अन्य लोगों ने कहा कि इस व्यक्ति ने भोजन को स्पर्श कर उसे अपवित्र कर दिया है। किन्तु अतली ने करुणा और धर्मभाव का परिचय देते हुए कहा कि मैं इस व्यक्ति का भी पोषण करूँगी, इसे भूखा नहीं जाने दूँगी। उन्होंने उस भिक्षुक से पात्र लेकर अपने हाथों से भोजन परोसा। जब गुरु जाम्भोजी उस पात्र को लेकर जाने लगे, तब अतली ने कहा कि आप यह सूखी लापसी क्यों ले जा रहे हैं? और ऐसा कहकर उसमें घी डालना प्रारम्भ किया। अपने नियम के अनुसार वे तब तक घी डालती रहीं, जब तक सामने वाले ने मना नहीं किया। गुरु जाम्भोजी मौन रहे, अतः पात्र घी से पूर्णतः भर गया। इस सेवा, करुणा और अटूट श्रद्धा से प्रसन्न होकर गुरु जाम्भोजी अपने वास्तविक स्वरूप में प्रकट हुए और बोले कि हे अतली! वर माँगो। तब अतली ने विनम्रता से कहा कि हे गुरुदेव! मुझे आपके दर्शन प्राप्त होते रहें, और धर्म का भाव न घटे। इस प्रकार अतली ने धन के स्थान पर पुनः गुरु-भक्ति और धर्म भाव को ही सर्वोच्च माना। अंत में केसोजी गोदारा उल्लेख करते हैं कि इस कथा की रचना संवत् 1706, भाद्रपद वदि चतुर्दशी, पूर्वा नक्षत्र में हुईः-

पारव्रंभ पुरवै सब आस, पारवै जाय करो थे वास। कर पकड़े करता ऊं कही, अन वाहौ निपजिसी सही।३४
पारवै जाय ऊदो बस्यौ, मनि इधकी अणराय। अतली कहै दालिद गयो, सतगुरू आयो भाय।३५
पारवै जाय र खेती करी, मोकता मौठ हुई बाजरी। तोटो भागौ अतली तणौ, भागी भूख हुवो अंन घणौ।३६

कापड़ चोड़ माया मिली, अंन रह्यौ उबारू कोठी छली। महर करी गुरू राखी माम, वासण घड़े कलसीये दांम।३७
अतली मन सोचै आपणौ, घरि माया धन दीसै घणो। सांसो करि मनि कियो सोच, ऊदो अतली करै अलोच।३८
अतली सोच करै मन मंही, सुभ्यागत घरि आवै नही। आपां सूं रूठो रहमांण, अवताकै न आवै महमांण।३९
अतली कहै ऊदाजी सुणौ, दरसण भेटो सतगुरू तणौ। जदि जावो प्रीतम कै पासि, चरणे लागि करो अरदासि।४०
अतली कै मनि सांसौ रहै, देखां सतगुरू कासूं कहै। ऊदो गयो जगतगुरू पासि, चरणे लागि करी अरदासि।४१
सतगुरु सूं ऊदो कहै, थे दया करी दीवांण। अन संपति आई वलै, पणि आया नी महमांण।४२
सुणि ऊदा सतगुरू कहै, निरधनियां मनि धन। थे कहियो त्युं ही कियौ, अतली मांग्यौ अंन।४३
जदि थे मेड़ताटी बसो, गिणि पंडवालै गांव। गुरू भगता गोविंद भगत, तदि मोमणि था मन मांहि ४४
तदि पंडवालो परहरियौ, और बसायो गांम। जदि मोमणि अधो हुवा, तकि दूजै विसरांम।४५
जदि थे छाडी कूदिसूं, और बसायो गांव। खींचियासर बसिया पछै, तदि विसनोई नांव।४६
जदि थे आया पारवै, धन सूं प्रीत पिछांणी। अब रूलीया रूलायता, सतगुरू कहै सुर बांणी।४७
अवताके ऊदो गयो, सतगुरू वचन विचारी। अतली पुछै प्रीत करि, किसूं कह्यौ करतार।४८
सतगुरु वायक संभल्या, कहि अतली कुंण आस। बात कहै न कहि सकै, उरि हुवे अमायो सास।४९
अतली गई जगत गुरू पासि, चरणे लागि करै अरदासि। अधर्म कियौ के चूका जाप, करता धर्म घटियो किणी पाप।५०
देव कहै चूका वड दाव, धर्म घटियो ज्यूं घटियो भाव। सतगुरू वचन सुण्या सुवाकि, सुणि अतली आई औताकि।५१
उदो अतली करै विचार, धन खरचण नै हुवा तियार। गंगा पार तणां विसनोई जाणि, सतगुरू कै आया दीवांणी।५२
पवण छतीसों एक नियाति, ऊदै निवती जाय जमाति। धन खरचण मन कियौ खरो, मूंग मोठ आंण्यौ बाजरो।५३
दूध दही गोरस घिरत, आंणि कियौ आचार। पोली सवा री पातली, हुई तवणि तियार।५४
विधि सूं वसतर धरिया बिछाय, जन जीमण नै लिया बुलाय। चरण पखालि पग पाहलि लियै, चरण बंदि चरणोदिक पीयै।५५
आव भाव आदर अति घणौ, तन मन धन सौंपे आपणौ। मनि रलियाला हरख सुं चाव, जन जीमै ढोले वाव।५६
धन खरचै अतली मनि खुसि, जन जीमै पोली लापसी। अतली अरथ लगावै आथि, घ्रित परोसै अपणै हाथि।५७
जो जीमन करै नाकार, अतली घिरत न खंडै धार। अतली कै होती आखड़ी, नाकारै विण न रहै खड़ी।५८
धन खरचै धड़कै नही हियो, यों निहचै अतली जी कियो। अतली अंतरि ईसो पियार, भगत पधारे सिरजणहार।५९
भिखियारी को रूप धरि, काया पलटि करतार। अतली की परखण भगति, आयो सिरजणहार।६०
काया पलटि आयो करतार, ढे* की दीसे उणिहार। कायम कै कपड़ा रंग तणो, छेह छीक्या मैला अति घणो।६१
लहपहीयो काया लुड़खुड़ी, कर कंपै अर काया कुड़ी। तन छीणो दीसै दुरबलो, एक छीणो दुजै दुबलो।६२
पतरी साही सांमि सुजाण, रूप असो रचियो रहमांण। रूप असो ज्युं रचियो धणी, आवत और न दीठो किणी।६३
मीठी होती वासण कणी, वासण आप उघाड़ियौ धणी। मीठी नै कियो हरि हाथ, भींटियो भींटियो कहै जमात।६४
कहि कुवचन ज्यूं उठिया अजांण, हे हे कहै अतली दे आंण। लोक कहै रहिसी क्युं मांम, भींटी भुगति उजाड़ियो कांम।६५
अतली कहै तन मन झोकिस्युं, एक पुरिख ओही पोखिस्युं।६६
अवगुण ऊपरि गुण कियौ, अतली रही न रूसि। पतरी मांगी प्रीति करि, मो देद्यौ परूसि।६७
अतली पतर लियो करि साय, अंन परूस्यौ इधकै भाय। पतर परूस्यौ अंन सूं छल्यौ, करता कर गहि डेरे चल्यौ।६८
अतली अरज करै ऐक असी, ले चाल्यौ लूखी लापसी। अतली वनांव धारै घणी, भगत दुभांति हुवै घी विणां।६९
जग जीवण रहियो मन जांणि, अतली घिरत परूस्यौ आणि। अतली कै होती आखड़ी, नांकारै बिन रहै न खड़ी।७०
मोन करे रहियो जगनाथ, हुवो करै न पकड़ै हाथ। पतर छल्यौ अब घिरत न माय, हरि अतली सूं आयो भाय।७१
अतली ईसौ छांणपो सांग, हरि तूठो अतली अब मांग।७२
मोमणि करि अधो करै, विसनोई तिणवार। रूलायत हुं तुं करै, तुंही निवाजण हार।७३
मांगि लेय सो मंगता, भ्रम गमावै भाखि। दरसण मांगू देवजी, सतगुरू सरणै राखि।७४
देव मिल्यौ दालद गयो, दुख मेटियो करतार। कोड़ि तणी कीवी मुखणी, कौल कियो करतार।७५
सतरासै र छिड़ोतरै, वद भादव बाखांणी। ऊदा अर अतली तणी, कथा चड़ी परवांणी।७६
तिथि चवदसि पुरबा नखत, मंगलवार विचारि। जन केसोजी कीवी विनती, आवागवणि निवारी।७७

साहबरामजी राहड़ कृत जंभसार के 18 वें प्रकरण में भी यही कथा वर्णित है। इसमें कथा के अंत में इस घटना का समय भी दिया गया है कि संवत 1585 मिगसर वदि एकम रविवार को गुरू जाम्भोजी उदोजी के घर पारवा गए थे:-

अतली कहै करता सुण कानौं, अंन तोटो अपरंपर भांनौ। बंदी की सुण भली फरियादा, अन विण और न आवै यादा।

तब जंभेसूर पुरबै आसा, पारवै जाय करो थे वासा। कर पकड़े करता ऊं कही, अंन वाहो निपजसी सही।
उदो जाय पारवै बस्यौ, निर आसा होय हर सूं रस्यौ। अतली कहै दलिद्र गयो, आपां सतगुरु प्रसन्न भयो।
पारवै आय र खेती करी, मुकता मोठ हुई बाजरी। आलस भागो अतली तणों, भागी भूख हुवौ अंन घंणो।
कापड़ चौपड़ माया मिली, अंन उबरियौ कोठी छली। महर करी गुरु राखी मामां, वासण घड़े कलसिये दामां।
अतली मन सोचत है अपणो, घर माया धन दीसै घंणौ। सांसो कर मन कियो सोचा, ऊदो अतली करै अलोचा।
अतली सौच करें मन माही, सुभ्यागति घर आवैं नाही। आपां सूं रूठो भगवांना, आवे नांहि घरै म्हमांणां।
अतली कहे ऊदाजी सुणिये, दरसण भेठी सतमन गुंणिये। जद जावो प्रीतम कै पासा, चरण लाग करो अरदासा।
अतली के मंन सांसों रहै, देखा सतगुर कासूं कहहे। उदो गयो जगत गुर पासा, चरणे लाग करी अरदासा।
सुंण सतगुर ऊदो कहे, थे दया जु करी दिवांण। जन सम्पत अई भले, नहीं आया महमांण।
सुण ऊदा सतगुर कहे, निरधनियां धन मन। थे कहियो त्यूं ही कियो, अतली मांग्यौ अंन।
जद थे पंडवालै बस्या, गिण पंड़वालो गांव। गुर भक्तां गोविंद भगत, तद भक्ति थी मन मांय।
तद पंडवालो पर हरियो, और बसायो गांव। खिंचियासर वसियां पछे, तद विसनोई नांव।
जद थे आया पारवे, धन सूं प्रीत पिछाण। अब रूलि रलियावता, सतगुर कह सुर वाण।
अवताके ऊदो गयो, सतगुर वचन विचार। अतली पुछे प्रीत कर, किसूं कह्यो किरतार।
अतली गई जगत गुर पासा, चरणे लाग करी अरदासा। अधर्म कियों कुछ चूका जाप, करता धर्म घटियो किंण पाप।
देव कहे चूका वड़ दावा, धर्म घटियो ज्यूं घटियो भावा। सतगुर वायक सुण्यां सुभाखे, सुण अतली आयो जब ताके।
ऊदो अतली करे विचारा, धन खरचण नै हुई तियारा। गंगा पार तणां विसनोई, सतगुर चरणां आया सोई।
पवण छतीसू एक नियाता, ऊदे निंवती जाय नियाता। धन खरचण मन कियो खरो, मुंग मोठ आंण्यो बाजरो।
दुध दही गोरस घृत ल्याया, आण कियो सीधो मन भाया। जन जीमण ने लिया बुलायी, पंडत पांव डांव सम सदाई।
चरण धोय पग पाहल लियो, चरण बंद चरणोदिक पियो। आव भाव आदर अति घणौ, तन मन धन सूंपै आपणों।
प्रीत प्रेम आदर अति भावा, जन जीमें ढोलीजै बावा। धन खरचण अतली मन खुशी, जन जीमै पूली लापसी।
अतली अर्थ लगावै आथा, घिरत परोसै अपणै हाथा। जीमें सो न करै नाकारा, अतली घृत न खंडे धारा।
अतली के होती आखड़ी, नांकारे बिन नां रहै खड़ी। धन खरचै धड़के नहि हियो, यों नहचै अतली जीव कियो।
अतली अंतर ईसो पियारा, आप पधारे सिरजण हारा। भिखियारी को रूप धर, काया पलटि किरतार।
अतली की परखण भगत, आयो सिरजण हार। काया पलट आयौ किरतारा, ढेहेढ की दीसै उणिहारा।
करता कपड़ो रकतां तणौ, छेहा छक्या अरु मैलो घणो। कंपै हियो काया लुड़खड़ी, कर कंपै काया मनु खड़ी।
तन छीनो दीसै दुरबलो, ऐक थक्यौ में नाहीं रलो। पतरी सोई स्याम सुजाणां, रूप ईसो रचियो भगवाना।
सांग जू ऐसो रचियो धणी, आवत और न दीठो कंणी। मीठी होती वासण मांही, वासण आय उघाड़ियो सांई।
मीठी ने हरि कियो हाथा, भींटियो भींटियो कहे जमाता। कुवचन कहि उठियो अजाणा, है है कहे अतली दे आणा।
कह अतली रहसी क्यूं मामा, भींठी भक्त बिगाड़ियो कामां। अतली कहे तन मंन झोकस्यूं, ऐक पुरष योही पोखस्यूं।
अवगुण पर गुण कियो भारी, अतली रही रूस कर न्यारी। मांग्यों पत्र प्रीत बहु करके, दये तो दयुं पुरसाऊं भरके।
अतली पत्री लिवी कर सांही, अन परूस्यो अधिके भाई। पतर परूस्यो अंन जू छल्यौ, करता कर गहि डेरे चल्यौ।
अतली अरज करे एक ऐसी, क्यूं लूखी लैजै लापसी। अतली विनाव धारै घणां, भगतहु भात हुवै घी विणां।
जग जीवण रहियो मन जांणा, अतली घृत परूस्या आणा। अतली के होती आखड़ी, नेकार विन न रहे खड़ी।
मोन करे रहियो जगनाथा, हुवा करै न पकड़े हाथा। पतर छल्यौ पै परीत अमाऐ, हरि अतली सु आयो भाए।
अतली इसो पिछाण्यो सांग, हरि तूठो अतली अब मांग। मांगू कहां मुरारी देवा, जनम जनम संतन की सेवा।
मुक्ति दयो तो जनमं न दैणा, तुमरे पास सदाई रहणां। साधू करके आधो करिहे, कर विसनोई पातक हरिहे।
पूरा ने तूं देही रुलाया, अधूरा सो पूरा थाया। कर भक्ति कछु मांगे तोपै, तो प्रभु तुं सुण लीजियै मोपै।
दर्शन देव दीजियै नित ही, सतगुर सरण राखो मोहे इत ही। देव मिल्यां दालद सब गएऊ, दुख मेट्यौ सुख रूपी भऐऊ।
एक करोड़ के अतली मुखी, कवल कियो जुग कोटां सुखी। पनरासै रू पचियासिये साला, वदि मिगसर एकम रवि काला।
जंभ गरू कृपा जब करीउ, ऊदै के घर आए हरीऊ।

03. रतनोजी राहड़ का पारवा में बसना:- साहबरामजी राहड़ कृत जंभसार के 18 वें प्रकरण में वर्णित है कि गुरू जाम्भोजी ने रतनोजी राहड़ को सामान देकर विदा किया। रतनोजी पहले कूदसू गांव पहुँचे, जहाँ पूरा गाँव उन्हें देखने आया। इसके पश्चात वे पारवा गाँव गए और वहाँ घर बनाकर रहने लगे। कुछ समय बाद उनके पिता ठुकरोजी वहाँ पहुँचे और समस्त सामग्री वापस जांगलू ले गए। फिर भी रतनोजी अपने

धर्म और धैर्य पर अडिग रहे। गुरु जाम्भोजी ने रतनोजी को चार वरदान दिए थे पहला वरदान धन-समृद्धि का था, पृथ्वी से पर्याप्त धन की प्राप्ति होगी। दुसरा वरदान संत-समागम का था, उनके यहाँ सदैव संतों का निवास रहेगा। तीसरा वरदान अनुपायनी भक्ति था, उनकी भक्ति निरंतर और अटूट बनी रहेगी, वंश वृद्धि होगी। चौथा वरदान मोक्ष का था, उन्हें पुनर्जन्म नहीं होगा, अंतिम मुक्ति प्राप्त होगी। साथ ही यह भी कहा गया कि उनके कुल में भक्त जन्म लेंगे। पिता की मृत्यु के पश्चात रतनोजी ने उनका क्रियाकर्म किया और कुछ समय जांगलू में निवास किया। वहाँ उन्होंने छीपटियो कुआँ खुदवाया। किन्तु मन उदास हो गया और वे पुनः पाँच गाड़ों में सामग्री भरकर पारवा गांव लौट आए। रतनोजी के सात पुत्र हुए, जिनमें ज्येष्ठ पुत्र अमेदोजी पारवा में ही स्थायी रूप से बस गए। रतनोजी दुसरे पुत्रों के साथ यहां से अलाय गए, फिर बिचपड़ी चले गए:-

एहि विधि चाल कूदस्यूं आऐ, सकल गांव देखण कूं ध्याऐ। पीछे गये पारवै गांवहि, मांडियो घर लींन्हो हरि नांवहि।
ऐक दिनां ठुकरो ताहां आयो, ले सब भार जांगलू ल्यायो। च्यार वचन जांभेजी कहेऊ, अष्ट सिद्ध अरु नव निधि भएऊ।
च्यारवें वर के नांव बखाणौं, ताकी विगति भिन कर ठाणौं। इक वर दियो अवनि धन पावै, दूसर संतत बहुत रहावै।
अनपायनि भक्ती नित रहहे, पूत पोते वधती नित जहहे। चवथौ वर मुक्ती हुय जावै, बहुर जनम नहीं जग में पावै।
कही आप गुर जंभ कृपाला, एहि कुल जलमहि होवहिं न्हयाला। छीपटियो कूंवौ करियो, कियो जांगलू वास।
सताइसो पित को कियो, फिर रतनो भयो उदास। गाड़ा पांच माल का भरिया, डेरा आय पारवै करिया।
मोटो पुत्र अमोदो कहियो, वो तो सदा पारवै रहियो। छै पुत्र संग लेकै चाल्यौ, ऐक ऊंठ आटै को छाल्यौ।
एक दिवस बै बीचही रहिया, दूसर दिवस अलाय यही गइया।

04. पारवा भंडारा:- साहबरामजी राहड़ कृत जंभसार के 22 वें प्रकरण वर्णित 24 भंडारो की सूची में पारवा गांव के भंडारे का भी उल्लेख है। पारवा गांव में दो भंडारे संचालित होते थे। एक उदो अतली का और दुसरा लोचा मंडा का भंडारा चलता था:-

पारवै भंडारा दोया, उदे अतली को इक होया। दूजो लोचा मण्डी दयो, भंडारो योही भल भयो।

35

झींझाला/बगराला धोरा

01. परिचयः- झींझाला/बगराला धोरा गांव नाथूसर तहसील नोखा जिला बीकानेर में स्थित है।

02. नाथुसर के सैंसोजी कस्वां:- केसोजी गोदारा कृत 'कथा सैंसे जोखाणी की' में वर्णित है कि जब गुरु जाम्भोजी संभराथल साथरी पर विराजमान थे, तब उनके मन में भ्रमण का विचार उत्पन्न हुआ। उन्होंने रथ जोतने का आदेश दिया। संतजन भी उनके साथ चलने को तैयार हुए। संतों के हाथों में जपमालाएँ थीं, सिर पर टोपी धारण किए हुए थे, और वे साखी-सबद गाते हुए आगे बढ़ रहे थे। ऊँट और बैलों के गलों में बंधी घुँघरमाल की ध्वनि वातावरण को पवित्र बना रही थी। पांचू और नाथूसर के मध्य स्थित झींझाला नामक धोरे पर गुरु जाम्भोजी ने डेरा लगाया। उनके आगमन का समाचार फैलते ही आसपास के समस्त जातियों के लोग दर्शन हेतु आने लगे। वे गुरु के चरण स्पर्श कर आशीर्वाद प्राप्त करते। नाथूसर गाँव से भी नर-नारी प्रसन्नतापूर्वक झींझाला पहुँचे और दर्शन किए। संध्या के समय जब जमात वापस जाने को तैयार हुई, तब नाथूसर गांव के चौधरी सैंसोजी जोखाणी ने हाथ जोड़कर निवेदन किया कि दिन ढल गया है, रात्रि होने को है। जमात विदा चाहती है, कृपया इन्हें कोई सीख दीजिए। इस पर गुरु जाम्भोजी ने कहा कि अच्छे भाव से दान किया करो, सुनो सैंसा, यही मेरी सीख है। सैंसोजी ने उत्तर दिया कि वे अपनी सामर्थ्य अनुसार दान करते हैं और घर आए को खाली हाथ नहीं जाने देते। उन्होंने दूसरी सीख देने का आग्रह किया। परंतु गुरु जाम्भोजी ने वही बात पुनः दोहराई और कहा कि साथरियां समझ गए हैं, पर सैंसा तूं नहीं समझा। साथरियों ने सैंसे को समझाया, पर वह अपने कथन पर अडिग रहा। तब गुरु जाम्भोजी ने उसकी परीक्षा लेने का निश्चय किया। उन्होंने दूसरा रूप धारण किया- लंबे बाल बढ़ाए, हाथ में पतरी ली, और संध्या समय अकेले सैंसे के घर पहुँचे। वहां जाकर उन्होंने भिक्षा माँगी कि विसन के नाम पर भीख दो। सैंसोजी ने उसको देखकर दरवाजा बंद करने को कहा। उनकी पत्नी भी उन्हें टालने लगी। गुरुजी ने खिड़की पकड़कर कहा कि आज गुरु जाम्भोजी ने कहा है कि घर आए को खाली हाथ मत भेजो। और सैंसोजी कह रहे थे वे घर आए को खाली हाथ नहीं भेजते है। अतः मुझे भी खाली हाथ मत भेजो। परंतु सैंसे की पत्नी ने उन्हें हटाने का प्रयास किया। इस खींचातानी में गुरुजी की पतरी का किनारा टूट गया। तभी एक महिला आई और सैंसे दंपत्ति को फटकार लगाई कि बड़े कहलाने वाले होकर भी भिखारी को भिक्षा नहीं दे सके। अंततः एक महिला ने अंदर से खुरचन लाकर दी। गुरु जाम्भोजी जब लौटने लगे, तब उन्होंने ओढ़ने के लिए वस्त्र माँगा। सैंसे की पत्नी पहले क्रोधित हुई, पर सैंसे के कहने पर उसने एक "आथर" दे दिया। गुरुजी यह सब लेकर डेरे में लौट आए। डेरे पर साथरियों ने घटना पूछी। गुरु जाम्भोजी ने आथर और टूटी पतरी दिखाकर सैंसे का व्यवहार बताया। दूसरे दिन जब सैंसोजी पुनः सीख मांगने आए और वही बात दोहराई कि वे अतिथि का सम्मान करते हैं, तब गुरु जाम्भोजी ने वही वस्त्र और पतरी दिखाकर सत्य प्रकट किया। यह देखकर सैंसोजी स्तब्ध रह गए और गुरु के चरणों में गिरकर क्षमा माँगी। गुरु जाम्भोजी ने कहा कि यदि घर में धीणो (दूध) और धान हो, तो अतिथि को सम्मान सहित भोजन कराना चाहिए। सैंसोजी ने बताया कि उनके पास चालीस गायें हैं। तब गुरु जाम्भोजी ने उन्हें और 25 गायें दिलाईं। इस प्रकार उनकी गौ-संपत्ति 65 हो गई। अब सैंसोजी के घर में धन, धान, दूध की प्रचुरता हो गई। वे अतिथियों को भोजन कराने लगे। उनके घर पर सदैव लोगों की भीड़ रहने लगी। कुछ लोग ओढने के वस्त्र चुराकर ले जाने लगे, जिसकी सैंसे ने शिकायत की। तब गुरु जाम्भोजी ने उपाय बताया कि ऐसा वस्त्र बनाओ, जिसे कोई ले न जा सके। तब सैंसोजी ने एक ऐसी "सैंसा सौड़" बनाई, जिनको कोई उठाकर नहीं ले जा सकता था। सैंसोजी के निधन के बाद साथरियों ने उनके बारे में पूछा। तब गुरु जाम्भोजी ने कहा कि सैंसा स्वर्ग को प्राप्त हुआ है। उसके प्रभाव से वैकुण्ठ के द्वार चार प्रहर तक खुले रहेंगे। इस समय में जो भी प्राणी देह त्याग करेगा, वह स्वर्ग प्राप्त करेगा:-

निरहारी पहली निवुं, सतगुरू सांमि सुजांण। एक संत निवाज्यो सांमिजी, वायक करूं बखाण।१
साध घणां संसार में, अगणत जीव अणंत। एक भगत कीवी हुवै भलो, सांमि निवाजो संत।२
सतगुरू संभरथलि साथरी, ऐक समईयै मनसा धरी। कही मतै जगजीवण जांणि, रथ जोत्या पौंहण पलांणि।३
कठा लियै करताजी सही, दया सरूपी बैठो दई। अपणी आप करै अन्यात, संत समाहया सतगुरू साथ।४
अंतरि ध्यान असी पर धरै, विसन विसन मुख तां उचरै। साथरिये अंति सोभा घणी, करि तसबी सिरि टोपी वणी।५

साखी सबद संता करे ताल, ऊंठ बलद गलि घूघरमाल। करहै कसणां वण्या अनूप, ओठी पाला इधक सरूप।६
अलख पुरख जां ओलख्यौ, ते अपरंपर अंस। ऊजल झूल सुहावणा, वौ हरिजी वै हंस।७
सरवंतरि साहिब रहे, विसन तणो विसतार। सोभा सिरजणहार की, करता कला अपार।१९
पांचू अर नाथूसर गांव, तां विच थल झींझालो नांव। तहां थप्पा डेरा करि थाप, झींझालै हुवो हरि जाप।२८
धुरि आयो झींझालै धणी, आसपास चौगिरदै सुणी। पौंण छतीसूं दरसण करै, सति जांणौ तां कारिज सरै।२९
पग परसै त्रिकमजी तणां, गुरू दोला गागरटा घणां। साहिब सोभा कला अपार, व्राजि रह्या वन में हथियार।३०
निरति हुई नाथूसरि गांव, नर नारी रहंस्या मन मांहि। जगजीवण सुंणि करै जगीस, झींझालै आयो जगदीस।३१
गावै वावै विसन बखाणि, देव तणो आया दीवांणी। मन खोजे समधा मन मंही, कादा महल मिलण को नंही।३२
साथरिये पूछै सुर राव, हरि हुकम करो तो परसां पांव। खालक वचन कहै इम खरो, देव कहै आय दरसण करो।३३
पुजित सारूं भैंटा धरो, नर नारी आय दरसण करो। ओउंकार वरति वनि रहै, दुख सुख आय दई नै कहै।३४
काका वनि विखरी जमाति, आप रह्यो झींझालै राति। जोखांणी सैंसो सिरदार, कर जोड़े पुछै करतार।३५
सैंसौ कहै सतगुरू सुणों, आप करो अन्याति। महरि करो मोटा धणी, मांगै सीख जमाति।३६
दिन वरत्यौ आई अब राति, सतगुरू मांगै सीख जमाति। भाव भलै सूं दीजो सीख, सांमि कहै सैंसा आ सीख।३७
वित सारू सतगुरू म्हे दीयां, मन सोचे अंबलो करि लिया। आया नै ऊतर द्यां नांहि, धन तेरो खरचां तिहि नांय।३८
सैंसौ कहै सतगुरू भै डरां, पासै सारै पूजा करां। अपरंपर कीजै अन्याति, रजा विहुंणी खड़ी जमाति।३९
भाव भलै सूं दीजो सीख, सांमि कहै सैंसा आ सीख। साथरिया समधा मन मंही, सैंसा तूं तो समझे नही।४०
सांमि कहै मुख हुंता जाह, कहि सैंसा गति होयसी काह।४१

साथरीये समझे कहै, उरि मेटो अणराय। सांमि कहै सो मांनियै, सैंसा समझि सीधाय।४२
करता साथरियां नै कह्यो, मोहि वचन सैंसै नहीं सह्यौ। सारा पापां म्हे परहरां, सैंसौ कहै म्हे संबलो करां।४३
गुरू कहीयो गति संभलि सीख, सैंसौ कहै रूड़ा द्यां भीख। कूड़ कपट नांही रीझीयै, जो सैंसा संबलो कीजियै।४४
पूरो गुरू कहै पेखिस्यां, सैंसै को संबलो देखिस्यां। कावल कुवचन कूड़ो कहै, सो सतगुरू क्युं करिसां सहै।४५
दीन्ही सीख जमाति नै, सब मिल कियो सबाब। म्हे संबलो सरसो करां, औ सैंसै कियौ जबाब।४६
कोई रूप रच्यौ करतार, औरां रूप औरां उणहार। औरां बोली औरां बांणी, सरसा सीस वधारिया केस।४७
औरां बोली औरां बांणी, साध विना कुण सकै पिछाणी। हर करि पतरी लीवी हाथि, कोई सतगुरू संत न लियो साथि।४८
जास तणो कीजै जगि जाप, ऐका एक पधारियौ आप। सांझ वखत त्रिकमजी ताकि, सैंसै कै आया औताकि।४९
सांमि कहै सैंसै के आय, घातौ भीख विसन कै नांय।५० रूप अभावो दीसै खड़ो, सैंसौ कहै ब फलसो जड़ौ।५१
सैंसे कहिया वैंण विचारी, सुणि करि सांम्ही आई नारी।५२
बार ढकूं चलि बाहिरो, निरखि कह्यौ ऊं नारि। खिड़की झालै के खड़ो, लहणायत सौ बारि।५३
आये उतर मत द्यौ, सुणी सतगुरू आ सीख। करी पतीरी आगै करै, क्यौं थोड़ी बोहती भीख।५४
मोहि खाली मेल्हो मत, हूं करि आयो आस। सैंसै को घर ताकि के, मेल्हो मत निरास।५५
बाहरि निसरी काम करि, किसी चलाई रीत। खिसी आघूं खिड़की द्यौ, आयो बड़ो अतीत।५६
बसती मांहे जे बड़ा, जे जूता धणी भारी। लोग कहे सैंसो बड़ो, सुणी आयो आचारी।५७
खड़ो ज खिड़किया कड़े, खालक रचियो खेल। वे खासै विलकै खरौ, खाली नारि न मेल।५८
दांन दियां सैंसौ कहै, देव तणै दरबारि। संबलौ करता संभल्या, तो आया थां बारि।५९
बाह धका द्यै बो सहै, निरखि कहै युं न्हालि। बोह उघाड़ै बा ढकै, खांचै खिड़की झालि।६०
खांचो ताणी खिड़की करै, हठ कियौ हैरांन। निछै भनायो तो रह्यौ, पतरी केरो कांन।६१
कांमणि आई कल्ह सुणि, लागी करण विचार। फिटि सीरणी सैंसै तणी, फिटी घर को आचार।६२
थारो घर कहिये वडो, वड कहिये औताक। फोड़ियो पतर अतीत कौ, इंह वडपण में खाक।६३
दया करि बोली दोय नारी, धुलि द्यौ धेठि के लार।६४

महि रांणी दोन्यूं मंन मांहि, खुरचणि एक ले आई जाय। खुरचणि दूध घरे दुहि दियो, आप मतौ डेरे नै कियो।६५
देखि चल्यौ वसती की चाल, निकलते वलि कियो सवाल। वलि मांगै कांटौ नहि कियो, सैंसा एक सी ओढण दियो।६६
बाहड़ि आई दीठो बारि, सुंणी करि सांम्ही आई नारि। सुणि करि साम्ही आई दोड़ी, आघूं आव उढाऊं सोड़ि।६७
सैंसै साद सुण्या घर मांहि, कांमणि कल्ह मचाई कांय।६८
सैंसै सीरणी दाकली, तैं कल्ह मचाई कांय। सी वियापै सोह कही, महराणौ मन मांहि।६९

नारी नै समझाये कह्यौ, सैंसौ कहै सी ओढण दियो। नारी निखरज ऊतर धरै, कसवै तणो न कहियो करै।७०
कसवै तणो कह्यौ जे कियो, दया करे इक आथर दियो। सांमि कीवी डेरे नै सीख, फोड़ियो पतर न घाती भीख।७१
कीवी सीख विसोवा वीस, झींझालै आयो जगदीस। पारब्रह्मा नै पूछै पात, सामि कहौ सैंसै की बात।७२
भगतां सूं हरि दाखै भेव, आथर पतर दिखाल्यौ देव। जगजीवण कहीयो ज्यूं जोय, आ सैंसै सोड़ि उढाई मोय।७३
सांमि कहै संत संभलो, बोलै इणि आचार। सैंसै ओ संबलो कियो, भुधर कह्यौ विचार।७४
खबरि हुई हुवा खुसी, निहचौ कियो न्याति। गांव गांव ता उमह्या, प्रीति करे परभाति।७५
झाझा झूलर झूलख, सुर नर संत सरूप। मारगि आवै माल्हता, भगत वण्यां सह भूप।७६
दरसण आवै देव कै, धन भगतां को भाग। गावै वावै गहका करै, साखी सबद धुनि राग।७७
उरे विराजै वालला, सझि आवै सिणगार। सीस नुवांवै सामि नै, करि करि प्रीति पियार।७८
वन में सती होय रही, खालक रचियो खेल। मारगि आवै माल्हती, जिम ढलकंती ढेल।७९
चाकर ठाकर एकसा, सह दैखै दीदार। जण जण दीसै सांम्हो, यों जाणीजै अवतार।८०
पुठि परत न दीसही, दई ज धारी देह। औल्है आप न आवही, झंभ अचंभो ऐह।८१
पसु पंखेरू मानवी, जेजे उतिमै जीव। विंतर विसनोई किया, जिण सांमि नुवाऊं सीव।८२
दरसण परसण कारणै, आवै जुड़ै जमाति। गांव गांव तै उमह्या, प्रीति करे प्रभाति।८३
नाथूसर की बात विचारी, देव तणै आया दरबारि। सनमुख ज्यूं दीठो सुरराव, पारब्रह्मा का परसै पाव।८४
जगजीवण आयो ज्युं भाय, तिंह नै सीख दीयै सुरराय। जोखांणी सैंसौ सिरदार, कर जोड़े पुछै करतार।८५
दिन वरत्यौ अब आई राति, सतगुरू मांगै सीख जमाति। सतगुरू नांय इमट द्यौ भीख, सामि कहै सैंसा आ सीख।८६
सैंसो कहै संभलि सुरराय, के थे म्हांनै कहो खराय। वार वार थे म्हांनै कही, नाऊं म्है समझा थां नही।८७
आयै नै ऊतर द्यां नांही, धन तेरो खरचां तिंह नांय। कसवैं इणि विधि कह्यौ खराय, तदि आगे बोल्यौ सुरराय।८८
देव दूवागर लियो बुलाय, आथर पतर ले आवो जाय। आथर पतर दिखाल्या आंणि, सैंसा औ सहनांण पिछांणी।८९
जगजीवण कहियो यूं जोय, आ सैंसै सौड़ि उढाई मोय। वलि देखो सीरणि को दांन, पतरी केरो फोड़ियो कांन।९०
सैंसै वैंण सुण्यां ज्यूं खड़ै, ठोड़ नही अब कित कणि वड़ै। करम लिखी आ हुई किसी, जाहि करम तै किवी जिसी।९१
मो आंगणि आवै सुरराय, भीख विनां क्यूं खाली जाय। औ आयो त्रीकम नै त्याग, ईसौ कहां सैंसे को भाग।९२
भवसागर जामै पड़ियो, नांणत पड़ियो जोय। हरजी छाडै हाथ सूं, राखि न सकई कोय।९३
मनड़ह क्यौं साथरीया डरै, कसवै तणी अरज नहीं करै। सैंसै सबल विगाड़ियो काम, राखै देव रहै तो मांम।९४
तो रूछै जगि जास्यूं हारि, नफर विगाड़ै स्यांमि सुधारि। पछिला गुन्हां बकसियो मोय, छोरू सदा कु छोरू होय।९५
सैंसै की ऊंणति हरी जांणि, सिरजण हारो कहै सुबांणि। त्रीकमजी दीठो ज्यूं ताय, वलि आयो सैंसै सूं भाय।९६
जगजीवण कहीयो यों जोय, सैंसा संबल असी विध होय। घरे हुवै धीणौ अर धांन, आयां नै अति दीजै मांन।९७
अपरंपर पूजै अति आस, सैंसा सुखड़ जु कीजै वास। सैंसो कहै विसोवा वीस, चौकस धीणोड़ीं चालीस।९८
सैंसै सूं साचौ धणी, वायक कहै ज बोलि। काजल पीयल ऊजली, गऊ ले आवो मोलि।९९
मदसूदन राखै यौं मांम, देव दिये कोठारियो दांम। जगजीवण कहियौ जगदीस, आंणि गऊवां परखि पचीस।१००
आणी गायां निरखि निहालि, पैंसठि गउवां निपटि दूधालि। हला बोल दीसै यों थाट, घूमै मही विलौवै माट।१०१
सिरजणहारो कहै सुरबांणि, संभलि विंतरा पड़ै भगांणि। होम दांन पुंन जेजेकार, आप तणौ वरत अवतार।१०२
देव मिल्यौ दालद गयो, भूधर आयो भाय। विसन भगति सैंसौ करे, सिरजणहार सहाय।१०३
हाली बालदी धीणों धान, आया नै अंति दीजै मान। सैंसो अटलियो अंति वहै, आयां नै ऊतर नहीं कहै।१०४
सैंसो अरथि लगावै आथि, आवै जीमै जुड़ै जमाति। सैंसौ कौ तौ सहज सुभाव, ऐक जीमै एक करै खड़ाव।१०५
भाव भलै सूं दीजो वाद, ऐक आवै एक करै उलाद। अंन पाणी आया बोह लहै, धन धन लोग सैंसै नै कहै।१०६
सैंसौ करै असी विधि सेव, सकल मुंहा मुंहि दीसै देव। केके असध सुवै घर मांहि, जांता सी ओढण ले जांहि।१०७
सैंसै येती आखड़ी, सिरजणहार सहाय। विसनोई चोरै वसत, जांता लारे न जाय।१०८
केके असध सुवै घर मांहि, जांता सी औढण ले जांहि। सैंसौ निरख करै नियाव, लारे गया लाजै सुरराय।१०९
सैंसो सतगुरू आगै जाय, अरज करै अंतर की आय। सैंसौ अरज करै सुरराय, लोग मिले वसतर ले जाय।११०
मन डहक्यौ सतगुरू नै डरां, साहिब कहो तका विध करां। सतगुरू कहियो वचन वमेक, ध्रम तणी मत भांनौ टेक।१११
सिरजणहार कहै विधि वोड़ि, सैंसा सबल करावो सौड़ि। जगजीवण कहियो यों जोय, नां ऊंचवै न लेजै कोय।११२
सिरजणहार कही विधि वोड़ि, सैंसै सबल कराई सौड़ि। ऊपरि लेय रहै जन सोय, ना ऊंचवै न लैजै कोय।११३

आवै जे पंथी रहै, सीरख सबली सोड़ि। सी ओढण सहजे रहे, विसन कही विधि वौड़ि।११४
भांति भली जीमै परभाति, करै अवैलो आंवै राति। जोखांणी जो सेवा जांणि, तिल अर सकर दिरावै आंणि।११५
वात सरवणे सुणी जमाति, तिल अर सकर दिरावै राति। कसवो भगति करै अंति घणी, सैंसै तणी सुसाख्यां सुणी।११६
केके बालक अकल अबूझ, बैसि किवाड़ी मांडै गूझ। लोगे वात असी मनि कही, तिल अर सकर दिरावै सही।११७
बालक बोलि कहै यों बारि, सूतां पाछै कहै पुकारि। म्हे अलाखू इणि विध कहै, आया अवेला भूखा रहै।११८
जोखाणी सैंसौ यों जाणि, तिल अर सकर दिरावै आंणि। चाबै हंसै खुसी मन मंही, सैंसै सही पिछाण्यां नही।११९
भेद लहे भेदी कहै, सैंसे आगी जाय। ऐतो ईंही गांव का, हांसी मिस ले जाय।१२०
सैंसौ कहै ऐ टाबर भला, प्रीत करै अर मांडै पला। सैंसौ पूछै करै पिछांणी, तिल अर सकर दिरावै आंणी।१२१
सैंसौ करै असी विध सेव, सकल मुंहा मुंही दीसै देव। भगति करतां कियो काल, दरगै देव चलाई चाल।१२२
ध्रम करै पापां परहरै, सैंसै मौत हुई साथरै। साथरीये सतगुरू नै कह्यौ, सांमि कहौ सैंसौ कित गयो।१२३
अपरंपर यों बोलियो, मेटै अघ अपराध। सांमि कहै संत संभलो, सुरगि पहुंतो साध।१२४
लाख पचास सकल साझ लहलै, से फाटक वैकुंटे वलै। सुरगापुर मां हुवौ उछाड़, सैंसै गयै उघड़िया किवाड़।१२५
सैंसै तप ताला नहीं जड़िया, च्यार पहर रहिया उघड़िया। च्यार पहर जे चाल्या लार, ते जन पायो मोख दवार।१२६
प्रीत करे पूछै छै पात, सांमि कही सैंसै की बात।१२७
भगति किया हर भगत होय, हर विन भगत न होई। भगति करै दूतर तरै, जग में देखो जोई।१२८
इणि करणी केसौ कहे, लाभै सुख अपार। भगति कर पावै मुगति, न आवे संसार।१२९
जोखाणी सैंसा तणी, कथा सुणै चित लाय। केसो कहै संसार में, मोख मुकति फल पाय।१३०

साहबरामजी राहड़ कृत जंभसार के 9 वें प्रकरण में भी यह कथा वर्णित है। हरजी बैनिवाल कृत साखी में सैंसोजी कस्वां की प्रशंसा की गई है:-

देवतणी परमोध में, कस्वे समो न कोय। सैंसो तो सारां सिरे, अरू स्वर्गा में होय।१

03. गुरू जाम्भोजी का नाथुसर आगमन:- साहबरामजी राहड़ कृत 'जंभसार' के बीसवें प्रकरण में वर्णित है कि एक दिन गुरु जाम्भोजी जैसला गाँव में पधारे। जैसला से प्रस्थान कर गुरु जाम्भोजी नाथूसर पहुँचे। उनके साथ साधु, तपस्वी और अनुयायी भी थे। नाथूसर में उनके आगमन का समाचार फैलते ही गाँव के सभी नर-नारी दर्शन के लिए उमड़ पड़े। नाथूसर में गुरु जाम्भोजी ने समस्त जनसमूह को आध्यात्मिक ज्ञान प्रदान किया। गुरु जाम्भोजी नाथूसर में एक दिन ठहरे, और दूसरे दिन नाथूसर से प्रस्थान कर गुरु जाम्भोजी किसनासर पहुँचे:-

एक दिवस जांहा हरजी आए, गांव जैसला दर्शन दिखाए। प्रातकाल हर करी चढाई, मानो गंग धार चली आई।
साधु तपसी सकल रखेसर, नाथूसर पंहुचे परमेसर। नाथूसर के लोग लुगाई, दर्शन कियो सकल जन आई।
सभि कूं आप जंभ प्रकाशा, जनम मरण की मेटे आसा। एक दिवस नाथुसर रहे, दुसर दिन किसनासर गए।

04. झाली राणी का आगमन:- साहबरामजी राहड़ कृत जंभसार के 17 वें प्रकरण में वर्णित है कि चित्तोड़ की झाली राणी संभराथल पर आई और डेरा लगाकर तीन दिन तक यहां निवास किया। फिर संतों से आज्ञा लेकर थाली ने प्रस्थान किया, और झींझालै की साथरी पर आकर डेरा किया। फिर यहां से खिंदासर गए:-

एहि विधि समराथल सब गएऊ, संभराथल के दर्शन भएऊ। तीन रात इति डेरा राख्या, दर्शन किया नाम हरि भाख्या।
संतन सें अज्ञा लई, झाली कियो पयांण। झींझालै की साथरी, डेरा कीन्हां आण।
तांहां ते चल खिंदासर आऐऊ, उदैजी के दर्शन भएऊ।

05. नाथूसर (झींझाला) की साथरी:- साहबरामजी राहड़ कृत जंभसार के 22 वें प्रकरण वर्णित 24 भंडारो की सूची में नाथूसर गांव के भंडारे का भी उल्लेख है:- "नाथूसर भंडारो भलो, बूढै खिलेरी भल चलो।" कहा जाता है कि हनुमानगढ़ जिले के ग्राम तन्दूरवाली निवासी सुरजारामजी गोदारा ने संवत 2041 फाल्गुन वदि द्वितीया को जिंझाला धोरे पर प्रथम बार आसपास के गाँवो के भक्तों को साथ लेकर यहां मंदिर की नींव रखी थी। उस दिन से लगातार श्री गोदाराजी ने आजीवन 23 वर्षों तक तन मन धन से सेवा की व निर्माण कार्य करवाए। श्री गोदाराजी का 23 नवम्बर 2009 को निधन हो गया। नाथूसर गाँव के पास 500 बिघा ओरण भूमि गुरू जाम्भोजी के नाम पर है।

36

थांवला

01. परिचयः- थांवला गांव नागौर जिले की डेगाना तहसील में स्थित है। इस गांव में गुरू जाम्भोजी ने अजमेर के सुबेदार महलुखान से टोडा के नेतसी सोलंकी को छुड़वाकर सांतल राठोड़ और महलुखान के बीच होने वाले संभावित युद्ध को रूकवाया था। थांवला के निकट स्थित पीह (पिहियावल) गांव के पास काकोलाव तालाब पर राठोड़ों का शिविर लगा था। वहां से ये गुरू जाम्भोजी के पास थांवले आए थे। वहीं महलुखान भी अजमेर से आया था। जब सभी दल बिखर गए, तो गुरू जांभोजी वापस थांवला की साथरी पर विराजमान हो गए:- "खेड़ खुसी वन ता विखरी, थांवले गुरू हुतौ साथरी।"

02. गुरू जाम्भोजी द्वारा युद्ध रूकवाना

क. केसोजी गोदारा कृत कथा:- केसोजी गोदारा कृत 'कथा मेड़ते की' में वर्णित है कि तोडे (टोडा) पर नेतसी सोलंकी का शासन था, जो राठौड़ों का भांजा था। एक अवसर पर अजमेर के सूबेदार महलुखान के समक्ष एक चारण ने नेतसी की वीरता और यश का गुणगान किया। इस प्रशंसा को सुनकर महलुखान के मन में अहंकार और ईर्ष्या उत्पन्न हुई। परिणामस्वरूप उसने तोडा पर आक्रमण किया, उसे लूट लिया और नेतसी को बंदी बनाकर अजमेर ले गया। वहाँ उसी चारण से उसने नेतसी के विरुद्ध अपमानजनक गीत भी गवाया। जब यह समाचार राठौड़ों तक पहुँचा, तब उन्हें चेताया गया कि यदि वे साहस दिखाएँगे तभी अपने भांजे को छुड़ा पाएंगे। उस समय राव जोधा के बारह पुत्र थे, जिनमें सांतल प्रमुख सरदार थे। सांतल ने तत्परता दिखाते हुए प्रत्येक गढ़ में संदेश भेजा और समस्त राठौड़ सरदारों को एकत्र किया। इस प्रकार एक सशक्त राठौड़ दल संगठित हुआ। जोधपुर से राठौड़ दल, भैर-नगारे बजाते हुए अजमेर की ओर प्रस्थान हुआ। मार्ग में थांवले गाँव के निकट एक स्थान (पीह गांव) पर, काकोलाव नामक तालाब के पास उन्होंने डेरा डाला। वहाँ सांतल राव के मन में शंका उत्पन्न हुई कि हम सब भाई तो आ गए हैं, परन्तु विजय की कोई स्पष्ट आशा नहीं दिखती। इस संकट से मुक्ति कैसे होगी? इसी समय दुदोजी ने सुझाव दिया कि भगवा वेष में विसन स्वरूप गुरु जाम्भोजी इस समय पृथ्वी पर प्रकट हैं। वही इस विपत्ति से उबार सकते हैं। वे इसी थली क्षेत्र में विराजमान हैं, उनके चरणों में जाकर प्रार्थना करनी चाहिए। प्रारंभ में सांतल ने इस पर संदेह व्यक्त किया, किन्तु दुदोजी के दृढ़ विश्वास और गुरु आज्ञा के प्रति उसकी निष्ठा को देखकर उन्होंने सहमति दी। तत्पश्चात् गुरु जाम्भोजी का पता लगाया गया और ज्ञात हुआ कि वे थांवले गाँव में ही विराजमान हैं। राठौड़ दल गुरु जाम्भोजी के दर्शन हेतु प्रस्थान हुआ। मार्ग में, जब वे लगभग एक योजन दूरी पर थे, तब उन्हें अद्भुत सुगंध का अनुभव हुआ। सांतल ने आश्चर्य से पूछा कि यहाँ कोई बस्ती नहीं है, फिर यह सुगंध कहाँ से आ रही है? दुदोजी ने उत्तर दिया कि यह सुगंध गुरु जाम्भोजी की दिव्य देह से प्रस्फुटित हो रही है। इस पर सांतल ने कहा कि ऐसी सुगंध मेरी देह से क्यों नहीं आती? तब दुदोजी ने विनम्रता से कहा कि यही तो अंतर है। गुरु जाम्भोजी के समक्ष पहुँचकर राठौड़ों ने चरण वंदना की और भेंट अर्पित की। इस बीच, महलुखान को भी यह सूचना मिली कि गुरु जाम्भोजी राठौड़ों को वरदान देने वाले हैं। वह भी अपना दल लेकर थांवले पहुँच गया। इससे राठौड़ों के मन में पुनः चिंता उत्पन्न हुई, किन्तु गुरु जाम्भोजी ने उन्हें आश्वस्त किया कि आप चिंता मत करो, महलुखान हमारे अतिथि हैं। तुम लोग अलग डेरा करो। महलुखान ने भी गुरु जाम्भोजी के चरणों में प्रणाम किया, भेंट अर्पित की और हाथ जोड़कर खड़ा रहा। उसने कहा कि जब तक आप आदेश नहीं देंगे, मैं बैठूँगा नहीं। तब गुरु जाम्भोजी ने आदेश दिया कि नेतसी को छोड़ दो।महलुखान ने अत्यंत श्रद्धा से उत्तर दिया कि हे पीर! आपके कहने पर नेतसी क्या, मैं अपना जीवन भी अर्पित कर सकता हूँ। उसने तुरंत अपने विश्वस्त को आदेश दिया कि शीघ्रता से अजमेर जाकर नेतसी को मुक्त कर लाया जाए। यद्यपि उसका प्रधान मन से प्रसन्न नहीं था, फिर भी उसने हथिनी भेजी और नेतसी को बेड़ियों सहित लाया गया। गुरु जाम्भोजी के समक्ष ही नेतसी की बेड़ियाँ काटी गईं। तब महलुखान ने स्पष्ट कहा कि तुम अपने मामा के बल से नहीं, बल्कि गुरु जाम्भोजी की कृपा से मुक्त हुए हो। नेतसी जब राठौड़ों के शिविर में पहुँचे, तो सांतल ने पूछा कि तुम कैसे छूटे? तब नेतसी ने उत्तर दिया कि गुरु जाम्भोजी की कृपा से। इस प्रकार बिना युद्ध किए ही नेतसी की मुक्ति हो गई और एक बड़ा संघर्ष टल गया। समस्त राठौड़ दल अत्यंत प्रसन्न हुआ। इस प्रसंग के अंत में महलुखान ने गुरु जाम्भोजी से उपदेश की प्रार्थना की। गुरु ने उसे आदेश दिया कि गौ-हत्या का त्याग करो। महलुखान ने इसे सहर्ष स्वीकार किया और अजमेर लौट गया। तब सांतल गुरू जाम्भोजी के पास आए और बोले कि मेरे पुत्र नहीं है, आप एक

पुत्र देने की कृपा करो। आप जो कहोगे वो मैं करूंगा। तेरह पत्नी घर पर है आप कहो 13 और ले आऊं। तब गुरू जाम्भोजी बोले कि तुम्हारे पल्ले कोई पाप नहीं है। इस कारण पुत्र नहीं होगा। तब सांतल ने निवेदन किया कि आप कोई करणी (आचरण) बताइए। तब गुरु जाम्भोजी ने उपदेश दिया कि मद्य और मांस का त्याग करो। विसनोई धर्म का पालन करो। हरे वृक्षों की रक्षा करो। सांतल ने कहा कि वे विसनोईयों को अकर (कर रहित) करेंगे।तब गुरु जाम्भोजी बोले कि अकर मत करो बल्कि पांचवां अंश लो और विसनोई धर्म के तागे (मर्यादा) का पालन करो। गुरु की आज्ञा ग्रहण कर सांतल पुनः जोधपुर लौट गए:-

नांव कहावे नेतसी, तोड़ै करतो राज। राठोड़ा रो भणजो, सोलंखी सिरताज।३६
महलुखान करे मनि मेर, राज करे मांहे अजमेर। तोडे रहे सोलंखी सही, गीत पेस चारणे कही।३७
चारण आय कहिया जो गीत, राठौड़ां वलि रहे न चित। चारण इणि पर करे बखाण, सुणि संका माने सुरताण।३८
अरि जाग्यौ तिणि किवी सचित, महलुखान सुणाया गीत। गीत सुण्या मनि हुइ रीस, खान तणौ चमक्यौ ज्यौं सीस।३९
महलुखान ने सुरते कही, तोडो मारण चड़िया सही। असहे वचन मन मांही सह्या, खान खड़े तब तोडे गया।४०
तोडो लुटियौ बंदि कीवी, गीत कहाया फेरि। तदे बंद्य बांध्यौ नेतसी, अरे ल्यायो अजमेरी।४१
भावणीयौ राठोड़े गयौ, राठोड़ा ने वांको कह्यो। लुटियौ सहर ज कीवी रंदि, नेतसी ने ले गया बंदि।४२
कहेतो ताक कही नै डरै, हीमति करौ का थांसु सरे। जोधावत जोर अमराव, बारै सुत बारे ही राव।४३
बारां मां सांतिल सिरदार, सुणी सांतिलजी कहे विचार। राय रजपुता दीन्हु मान, गढ़े गढ़े मेल्ह्या परधान।४४
परधान जको कोटा दीस गयौ, नेतसी तंणौ उं वांको कह्यौ। बात असि परधाने कही, थे राजा सांतिल तेड़िया सही।४५
राजा सह भेला हुवा, सोचै ज्यौं दल जोड़ि। जुड़िया राजा जोधपुरी, जोधावत राठोड़।४६
ख्याति करे दल साम्हां खड़िया, जोधपुर यौं जोधावत चड़िया। भेर नगारा रहिया गाजि, बारा राव चड़िया दल साझि।४७
उबट वाट बहै दल खेरि, अरि ऊपरि चाल्या अजमेरी। थांवलै ता नैड़ौ एक गांव, तिंह गांव तणो नहीं जाणौं नांव।४८
जल जोए नै कियो पड़ाव, काकोलाव नांव तलाव। सांतिल राव करे मनि सोच, भाई तेड़िया करे अलोच।४९
सांतिलजी मनि सांसो कियो, खांचे सांस ने सांसौ लियौ। सांतलजी कहियो पछताय, सांसो कुण मेटे जग मांय।५०
सांसो मेटै सामिजी, दुदौ कहे दातार। भगवै वानै विसन जी, कलि परगट करतार।५१
दुदैजी सांतिल नै कह्यौ, थलिये परगट सतगुरु रह्यौ। पाय पड़ो परसौ जे तोय, सांसो सही निवारे सोय।५२
सांतिल कहे दुदाजी सुंणौ, बोलो झुठ निपट औ अंति घणौ। फुरमावे सोई म्हे करां, नारायण रौ दरसण करां।५३
जग मांहे प्रगट जगदीस, दुदो कहे विसोवा वीस। सांतिल कहे सुंणौ सभ राव, खबरि करौ तो परसो पांव।५४
महर करै दुदे नै मिले, थलि सतगुरु हुंतो थांवले। गंव करे हुई बां बोड, परसण नै चाल्या राठौड़।५५
सांतिल गुरु पारिख करे, मन मां करे विचार। देव छुड़ावै नेतसी, तो सति सिरजणहार।५६
सांतिल मन मां करे विचार, सांसौ मेटै सिरजणहार। जाभेसर सांसौ मेटसी, गुरु भैंटिया छुटे नेतसी।५७
सांतल अटक लियौ मन मांहि, सतगुरु छै तो नुविसी आंहि। उभा उभ सवारे काज, भगवंत सही म्हां राखे लाज।५८
अटक लियो सांतिल मन मांय, जभगुरु नै परसां जाय। सुणियौ जोजन एक विचार, काया थे आवै महकार।५९
सांतिल पुछै साथियां, उरि सुणियो उमराव। बसती बिना वासा वली, सोरंभ आवे काह।६०
दुदेजी जदि कह्यौ विचार, हरि काया ते आवे महकार। सांतिलजी दुदै नै कही, आ सोरंभ तौ मांहरे नहीं।६१
दुदो कहे और रस सुवास, सतगुरु तन उपजे सुवास। पारब्रह्म के लागा पाय, भेट धरी आगै सुरराय।६२
जे कहिया दुदे सहनांण, से सांतिल पुगा इहनाण। सांतिल अटक लियो मन मांहि, ए इहनांणौ मीनख ओर नाहि।६३
हीणौ बोले सांतिल उं कह्यौ, अंति सांसौ मन मांहि रह्यौ। वलि वलि सांतिलजी उं कही, सांसो मेटे तौ सतगुरु सही।६४
राठोड़े वंद्यो विसन, चाल सुंणी चहुं फेरि। कौण वर देसी हिंदवा, खांन सुण्यौ अजमेरी।६५
दलपति साही मनि अभेवांन, खड़ि आयौ नागोरी खांन। घुरै दमामा बाजै भेर, दल भेला हुवा अजमेर।६६
जाकी पुठि रहे पतिसाह, और चड़े आया उमराव। महलुखांन करे मनि सोच, पुछे सीणां कियो अलोच।६७
खांन कहे जांभोजी पीर, कलमे साथि कराया सीर। महलुखांन कहै उमराव, चड़ि चाल्यौं ज्युं परसो पाव।६८
खान चड़ियौ कियो परवाण, गहर सादि घुरिया निसांण। चड़ि चाल्या बाजा घरहरिया, मुंह आगै नेजा फरहरिया।६९
जे संमधा तांही कह्यौ, हरी करिसी आसान। राठौड़ मने चिंतवो, आयो अचिंत्यौ खान।७०
खालिक वचन कह्यौ इम खरो, देव कहे चिंता मत करौ। महलुखांन करिस्यां म्हे म्हेमान, मत राखो अंतरि अभेवान।७१
देव कहे सांतिल समझाय, डेरौ करौ अंतरै जाय। सांतल गुरु कौ कहियो करे, डेरो जाय कियो अंतरे।७२
दल आया कियो मनि खेव, खांन तंणा दीठे आयो देव। ख्यांति करे रहिया तब खड़े, छीब दीठी छाडिया पागडे।७३
बुधर तंणा वधारे वनण, पीर तंणी पाले आय वंदण। उतरिया सगला असवार, पीर तंणा जब परसै पाव।७४

भेंट धरे पाए पड़ियौ, पीरजी थे हमारी ओड़। बैसंण को नांही हुकम, खान खड़ो कर जोड़।७५
खान खड़ो आगलि कर जोड़ि, देव कहे नेते नै छोड़ि। नेतो छोड़े तो बसे धरा, खालिक वचन कह्या इम खरा।७६
खान कहे कुण तुम्हारी तुल, तुम आगहे जीव कबुल। नेतौ क्यांह दिया सरीर, उभा उभ मंगाउ पीर।७७
ताता तुरति तके ततसार, अजमेर मेल्ह्या असवार। खान खड़ो खालिक सुं खुसी, तत वहंत आण्यौ नेतसी।७८
ओठी अर असवारां थाय, वैगा वैगि लियावो जाय। परधाना मनि अंतरि घंणी, खांन खड़ो मेल्ही हथणी।७९
तुरति मंगायो नेतसी, खान खुसी अंति हेत। आण्यौ हथणी चाड़े के, पगि बेड़िया समेत।८०
दल उभा नेड़ा के दुरी, बेड़ी काटी आणि हजुरी। मामा तंणी न छुटा भीर, बोल्यो खांन छुडायौ पीर।८१
भाग भली बुधर भेंटियौ, सांतिल कौ सांसो मेटियो। सतगुरु काज संवारिया आय, रलियाला हुवा मन मांय।८२
भलो हुवौ आया घरै, कही न आई हार। मांमे पुछियौ नेतसी, छुटौ किसे विचार।८३
नेतसी विधि कहे विचार, जंभ छुड़ायौ सिरजणहार। मुथरा हुतो जको मुरारी, सो परगट सतगुर संसारी।८४
इणि मोटै गुरु राखी माम, सहज सकल सुवारिया कांम। खालिक अटक लियो करि ख्याति, सिरजणहार कीवी सुंपाति।८५
वेढि बिना छुटो नेतसी, सतगुरु विना करे कुण असी। अभो भांनण भान्या भीखा, सरपरे गुरु सीतल ओलख्या।८६
पारब्रंभ प्रगट संसारी, मिनखां मांहि रमै मुरारि।८७
रलियाला राठोड़ सह, खुसी हुवा सह खांन। सगला कारज सिध हुवा, आप किया आसान।८८
सगला खान हुवा आधीन, महमंद तै वधारिया दीन। तै कुफराणौ तोड़ियौ पीर, कलमे साथि कराया सीर।८९
खान अरज करउ आय, बंदा नै करणी फुरमाय। यौ मुख तां बोल्यौ सुरराय, मोजां मत मरावौ गाय।९०
दूजा पीर नहीं तुम तुल, पीर कह्यो सो कियो कबुल। हुंती वेढ़ि जका अब रही, खेल वखेड हुई अब सही।९१
फोज अपूठी चाली फेर, खांन खड़ा चाल्या अजमेर। करताजी को कहियो कियो, खांन खुसी होय घरां दिस गयौ।९२
काज सवाया सिध हुवा, हरि सुं हुई पिछाणि। रलियाला राठोड़ दलि, देव तणै दीवांणि।९३
सांतिल कहे सुणौ सुरराय, मोहि करणी फुरमावौ भाय। राज करो सगला सह सुत, पारब्रह्म दीजै एक पुत।९४
थे फुरमावौ सोई करूं, हुकम करौ वलि नारी वरूं। मो अंतरि आरति छै घणी, खालिक जी खुखि बालक तणी।९५
तेरा तरणी तो घरि गीणी, वलि तेरा परणे कांमणी। तेरे बालक तो उन होय, जगजीवण कहीयौ उं जोय।९६
बाल न होई किसो सराप, कहो करता पोते कुंण पाप। थारे पोते पाप न कोय, लेण दीण सूं बालक होय।९७
लेणो देणो ना कही, न को रही उधारि। इणि विधि बालक ना हुवे, सतगुरु कहे विचारि।९८
देव कहे खोजौ उन्यान, अबता करौ सुचील सीनांन। मद अर मांस परहरौ परै, देव कहे ज्यौं दुतर तिरै।९९
सुचील सिनान सांतिल संग्रह्यो, देव कहियौ सो मानि कह्यौ। देव कहे सोई विधि धरे, सुधि जांभाणी करणी करे।१००
जीव दया सुचि साच सिनान, राखौ रूंख ग्रहौ गुरु ग्यान।१०१
देव कहे सांतल सुणौ, बुधर कहे बखाण। कर नै को करेसी कह्यौ, रीध देसी रहमांण।१०२
वलि राठौड़ां यौं कह्यौ. सभलि वुधर भेव। विसनोई करिस्यां अकर, हुकम करौ हरे देव।१०३
सतगुरु कहे सांतिल करि चित, विसनोईयां सुं पालौ प्रीत। देव कहे राठौड़ां सुणौ, विसनोई गुरु भाई गिणौ।१०४
अकर किया तौ ओगण होय, जंभ कहे सांभलियो सोय। देव कहे थे तागो मनु, पांचवौ वांटौ ल्यौ यां कनु।१०५
हक लीजै हक दीजै जाणि, सिरजणहारो कहे सुबाणी। सांतिल सुं करता उं कही, सांतिल हुं सीख हुवौ सही।१०६
में सिर हरि सतगुरु सिर मोड़, मांगि रजा चाल्या राठोड़। पुरे गुरु पुरी सह रली, खेड़ खुसी होय पाछी वली।१०७

साहबरामजी राहड़ कृत जंभसार में भी यही कथा वर्णित है।

ख. सबदवाणी के प्रसंगों में:- सबदवाणी के गद्य-पद्य प्रसंगो में भी यह कथा वर्णित है। ध्यात्वय है कि केसोजी की 'कथा मेड़ते की' तथा सबदवाणी के 'प्रसंगो' में अद्‌भुत साम्य है। संवत 1876 से 1897 के मध्य लिपिकृत 'ग्रंथांक 26' में सबदवाणी के 'गद्य प्रसंग' के अनुसार:- "तोडे सोलंखी राज करे नेतसी। जिण नुं चारण गीत कह्या। कुड़ा विड़दावे घणा दीन्हा। महलूखान निवाब अजमेर के थाणे। जिण सुण्या। मन मां अंहकार कियो। चढि अर तोडो मारियो। बंद कीवी। नेतसी न पकड़ियो। अजमेर आण्यो। चारण कना सों उलटा गीत कहाया। नेतसी राठोड़ां ने ओठी मेल्ह्या। मामा कागद बाच्या। जोधपुर टीके सांतलि साथ भेलो कियो। चांडावत रिड़मलोत जोधावत भेला हुवा। वार राव जोधपुर थी वार अणि करि खड़िया"। इससे आगे 'ग्रंथांक 26' व 'ग्रंथांक 201' में इस प्रकार वर्णन है:- "पीहियावल थी नेड़ो काकोलाव तलाव डेरा किया। दूदे जोधावत ने झांभोजी मिल्या। थांवले झांभोजी प्रगट। सांतल राव दरबार कियो। सांतिल कहै- सतगुरू मिले तो सांसो भाजै। उमराव कहे- रावजी क्यों ? सांतिल कहै- रे भाई, सले कांई आवे नही, लड़ाई करण रो तो बुतो नही। टका दिया तो आपणी काची हुवे। दुदो कहे- झांभेजी रे पाए हालो, सोह भला होयसी। हमै झांभोजी कठे रह्या ? दुदो कहै- अठे थांवले छै। छड़ी असवारी कण पाण झांभेजी रे पाए आया। सांतिल मन मा अटकले- ऊभा ऊभा कारज सवारे तो सतगुरू। राठोड़ प्रदिखणा दे पगे लागा। जैस खान की असवारी आई। राठोड़ां के साथ का को

क्योंई को क्योंई कहण लागा। सतगुरू कहे- डेरो पासाऊ करो। चंता मत करो। खान साथे पातसाही फोज। खान आय कदम पोसी कीवी। श्री झांभोजी सबद कहै- 'उमाज गुमाज पंज गंज यारी .... ज्यों रूही मंझेणि खीरूं।68। महलु खान कहे- पीर दसतगीर असा मसला अखिये, जां ते भीसत पाइये। झांभोजी श्री वायक कहे- विसमला रहमान रहीम .... पावो भिसत इमानुं।69। महलु खान कहे- मुसलमानी मां गोसत मना नही। झांभोजी श्री वायक कहे- जोगी रे तुं जुगति पिछांणी .... अला लेखा लेसी जाणी।70। मुसलमान कहेंगे वेराह चले है। झांभोजी श्री वायक कहे- तन मन धोइये संजम होइये .... ज्यों खड़के पासि धनुरी।71। गुरू जाम्भोजी के उपदेशों को सुनकर महलुखान ने नेतसी सोलंकी को कैद से मुक्त कर दिया था। खान कहै- नेता क्या है ? जान कबुल है। पीरजी, बैठुंगा पीछे, छोडुगां पहलां। ऊभाऊभ मंगायौ। हथणी चाडि अर ल्याया। झांभेजी के हजूरि आण्य बेड़ी काटी। महलूखान कहे- बे नेता, यो जाणगा, मामा का जोर करिके छुटो हुं। सो नही। पीर ने छुडाया है। नेतसी मामा सौं मिल्यो। मामा कहै- किण तरे छुटो ? नेतसी कहै- झांभेजी छुडायो। राठोड़ खुसी हुवा"। 'ग्रंथांक 112' में यही प्रसंग पद्य में दिया हुआ है। गुरू जाम्भोजी के उपदेश सुनकर महलुखान ने गौ-हत्या बंद करवाई और मांस खाना छोड़ दिया था। 'ग्रंथांक 201' के गद्य प्रसंग के अनुसारः- "महलुखान गऊ हतावणी वरजाई। गोसत खाणो छोडियो। पीर कही सो मानी। चडि अजमेर चाल्यो"। इस अवसर पर राव सांतल ने अपने राज्य के विसनोईयों को सर्वथा कर मुक्त करना चाहा किंतु गुरू जाम्भोजी के अनुरोध पर उनकी आमदनी का पांचवां हिस्सा लेना स्वीकार किया। सबदवाणी के गद्य प्रसंगों के अनुसारः- "श्रब छत्रियां अरज कीवी। विसनोई अकर करिस्यां। झांभोजी कहे- आदि मारग चालो। पांचवो वांटो तरगस बंध को। झांभाजी आराध बतावो। झांभोजी श्री वायक कहे- हक हलालुं हक साच किसनुं .... सो आराधो रे भाई।72।" सांतल ने गुरू जाम्भोजी से देव पुजा के संबंध में कुछ शंकाएं जाहिर की। गुरू जाम्भोजी ने उन्हें सबद सुनाकर उनकी शंका दूर की। सबदवाणी के गद्य प्रसंगों के अनुसारः- "बीजा देव पुजीजै छै। जके उ फुरमाया छै क नही ? मलधारी न सोह देव मानणां। झांभोजी श्री वायक कहे- धवणां धुजै पांहण पूजे .... राह तेतीसां की जांणी।73।"

ग. 'मारवाड़ रा परगना री विगत' मेंः- मुहणोत नैणसी कृत 'मारवाड़ रा परगना री विगत-01' में वर्णित है कि बरसिंह जोधावत ने सांभर पर हमला करके लूटपाट की। जब महलुखान बरसिंघ को सजा देने हेतु अजमेर से चले तो बरसिंह भागकर जोधपुर के गढ में चले गए। तब अजमेर के सुबेदार महलुखान ने बरसिंघ का पीछा करते हुए, जोधपुर तक आ गए। यहां कुसाणे के तालाब पर आकर डेरा दिया। और संभवतः यहीं से ही बरसिंह को पकड़कर अजमेर ले गए थेः- "वेढ एक कुसांणैं, अजमेर सुं बाईतु मलुखांन हुतौ, मांडव रै पातसाह रौ उमराव, तिण सुं कीवी। आ वेढ वरसिंघ जोधावत सांभर मारी। तिण ऊपर मलुखांन चढ मेड़तै ऊपर आयौ। तरै वरसिंघ दूदौ जोधपुर आय सांतल भेळा हुवा। मलुखांन फौज लियां वांसै हुवौ आयौ। सारी जोधपुर री धरती मार नै कोसांणै तलाव ऊपरै उतरीया। अठै राव सातल सुजै वरसिंघ दुदै भेळा हुय नै रातीबाहो दीयौ।" 'मारवाड़ रा परगना री विगत-02' में वर्णित है कि महलुखान ने राव बरसिंह को जब कैद कर लिया था। तब दुदे ने बीका को यह बात बताई। बीका ने दुदे से सेना को संगठित करने को कहा। दूदे ने मेड़ता आकर सेना संगठित की। बीकाजी 14 दिन बाद मेड़ते आए। राव सांतल जोधपुर से आए। इस प्रकार दल बनाकर राव सांतल, बीका व दुदा मेड़ता से अजमेर को चले। तब मलुखान ने भी तैयारी की। दोनों के बीच संधि वार्ता की बात चली, और संधि हो गई। तब महलुखान ने बरसिंघ को छोड़ दिया। यह संधिवार्ता करवाने वाले संभवतः गुरू जाम्भोजी ही थे, जिनके नाम का जिक्र यहां नहीं किया गया हैः- "राव बरसिंघ नै झालियां री खबर राठोड़ दूदा जोधावत नुं बीकानेर पोहती। तरै दुदा राव बीका नुं सारी हकीकत कही, नै कहो- मोनुं सीख दो। राव बीकै डैरा बारै किया। दुदा नुं कह्यो- थेई मेड़ता री पाखती जाई नै थांहरो साथ भैलो करो। सु दुदे आई मेड़ते साथ भैलो कीयो। बीको दिन 14 माहे मेड़ते आयो। राव सातल पिण जोधपुर साथ नुं छेड़ा चढीयो छै। पिण राव बीको दुदो घणौ साथ लेई नै अजमेर ऊपर मेड़ता थी खड़िया। मलुखान रै पिण खबर हुई। मलुखान साथ भेलो कीयो, गढ सझियो। बीच परधानो फिरियो। बात हुई, राव बरसिंघ नुं तुरंत छोड़ नै राव बीका दुदा नुं सौंपियो।" इस घटना का समय संवत 1545 के आसपास है क्योंकि इससे संबधित सभी व्यक्तियों का इस बीच वर्तमान रहना प्रमाणित है। 'मारवाड़ रा परगना री विगत-01' में वर्णित है जोधेजी की मृत्यु के बाद उनके पुत्र सांतल संवत 1541 में जोधपुर के शासक बने। और चार वर्ष तक राज भोगकर संवत 1545 में उनकी मृत्यु हो गईः- "राव सांतल जोधावत, जोधै काळ किया संवत पनरै सौ इकतालीसे, जोधपुर पाट बैठो। बरस चार राज भोगवियौ नै संवत 1545 रा सांतल काळ कियौ।"

37
रिणसीसर

01. परिचय:- रिणसीसर गांव नागौर जिले की डिडवाना तहसील में स्थित है। 35 की पुन्ह में रावल जाणी, मंगोल जाणी, पूरो जाणी, खेतो जाणी, पूरब जाणी आदि का नामोल्लेख मिलता है।

02. रिणसीसर के विसनोई:- केसोजी गोदारा कृत 'कथा मेड़ते की' में वर्णित है कि जब राव सांतल सेना लेकर अजमेर की ओर प्रस्थान किया, तब अजमेर के सूबेदार महलुखान ने भी अपनी सेना एकत्रित की। इसी क्रम में उसने रिणसीसर गाँव से रावल जाट को भी बुलाया। आदेश मिलते ही रावल जाट ऊंट पर सवार होकर अपनी सेना सहित थांवले पहुँचे। किन्तु नेतसी को गुरू जांभोजी ने छुड़वा दिया था, इस कारण युद्ध टल गया था। और सभी लोग अपने-अपने जगहों की ओर लौट गए थे। उस समय थांवले की साथरी पर गुरु जाम्भोजी विराजमान थे। रावल जाट अपने साथियों सहित उनके दर्शन करने पहुँचा। रावल जैसे ही ऊंट से उतरकर गुरु जाम्भोजी के चरण स्पर्श करने के लिए आगे बढ़ता है, तभी उसका ऊंट अचानक चमककर पलाण सहित भाग जाता है। उपस्थित लोग कहते हैं कि ऊंट भाग गया, भाग गया। यह देखकर रावल अत्यंत चिंतित हो जाता है। तभी गुरु जाम्भोजी अपना हाथ पसारते हैं और दूर भागते हुए उस ऊंट को वहीं रोक लेते हैं। यह अद्भुत दृश्य देखकर रावल आश्चर्यचकित रह जाते है। वह उस दूरी को अपने पैरों से नापते है, ऊंट गुरु जाम्भोजी से पूरे अठारह कदम दूर खड़ा था। इस चमत्कार से प्रभावित होकर रावल "हरी-हरी" कहते हुए गुरु जाम्भोजी के चरणों में गिर पड़ते है। इसी समय एक रैबारी दूध लेकर आता है। तब गुरु जाम्भोजी कहते हैं कि यह रैबारी हाथ धोए बिना दूध लाया है। टोले में एक सांढ ब्याही थी, उस समय इसने हाथ लगाया था, और उन्हीं मल सने हाथों से यह दूध दूहकर ले आया है। रैबारी यह सुनकर स्वीकार करता है कि हाँ, गुरूजी सही कह रहे हैं। तब वह दूध वहीं गिरा दिया जाता है और दूसरा दूध मंगवाया जाता है। गुरु जाम्भोजी अपने बर्तन देकर अपने आदमियों को साथ भेजते हैं। वे जाकर दूध दुहकर लाते हैं और गुरु जाम्भोजी के सामने रख देते हैं। अब गुरु जाम्भोजी सेवकों से कहते हैं कि पानी ले आओ। पानी आने पर वे कहते हैं कि अब इसकी खीर बनाओ। इस पर साथरीयों ने कहा कि बर्तन नहीं हैं। तब गुरु जाम्भोजी एक स्थान की ओर संकेत करते हुए कहा कि यहाँ धरती खोदकर बर्तन निकाल लो। जब वहाँ खुदाई की जाती है, तो वास्तव में बर्तन निकल आते हैं। लोग आश्चर्य से पूछते हैं कि हे गुरूजी! ये बर्तन आपने यहाँ कब रखे थे? तब गुरु जाम्भोजी बताते हैं कि जब राम और लक्ष्मण वनवास को जा रहे थे, तब उनके साथ खवास (नाई) भी था। वह चिंतित मन से उदास होकर चल रहा था, उसी समय उसके हाथ से ये बर्तन यहीं गिर गए थे। तब से ये यहीं पड़े हैं। अब ईंधन, बर्तन, अग्नि और दूध सब उपलब्ध हो जाते हैं, परन्तु चावल का अभाव रहता है। तब गुरु जाम्भोजी कहते हैं कि जैसे छोटे बच्चे बालु-रेत से चावल बनाकर खेलते हैं, वैसे ही बालु की महीन रई से खीर बनाओ। आदेशानुसार रेत (रई) को दूध में डालकर बर्तन चूल्हे पर चढ़ा दिया जाता है। रावल यह सब देख रहा होता है। वह कहता है कि मैंने कभी रई की खीर नहीं सुनी। वह थोड़ी खीर निकालकर चखता है, उसमें से सुगंध आ रही होती है और खीर पूर्ण रूप से तैयार हो चुकी होती है। यह देखकर रावल अत्यंत प्रसन्न होता है। कांसे की थाली में खीर परोसी जाती है। सभी लोग मिलकर खीर खाते हैं। रावल के मन में विशेष आनंद उत्पन्न होता है, वह कहता है कि इतनी स्वादिष्ट खीर उसने पहले कभी नहीं खाई। अब रावल भावविभोर होकर कहता है कि मैं आपका शिष्य बनना चाहता हूँ, कृपा करके मुझे विसनोई बनाइए। तब गुरु जाम्भोजी उसका मुंडन कराकर पाहल देते हैं और उसे विसनोई धर्म में दीक्षित करते हैं। साथ ही धर्म के उपदेश देकर उसे विदा करते हैं। जब रावल घर पहुँचता है, तो उसका मुंडित सिर देखकर उसकी पत्नी चीख उठती है। लोगों को लगता है कि किसी शत्रु ने उसके साथ यह बुरा व्यवहार किया है। उसके भाई-भतीजे भी वहाँ आकर अप्रसन्नता व्यक्त करते हैं। तब रावल सभी को समझाता है कि गुरु जाम्भोजी ने मुझे आदरपूर्वक विसनोई बनाया है। फिर चौधरियों ने बिछावना किया और रावल को भोजन करने के लिए कहा। तब रावल ने कहा कि जब तक तुम विसनोई नहीं बनोगे, मैं तुम्हारे हाथ का भोजन नहीं करूंगा। इस पर लाहण, जो वरां गोत्र की जाटनी थी और रावल के भाई मंगोवल की पत्नी थी, उसने विसनोई धर्म स्वीकार कर लिया। किन्तु लाहण के पिता भोजोजी जो निंबड़ी गांव के निवासी थे, उन्होने इसका विरोध करते हुए कहा कि किसी जोगी ने इनकी बुद्धि भ्रमित कर दी है, हम लाहण को अपने घर ले जाएंगे। लाहण के माता-पिता, काका आदि सभी ने उसे समझाया कि विसनोई मत बन। फिर उसे पीहर बुला लिया गया। रावल ने लाहण से कहा कि तूं पीहर मत जा। फिर भी लाहण को उसके पिता भोजोजी रिणसीसर आकर अपने

साथ निंबड़ी ले गए। जब मंगोवल अपनी पत्नी को लेने ससुराल पहुँचा, तो किसी ने उसका आदर नहीं किया। किसी ने उसे एक चारपाई और बिछोना दिया, पर वह उस पर नहीं बैठा और वह साथरे पर बैठ गया। आते-जाते लोग उसका मजाक उड़ाते और कहते कि यह साथरवाड़े पर कौन बैठा है? जाकर पलंग पर बैठ जा। लोग उपहास करते हुए कहते कि रिणसी ने ऐसे बेटे पैदा किए हैं जो सभी कपूत हैं। (रिणसीजी ने ही रिणसीसर गांव बसाया था) अंततः जाटों ने उसे पकड़कर कैद कर लिया और कहा कि आठ पहर के भीतर कोई चमत्कार दिखाओ, नहीं तो तुम्हें मार देंगे। रात्रि में गुरु जाम्भोजी मंगोवल को दर्शन देते हैं और कहते हैं कि जाटों को यह परचा दिखाओ कि भोजोजी जीवित हैं और नवें दिन घर आ जाएंगे, जबकि लोगों ने उनके मरने का समाचार सुन रखा है। प्रातः जब जाट आए और बोले कि बिना परचे के नहीं छोड़ेंगे। तब मंगोवल ने कहा कि मेरे ससुर जो घोड़ा बेचने गए थे, उनके मरने की बात सुनी गई है, पर वे जीवित हैं और नवें दिन यहाँ आ जाएंगे। जाटों ने उसे कैद से बाहर निकाला और प्रतीक्षा करने लगे। नवें दिन सभी लोग भोजोजी की प्रतीक्षा करने लगे। उसी दिन भोजोजी सकुशल लौट आए और अपने परिवार से मिले। यह देखकर सभी अत्यंत प्रसन्न और आश्चर्यचकित हुए। तब भोजोजी ने अपनी पुत्री लाहण को सम्मानपूर्वक धन देकर मंगोवल के साथ विदा किया। मंगोवल लाहण को लेकर रिणसीसर लौट आया, जहाँ परिवार ने उनका स्वागत किया:-

रिणसीसर रावल रहे, सो आयो संगि खेड़। आयौ थौ अजमेर लग, खांन बुलायौ खेड़।१०८
खेड़ खुसी वन ता विखरी, थांवले गुरू हुतौ साथरी। का रावल मने मांह जाण, देव तणे आयो दीवाण।१०९
रावल रथै आयो जगनाथ, के रावल कै अवरे साथ। सतगुरू मत बुलावै झूठ, रावल के चड़णे थो ऊंट।११०
झेकि उंठ उतरियो जाण, हरि परसण नै कियौ प्रवाण। पग परसण मनि कियो उछाह, तितक ऊंठ उठि न्हाठो पलाह।१११
गयौ गयौ लोगै उं कह्यौ, रावल मनि चिंतण रह्यौ। कर काढ़ करता करि रीझ, जांणे बादल मांहि भलहले वीज।११२
करता करहो पकड़ियौ, जाण्यौ दीठो जेह। रावल रलियालौ हुवौ, इचरज दीठौ एह।११३
करामति दीठी जदि घणी, तदि रावल वा धरती मीणी। पांवडे मापी जो जुई, दस अर आठ अठारा हुई।११४
हरि भगतां जाणे ओ भेव, इचरज असो दिखाल्यौ देव। बंध चरण तदि बैठो आय, रावल अति रहस्यौ मन मांय।११५
हरि हरि बोल परसै पांव, रावल रहस्यौ देख चाव। संगि सारथि सगला मन सुध, रैबारी लियायो दुध।११६
सतगरु बात कहे मनि सुध, कर अणधोये ल्यायौ दुध। सांढि बियाये टोले साथि, वही मल लगाया हाथि।११७
अण दीठी अंण संभली, बात कहे सह साच। रैबारी यों बोलियो, उं वाले उरि वाच।११८
देव जी दीन्हु दुध फिराय, अवर दुध लियावो जाय। अपणा पात्र दिना हाथ, अपणा माणस मेल्हय साथ।११९
और दुध आण्यौ दुहि जाय, आगै आण मैलह्यौ सुरराय। नफरा कनां मंगायों नीर, सामि कहे सेवो अब खीर।१२०
साथरीया ते बोल्या सही, पारव्रंभ अब पात्र नहीं। सिरजणहार सुंणी अरदासि, पात्र कह्या सरक नै पासि।१२१
ठांव कंही नांही विसरिया, खंणी धरणि मांही निसरिया। पहर कही घड़िया जो घाट, सुंदर वासण सरस सुघाट।१२२
पात्र की पारिख करे, पुछै भेद विचार। जन पुछी जीवां धणी, कदि मेल्ह्या करतार। १२३
सामि कहे साथरियां सुंणे, वुधर विण असी परि भंणे। राम लछमण चाल्या वनवासि, खरतर हुंती साथि खवास।१२४
मुरझाणौ उरि हुवौ उदास, मन चिंता होय घात्यौ सास। होय दलगीर खवास खड़हड़िया, कर हुंता वासण धर पड़िया।१२५
खवास फिरियौ ओर संगि फिरिया, तद का वासण धर मां धरिया। बात परांतम करता कही, साथरियां तदि संमधा सही।१२६
इंधण वासंण वासदे, अंति आंवटियो दुध। देव जी चावल चाहिये, बात कही मनि सुध। १२७
रइया रलि वेलु संगि रहै, बांहु बालक चावल कहै। वेलु उपणि आणौ जाय, यों मुख तां बोल्यौ सुरराय।१२८
आणि रइया किया हजूरि, सतगुरु कहे अटकलि कै उरि। खालिक कहे हुइ अब खीर, रावल बैठो देखे तीर।१२९
तदि मुख हुंता रावल कह्यौ, रइया ओर दुध एक ठयौ। रावल बात कहे धरि धीर, मैं रइया तंणी सुंणी नही खीर।१३०
साहिब सीत एक कर सुं लई, भलर चावल सीनां सही।१३१
खीर हुइ हुवा खुसी, अंति आवै महकार। रावल रलियालौ हुवो, देख्या ए आचार।१३२
कांसे खीर परूसी आण, जन जीमण नै बैठा जाण। जन जीमैं ते लिवै सवाद, रावल हुं पावे परसाद।१३३
रावल के सुखी हुवौ सरीर, कदे न असड़ी जीमी खीर। रावल कहे चेलौ थांहरौ, करि किरपा विसनोई करौ।१३४
चलु लिवण हुई चित चाहि, रावल कहे सांभलि सुरराय। आप विसन जी हुवौ वलु, केस उतारिया दीन्हो चलु।१३५
दया करे गुरू दाखवे, चाले गुरूवट लिख। रावल अवताके गयो, सतगुरु मांगे सीख।१३६
करताजी को मान्यो कह्यौ, तद रावल अवताके गयो। देखत ही रावल की नार, सिर दीठो यों पड़ी पुकार।१३६
लोक कहै मुख हुतां बाण, को दुसमण दीनो दीवाण। भाई भतीजा मिलिया आय, वै मन मां आणी अणराय।१३७
लोग सुं रावल इम कही, पारब्रह्मा परगटियो सही। देव दया कर आदर दियो, भाव करे विसनोई कियो।१३८
चौधरिये घर चाहड़ै, महले दियो अति मान। विध सूं कियो बिछावणो, आवो जीमो धान।१३९
रावल यों कथ मानी नही, भींटी रसोई जीमा नहीं। नार कहै पूछो देव मांन, कहो किसी विध जीमो धांन।१४०

रावल कहै देवजी रो हुवो, थे सगला विसनोई हुवो। रंग लागो लाहण यों रही, वचन सुण विसनोवण हुई।१४१
वरो कहै जोगी मत हड़ी, वरो बास बसे निंबड़ी।१४२
वरो बात विसवास कर, मन मां कियो अलोच। लाहण नै ले आयस्यां, इण विध कियो सोच।१४३
लाहण नै आय यों कह्यौ, लाहण नै आणण नै कौई गयो। पीहर चाव कह्यौ यों वीर, मात पिता सुण हुवा अधीर।१४४
मात पिता काका यों कहै, लाहण मत विसनोवण हुवै। रावल कहै लाहण मत जाह, मात पिता कहियो समझाय।१४५
कह्यौ न मान्यो है वापड़ी, तेरे घर आवण आखड़ी। मंगोवल करै सुचील सीनांन, जाटां तणौ न जीमै धांन।१४६
मंगोवल तणा वरा सासरे, मांहि घर का भाई अति खरे। नींबड़ी बसै गिणी सो गांव, तास तणो भोजो छै नांव।१४७
मंगोवल तणा आखर जो कह्या, बात सुणी बेटी ले गया।१४८
जाट कहै कीवी बुरी, चाड़ियो कहर कबोल। वरो बेटी ले गयो, वांसै गयो मंगोल।१४९
मंगोवल गयो जाण सासरे, आगै को आदर नही करै। क्युंही कै आदर दीन्हौ आय, मांजी सीरख दिया बिछाय।१५०
मंगोल करे करता की कही, मांजी सीरख भींटे नही। जाण यों बैठो साथरै, आवै लोग मसकरी करै।१५१
आवै लोग असी पर हसै, साथर बाड़ै बैठो किसै। कहै न क्यूं बैठो साथरो, उठ बैठ पिंलग कां जा परो।१५२
मुरख सह फिटि फिटि करै, भूंछ जिड़ंग जुं भूत। थे रिणसी बेटा जाया इस्या, सगला ही ज कपूत।१५३
जाट कहै तज सुच सिनांन, म्हारो भींटियो जीमो धान। तद जाटै पकड़ खोड़ै दियो, जाट कहै कहियो न्है कियो।१५४
आण आमख मुंहडे धरै, इण पर जाट अंदेसो करे। आठ पहर मन मांहि हत्या, पापी पत रावण नै मन्या।१५५
धरम न छोडे साध सुजीव, पारब्रह्मा रखवालो पीव।१५६
दुख दुसटे दीन्हो घणो, संकट सह्यौ सरीर। रैण समै सतगुरू मिल्यौ, कियो साध सधीर।१५७
सिरजणहारो कहै सुणाय, जाट परचो येह दिखाय। साधा नै भेद बतायो घणो, जाटे भोजो मारियो सुण्यौ।१५८
सिरजणहारो कहै सुणाय, भोजो जीवै छै जग माहि। कर किरपा करता यों कही, नवे दिन आवेलो सही।१५९
रेण घटी हुवो परभात, जाट जुड़िया पूछै बल बात।१६०
कुल की कुलवट नै तजी, गहला करै ज गूझ। परचै बिन छोडां नहीं, इण विध कहै अबूझ।१६१
साधु जन बोल्यो सुरबाण, थां पारब्रह्मा सुं नही पिछाण। जाटां सुं साधुजन कह्यो, घोड़ा बेचण भोजो गयो।१६२
मुवो सुण्यो हुई अणराय, भोजो जीवै छै जग मांहि। बात सुणी ज्यूं हुवा खुसी, नवे दिन अठे आवसी।१६३
खोड़ै हूंता काढियो सही, म्हां चूक पड़ी जाटे यों कही। म्है थांसू दिल दूजी धरी, साध संतायो भूंडी करी।१६४
नवे दिन वरत्या निरखै नर नार, भोजो आय मिल्यौ परवार।१६५ आयो भोजो कह्यौ विचार, तूं बालक कियो पियार।१६५
रलियाला हुय रलि मिल्या, अंतर पूगी आस। धन पंथ धन देवजी, धन तुमारा दास।१६६
नेह करे नर नारी मिली, मोह करे बेटी मोकली। धन वित दे मया कर मिल्या, के आधा के पाछा वल्या।१६७
विक्रम काम संवारिया ताक, रिणसीसर आयो ओताक। रली बधाई हुई घणी, सगला काज संवारिया धणी।१६८
देव आगे कहै मुख बोल, यों जाटे दुख दियो मंगोल। पोह आण्या जाणै परचाय, अण जाणी कहै जो राय।१६९
बंदै गुन्हो बकसियो मोहि, कूड़ कथा मां आयो होय। गोविंद गुन्हो बकसियो मोहि, छोरू सदा क छोरू होय।१७०
झूठ कहै को सुण्यो सराप, गुन्हो मोहि बकसियो आप।१७१
सतरा सै अर छिड़ोतरै, तिथि नव मंगलवार। जन केसे की विनती, सतगुरू पार उतार।१७२
साहबरामजी राहड़ कृत जंभसार के 17वें प्रकरण में भी यही कथा दी हुई है। संभवत: रावल व मंगोवल जाणी थे। एक जगह ऐसा संकेत मिलता है:- मंगोल करै करता की कही, मांजी सीरख भींटे नहीं। जांणी जै यूं बैठा साथरै, आवै लोक मसकरी करै।

38

जसरासर

01. परिचय:- जसरासर गांव बीकानेर जिले की नोखा तहसील में स्थित है। साहबरामजी राहड़ कृत जंभसार में 24 भंडारो की सूची में जसरासर भंडारे का भी उल्लेख है:- "जसरासर भंडारो भलहे, बाजो सतगुर अज्ञा चलहे।"

02. जसरासर के बाजोजी तरड़:- साहबरामजी राहड़ कृत जंभसार के तेरहवें प्रकरण में वर्णित है कि जसरासर गांव की सहजां एक संत भगत नारी थी। एक दिन संतो की जमात जसरासर में आई। सहजां ने जाकर उन्हें सिर नवाया। और कहा कि संत परोपकारी होते है, मैं आपकी शरणागति में आई हूं। यह वचन सुनकर संतों ने कहा कि सहजां तूं सतगुरू गुरु जांभोजी के पास समराथल पर जा। संतो के वचन सुनकर सहजां समराथल गई। और गुरू जांभोजी के दर्शन किए। गुरू जांभोजी ने उन्हें उपदेश किया कि सहजा बाई कुकर्म त्यागकर दया ग्रहण करो। स्नान किए बिना रोटी मत खाना। मेरे संतों को मेरा ही स्वरूप जानो। तन मन धन से उनकी सेवा करो। नित्य एक विसनोई साधु को भोजन कराओ। इससे पाप नहीं लगेगा। यह पुन्य यज्ञ के बराबर है। यह उपदेश सुनकर सहजां घर गई। गुरू जांभोजी के दिए हुए छः नियमों पर सदा चलती रही। जसरासर गांव का चौधरी तरड़ गौत्र का जाट बाजोजी धन का अभिमानी था। एक दिन सहजां के घर बाजोजी गए। उनको ये नियम पालन करते देखकर कहा कि बाई क्यों इन प्रपंच में पड़ती हो। सहजां मुस्कराकर बोली कि भाई मैं गुरू जांभोजी की चेली बनी हूँ। गुरू जांभोजी समराथल पर नित्य विराजमान रहते है। उनके दर्शन से पापों का नाश होता है। बाजोजी हर्षित होकर बोले कि तब तो मैं भी जाकर गुरू जांभोजी को देखुंगा। वो पाखंड करके सब लोगों को बहका रहा है। और अपनी इच्छा से मनमुखी धर्म सिखा रहा है। इस प्रकार बाजोजी वाद करके गुरू जांभोजी के पास गए। और कहा कि अगर मन मांगा परचा दे तो आपका शिष्य बन जाऊंगा। गुरू जांभोजी बोले कि जो तेरे मन में है वो मांग। बाजोजी बोले कि मैं धरती में धन छिपाकर भूल गया हूं। उस को आप ढूंढ दो। यह कहकर गुरू जांभोजी के चरणों में सिर नवाया। गुरू जांभोजी बोले कि तुम एक मूण रखकर भूल गए हो, दो बेटा यह जानते है और तीसरी बहु जानती है। तुम भूल गए हो, पर उनसे मांगते ही वो तुम्हे बता देंगे। यह सुनकर बाजा हर्षित हुआ। बिछड़ा हुआ धन गुरू जांभोजी ने बता दिया। बाजोजी ने घर जाकर पुत्रों से पुछा, कि वो मूण लाओ, अब महोत्सव करते है। यह सुनते ही पुत्र हंसकर बोले कि आप भूल गए थे। इस धन से पहिया भोज करते है। इससे आपका नाम अमर होगा। बाजा बोला कि इस संबंध में मैं गुरू जांभोजी से पुछकर आता हूं। जो गुरु जांभोजी कहेंगे वही मैं करूंगा। उनकी आज्ञा का उल्लंघन नहीं करूंगा। यह कहकर गुरू जांभोजी के पास गए। और बोले कि मैं अपने पुरे परिवार को विसनोई बनाऊंगा। गुरु जांभोजी बोले कि मेरे भाई सुनो जो समझता है वो सदगति में जाता है। कुटुम्ब कबीला पुरा भव सागर से तर जाएगा। और बिना समझे इस भव सागर में डूबेगा। अड़सठ धर्म को जो ग्रहित करेगा वो काम, लोभ और मन को जीत लेगा। नव और बीस नियम धारण करके विसनोई बनो। इससे आपके सारे पाप खंडित हो जाएंगे। जो गुरूमुखी होता है वो गुरू की आज्ञा मानता है। जो नुगरा होता है वो गुरू को कुछ भी नहीं मानता है। बाजा मुस्कराते हुए बोला कि मैं किस प्रकार यज्ञ करूं। गुरू जांभोजी बोले कि घर आए सुभ्यागत को भोजन दो। संत सुभ्यागत घर आए, तो प्रेम से सिर नवाओ। घर आए को उतर मत दो। तन मन धन से संतों की सेवा करो। बाजोजी बोले कि मैं तो पहिया भोज करूंगा, जिससे दस दस कोस तक यश फैलेगा। और एक यज्ञ से पुरा धन उपयोग नहीं होगा, कई और करूंगा। गुरू जांभोजी बोले कि इस यज्ञ से यश तो होगा, पर पाप खंडित नहीं होगा। बाजोजी बोले कि घर चलकर सभी को विसनोई बनाओ। मेरे साथ पुरा परिवार विसनोई बनेगा। मुझे भी पाहल का पानी दो। गुरू जांभोजी ने पाहल का कलश बाजे के हाथ में दिया और कहा कि जिन जिन को विसनोई करना है उनको यह पाहल का जल पिला देना। वो सब विसनोई बन जाएंगे। बाजा बोला कि मैं पहले अपने परिवार को विसनोई बनाऊंगा, फिर यज्ञ करूंगा। आप पुण्य होने की रीति बताओ और सच्ची करणी फरमाओ। गुरू जांभोजी बोले कि जो विसनोई होता है वो हरे वृक्ष नहीं काटता है। यज्ञ में दया रखकर सभी जीव को ईश्वर मानना। लेकिन कुपात्र को भूलकर भी कभी भी कुछ मत देना। सतगुरू जांभोजी की आज्ञा में चलना। यह सुनकर बाजा घर गया। पुरे परिवार को पाहल दिया। तरड़ गौत्र के 81 घर थे, उन सबको विसनोई बनाया। अपने कुल का अभिमान त्यागकर विसनोई धर्म को अपनाया। बाजोजी ने गुरू जांभोजी की दी हुई शिक्षा सबको सुनाई। बाजा ने अपने पुत्र पौत्रों सहित सबको विसनोई बनाया और यज्ञ की शिक्षा सुनाई। फिर यज्ञ महोत्सव हेतू माल खरीदने गए। घी और मिष्ठान खरीदकर पहिया चढाया। इस प्रकार बाजे ने यज्ञ समाप्त किया। और फिर गुरू जांभोजी के पास जाकर

बोले कि मुझे यज्ञ का कितना पुण्य हुआ है, बताओ? गुरू जांभोजी बोले कि बाजा तूम पुण्य की आशा छोड़ो, आपको एक खेजड़ी की हत्या का पाप लगा है। तुने मेरा कहा नहीं माना, इस कारण यह पाप हुआ। यह सुनकर बाजा उदास हो गया और बोला कि अब दुबारा यज्ञ करूंगा, जिसे पापों का नाश होगा। गुरू जांभोजी ने कहा कि सुभ्यागत की पूजा करो, इनका फल यज्ञ के समान ही है। इस पर बाजा बोला कि मैं ऐसे तुच्छ पुण्य नहीं करूंगा। आप कोई यज्ञ करने का कहते, तो मैं मान लेता। गुरू जांभोजी बोले कि हे जसरासर के तरड़ चौधरी! आपने खेजड़ी काटकर पहिया लगाया, फिर न्यात जीमाने का क्या फायदा? मुझे पुछने से क्या होता है, मैं जो कहता हूं वो तो तुम करते नहीं हो। इस कारण ही तुम्हे उस खेजड़ी की हत्या का पाप लगा है। बाजा फिर बोला नहीं और गुस्सा करके वहां से चला गया। बाजे ने गुरू जांभोजी से खुन्नस रखकर अमावस्या को हल चलाया। सौ बीघा खेत में तिल की खेती करी। तिल बहुत हुए। मणों के भराव तेल निकला। बाजै के मन में घमंड हुआ, वो गुरू जांभोजी के पास गए। और बोले कि गुरूजी आपने कहा था कि अमावस्या को हल चलाने से पाप होता है। मैने खेती की, मुझे तो कोई पाप नहीं लगा। गुरू जांभोजी बोले कि पाप पुण्य का तो तब पता चलेगा, जब यमराज तुम्हे पकड़ेगा। अगर बहन, बेटी या भतीजी को कोई घरवाली बना लेता है, तब बच्चा तो उनके भी हो जाएगा। इसी प्रकार अमावस्या को हल चलाने पर तिल तो हो जाएंगे। इस प्रकार जानबुझकर पाप नहीं करना चाहिए। नरक की त्रास से डरना चाहिए। बाजा बोला कि तुम्हे देखने से मेरी आंखे जलती है, और तुम्हारे इन मुंडित चेलों को देखता हूं, तो दूर से ही टल जाता हूं। गुरू जांभोजी बोले कि बाजा अब तुम्हे देखने की जरूरत नहीं पड़ेगी। इतना कहते ही बाजा अंधा हो गया। तब बाजे को चेतना हुई। हाथ जोड़कर गुरू के चरणों में पड़ा और बोला कि नेत्रों के बिना कोई कार्य नहीं होता है। प्रभु कृपा करके नयन वापस दे दो। मैं तन मन से आपका सेवक बनूंगा। तब गुरू जांभोजी ने उनको आंखें लोटा दी। फिर बाजे ने उठकर कहा कि मैं अब दुबारा यज्ञ करना चाहता हूं, आपकी मरजी हो तो। गुरू जांभोजी बोले कि अगर तुं मेरे कहे अनुसार यज्ञ करें, तो मैं तेरे घर चलूंगा। और अगर तुं मेरा कहना नहीं मानता है तौ भूलकर भी मुझे मत ले जाना। बाजा बोला कि हे गुरू आप मेरे घर चलिए। मैं आपके कहे अनुसार यज्ञ करूंगा। आपके अलावा मेरे इस दुनिया में कोई नहीं है। गुरु जांभोजी ने यज्ञ के बारे में कहा कि यज्ञ में जरणा (सहनशीलता) रखना। हरा वृक्ष भूलकर भी मत काटना। नीच जात को आने मत देना। इस प्रकार गुरू जांभोजी ने अनेक प्रकार के नियम बताए। और नियमों को विस्तार से समझाया। यह सुनकर बाजा हर्षित हुआ। अपने सब कुटुम्ब को बुलाया। भूमि को शुद्ध किया। सभी सामग्री मंगाई। विसनोईयों के घरों से शुद्ध घी मंगवाया। कड़ाव और कड़ाही शुद्ध कराया। सभी बर्तनों को अग्नि में से निकालकर शुद्ध किया। इस हेतु अलग रसोई बनाई गई, उनमें इन बर्तनों को रखा। दूर बिठाकर जमात जिमाई। पहिया भोज करके न्यात बुलाई। होम करने हेतु गुरू जांभोजी बैठे। कपड़ा धोकर उनसे कड़ाह ढके। गुरू जांभोजी ने हवन किया। और कहा कि नीच चांडाल और विडाल को पहले भोजन मत देना। यह कहकर गुरू जांभोजी अपने डेरे में गए। न्यात और जमाती भोजन करने लगे। बाजेजी के बड़ा दामाद था, उनको रसोई की जिम्मेदारी दे दी गई। उसी समय तरड़ गौत्र का याचक खुंबो ढाढी वहां खड़ा भोजन मांग रहा था। दामाद ने ढाढी को भोजन देकर वहां से भगा दिया। फिर जमात और न्यात को भोजन कराया। प्रेम पुर्वक सबने भोजन किया। इस प्रकार पहिया भोज संपूर्ण हुआ। बाजै का मन प्रसन्न हुआ। वह गुरू जांभोजी के पास गया और बोला कि इस पहिये यज्ञ का पुण्य बताओ। गुरू जांभोजी बोले कि आपका पुण्य तो बाड़ तोड़कर भाग गया। एक डूम ने आकर अन्न मांगा। तेरी जमात तो बुद्धिहीन थी। न्यात जमात के भोजन करने से पहले ही चोरी छिपे उस डूम को भोजन करा दिया। डूम भोजन लेकर घर चला गया। भोजन करके वो वन में गया। एक हिरण का भील ने पीछा किया। वो हिरण दौड़ दौड़कर थक गया था। उस थके हुए हिरण को देखकर डूम ने भागकर लाठी मारी। उस हिरण की हत्या हो गई। इस हिरण की हत्या का पाप बाजे को लगा। जिसका अन्न खाकर जो कर्म करते है उसका पाप अन्न देने वाले को ही लगता है। अतः इस हिरण की हत्या का पाप बाजै को लगा है। इसके अलावा पहिया लगाने हेतु खेजड़ी कटवाई। इनका पाप तुम्हारे पलै रहा है। यह सुनकर बाजै ने अपने पुत्रों को बुलाकर पुछा कि तुम पहिये हेतु थंबा कहां से लाए। कौन लाने गया था, उनको पुछो। तब पता चला कि एक बैगारी हाली गया था। बाजै ने उस हाली से पुछा कि सच बताना कि यह लकड़ी कहां से लाया। उस हाली ने बताया कि गांव की सीमा पर एक बहुत बड़ी खेजड़ी थी, मैंने जाकर उस खेजड़ी को काटा। मैंने डर के कारण आपको इस बारे में बताया नहीं था। यह सुनकर बाजा उदास हो गया। उसके बाद बाजे ने अपने अखो नामक जमाई (दामाद) को बुलाया। उनको पास में बिठाकर पुछा कि पावणा झूठ मत बोलना, तुमने किसी को भोजन डाला था क्या। तुम सच बताना किनको दिया था, और किसके कहने से दिया था। गुस्से से भरकर दामाद बोला कि तुम्हारे घर का डूम आया था, उसको एक तासठा भरकर सीरा (हलवा) दिया था। उसको मैंने हलवा क्या डाल दिया, तुम लोग तो छानबीन करने लग गए। अगर भोजन नहीं कराना था, तो फिर यज्ञ किया ही क्यों। ऐसा कहकर अखा वहां से उठकर चला गया। फिर पत्नी से बोला कि यहां से उठ जा, तेरा ये कैसा पीहर है। बाजे ने हाथ जोड़कर विनती करके दामाद को रोका। फिर गुरू जांभोजी के पास आए, और बोले कि मैं एक यज्ञ और करूंगा, जिससे पुण्य हो। गुरू जांभोजी मुस्कराते हुए बोले कि बाजा आठ अवगुण को तुम दूर करके यज्ञ करो, तब ही पुण्य होगा। मेरा संत यज्ञ में आए, उसको भोजन करावो, तब यज्ञ संपूर्ण होगा। बाजा बोला कि आठ अवगुण कौनसे है। गुरू जांभोजी ने आठ अवगुणों को विस्तार से समझाया कि यज्ञ में क्या क्या नहीं करना चाहिए, और सच्चे संत की पहचान के लक्षण बताए। तब बाजोजी ने यज्ञ किया। सब बातों का ध्यान रखा। जो इस प्रकार यज्ञ कराकर जंभसार की कथा कराता है, उससे अनन्त गुना फल मिलता है। जंभसार कथा का यज्ञ कराने से करोड़ों लोगों का उद्धार होता है। जंभसार कथा करवाने के पश्चात जंभसागर पर जाकर स्नान करना चाहिए, ताकि अगर कथा के समय कोई पाप हो जाए, तो उनसे मुक्ति मिले। गौधूलि वेला में वर वधु को पटड़े पर बिठाया गया। रेड़ोजी और रणधीरजी ने मंत्र पढ़े। गुरू जांभोजी के बताए मंत्रों

का पाठ किया। एक ही चंवरी पर इतने सारे वर-वधु का विवाह हुआ। इस प्रकार बाजै ने विवाह सम्पन किया। बारात वापस जनवासे में गई। फिर भोजन करने हेतु बुलाया। बाजै के सबसे छोटे पुत्र की बहु लाडली थी। वह बर्तन मांज रही थी। जब बाराती भोजन करके वापस जा रहे थे, तब वह बोली कि कितनी ही जान भोजन करके गई, पर किसी ने भी बर्तन मंजाई का नेग नहीं दिया। यह सुनते ही दुल्हे के भाई ने आठ आना उसके हाथ में दिया। इस बारे में सास-ससुर को पता नहीं चलने दिया। इस प्रकार बाजे ने बेटी, पोती, दोहिति, भतीजी आदि का विवाह किया। सबको दहेज दिया और किसी से एक रूपया भी नहीं लिया। इस प्रकार गुरू जांभोजी के कहे अनुसार यज्ञ किया। कुछ समय पश्चात बाजा गुरू जांभोजी के दर्शनार्थ समराथल पर गया। साथ में एक हजार विसनोईयों को लेकर गया। भेंट देने हेतु अशर्फियों की थाली भरकर और बहुत प्रकार की मिठाई लेकर गया। थाल गुरू जांभोजी के चरणों में रखा और दंडवत करके चरणों में पड़ा। गुरू जांभोजी ने बाजे से यज्ञ का हालचाल पूछा। बाजे ने यज्ञ का बखान किया कि आठ सौ मण घी और नव प्रकार की मिठाई बनाई। गेहूं पंद्रह सौ मण लगा। चना तीन सौ मण लगा। एक गाड़ी नमक और पांच मण मिर्च लगी। जीरा और हल्दी दो मण लगे। इंधन का तो क्या बताऊं। बहन-बेटी को देने हेतु तीन हजार कपड़ों के थान आए। दहेज की बात तो आप जानते ही हो। मैंने तो अपना संपूर्ण धन लगा दिया। अब गुरूजी आप कहो कि पुण्य हुआ या नहीं। गुरू जांभोजी बोले कि तुम्हारा यश तो बहुत हुआ, पर पुण्य नहीं हुआ। यह सुनकर बाजा उदास हो गया कि संपूर्ण धन का नाश कर दिया, पर पुण्य हुआ नहीं। गुरु जांभोजी बोले कि पुण्य तुम्हारे घर में ही है, बाहर नहीं गया है। सचेतन होकर घर जाओ, और अपनी पुत्र वधु से पुछो। उन्होंने आठ टका लिया था, वो ले आना। और मैं जो कहूं उस प्रकार करना। बाजा घर गया और पुत्र वधु से पुछा कि बहु आपने दाम किस कारण लिया, और दाम लेकर क्या किया। बहु बोली कि एक जनेती ने यहां खड़े होकर जेब में हाथ डालकर टका देने लगा, मैंने हाथ मांडकर टका नहीं लिया, और वो टका राख में गिर गए। राख अभी तक वहीं है, आप जाकर खोजो राख में मिल जाएंगे। बाजे ने बैठकर राख छानी। उनमें से जनेती के दिए हुए टके निकले। यह टका लेकर बाजा तुरंत गुरू जांभोजी के पास गया। गुरू जांभोजी ने बाजे को हिरदै से लगा लिया। बाजा बोला कि गुरूजी मुझे साध बनाओ। गुरू जांभोजी ने काली पोशाक मंगाकर बाजे को पहनाई। और बाजे को आज्ञा दी कि वो मलेरकोटला जाए। वहां पर एक खान रहता है, शेख सदू उसका नाम है। वो रोजाना सौ गाये मारता है। तुम वहां जाओ। बाग के मध्य मस्जिद है, वहां पर वो नित्य नमाज पढ़ने जाता है। उनका बाग सुख चुका है, हरियाली का नामोनिशान नहीं है। तुम जब वहां जाओगे तो बाग हरा भरा हो जाएगा। फिर तुम बाग के मध्य बैठकर होम करना। सुबह बुचड़खाने जाना, और उस देग में यह आठ टका डाल देना। उसके बाद यह सिद्ध मंत्र का उच्चारण करना। ऐसा कहकर सिद्ध मंत्र दिया। इस मंत्र से देग नहीं तपेगी। यह करके तुम बाग के मध्य जाकर बैठ जाना। उनको उपदेश देकर मेरे पास लाना। यह आज्ञा सुनकर बाजा मलेरकोटले गया। जाकर बाग के मध्य डेरा किया। और बुचड़खाने जाकर देग में वो आठ टका डाल दिया। वहां पर सिद्ध मंत्र का उच्चारण किया। और तलवार के पास जाकर मंत्र पढ़ा, जिससे तलवार नहीं चले। यह करके बाग में वापस आ गया। उधर गायों को काटने हेतु कोशिश की पर तलवार चली नहीं, और देग में पानी नहीं तपा। तब काजी शेख सदू के दरबार में गए, और यह हाल बताया। तब शेख सदू ने पुछा कि यह अचरज कैसे हुआ। वहां मौजूद एक काजी बोला कि मैंने काली पोशाक पहने एक साधु देखा था, जो बुचड़खाने में आया था। पहले वो देग के पास गया, फिर करद के पास जाकर होठ हिलाकर कुछ बुदबुदा रहा था। यहां से निकलकर बाग में जाकर बैठा है। तब शेख सदू ने कहा उसको पकड़ो। यह कहकर शेख सदू सहित सभी भागकर बाग में गए। वहां जाकर देखा तो बाग हराभरा हो रखा था। शेख सदू बाजे के चरणों में पड़ गया। बाजा शरमाते हुए बोला कि यह बाग हरा भरा मैंने नहीं किया है, यह गुरू जांभोजी ने किया है, उनके चरणों में जाकर पड़ो। फिर शेख सदू ने गुरू जांभोजी के पास जाने का निश्चय किया। पांच हाथी सिणगारे, हजार काले कबरे घोड़े तैयार किए। सोलह रथ और पच्चीस बैल लेकर गुरू जांभोजी से मिलने चले। बाजे को सुखपाल पर चढ़ाकर शेख सदू समराथल आए। गुरू जांभोजी ने निहालदास को कहा कि तूं सामने जाकर उनको ले आ। शेख सदू ने आकर पांच हाथी और सवा सौ घोड़े गुरू जांभोजी को भेंट किए। इस प्रकार उत्तर का राजा शेख सदू गुरू जांभोजी से मिला। गुरू जांभोजी ने उनका बहुत आदर किया। शेख सदू ने कहा कि भिस्त की बात बताओ। दोजख से डर लगता है। अतः आप सबद (उपदेश) सुनाओ। गुरू जांभोजी ने उन्हें सबद सुनाया- "जके पंथ का भांजणा .... कोई न करबा सारूं।" शेख सदू बोले कि मैं इसमें दोष नहीं मानता हूं। पहले भी कई पीर मुर्शीद हुए, उन्होंने इसे जीव हत्या नहीं माना था। स्वयं महमंद आप शिकार करते थे, वो भी भिस्त गए थे। गुरू जांभोजी बोले कि महमंद मर्द हलाली था, उनके पीछे अपने को मत चलावो। उनके कर्म आपसे नहीं हो पाएंगे। जो नर अभक्ष्य पदार्थ का भक्षण करता है वो घोर नरक में पड़ता है। इस प्रकार गुरू जांभोजी ने उन्हें विस्तार से समझाया। शेख सदू को ज्ञान हुआ और वह विसनोई बन गया। उनके साथ सत्रह जीवों ने मोक्ष प्राप्त किया। फिर गुरू जांभोजी ने बाजे को बुलाया और कहा कि तुम्हारे यज्ञ का पुण्य अब हुआ है।

03. जसरासर गांव की स्थापनाः- तरड़ गौत्र के जाट जसरोजी तरड़ के पिताजी झंझ भाटियों के गांव झंझीरा में रहते थे, जहां बाल्यावस्था में इनके पिताजी की धोखे से हत्या कर दी गई थी, तब इनकी माताजी अपने पुत्रों जसरोजी, थावरोजी व गोंदूजी को लेकर अपने पीहर पल्लू गांव में आकर रहने लगी। जसरोजी का बचपन यहीं अपने ननिहाल पल्लू में बीता। जब वो बड़े हुए तो अपने सिहाग मामाओं के साथ लड़ाई में अग्रिम पंक्ति में भूमिका निभाते थे, इन्ही बातों पर किसी ने उनको ताना मारा कि इतने ही वीर हो तो अपने पिता की हत्या का बदला क्यों नहीं लेते हो ? इस ताने को सुनकर उन्होंने अपने भाईयों व मामाओं के साथ एक सैन्यदल बनाकर झंझीरा गांव पर हमला कर दिया। लेकिन झंझ भाटीयों के पास सैन्यबल ज्यादा था, इस युद्ध में जसरोजी के भाई थावरजी, गोंदूजी सहित 14 मामादल के योद्धा युद्ध में वीरगति

को प्राप्त हुए लेकिन उन्होंने झंझ भाटियों का सफाया कर दिया। इस जीत के बाद जसरोजी तरड़ ने इस गांव पर अधिकार करके विक्रम संवत् 1411 को इसका नाम जसरासर रखा। इसके पश्चात अपने शहीद भाईयों के नाम पर विक्रम संवत् 1424 को थावरिया व विक्रम संवत् 1428 को गोंदूसर गांव बसवाए। जसराजजी तरड़ के वंशक्रम में क्रमशः जसरोजी, काल्हड़जी, गौहराजी, कौशलाजी, मेहराजी, सादाजी हुए। सादोजी के पुत्र बाजोजी व पूल्होजी हुए। पूल्होजी तरड़ ने अपने पिता की स्मृति में गांव सादासर बसाया था। सादोजी के पुत्र बाजोजी जसरासर में ही रहे, जिनके 18 पुत्र थे। बड़े पुत्र खैराजजी और राजूजी ने जसरासर में ही नए बास बसाए, वहीं पुत्र मंदरूपजी का परिवार यूपी में बस गया। बाकि कई पुत्रों का परिवार पंजाब व हरियाणा में भी निवासरत है। बाजोजी तरड़ ने अपने पुत्र/पोते धीरोजी के साथ विसनोई धर्म अपना लिया था।

39

भीकमकोर

01. परिचय:- भीकमकोर गांव जोधपुर जिले की ओसियां तहसील में स्थित है। इसको बिकुंकोर या बिंकोर भी कहा जाता है।

02. आलमजी अग्रवाल की कथा:- साहबरामजी राहड़ कृत जंभसार के तेईसवें प्रकरण में आसनोजी के कुल में उत्पन्न गायक आलमजी का प्रसंग वर्णित है। आलमजी केवल एक कलावंत ही नहीं, बल्कि ऐसे साधक थे जिन्होंने गायन विद्या को ही मोक्ष प्राप्ति का साधन बना लिया। एक समय आलमजी जैसलमेर पहुंचे। उस समय वहां के राजदरबार में अनेक नामी कलाकार और गायक उपस्थित थे। संगीत और राग-रागनियों की महिमा पर चर्चा चल रही थी। जब आलमजी वहां पहुंचे तो दरबार के कलाकारों ने उन्हें देखकर उपहास किया और कहा कि तुम कोई कलावंत नहीं, बल्कि महामूर्ख प्रतीत होते हो। इस अपमानजनक वचन को सुनकर भी आलमजी ने अद्भुत सहनशीलता और विनम्रता का परिचय दिया। उन्होंने शांत स्वर में उत्तर दिया कि आप मुझे गाकर सुनाइए और गायन विद्या का परिचय दीजिए। मैं स्वयं को सुरजनजी का शिष्य मानता हूं। मेरे गुरु के समान कोई गायक नहीं हुआ, वे छः राग और छत्तीस रागनियों के ज्ञाता थे। मैं भी उन्हीं के मार्ग पर चलने वाला गवैया हूं। अतः आप अपने ज्ञान का अभिमान न करें। आलमजी के इन वचनों से कलाकारों को क्रोध आ गया। उन्होंने तत्काल जैसलमेर के शासक सालिमसिंह को बुलाया। राजा के आगमन पर एक भव्य संगीत प्रतियोगिता आयोजित की गई। सभा में विद्वान पंडित, चतुर जन तथा समस्त नगरवासी उपस्थित हुए। प्रतियोगिता की शर्त रखी गई कि जो विजयी होगा, वही गुरु बनेगा। जो पराजित होगा, वह शिष्य बनकर उसके साथ रहेगा। हारने वाले को सिर मुण्डवाकर गुरु के साथ जाना होगा। इस प्रतियोगिता में आलमजी के सम्मुख जो गायक खड़ा हुआ, वह था प्रेम कलावंत, जो जोधपुर नरेश जसवंत सिंह के दरबार का विख्यात गायक था और प्रतिदिन सौ रुपये वेतन प्राप्त करता था। सबसे पहले प्रेम कलावंत ने भैरव राग प्रस्तुत किया। उसके पश्चात आलमजी ने मालकोस राग गाया। उनके स्वर ऐसे प्रभावशाली थे कि जंगल से हिरण तक आकर्षित होकर सभा में आ पहुंचे और मंत्रमुग्ध होकर स्थिर हो गए। इसके बाद प्रेम ने श्री राग गाया, जिसके उत्तर में आलमजी ने दीपक राग का आलाप किया। उनके गायन का प्रभाव इतना प्रबल था कि बिना अग्नि के ही अनेक दीपक प्रज्वलित हो उठे। यह दृश्य देखकर समस्त सभा आश्चर्यचकित रह गई। प्रेम कलावंत ने पुनः प्रयास करते हुए हिंडोला, सोरठ, कालंगड़ो और चरचरी राग प्रस्तुत किए। किन्तु आलमजी ने बिलावल और श्री राग का ऐसा दिव्य गायन किया कि एक कठोर पत्थर तक पिघल गया। उन्होंने उस पिघले पत्थर में मंजीरे गाड़ दिए, जो मिट्टी की भांति उसमें धंस गए, जबकि उनके डोरे बाहर ही रहे। यह चमत्कार देखकर सभा हर्ष और विस्मय से भर उठी। तब आलमजी ने प्रेम कलावंत से कहा कि मैंने मंजीरे पत्थर में गाड़ दिए हैं, अब तुम उन्हें निकाल कर दिखाओ, अन्यथा यहां से चले जाओ। प्रेम कलावंत यह कार्य करने में असमर्थ रहा और अंततः उसे पराजय स्वीकार करनी पड़ी। इसके साथ ही आठ अन्य कलावंत भी उठकर आलमजी के शिष्य बन गए। वे दीक्षा ग्रहण करके गायणा बने और जीवनभर आलमजी के साथ रहकर आजीविका चलाते रहे। इस प्रकार आलमजी केवल एक गायक नहीं, बल्कि एक सिद्ध भक्त सिद्ध हुए, जिनकी गायन साधना ने उन्हें लोक में अमर बना दिया। वो पत्थर आज भी जैसलमेर में विद्यमान है। अंत में कवि कहता है कि उसने जो कुछ सुना, वही यथावत् वर्णन कर दिया:-

आसनू कूल में आलम भयेऊ, गान विद्या कर मुक्त ही गएेऊ। ताकी कथा कहू मैं गाई, गान विद्या ऐसी है भाई।
आलम जेसलमेर पधारा, राज कलावंत आये सारा। आलम से चरचा चल गएऊ, रागणियौ की महिमां कहेऊ।
कहै कलावंत जानौं कहा, तुम तो मूरख दीखो महा। तब आलम अजरा जर लई, इमृत रूपी वाणी कही।
कृपा करो मोहे गाय सुनावौ, गान विद्या हमकूं बतलावो। मौहे सुरजन का चेला कैहै, गांन समान गुरु मम चैहै।
छव राग छतीसू रागणी, सुरजनजी पै भई सभागणी। सुरजनजी समान गवैया, गांन अभिमांन न करियै भइया।
सुण कर क्रोध कलावन्त भयेऊ, राज पै माणस तब गएऊ। राजाजी कूं लियो बुलाई, हार जीत की होड़ वदाई।
सालमसिंघ राजा जहां आया, रंग भोम जाहां बैठा पाया। राजा आय विराजत भए, और गविये बोल जु लऐ।
पंडत चात्र सबै बुलाए, शहर सकल देखण कूं आऐ। इत आलम उत प्रेम कलावंत, सौ रुपिया नित का सोई पावत।
जसवन्तसिंघ गददी जोधाण, ताहि कलावंत याकूं जाण। गान विद्या की पेजहि करी, जौ जीते गुरु होय ता घरी।

हारै सो चेलो बन ज्यावे, मूंड मुंडाय संग तेहि ध्यावै। अस सुण प्रेम राग जब करी, भेरू राग सुन्दर औचरी।
जेमै विवाद सांझ कूँ भयेऊ, गावत गावत सरब रजनी गऐऊ। जब भैरू का किया उचारा, छै रागिन भिन्न-भिन्न झनकारा।
गाय बजाय कलावंत रहै, आलमजी गुर सुरजन वहै। माल कोस की रांगणि लएऊ, जंगल मृघ आवते भएउं।
चाहै माला कंठ पहरावौ, मृघां कूं मालम नहीं दावौ। ऐसै मगन राग सुन भए, वाह-वाह आलम सब जन कहै।
कलावंत कांपत भऐ, मन भयो दुख अपार। ईह मोह इजत खोय है, यामै फेर न सार।
तब आलम असै कह्यौ, मनां न कीजै सोच। जो जीतै सो गुर कृपा, हारै तैहि कर्म पोच।
प्रेमों श्रीराग कूं गावै, ताहि भारज्या खूब सुनावै। गाय बजाय अंत हुय आवा, सभा सकल मत कूं दरहावा।
आलम से अद्‌र्ध गान न होई, ताते सभा सराय न कोई। आलम दीपक रागहुं गावा, बिन अग्नि बहु दीप जगावा।
देखत लोग अचम्भा भएऊ, प्रेम कलावंत मन दुख ठएऊ। तब आलम कहै संक मति भाई, काहा जाने गुर केहिं जिताई।
तबहि कलावंत लइ हिंडोला, गाय बजाय भयो संखोला। सारी सभा मन ही मुसकाई, तुंम तो रागणी कछुव न गाई।
तबहि कलावंत मन मुरझाना, आप न जान्यौं ताहि समाना। सोरठ आद रागणी गाई, तोऊ सभा के मन नहीं भाई।
कालंगड़ो रू चरचरी गाएऊ, तोहु लोगन के मन नहीं भाएऊ। तब आलम बिलावल गाएऊ, तोहु लोगन के मन नहीं भाएऊ।
श्रीराग को कियो अलापा, महा मंत्र मनु कीन्हेऊ जापा। आलम राग श्री रूप बनावा, मांनहू कंचन खंभ झुकावा।
करतहि राग पथर पिंगलावा, मजीरा तेहि मांहि बगावा। गारै की माफक गड़ गएऊ, डोरा दोनू बाहर रहेऊ।
देख सभा सब आनन्द भऐऊ, तब आलम उनसे अस कहेऊ। मैं गाड़े तुम लेहु निकालो, निंतर उठौ अगाड़ी चालो।
आठ कलावंत उठतहि भए, आलमजी के चेलेहि ठए। लीन्हो चलू गायणा हूवा, खाय कमाय आलम संग मूवा।
ऐसो आलम भऐ गुरु भक्ता, जाकूं जानै सारोई जगता। आलम की सहनाणी धरी, जेसलमेर में अजहू परी।
ऐसी आलम भयौ अताई, सुनि जैसी कवि गाय बताई। आलम जंभ लाडलो कह्यो, जम्भ लोक में आलम गयो।
जो जन हरि जस सुनि गुन गावै, महा मोक्ष में जाय समावै। ताते भजिय गाइयै संता, विसनु लोक पावै महमंता।
संत समान और कोऊ नांही, विसनु रहै संतन के मांही। श्रीमत में प्रभु ऐसै कह्यौ, मेरो सरूप संत ही रह्यौ।
संतरू मोकूं दोय ना जांनो, संत सरूप मेरा ही मांनो। तेहि ते संका करो न कोई, संत सकल विसनु है सौई।
तातें संतन कुं गुन गाइयै, ताहि प्रताप मुक्ति पद पाइये। असै आलम जी गायणा, भक्त भऐ गुर जंभ।
राग रमल जाने सकल, मानेहु कोरेहू खंभ।

03. आलमजी अग्रवाल का परिचयः- दंतकथाओं के अनुसार आलमजी अग्रवाल जाति के बनिया थे, इनके पिता रायमलजी अग्रवाल एवं माता कलूदेवी गोयल थी। आलमजी का विवाह हांसी गांव की जमना मूथा से हुआ। इनके छोटे भाई का नाम खिंवराजजी था। विशनोई धर्म अपनाने के बाद आलमजी जोधपुर जिले में स्थित बंधड़ा गांव आकर बस गए थे। आलमजी के चार पुत्र हुए, जिनसे इनका वंश आगे बढा।साहबरामजी राहड़ कृत जंभसार में इन्हें आसनोजी के कुल (गायणा वर्ग) का बताया गया हैः- 'आसनु कुल आलम भयेऊ, गान विद्‌या कर मुक्त ही गएऊ। ये परवर्ती हुजुरी कवियों में से थे और गुरू जाम्भोजी के पश्चात भी 16-17 वर्ष और जीवित रहे थे। इन रचनाओं से भी यह बात ध्वनित होती हैः-

गोमिंदो गूगल खेवतो, रमतो यां थलियां। साधां नै समझावतो, हूं बलि तांह दिना।

भक्तमाल तथा हिंडोलणो में आलमजी का उल्लेख है। साहबरामजी ने जंभसार के 23वें प्रकरण में 'आलम कथा' दी है। इस कथा से तो आलमजी का जीवनकाल 17वीं सदी के उतराद्‌र्ध और 18वीं सदी का पूर्वाद्‌ध ठहरता है। किंतु यह बात जैसा कि साहबरामजी ने स्वयं कहा है, केवल सुने हुए आधार पर कही गई हैः- "ऐसो आलम भयो अताई, सुनि जैसी कवि गाय बताई।" इस कथा में उस श्रुति परम्परा पर कोई विचार नहीं किया गया जो आलमजी को हुजुरी बताती है। स्वयं सुरजनजी ने भी एक गीत में आलमजी का उल्लेख किया हैः- "केसो कथा अरथ नै करमूं, तप सूजो आलमूं तांति।" इस गीत की रचना संवत् 1736 (केसोजी का स्वर्गवास समय) और 1748 के बीच किसी समय हुई है। इस समय आलमजी विद्‌यमान नहीं थे किंतु उनकी ख्याति पर्याप्त फेल चुकी थी। इस प्रकार आलमजी का काल साहबरामजी की मान्यता के अनुसार न होकर अनुमानतः संवत् 1530 से 1610 ठहरता है। यदि कवि सुरजनजी का शिष्य था तो वे हुजुरी सुरजनजी ही होने चाहिए। इनका स्वर्गवास भीकमकोर में हुआ था, जहां इनको भू समाधि दी गईः- 'भीकमकोर धर्म की गादी, जित आलम लीवी समाधि'।इनके वंशज अग्रवाल गौत्र के 'गायणा विसनोई' कहलाते है। विक्रम संवत् 1787 को खेजड़ली खड़ाणे में बंधड़ा गांव की जेती अग्रवाल जो कि आलमजी की वंशज थी, उन्होने अपने पुत्र सहित वृक्ष रक्षार्थ बलिदान दिया था।

40

दिल्ली

01. परिचय:- दिल्ली में विसनोई धर्मशाला स्थित है। गुरू जाम्भोजी सिकन्दर लोदी के पास दिल्ली गए थे।

02. बादशाह सिकंदर लोदी से मुलाकात:- केसोजी गोदारा कृत 'कथा इसकंदर की' में गुरू जाम्भोजी और सिकंदर लोदी के संबंधो का विस्तार से वर्णन किया है। जिनका सार इस प्रकार है- "गुरू जाम्भोजी के दर्शनार्थ गंगापार के विशनोईयों की एक 'जमात' दिल्ली में हासिम कासिम नामक शाही दर्जियों के घर के सामने आकर रूकी और उसने रात भर जमला किया। इससे प्रभावित होकर वे भी जमात के साथ चल पड़े तथा गुरू जाम्भोजी के ज्ञानोपदेश को हृदयंगम किया। दिल्ली में वे मनसा वाचा कर्मणा उसी के अनुसार रहने लगे। उनके हिन्दू और मुमलमान दोनों से भिन्न आचरण देख कर लोगों को आश्चर्य हुआ और बात बादशाह के कानों तक पहुंची। उसके पूछने पर उन्होंने 'सतगुरू' और 'सतपंथ' के विषय में बताया जिसे सुनकर बादशाह ने उनको अंधेरी कोठरी में बन्द करवा दिया और बोला- इनका पीर छुडायेगा तभी छोड़ुगा। गुरू जाम्भोजी साल्होजी के साथ मनसा से उत्पन्न किए ऊंट पर सवार होकर चले तथा आकाशमार्ग से बादशाह के महल में उतरे। ऊंट के करकने से वह जग गया और मन में दरवाजा खोलने वालों को मरवाने की सोची। गुरू जाम्भोजी बोले- मैं दरवाजे से नहीं आया, मेरे सन्तों को तूने कैद किया है, उनको छुडाने आया हूं। तभी वहां दिव्य ज्योति विकीर्ण हुई। उनको एक व्यक्ति और ऊंट के अतिरिक्त कुछ भी दिखाई नहीं दिया। आश्चर्य चकित बादशाह ने उठ कर उनके चरण छुने के लिए हाथ फैलाए तो वे आपस में ही मिल गए। उनको गुरू जाम्भोजी के दर्शन तो हुए किन्तु बीच में जल की दीवार हो गई। गुरू जाम्भोजी ने दोहराया- उन साधुओं को छोड़ो। इस 'परचे' से बादशाह को सुधि आई। उसने जीवगति की विधि उनसे पूछी। गुरू जाम्भोजी ने दो टोपियों का कपड़ा देते हुए कहा- हक और हलाल की कमाई खाओ। उसकी संशय निवृति हो गई और वह इस राह में आया। वे अलोप हो गए किन्तु फोग की एक 'कामड़ी' (छड़ी) साल्हो जी के हाथ से वहीं गिरी रह गई। दूसरे दिन बादशाह ने दर्जियों को बुलाकर उस छड़ी के विषय में पुछा तथा प्रसन्न होकर प्रशंसा करते हुए उनको मुक्त कर दिया। अब बादशाह प्रतिदिन दो टोपियां बनाने और उनसे हुई आय से गुजर करने लगा। पंथ में न आने के कारण उसने एक के अतिरिक्त शेष बेगमों को भी छोड़ दिया किन्तु वह भी कष्टों से थक गई। उसके पिता ने बादशाह को मारने का इरादा किया। घात के समय बादशाह के हाथ और पांव अलग-अलग दिखाई दिए। तब उसने अपनी बेटी को सिकन्दर की सेवा करने के लिए ही समझाया। बादशाह गुरू जाम्भोजी की महिमा तथा हिन्दू और मुसलमान दोनो धर्मों की आलोचना करता पर किसी से उपयुक्त उत्तर देते न बन पडता था। बीमारी में टोपी न बना सकने के कारण बादशाह ने हक की कमाई का अनाज लाने को कहा। हक के नाम पर केवल एक बुढिया ने ही अनाज दिया पर उसने भी इस हेतु पराई मशाल के उजाले में सूत काता था, सो बादशाह ने ग्रहण नही किया। भगवान नामक एक ब्राह्मण बादशाह से मिला। उसमे पूछा- हिन्दू और मुसलमान दोनो धर्मों में कौन बडा है ? उत्तर मिला- जो रहमान को पहचाने और जिसमे ईमान हो। इस पर बादशाह ने उसको मुसलमान हो जाने को कहा तो वह बोला- यदि मेरे तीनों प्रशनों का उत्तर मिल जाए तो हो सकता हूं। बादशाह ने एक काजी को उसकी शंका निवार्णाथ कहा जिसने उसकी हत्या कर दी। ब्राह्मण का लड़का भागबली बादशाह से मिला, तब वही प्रश्न उससे भी पूछा गया। अपने पिता की हत्या की बात बताते हुए उसने तीन प्रश्नों के उत्तर की बात दोहराई। ब्राह्मण की हत्या और प्रश्नों का उत्तर न दे सकने के कारण बादशाह ने काजियों को खुब फटकारा और परमन के ज्ञाता गुरू जाम्भोजी और विसनोई पंथ की प्रशंसा की। गुरू जाम्भोजी की परीक्षा के लिए एक करोड़ के एक रत्न को सात परदों में रख कर, ऊपर शाही मोहर लगा दी और उसको भेंट स्वरूप एक नारियल के साथ मंजूषा में रखा तथा भागबली और अन्य व्यक्तियों को भेजने की योजना बनाई। बिना देखे वह वस्तु और उसका मोल यदि गुरू जाम्भोजी बता दें तो परीक्षा हो जाएगी। संभल के उमराव सैंफनखां कजलिये ने भी गुरू जाम्भोजी से अपने एक संशय की बात पूछने की इच्छा प्रगट की। तभी एक शाह ने एक बनिये से धन वापस दिलाने की तथा बनिये ने उसके चोरी हो जाने की फरियाद बादशाह से की। वह बोला- सबका न्याय गुरू जाम्भोजी करेंगे। गुरू जाम्भोजी ने बिना खोले रत्न का नाम, दाम ही नहीं बताया अपितु उसको निकाल कर बदले में दो करोड़ का दूसरा रत्न भी डाल दिया। भागबली, सैफनखां, शाह और बनिये सबका भली भांति शंका समाधान और न्याय किया।"

03. इब्राहिम लोदी से गुरू जांभोजी का मिलना:- साहबरामजी राहड़ कृत जंभसार के 19 वें प्रकरण में वर्णित है कि गुरू जांभोजी झूंपा गांव

से चलकर वराड़ प्रदेश में आए। वहां से दिल्ली आए। हासम और कासम ने यमुना के घाट पर अपना आश्रम बना रखा था। गुरू जांभोजी की जमात वहां जाकर ठहरी। गुरू जांभोजी उनके साथ में थे। वहां पर स्नान करके होम किया। साखी सबद गाकर जमा दिया। हासम कासम ने आकर गुरू जांभोजी के चरणों में भेंठ धरी और सिर नवाया। और कहा कि बहुत दिनों बाद आपके दर्शन हुए। यह कहकर दोनों भाई बैठे और गुरू जांभोजी ने उनका हाल चाल जाना। उन्होंने कहा कि आपकी कृपा से सब आनंदित है। गुरू जांभोजी ने उनसे पुछा कि सिकन्दर लोदी का घर कहां है? तब हासम कासम बोले कि सिकन्दर तो अपनी दोनों पत्नियों के साथ भिस्त चले गए। अब इनके घर में भक्ति नहीं है। सभी विमुख है। तब एक काजी ने यह बात सुन ली। उन्होंने पास आकर पुछा कि आप कहां के रहने वाले हो? कहां से आए हो, और कहां को अब जाना है? गुरू जांभोजी हंसकर बोले कि हम शुन्य में रहते है और शुन्य से आए है। शुन्य ही मेरा स्थान है। यह सुनकर काजी को अचरज हुआ। और वह वहां से दरबार की ओर चला गया। यहां दोनों दर्जी हाथ जोड़कर बोले कि मेरे घर का अन्न जल ग्रहण करो। तब गुरू जांभोजी होम हेतु भूमि को शुद्ध करी। पाहल करके उसका छिड़का दिया। बहुत अच्छा भोजन बनाया गया। संतो को भोजन करवाकर दक्षिणा दी। इतने में एक आदमी आया और गुरू जांभोजी से बोला कि सिकन्दर के गुरू को बुला रहे है। सिकन्दर के घर इब्राहिम का जन्म हुआ। जो विभिन्न प्रकार के कुकर्म में लीन था। उन्होंने गुरू जांभोजी को द्वेषवश बुलाया था। गुरू जांभोजी सब जान गए थे, वे अकेले ही गए। जाते ही इब्राहिम ने कैद करके नव जंजीर में जड़ दिया। तब उन्होंने देखा कि गुरू जांभोजी तो कैद से बाहर खड़े है। तब इब्राहिम ने कहा कि इन्हें दूर ले जाकर मार दो। जब गुरू जांभोजी को काजीखाने में लेकर आए, तो वहां गुरू जांभोजी ने एक हजार रूप धारण कर लिए। काजी डरकर दरबार में गए। बोले कि वहां तो एक हजार साधु खड़े है, काजीखाना पुरा भर गया है। आपने यह क्या काम किया। इतने लोगों को कैसे मारें। हमको तो उनसे डर लग रहा है। तब बादशाह इब्राहिम लोदी स्वयं वहां गए। तलवार लेकर गए और प्रहार किया। लेकिन तलवार से कुछ भी नहीं कटा। और वो धरती पर गिर गया। होश संभाल कर दुबारा प्रहार किया। कंधे के आरपार तलवार चली गई। फिर गुप्ती डाली, लेकिन कुछ हाथ नहीं आया। तब बहुत डरा और मन में पछताया। हाथ जोड़कर बोला कि अब क्षमा करो। गुरू जांभोजी बोले कि आगे तेरा अब वंश नहीं रहेगा। थोड़े ही दिनों पश्चात तेरा राज चला जाएगा। सिकन्दर मेरा शिष्य था, इस कारण तुझे छोड़ रहा हूं। दिल्ली अब तुम्हारे हाथ से निकल चुकी है, लोदी वंश का राज अब नहीं रहेगा। मुगलों का राज आएगा। यह कहकर गुरू जांभोजी अदृश्य हो गए। उस समय जमात तैयार थी, रथ पर बैठकर चल दिए। बादशाह संध्या के समय निमंत्रण देने गया, तब हासम कासम ने बताया कि वे तो चले गए। दिल्ली से चलकर गुरू जांभोजी पांच मंजिल बाद सिरधणा गांव पहुंचे। दो दिन तक सिरधणा गांव में रहे। फिर फलावदा चलै गएः-

मेहेंदो ठुकरो विद्या भऐ, गऐ जु उलटे देश। जंभ गुरु आगे चले, कियो वराड़ प्रवेश।
बीच बीच वर वासव कराई, दिली आए गुर जंभ राई। हासम कासम दरजी दोया, आश्रम जमनां घाट संजोया।
तहां ऊतरी आय जमाता, पूरण परमात्म तेहि साथा। कर असनांन होम तिन कीन्हो, साखी शब्द जमो तेहि दीन्हो।
हासम कासम कूं सुध भई, भेठ संजोय समैं तेहि लई। बड़े भाव सूं मिलणे आए, भेंठ धरी चरनन सिर न्याए।
कृपा देख दोउं बोलत भऐउ, बहुत दिवस ते दर्शन दएऊ। अस कहि बठे दोओं भाई, स्वागत पूछत भए जंभ राइ।
कुटम सहत तुमरे सुखदाई, आप कृपा तें अनंद अघाई। कृपा आपकी सदा अनंदा, गए कलेसर है सदा सु छंदा।
भूधर आज बहुत सूख भयो, बहुत कृपा कर दरसन दयो। जंभ गरू सूं पूछत भऐ ऐसै, साह सिकन्दर को घर कसे।
साह बात पुछी जंभ राई, हासम बोलत भऐ इह भाई। साह सिकंदर हुरमा दोई, भिस्त गऐ जाणे सब कोई।
अब इनकै धर भक्ति नांही, साहब से बेमुखहि रहांही। इह वचन काजी सुण लयो, पास आय पूछत अस भयो।
काहां रहो काहां तव असथांना, कांहां ते आऐ कांहां अब जांना। हंस कर जंभ बोलते भऐ, काजी कूं अस ऊतर दऐ।
रहां सुन्य में शुनय सै आऐ, शुन्य मोर अस्थान कहाऐ। जहां ते आएं घट घट जावां, सांस सांस सब संग रहावां।
सबकै अंदर सबके बाहर, सब ते दूर सबही में ठाहर। जांहा रहूं सो मैं ही रहूं, जाहां कहूं कछु मैं ही कहूं।
मैं ही सब जग आत्म एका, न्यांन नेत्र कर मोकूं देखा। अस सुण काजी अचरज भयो, सरदो कर दरबार ही गयो।
कर जोरे दरजी दोउं बोले, अंत्र गत की बाहर खोले। पुत्र जान शीस कर धरो, अंन जल मेरे प्रभू कछु करो।
ताही समै भंडारी तेड़िया, नवा मकान कदे नहिं छेड़िया। भंडारियां कूं तबही बताया, जल मंगाय सब ही धोलाया।
होम करे सुध भोमि करी, पाल कियो छिड़को दियो हरी। पंच पकवान तुरंत करवाऐ, छ रस भोजन खुब बणांऐ।
धुन बोलि जीमत भऐ सबही, सीत प्रसाद लीवी उन जबही। चरणोदिक पहलै ही लयो, सकल कुटम कूं पाय जु दयो।
सीत प्रसाद सकल बतायो, रह्यो खयो दोऊ भाइयन पायौ। एहि विधि सकल कुंटम परपारां, उधरे आप रू कुंटब उधारा।
एहि विधि हासम कासम, कुल अपनो कर पार। भोजन दे दक्षिणां दई, जीम गऐ दरबार।
दोऊं भाई गुरु पै गऐ, कर जोड़िया सनमुख होय रहे। अज्ञा मांग बैठते भऐउ, जंभ गुरु कछु चरचा कहेउ।
इतने में अहदी ऐक आयो, जंभ गुरु कूं वचन सुनायो। साह सिकंदर के गुरू आऐ, नोसरेवां सांझां बुलवाऐं।
साह घर इब्राहिम अवतरेउ, नांनां अकरंम लिन बहु करेऊ। ते गुर जंभ बुलावत भएउ, जंभ गरू से द्वेष जु ठएऊ।
घट घट की हर जानन हारा, जंभ गरू तब भए तियारा। कहत ही स्पात अकेले गएऊ, जाते ही साह नवग्रह में दएऊ।

नव जंजीर जुक्त कर जड़ेऊ, जड़कर देखे बाहर खड़ेऊ। कह अहदी नव ग्रिह जड़ आऐ, ताला जड़े बाहर प्रभु पाऐ।
तब बोले तुम दगा विचारो, दूर ले जाय अजां करि डारो। जब काजीखाने ले आए, ताहा रूप गुर सहंस दिखाए।
काजी डरे गऐ दरबारा, ऐक हजार साध इक सारा। काजीखांनो काठौ भरियो, देखो आप कांम क्या करियो।
इतने मारे कैसै मरे, हंम तो ताहि देख के डरै। सुंन कर भयो अचंभो भारी, करी पातस्यांह तांहा तियारी।
इतने में अहदी ऐक आयो, निज जनां नै साध बतायो। ले तलवार पातस्याह गयो, रंग चोक में दर्शन दयो।
क्रोध भरेऊ पातस्याह बोलै, पड़दै में तूं कसै डोलै। अस कहि खड़ग मारतो भयो, कछूवन कटियो वैसैं ही रह्यो।
होस गंम होय प्रिथवी परे, जंभ गरु तैसैं ही खरे। खरो होय फिर खांडो लयो, हुरल एक हरकै फिर दयो।
खूंवे लग कर गयो जु पारा, फिर गफी घाती तेहि वारा। गफी में कछु हाथ न आयौ, बहुत डरियो मन में पछितायो।
हाथ जोड़ फिर बोलत भऐऊ, छिमां करो बहू अवगण भएऊ। परचे पांच मोर पैं लएऊ, आगै तोर वंस निंह रएऊ।
दिन थोरइ में तुं अब जहहे, वंस मां सत्या कोउ न रहहे। इसकंदर मेरो शिष्य भाई, सपत तखत में दई पतस्याई।
पातस्याह भयो हक हलाली, सप्त तखत लग टरन टाली। वचन काज रह्यो पापी अंशां, निंत्र जात आज निरवंशा।
दिली अबही तुम ते जहहे, लोदी वंश की राज न रहहे। पीछै राज मुगल को आवे, पुरी किलकिला तखत रचावै।
दिल्ली तखत लेवै जहि गुंडा, सिर पर टोपी पग में मुंडा। अस कहि जंभ अद्दस्य ही भऐ, अपणै थांन मुकाम हि गऐ।
ताहि समैं भई त्यार जंमाता, रथ पर बैठ चले जग त्राता। पातस्याह मन सोचत भऐऊ, संझ्यां समैं निंवतन कूं गऐऊ।
कह हासम प्रात हि उठ गऐ, कर अभिमान घर चलते भऐ। पांच मंजल में पहुंचिया, सिरधणैं सुख धाम।
दोय दिवस ताहा हीं रहे, मिलन गऐ सब गांव। फेर फलावदै जावत भएऊ, छोडेउ रथ डेरा कर दएऊ।

41

मुसाणपुर

01. परिचयः- मुसाणपुर को जंभसार में अष्टधाम में गिना गया है।

02. **गुरू जांभोजी का आगमनः-** साहबरामजी राहड़ कृत जंभसार के 19वें प्रकरण में वर्णित है कि गुरू जांभोजी औरैया से मुसाणपुर गांव आए, वहां लोग दर्शन करने को आए। वहां पर सवा मण घी का नित्य होम होता था। तथा अखंड ज्योति जलती रहती थी। वहां पर लोग खांड, खोपरा, मिश्री, भांति भांति की सुगंध मिश्रित मिठाई, तिल, जौ, गिरी, छुहारा, किसमिस, अनाज, घी आदि लाने लगे। साधु लोग होम कर रहे थे। सबदों की धुन आकाश में गुंजायमान थी। गांव गांव से जमाती आने लगे, दिन और रात दर्शनार्थियों का तांता लगा हुआ था। वहां पर एक कन्नौज नाम का शहर है, जिनका राजा खड्गसिंह था। वह एक दिन शिकार करने गया। वहां पर रिषी तपस्या कर रहे थे। आश्रम को देखकर राजा वहां गया। वहां पर रिषी ध्यान लगाकर बैठा था। राजा ने सोचा कि इसने मुझे देखकर ध्यान लगाया है। राजा ने पास में पड़ा गोबर लेकर रिषी के सिर पर मारा। थोड़ी देर ठहरकर दुबारा मारा। इस प्रकार राजा ने कई बार गोबर मारा, फिर वहां से चला गया। कुछ समय बाद उस रिषी का शिष्य वहां आ गया। गुरू की यह हालत देखकर क्रोधित हुआ। गुस्से में भरकर उन्होंने श्राप दिया, कि जिसने मेरे गुरू की यह हालत की है, उनके इसी समय कुष्ठ रोग होगा। इस प्रकार श्राप देकर वह रोने लगा, तब रिषी ने पलक खोले। तब चुप होकर उन्होंने बात बताई। उधर राजा ने घर जाकर कपड़े बदले, तो देखा कि शरीर पर कुष्ठ रोग निकल आया था। डरकर उल्टे पैर वापस गया। जाकर चरणों में सिर झुकाया, और कहा कि श्राप का मोचन कीजिए। तब उन्होंने बोला कि अब श्राप को वापस नहीं लिया जा सकता है। पर तुम्हें एक तरीका बताता हूं, जिससे यह कुष्ठ रोग दूर हो जाएगा। हिंदु और मुसलमान दो धर्म है, इन दोनों धर्म से अलग तीसरे धर्म का व्यक्ति हो। उस तीसरे धर्म के व्यक्ति का दर्शन करने पर ही कुष्ठ रोग का नाश होगा। तब से खड्गसिंह राजा नित्यप्रति घूमकर तीसरे धर्म के व्यक्ति को ढूंढता था। तीन वर्ष तक उन्होंने पुछताछ की, पर तीसरे धर्म का व्यक्ति कहीं मिला नहीं। जहां भी जाता, वहां उनको या तो हिंदु मिलता या मुसलमान। लोग कहते कि तीसरा धर्म तो उन्होंने आज तक सुना नहीं है। एक दिन गुरू जांभोजी की जमात आई, उनको खड्गसिंह के दूत ने पुछ लिया कि तुम कौन से धर्म के हो? तुम कहां रहते हो? यह प्रश्न सुनकर उन्होंने उत्तर दिया कि हम तो विसनोई धर्म के है। तब उस दूत ने कहा कि तुम सब तो हिंदू की तरह नजर आ रहे हो, इस विसनोई धर्म के बारे में तो हमने कभी सुना ही नहीं। यह तो कोई नया ही धर्म लगता है। तब उस विसनोई ने कहा कि तुम ऐसा क्यों कह रहे हो? हम तो हिंदु नहीं विसनोई है। तब उस दूत ने सोचा कि ये हिंद नहीं है तो मुसलमान होंगे। इस कारण दुबारा पुछा कि तुम तो मुसलमान लगते हो, पोथी पढते हो या कुरान पढते हो? तब वो विसनोई बोला कि हम तो मुसलमान नहीं है। हमको पुर्ण सतगुरू मिल गए है, इस कारण हमने हिंदु और मुसलमान दोनों धर्म छोड़ दिए है। यह सुनकर वह दूत तूरंत राजा खड्गसिंह के पास गया, और बोला कि हिंदु और मुसलमान से भिन्न धर्म वाले अनेक पुरुष आए है। मैं देखकर आया हूं, आप मेरे साथ चलो। यह सुनकर राजा ने भेंट सामग्री तैयार करी, भेंट का थाल लेकर नंगै पैर ही दोड़कर दर्शन करने गया। विसनोई जमात को देखकर हर्षित हुआ। उनकी परिक्रमा करके भेंट चढाई। उनके चरणों की रज मस्तक पर लगाई। चरण धोकर चरणोदिक पिया। रिषी ने जो कहा था, उसके अनुसार किया। यह करके उन्होंने अपना शरीर देखा, तो शरीर से कुष्ठ झड़ चुकी थी। राजा का शरीर कंचन के समान हो गया। तब राजा हाथ जोड़कर बोला कि धन्य हो तुम, धन्य है तुम्हारी जमात। तुम्हारे दर्शन मात्र से कुष्ठ रोग दूर हो जाता है। तुम तो सभी संतों के सरताज हो, ऐसा कहकर उनको राजा अपने घर ले गया। शुभ स्थान पर आसन करवाया, मन चाहा भोजन करवाया। सब जमात की पूजा करी। तब वो विसनोई बोले कि गुरू जांभोजी हमारे गुरूदेव है, आप जाकर उनकी सेवा करो। यह सुनकर गुरू जांभोजी के प्रति जिज्ञासा जागृत हुई, विसनोईयों की जमात को विदा किया। उस दिन से खड्गसिंह गुरू जांभोजी से मिलने के लिए तरस रहा था। एक दिन जब उसने सुना कि मुसाणपुर में गुरू जांभोजी आए हुए है, तो उसने सौ अशर्फी, पताशा आदि से थाल सजाया। साथ में सौ घोड़ा और पचीस रथ का दल बनाया। और गुरु जांभोजी से मिलने चला। मुसाणपुर आकर गुरू जांभोजी के आगे भेंट धरी और हाथ जोड़कर स्तुति करने लगा। तब गुरू जांभोजी ने प्रसन्न होकर आशीर्वाद दिया। फिर गुरू जांभोजी ने कहा कि जो तूं भेंट लेकर आया है उससे यहां मंदिर बनवा दे। इस मंदिर में मेला लगेगा। जो इसका दर्शन करेगा, उनको रोगों से निवृत्ति मिलेगी। अंधे को आंखें, कोढी को काया, बांझन को पुत्र मिलेंगे। राजा सुनकर प्रसन्न हुआ, और वहां पर मंदिर आरम्भ कर दिया। गुरू जांभोजी के हाथों से नींद

दिलाई गई। और सुन्दर मंदिर का निर्माण हुआ। छतीसुं जातियों के लोग वहां पुजा करते है, और गुरू जांभोजी उनके दुख, दरिद्रता का नाश करते है। वर्तमान तक वहां मेला लगता आया है। इस प्रकार उस स्थान पर कई दिन तक रहे। फिर गुरू जांभोजी मुसाणपुर से चलकर यमुना घाट कालपी पर गए:-

अवरईयां शिव मंदर रहेउ, ता दिन तें हरि मंदर कहेऊ। मुशाणपुर आऐ जंभ राई, दुनियां सकल दरस कूं ध्याई।
सवा मण घृत नित होम्यौ करै, जोत अखंड शब्द औचरे। खांड खोपरा मिश्री मिठाई, भांत भांत की सुगंध मिलाई
तिल जव गिरी छुहारा किसमिस, आखा घृत आवत है दसुं दिस। भर भर सरवा साधु होमै, शब्द धूंन्य सुणिय तेहे व्योमें।
गांव गांव से आव जमाती, दर्शन करत दिवस अरू राती। शहर कनोज एक ताहां कहियै, खड़ग सिंघ राजा इक लहियै।
करण सिकार नृप सो गएऊ, तहां रिषी तप करते भऐऊ। आश्रम देख तुरत तहें जाई, ऋषि रह्यौ तहां ध्यान लगाई।
राजा कै मन असी भई, मो मिस पलक लगाय जु लई। कियो तुरंत को गोबर परियौ, राजा लेर शीस पर धरियो।
थोरी सी वेर देख मन भायो, बहुर ऋषि के सकल लगायो। एहि विधि अति करम करके गएऊ, ताको सिष आवत तहां भएऊ।
देख गुरू गत क्रोधत भयो, वहवल होय श्राप तिन दियो। मो गुर की असी गत करी, ताकै कुष्ट होहु या घरी।
रिष बालक दियो श्राप, उंचै सुर रोवत भयो। रिख के उघरे नैन, चुप बैठ असैं कह्यौ।
राजा गयो जु ग्रेह, खोल वदन देखतैं भयौ। कुष्ट भई तन तेह, भय करते ही उलटो गयौ।
जाय सीस चरनन में दीजिये, श्राप अनुग्रिहे प्रभुजी कीजिये। हमसै कछु भयो सो कियो, श्राप अनुग्रिह होय न कियो।
पर एकहुं गत तोकूं बतलाऊं, कुसट कटे सो भेद दिखाउं। हिंदु मुसलमान दोय दीनां, इन बंधन से होवै भीनां।
ताको दरस कियां दुख जावै, असट प्रकार की कुष्ट नसावै। तब ते खड़ग सिंघ बोह राजा, नित प्रति बूझे इह समाजा।
तीन बरस लग पूछत रहेऊ, तीसर दीन के केहू नहीं कहेऊ। जांहा पुछै तांहा दोय ही दीना, तीसर दीन न सुन्यौ प्रबीना।
जंभ जमात ऐक दिन आई, जाकूं दूत पूछ लियो ध्याई। तुम भाई कहो कूंन सी कोमां, काहां वसो कहां तुमरी भोमा।
सुनकर वचन उतर दियो ताही, हम तो हां विसनोई भाई। तुम तो सब ही हिंदू दीखो, औ तो पंथ लगत है नीकौ।
काहा पुछत जानत नहीं तम तो, हिंदू ना विसनोई हम तो। तब उन जान्यो मुसलमाना, ताकूं फेर किया तिन व्यानां।
तुम तो दीखो मुसलमान, पोथी पढो क पढ़ो कुरांन। हम तो मुसलमांन ते दूरा, हमकूं मिलिया सतगुर पूरा।
हमकूं मिलिया सतगुर पुरसा, और न देख्या प्रभु उन गुर सा। दोऊ दीन दिया हम त्यागी, गुर परताप भऐ बड़ भागी।
असै सुण चर तुरंत ही गऐऊ, खड़ग सिंघ राजा ने कहेऊ। हिंदु मुसलमान भिन राया, पुरुष बहुत अब तांहि ते आया।
थांनै तांहि अर्ज गुजराई, चालो आप देखल्यो ताही। सुण करू राजा भेंठ संजोई, लियो थाल पग दासी खोई।
होय उभांणो दर्शन गयो, देख जमात हरख मन भयो। दे प्रकमा भेंठ चढ़ाई, चरणां रजी शीस के लाई।
चरण धोय चरणोदिक लियो, ऋषी कह्यो सो कहणो कियो। अस करके तन देखत भयो राई, सकल अंग की कुसट झराई।
मानो कंचन तुरत तपायो, राजा तन ऐसो दरसायो। सुध भयो गई कुष्ट नसाई, हाथ जोड़ बोल्यो नर राई।
धन्य धन्य तुम धन्य जमाता, तुमरे दरस कुष्ट अस जाता। तुम तो संत सबनि सिरताजा, अस कहि निज ग्रिह लेगेउ राजा।
शुभ स्थान आसन करवाया, मनस्या भोजन तांहि जिमाया। सब जमात कूं पूजत भऐऊ, तब विसनोई ऐसे कहेऊ।
जंभ गरू हमरे गुर देवा, जाय करो तुम उनकी सेवा। अस सुण जंभ जिज्ञासा भऐऊ, विसनोइयां कूं सिख जू दएऊ।
ता दिन ते जंभ मिलणे आसा, खड़गसिंघ नित करै उपासा। ऐक दिवस ऐसी सुन पाई, मुसांणपर आऐ जंभराई।
सौ असरफी धर थाल पतासा, राजा चल्यौं मिलन की आसा। सौ घोड़ा संग रथ पचीसा, आयो जाहां जंभ जगदीशा।
भेंठ धर आगै खरो, कर जोर अस्तूती करी। जै जंभ पूरण ब्रिह्म, सिष तव दरसिया कुष्ट जु झरी।
मन काय वायक दास, प्रभुजी चरण सरण मोहे राखियै। सत शब्द सुणाय के, हरि अपनै जन कुं भाखियै।
सत हो तुम सत है धरम, सत मारग हैं सही। सत्य तुम्हरे शिष्य, प्रभुजी दरसियां कुष्ट जू गई।
मन काय वचन जंभराय, तुम्हरो दास मोकूं जानियै। जनम जनम तव सरन रहहू, सिष्य अपनो मांनिये।
एहि भांति अस्तूती कीन्ह राजा, कर जोरियां आगे खरो। हर पाप जंन दुख आप भेटहु ताप त्रिय मो अघ हरो।
होय प्रसन कर वर दऐऊ, प्रभुजी भक्ती देहू अनपायनी। अरु मांग जो वर मनां भावै, मुक्त भुक्त सुखदायनी।
जंभ गरु अज्ञा दई, जो तूं ल्यायो भेठ। मंदर एहि थां कीजिये, मांनहि ब्राहमण सेठ।
मेलो इहां जु मांडियै, आवै पूंण छतीस। जो याको दर्शन करै, नासै रोग बतीस।
आंधे कुं आंख्या मिलै, कुष्टी कुष्ट नशाय। निरपुत्र ही पुत्र मिलै, कह्यौ आप जंभराय।
राजा सुन्यौ प्रसन्न मन भएऊ, मंदर कौ आरंभ तब ठऐऊ। ता दिन नींव दराई राजा, शोभन मिन्दर बणायो साजा।
कुली छतीसूं पूजन करिहे, दुख दालिदर जंभ गुरु हरिहे। अब लग मेलो मंडे सदाई, साहब कहे सबनि सुखदाई।
तेहि अस्थान बहुत दिन रहे, मन चिंत्या लोगन के भऐ। ऐक दिवस गुर चलते भऐ, जंमना घाट कालपी गऐ।

03. अष्टधाम के रूप में:- साहबरामजी राहड़ कृत जंभसार के 22 वें प्रकरण में वर्णित अष्टधामों में मुसाणपुर धाम का भी उल्लेख है, यहां मुसाणपुर साथरी पर मनिरामजी को महंत बनाया गया था:-
समेलगढ़ मेरोई धामा, पूरब मध मूंसांणपर नामा। मुसांणपुर मनिराम बैठाया, दई चादर भेजहु जंभराया।

42

नवाबगंज

01. परिचय:- नवाबगंज उत्तर प्रदेश राज्य के उन्नाव जिले की हसनगंज तहसील में स्थित एक कस्बा और नगर पंचायत है। यह लखनऊ से 45 किलोमीटर दूर है।

02. गुरू जांभोजी का नवाबगंज आगमन:- साहबरामजी राहड़ कृत जंभसार के 19 वें प्रकरण में वर्णित है कि गुरु जांभोजी भ्रमण करते हुए कानपुर से लखनऊ पहुँचे। वहाँ नवाबगंज में उन्होंने अपना तंबू तानकर विश्राम किया। उनके आगमन का समाचार पाकर स्वांतिशाह उनके दर्शन के लिए उपस्थित हुए। स्वांतिशाह अत्यंत श्रद्धा और विनम्रता के साथ भेंट लेकर आए, गुरु के चरणों में अर्पित की और सिर नवाकर प्रणाम किया। गुरु जांभोजी ने एक रात्रि वहीं निवास किया। उसी एक रात्रि में स्वांतिशाह का आध्यात्मिक उद्धार हो गया। यह गुरु कृपा की अद्भुत महिमा का परिचायक है। गुरु जांभोजी के प्रभाव से प्रेरित होकर स्वांतिशाह ने नवाबगंज में एक अद्वितीय धार्मिक स्थल का निर्माण करवाया। यह स्थल धार्मिक समन्वय का अनुपम उदाहरण था। उन्होंने आधा भाग मंदिर और आधा भाग मस्जिद के रूप में निर्मित कराया। इस प्रकार उन्होंने विसनोई और मुस्लिम दोनों धर्मों का समान सम्मान किया। यह स्थान आज भी नवाबगंज में विद्यमान बताया जाता है। प्रारम्भ में वहाँ मुजावर थापन सेवा करते थे, किन्तु कालांतर में वे काजी बन गए। वर्तमान में वहाँ काजी पूजा-अर्चना करते हैं। इस स्थल का यह ऐतिहासिक और समन्वयी स्वरूप बहुत कम लोगों को ज्ञात है। नवाबगंज से प्रस्थान कर गुरु जांभोजी मालवा क्षेत्र में पहुँचे। वहाँ उनके दो सेवक महराज और दावद जो आपस में भाई थे, पूर्व में विसनोई धर्म से विमुख हो गए थे और मार्ग से भटक गए थे। गुरु जांभोजी जब वहाँ पहुँचे, तो उनके दर्शन मात्र से ही उन दोनों के अंतःकरण में परिवर्तन होने लगा। जैसे ही उन्होंने गुरु के चरणों का स्पर्श किया, उनकी कुमति नष्ट हो गई। गुरु दर्शन के प्रभाव से दोनों भाई पुनः सद्मार्ग पर लौट आए। न केवल वे स्वयं सुधरे, बल्कि उनके साथ लगभग छः सौ जीवों का भी उद्धार हुआ:-

ऐहि विधि जंभ सहल बहु करी, लखणेऊ आऐ नर हरी। नबाबगंज में तंबू तांने, स्वांती साह गुर आए जाने।
भैंठ लई मिलनै कूं आऐ, जंभ गुरु कूं शीस नवाए। ऐक रात प्रभु वासो करियो, स्वांती साह पल में उधरियो।
मिश्रत मंदर स्वांती कियो, दोनूं दीन मान सो लियो। कछु मंदर कछु महजत राखी, नबांबगंज में है सब साखी।
ताहां मुजावर थापन रहै, कछु पाछे काजी हुय गऐ। अब उहां काजी पूजा लेवै, कोई कोई जानै यांको भेवै।
चाले जंभ मालवै आए, बिगड़े सेवग दोय चेताऐ। महराज दावद दोनूं भाई, पुरबिया मालवै बसाई।
दोना मारग छोड़िया कबही, गऐ जंभ गुरु ताकै जबही। देखत ही तब सोझी भई, परसे चरण कुमत सब गई।
द्रसन करत दउ जन सुधरे, छसे जीव तास संग उधरे।

03. मौनी बालक की कथा:- साहबरामजी राहड़ कृत जंभसार के 18 वें प्रकरण में वर्णित है कि एक समय एक विसनोई स्त्री अपने छोटे बालक को लेकर गुरु जांभोजी की शरण में आई। वह बालक जन्म से ही मूक था, जिसके कारण उसकी माता अत्यंत दुःखी रहती थी। वह विनीत भाव से गुरु के चरणों में गिरकर प्रार्थना करने लगी कि हे सतगुरु! कृपा करके मेरे पुत्र को वाणी प्रदान करें, जिससे मेरा दुःख दूर हो जाए। गुरु जांभोजी ने करुणा से प्रेरित होकर बालक को चुटकी बजाकर स्पर्श किया। उसी क्षण आश्चर्यजनक घटना घटित हुई, वह बालक बोल उठा। परन्तु उसके मुख से जो वचन निकले, वे अत्यंत रहस्यमय और दिव्य थे। स्वर्ग से स्वयंभू (गुरू जांभोजी) आए हैं। बताओ किस कार्य से आए से है? फिर स्वयं ही उत्तर देता है कि प्रहलाद को जो वचन दिया था, उसी कार्य के लिए अवतरित हुए हैं। बारह करोड़ जीवों की मुक्ति हेतु आए हैं। यदि बारह करोड़ में से एक भी कम रह गया, तो गुरु और चेले दोनों लज्जित होंगे। बालक के ये वचन सुनकर गुरु जांभोजी ने उसे रोकते हुए कहा कि अब और सबद मत कहो। फिर उन्होंने उसके मुख पर हाथ फेरते हुए कहा कि अब तुम्हारी मुक्ति हो जाएगी। इस घटना को देखकर उपस्थित साथरियों (संतों) को अत्यंत आश्चर्य हुआ। उन्होंने गुरु जांभोजी से प्रश्न किया कि हे गुरुदेव! यह कौन जीव है? गुरु जांभोजी ने उत्तर दिया कि यह अपने पिछले जन्म में एक ऋषि था। साथरियों ने पुनः जिज्ञासा प्रकट करी कि यदि यह ऋषि था, तो गूंगा कैसे हुआ? इसके आचरण में क्या कमी रह गई थी? कृपा करके इसकी कथा बताइए। तब गुरु जांभोजी ने बालक को ही आज्ञा दी कि अब तुम

स्वयं अपनी कथा कहो कि किस कारण तुम गूंगे हुए। बालक ने अपने पूर्वजन्म का वृत्तांत इस प्रकार सुनाया कि पिछले जन्म में मैं लखनऊ के उत्तर द्वार पर एक साधु (तपस्वी) के रूप में तपस्या करता था। उस समय स्वांतसाह के पिता 'सेर विलंद' वहाँ के नवाब थे। वे मेरी बात मानते थे और प्रतिदिन एक सेर भोजन लाकर मुझे अर्पित करते थे। उसी नगर में एक भठियारी रहती थी। वह प्रतिदिन मेरी धूणी में लकड़ी डालती थी। इस प्रकार बारह वर्षों तक उसने मेरी सेवा की। उस भठियारी का एक पुत्र था, जो आगे चलकर चोर और दुष्ट बन गया। एक दिन उस लड़के ने चोरी करते समय एक लड़की की हत्या कर दी। बाजार में हाहाकार मच गया। लोगों ने उसे पकड़कर बाँध दिया और राजा के पास ले गए। उन्होंने राजा से कहा कि तेरी नगरी में अन्याय हो रहा है। राजा ने उत्तर दिया कि इसके कर्मों के अनुसार इसे दंड मिलेगा। उसी समय राजा भोजन लेकर मेरे पास आया। जब भठियारी लकड़ी लेकर आई, तो वह अत्यंत दुःखी थी और रो रही थी। मैंने उससे पूछा कि तुम क्यों रो रही हो? तुम्हें किसने सताया?' उसने कहा कि मेरा एक पुत्र है, आज उसे फाँसी दी जाएगी। जो सेर विलंद आपके पास भोजन लाते हैं, वही बादशाह उसे फाँसी दे रहे हैं। इतने में बादशाह आया, उसने भोजन अर्पित किया और जाने की अनुमति माँगी। मैंने पूछाकि आज इतनी जल्दी क्यों हो? उसने कहाकि एक हत्यारे को फाँसी देनी है। मैंने कहा कि उसे मत मारो। मेरे कहने पर बादशाह ने उसे छोड़ दिया। उस चोर के मन में घमंड आ गया। उसने फिर से एक पूरा बाजार लूट लिया और कई मनुष्यों की हत्या कर दी। नगरवासी राजा के पास गए और कहा कि अब तो हम तुमसे हार गए, इस चोर ने चार मनुष्यों का कत्ल कर दिया। राजा ने निश्चय किया कि अब उसे फाँसी दी जाएगी। फिर वह भोजन लेकर मेरे पास आया। भठियारी पुनः रोती हुई आई और बोली कि आज फिर मेरे पुत्र को मारने का दिन है। मैंने उसे आश्वासन दिया कि मैं राजा को मना कर दूँगा। जब राजा आया, तो मैंने फिर उसे रोका। उसने कहा कि यह बहुत बड़ा जुल्मी है, चार हत्याएँ कर चुका है। जो राजा अपराधी को दंड नहीं देता, वह नरक में जाता है। फिर भी मैंने उसे छोड़ने को कहा, और उसने उसे छोड़ दिया। एक दिन वह चोर तलवार लेकर शहर में गया और फिर से लूटपाट व हत्याएँ कीं। नगर में हाहाकार मच गया। सारे लोग राजा के पास गए। राजा अत्यंत दुःखी हुआ और बोला कि अबकी बार इसे अवश्य दंड दूँगा। वह पुनः मेरे पास आया। भठियारी फिर रोती हुई आई। मैंने पूछा कि आज क्यों उदास हो? वह बोली कि आज मेरा पुत्र नहीं बचेगा। मैंने कहा कि मैं राजा से कहूँगा। परंतु जब राजा आया, तो उसने स्पष्ट कहा कि जिस राजा के राज्य में पाप होता है, वह पाप राजा पर आता है। तीन बार मैंने आपके कहने से इसे छोड़ा, अब नहीं छोडूँगा। तब मैंने कहा कि चोर अपना स्वभाव नहीं छोड़ सकता है, फिर हम तो साधु है, हम अपना स्वभाव कैसे छोड़ सकते है। अब तुम अपने स्वभाव के अनुसार कार्य करो। यह सुनकर राजा ने उनको दंड दिया। भटियारी का पुत्र मारा गया। भटियारी ने रूदन किया। सेर विलंद ने संत सेवा की, इस कारण उसके स्वांति साह जैसा पुत्र हुआ। जो गुरू जांभोजी का चेला बना, दोजक छोड़कर भिस्त गया। उस भटियारी ने निरन्तर मेरी सेवा की, एक दिन मैने उनसे कहा कि वर मांगो। यह सुनकर उन्होंने कहा कि मुझे आपके जैसा पुत्र चाहिए। तब मैने बहुत सोच विचार किया। भटियारी ने साधु की सेवा करी, इसलिए विसनोई के घर में जन्म लिया। वो विसनोई नारी यह मेरी माता है, साधु सेवा के कारण उतम पंथ में आई। किन्तु मैंने राजा को बार-बार अधर्म की ओर प्रेरित किया, इसलिए मुझे इस जन्म में गूंगा होना पड़ा। गृहस्थ यदि संत की सेवा करे, तो वह मुक्ति प्राप्त करता है। परंतु यदि साधु गृहस्थ के मोह में पड़ जाए, तो उसका ज्ञान और ध्यान नष्ट हो जाता है। इसलिए संतों को कुसंग से बचना चाहिए। यदि कुसंग में पड़ोगे, तो मेरी जैसी गति होगी। मनुष्य शरीर अत्यंत दुर्लभ है। इसी से ईश्वर की प्राप्ति संभव है। कुसंगति से जीवन नष्ट हो जाता है। मैं भठियारी के संग में पड़ गया, इसलिए यह दुःख भोगना पड़ा। अब भी यह मुझे घर-घर लेकर फिरती है और कहती है कि यह बोलता नहीं है। परंतु आज इसने मुझे गुरु जांभोजी के दर्शन करा दिए, अब मैं इनके साथ रहूँगा और मुक्ति प्राप्त करूँगा। इतना कहकर बालक पुनः मौन हो गया। उसकी माता यह सब सुनकर आश्चर्यचकित रह गई। सभी साथरियों को भी अत्यंत विस्मय हुआ। वह मौनी बालक गुरु जांभोजी के साथ चला गया और उसकी माता अपने घर लौट गई। गुरु जांभोजी का स्मरण करने से करोड़ों पाप नष्ट हो जाते हैं। वे प्रत्येक जीव के हृदय में विद्यमान हैं, अतः उनका स्मरण अपने भीतर ही करना चाहिए:-

विसनोवण एक बालो ले आई सतगुरु पास। बालक मुख बौलै नहीं, मन में घंणी उदास।
सतगुरू मूंहे बोलाइये सांसो मिटे अपार। देव तबै चुटकी दई, बालै कियौ उचार।
सुरगां हूंतै सिंभू आयौ, कहो कुणां के काजै। नर निरहारी एकलवाई, प्रगट जोत विराजै।
पहराजा सूं वाचा कीवी, आयौ बारां काजै बारां मेंसो एक घटे तोसुं चेलो गुरु लाजै।
सतगुरु तब ही वरजियौ, शब्द कहे मति कोय। मुख ऊपर कर परसियो, मुक्ति भई तुम सोय।
साथरियां पूछे सही, सतगुरु कहो कूंण जीव। आगै यह जू ऋषि हूंतो, असे कहे पीव।
साथरिया ऐसै कहै, रिसि क्यूं भयो जु मूक। याकी कथा सुंणाइयै, कहां करणी में चूक।
तब सतगुर ऐसै कह्यो, तुम ही बोलो बाल। मुक रहो क्या कारणै, कहो सकल तब हवाल।
लखणेऊ कै उतर द्वारेउ, तप कर जाने जन सारेउ। स्वांत पिता थो सेर विलोला, सो पालै संतन का बोला।
नित प्रति मोह भोजन दये ल्याई, सेर विलोल के टेव सदाई। तेहि शहर भिठियारी रहहे, बा धूणी नित घाले जहहे।
ऐक दिनां ऐसी विधि भई, बारा वरष सेवती रही। ऐक पुत्र वाके जो भयो, चोर जार लूंगाड़ो कहो।
एक दिनां उन चोरी करी, ताके हाथ छोकरी मरी। जब बाजार में कूको पड़ियो, पकड़ तेहि कहुं काठे करियो।

जाय पुकार करी राजा पे, अन्याव भयो तेरी नगरी में। कह पातस्या सजा देहै, अपणें किए कर्म इह पेहे।
अस कहि कै भोजन ले चल्यौ, भठयारी के आंसू ढल्यो। जब मैं कह्यौ माई क्यूं कलपै, कवण सताई तूं क्यूं जलपै।
एक पूत्र प्रभु मेरे भयो, आज फांसी को हुक्म दयो। सेर बिलंद आप पे आवे, इहें पातस्या फांसी दयावे।
तब ऋषि कह्यो पातस्या आवै, नित मोकूं भोजन यो ल्यावै। इहही नाथ फांसी अब दहही, इतनै आयो पातस्य वही।
भोजन देकर थाली मांजी, आज्ञा मांगी बिलंद खांजी। तब साधु बोलत अब भएऊ, जल्दी आज कहो कस भहेऊ।
सेर बिलंद कहै सुन स्वामी, खुनी एक भयो बड़ नामी लड़की मार जेवर हड़ लयो, अब वो फांसी देने चह्यौ।
ता कारन मैं जल्दी जाऊं, बा खुंनी कुं फांसी दयाऊं। रिषी कह्यो फांसी नहीं देना, तबहि पातस्या बोल्यौ बैना।
सुनकर वचन स्याह सुख भयो, ताहि चोर कूं गल नहीं दयो। जबहि चोर मन में गरभायो, ऐक बाजार छिनक में ढायो।
लूट बाजार लाख धन लीन्हो, मार मनुष्य पटड़ो कर दीन्हो। शहर सही कर खुनी लीन्हो, सबही नगर तास कुं चीन्हो।
हम तो राजा तुम ते हारिया, मानूष च्यार मार इन डारिया। राजा छोड़ जहहे परदेशा, तब प्रजा को कटही कलेशा।
सुण कर बोल्यौ पातस्याह, कल गल देवै याहि। घड़ी दए उबरै नहीं, वचन कहूं सत भाहि।
अस कहि भोजन लेकर आयो, तब भटियारी वचन सुनायो। आज मरन दिन प्रभु फिर आयो, बहुत ही खोट कियो सो पायो।
कहै रिषी हम वरजै देहूं, तव पुत्र मरणै नही पेहूं। इतने मांहि पातस्या आयो, भोजन दे उलटो उठ ध्यायो।
कहो रिषि अब जल्दी काहै, वही सखस फिर खुन किया है। मैं जाऊं जब फांसी आवे, जब साधू ऐसे वरजावै।
यांकू फांसी दीजै नांही, पातस्याह सोच्यो मन मांही। माहराज बड़ो जुल्मी यह भई, च्यार मिनख को खूंनी सही।
जो खुनीन कूं दंड न देवै, सो राजा दोजक कूं सेवे। अब ही आप कहौ सो करें, वचन आप के कबहुं न टरै।
तेहि मैं कह्यौ मार मत भाई, सेर बिलंद दीन्हौ छिटकाई। भठियारी महा मूर्ख भारी, लूगाड़ां में मिल्यो सुरारी।
एक दिवस लुंगाड़ा ल्यायो, ले तलवार शहर में ध्यायो। लूटियो शहर मनुष बहु मारा, भयो नगर में हाहाकारा।
सारो शहर राज में गयो, त्राह तोबा कर कूकत भयो। सुणकर मंन में दुख बहु ठयो, तबहीं पातस्या बोलत भयो।
जुल्मी बिन्या डंड नहिं तजै, ताही तें लूंगाड़ा बजै। कहस सहर ने शान्ती करो, अब कै मारूं मन मत डरो।
अस कहि चल्यौ पातस्या जबहि, उहां भठियारी बोलत वही। सुनहू स्वामी पाप जो करहे, अंत समय वो ऐसे ही मरहे।
सुन्या वचन साधू अस बोला, आज उदास कहो किम कोला। तब भटियारी बोलत भई, आज पुत्र बचणै का नाही।
हंस कर साधू बोल्यौ असै, मैं कहिहू राजा कूं तैसे। सेर विलंद आवत भयो जबहि, भोजन दे चलतो भयो तबहि ।
आज कहो जल्दी काहा भाई, खूंनी कूं गल देऊ जाई। कहे ऋषि गल कबहूं न दैना, सुनकर राजा भयो अचैना।
राजा जाके राज में, पाप करे नर कोय। सा जुलमी ता पर पड़ै, दोजक जावै सोय।
तीन गुनां इंन कर लिया, बकस्या तुमरे बोल। कहो प्रभु केसै करें, पूरे होय गऐ कोल।
कहे रिषि सुन ले तूं भाई, चोर न त्यागे अपन सुभाई। हम साधु सो कसे त्यागे, जो त्यागे साधूपन भागे।
तुमहीं करो तुम्हारी रीता, प्रिये वे जो जिनहीं का किता। असी सुन्यो हमारी वायक, दियो डंड जो जसै लायक।
भिठीयारी को पुत्र मरियो, रुदन बहुत भठियारी करियो। सेर बिलंद कीवी संत सेवा, स्वांति साह पूत्र तेहि देवा।
जंभ गुरु को चेलो भयो, दोजक छोड़ भिस्त कूं गयो। उन भठियारी सेवा करी, निस दिन रहे पास ही खरी।
ऐक दिवस मैं ऐसै कह्यो, मांगो वर चलणे मन भयो। सुनकर वचन बोलत भई बांहू, आप सरीखों पूत्र चाहूं।
जब मैं सोच कियो बहु भारी, किसी काम को नहीं संसारी। उन जो करी साध की सेवा, विसनोई घर जनमे जू लेवा।
सो विसनोवण इह मुज माई, साध सेवा उत्तम पंथ आई। मैं उनसे कीनी बकवादा, ताते मोकूं यह फल लाधा।
गृही करे संत की सेवा, तो वहे लहै मुक्ति को भेवा। साध करे गृहि को संगा, ज्ञान ध्यांन सब होवे भंगा।
तातै संत कुसंग न परहे, जो परिहे मो गति संचरिहे। मानुष देह असी है देवा, तातैं पावे हरि को भेवा।
बहुर जूंन में जावै नाही, असे फल मानुष तने माहीं। खोटो संग मानुष तन होवे, ते जन जन्म जन्म में रोवे।
देखो जैसे मोरी गति भई, भठयारी संग लागी रही। अब ही घर घर लिएऊ डोलै, मुख सै कहे मुखां नहीं बोलै।
इह कृपा कीन्हों मन भाई, जंभ गुरु के दर्शन ल्याई। अब मैं जंभ गुरु पैं रहहूं, तज संसार मुक्ति में जहहुं।
यह विधि बालै गाथा गाई, पूरब जन्म की कथा सुनाई। या भय मैं डरतो नहीं बोलों, इह नर तन रहिहे मो जोलो।
इह कहिके फिर मोन ही गही, माता सुंणे अचंभई भई। सब साथरियां अचरज भयो, मोनी जंभेश्वर संग गयो।
माता उठ अपणे घर गई, ऐसै पुत्र बोलावत भई। जोग भ्रष्ट साधू भयो, कट गए आल जंजाल।
साहबराम तेहि सतगुरू, सिंवरो तीनों काल। जंभ गुरु कुं सिमरतां, कट ज्याय कोटक पाप।
घट घट में गुर जंभ है, सिंवरो आपहि आप।

04. स्वांयत शाह की सहनशीलताः- साहबरामजी राहड़ कृत जंभसार के 16वें प्रकरण में वर्णित है कि कालपी में नवाब स्वायंत शाह की भेंट गुरु जाम्भोजी से हुई। गुरु के उपदेशों से प्रभावित होकर उन्होंने विसनोई धर्म स्वीकार कर लिया। गुरु ने उन्हें विशेष रूप से सहनशीलता का उपदेश दिया। स्वायंत शाह ने इस उपदेश को जीवन का मूल मंत्र बना लिया। उन्होंने अपना समस्त वैभव राज-पाट, धन-सम्पति, खजाना आदि सब कुछ गुरु के चरणों में समर्पित कर दिया। यह त्याग इतना पूर्ण था कि घर में जो भी वस्तु थी, वह सब गुरु को अर्पित कर दी गई। उनके समान पूर्ण समर्पण का उदाहरण दुर्लभ माना गया है। स्वायंत शाह का जीवन पूरी तरह परिवर्तित हो गया। वे किसी पर क्रोध नहीं करते थे। सबके प्रति दया और करुणा का भाव रखते थे। चींटी से लेकर ब्रह्मा तक, प्रत्येक में ईश्वर का स्वरूप देखते थे। उन्होंने द्वैत भाव का त्याग कर अद्वैत दृष्टि अपनाई और गुरु के सिद्धांतों के अनुरूप जीवन व्यतीत करने लगे। समाज में उनकी महिमा का व्यापक प्रचार हुआ। एक दिन उनकी सहनशीलता की परीक्षा लेने हेतु एक घोसी (ग्वाला) ने उनसे विवाद किया। उसने कहा कि तुम मेरे वचन सहन नहीं कर पाओगे। स्वायंत शाह ने उत्तर दिया कि तुम जो कहोगे, मैं सहन करूंगा। साथ ही 100 रुपये की शर्त रखी। यदि वे क्रोधित हो जाएं तो हार मानेंगे, अन्यथा घोसी को 100 रुपये देने होंगे। नवाब स्वायंत शाह हाथी पर सवार होकर आया। तब घोसी आगे चलकर गया, और लाठी लेकर बोला कि नीचे उतरकर मेरे पास आओ, मैं तुम्हे वो वचन सुनाता हूं। इस प्रकार बहुत प्रकार से कोशिश की, पर स्वांत साह को गुस्सा नहीं आया। जब नवाब उनके निकट गए, तो वो चलकर आगे गए। बहुत दूर इसी प्रकार चलता रहा। फिर एक जगह बिठाकर चला गया। बड़ी देर तक स्वांत साह ने उनका रास्ता देखा, जब वह नहीं आया तो हाथी पर सवार हो गए। तब घोसी वापस आया, और नवाब को हाथी से उतरने को कहा। तब हाथी को बिठाकर उनके पास गए। घोसी आगे चल पड़ा और बोला कि बैठो तो बात बताऊं। जब नवाब बैठे तो घोसी उठकर चले गए। और बोले कि अब नहीं कहूंगा, कल कहूंगा। अब तुम जाओ, और कल इसी समय यहां आ जाना। यह सुनकर स्वांत हाथी पर सवार हुआ। तब घोसी निकट आकर बोला कि अब नीचे उतरकर मेरे पास आओ, मैं बताता हूं। नवाब नीचे उतरे तो घोसी बोला कि तुम्हारे साथियों को दूर करो, मुझे हाथी पर बैठाओ। यहां से दूर चलो, वहां आगे मैं कहूंगा। नवाब उनके साथ गया। फिर घोसी ने एक जगह बिठाकर कहा कि तुम यहां बेठो, इतनी क्या जल्दी है। नवाब मुस्कराते हुए बोले कि अब कह। घोसी बोले कि बैठे रहो, मैं पुछुंगा। इस प्रकार घोसी ने बहुत परेशान किया। फिर भी नवाब को गुस्सा नहीं आया। तब घोसी ने अपशब्द कहे। लेकिन नवाब को क्रोध नहीं आया। यह क्रम बहुत देर तक चलता रहा, परंतु स्वायंत शाह के मन में तनिक भी क्रोध उत्पन्न नहीं हुआ। वे शांत, मुस्कराते हुए सब सहते रहे। अंततः घोसी स्वयं निराश हो गया और स्वीकार किया कि वह हार गया है। उसने कहा कि अब मैं 100 रुपये कहाँ से दूँ? इस पर भी स्वायंत शाह ने क्रोध नहीं किया, बल्कि अपने पास के 100 रुपये उसे दे दिए। यह घटना उनके अहंकार-शून्य, दयालु और त्यागमय चरित्र को दर्शाती है। इस प्रसंग के अंत में वर्णित है कि स्वायंत शाह ने अपने जीवन में सहनशीलता का ऐसा आदर्श स्थापित किया कि उन्हें मृत्यु के पश्चात भिष्ट (स्वर्ग) की प्राप्ति हुई। केवल वे ही नहीं, बल्कि उनके साथ तीन सौ जीवों का भी मोक्ष हुआ:-

स्वायंत की एक कथा सुनाऊं, सहनशीलता रीत बताऊं। सहनशीलता ऐसी होवहि, स्वांयत शाह निबाबी जोहहि।
जां निबाब की ऐसी रीती, जंभ गरु सूं पालै प्रीती। राज पाट अरु माल खजाना, देस कोस भंडार समाना।
जंभ गरु के अरपण कीन्हां, स्वांत समांन नहीं और कीन्हा। जो कछू चीज वस्त घर होई, जंभ गरु के अरपण सौई।
जो कछु कहै सहै सुख मांनै, काहू पर कछु क्रोध न ठानै। चीटी अरू ब्रिह्मा प्रजंता, स्वायंत देखे सब भगवंता।
द्वेत भाव जिन दूर निवारियो, असौ मत सतगुर को धारियो। लोक सकल ही महिमां करे, क्रोध न करे दया विसतरे।
एक दिनां दोय बादत भऐ, कह सौ वचन जाय नहि सह्यौ। क्रोध नहीं मोपै जहि करो, रूपिया सौ सेठां में धरो।
हारू तो फिर मांगू नांही, जीतूं तो लेऊं ता पांही। एहि कहि होड़ वदी तेहि वारा, आयो स्वांत हाथी असवारा।
तब घोसी चल आगे गयो, ले लाठी अस बोलत भयो। सुन स्वायंत एक अर्ज हमारी, उतरो तो कहिद्युं विधि सारी।
एहि विधि लिन्हौं अंत बहू, तोउव न आयो छेह। धन धन हैं साह स्वांत कूं, सहणशीलता तेह।
जब निबाब ता निकट ही गऐ, कछु आगै कूं चालत भऐ। बडी दूर लग ऐहि विध लेग्यो, सरकत भयौ बैठणै कहिग्यौ।
बड़ी देर लग ता मघ जोऐ, फिर असवार हाथी पर होऐ। तब ही घोसी आवत भयो, अरज सुणी नहीं चड़तो गयो।
अब तो सुणौ आवौ मो पाही, तब हाथी कूं दियो बठाही। उतर कै याकै ढिग आऐ, तब घोसी कछु दूर बुलाऐ।
तब स्वांयत पीछै चल गयो, घोसी चाल आगै सी भयो। बैठो तो मैं बात बताऊं, तब निबाब बैठे तेहि ठांउ।
तब घोसी उठ ठाढ़ो भयौ, अब तो मोसै जाय न कह्यो। काल कहुंगौ अब तुम जावौ, कलि इस बखत फेर इहां आवो।
अस सुन स्वांयत चालत भएऊ, हाथी पर असवार जु ठएऊ। तब बो घोसी निकट ही आयौ, स्वांयत शाहा से अस बतलायौ।
अब आवो तो कहि देउं सारी, तब स्वांयत साह मनां विचारी। अब ही कहि देवो सूनले भाई, कल तब काज हरज होय जाई।
तब बोला बठावो हाथी, दूर करो अब तुमरे साथी। तब सबही के दूर कराऐ, जब घोसी बोलेउ एही भाऐ।
यिहां सै दूर चलो जब कहहुं, चाल्यां विन्यां चुपकर रहहूं। तब निबाब ताही संग भऐ, फेर बठाय दूर से गऐ।
घोसी कहे यिहां तुम बैठो, काहा उतावल अस क्यूं चैंठो। तब निबाब बैठे मुसकाई, कह घोसी अस काहा पतस्याही।
बेठे रहो देर में पूछहूं, राजा कहां मिले सब भूंछहु। स्वांत कहै कछु जानां नांही, तेरी कांक्ष्या सो व्रतांही।

घोसी एहि विधि पच पच हारा, ताके क्रोध न भयो लिगारा। जब घोसी फिर कावल बौला, अजब गजब की तब ही तोला।
मानुष भृष्टा मैं काहा स्वादा, मिठा खाटा तुम कभी खाधा। इह मैं बात अकल से जांणी, मिंठे पर मखी लिपटांणी।
खट विन फूही नहीं आवै, सुन घोसी मंन में पछितावै। जब स्वांयतस्या पूछत रहे, तुम उदास काहे कूं भऐ।
होड हार गऐ दीन दयाला, सहणशीलता कर दिये निहाला। सौ रूपिया कांहां से देउं, पज गयो मैं हार।
सौ रूपिया घर से दऐ, रीस न करी लिगार। स्याह स्वांत अजरा जरी, भिस्त पहुंतो जाय।
जीव तीन सै तास संग, सबदों शब्द समाय। करणी करे सु क्यूं डरे, कहा उंच काहा नींच।
साहब फल इम्रत लगै, सौ पति वृखा सींच।

43

कुचोर

01. परिचय:- कुचोर गांव बीकानेर जिले की नोखा तहसील में स्थित है।

02. भूतों की गति करना:- साहबरामजी राहड़ कृत जंभसार के 15 वें प्रकरण में वर्णित है कि मरहट देश के राजा आसकरण अपने साथ पंडवाला गांव के खेतसी नामक ब्राह्मण को लेकर गुरू जांभोजी के पास आए। राजा ने कहा कि हमें विसनोई बनाइए और धर्म-अधर्म का पूरा उपदेश दीजिए। गुरू जांभोजी बोले कि यदि सांसों का फेर (जीवन-मरण का चक्र) समाप्त करना है, तो सही आचरण अपनाना होगा। फिर कलश मंगवाकर गुरू जांभोजी ने उस राजा और ब्राह्मण को पाहल देकर विसनोई बनाया। इनके साथ पैंसठ जीवों की मुक्ति हुई। तब राजा आसकरण ने कहा कि हे गुरूजी! जो जीवित प्राणी आपके पास आते हैं, वे तो आपके उपदेश सुनकर अच्छे कर्म करके स्वर्ग को प्राप्त होते हैं। लेकिन जो मरकर भूत-प्रेत या पितर बन जाते हैं, उनकी गति कैसे होती है? तब गुरु जांभोजी ने उत्तर दिया और उसके हृदय की सभी शंकाओं का समाधान किया कि धन्य हो, हे राजा आसकरण! तुमने बहुत उत्तम प्रश्न किया है। गुरू जांभोजी बोले कि इस समय गंगापार से एक विसनोई जमात समराथल की ओर आ रही है। उनके साथ धनो और बिच्छु भी है। उन लोगों का रथ जब कुचोरा गांव के पास आया तब तीन सौ भूतों ने उन्हें घेर लिया और बहुत दुख दिया। तब धनो और बिच्छु ने उनसे कहा कि आप हमारे साथ चलो। हम आपको भूति योनि से छुटकारा दिलाएंगे। हम तुम्हारी इस दुर्दशा से मुक्ति दिलाकर उत्तम गति प्राप्त करवाएँगे। यह सुनकर भूतों ने रथ को छोड़ दिया और उनके साथ आने को तैयार हो गए। अब वो रथ यहां आ गया है। गुरू जांभोजी ने इतना कहा, तभी वो जमात आ गई। एक साध ने आकर बधाई ली। एक प्रहर बाद सभी समराथल पर पहुंच गए। गुरू जांभोजी के दर्शन किए। सभी ने अपनी अपनी भेंट चढ़ाई। अतलस, चौतारा और तंजेछू के थान गुरू जांभोजी को अर्पित किए। गुरू जांभोजी ने ये वस्त्र अपने संतों को संभलाए। इस प्रकार दर्शन और भेंट करते हुए रात्रि होने में चार घड़ी शेष रह गई। तब चेलोजी और कुलचंदजी बोले कि हे गुरु जांभोजी! कल दिन को हम जब कूचोरा में आए, तो तीन सौ भूतों ने हमारा रास्ता रोक लिया था। हम सब अत्यंत संकट में पड़ गए थे, परंतु आपके प्रताप से बच गए। तब राजा आसकरण ने कहा कि फिर क्या हुआ? धन्नो बिछू ने हाथ जोड़कर कहा कि वे सब भूत अब हमारे साथ हैं। हम उनको वचन देकर लाएं है कि उनकी मुक्ति कराएंगे। धुंपालिया गांव के एक धोरे के पास खेजड़ी के नीचे उन्हें बिठाकर आए है। तब संपूर्ण जमात खड़ी हुई और गुरु जांभोजी के साथ वहाँ चली। जहाँ वे भूत बैठे थे, वहीं संतों की पूरी जमात पहुँच गई। गुरु जांभोजी ने उन भूतों से कहा कि तुम सब पंक्तिबद्ध होकर बैठ जाओ और अपनी-अपनी जाति बताओ। तुमने कौन-कौन से कर्म किए हैं। वह सब कहो, अगर तुम अपनी मुक्ति चाहते हो तो। उन भूतों में चार भूत बड़े योद्धा थे, उनमें से एक भूत बोला कि मैं खंधार हूं, ये खेतसी, खैराज और करणसिंह है। हम चारों सगे भाई हैं और मोहिल जाति के है। खिंवराव कुचोरा में बसे और शरण में आने वालों की आशा पुर्ण करते थे। हममें से कुछ चांपावत व कूंपावत कहलाते है, कुछ मेड़तिया है, और ये चौदह राठौड़ यहाँ बैठे है। हम छिंयासी मेड़तिया है, हमारे पुर्वज दुदोजी को गुरू जांभोजी ने खांडा दिया था। रूपावत, पातावत और उदावत आदि दो जात के पुरे तीस है। बीस यादववंशी भाटी है। इनमें मांगलिया, गौगांदे, मुगलाणा, जोधा और खींची भी है। इन जातियों के सभी दस दस योद्धा है। ये भूत होकर बहुत दुख पाते है। सांखला, चौहान, पेथल, मोट जाति के तीस योद्धा है। ये धांधल राठोड़ और वो सोढा पंवार है। पंवारों का शासन आबु पर रहा। जगदेव पंवार ने शीस का दान दिया था। इस प्रकार इन पांच जातियों के पचीस योद्धा भूत बने हुए है। जैतमाल पड़ियार बड़े जोर के योद्धा थे। उदा और फुलै की बात कौन टाल सकता था। इंदा, सोनगरा, मोयल और सिसोदिया आदि सभी काले रंग के प्रचंड भूत बने है। इनमें बड़े सरदार मोहिल थे, जिन्होंने अपनी पुत्री कोडमदे का विवाह भाटियों से किया। सौ भाटी योद्धा उनके साथ मरे। पचास योद्धा और झड़े। ये सब मिलकर तीन सौ पचास योद्धा गायों के आगे स्वर्ग की आशा में मरे थे। अब आपको युद्ध की बात बताता हूं। जब इन योद्धाओं को युद्ध की बात चली तो सभी प्रसन्न होकर घोड़ा व ऊंट नचाते हुए रणभूमि में आए। ये सभी सरदार तलवार लहराते हुए रणभूमि की ओर बढे। वहां पर तीन प्रकार के युद्ध हुए। पहला युद्ध कर को लेकर था। व्यापारी बाहर देशों से पसमीनो वस्त्र लेकर आते थे, वे राज्य का कर चुकाते थे। ऊंट वस्त्रों से भरकर मरूधर में आए, वहां कर लेने वालों ने उन्हें जाने नहीं दिया। तब कच्छावा, मोहिल और मेड़तियों ने लड़ाई करी। दूसरी तरफ कोडमदे के लिए युद्ध हुआ। तीसरी तरफ कुछ डकैत गायें लेकर जाने लगे। इस प्रकार तीन प्रकार का युद्ध एक जगह हुआ। और साढे तीन सौ

योद्धा यहां कटकर मर गए। इस युद्ध में डाणी (कर लेने वाले) भाग गए। मोहिलों के सामने डाकू टिक नहीं पाए, वो भी गायें छोड़कर भाग गए। जब कोडमदे ने युद्ध में प्राण त्याग दिया तो जोधपुर की सेना भी भाग गई। इस युद्ध में जो योद्धा मरे, उनकी मोक्ष गति नहीं हुई। क्योंकि कोडमदे उस समय रजस्वला थी। उन्होंने धोती और सिर पर पाग पहनकर मर्दाना वेश में लड़ाई लड़ी। उन्होंने फिर फिरकर योद्धा मारे। और अपने योद्धा जहां मरे, उनको भी देखने गई। इस प्रकार उन रजस्वला की छाया सभी योद्धाओं पर पड़ी। और वे सब उसी समय भूत योनि में चले गए। जब धनो और बिच्छू दोनों जमात के साथ कुचोर में आए। तब धने ने घोड़ा आगे बढाया पर इन भूतों ने उसे बांध लिया। और इनसे पुछा कि तुम कहां से आए हो, कहां जा रहे हो? जल्दी बताओ, विलंब मत करो। तब इन्होंने कहा कि हम गुरू जांभोजी के पास जा रहे है। तुम साथ में चलो तो तुम्हारी भी मोक्ष गति करा देंगे। ये हमको यहां छोड़कर आपके पास जाने लगे। तब हमने कहा कि आप हमें यहां छोड़कर फिर वापस नहीं आए तो? तब धनोजी ने वचन दिया। और अब आपको लेकर आए, और अपना वचन सत्य कर लिया है। हे प्रभु! अब हमारी गति का विचार कीजिए और अधम गति में पड़े हम सभी भूतों को पार लगाइए। तब गुरु जांभोजी ने कहा कि तुम्हें कहां तक दिखाई देता है। उन्होंने कहा कि हम स्वर्ग नहीं गए, पर उसके अलावा सब दिखता है। आप हमें भूत गति से निकालकर मुक्ति दो। तब गुरू जांभोजी ने कलश मंगवाकर पाहल किया, और उन सब पर पाहल का छिड़काव किया। उस पाहल के प्रताप से उसी क्षण उनकी भूत-योनि समाप्त हो गई। इस प्रकार गुरु जांभोजी ने सभी भूतों का उद्धार किया। पाहल के प्रभाव से उन्हें मुक्ति प्रदान की। यह गुरु जांभोजी की पाहल है, इसमें इतनी शक्ति है कि भूतों का भी मोक्ष हो जाता हैं। जो कोई गुरु जांभोजी की पूजा करता है, वह अन्य किसी देवताओं का ऋणी नहीं रहता है। उसे किसी अन्य देवता की पुजा करने की आवश्यकता ही नहीं है। कवि साहबरामजी कहते हैं कि इसलिए गुरु जांभोजी की बार-बार पूजा करो। ताकि युक्तिपुर्ण जीवन और मरने पर मोक्ष मिलेगा। यह जंभसार का पन्द्रहवां प्रकरण है। जो इस पंद्रहवें प्रकरण को सुनता या गाता है, वह इस संसार रूपी अथाह सागर को बिना विलम्ब पार कर लेता है। गौ, बालक, स्त्री और ब्राह्मण की हत्या जैसे पाप इस कथा को कहने-सुनने से नष्ट हो जाते हैं। साहबरामजी कहते हैं कि हे मूर्ख मन! इस प्रकार के ग्रंथ को तूं कैसे भूल सकता है? गुरु जांभोजी के पाहल के प्रभाव से करोड़ों भूत मुक्त हो गए, पर फिर भी कपूत लोग इस पाहल को लेने में हिचकिचाते है:-

मरहट देश को राजवी, आसकरण ता नांव। खेतसी ब्राहमण दोउ बौलै, पंडवालो तेहि गांव।
कहै राजा विसनोई करो, धरम अधरम सकल औचरो। सांसै होय फेर तुम करणा, जो तुम छाड़ो जनम रू मरणां।
कलस मंगाय पाहल तब दीन्हां, राजा कूं विसनोई कीन्हां। संग ब्राहमण विसनोई भएउ, पैंसट जीव मुक्ति ने गएउ।
आसकरण बोल्यो तब वाणी, वचन सुंणों तुम सारंग पांणी। जीवत प्राणी तुम पै आवै, ते करणीं कर सुरग सिधावै।
मर कर भूत पितर होय जावै, कहो प्रभू कसै गति पावै। तब जंभेसुर वचन उचारा, हिरदे की सब ग्रन्थि निवारा।
धन धन असकरण तुम राई, प्रश्न भली करी ते भाई। गंगा पार से चली जमाता, धनौ बिछू तेहि के साथा।
ताको रथ कूचोरा आयौ, भूत तीन सै राह छुडायौ। घेर लियो दुख दीन्हौं भारी, तब दोनां तेहि सुमति विचारी।
कह्यौ तास तुम हम संग चालो, गति छाडजो तम गति भालो। इह सुण भूतां रथ छिटकायौ, अब सो रथ इहां चाहै आयौ।
इतने में जमात जु आई, साध आय इक लई बधाई। ऐक पहर पीछै सब आऐ, जंभ गुरु के दर्शन पाए।
भेंट आय सब करते भऐ, अतलस चौतारा सब दए। तनजेछू के थान चढ़ाऐ, सो संतन कू सब व्रताए।
एहि विधि द्रस परस तेहि वारा, रजनी च्यार घड़ी संचारा। तब चेलो कुलचंद इव बोले, सुंणो जंभगुर वचन अमोले।
काल दिवस कूचोरा आवा, भूत तीन सै राह भुलावा। नाक नाक हो गए हम सारे, उबरे प्रभु प्रताप तुम्हारे।
आसकरण राजा तब बोला, कहि भाखो वचन अडोला। धनो विछु कह कर जोरे, संग हमारै है इक ठोरे।
वचन किया हम संग ही ल्याऐ, गति करावण गुर पे आऐ। धुंपालियै के धोरै आएउ, एक जांड में ताहि बठाऐउ।
सकल जमातहि उठ खरे, चले जंभ गुर साथ। जाहां भूत बैठे सकल, आई तहां जमात।
कहै जंभ पंगति होय जावौ, अपणी जात बतावौ। काहा काहा कर्म कीन्हे सौ कहो, जो तुम अपणी गत कूं चहौ।
च्यार भूत जानै वड जोधा, ताके नामनि प्रथमनि बोधा। मैं खंधार खेतसी ऐहा, यो खराज करणसिंघ जेहा।
हम च्यारूं बेमात्र भाई, मोहिला जात सुणो जंभराई। खिंवराव से कुचौरा वासा, सरण आयेरी पुरवै आसा।
केई चांपा कूंपावत कहिये, भगवन्ती बांधिया रहिये। केई मेड़तिया घणी मरोड़, ऐ चवदा बैठा राठौड़।
म्हे छंयासी नेछां छांने, खांडो जंभ बगसियौ म्हानै। रूपा पाता सदा सुरंगा, सूरवां उदावत चंगा।
दोय जात का पूरा तीसा, जादूवेंसी भाटी बीसा। मांगलिया गौगांदे औरा, मुगलाणां जोधा खींची जोरा।
दस दस जोधा गोउं जाता, भूत भऐ बहुता दुख पाता। सांखला अरू चूहाणा कहीजै, पेथल मोट रू तीस लहीजै।
धांधल सोढ़ा वचन सधीरा, हुकम राज में माणक हीरा। पुंवार राज आबू गढ़ कीन्हो, जगदे दान सीस रो दीन्हों।
पाँच जात रा जणां पचीसा, भऐ भूत सुणहो जगदीसा। जैतमाल पड़ियार वड जौरे, ऊदा फूलां री बातां कुण फौरे।
इंदो सोनगरां बंदू उजवाला, मोयल सिसोदिया चनण री माला। ...., भूत प्रचंड वरण एह काला।
वड़ सिरदार मोहल मध मांझी, कोडां पुत्रि दह भाटयांजी। सौ भाटी ताकै संग मरिया, पचास जोधा तांहा ही झरीया।

यै मिल तीन सै मरे पचासा, गउवां आगे सुरगां री आसा। रंग री बात सूणी सब राजी, घोड़ा उंठ नचावत ताजी।
चढ सिरदार सबे इम चाल्या, तलवारां सधरां जुध झाल्या। तीन भांत का जंग जांहां जुड़िया, सनमुख लड़िया ऊलट नांहि मुड़िया।
प्रदेशां जाव पसमीनो में आवे, डाण दुगाण चुकाय जु आवे। उंठ भरिया मुरधर में आवे, मिल्या जगाती जाण न पावे।
कछावां जबरो जंग कीन्हो, मोहिल मेड़तियां दाव न दीन्हो। कोडां केरी वाहर जो, आण जुड़ी इंण ठोड़।
गउवां धाड़े ले चले, वाहर आई इंण औड़। भारत तीन प्रकार कौ, जुड़ियो आंण इहां जंग।
जोधा साढ़ा तीन सै, कट वढ़ होय गया भंग। भारत भारी भयो उण जाग्या, कटे सीस डाणी सब भाग्या।
झूंझारो मोहिल राणां भारी, धाड़ेती भाग्या तिण वारी। वार जोधपर की सोह भागी, कोडा देह कोड़ समर त्यागी।
जोधा झड़िया जंग कै मांही, ते फिर गत कूं पहुंच्या नांही। रजुसुला बा कोडा संग होती, बांधी पाग पहरी उण धोती।
फिर फिर जोधा मारत भई, झड़िया वीर तांहां देखण गई। ताकी छाया सब पर पड़ी, भूत भए प्रभू तांही घड़ी।
धनो बिछू दोनों भाई, संग जमात तहां चल आई। धनै अस्व आगै कर दीन्हौ, राज जुझारां बांध जु लीन्हो।
काहां से आऐ कांहां तुम जावौ, विलम्ब न कीजे वैग बतावो। तब इन कह्यौ जंभ पे जावां, संग चालो तो गति करावां।
इहां छोड तुम आगे जावो, कहो उलट तुम काहे आवो। तब धने दीन्हां त्रिवाचा, लायो संग भए अब साचा।
अब प्रभु हमरी गति विचारौ, अगत गए भूतां कूं तारौ। कहे जंभ कहां तांई सूझौ, देव करौ भूतां गति टारौ।
सुरग न गए सूझहे सारौ, देव करौ भूतां गति टारौ। कलस मंगाय पाहल प्रभु कीन्हौ, पंगति कर छांटो हरि दीन्हौ।
अगत भनाय देव गति भऐऊ, भूतां गति तबही मिट गऐऊ। एहि विधि जंभ भूत सब तारे, पाहल प्रताप मुक्ति कर डारै।
असी पाहल गुरां की कहिये, पलटे भूत मुक्त हुय जइये। जो जंभेश्वर पूजै कोई, सो देवन को रनी न होई।
साहबराम गुर जंभ कूं, पूजो बारम्बार। जीयां जुक्ति जीवन मुक्त, मूवां मोक्ष दवार।
पंच दस प्रकरण अहहू, सुनहि जो हित कर गावही। संसार सागर अपार खुर इव, तरत वार न लावही।
गो बाल इस्त्री ब्रिह्म हित्या, कहत सुनत सब जावही कह साहबराम विचार सठ मन, अस ग्रंथ कस विसरावही।
जंभ पाहल के लगत ही, तर गऐ कोटक भूत। साहबराम तेहि पाहल ते, लज्या मरत कपूत।

44

राणेरी

01. परिचय:- राणेरी गांव फलौदी जिले की बाप तहसील में स्थित है। लखमीचंद कृत "तवारीख जैसलमेर (1891 ईस्वी)" में वर्णित है कि "कानासर के विसनोईयों ने राणे की तलाई पर यह गांव 'राणेरी' बसाया था। कानासर में विसनोई संवत सन् 1836 ईस्वी को खरींगे गांव से आकर बसे थे। सन 1880 ईस्वी की जनगणना में गांव राणेरी में 106 घर और 542 लोग थे।" गंगोजी गोदारा के पुत्र अमरोजी ने राणेरी गांव में अमृत कुआ खुदवाकर अमरावती बास बसाया था।

02. शेरोजी गोदारा का परिचय:- शेरोजी गोदारा अपने समय के अत्यंत साहसी, निर्भीक और कुशल घुड़सवार थे। वे राणेरी गांव की सुरक्षा के लिए सदैव तत्पर रहते थे। उनका जीवन केवल व्यक्तिगत वीरता तक सीमित नहीं था, बल्कि वे सामाजिक उत्तरदायित्व और धर्मरक्षा के लिए भी समर्पित थे।

क. शंभूजी का परिचय:- अनोपजी गोदारा के पुत्र सिरदारोजी, अखोजी, हमीरजी, मंदरूपजी तथा एक पुत्री अमिया हुई। अमिया का विवाह खारा गांव के बगतोजी मांजु के साथ हुआ। अनोपजी ने अपने दामाद बगतोजी को राणेरी गांव में लाकर बसाया। बगतोजी के पुत्र शंभूजी मांजु हुए।

ख. शेरोजी का परिचय:- भंभुजी गोदारा के पुत्र सूंडोजी, सिरदारोजी तथा एक पुत्री हुई। भंभुजी की पुत्री का विवाह पल्ली निवासी साजनजी खिलेरी के पुत्र शोभोजी खिलेरी से हुआ। सूंडोजी ने अपने दोनों भाणेजों दल्लूजी और बागोजी को राणेरी गांव में लाकर बसाया। इसी सूंडोजी के पुत्र शेरोजी गोदारा हुए। शेरोजी की शंभूजी मांजु के साथ विशेष मित्रता थी, जो उनके पारिवारिक संबंधों को और भी सुदृढ़ बनाती थी।

ग. वीरता का प्रसंग:- एक बार खारा गांव के नरावत राठौड़ ने राणेरी गांव की सीमा में हिरण के शिकार का प्रयास किया। विसनोई परंपरा में जीव रक्षा सर्वोपरि मानी जाती है, अतः यह कृत्य अस्वीकार्य था।

इस पर शेरोजी ने तत्काल प्रतिकार करते हुए उस नरावत राठौड़ का सिर धड़ से अलग कर दिया। इस घटना के बाद वे राजपुत भयभीत होकर पुनः राणेरी की ओर आने का साहस नहीं कर सके।

यह प्रसंग शेरोजी की धर्मनिष्ठा, पर्यावरण संरक्षण की भावना और अद्वितीय साहस का प्रमाण है।

घ. वीरगति:- जब शंभूजी मांजु की बारात खारा गांव जा रही थी, तब शेरोजी भी उनके साथ गए। किन्तु वहां कुछ राजपूतों ने विश्वासघात करते हुए अचानक आक्रमण कर दिया। शेरोजी ने वीरतापूर्वक उनका सामना किया, परंतु युद्ध करते हुए विक्रम संवत 1908 में खारा गांव में ही वीरगति को प्राप्त हुए। शेरोजी गोदारा की स्मृति में उनका स्मारक राणेरी गांव में स्थित है, जो आज भी उनकी वीरता और बलिदान की गाथा को जीवित रखता है।

03. राणेरी गांव से संबंधित महत्वपूर्ण अभिलेख

क. राजस्थान अभिलेखागार, बीकानेर (रि. जैसलमेर, आ.खा.ब.नं.14, फा.नं.628) यह सन् 1943-44 ई. के एक मुकदमें की 11 पृष्ठों की एक फाईल है। इसमें रामु पुत्र सुरा विसनोई निवासी कानासर परगना बाप ने दिनांक 29-10-1943 को एक मुकदमा दर्ज कराया था। जिसमें सेशन जज जैसलमेर ने रिड़मल पुत्र पोहकर और चौथा पुत्र मीठु विसनोई निवासी राणेरी परगना बाप को एक-एक साल की कैद और 51 रूपये का जुर्माना लगाया था। बाद में जमानत पर रिहा कर दिया।

ख. राजस्थान अभिलेखागार, बीकानेर (रि. जैसलमेर, आ.खा.ब.नं.10, फा.नं.465) यह सन् 1936-37 ई. की एक 45 पृष्ठों की विस्तृत फाईल है। इसमें परगना बाप के गांव राणेरी में स्थित बढवार की जमीन को लेकर हुए विवाद की कार्यवाही का विवरण है। पाबु पुत्र भारथा विसनोई निवासी राणेरी, खानू वल्द अमरा विसनोई, रामू वल्द बुला विसनोई आदि। के विवादों का विवरण है। पुरण पुत्र रावत विसनोई निवासी मोडकी और राणेरी निवासी खानु पुत्र अमरा विसनोई द्वारा जैसलमेर रियासत को 351 रूपये का नजराना देकर बढवार की जमीन का पट्टा हासिल करने का विवरण है। 15 अगस्त 1936 को इस बाबत परवाना जारी हुआ। इसमें कोझा पुत्र काछबा विसनोई का भी जिक्र है जो गांव के मुख्य चौधरी थे।

ग. राजस्थान अभिलेखागार, बीकानेर (रि. जैसलमेर, आ.खा.ब.नं.07, फा.नं.292) यह सन् 1934-35 ई. की एक 07 पृष्ठों की फाईल है। इसमें रूपा पुत्र शंभु, खमु पुत्र भागी व छोगा पुत्र भीखा विसनोई निवासी खारा परगना पोकरण ने बाप परगने के राणेरी गांव के मसानका में आबाद होने हेतु खेत व झुपी बांधने की इजाजत ली, जिसकी जमानत राणेरी निवासी रणजीता पुत्र पना विसनोई ने दी।

घ. राजस्थान अभिलेखागार, बीकानेर (रि. जैसलमेर, आ.खा.ब.नं.06, फा.नं.220) यह सन् 1932-33 ई. की एक 32 पृष्ठों की महत्वपूर्ण फाईल है। इसमें राणेरी, कानासर, मांडली, टेपु, टेकरा, खाखुरी, अखाधना व रावरा आदि गांवों की सरहद निर्धारित करने बाबत कार्यवाही है। इसमें सरहदों का विस्तृत विवरण, पंचो के नाम, नक्शे, चिह्न (निशान) आदि विस्तृत जानकारी है। इसमें राणेरी, कानासर व मांडली आदि विसनोई गांवों की महत्वपूर्ण जानकारियां मिलती है।

ड़. राजस्थान अभिलेखागार, बीकानेर (रि. जैसलमेर, आ.खा.ब.नं.14, फा.नं.582) यह सन् 1943-44 ई. के एक मुकदमें की 25 पृष्ठों की एक फाईल है। इसमें रामु पुत्र सुरा विसनोई निवासी कानासर परगना बाप ने दिनांक 29-10-1943 को एक मुकदमा दर्ज कराया था। जिसमें सेशन जज जैसलमेर ने रिड़मल पुत्र पोहकर और चौथा पुत्र मीठु विसनोई निवासी राणेरी परगना बाप को एक-एक साल की कैद और 51 रूपये का जुर्माना लगाया था। बाद में जमानत पर रिहा कर दिया। इसमें गांव राणेरी के छोटू विसनोई की ढाणी और कानासर में सती दादी के मेले का भी उल्लेख मिलता है। साथ ही इस पुरी कार्यवाही का विवरण है।

च. राजस्थान अभिलेखागार, बीकानेर (रि. जैसलमेर, आ.खा.ब.नं.06, फा.नं.217) यह सन् 1932-33 ई. के एक मुकदमें की 130 पृष्ठों की एक फाईल है। इसमें बहादर पुत्र फूला विसनोई निवासी राणेरी परगना बाप ने अपने भाई मंगला के संबंध में कोई शिकायत दर्ज कराई। इसमें राणेरी के चौधरी कोझा काछबाणी का भी उल्लेख है। बाप के हाकिम गेनचंद मेहता पर बाप परगने के चौधरियों ने अनेक आरोप लगाते हुए हटाने की मांग की। इसमें आरोपों का पुरा विवरण है।

छ. राजस्थान अभिलेखागार, बीकानेर (रि. जैसलमेर, आ.खा.ब.नं.16, फा.नं.16) यह सन् 1945-46 ई. की बाप परगने के राशन डीलर के खिलाफ 55 पृष्ठों की शिकायती फाईल है। जिसमें कानासर निवासी बरसिंघ पुत्र गोरखा, रामलाल, रामु, बरसिंघ पुत्र मुगला गोदारा, नारो हरखाणी, पीरा पुत्र नारा, इगीयाराम पुत्र नारायण और राणेरी निवासी चौधरी कोझा काछबाणी, पहलाद पुत्र कुसला, सांवता पुत्र खानो तथा मोडकिया निवासी हड्तो पुत्र गोरखा जाणी, पहलाद पुत्र मुगला आदि विसनोईयों के अंगूठा निशान सहित शिकायत दर्ज है।

04. चौधरी कोजोजी काछबाणी का परिचय:- काछबजी गोदारा का विवाह खारा गांव के सांवलजी मांजु के बेटे रायमलजी की पुत्री पेमा मांजु से हुआ। पुत्री रूखमाबाई और पुत्र कोजोजी, बरसिंघजी, चोथोजी और गुलोजी हुए। काछबजी का निधन विक्रम संवत् 1995 में हुआ। काछबोजी के बड़े पुत्र कोजोजी का विवाह भोजासर गांव के सादुलजी सारण के बेटे ईसरजी की पुत्री सुरजां सारण से हुआ। इनके पुत्र नहीं हुए, केवल एक पुत्री जीवणी बाई हुई। इस कारण इन्होने बरसिंघजी के पुत्र धुंकलजी को गोद लिया। कोजोजी का निधन विक्रम संवत् 2024 में हुआ। उपरोक्त अभिलेखों में चौधरी कोजोजी का जिक्र है। कोजोजी अपने समय के मान्य चौधरी थे, राणेरी गांव के जैसलमेर रियासत से संबंधित कार्य चौधरी कोजोजी के मार्फत होते थे।

05. मनीरामजी विसनोई एडवोकेट कृत 'यादों के झरोखे से' निम्नांकित जानकारी ली गई है:-

(क). गांव राणेरी, तह. फलोदी, जिला जोधपुर (राज.) स्थित अमराणियां गोदारा विसनोई के खेतों में सन 1990-91 में दो भीलों ने दिन दहाड़े बन्दुक से हिरनों की हत्या की। अकाल राहत कार्य पर कार्यरत विसनोईजन बन्दुक की आवाज सुनकर दौड़े। तब शिकारी हिरनों के शवों को उठाकर ले जा रहे थे। विसनोइयों द्वारा पीछा करने पर शिकारियों ने अपनी बन्दुकें तान ली और हिरनो के शवों को छोड़कर भाग गये। विसनोइयों ने एकत्रित होकर पुलिस थाना बाप में पहुंचकर मामला दर्ज कराया। पुलिस ने शिकारियों को गिरफ्तार कर हिरनों के शवों को विसनोइयों के हवाले कर दिया, जिन्होंने विसनोई परम्परा के अनुसार उनको समाधिस्थ कर दिया।शिकारियों ने पुलिस को बतलाया कि श्री नारायण सिंह एस.पी. जयपुर ने उन्हें शिकार हेतु भेजा था। जो उस समय छुट्टी पर घर आया हुआ था। नारायण सिंह ने अपने उच्च पद के बलबूते पर दूसरे दिन शिकारियों को छुड़वा दिया और उल्टे उसने पुलिस को सूचना देने वाले श्री भल्लूराम गोदारा एवं बंसीलाल गोदारा को धमकी दी। इन गौदारा बंधुओं की जमीनें नारायण सिंह के घर के पडोस में है। अत: जमीन पर खेती न करने देने की धमकी दी। जिससे गोदारा बन्धुओं को एक वर्ष तक खेती से वंचित रहना पड़ा। नारायण सिंह ने एक वर्ष तक पुलिस को शिकारियों के निकट फटकने नहीं दिया। जबकि विसनोइयों ने चन्दा इकट्टा करके मुकदमा लड़ा परन्तु इसका भी कोई परिणाम नहीं निकला क्योंकि नारायण सिंह उच्च पद पर पदस्थ जो हुआ। (स्रोत: श्री पूनमचन्द कस्वां, उपरोक्त)।

(ख). गांव राणेरी, तहसील फलोदी, जिला जोधपुर में वर्ष 2001 ई. में नूरे की भुर्ज निवासी हकीम खां के पुत्र ने गांव की गोचर भूमि में अपने पालतू कुत्तों को हिरन के पीछे लगाकर हिरन को पकड़ा और अपनी कुल्हाड़ी से उसका वध किया। उसके साथ दो और भी शिकारी थे। उधर मार्ग चल रहे पोस्टमेन श्री किशनारामजी गोदारा विसनोई की निगाह शिकारियों पर पड़ी और वह उनके पास गया और हिरन को छुड़वाने की कोशिश की परन्तु शिकारी संख्या में तीन थे जिन्होंने श्री किशनाराम के साथ मारपीट की। सभी प्रयासों में असफल होने पर उसने गांव में धार्मिक स्थल पर एकत्रित विसनोइयों को सुचना दी। तब तक शिकारी ऊंट गाड़ी में शव को डालकर चल दिए, परन्तु थोड़ी दुरी पर विसनोइयों ने शिकारियों को पकड़ लिया और पुलिस थाना बाप, वन विभाग तथा जोधपुर स्थित वन्य जीव रक्षक को जानकारी दी। रात्रि 8 बजे पुलिस

एवं वन अधिकारी पहुंचे और शिकारियों को गिरफ्तार कर लिया, परन्तु वे दूसरे दिन जमानत पर रिहा हो गये। एक सप्ताह भी नहीं हुआ था कि इन्हीं शिकारियों ने बछड़ों का ट्रक भरा और बूचड़खाना ले जा रहे थे कि पुनः विसनोईयों ने इनको घेर लिया और दण्ड स्वरूप 11000 रुपये जुर्माना किया। (स्रोत: श्री पूनमचन्द कसवां उपरोक्त को अन्वेषण में पता चला)।

(ग). गांव राणेरी, तहसील फलोदी, जिला जोधपुर (राजस्थान) की सीमा में सन् 2001 में श्री मगनाराम खिलेरी हाल निवासी लोहावट के खेत में से गांव टेपु निवासी राजपूत लोग उनकी अनुपस्थिति का लाभ उठते हुए खेजड़ी वृक्ष काटने लगे। राणेरी निवासी सर्वश्री बगडुराम गोदारा विसनोई, बंशीलाल गोदारा विसनोई तथा भंवरलाल गोदारा विसनोई ने खेजड़ी काटने का विरोध किया और कुल्हाड़ी छीन ली, जिस पर राजपूत लोग चले गये। परन्तु अगले ही दिन वे पुनः खेजड़ी काटने पहुचे और खेजड़ी काट कर अपनी ऊंट गाड़ी में डाल रहे थे तब विसनोइयों को इसकी जानकारी मिली और वे घटनास्थल पर पहुंचे। गोदारा बन्धुओं ने इसका विरोध किया तो पहले से तैयार राजपूतों ने उन पर तलवार से हमला कर दिया। जिसमें सर्वश्री दल्लुराम गोदारा, चूनाराम गोदारा, बगडुराम गोदारा, बंशीलाल गोदारा घायल हो गये तथा श्री भंवरलाल गोदारा का बायां हाथ तलवार के वार से कन्धे से काट दिया गया। मामला पुलिस में दर्ज करवाया गया परन्तु अब तक दोषियों को सजा नहीं मिली है। (स्रोत: श्री पूनमचन्द कस्वां उपरोक्त)।

45

महमूदपुर

01. विसनोई मंदिर महमूदपुरः- स्वामी ब्रह्मानंदजी 'इतिहास प्रदीप' पुस्तक में लिखते है कि "छोगाराम भाट से मालूम हुआ है कि वि.सं. 1724 में बख्तावरमल नामक तायल गौत्र के वैश्य विसनोई अपने बहुत से साथियों के साथ जिले हिसार के सीवानी नामक कस्बे से उठकर यहां महमूदपुर में आबाद हुए। इस समय यह ग्राम विसनोईयों की जमींदारी में है। सेठ जौहरीमल इसके वंश में एक प्रतापी धर्मपरायण पुरुष हुए हैं जिन्होंने एक समय नगीने की शिवालय की दुकानों का 4000 रुपये देकर ऋण से निर्मुक्त किया था और सन्त श्री विष्णुदासजी द्वारा संस्थापित विसनोई मन्दिर महमूदपुर के निमित्त कुछ भूमि भी अर्पण की थी।"

02. महमूदपुर विसनोई मंदिर के संतः- स्वामी ब्रह्मानंदजी कृत इतिहास प्रदीप में वर्णित है कि "रैनी ग्राम के निवासी साधु रूपरामजी गांव महमुदपुर के प्रथम महन्त शंकरदासजी के शिष्य बने, फिर गैरिक रंजित वस्त्र गुरु के समर्पण करके गृहस्थ हो गया, जो अद्यपर्यन्त गृहस्थ है और विवाह भी उसने कर लिया है। एक हीरादास नामी व्यक्ति जो कि महमूदपुर गांव के महन्त बिहारीदासजी का चेला हुआ था, पुनः वह गुरु से पृथक किये जाने पर गृहस्थी हो गया था।

03. आर्य समाजः- सत्यकेतु विद्यालंकार कृत आर्यसमाज का इतिहास, भाग प्रथम (1882 ई.) में वर्णित है कि "बिजनौर नगर के पश्चात बिजनोर जिले में मोहम्मदपुर-देवमल नामक ग्राम में आर्यसमाज की स्थापना हुई। यह ग्राम बिजनौर से छह मील की दूरी पर मण्डावर के समीप स्थित है। इसके बहुसंख्यक निवासी विसनोई सम्प्रदाय के अनुयायी थे, और वहां के सम्भ्रान्त साहूकार तथा जमींदार भी इसी सम्प्रदाय को मानने वाले थे। इस सम्प्रदाय में जहाँ वैदिक धर्म के अहिंसा सदृश सिद्धान्त को अविकल रूप से स्वीकार किया जाता है, वहाँ साथ ही शव को दफनाने जैसी प्रथाएँ भी उसमें प्रविष्ट हो गई हैं। शेख रोशन तथा शेख पन्ना सदृश मुसलमानी नाम भी उन द्वारा रख लिये जाते हैं। हिन्दू और मुसलमान दोनों से वे पृथक हैं। उनका अपना ही पृथक सम्प्रदाय है, जिसमें हिन्दू धर्म और इस्लाम दोनों का सम्मिश्रण है। बिजनौर जिले में विसनोई सम्प्रदाय का यही रूप था। मोहम्मदपुर देवमल के विसनोई लोगों में सेठ जौहरीमल प्रमुख थे। बिजनौर में आर्यसमाज की स्थापना कर स्वामी सहजानन्द सरस्वती मोहम्मदपुर देवमल गए और उनके उपदेशों का ऐसा प्रभाव पड़ा कि सेठ जौहरीमल और उनके बहुत-से विसनोई साथी वैदिक धर्म के अनुयायी हो गये। स्वामी सहजानन्द ने उन्हें यज्ञोपवीत धारण कराया, और गायत्री मन्त्र की शिक्षा दी। आर्यसमाज के प्रचार का यह प्रभाव पड़ा कि अन्य हिन्दुओं मे इन विसनोईयों (जो अब वैदिक धर्म को अपना चुके थे) के साथ भोजन का व्यवहार प्रारम्भ कर दिया। रूढ़िवादी कट्टरपंथी हिंदुओं ने इसका प्रबल रूप से विरोध किया, पर उन्हें सफलता प्राप्त नहीं हुई। शीघ्र ही मोहम्मदपुर देवमल के प्रायः सब विसनोई लोग वैदिक धर्म में दीक्षित हो गए और अन्य हिन्दुओं ने भी उन्हें अपना अंग मानना प्रारंभ कर दिया। बिजनौर जिले का यह आर्यसमाज बहुत प्रभावशाली रहा है, और इस द्वारा देहाती क्षेत्र में वैदिक धर्म के प्रचार के सम्बन्ध में महत्वपूर्ण कार्य हुआ है।

04. मनीरामजी विसनोई एडवोकेट कृत 'यादों के झरोखे से' निम्नांकित जानकारी ली गई हैः- "यह गांव मण्डावर परगना में बिजनौर नगर से 12 कि.मी. पर स्थित है। इसके नाम के बारे में श्री राजबीर सिंह यादव ने अपने एम.ए. भूगोल (आगरा विश्वविद्यालय) के शोध निबंध (1966) में लिखा है कि स्कन्द पुराण, केदार खण्ड (अध्याय 59) के अनुसार यह क्षेत्र कण्वऋषि के आश्रम की सीमा में था। पाठकों को यह तो विदित ही है कि शकुन्तला का पालन-पोषण इसी आश्रम में हुआ था। उसके पुत्र का नाम भरत था जिससे इस देश का नाम भारतवर्ष रखा गया था। चीनी यात्री ह्वेनसांग यहां सन् 629 में आया था। मुसलमानों के राज्यकाल में इसका नाम बदलकर मौहम्मदपुर रखा गया परन्तु इसके साथ देवमल क्यों लगाया गया इसकी किसी को जानकारी नहीं है। पहले गांव किसी अन्य की मलकीयत था जिसका क्षेत्र प्रायः वन था। यहां विसनोई सर्वप्रथम वि.सं. 1724 (सन् 1667 ई.) में स्थापित हुए थे। स्वामी ब्रह्मानन्द जी की लघु पुस्तिका 'इतिहास प्रकाश' में उल्लेखित है कि (वर्तमान हरियाणा के) कस्बा सिवानी वासी, बख्तावरमल तायल वैश्य अग्रवाल अपने बहुत से साथियों सहित वहां से पलायन करके (कैथल, जींद, सफीदो होते हुए) इस गांव में संवत् 1724 (1667 ई.) में स्थापित हुए थे। एक अन्य अन्वेषण के अनुसार यहां स्थापित होने वाले का नाम मंगतराय था जिसके तीन बेटे किसी विवशता के कारण मुसलमान हो गये थे जिनके नाम शेख अजीज, शेख खैराती तथा शेख

दारा थे। इनके साथ सिवानी से बंसल गोत्रीय दो भाइयों ने भी पलायन किया था। उनमें से एक तो सफीदो में रह गया, दूसरा इस्लाम धर्म धारण किया हुआ फरीद इनके साथ इस गांव में स्थापित हुआ था। इन सबको विसनोईई साधु माखनजी (वि.सं. 1650-1750) ने पाहल देकर वापिस विसनोई बनाया था। वह स्वयं भी इनके साथ आकर इसी गांव में रहने लगा तथा एक कुआं बनवाया जो अब भी डॉक्टर आनन्द कुमार विसनोई के राष्ट्रीय चिकित्सालय के निकट है परन्तु इसका अब प्रयोग नहीं हो रहा है। इसके मरवे नहीं हैं तथा निर्माण वर्ष नहीं लिखा हुआ है। अनुमान है कि जब वह यहाँ इन विसनोई परिवारों को लेकर स्थापित हुए तभी यह कुआं बनवाया होगा। साधु माखनजी का रचित एक सोहला बड़ा प्रसिद्ध है 'जिभिया जप ले जम्भ सवेरा, आज सम्भराथल आनन्द अपारा'। यह सोहला सन् 1948 से 1958 तक फाल्गुन मेला मुकाम पर रात्रि जागरण में प्रातः 4 बजे के लगभग पीपासर के महन्त हमीरदासजी गाया करते थे। सन् 1901 की जनगणना के समय यहाँ की जनसंख्या 2042 थी जिनमें आर्य समाजी 1044 थे। उस समय यहाँ के विसनोई अपने आपको आर्य समाजी कहते एवं लिखवाया करते थे। गजेटियर 1908 के अनुसार यह गांव विसनोइयों की मलकीयत था जो रुपये 1430/- मालगुजारी चुकाते थे। कुल भूमि 601 एकड़ थी जिसमें से मजरुआ (खेती योग्य) 430 एकड़ भूमि थी। यहाँ के विसनोइयों का साहूकारी (लेन-देन) का व्यापार बहुत ज्यादा फैला हुआ था व बड़े धनाढ्य तथा मण्डावर परगना में सबसे बड़े जमींदार थे। इस गांव के तीनों गोत्रों में सबसे ज्यादा संख्या तायल गोत्रीय 'सेठ' परिवार की थी। इस परिवार के शेख अजीज का एकमात्र पुत्र हरसुख हुआ, शेख खैराती के हिम्मत राय आदि 6 पुत्र हुए तथा शेख दारा के कोई पुत्र न होने से उसका वंश लुप्त हो गया। पहले शेख अजीज की मज़ार उसके मकान के प्रांगण में थी परन्तु वह कोठी किसी जाट ने खरीद ली और वह मज़ार वहाँ से हटा दी। इस वंश में सेठ लेखराज सिंह जी अपने जीवनकाल में दरबारी रईस तथा आननेरी मजिस्ट्रेट रहे। महासभा के पांचवें (गंज दारानगर) अधिवेशन (वर्ष 1927 ईस्वी) के वे अध्यक्ष थे। इस वंश के श्री पुरुषोत्तम सिंह जी योग, यू.पी. नहर विभाग के चीफ इंजीनियर रह चुके हैं। उनके पुत्र माननीय न्यायमूर्ति श्री ए.के. योग, न्यायाधीश इलाहाबाद हाईकोर्ट हैं। एयर कमोडोर राजेन्द्र सिंह विसनोई, ए.वी.एस.एम. (सेवानिवृत्त) समाज सुधार में पूरी रूचि लेते हैं तथा अच्छे लेखक भी हैं, जिनकी पर्यावरण पर हिन्दी एवं अंग्रेजी में पुस्तकें प्रकाशित हो चुकी हैं। इनके सुपुत्र श्री भगवंत सिंह विसनोई I.F.S. भारतीय विदेश सेवा के वरिष्ठ अधिकारी हैं और विदेश में भारत के राजदूत के पद को सुशोभित कर रहे हैं। केवल एक पीढ़ी कुछ समय के लिए मुसलमान रही और शेख कहलाई तदोपरान्त विसनोई साधु माखनजी द्वारा शुद्धि किये जाने पर शेख से सेठ कहलाने लगे। इस वंश के मुंशी नन्दकिशोर जी ने 'विसनोई रसाला' सन् 1916 में प्रकाशित किया। सेठ मंगतराय से ऊपर की वंशावली एयर कमोडोर राजेन्द्र सिंह जी से प्राप्त हुई है तथा नीचे की वंशावली मास्टर सत्येन्द्र कुमार ने तैयार करके भेजी है। इनके साथ ही आये हुए बंसल गोत्रीय परिवार फरीद के दो बेटे लक्ष्मण और टेकचन्द हुए। टेकचन्द ने इस गांव का 3/4 भाग खरीदा जिससे वह इस गांव के चौधरी नियुक्त किये गये। शेष 1/4 भाग तायल आदि अन्य गोत्र वालों ने खरीदा। इस समय डॉक्टर आनन्द कुमार जी इस चौधरी वंश से गांव के रह रहे हैं जो फरीद की पांचवीं पीढ़ी में अपने आपको बतलाते हैं। तीसरा गोत्र गर्ग है जिसके तीन भिन्न-भिन्न वंश थे। सेठ उदयचन्द का परिवार बाबू उमराव सिंह के कारण प्रसिद्ध है जिन्होंने अपने पूर्वजों के सरनेम में विसनोई सबसे पहले लिखवाया था। इस परिवार के सदस्य उच्च पदों पर रहे हैं जिनमें सबसे ज्यादा प्रसिद्ध बाबू हरदत्त सिंह जी विसनोई, चीफ जनरल मैनेजर, पंजाब नेशनल बैंक रहे, तदोपरान्त सेक्रेटरी जनरल डालमिया इण्डस्ट्रीज तथा बाद में साहू जैन लि. में इसी पद पर रहे। इसी वंश में मुंशी रामलाल जी हुए जिनकी पुस्तक 'विसनोई धर्म वेदोक्त' 1939 में प्रकाशित हुई थी। यह परिवार राजस्थान क्षेत्र अलवर राज्य से कैथल, जींद तथा सफीदो होते हुए सेठ एवं चौधरी वंशों की भांति यहाँ स्थापित हुआ था। दूसरा वंश भुतियां का कुटुम्ब कहलाता था जो यहाँ से पलायन करके गांव महावतपुर तथा एक परिवार नगीना में स्थापित हो गया। तीसरा वंश बजाज कहलाता था जो इतना धनाढ्य था कि केवल उन्हीं की हुण्डी पूरे जिले में चलती थी। गांव के प्रथम बन्दोबस्त 1865 में इस वंश में सुखसहाय का नाम लिखा हुआ था। इस वंश के सभी परिवार अन्यत्र पलायन कर गये हैं। इस गांव में दो मन्दिर हैं। एक पुराना मन्दिर जो गांव के अन्दर है लगभग 300 वर्ष पुराना है। इसके मुख्य द्वार पर पत्थर लगे हुए हैं: (क) ओ३म् बड़ा विसनोई मन्दिर, (ख) ओ३म् यह दरवाजा महन्त गोपालदास के पुरुषार्थ से 1991 वि. में बना (ग) ओ३म्: यह चौखट श्री जगनप्रसाद अजीतमल (इटावा) निवासी ने अपने पुत्र बाबू लक्ष्मीदत्त, बी.ए., एल.एल.बी. के विवाह के उपलक्ष्य में बनवाई, माघ शु. 5 सम्वत् 1987 वि. सन् 1931 ई.। इस मन्दिर के एक कमरे की छत गिरी हुई है जो मैं वर्ष 1999 से 2002 तक इसी दशा में देखी है। इस गांव के विसनोइयों से निवेदन है कि वे अपने गांव से पलायन करके गये हुए विसनोयों से आर्थिक सहयोग लेकर उसका पुनर्निर्माण करवाएं। दूसरा तपोवन भूमि जो गांव से 1 कि.मी. पर है तथा वहाँ गत लगभग 40 वर्षो से चैत्री अमावस्या को स्थानीय मेला लगता है। यहाँ मैंने 18.03.1999 को खेजड़ी के तीन बहुत ही जूने (पुराने) खोखले वृक्ष देखे थे तथा एक कुछ वर्षों का था। एक खेजड़ी जमीन के लगी हुई थी। दिनांक 19.06.2002 को अन्तिम बार गया तब दो जूने वृक्ष गिरने से समाप्त हो गये जिनके स्थान पर नये वृक्ष बढ़ रहे हैं। एक वृक्ष सूख गया है। एक जूना और एक नया कायम है। चकबन्दी में ये वृक्ष श्री सोहनसिंह हरिजन को मिले। इन वृक्षों की पहचान सर्वप्रथम स्वामी निकुरामजी महाराज ने की जिस पर खेजड़ी वाला भूखण्ड श्री सोहनसिंह ने विसनोई समाज को दान कर दिया तथा कुछ लगती हुई भूमि श्री शंकरदेव जी भारती (तायल विसनोई) ने दान दी। मन्दिर बनाया गया। मेला चालू किया गया। यहाँ से गंगा 2 कि.मी. पर है। जनश्रुति के अनुसार यहाँ पर गुरु जी वि. सम्वत् 1590 में ठहरे थे तथा यहाँ से गंज दारानगर होते हुए गंगा पार करके सोहंजनी एवं खरड़ (जिला मुजफ्फरनगर) गये थे।"

46

सौंहजनी

मनीरामजी विसनोई एडवोकेट कृत 'यादों के झरोखे से' निम्नांकित जानकारी ली गई है:- "19-20 नवम्बर, 1995 को मैं गांव सोहंजनी तहसील व जिला मुजफ्फरनगर (यूपी) में ठहरा था। यह गांव पानीपत-शामली-मुजफ्फरनगर रोड पर स्थित गांव लालूखेड़ी से लगभग एक किलोमीटर की दूरी पर स्थित है तथा लिंक रोड़ जाती है। यहां से मुजफ्फरनगर 22 कि.मी. तथा शामली 15 कि.मी. है। चौधरी हरराज सिंह जी (बड़े) ने मुझे 20.11.95 को बताया था कि गुरु जम्भेश्वर जी अपने भ्रमण काल में यहां पधारे थे तथा जिस स्थान पर उन्होंने निवास किया था उस स्थान पर उन्होंने तालाब खुदवाया था जो 'विष्णु तालाब' कहलाता है। चौधरी हरराज सिंह जी (छोटे) के सहयोग से इस तालाब को मौके पर जाकर मैं दिनांक 20.11.95 को देखकर आया था। यह कच्चा तालाब है तथा कागजात माल में 'विष्णु तालाब' रकबा 18 बीघे लिखा हुआ है परन्तु मौके पर लगभग साढ़े 4 बीघों में तालाब और उसकी पालें हैं जबकि शेष जमीन को अड़ोस-पड़ोस के खेतों के मालिकान ने नाजायज दबा रखा है। यह तालाब गांव से लगभग आधा कि.मी. नहर पार उत्तर-पश्चिम कोना में स्थित है। गांव से चौधरी महेन्द्र सिंह के बाग तक पक्की सड़क है और फिर लगभग तीन एकड़ कच्ची पगडंडी जाती है। उस तालाब में केवल वर्षा में पानी ठहरता है। उपराहन (Encatchment Area) न होने से पानी थोड़ा ही इकट्ठा होता है। खजूर के वृक्ष और हींस की झाड़ियां हैं। यहाँ चैत्र की अमावस्या को स्थानीय मेला लगता है और धोक-चढ़ावा आदि चढ़ता है जिसमें गांव के सभी जातियों के लोग विशेषकर सभी विसनोई पहुंचते हैं। जो धोक हेतु बोला हुआ होता है उसी का चढ़ावा किया जाता है। गांव के लोग इस तालाब को 'दादा जेठा' कहते हैं। मुझे दिनांक 20.11.1995 को तालाब पर 17-18 वर्षीय दो लड़के मिले जो अपने आपको उपाध्याय ब्राहमण बतलाते थे। वे मुझे उस छोटे से पक्के थान के पास ले गये जहां धोक चढ़ावा होता है। उन्होंने मुझे बताया कि मैं नीचे तालाब की मिट्टी का एक डला ऊपर लाकर थान के सामने खाली जमीन पर डाल दूं। उन्होंने यह भी बतलाया कि चढ़ावा में प्राय: लड्डू, बताशे, गुड़ तथा कपड़ा चढ़ाते हैं जो पुजारी ले जाता है। गांव के शिव काली मंदिर का पुजारी ही चैत्री अमावस्या वाले मेला के समय यहां आकर चढ़ावा ले जाता है। वैसे तो मैं इस गांव में दशहरा 1989, 18.3.1996, 12.4.1997, 16.3.1999, 3.4.2000, 23.3.2001, 13/14.3.2002 तथा 11.4.2002 को भी गया हूं परन्तु विशेष रूप से अन्वेषण हेतु पश्चिमी यूपी की विसनोई बस्तियों में किए गए भ्रमण के समय 18/19.6.2002 को दिल्ली विश्वविद्यालय की शोध छात्रा कुमारी मीरा अहमद के साथ गया था। दिनांक 19.6.2002 को हम विष्णु तालाब देखने गये थे। जहां पहले छोटा-सा थान था, वहां अब बहन केलादेवी सुपुत्री चौधरी श्योनाथ सिंह जी विसनोई ने बड़ा अच्छा मंदिर बनवा दिया है (जिसमें गांव के 5-7 विसनोई बंधुओं का मामूली-सा आर्थिक सहयोग रहा है)। बहन केलादेवी की शादी गांव मुख्तारपुर नवादा (निकट काण्ठ) वासी चौधरी श्याम कुमार सिंह जी विसनोई के साथ हुई थी। अपने पति के निःसन्तान स्वर्गवासी होने पर उसने अपनी ससुराल वाली कृषि भूमि बेच दी और वे आजकल अपने पैतृक गांव सोहंजनी में अपने भाई श्री हर कुमार सिंह जी विसनोई के पास रहती है और यहां 14 बीघे कृषि भूमि खरीद ली है। इस भूमि की आय वह प्रायः इस मंदिर की सम्पूर्ण कार्यों में ही व्यय कर रही है। इस मंदिर की आधारशीला पूज्य स्वामी नित्यानन्द जी महाराज द्वारा वर्ष 1998 में रखी गई थी। यह गांव लगभग 700 वर्ष पुराना बतलाया जाता है तथा आजकल इसमें लगभग 1500 परिवार रहते हैं जिसमें सभी जातियों के लोग रहते हैं परन्तु बहुमत जाटवों (चमारों) का है। यहां की जमीन बड़ी ही उपजाऊ है तथा काफी बागान हैं। यहां पहले विसनोइयों के 300 परिवार रहते थे तथा तमाम जमीन विसनोइयों की ही थी। धीरे-धीरे वे यहां की जमीन बेचकर गंगा पार (इलाका काण्ठ) आबाद हो गये। इस समय केवल 32 विसनोई परिवार आबाद हैं। सबके पास अपनी जमीनें हैं। इस समय जिला मुजफ्फरनगर में इस गांव के अतिरिक्त केवल एक अन्य गांव खरड़ (21 कि.मी. दक्षिण-पश्चिम) है जहां विसनोई आबाद हैं। यू. पी. के विसनोइयों के बही भाट श्री पदमाराम राव निवासी मैलाना जिला जोधपुर (राज.) से ज्ञात हुआ कि इन दोनों गांवों के विसनोइयों का पूर्वज लालू जी गोत्र लोहमरोड़ निवासी गांव लोहमरोड़ां (इलाका मेड़तावाटी, मारवाड़) वर्तमान तहसील डेगाना, जिला नागौर (राजस्थान) कार्तिक बदी 13 वि. सम्वत् 1542 को विसनोई धर्म में प्रविष्ट हुए। कालान्तर में उनके वंशज ईसर जी आदि गांव खरड़ में बैसाख सुदी 14 वि.सं. 1640 तदानुसार सन् 1583 ईस्वी (मुगल सम्राट अकबर के समय) आबाद हुए। फिर वहां से ईसर जी और भोलाजी सोहंजनी में आकर आबाद हो गये। शेष तीन भाई खरड़ में रह गये। अब दोनों गांवों के विसनोई अपना गोत (गोत्र) ललेसर बतलाते

हैं जो गलत है। विसनोइयों की श्मशान भूमि अन्य हिन्दुओं से पृथक है। कागजात माल में 'श्मशान विसनोइयान' रकबा 22 बीघे लिखा हुआ है जिसके कुछ हिस्से पर गांव के लोगों ने नाजायज कब्जा किया हुआ है। गांव में विसनोइयों की चौपाल एवं कुआं है। इस गांव के एक विसनोई परिवार की वंशावली मुझे मैलाना के बही भाट पदमाराम जी राव से 14. 9.2000 को प्राप्त हुई जो इस प्रकार है- लालूजी लोहमरोड़ गांव लोहमरोड़ां (मेड़तावाटी, मारवाड़) वर्तमान तहसील डेगाना, जिला नागौर (राजस्थान) कार्तिक बदी 13 वि.सं. 1542 को विसनोई धर्म में प्रविष्ट हुए। लालूजी का बोगाजी का कुकड़जी का हापोजी का ईसर जी (पहले खरड़ फिर सोहंजनी में आबाद हुए) का टोडोजी का लिखमाजी का धोकलजी का रामकरण जी का घासीजी का जीवराज जी का बिदाम सिंह जी का कुरड़ा सिंह जी का धर्मसिंह जी के चार पुत्र कुंवर शिवकुमार सिंह जी, कुंवर महेन्द्र प्रताप सिंह जी, कुंवर राजेन्द्र प्रताप सिंह जी तथा कुंवर जीतेन्द्र प्रताप सिंह जी हुए। परन्तु सभी निःसन्तान स्वर्गवासी हो गये। अतः वंश लुप्त हो गया। चौधरी हरराज सिंह जी (बड़े) ने दिनांक 20.11.1995 को बतलाया था, "चौधरी धर्मसिंह जी को अपने पिता से केवल 20 बीघे कृषि भूमि का हक मिला था। वह बड़ा सुन्दर एवं बहुत ही चतुर था। उसका विवाह काण्ठ की 125 गांवों वाली सबसे बड़ी रियासत (Estate) के मालिक राय बहादुर चौधरी ध्यान सिंह जी रईस की इकलौती बेटी किशनदेवी के साथ हुआ था। चौधरी ध्यान सिंह जी को उनके सलाहकारों ने सुझाव दिया था कि आपके बराबर सम्पत्ति वाला अन्य कोई विसनोई जमींदार नहीं है। अतः आप गैर विसनोई जाट ज़मींदारों से रिश्ता कर लेवें परन्तु चौधरी साहब ने इनकार कर दिया और कहा कि वह बिरादरी से बाहर रिश्ता नहीं करेंगे। अतः विसनोइयों में अच्छा खूबसूरत होनहार लड़का देखों जिसे मैं अपना घर दामाद बनाकर बराबर कर लूंगा। इस प्रकार यह विवाह हो गया। चौधरी धर्मसिंह काण्ठ रहने लग गये और पश्चिमी रियासत के मैनेजर बना दिए गए। उन्हें राय साहब की पदवी मिली तथा ऑनरेरी मजिस्ट्रेट भी रहे। राय बहादुर चौधरी ध्यान सिंह जी के स्वर्गवास होने पर उनकी वसीयत के अनुसार उनकी तमाम सम्पत्ति उनकी धर्मपत्नी चौधरन जमुना कुंवर को मिली जिसने पहले कुंवर शिवकुमार सिंह जी को गोद लिया परन्तु उसके निःसन्तान किशोर आयु में स्वर्गवास हो जाने पर अपनी भतीजी एवं चौधरी धर्मसिंह जी के पुत्र कुंवर महेन्द्र प्रताप सिंह जी को गोद लिया। कुंवर महेन्द्र प्रताप सिंह जी ने अपने छोटे भाई कुंवर जितेन्द्र प्रताप सिंह जी के हक में वसीयत कर दी। कुंवर जितेन्द्र प्रताप सिंह जी कांग्रेस टिकट पर हल्का काण्ठ से 1957 में यू.पी. विधानसभा के निर्विरोध विधायक चुने गये थे। उनका स्वर्गवास 20.12.1978 को हो गया। श्री जम्भदेव चरित्र भानु (1901 ई.), लेखक स्वामी ब्रह्मानन्द जी, के पृष्ठ 195 पर 'अथ श्री सिद्धेश्वर का देशाटन' शीर्षक के अंतर्गत गुरु जम्भेश्वरजी के भ्रमण का विवरण है। इसके पृष्ठ 211 पर उल्लेख है, "गुरुजी ने वि.सं. 1590 में लोदीपुर, सलेमपुर, शिवहारा, नगीना फिर श्री गंगाजी के पार सौंजनी, खरड़, सरधना आदि नगर ग्रामों में उपदेश करके सैकड़ों को अपना अनुयायी बनाया और सौंजनी में एक जेठमल नामक अन्धे विसनोई को नेत्र दिये और वहां एक तालाब खुदवाया और वहां से दिल्ली को गये" हो सकता है बाद में यही जेठमल उस तालाब पर शेष तमाम जीवन भर भक्ति करते रहे हों और भक्ति द्वारा सिद्धि प्राप्त कर ली होगी, जिससे यह तालाब उनके नाम से प्रसिद्ध हो गया लगता है। मैंने इस गांव, यहां के विसनोइयों और तालाब के बारे में इसी गांव के वासी चौधरी महेन्द्र सिंह जी उर्फ शास्त्री जी से विस्तृत लिखित रूप में जानकारी प्राप्त की है जो मूलरूप में आगे लिखी जाती है, "श्रीमानजी, वर्ष 1590 विक्रमी में गुरु जम्भदेव जी मुरादाबाद बिजनौर की ओर से भ्रमण करते हुए यहां आये थे। उन्हीं की प्रेरणा से यह तालाब एवं कुआं बनवाया गया था। तालाब पहले विशाल था और कुआं आबाद। अब यह तालाब लोगों की स्वार्थी हरकतों से छोटा पड़ गया है और कुआं समय की मार से मर गया है। कुएं को 'पंचलाया' कहते हैं। पंचलाया, पांचलाहे का अपभ्रंश है। 'लाह' एक मोटे रस्से को कहते हैं जिससे चमड़े का बना चरम बांधा जाता था। इस तालाब एवं कुएं के विषय में दो भिन्न-भिन्न धारणाएं चली आती हैं। कुछ लोग मानते हैं कि गुरु जी की प्रेरणा से यह ग्रामवासियों द्वारा बनवाये गये थे। कुछ अन्य लोगों का विचार है कि यह तालाब एवं कुआं तत्कालीन व्यापारी लक्खी बनजारे द्वारा बनवाये गये थे। बनजारा ऊंटों पर खांड लादकर जलालाबाद (तत्कालीन मण्डी) ले जा रहा था। जलालाबाद यहां से लगभग बीस किलोमीटर दिल्ली-सहारनपुर राजमार्ग पर एक मुस्लिम बहुल प्राचीन कस्बा है। कहते हैं कि उस समय मण्डी विकसित रूप में थी। सड़क का कच्चा रास्ता 'दादा जेठा' के स्थान के पास से होकर जलालाबाद जाता था। जब बनजारे का काफिला यहां आया तो बनजारे ने गुरु जम्भदेवजी के दर्शन किए और गुरुजी के पूछने पर कि क्या माल ले जा रहे हो, कुछ मांग लेने के भय से, नमक बतला दिया। जब माल मण्डी में पहुंचकर उतारा गया तो खांड के स्थान पर नमक ही मिला। बनजारा बहुत घबराया और लौटकर गुरुदेव के पास आया और चरण स्पर्श कर गलती की क्षमा याचना की। गुरु जी ने कहा कि नमक तो अब खांड नहीं बनेगा परन्तु तुम्हारा पैसा डूबेगा नहीं। धैर्य रखकर लौट जाओ। कहते हैं कि तीन चार दिन बाद नमक पर भयंकर तेजी आई और बनजारे को पर्याप्त लाभ हुआ। तब बनजारा खुश होकर गुरुजी के पास पुनः आया और सेवा के लिए आग्रह करने लगा। तब गुरुजी के कहने पर उसने यह तालाब एवं कुआं बनवाये। गुरु जम्भदेव जी ने कुछ दिन यहां रहकर धर्म प्रचार किया और लोग विसनोई बने। जेठराम इसी स्थान का रहने वाला एक अन्धा जाट था और ग्वालों के साथ ढोर चराया करता था, उसको गुरुजी ने नेत्र ज्योति बख्शी थी। अतः जेठराम उनका परम शिष्य बन गया था और यहीं रहने लगा था। गुरु जम्भदेवजी यहां से दिल्ली की ओर प्रचारार्थ निकल गये और यहां जेठराम को इस स्थान का कार्य सौंप गये। जेठराम इसी स्थान पर स्वर्ग सिधारे। तत्पश्चात् विसनोई धर्म में परिवर्तित लोगों ने एक थान बनवाया। इस क्षेत्र में थान का अर्थ ईंटों से बनाई गई एक छोटी-सी यादगार जिसमें केवल पूजार्थ दीपक जलाने के लिए एक छोटा-सा आला बना दिया जाता है, से लिया जाता है। यहां हर घर में पूर्वजों की याद में ऐसे 'थान' बने होते हैं। इन थानों को परिवार का देवता कहते हैं। जेठराम गुरुजी का परम शिष्य होने के नाते सभी का था। अतः उसका सामूहिक 'थान' बनवाया गया। इस थान पर प्रतिवर्ष चैत्र की

अमावस्या को मेला लगने लगा और यह स्थान 'जेठु दादा' के नाम से प्रसिद्ध हो गया। पहले यह मेला अच्छा रौनकदार होता था परन्तु अब अन्य मेलों की भांति इसकी रौनक भी फीकी पड़ गई है। इस मेले में पूजा के हेतु मुख्य रूप से विसनोई जन ही भाग लेते रहे हैं, अन्य लोगों में से इक्का-दुक्का आते हैं। इसमें मुख्य रूप से गुड़ का प्रसाद चढ़ता रहता है। एक परिवार से कम-से-कम एक धाली (सात सेर) गुड़ जेठु दादा पर चढ़ाया और बांटा जाता था। गुड़ के अलावा कोई-कोई मिठाई एवं बताशे भी बांटते हैं। आजकल भी विशेष रूप में इस गांव के विसनोई लोग चैत्र की अमावस्या को जेठु दादा के थान पर जाते हैं और अधिकतर लोग गुड़ का प्रसाद बांटते एवं चढ़ाते हैं। चढ़ावा ग्राम के जोगी कहलाने वाली एक जाति के लोग ले जाते हैं। इस तालाब में बहुत बड़ी संख्या में सर्प रहते हैं। पहले यहां पर एक अजगर रहता था। कहते हैं कि चैत्र की अमावस्या को वह दिखलाई पड़ता था। लोग इसको जेठु दादा समझते थे। अब इस तरह का कोई सर्प दिखाई नहीं पड़ता है। मुझे इस कारण याद है कि मेरा परिवार भी प्रतिवर्ष अमावस्या को जेठु दादा की पूजा को जाता रहा है। ग्राम के इतिहास के अनुसार यह ग्राम 1327 ईस्वी में बसाया गया था और दो सगे भाई श्री ईशरसिंह व भुल्लन सिंह गढ़ गजनी से चलकर अनेक स्थानों पर बसते छोड़ते अन्त में यहां आकर बस गये। वि.सं. 1590 में जब गुरु जम्भदेव जी यहां पधारे तो बाबा भुल्लन सिंह की वंशावली का कोई बड़ा गुरु जी की प्रेरणा से विसनोई हो गया। उसी समय कुछ लोग सिख हो गये थे। यह सिख पुनः सामान्य जाटों में घुलमिल गये हैं। इनको लोग भी सिंह कहते हैं। इसी तरह विसनोईजन भी धीरे-धीरे सामान्य जाटों में घुलमिल रहे हैं लेकिन इनकी पहचान अब भी विसनोई शब्द से ही होती है। दूसरा कुछ लोगों का मत यह भी है कि गुरु जम्भदेव जी के आगमन से पूर्व भी यहां विसनोई रहते थे। बाद में अन्य लोग आकर आबाद हुए।उपरोक्त विवरण से यह तो स्पष्ट है कि यह तालाब गुरुजी की प्रेरणा से बनाया गया था चाहे उस पर लक्खी बनजारा ने धन व्यय किया हो या ग्रामवासियों ने। जाम्भोलाव की भांति मिट्टी निकालना तथा सूत फिराकर कपड़ा दान करने की परम्परा यहां भी सदियों से चली आ रही है। चूंकि आसपास के गांवों के विसनोई इधर से गंगापार जाकर आबाद हो गये हैं तथा उत्तरप्रदेश में चैत्री अमावस्या को ही लोदीपुर धाम पर क्षेत्रीय मेला लगता है जिससे सोहंजनी का यह मेला अब केवल स्थानीय रूप तक ही सीमित रह गया है। अतः इसे 'छोटा जाम्भोलाव' कहना बिल्कुल उपयुक्त रहेगा।"

47

फलौदी

01. परिचयः- फलोदी जिला राजस्थान में स्थित है। यहां गुरू जांभोजी का मंदिर और धर्मशाला स्थित है।
02. फलौदी में विसनोईयों के गांवः- साहबरामजी राहड़ कृत जंभसार के 20 वें प्रकरण में उन गांवों की क्षेत्रवार संख्या दी गई है, जहाँ विसनोई निवास करते थे। इसके अनुसार मारवाड़ रियासत के फलौदी परगने में 40 गांव थे- "चौसट खेड़ा जोधपर, फलौदी चालीस।" मुहणोत नैणसी कृत "मारवाड़ रा परगना री विगत" में वर्णित है कि "विक्रम संवत 1721 में मारवाड़ रियासत के जोधपुर परगने के 13 गांव विसनोईयों के थे। उन 13 गांवों का विवरण निम्नानुसार दिया हुआ हैः-
01. भींवासरः- फलौधी था कोस 13 ईसान में। धरती हलवा 300। खेत कंवला थली रा सखरा। तलाई मास 4 पाणी रहै। कोहर भींवासर लहुवै भींवा रो खीणायो। पुरस 48 पाणी मीठो। घणो लोग विसनोई घर 80 बसै।
02. भोजासरः- फलोधी था कोस 14 ईसान में। खेत कंवला थली रा सखरा। धरती हलवा 100। तलाव 1 मास 4 पाणी रहै। कोहर 1 भोजासर पुरस 51 पाणी घणो मीठो। लोक विसनोई बाणिया मुसला बसै।
03. धवलासरः- कसबा था कोस 5 उतर नुं। खेत थली रा धरती हलवा 60। तलाव 1 मास 4 पाणी। कोहर 1 पुरस 60 पाणी मीठो। विसनोई बसै।
04. मोटेहीः- कसबा था कोस 9 खेत कंवला थली रा धरती हलवा 100। नाडी 1 पाणी मास 4 हुवै। कोहर 1 पुरस 21 पाणी खारो थोड़ो। भींवासर पड़ीयाल पीवै। लोग विसनोई बसै।
05. जैसलाः- फलोधी था कोस 20, खेत कंवला सखरा थली रा। कोहर पुरस 40 मीठो थौ। कोहर 1 जैसला बांसे नै कोहर 1 खेड़ा बांसे छै। मुहता जगनाथ घातीयो। बसती विसनोई घर 50 बसै घर 15 रजपूत बसी रा बसै।
06. पड़ियालः- फलोधी था कोस 11। धरती हलवा 20 खेत कंवला सखरा। तलाई 4 तथा 5 पाणी मास 4 पीवै। पछै कोहर 2 पाणी मीठो। कोहर 1 दुदासर पाणी थोड़ो गायां 300 पीवै। आगै पहली कहै छै नाल 100 थी सु बुरी पड़ी छै। जाट विसनोई बसै।
07. बरजांगसरः- कसबा था कोस 11 ऊगवण मांहे। खेत कंवला थली रा सखरा। धरती हलवा 100 तलाव 1 मास 4 पाणी। कोहर 1 पुरस 49 पाणी मीठो। गायां 800 पीवै। सह कोई विसनोई मुसला बसै।
08. रिणीसरः- कसबा था कोस 11। खेत थली रा हलवा 50। कोहर 1 पुरस 48 पाणी मीठो। गायां 300 पीवै। नाडी 1 मास 4 पाणी रहै। बसती घर 20 तथा 25 विसनोई बसै।
09. राता रो तलावः- फलोधी था कोस 14। धरती हलवा 40 खेत थली रा कंवला। कोहर नहीं। तलाव मास 5 पाणी रहै पीवै पछै रीणीसर मांहे तीण 1 तठै पीवै। बसती घर 15 ता 20 विसनोई बसै।
10. जेहां री तलाईः- फलोधी था कोस 13। धरती हलवा 51 खेत सखरा थली रा। कोहर नहीं। तलाई 1 जेह री कहीजै तठै मास 4 पाणी रहै, पछै मुंजासर पीवै। लोग विसनोई घर 20 बसै।
11. मुंजासरः- कसबा था कोस 8 भरहर में। खेत सखरा कंवला थली रा। तलाई 1 पाणी रहै। कोहर 1 पुरस 51 पाणी घणो मीठो। लोक विसनोई घर 61 रजपूत बसे। बसी रा घर 20।
12. नोखेड़ो जैसला रोः- फलौधी था कोस 20। धरती हलवा 90 खेत थली रा अजायब कोहर 1 आदु खेड़ो छै। पाणी नहीं, तरै कोहर 1 जैसला रौ मुहता जगनाथ बड़ा नुं दीयो। बसती विसनोई बसै। घर 25 तथा 30।
13. नोखेड़ो भोजासर रोः- कसबा था कोस 14। धरती हलवा 60 खेत कंवला थली रा। कोहर 1 आदु खेड़ो थौ सु बुरांणो, पाणी नहीं तरै भोजासर रे कोहर पीवे। विसनोई घर 20 बसै।
फलोदी परगने के 08 गांव ऐसे थे, जिनमें जाट और विसनोई दोनों साथ में निवासरत थेः-
01. चाखुः- फलौधी था कोस 17 खेत कंवला थली रा। तलाई 1 मास 4 पाणी। कोहर 4 पुरस 45 पाणी मीठो घणो। रजपूत जाट विसनोई बसै।

02. लोहियावट (बास दो):- कसबा था कोस 8 तलाव मास 8 पाणी रहै। खेत कंवला निपट सखरा। धरती हलवा 500 तथा 700 निपट घणी। जाट विसनोई बसै। बड़ो गांव। कोहर 2 पुरस 60 पाणी घणो मीठो। कोहर 4 बीजा बुरिया छै।

03. कैलणसरः- फलोधी था कोस 20। खेत कंवला थली रा हलवा 100। कोहर 1 पुरस 48 पाणी मीठो। गायां 400 पीवै। बसती घर 25 जाट बसै। घर 60 रजपूत जागीरदार री बसी रा।

04. सांवड़ाऊः- कसबा था कोस 13 भैरहर में। खेत कंवला धरती हलवा 300। कोहर 2 पुरस 50 पाणी घणो मीठो। लोक जाट विसनोई बाणिया मुसला बसै।

05. पलीणोः- कसबा था कोस 7। धरती हलवा 100 खेत कंवला अजाईबी तलाव 1 मास 4 पाणी रहै। कोहर 1 पुरस 48 मीठो गाय 800 पीवै। लोक जाट विसनोई मुसला बसै।

06. नीनेऊः- कसबा था कोस 4 ऊतर नुं विसनोई बसै। कोहर 1 पुरस 16 मीठो। घणा खेत थली रा सखरा हलवा 200। तलाव 1 पाणी मास 4 रहै। विसनोई पलीवाल बसै। **07. मोरियो, 08. पल्ही।**

फलोदी परगने के 04 अन्य विसनोई गांवो का भी उल्लेख हैः-

01. भेड़ः- कसबा था कोस .... धरती हलवा 150। खेत कंवला तलाई 1 ठलीयाली (डालेलाई) ता कोस 1 पाणी मास 6 रहै, कौहर सागरी पुरस 40 पाणी मीठो घणो। जाट विसनोई पलीवाल बसै।

02. पालड़ी बास दोः- फलोधी था कोस 12 रैयत विसनोई मुसला बसै। खेत कंवला निपट सखरा। धरती हलवा 400। तलाव 4 मास 4 पाणी रहै। कोहर 1 पुरस 70 पाणी घणो मीठो। गाय 500 पीवे भलौ गांव।

03. राढीयोः- फलौधी था कोस 14। खेत कंवला सखरा धरती हलवा 60। कोहर नहीं। तलाव 1 मास 4 पाणी। पछै नवासर रो कोहर में तीवण 1 छै तठै पीवै। जाट विसनोई घर 25 तथा 30 बसै।

04. मोखोः- कसबा था कोस 9। धरती हलवा 50 खेत सखरा। कोहर 1 पुरस 48 पाणी मीठो। गायां 400 पीवै। तलाई 1 मास 4 पाणी रहै। बसती विसनोई घर 20 बसै बसीवान।

फलोदी परगने का जांभोलाव गांव उस समय सुना (निर्जन) थाः- 'कसबा था कोस 8 उतर नुं। धरती हलवा 200 बड़ा खेत। तलाव 1 जांभेलाव विसनोई रो करायो मास 8 पाणी रहै। वसीवान लोक नहीं। गांव नीनेऊ बाप बीजा ही गांवां रा लोक खेत खड़े बरसाली। बसती तलाव ऊपर लोक रहे।"

03. अभिलेखः-

(क). राजस्थान अभिलेखागार, बीकानेर (रि. बीकानेर, F.P.D., ब.नं.19-2, फा.नं.2236) यह सन् 1932 ई. की एक 113 पृष्ठों की विस्तृत फाईल है। इसमें फलौदी परगने के गांव भोजासर निवासी भरता पुत्र भूरा विसनोई को जैसलमेर से गिरफ्तार करके बीकानेर लाने के संबंध में हुई कार्यवाही का विवरण है। गांव सांईसर निवासी रामु पुत्र नारायण विसनोई ने उन पर मुकदमा दर्ज करवाया था। इसमें सांईसर गांव के रामू के पुत्र बोधर विसनोई, मोती पुत्र विसना विसनोई सहित कई लोगों के बयान भी दर्ज है।

(ख). राजस्थान अभिलेखागार, बीकानेर (रि. जैसलमेर, म.खा. ब.नं.46, फा.नं.843) यह सन् 1940 ई. के मुकदमें की 14 पृष्ठों की एक फाईल है। इसमें मारवाड़ रियासत के जैमला गांव निवासी खींया पुत्र मुगला विसनोई को हिरासत में लेने संबंधी कार्यवाही का विवरण दर्ज है।

01. जैसला

01. परिचयः- जैसला गांव फलौदी जिले में स्थित है। यहां गुरू जाम्भोजी का आगमन हुआ था। तथा जांभोलाव जाते वक्त झाली रानी भी इस गांव में रूकी थी। जंभसार में वर्णित 16 प्रमुख साथरियों में जैसला साथरी का भी उल्लेख है।

02. गुरू जांभोजी का जैसला आगमनः- साहबरामजी राहड़ कृत जंभसार के बीसवें प्रकरण में वर्णित है कि रणीसर साथरी में सात दिन ठहरकर गुरू जाम्भोजी जैसला आए। फिर यहां से नाथूसर गए थेः-

एक दिवस जांहां हरजी आए, गांव जैसला दरसन दिखाए। प्रातकाल हर करी चढाई, मानो गंग धार चली आई।
साधु तपसी सकल रखेसर, नाथूसर पंहुचे परमेसर।

03. झाली राणी का जैसला प्रवासः- साहबरामजी राहड़ कृत जंभसार के 17 वें प्रकरण में वर्णित है कि संभराथल से झाली राणी ने जांभोलाव जाने का निश्चय किया। वे झींझाळै की साथरी होते हुए खिंदासर गए, वहां उदोजी के दर्शन करके फिर जैसला में डेरा दिया। झाली राणी ने जैसला साथरी की परिक्रमा की। फिर यहां रात्रि विश्राम किया और प्रातःकाल यहां भींयासर होते हुए जंभसागर गईः-

संतन सें अज्ञा लई, झाली कियो पयांण। झींझाळै की साथरी, डेरा कीन्हां आण।
तांहां ते चल खिंदासर आऐऊ, उदैजी के दर्शन भएऊ। जाय जैसला डेरा कीन्हा, साथरिया प्रकम्या दीन्हा।
रहे रात अरू चालत भएउ, प्रात काल भींयासर गएऊ। जंभ चरण का दर्शन किया, चरण खोल चरणोदिक लीया।
एक रात भिंयासर रहेऊ, प्रात काल जंभसागर गएेऊ।

04. जैसला साथरीः- साहबरामजी राहड़ कृत जंभसार के 22 वें प्रकरण में वर्णित 16 साथरियों की सूची में जैसला साथरी का भी उल्लेख हैः-

"जैसला में जोगीजी साधू, ज्ञानी भक्त जंभ के आदू।" मुहणोत नैणसी कृत 'मारवाड़ रा परगना री विगत' में वर्णित है कि फलोदी परगने में 13 गांव विसनोईयों के है, जिनमें जैसला गांव का भी उल्लेख है। उस समय जैसला में विसनोईयों के 50 घर निवासरत थे:- "जैसला फलोधी था कोस 20, खेत कंवला सखरा थली रा। कोहर पुरस 40, मीठो थौ। कोहर 1 जैसला बांसे नै, कोहर 1 खेड़ा बांसे छै। मुहता जगनाथ घातियो। बसती विसनोई घर 50 बसै, घर 15 रजपूत बसी रा बसै।

05. हस्तलिखित सामग्री की प्राप्ति:- हीरालालजी माहेश्वरी को लगभग सन् 1960-70 के मध्य कनीरामजी गायणा गांव जैसला से निम्न हस्तलिखित सामग्री प्राप्त हुई थी:-

01. ग्रंथांक-341:- यह 15 पन्नों की एक अपुर्ण पुस्तिका है जो कि संवत 2000 के आसपास कनीरामजी गायणा द्वारा लिपिबद्ध है। इसमें हिमतरामजी गायणा की रचनाएं है।

06. अमर बलिदानी पुण्यात्माएं:- पांचू गांव के सियाग गौत्र के जाट सलोजी ने विशनोई धर्म अपनाकर जैसला गांव में निवास किया था। जैसला गांव में सलोजी सियाग अपनी धर्मपत्नी गोदारी के साथ विसनोई धर्मनियम रक्षार्थ देवगति को प्राप्त हुए। इनका समाधि स्मारक चाडी गांव में स्थित है। सलोजी सियाग के पुत्र साजनजी हुए, जिनका विवाह मानेवड़ा गांव की रूखमा भंवाल से हुआ, रूखमा भंवाल अपने बेटे पांचोजी सियाग के साथ विसनोई धर्मनियम रक्षार्थ देवगति को प्राप्त हुई। इनका समाधि स्मारक भी चाडी गांव में स्थित है। कहा जाता है कि सलोजी सियाग के पांच पुत्र साजनजी, करणोजी, तेजोजी, बलराजजी व लिखमणजी थे। जिनके वंशज क्रमश: चाडी, बनिया, चांवडिया, बुऊ व मालाणी में बसे थे।

गोदारा परिवार:- गोदारा गौत्र के जाट भरतोजी ने विसनोई धर्म अपनाकर खींदासर/धरनोक गांव में निवास किया। भरतोजी के वंशक्रम में क्रमशः भरतोजी, तेजोजी, शंकरजी, जीवणजी, लाखणजी हुए। लाखणजी के पुत्र रूपारामजी अपनी माता बीरां/केसु के साथ विक्रम संवत् 1702 भादवा सुदी 11 को धरनोक गांव में धर्मनियम रक्षार्थ देवगति को प्राप्त हुए। उक्त घटना के पश्चात रूपारामजी के भाई हरदानजी विक्रम संवत् 1730 को जैसला गांव में बसे। इनके कई वंशजो ने जैसला गांव छोड़कर विक्रम संवत् 1852 को नोखड़ा गोदारा गांव बसाया।

02. पल्ली

01. परिचय:- पल्ली गांव राजस्थान के जोधपुर जिले की लोहावट तहसील में स्थित है।

02. लाखूजी गोदारा:- लाखूजी गोदारा का जन्म विक्रम संवत् 1511 को मीमोजी गोदारा के घर हुआ था। इनकी माता का नाम झीमा पुनियां था। विक्रम संवत् 1542 को मीमोजी ने अपने बेटों व पोतों सहित विशनोई धर्म अपनाया था। उसके पश्चात यह परिवार मारवाड़ के पल्ली गांव में बस गया। लाखुजी का विवाह शैरासर गांव के रूपोजी जाणी के बेटे गोविंदजी की पुत्री रामी जाणी से हुआ। इनके दो पुत्र और दो पुत्रियां हुई। विक्रम संवत् 1580 को 69 वर्ष की आयु में लाखुजी का स्वर्गवास हुआ था। इनके बड़े पुत्र नाथोजी गोदारा ने विक्रम संवत् 1592 को विसनोई धर्मनियम रक्षार्थ बलिदान दिया था। उसके अगले ही वर्ष विक्रम संवत् 1593 को लाखुजी की माता झीमा पुनियां ने 103 वर्ष की आयु में गुरू जाम्भोजी के साथ देह त्यागी थी। लाखुजी द्वारा रचित 'अगम की साखी' विशनोई पंथ में बहुत प्रसिद्ध है। इनकी एकमात्र यही रचना उपलब्ध है।

03. भजनदासजी टूंडा:- स्वामी ब्रह्मानंदजी कृत इतिहास प्रदीप में वर्णित है कि "एक भजनदास टुंडा नामधारी व्यक्ति साधु सहजराम का चेला पहले हुआ था, फिर गुरु से तिरस्कृत्य हो जाने पर जोधपुर राज्य के अन्तर्गत एक फिटकासनी ग्राम निवासी साधु धर्मदासजी का चेला हो गया। फिर अपना भेष उतारकर रामस्नेही साधु हो गया। फिर लौटकर वापस विसनोई धर्म में आ गया और शादी करके पल्ली नामी गांव में जो कि जोधपुर में है वहां बस गया।"

04. अमर बलिदानी पुण्यात्माएं:- सहजरासर गांव के गोदारा गौत्र के जाट सहजरोजी के बारह पुत्र हुए, जिनमें से सात पुत्रों के परिवार से विसनोई बने। सहजरोजी के बड़े पुत्र आतलजी थे, आतलजी के बेटे मीमोजी ने अपने बेटों व पोतों सहित विसनोई धर्म अपनाकर पल्ली गांव में निवास किया। मीमोजी के पुत्र बीदोजी हुए। बिदोजी के पुत्र गोपालजी, उदोजी, गोयंदजी हुए। गोपालजी के पुत्र जगमालजी हुए। जगमालजी के पुत्र बरियामजी हुए, जिन्होंने विक्रम संवत् 1598 को पल्ली गांव में बरियामाणी नाडी खुदवायी। बरियामजी के पुत्र माधोजी ने जांभोलाव में माधा मेला शुरू करवाया। बीदोजी के पुत्र गोविंदजी हुए। गोविंदजी के पुत्र कानोजी का विवाह भींयासर गांव के जैसोजी डारा के बेटे किशनेजी की पुत्री सुजी डारा से हुआ। कानोजी अपनी पत्नी सुजी डारा के साथ विक्रम संवत् 1601 पोष अमावस्या को पल्ली गांव की बरियामाणी नाडी के पास विसनोई धर्मनियम रक्षार्थ देवगति को प्राप्त हुए। बरियामजी के भाई ईशरजी का विवाह पीलवा गांव के भोजोजी खीचड़ के बेटे धनजी की पुत्री रतु खीचड़ से हुआ, ईशरजी के पुत्र बिरमजी व सादुलजी हुए। रतु खीचड़ अपने पुत्र बिरमजी के साथ विसनोई धर्मनियम रक्षार्थ विक्रम संवत् 1675 को देवगति को प्राप्त हुई। सादुलजी गोदारा के पुत्र अजोजी गोदारा हुए, जिनका विवाह पल्ली गांव के धनजी सारण के बेटे चम्पोजी की पुत्री गैरां सारण हुआ। अजोजी के पुत्र भोमोजी व हरोजी तथा पुत्रियां सरूपा व सजना हुई। भोमोजी मशहूर चौधरी थे इन्होने सात शादियां की थी। इनके कई किस्से मशहुर है। हरोजी के निधन पर बहन सरूपा ने उनकी याद में पल्ली गांव में सरूपाई नाडी खुदवायी तथा अपने भाई हरोजी की समाधी पर विक्रम संवत् 1836 को छतरी का निर्माण करवाया था।

03. धौलासर

01. परिचयः- धोलासर गांव फलौदी जिले में स्थित है।

02. गोविंदरामजी बागड़िया:- ये गांव धोलासर (फलोदी) के निवासी थे। अपने समय के ये मान्य विसनोई साध और संस्कृत के विद्वान थे। संस्कृत में रचित इनका जंभाष्टक बहुत प्रसिद्ध रचना है। इस अष्टक के आठ छंदों में श्रद्धा भक्तिपूर्वक गुरू जाम्भोजी का महिमागान किया गया है। इसके निर्माण के संबध में एक कथा प्रसिद्ध है। कहा जाता है कि ईर्ष्यावश मुकाम में किसी ने उनको भोजन में जहर दे दिया, जिसका पता शीघ्र ही लग गया। इस पर ये संभराथल की ओर चल पड़े और साथरियों से कहा कि जो में बोलुं उसे लिखते जाओ। फलस्वरूप जम्भाष्टक का निर्माण हुआ। वहां पहुंच कर इन्होने रेती फांकी जिससे जहर उतर गया। इस घटना के कई वर्ष बाद तक ये जीवित रहे। लगभग 100 वर्ष की उम्र में संवत् 1850 के आसपास इनका स्वर्गवास हुआ। बाद में इस जंभाष्टक पर विष्णुदास ने गद्य में 'विष्णुविलास टीका' बनाई थी।

03. धोलासर गांव:- मुहणोत नैणसी कृत 'मारवाड़ रा परगना री विगत' में वर्णित है कि फलोदी परगने में 13 गांव विसनोईयों के है, जिनमें धोलासर गांव का भी उल्लेख है:- "धवलासर, कसबा था कोस 5, उतर नुं। खेत थली रा, धरती हलवा 60। तलाव 1, मास 4 पाणी रहे। कोहर 1, पुरस 60, पाणी मीठो। विसनोई बसै।"

04. मोटाई

01. परिचय:- मोटाई गांव (मोहटी) फलोदी जिले में स्थित है। साहबरामजी राहड़ कृत जंभसार में 24 भंडारो की सूची में मोहटी भंडारे का भी उल्लेख है:- "मोहटी कहियै भंडारो, मृघीनाथ जाणै जग सारो।"

02. मृघीनाथ का मोहटी में बसना:- साहबरामजी राहड़ कृत जंभसार के 17 वें प्रकरण में वर्णित है कि जब गुरु जांभोजी के प्रभाव से अनेक जोगी विसनोई बन गए। लेकिन मृघीनाथ पीछे रह गया और उसे बहुत कष्ट हुआ। मृघीनाथ हिमटसर में रहता था, जहाँ उसकी जमात भी थी और वे सब अनेक प्रकार के दुःख सह रहे थे। दो महीने इसी प्रकार बीत गए और उनका सारा खर्च भी समाप्त हो गया। तब क्रोधित होकर एक जोगी गुरु जांभोजी के पास आया और उन्हें प्रणाम किया। वह बोला कि आपने हमारे सभी जोगियों को विसनोई बना दिया। गुरु जांभोजी ने उसके मन की बात जानकर, उसके मन के अनुकूल उत्तर दिया। तब वह जोगी बोला कि मृघीनाथ के पास बहुत सिद्धियाँ हैं। मृगछाला उनके कहे अनुसार चलती है। गुरू जांभोजी बोले कि कभी हमें भी वह चमत्कार दिखाइए और अपने गुरु को यहाँ बुलाइए। जोगी बोला कि उनके समान तुम हमें ही जान लो। तुम मृघीनाथ से विवाद मत करो, नहीं तो तुरंत संकट में पड़ जाओगे। यह कहकर जोगी वहाँ से चला गया। डेरे जाकर मृघीनाथ से बोला कि या तो मर जाओ, या अपना भेष छोड़ दो। या तो आप मर जाओ या उसे मार दो। तब मृघीनाथ क्रोध में नाद बजाकर उठा और कहा कि अब गुरू जांभोजी को बोध कराते है। यह कहकर समराथल की ओर चला। तब निहालदास सामने आए और "आदेश-आदेश" कहकर प्रणाम किया। लेकिन जोगियों में से किसी ने भी उत्तर नहीं दिया। निहालदास ने गुरू जांभोजी आज्ञानुसार चुटकी भरकर भभूत (राख) उनकी तरफ फैंकी, जिससे वे सभी जोगी दिशा भ्रमित हो गए। कई जोगी उल्टे लौट गए और कई रास्ता भूल गए। सभी जोगी एक दुसरे को खोजने लगे। कई दिन और रात इसी तरह बीत गए। वे बहुत खोजते रहे, लेकिन थककर हार गए। अंत में उन्होंने मन में पश्चाताप किया और सिर झुकाया। तब निहालदास ने सामने आकर उन्हें "आदेश" किया और उन जोगियों को उस स्थान पर ले गए, जहाँ गुरु जांभोजी विराजमान थे। मृघीनाथ मन में क्रोधित हुआ और उन्होने गुरु जांभोजी के सामने अपना आसन सजाया। उसने पाँच सौ धूनियाँ (अग्निकुंड) लगाई। और उनके पास में जितनी मृगछाला और पावड़ी थी, उन्हें वन में विचरण करने भेजा। और आसन धरती से ऊपर अधर में लगाया। धोती धोकर आकाश में सुखाई। इस प्रकार ये चारों प्रकार के चमत्कार उसने गुरु जांभोजी को दिखाए। गुरु जांभोजी मुस्कराकर बोले कि इन चमत्कारों से गुरु नहीं डरते है, ऐसे पाखंड तो गोड़िया भी बहुत करते है। पाखंड से गुरु प्रसन्न नहीं होता, कोई सच्चा आचरण है तो दिखाओ। बिना आचरण के ये सब दिखावे व्यर्थ हैं। ऐसा कहकर गुरू जांभोजी ने उन्हें एक सबद (उपदेश) सुनाया। तब जोगी बोला कि हमने भी जो योग-सिद्धियाँ प्राप्त की हैं, क्या वे सब आपके पास है? तब गुरू जांभोजी ने पुन: एक सबद सुनाया। तब जोगीयों को ज्ञान हुआ, वे गुरू जांभोजी के चरणों में पड़े। सभी जोगी विसनोई बन गए और उन सभी जोगियों को मुक्ति मिल गई। मृघीनाथ को इस तरह ज्ञान बोध हुआ। उन्होंने अपने पास की सारी सिद्धियां खर्च कर दी। जितनी मृगछालाएँ थीं, वे वापस उसके डेरे में नहीं लौटीं। पावड़ियां, धूनियां और झोली भी गुरु जांभोजी की परिक्रमा करके चली गई। वे वापस नहीं आई। इस प्रकार सभी जोगी विसनोई बन गए। पहले व बाद में कुल डेढ हजार जोगियों ने अपना भेष उतारकर विसनोई धर्म अपना लिया था। मृघीनाथ मोहटी गांव में बस गया और उनका जन्म-मरण का भय समाप्त हो गया था। वह नित्य जंभसागर पर जाकर मिट्टी खोदता था। पाँच वर्षो तक ऐसा करने से उसके सभी पूर्व पाप नष्ट हो गए। इस प्रकार वह जोगी शुद्ध, शांत, संयमी और ज्ञानी बन गया:-

यूं विसनोई होय गए, जंभ गुरु प्रताप। मृघीनाथ लारै रह्यौ, ताकूं बहू संताप।
मृघीनाथ हिमटसर रहहे, मिली जमात दुख बहु सहहे। दोय महीने या विधि बीते, खरच खाय कर होय गऐ रीते।
जोगी एक जंभ पै आएउ, जंभ गुरू कूं मस्तक नायेउ। मुंड लिये जोगी तुम म्हारे, एहि विधि जोगी वचन उचारे।

जंभ गरु तां मन की लही, मन भावत बांणी कह दई। मृघीनाथ में सिधि घणी, मृघछाला चालै ता तणी।
कबही तो हमकूं दिखलावो, अपणै गुरु कूं इहां बुलावौ। तब जो बोल्यौ अपमान हूं, उन संमान हमही तुम जानहूँ।
मृघीनाथ तें तुम मत अड़ो, याते अड़ियां तुरंत तुम पड़ो। यूंह कर तरक जोगी जन गयो, डेरे जाय सिलावत भयो।
के मरज्यौ कै मुद्रा डारो, आप मरो कै उनकूं मारो। नाद बजाय उठे करि क्रोधा, जंभ गुरु कूं देवां बोधा।
निहालदास तब सनमुख आयो, आदेस आदेस कहि वचन सुनायो। तब उनमें कोई नहीं बोला, निहालदास पालेउ गुर कोला।
चुखटी भरी भभूत चलाई, सारेई गएेउ दिशा भुलाई। आवत ही उलटे फिर गएउ, ढूँढ ढूँढ पच हारत भएउ।
रीन दिवस बीते एहि भांती, जाते जांण न दिवस रु राती। फिर उन मन में सीस नवायौ, निहालदास सांम्हेई आयो।
तब उन कियो आदेश आदेशा, ले गये साधू जांहां सुरेशा। मृघीनाथ मन में रीसायौ, जंभ गुरु पै आसण लायो।
पांच सै धूणी तेतीसा, मंडल दियो जहां जगदीसा। मृघछाला अरू पावड़ी जितनी, वन में चरण गई है तीतनी।
अरु आसण अधर बहू लाऐ, धोती न्हाय रू अधर सुकाऐ। च्यार बात जंभ कूं दिखलाई, जंभ गुरु बोलै मुसकाई।
इण आसत सूं गुरु न डरहे, पाखंड बहू गोड़िया करहे। पाखंड गुरु रीझै नहीं, करणी होय दिखाय।
बिन करणी का भूतटा, लाखां पच पच जाय। (..........शब्द श्री महावाक्य..........)
जोगी तब असै ही गुर, कहूं वचन प्रकास। जोग रिध हमही लई, सतगुर केरे पास।
(...........शब्द श्री महावाक्य...........) जोगी परच पाऐ लगा, मन समझांणो तब।
मूक्ति हुई सब जोगियां, विसनोई हूवा जब। मृघीनाथ या परचै परच्यौ, सीधी धन सारोई खरच्यौ।
जितनी थी मृघछाला ताकै, उलट न आई डेरै वाकै। पावडी अरु धूंणी झोली, सारी फिरे जंभ गुर दोली।
दे प्रकमां सकल सीधाई, जोगी पै फिर उल्ट न आई। जब जोगेसुर सब हियै हारा, विसनोई हुय गए जू सारा।
अगले पिछले डोड हजारा, द्रसण सारां दिया उतारा। मृघीनाथ मोहटी वास्यौ, जनम मरण को भय सब नास्यौ।
जंभसागर पर जाय सदाई, निस दिन माटी करै खोदाई। पांच वरष लग खोदत भएेऊ, पिछले पाप सकल मिट गएेऊ।
इस विधि जोगी भए विसुधा, सांत दांत पंडत प्रबुधा।

05. मूंजासर

01. परिचयः- मुंजासर गांव फलोदी जिले में स्थित है। यहां गुरू जांभोजी का आगमन हुआ था। साहबरामजी राहड़ कृत जंभसार के 22 वें प्रकरण में वर्णित 16 साथरियों की सूची में मूंजासर साथरी का भी उल्लेख हैः- "मूंजासर मानोजी मांझू, करै साथरी सेव सदा जू।"

02. गुरू जांभोजी का मूंजासर आगमनः- साहबरामजी राहड़ कृत जंभसार के बीसवें प्रकरण में वर्णित है कि गुरू जांभोजी अपने भ्रमण क्रम में लोहावट क्षेत्र में पधारे, जहाँ उनकी भेंट लोहाजड़ से हुई। यह भेंट अत्यंत श्रद्धा और भक्ति से परिपूर्ण थी। लोहाजड़ के समर्पण और सेवा-भाव से गुरू जांभोजी अत्यंत प्रसन्न हुए। लोहाजड़ से भेंट के उपरांत गुरू जांभोजी ने मुंजासर की ओर प्रस्थान किया। मुंजासर पहुंचकर वे यहाँ की साथरी में विराजमान हुए। उनके आगमन से सम्पूर्ण क्षेत्र में आध्यात्मिक उत्साह और श्रद्धा का वातावरण व्याप्त हो गया। मुंजासर साथरी में गुरू जांभोजी के विराजने के पश्चात् सभी सेवक, अनुयायी तथा स्थानीय लोग उनके दर्शन और सेवा में उपस्थित हो गए। सभी ने तन, मन और भाव से गुरू की सेवा की। यह सेवा केवल बाह्य सत्कार तक सीमित नहीं थी, बल्कि उसमें गहरी आस्था और आत्मिक समर्पण निहित था। गुरू जांभोजी ने मुंजासर में दो दिन तक निवास किया। इस अवधि में उन्होंने अपने अनुयायियों को उपदेश देकर धर्म, भक्ति और जीवन के उच्च आदर्शों का मार्गदर्शन प्रदान किया। उनके सान्निध्य में रहकर भक्तों ने अपने जीवन को धन्य माना। दो दिन के प्रवास के पश्चात् प्रातःकाल गुरू जांभोजी ने मुंजासर से प्रस्थान किया। यात्रा करते हुए वे संध्या समय पड़ियाल पहुंचे। उनके आगमन का समाचार सुनकर वहाँ की जमात बड़ी संख्या में एकत्रित हो गई और सभी ने उनके दर्शन कर अपने जीवन को कृतार्थ कियाः-
लोहाजड़ की भेंठ ले, प्रसन्न भये जंभ राज। मुंजासर की साथरी, कियो पयाणों आज।
मुंजासर प्रभु आन विराजे, सब सेवग कूं जंभ निवाजे। सकल जमात गुरु कूं सेवे, मानूष जनम भएेऊ फल लेवे।
दोय दिवस मुंजासर रहे, प्रात काल प्रभु चालत भए। सांझ समै पड़याले गऐ, जमात जुड़ी बहु दर्शन करे।

03. अमर बलिदानी पुण्यात्माएंः- मांझवास गांव के जाट दौलाराम जी मांझू के तीन पुत्रों ने विसनोई धर्म अपनाया था। विसनोई धर्म अपनाने के पश्चात कुंभोजी मांजू हिमटसर में, बिरमोजी मांजू जांगलू में तथा रेड़ोजी मांजू मूंजासर गांव में बसे। रेड़ोजी मांजू के वंशक्रम में क्रमशः शेंभूजी, मालोजी, राजोजी, अजोजी, मोटोजी, हरदासजी हुए। हरदासजी के पुत्र भोजोजी की पत्नी सहोदरा गोदारा विक्रम संवत् 1725 को अपने पुत्र गोविंदजी मांजू के साथ धर्मनियम रक्षार्थ देवगति को प्राप्त हुई। उक्त वीरांगना सहोदरा गोदारा का स्मारक मूंजासर गांव में स्थित है।

06. खारा

01. परिचयः- खारा गांव फलौदी जिले में स्थित है।

02. गोदारा परिवार खाराः- पांडुजी और लक्ष्मणजी के वंशजों ने खरींगा गांव छोड़कर खारा गांव में निवास किया था। इस बात का उल्लेख 'मारवाड़ रा परगना री विगत' में भी मिलता हैः- "मारवाड़ रियासत के पोकरण परगने में स्थित खारा गांव में चार बास है। जिनमें से दो बास 'पुरोहित खीमा री सरेह' और 'सीड़डां रो बास' सूनसान है। 'सातलमेरीया रो बास' में राजपूतों के 40 घर है। यह गांव इनके पट्टे है। और 'विसनोयां रो बास' में विसनोईयों के 30 घर है। इनमें कई तो राव नरा के समय बसे थे और कई जैसलमेर शासक रावल भीम के शासनकाल में खरींगा से आए थे।" रावल भीम का शासनकाल संवत 1634 से 1680 तक रहा था। और ये लोग संवत 1657 को खरींगा छोड़कर खारा गांव में आए थे। लखमणजी के वंशक्रम में क्रमशः देवराजजी, मैदोजी, शंकरजी हुए। शंकरजी खरींगिया गांव छोड़कर संवत 1657 को खारा में बसे थे। शंकरजी के पुत्र केहरोजी हुए। केहरोजी के पुत्र देदोजी विक्रम संवत् 1704 को धर्मनियम रक्षार्थ खारा गांव में देवगति को प्राप्त हुए।

07. कानासर

01. परिचयः- कानासर गांव फलौदी जिले की बाप तहसील में स्थित है। लखमीचंद कृत "तवारीख जैसलमेर (1891 ईस्वी)" में वर्णित है कि "संवत 1893 में खरींगा के विसनोईयों ने कानासर तालाब पर यह गांव बसाया था। बाद में कई घर मारवाड़ से आकर बसे। सन 1880 ईस्वी की जनगणना में गांव कानासर में 252 घर और 1289 लोग थे।"

02. मनोहरी रावः- रायपालजी के पुत्र कुम्भोजी गोदारा का विवाह लोहावट गांव की मनोहरी राव से हुआ। कुंभोजी के पुत्र रूपोजी, गोरधनजी, गोवलजी हुए। मनोहरी राव विक्रम संवत् 1801 को अपने परिवार के साथ गौधन लेकर गोवलवास में गांव अकदड़ा (बाड़मेर) में ठहरे हुए थे। अकदड़ा गांव में एक समय धाड़ेतियों ने गौधन को घेर लिया था तथा अपने साथ ले जाने लगे। इन गौधन को बचाने के लिए मनोहरी राव ने अपने पति और पुत्रों के साथ लड़ाई लड़ी। इस लड़ाई में मनोहरी राव, अपने दोनों पुत्रों गोरधनजी और गोवलजी सहित देवगति को प्राप्त हुई।

03. कानासर गांव से संबंधित महत्वपूर्ण अभिलेख

क. राजस्थान अभिलेखागार, बीकानेर (रि. जैसलमेर, आ.खा.ब.नं.07, फा.नं.344) यह सन् 1934-35 ई. की एक 16 पृष्ठों की फाईल है। इसमें कानासर निवासी भुरी पत्नी हरीसिंह विसनोई द्वारा सोने की कंठी बेचने संबंधित विवरण में कोजा पुत्र भागचंद विसनोई, प्रहलाद पुत्र अमोलख विसनोई, बुला पुत्र काछबा विसनोई आदि का उल्लेख है।

ख. राजस्थान अभिलेखागार, बीकानेर (रि. जैसलमेर, आ.खा.ब.नं.04, फा.नं.132) यह सन् 1927-28 ई. की एक 09 पृष्ठों की एक फाईल है। इस फाईल में वर्णित है कि जसवंता पुत्र सिरदारा विसनोई निवासी ढाणी तालरिया नोख की मृत्यु के पश्चात उनकी पत्नी लुंभीया को उनके पिता मला गोदारा विसनोई निवासी गोड़ु ने 600 रूपये कलदार रस्म के लेकर घराने दी गई। जसवंता के नाबालिग पुत्र काना और दो पुत्रियां थी। ये रूपये अमानत के रूप में रियासत को जमा कराए गए थे, जो पुत्र काना के बालिग होने पर उसे दिए जाएंगे। अभी काना नाबालिग है और उनकी सगाई की जा रही है अतः सरकार उन जमा रूपयों में से आधे रूपये लछमण पुत्र जालु निवासी बैरा जालूवाला के मार्फत देवें। नाबालिग काना के चाचा पहलाद पुत्र मगनाराम विसनोई निवासी कानासर ने यह अर्जी दी। इसमें लुंबा पुत्र मला निवासी गोड़ु, रामकिसन पुत्र हेमा विसनोई निवासी फुलासर आदि का उल्लेख है साथ में इस पंचायती के मुख्य चौधरी बरसिंगा बजु, भींया माणकासर, गणेशा गोड़ु, मिश्री फुलासर, रामराय मोढायत, हीरा सुंदराणी आदि का जिक्र है।

ग. राजस्थान अभिलेखागार, बीकानेर (रि. जैसलमेर, आ.खा.ब.नं.09, फा.नं.444) यह सन् 1936-37 ई. की एक 25 पृष्ठों की एक फाईल है। इसमें बाप परगने के कानासर निवासी (धड़े डुंगराणी) के गोदारा विसनोई लिछमण के पुत्र जसवंता व खानु और मुगला के पुत्र जसवंता व कोझा ने जालुवाला के उगण में कुआ खोदने की इजाजत ली। वर्णित है कि इससे पहले भी कानासर निवासी गोदारा जालू विसनोई ने जालूवाला और गोदारा करना विसनोई ने करनेवाला कुआ तैयार करवाकर बस्ती बसाई थी। जो गांव जालुवाला व करनेवाला के नाम से मशहूर हुए। इसी तर्ज पर कुआ खुदवाकर नया गांव आबाद करना चाहते है।

घ. राजस्थान अभिलेखागार, बीकानेर (रि. जैसलमेर, आ.खा.ब.नं.09, फा.नं.444) यह सन् 1936-37 ई. की एक 61 पृष्ठों की विस्तृत फाईल है। इसमें बाप परगने के कानासर गांव के चौकीदार हजुरी लाले के खिलाफ दाण चोरी की शिकायत है। इसमें कानासर के तत्कालीन विसनोई और मेघवालों में से खास खास आदमियों के बयान दर्ज है। इसमें कुछ विसनोई चौधरियों जैसे नरसिंग पोकराणी, चौधरी पना मुगलाणी, चौधरी सुरा करनाणी, चौधरी बुला काछबाणी, चौधरी अरजन धोंकलाणी, चौधरी कुशलो खेताणी, चौधरी लखु पनाणी, चौधरी तेजो पुरणाणी, चौधरी लुंभो रामकिसनाणी आदि के नाम उल्लेखनीय है।

04. मनीरामजी विसनोई एडवोकेट कृत 'यादों के झरोखे से' निम्नांकित जानकारी ली गई हैः- "गांव कानासर, तहसील फलोदी, जिला जोधपुर (राज.) में सन 1991 को राजस्थान नहर विभाग की एक टीम फलौदी लिफ्ट नहर की एक ब्रांच का लेवल लेने आई हुई थी जिन्होंने वहां स्वच्छंद विचरते हिरन का शिकार कर लिया। जब इसकी सूचना विसनोइयों को मिली तो उनमें उपस्थित नवयुवकों ने ऑफिसर सहित तमाम टीम को पकड़ लिया और उनकी खूब धुनाई की। इतने में 50-60 विसनोईजन एकत्रित हो गये। ऑफिसर ने अपराध स्वीकार करते हुए क्षमा मांगी। दुसरी ओर विसनोइयों ने सोचा पुलिस में रिपोर्ट करेंगे तो यह लोग नहर स्वीकृति में गाँव को नुकसान पहुँचा सकते है। कर्मचारियों ने रिपोर्ट में नहर ब्रांच का लेवल बैंड में ज्यादा देकर नहर को ज्यादा गहरी खुदवाने का आदेश दे दिया। जिससे इस ब्रांच का पानी इस गांव के

खेतों को नहीं लगता और वे नहर सिंचाई से वंचित है। (स्रोतः श्री पूनमचन्द कस्वां, उपरोक्त)"

48

जैसलमेर

साहबरामजी राहड़ कृत जंभसार के 20 वें प्रकरण में उन गांवों की क्षेत्रवार संख्या दी गई है, जहाँ विसनोई निवास करते थे। जंभसार के अनुसार जैसलमेर रियासत में विसनोईयों के 20 गांव थे:- "जैसलमेरां बीस है, बीकाणै बतीस।" लखमीचंद कृत "तवारीख जैसलमेर (संवत 1948)" में संवत 1937 (सन 1880 ईस्वी) की जनगणना के आधार पर परगना वार जानकारी दी हुई है। इसमें विसनोई गांवों से संबंधित जानकारी भी मिलती है। इसमें जैसलमेर रियासत के नोख और बाप परगने के कुल 20 गांवों में विसनोईयों के बसने का उल्लेख है:-

01. गांव मांडली:- कलर मुसलमानों की मांडली तलाई पर संवत 1914 में विसनोई बसे थे। यह गांव खालसे है। संवत 1937 की जनगणना में यहां 35 घर और 89 लोग थे।

02. गांव मदासर:- लछमणजी विसनोई ने संवत 1933 में यह गांव आबाद किया था। संवत 1937 की जनगणना में यहां 14 घर और 41 लोग थे।

03. गांव मिठड़ियो:- बज्जू गांव के विसनोईयों ने यहां कुआ खुदवाया। कुए का पानी मीठा होने के कारण गांव का नाम मिठड़िया पड़ा। उक्त विसनोईयों ने संवत 1932 में यह गांव आबाद किया था। यह गांव खालसे था। संवत 1937 की जनगणना में यहां 27 घर और 132 लोग निवासरत थे।

04. गांव नगराजसर:- शिवजी विसनोई ने संवत 1934 को यह गांव आबाद किया था। कुवा पुरस 40 खुदवाया, पर पानी खारा निकलने के कारण कुआ छोड़ना पड़ा। संवत 1937 की जनगणना में यहां 26 घर और 114 लोग निवासरत थे।

05. गांव बजु-01:- यह गांव विसनोईयों ने संवत-1921 को बसाया।

06. गांव पुरनवालो:- गांव माणकासर की सीमा में पुरणजी विसनोई ने संवत 1933 को कुआ खुदवाया और गांव आबाद किया। इस कारण इस गांव का नाम 'पुरण वाला गांव' पड़ा। संवत 1937 की जनगणना में यहां 8 घर और 40 लोग निवासरत थे।

07. गांव माणकासर:- संवत 1921 को विसनोइयों ने इस गांव को आबाद किया था। संवत 1937 की जनगणना में यहां 30 घर और 152 लोग निवासरत थे।

08. गांव मोढायत:- नींबोजी विसनोई ने बैरियों पर संवत 1930 को बस्ती बसाकर यह गांव आबाद किया। संवत 1940 में यहां पक्का कुआ खुदवाया गया। संवत 1937 की जनगणना में यहां 16 घर और 87 लोग निवासरत थे।

09. गांव फुलासर:- विसनोई मुलोजी खीचड़ ने संवत 1927 को यहां कच्चा कुआ खुदवाया। फिर एक तलाई खुदवाकर बस्ती बसाई और गांव आबाद किया। संवत 1944 में दो कुए पक्के करवाए। संवत 1937 की जनगणना में यहां 10 घर और 52 लोग निवासरत थे।

10. गांव- गोड़ु:- संवत 1922 में विसनोईयों ने इस गांव को आबाद किया। संवत 1937 की जनगणना में यहां 105 घर और 509 लोग निवासरत थे।

11. गांव रामसर गज्जेवाला:- गजोजी विसनोई ने यहां रामसर कुआ खुदवाकर यह गांव बसाया, इस कारण इस गांव को "गजे वाला गांव" या "रामसर" गांव कहते है। इसके बाद विसनोई लछमण बाधाणी ने भी यहां कुआ खुदवाया।

12. गांव- खाराषु:- खारा पानी होने के कारण यह नाम पड़ा। विसनोईयों ने संवत 1933 में यहां कुआ खुदवाकर गांव आबाद किया। संवत 1937 जनगणना में यहां 15 घर और 54 लोग निवासरत थे।

13. गांव विसनोई:- सवत 1940 में एक विसनोई ने यहां आकर कुआ खुदवाकर गांव बसाया है।

14. गांव मुरीदसर:- संवत 1938 में विसनोईयों ने इस गांव को आबाद किया।

15. गांव जैते आली कब्बर:- यहां संवत 1939 में विसनोई आकर बसे है। कुए का पानी खारा है इस कारण ज्यादा बस्ती की उम्मीद नहीं है।

16. गांव आलैवाली:- विसनोईयों ने संवत 1920 में यहां कुआ खुदवाया, लेकिन पानी खारा निकलने के कारण गांव आबाद नहीं हुआ।

जैसलमेर रियासत के बाप परगने के विसनोई गांवों का विवरण इस प्रकार है:-

01. गांव जगमालरीः- विसनोईयों ने जगमाल की तलाई पर (संभवतः संवत 1937 के बाद) यह गांव बसाया।

02. गांव मोडकियाः- संवत 1937 की जनगणना में यहां 11 घर और 64 लोग निवासरत थे।

03. गांव राणेरीः- कानासर गांव के विसनोईयों ने राणै की तलाई पर यह गांव बसाया था। संवत 1937 की जनगणना में यहां 106 घर और 542 लोग निवासरत थे।

04. गांव कानासरः- खरींगा गांव के विसनोईयों ने संवत 1893 को कानासर तालाब पर यह गांव बसाया था। बाद में कई घर मारवाड़ से भी आए। संवत 1937 की जनगणना में यहां 252 घर और 1289 लोग निवासरत थे।

अमर बलिदानी पुण्यात्माएंः- गोदारा गौत्र के जाट आसुजी ने विसनोई धर्म अपनाकर पांचला गांव में निवास किया था। आसोजी के वंशक्रम में क्रमशः साजनजी, लाडुजी, जगोजी, नाथोजी हुए। नाथोजी की पत्नी सजना पुनियां अपने पुत्र उदोजी के साथ धर्मनियम रक्षार्थ पांचला गांव में देवगति को प्राप्त हुई। नाथोजी के वंशक्रम में क्रमशः गोपालजी, भलोजी, पंचाणजी, कालुजी, विम्भाजी हुए। विम्भाजी की पत्नी अणभा केसर मांजु विक्रम संवत् 1830 को धौलिया गांव में अपने पुत्र भागोजी के साथ धर्मनियम रक्षार्थ देवगति को प्राप्त हुई।

विभिन्न अभिलेखः-

क. राजस्थान अभिलेखागार, बीकानेर (रि. जैसलमेर, आ.खा.ब.नं.08, फा.नं.370) यह सन् 1935-36 ई. की एक 100 पृष्ठों की विस्तृत फाईल है। इसमें लाठी के मुसलमानों द्वारा धौलिया के विसनोईयों से हुए विवाद का वर्णन है। धौलिया के असरदार पंचों में रणजीता, रावल व मीरू विसनोई आदि के नाम है। धौलिया गांव में छांग नहीं घुसने देने पर मुसलमानों ने शिकायत की। विसनोईयों ने कहा कि हमारे विसनोई गांवों की मर्यादा है। इसमें छांगे नहीं चरने देते है। फिर धर्म मर्यादाओं का उल्लेख है, उसका एक अंश- 'ऐसे ही दीगर गांव राणेरी वगैरे में भी छांगे चरती है सो सभी आबादी विसनोईयों की है एक नजीर हाकिम साब असर नजीर नहीं होती राणेरी वगैरे गांव असल असल में राजपुतां का था और बाद में खरींगा छोड़कर विसनोई जा बसे। ऐ वहां के जाये हुवे विसनोई नहीं, न गांव विसनोयों का है न ऐसी मर्यादा लिखत सै। विसनोयां का धर्म कायम रहने के वास्ते न तो कोई खेजड़ी काट सकते और न शिकार कर सकते और न छांगे चरा सकते है।" एक विस्तृत नक्शा भी है जिसमें धौलिया में 84 घर विसनोईयों के बताए है।

ख. राजस्थान अभिलेखागार, बीकानेर (रि. जैसलमेर, आ.खा.ब.नं.06, फा.नं.252) यह सन् 1932-33 ई. की एक 20 पृष्ठों की एक फाईल है। इसमें गांव धौलिया परगना लाठी के रामु पुत्र मोती विसनोई व रामचंद पुत्र पोकर विसनोई (उदाणी) ने अर्जी दी कि लाठी के हाकिम उनसे पशु चराई का खड़चरा (टैक्स) मांग रहे है। जबकि धौलिया गांव और तले में हमारे दादे उदैजी का हिस्सा है। हम खड़ोटा नहीं देंगे। तब रियासत ने हाकिम को कहा कि उदाणी जो कि सांवरीज गांव में बसते है ये असल वाशिंदे धौलिया के है और पिछले कई सालों से सांवरीज में रह रहे है। उदाणियों ने महारावल जैसलमेर को ऊंठ नजर किया था, और महारावल ने उनके पाघ बंधाई थी। तथा धौलिया गांव खालसा करके उनके मानंद माना गया। अतः उदैजी कै वंशजो से खड़ोटा वगैरा ना लिया जाए। इनके दो टोलों में चार सौ सांढिया व ऊंट थे। इनमें सावंत पुत्र खुमा, सादुला पुत्र भुरा, हड़वंता पुत्र कोझा उदाणी विसनोई निवासी धौलिया का भी उल्लेख है। उदैजी के तीन पुत्र थे- बाघा, चैना व सुरता। जिनका परिवार धौलिया व सांवरीज में रहते है।

ग. राजस्थान अभिलेखागार, बीकानेर (रि. जैसलमेर, आ.खा.ब.नं.08, फा.नं.374) यह सन् 1935-36 ई. की एक 34 पृष्ठों की फाईल है। इसमें मारवाड़ रियासत के सांवरीज, पीलवा व मुंजासर गांव के विसनोईयों द्वारा जैसलमेर रियासत के नोख परगने के गांव मांडली में आबाद होने बाबत कागजात है। मांडली में सरकार ने एक बंधा बनवाया था। तब इस जमीन में सेंवज से गेंहू भी होने लगे। रियासत की तरफ से कानासर के विसनोईयों को ये खेत देने की इच्छा थी। रूघा व मंगला पुत्र माड़ा, वरसींगा पुत्र गुणेशा, चीमा वल्द सेरा उदाणी विसनोई निवासी सांवरीज आदि ने कुल चार घर आबाद करने की इजाजत मांगी। जिसकी जमानत लाखा पुत्र पुरखा विसनोई निवासी मांडली परगना नोखा ने दी। मांडली में (मुंजासर वाले) लखे मांजु का खेत था, जो कि लखे की निःसंतान मृत्यु होने के बाद जैसा जांगू काश्त करता था। इस अखड़ खेत में बसने हेतु पीलवा निवासी हरकिसन पुत्र हमीरा विसनोई कुड़ासरा ने इजाजत मांगी। जिसकी जमानत धोंकल पुत्र मोती विसनोई निवासी कानासर परगना बाप ने दी। धना पुत्र कसतुरा बोला विसनोई, रामकिसन पुत्र मोती मांझू, कुंबा पुत्र मोती मांझू, फुला पुत्र ईसरा विसनोई निवासी मुंजासर ने गांव मांडली में आबाद होने की अजाजत मांगी, जिसकी जमानत नथा पुत्र मोती विसनोई बोला निवासी मांडवी परगने नोख ने दी। इसमें नगरासर के मुख्य चौधरी दौला पुत्र खानु विसनोई का भी उल्लेख मिलता है। जिन्होंने अपने रिश्तेदार जगरामा पुत्र रूपा भादू और मुल्ताना पुत्र सुरजन कुरासड़ा निवासी मुंजासर जो नगरासर में रह रहे थे, उनकी जमानत देकर गांव मांडली में आबाद करने की इजाजत ली। अमोलख व लाखा पुत्र पुरखा विसनोई निवासी मांडली की जमीन किसी और ने काश्त कर ली। जब वो मालाणी गया हुआ था। जब से सरकार ने बंधा बनवाया तब से बाजरी व गेंहू होते है।

घ. राजस्थान अभिलेखागार, बीकानेर (रि. जैसलमेर, आ.खा.ब.नं.10, फा.न. 469) यह सन् 1936-37 ई. की एक 14 पृष्ठों की फाईल है। इसमें मोती विसनोई के पुत्र खेता, हरजी, रामु गांव मदासर परगना नोख के निवासी द्वारा गांव मदासर में नया कुआ खोदने की इजाजत लेने और नजराने की फीस से संबंधित कार्यवाही का जिक्र है।

ङ. राजस्थान अभिलेखागार, बीकानेर (रि. जैसलमेर, आ.खा.ब.नं.10, फा.नं.468) यह सन् 1936-37 ई. की एक 14 पृष्ठों की फाईल है। इसमें

गुणेशा सारण के पुत्र खानु, कुशला, मंगला, बिड़दा और गुलाबा विसनोई के पुत्र खानु मांझु गांव मदासर परगना नोख द्वारा डहरी मदासर खालस जमीन में नया कुआ खोदने की इजाजत लेने और नजराने की फीस 101 रूपये जमा कराने का उल्लेख है।

च. राजस्थान अभिलेखागार, बीकानेर (रि. जैसलमेर, आ.खा.ब.नं.04, फा.नं.140) यह सन् 1927-28 ई. की एक 09 पृष्ठों की एक फाईल है। जिसमें गोरखा पुत्र काला विसनोई निवासी मदासर परगना नोख द्वारा मदासर में कुआ खोदने की इजाजत लेने का उल्लेख है।

छ. राजस्थान अभिलेखागार, बीकानेर (रि. जैसलमेर, आ.खा.ब.नं.07, फा.नं.306) यह सन् 1934-35 ई. की एक 05 पृष्ठों की फाईल है। इसमें गांव बज्जु परगना नोख के कुए की मरम्मत बाबत हीरा पुत्र सुंदारा विसनोई की अर्जी है। लिखा है कि उन्होंने दो हजार रूपये लगाकर कुआ खुदवाया था, जो कि बारिश के समय नदी के बहाव से टुट गया है। अब अपने पुत्र अणदे के साथ मिलकर इसकी मरम्मत करवाना चाहता है।

ज. राजस्थान अभिलेखागार, बीकानेर (रि. जैसलमेर, आ.खा.ब.नं.07, फा.नं.293) यह सन् 1934-35 ई. की एक 14 पृष्ठों की फाईल है। इसमें हरदास पुत्र विसना विसनोई निवासी रासीसर ने अर्जी दी कि उनकी विधवा बहन सुबरां जो कि माणकासर के हरजी विसनोई की पत्नी थी। उनके पति हरजी विसनोई के निधन के बाद उनके जेठुते लाखा व हरजी माणकासर निवासी, चौधरी गणेशा व रामराय विसनोई गांव मोढायत, चौधरी फुसा, भींया व ईसर विसनोई गांव माणकासर आदि ने फर्जी अंगूठे लगवाकर संपत्ति हड़प ली। इसके अलावा अमलख विसनोई निवासी गोड़ु, हरजी विसनोई गोड़ु, केवला सीगड़ माणकासर, भादू हरभज माणकासर, लाखा जाणी आदि की शिकायतें भी है।

झ. राजस्थान अभिलेखागार, बीकानेर (रि. जैसलमेर, आ.खा.ब.नं.04, फा.नं.136) यह सन् 1927-28 ई. की एक 19 पृष्ठों की एक फाईल है। इसमें फुलासर के चौधरी मिश्री पुत्र शेरा विसनोई ने अर्जी दी कि गोडू के निवासी गणेशा व हेमा फुलासर में कुआ खुदवा रहे है, उसे रोका जाए। फिर पंचायती बैठी जिसमें हीरा, हरसींगा चौधरी बजु, रामराय चौधरी मोढायत, भींया चौधरी माणकासर, कालु विसनोई गौड़ु आदि का उल्लेख है। इस पंचायती के बाद में गुणेशा व साजन चौधरी गोड़ु ने कुआ खुदवाया।

ञ. राजस्थान अभिलेखागार, बीकानेर (रि. जैसलमेर, आ.खा.ब.नं.09, फा.नं.431) यह सन् 1936-37 ई. की एक 15 पृष्ठों की एक फाईल है। इसमें खड़ीण मणचितिया परगना बाप के पानी से गांव सेवड़ा परगना नोख की जमीन में गेहूं की खेती करने बाबत कागजात है। खड़ीण मणचितिया के नेहटे से पानी निकलकर सेवड़े के तालाब तक आ गया था। वहां से नोख के रण में पानी आने वाला था कि बीच में हकुमत ने बंद करवा दिया। इस कारण मणचितिया व सेवड़े के बीच की जमीन सैलाब हो गई। अब ये जमीन गेहूं के काश्त लायक हो गई, जब हकुमत ने सेवड़े के राजपूतों को काश्त करने को कहा तो उन्होंने मना कर दिया। तब नगरासर के विसनोईयों को समझा बुझाकर गेहूं की खेती करने हेतु यहां आबाद किया गया। तब यह देखकर राजपुत भी काश्त करने को तैयार हो गए। लगभग 100-150 हलवे जमीन है जिसको हालियों को बांटा गया है। उन हालियों (काश्तकारों) के नाम सहित विस्तार से वर्णन है।

ट. राजस्थान अभिलेखागार, बीकानेर (रि. जैसलमेर, म.खा.ब.नं.48, फा.नं.890) यह सन् 1937-38 ई. के मुकदमें की 39 पृष्ठों की एक फाईल है। इसमें मघा भांभू पुत्र सरदारा विसनोई निवासी गोडू ने रामरख गोदारा पुत्र हरसुखा विसनोई निवासी बगसेऊ बीकानेर के खिलाफ जैसलमेर रियासत में एक मुकदमा दर्ज करवाया था। जिसमें रामरख को सजा हुई, तथा नोख की जेल में बेडियों में जकड़ कर रखा गया, लेकिन वो जेल से फरार हो गया। जिसको जैसलमेर रियासत तलाश कर रही थी, जो बाद में बीकानेर के जसरासर गांव से गिरफ्तार हुए। इस संबंध में जैसलमेर रियासत और बीकानेर रियासत के बीच में लंबा पत्र व्यवहार दर्ज है।

49

जोधपुर

01. जोधपुर में विसनोई गांवः- साहबरामजी राहड़ कृत जंभसार के 20 वें प्रकरण में उन गांवों की क्षेत्रवार संख्या दी गई है, जहाँ विसनोई निवास करते थे। इसके अनुसार मारवाड़ रियासत के जोधपुर परगने में 64 तथा फलौदी परगने में 40 गांव थे- "चौसट खेड़ा जोधपर, फलौदी चालीस।" इन 64 गांवों की बडेर गुरु जांभोजी ने रामड़ावास में स्थापित की थी और इन गांवों के आपसी विवादों का निपटारा भी रामड़ावास में ही होता था। खेजड़ली खड़ाणे के शहीदों में भी मुख्यतः इन्हीं 64 गांवों के विसनोई सम्मिलित थे। मुहणोत नैणसी कृत "मारवाड़ रा परगना री विगत-01" में वर्णित है कि "विक्रम संवत 1721 में मारवाड़ रियासत के जोधपुर परगने के 56 गांवों में विसनोई बसते थे। इनमें से 42 गांव विसनोईयों के स्वयं के थे, तथा शेष 14 गांव जाट, पटेल व राजपुतों के थे। तफैवार (तहसील वार) उन गांवों की संख्या निम्नानुसार हैः- **विसनोईयों के 42 गांवों में से 30 गांव ऐसे थे, जिनमें केवल विसनोई ही बसते थे-** (क). हवेली- 10 गांव, खारो लुणावो, सालवड़ी, रिड़कली, ढोला वासणी गुढा रो बास, फींच, फीटका वासणी, दसौर, धन्ना वासणी गुढा रो, नांदीवड़ो, खेजड़ली बड़ी (ख). कोढणो- 02 गांव, डोहली, जोलियाली (ग). लवेरो- 01 गांव, गांव बीरणी (घ). पीपाड़- 06 गांव, धोरू, अरटियो खुर्द, कुहड़, रामड़ावास बड़ो, तिलवासणी, हिंगवाणियो (ङ). ओसियां-10 गांव, काभड़ो, माणेवड़ो, बेगड़ियो, खींदाकोहर, तापु, खेतासर बास (दो गांव), बीकुंकोहर रा बास (तीन गांव- पुंवारा रो, काभड़ो खुर्द, सरमंढियो) (च). आसोप- 01 गांव, हिंगोली। ये कुल तीस गांव हुए। **इसके अलावा विसनोईयों के 11 गांव ऐसे थे जिनमें विसनोईयों के साथ जाट भी बसते थे-** (क). हवेली- 05 गांव, पीथलवास, तांबड़ियो बड़ो, रामड़ावास खुर्द, जुढ, रसीदो (ख). ओसियां- 03 गांव, मतोड़ो, जाखण, डांवरो (ग). पीपाड़- 03 गांव, बुरछा, बाघोरियो, लांबो। ये 11 गांव हो गए। विसनोईयों का एक गांव ऐसा था, जिनमें राजपूत भी साथ में बसते थे- (क). ओसिया- 01 गांव, भालसरियो। इस प्रकार उपरोक्त 42 गांव विसनोईयों के थे। **जाटों के 09 गांव ऐसे थे, जिनमें विसनोई भी उनके साथ बसते थे-** (क). हवेली- 02 गांव, भोवादि, बावळवो (ख). ओसियां- 04 गांव, नवसर के चार बास। नवसर गांव में 12 बास थे- बड़ो बास, गोगावास, सुरा बास, जाटोवास, जैमलवास, मालुणा, सैंसमल, तुंवरवास, सोभारो, भींवावास, बीसलवास, सारंगवास। इनमें चार आबाद है और आठ सुनसान है। (ग). खींवसर- 01 गांव, संभवतः पांचला (घ). पीपाड़- 01 गांव, कुसाणो (ङ). लवेरा- 01 गांव, नेतड़ा बास। **पटेलों के तीन गांव ऐसे थे, जिनमें विसनोई भी उनके बसते थे-** (क). हवैली- 03 गांव, खीडालो, सीणली, धावो। **राजपुतों के दो गांव ऐसे थे, जिनमें विसनोई भी उनके बसते थे-** (क). ओसिया- 01 गांव, बैखुवास रा पाना (ख). पीपाड़- 01 गांव, झालामलियो। **इस प्रकार विसनोईयों के 42 गांव, जाटों के 09 गांव, पटेलों के तीन गांव और राजपूतों के दो गांवों को मिलाकर कुल 56 गांवों में विसनोई निवासरत थे।** मारवाड़ रियासत के सोझत परगने में विसनोईयों का एक गांव था, हुण बड़ो। इसमें विसनोईयों के साथ जाट और बाणिया भी निवासरत थे।

02. अमर बलिदानी पुण्यात्माएं

क. मतोड़ा गांवः- बांगड़वा गौत्र के जाट कालूजी ने विसनोई धर्म अपनाया। कालूजी के पुत्र आसलजी हुए। आसलजी के पुत्र सुरजनजी की पत्नी बनू जाखड़ विक्रम संवत् 1633 को देवगति को प्राप्त हुई।

ख. पीलवा गांवः- पीलवा क्षैत्र के पींपलिया गांव में सुखजी जांगू के पुत्र उदाजी जांगू हुए। उदोजी का पहला विवाह खाबड़ा गांव के जगमालजी जाखड़ की पुत्री चंपा जाखड़ से हुआ। दुसरा विवाह भींयासर गांव के रूघजी पुनियां के बेटे देवीदास जी की पुत्री अणभा पुनिया से हुआ। संवत 1787 को उदोजी जांगू खेजड़ली खड़ाणे में देवगति को प्राप्त हुए। उनकी दोनों पत्नी चंपा जाखड़ एवं अणभा पुनियां संवत 1790 विसनोई धर्म नियम रक्षार्थ देवगति को प्राप्त हुई।

03. महत्वपूर्ण परवानाः- हीरालालजी माहेश्वरी ने अपने शोधग्रंथ में इसका उल्लेख किया है। यह परवाना विक्रम संवत् 1851 आसोज सुदि 12 को लिपिबद्ध है। माहेश्वरी जी ने इस परवाने को स्वामी ब्रहमानंदजी कृत विसनोई धर्म विवेक के पृष्ठ संख्या 17-18 से लिया था। उपरोक्त पुस्तक में लेखक को भी यह पृष्ठ संख्या 17-18 पर प्राप्त हुआ। लेखक को यही दस्तावेज निम्न पुस्तक में भी मिलाः- CENSUS OF INDIA 1961 VOLUME XIV RAJASTHAN PART VI-A VILLAGE SURVEY MONOGRAPHS 4. MUKAM Field investigation and First Draft by R.C. BHARGAVA Supervision and Final Drafts by G.R. GUPTA प्रकाशन वर्ष 1965। यह परवाना जोधपुर

के महाराजा भीमसिंह द्वारा जोधपुर परगने के पट्टेदारों को विसनोईयों से पारंपरिक लाग व्यवस्था को जारी रखने के संबंध दिया था।

परवाने का मूल पाठ (दोनों पुस्तकों से):- "श्री परमेश्वरजी सत्य छै। श्री राजराजेश्वर महाराजाधिराज महाराजा श्री भीमसिंहजी वचनात जोधपुर वगैरे परगना समसुत रा गांव पटायता दिसे तथा विसनोइयां सु लाग जो सदामन्द लागे है तिण माफक लीजो सिवाय खेचल न हुवै संवत १८५१ आसोज सुदी १२ गढ जोधपुर।"

हिंदी अनुवाद (लेखक राजकुमार द्वारा):- श्री परमेश्वर सत्य है। श्री राजराजेश्वर, महाराजाधिराज श्री भीमसिंहजी की आज्ञा से जोधपुर तथा उससे संबंधित समस्त परगनों के गाँवों के पट्टायतों (पट्टेदारों) को यह आदेश दिया जाता है कि विसनोई समाज से जो लाग पूर्वकाल से जिस प्रकार ली जाती रही है, वही लाग उसी प्रचलित रीति के अनुसार ली जाए। इसके अतिरिक्त किसी प्रकार की खेचल (तंग करना) न की जाए। विक्रम संवत् 1851, आसोज शुक्ल पक्ष द्वादशी गढ़ जोधपुर।

01. गुड़ा विसनोईयान

01. परिचय:- गुड़ा गांव जोधपुर जिले की लूणी तहसील में स्थित है, जो कि जोधपुर से लगभग 20 कि.मी. दक्षिण में है। गुड़ा साथरी खेजड़ली के निकट स्थित एक ऐतिहासिक एवं सांस्कृतिक दृष्टि से महत्वपूर्ण ग्राम है, जिसका संबंध विशेष रूप से खेजड़ली खड़ाणे से जुड़ा हुआ है। खेजड़ली खड़ाणे के समय गुड़ा गांव संगठन और रणनीति का प्रमुख केंद्र बना हुआ था।

02. विल्होजी का गुड़ा आगमन:- गोविंदजी गोदारा कृत 'विल्होजी की स्तुति' में वर्णित है कि वील्होजी गुड़ा गांव में गए थे:- "वील्ह देव महाराज धर्म धार बांधी पाज, गुड़े गांव लोगन कुं दर्शन आय दिये हैं।" साहबरामजी राहड़ कृत जंभसार में वर्णित है कि फिटकासणी, रसीदा और गुड़ा में वील्होजी की आज्ञा का अक्षरशः पालन होता था:-

फिटकासणी रसीदै गुड़ै, संत कहै सो हुकुंम न मुड़े। तंबू गाड खूटो दहै रोपी, बांधै मारै छुडाव न कोपी।

03. सुरजनजी पुनियां का गुड़ा आगमन:- साहबरामजी राहड़ कृत जंभसार के 23 वें प्रकरण में वर्णित है कि जोधपुर शासक जसवंतसिंह के समय उनके हाकीम दुर्गदास ने सुरजनजी पुनियां से बारिश करवाने की प्रार्थना की। तब गुरू जांभोजी की कृपा से बारिश हुई। फिर राजा ने परवाना किया, और सुरजनजी पुनियां जोधपुर से वापस आकर गुड़ा गांव में रूके थे। तब गुड़ा गांव के विसनोईयों ने पग मंडाकर उनको बधाया। और हाथ जोड़कर परिक्रमा की। बड़े भाव से निमंत्रण दिया और विभिन्न प्रकार का भोजन करवाया। विदाई के समय भेंट दी। उन लोगों ने सुरजनजी पुनियां को गुरू जांभोजी के समान मानकर व्यवहार किया:-

हाथ जोड़ राजा गए, चलत भए जब साध। गुड़े जाय डेरो कियो, मिट गई सकल उपाध।
गुड़े गांव के सेवग आऐ, पग मंडाकर संत बधाऐ। हाव भाव कर पूजत भएऊ, हाथ जोड़ परकम्यां दएऊ।
बड़े भाव से निवंता दीना, नाना भोजन भए नवीना। विद्या भेठ बहुत विधि करी, ऐसे जाने जैसे हरी।
यूं रमणी सारै कर आए, उजड़े धर्म सो फेर बताए।

04. गुड़ा साथरी:- गुड़ा साथरी खेजड़ली के निकट स्थित एक ऐतिहासिक एवं सांस्कृतिक दृष्टि से महत्वपूर्ण ग्राम है, जिसका संबंध विशेष रूप से खेजड़ली खड़ाणे से जुड़ा हुआ है। साहबरामजी राहड़ कृत 'जंभसार' में वर्णित है कि खेजड़ली खड़ाणे के समय विसनोई समाज ने गुड़ा गांव में एक विशाल सभा आयोजित की थी। इस सभा में यह निर्णय लिया गया कि 64 गांवों में संदेश (चिट्ठी) भेजकर संपूर्ण न्यात (समाज) को एकत्र किया जाए और खेजड़ली के वृक्षों को कटने से हर हाल में बचाया जाए:-

खेजड़ली दिस चड़ खड़ो, चेलो आयो चाल। गुढो बुलायो गाढ़ कर, मिल्या सुण्यां सब हाल।।

इससे स्पष्ट होता है कि खेजड़ली खड़ाणे के समय गुड़ा गांव संगठन और रणनीति का प्रमुख केंद्र बना हुआ था। उक्त प्रसंग में यह भी उल्लेख मिलता है कि उस समय समाज के प्रमुख चौधरी गुड़ा खेजड़ली में डेरा डाले हुए थे:- "चौकस खरा चोधरी आया, गुड़े खेजड़ली डेरा लाया।" गुड़ा साथरी के दक्षिण दिशा में एक छोटा तालाब स्थित है, जिसे "पंचायो नाडियो" कहा जाता है। खेजड़ली खड़ाणे के समय आसपास के गांवों के पंच इसी स्थान पर एकत्रित हुए थे। जंभसार के अनुसार हाकिम ने भी इसी नाड़ी पर अपना डेरा डाला था:- "अस कहि हाकम चालत भयो, नाडी ऊपर डैरो दयो।" इस नाडी में मीठे पानी का एक कुआँ भी स्थित है। गुड़ा गांव केवल ऐतिहासिक घटनाओं का स्थल ही नहीं, बल्कि साहित्यिक संरक्षण का भी प्रमुख केंद्र रहा है। गुड़ा गांव में मुकनोजी गायणा और पहराज सिहाग के घर हरजी बैनिवाल ने ग्रंथ लिपिबद्ध किए थे। जांभा आगुणी जागा से प्राप्त 'ग्रंथांक-77' को दामोजी के शिष्य हरजी बैनिवाल ने गांव गुड़ा में मुकना गायणा के घर पर संवत 1820 में लिपिबद्ध किया था। इसके अलावा लोहावट साथरी से प्राप्त 'ग्रंथांक-66' भी हरजी बैनिवाल ने संवत 1820 में गुड़ा गांव में पहराजजी सियाग के घर पर लिपिबद्ध किया था।

05. हस्तलिखित सामग्री की प्राप्ति:- लेखक ने इन सभी हस्तलिखित ग्रंथों से सम्पूर्ण विसनोई साहित्य को संकलित करके, कवि कालक्रमानुसार व्यवस्थित करके तीन भागों में प्रकाशित कराया है। हीरालालजी माहेश्वरी को लगभग सन् 1960-70 के मध्य गुड़ा साथरी के साधु श्री सिद्धारामजी से निम्न हस्तलिखित सामग्री प्राप्त हुई थी:-

01. ग्रंथाक-191:- यह 128 पृष्ठों की एक पुस्तक है। जो कि विष्णुदासजी के शिष्य बिहारीदासजी द्वारा संवत 1972 आषाढ सुदि 14 को गांव भगतासणी में चौधरी लाभुजी बैनिवाल के घर पर लिपिबद्ध की थी। इसमें ये रचनाएँ हैं:- (क). साखियां- 80, विभिन्न कवियों द्वारा

रचित (ख). प्रहलाद चरित्र- 401 छंद, ऊदोजी कृत।

02. ग्रंथांक-340:- यह 58 पृष्ठों की एक पुस्तिका है। जो कि मगोजी गोदारा द्वारा संवत 1993 जेठ वदि 12 को लिपिबद्ध है। इसमें ये रचनाएँ हैं:- (क). विष्णु चरित- 110 छंद, उदोजी अडीग कृत (ख). जंभ स्तुति- 05 छंद, अज्ञात कृत (ग). साखी- 01, साहबरामजी कृत (घ). बनानाथ के भजन- 08 (ङ). अचलुराम की कुंडलिया- 02 तथा हरिया, सुखराम, हरिराम कृत भजन।

02. डोली

01. परिचय:- डोली गांव जोधपुर जिले में स्थित है। यह जिला मुख्यालय से 20-25 कि.मी. की दूरी पर है।

02. हस्तलिखित सामग्री की प्राप्ति:- लेखक ने इन सभी हस्तलिखित ग्रंथों से सम्पूर्ण विसनोई साहित्य को संकलित करके, कवि कालक्रमानुसार व्यवस्थित करके तीन भागों में प्रकाशित कराया है। हीरालालजी माहेश्वरी को लगभग सन् 1960-70 के मध्य गांव डोली (जोधपुर) से महीरामजी धारणिया (संगरिया मंडी) के मार्फत निम्न हस्तलिखित सामग्री प्राप्त हुई थी:-

01. ग्रंथांक-328:- यह 01 पन्ना है जो कि अनुमानतः संवत 1875 के आसपास लिपिबद्ध है। इसमें हीरानंदजी कृत हिंडोलणो (08 छंद) है।

02. ग्रंथांक-406:- यह 02 पन्ने है जो कि अनुमानतः संवत 1900 के आसपास लिपिबद्ध है। इसमें सुरतरामजी, तुलसीदास, नानगदास, काजी महमद, वील्होजी तथा अज्ञात कृत एक-एक हरजस है।

03. ग्रंथांक-329:- यह 22 पन्ने है जो कि अनुमानतः संवत 1950 के आसपास लिपिबद्ध है। इसमें डेल्होजी कृत कथा अहदावणी है।

04. ग्रंथांक-330:- यह 73 पन्ने है जो कि संवत 1936 मिगसर सुदि 5 गुरूवार को श्रीमाली ब्राह्मण रावलदासजी द्वारा जोधपुर में साध गंगादासजी के शिष्य मोतीरामजी के पठनार्थ लिपिबद्ध है। इसमें ये रचनाएं है:- (क). कथा लोहापागल की- 132 छंद, केसोजी कृत (ख). कथा सैंसे जोखाणी की- 106 छंद, केसोजी कृत (ग). कथा जैसलमेर की- 149 छंद, वील्होजी कृत (घ). चत्रामणी- 31 छंद, सुरजनजी कृत (ड). ग्यान महातम- 202 छंद, सुरजनजी कृत।

05. ग्रंथांक-336:- यह 10 पन्नों का एक गुटका है जो कि ब्रहमानंदजी द्वारा संवत 1948 माघ वदि 13 को लिपिबद्ध है। इसमें ये रचनाएं है:- (क). जांभोजी, विसनोई पंथ तथा 29 धर्म नियमों संबंधी (ख). भगवे रो जाप।

06. ग्रंथांक-394:- यह 21 पन्ने है जो कि संवत 1907 माघ सुदि 14 शनिवार को साध चेनरामजी के शिष्य रामलालजी द्वारा गांव खुटखेड़ा में लिपिबद्ध है। इसमें रामलला कृत रूकमणी मंगल लिपिबद्ध है।

07. ग्रंथांक-406:- यह 02 पन्ने है जो कि अनुमानतः संवत 1900 के आसपास लिपिबद्ध है। इसमें सुरतरामजी, तुलसीदास, नानगदास, काजी महमद, वील्होजी तथा अज्ञात कृत एक-एक हरजस है।

03. लांबा

01. परिचय:- लांबा गांव जोधपुर जिले की बिलाड़ा तहसील में स्थित है।

02. लांबा निवासियों को विसनोई बनाना:- साहबरामजी राहड़ कृत जंभसार के 17वें प्रकरण में वर्णित है कि सेखोजी सारण ने गुरु जांभोजी के समक्ष निवेदन किया कि हे गुरुजी! यदि आप मुझे कोई परचा (चमत्कार) दिखा दें, तो मैं आपका शिष्य बन जाऊँगा। केवल मैं ही नहीं, बल्कि मेरे कहने से 350 घर भी विसनोई धर्म को ग्रहण कर लेंगे। ये सभी मेरे आज्ञाकारी हैं और मेरे संकेत पर चलने वाले हैं। इस पर गुरु जांभोजी ने उत्तर दिया कि तेरे मन में जब परचे की बात उत्पन्न हो ही गई है, तो परचा ले ले। तब सेखोजी और उनके साथी सदोजी सारण ने कहा कि हमने अपने घर में धन छिपाकर रखा था, परंतु अब हम उसका स्थान भूल गए हैं। यदि आप वह स्थान बता दें, तो हम आपके शिष्य बन जाएंगे। न केवल हम, बल्कि हमारे साथ पूरा गांव भी विसनोई धर्म स्वीकार करेगा। और वह समस्त धन हम जंभसागर के निर्माण में अर्पित कर देंगे। गुरु जांभोजी ने तत्काल उत्तर दिया कि तुम्हारे घर के औरे (कच्चे मकान) के उत्तर दिशा वाले कोने में, जहां छणेरी (उपलों को रखने का स्थान) बनी हुई है, उसके ठीक नीचे धरती में लगभग तीन हाथ गहराई पर एक मटका गड़ा हुआ है। उस मटके में आधा भाग मोहरों से भरा हुआ है। उसे खोदकर निकाल लो। गुरु के वचनों पर विश्वास करते हुए सेखोजी और सदोजी अपने साथ जमातियों को लेकर लांबा गांव पहुँचे। वहां उन्होंने गुरु द्वारा बताए गए स्थान पर खुदाई आरंभ की। कुछ ही देर में हैंसू किसी ठोस वस्तु से टकराया। जब मटका निकाला गया, तो उसमें वास्तव में पाँच मण चाँदी और छः धड़ी मोहरें प्राप्त हुईं। यह चमत्कार देखकर सेखोजी की शंका पूर्णतः दूर हो गई और उनका विश्वास दृढ़ हो गया। उन्होंने उस मटके को गाड़ी में रखा और अपने कुटुम्ब तथा जमातियों सहित गुरु जांभोजी के पास लौट चले। मार्ग में उन्हें सात दिन लगे। गुरु जांभोजी के समक्ष पहुँचकर उन्होंने वह समस्त धन उनके चरणों में अर्पित कर दिया और विनम्रतापूर्वक कहा कि हे प्रभु! अब हम आपकी शरण में हैं। तब गुरु जांभोजी ने जल का कलश मंगवाया और उन्हें 'पाहल' पिलाकर विसनोई धर्म में दीक्षित किया। इस प्रकार सेखोजी और सदोजी 'छत्रबंध विसनोई' बने। उनके साथ लगभग साढ़े तीन सौ घरों ने विसनोई धर्म को स्वीकार किया। इन तीन सौ घरों के लगभग डेढ़ हजार स्त्री-पुरुषों ने अपने केश उतारकर और विधिपूर्वक पाहल ग्रहण करके, विसनोई धर्म को अपनाया। ये सारण, सींवल, कस्वां, लोल आदि गोत्रों के जाट थे। इन सभी ने अपने पास का समस्त धन जंभसागर के निर्माण में समर्पित कर दिया। अंततः, गुरु जांभोजी को प्रणाम कर सेखोजी और सदोजी अपने कुटुम्ब सहित पुनः लांबा गांव लौट गए। वहाँ उन्होंने गुरु के बताए उनतीस नियमों को अपने हृदय

में धारण किया और जीवन भर विसन नाम का जाप करते रहे:-

सेखौ कहे वचन सुण मेरो, तंन मन कर मोहे जांणी चेरो। प्रचौ द्योतो आवां पासा, तीन सै अरु घर जु पचाशा।
सारा मेरै कहिय चालै, एके पान हलाएं हालै। कहै जंभ परचो ले भाई, तेर मंन परचे की आई।
सेखो सदो सारण यौं बोल्या, अपणे मन का सांसा खौल्या। माया भूल गऐ धर घर में, लाधै तो लावां सब सर में।
सारो लेवां धर्म गहि तेरो, चौटी दयो हुय ज्याऊं चेरो। कहै जंभ एक मटको धरियो, कछु आधो मोहरन सै भरियो।
उतराधै औरे के मांही, खूंणे मांहीं छणेरी छांही। तीन हाथ अवनी कै अंदर, खोदे लेवौ उतराधी मंदर।
सुण कर सेखो सदो चाल्या, और जमाती साथे हाल्या। जाय रु पहुंच्या लांबे मांहि, गुरु बतायो खोद्यौ ताही।
खोदत ही हैंसू जाय लागो, तब सेखै को सांसो भागो। पांच मण जू चांदी ता मांही, छव धड़ी जो मोहर रहांही।
खोद काढ़ कर गाड़े घाल्यौ, सेखौ सदो गुरु पै चाल्यो। औरुं साथे चली जमाता, मारग में दिन लागे साता।
कुटम्ब संग साराई लेगो, कह्यां दिनां सू आयो बेगो। सतगुर के जाय चाड़ियौ चरणै, जंभ गुरु हम तुमरै सरणै।
जल को कलस मंगायो जब ही, विसनोई कीन्हे प्रभू तबही। छत्र बंध विसनोई भऐउ, साढ़ा तीन से घर गिन लऐऊ।
नर नारी जन डोड हजारा, चौटी पटिया दियेउ उतारा। सारण सींवल कसवां लोला, पहुंचे जाय सुरण की पोला।
दरब सकल सागर में लायो, जंभ गुरु कूं मस्तक नायो। शेखो सदो चालिया, आया लांबे गांव।
गुनतीस धर्म हिरदै धरिया, लियो विसन को नांव।

03. हस्तलिखित सामग्री की प्राप्तिः- लेखक ने इन सभी हस्तलिखित ग्रंथों से सम्पूर्ण विसनोई साहित्य को संकलित करके, कवि कालक्रमानुसार व्यवस्थित करके तीन भागों में प्रकाशित कराया है। हीरालालजी माहेश्वरी को लगभग सन् 1960-70 के मध्य लांबा गांव के सिमरथाराम जी थापन से निम्न हस्तलिखित सामग्री प्राप्त हुई थीः-

01. ग्रंथांक-204:- यह 136 पृष्ठों की एक पोथी है जो कि मोटाजी बैनिवाल के पुत्र तेजोजी थापन द्वारा गांव लांबा में संवत 1901 आषाढ बदि 2 को लिपिबद्ध है। इसमें ये रचनाएं है:- (क). प्रहलाद चिरत- केसोजी कृत (ख). विष्णु चिरत- उदोजी कृत (ग). पाटियां पढण री (घ). जंभेश्वर स्तोत्र- सुरजनजी कृत (ड़). नासकेत भाषा (च). सबदवाणी- 93 सबद (छ). इंदव छंद- 20, सेवादास कृत।

02. ग्रंथांक-205:- यह 08 पन्ने है जो कि अनुमानतः संवत 1875 के आसपास लिपिबद्ध है। इसमें रामलला कृत रूकमणी मंगल है।

03. ग्रंथांक-206:- यह एक गुटका है जो कि थापन तेजा मोटावत गांव लांबा निवासी द्वारा 1878 से 1881 के मध्य लिपिबद्ध है। इसमें ये रचनाएं है:- (क). विसनोई धर्म- 02 कवित्त, उदोजी कृत (ख). प्रहलाद चिरत- 223 छंद, केसोजी कृत (ग). गीता का दसवां अध्याय- संस्कृत में (घ). गणपति स्तोत्र- संस्कृत में (ड़). इंदव छंद- गोकलजी कृत (च). विष्णु सहस्रनाम (छ). विष्णु चिरत- उदोजी कृत, संवत 1878 फाल्गुन बदि 6 को गांव लांबा निवासी थापन तेजा मोटावत द्वारा गांव डावर की ढाणी में लिपिबद्ध (झ). हरजस- 01 (ञ). गीताजी की भायखा (ट). वेमाहो श्री किसनजी रो- पदम भगत कृत, संवत 1881 श्रावण सुदि 1 मंगलवार को थापन तेजा मोटावत द्वारा लिपिबद्ध।

04. ग्रंथांक-207:- यह 93 पृष्ठों की एक पोथी है जो कि दलाजी चौहान और परमानंदजी बैनिवाल द्वारा संवत 1789 से 1791 के मध्य लिपिबद्ध है। इसमें ये रचनाएं है:- (क). कथा औतारपात- 140 छंद, वील्होजी कृत, दलोजी ने परमानंदजी की पोथी से लिपिबद्ध किया (ख). रामायण- 225 छंद, मेहोजी कृत, संवत 1789 पौष वदि 10 गुरूवार को छबुजी के शिष्य दलोजी द्वारा लिपिबद्ध। सुरताणजी बैनिवाल के पुत्र परमानंदजी ने लिखवाया (ग). राम युद्ध संबंधी छंद- 02 (घ). हरिजस- 12, वील्होजी कृत (ड़). कथा धड़ाबंध- वील्होजी कृत (च). दोहे- 15, केसोजी कृत (छ). भोगल प्राण ग्रंथ- सुरजनजी कृत (ज). कथा सुरगारोहणी- केसोजी कृत (झ). कथा चितोड़ की- केसोजी कृत (ञ). कथा इसकंदर की- केसोजी कृत, संवत 1791 जेठ सुदि 2 को परमानंदजी बैनिवाल द्वारा दलोजी चौहान के पठनार्थ लिपिबद्ध (ट). कथा अहदावणी- डेल्ह कृत (ठ). दान सील तप भाव रो चौढालियो- याचक समैसुंदर कृत (ड). बुध परगास- डेल्ह कृत (ढ). कथा दुणपुर की- वील्होजी कृत, परमानंदजी द्वारा संवत 1791 को लिपिबद्ध (ण). नाहरखान का छंद- 13 छंद (त). वंशावली (थ). कवित्त- 08, सुरजनजी कृत (द). कथा जैसलमेर की- वील्होजी कृत (ध). कथा मेड़ता की- केसोजी कृत (न). विसन पिंजर- शंकराचार्य कृत स्तोत्र (प). चत्रामणी- सुरजनजी कृत (फ). साखी गोपीचंद की- हरियोजी कृत।

05. ग्रंथांक-208:- यह एक पोथी है जो कि थापन वसता द्वारा संवत 1881 से 1907 के मध्य लिपिबद्ध है। इसमें ये रचनाएं है:- (क). विष्णु चिरत- उदोजी कृत (ख). सुरदास का एक भजन (ग). किसनजी रो ब्याहलो- पदम भगत कृत, संवत 1881 आषाढ सुदि 4 शनिवार को थापन वसता द्वारा लिपिबद्ध (घ). गोपीचंद की साखी- हरियोजी कृत (ड). कथा मृगलेखा की- केसोजी कृत (च). कवित्त- 02, तेजोजी व वील्होजी कृत (छ). अमावस कथा- मयाराम कृत (ज). सनेह लीला- जगमोहन कृत, संवत 1895 जेठ बदि 9 शुक्रवार को लिपिबद्ध (झ). बाणलीला- अज्ञात कृत (ञ). गोकलजी की अस्तुत (ट). छंद मोतीदाम- गोकलजी कृत (ठ). बुध परगास- डैल्ह कृत (ड). कथा अहदावणी- डेल्ह कृत (ढ). सिवदास कृत एक साखी (ण). पहलाद चिलत- केसोजी कृत, मोटोजी बैनिवाल के पुत्र थापन बसता द्वारा संवत 1907 आषाढ वदि 8 को लिपिबद्ध

06. ग्रंथांक-348:- यह एक पन्ना है जो कि साधु फरसरामजी द्वारा अनुमानतः संवत 1875 के आसपास लिपिबद्ध है। इसमें ये रचनाएं है:-

(क). उमाहो- वील्होजी कृत (ख). गूगल मंत्र- 01 कवित्त, तेजोजी कृत।

04. रामासड़ी

01. परिचय:- रामासड़ी गांव राजस्थान के जोधपुर जिले की बिलाड़ा तहसील में स्थित है।

02. करमा कस्वां व गौरां का बलिदान:- विल्होजी कृत इस साखी में रामासड़ी (रैवासड़ी, जोधपुर) गांव की दो विसनोई महिलाओं करमा कस्वां व गौरां द्वारा खेजड़ी वृक्ष रक्षार्थ बलिदान होने का वर्णन है। करमां कस्वां रामासड़ी गांव में खेजड़ियों के काटे जाने पर वहां के चौहटे में गई, वहां आसोजी ने तलवार का प्रहार करके इनका सिर धड़ से अलग कर दिया। गौरां ने भी करमां कस्वां का अनुसरण किया। यह घटना विक्रम संवत् 1661 के जेठ बदि 2 शनिवार को हुई:-

करमंणि चलणां इणि संसारि, संबल करि करि चालियै। जीवड़ा नै जोख्यौ होय, सोई डर पालियै।
पालि सो डर चेति ओसर, राखि मन अमरापुरी। करो सोई गुरू फुरमाई, साच करि करणी खरी।
मानी आण पिछाणी सतगुरू, पाप तै मन पालियै। चेतणां संसारी करमणि, संबल करि करि चालियै।१
करमणि जपै विसंन को नांव, जगत गुरू मनि रहै। कसवीं मन्यो न मेल्है मांण, रीणौं वैण न कहै।
वैंण रीणौं न कहे कसवीं, राहसिरि कंध मांडियो। सांमि रिण संगराम हुवो, मरणे को बीड़ो लियो।
मेल्ही मायाजाल चाली, राखि तागो पंथ को। सुरग साम्हां पाव परठे, जपे नांव विसन को।२
करमणि चलती सिंवरियौ सामि, सरीर सत घंणो। करमणि गोरां लई बुलाय, औ अवसर आपणौ।
आपणौ औसर एम गोरां, लिखी कलम से नां घटै। जाय चौहटै साको मांडियो, लिखी सांई न मिटै।
वाहि तेग समाहि आसो, हहकारो वरतियो। धन्य तेरो ध्यान करमणि, सीझती साको कियो।३
गुरू फुरमाई छै खंडाधार, औसर ले सारिये। आपंणड़ो जीव कबूल, पर जीव उबारियै।
उबारियै जीव जीव काजै, राखि सधीरो हियौ। रूंखा ऊपरि मरंण मातौ, कीजै ज्यौं करमंणि कियौ।
करणी पालि उजालि सतपंथ, परंम जोति उपाइयौ। जीव काजै जीव खरच्यौ, कियौ गुरू फुरमाइयौ।४
करमणि खड़ी छै खेजड़ियां काजि, रेवासड़ी कै चोहटे। संवत सोलासै संसारि, समैं छमछर इकसटै।
इकसटै छमंछर जेठ मासे, किसन पखे थावर दिने। बीज कै दिन कियो पयाणौ, सारियो सूधो मने।
निरवाही नांव नसीब मोटो, पांव दे बेड़े चड़ी। गुरू परसादे वील्ह बोले, करमणि अर गोरां खड़ी।५

05. जोलियाली

01. परिचय:- जोलियाली गांव जोधपुर जिले में स्थित है।

02. गोकलजी बैनिवाल:- कहा जाता है कि गोकल जी बैनिवाल जोलियाली गांव (जोधपुर) के निवासी थे। खेजड़ली गांव में वृक्ष रक्षार्थ हुए खड़ाणे के ये प्रत्यक्ष दृष्टा थे, इन्होने इस खड़ाणे पर आधारित 'साखी खेजड़ली की' की रचना की। 363 विशनोईयों के बलिदान के साक्षी ये महापुरूष लगभग वि.सं.1790 को स्वर्गवासी हुए थे।

06. झालामलिया

01. परिचय:- झालामलिया गांव जोधपुर जिले की भोपालगढ़ तहसील में स्थित है।

02. हरचंदजी डऊकिया:- ये गांव झालामलिया (जोधपुर) के गृहस्थ विसनोई थे। कुछ काल तक ये और उदोजी अडीग समकालीन रहे थे। साहबराम जी राहड़ ने जंभसार के 24वें प्रकरण में इनके शास्त्र ज्ञान और प्रहलाद चरित का उल्लेख करते हुए कहा कि इन्होने बहुत से साखी 'सबद' और भजन भी गाए थे:-

झालामलिये भक्त इक भएऊ, प्रेमी जंभ गरू पे गएऊ। साखी सबद भजन बहु गाए, शास्त्र सुणे परम सुख पाए।
एकादस गीता जु विचारे, ज्ञान गम्य विष्णु उर धारे। हरचंदजी डहुकिया अखी, प्रहलाद चिरत कीन्हो निरपखी।
हरि कूं गाय मिले हरि संगा, सुरगां सुख नाना अति रंगा।

इन्होंने 172 छंदों में 'लघु हरी प्रहलाद चरित्र' लिखा था। इसके अलावा दो कवित्त भी उपलब्ध है।

07. कौसाणा

01. परिचय:- कोसाणा गांव जोधपुर जिले की भोपालगढ़ तहसील में स्थित है।

02. साणिये पैदड़ का कौसाणा आना:- साहबरामजी राहड़ कृत जंभसार के अनुसार जब साणिये पैदड़ को गुरू जांभोजी के समक्ष लाया गया, तब गुरु ने उसे स्पष्ट आदेश दिया कि वह रोटू स्थान को छोड़कर कौसाणा में जाकर निवास करे। गुरु की आज्ञा को स्वीकार करते हुए सैणिया कौसाणा गाँव में आकर बस गया। कौसाणा पहुँचकर सैणिये ने एक तालाब खुदवाया, जिसे उसने "जांभोलाव" नाम दिया। वह गुरु जांभोजी

के नाम का उपयोग करते हुए भूत-धर्म का प्रचार करने लगा और लोगों को “परचा” देकर अपने प्रभाव में लेता था। सैणिये ने कौसाणा में लंबे समय तक तपस्या की। उसके प्रभाव में अनेक लोग आ गए और उसकी आज्ञा का पालन करने लगे। कुछ समय पश्चात् रूड़कली गाँव का एक पंवार, जिसका ससुराल कौसाणा में था, सैणिये के संपर्क में आया। वह सैणिये को अपने साथ रूड़कली ले गया। रूड़कली पहुँचकर सैणिये ने पुनः एक तालाब खुदवाया और उसका नाम भी जांभोलाव रखा। यहाँ भी उसने वही कार्य आरंभ किया जो वह कौसाणा में कर रहा था:-

इह अस्तान छोडिज्या भाई, करो कुसाणे डेरो जाई। सांणियो यों चालत भयो, गयो कुसाणे गांव।
धर्म चलावै भूत को, लेवे जंभ को नांव। अज्ञानो कुसाणे गएऊ, तांहा तालाब खोदावत भएऊ।
नांव धरायो जांभोलावा, परचा दे लौकां नै चावा। बहुत दिवस तैहि ठां तप करेऊ, अज्ञा में सारे जन खरेऊ।
रुड़कली को परण्यो पुंवारा, गयो सैणियो ताके लारां। तैहिं खुदायो जांभोलावा, पंथ चलावे बौहि सुभावा।

03. अमर बलिदानी पुण्यात्माएं:- मनीरामजी विसनोई एडवोकेट कृत 'यादों के झरोखे से' में वर्णित है कि "कौसाणा गांव के बस्तारामजी जांगू की पत्नी रतनी सारण विक्रम संवत् 1720 कार्तिक सुदि 3 को हरे वृक्षों के रक्षार्थ देवगति को प्राप्त हुई। गांव कोसाना, तहसील भोपालगढ़, जिला जोधपुर (राजस्थान) में अनुमानतः सन् 1720-25 में केवल 3 परिवार विसनोईयों के रहते थे, जबकि यह गांव चान्दावत वंशीय राजपूत जागीरदार का था। गांव की ओरण में स्थित हरे वृक्षों को कुछ राजपूत लोग काट रहे थे, जिसका विरोध श्रीमती रतनी देवी सारण विसनोई ने किया। परन्तु वे लोग फिर भी हरे वृक्षों को काटते रहे। श्रीमती रतनी देवी ने चान्दावत ठाकुर को वृक्षों के काटे जाने की सूचना दी तथा साथ ही निवेदन किया कि वृक्षों का काटा जाना रोकें। ठाकुर ने उल्टे श्रीमती रतनी को धमकाया और वृक्ष काटने वालों का पक्ष लिया जिस पर श्रीमती रतनी ने गुरु महाराज के उपदेशानुसार 'जांडी हिरण संहार देख सिर दीजिए' का अनुसरण करते हुए आत्मबलिदान कर दिया यानि जीवित समाधि ले ली परन्तु चान्दावत ठाकूर को शाप दे गई कि "तुम्हारी बेल घटीजो' यानि तुम्हारा वंश लुप्त हो। साथ ही उसने कहा 'विसनोइयों थारी बेल बढीजो'। श्रीमती रतनी देवी के शाप का यह परिणाम हुआ कि इस गांव के चान्दावत ठाकुर का वंश लुप्त प्रायः हो गया। जबकि विसनोइयों के अब 400 परिवार हो गये हैं। (स्रोतः श्री पूनमचन्द कसवां द्वारा किये गये अन्वेषण में जानकारी मिली।)"

08. फिटकासनी

01. परिचय:- फिटकासनी गांव जोधपुर जिले की लूनी तहसील में स्थित है।

02. फिटकासनी में वील्होजी का धर्म प्रचार:- साहबरामजी राहड़ कृत जंभसार के 23 वें प्रकरण में वर्णित है कि रसीदा,गुड़ा और फिटकासनी गांवों में ही संत वील्होजी के आज्ञापालक ज्यादा थे। वील्होजी ने खुंटो कोरड़ा लेकर सर्वप्रथम इन्हीं गांवों से शुरुआत की थी:-

फिटकासणी रसीदै गुड़ै, संत कहै सो हुकुंम न मुड़ै। तंबू गाड खूटो दहै रोपी, बांधै मारै छुडावन कोपी।
आगै से आगै भय पावै, सकल धर्म दुरहस्त करावे।

03. फिटकासनी के साधु धर्मदासजी:- स्वामी ब्रह्मानंदजी कृत इतिहास प्रदीप में वर्णित है कि "एक भजनदास टुंडा नामधारी व्यक्ति साधु सहजराम का चेला पहले हुआ था, फिर गुरु से तिरस्कृत्य हो जाने पर जोधपुर राज्य के अन्तर्गत एक फिटकासनी ग्राम निवासी साधु धर्मदासजी का चेला हो गया, फिर इनका भेष उतारकर रामस्नेही साधु हो गया, फिर लौटकर अपने विसनोई धर्म में आ गया और शादी करके पल्ली नामी गांव में जो कि जोधपुर में है, वहां बस गया।"

04. साहबरामजी:- महंत आत्मारामजी के शिष्य साहबरामजी द्वारा संवत 1935 में 'ग्रंथांक-327' गांव फिटकासनी में लिपिबद्ध किया था।

09. रसीदा

01. परिचय:- रसीदा गांव जोधपुर जिले की लूणी तहसील में स्थित है। यह गांव प्रसिद्ध ऐतिहासिक स्थल खेजडली के निकट स्थित है।

02. वील्होजी का रसीदा में धर्म प्रचार:- साहबरामजी राहड़ कृत जंभसार के 23 वें प्रकरण में वर्णित है कि रसीदा,गुड़ा और फिटकासनी गांवों में ही संत वील्होजी के आज्ञापालक ज्यादा थे। वील्होजी ने खुंटो कोरड़ा लेकर सर्वप्रथम इन्हीं गांवों से शुरुआत की थी:-

फिटकासणी रसीदै गुड़ै, संत कहै सो हुकुंम न मुड़ै। तंबू गाड खूटो दहै रोपी, बांधै मारै छुडावन कोपी।
आगै से आगै भय पावै, सकल धर्म दुरहस्त करावे।

10. धोरू

01. परिचय:- धोरू गांव जोधपुर जिले की भोपालगढ़ तहसील में स्थित है।

02. लिपिबद्ध ग्रंथ:- साध पीताम्बरदासजी के शिष्य मोतीरामजी द्वारा गांव धोरू में कुसला गोदारा के घर पर संवत 1907 को 'ग्रंथांक-18' लिपिबद्ध किया गया था।

11. गिंगाला

01. परिचय:- गिंगाला गांव जोधपुर जिले की बावड़ी तहसील में स्थित है। साहबरामजी राहड़ कृत जंभसार में 24 भंडारो की सूची में गिंगाला

गांव के भंडारे का भी उल्लेख है:- "भंडारो गींगालै गांमै, राड़ बसत है गंगारामै।"

50

बीकानेर

01. बीकानेर में विसनोई गांव:- साहबरामजी राहड़ कृत जंभसार के 20 वें प्रकरण में उन गांवों की क्षेत्रवार संख्या दी गई है, जहाँ विसनोई निवास करते थे। इसके अनुसार बीकानेर रियासत में 32 गांव विसनोइयों के थे:- "चौसट खेड़ा जोधपर, फलौदी चालीस, जैसलमेरां बीस है, बीकाणै बतीस।"

02. अमर बलिदानी पुण्यात्माएं

क. जगन्नाथजी भादू:- सीलवा गांव के जाट चौधरी नगराजजी भादू रोड़ा निवासी विसनोई जोधोजी सियाग की पुत्री हीरादेवी सियाग के साथ विवाह करना चाहते थे। लेकिन विसनोई धर्म में विवाह के दो मुख्य नियम है- प्रथम नियम यह है कि वर/वधु विसनोई धर्म के अनुयायी हो। दुसरा नियम यह है कि वर/वधु समान जाति के हो। तभी विवाह सामाजिक रूप से वैद्य होता है। नगराजजी और हीरादेवी की जाति तो समान (जाट) ही थी, पर दोनों का धर्म अलग-अलग था। अत: प्रथम नियम को पुरा करने हेतु विसनोई धर्म अपनाना आवश्यक था। तब नगराजजी भादू ने संवत 1670 भाद्रपद वदि द्वितीया को 30 वर्ष की अवस्था में विल्होजी से पाहल लेकर विसनोई धर्म अपना लिया था। (एक अन्य मान्यतानुसार संवत् 1610 में पाहल लेना और रोड़ा में बसना बताया जाता है लेकिन यह मान्यता आयु के अनुसार मेल नहीं खाती है।) विसनोई धर्म अपनाने के बाद विक्रम संवत 1670 वैशाख सुदि आखातीज को रोड़ा गांव में बस गए। यहां उनका विवाह जोधोजी सियाग की पुत्री हीरादेवी सियाग से हुआ। लगभग विक्रम संवत 1675 के आसपास दो पुत्र बीदोजी और गोपालजी हुए। बीदोजी का विवाह गंगादेवी से हुआ, और उन्हीं से जगन्नाथ जी का जन्म हुआ। जगन्नाथ जी भादू का जन्म विक्रम संवत् 1705 श्रावण वदि 14 (सोमवार) को रोड़ा गांव में हुआ। उस समय इनके पिता बीदोजी भादू की आयु लगभग 30 वर्ष की थी। और इनके दादा नगराज जी भादू की उम्र लगभग 65 वर्ष की थी। जगन्नाथजी भादू का विवाह खींदासर गांव के मालोजी सिंवर के बेटे उदयसिंह की पुत्री बचिया सिंवर से हुआ। इनसे एक पुत्र सीयो जी और एक पुत्री बीरा का जन्म हुआ। जगन्नाथजी भादू और इनका परिवार पशु पक्षियों के लिए नित्य चुग्गा पानी की व्यवस्था किया करते थे। उस समय रोड़ा गांव में केवल एक कुआ था। जिसका नाम था खेजड़ला कुआं। इस पर पंथद्रोहियों का अधिकार था। वे प्रत्येक घर को प्रतिदिन केवल एक-दो घड़े पानी ही लेने देते थे। एक दिन बचिया देवी पानी लेने कुएँ पर गईं। वहां मौजूद गौसी (जल भरने वाला) ने उन्हें पानी नहीं भरने दिया और उपहास करते हुए कहा कि यदि पशु-पक्षियों के लिए इतनी चिंता है, तो अपने घर में ही कुआं क्यों नहीं खुदवा लेते? यह वाक्य जगन्नाथजी की पत्नी के हृदय में तीर की तरह चुभ गया। बचिया देवी खाली घड़ा लेकर घर लौटीं और प्रण किया कि अब वे खेजड़ले कुएँ से पानी नहीं भरेंगी। पत्नी का प्रण और पशु-पक्षियों की सेवा इन दोनों के बीच संतुलन साधते हुए जगन्नाथजी ने उसी दिन से बीकासर से पानी लाने का निर्णय किया। साथ ही, पिता बीदोजी की अनुमति से गांव में नया कुआं खुदवाने का निश्चय किया। इस प्रकार गांव में अलग कुआ खोदने से पंथद्रोही नाराज हो गए, और जगन्नाथजी भादू की हत्या करने हेतु मौके की तलाश करने लगे। विक्रम संवत् 1748 चैत्र बदी 1 की मध्य रात्रि को जब जगन्नाथजी नागौर से औजारों की धार (पाना) लगवाकर लौट रहे थे, तो नोखा से लगभग 11 किमी दूर बाड़ी घाटी नामक स्थान पर विश्राम करते समय पंथद्रोहियों ने डाकुओं के वेश में घात लगाकर उन पर हमला कर दिया। संख्या में अधिक होने पर भी जगन्नाथजी वीरतापूर्वक लड़े और अंततः शहीद हो गए। उनकी देह को रोड़ा गांव लाकर उस निर्माणाधीन कुए के पास समाधिस्थ किया गया।

ख. मीरां गोदारा:- लांबा गौत्र के जाट धनराजजी ने विसनोई धर्म अपनाकर खारी गांव में निवास किया। धनराजजी की पत्नी मीरा गोदारा विक्रम संवत् 1571 को धर्मनियम रक्षार्थ खारी गांव में देवगति को प्राप्त हुई।

03. विभिन्न अभिलेख

क. राजस्थान अभिलेखागार, बीकानेर (रि. बीकानेर, F.P.D., ब.नं.13, फा.नं.572) यह सन् 1926 ई. की एक 09 पृष्ठों की फाईल है। इसमें रेशमिया पुत्र हीरा विसनोई के बीकानेर में सरेंडर करने और उसे जोधपुर भेजने के संबंध में हुई कार्यवाही का विवरण है।

ख. राजस्थान अभिलेखागार, बीकानेर (रि. बीकानेर, H.D.B. ब.नं.116, फा.नं.3103) यह सन् 1935 ई. की एक 121 पृष्ठों की विस्तृत फाईल है। इसमें लुणकरणसर के रोझां गांव निवासी कान्हा पुत्र किसनाराम विसनोई व लाखा विसनोई की आपसी लड़ाई और कान्हा की मृत्यु

से संबंधित कार्यवाही का विवरण है। इस संबंध में गांव के अनेक लोगों के बयान दर्ज है।

ग. राजस्थान अभिलेखागार, बीकानेर (रि. बीकानेर, H.C. ब.नं.31C, फा.नं.60) यह सन् 1942 ई. की एक 06 पृष्ठों की फाईल है। इसमें रामरख विसनोई निवासी बगसेऊ पर जसरासर थाने में केस दर्ज हुआ। जिसका वर्णन है।

घ. राजस्थान अभिलेखागार, बीकानेर (रि. बीकानेर, H.C. ब.नं.15, फा.नं.56) यह सन् 1941 ई. की एक 26 पृष्ठों की फाईल है। इसमें कासु विसनोई की नोखा पुलिस कस्टडी में मृत्यु होने पर पांचु SI और अन्य कांस्टेबलों को पर हुई कार्यवाही का विवरण है।

ङ. राजस्थान अभिलेखागार, बीकानेर (रि. बीकानेर, F.P.D., ब.नं.15-1, फा.नं.1206) यह सन् 1928 ई. की एक 20 पृष्ठों की फाईल है। इसमें बीकानेर के गांव उदासर निवासी दो विसनोई जो हाल में बहावलपुर रियासत के ढाबां में निवासरत थे, उनके आपसी विवाद की कार्यवाही का विवरण इसमें है। भैरू पुत्र पोकर विसनोई ने हरभज पुत्र ओमा विसनोई पर जसरासर थाने में मुकदमा दर्ज करवाया। इसमें भैरू के भाई जयसुख, जीवण, समरथ का भी उल्लेख है।

01. कोलायत

01. परिचयः- कोलायत बीकानेर जिले की एक तहसील है। यहां विसनोई धर्मशाला और गुरू जाम्भोजी का मंदिर स्थित है।

02. हस्तलिखित सामग्री की प्राप्तिः- लेखक ने इन सभी हस्तलिखित ग्रंथों से सम्पूर्ण विसनोई साहित्य को संकलित करके, कवि कालक्रमानुसार व्यवस्थित करके तीन भागों में प्रकाशित कराया है। हीरालालजी माहेश्वरी को लगभग सन् 1960-70 के मध्य विसनोई मंदिर कोलायत से निम्न हस्तलिखित सामग्री प्राप्त हुई थी:-

01. ग्रंथांक-78:- यह जीर्ण-शीर्ण, दीमक-खाया हुआ एक हस्तलिखित गुटका है, जिसकी कुल पृष्ठ संख्या 411 तक है। अधिकांश गुटका एक ही लिपिक के हाथ की लिखावट में है, किन्तु कुछ रचनाएँ दो भिन्न हस्तलिपियों में भी उपलब्ध हैं। यह गुटका विसनोई मंदिर, कोलायत से प्राप्त हुआ है। इस गुटके का लिपिकाल विभिन्न चरणों में सम्पन्न हुआ है- क से त तक की रचनाएँ संवत 1899, फाल्गुन वदि 11 को दयारामजी द्वारा वीरमादासजी के अध्ययन हेतु लिपिबद्ध। थ से व तक की रचनाएँ संवत 1899, ज्येष्ठ सुदि 14 को लिपिबद्ध। श से ह तक की रचनाएँ संवत 1906, माघ सुदि 3, शनिवार को लिपिबद्ध। क्ष, त्र की रचनाएँ संवत 1923, श्रावण सुदि 14, शनिवार को लिपिबद्ध। इस प्रकार संपूर्ण गुटके का लिपिकाल संवत 1899 से 1923 तक विस्तृत है। इसमें ये रचनाएं है:- (क). हरजस, संख्या-04, अज्ञात कृत तीन और कालु कृत एक (ख). सोल सुपना रो विवरो, रचयिता अज्ञात (ग). हरजस-01, सुरजनजी कृत (घ). कका छतीसी- 37 छंद, ऊदोजी कृत (ङ). मंगलाष्टक- 29 छंद, केसोजी कृत (च). भाडली पुराण- गद्य में, रचयिता अज्ञात (छ). धूज पुन्यो रो विचार (ज). दस अवतार- 10 छंद, रचयिता अज्ञात (झ). कवित्त- 01 (ञ). गौत्राचार (ट). आदि वंसावली (ठ). वसंदर के 25 नाम (ड). जंभ स्तुति- 45 छंद, गोकलजी कृत (ढ). जम्भाष्टक- संस्कृत में, गोविंदजी कृत (ण). इंदव छंद- 32 छंद, गोकलजी कृत (त). गायत्री- 25 नाम, संस्कृत में (थ). श्री विष्णु पुराणे शतनाम (द) विष्णु अठाईस नाम स्तोत्र (ध). एक श्लोकी रामायण (न). एक श्लोकी भागवत (प). एक श्लोकी महाभारत (फ). सप्तश्लोकी गीता (ब). चतुश्लोकी भागवत (भ). हरिनाम माला (म). सूर्य दश नाम (य). क्रमबेपाक गीता (र). राम रक्षा (ल). सनेह लीला भंवर गीता- 130 छंद, जगमोहन कृत (व). अमावस्या महात्म कथा– 145 छंद, मयारामजी कृत (श). एकादशी महात्म- गद्य में (ष). धू चरित्र- 222 छंद, जन गोपाल कृत (स). एक श्लोकी गीता- संस्कृत में (ह). विष्णु पंजर स्तोत्र- संस्कृत में (क्ष). विष्णु सहस्रनाम- संस्कृत में (त्र). गर्भ चेतावणी- 123 छंद, रामचरण कृत (ज्ञ). दीन दरवेश का एक छंद और राम रामेति श्लोक (अ). 29 धर्म की आखड़ी (आ). अवतारों की महिमा– 1 छप्पय, अग्रदास कृत (इ). फुटकर छन्द, अज्ञात कृत।

02. माडिया

01. परिचयः- माडिया गांव राजस्थान के बीकानेर जिले की नोखा तहसील में स्थित है।

02. केसोजी गोदारा का जीवनवृतः- केसोजी गोदारा का जन्म बीकानेर जिले की नोखा तहसील के माडिया गांव में हुआ था। ये संत विल्होजी के शिष्य थे। विल्होजी के सात प्रमुख शिष्यों में केसोजी गोदारा तथा सुरजनजी पुनियां ही सबसे ज्यादा प्रसिद्ध हुए। अवस्था में ये सुरजनजी पुनियां से बड़े बताए जाते हैं, इस कारण इनका जन्म विक्रम संवत् 1630 के आसपास अनुमित है। विक्रम संवत् 1735-36 में माडिया गांव में ही इनका स्वर्गवास हुआ था। परमानन्दजी बैनिवाल कृत हस्तलिखित ग्रंथ में वर्णित है कि "समत 1735 माढिये गांव केसोजी खड़िया'। विल्होजी के आदेश से केसोजी गोदारा ने विसनोई धर्म और समाज के सर्वांगीण विकास हेतु दो महान कार्य किए- एक तो विभिन्न साथरियों और स्थानों की सुव्यवस्था और दूसरा पंचायत संगठन सम्बन्धी। साहित्य निर्माण के अतिरिक्त केसोजी के ये कार्य युगान्तकारी थे। इससे समाज में उनकी कीर्ति चिरस्थाई हो गई। ये अनुभव ज्ञानी, परम सिद्ध और गायन विद्या में अत्यन्त निपुण थे। भ्रमणशील साधु होने से ये एक स्थान पर जम कर अधिक समय तक नहीं रहे। इन योजनाओं को कार्य रूप में परिणत करने के कारण भी ऐसा सम्भव नही हो सका। भक्तमाल में आलमजी के साथ इनको कथा कीर्तन बखान गान करने वालो में प्रमुख गिनाया है। सुरजनजी ने इनको कथा काव्य का विशेष कवि बताया है:- "केसो कथा अरथ नै करमू, तप सुजो आलमूं तांति।" हीरानंद के हिंडोलणो में अन्य विसनोई भक्तों के साथ इनका नामोल्लेख है। साहबरामजी राहड़ कृत जंभसार के 23वें प्रकरण में वर्णित है कि केसोजी अत्यंत उच्चकोटि के भक्त थे। वे गुरु जांभोजी के इतने प्रिय

थे कि उनका गुरु से मिलन कोई आश्चर्य की बात नहीं थी। केसोजी ने धार्मिक और भक्ति साहित्य में भी महत्वपूर्ण योगदान दिया। उन्होंने साखियाँ और हरजसों की रचना की। प्रहलाद चरित्र जैसे ग्रंथ की रचना की। अन्य धार्मिक कथाओं का भी गायन और प्रसार किया। उनकी वाणी में ऐसी शक्ति थी कि उनके गायन से ही असंख्य लोगों का उद्धार हुआ और वे जन्म-मरण के बंधन से मुक्त हुए। केसोजी की सबसे बड़ी विशेषता उनकी गायन विद्या थी, वे जब भजन-कीर्तन करते, तो अनेकों जीव आत्मिक शांति और मुक्ति का अनुभव करते। उनका संगीत केवल कला नहीं, बल्कि साधना और लोककल्याण का माध्यम था। एक समय केसोजी रामड़ावास गांव में पधारे। उनके प्रभाव और ख्याति को सुनकर जसवंतसिंह स्वयं उनसे मिलने आए। दर्शन करके राजा अत्यंत प्रसन्न हुए और वर्षा के लिए प्रार्थना की। तब केसोजी की कृपा और गुरु स्मरण से आकाश में घने बादल छा गए और मूसलाधार वर्षा आरंभ हो गई। यह वर्षा लगातार सात दिनों तक चलती रही। जब वर्षा रुकने का नाम नहीं ले रही थी और जनजीवन प्रभावित होने लगा, तब राजा पुनः केसोजी के पास आए। उन्होंने हाथ जोड़कर परिक्रमा की और वर्षा रोकने की विनती की। राजा की विनती पर केसोजी ने गुरु जांभोजी की स्तुति की। फलस्वरूप आठवें दिन वर्षा थम गई। इस प्रकार अकाल समाप्त हुआ और जनजीवन पुनः सामान्य हुआ। इस चमत्कारिक घटना से प्रभावित होकर राजा जसवंतसिंह ने 500 बीघा भूमि डोली (धर्मार्थ दान) में प्रदान की। सात अपराधों को क्षमा किया। इसके पश्चात् राजा जोधपुर लौट गए। केसोजी ने अपने जीवन का बड़ा भाग भ्रमण और धर्म प्रचार में व्यतीत किया। वे मेवाड़ और मालवा गए। पूर्व दिशा में गंगापार तक पहुंचे। बीकानेर, जोधपुर, फलौदी आदि क्षेत्रों में भ्रमण किया। उन्होंने केवल जनसामान्य ही नहीं, बल्कि राजाओं और सुल्तानों को भी सत्य का मार्ग दिखायाः-

अब केसव की कथा बखानो, केसव तो केसव सम जानों। केसव भक्त भये प्रिय जंभा, जंभ मिले तेहि काहा अचम्भा।
साखी सबदी बहुं रमनिये, सिस साखा सब भए एक मनियै। प्रहलाद चिरत जिन हितकर गावा, और अहमदी आद सुनावा।
गाय-गाय केई जन तरेऊ, जन्म मरण मिट कारज सरेऊ। गान विद्या केसव बहु करे, सुन-सुन जीव हजारा तरे।
एके समय रामड़ास सिधाए, मिलणै कूं जसवन्तसिंघ आए। दर्शन किये भये मन प्रसन्न, मांगहूं मेह लगे तब बरसन।
वठा करत घटा बहु आऐ, बरसेउ मेघ महा झर लाये। सात दिवस लग इकलग बरसा, ठांवण कूं राजा जब तरसा।
हाथ जोड़ प्रकमा दीनां, संता की बहु करी आधीनां। तब केशव कीन्ही अस्तुती, जै जै दर्शन अटल भिभूती।
तुमरी कृपा काज सब सरिहे, तुम बिन अस कहू कुन करिहे। कृपा करो वृखा पल करो, गऊ साध सिर कर कछु धरो
आठवै दिवस वृखा भई शांती, काल पैमाल करियो यहि भांती। जसवन्त सिंघ बोलते भऐऊ, बीघा पांच सै डोली दएऊ।
गुना सात माफ कर दीन्हा, नृप जोधाण पयाणै कीन्हा। बहुत काल लग रमणी करी, जो सिद्ध भये सो ईच्छा धरी।
मेवाड़ादि मालवै पधारे, सिष शाखा कर बहु जन तारे। पूरब गंगापारहू गऐ, देश देश में रमते भऐ।
बीकाणै फलोधी जोधाण, चेताये बड़ खान सूलतांण।

03. सलूंडिया

01. परिचयः- सलूंडिया गांव राजस्थान के बीकानेर जिले की नोखा तहसील में स्थित है। दंतकथाओं के अनुसार बीकानेर के रिड़ी बिग्गा गांव के जाट सांतल जी जाखड़ और नागौर के माथासुख गांव के जाट केसो जी देहड़ू ने विसनोई धर्म अपनाकर विक्रम संवत् 1543 जेठ सुदि द्वितिया के दिन सलुंडिया गांव बसाया था। वर्तमान में गांव के दक्षिण भाग में देहडू गौत्र के घर है तो वहीं उत्तर भाग में जाखड़ गौत्र के घर है। बीच में एक स्थान जहां पर एक खेजड़ी का पेड़ और पूजा चौकी है। इस चौकी का इतिहास एक संत से जुड़ा हुआ है। गुरू जाम्भोजी के समकालीन नागौर के अलाय निवासी बिंजाजी महाराज असाध्य बीमारी से ग्रसित थे, वो गुरू जाम्भोजी के शरण में आए। गुरू जाम्भोजी ने उनके शरीर को रोगमुक्त किया तथा सलूंडिया गांव में साधनारत होने का आदेश दिया। बीजाजी महाराज सलूंडिया में आकर यहां साधनारत हो गए थे, गुरू जाम्भोजी के परदे होने के एक साल बाद विक्रम संवत् 1594 आसोज अमावस्या को बींजाजी महाराज ने सलूंडिया गांव में ही जीवित समाधि ले ली। उनकी समाधि स्थल जो कि खेजड़ी के पेड़ के नीचे था, वहां गांववासियों ने मंदिर का निर्माण करवाया। मंदिर के पीछे हवन कुंड बना है जिसे गांववासी 'बींजाजी का बाड़िया' कहते है। लालासर साथरी के महंत खेमदासजी जाखड़ (वि.सं.1865-1951) भी सलूंडिया गांव के निवासी थे।

04. खींदासर

01. परिचयः- खींदासर गांव राजस्थान के बीकानेर जिले की कोलायत तहसील में स्थित है।

02. झाली राणी का खींदासर आगमनः- साहबरामजी राहड़ कृत जंभसार के 17 वें प्रकरण में वर्णित है कि चित्तोड़ की झाली राणी ने समराथल से जांभोलाव जाते समय बीच में खींदासर गांव में ऊदोजी के दर्शन किए थेः-

संतन सें अज्ञा लई, झाली कियो पयांण। झींझालै की साथरी, डेरा कीन्हां आण।
तांहां ते चल खिदासर आऐऊ, उदैजी के दर्शन भएऊ।

03. रूपोजी सिंवर का खिंदासर में बसनाः- लोहापांगल के बारे में केसोजी गोदारा कृत 'कथा लोहापांगल की' में विस्तृत विवरण दिया गया है। संक्षिप्त रूप से कथा इस प्रकार हैः- "गोदावरी के तट पर अनेक नाथ योगी एकत्र हुए। वहां गुरू जाम्भोजी को परास्त करने के लिए बीड़ा

घुमाया गया जिसको लोहापांगल ने लिया और अपने 500 शिष्यों के साथ अनेक प्रकार के आडम्बर करते हुए बीकानेर के हिमटसर गांव में 150 धुईयां धुका कर डेरा डाला। गुरू जांभोजी ने अपने भक्तों से आयसों को भोजन पानी देने को कहा। विसनोईयों के बुलाने पर डर के कारण उन्होंने भोजन के लिए अलग-अलग न जाकर एक साथ ही जाना चाहा। गुरू जाम्भोजी ने सावन भादों नामक दो कड़ाहों में भोजन बनवा कर सबको एक साथ ही भरपेट खिलाया। अपने डेरों के सामने से एक रूपवती विसनोईयन को जाते देखकर सब जोगी मोहित हो गए। स्त्री उनके दर्शनार्थ उधर चली तो लोहापांगल ने कहा- माई ! यहां मत आओ, हम जती पुरुष हैं। उसने उनके पाखंड की निंदा की और फटकारते हुए कहा- माई विना तो संसार ही नहीं हो सकता। लोहापांगल मौन धारण कर बैठ गया। गुरू जाम्भोजी ने उसको अपने पास बुलाने के लिए केल्हण को भेजा। आदेश करने पर भी वह नहीं बोला, तो केल्हण ने यह कहते हुए कि या तो इसके मन में अंहकार है अथवा सुनता नहीं, उसके कान पकड़ लिए। क्रुद्ध होकर यह बोला- जोगी तो हम हैं, तुम लोग तो नारी के दास हो। उसके स्त्री की निंदा करने पर केल्हण ने समुचित उत्तर दिया, जिससे उसको समझ आई। उसको प्रतिबोध कराने के लिए गुरू जाम्भोजी साथरियों सहित चले और उनके भय निवारणार्थ अकेले ही सामने आकर आदेश किया। उन्होंने तो मौन साध लिया किन्तु धुंइयों और अग्नि से 'आदेश-आदेश' प्रत्युत्तर आने लगा। यह सुनकर आयस उनकी शरण में आ गए। गुरू जाम्भोजी की आज्ञा से सूरज अति प्रचण्ड होकर तपने लगा। लोह दहकने से कलाप करता हुआ लोहापांगल छाया में आया, जड़ी बूटी की और अन्त में धरती पर लेट कर शरीर पर धूल डालने लगा। न तो लोह गिरा और न ही उसका दहकना बन्द हुआ। उसके कुछ चेलों को छोड़ कर सब भाग गए। अब वह गुरू जाम्भोजी की शरण में आया। उनके सिर पर हाथ रखने से लोह झड़ गया। प्रभात में आने की आज्ञा देकर गुरू जाम्भोजी चले आए। सुबह होते हो आयस लोहापांगल के साथ गुरू जाम्भोजी की शरण में आए और पाहल लेकर विसनोई हो गए। पंगु होने और लोह जड़ने के कारण लोहापांगल नाम पड़ा था। जिसको बदल कर गुरू जाम्भोजी ने 'रूपो' रखा। लोह से रूपो बनाया और उपदेश देकर साधु सेवा करने की आज्ञा दी। वह 'कावड़' में पानी ढोकर सेवा करने लगा। एक दिन कुछ विसनोईयों ने चमत्कार दिखाने के लिए उसको बहुत उतेजित किया। उसने मंत्र शक्ति से भैरव और भूत चलाए और आग से उनके वस्त्र जला दिए। विसनोईयों ने इसकी शिकायत गुरू जाम्भोजी से की। गुरू जाम्भोजी ने रूपे का पक्ष लेते हुए उसकी चमत्कार शक्ति खींच ली तथा खींदासर गांव का भंडार और थाट सौंपा। गुरवाट पर चलने से उसको मोक्ष प्राप्ति हुई"।

A. सुरजनजी पुनियां कृत 'कथा औतार की' के अनुसारः-

जोगी एक जटा उतराय, लागो बछ चरावण गाय। दरसणिये मिल कियो विचार, जोगी कुण मुंडे संसार।१४३
लोहापांगल कियो अहंकार, चेला साथे अरध हजार। नाटिक चेटक वित्र भुत, सींगी नाद जटा अवधुत।१४४
सतगुरू बोले सबद अग्याध, लोह झड़े घटि होय समाध।१६१
आयस उठियो दोय कर जोड़ी, लागो पाय भागी सह खोड़ी। छाडे नहीं रह्यो लिपटाय, सरण आयो लियो मिलाय।१६२
महलु किया माल दे मान, रख उतार कियो असनान।१६३
लोहा पांगल मेटि के, रूपो दीन्हो नांव। दरसण कंथा उतार के, आयो गुरू की सांव।१६४

B. सुरजनजी पुनियां कृत 'कथा परसिध' के अनुसारः-

जोगिंद एक उतराय जटा, कोडि बंध छाडे कपटा। सुणी बात प्रापति सार, चेते हंस सगति पाले चार।६४
जोगिंद मुंडि कुण मात जाया, सोई जोगिया महंत आगे सुणाया। पांगलीलोह विपाय पड़िया, च्यारि सै दूण चेटक चड़िया।६५
पांगली लोह नांव पटे, घटहू चेटकी पाप घटे।

C. गोकलजी बैनिवाल कृत 'परची' के अनुसारः-

महि मंडल खंडे खोज लहो, नरनाथ विरता बात कहो। जुड़ि गोदावरी जात जके, चड़ीया चोला री चाड तके।२६
उलटि गत आयस एक तम, संख पुरिया नाद पिरात सम। हिमटसर आया हाक तके, जुड़िया गोदावरि जात जके।२७
करता कहियो कुंण घाट घड़ियो, कहै काछ किसी विध्य लोह जड़ियो।
जड़ियो जिण वात विचार कही, झड़सी लोह भेंटिया आप दई।३२
अंत आयस ओसर आय अड़ियो, करता कर भेंटियो लोह झड़ियो। जण भूला जातां घेर लीया, सिर मूंड जटा सह जेर कीया।३३
परच्या पहलोका पाप झड़िया, समधा सर मांण पाय पड़िया। मिलिया मुख दीठा काज सरियौ, रिध सुंपी रूपौ नांव धरियो।३४

D. केसोजी गोदारा कृत 'साखी' के अनुसारः-

लोहा पांगल सुणि करि सिधा, सतगुरू हुवौ सहाई।६

E. सबदवाणी के 'प्रसंगों' के अनुसार गुरू जाम्भोजी ने उसके प्रति 12 सबद (38-45, 50-52,113) कहे थेः-

01. लोहा पांगल झांभेजी सुं वाद करि आयो। लोहा पांगल कहे- तमारा कहां ठिकाणा ? झांभोजी श्री वायक कहे- सपत पयाले त्यौ तिरलोके.......... अवर न बुझत कोई।38।
02. जोगियां मोनि साझी ते समे को सबद- सुणि राजिंदर........ जां जां नुगरे थिती न जाणी।39।
03. आयसां काहे काजे खेह भकरूडो............ जे गुरु विणि खेल पसारी।40।

04. लोहा पांगल कहे- मैं वजर काछ कराई है। झांभोजी श्री वायक कहे- राज गये राजिंदर झूरवे.............. आयसां इह पाखंड पे जोग न होई।41।
05. खरतर झोली खरतर खंथा........... भूला कांय न पाली जीव दया।42।
06. दोय मन दोय दिल सीवी न कंथा.......... तो नागे जोग न पायो।43।
07. जिं जोगी के मन ही मुदरा............ आयसां मिलियां काज सुवारूं।44।
08. काया कंथा मन जोगूंटो.............. आदि नाथ का भगतुं।45।
09. जोगी आदेस करि उठि गया। लोहा पांगल परचि पाय लागो। झांभोजी श्री वायक कहे- हीरा विणजो ले हम लेहूं.......... सो सुरगापुरि लहणां।50।
10. लोहा पांगल कहे- झांभाजी आदि आचार वतावो। झांभोजी श्री वायक कहे- अरंण विवांणे.............. सहजे चूके आवागुंण।51।
11. च्यारि कुंभ कावड़े मां ले, रूपो पाणी पावण ने चरि मां गयो। चरि मांह्य ले अखतायो। अगियो चलाय, वसतर बांहका बाल्या। वां आथणि आय अरज कीवी- ओह मंत्र बुरो, आयस म्हां सारीखो करो। अब सतगुरू मुंह उपरे हाथ फेरियो, इबि थां सारीखो। रूपो कलपण लागो। झांभोजी श्री वायक कहे- रीण घटिये के खोजि फिरंता........ सुणही सुणहां भूंसंत कांयो।52।
12. लोहा पांगल की वार को श्री वायक- आयसां म्रघछाला पावड़ी कांय फिरावो........... मतुंत कादा उगवंतो भाण ठंभाऊ।113।

04. निष्कर्ष:- इन सबका निष्कर्ष यह है कि उस समय राजस्थान में नाथ पंथी योगियों का व्यापक प्रभाव और प्रसार था। तथा उन्होंने समय-समय पर अनेक प्रकार से जाम्भोजी और विशनोई पंथ का विरोध किया था। उनका विशेष सम्पर्क गोदावरी तट पर समय-समय पर एकत्र हुए, विभिन्न नाथपंथी योगियों से रहता था। यदि रामू सुराणे के प्रश्नोत्तर के समय उपस्थित योगी के प्रश्न से लेकर लोहापांगल तक सब घटनाओं को सम्बंधित देखें, तो विदित होता है कि 22 सबद (24, 33-52,113) गुरू जाम्भोजी ने कनफटे नाथजोगियों के प्रति प्रायः एक जैसे प्रसंग में ही कहै थे। उपर्युक्त घटनाओं का समय विक्रम संवत् 1563 या इससे किंचित पूर्व होना चाहिए। क्योंकि जसनाथी साहित्य में लोहापांगल का सिद्ध जसनाथजी से मिलने का वर्णन है, जिनका निर्वाण 24 साल की आयु में संवत् 1563 में हुआ था। अतः यह घटना इससे पूर्व ही होनी चाहिए। केसोजी गोदारा कृत 'कथा लोहा पांगल की' में वर्णित है कि लोहा पांगल ने नाथ पंथ छोड़कर विसनोई धर्म अपना लिया था। और लोहा पांगल से वापस रूपाराम सिंवर बन गया। तब गुरू जाम्भोजी ने जांभाणी थाट की गायें चराने हेतु दी। यह थाट 'रूपे की थाट' नाम से प्रसिद्ध हुई। गुरू जाम्भोजी ने खींदासर गांव का भंडारा भी रूपोजी सिंवर को सौंपा और कहा कि दुध दही स्वयं भी पियो और संतो को भी पिलाओ:-

आयस स उपरि आयौ भाय, देव कहे अब गउ चराय। वित झांभाणौ दीन्हौ खाट, रूपे तणी कहावे थाट।१७६
भंडारो वुधर करि दियौ, दुध दही पावौ अर पियो। भोमि थलि खींदासर गांव, को दिन तो उत के विसराम।१७७

साहबरामजी राहड़ कृत जंभसार के 22 वें प्रकरण वर्णित 24 भंडारो की सूची में खींदासर गांव के भंडारे का भी उल्लेख है:- "खींदासर भंडारो कीव, रूपो सिंवर लोहा पांगल जीव।"

साहबरामजी राहड़ कृत जंभसार में वर्णित है कि गुरू जाम्भोजी ने लोहा पांगल को परचकर जटा उतराई। उन्होंने गुरू जाम्भोजी के पैरों में पड़कर विसनोई धर्म अपना लिया। लोहापांगल 1200 नाथों का महंत था। गुरू जाम्भोजी ने लोहापांगल नाम छुड़वाकर वापस रूपोजी सिंवर रखा। तथा धरणोक गांव सौंपा। गुरू जाम्भोजी ने उन्हें कहा कि अब अमावस्या निकट आ रही है, तुम प्याऊ पर पानी पिलाने का कार्य करो। फिर रूपोजी को खिंदासर गांव का भंडारा दिया:-

लोहां पांगल परच्यो, जटा दई उतराय। मन में यह नहचौ भयौ, गुरू कर परसे पाय।
बारे सै को मंहत है, चेला प्रड़ चेला साथ। नाथ नांव मेटत भणे, लीन्हा सतगुरु हाथ।
नांव जु सतगुरु फेरियो, रूपों सही प्रभाव। टहल करै निज सन्त की, सुध हिरदो होय जाव।
जंभ अज्ञा असै दई, जुड़ रही बहुत जमात। अमावस आवे निकट, सत करणी कहि जात।
धरणोक गांव तुम कूं दियो, पो पावी तुम वीर। जाप जपो निज तत को, पावन होय शरीर।
सतगुर सेती विनती, आयस कर रहे ऐह। दया करो पूरा गुरु, बहुरन पावां देह।
केवल ब्रिहम असैं कहीं, स्राप काछ झड़ जाय। धीरज करियै पेखिये, सहज मुक्ति होय ताहि।
दियो भंडारो रूपै नैं, बस्यो खिंदासर गांव। जीवां तो जुगती भली, मुवां मुक्ति सिधाव।
दोय हजार अरु नवसै जू रहे रूपै के साथ। गुनतीसां ततपर रहे, सींवर जांकी जात।

05. कूदसूं

01. परिचय:- कूदसूं गांव राजस्थान के बीकानेर जिले की नोखा तहसील में स्थित है।

02. उदै अतली का कूदसूं में बसना:- केसोजी गोदारा कृत 'कथा उदै अतली की' में वर्णित है कि उदोजी अतली हिंगुणियो छोड़कर कूदसूं गांव में आकर बस गए थे। यह गांव तीर्थ के रास्ते में पड़ता था। यहां धीरे धीरे उदो अतली का सेवा भाव घट गया। तब खेती भी नहीं हुई। तब यह

गांव छोड़कर खींचियासर में बस गएः-

संत जिमांवण कारणे, अंतरि इधक उदास। जाय बसाई कूदिसूं, कियौ दरै पर वास।१४

वसिया मंझि जमाति कै, जहां होती मन दोड़। सुणि ऊदा अतली कहै, आख रचण की ठोड़।१५

निरखि निपट गति घणी न्याति, ऊदो अतली वस्या जमाति। कूदिसूं तणैं वस्या जाय गांव, तीरथ तणै ज मारग मांय।१६

आस पासि ज्यूं दैखै और, भाव घटियो मन हुवो कठोर। धरम सरीकत करै सरीक, उर आईदा मिटी उडीक।१७

देखा देखि जिमावै वाकि, सुभ्यागत न आवै औताकि। भीतर सूं मन घटियो भाय, ता दिन ते धन घटतो जाय।१८

भाव दिसा मन हुवो खीण, धन घटियो हुवो धनहीण। भीतरलो घटियो सुभाय, खेती करै अपूठी जाय।१९

ऊदो अतली सोचि सरीर, हुवा उचालू मन आधीर। इणि वास वस्या तदि तै धन खल्यौ, कूदिसूं तै ऊदो चल्यौ।२०

साहबरामजी राहड़ कृत जंभसार के 18 वें प्रकरण में भी यही वर्णित हैः-

ऊदो अतली कूदस्यूं गएऊ, संता के रसते वस रहेऊ। जांहां संता को कछुवन औड़ा, वसिए जांहा होती मन दोड़ा।

सुण ऊदा अतली अस कहहे, धन खरचण री जाग्यां अहहे। निरख निपट गत घंणी जुं न्याता, ऊदो अतली वस्या जमाता।

वसिया जाय कूदस्यूं गांवां, तीरथ रसतो नित वहांवा। रहै कूदस्यूं लोक कठोरा, संगत पाय भई बुद्धि औरा।

आस पास देखे ज्यूं औरहि, भाव घटियो मन संतन चोरहि। धर्म सरीकत करैहि सरीका, उर मां कायदा मिटि अड़ीका।

देखा देख जिमावहि ताकूं, संत अब जानत भऐ वांकूं। भीतर सुं घटियौ मन भावा, ता दिन ते धन घटतो जावा।

भाव दिशा मन हूवो खींणा, धन घटियो हुवौ धन हीणा। भींतर सोच करै परवीणा, यो घटियो हुवो धन हींणा।

भीतर यों घटियो जु भावा, खेती करे अपूठी जावा। ऊदै अतली सोच सरीरा, उग्या उचालु मंन आधीरा।

इंहां वस्यां से धन सब खिल्यौ, कूदस्यूं सूं ऊदो उठ चल्यौ। खिंचियासर ऊदो बस्यौ, ता दिन अधक अधीर।

03. रतने राहड़ का कूदसूं आनाः- साहबरामजी राहड़ कृत जंभसार के 18 वें प्रकरण में वर्णित है कि रतना राहड़ गुरू जाम्भोजी से आज्ञा लेकर कूदसु आए, फिर पारवा गांव में जाकर घर बसायाः-

एहि विधि चाल कूदस्यूँ आऐ, सकल गांव देखण कूं ध्याऐ। पीछे गये पारवै गांवहिं, मांडियो घर लींन्हो हरि नांवहि।

04. अमर बलिदानी पुण्यात्माएंः- झांस गौत्र के सुथार दौसोजी ने विसनोई धर्म अपनाया। दौसोजी के वंशक्रम में क्रमशः कालूजी, किसनोजी, मानोजी, निंबोजी, जोखोजी, घमुजी, कालूजी, आसोजी हुए। कूदसू गांव के निवासी आसोजी झांस के पुत्र पांचोजी व करमोजी हुए। करमोजी झांस का विवाह पारूल सिल्क से हुआ। करमोजी के पोते नथुराम जी हुए, जो कि अपनी दादी पारूल सिल्क के साथ धर्मनियम रक्षार्थ देवगति को प्राप्त हुए।

05. अभिलेखः- राजस्थान अभिलेखागार, बीकानेर (रि. बीकानेर, H.D.B. ब.नं.115, फा.नं.2520) यह सन् 1935 ई. की एक 12 पृष्ठों की फाईल है। इसमें कुदसुं गांव के छोगा विसनोई जो पुलिस कॉस्टेबल थे। जिसके भाई को कुदसुं निवासी रेड़ा व अरजन विसनोई ने मारकर कुए में डाल दिया था। इस संबंध में उल्लेख है।

06. खींचियासर

01. परिचयः- खींचियासर गांव राजस्थान के बीकानेर जिले की नोखा तहसील में स्थित है। यह गांव मुकाम (तालवा) के पड़ौस में है। यहां निंबड़ी धाम स्थित है। कहा जाता है कि यहां स्थित नींब के पेड़ पर गुरू जाम्भोजी ने नारियल लगाए थे।

02. उदै अतली का खिंचियासर में बसनाः- केसोजी गोदारा कृत 'कथा उदै अतली की' में वर्णित है कि कूदसूं छोड़कर उदो अतली खींचियासर में बसे। लेकिन फिर खिंचियासर छोड़कर माडेवाली गांव बसना पड़ाः-

खीचीयासरि ऊदो बस्यौ, ता दिन इधक अधीर। अन वाहै ओछो हुवौ, सांसौ रहै सरीर।२१

अन विण इतनां परहरै, मात पिता सुत वीर। भाव घटियो आवै भगत, देखि हुवे दलगीर।२२

सत घटियो सांसो पड़ियो, काया नहीं करार। अन पाखो ऊणति घणी, के कीजै करतार।२३

ऊदो अतली ने कहै, लीक लगाई ईलाज। प्रीति विहुंणो पांहणो, आण्या इधक अवाज।२४

मन भागो भागी भगत, मोह घटियो मन मांहि। छाडि दरो बसिया इकंत, माडेवाली गांव।२५

साहबरामजी राहड़ कृत जंभसार के 18 वें प्रकरण में भी यही वर्णित हैः-

इंहां वस्यां से धन सब खिल्यौ, कूदस्यूं सूं ऊदो उठ चल्यौ। खिंचियासर ऊदो बस्यौ, ता दिन अधक अधीर।

अंन बाहै ओछो हुवै, सासो रहै सरीर। अंन विण इतरा परहरै, मात पिता सुत बीर।

भाव घटै आवै भगत, देख हुवै दिलगीर। सत घटियौ सांसो पड़ियौ, काया नहीं करार।

अन पाखो उनत घंणी, के कीजै किरतार। ऊदौ अतली नें कहै, लोक लगाई लाज।

प्रीत विहूणा पाहूणे, आण्यां अधक अकाज। मंन भाग्यो भक्ति जब गएऊ, महिमां घटी कठोरता भईऊ।

छाड़्यौ दरो अरू बस्या इकंता, मांडावाली गांव बसंता।

माधवानंदजी कृत भजन के अनुसार गुरू जाम्भोजी गाये चराते समय खिंचियासर के पास में बैठकर ध्यान करते थे। एक बार ग्वाले और गायें प्यासी थी, तब गुरू जाम्भोजी ने वहां तीर मारकर जलधारा निकाली थी:-
गऊ चराते आप, जपते नित जाप। वन में विचरत जान, ग्वालों को दे ग्यान।
ध्यान गुरू धरते खिंच्यासर के पास, बैठे गुरू खास। तीर जो मारा जल निकला, दूध समान गंग की धारा।
परचा देख सभी डरते थे, गुरू चरण शीश धरते थे। दुष्टों का मान हरते थे, निज ग्यान तत्व भरते थे।

07. रासीसर

01. परिचय:- रासीसर गांव बीकानेर जिले की नोखा तहसील में स्थित है।

02. रासीसर के बैनिवाल थापन

क. परमानंद जी बैनिवाल:- जांगलू गांव निवासी थापन सुरताणजी बैनिवाल के पुत्र परमानंदजी बैनिवाल थे। ये थापन गुरू जांभोजी के हुजुरी भक्त बरसिंहजी बैनिवाल के पुत्र सेणोजी के वंशज हैं। जांगलू गांव और वर्तमान साथरी के बीच बरसिंहजी का खुदवाया हुआ तालाब आज भी मोजूद है, जो 'बरींग आली नाडी' (बरसिंघ वाली नाडी) कहलाता है। ये थापन सुरताणजी के समय जांगलू गांव से रासीसर गांव में आकर बस गए थे। परमानन्दजी ने सुप्रसिद्ध पोथो 'ग्रंथ ग्यान' (ग्रंथांक-201) रासीसर गांव में ही लिखा था। परमानंदजी बैनिवाल के पुत्र कान्होजी विक्रम संवत् 1869 को रासीसर गांव छोड़कर पंजाब में बस गए थे, जिनके वंशज अबोहर निवासी अमित जी बैनिवाल द्वारा प्रेषित वंशावली इस प्रकार है:- रायसलाणा गांव के बैनिवाल गौत्र के जाट खैराज जी बैनिवाल ने विसनोई धर्म अपनाया। जिनके पुत्र बरसिंह जी बैनिवाल जांगलू गांव में बसे तथा वहां नाडी खुदवायी। बरसिंहजी के पुत्र सैणौजी, दासोजी व मुगोलजी हुए। जिनमें सैणोजी के पुत्र बिंड़दोजी, बींजोजी व किरतोजी हुए। बिड़दोजी के वंशक्रम में क्रमश: रेशाजी, बोगोजी, गोपालजी, डावोजी, भोजोजी हुए। भोजोजी के पुत्र सुरताण जी थे तथा सुरताण जी के पुत्र परमानंद जी हुए। परमानंदजी के पुत्र कान्होजी हुए। इस प्रकार परमानंदजी के वंशक्रम में क्रमश: कान्होजी, साहबजी, मनरूपजी/नरसोजी हुए। उपरोक्त मनरूपजी/नरसोजी के चार पुत्र शेरोजी, धन्नोजी, सरदारोजी व हणुतोजी हुए। जिनमें शेरोजी के पुत्र गोपीचंदजी, लेखरामजी व लाधुरामजी हुए। गोपीचंद के पुत्र हेतरामजी हुए तथा हेतरामजी के दो पुत्र रवीन्द्रजी व सुभाषजी हुए। रवीन्द्रजी के पुत्र अमितजी हुए, जिन्होने उपरोक्त वंशावली हमें उपलब्ध करवाई।

पोथे के सम्बन्ध में उसमें लिपिबद्ध "सबदवाणी" की पुष्पिका रूप उनके दोहे द्रष्टव्य हैं:-
वड पोथी गिण वील्ह की, दूजी सुरेजंनदाख। तीजे मुकनु मुझ गुरु, सुरतांण पिता मुझ आख।२
दसुंधी दासो खीराजजी रासोजी सुरतांण। ऐ पांचू परत्यां बांच कै, पोत्थो लिख्यौ प्रवांण।३
कै बात सुणी साधां कनां, के पोथियां मां परवांणि। परमांणंद सुरतांण रै, लिखिया सबद सुजांणि।४
दीठा वाच्या मैं लिख्या, सासतर मां था सोय। ग्याता कोई वाचि कै, दोस न देईयो मोय।५
मैं तो मांडिया मोह कर, पुसतक देखि विचारि। सबदां अरथ अनंत है, जाणे सिरजणहारि।६
कचा सब संसार है, सचा सबद ततसार। परमाणद सूं परम गुर, राखो हेत पियार।७

इन दोहों में वर्णित है कि बड़ी पोथी विल्होजी की, दुसरी सुरजनदास जी की, तीसरी मुकनोजी व मुझ गुरू (रासोजी) की जिससे पिताजी सुरताण ने मुझे अक्षर ज्ञान कराया। चौथी दसुंधीदास व खीराजजी की तथा पांचवी रासोजी व सुरताणजी द्वारा लिपिबद्ध, इन पांचो प्रतियों का अध्ययन करके यह प्रमाणिक पोथा लिखा है। वर्तमान में उपरोक्त पांच प्रतियों में से एक भी उपलब्ध नहीं हो पाई है। कालक्रम की दृष्टि से जांभाणी साहित्य का उपलब्ध सबसे विस्तृत प्रमाणिक प्राचीन हस्तलिखित ग्रंथ वर्तमान में उपरोक्त 'पोथो ग्रंथ ग्यान' (ग्रंथांक-201) ही है। विक्रम संवत् 1796 से 1810 के 14 वर्षो तक वे इस ग्रंथ को लिपिबद्ध करते रहे थे। पोथे के अन्त में दी गई पुष्पिका से उनके इस महान् प्रयास का पता चलता है:- 'लिखतु परमानंद संत जाति बणिहाल थापन सुरताणजी रा सुत। रासेजी रा चेला। दामेजी रा पोता सिख। मारवाड़े नवकोटि रा थापना। अतीतां गंगा पार रा अतीतां रा जूना पुस्तक देखि महंतौ री पोथी देखि। ओह ग्रंथ ग्यान लिख्यौ छै। संमत 1798 पौथो कियो। समंत 1810 चेत सुदि 1 पोथो संपुर्ण लिख्यो छै। वार बुधवारि वचनारथी कान्हा। गांव रासीसर सुभ सुथाने। दामेजी री थापना।"
उपरोक्त पुष्पिका में उन्होनें स्वयं के गुरू का नाम रासोजी एवं दादा गुरू का नाम दामोजी बताया है। तथा (अपने पुत्र) कान्होजी के वाचनार्थ यह ग्रंथ लिखने का उल्लेख किया है। हस्तलिखित प्रतियों में इनकी गुरु-परम्परा इस प्रकार ज्ञात होती है:- (1) श्रीजांभोजी महाराज (2) नाथोजी, (3) विल्होजी, (4) धनूजी, (5) नेतोजी, (6) दामोजी, (7) रासोजी, (8) परमानन्दजी बैनिवाल। जिसकी पुष्टि स्वयं परमानंदजी ने नमस्कार प्रसंग के इस दोहे में की है:-
झंभ गुरु नाथव वील्हजी, धनौ नेतौ निज दास। दामौ रासौ अर ग्यान गुरु, हम ता गुरु का दास।९
एक अन्य दोहे में परमानंदजी ने अपने अक्षर गुरू, चलु गुरू और दीक्षा गुरू के नामों का उल्लेख किया है:-
पिता आखर सुरताण गुरु, चलु गुरु दामू दास। रासोजी दिख्या गुरू, तैसा सुखदेव व्यास।३
संवत 1789 से 1838 के मध्य परमानंदजी बैनिवाल द्वारा लिपिबद्ध 6 हस्तलिखित प्रतियां उपलब्ध है।

ख. रासानंदजी थापन:- ये रासीसर गांव के थापन तथा वील्होजी की शिष्य परम्परा में दामोजी बैनिवाल के शिष्य और गोयंदजी, जसोजी, मुकनजी व हरजी बैनिवाल के गुरूभाई थे। रासोजी के चेले सुखुजी, परमानंदजी बैनिवाल, दरवेसीजी, गंगारामजी बुणागर, सुजाणजी, खैरातीजी आदि थे। ये परमानंदजी बैनिवाल के गुरू थे। इन्होने मुकनजी के साथ मिलकर एक पोथी लिपिबद्ध की थी। परमानंदजी बैनिवाल को उनके पिता सुरताणजी ने इसी पोथी से अक्षर ज्ञान कराया था। जिसका उल्लेख परमानंदजी ने किया है:-

वड पोथी गिण वील्ह की, दूजी सुरजंनदाख। तीजे मुकनु मुझ गुरु, सुरतांण पिता मुझ आख।२

इस दोहें में वर्णित है कि बड़ी पोथी विल्होजी की, दुसरी सुरजनदास जी की, तीसरी मुकनोजी व मुझ गुरू (रासोजी) की जिससे पिताजी सुरताण ने मुझे अक्षर ज्ञान कराया। परमानंदजी बैनिवाल कृत हस्तलिखित ग्रंथ में वर्णित है कि रासोजी का निधन संवत 1768 को रासीसर गांव में हुआ था- "समंत 1768 सावण वदि 2 गांव रासीसर दामेजी तुरबती लिवी।"

ग. मुकनजी:- ये दामोजी बैनिवाल के शिष्य तथा गोयंदजी, जसोजी, रासोजी व हरजी बैनिवाल के गुरू भाई थे। मुकनोजी के शिष्य जगनाथजी थे। परमानंदजी बैनिवाल ने अपने ग्रंथों को लिपिबद्ध करने में मुकनजी व रासानंदजी द्वारा लिपिबद्ध पोथी का भी सहारा लिया था, जिनका उल्लेख स्वयं परमानंदजी बैनिवाल ने अपने ग्रंथों में किया है।

घ. हरजी बैनिवाल:- ये जांगलु गांव के थापन थे, जो बाद में रासीसर में रहने लगे थे। इनके गुरू दामोजी बैनिवाल थे। संवत 1825 फाल्गुन वदि 7 को हरजी बैनिवाल द्वारा जीवण डारा की पोथी से गांव रासीसर में 'ग्रंथांक-66' लिपिबद्ध किया गया था। संवत 1817 से 1833 के मध्य हरजी बैनिवाल द्वारा लिपिबद्ध चार हस्तलिखित प्रतियां उपलब्ध है।

03. रासीसर:- लोहावट साथरी से प्राप्त 'ग्रंथांक-15' संवत 1888 को गंगारामजी के शिष्य साध गुमानीरामजी द्वारा गांव रासीसर में लिपिबद्ध है।

04. अभिलेख:- राजस्थान अभिलेखागार, बीकानेर (रि. बीकानेर, F.P.D., ब.नं.13, फा.नं.365) यह सन् 1926 ई. की एक 14 पृष्ठों की फाईल है। इसमें गांव रासीसर निवासी रामलाल पुत्र मंगलाराम विसनोई को बहावलपुर से गिरफ्तार करके बीकानेर लाने के संबंध में हुई कार्यवाही का विवरण है। गांव रासीसर निवासी पोकर पुत्र जवणा विसनोई ने उस पर मुकदमा किया था। रामलाल के साथ जालोड़ा गांव के निवासी रामरख पुत्र हुकमा विसनोई का भी उल्लेख है।

08. जैगला

01. परिचय:- जेगला गांव बीकानेर जिले की नोखा तहसील में स्थित है।

02. कुंभारामजी पुनियां:- ये जेगला गांव के निवासी थे। इन्होने विक्रम संवत् 1967 में डाबला के साधु हरिनारायण जी भादू से मुकाम में दीक्षा लेकर सन्यास ग्रहण किया था। संवत् 1973 के जेठ बदि अमावस्या को ये अबोहर से हरिद्वार की ओर चले गए थे। वहां लगभग 32 वर्ष तक हरि भजन और योगाभ्यास करते रहे। इनका स्वर्गवास संवत् 1995 के लगभग हुआ।

09. धरनोक

01. परिचय:- धरनोक गांव बीकानेर जिले की नोखा तहसील में स्थित है।

02. रूपोजी सिंवर को धरनोक गांव सौंपना:- साहबरामजी राहड़ कृत जंभसार में वर्णित है कि गुरू जांभोजी ने रूपोजी सिंवर (लोहापांगल) को आज्ञा दी कि अमावस्या आने वाली है, इस दिन बहुत लोग दर्शनार्थ आएंगे। अतः धरनोक गांव की प्याऊ पर तुम पानी पिलाने का कार्य करो। और विसन का जाप करो:-

जंभ अज्ञा असै दई, जुड़ रही बहुत जमात। अमावस आवे निकट, सत करणी कहि जात।
धरणोक गांव तुम कूं दियो, पो पावी तुम वीर। जाप जपो निज तत को, पावन होय शरीर।

10. सांवतसर

01. परिचय:- सांवतसर गांव बीकानेर जिले की श्री डूंगरगढ़ तहसील में स्थित है।

यहां गुरू जांभोजी का आगमन हुआ था। यह धारणिया गौत्र के विसनोईयों का आदि गांव है। साहबरामजी राहड़ कृत जंभसार के 22 वें प्रकरण में वर्णित 16 साथरियों की सूची में सांवतसर साथरी का भी उल्लेख है:- "सांवतसर मां सेवादासा, सेवै साथरी जंभ उपासा।"

02. गुरू जाम्भोजी का आगमन:- साहबरामजी राहड़ कृत जंभसार के उन्नीसवें प्रकरण में वर्णित है कि एक दिन गुरु जांभोजी ने समस्त जमात पर कृपा दृष्टि करते हुए भ्रमण करने की इच्छा प्रकट की। उन्होंने अपने अनुयायियों को आज्ञा दी कि यात्रा के लिए सभी साधन तैयार किए जाएं। तब हाथी, घोड़े, रथ, बैलगाड़ियाँ और सुखपाल (पालकी) आदि सभी साधन सुसज्जित किए गए। सभी सवारों को आदेश देकर यात्रा की तैयारी पूर्ण की गई। शुभ दिन देखकर गुरु जांभोजी ने यात्रा आरंभ की और उनके साथ लगभग चार हजार साधुओं का विशाल दल था। यात्रा के प्रथम दिवस गुरु जांभोजी सांवतसर पहुंचे। वहां के निवासी धारणियों ने अत्यंत श्रद्धा और आदर के साथ उनका स्वागत किया। धारणियों ने हर्षपूर्वक गुरु के चरणों की पूजा की और उन्हें भगवान स्वरूप मानकर भोग अर्पित किया। संपूर्ण संत-मंडली के लिए उत्तम भोजन

की व्यवस्था की गई। प्रत्येक घर से भेंट अर्पित की गई। सांवतसर में भेंट की मात्रा इतनी अधिक थी कि उसका पार पाना कठिन था। धारणियों ने श्रद्धा से अशर्फियाँ, रूपये, नारियल, खांड, खोपरा, कम्बल, पट्टू, दुशाले, चादर, धोती और रूमाल आदि अर्पित किए। सांवतसर में केवल भौतिक भेंट ही नहीं, बल्कि भक्ति का अद्भुत वातावरण भी निर्मित हुआ। संतों और भक्तों ने मिलकर झालर, झींझा (वाद्य) के साथ साखी और सबद गाए।सभी भेंट अंततः गुरु जांभोजी को समर्पित कर दी गईं। रात्रि विश्राम के पश्चात प्रातःकाल गुरु जांभोजी वहां से प्रस्थान कर गए। जहां गुरु जांभोजी ने रात्रि विश्राम किया, वहां साथरी का निर्माण हुआ। जो भी व्यक्ति वहां जाकर श्रद्धा से शीश नवाता है, उसके करोड़ों जन्मों के पाप नष्ट हो जाते हैं। सांवतसर से प्रस्थान करने के बाद गुरु जांभोजी अपनी दूसरी मंजिल रोटू पहुंचे:-

एक दिवस गुर जंभ दयाला, सब जमात पर भऐ कृपाला। साहन वाहन घोड़ा हसती, रथ वैली सुखपाल समस्ती।
सब असवारन अज्ञा दई, सहल करण की अंछिया भई। शुभ दिन देख पयानो कीन्हे, च्यार हजार साध संग लीन्हें।
प्रथम दिवस सांवतसर गऐ, धारणियां बहू आदर दऐ। मन रहंस्या पूजे गुर हरी, षोडस भांत से पूजा करी।
सब संतन कूँ दई रसोई, घर घर भेंठ बहुत विधि होही। असरपी रूपिया नारेला, खांड खोपरां लागेउ ढेरा।
कांबल पटु अरु और दुसाला, चादर धोती और रूमाला। भेंठ करी कछु वार न पारा, झालर झींझा का झणकारा।
गाय बजाय शब्द अरू साखी, सब ही भेंठ गुरां पै राखी। एहि विधि पूजन कर प्रणांमा, सबहिनि पूजे सुंदर स्यामां।
प्रात: काल चाले गुर सही, रात रहे जाहां साथरी भई। जाय साथरी शीस नवावै, कोट जनम के पाप नसावै।
दूसर मंजल रोटू चल आऐ, भादू झोदकण मन रहंसाऐ।

03. गौरां बागड़िया:- ये बागड़िया गौत्र के जाट रायमलजी की पुत्री थी। तथा सांवतसर गांव के जाट कालूजी धारणिया की पत्नी थी। सबदवाणी के एक प्रसंग में इनका उल्लेख है:- "गौरां वागड़ियाणी पुछे- झांभाजी थोड़ा आखर, घणो नफो हुवे। असा सीखावो। झांभोजी पहेली कहे- सिनान दान क्रण क्रिया, होम जाप मे वचुं। एक बोल जुग च्यारि, देवे दान प्रज कुं।117।" धारणियां गौत्र के सभी विसनोई इन्हीं के वंशज है।

04. अभिलेख:-

क. राजस्थान अभिलेखागार, बीकानेर (रि. बीकानेर, H.D.B. ब.नं.67, फा.नं.3882) यह सन् 1927 ई. की एक 550 पृष्ठों की विस्तृत फाईल है। इसमें सांवतसर गांव के पट्टेदार ठाकुर मालमसिंह के विरूद्ध सांवतसर के विसनोईयों ने रिपोर्ट दर्ज कराई थी। उक्त कार्यवाही का विस्तृत विवरण दर्ज है।

ख. राजस्थान अभिलेखागार, बीकानेर (रि. बीकानेर, H.C. ब.नं.31, फा.नं.63) यह सन् 1945 ई. की एक 81 पृष्ठों की विस्तृत फाईल है। इसमें सांवतसर गांव के विसनोई लोगों और सांवतसर के पट्टेदार ठाकुर मालमसिंह के बीच चल रहे झगड़ों का विस्तृत विवरण है। ठाकुर के अमानवीय अत्याचारों को झेलने वाले अनेक विसनोईयों के बयान दर्ज है।

ग. राजस्थान अभिलेखागार, बीकानेर (रि. बीकानेर, PM D.G. ब.नं.01, फा.नं.816) यह सन् 1927 ई. की एक 16 पृष्ठों की फाईल है। इसमें सांवतसर गांव के विसनोई लोगों और सांवतसर के पट्टेदार ठाकुर मालमसिंह के बीच चल रहे विवादों के संबंध में कार्यवाही का विवरण है।

11. किसनासर

01. परिचय:- किसनासर गांव बीकानेर ज़िले की नोखा तहसील में स्थित है। यहां गुरू जांभोजी का आगमन हुआ था। साहबरामजी राहड़ कृत जंभसार के 22 वें प्रकरण में वर्णित 16 साथरियों की सूची में किसनासर साथरी का भी उल्लेख है:- "किसनासर में कृसनोजी राखेउ, टहल करो सतगुर अस भाखेऊ।"

02. गुरू जांभोजी का किसनासर आगमन:- साहबरामजी राहड़ कृत जंभसार के बीसवें प्रकरण में वर्णित है कि गुरू जांभोजी अपने सतत भ्रमण क्रम में विभिन्न स्थानों पर धर्म-प्रचार और जनकल्याण हेतु विचरण करते हुए एक दिन नाथूसर गांव में ठहरे और अगले दिन किसनासर की ओर प्रस्थान किया। किसनासर गांव की सीमा (कांकड़) में पहुँचकर गुरू जांभोजी ने वहाँ एक महीने तक निवास किया। यह प्रवास केवल विश्राम मात्र नहीं था, बल्कि इस अवधि में गुरू जांभोजी के सान्निध्य में संतों और अनुयायियों को सत्संग, उपदेश और आध्यात्मिक मार्गदर्शन प्राप्त हुआ। उनके साथ बड़ी संख्या में संतों की जमात भी थी, जिनकी सेवा और व्यवस्था एक महत्वपूर्ण कार्य था। इस अवसर पर रतनोजी राहड़ ने अद्वितीय सेवा-भाव का परिचय दिया। उन्होंने पूरे एक मास तक जांगलू क्षेत्र में संतों की जमात के लिए भोजन की व्यवस्था की। उनकी रसोई निरंतर चलती रही, जिसमें चावल, खांड (शक्कर) और घी से परिपूर्ण भोजन था। यह केवल भौतिक सेवा नहीं थी, बल्कि भक्ति, श्रद्धा और समर्पण का सजीव उदाहरण था। रतनोजी ने विधिपूर्वक सत्कार के साथ समस्त संतों की सेवा की। इस प्रकार की सेवा से गुरू जांभोजी अत्यंत प्रसन्न हुए और संतों को भरपूर भोजन कराकर उन्हें संतुष्ट किया। एक मास के इस सुखद और फलदायी प्रवास के उपरांत एक दिन प्रातःकाल गुरू जांभोजी ने किसनासर से प्रस्थान किया। वे आगे के भ्रमण के लिए निकल पड़े, जिससे अन्य स्थानों के लोग भी उनके दर्शन और उपदेश का लाभ प्राप्त कर सके। किसनासर से चलकर गुरू जांभोजी खारा गांव की रोही में विराजमान हुए:-

एक दिवस नाथुसर रहे, दुसर दिन किसनासर गए। किसनासर की कांकड़ मांहि, ऐक मास जंभ रहे जू तांहि।
रतने आय रसोई दई, जमात जांगलू आवत भई। निंवता सोला कीन्हा सारा, चावल खांड चले घृत धारा।

एहि विधि जंभ बहुत सुख पाए, अपणे संतनि खुब चुगाए। ऐक दिवस प्रभू उठे सकारा, चालत भए मुक्ति आगारा।
खारे की रोहि मां रहेऊ, नाना रिधि आवती भएऊ।

12. खारा

01. परिचयः- खारा गांव बीकानेर ज़िले की नोखा तहसील में स्थित है। यहां गुरू जांभोजी का आगमन हुआ था।

02. गुरू जांभोजी का आगमनः- साहबरामजी राहड़ कृत जंभसार के बीसवें प्रकरण में वर्णित है कि किसनासर में एक मास का प्रवास पूर्ण करने के उपरांत गुरू जांभोजी प्रातःकाल वहाँ से प्रस्थान कर आगे के भ्रमण हेतु निकल पड़े। उनके इस सतत विचरण का उद्देश्य जनकल्याण, धर्म-प्रचार और पीड़ितों का उद्धार करना था। यात्रा करते हुए गुरू जांभोजी खारा गांव की रोही (वन क्षेत्र) में आकर विराजमान हुए। यह स्थान प्राकृतिक रूप से निर्जन और कठिन परिस्थितियों वाला क्षेत्र था, किंतु गुरू के आगमन से वहाँ एक आध्यात्मिक वातावरण का संचार हुआ। वहां विविध प्रकार की समृद्धियाँ और अनुकूल परिस्थितियाँ प्रकट होने लगीं। यह संकेत करता है कि गुरू जांभोजी के प्रभाव से उस क्षेत्र में अभाव की स्थिति समाप्त होने लगी। इस समय स्थानीय विसनोई जन गुरू जांभोजी के चरणों में उपस्थित हुए और अपनी समस्याओं एवं कष्टों का निवेदन किया। गुरू जांभोजी ने करुणा दिखाते हुए उनके दुःखों का निवारण किया। विशेष रूप से उस क्षेत्र में अन्न और जल की समस्या प्रमुख थी, जिससे लोग अत्यंत कष्ट में थे। गुरू जांभोजी के अनुग्रह से अन्न का संकट दूर हुआ और जल की उपलब्धता सुनिश्चित हुई। इस प्रकार उन्होंने लोगों को जीवनोपयोगी मूलभूत आवश्यकताओं से संपन्न कर उनका जीवन सुखमय बनाया। खारा की रोही में इस प्रकार जनकल्याण करने के उपरांत गुरू जांभोजी ने अगले दिन प्रातःकाल वहाँ से प्रस्थान किया और अलाय गांव की ओर बढ़े। अपनी कृपा से वे वहाँ पहुँचे और विश्राम हेतु रुके। जहाँ-जहाँ गुरू जांभोजी ने अपने चरण रखे, वहाँ-वहाँ “साथरी” का निर्माण हुआ:-

एक दिवस प्रभू उठे सकारा, चालत भए मुक्ति आगारा। खारे की रोहि मां रहेऊ, नाना रिधि आवती भएऊ।
तब विसनोई पैरां पड़े, कछुवक दुख जंभ गरू हड़े। अंन को सांसो दिया मिटाई, पाणी तासो रहे सदाई।
प्रातकाल चालै ततकाला, अलाय आप पहुंचै कृपाला। जंभगरू उतरे तांहा सही, चरणा ठोड साथरी भई।

13. जांभा धोरा

01. परिचयः- जांभा धोरा बीकानेर जिले की लुनकरणसर तहसील में रावांसर गाँव के पास स्थित है।

02. नाथूसर का जाम्भा धोराः- नानुरामजी संस्कृता कृत "खेड़े रपट (1984 ई.)" में वर्णित है कि "जैसे कुईयां गांव, प्रसिद्ध विद्वान सिढायच दयालदास की जन्म भूमि होने के कारण लुणकरणसर तहसील क्षेत्र का प्राचीन साहित्यिक ग्राम है वैसे ही उसके नजदीकी ग्राम नाथूसर का 'जाम्भा धोरा' भी यहाँ का परम पुनीत एवं धार्मिक धुर स्थान है। लगभग वि.सं.1565 के आसपास प्रचलित लोक सुकथाएं हैं कि इस जाम्भे धोरे पर कुछ समय के लिए विसनोई धर्म के आदि गुरु जम्भेश्वर महाराज ने अपना धर्म विस्तार प्रवृत्ति हित प्रवास किया था। देश के विभिन्न भागों की यात्राओं के सुकायकारी ज्ञानोपदेश की लोक मंगलकारी आत्मीय लहर में भक्तजनों की प्रार्थना पर श्री जाम्भोजी महाराज आकर कुछ समय के लिए यहाँ ठहरे थे। तब से यह स्थान 'जाम्भा धोरा' कहलाता है। श्री जाम्भोजी का भ्रमण, आस-पास ही नहीं बहुत दूर-दूर के स्थानों तक हुआ करता था। वे अपने अनुयायियों सहित जिस स्थान पर कुछ समय ठहरकर ज्ञानोपदेश करते, वे साथरी (साथी सत्संगति अथवा संत चर्चा आयोजन) नाम से प्रसिद्ध हुए हैं। हमारे गांव चांदसर से आथूण (पश्चिम), नाथूसर थेह से दक्षिण और रावासर से पूर्व में (इन सब ग्रामों के मध्यस्थ) जाम्भे धोरे का स्थान साथरी परम्परा का पावन प्रतीक माना जाता है। उनकी (जाम्भोजी की) ज्ञान कथाएं यहाँ सभी धर्मों, वर्गों एवं व्यवसायों के लोगों के हित में हुई थी। उन्होंने सभी जातियों के लोगों का आध्यात्मिक तौर से मार्गदर्शन किया था ऐसा सुना जाता है। गाँव नाथूसर एवं चांदसर रोहड़िया शाखा के बारठ आसोजी को मिले हुए थे। वे श्री जाम्भोजी की सदप्रेरणा लेकर विशिष्ट संत बने और ब्रह्मचारी कहलाते थे। डिंगल भाषा व करुण रस प्लावित मार्मिक दोहे लेखन में वे सिद्धहस्त कवि थे। उन्हीं के वात्सल्य भाव के कारण इस क्षेत्र में श्री जम्भेश्वर भगवान का पदार्पण हुआ था। आसानंद का भतीजा भक्त कवि ईसरदास भी शब्द वाणी से प्रभावित होकर नवदी (लूणी) के किनारे कुटिया बनाकर रहने लगा था। भारत के इतिहास में पन्द्रहवीं शताब्दी का समय यहाँ पाप-पुण्य मिश्रण खिचड़ी कथाओं का विषय ज्ञात होता है। राठौड़ राज्य से पहले कालू के पास का इलाका गोदारा जाटों के अधिकार में था। उनका जोइयों और भाटियों से विरोध रहता था। कुछ स्थानों पर यहाँ मुसलमानों का अधिकार चलता था। किन्तु सारे शासकगण एक दूसरे से शत्रुभाव पूरा पालने और प्रतिद्वंद्वी के अधिकृत क्षेत्रों की प्रजा पर लूट-मार, खसोट एवं आगजनी जैसा प्रताड़ित व्यवहार किया करते थे। ऊपर बादशाहों की धार्मिक कट्टरता तथा निरंकुशता भी निरीह जनता को भयभीत कर रही थी। तब यहाँ की जाट, राठौड़ और भाटी आदि जातियां जीव-हिंसा और मदिरा पीने में प्रवृत्त हो गई थी। धार्मिक सद्योपासना पर कुरीतियों का प्रबल ज़ोर पड़ रहा था। इन दुर्व्यसनों में रंगे सबल लोग बलात्कार तक की वारदातें कर लिया करते थे। तब बादलों की गर्जना और आंधी में वर्षा की सम्भावना प्रकट हुई और राजस्थान में बहुत से संतों ने जनता की भाषा में काव्य रचना रची। वे भगवान की विनय प्रार्थनाएं थीं, जिन्हें धार्मिक आयोजनों में सुर-ताल से उच्चरित कर लोगों को मानव धर्म बचाने की राह दिखाई गई। दुनिया ऐसे संतों के चरणों में ढुल पड़ी। सारा इलाका उमड़ आया। बहुत से समझदार, विद्वान एवं असाधारण बुद्धि के लोग भी उनके अलौकिक शिक्षा प्रभाव के सामने झुक गये। तब निर्भय धर्मपथ, सद्धर्म तथा समृद्ध मानव सम्प्रदाय बनने लगे। श्री जाम्भोजी

का विचरणमय, विचक्षणधुर तपस्वी व्यक्तित्व, प्रेरणास्पद कर्मठ जीवन एवं शंका समाधान करने की सामयिक ओजाभिव्यक्ति ही विसनोई धर्म की लोक प्रसिद्धि का कारण हुई। गाँव नाथूसर प्रवास का समय उनका सर्वतोभावेन ज्ञानोपदेश काल था, जो सत्संगति, शब्द वाणी तथा हवन स्थल के उस उच्च स्थान का नाम ही जांभा धोरा संस्कारित हो गया। संतो के इन धार्मिक आयोजनों से कटक डाकूओं की भी रूचि बदली और उन्होंने साधुओं का कहना माना। अतएव जनता को अपने गांवों में साधु लाकर बसाने के दोहरे फल मिलने लगे। (फुटनोट:- कालांतर में जांभा धोरे से कोस भर पश्चिम बसते (स्थित) गांव रावासर के जाटों ने कटक के डर से लूगरगर नाम के एक साधु को बुलाकर अपने गांव के किनारे बैठाया था और उसको लिछमणरामजी झोरड़ ने हजार बीघा डोली (जमीन) सम्मानार्थ दी थी। इसके अलावा प्राचीन समय में कालू के पास गाँव बींझासर, गुसांईसर और ल्होडेरा के मध्य में खाखी बाबा नाम मे एक वृद्ध संत रहते थे। उसकी जगह भी वर्तमान विद्यमान है।) नाथूसर गांव के नवयुवक भोगते कवि आसोजी की श्रद्धा प्रार्थना पर कुछ समय के लिए उक्त धोरे पर (निकट नाथूसर) श्री गुरू जांभोजी ने ज्ञानोपदेश किया। उस समय पास बसते चारो ओर के गांवो से भक्तजनों की भीड़ लगी रहती और वहां आश्रम, कुंड तथा चौकियां बना दी गई थी। किन्तु 'भूखे भजन न होय गोपाला।" बीकानेर के बास प्राय अकालों की भूख प्यास के लिए पुरा प्रसिद्ध हैं। ऐसे समय में उन्होने यहां बहुत से दुर्बल स्थितिजनों को ज्ञान ही नही अन्न भी वितरण करवाया था। (फुटनोट:- बीकानेर इतिहासानुमार, गेहूं उस समय 12 मन, चावल 10 मन ओर दाल 16 मन प्रति रुपये के भाव थे। पर गुरू जांभोजी के बदोबस्त का रूप परम दैविक था।) किसी को विवाहादि अवसरों हेतु रूपयों की जरूरत पड़ती, उन्हीं से जा मांगते। तब श्री जम्भेश्वर महाराज अपने हाथ के इशारे से दूर दिखाई देता कोई फोग बूजा या बांठ बता दिया करते कि "उनके पास फलां दिश मुड़त हाथ (अकूणी हाथ के मध्य जोड़ से मध्यमा अंगुली तक) जमीन खोदकर रुपये निकाल लो और ले जाओ " भक्तजनों को वैसा उपाय करने पर (ठीक उसी नाप से धरती खोदने पर) अपनी मांग के मुताबिक रुपयों का भरा मगलिया कुल्हड़िया या छोटी हंडिया आदि अन्य मिट्टी का द्रव्य भरा बर्तन मिल जाया करता था। (फुटनोट:- भेंटादि से मिले रूपयो के अलग अलग 20, 30 50 और 100 तक के बर्तन निश्चित जगह पर रखवाते थे।) श्री जाम्भोजी इस धोरे पर यथा समय रहे और जाने के पश्चात पुनः लौटकर नहीं आए। पर भक्त लोग काफी समय तक हर अमावस्या के दिन वहा (जांभा धोरा) पर एकत्रित होकर हवन, ज्ञान चर्चा तथा सत्य नियम पालन के पाठ दुहराते रहे। शमी, फोग वृक्षों के अतिरिक्त स्वर्ण बालुकामय उक्त जाम्भे धारे पर जाल नीम और कुमटे आदि के बडे पेड़ थे। वहां एक कुंड स्तम्भ और साल (मकान) का होना भी बताया जाता है। (संदर्भ नोट:- चांदसर के धार्मिक सज्जन हरचंद राठी, नाथूसर के भक्त कवि गोविंददान बारहठ, रावासर के पं. सत्यनारायण सारस्वत आदि महान पुरूषों से मैं जाम्भा धोरे के विषय में ऐसे धार्मिक वृतान्त वर्षों से सुनता आ रहा हूँ। रोहड़िया शाखा की वंश परम्परा में अनेक वृद्ध बारहठ अर्वाचीन समय में भी अपने गाव की उक्त वार्ता बतलाते हैं।)"

14. अणखीसर

01. परिचय:- अणखीसर गांव बीकानेर जिले की नोखा तहसील में स्थित है। साहबरामजी राहड़ कृत जंभसार में 24 भंडारो की सूची में अणखीसर भंडारे का भी उल्लेख है:- "अणखीसर भंडारो भयो, रेडैजी सांवक कूं दयो।"

15. काकड़ा

01. परिचय:- काकड़ा गांव बीकानेर जिले की नोखा तहसील में स्थित है।

02. रूपरामजी:- स्वामी ब्रह्मानंदजी कृत इतिहास प्रदीप में वर्णित है कि काकड़ा ग्राम निवासी रूपराम नामक गायक (गायणा) ने मुकाम के उत्तरी भाग में धर्मशाला बनाई थी।

03. लिपिबद्ध ग्रंथ:- विसनोई साध गंगारामजी के शिष्य गुमानीरामजी द्वारा गांव काकड़ में संवत 1889 को 'ग्रंथांक-212' लिपिबद्ध किया गया।

04. लिखमीसर गांव के जाट जंवरोजी डेलू के पुत्र बींजोजी ने विक्रम संवत् 1622 चैत्र वदी तेरस को विल्होजी से पाहल लेकर विसनोई धर्म अपनाया और विसनोई मीरां सियाग से शादी करके काकड़ा गांव में बसे।

51
नागौर

01. आसोजाई

01. परिचयः- आसोजाई गांव राजस्थान के नागौर जिले की डेगाना तहसील में स्थित है। साहबरामजी राहड़ के अनुसार ऊदोजी नैण का स्वर्गवास विक्रम संवत् 1593-94 में आसोजाई गांव में हुआ था:- "ऊदो आसोजाई रहेऊ, तीन हजार खड़े संग गएऊ।" गुरू जाम्भोजी ने अपने एक सबद में भी आसोजाई गांव का जिक्र किया है:- "आछोजाई सवालाख मालवे।"

02. पंडवाला

01. परिचयः- पंडवाला गांव राजस्थान के नागौर जिले की डेगाना तहसील में स्थित है।

02. उदोजी पंवार और अतली कासणियाः- केसोजी गोदारा कृत 'कथा उदै अतली की' में वर्णित है कि पंडवालो गांव के निवासी उदोजी पंवार और अतली कासणिया विसनोई धर्म नियमों का दृढ़ता से पालन करते थे। इनके करनोजी पंवार और बीसलजी पंवार दो पुत्र थे। ये संत सेवा करते थे। जब पंडवाला में इनके घर कोई संत नहीं आए, तो इन्होंने पंडवाला गांव छोड़कर हिंगुणियो गांव में निवास किया:-

मोमिण मेड़ताटी बसै, गिणि पंडवालो गांव। सीरी ऊदो संभल्यौ, सीरणि अतली नांव।४
ऊदो अतली करणी करै, धारै धर्म पापां परहरै। कारण क्रिया चालै खरा, करनो अर बीसल डीकरा।५
कापड़ चोड़ धीणुं धान, सुभ्यागत पोखै करि मांन। विसन भगति को जाणौ भेद, उर आईदा रहै उमेंद।६
च्यारूं धरम धारै धरि धीर, सत संजम सतगुरू सूं सीर।७
भेद लहै सिंवरै विसन, सदा भगत सूं सीर। जा दिन संत न आवही, ता दिन होय अधीर।८
ऊदो अतली चिंतवै, आया वसाई कंत। वसिये मंझि जमाति कै, जांस दाय धारै संत।९
तदि पंडवालो परहरियो, अंतरि सदा उदास। हर करि गया हिंगुणियै, जाय बसायो बास।१०

साहबरामजी राहड़ जंभसार के 18 वें प्रकरण में भी यही वर्णित है:-

ऊतो अतली भक्त दोय, गुर भक्ता तेहि जान। ताहि कथा मैं कहत हूं, प्रथम कथन उनमान।
श्रीपत पहली सिंवरिये, आद गरू आदेस। जंभ गुरू सिंवरू सदा, जेहि सिंवरे सुर सेंस।
विसनु भज्यां सुख संपजै, किया कटै अपराध। सतगुर सिरजी मेदनी, सिरे सिरजिया साध।
साध घंणां संसार मां, कुण पावै परवाण। एक संत निवाज्यो स्यांमजी, वरणौं सुजस बखांण।
ऊदो मेड़ताटी वसै, गिण पंडवालो गांम। सिरीज उदा संभलो, श्री जु अतली नांम।
ऊदो अतली करणीं करै, धारै धरम पाप परहरै। कारण किरिया चालै खरा, जंभ सिवरहे नारी नरां।
कापड़ चोपड़ धीणौ धांना, सुभ्यागत पोखै कर मांनां। विसन भक्त को जाणैं भेदा, उर आई आदर है उमेदा।
च्यार धरम धारै कर धीरा, सत संजंम सतगुर सू सीरा। भेद लहै सिंवरे श्री विसनु, सीर संता सूं सिंवरै किसनु।
ता दिन संत न आवै वीरा, ता दिन दोनूं होय अधीरा। ऊदो अतली चितवै जाहांही, सदा पधारे साधु तहांही।
तद पंडवालो परहरियो गांवा, सदा उदासी में दिन जावां। हार कर गया हीगुणियें गांवा, जाय बस्या नित लेवे नांवा।

03. हिंगुणियो

01. परिचयः- हिंगुणियो गांव राजस्थान के नागौर जिले में स्थित है। साहबरामजी राहड़ कृत जंभसार के 22 वें प्रकरण वर्णित 24 भंडारो की सूची में हिंगुणियो गांव के भंडारे का भी उल्लेख है। यह भंडारा गुरू जाम्भोजी ने टोहोजी राहड़ को दिया था:- "हींगुणिये भंडारो भयो, टोहै राहड़ जंभ गुर दयो।"

02. उदै अतली का हिंगुणियो में बसना:- केसोजी गोदारा कृत 'कथा उदै अतली की' में वर्णित है कि जब पंडवाला में उदो अतली के घर कोई अतिथि नहीं आए तो वे हिंगुणियो गांव में आकर बस गई। वहां चार घर विसनोईयों के पहले से थे। अगर पांच संत आए, तो उनके हिस्से में एक ही आएगा। यह सोचकर उन्होंने हिंगुणियो गांव छोड़कर कूदसूं में बस गए:-

तदि पंडवालो परहरियो, अंतरि सदा उदास। हर करि गया हिंगुणियै, जाय बसायो बास।१०

आया सेवा कारणै, विधि सूं बात विचार। आगी विसनोई बसै, चौकस ते किया च्यार।११

ऊदो अतली चिंतवै, मन में करै वमेक। पांच नफर आवै निरखि, तौ वांढियो आवै एक।१२

निरताही आवै नफर, भगत न आवै रास। सुणी ऊदा अतली कहै, नफो नहीं इणि वास।१३

संत जिमांवण कारणे, अंतरि इधक उदास। जाय बसाई कूदिसूं, कियौ दरै पर वास।१४

साहबरामजी राहड़ जंभसार के 18 वें प्रकरण में भी यही वर्णित है:-

तद पंडवालो परहरियो गांवा, सदा उदासी में दिन जावां। हार कर गया हीगुणियें गावां, जाय बस्या नित लेवै नांवां।

संता सेवा कारण आया, विधि स्यूं धर्म विचार बसाया। आगै विसनोई बसै उदारा, चोकस जाज्ञा गवाड़ी चारा।

ऊदो अतली चाहै भेखा, तातै मन में करै विवेका। पांच साध आवै ऐहि भान्ती, तो बांट्यौ आवै एक पांती।

थोड़े थोड़े साधू आवै, बहुते साधू कबऊ न ध्यावै। ऐसे अतली भई उदासा, आयां नफो नहीं इंण वासा।

संत जिमांवण नै मन हुलसै, भऐ उदासी सुख नही विलसै। ऊदो अतली कूदस्यू गएऊ, संता कै रसतैं वस रहेऊ।

04. हुड़िया

01. परिचय:- हुड़िया गांव नागौर जिले की मकराना तहसील में स्थित है।

02. साहबरामजी राहड़ का पैतृक गांव:- साहबरामजी राहड़ कृत जंभसार में वर्णित 'रतनोजी राहड़ की कथा' में रतनोजी के पुत्र पोत्रों का विभिन्न गांवों में बसने का उल्लेख है। हंसोजी को हुड़िया गांव, दांदलजी को दाबड़िया गांव भींयोजी को भूतावा गांव, मालोजी को मोकुंपुर गांव, मेहोजी को मनाणा गांव, और एक पुत्र को पालड़ी गांव में बसाया गया। बड़े पुत्र अमेदोजी राहड़ पारवा में ही रहे। इस प्रकार ये राहड़ो के सात गाँव स्थापित हुए- पारवा, पालड़ी, मनाणा, हुड़िया, दाबड़िया, भूतावा, मोकुंपुर। रतनोजी राहड़ का वंश जंभसार के रचनाकार साहबरामजी राहड़ तक इस प्रकार विकसित हुआ- महेंदोजी के पुत्र ठुकरोजी हुए। ठुकरोजी के पुत्र रतनोजी हुए। रतनोजी के वंशज क्रमश: थिरोजी, हंसोजी, खैराज भोमिया, टीलोजी, आसोजी, दामोजी, रोमियोजी हुए। रोमियोजी के पुत्र रायमलजी, रूपोजी, जीयोजी और तारोजी हुए। तारोजी के पाँच पुत्र हुए- तुलछोजी, चेनोजी, जसरामजी, आनंदोजी और साहबरामजी। इन्हीं साहबरामजी राहड़ ने जंभसार ग्रंथ की रचना की और गुरु जाम्भोजी के दर्शन प्राप्त किए:-

मंहेदो ठुकरो रतनो राहड़ा, दीन्हा जंभ बिवाणे चाड़ा। थिरो हंसो खैराज भोमियो, टीलोज आसो दांमो रोमियो।

रोमियो किन रोमावली पांचा, लिया नाम नहीं लागी आंचा। रायमल रूपो जियौ जांणो, तारो संत गुरु जीव पिछाणो।

तारे भक्त के पुत्र पाचां, होम करे नित शब्दही वांचा। तुलछो चेनो जसराम अनंदा, साहिबराम जंभ कर बंदा।

जेहि साहिब जंभसार बनायो, जंभ गरू को दर्श पायो। कृपा कर हिरदे में रहेऊ, ताते जंभसार कहि दएेऊ।

साहबरामजी राहड़ का जन्म संवत 1871 को हुड़िया गांव में तारोजी राहड़ के घर हुआ था। ये जांगलु गांव के थापन गोविंदरामजी गोदारा के शिष्य थे। साहबरामजी ने जंभसार के 23वें प्रकरण में अपने गुरू के संबध में लिखा है:- "साहबराम के सतगुरू मानो, गोविंदराम गोविंद कर जानो।" गोविंदरामजी गोदारा जांभा 'आगुणी जागा' के महंत थे, इन्होने अपनी रचनाओं में साहबरामजी की बहुत प्रशंसा की है। साध गुलाबदास जी रामड़ावास में विल्होजी के मंदिर का निर्माण करा रहे थे लेकिन संवत 1909 को उनकी मृत्यु हो गई। तब साहबराम जी ने स्वर्गवासी गुलाबदासजी के खोले (गोद) जाकर मंदिर के काम को आगे बढाया तथा संवत 1911 को मंदिर पुर्ण करवाया तथा अगले वर्ष उस पर कलश स्थापित करवाया। साहबरामजी ने जंभसार के 23वें प्रकरण में इसका उल्लेख किया है:-

गुलाबदास हूं जी की चादर, वील्ह दई साहब कर आदर। साहब करियो वील्ह पर मंदर, दस इग्यारे साल महासुंदर।

कहा जाता है कि साहबरामजी राहड़ ने अपने गुरू गोविंदरामजी गोदारा की आज्ञा से ही पारवा गांव की रामा से विवाह करके गृहस्थ जीवन में प्रवेश किया था। विवाह के पश्चात ये कई सालों तक नांधड़ी गांव में रहे फिर पंजाब के दुतांरावाली गांव में बस गए थे। ये नांधड़ी में किस वर्ष बसे थे। इस संबंध में कोई प्रमाणिक जानकारी उपलब्ध नहीं है। हालंकि गांव नांधड़ी में संवत् 1936 में उन्होंने 'ग्रंथांक 187' लिपिबद्ध किया था। इससे यह पता चलता है कि संवत 1936 में वे नांधड़ी गांव में निवासरत थे।

03. अमर बलिदानी पुण्यात्माएं:- हुड़िया गांव के खिंवराजजी के पुत्र आसुजी हुए। आसूजी का प्रथम विवाह तिलवासनी गांव के रूपोजी खोखर के बेटे बिंजोजी की पुत्री लुंगा खोखर से हुआ। दूसरा विवाह रूणियां गांव के रिड़मलजी गोदारा के बेटे भैरूजी की पुत्री गौरा गोदारा से हुआ। तीसरा विवाह डोबड़ी खेड़ा गांव के रामजी बिसु के बेटे भैराजी की पुत्री नाथी बिसु से हुआ। आसूजी की पत्नि गोरा गोदारा के 5 पुत्र हुए- डूंगरजी, दूदोजी, पंचायणजी, रायमलजी, अणदोजी। गोरा गोदारा अपने पुत्र डूंगरजी के साथ विसनोई धर्मनियम रक्षार्थ हुड़िया गांव में देवगति को

प्राप्त हुई।

05. भरनावा

01. परिचय:- भरनावा गांव नागौर जिले की लाडनूं तहसील में स्थित है। गुरू जांभोजी ने भ्रमण के समय यहां रात्रि विश्राम किया था।

02. गुरू जांभोजी का आगमन:- साहबरामजी राहड़ कृत जंभसार के 19 वें प्रकरण में वर्णित है कि रोटू से संतों ने भोजन करके प्रस्थान किया। सभी ने अपने अपने रथ जोड़े। रोटू से चलकर गुरू जांभोजी ने गंगापार जाने की इच्छा जताई। रोटू से चलकर भरनावा आए, और यहां रात्रि विश्राम किया। दुसरे दिन यहां से द्रोणपुर की ओर प्रस्थान किया:-

जीम जूठ अरु संत सवाया, अपणा अपणा रथ जोड़ाया। रोटू सें चाले जंभ हरी, गंगापार की अंछिया करी।

भरनांवै संझिया कूं रहे, दूजै दिवस दूणपर गऐ।

06. अलाय

01. परिचय:- अलाय गांव नागौर जिले में स्थित है।

02. गुरू जांभोजी का आगमन:- साहबरामजी राहड़ कृत जंभसार के 20 वें प्रकरण में वर्णित है कि गुरू जांभोजी खारा गांव की रोही से चलकर अलाय गांव पहुंचे। गुरू जांभोजी के जहां जहां चरण पड़े थे, वहां पर साथरियों का निर्माण हुआ। तीन दिन तक गुरू जांभोजी अलाय में विराजमान रहे, उस जगह पर साथरी का निर्माण किया गया। तीन दिन के बाद गुरू जांभोजी अलाय से चलकर पींपासर गए:-

खारे की रोहि मां रहेऊ, नाना रिधि आवती भएऊ। तब विसनोई पैरां पड़े, कछुवक दुख जंभ गरू हड़े।

अंन को सांसो दिया मिटाई, पाणी तासो रहे सदाई। प्रातकाल चालै ततकाला, अलाय आप पहुंचै कृपाला।

जंभगरू उतरे तांहा सही, चरणा ठोड साथरी भई। तीन दिवस तापै प्रभू तांहां, भई साथरी उनही थांहा।

ऐक दिवस चालै प्रभू प्राता, पीपासर आए जग त्राता।

03. रतनोजी राहड़ का अलाय आना:- साहबरामजी राहड़ कृत जंभसार के 18 वें प्रकरण में वर्णित है कि रतनोजी राहड़ के बड़े पुत्र अमेदोजी ने पारवा में ही स्थायी निवास किया। लेकिन रतनोजी पारवा से अपने छः पुत्रों को लेकर चला। साथ में एक ऊंट पर आटा बांधा। एक दिन रास्ते में विश्राम किया, दूसरे दिन अलाय पहुंचे। अलाय में जाकर अपने पुत्र का विवाह किया, महोत्सव करके पुरे गांव को भोज कराया। अलाय में स्थित गुरू जांभोजी की साथरी की पूजा की। कई दिन यहां रूके, फिर यहां से चलकर बिचपड़ी गांव में जाकर बसे:-

मोटो पुत्र अमेदो कहियो, वो तो सदा पारवै रहियो। छै पुत्र संग लेकै चाल्यौ, ऐक ऊंठ आटै को छाल्यौ।

ऐक दिवस बै बीचहीं रहिया, दूसर दिवस अलाय यही गइया। अलाय एक पुत्र परणायो, करियो महोछो गांव जिमायो।

सतगुर केरी साथरी पूजी, भक्त भाव मन और न दूजी। फिर आगै कूं चालत भऐ, कई दिन पाय बिचपड़ी गऐ।

04. अलाय साथरी:- साहबरामजी राहड़ कृत जंभसार के 22 वें प्रकरण में वर्णित 16 साथरियों की सूची में अलाय साथरी का भी उल्लेख है:- "अलाय में अमरोजी रहहे, जांभैजी का प्यारा वहहे।" जंभसार में वर्णित 24 भंडारो की सूची में भी अलाय भंडारे का उल्लेख है:- "अलाय में भंडारो भारी, अणदो गीलो अज्ञाकारी।" गीला गौत्र के जाट रावलजी ने विसनोई धर्म अपनाकर पल्ली गांव में निवास किया था। रावलजी के वंशक्रम में क्रमशः हंसोजी, मालोजी, रूपोजी हुए। रूपोजी विक्रम संवत् 1601 को पल्ली से अलाय गांव में बसे थे।

05. अलाय गांव में लिपिबद्ध ग्रंथ

क. मयारामजी:- गांव अलाय में संवत 1849 को सामोजी के शिष्य साध मयारामजी द्वारा 'ग्रंथांक-256' लिपिबद्ध किया गया। यह ग्रंथ थापन हरिकिसनजी के पठनार्थ लिपिबद्ध किया था।

ख. रामदासजी:- अलाय गांव में संवत 1886 को कनीरामजी के शिष्य रामदासजी द्वारा ''ग्रंथांक-142" और "ग्रंथांक-107" लिपिबद्ध किया गया था।

ग. केवलदासजी:- अलाय गांव में संवत 1948 को रूपरामजी के शिष्य केवलदासजी द्वारा "ग्रंथांक-138" लिपिबद्ध किया गया था।

घ. गंगारामजी:- अलाय गांव में किसनजी सिहाग के घर पर संवत 1954 को ताजोजी के शिष्य साध गंगारामजी द्वारा "ग्रंथांक-58" लिपिबद्ध किया गया था।

06. अभिलेख:- राजस्थान अभिलेखागार, बीकानेर (रि. जोधपुर, N.A.J. ब.नं.04, फा.नं.81) यह सन् 1910 ई. की एक 34 पृष्ठों की फाईल है। इसमें नागौर के अलाय गांव के विसनोई प्रभु से वसूली बाबत कार्यवाही है।

07. बिचपड़ी

01. परिचय:- बिचपड़ी गांव नागौर जिले की डेगाना तहसील में स्थित है।

02. रतनोजी राहड़ का बिचपड़ी गांव में आना:- साहबरामजी राहड़ कृत जंभसार के 18 वें प्रकरण में वर्णित है कि रतनोजी राहड़ ने अलाय गांव में अपने पुत्र का विवाह करके महोत्सव का आयोजन किया, और पुरे गांव को भोज कराया। अलाय में स्थित साथरी की पूजा की, फिर वहां

से बिचपड़ी गांव आ गए। बिचपड़ी गाँव में उनके छह पुत्रों ने हल जोता। पहले ही दिन हल चलाते समय भूमि से गुप्त धन प्राप्त हुआ। चार चरू (घड़े) धन से भरे हुए निकले। दो मोहरों से और दो रुपयों से भरे हुए। इन चरूओं पर "मेहंदोजी राहड़" का नाम अंकित था। रतनोजी ने कुचामण जाकर ठाकुर यह बात बताई, तब ठाकुर ने कहा कि यह धन गुरु जाम्भोजी ने तुम्हारे लिए ही रखा था। रतनोजी को मनाणा गाँव बसने के लिए दिया गया। रूपसिंह मेड़तिया ने बिचपड़ी गांव में निवास किया। एक पुत्र पालड़ी गांव में बसा। रतनोजी मनाणे जाकर बसे। पांचो पुत्र रतनोजी के साथ ही थे। फिर उन पांचों पुत्रों ने पांच गांवों में निवास किया:-

अलाय एक पुत्र परणायो, करियो महोछो गांव जिमायो। सतगुर केर साथरी पूजी, भक्त भाव मन और न दूजी।
फिर आगै कूं चालत भऐ, कई दिन पाय बिचपड़ी गऐ। छः बैटा हल जोते साता, जात सेवतो संग जमाता।
पहलै दिवस जाह हल जोया, पायो दरब गुरु जंभ लकोया। चरूं च्यार सांकल्पा मिलिया, दोय मोहर दो रुपियां छलिया।
महंदै को नाउं लिख राख्यौ, रतने जाय कुचामण आख्यो। कहै ठाकुर महंदै के नावै, जंभ गुरू के दीन्हे पावै।
तूँ है सतगुरु को बहु प्यारो, सात नांवै को द्रब तुम्हारो। तुम तो हो म्हाराई भाई, दियौ मनांणौं वसो सदाई।
अस कहि सिरोपाव ही दीन्हो, साथे अपणो भाई कींन्हों। रूपसिंघ मेड़तियो रावा, आय बिचपड़ी लियौउ ठावा।
एक हूं पुत्र पालड़ी रह्यो, रतनौ और मनाणैं गयौ। पांच पूत्र रतने संग रहैऊ, जिन कूं पांचू खेड़ा दऐऊ।

08. मनाणा

01. परिचय:- मनाणा गांव नागौर जिले की मकराना तहसील में स्थित है। यहां गुरू जांभोजी महेंदोजी राहड़ और टोहोजी राहड़ के घर गए थे।साहबरामजी राहड़ कृत जंभसार में 24 भंडारो की सूची में मनाणा गांव के भंडारे का भी उल्लेख है:- "मनांणै भंडारो भालो, मंहैंदो राड़ मंनाणे वालो।"

02. गुरू जांभोजी का मनाणा आगमन:- साहबरामजी राहड़ कृत जंभसार के 20वें प्रकरण में वर्णित है कि गुरू जांभोजी अपने भ्रमण क्रम में मेड़ता से प्रस्थान कर मनाणा गांव पहुंचे। यह स्थान राहड़ वंश के प्रतिष्ठित पुरुषों का निवास स्थल था। मनाणा में महेंदोजी राहड़ रहते थे, जो अपने समय के प्रसिद्ध, पराक्रमी और धर्मनिष्ठ व्यक्ति माने जाते थे। गुरू जांभोजी के मनाणा आगमन का समाचार सुनकर महेंदोजी राहड़ अत्यंत श्रद्धा और भक्ति के साथ उनके दर्शन हेतु पहुंचे। उन्होंने विनम्रतापूर्वक सिर झुकाकर गुरू को प्रणाम किया और अत्यंत आदरपूर्वक उन्हें अपने घर आमंत्रित किया। उन्होंने पग मंडाकर गुरू जांभोजी को अपने गृह में प्रतिष्ठित किया और साथ आए सभी संतों का यथोचित सत्कार कर भोजन की व्यवस्था की। यह प्रसंग उनके आतिथ्य, श्रद्धा और सामाजिक प्रतिष्ठा को दर्शाता है। महेंदोजी राहड़ की ख्याति केवल स्थानीय स्तर तक सीमित नहीं थी, बल्कि उनकी वीरता और अद्भुत शारीरिक क्षमता के कारण वे दिल्ली के बादशाह तक के परिचित थे। कहा जाता है कि उनकी चलने की गति घोड़े के समान तीव्र थी। इस असाधारण क्षमता से प्रसन्न होकर बादशाह ने उन्हें सम्मानस्वरूप पाँच प्रकार के शस्त्र और एक ढाल भेंट की थी। यह सम्मान उनके शौर्य और दक्षता का प्रतीक था। इस सम्मान से उनके बंधु-बांधव अत्यंत प्रसन्न हुए, जबकि शत्रुओं के लिए यह दुख का कारण बना। महेंदोजी राहड़ गुरू जांभोजी के समर्पित शिष्य थे। वे न केवल भक्ति में अग्रणी थे, बल्कि विवेकशील साधु के रूप में भी प्रतिष्ठित थे। उनके छोटे भाई टोहोजी राहड़ भी समान रूप से धर्मपरायण थे। टोहोजी विशेष रूप से "रूंखों के रक्षक" के रूप में प्रसिद्ध थे, जो विसनोई धर्म की मूल भावना पर्यावरण संरक्षण का उत्कृष्ट उदाहरण प्रस्तुत करते हैं। वे धर्म के दृढ़ पालक और अनुयायी थे। दोनों भाइयों ने अलग-अलग गुरू जांभोजी को अपने-अपने घर आमंत्रित किया। गुरू जांभोजी ने उनकी भक्ति और श्रद्धा से प्रसन्न होकर दोनों के यहां जाकर उन्हें अनुग्रह प्रदान किया। इस प्रकार दोनों भाइयों ने गुरू की सेवा कर आध्यात्मिक लाभ प्राप्त किया। मनाणा में अपने प्रवास के उपरांत गुरू जांभोजी पोलास गांव की ओर प्रस्थान किए। उनके आगमन का समाचार सुनकर वहां की समस्त विसनोई न्यात उनके दर्शन और स्वागत हेतु एकत्रित हुई:-

इह कहि जंभ चालते भऐ, प्रात काल मनांणै गएऐ। मंनाणै रहै मंहदो राड़, दियो सीस संत गुरु कूं चाड़।
पग मंडाकर घरे जु ल्यायो, सब संतन कूं भोजन दयायो। महैंदो राड़ मनांणैं न्हालो, जाने पूछे दिली वालो।
घोड़ी थका उपालो चालै, पकड़ै हाथ पातस्या माल्है। सूबर घोड़ी प्यादो वहहे, मुखां पातस्या भाई कहहे।
पांचू शस्त्र दीन्ही ढाला, भाइयां औट वैरियां साला। जंभ गुरु को चेलो आदू, अन्यन भक्ति ववेकी साधू।
छोटो भाई टोहो राहड़, रूंखां राखण धरमां बाहड़। दोनां के दोय निंवता भऐ, पूज जंभ गुर मुक्ति लऐ।
चले जंभ पोलासां ध्याऐ, न्यात सकल मिलणे कूं आऐ।

09. दुगोली

01. परिचय:- दुगोली गांव नागौर जिले की जायल तहसील में स्थित है।

02. लिपिबद्ध ग्रंथ:- ध्यानदासजी द्वारा गांव दुगोली में संवत 1839 को 'ग्रंथांक-81' लिपिबद्ध किया गया था।

52

हरियाणा

01. सन् 1857 की क्रान्ति एवं हरियाणा:- साहबरामजी राहड़ कृत जंभसार के 24 वें प्रकरण में हरियाणा के विसनोई गांवों में सन् 1857 की क्रान्ति के समय हुई लड़ाईयों का विवरण दर्ज है। इसमें एक घटना 'सीसवाल युद्ध' में लोहारू रियासत के अन्तर्गत बसे सीसवाल गांव के विशनोईयों की कहानी है। जिन्होंने संगठित होकर नवाब की सेना को हरा दिया था। लोहारू रियासत 1947 से पहले एक मुस्लिम रियासत थी। पंजाब प्रांत में हिसार, शेखावाटी और बीकानेर से घिरा हुआ है एक छोटा सा नवाबी राज्य था लोहारु। लोहारू की स्थापना अहमदबक्शखां ने सन् 1803 ईस्वी में की थी। अंग्रेजों ने उन्हें यह रियासत जाट राजा भरतपुर के विरोध में सहायता करने के लिए दी थी। इसके अलावा भी कई छोटी मोटी युद्ध की घटनाएं भी इसमें दर्ज है, साहबरामजी इन घटनाओं के प्रत्यक्षदर्शी थे:-

अब एक कथा अजब एह गावौं, विसनोईयां का धरम बतावौं। चवदै साल बैसाख सुदी में, बरत्यौ समे जग सकल बुधि में।
डिग्यौ राज भादर अंग्रेजां, डिगतां कछुवन लागी जेजां। अधर्म राज करत है जबही, देत डंड परमेसर तबही।
अंग्रेजां कोसल एक करी, एक धरम मन अंछियां धरी। जितनी फौजां हिंद कहावै, कृसतांन करो मेरे मन भावै।
बड़े लाट ऐसे कहे भाख्या, ठीक बात ऐसे कहि आख्या। सब अंग्रेजां के मन भाई, आटै में चर्बी मिलवाई।
कारतूस के चर्बी पासा, खांड घृत में चर्बी भासा। पूरबियां कूं दरस्यो पापा, फिरा फौज सब आप ही आपा।
मिरट आद लाहोर विचालै, फिरी फौज अज्ञा नहि पालै। कियो सांमनू पूरब फिरी, जाहां तांहां जूध मच्यौ तिहि घरी।
डाक बंद कर दीनी जबही, तूटी नाड़ जीव नही कबही। नाड़ समान डाक ईह जाणो, देह समान राज इह ठाणौ।
नाड़ गये देही मर जावै, डाक बंद किये राज नसावै। डाक बंद तबही उन करी, जिन तिन देशां गदर परी।
केई अंग्रेज गऐ ते है मारे, राज गया विभरे नर सारे। सबल निबल कुं लूटण लागे, चोर लुटेरे जांहा तांहा जागे।
हाहाकार भयो जग सारे, एक एक नै जाहां ताहां मारे। मच्यौ गदर अंग्रेज मराने, रहे खऐ जिव लेय पराने।
मिरट मार हांसी आय भारी, हंसार गदर मच्यौ बहु भारी। राजा मरे लोक विचलाए, आपस में सब लूट मचाए।
सरसै अरू बंगलै तक भाई, मिल मलेछ यहां गदर मचाई। लूटलाट सब जन कु करे, आपस में सबको धन हरै।
पनरा सै पच्यासै साला, दिल्ली कूं गऐ जंभ कृपाला। झूंपै के थल डेरो करेऊ, बंगलै तक यहां दृष्टि धरेऊ।
तातै यहां विशनोई वासा, गांव छबीसी अनंद विलासा। ता गांवा का नांव बताऊं, जंभसार में सकल चढ़ाऊं।
झूंपो लीलस अरू सैंणासा, चूड़ोद चांनणोद तलुंडी वासा। रावत खेड़ो और बंगाली, कालवास सबसूं मतवाली।
मूगावड़ वड़वो चौधरीवासा, सुखचैनपुरो निकट निवासा। टोकस गंगवो अकूरडी आदि, हंसार ठसको धाणसुख जादि।
नांदडी चिकणास काजलां, असरामं कालीरामण हाजरां। महलसरो अरू मोठसरो, लाडवी यह गांव।
मलापर अरू सीसवाल, चोधरियाली नांव। आदुपर किसनगढ़ सदलपर गांव, खैरूपर सारूपर भाणौ नाम।
भोड़ियो चिंदड़ा खासां कही, खाराखैड़ी काजलखेड़ी बड़ोपल सही।
धांगड़ा मांजरो महमंदपर गांव, वालण खिजूरी गोरखपर नांव।
नूंवो गांव भूतप्रण भूंवालो, जंभगरू रा सेवग न्हालो। बूढ़ा खेड़ो पारतो सही, प्रिथलो ठरवो ठरवी कही।
नाडोड़ी जाडली सींथलो सही, धोलू टीबी आसका कही। खड़ो भिरड़ाणौ रताखेड़ो, लालवास सेखुपर ढाबा ने।
रूपाणौ डिघ चुडियो चौकस, भूरजालादि चोरासी हो। दूबकी बीदवाण किरताण, गूसाईयाणौ अरू बोंवाण पिछाण।
अलखपुरो चबरवाल बखाणां, इतना गांव ईहां जांभाणां। भोडियो मलेका च्यावल सही, रामपुरियो गिलालो गंगा कही।
जांडालो चुटालो संगरियो गांव, दोय रामपुरिया हिमतपुरो नांव। वजीदपरो सीतो मेराणौ वसे, सुखचेनपुरो विरनपुरो खैरपुरो
सिरदारपुर रायपुर दुताराली, राजाली हरिपुरो पनियाली। चमारखेड़ो अरू गुमजाल, साधासरियो सही सुढाल।
ढाबा सेरेखा लखासरियो गांव यही, सिरदारपुरो खरलियो लाडाणो। वींजवायलो फकीराली ढाणी, आदि अनेक अंत नहीं जाणी।

बसायलो लखोर हिंदोर अरू मुकलावो, करड़ाली डाबलो सतजंडा गावो।

चौल्याली रूघनाथपुर फूलदेसर, गुडिया गुगली अरू रावतसर।

काकड़वालो डेलाणो गांव, गूंदेसर उदाणौ नांव। इन गावां विसनोई रेहे, मुसलमान मलेछ दुख देहे।
मची गदर भई हाहाकारा, गयो अंग्रेज उजाड़िया सारा। विचल लोक गयो सकल पराई, बांध्या ठाठ रहै सब भाई।
चली जमात सदलपर आया, फौज वंदी भई मांये न माया। किरतो खीचड़ जंभ भंडारी, अंन जल सकल जंमाता त्यारी।
गोली अरू बारूद मंगायौ, धूड़कोट सझ किलो बनायौ। बंदूकां बरछी अरू कटारी, तोड़ कड़ाव घड़ाऐ सारी।
बहु घमसाण जुड़ी सब न्याता, तीस गांव जुड़ी रही जमाता। होम करै विसनु कुं ध्यावै, मुसलमान सब कटक बनावै।
तीस गांव आदुंपुर आए, जहां हीरो शादूल रहाए। जल अरू अन का भरिया भंडारा, जीमै पीवै जैजैकारा।
किया मोरचा गढ़ी संवारी, पांणी लियूं कुंड किया त्यारी। सिसवाल फिर बांध्यो ठाठ, जमनाजी को तोड़ियौ घाट।
खाई और जोड़ भरवाए, सब कांकड़ में जल फिरवाए। सीसवाल अरू सदलपर, और आदूंपर जांण।
चौरासी खैड़ा जूड़िया, बाजै तबल निसाण। जांभोजी को होकम है, जीव पर तजो पिराण।
चींदड़ा के जोड़ पर, जुड़े जु मुसलमान। मुसलमांन मलेछ कहिजे, पाप पयोधर मछी लीजै।
मछी जल में रहै विराजी, ईह पापा में नित प्रति राजी। कुबध बसी याकै मन माही, पकड़ सांड इंन करी अजांही।
चींधड़ के जोड़ै पर गयो, गरीब सांढ कूँ मारत भऐ। सामो गायणो काजल रहायो, उठ चाल्यौ आदूंपर धायौ।
गांव चिंदड़ा के जोड़े गऐ, सांड मारतां देखत भयो। अजीमीयो असमानियौ तुरक अन्याई, खारी खड़ी रहै सदाई।
सामै कूँ ईन दोना पकड़ियौ, बांध जांड कै काठो जकड़ियौ। गजल अरू कवत दीन का पढै, ज्यूं मूसलां रंग दूणौ चढ़ै।
तब अकबरियो असै बोल्यौ, जांडी सूँ बांध्योड़ो खोल्यौ। किस दा राय किथे तुसी रहो, किथूं आया किथूं जहो।
राईयांदा असी राय कहावां, चौद्रियास मियें पै जावां। छोड़ो खुदाय ताला के नांवै, तुम कहो तो अब ही जावै।
राय मीर कूं रोको काहे, सुनत स्पात उठ लागो राहे। निजर बंचाय बहुत सो ध्यायो, पवन वेग आदूंपर आयो।
साहब गीता सार विचारे, गंगाराम ढाके कै द्वारे। न्यात जमात सुनत है सारी, सांमै गायणे गिरा उचारी।
हिंदवां में तुरकांणी भई, अजा जीती बहुती हुय रही। मैं चिंधड़ के जोड़े आयो, मरतो सांड देख मैं ध्यायौ।
मारियो एक बंध्या है पांच, अजहूं उनकै आई न आंच। सुनत वचन सादूल संभारा, लीली घोड़ी भयो असवारा।
अरजनसिंघ जांगलू ठाकर, तबही घोड़ा कीन्हां पाखर। सीजी सीयाक जांगलू वालो, चड़ घोड़ी लीन्हों कर भालो।
सो बन्दूक आदूंपर केरी, खीचड़ जांणी चड़े बछेरी। काकड़ कालीरांवणां चड़ियां, ऊंठ पचास पलांणां पड़ियां।
मंमद प्रियो गंगाराम, ले तरवार चड़ियो केकाण। ऊंठ प्याद जुड़िया बहु भारी, कोली सीसवाल चढी यह न्यारी।
सिसवाल सूँ ठाकुर चड़िया, दोऊं खूमजी बातां अड़िया। रामसिंघ कोसलसिंघ भाई, चांपावत चड़िया सुखदाई।
ठाकर सोला संग चढता, दयालो किसनो साथ। मालदोत संग खुमजी, भला विखाया हाथ।
किसनो गांगो मूलो रामा, जीण रो कहियै गूंड संगरामां। सीसवाल सूं च्यारूं चड़ियां, पांचू ससत्र पेटी जड़ियां।
सो बंदूक तास के संगा, घोड़ा प्याद चड़ता बहु रंगा। डूँगू आदि अचरा साथे, नेण रामकिसन झलै न बाथै।
और अनेक चढ़ता विसनोई, जंभ गरु करसी सो होई। तिन की संख्या कविजन कहहै, गिणतां कहूं पार नहि लहहै।
सुणी सांड मारण की बांणी, सबनै त्याग्यो अंन अरू पाणी। ईतना गांव संग चढ़ गऐऊ, हिरदै विचार कवि जन कहेऊ।
कोली सीसवाल आदूंपर, खैरूंपर अरू संग सारूंपर। महलसरो मोठसरो दोनू, नांदड़ी भाणौ संग होनू।
चिंदड़ा बड़ोपल साथा, हीरा हूंणवंता दोला नाथा। धना पूरण घंमडा माहू, धांगड़ा के सारे भादू।
महमंदपर खजूरी बीलण, सांड वार में लागा चालण। गोरखपर नांडोड़ी चड़ियां, आसकां खेड़ै सुँ खड़िया।
तेतरवार गऐ मांय भारत, मुसला मार किये सब गारत। जेसे जाय ब्याव मां कोई, असै मरण जाय विसनोई।
बलोबली सें एहि विधि चड़ियां, भिरड़ाणै रा आगै खड़िया। सगरा पनां सारा संग, विसनोइयां रै चढ़िया रंग।
यूं दल जुड़िया चींधड़ां आया, पचादा जोड़े पर पाया। कहै जमात खड़े रौ भाई, बरछी सेल बंदूकां समाई।
तब खुदाय की दई दुहाई, जब मलेछ हुय गये समुहाई। फरसी बरछी गड़िया लठी, दस बंदूकां चली ईकठी।
मूसलां का चाल्या हथियारा, तब जमात किया प्राण तियारा। चोगड़दै दियो कटक फिराई, बरछी फरसी तेग समाई।
किसनौ गांगो मूलो बोल्या, संमिया तुरक हाल्या नहि डोल्या। पटको घोड़ा कटक मंझारा, खूंमजी बोल्यौ तिण वारा।
जेज कियां रजपूती लाजै, संद पावै तो सारा भाजै। रांमजी काढी तरवारा, सादूलो कहै किसी उधारा।
सवाई सांवल अरू गिरधारा, ले शस्त्र आगैं भया सारा। राड़ दोय अणदो जसराम, ले फरसी संग चाल्या ताम।
सब विसनोई ले गुर नामां, वाल पड़ता तुरका कै सामां। घोड़ा तीस दिया तिन झोक, जीयां जुगत मूवा ने मोख।
सादूलै कौ चाल्यो सेल, तुरक लियो मोरां में झेल। पड़ती बेर खुदाय चितारा, लगत सेल गयो पार दुसारा।

खुमजी मारी तरवार, जबर तुरक लीन्हां दोय मार। हाय हाय कर चहुं दिस भागा, तब विसनोई छांगण लागा।
मार तुरक तब दीन्हे डार, बड़ोपल ने भाज्या च्यार। किसनें घोड़ी लारै दई, ऐक तुरक नै मारियौ सही।
तीन दूर सी जाता देख्या, तब किसनै मन ऐसा पेख्या। मारिया किन्यां गयां वह तीनी, चाली घोड़ी बहुत पसीनीं।
जब घोड़ी लारै थिरकाई, देख्यौ तुरका घोड़ी आई। बडोपल दै खुह विच, पड़या होवे टाल।
देख भवानी प्रल करती, गया जूँ ऊभी नाल। एहि विधि तुरक मारकर आऐऊ, पांच सांड बांध्योड़े पाएऊ।
पांच सांड सौ गांयां लई, सब सोत्र में खबरां गई। पड़ियौ पचादां हाहाकार, बागड़ियां हरि लिया धन सारा।
सतरै माणस गऐ मरांण, दाड़ी मूंड लई हिंदवांण। माजरै निबाब बुलाऐ, अहरवां भिरड़ाणै आऐ।
रताखेड़ो लालवास के, आऐ पंचा थे आसपास के। बीघड़ अरू हजरां मां मिलै, सो सो कोसां मांझी मिले।
बीघड़ खेड़ बणावों काठी, दाड़ी मूंछ बागड़ियां काटी। लिख प्रवांनू अबही भेजावौ, सौ सौ पचाधा आवो।
युँ सगला के मिसलत भई, सौ सौ कोसां चिठ्ठी गई। यौं कागद जाहां ताहां पोहचाया, सिंघा नौ गादड़ीया खाया।
भाज ज्यांण पून हाथ न आवै, तो दीनी सारे पछतावै। तेहि ते सुनते हि आईयो भाई, जो खुदाय कछु करे सहाई।
खेड़ खरच बीघड़ लियां झाली, कटकाई दस्यूँ दिस ते चाली। दरीयो अरू अकबरियो मांझी, सझिया साठ तुरगंम ताजी।
घोड़े सहंस संग ले आनां, यूं नबाब से किये बतलानां। जो सोत्र में माछी न्यारे, सज बंदूकां आऐ सारे।
बीघड़ में टामक टंकोरा, सुण सुण असर चड़े बहु जोरा। बागड़ियां सूं की फो फटी, आठ दिविस भई खेड़ अखटी।
एहि विधि कठी भई पचाधा, सांड गऊ ले आए साधा। विसनोईयां कै मिसलत भई, हाड वैर भयो किसनै कही।
तीनों गांवां बांधो ठाट, टले नहीं आवैगा राठ। बकाल रामसुख बोलत भऐऊ, बालसंमंद जड़िया आय गऐऊ।
उनकूँ तो मैं ठांबूं भाई, तुम तुरकां सूं करो लड़ाई। ईतनें में आयो हलकारो, कहै किरतो सुणौ बोल हमारो।
प्रथम जंग झालूं मैं भाई, तुम अपणै घर रहो सुताई। म्हारं मारियां धको तब आवै, बीच एक सादूल रहावै।
या संग सूरवीर अति ठाढा, ठाकर अर्जुनसिंग संग गाढा। रतनो गिरधारी सुखराम, रतो रू सगरो गंगारांम।
औरू सूरवीर बहु त्यारी, आदूंपर दोनो भट भारी। आं पीछै तुम देवो शीशां, जो होसी करसी जगदीशां।
अस कहि हलकारो चल गयो, तुरकां तेज बहुत सो भयो। जागेउ एक दिवस वड़ भोरा, टांमक कांन सुन्यौ घंनघोरा।
कृलीप्र कृली गरणावैं, मार मार करतां इंम आवै। सुणै शब्द ही भैकारै, हलचल भई सदलपर सारे।
लिवी बंदूक मोरचा चड़े, आयो कटक गांव के अड़े। आमी सांमी गोली बाजै, कायर देख दूर सै भाजै।
गहरात गोली रामचंगी, दावद खांनीपर द्रस्य है। प्रबतपर पविपात होत, गहरात गोली व्रस्य हैं।
लग ज्यात सो मर ज्यात, तुटै हाथ पग खंडत भऐ। संग रांड खुली गांड हो, त्रिभांड सब भाजत भऐ।
तब तुरक को तेज कछू, मोलो भयो मिजाज। तीस आदमी मर गये, जोड़ो लीन्हौं भाज।
आदूंपर की खेड़ जू, आय गई तिण वार। कोली कालीरामणी, सारूपर ललकार।
आदूंपर सूं अरजन चाल्यो, जल की लिवी पखाल। बिन जाणिया जोड़ै गयो, आयो अंचित्यौ काल।
अरजन काट टुकड़ा करिया, पियो पाणी तुरकांण लुण पाणी खाय बूरी करे, तिनके आवे हाण।
तब किन्हेऊ जुध बहुर, तुरकाण कीन्हेहु जोर। ले बंदूक बरछी बाण, बावै सेल फरसी तांण।
लाठी जेइयां चौसींघ, लागै दल दलावै हींग। गोली गरजती गराय लागै, तुरक भाग्या जाय।
फरसी लाठियां चालै, पोया ब्रछियां भालै। तेगां मार सिर तोड़ै, मुगदर मार सिर फोड़ै।
जमातां जुड़ी अब सारी, किवि अब मरण की त्यारी। पाखर घोड़ीयां पड़िया, औठी ऊंठ पर चड़िया।
प्याद पंगा बहू ध्याई, सेन्यां बार सूं आई। गड़ागड़ लागणै लागी, कट गई तुरक की भागी।
जमांता लाग री लारै, फरसी लाठियां मारै। हाहाकार भय कारै, तलवारां सेलड़ा मारै।
मारत मार गऐ दूरी, चकनां कर दिया चूरी। मारतां तुरक फिर घिरिया, अकबर अली या दरिया।
किसनै अपनी दीन्ही मोड़, फिरग्यौ धूंधलो राठोड़। चाल रू मोरचै आया, बंदुका सेल संभाया।
तुरका मरण मन में ठाण, तज दिया आप अपणै प्राण। अला हाय औय रहमांण, हम तो मार लीन्ही तांण।
या खुदाय ताला रसूल, अब हम कवल किया कबूल। अस कहि फिरे मारहूं मार, आय रू भीरे प्रचार प्रचार।
अब सादूल केई सिरदार, घोड़ा तीस कीन्हां त्यार। ऊंठां दोय सै असवार, प्यादै पांच सै हजार।
जब भिड़ी अणियां आय, गोली बंदूका घर राय। लाठी जेलियां मचकाण, फरसी बरछीया घमसाण।
कवाड़ा मुगदरा मलमांण, तोमर गोफणा मचकाण। कर रहे वीर सब खाचो ताण, सारी सेना तोही काण।
तरवारा दूधारा चालै, कटारा मार कर मालै। मारो मार कर बोलै, जमाता जोर जंग डोलै।
मारकर तुरक दल मोड़िया, तमाचा पटक कर तोड़िया। पंचादा भाजिया भारी, के मोरा बैठग्या लारी।

सायूले लीवी घोड़ी मोड़, सबनै राखता इंण ठोड़। पचादा भाजत भया, खागड़ लीन्हौ टोल।
महराज भादू तुरंग चढ़ियौ, गल गूगर रंमझोल। देख तुरक अचरज भयो, लीनही खागड़ मोड़।
दाड़ी सब की कट गई, आडा फिरीया दोड़। भर बंदूक मारी महराज, सारो कटक गयो जब भाज।
माछी दबक्यौ बैठो आगी, मरम ठोड गोली उर लागी। लागत चौटा गिरियौ नहि वीर, ले खागड़ आयो रणधीर।
गोली लगी गभर की ठोरा, आयौ न्यात जमात जेही ओरा। यूँ मलेछ मारे विसनोईयां, सांड छुडाय कीन्ही रसोईयां।
मारे तुरक गऐ सब भाजा, मिली तरीमी मूवा लाजा। इक्यासी या जुध में मरिया, सब दिये फूंक हिंदू सम करिया।
काटी मूंछ फूंक दई दाड़ी, बल गऐ कपड़े छूंड उघाड़ी। बाल फूँक कर दिया पचासा, यौं गूर जंभ जगत प्रकासा।
रहे तुरक बीघड़ भए कठे, जीवै रांड मरे सब पठे। सोत्र में भयो हाहाकार, बागड़ियां मारिया जन सारा।
खूबी चपड़ सब ही मर ज्यावौ, आपस में मुहे मती दीखावौ। कै मारो के मरज्यौ सारा, पुत्र मरे काहा जीवन हंमारा।
सब पंजाब फेरिया प्रवांना, पिरोजपर सब जग जहाना। और खांन तक खबरां भई, गादड़ां मारिया सिंघ सही।
सुण सुण कै जन सकल सिधाऐ, लाखां दल मलेछ उठ ध्याऐ। यो पंजाब चले तुरकाणां, बीघड़ में रोप्यो निसाणां।
जांभाणा की कथा सुणाऊं, इन कछु किया सोई मैं गाऊं। सदलपुर जल गयो सुखाय, छोड़ भादरां बसिया जाय।
केइ दिन आदमपुर रह्यौ, जल यांही को सुख गयो। रामसुख भेज्या सुत दयाला, तुलछौ जांगू संग सुढाला।
जल बिन इंहा आवी तुम रहो, जल बिन जंग कहो कस लहो। तब सादूल साधां ने बूझा, कहो गुरां अब कसे झूझा।
साहबराम कह्यौ समझाई, सीसवाल चालो सब भाई। अपणै गुरु कूं आगै लऐ, सीसवाल सब ही जन गऐ।
जांहा तांहा डेरा दीन्हां लाई, जड़िया सेती भई लड़ाई। जड़िया देखत ही गऐ, छिन में गऐ पराय।
जंभ गरू संग ही रहै, जावै तांहा जिताय। जड़िया जीत सकर घर आये, आदमपुर म्लेच्छ दर्शाए।
आदमपुर में रहै रूखवाला, करण गऐ थे गांव संभाला। कुसलो जीवण भागत भऐ, जीवणिये कूं मार जूं दऐ।
तीन खड़ग कुसले के लागा, घायल भयो गांव ने भागा। कालीरावणौ लाभु एक, विसनोई वाढो कर टेक।
फरसी ले समुहायो जबही, तीन तुरक घायल किये तबही। तब अग्नि उन दई लगाई, अग्न तेज सुं गयो मुरझाई।
लड़त लड़त यूं आयौ काम, तब रूस्यौ तुरकां सूं राम। एहि विधि दल वीघड़ जुड़ गयो, सेस सीस पर लाभव को दयो।
खान तांई के म्लेच्छ जुड़िया, कटक बणायेउ टरै न टरिया। लाभू को लागो तेहि पाप, अलवल साहब चड़ियो जब आप।
कटक जाणै आगै चल आयौ, पीपलियां डेरो तिन लायौ। तीन तोप गोलां सूं भरी, वैराटी मां दोय दोय धरी।
जमी दोटकर बैठो आगै, एक ही कंपनी तांकै सागै। औढां उतरियौ कटक अपारा, देख तास कै होय गऐ लारा।
किथे जाय जाण नहीं देवां, तेनू मार पलक में लेवां। अस कहि पीछे भाजत भऐऊ, तंबू में साहब वड़ गऐऊ।
मारन कुं फिर गऐ चहुं औरा, तब ही भड़की तोप कठोरा। झैरी तोप चहूं दिस ने फिरी, मनहुं खेत में कड़बी गिरी।
रह्या खया उठ बैठा भया, दूसर छोड गबारा दया। तीसरी तोपहि तुरंत चलावा, तुरक मार छिन मांहि भगावा।
लागत ही सब गए मुरझाई, उड़े भींट मनुं आंधी आई। दो च्यार फिर शीश उठावा, तीसरी तोपहि तुरंत चलावा।
सारो कटक पकल में मारियौ, जंभ गरू यूं कारज सारियो। सीसवाल जो आवै सबही, चोपट करै गांव कुं तबही।
चुखटी चुखटी गैरे धूरा, होय पकल में चकनाचूरा। जंभगरू परहथे मारा, तांही ते उबरे जन सारा।
बीघड़ टामक बाजत भयौ, सीसवाल मारण तेहि चह्यो। तुरकांण चढियौ दल बहुत अपारा, माछी घोड़ा तीन हजारा।
चढियौ निबाब नगारो बांध, सौ घोड़ां सूं आयो खांद। सोला रामचंगी तेहि संगा, कदम पांच सै लगै पतंगा।
बंदूका का वार न पारा, दुगोलियां संग दोय हजारा। गंड खुले ऊछले ते आवै, तेज पवन मनु भींट उड़ावै।
चुखटी चुखटी गैरे धूरा। होय पकल में चकनां चूरा। नोपतखाना घुर रह्या, बाजै टामक तूर।
सीसवाल सूं कोस दोय, तुरक पड़ियौ भरपूर। जमनाजी पर डेरो करियौ, विध विधान खाणौ विसतरियौ।
सीसवाल में खबर जूं पाई, खलबल मची बहुत विधि भाई। मिसलत भई रामसुख पासा, दोलतसिंघ के जाहां जनवासा।
सहज कंवर ही रामा बेटी, हरि इंछिया विसनोईयां भेटी। राजनीत कूं जानन हारी, अस कहती भई राजकुंवारी।
सामा जाय लड़ाई लेणा, बैरी कुं जीमण नहिं देणा। सनमुख लड़णां छत्री वांना, कबहूं गीदड़ नहीं हुय जांना।
जाय करो मैदान लड़ाई, सहज कंवर असै बतलाई। तब सौ घोड़ा पर काठी पड़ी, ऊंठ दोय सै कूंची जड़ी।
प्यादे हजार दोय संग ध्याऐ, पनरै नगारा घनन घुराए। रामसिंघ चांपावत चड़िया, बखतावरसिंघ कोसलजी खड़िया।
जैतमाल खुमजी बांको, खुमजी मेड़तियो बांको। अनजी अचलसिंघजी साथे, इह ठाकुर हाथे नहीं बाथे।
गांगो किसनो मूलो रामजी, आंरे सदा लड़ण सूं काम जी। शूरवीर छत्री विसनोई, रण मदमत जाणै सब कोई।
रतनो लाखो डेलू होई, वडा ही शूरवीर विसनोई। सवाई सांवल अरू गिरधारी, ईन ही किवी जंग में त्यारी।
सादूल सिंघ सादूलो खीचड़ ही, रतनो हुकमो सिंभू चहड़ी। साठ गांवे विसनोई सारा, सब ही चढ़िया संग नगारा।

एक एक सूं अधिका जाणौ, बड़ोपल चींधड़ अरू भाणो। सब जो गिणों ग्रंथ बधि जावे, शूरवीर पोथी नही मावै।
लड़णे सब ही एक समाना, न्यात जमात करेउ परियाना। काष्ट की एक तोप घड़ाई, उड अकास सुरगां में जाई।
जंभगरू देवन कूं भेजा, जावो जल्दी करो न जेजा। सौणी अवाज देव सब आए, सो विसनोइयां अंग समाऐ।
जंभगरू की कृपा भई, तां प्रताप हारेंगे नहीं। दयालो किसनो रिड़मल महराज, जालू आद संवारिया साज।
चड़कर सकल गए दल सामा, गए घाट लीन्हौ विसरामा। एक सलेधि ठाकर संगा, शूरवीर सद इव रन रंगा।
सो क्षत्री ईम बोलत भयो, जावो मत यहांही सब रहो। अस्वै पांच चालकर देखो, दल शत्रु का निजरां पेखो।
प्यादे राख पांचू चल गऐऊ, दल शत्रु का देखत भऐऊ। दावद साई छोड़ी पांच, तुरक हिरदै में लागी आंच।
खाणा दाणां छोडत भऐ, टामक पर डंका तब दऐ। एक हजार भऐ असवारा, माछी अरू पचाद सिरदारा।
सूरजी घोड़ी जब फेरी, निज पियादे गांव ने टेरी। टेरत ही सब गऐ पराई, शत्रु कटक कछु वरनि न जाई।
पाखरिया पुहौंचत भया, घोड़ा एक हजार। प्यादे गांव पहुंचै नहीं, किसनौ कहे पुकार।
उलटे घिरो पैर मति छोड़ो, हम तो कटक देख्यौ नहीं ओड़ो।
कहत ही स्यात घिरेउ जन बीसा, बंदुकां भर दारू सीसा।
बीस बंदूक छोड़ दई सामे, मरे सिरदार तीन सौ तामे। मरते ही सब ठाढ़े भए, इतने प्यादे गांव में गऐ।
तब बंदूक च्यार सै चाली, जंभ कृपा तै गई जु खाली। माछी पांच पास ही खरेऊ, पांच बंदूक तुरंत तिन भरेऊ।
भरकै पांचूं मारत भएऊ, घोड़ा दोय तेही मर रहेऊ। राणी को घोड़ो गिर गएसी, तबही खुमजी ऐसै कहेसी।
किसनां घोड़ो नेड़े ल्याबहूं, विन घोड़े नहीं होय निभावहूं। अस कहि कलावीण फटकारी, माछी पांच तुरंत लिया मारी।
गांगै को घोड़ो मर गएऊ, सांड घोड़ो तब उठतो भएऊ। गांगौ भयो सांड असवारा, चड़ियो खूमजी किसने लारा।
गिरधारी सुखराम रू मोटो, प्यादे काम कियो अति खौटो। भर बंदूक कटक में दएऊ, माछी तीन घायल कर गएउ।
इतने में गोली दोय आई, मोटै कै तन मांहि समाई। लागत वीर आय गयो कामा, जंभगरु कै पहुंच्यौ धामा।
आठां जणां लड़ाई लएऊ, इतने प्यादे सकल निभ गएऊ। आठ बंदूक एक संग दागा, तबहि राठ कछु उलटा भागा।
घायल घोड़ो इधर आयौ, मोटोई ऐक खेत रहायौ। जंभगरु अस करै सहाई, अब भाखूं पुन भई लड़ाई।
सीसवाल सतजुग की नगरी, यामे फौज जीते नहीं डगरी। सिरकट राजा यामे रहतो, बाजी लगो राजल्यौ कहतो।
बाजी जीतोद्यो मम राजा, निंतर सीस उतारूं आजा। सो राजां के सीस उतारे, करियौ चूंतरो सब जन हारे।
हार हार सब घरहि सिधाऐ, केई राजा इहां सीस कटाऐ। सो नगरी अघ जीत कहावै, चढ़ आवै सो हारहि जावै।
अस जिय जान भऐ जन गाढे, तन धन त्याग त्यार सब ठाढे। सकल मोरचा खूब संवारे, सब तुरकांण छोडस्यां मारे।
अस कहि सकल मोरचा साझे, जूझांऊ बाजा बहु बाजे। तुरकां कटक चहुं दिस फिरेऊ, धन डांगर सब घेरे घिरेऊ।
देख सकल दिस दखण गऐ, माली वाड़ियां लूटत भऐ। लूटपाट पुंनि भई लराई, पांच पहर लग गोली बाई।
अंदर सूंह लाभ ऐ तीनां, मरे अठंतर अलादीनां। लड़त लड़त रजनी गई पोहर, कछू न चाल्यौ उनको जोहर।
तब सइद को सरणौं लयौ, कटक सोच सब करतो भयो। भादू ऐक मरियो इन गामे, और ऐक नहीं मूवौ तामे।
सोच करै मन में पछितावै, भंगवी धजा देख दरसावै। गांव निकट दल उतरियौ, भयौ विसनोईयां सोच।
जंभगरु औचाटिया, तबही भागे पोच। पोचे बंदूक तीन तरवारा, सोलहा होका दोय कटारा।
बरछी सात सेलड़ा तीन्हां, कपड़ा छोड़ पयाणौं कीन्हां। आथौंणी कोठी जाय पड़ेऊ, विसनोई वांने सब चड़ेऊ।
पीले बादल लूंबा आई, सकल मोरचां सजिया जाई। गोली छुटत भई तेहि वारा, जो लागै सो छटै दुसारा।
भाते बेलां तांई लड़िया, कटकां रा मांझी सब झड़िया। हाहाकार कटक में भयौ, जंभगरु तब दरसन दयो।
आप भऐ घोड़े असवारा, भंगवीं उ वड़दी दोय हजारा। दिख्यो दल भट्टियां ने भारी, तब भाजण की करी तैयारी।
उतरादोड़े जोड़े गएऊ, नदी पार उतरते भएऊ। मरिया असुर सब लिया संभाले, दीन्हां दोय पचासा बाले।
यूं तुरकांण मेटहियै झाला, मरणां लिख्यां देवै कुण टाला। मरे पचाधे सौ अरू तीसा, घायल भऐ आठ अरू बीसा।
केई मांजी केई ऊंठां भरिया, तूटिया ऊंट दोय मघ मरिया। जातां तुरकां करी तलाका, फैर लडां तो साहब साखा।
यूं अपणै अपणै घर गएऊ, पापी सब मर रहेऊ। जीत गऐ विसनोई भलेऊ, देश देश में चरचा चलेऊ।
जंभगरु प्रतिज्ञा राखी, गुरु अज्ञा सूं साहब भाखी। यूं कोई जीवां बदलै लरहे, ताको मिनख ऐक नहीं मरहे।
लाखा दल उलटियो तुरकाणा, तोहू ताके कछुव न हाणा। तीन सै तुरकन के मरेऊ, तीन आदमी इनके गिरेऊ।
इह जाणौं जंभगुरू प्रतापा, जुध समै साथे था आपा। तातैं याकै तनक न लागी, जो मरिया तुरक अभागी।
पाप करै सो यूं मर ज्यावे, पुन्यातमा ने हरी बंचावै। तातै दया धरम नित पाले, तांके सतगुरु सनमुख न्हाले।
उनकै हाण कदे नहीं आवै, जो गुण जंभगरू का गावै। हर हर करता जीभ जु थाके, तोहू नाम हिरदै में राखे।

दया पालता दलदर आवे, तोहू मन में ना पछितावै। पुन करता पड़ज्यै घर हाना, तो ऊन छोडे पुन की बाना।
धर्म करंता धको जे लागै, तोहू धर्म कदे नहिं त्यागै। पर उपकारा औगण होवे, विन उपकार जनम नहि खोवै।

02. उत्तरी दिशा के विसनोई गांवः- मुकाम से उत्तर दिशा की ओर मौजूद विसनोई गांवों का उल्लेख जंभसार में मिलता है।साहबरामजी राहड़ कृत जंभसार में वर्णित है कि संवत 1585 में गुरू जांभोजी दिल्ली गए थे, तब रास्ते में झूंपा गांव में विश्राम किया था। यहां से बंगाले तक नजर दौड़ाई और कहा कि यहां विसनोई बसेंगे। उन गांवों के मैं नाम बता रहा हूं:- झूंपो, लीलस, सैंणासा, चूड़ोद, चांनणोद, तलुंडीवासा, रावतखेड़ो, बंगाली, कालवास, मूंगावड़, बड़वो, चौधरीवासा, सुखचैनपुरो, टोकस, गंगवो, अकूरडी, हंसार, ठसको, धाणसुख, नांदडी, चिकणास, काजलां, असरामं, कालीरामण, हाजरां, महलसरो, मोठसरो, लाडवी, मलापर, सीसवाल, चोधरियाली, आदुंपुर किसनगढ़, सदलपुर, खैरूपुर, सारूपुर, भाणौ, भोड़ियो, चिंदड़ा, खासां, खाराखेड़ी, काजलखेड़ी, बड़ोपल, धांगड़ा, मांजरो, महमंदपुर, वालण, खिजूरी, गोरखपुर, नूंवो गांव, भूतप्रण, भूंवालो, बूढ़ाखेड़ो, पारतो, प्रिथलो, ठरवो, ठरवी, नाडोड़ी, जांडली, सींथलो, धोलू, टीबी, आसका, खेड़ो भिरड़ाणौ, रताखेड़ो, लालवास, सेखुपर, ढाबा, रूपाणौ, डिघ, चुंडियो, चौकस, भूरजाला, दूबकी, बीदवाण, किरताण, गूसाईयाणौ, बोंवाण, अलखपुरो, चबरवाल, बखाणां, भोडियो, मलेका, च्यावल, रामपुरियो, गिलालो, गंगा, जांडालो, चुटालो, संगरियो, दोय रामपुरिया, हिमतपुरो, वजीदपुरो, सीतो, मेराणौ, सुखचेनपुरो, विरनपुरो, खैरपुरो, सिरदारपुर, रायपुर, दुताराली, राजाली, हरिपुरो, पनियाली, चमारखेड़ो, गुमजाल, साधासरियो, ढाबा सेरेखा, लखासरियो, सिरदारपुरो, खरलियो, लाडाणो, वींजवायलो, फकीराली ढाणी, बसायलो, लखोर, हिंदोर, मुकलावो, करड़ाली, डाबलो, सतजंडा, चौल्याली, रूघनाथपुर, फूलदेसर, गुडिया, गुगली, रावतसर, काकड़वालो, डेलाणो, गूंदेसर, उदाणौ आदि गांव है।

साहबरामजी राहड़ कृत जंभसार के 20 वें प्रकरण में उन गांवों की क्षेत्रवार संख्या दी गई है, जहाँ विसनोई निवास करते थेः-
आठ खेड़ा अंत्रवेद में, पच्यासी जिले हंसार। सरसे कने जु पांच है, सीते जिलै इकीस।
पनरा मींचण खैरपर, ढाबां जिलै जू बीस। गिरनार जिलै गुणवास है, बस्या जू पीछै जाय।
बारै पीछै बावनी, रही उजाड़ो खाय। उतरादा इतना बस्या, सातां पर चालीस।

03. विभिन्न अभिलेखः-

क. राजस्थान अभिलेखागार, बीकानेर (रि. बीकानेर, H.D.B. ब.नं.145, फा.नं.433) यह सन् 1939 ई. की एक 16 पृष्ठों की फाईल है। इसमें गांव पदमपुर निवासी विसना पुत्र इमरता विसनोई ने रिपोर्ट दर्ज कराई, जिसमें जिला हिसार के मंगाली गांव निवासी धन्ना पुत्र रतन विसनोई को सुरतगढ व गंगानगर कोर्ट से दो साल की सजा हुई थी, और वे जेल में बंद थे। धन्ना 85 वर्ष के वृद्ध और बीमार थे। जिसको रिहा करने के संबंध में हुई कार्यवाही का विवरण है।

ख. राजस्थान अभिलेखागार, बीकानेर (रि. बीकानेर, म.खा. ब.नं.39, फा.नं.3882) यह सन् 1945 ई. की एक 19 पृष्ठों की फाईल है। इसमें रायसिंहनगर के लालगढ विसनोईयान गांव के हरभज विसनोई ने रिपोर्ट दर्ज कराई कि उनके गांव में रास्ते पर नारायण व इमरता ने कोठी बनाकर बनाकर रास्ता अवरूद्ध कर दिया। जिस संबंध में कार्यवाही का विवरण है।

ग. राजस्थान अभिलेखागार, बीकानेर (रि. बीकानेर, म.खा. ब.नं.38 फा.नं.40 व 50) यह सन् 1944 ई. की एक 12 व एक 09 पृष्ठों की दो फाईल है। इसमें गंगानगर के सेटलमेंट ऑफिसर चौधरी खींवसी गांव रामसर और कानाराम विसनोई गांव लखासर का उल्लेख है।

घ. राजस्थान अभिलेखागार, बीकानेर (रि. बीकानेर, H.C. ब.नं.33 फा.नं.115) यह सन् 1945 ई. की एक 85 पृष्ठों की फाईल है। इसमें रिड़मलसर निवासी रामलाल पुत्र हरसुख विसनोई ने रिपोर्ट दर्ज कराई कि उनकी पत्नी शिवकुंवरी को उनकी माता गौरी विसनोई निवासी गुमजाल और लालचंद व फुसा विसनोई निवासी सीतोगुन्नो के साथ आई, और उनकी पत्नी को बहला फुसलाकर ले गई। तथा उनको फुसा पुत्र धन्ना विसनोई निवासी सीतोगुन्नो के साथ शादी करके भेज दी। इस पुरी कार्यवाही का विवरण इस फाईल में है।

ड़. राजस्थान अभिलेखागार, बीकानेर (रि. बीकानेर, R.D.P., ब.नं.24-3, फा.नं.1611) यह सन् 1937 ई. की एक 23 पृष्ठों की फाईल है। इसमें गांव गीलवाला तहसील हनुमानगढ के विसनोईयों ने अपने गांव के एक ब्राहमण मनीराम पुत्र रामचंद्र को जमीदार फंड से छात्रवृति दिलाने का अनुरोध किया। मनीराम डुंगर कॉलेज के स्नातक द्वितीय वर्ष के विद्यार्थी थे। इस संबंध में विसनोई चौधरियों की अपील और मनीराम द्वारा लिखित आवेदन आदि का विवरण इस फाईल में है।

च. राजस्थान अभिलेखागार, बीकानेर (रि. बीकानेर, F.P.D., ब.नं.17-1, फा.नं.1722) यह सन् 1930 ई. की एक 24 पृष्ठों की फाईल है। इसमें तहसील हिसार के गांव तलवंडी बादशाहपुर निवासी मुखराम पुत्र गोविंदराम विसनोई पर बीकानेर में चल रहे किसी मुकदमे की कार्यवाही का विवरण है।

छ. राजस्थान अभिलेखागार, बीकानेर (रि. बीकानेर, F.P.D., ब.नं.13, फा.नं.374) यह सन् 1926 ई. की एक 14 पृष्ठों की फाईल है। इसमें फतेहाबाद तहसील के गांव नाढोड़ी निवासी हरभज पुत्र भारता विसनोई को हिसार से गिरफ्तार करके बीकानेर लाने के संबंध में हुई कार्यवाही का विवरण है। बीकानेर स्टेट के थाना बरवेनी के गांव कंवरपुरा निवासी रामलाल पुत्र बस्ती विसनोई ने उस पर मुकदमा किया था।

ज. राजस्थान अभिलेखागार, बीकानेर (रि. बीकानेर, F.P.D., ब.नं.13-2, फा.नं.1654) यह सन् 1926 ई. की एक 21 पृष्ठों की फाईल है। इसमें तहसील हिसार के गांव महलसराय निवासी पोकर पुत्र दयाराम विसनोई को हिसार से गिरफ्तार करके बीकानेर लाने के संबंध में हुई

कार्यवाही का विवरण है। गांव भादरा निवासी भगतराम पुत्र नाथु अग्रवाल ने उस पर मुकदमा किया था।

झ. राजस्थान अभिलेखागार, बीकानेर (रि. बीकानेर, F.P.D., ब.नं.14-1, फा.नं.637) यह सन् 1927 ई. की एक 26 पृष्ठों की फाईल है। इसमें तहसील हिसार के गांव महलसराय निवासी माधो पुत्र हनवंत विसनोई को हिसार से गिरफ्तार करके बीकानेर लाने के संबंध में हुई कार्यवाही का विवरण है। गांव भादरा निवासी भगतराम पुत्र नाथु अग्रवाल ने उस पर मुकदमा किया था।

01.झलनिया

01. परिचयः- झलनिया गांव हरियाणा के फतेहाबाद जिले में स्थित है। यह जिला मुख्यालय से 10 कि.मी. पुर्व में स्थित है। यहां गुरू जाम्भोजी का मंदिर है।

02. हस्तलिखित सामग्री की प्राप्तिः- लेखक ने इन सभी हस्तलिखित ग्रंथों से सम्पूर्ण विसनोई साहित्य को संकलित करके, कवि कालक्रमानुसार व्यवस्थित करके तीन भागों में प्रकाशित कराया है। हीरालालजी माहेश्वरी को लगभग सन् 1960-70 के मध्य गांव झलनिया के रामनारायणजी खीचड़ से निम्न हस्तलिखित सामग्री प्राप्त हुई थीः-

01. ग्रंथांक-356:- यह 01 पन्ना है जो कि संवत 1901 वैशाख सुदि 14 को दयारामजी द्वारा लिपिबद्ध है। इसमें गुरू जांभोजी की एवं खिंदरोजी के शिष्य परम्परा की वंशावली है।

02. ग्रंथांक-398:- यह 10 पन्ने है जो कि अनुमानतः संवत 1875 के आसपास रामदासजी द्वारा लिपिबद्ध है। इसमें गोकलजी कृत अवतार की विगति (45 छंद) और 32 इंदव छंद है।

03. ग्रंथांक-399:- यह 05 पन्ने है जो कि अनुमानतः संवत 1850 के आसपास लिपिबद्ध है। इसमें वील्होजी कृत कवित्त (44 छंद) है।

04. ग्रंथांक-400:- यह 08 पन्ने है जो कि संवत 1950 चैत्र सुदि 5 रविवार को चेतरामजी के शिष्य साध बालगोविंद द्वारा लिपिबद्ध है। इसमें सुरजजी कृत धर्मचरी (108 छंद) है।

05. ग्रंथांक-401:- यह 09 पन्ने है जो कि अनुमानतः संवत 1950 के आसपास लिपिबद्ध है। इसमें मयारामजी कृत अमावस्या कथा, सेवानंदजी कृत शिवजी की आरती तथा संस्कृत में रामाष्टक है।

06. ग्रंथांक-402:- यह 08 पन्ने है जो कि अनुमानतः संवत 1950 के आसपास लिपिबद्ध है। इसमें मयारामजी कृत अमावस्या कथा है।

07. ग्रंथांक-403:- यह 43 पन्ने है जो कि संवत 1937 वैशाख सुदि 2 को बिहारीदास द्वारा लिपिबद्ध है। इसमें पदम भगत कृत रूकमणी मंगल है।

02. ढाणी खासा

01. परिचयः- ढाणी खासा गांव हिसार जिले की आदमपुर तहसील में स्थित है।

02. हस्तलिखित सामग्री की प्राप्तिः- हीरालालजी माहेश्वरी को लगभग सन् 1960-70 के मध्य गांव ढाणी खासा से निम्न हस्तलिखित सामग्री प्राप्त हुई थीः-

01. ग्रंथांक-333:- यह 142 पृष्ठों का एक जीर्ण शीर्ण गुटका है जो कि चौखोजी बैनिवाल के पुत्र भागीजी बैनिवाल गांव ढाणी खासा महाजनान, पोस्ट किरमारा तहसील फतेहाबाद जिला हिसार हरियाणा से प्राप्त हुआ था। यह विभिन्न लिपिकारों द्वारा संवत 1700 से 1923 तक लिपिबद्ध है। इसमें ये रचनाएं हैः- (क). लघु चाणक्य राजनीति शास्त्र- 08 अध्याय, संस्कृत में (ख). गरभ चितावणी- 128 छंद, रामशरणजी कृत (ग). देवियो कृत एक सवैया व चार दोहे (घ). लुकमान हकीम की कही न्याय नसीयत, अपना बेटा कूं- 85 नसीहत (ड). देवीदास रा कवत राजनीत रा- 19 कवित्त (च). फरीदजी माहाराज को कह्यो काफर बोध- गद्य पद्य मिश्रित, संवत 1915 वैशाख सुदि 3 को साध सरूपदासजी द्वारा लिपिबद्ध (छ). सबद जोगारंभ का- इसके इन कवियों के पद या भजन है- गिर-02, लालदास-04, कबीर-10 (08 पद, 02 सवैये), गोरख-01, रामदे-01, लिछमण-01, सोनी अखो-01, अज्ञात-01, लिखमो-01, अज्ञात- 02 सवैये, कमाल- 01 सवैया, नामदेव- 01 साखी, संवत 1700 आषाढ वदि 13 को लिपिबद्ध (ज). हरिया की निसाणी- 01 (झ). अज्ञात कृत 01 प्याल व 01 साखी, मीर की कुंडलिया- 03, अज्ञात कृत धरमाल, 04 छंद (ञ). वमेक वारता री निसाणिया- 29 निसाणी, केसोजी कृत, संवत 1923 भाद्रपद सुदि 10 बुधवार को खुमजी विसनोई की पोथी से सोजत में लिपिबद्ध (ट). गिरधर की कुंडली- 01 (ठ). उपदेश की नीसाणी-01, कवि जालम कृत, अज्ञात कृत एक पद (ड). रामदास की साखियां (ढ). बबुती मंत्र, जालमगरजी का एक सवैया (ण). कमाल, बंकेदास, तुलसीदास, सांईदीन के एक एक सवैये, दीनदरवेश की दो कुंडली, लालगुलाम- 01 कवित, कबीर का रेख्ता और दोहे, जन आतम, नाथुराम तथा अज्ञात कृत फुटकर दोहे (त). गोतराचार, पाहल (थ). विभिन्न मंत्र- नागफणी लंगोट कापिद का मंत्र, धुणी का मंत्र, वभुती का मंत्र (द). करमरेखा की पहचान, हरजस फुटकर, अज्ञात कृत, संवत 1919 वैशाख वदि 7 को लिपिबद्ध (ध). भूल को लछन, अज्ञात विसनोई कवि कृत, तथा फुटकर दोहा सवैया (न). गुणतीस धरम कवत- अपूर्ण, 18 दोष (प). नरसीजी का भजन- 01, इंद्रजाल तंत्र विद्या- संस्कृत में, विसनोई खंगारो द्वारा संवत 1915 चैत्र सुदि 10 को गांव राणासर में लिपिबद्ध (फ). कथा चना री लावणी- 06 छंद, भवानीसींग कृत (ब). सरोदो- 240 छंद, चरणदासजी कृत (भ). श्री रामचरणजी की बाणी अणभै- स्तुति का किवत, ग्रंथ गुर महमा, 25 छंद, ग्रंथ नांव प्रताप, 54 छंद।

03. सदलपुर

01. हस्तलिखित सामग्री की प्राप्तिः- लेखक ने इन सभी हस्तलिखित ग्रंथों से सम्पूर्ण विसनोई साहित्य को संकलित करके, कवि कालक्रमानुसार व्यवस्थित करके तीन भागों में प्रकाशित कराया है। हीरालालजी माहेश्वरी को लगभग सन् 1960-70 के मध्य गांव सदलपुर से निम्न हस्तलिखित सामग्री प्राप्त हुई थीः-

01. ग्रंथांक-87:- यह 96 पन्ने है जो कि गांव सदलपुर के भींयारामजी गायणा से प्राप्त हुए थे। यह संवत 1887 पौष वदि 3 गुरूवार को साध वीरमदासजी के शिष्य दयारामजी द्वारा गांव सांवड़ाऊ में ढाणी धतरवालों की बगीची में लिपिबद्ध है। इसमें केसोजी कृत प्रहलाद चिरत (595 छंद) है।

02. ग्रंथांक-93:- यह एक गुटका है जो कि गांव सदलपुर के रामरिखजी गायणा से प्राप्त हुआ था। यह संवत 1887 भादवा सुदि 12 मंगलवार को साध परसरामजी के शिष्य रतनदासजी द्वारा लिपिबद्ध है। इसमें ये रचनाएं हैः- (क). बारखड़ी- 37 छंद, उदोजी कृत (ख). लूर व हरजस- उदोजी कृत (ग). साखी- 18, रायचंद-02, केसोजी-05, उदोजी नैण-03, वील्होजी-01, सुरजनजी-02, दमोजी-01, गुणदास-01, रिवदास-01 तथा अज्ञात-02 (घ). कथा तलाब की- केसोजी कृत (ङ). बिहारी के दोहे- 130 (च). भ्रमर गीत- 74 छंद, नंददास कृत (छ). ध्रुव चरित- 270 छंद, जनगोपाल कृत।

03. ग्रंथांक-133:- यह 112 पृष्ठों का एक गुटका है जो कि गांव सदलपुर के भींयारामजी विसनोई से प्राप्त हुआ था। यह संवत 1826 वैशाख सुदि 02 गुरूवार को लिपिबद्ध है। इसमें ये रचनाएं हैः- (क). सबदवाणी- 120 सबद, प्रसंग रहित (ख). विष्णु सहस्रनाम (ग). विष्णु पंजर स्तोत्र।

04. ग्रंथांक-134:- यह 54 पन्ने है जो कि गांव सदलपुर के भींयारामजी विसनोई से प्राप्त हुए थे। यह अनुमानतः संवत 1800 के आसपास लिपिबद्ध है। इसमें सबदवाणी के 117 सबद पद्य प्रसंग सहित लिपिबद्ध है।

04. हिसार

01. परिचयः- हिसार जिला हरियाणा में स्थित है।

02. स्वामी विवेकानंद संग्रहालय की हस्तलिखित प्रतियांः- स्वामी विवेकानंदजी विसनोई संत तथा साहित्य प्रेमी थे। इन्होंने अपने जीवनकाल में अनेक हस्तलिखित ग्रंथों का संग्रह किया। इनके संग्रह की हस्तलिखित प्रतियों का परिचय आगे दिया जा रहा हैः-

01. ग्रंथांक-A-01:- यह 76 पृष्ठों की एक पोथी है। जो कि संवत 1940 से 1944 के मध्य लिपिबद्ध है। इसमें ये रचनाएं हैः- (क). कथा औतारपात- 142 छंद (ख) बाल लीला- 61 छंद (ग). कथा गुगलिये की- 86 छंद (घ) कथा पुल्हेजी की- 25 छंद। संवत 1940 सावण सुदि 11 को थापन शोभजी के पुत्र अमेदजी द्वारा मुकाम में लिपिबद्ध (ङ) राज भेंटवाला रा नाम (च). इसकंदर की कथा- 209 छंद (छ). कथा दुणपुर की- 64 छंद (ज). लुणकरण महमंदखां विवाद (झ). गुरू जांभोजी की वंशावली (ञ). जैसलमेर की कथा- 111छंद (ट). कथा चितोड़ की-168 छंद। मिश्र श्रीराम द्वारा संवत 1944 पौष वदि 4 रविवार को शहर फतैपुर में लिपिबद्ध।

02. ग्रंथांक-A-02:- यह 84 पृष्ठों की पोथी है। यह संवत 1907 पौष वदि 2 शनिवार को रामदासजी के शिष्य भगवानदासजी द्वारा गांव मुकाम में लिपिबद्ध है। इसमें प्रहलाद चरित्र (604 छंद) है।

03. ग्रंथांक-A-03:- यह 55 पृष्ठों की एक पोथी है। इसमें वील्होजी, सुरजनजी पुनियां, कान्होजी, तेजोजी, उदोजी नैण, आसानंदजी, दुर्गदास, पदम भगत, केसोजी गोदारा, आलमजी, मिठू जी, देवोजी, हीरानंदजी, रहमतजी आदि के हरजस है।

04. ग्रंथांक-A-05:- यह 95 पृष्ठों की प्रति है। यह संवत 1893 से 1907 के मध्य लिपिबद्ध है। इसमें ये रचनाएं हैः- (क). विष्णु पंजर स्तोत्र (ख). शंकराचार्य कृत गोविंदाष्टक, संवत 1893 को लिपिबद्ध (ग). गुरूदेव को अंग (घ). सबदवाणी- 120 सबद, प्रसंग रहित, संवत 1907 माघ सुदि 2 को साध गोविंदरामजी द्वारा लिपिबद्ध।

05. ग्रंथांक-A-06:- यह 103 पृष्ठों की प्रति है। यह संवत 1889 चैत वदि 12 सोमवार को लिपिबद्ध है। इसमें 120 सबद (प्रसंग रहित) और उदोजी नैण कृत तीन आरती है।

06. ग्रंथांक-A-07:- यह 17 पृष्ठों की प्रति है। इसमें अमावस्या कथा (143 छंद) है।

07. ग्रंथांक-A-08:- यह 56 पृष्ठों की प्रति है। इसमें विवाह पद्धति है।

08. ग्रंथांक- A-10:- यह 35 पृष्ठों की प्रति है। इसके मुख्यपृष्ठ पर लिखा है- "विवेकानंद ने 22-07-1977 को स्वामी बालकराम से यह पुस्तक प्राप्त की।" इसमें मुख्यत: विवाह की पाटी हैः- (क). विष्णु 28 नाम (ख). गांठ को मंत्र (ग). हथलेवे को मंत्र (घ). आदि वंशावली (ङ). दशअवतार (च). संख्याण (छ). विवरस्य (ज). शाखोच्चार विष्णु का (झ). शाखोच्चार शिवजी का (ञ). शाखोच्चार गणेशजी का (ट). हनुमानजी का झाड़ा, संवत 1917 को रामभाऊ शास्त्री विशारद और साधु प्रेमदासजी के शिष्य बालकदासजी द्वारा लिपिबद्ध।

09. ग्रंथांक-A-11:- यह 38 पृष्ठों की प्रति है। इसमें होम विवाह की पद्धति हैः- (क). गौत्राचार (ख). आदि वंशावली (ग). वसंदर के नाम

(घ). पचीस नाम (ङ). विवरस्य (च). स्तुति (छ).विष्णु पुराण शतनाम (ज). कृष्णार्जुन संवादे विष्णु 28 नाम स्तोत्र (झ). हरि नाम (ञ). दश अवतार (ट). मंगलाष्टक (ठ). चौजुगी (ड). द्वंद चौजुगी (ढ). पीढी बदलने का मंत्र (ण). कलश मंत्र (त). पाहल मंत्र (थ) बालक मंत्र (द). विवाह होम पाठ संपुरण श्लोक (ध). विसरजन। संभवतः यह बीरमरामजी थापन द्वारा लिपिबद्ध है।

10. ग्रंथांक-A-12:- यह 46 पृष्ठों की प्रति है। इसमें वैष्णवपयोगी निर्णय नामक रचना है। यह संवत 1732 अषाढ वदि 4 को माधोदासु पटवा द्वारा लिपिबद्ध है।

11. ग्रंथांक-A-13:- यह 34 पृष्ठों की प्रति है। इसमें योग विद्या से संबंधित रचना है।

12. ग्रंथांक-GJ-02:- यह 35 पृष्ठों की प्रति है। इसमें प्राकृत भाषा में जैन साहित्य की रचना है।

13. ग्रंथांक-GJ-03:- यह अपुर्ण प्रति है। इसमें सबदवाणी के 120 सबद पद्य प्रसंग सहित दिए हुए है। यह संवत 1886 आषाढ वदि 14 मंगलवार को कनीरामजी के शिष्य रामदासजी द्वारा गांव अलाय में सगर गीला के घर पर लिपिबद्ध है।

14. ग्रंथांक-GJ-05:- यह अपूर्ण प्रति है। इसमें सवैया है। यह संवत 1879 माघ सुदि 3 बुधवार को बीरमदासजी के शिष्य दयारामदासजी द्वारा गांव जांभोलाव में लिपिबद्ध है।

15. ग्रंथांक-GJ-06:- यह 11 पृष्ठों की प्रति है। इसमें चरनदासजी कृत ज्ञान सरौदो (81 छंद) है।

16. ग्रंथांक-GJ-07:- यह 54 पृष्ठों की प्रति है। इसमें ज्ञान मंजरी है। यह संवत 1831वैशाख सुदि पंचमी गुरूवार को ठाकुर दत्रिगसुदेव द्वारा परिसा नगर में लिपिबद्ध है।

17. ग्रंथांक-GJ-08:- यह 40 पृष्ठों की प्रति है। इसमें 60 वर्षों का संवत्सर फल (साटी) है। यह संवत 1961 पौष सुदि दूज शनिवार को जलाई के निवासी नरूयण के पुत्र धन्नालाल पटवारी के बेटे लक्ष्मीनारायणजी खुट्टा द्वारा लिपिबद्ध है।

18. ग्रंथांक-GJ-09:- यह 04 पृष्ठों की प्रति है। इसमें उपदेश पचीसी (50 छंद) है। यह संवत 1878 में रतनचंद नागौर द्वारा रचित है।

19. सबदवाणी:- यह 66 पृष्ठों की प्रति है। इसमें 120 सबद पद्य प्रसंग सहित दिए हुए है। यह संवत 1910 सावण वदि 10 शनिवार को गांव गुड़ा में गोविंदरामजी के शिष्य साहबरामजी द्वारा लिपिबद्ध है।

20. लालासर का गुटका:- यह 94 पृष्ठों की प्रति है। यह रूपरामजी के शिष्य साधु केवलदासजी गोदारा द्वारा गांव अलाय में संवत 1963 वैशाख वदि 11 गुरूवार को लिपिबद्ध है। इसमें ये रचनाएं है:- (क). आदि वंशावली (ख). महादेव पार्वती गौत्राचार (ग). राम विवाह (घ). शाखोच्चार (ङ). मंगलाष्टक (च). सिव की पाटी (छ). कृष्ण विवाह शाखोच्चार ।

21. विवेकानंदजी का पोथा:- यह 320 पृष्ठों की एक पोथी है जो कि विसनोई मंदिर हिसार के संत विवेकानंदजी से प्राप्त हुई थी। यह संवत 1818 को परमानंदजी बणिहाल द्वारा लिपिबद्ध है। इसमें ये रचनाएं है:- (क). बारामासो- 13 छंद (ख). दुहा जुवानी रा- 21 छंद (ग). सबदवाणी- 125 सबद गद्य प्रसंग सहित (घ). ग्यानचरी- 131 छंद, वील्होजी कृत (ङ). साखी- 104, विभिन्न जांभाणी कवियों द्वारा रचित (च). असतोतर- 14 छंद (छ). साखी-02, विल्होजी कृत (ज). कथा धड़ाबंध- 43 छंद, वील्होजी कृत (झ). मंझ अखरा दूहा- 27 छंद, वील्होजी कृत (ञ). उमाहो- 22 छंद, वील्होजी कृत (ट). रंगीलौ- 45 छंद, आलमजी कृत (ठ). आंबेलो- 28 छंद, लालजी कृत (ड). बारहमासो- 12 छंद, लालजन कृत (ढ). साखी- 03, वील्होजी, उदोजी, नानिंगजी कृत (ण). कथा बाललीला- 56 छंद, केसोजी कृत (त). कथा अवतारपात- 152 छंद, वील्होजी कृत (थ). कथा लोहा पांगल की- 143 छंद, केसोजी गोदारा कृत (द). कथा गुगलिये की- 81 छंद, वील्होजी कृत (ध). कथा चितोड़ की- 132 छंद, केसोजी गोदारा कृत (न). कथा ऊदै अतली की- 68 छंद, केसोजी गोदारा कृत (प). कथा विगतावली- 379 छंद, केसोजी कृत (फ). पहलाद चिलत- 592 छंद, केसोजी कृत (ब). चौहजुगी- 48 छंद, केसोजी कृत (भ). कथा पुल्हेजी की- 22 छंद, वील्होजी कृत (म). कथा सच अखरी विगतावली- 50 छंद, वील्होजी कृत (य). विसन छतीसी- 36 छंद, वील्होजी कृत (र). कथा दुणपुर की- 62 छंद, वील्होजी कृत (ल). कथा सैंसै जोखाणी की- 106 छंद, केसोजी कृत (व). ग्रंथ हरिगुण- 196 छंद, सुरजनजी कृत (श). कथा उषा पुराण- 220 छंद, सुरजनजी कृत (ष). ब्यावलो किसनजी रो- 252 छंद, पदमोजी कृत (स). ग्रंथ विसन विलास- 79 छंद, तेजोजी कृत (ह). दस अवतारो- 17 छंद, सुरजनजी कृत (क्ष). सुरजनजी के छंद- 86 (त्र). छपैया प्रमोध रूपी- 41, वील्होजी कृत (ज्ञ). छपैया उदैजी का- 55 (अ). कवित्त- 304, सुरजनजी कृत (आ). रामायण का कवित दवाला वेलिया-75

05. लांधड़ी

01. परिचय:- लांधड़ी गांव (नांधड़ी) हरियाणा के हिसार जिले में स्थित है। यह जिला मुख्यालय से 20 कि.मी. पश्चिमोत्तर में स्थित है। यहां गुरू जाम्भोजी का मंदिर है।

02. साहबरामजी का नांधड़ी में बसना:- कहा जाता है कि साहबरामजी राहड़ ने अपने गुरू गोविंदरामजी गोदारा की आज्ञा से ही पारवा गांव की रामा से विवाह करके गृहस्थ जीवन में प्रवेश किया था। विवाह के पश्चात ये कई सालों तक नांधड़ी गांव में रहे फिर पंजाब के दुतांरावाली गांव में बस गए थे। ये नांधड़ी में किस वर्ष बसे थे। इस संबंध में कोई प्रमाणिक जानकारी उपलब्ध नहीं है। हालंकि गांव नांधड़ी में संवत् 1936 में उन्होंने 'ग्रंथांक 187' लिपिबद्ध किया था। इससे यह पता चलता है कि संवत 1936 में वे नांधड़ी गांव में निवासरत थे। साहबरामजी ने अपनी रचना सार बतीसी में इसका उल्लेख किया है:-

अमल राज अंग्रेज का, हांसी अरू हिसार। पच्छिम उतर नांधड़ी, विष्णु कुल सुख सार।
साहबराम जी के तीन पुत्र रूपरामजी, गणेशारामजी व लक्ष्मीनारायणजी हुए। साहबरामजी राहड़ द्वारा विक्रम संवत् 1908 से 1948 के मध्य लिपिकृत 18 प्रतियां उपलब्ध है। विक्रम संवत् 1908 में 'ग्रंथांक 95 व 211' और रामड़ावास में संवत् 1910 में 'ग्रंथांक 94, 279, 281' लिपिबद्ध किए गए। संवत् 1925 में 'ग्रंथांक 182' और फिटकासनी में संवत् 1935 को 'ग्रंथांक 327' लिपिबद्ध किया। गांव नांधड़ी में संवत् 1936 में 'ग्रंथांक 187' व 1937 में 'ग्रंथांक 202' लिपिबद्ध किया। संवत् 1939 में 'ग्रंथांक 91 व 92' और संवत् 1940 में 'ग्रंथांक 371 व 373' लिपिकृत किए। संवत् 1944 में 'ग्रंथांक 88' और संवत् 1944-1947 के मध्य 'ग्रंथांक 193' (जंभसार की अंतिम प्रति) नाधड़ी में लिपिबद्ध किया। साहबराम राहड़ द्वारा लिपिबद्ध अंतिम प्रतियां 'ग्रंथांक 183, 184 व 185' है। साहबराम जी राहड़ के पुत्र गणेशराम जी राहड़ द्वारा लिपिकृत 7 प्रतियां उपलब्ध है। संवत् 1940 में 'ग्रंथांक 45 व 186' लिपिबद्ध किए। संवत् 1946 से 1950 के मध्य अपने भाई लक्ष्मीनारायण राहड़ के साथ 'ग्रंथांक 192' लिपिबद्ध किया। संवत् 1945 में 'ग्रंथांक 369' और संवत् 1950 में 'ग्रंथांक 390' लिपिबद्ध किए। संवत् 1956 को गांव दुतारांवाली में 'ग्रंथांक 286' तथा अंतिम प्रति संवत् 1980 में 'ग्रंथांक 324' लिपिबद्ध की।
साहबरामजी राहड़ कृत अमर चवांलीसी में उनका नांदड़ी गांव में रहने का उल्लेख मिलता है:-
कोट कवि आगे भऐ, वालमिक शिव व्यास। अणभै सब ही कर गऐ, जैसी हिये हुलास।
जैसी हियै हुलास, हरी गुन सब ही गाऐ। तैसे ही साहबराम, गाय मन आप रिझाए।
नगर नांदड़ी में रहै, विसनु कुल सतसार। चेला गोविन्दराम का, गुरू मिले जंभ दरबार।४३
साहबरामजी ने जंभसार के 18 वें प्रकरण में भी संवत 1942 को गांव नांधड़ी में जंभसार लिपिबद्ध करने का उल्लेख करते है:-
गांव नादंणी में रहै, कवि कुल कांण विचार। गुनी सै बिंयालिये, साहब टीका सार।
जसी थी तसी करी, सुणे सो उतरे पार। साहब साहब कंठ में, बैठ करी निरधार।
जंभसार यह ग्रंथ है, जंभ गुर आप समान। जंभ मिल्यौं चहे यह सुणौ, होत सुणत सुध ज्ञान।
जो मांनुष कर जनम दये, जंभसार सुण लेह। साहबरांम जोनी कटै, बहूर न धारै देह।
जंभसार इक छिन सुणै, और ग्रंथ सौ वार। सो विसनोई जनम हैं, करै पलक में पार।

06. आदमपुर

01. परिचयः- आदमपुर हरियाणा के हिसार जिले में स्थित है।
02. हिम्मतरायजी गायणाः- ये गांव आदमपुर (हिसार) के निवासी थे। इनकी फुटकर रचनाओं में जंभ महिमा तथा राव दूदा, पुल्होजी, राव हम्मीर, राव मालदेव, रणधीरजी बाबल, लोहापांगल आदि से संबंधित प्रसंगो का उल्लेख है।

07. सीसवाल

01. परिचयः- सीसवाल गांव हिसार जिले की आदमपुर तहसील में स्थित है। हिसार शहर से लगभग 28 किलोमीटर पश्चिम की ओर स्थित है।
02. सीसवाल के तारोजी राहड़ः- साहबरामजी राहड़ कृत 'जंभसार' के 24 वें प्रकरण में वर्णित है कि तारोजी राहड़, गुरू जांभोजी के परम भक्त थे। उनका जीवन अत्यंत अनुशासित और धर्मपरायण था। वे प्रतिदिन नियमपूर्वक होम करते तथा पांचों वक्त संध्या का पालन करते थे। उनके घर साधु-संतों का निरंतर आगमन होता रहता था। वे अतिथियों, संत, साधु और गायणों की सेवा बड़े प्रेम और समर्पण से करते थे। उनके हृदय में जीव-दया की भावना अत्यंत प्रबल थी और वे कभी असत्य वचन नहीं बोलते थे। एक समय सीसवाल गाँव में एक अंग्रेज अधिकारी आया। उसने शिकार के उद्देश्य से एक हिरण को मारने का प्रयास किया। यह दृश्य देखकर तारोजी अत्यंत व्यथित हुए और उन्होंने उसे रोकने का भरसक प्रयास किया। किन्तु वह अंग्रेज नहीं माना और उसने हिरण पर तीन गोलियाँ चला दीं। जीव-दया से ओतप्रोत तारोजी यह अन्याय सहन नहीं कर सके और उन्होंने क्रोध में आकर उस अंग्रेज पर लाठी से प्रहार कर दिया। अंग्रेज अधिकारी के घायल होने पर तारोजी को पकड़कर हांसी ले जाया गया, जहाँ उन्हें सात महीने की कैद की सजा सुनाई गई। तारोजी के लिए यह सबसे बड़ा संकट इसलिए था कि वे अपने नित्य होम और धार्मिक अनुष्ठान नहीं कर पा रहे थे। सात दिन तक जब उन्होंने होम नहीं किया, तब गुरू जांभोजी को अपने भक्त के संकट का ज्ञान हुआ। गुरु की कृपा से अद्भुत चमत्कार हुआ, सात महीने की सजा केवल सात दिनों में समाप्त हो गई और उनकी बेड़ियाँ स्वयं खुल गईं। कैद से मुक्त होकर तारोजी सीधे अपने घर पहुँचे और वहीं जल ग्रहण किया। उन्होंने जीवन भर भक्ति, सेवा और धर्म का पालन किया। अंततः जब उन्होंने देह त्यागी, तब वे सतलोक को प्राप्त हुए:-
अब जो भक्त भऐ दोय च्यारी, ताकी कथा सुणौ हितकारी। तारो राहड़ भक्त गुर जंभा, पुंन दान को पुरण थंभा।
होम करै हितचित सूं नित ही, गुंजै तीस आखड़ी उनको वित ही। गीता शब्द पाठ नित करै, संझ्यां पांच बखत विस्तरै।
पांणी घृत जु जात कर आनां, लेवै काहां हाथ नहीं लाना। साध संत नित रहै अपारा, गायणादि अभ्यागत न्यारा।

इनकी सेवा बहु विधि करी, संत साध ने जान्यौं हरी। प्रेमां भक्ति रहै सदाई, देख संत नित बंटै बधाई।
जीव दया हिरदै बहु राखे, जाण असत कबहु नहीं भाखै। सीसवाल आयो अंगरेजा, मारियौ मृघ करी नहीं जेजा।
तारो ताहि ब्रजतो रहयौ, तोहुं असुर करियो न कहयौ। गोली असुर ताक तिन वाही, तारै लाठी ताहि लगाई।
गिरियौ असूर फिर गयो पराई, हांसी में तेहि लिये बुलाई। सात मास की बोली कैद, कहयौ जंभ कहा भऐ निपैद।
सुंण कर असै बेड़ी जड़ी, दिन सातवें आपै झड़ी। सातूं दिवस होम नहीं भयौ, सतलोक सतगुर सुन लयौ।
सात मास साते दिन कियो, तारै आय घरे जल पियो। भक्तां के कारज हरि सारे, देह तजी सतलोक सिधारे।

03. फरसरामजी:- गंगाविसनजी के शिष्य फरसरामजी द्वारा संवत 1887 में 'ग्रंथांक-11' और संवत 1897 में 'ग्रंथांक-35' सिसवाल गांव में लिपिबद्ध किया गया था।

08. झूंपा

01. परिचय:- झूंपा गांव हरियाणा राज्य के भिवानी जिले की सिवानी तहसील में स्थित है।

02. गुरू जाम्भोजी का आगमन:- साहबरामजी राहड़ कृत जंभसार के 19 वें प्रकरण में वर्णित है कि दुणपुर से चलकर गुरू जाम्भोजी झूंपा आए। एक रात्रि और एक दिन यहां रूके। गुरु जाम्भोजी ने उत्तर की ओर देखा तब ठुकरोजी राहड़ बोले कि आज इधर कहां कृपा हुई है। गुरू जाम्भोजी बोले कि ठुकरा यहां से उतर खंड में सौ कोस के एरिये में विसनोई बसेंगे। झूंपा गांव से लगाकर बंगला गांव तक विसनोई रहेंगे। जितने लोग अब देश में है इतनी ही बस्ती होगी। मैंदे और ठुकरे ने यह बात सुनी, उनके पोते और पड़पोतों यह बात साकार की। महेंदे राहड़ के वंशज आए और सर्वप्रथम झूंपा गांव बसाया। जहां जहां गुरू जाम्भोजी ने पैर रखे थे, वहां वहां विसनोई बसेंगे। फिर यहां से महेंदो और ठुकरो ने विदाई ली, और वापस अपने देश गए। गुरू जाम्भोजी यहां से आगे चलकर वराड़ प्रदेश में गए:-
आगे कूं चाली जू जमाता, मैंदौ ठुकरो दोनू साथां। आठ मिंजल में झूंपे आएं, एक रात दिन तांहां रहाए।
उतर कूं प्रभु देखत भएेउ, ठुकरै राड़ वचन तब कहेऊ। आज इधर काहा कृपा भई, देखेउ बहुत बात नहीं कही।
यिंहा से ठुकरा उतर खंडा, सौ कोसां लग बार प्रचंडा। झूंपा आद रू बंगलौ अंता, इहां वसहे विसनोई संता।
जितने लोक देश में सोई, इतनीं ही यिंहा बस्ती होई। मैंदै ठुकरै दोनां सुनी, पोतै पड़ोतै सुनकर गुनी।
महंदा वंसी तेहि ते आऐ, प्रिथम झूंपो गांव बसाऐ। जांहां जांहां जंभ गुरु पग धारे, तहां विसनोई बसहे सारे।
मेहेंदो ठुकरो विद्या भऐ, गऐ जु उलटे देश। जंभ गुरु आगे चले, कियो वराड़ प्रवेश।

03. झूंपा गांव में विसनोई बसना:- स्वामी ब्रहमानंदजी कृत विसनोई धर्म विवेक में वर्णित है कि हिसार प्रान्त में संवत 1869 को सर्वप्रथम मारवाड़ से विसनोई गए थे। सबसे पहले झूंपा नाम ग्राम बसाया था। मारवाड़ में भयंकर अकाल पड़ा था, तब मारवाड़ छोड़ना पड़ा था। परमानंदजी बैनिवाल के पुत्र कान्होजी भी संवत् 1869 को अकाल के समय रासीसर गांव छोड़कर उतर खंड की ओर बसे थे।

09. बंगला

01. परिचय:- बंगला गांव हरियाणा के हिसार जिले में स्थित है।

02. लिपिबद्ध ग्रंथ:- थापन तेजा मोटाणी द्वारा गांव बगला में संवत 1897 को 'ग्रंथांक-26' लिपिबद्ध किया गया था।

10. भाणा

01. परिचय:- भाना गांव हिसार ज़िले की आदमपुर तहसील में स्थित है।

02. लिपिबद्ध ग्रंथ:- हणवंतरामजी गायणा द्वारा नथुरामजी गीला के पठनार्थ गांव भाणा में संवत 1934 को 'ग्रंथांक-56' लिपिबद्ध किया गया था।

11. सारंगपुर

01. परिचय:- सारंगपुर गांव हिसार जिले की आदमपुर तहसील में स्थित है।

02. लिपिबद्ध ग्रंथ:- साध परसरामजी के शिष्य रतनदासजी द्वारा गांव सारंगपुर में संवत 1884 को 'ग्रंथांक-22' लिपिबद्ध किया गया था।

12. मोठसरा

01. परिचय:- मोठसरा गांव हिसार जिले की आदमपुर तहसील में स्थित है।

02. लिपिबद्ध ग्रंथ:- साध कनीरामजी के शिष्य रामदासजी द्वारा गांव मोठसरा में संवत 1891 को 'ग्रंथांक-131' लिपिबद्ध किया गया था।

13. रताखेड़ा

01. परिचयः- रताखेड़ा गांव फतेहाबाद जिले में टोहाना के पास स्थित है।

02. संत मोतीरामजीः- रैनी रियासत के जमीदार डालचंदजी जांगू के तुलसा जांगू इकलोती पुत्री थी। रैनी रियासत के अधीन लगभग 30 गांव थे। इन्होंने विसनोई संत महात्मा मोतीरामजी को 27 जनवरी 1866 ईस्वी को जगतपुर गांव भेंट किया था। यह गांव तत्कालीन तहसील धामपुर जिला बिजनोर में था। इसके बाद संत मोतीराम जी ने तत्कालीन हिसार जिले की फतेहाबाद तहसील के गांव रताखेड़ा में कुछ जमीन खरीदकर वहीं रहने लगे और रताखेड़ा में ही उनका सन् 1879 को देहान्त हो गया।

03. लिपिबद्ध ग्रंथः- साध बालकदासजी के शिष्य संतोषदासजी द्वारा ग्राम रताखेड़ा में संवत 1950 को 'ग्रंथांक-331' लिपिबद्ध किया गया।

53

उत्तरप्रदेश

01. मुरादाबाद

01. परिचयः- मुरादाबाद उत्तरप्रदेश राज्य में स्थित एक जिला है। यह शहर सन् 1600 ईस्वी में मुगल सम्राट शाहजहां के पुत्र मुराद द्वारा अपने नाम से आबाद किया गया था।

02. स्वामी ईश्वरानंदजी गिरीः- स्वामी ईश्वरानंदजी गिरी द्वारा विक्रम संवत् 1955 में प्रकाशित 'जंभ संहिता' में स्वयं को रोहतक से आठ कोस पश्चिम में स्थित बहुमोखरा गांव के निवासी खेमोजी जाट के पांचवे पुत्र और स्वामी सरयुगिरी का शिष्य वर्णित किया है। इनके चार भाई आसोजी, गंगारामजी, तुलारामजी व विष्णुजी थे। विक्रम संवत् 2000 में प्रकाशित 'श्री जंभसारः साखी संग्रह' के अनुसार ये वेद, व्याकरण, धर्मशास्त्र के प्रकांड पंडित थे। वेद और व्याकरण इन्होंने स्वामी दयानंद सरस्वती से पढे थे। विक्रम संवत् 1971 में प्रकाशित स्वामी ब्रह्मानंद जी कृत विशनोई धर्म विवेक के द्वितिय संस्करण में श्री रामदासजी के कथनानुसार विशनोई समाज में इन्होंने बहुत वर्षों तक ज्ञानोपदेश किया। ज्ञान विषयक कई बातों में इनका आर्य समाज से कुछ विरोध भी हो गया था। 65 साल की आयु में संवत् 1955 में मुरादाबाद में इनका स्वर्गवास हुआ था। सबदवाणी की सर्वप्रथम टीका समेत प्रकाशित करने तथा मंत्रों और 29 धर्मनियमों को जंभसंहिता के रूप में वेद और धर्मशास्त्र विहित सिद्ध करने के कारण स्वामीजी का महत्व है। उन्होंने विसनोई धर्म को गहन पांडित्य और ठोस तर्कों से आर्य समाजी विचारधारा के अनुरूप वेद सम्मत शास्त्रीय धरातल पर प्रतिष्ठित करने का प्रयास किया।

03. मनीरामजी विसनोई एडवोकेट कृत 'यादों के झरोखे से' निम्नांकित जानकारी ली गई हैः- "मैं रूहेलखण्ड के जिला मुरादाबाद की विसनोई बस्तियों में किए गए अपने भ्रमणों के वृत्तान्त का वर्णन कर रहा हूँ। सर्वप्रथम मुगल सम्राट अकबर के समय मारवाड़ (वर्तमान राजस्थान का भाग) से जिला मुजफ्फरनगर के उन विसनोईयों के पूर्वज यहाँ आकर स्थापित हुए थे जो जाट विसनोई कहलाते हैं। वैश्य विसनोइयों में कुछ के पूर्वज पूर्व बीकानेर राज्य के रतनगढ़ क्षेत्र तथा पूर्व अलवर राज्य से आये थे परन्तु अधिकांश को गुरु जम्भेश्वर जी महाराज ने अपने धर्म प्रचार भ्रमण के दौरान यहीं विसनोई बनाया था। मेड़ता वाटी क्षेत्र के गांव नैणावास (जो मेड़ता नगर से सात कोस के अन्तर पर आबाद है) से कांठ और अगवानपुर रियासतों के संस्थापकों के पूर्वज लगभग 360 वर्ष पूर्व पलायन करके पहले अलवर राज्य में रहे तथा वहां से चलकर वर्तमान में हरियाणा राज्य के नगर बहादुरगढ़ में आबाद हुए। फिर वहां से पलायन करके जिला मेरठ और मुजफ्फरनगर में ठहरते हुए मुरादाबाद नगर से 5 कोस पश्चिम में फतेहपुर विसनोई में स्थापित हुए। वहां से कुछ परिवार अगवानपुर में स्थापित हो गये। चौधरी बहादुर सिंह नैण अपनी ननिहाल महमूदपुर माफी में जाकर रहने लगे और वहीं सलेमपुर के मुसलमानों के अत्याचार को समाप्त करके कांठ रियासत सन् 1781-82 में स्थापित की। इस जिला की उन बस्तियों के वृत्तान्त का उल्लेख कर रहा हूं जहां मैं अपने भ्रमणों के समय स्वयं गया हूं। इस जिला को राम गंगा नदी दो भागों में बांटी है। राम गंगा के ऊपरी भाग में स्थित विसनोई बस्तियां सुरजन नगर, मण्डैया पीपली अहीर (उर्फ बन्ने वाली मण्डैया), पानुवाला, राजपुर कलां, लालापुर, पीपलसाना, बढ़पुर मोहकम उर्फ बढ़पुर, मीरपुर मोहनचक, सुल्तानपुर खादर, सोहजनी, डिलारी, डिलारा चौक, मस्तापुर, गक्खड़पुर, फजलपुर, फरीदपुर, अहमदपुर, सरकड़ा विसनोई, राजपुर केसरियावाला, विजयरामपुर, मण्डैया पीपली घनश्याम, मुण्डिया खेड़ा, रामवाला शेखु, आलियाबाद, कुण्डेसरा, महरमपुर, मुण्डैया ख्वाजपुर, ख्वाजपुर धन्तला, करनपुर, अदलपुर, सलारपुर तथा रामगंगा के नीचे के भाग में मुरादाबाद शहर, लोधीपुर धाम, जेवड़ी, हकीमपुर, मलपुर खड्इया, फतेहपुर विसनोई, चक हमीनपुर, दयनाथपुर बरखेड़ा, भगवानपुर चौक, अगवानपुर कस्बा, शेखा धर्मपुर, सलाबा, रसुलपुर गूजर, अहमदपुर निब उर्फ नगला, खलीलपुर कदीम, कांठ, महमूदपुर माफी, गढ़ी, सलीमपुर, नवादड़ी, मुख्तारपुर नवादा, दुमेला, पहाड़ मऊ, पेली विसनोई, खूंट खेड़ा, मण्डैया मिसरीपुर, मिसरीपुर बेगम, मिलक खेमपुर उर्फ खेमपुर शेफुल्लापुर, गाबड़ी। वैश्य अग्रवाल विसनोईजन अब तो अधिकतर दुकानदारी करते हैं तथा सर्विस में भी हैं जबकि पहले कुछ की जमींदारियां भी थीं। इनके गोत्र 'गोयल, बंसल, सिंगल, कंसल, मित्तल, तायल, गर्ग' हैं। जाट विसनोई अधिकतर खेती करते हैं तथा थोड़ी संख्या में सर्विस में भी हैं। इनके गोत्र पंवार, तंवर, नैण, जटराणा, फोगाट, सहरावत, सहू, पूनिया, जाणी, ललेसर, मलिक, जांगू, पड़ियाल, अत्रि, तेत्रवाल, धायल, कालीराणा, बैनीवाल, चौधरन हैं। पश्चिमी

यू.पी. के विसनोई समाज में ब्राह्मण, जाट, अहीर, वैश्य (अग्रवाल), सुनार, नाई, बेहड़ (अहड़) और कसबी आदि जातियों से बने हुए हैं। जाट विसनोइयों के पूर्वज वर्तमान राजस्थान से लगभग 350-400 वर्ष पूर्व आकर स्थापित हुए थे।

विसनोई धर्म के आठ मुख्य धामों में से एक धाम लोधीपुर (निकट मुरादाबाद) है जहां प्रतिवर्ष चैत्री अमावस्या को एक दिवसीय मेला लगता है। पश्चिमी यू.पी. में कई विसनोई बस्तियों में श्री विसनोई मन्दिर है। वर्तमान में कांठ में भूड़ पर विसनोई मन्दिर निर्माणाधीन है जिस पर लगभग एक करोड़ रुपये लागत आने का अनुमान है। परन्तु खेद है कि कांठ के रईस चौ. रामकुमार सिंह द्वारा बनवाया गया लोधीपुर धाम मन्दिर तथा प्राचीन श्री विसनोई मन्दिर मोहल्ला बिशनपुरा, कांठ के विकास के लिए कोई ध्यान नहीं दिया जा रहा है। बहुत-सी बस्तियों में स्थानीय विसनोई सभा बनी हुई है तथा जिला सभाएं एवं यू.पी. प्रदेश विसनोई सभा भी गठित है। प्रादेशिक सभा का द्वितीय वार्षिक सम्मेलन 2-3 अक्तूबर, 2004 को कानपुर में हुआ था। वर्तमान में यू.पी. प्रादेशिक विसनोई सभा के प्रधान चौधरी महेन्द्र सिंह जी विसनोई, सेवानिवृत्त सी. ओ., महमूदपुर रोड, कांठ हैं। इधर वैश्य विसनोईजन अभिवादन में नमस्ते कहते हैं तथा जाट विसनोईजन राम-राम कहते हैं। स्वामी नित्यानन्द जी महाराज के सदप्रयासों से वहां यू.पी. विसनोई धर्मशाला की स्थापना हो चुकी है जहां हर प्रकार की सुविधा उपलब्ध है तथा मेला के अवसर पर भण्डारे की व्यवस्था भी की जाती है।"

02. अगवानपुर

01. परिचयः- अगवानपुर (मुगलपुर) कस्बा उत्तर प्रदेश के जिला मुरादाबाद में रामगंगा नदी के तट पर स्थित है, जो मुरादाबाद शहर से लगभग 5 कोस की दूरी पर है। यह एक विसनोई रियासत थी, जिसके मुख्या चौधरी मेहताबसिंह नैण थे।

02. अगवानपुर (मुगलपुर) का इतिहासः- स्वामी ब्रह्मानंदजी कृत 'इतिहास प्रदीप' के अनुसार अगवानपुर का मूल नाम हिंदू परंपरा से जुड़ा हुआ था, जिसे मुस्लिम शासनकाल के दौरान अफगानों ने बदलकर 'अफगानपुर' कर दिया था। समय के साथ अपभ्रंश होकर यह 'अगवानपुर' कहलाने लगा। मुगल काल में इसका सरकारी नाम 'मुगलपुर' रखा गया था, लेकिन जनमानस और सरकारी अभिलेखों (रेलवे स्टेशन, डाकघर, पुलिस थाना आदि) में आज भी यह अगवानपुर के नाम से ही प्रसिद्ध है। अगवानपुर की प्रसिद्धि का मुख्य श्रेय चौधरी महताब सिंह नैण को जाता है। उनके पूर्वज फतेहपुर से आकर यहाँ बसे थे। महताब सिंह कांट रियासत के संस्थापक चौधरी बहादुर सिंह के ही कुल-गोत्र के थे और उनके बीच गहरा प्रेम संबंध था। चौधरी महताब सिंह की योग्यता और वीरता से प्रसन्न होकर अवध के नवाब आसफ-उद-दौला ने उन्हें अपनी सल्तनत में मुरादाबाद का गवर्नर नियुक्त किया था। उनका गवर्नर के रूप में कार्यकाल संवत् 1781 से 1801 तक रहा। उनके शासनकाल में क्षेत्र में व्याप्त अराजकता और डाकुओं का भय समाप्त हो गया था। वे न्याय के प्रति इतने सजग थे कि किसी भी निरपराध को दंड न मिले, इसके लिए वे स्वयं गुप्त रूप से जाँच करने जाते थे, जैसा कि बिजनौर के महमूदपुर देवमल गाँव की एक जाँच के संदर्भ में उल्लेख मिलता है। वे विसनोई धर्म के पक्के अनुयायी थे। वे अमावस्या का व्रत रखते थे और अहिंसा धर्म का कड़ाई से पालन करते थे। चौधरी महताब सिंह ने अगवानपुर (मुगलपुर) में एक विशाल भवन का निर्माण करवाया था, जो क्षेत्र में 'कोट' या 'गढ़ी' के नाम से प्रसिद्ध है। यह भवन उनके वैभव और सत्ता का प्रतीक था। संवत् 1812 में ब्रिटिश सरकार की एक रिपोर्ट में भी उनके परिवार को मुरादाबाद के पुराने और प्रतिष्ठित खानदान के रूप में वर्णित किया गया है। चौधरी महताब सिंह के बाद उनके दो पुत्र हुए- चौधरी डालचन्द और चौधरी चैतराम। चैतरामजी के कुप्रबंधन और प्रमाद के कारण इस काल में संपत्ति का ह्रास होने लगा। इसके बाद चैतरामजी का निःसंतान ही निधन हो गया और इस जायदाद के उत्तराधिकारी डालचन्द के पुत्र भानुप्रताप हुए। भानुप्रताप के पुत्र सौराज सिंह हुए। सौराज सिंह के पुत्र महाराज सिंह हुए और महाराज सिंह के हरीराज सिंह हुए। हरीराज सिंह की केवल एक पुत्री थी तथा उनका 6 सितम्बर 1920 को स्वर्गवास हो गया। इसके बाद उनकी पत्नी जयदेवी इस जायदाद की उत्तराधिकारिणी बनीं। इस प्रकार महताब सिंह के वंश का अंत हो गया। एडवोकेट मनीरामजी विसनोई लिखते है कि "कस्बा अगवानपुर (जिला मुरादाबाद) बहुत पुराना कस्बा हैं। यहाँ चौधरी मेहताब सिंह जी नैन की गढ़ी है जिनकी यह रियासत थी, जो बादशाह अवध की ओर से रुहेलखण्ड के सूबेदार भी रह चुके थे (मुरादाबाद गजेटियर 1911 ई. पृष्ठ 95) उनका बनाया हुआ पुराना मंदिर भी है जिसमें अब राष्ट्रीय स्वयंसेवक संघ वाले स्कूल चला रहे हैं। यहां विसनोईयों का मोहल्ला है जहां एक सौ परिवार रहते हैं।"

03. मनीरामजी विसनोई एडवोकेट कृत 'यादों के झरोखे से' निम्नांकित जानकारी ली गई हैः- "फतेहपुर विसनोईयान से कस्बा अगवानपुर (जिला मुरादाबाद) पहुंचे । यह बहुत पुराना कस्बा है। यहां चौधरी महताबसिंहजी नैन की गढी है जिनकी यह रियासत थी, जो बादशाह अवध की ओर से रूहेलखंड के सुबेदार भी रह चुके थे (मुरादाबाद गजेटियर 1911 ई., पृष्ठ 95)। उनका बनवाया हुआ पुराना मंदिर भी है जिसमें अब राष्ट्रीय स्वयंसेवक संघ वाले स्कूल चला रहे हैं। यहां विसनोइयों का मौहल्ला है जहाँ एक सौ परिवार रहते है। रियासत के भवन आदि दिखलाने में बाबु वीरसिंहजी तथा रतिसिंहजी ने हमारा मार्गदर्शन किया। यहां से प्रस्थान कर गांव रसूलपुर गूजर (पोस्ट काण्ठ, जिला मुरादाबाद) पहुंचे। यहां हम दोनों बार गए थे। यहां विसनोईयों के 80 परिवार रहते है जो नैन, पंवार, सहरावत, पाड़ियाल, जटराणा गोत से है। मंदिर निर्माणाधीन है। यहां से गांव नवादड़ी पहुंचे, जो वास्तव में कस्बा काण्ठ का ही भाग लगता है तथा रेलवे स्टेशन के सामने छोटी सी आबादी है। प्रोफेसर घनश्यामसिंहजी (सदस्य महासभा) से मिले। कस्बा काण्ठ (जिला मुरादाबाद) को वर्ष 1750 ई. में चौधरी बहादुरसिंहजी नैण ने अपने कई गांवों का रकबा काट-छांट कर आबाद किया था। इसलिए इसे कांट कहा जाने लगा। जिससे बिगड़कर काण्ठ बन गया है। जबकि इसका असल नाम 'मान नगर' है जो प्रयोग नहीं किया जाता है। यहां पुराने मन्दिर को महन्तजी वाला मन्दिर कहते हैं तथा दूसरा जो आबादी

से बाहर भूड़ (टीबा/धोरा) वाला मन्दिर कहलाता है, जहां ब्रह्मलीन स्वामी चन्द्रप्रकाश जी रहा करते थे। इस कस्बा की पश्चिमी रियासत के मालिक राय बहादुर ध्यानसिंहजी की स्मृति में ध्यानसिंह मैमोरियल इंटर कालेज, ध्यानसिंह मैमोरियल डिग्री कालेज, अस्पताल तथा उनकी समाधि बनी हुई हैं। यहा से प्रस्थान कर गांव सलेमपुर पहुंचे। यह बहुत पुराना गाव है जिसका मूल नाम इस्लामपुर बाहरू था। मुगल सम्राट अकबर के समय यहां विसनोई इसके मनसबदार थे (मुरादबाद गजेटियर 1911 ई., पृष्ठ 150) परन्तु अब उनके वंशज कहीं आबाद नहीं हैं, कहीं अन्यत्र पलायन कर गये। अब तो 30-40 वर्षों से आसपास के गांवों से आकर बनिये तथा ब्राहमण विसनोई आबाद हैं। स्वर्गीय चौ. श्योनाथसिंह विसनोई (पूर्व राज्यमंत्री, यू.पी. सरकार) यहीं के ब्राहमण विसनोई थे। गुरु महाराज अपने भ्रमण काल में यहां पधारे थे।"

03. फतेहपुर विसनोईयान

01. परिचयः- फतेहपुर विसनोईयान गाँव उत्तर प्रदेश के मुरादाबाद जिले की कांठ तहसील में स्थित है।

02. फतेहपुर विसनोईयानः- एडवोकेट मनीरामजी विसनोई द्वारा वर्णित है कि "वर्ष 1996 तथा 1997 में लोदीपुर मेला उपरांत गाँव फतेहपुर विसनोई (जिला मुरादाबाद) में पहुंचे। यह बहुत पुराना गाँव हैं। यहां लगभग एक हजार विसनोई आबाद हैं जिनके पूर्वज वर्तमान तहसील डेगाणा, जिला नागौर (राजस्थान) के गाँव नैणावास से सन 1643 ई. के लगभग पलायन करके आये थे। अगवानपुर और काँठ रियासतों के मालिकान मारवाड़ से आकर पहले इसी गाँव में आबाद हुए थे। यहाँ नैण थापण भी हैं परन्तु वे अपने को न थापन कहते हैं और न ही लिखते हैं। यहाँ के विसनोई 80 प्रतिशत शिक्षित है। एक विसनोई का बनाया हुआ 'श्रीमती शांति देवी जनता इंटर कॉलेज भी है। पहले इसी गाँव में 65 परिवार पंवार गोत्र के भी रहते थे, जो सभी वर्तमान में अन्यत्र चले गए हैं। यहां हमने डॉक्टर हरसरूपसिंह जी पूर्व प्रधान, श्री जबरसिंह जी तथा श्री रामअवतार सिंह जी से भेंट की। फिर गाँव हकीमपुर (पोस्ट फतेहपुर विसनोई,जिला मुरादाबाद) गये। यहां रेलवे स्टेशन भी हैं। असल नाम मिठनपुर हैं जबकि मूल नाम सुजा-उल्ल-दौला नगर था यहाँ पंवार, पूनिया, जाणी तथा लोहमरोड़ गोत के विसनोई कुल बीस परिवार आबाद हैं। सभी के पूर्वज मारवाड़ से पलायन करके आए थे। जमींदारी उन्मूलन से पूर्व यह गाँव विसनोईयों की जमींदारी में था। पुल्होजी पंवार के वंशज मारवाड़ से आकर सबसे पहले इसी गाँव में आबाद हुए थे। चौधरी सुखबीर सिंह जी जाणी के यहाँ हम दोनों बार ठहरे। भगत यशवीर सिंह जी पंवार हमें मिले जो आगामी आसोजी मेला मुकाम पर साइकिल द्वारा तीर्थ यात्रा करने का संकल्प किए हुए हैं।"

03. लिपिबद्ध ग्रंथः- गांव फतैपुर में हरकिसनजी के शिष्य परसरामजी द्वारा संवत 1889 को 'ग्रंथांक-51' लिपिबद्ध किया गया था।

04. बिजनौर

01. परिचयः- बिजनौर उत्तर प्रदेश राज्य का एक प्रमुख शहर और ज़िला है। यह राज्य के उत्तर-पश्चिमी भाग में, गंगा नदी के पूर्वी तट पर बसा हुआ है।

02. बिजनौर का विसनोईः- साहबरामजी राहड़ कृत जंभसार के 16 वें प्रकरण में वर्णित है कि बिजनौर का एक विसनोई गुरू जांभोजी के पास आया। उन्होंने चार थान अतलस के भेंट किए। और फिर छ धड़ी सोना चढाकर गुरू जांभोजी से निवेदन किया कि मुझे सोने के बदले शील स्नान बख्शो। गुरू जांभोजी बोले कि शील स्नान का पुण्य इस सोने से अधिक है। तब वो विसनोई बोला कि शील स्नान का मूल्य क्या है बताओ। तब गुरू जांभोजी बोले कि आंख में कच्चा रतन है जो रतन काया का सहनाण है। अगर कितना ही मूल्य दें तो आंख नहीं खरीदी जा सकती है। ऐसा कहकर गुरू जांभोजी ने उन्हें एक सबद सुनाया:-

ऐक विसनोई आवियौ, जंभ तणे दरबार। च्यार थांन अतलस का, चाड़ दिया तेहि वार।
छै धड़ी सोनों तबे, चाड़ रू लागौ पाय। विसनोई बिजनोर को, अर्ज करी उण आय।
तब साहू ऐसै कह्यो, बकसो शील सिनान। देव कहै पुन अधिक है, कहो किते उंन मान।
तीन लोक लो पुँन करें, आंख न लाधे ऐक। रतन काया सहनाण यहै, याको इहे ववेक।
(............शब्द श्री महावाक्य............)

परमानंदजी बैनिवाल कृत हस्तलिखित ग्रंथ में सबदवाणी के गद्य प्रसंग में भी यही वर्णित है कि बिजनौर का एक चौधरी जिसका नाम साहु था, वो गंगापार से गुरू जांभोजी के पास आया। और छ ताकड़ी सोना चढाकर बोला कि हे गुरूदेव मुझसे क्रिया व भजन आदि नहीं होंगे। आप सोने के बदले मुक्ति दो। तब गुरू जांभोजी बोले कि छ ताकड़ी तेरा, और छ ताकड़ी मैं और देता हूं। आंख में कच्चा रतन है, जो रतन काया का सहनाण है। तेरी आंख में एक रतन है, दूसरा तूं इस मूल्य से खरीदकर ले आ। साहु बोला कि जंबु दीप की पुरी माया दें, तब भी मूल्य के बदले रतन काया नहीं मिल सकती है। तब गुरू जांभोजी ने उन्हें एक सबद सुनाया:- "बिजनोर को चौधरी, नांव साहु। गंगापार सुं आयो। छ ताकड़ी सोनो चाड़ियो। झांभाजी क्रिया भजन हुवे नहीं, सोने साटे मुकति द्यो। झांभोजी कहे- छ ताकड़ी तेरो, छ ताकड़ी म्हे देस्यां। आंखे मां काचो रतन थ, आ रतन काया सीहनाणी थ। तेर एक रतन थ, दुजो मोल साटे लीआवे। साहु कहे- जंबु दीप की मता सोह दीने, तोउ मोल साटे मिले नही। तो रतन काया क्यों करि मिलिसी। झांभोजी श्री वायक कहे- कंचण दानुं कछुव न मानुं .... मानुं एक सुचील सिनानुं।

03. मनीरामजी विसनोई एडवोकेट कृत 'यादों के झरोखे से' निम्नांकित जानकारी ली गई है:- "मैं रूहेलखण्ड के जिला बिजनौर की विसनोई बस्तियों में किए गए अपने भ्रमण के वृत्तान्त वर्णन कर रहा हूं। ईसा की 18वीं शताब्दी में तराई तथा गंगा-यमुना के दोआबा पर

अफगानिस्तान से नौकरी हेतु आये हुए रूहेलों, पठानों, शुजाउद्दौला ने धीरे-धीरे अपना अधिकार जमा लिया और अपना राज्य स्थापित कर लिया जिसे सन् 1774 की सन्धि के अनुसार नवाब वज़ीर (शासक) अवध, शुजाउद्दौला ने अपने राज्य का भाग बना लिया तथा रूहेलखण्ड का पृथक सूबा कायम करके असालत खां को इसका सूबेदार नियुक्त कर दिया। शाजु-उद-दौला की मृत्यु होने पर सन् 1775 में आसुफ-उद-दौला अवध की गद्दी पर बैठा। रूहेलखण्ड में अफगानों के विद्रोह को दबाने में असफल होने के कारण नवाब वज़ीर अवध ने उसे हटाकर चौधरी महताब सिंह नैण विसनोई (अगवानपुर) को सन् 1781 में रूहेलखण्ड का सूबेदार नियुक्त किया जिसने अफगानों के विद्रोह को समाप्त करके पूरे सूबे में अमन व आवाम कायम किया। सन् 1801 की सन्धि के अनुसार रूहेलखण्ड सूबा पर ईस्ट इण्डिया कम्पनी ने अपना अधिकार जमा लिया और इसका दर्जा घटाकर जिला बना दिया। मिस्टर डब्लू. लेसेस्टर को इसका प्रथम कलेक्टर नियुक्त किया। सन् 1817 में मुरादाबाद के दो जिले बना दिये गये। नये जिले का नाम नार्दर्न मुरादाबाद रखा गया जिसका मुख्यालय नगीना में रखा गया परन्तु यहां पानी का निकास न होने से मलेरिया ज्यादा होता था। अतः सन् 1824 में मुख्यालय बदलकर बिजनौर में स्थापित कर दिया गया तथा जिला का नाम भी बदलकर बिजनौर रख दिया गया। गजेटियर 1908 के अनुसार इस जिला में 23175 विसनोईजन आबाद थे। बनियों की कुल संख्या 19986 थी जिसमें काफी संख्या में विसनोई अनुयायी भी थे। इस जिला के जमींदारों में 2.6 प्रतिशत विसनोई थे। कांठ के विसनोई ज़मींदारों के 28 गांव जिला बिजनौर में थे। स्योहारा का 1/4 भाग 9, गांव धामपुर परगना में थे। रुपये 20154/- मालगुजारी जमा कराते थे। बिजनौर नगर महाभारत काल में राजा वेन द्वारा बसाया गया माना जाता है। 'श्री जम्भदेव चरित्र भानु' (1901) (लेखक स्वामी ब्रह्मानन्द कांठ) के पृष्ठ 170 पर लिखा है, "दीपचन्द्र सुनार पश्चिम यू.पी. के बिजनौर नगर का रहने वाला था। गुरु जी के पास पहुंचा था।" (गुरुवाणी का सबद 'कंचन दानु कछु न मानु' उसी दीपचन्द्र के प्रति कहा गया था)। इस समय यहां पर विसनोइयों के लगभग 130 परिवार हैं जो नगर के विभिन्न भागों में बसे हुए हैं। यहां कोई मन्दिर या धर्मशाला नहीं है। अतः अधिकांश से मिल पाना कठिन है। अधिकतर गांव मोहम्मदपुर देवमल से पलायन करके आये हैं।"

05. दारानगर

01. परिचयः- दारानगर गांव उत्तर प्रदेश के बिजनौर जिले में स्थित है। जिसे दारानगर गंज भी कहा जाता है। यह बिजनौर मुख्य शहर से लगभग 12 किलोमीटर दक्षिण की ओर गंगा नदी के तट पर बसा है।

02. गुरू जांभोजी का दारानगर आगमनः- साहबरामजी राहड़ कृत जंभसार के 19वें प्रकरण में वर्णित है कि एक मास तक लोदीपुर में संतों को ज्ञानोपदेश देने के पश्चात् गुरु जाम्भोजी ने आगे प्रस्थान करने का निश्चय किया। यात्रा की तैयारी होने लगी, हाथी, रथ, बैल और अन्य वाहनों को सजाया गया। जब प्रस्थान का समय आया, तो समस्त जनसमूह उदास हो गया। गुरु के वियोग का भाव ऐसा था मानो हृदय पर विरह की ठंडी पीड़ा उतर आई हो। शंख-नाद और वाद्य-ध्वनि के मध्य यह विशाल संत-समूह आगे बढ़ा और दारानगर पहुँचा। दारानगर पहुँचकर समस्त संतों ने गंगा में स्नान किया। स्वयं गंगा ने गुरु जाम्भोजी के चरणों का दर्शन कर हर्ष व्यक्त किया। उन्होंने गुरु के चरणों को पवित्र जल से धोया और उस चरणामृत को ग्रहण किया। इसके पश्चात गंगा पुनः अपने जल में समाहित हो गई। लोदीगढ़ में भी, जहाँ गुरु जांभोजी ने विश्राम किया था, वहाँ एक सुंदर साथरी मंदिर का निर्माण हुआ। दारानगर में गुरु जाम्भोजी तीन दिन तक ठहरे। इस दौरान उन्होंने अपने उपदेशों के माध्यम से समाज को धर्म, सदाचार और भक्ति का मार्ग दिखाया। विशेष रूप से, वहाँ की सोनी (सुनार) जाति के लोगों ने गुरु के उपदेशों से प्रभावित होकर विसनोई धर्म को अपनाया। जहाँ-जहाँ गुरु जाम्भोजी विराजमान हुए, वहाँ-वहाँ उनके स्मरण में साथरी का निर्माण किया गया। यह परंपरा आगे चलकर विसनोई समाज में तीर्थ-स्थलों के रूप में विकसित हुई, जहाँ श्रद्धालु आज भी जाकर नमन करते हैं। जहां पर गंगा ने आकर गुरू जांभोजी के चरण स्पर्श किए थे, वहां पर गुरू जांभोजी का धाम बना। दारानगर से आगे गुरु जाम्भोजी ने पूर्व दिशा की ओर प्रस्थान किया। उनके साथ लगभग चार हजार संतों की विशाल जमात थी। यह यात्रा निरंतर चलती रही और मार्ग में वे विभिन्न स्थलों पर ठहरते, उपदेश देते और जनमानस को जागृत करते रहे। चलते-चलते वे ओरैया पहुँचे, जहाँ एक शिव मंदिर में विश्राम किया। पुरबिया लोग गुरु जांभोजी के दर्शन करने आए तथा अनेक भेंटें अर्पित कीं और उनके उपदेशों को श्रद्धा से ग्रहण किया:-

एक मास लग ज्ञान सुनावा, अब चलने का साज बनावा। साहण वाहण सजते भऐ, लोक उदास सकल सुन भए।
वडै बज रही संख बजावा, दारानगर जंभ गुर आवा। सकल संत गंगाजी नहाऐ, गंग जंभ के दर्शन पाऐ।
प्रसन्न भऐ मंन हरख बढ़ायो, हरि चरनां में सीस नवायो। चरण धोय चरणोदिक लियो, गंग प्रवेश नीर में कियो।
लोदीगढ़ जांहा प्रभुजी रहे, तांहा साथरी मंदर भए। दारानगर रहे दिन तीनां, सोनी जात विसनु कुल कीना।
जाहां जाहां जंभ विराजिया, ताहां ताहां पूजा धाम। तांहा जाय सिर नाइये, नित रहिय नहकाम।
गंगा आय परस गई स्यामा, जांहा जम्भगुर को भयो धामा। अब सतगुर पूरब मन धारी, कियो पयानौ अंछिया कारी।
लोक जमात संग सब चाले, ईम्रत वचन बोल गुर पाले। बिछड़त ताहि बहुत देख भयो, मनहू तुषार कंवल वन दह्यौ।
गुर की मूरति हिरदै धारो, सब लोगन उर ज्ञान विचारो। मन थिर कर जन ऐसै रहे, भजन कियो मन आनंद लहे।
जंभ गरु संग लई जमाता, च्यार हजार संत है साथा। चलत चलत पूरब प्रभु गएसी, अवरइया सिव मंदर रहेसी।

पूरबिये दरसन कूं ध्याऐ, नानां भेठ करी मन भाऐ।

03. मनीरामजी विसनोई एडवोकेट कृत 'यादों के झरोखे से' निम्नांकित जानकारी ली गई है:- "गंगा जी के किनारे बिजनौर नगर से 11 कि.मी. पूर्व दक्षिण में कस्बा गंजदारानगर (जिला बिजनौर) है जो महात्मा बिदुरजी के कारण प्रसिद्ध है। चार दीवान मेला मैदान के समीप गंगाजी के किनारे पर श्री विसनोई मन्दिर स्थित है जिसकी कुछ भूमि गंगाजी के कटाव के कारण खत्म हो गई है। मंदिर चौकी पर बना हुआ है जिसमें कई कमरे हैं, बिजली लगी हुई है, लगभग 60-65 वर्ष पहले का बना हुआ है, कुल चार एकड़ भूमि है जिसमें नलकूप, हाथ नलका लगे हुए है तथा बड़, आम, बेल, नाशपाती, पपीता आदि के छोटे-छोटे सैकड़ों वृक्ष हैं। जमीन और वृक्षों का ठेका ही मंदिर की आय है। इस समय रुपये चालीस हजार पर ठेका दिया हुआ है। बड़ा ही रमणीक, सुन्दर और शान्त वातावरण वाला स्थान है। यहां महंत रामदासजी शिष्य स्वामी कृष्णानन्दजी रहते हैं। मन्दिर के प्रबन्ध एवं देखरेख में श्रीमती मिथिलेश कमारी जी धर्मपत्नी बाबू बृजनन्दन प्रसाद विसनोई, पीली कोठी (पन्ना भवन), सिविल लाइनस, बिजनौर पूरी दिलचस्पी लेती हैं। बिजनौर के विसनोईजन प्रायः यहां आते रहते हैं। यहां से प्रस्थान कर बिजनौर पहुंचे जहां श्रीमती मिथिलेश कुमारी जी विसनोई से मिले तथा गंज दारानगर मन्दिर की व्यवस्था बारे हालात मालूम किए (इस मंदिर बारे एक पत्र श्रीमान महासभा प्रधान महोदय की सेवा में मैंने प्रेषित कर दिया है) गंज दारानगर का विसनोई मन्दिर गंगाजी के किनारे पर बना हुआ है (वर्तमान में गंगाजी का बहाव काफी दूर हो गया है) तब स्वामी मंगलदास जी (राजस्थानी मूल के विसनोई साधु) वहां रहा करते थे। वहीं अपने आश्रम में उन दिनों स्वामी शिवानन्दजी (मूलवासी नगीना स्टेशन के सामने गांव) रहा करते थे। वह प्रताप सिंह नाम से पुलिस की सेवा में रहे, बाद में नौकरी छोड़कर विसनोई साधु स्वामी प्रतापजी बनकर गंज दारानगर वाले मंदिर में रहने लगे। विसनोई समाज को संगठित करके पहले गंज दारानगर में विसनोई सम्मेलन किया, उसी सम्मेलन में तय हुआ कि अखिल भारतीय विसनोई महासभा गठित की जाये। बाद में स्वामी प्रतापजी हिन्दू संन्यासी बन गये और शिवानन्द नाम रख लिया। बिंदु जी के आश्रम के साथ ही उन्होंने अपना आश्रम बनाया। उसमें अमरूद के काफी फलदार वृक्ष लगाये हुए थे, अपनी झोपड़ी बांसों की बनवा रखी थी, वातावरण ऐसा लगता था कि मानो वैदिक काल के ऋषि का आश्रम हो। स्वामी जी इकहरे बदन के, सफेद दाढ़ी, लम्बा कद और हाथ में सिर के बराबर की पतली लाठी थी। बातचीत में उन्होंने कहा कि उन्हें राजस्थानी भाषा का ज्ञान नहीं है। यदि कोई गुरुवाणी का राजस्थानी से हिन्दी में अनुवाद कर दे तो वह वेदों, स्मृतियों, उपनिषदों से गुरुवाणी को तुलनात्मक बना सकते हैं। उन्होंने गुरुवाणी की एक पंक्ति सुनाकर उसका वेद मंत्र से मिलान करके हमें सुनाया। स्वामी जी ने ऋषिकेश में स्वर्ग आश्रम के पास अपना आश्रम स्थापित किया हुआ था जिसमें सैकड़ों पुस्तकें थीं। उनके दो गैर विसनोई शिष्य थे। स्वामी जी के ब्रह्मलीन होने पर दोनों स्थानों के आश्रमों में से एक-एक बांट लिया। गांव बिशनपुरा के मूलवासी स्वामी कृष्णानन्द जी भी गिरी सम्प्रदाय के संन्यासी बन गये और बाद में इसी सम्प्रदाय के मण्डलेश्वर बने। ऐसे विद्वान विसनोई सम्प्रदाय को क्यों छोड़ गये, समझ में नहीं आता। लगता है कि हमें अपने हीरे-मोतियों की पहचान नहीं है, कहा भी गया है कि 'घर का जोगी जोगणा, बाहर का जोगी सिद्ध'।"

06. कालपी

01. परिचय:- कालपी उत्तरप्रदेश राज्य के जालौन जिले में यमुना नदी के दाहिने किनारे पर स्थित है। यह कानपुर से लगभग 78 किलोमीटर दक्षिण-पश्चिम में स्थित है। गुरू जांभोजी यहां आए थे और स्वांयत साह को विसनोई बनाया था।

02. गुरू जाम्भोजी का कालपी आगमन:- साहबरामजी राहड़ कृत जंभसार के 19 वें प्रकरण में वर्णित है कि भ्रमण के समय गुरू जांभोजी मुसाणपुर से यमुना घाट कालपी गए। तीन दिन तक गुरू जांभोजी वहां विराजमान रहे। लोग दर्शन करने आने लगे। जहां पर गुरू जांभोजी विराजमान हुए, उस जगह पर हरी मंदिर बनाया गया। रतनदास को गुरू जांभोजी ने आज्ञा दी, तब उन्होंने मंदिर किया। एक व्यक्ति राम का उपासक था, उन्होंने राम की मूर्ति इस मंदिर में लगा दी। तब यह मंदिर 'राम जानकी' का हो गया। गुरू जांभोजी जमात सहित कालपी से कानपुर गए:-

एक दिवस गुर चलते भऐ, जमना घाट कालपी गऐ। तीन दिवस ताहां जंभ विराजै, सब लोगन पर गुरू निवाजै।
तांहां तंबू आसण हर लाया, जाहां हरी मंदर पधिराया। रतनदास जंभ अज्ञा दई, मंदर कीन्हों मानै मही।
एक पुरष रुघनाथ उपासी, सोई मुरत जंभेसुर भासी। रांम ज्यांनकी मंदर भऐऊ, हरि इंछियां संता लख लएऊ।
चली जमात कानपुर आऐ, सब जीवन के पाप गमाऐ।

साहबरामजी राहड़ कृत जंभसार के 24 वें प्रकरण में भी रतनदास का एक प्रसंग वर्णित है:-

हरिकिसनजी हर के दासा, परसरामजी शिष निर आसा। गंगा जंमना सम भऐ निरमल, केवड़े सम ताकी परमल।
ताके रतनदास शिष भऐ, गंगा घाट पर मंदर ठऐ। इंद्री जीत भऐ वड जोगी, ब्रह्म उपासिक जगत वियोगी।
गंगापार खूब चेतावा, हाथ धरियो जेहि मुक्ति पहुंचावा पूरब गए पुरस इधकारी, डिग्या पंथ जिन लियो सहारी।
धरम थाप अधरम कर दूरा, जंभ धरम राख्यौ भरपूरा। कालपी जमनां के घाटा, रूघनंदन का मंदर पाटा।
बऐग्यां सूं भयो विवादा, आई जमात पूर कर नादा। पैज थपी हरी मंदरे, हारै से सिस होय।
जाहां हाथे हरि जीम है, जो जीति जग सोय। गऐ असमांन किनहुँ नहि पेखा, पांच रचत तन कहुँ न देखा।
जब बैरागी ऐसै कहयौ, तूं जीमाय मैं चेलो भयौ। रतनदास सुण न्हावत भए, कर अरदास थाल कर लऐ।

ले थाली मंदर में गएेऊ, तब वैरागी बोलत भऐऊ। ठाकुर जी म्हारां कदेन मांनूं, वीरोटियो याही कूं जांनूं।
इतनी सुनत सभा सब बोली, सुन बैरागी तब मत डोली। इतनी सुनत लात सिर मारा, भाज गऐ बैरागी सारा।
परसरामजी का शिष दूसर, तासे कुटक वचन कहे बूसर। भीस्म कर्म करत तेहि वारा, पकड़ लिये वैरागी सारा।
जीत बैरागी मंदर लऐऊ, दोनूं द्रगपाल जै भएऊ। पूरबीयां भऐ पाऐ नाऊं, मंदर पांच जीत किये ठाऊं।
एहि विधि पूरब सब परचाई, बड़े महंत दोनूं गुरु भाई। विजयी दोनूं वड़ भारी, सकल न्यात के भऐ अधिकारी।

03. स्वांयत शाह को विसनोई बनाना:- साहबरामजी राहड़ कृत जंभसार के 16वें प्रकरण में वर्णित है कि गुरु जांभोजी अपने भक्तों के कल्याण हेतु कालपी पधारे। उस समय वहां के बादशाह स्वांयत शाह को उनके आगमन का समाचार मिला। वे स्वयं गुरु के दर्शन के लिए उपस्थित हुए। उन्होंने श्रद्धापूर्वक परिक्रमा की और समीप बैठ गए। किंतु बैठते ही वे एक अद्भुत अनुभव से चकित हो उठे, उन्हें जहाँ से भी गुरु जांभोजी दिखाई देते, हर दिशा से उनका मुख ही दिखाई देता था। यह दृश्य सामान्य नहीं था; यह सर्वव्यापकता का प्रत्यक्ष बोध था। इस चमत्कार को देखकर स्वांयत शाह के भीतर गहन आध्यात्मिक अनुभूति जागी। उन्होंने भावविभोर होकर कहा कि यह कोई साधारण मनुष्य नहीं, स्वयं खुदायताला (ईश्वर) हैं। इनके शरीर में हाड़-मांस नहीं, इनकी कोई सीमा नहीं, न लंबाई, न चौड़ाई। आज मुझे अल्लाह का प्रत्यक्ष दर्शन हो गया। इस अनुभूति के साथ उन्होंने यह भी कहा कि अब उन्हें दोजख (नरक) का भय नहीं, वे भिस्त (स्वर्ग) को प्राप्त होंगे। उसी समय एक काजी वहाँ आया। उसने गुरु जांभोजी की महिमा को परखने के लिए प्रश्न किया कि दो धर्मों में बड़ा कौन है? काफ़िर कौन है और मोमिन कौन है? रूह क्या है और उसका भेद क्या है? गुरु जांभोजी ने अत्यंत सरल और सार्वभौमिक उत्तर दिए कि बेईमान ही काफ़िर है। जो सत्य को देखे, वही मोमिन है। रूह अनादि है, उसका कोई आदि-अंत नहीं। जो इस भेद को जान ले, वही सच्चा साधु है। तब काजी ने बादशाह से कहा कि मुझे तो कुछ भी दिखाई नहीं देता, यह सब केवल इजमत (चमत्कार) है। गुरु जांभोजी ने शांत भाव से कहा कि यदि और इजमत देखनी हो, तो देख लो। यह वचन काजी के अहंकार को और भड़काने वाला सिद्ध हुआ। काजी ने क्रोध में बंदूक उठाई और गुरु जांभोजी पर गोली चलाई। गोली उनके शरीर को पार करती हुई दूसरी ओर निकल गई। न कोई घाव हुआ, न कोई प्रतिक्रिया। तब काजी ने सोचा कि शायद गोली टल गई होगी, निशाना चुक गया होगा। फिर उसने तलवार से कंधे पर वार किया, तलवार शरीर के आर-पार हो गई। न हड्डी का स्पर्श, न रक्त का चिन्ह। अंततः उसने कटार से हृदय पर वार किया, कटार पार होकर पीछे पत्थर में पाँच अंगुल तक धँस गई। वह पत्थर आज भी शिव मंदिर में दर्शनीय बताया गया है। लोग उनके दर्शन करने जाते है। इन घटनाओं से काजी भयभीत हो गया। वह तुरंत गुरु जांभोजी के चरणों में गिर पड़ा और बोला कि मेरे अपराधों को क्षमा करें, मैंने अज्ञानवश पाप किया। काजी के अपराध को देखकर स्वांयत शाह ने कहा कि अब हमें भिस्त कैसे मिलेगी? जो जैसा कर्म करता है, उसे वैसा ही फल मिलता है। हे प्रभु! अब कृपा करके हमें क्षमा करें और मार्ग दिखाएँ। उन्होंने गुरु से कलमा (उपदेश) देने की प्रार्थना की। गुरु जांभोजी ने उन्हें सबद सुनाया। उस सबद को सुनते ही स्वांयत शाह के हृदय में शांति उत्पन्न हुई। उनके भीतर आनंद का संचार हुआ। जन्म-मरण के बंधन कट गए। वे गुरु जांभोजी के शिष्य बन गए और विसनोई धर्म अपना लिया। गुरु जांभोजी ने स्वांयत शाह को विशेष रूप से सहनशीलता रखने का उपदेश दिया। सहनशीलता ऐसा अमृत है, जो जीवन को संजीवनी प्रदान करता है:-

श्री जंभ गुरु कालपी विराजै, गऐ हुते भक्तनि के काजे। साह स्वांयत पातस्या वहां आऐ, जंभ गुरु के दर्शन पाऐ।
प्रक्रमा कर बैठत भएऊ, स्वांयत देख अचंभे रहेऊ। जहां दरसै तहाँ मुख ही दीसे, खुदाय ताला एह तो प्रमीसै।
हाड मास नहीं रूह न रांपा, अर्ध उरध नहीं जावै मापा। इजमतवंत जान ते भरे, तुम अलाह ताला हो इम कहे।
खुदाय ताला का दर्शन भया, जो दोजक छोड भिस्त में गया। इतने में काजी एक आवा, जंभ गरु सै सौ बतलावा।
दोय दीन में बड़ा कौन है, चीमां गोयम बड़ा जोन है। खाफीर कोन अरु मोमण कौन, रुह कौन रांप कोहोंन।
बेईमांनी काफिर कहिये, चीमा निरखै सो मोमिण लहिये। रुह अनाद जोन है आद, जांणै भेद सो मोमण साध।
काजी पातस्याह कूं फुरमावे, हमरे नजर कछु नहिं आवै। इजमत परचा ऊनका देखा, यूं काजी बोल्यौ कर धेखां।
कह जंभ इजमत भल देखो, जो इंछ्या होवै सोई पेखो। वचन सुणे काजी खुणशाऐ, भर बंदूक मारणै आए।
संनमुख बैठ रू गोली मारा, गोली निसर गई दुसारा। तब काजी सोच्यो मंन मांही, गोली टल गई लागी नांहीं।
ले तलवार खड़ो तब भयो, जंभ गरु के कंधहि दयो। लागत पार भई तेहि वारा, नहीं हाड नहीं खुन लिगारा।
काजी फेर कटारो लीन्हो, जंभगुरु कै हिरदै दीन्हो। खुंवै तक कर पार ही गयो, अंगुल पांच पथर में रहयौ।
सौ सिव के मंदर दरसावै, देखै जवन जातरी जावै। तब काजी मन में घबराऐ, पड़िया जंभगुरु के पाऐ।
गुनौ बगसौ कृपा अब करो, पाप किऐ सो दूर ही हरो। तब स्वांयत साह बोले ऐसै, अब हम भिस्त पावैंगे कसै।
काजी गुन्हा किया वै मरजी, हजरत आगे मेरी मरजी। जो कछु करे सौई सो भरे, खुदाय ताला सैं हम तो डरे।
कृपा करो अब बगसौ सांमी, कलमां कहो गुर अंत्रजामी। (...........शब्द श्री महावाक्य.............)
सुण के अस स्वांयत के, हिरदे आई सांत। तब सौ विसनोई भयौ, रहयो जंभ की पांत।
सहनशीलता गुरु फुरमाई, मानौ घोल संजीवण पाई। सुनतै ही मन भयौ अनंदा, कट गए जनम मरण के फंदा।

04. कालपीः- साहबरामजी राहड़ कृत जंभसार के 6 वें प्रकरण में वर्णित है कि लोहटजी जिस खेमनराय को नागौर से लेकर गए थे, वो कालपी निवासी पुरोहित ब्राह्मण थाः-

ब्राह्मण एक रहे नागौरा, देवी बल देख्यो बहु जोरा। खेमनराय तास को नामा, पूरब शहर कालपी धामा।

श्रीरामदासजी गोदारा जांभोलाव के साधु आसारामजी के शिष्य थे। विक्रम संवत् 1944 में ये विसनोई मंदिर कालपी में रहते थे। विक्रम संवत् 1944 में रामदासजी द्वारा लिपिबद्ध एक हस्तलिखित प्रति में इसका उल्लेख हैः- "श्रीरामदासजी स्वामी मन्दर कालपी, आषाढ शुक्ला 13 संवत् 1944 रविवार"। इस समय ये 24-25 साल के साधु रहे होंगे। बिहारीलाल विसनोई 'झमैया' द्वारा संवत 1902-03 को 'ग्रंथांक-228' और संवत 1915 में 'ग्रंथांक-389' गांव कालपी में लिपिबद्ध किया गया। साहबरामजी राहड़ कृत जंभसार के 24 वें प्रकरण में रतनदासजी का एक प्रसंग वर्णित हैः-

हरिकिसनजी हर के दासा, परसरामजी शिष निर आसा। गंगा जंमना सम भऐ निरमल, केवड़े सम ताकी परमल।
ताके रतनदास शिष भऐ, गंगा घाट पर मंदर ठऐ। इंद्री जीत भऐ वड जोगी, ब्रह्म उपासिक जगत वियोगी।
गंगापार खूब चेतावा, हाथ धरियो जेहि मुक्ति पहुंचावा। पूरब गए पुरस इधकारी, डिग्या पंथ जिन लियो सहारी।
धरम थाप अधरम कर दूरा, जंभ धरम राख्यौ भरपूरा। कालपी जमनां के घाटा, रूघनंदन का मंदर पाटा।
बऐग्यां सूं भयो विवादा, आई जमात पूर कर नादा। पैज थपी हरी मंदरे, हारै से सिस होय।
जाहां हाथे हरि जीमहे, जो जीति जग सोय। गऐ असमांन किनहुं नहि पेखा, पांच रचत तन कहुं न देखा।
जब बैरागी ऐसै कहयौ, तूं जीमाय मैं चेलो भयौ। रतनदास सुण न्हावत भए, कर अरदास थाल कर लऐ।
ले थाली मंदर में गऐऊ, तब वैरागी बोलत भऐऊ। ठाकुर जी म्हारां कदेन मांनूं, वीरोटियो याही कूं जांनूं।
इतनी सुनत सभा सब बोली, सुन बैरागी तब मत डोली। इतनी सुनत लात सिर मारा, भाज गऐ बैरागी सारा।
परसरामजी का शिष दूसर, तासे कुटक वचन कहे बूसर। भीस्म कर्म करत तेहि वारा, पकड़ लिये वैरागी सारा।
जीत बैरागी मंदर लऐऊ, दोनूं द्दगपाल जै भएऊ। पूरबीयां भऐ पाऐ नाऊं, मंदर पांच जीत किये ठाऊं।
एहि विधि पूरब सब परचाई, बड़े महंत दोनूं गुरु भाई। विजयी दोनूं वड़ भारी, सकल न्यात के भऐ अधिकारी।

07. कन्नौज

01. परिचयः- कन्नौज भारत के उत्तरप्रदेश राज्य में स्थित है। यह गंगा नदी के तट पर, कानपुर से लगभग 80 किलोमीटर उत्तर-पश्चिम में बसा हुआ है।

02. काशीदास को विसनोई बनानाः- साहबरामजी राहड़ कृत जंभसार में वर्णित है कि पूर्व दिशा में स्थित कन्नौज ग्राम में काशीदास नामक एक ब्राह्मण रहता था। वह अत्यंत विद्वान था। वेद, शास्त्र और विभिन्न विद्याओं का ज्ञाता, श्रुति और स्मृति के अर्थों का विवेचक, तर्क और व्याख्या में निपुण अर्थात् वह बाह्य ज्ञान में पूर्ण था, किंतु अभी भी आत्मज्ञान से दूर था। काशीदास के कुल के लगभग चालीस परिवार विसनोई धर्म को अपना चुके थे। इन लोगों को विसनोई धर्म का पालन करते हुए देखकर काशीदास के भीतर अपनी जाति और वर्ण का अभिमान उत्पन्न हुआ। अंततः काशीदास ने विसनोईयों से प्रश्न किया कि आपके गुरू कहां रहते है, उनसे चर्चा करने का मन है। तब उन विसनोईयों ने कहा कि तुम संभराथल पर जाओ और परम पुरुष गुरु जांभोजी के दर्शन करो। काशीदास गुरु जांभोजी के दर्शन हेतु निकल पड़ा। लंबी यात्रा के पश्चात वह समराथल धोरों के समीप पहुँचा। जब वह लगभग एक योजन दूरी पर था, तब ही उसने एक अद्भुत परिवर्तन अनुभव किया। वातावरण में एक दिव्य सुगंध (परिमल) व्याप्त थी। मन की अशुद्धियाँ दूर होने लगी। भीतर की कपट और मलिनता स्वतः समाप्त होने लगी। यह गुरु की आध्यात्मिक शक्ति का प्रभाव था। जंभसार में इस स्थिति का अत्यंत सुंदर वर्णन मिलता है कि गुरु की महिमा ऐसी है कि एक योजन दूरी से ही पाप नष्ट होने लगते हैं। मन का कपट और अज्ञान मिट जाता है। सबद (उपदेश) सुनते ही चेतना शुद्ध हो जाती है। इस स्थिति की तुलना सोने से की गई है, जैसे सोना अग्नि में तपकर शुद्ध होता है, वैसे ही जीव गुरु के दर्शन से निर्मल हो जाता है। जैसे ही काशीदास ने गुरु जांभोजी का एक सबद सुना, उसके भीतर गहरा परिवर्तन हुआ। उसे आत्मज्ञान का साक्षात्कार हुआ। उसके भ्रम दूर हो गए। वह सत्य को पहचान गया। सच्चा ज्ञान केवल शब्दों से नहीं, बल्कि अनुभूति से प्राप्त होता है। इस आत्मबोध के पश्चात काशीदास ने अपना जनेऊ उतार दिया। बाह्य आडंबरों का त्याग किया। सत्य और आचरण को ही धर्म स्वीकार किया। काशीदास ने निश्चय किया कि सच्चा धर्म कर्म और सत्य में है। वर्ण-व्यवस्था और बाह्य आडंबर मिथ्या है। एक ही परम ब्रह्म सत्य है। इस प्रकार उसने विसनोई धर्म को अपनाया और मुक्ति का मार्ग ग्रहण किया। काशीदास के इस परिवर्तन का व्यापक प्रभाव पड़ा, कन्नौज क्षेत्र के आठ गांवों में विसनोई धर्म का प्रसार हुआ। और अनेक लोगों ने विसनोई धर्म अपनायाः-

अब एक कथा सुनो चितलाई, होत ज्ञान अज्ञान नसाई। पुरब देश कनोज गांव है, ब्राह्मण काशीदास नाम है।
पढयौ गुण्यौ विद्या सब जाणै, सुरति सिमरति अर्थ बखाणे। ताके कुल के भए विसनोई, घर चालीस भए सुध सोई।
याको धरम देख दुख पायो, जात वरण अभिमांन ही आयो। इनसे पूछेउ कित बो जन है, चरचा करण मोर तेहि मन है।
कहै जात जन संभर जावो, परम पुरष के दरसन पावो। सुन कर वचन चालतो भएऊ, चलत चलत समराथल गएऊ।

जोजन एक रह्यौ जब दुरी, परमल रही सकल भरपूरी। जंभ गुरु को इह प्रतापा, जोजन सेई खंडत होय पापा।
मन का मैल कपट नस ज्यावै, सुंनतहि शब्द सुध हुय आवे। जैसै कंचन सोगी देवा, तब पावै कंचन को भेवा।
एहि विधि जीव सुध होय जावै, जंभ गुरु को दरसन पावे। (.............शब्द श्री महावाक्य..........)
एक सबद के सुनत ही, परच्यो जीव सुजीव। कोट गरु पच पच मरे, तो समझे नाहि कुजीव।
काढ़ जनेऊ धर दई, लीन्हो पद सन्यास। कारण किरिया सत हैं, झूठो वरण उपास।
विसनोई धर्म निश्चे कियौ, लियो मुक्ति गतिमांन। एक ब्रह्म निश्चै कियौ, दियो सकल भ्रम भांन।
आठ गांव नख त्रियोदशा, भऐ विसनोई सौय। ताकै पीछे पांच लख, गए चतुरभुज होय।

03. कन्नोज के विसनोईयों का प्रसंग

साहबरामजी राहड़ कृत जंभसार में वर्णित है कि कन्नौज के विसनोई संभराथल पर आए, और मखमल का बिछोना गुरू जांभोजी को भेंट किया। उन्होंने कहा कि आप इस पर सुख से सोवो, नींद अच्छी आएगीः-

विसनोई कनोज का, चालज आऐ थेट। बिछौणौं मुखमल जड़ीयौ, धरियो सतगुरु की भेट।
अतलस नरम कोमल महा, लीजै सही प्रवीन। नींद जो आवै सुख सूं, भाख्या चित हुय दीन।

सबदवाणी के गद्य प्रसंग में भी यही उल्लेख है, कि एक पूरब का विसनोई मखमल का गद्दा रूई से भराकर लाया और गुरू जांभोजी को भेंट किया। और कहा कि जब आपको नींद आए तो आप इस पर सोना। तब गुरू जांभोजी ने उन्हें एक सबद (उपदेश) सुनायाः- "एक पुरब को विसनोई, मुखमल मीसरू को गदरो रूई सुं छलाय ल्यायो। तम झांभाजी पोढो, तदि यां पे सोईयो। झांभोजी श्री वायक कहे- जे म्हां सुता रैण विहावे .... वले न आवे तारूं।80।"

08. सरधना

01. परिचयः- सरधना गांव उत्तर प्रदेश राज्य के मेरठ जिले में स्थित है।

02. गुरू जांभोजी का आगमनः- साहबरामजी राहड़ कृत जंभसार के 19 वें प्रकरण में वर्णित है कि दिल्ली से चलकर गुरू जांभोजी पांच मंजिल बाद सिरधणा गांव पहुंचे। दो दिन तक सिरधणा गांव में रहे। फिर फलावदा चलै गएः-

पांच मंजल में पहुंचिया, सिरधणैं सुख धाम। दोय दिवस ताहा हीं रहे, मिलन गऐ सब गांव।
फेर फलावदै जावत भएऊ, छोडेउ रथ डेरा कर दएऊ।

03. मनीरामजी विसनोई एडवोकेट कृत 'यादों के झरोखे से' निम्नांकित जानकारी ली गई हैः- "सन् 1876 के गजेटियर के अनुसार यह नगर सरकट नाम के एक राजा ने बसाया था। मुसलमानों का शासन स्थापित होने तक उसके वंश का राज्य रहा परन्तु मुसलमानों ने उन तमाम को यहाँ से निकाल दिया। कुछ समय बाद यह कस्बा विसनोइयों की मलकीयत हो गया जिन्हें तगों ने 18वीं शताब्दी में निकाल कर कब्जा कर लिया। पहले यहाँ विसनोइयों के 500 परिवार थे परन्तु अब तो 8-10 ही हैं जिनमें सर्वश्री चेतनमल जी गर्ग तथा महेन्द्र पाल सिंह मित्तल, रिटायर्ड पेशकार (जिनका दिसम्बर 2003 में स्वर्गवास हो गया है) पुराने निवासी हैं जो हरियाणा की ओर से आये थे। शेष नये आकर आबाद हुए हैं। यहाँ बहुत पुराना श्री विसनोई मन्दिर है जो मौहल्ला बीच गलियारा (अब शान्ति नगर) में स्थित है जो गिर गया था जिसे पुनः बनवाया गया। इसके कुछ भाग पर जैनियों ने कब्जा कर लिया था जिसे चौधरी रामेश्वर दयाल सिंह तहसीलदार (अब सेवानिवृत्त, मूलवासी खरड़, जिला मुजफ्फरनगर, लोहमरोड़ गोत्र) ने पुनः मन्दिर में मिलाया तथा इसका जीर्णोद्धार कराया। अब भी मरम्मत आदि का काम चल रहा है। यहाँ के विसनोइयों की श्मशान भूमि थी जिस पर बेगम समरू ने चर्च बनवा दिया। उसकी कुछ जमीन बची थी उसे भी इसाइयों ने हड़प लिया है। यह नगर तहसील मुख्यालय है। यहाँ के सभी विसनोई दुकानदारी और सर्विस में हैं।"

09. फलावदा

01. परिचयः- फलावदा गांव उत्तर प्रदेश राज्य के मेरठ ज़िले में स्थित है।

02. गुरू जांभोजी का आगमनः- साहबरामजी राहड़ कृत जंभसार के 19 वें प्रकरण में वर्णित है कि दो दिन सिरधणे में रहने के बाद गुरू जांभोजी फलावदा में आए। रथ छोड़कर डेरा किया। वहां पर विसनोई दर्शन करने आए, उन्होंने फूल व पताशे चढाए। भेंठ देकर गुरू जांभोजी की पूजा करी। तन मन से सेवा की। जहां पर गुरू जांभोजी के चरण पड़े है, वहां पर विसनोई बसेंगे। यही गुरू का सामर्थ्य है, जहां धर्म की वृद्धि हो उन जगहों पर ही गुरू जांभोजी जाते थे। जो उनके रास्ते में आता था, वो विसनोई बन जाता था। फिर फलावदा से आगे नगीना की ओर प्रस्थान कियाः-

पांच मंजल में पहुंचिया, सिरधणैं सुख धाम। दोय दिवस ताहा हीं रहे, मिलन गऐ सब गांव।
फेर फलावदै जावत भएऊ, छोडेउ रथ डेरा कर दएऊ। विसनोई दर्शन कूं आऐ, फूल पतासा बहुत चढ़ाऐ।
भेंठ करी पूजे जंभ देवा, तन मन लाय करी हरि सेवा। जाहां चरण जंभेसर धारे, तांहां विसनोई बसहे सारे।

एहि गुर सामरथा जांनौ, धरम वधै तांहां करै पयानौं। जो उन कै मारग में आऐ, जेही जन विसनोई कहाऐ।

03. मनीरामजी विसनोई एडवोकेट कृत 'यादों के झरोखे से' निम्नांकित जानकारी ली गई है:- "सन् 1803 ई. , तदानुसार वि.सं. 1860 में फलावदा, मेरठ, उत्तर प्रदेश पर अंग्रेजों का शासन स्थापित हुआ था। उससे काफी पहले वहां मुसलमान सैयदो की स्थानीय हकूमत थी जिन्होंने मिरासी मुसलमान को उनकी सेवाओं से खुश होकर कुछ रकबा पर उनकी जमीदारी बख्शीश कर दी। धीरे- धीरे मिरासियों ने अपनी जमीदारियां बढ़ानी शुरू कर दी और लगभग सन् 1770 ई.दानुसार वि.सं. 1827 वि.सं. में तमाम कसबे की जमीदारी हड़प करके मीरासी से मीर साहब बन गये। उन्होने गरीबों तथा हिन्दुओं को तंग करना शुरू कर दिया परन्तु इस कस्बा के तोमर, पंवार आदि विसनोईयों से यह लोग टक्कर नहीं ले पाते थे। विसनोईजन अपने कारोबार में दिनों दिन उन्नति करते गए, कुछ समय बाद मीरों ने अपनी एक बैठक करके तय किया कि विसनोइयों से भी कर वसूलेंगे। अतः उन्होंने विसनोइयों से कर मांगा परन्तु विसनोइयों ने कर देने से साफ मना कर दिया। कर न देने पर वाद-विवाद बढ़कर संघर्ष में बदल गया। तभी मीरों ने एक गुप्त बैठक करके तय किया कि विसनोईयों से युद्ध करेंगे तथा उनकी महिलाओं को उठा लेंगे। जब मीरों के इस गुप्त निर्णय की सूचना विसनोइयों को मिली तो सभी विसनोईजन मौहल्ला पड़ाव में एकत्रित हुए और निर्णय लिया कि अगले दिन युद्ध से पहले सभी विसनोई महिलाओं और बच्चों को एक स्थान पर एकत्रित करके उनका वध करेंगे और उसके बाद मुसलमान-मिरासी जमीदारों से युद्ध करेंगे। महिलाओं और बच्चों को मारना पाप समझते हुए भी उन्होंने यह सोचकर निर्णय लिया कि इससे उनका सम्मान और धर्म तो बच जाएगा। विसनोईयों के चौधरी के पास एक मुस्लिम जुलाहा मुलाज़िम था जिसने विसनोईयों का यह निर्णय सुन लिया और रात हो जाने पर भी अपने घर नहीं गया। चौधरी साहब ने जब उससे इतनी देर तक अपने घर न जाने का कारण पूछा तो उसने कहा- "हजूर आज तक आपका नमक खाया है अतः मैं भी कल आप लोगों के साथ युद्ध में शामिल होऊंगा, मरूं या बचूं- यह तो खुदा के हाथ में है मगर आपका साथ नहीं छोड़ूंगा। चौधरी साहब ने उसे समझा-बुझाकर उसके घर भेज दिया घर पहुंचते ही उसने तमाम बातें अपनी पत्नी को बता दी और कहा कि तूं भी अपनी चूड़ियां और बिछवे तोड़ दे। यह कहकर वह तो पुनः अपने स्वामी (चौधरी साहब) के घर चला गया परन्तु उसकी पत्नी ने जोर-जोर से रोना शुरू कर दिया जिस पर अड़ोस-पड़ोस की मुस्लिम महिलाएं उसके पास पहुंची रोने का कारण पूछा। उसने अपने पति से सुनी तमाम कहानी उन महिलाओं को बता दी जिन्होंने अपने घर जाकर ज्यों की त्यौं सुना दी। विसनोइयों का निर्णय था कि 'वे कल अपनी महिलाओं बच्चों को मारकर मिरासियों का मुकाबला युद्ध में करेंगे' , यह खबर सुनकर उन्होंने (मिरासियों ने) अपनी बैठक बुलाई जिसमें विसनोइयों के निर्णय से सबको अवगत किया गया। इस पर एक वृद्ध मिरासी ने कहा कि शेर गोली खाकर खूंखार हो जाता है। जब विसनोईजन अपनी स्त्रयों और बच्चों का वध कर देंगे तो क्या वे हमें जिन्दा छोड़ेंगे? कुछ ने कहा कि होगा तो यही विसनोई तो पहले ही बहुत खतरनाक लोग हैं। एक अन्य वृद्ध मिरासी ने कहा- 'जब हम आज तक इस कस्बे के विसनोइयों का कुछ नहीं बिगाड़ सके तो पड़ाव के विसनोइयों से तो टक्कर लेना और भी खतरनाक है जो कस्बे के विसनोइयों से भी ज्यादा ताकतवर हैं। इस प्रकार मुस्लिम मीरों ने विसनोइयों के समक्ष हथियार डाल दिए और उनसे कर वसूली हमेशा के लिए त्याग दी। इस घटना के कारण कसबे में विसनोइयों का दबदबा बढ़ना शुरू हो गया। (स्रोत: पीढ़ी दर पीढ़ी सुनते आए, सेठ दौलतराम जी तोमर ने अपने पौत्र श्री हरिओम विसनोई को यह घटना सुनाई जिन्होंने अपने पत्र में उल्लेखित किया) जिला मेरठ के गजेटियर वर्ष 1876 के अनुसार इस जिला में वर्ष 1872 में 1796 बनिया विसनोई थे। जबकि 1891 की जनगणना के समय इस जिला में 255 बनिया विसनोई थे। फलावदा तहसील मुवाना में विसनोईजन सर्वप्रथम संवत 1707 (सन 1650) में आबाद हुए। उपरोक्त गजेटियर में यहाँ बहुत उच्च सम्मानित विसनोई परिवार के रहने का उल्लेख किया हुआ है। यहाँ के श्री ईश्वरीप्रसाद जी विसनोई आनरेरी मजिस्ट्रेट थे। यहाँ पर भारतवर्षीय विसनोई महासभा का दूसरा अधिवेशन सन् 1923 में बाबू चण्डीप्रसाद सिंह जी वकील (देहरादून) की अध्यक्षता में हुआ था। महासभा के संस्थापकों में यहाँ के बाबू इन्द्र सिंह जी वकील अग्रणी थे। यहाँ के विसनोई बड़े प्रगतिशील हैं और सभी क्षेत्रों में कार्यरत हैं। यहाँ से काफी विसनोई पलायन करके मेरठ आदि नगरों में स्थापित हो गये हैं। यहाँ 100% विसनोई शिक्षित हैं। यहाँ के मूलवासी डॉक्टर महीपाल सिंह जी विसनोई ने मुझे दिनांक 09.04.1997 को बतलाया था कि उनके पूर्वज श्री करकटरायजी गांव सोरम तहसील बुढ़ाना, जिला मुजफ्फरनगर में आबाद थे। वहां तब थापन और गोयल विसनोई भी आबाद थे जो बालियान खाप में शामिल थे। वहां विसनोइयों की चौपाल और कुआं अब भी विद्यमान हैं। उनके पूर्वज वह गांव छोड़कर फलावदा में स्थापित हो गये जबकि थापन (जो सोरम के मूलवासी ब्राह्मण थे) और गोयल विसनोई नगीना में आबाद हो गये। यह घटना कितने वर्ष पूर्व की है- यह ज्ञात नहीं है। चौ. राजेन्द्र सिंह सुपुत्र चौ. विजय सिंह (फलावदा) की तैयार की हुई श्री करकटरायजी की वंशावली की एक फोटोस्टेट प्रति मुझे श्री सत्यपाल सिंह जी से प्राप्त हुई थी। जिसके अनुसार 'गांव अग्रोहा जाति पंवार गौत्र गर्ग 1542 में विसनोई हुए' लिखा है। श्री करकटराय जी के वंशज अपने आपको पंवार बतलाते हैं। इनके पूर्वजों ने ग्राम सोरम से पलायन करके फलावदा क्षेत्र के गांव मदारीपुर, टांडी, सकौती में पड़ाव डाल लिये। जब यह सूचना फलावदा में रह रहे विसनोइयों को मिली तो उन्होंने श्री करकटराय जी के वंशजों से सम्पर्क किया और उन्हें फलावदा में स्थापित होने हेतु प्रोत्साहित किया जिस पर वे लोग फलावदा में आकर आबाद हो गये और उनका स्थान मौहल्ला पड़ाव विसनोईयान कहलाता है। पहले तो सभी के पास कृषि भूमि हुआ करती थी परन्तु अब वह स्थिति नहीं रही है। यहाँ समाज के दो मन्दिर तथा दो ही धर्मशालाएं हैं। 32 बीघे जमीन श्मशान की है। यहाँ स्वामी गंगादास जी (रचयिता धुन) बड़े विद्वान विसनोई साधु हो चुके हैं जिन्होंने सबदवाणी संग्रह करके सम्वत् 1969 (सन् 1912) में प्रकाशन किया था। 150 वर्ष पूर्व चौधरी मूलारामजी धायल गांव चौधरीवाली, जिला हिसार (हरियाणा) से पलायन करके यहाँ

स्थापित हुए थे।"

10. औरैया

01. परिचयः- औरैया उत्तर प्रदेश राज्य का एक प्रमुख शहर और जिला है। यह राज्य के दक्षिण-पश्चिमी भाग में, प्रसिद्ध यमुना नदी के किनारे बसा हुआ है।

02. गुरू जांभोजी का आगमनः- साहबरामजी राहड़ कृत जंभसार के 19वें प्रकरण में वर्णित है कि दारानगर से आगे गुरु जाम्भोजी ने पूर्व दिशा की ओर प्रस्थान किया। उनके साथ लगभग चार हजार संतों की विशाल जमात थी। चलते-चलते वे औरैया पहुँचे, जहाँ एक शिव मंदिर में विश्राम किया। पुरबिया लोग गुरु जांभोजी के दर्शन करने आए तथा अनेक भेंटें अर्पित कीं और उनके उपदेशों को श्रद्धा से ग्रहण किया। वहां साधुओं ने अग्निहोत्र किया। जिसके दर्शन से पाप झड़ते है। वहां गुरू जांभोजी विराजमान थे, उनको जिस तरफ से देखें, उस तरफ ही मुंह नजर आता था। सभी लोगों को वो सामने मुंह किए ही नजर आते थे। इस प्रकार गुरू जांभोजी औरैया में आठ दिन तक रहे, नित्यप्रति होम, जाप और पाठ होता रहा। संत सबद और साखी गा रहे थे, जिनको सुनकर अनेक जीवों का मोक्ष हुआ। इस प्रकार आनंद मंगल में दिन बीते। फिर गुरू जांभोजी दूसरे गांव में पहुंचे। वहां पर संत जमात को भोजन करवाया गया। पुरबियों ने तन मन से सेवा की। औरैया का शिव मंदिर तब से हरि मंदिर कहलाने लगा। इसके बाद गुरू जांभोजी औरैया से मुसाणपुर गांव गएः-

जंभ गरु संग लई जमाता, च्यार हजार संत है साथा। चलत चलत पूरब प्रभु गएसी, अवरइया सिव मंदर रहेसी।
पूरबिये दरसन कूं ध्याऐ, नानां भेठ करी मन भाऐ। साधु अग्नहोत्र सब करहे, दर्शन कियां पाप सब झरहे।
जो देखै जित ही मुख दरसै, सब जीवन के सनमुख परसे। ऐहि विधि जंभ रहे दिन आठा, निसदिन होम जाप कर पाठा।
शब्द साखी सुणिये झंणकारा, सुनियते जीव गऐ सब पारा। एहि विधि आनंद मंगल बहुते, दूसर गांव फेर प्रभु पहुंते।
नांनां भांत करै जीव नारा, सूप शासत्र रस षट प्रकारा। चौसले सभख भोजन देवै, पूरबिया तन मन हरि सेवे।
अवरईयां शिव मंदर रहेउ, ता दिन तैं हरि मंदर कहेऊ। मुशाणपुर आऐ जंभ राई, दुनियां सकल दरस कूं ध्याई।

11. कानपुर

01. परिचयः- कानपुर उत्तर प्रदेश राज्य में गंगा नदी के दक्षिण तट पर स्थित है। जो लखनऊ से लगभग 80 किलोमीटर पश्चिम में स्थित है।

02. गुरू जांभोजी का आगमनः- साहबरामजी राहड़ कृत जंभसार के 19 वें प्रकरण में वर्णित है कि गुरु जांभोजी अपनी संत जमात सहित भ्रमण करते हुए कालपी से कानपुर पहुँचे। उस समय कानपुर क्षेत्र में पुरबिये विसनोई निवास करते थे। उन्हें जब गुरु जांभोजी के आगमन का समाचार मिला, तो वे अत्यंत श्रद्धा और उत्साह के साथ उनके दर्शन के लिए एकत्रित हुए। वे सभी हरि-दर्शन की अभिलाषा से गुरु के समक्ष उपस्थित हुए और विनम्रतापूर्वक प्रणाम किया। गुरु जांभोजी के दर्शन से समस्त दुख दूर हो जाते हैं और करोड़ों जन्मों के संचित पाप नष्ट हो जाते हैं। इस प्रकार भ्रमण करते हुए और जीवों का कल्याण करते हुए गुरु जांभोजी आगे बढ़े और कानपुर से लखनऊ (नवाबगंज) पहुँचेः-

चली जमात कानपर आऐ, सव जीवन के पाप गमाऐ। पुरबिये विसनोई राजै, सब आवै हरि दर्शन काजे।
दर्शन कियां सकल दूख जावै, कोट जनम के पाप नसावै। ऐहि विधि जंभ सहल बहु करी, लखणेऊ आऐ नर हरी।

12. खरड़

01. मनीरामजी विसनोई एडवोकेट कृत 'यादों के झरोखे से' निम्नांकित जानकारी ली गई हैः- "यहां से चलकर हम गांव व डाकखाना खरड़ पहुंचे। तहसील बुढ़ाना रोड़ पर शामली से 15 कि.मी. पर फुगाना तथा वहा से फुगाना- सिसोली लिंक रोड पर 4 कि.मी. पर खरड़ गांव स्थित है। यहां के तथा सोहजनी के विसनोई एक ही पूर्वज की औलाद हैं। यहां लगभग 25 परिवार हैं जिनमें से एक जटराणा गोत से हैं तथा शेष सभी अपना गोत लोहमरोड़ बतलाते हैं। प्रत्येक अमावस्या को किसी न किसी के घर पर सामूहिक हवन होता है जिसके चढ़ावा के लगभग तीन- चार हजार रुपये इकट्टे हो चुके हैं जो सामूहिक रूप में किसी धार्मिक कार्य पर लगा दिये जाएंगे। चौ. ओंकार सिंह जी के घर पर सुतक निकालने हेतु रैनी के महन्त विश्वानन्द जी ने हवन-पाहल किया जिसमें हम भी शरीक हुए। यहां जूड़ वन है जो पहले बहुत बड़ा था परन्तु अब इसका क्षेत्रफल 558 बीघे रह गया है जिसमें एक पोखर (तालाब) तथा पुराना शिव मंदिर भी है। इस वन की विशेषता है जो संसार भर में शायद अन्यत्र कहीं न हो कि यहां भगवान कृष्ण के सैकड़ों कदम वृक्ष तथा भगवान जम्भेश्वर के लगभग दो सौ खेजड़ी के बहुत ही पुराने वृक्ष एक साथ विद्यमान हैं। खेजड़ी के ये वृक्ष देखने में ऐसे लगते हैं जैसे रोटू धाम (राजस्थान) की गांव सीमा में हजारों खेजड़ी के वृक्ष हैं। इन वृक्षों के सांगरी और खोखे लगते हैं परन्तु ग्रामवासी सांगरी के गुणों से अनभिज्ञ हैं। उपरोक्त स्थानों के भ्रमण हमने 18 से 21 मार्च, 1996 तथा 8 से 13 अप्रैल, 1997 तक किया था। पश्चिमी उत्तर प्रदेश का विसनोई समाज दो भागों में बंटा हुआ है बनिये विसनोई तथा जाट विसनोई। यहां के मूलवासी जिन्हें गुरुजी ने अपने भ्रमणकाल में विसनोई बनाया या कुछेक सम्भराथल पहुंचकर विसनोई बने, बनिया विसनोई कहलाते हैं जिनमें बनियों के अतिरिक्त ब्राहमण, अहीर, सुनार, नाई, कसबी तथा बेहड़ विसनोई भी शामिल हैं। बनियों का बहुमत होने से बनिये विसनोई कहलाते हैं। दूसरे भाग को जाट विसनोई कहते हैं, जिनके पूर्वज लगभग 350-400 वर्ष पूर्व मारवाड़ (जोधपुर) राजस्थान से पलायन करके

यहां आबाद हो गये थे। दोनों भागों में रोटी का रिश्ता तो प्रारम्भ से ही था, परन्तु बेटी का रिश्ता लगभग सन् 1950 ई. से शुरू हुआ है। इन भ्रमणों में हमने देखा कि वहां के विसनोईजनों में गुरुजी एवं धर्म के प्रति काफी आस्था है, सभी स्थानों पर हमारा बड़ा आदर, सम्मान एवं स्वागत किया गया और हमारे पहुंचने की बड़ी प्रसन्नता प्रकट की। गुरु महाराज के पश्चात् इस क्षेत्र में विद्वान साधुओं द्वारा गत पांच सौ वर्षों में धर्म प्रचार नहीं किया। जबकि राजस्थान में तो गुरुजी के पश्चात् योगेश्वर वील्होजी तथा उनके विद्वान योग्य शिष्यों केशोजी एवं सुरजनदासजी आदि ने बड़ा कार्य किया था। यह प्रसन्नता की बात हैं कि इस कमी के बावजूद वहां के विसनोइयों में गुरुजी तथा धर्म के प्रति आस्था है। यहां के जुड़ वन के पोखर तालाब पर गुरु जम्भेश्वर जी वि.सं. 1590 में ठहरे थे। मुजफ्फरनगर जिले के गजेटियर के आंकडों के अनुसार सन् 1883 में यहाँ 155 बनिया विसनोई थे, जो 1891 की जनगणना तक बढ़कर 902 हो गए थे।"

54
अन्य

01. चक 29 BB

01. परिचय:- गांव चक 29 BB राजस्थान के श्रीगंगानगर जिले की पदमपुर तहसील में स्थित है।

02. हस्तलिखित सामग्री की प्राप्ति:- लेखक ने इन सभी हस्तलिखित ग्रंथों से सम्पूर्ण विसनोई साहित्य को संकलित करके, कवि कालक्रमानुसार व्यवस्थित करके तीन भागों में प्रकाशित कराया है। हीरालालजी माहेश्वरी को लगभग सन् 1960-70 के मध्य चक 29 BB से निम्न हस्तलिखित सामग्री प्राप्त हुई थी:-

01. ग्रंथांक-294:- यह 74 पृष्ठों का एक गुटका है। जो कि संवत 1925 सावण वदि 10 बुधवार को मंदरूपजी गायणा के पुत्र हणुतराम गायणा द्वारा लिपिबद्ध है। यह दानोजी के पुत्र हरूपजी ने गांव सीतो में हणुतजी से लिखवाया था। यह गुटका सोहनलाल जी गोदारा चक 29 BB गंगानगर से प्राप्त हुआ था। इसमें केसोजी कृत प्रहलाद चरित्र (596 छंदों का), धुज पुन्यो रो विचार और होली रो पुन रो विचार आदि रचनाएं है।

02. ग्रंथांक-396:- यह 32 पन्नों की एक पुस्तक है। जो कि संवत 1890 भादवा सुदि 5 मंगलवार को कानोजी के शिष्य साध रामदासजी द्वारा गांव अलाय में लिपिबद्ध है। यह पुस्तक सोहनलाल जी गोदारा और भागीरथजी गायणा गांव चक 29 BB तहसील पदमपुर श्री गंगानगर से प्राप्त हुई थी। इसमें केसोजी कृत प्रहलाद चरित्र (594 छंदों का) लिपिबद्ध है।

03. ग्रंथांक-397:- यह 14 पन्नों की एक पुस्तक है। जो कि संत बालकदासजी के शिष्य संतोषदास द्वारा गांव जैसला में जगरामदासजी के शिष्य साध जीयाराम जी के पठनार्थ लिखी थी। इस पर लिपिकाल नहीं है, अनुमानतः संवत 1950 के आसपास लिपिबद्ध है। यह पुस्तक सोहनलाल जी गोदारा और भागीरथजी गायणा गांव चक 29 BB तहसील पदमपुर श्री गंगानगर से प्राप्त हुई थी। इसमें मयारामदासजी कृत अमावस्या री कथा (146 छंदों की) लिपिबद्ध है।

04. ग्रंथांक-404:- यह 20 पन्नों की अपुर्ण और खंडित पोथी है। जो कि परमानंदजी बैनिवाल द्वारा लिपिबद्ध है। यह पुस्तक सोहनलाल जी गोदारा और भागीरथजी गायणा गांव चक 29 BB तहसील पदमपुर श्री गंगानगर से प्राप्त हुई थी। इसमें छमसरी फल (संवत्सरी, संवत् 1800 से 1900) है।

05. ग्रंथांक-405:- यह अपुर्ण, जीर्ण और खंडित पोथी है। जो कि परमानंदजी बैनिवाल द्वारा अनुमानतः संवत 1820 के आसपास लिपिबद्ध है। यह पुस्तक सोहनलाल जी गोदारा और रामलालजी गायणा गांव चक 29 BB तहसील पदमपुर श्री गंगानगर से प्राप्त हुई थी। इसमें ये रचनाएँ है:- (क). श्रब गुणी साखी- 568 छंद, परमानंदजी कृत (ख). डगव की कथा, डगव भीम क्रसन संवाद उर्वशी मोख- 328 छंद, अज्ञात कृत (ग). गंद्रफसेन की कथा- 128 छंद, अज्ञात कृत (घ). कथा भरथरी राज त्याग- 435 छंद, अज्ञात कृत (ड़). कथा गोपीचंद- 522 छंद, मेरठ निवासी जोखराम कृत (च). मोहजीव की कथा, मोहमर्द राजा की कथा- 117 छंद, जन जगन्नाथ कृत (छ). विसन भगति महमा, कृष्ण व पांडवों से संबंधित- 110 छंद, अज्ञात कृत (ज) ध्रम कथा- 4 अध्याय, अज्ञात कृत (झ). किसनजी रो ब्याहलो- अपूर्ण, पदम कृत

06. ग्रंथांक-408:- यह 197 पृष्ठों का एक गुटका है। जो कि संवत 1971 भादवा सुदि 1 शनिवार को रामचंदजी गायणा द्वारा गांव रासीसर (बड़ा बास) में लिपिबद्ध है। यह पुस्तक सोहनलाल जी गोदारा गांव चक 29 BB तहसील पदमपुर श्री गंगानगर से प्राप्त हुई थी। इसमें केसोजी कृत प्रहलाद चरित्र (520 छंदों का) लिपिबद्ध है।

02. संगरिया मंडी

01. परिचय:- संगरिया मंडी हनुमानगढ़ जिले में स्थित है।

02. हस्तलिखित सामग्री की प्राप्ति:- लेखक ने इन सभी हस्तलिखित ग्रंथों से सम्पूर्ण विसनोई साहित्य को संकलित करके, कवि कालक्रमानुसार व्यवस्थित करके तीन भागों में प्रकाशित कराया है। हीरालालजी माहेश्वरी को लगभग सन् 1960-70 के मध्य गांव संगरिया

मंडी के महीरामजी धारणिया से निम्न हस्तलिखित सामग्री प्राप्त हुई थी:-

01. ग्रंथांक-75:- यह एक गुटका है जो कि संवत 1779 से 1852 के मध्य लिपिबद्ध है। इसमें ये रचनाएं है:- (क). ध्रुचिरत- जन गोपाल कृत, संवत 1852 शुक्रवार को गंगारामजी के शिष्य अजबो पुराणी द्वारा लिपिबद्ध (ख). माधोदासजी के सवैये- 05 (ग). पहलाद चरित- 17 छंद, केसोजी कृत (घ). पहलाद चरित- 596 छंद, केसोजी कृत, संवत 1852 आषाढ वदि 3 शुक्रवार को गंगारामजी के शिष्य अजबो पुराणी द्वारा गांव जांभा में लिपिबद्ध (ङ). ग्रंथ जड़भरथ- 103 छंद, जन गोपाल कृत (च). हरिरस- 169 छंद, ईसरदास कृत, संवत 1852 आषाढ वदि 13 सोमवार को लिपिबद्ध (छ). छमछरी, (ज). गुराचार, संवत 1779 आषाढ सुदि 12 सोमवार को लिपिबद्ध (झ). राह को विचार (ञ). कथा ध्रमचरी तथा कथा चेतन- 109 छंद, सुरजनजी कृत (ट). गौत्राचार (ठ). वसंदर के नाम (ड). ईश्वर पार्वती संवाद रूप में स्नान आदि का महत्व (ढ). आदि वंशावली।

02. ग्रंथांक-154:- यह एक पोथी है जो कि संवत 1940 को अमेदजी थापन द्वारा गांव मुकाम में लिपिबद्ध है। इसमें ये रचनाएं है:- (क). कथा जैसलमेर की- 154 छंद, वील्होजी कृत (ख). कथा चितोड़ की- केसोजी कृत (ग). कथा मेड़ते की (घ). औतार कथा- वील्होजी कृत (ङ). बाललीला- केसोजी कृत (च). कथा गुगलिये की- वील्होजी कृत (छ). कथा पुलेजी की- वील्होजी कृत, संवत 1940 श्रावण सुदि 11 सोमवार को थापन सोभजी के शिष्य पुत्र अमेद द्वारा लिपिबद्ध (ज). भटवालों के नाम (झ). इसकंदर की कथा- केसोजी कृत (ञ). कथा द्रोणपुर की- वील्होजी कृत।

03. बड़ोपल

01. परिचय:- बड़ोपल गांव हनुमानगढ़ जिले की पीलीबंगा तहसील में स्थित है।

02. बड़ोपल विसनोई मंदिर:- स्वामी ब्रह्मानंदजी कृत इतिहास प्रदीप में वर्णित है कि "सहजरामजी नामी एक सूरदास साधु के संतोषदासजी चेले हुए, फिर गुरु की अप्रसन्नता से वह चेलेपने से पृथक हुये और कुछ काल तक गृहस्थ रहने के पश्चात महात्मा बालकदासजी के चेले हो गये थे। एक असरदार व्यक्ति जो किसी समय आत्माराम जी महन्त कांट का चेला हुआ था फिर गुरु से अनादर पाकर वह भेष उतारकर गृहस्थ हो गया और वह स्त्री सहित जिले हिसार के बड़ोपल गांव में चिरकाल तक रहा और वहां इसी ग्राम में मर गया। इस व्यक्ति को मैंने भी बडोपल में देखा था। वर्तमान समय में एक वृद्धिदास नामक व्यक्ति जो पहले बड़ोपल ग्राम निवासी साधु सन्तोषदासजी का चेला हुआ था और गुरु से पृथक किये जाने पर साधु केवलदासजी का चेला हुआ कि जो इस समय जिले होशंगाबाद तहसील हरदा के नीमग्राम में रहता है। एक सुखरामदास नाम का व्यक्ति जो कि रावतखेड़ा ग्राम निवासी महन्त तुलसीदासजी का चेला हुआ था, पुनः गुरु के प्रकूपित होने पर गृहस्थ हो गया और फिर बड़ोपल ग्राम निवासी साधु भगवानदासजी का चेला हो गया।"

03. लिपिबद्ध ग्रंथ:- ठाकर थापन द्वारा गांव बड़ोपल में संवत 1939 को 'ग्रंथांक-101' लिपिबद्ध किया गया था।

04. वोढा

01. परिचय:- वोढा गांव जालौर जिले की सांचौर तहसील में स्थित है।

02. हस्तलिखित सामग्री की प्राप्ति:- हीरालालजी माहेश्वरी को लगभग सन् 1960-70 के मध्य गांव वोढा से निम्न हस्तलिखित सामग्री प्राप्त हुई थी:-

01. ग्रंथांक-203:- यह 80 पृष्ठों का एक गुटका है जो कि श्री पन्नालाल गायणा गांव वोढा पोस्ट गुंदाऊ (भीनमाल) जिला जालौर से प्राप्त हुआ। यह संवत 1952 आसोज सुदि 10 को साध संतोषदास द्वारा गावण रामचंद्र धीराणी की पोथी से कानोजी के पठनार्थ लिपिबद्ध की। इसमें विसनोई विवाह पद्धति है:- (क). गांठ रो मंत्र- संस्कृत में (ख). हथलेवे रो मंत्र- संस्कृत में (ग). अग्नि साख रो मंत्र- संस्कृत में (घ). भूमि देव साख मंत्र- संस्कृत में (ङ). मंगल मंत्र- संस्कृत में (च). कलस (छ). पार्वती ईश्वर संवादे गोत्राचार (ज). वासंदर के पचीस नाम (झ). विष्णु के अठाईस नाम (ञ). सख्याण (ट). आदि वंशावली (ठ). दस अवतार (ड). विवरस (ढ). अस्तुति (ण). हरीनाम माला (त). दस अवतार- संस्कृत में, शंकराचार्य कृत (थ). रतनमाला- 41 दोहे, उदोजी कृत (द). किसनजी र ब्याह रो साखोचार (ध). चौजुगी (न). पीढी बदलण रो मंत्र- संस्कृत में (प). देवता विदा करण मंत्र- संस्कृत में (फ). पाहल मंत्र (ब). बालक मंत्र, इति ब्याह री पाटियां धड़ाबंध संपुर्ण (भ). अमावस्या री कथा- मयाराम कृत (म). कवित- 13, सुरजनजी-03, तत्ववेता-02, वील्होजी-07, अल्लुजी-01।

05. दुणपुर

01. परिचय:- द्रोणपुर गांव चूरू जिले की सुजानगढ़ तहसील में स्थित है। यह वर्तमान ताल छापर वन्यजीव अभयारण्य के पास स्थित है।

02. गुरू जांभोजी का दूणपुर आगमन:- साहबरामजी राहड़ कृत जंभसार के 19 वें प्रकरण में वर्णित है कि रोटू से गुरू जांभोजी गंगापार जाने की इच्छा से भरनावा में रूके, दुसरे दिन दूणपुर गए। यहां पर मोती मेघवाल और बीदे की औलाद आदि गुरू जांभोजी के उपासक थे, उनको वरदान दिया। फिर जोधे को विसनोई बनाकर जमात दूणपुर से आगे निकल गई। मैंदो राहड़ और ठुकरो राहड़ दोनों साथ में थे। वे आठ मंजिल बाद झूंपा गांव में आए और वहां रूके:-

रोटू से चाले जंभ हरी, गंगापार की अंछिया करी। भरनांवै संझिया कूं रहे, दूजै दिवस दूणपर गऐ।

मोतियो हरि को निज दासा, वीदे की औलाद उपासा। मोतीं कूं दीनूं वरिदानां, जोधां विसनोई गुर कर जाना।

आगे कूं चाली जू जमाता, मेंदौ ठुकरो दोनू साथां। आठ मिंजल में झूंपे आएं, एक रात दिन ताहां रहाए।

03. द्रोणपुर के मोती मेघवालः- वील्होजी कृत 'कथा दुणपुर की' में वर्णित है कि मोती मेघवाल द्रोणपुर गांव में रहता था, वह पुर्ण रूप से विसनोई धर्म का पालन करता था। वहां का राव बीदा राठोड़ गुरू जाम्भोजी को नहीं मानता था। उसको जब इस बात का पता चला कि छोटी जात का मेघवाल ऊंची जाति के लोगों से छुआछूत का भाव रखता है तो उसने मोती मेघवाल को तत्काल जलाकर मारने की आज्ञा दी। एक दयावान ने चार पहर की मोहलत उसे दिलवाई। अपने एक भक्त पर संकट आया जानकर गुरू जाम्भोजी शीघ्र ही द्रोणपुर गांव के निकट धोरे पर आए। बीदा को पता लगने पर वह भी वहां पहुंचा। बीदा ने मन में सोचा कि इस आदमी को सिर नहीं झुकाउंगा बल्कि लात मारूंगा। किन्तु गुरू जाम्भोजी के पास आते ही उसको सदबुद्धि आ गई। इच्छा होते हुए भी उसने लात नहीं मारी। बीदे ने कहा कि 'तूं तो स्वयं को ही देव कहता है, मोक्ष की बात बताता है और दुनिया को नवाता है। यदि तुं सत्य ही देव है तो वह देवपण आज दिखला'। गुरू जाम्भोजी के कहने पर उसने तीन परचे मांगेः-1. आकों के आम लगाओं। 2. निंबोलियों के नारियल लगाओ। 3. पानी से गाय का दूध बनाओ। गुरू जाम्भोजी ने उक्त तीनों बातें सच कर दिखलाई। तब बीदै व सभासदों ने उस दूध का पान किया और वह मंत्र जानना चाहा जिससे ये तीनों कार्य सिद्ध हुए। गुरू जाम्भोजी ने कहा कि यह भगवदेच्छा पर निर्भर है। बीदै ने पुनः गुरूदेव के सहस्र शरीर देखने चाहे, इस हेतु 40 व्यक्तियों को भिन्न भिन्न स्थानों पर भेजा गया। उन लोगों ने गुरू जाम्भोजी को हवन करते हुए तथा विभिन्न लोगों को गुरू जाम्भोजी के पांव पड़ते देखा। यह जानकर बीदै के मन में भय उत्पन्न हुआ क्योंकि उन्होंने गुरू जाम्भोजी को न पहचान कर उन्हें अनेक कुवचन कहे थे। अपने दोषों को स्वीकार कर वह बहुत पछताने लगा। गुरू जाम्भोजी से विमुख होने के कारण उसे कलंक लगा। इस प्रकार बिना किसी कलह के गुरू जाम्भोजी ने मोती मेघवाल को छुड़ाया। विल्होजी के अतिरिक्त इस घटना का उल्लेख सबदवाणी के प्रसंगों में तथा जांभाणी कवियों की रचनाओं में भी मिलता है। इस अवसर पर गुरू जाम्भोजी ने बीदे को दो सबद कहे थेः- "एक समै बीदे जोधावत मोतिये साध ने रोक्यो। झांभोजी मोतिये की मदति कीवी। बीदो वाद करि आयो। कोई जोगी अलेख धियावे। कोई जगम सन्यासी सिव नुं ध्यावे। कोई गोरख नुं धियावे। कोई भगवंत नुं धियावे। कोई परमेसा नुं धियावे। सो कोई देव दुगरी ध्यावतां करे छै। तुं तो आपे आप देव कहावे छै। सो देवापण मोने दिखालि। आज थारी सिधाई जाणिज्यसी। देवजी कहे- थारे मना माने सो पुछि। वीदे कह्या- आके आंबा, किया। नींबे नारेल, किया। पाणी ता दुध, कियो। वीदो कहे- आ थांहरे सोरंभ कांहरी आवे ? झांभोजी श्री वायक कहे- मोरे अंगि न अलसी तेल न मलियो .... जे लोहे की आरूं।61। वीदो कहे कोई उदबुद परचो दिखालो। न कणी मांग्यो, न कणी दीनुं। दुणपुर की हद के म्रघ श्रब सोने का करूं। श्रब सोने की पहाड़ी करूं। वीदो कहे- पातिसा खोसि ल्ये। देवजी कहे- बारे बारे छै पाहण वरसाऊं। वीदो कहे- विच मांहे तिस भुख मरां। झांभोजी कहे- छ रूति बारे मास मुसलधार मेह वरसाऊं। वीदो कहे- पाणी सुं वहे जावां। हमे म्हाने सहंस डील्ह करि दिखावो। झांभोजी सुकल दिसां श्री वायक कहे- गढ़ आल मोथ पुरि पाटणि भुंय नागोरी .... ज्यों राखां पान वणासपति।62। पुरष नारी कहा, सुं वीदे धोती रो पलो खंचायो। पले रो अंत आयो नही। पलो छोडियो जदि देवजी फाड़ रेड़ियो।" सुरजनजी पुनियां कृत 'कथा औतार की' के अनुसारः-

साध एक दुणपुर विसराम, साध को मोतीयो नाम। विसनोई को धरम आचारि, किरीया सारे सुचील संसारि।१८०

नीच जाति क्यों उतम सारि, पठवे दूत लियो हकारि। कहे राव करी कुल काम, के गरदन मारूं काढूं चाम।१८२

अटक्यो साध कियो इंहकार, सतगुरू चले छुडावणहार।१८४

सुरजनजी पुनियां कृत 'कथा परसिध' के अनुसारः-

मोतियो साध अग्याध मत, रंग झांभेसर ग्यान रत। सांभली बात बीदे सकारी, थापि का जाति नियाति थारी।९५

राति एक विच दूणराया, आप ले थाट जमाति आया। सांभली बात बीदे सकारी, आवियो मैछ पूछे अकारी।९७

परमानंदजी बैनिवाल कृत साखी के अनुसारः-

मोतिये की परतग्या राखी, परचा दिया अपार। हासिम कासिम साध उबारिया, इसकंदर की वार।५

दुरगदासजी कृत 'हरजस' के अनुसारः- "मोतिये की मदत कीनी, दुणपुर आयो।३" **देवोजी कृत 'हरजस' के अनुसारः-**

नींबेई नारेल आकेई आंबा, तह विण कुंण करै देव झांभा।४

बीदे ने गुरु जाम्भोजी को न पहचान कर अपशब्द कहे, जिससे वह पशु योनि में गिरा। उनकी मृत्यु के बाद वह ऊँट के रूप में जन्मा। ऊँट बनकर बोझा ढोने लगा और अंततः अपने पाप का पश्चाताप किया। जंगल में भटकता हुआ संभराथल में गुरु की शरण में आया और पाप से मुक्त हुआ। **हिम्मतराय कृत 'छंद' के अनुसारः-**

वाद कियो बीदै जोधावत, मरगो भूप रजा करके। मरगै ऊंट हुवो बणिये गो, टूटी टांग पड़ियो करके।

खोड़ो ऊंट फिरै जंगल में, सरण आयो संभराथल के। हिम्मतराय हरी गुण गावत, कट गयो पाप रजा करके।१

गोकलजी कृत 'परची' के अनुसारः-

सत जांणै सरूप न ओलखियो, घड़ पाखो बीदै वाद कियो।१५ वड चूक पई वित वै तन मां, एक वारू वात धरी मनि मां।

तक ताण न चाल्यौ मांण मुवो, मिनखा गत छूटी ऊंठ हुवौ।१७ झेकियो उत झोक वणाय जठै, झिझकारो सारियो नाह उठे।१९
बल बांधियो बोझ उठाय लियो, पोहणचाय पयाणै काल कियो। कुंण जाणै काया केथ पई, पुल पोंहतो पीहर बाड़ सही।२१
हुवो जो हुंतो जोग जिसो, अब ओलखिये उपदेस किसै।

इस घटना का समय विक्रम संवत् 1542 और 1570 के बीच किसी समय (अनुमानतः संवत् 1550-1555 के आसपास) होना चाहिए। प्रथम कारण तो यह है कि इस समय तक विशनोई पंथ की जड़ें काफी मजबूत हो गई लगती हैं जिसमें कुछ समय भी लगा होगा। द्वितीय, संवत् 1570 तक इस घटना के काफी प्रसिद्ध हो जाने का प्रमाण मिलता है। इस संवत् में जाम्भोजी जैतसमंद की प्रतिष्ठा कराने जैसलमेर गए थे। वील्होजी की 'कथा जैसलमेर की' में रावल जैतसी के कथन में इसका संकेत मिलता है:-

मीठा मिल्यै पालटियै खारा, गुरु मिलियै रा अ उपगारा। गुरु पांणी हुं ता दूध पियावै, नीबड़ियां नारेल निपावै।६६

तृतीय, यह घटना राव बीदा के बीदासर बसाने से पूर्व, द्रोणपुर में रहते समय घटी थी। बीदासर उसने संवत 1568 में बसाया था। इन पर विचार करने से प्रस्तुत घटना का समय उपयुर्क्त अनुमित है।

06. गाडरवाड़ा

01. परिचय:- गाडरवारा, मध्य प्रदेश के नरसिंहपुर ज़िले में स्थित है। यह शक्कर नदी के तट पर बसा है।

02. श्रीरामदासजी गोदारा:- विक्रम संवत् 1975 में प्रकाशित 'ब्राहमण वर्ण व्यवस्था' पुस्तक के अनुसार "गाडरवारा में श्रीरामदासजी ने मंदिर श्री जंभेश्वर महाराज का स्थापित कर हवन किया।" इन्होने बहुत से मंदिर साथरियों का जीर्णोद्धार करवाया और समाज सुधार संबधी अनेक कार्य किए। आधुनिक काल में विसनोई साहित्य को चाहे वह अल्पांश में ही हो, प्रमाणिक रूप से प्रकाश में लाने वाले यही एकमात्र साधु थे। संवत् 1967-68 से 2007 इन चालीस साल तक ये यह कार्य करते रहे और छोटी-छोटी 24 पुस्तकें प्रकाशित की।

07. नीमगांव

01. परिचय:- नीमगांव मध्य प्रदेश के हरदा जिले में स्थित है।

02. संतोषदासजी:- बालकदासजी के शिष्य संतोषदासजी द्वारा गांव नीमगांव के विसनोई मंदिर में संवत 1941 को "ग्रंथांक-53" लिपिबद्ध किया गया था। स्वामी ब्रह्मानंदजी कृत इतिहास प्रदीप में वर्णित है कि "वृद्धिदास नामक एक विसनोई साधु नीमगांव में रहते है। ये पहले बड़ोपल ग्राम के निवासी साधु संतोषदासजी के शिष्य बने थे, फिर गुरू से पृथक किए जाने पर साधु केवलदासजी के शिष्य बनकर नीमगांव में रहते है।"

08. हरदा

01. परिचय:- हरदा शहर मध्य प्रदेश राज्य के दक्षिण-पश्चिमी भाग में स्थित एक प्रमुख शहर और ज़िला मुख्यालय है। यह नर्मदा नदी के किनारे बसा हुआ है।

02. लिपिबद्ध ग्रंथ:- गोपालराय ब्राहमण द्वारा सनोडिया बस्ती गांव हरदा में संवत 1911 को 'ग्रंथांक-136' लिपिबद्ध किया गया था।

09. माडेवाली

01. उदै अतली का माडेवाली में बसना

केसोजी गोदारा कृत 'कथा उदै अतली' में वर्णित है कि ऊदो अतली ने खींचियासर ग्राम का परित्याग कर माडेवाली गाँव में निवास ग्रहण किया। किन्तु स्थान परिवर्तन के बावजूद उनके जीवन के कष्ट समाप्त नहीं हुए। माडेवाली में भी उन्हें निरन्तर अभाव और दुःख का सामना करना पड़ा। विशेष रूप से अन्न की कमी ने उनके जीवन को अत्यन्त संघर्षपूर्ण बना दिया। भूख और दरिद्रता ने उन्हें इस प्रकार घेर लिया कि जीवनयापन अत्यन्त कठिन हो गया। अन्न के अभाव का प्रभाव केवल भौतिक जीवन तक सीमित नहीं रहता, बल्कि यह पारिवारिक और सामाजिक सम्बन्धों को भी प्रभावित करता है। यही स्थिति ऊदो अतली के जीवन में भी दृष्टिगोचर होती है, जहाँ अभाव के कारण जीवन में असंतुलन उत्पन्न हो गया। इन निरन्तर कष्टों के बीच ऊदो अतली के मन में यह विचार उत्पन्न हुआ कि अवश्य ही उनसे सतगुरु की सेवा में कोई त्रुटि हुई है, जिसके परिणामस्वरूप उन्हें यह दुःख और दरिद्रता भोगनी पड़ रही है। इस आत्मबोध के साथ वे गुरु जाम्भोजी के पास पहुँचे, उनके चरणों में गिर पड़े और अत्यन्त विनम्रता से निवेदन किया कि हे देव! हमसे कौन-सा दोष हुआ है, जिसके कारण यह विपरीत स्थिति उत्पन्न हुई? इस पर गुरु जाम्भोजी ने उत्तर दिया कि मैंने देने में कोई आलस्य नहीं किया, परन्तु तुमने भोजन करवाने में आलस किया। मैंने अपना धर्म निभाया, किन्तु तुमने क्या किया, यह अपने हृदय में विचार करो। गुरु के इस वचन से ऊदो अतली को अपनी भूल का आभास हुआ, किन्तु वे पुनः अपनी स्थिति का निवेदन करते हुए बोले कि हे करता! मेरी पुकार सुनिए। अन्न का अभाव इतना अधिक है कि इसके अतिरिक्त कुछ स्मरण नहीं रहता। अन्न के बिना कुछ नहीं सूझ रहा है। उनकी इस करुण प्रार्थना से गुरु जाम्भोजी द्रवित हुए और

उनकी आशा को पूर्ण करते हुए आदेश दिया कि तुम पारवा गाँव जाकर निवास करो। वहाँ खेती करना, अन्न की प्राप्ति होगी। गुरु आज्ञा को शिरोधार्य करते हुए ऊदो अतली ने माडेवाली गाँव का परित्याग किया और पारवा ग्राम में जाकर बस गए:-

मन भागो भागी भगत, मोह घटियो मन मांहि। छाडि दरो बसिया इकंत, माडेवाली गांव।२५
मांडेवाली जदि बस्या, ता दिन तै बोह दुख। अन पाखो उणति रहै, आय वियापी भुख।२६
रली रमण रस रूप रंग, नातो नेह अचार। अन विण अतनां परहरै, सुत मित प्रीत पियार।२७
ऊदौ अतली जाय करि, सतगुरू चूका सेव। करम कसट लिखिया करम, तै दालिद दीन्हौ देव।२८
ऊदो अतली जाय करि, पकड़ि रह्या सुर पांव। कोई औगण दाखो देवजी, क्यूं करता कियो कुभाव।२९
मैं देतै आलस ना कियौ, तै ध्रम ताग्यौ धारि। आलस किया जिमावती, दिल में देखि विचारि।३०
अतली कहै करता सुंणि कांने, अन तोटो अपरंपर भांने। बंदी की सांभलि फिरियादि, अन विण अवर न आवै आदि।३१
सुभ्यागतां भुंय अलगी सही, छाडि पंथ अर अलगी रही। सुभ्यागत भुंय अलगी रहै, कहै अतली अब कासूं कहै।३२
बंदी की संभली फिरियादी, अन विणि और न आवै आदि। अतली कहै करता सुणि कांने, अन तोटो अपरंपर भाने।३३
पारव्रंभ पुरवै सब आस, पारवै जाय करो थे वास। कर पकड़े करता ऊं कही, अन वाहौ निपजिसी सही।३४

साहबरामजी राहड़ कृत जंभसार के 18 वें प्रकरण में भी यही वर्णित है:-

मन भाग्यो भक्ति जब गएऊ, महिमां घटी कठोरता भईऊ। छाड्यौ दरो अरू बस्या इकंता, मांडावाली गांव बसंता।
मांडावालै जबहि बसिया, ता दिन तैं बहुता दुख रसिया। अंन पाखो उणत बह रहहे, आय वियापी भूखजूं बहहे।
रली रमण रस रूप अरू रंगा, नातो नेह अचार अभंगा। अंन बिण अतरा सब परहरै, सूत मीत प्रीत पियार न करै।
उदो अतली चूक्यौ भेवा, विखो पड़ियो हरि चूक्यौ सेवा। करम कठिन लिखियो सो आवै, दालिदर तब दीनो पावै।
उदो अतली गुर पै गया, पांव पकड़ ठाढा हुय रह्या। कोई ओगण दाखो देवा, क्यूं करता कियो कूभाव अभेवा।
मैं देते आलस नही कियो, नित प्रति दान नाम तब दियो। आलस कीन्हो अतली नारा, दिल में प्रभुजी देख बिचारा।
अतली कहे करता सुण काने, अन तोटो अपरंपर भाने। बंदी की सुण भली फरियादा, अन विण और न आवै यादा।
तब जंभेसूर पुरबै आसा, पारवै जाय करो थे वासा। कर पकड़े करता ऊं कही, अंन वाहो निपजसी सही।

10. कमल

01. परिचय:- साहबरामजी राहड़ कृत जंभसार के 22 वें प्रकरण में वर्णित 16 साथरियों की सूची में कमल साथरी का भी उल्लेख है:- "कमल साथरी कृत्तमदासा, कहै जंभ कै कीन्हौं वासा।"

55

प्रकाशित साहित्य

सम्पूर्ण जांभाणी साहित्य (वि.सं.1542 से वि.सं. 2000 तक) का संकलन करके तीन भागों में प्रकाशित कराया गया है। पहले भाग (जंभकाल का साहित्य) में गुरू जांभोजी का प्रमाणिक जीवनवृत्त, मूल सबदवाणी और हजूरी कवियों की रचनाएं (वि.सं.1542-1600) जीवन परिचय सहित दी गई है। दुसरे भाग (विल्हकाल का साहित्य) में विल्होजी एवं उनके शिष्यों सहित समकालीन कवियों की रचनाएं (वि.सं.1600-1750) जीवन परिचय सहित दी गई है। तीसरे भाग (उत्तरकाल का साहित्य) में वि.सं.1750 से वि.सं. 2000 तक के जांभाणी कवियों की रचनाएं उनके जीवन परिचय सहित दी गई है। यह सम्पूर्ण साहित्य हस्तलिखित ग्रंथों से लिया गया है। इस प्रकार उपरोक्त तीनों भागों में गुरू जाम्भोजी सहित समस्त जांभाणी संत कवियों की रचनाएं जीवन परिचय सहित दी गई है:-

1. गुरू जाम्भोजी (वि.सं. 1508-1593)
2. तेजो जी चारण (वि.सं. 1480-1575)
3. समसदीन जी (वि.सं. 1490-1550)
4. डेल्हो जी (वि.सं. 1490-1550)
5. आछ्रो जी (वि.सं. 1500-1550)
6. पदम भगत (वि.सं. 1500-1555)
7. कील्हो जी चारण (वि.सं. 1500-1560)
8. सुरजन जी (वि.सं. 1500-1570)
9. सिवदास जी (वि.सं. 1500-1570)
10. एक जी (वि.सं. 1500-1570)
11. अमियादीन जी (वि.सं. 1500-1570)
12. जोधो जी राईका (वि.सं. 1500-1570)
13. केसो जी देहड़ू (वि.सं. 1500-1580)
14. लालचन्द जी (वि.सं. 1500-1580)
15. कान्हो जी बारहट (वि.सं. 1500-1580)
16. आसनो जी भाट (वि.सं. 1500-1600)
17. कोल्हो जी चारण (वि.सं. की 16वीं सदी)
18. ऊदो जी नैण (वि.सं. 1505-1593)
19. अल्लूजी कविया (वि.सं. 1520-1620)
20. दीन महमद (वि.सं. 1525-1600)
21. रायचन्द जी सुथार (वि.सं. 1525-1610)
22. कुलचंदराय अग्रवाल (वि.सं. 1505-1593)
23. राव लुणकरण (वि.सं. 1526-1583)
24. रेड़ो जी सांवक (वि.सं. 1530-1620)
25. वाजिद जी (वि.सं. 1530-1600)
26. लखमण जी गोदारा (वि.सं. 1530-1593)
27. आलम जी अग्रवाल (वि.सं. 1530-1610)

28. रविदास जी धतरवाल (वि.सं. 1530-1600)
29. भींवराज जी (वि.सं. 1530-1600)
30. सुंदरदीन जी (वि.सं. 1535-1600)
31. मेहो जी गोदारा (वि.सं. 1540-1601)
32. रहमत जी (वि.सं. 1550-1625)
33. गुणदास जी (वि.सं. 1560-1640)
34. लाखू जी गोदारा (वि.सं. 1511-1580)
35. अज्ञात कवि (वि.सं. की 16वीं सदी)
36. विल्हो जी (वि.सं. 1589-1673)
37. दसुधीदास जी (वि.सं. की 17वीं सदी)
38. आनन्द जी (वि.सं. की 17वीं सदी)
39. नानिग जी (वि.सं. की 17वीं सदी)
40. लालो जी (वि.सं. की 17वीं सदी)
41. गोपाल जी (वि.सं. की 17वीं सदी)
42. हरीराम जी (वि.सं. की 17वीं सदी)
43. दुरगदास जी (वि.सं. 1600-1680)
44. किशोर जी (वि.सं. 1630-1730)
45. कालू जी (वि.सं. 1630-1730)
46. केसो जी गोदारा (वि.सं. 1630-1736)
47. सुरजन जी पुनियां (वि.सं. 1640-1748)
48. मिठुदास जी (वि.सं. 1650-1750)
49. माखन जी (वि.सं. 1650-1750)
50. रामू जी खोड़ (वि.सं. 1675-1700)
51. रूपो जी बैनिवाल (वि.सं. 1680-1750)
52. दामो जी बैनिवाल (वि.सं. 1680-1768)
53. अज्ञात कवि (वि.सं. की 17वीं सदी)
54. हरिनंद जी (वि.सं. 1700-1780)
55. गोकल जी बैनिवाल (वि.सं. 1700-1790)
56. रासानंद जी थापन (वि.सं. 1700-1800)
57. मुकन जी (वि.सं. 1710-1790)
58. सेवादास जी गोदारा (वि.सं. 1720-1780)
59. चतरदास जी (वि.सं. 1700-1800)
60. सुदामा जी (वि.सं. 1700-1800)
61. हीरानंद जी (वि.सं. 1750-1800)
62. देवो जी (वि.सं. 1750-1830)
63. हरजी बैनिवाल (वि.सं. 1745-1835)
64. परमानंद जी बैनिवाल (वि.सं. 1750-1845)
65. गोविंदराम जी बागड़िया (वि.सं. 1750-1850)
66. दीपोजी (वि.सं. 1750-1830)
67. रामलला जी (वि.सं. 1775-1850)
68. हरचंद जी डऊकिया (वि.सं. 1775-1860)
69. गंगाराम जी (वि.सं. 1783-1883)
70. सूरतराम जी (वि.सं. 1787-1887)
71. मयाराम जी (वि.सं. 1800-1879)

72. खेरातीराम मेरठी (वि.सं. 1800-1860)
73. विष्णुदास जी (वि.सं. 1800-1885)
74. हरिकिशन जी (वि.सं. 1800-1899)
75. पोकरदास जी (वि.सं. 1800-1850)
76. ऊदो जी अडीग (वि.सं. 1818-1933)
77. प्रीतम (वि.सं. 1830-1905)
78. मोतीराम जी (वि.सं. 1850-1925)
79. लीलकंठ (वेचुव) (वि.सं. 1840-1925)
80. गोविन्दराम जी गोदारा (वि.सं. 1860-1950)
81. खेमदास जी जाखड़ (वि.सं. 1835-1951)
82. साधु मुरलीदास जी (वि.सं. की 19वीं सदी)
83. पीताम्बरदास जी (वि.सं. की 19वीं सदी)
84. परसराम जी (वि.सं. की 19वीं सदी)
85. केसो जी सिंवर (वि.सं. की 19वीं सदी)
86. साहबराम जी राहड़ (वि.सं. 1871-1948)
87. बिहारीदास जी (वि.सं. 1870-1950)
88. लिछमणदास जी सियोल (वि.सं. 1875-1955)
89. स्वामी ईश्वरानंद जी गिरी (वि.सं. 1891-1955)
90. शीतल जी (वि.सं. 1900-1975)
91. स्वामी ब्राह्मनंद जी (वि.सं. 1910-1985)
92. हिम्मतराय जी (वि.सं. 1900-1980)
93. मुंशी किशोरीलाल गुप्त (वि.सं. की 20वीं सदी)
94. माधवानंद जी (वि.सं. 1925-1975)
95. अमोलख जी सोढा (वि.सं. की 20वीं सदी)
96. बद्रीदास जी (वि.सं. 1950)
97. जगमालदास जी (वि.सं. 1960)
98. श्रीरामदास जी गोदारा (वि.सं. 1920-2010)
99. कुम्भाराम जी पुनियां (वि.सं. 1937-1995)
100. साधु जगदीशराम जी (वि.सं. 1960-2005)
101. अज्ञात कवि (वि.सं. की 19वीं व 20वीं सदी)

www.ingramcontent.com/pod-product-compliance
Lightning Source LLC
LaVergne TN
LVHW060023210926
848481LV00013B/3778